Quellen und Dokumentationen
zur Stadtgeschichte Hildesheims

Band 17

Quellen und Dokumentationen
zur Stadtgeschichte Hildesheims

Herausgegeben von Herbert Reyer
Stadtarchiv Hildesheim

Band 17

Kriegstotengedenken in Hildesheim

Geschichte, Funktionen und Formen
Mit einem Katalog der Denkmäler für Kriegstote
des 19. und 20. Jahrhunderts

Hartmut Häger

Kriegstotengedenken in Hildesheim

Geschichte, Funktionen und Formen
Mit einem Katalog der Denkmäler für Kriegstote
des 19. und 20. Jahrhunderts

GERSTENBERG

Bibliografische Information der Deutschen Nationalbibliothek
Die Deutsche Nationalbibliothek verzeichnet diese Publikation in der deutschen Nationalbibliografie;
detaillierte bibliografische Daten sind im Internet über http://dnb.d-nb.de abrufbar.

Gedruckt mit freundlicher Unterstützung
des Hildesheimer Heimat- und Geschichtsvereins e. V.

Umschlagentwurf:
Professor Marion Lidolt

Titelbild:
Kriegerdenkmal am Galgenberg, Andreas Hartmann

Satz: Verlag Gebrüder Gerstenberg, Hildesheim
Druck: Gerstenberg Druck & Direktwerbung GmbH, Hildesheim

ISSN 0943-5999
ISBN-10: 3-8067-8509-0
ISBN-13: 978-3-8067-8509-8

Copyright © 2006 by Gebrüder Gerstenberg GmbH & Co. KG
Printed in Germany
Alle Rechte vorbehalten

www.stadtarchiv-hildesheim.de
www.verlag-gerstenberg.de

Inhalt

Vorwort 9

Teil I: Geschichte, Funktionen und Formen 11

1 Einführung 11

1.1 Eingrenzung des Untersuchungsgegenstands 13
1.2 Zum Umgang mit den Quellen 14
1.3 Zum Stand der Forschung 15

2 Zur Bezeichnung der Denkmäler 19

2.1 Begriffssemantische Überlegungen zu den Substantivstämmen 19
2.2 Begriffssemantische Überlegungen zu den Verbstämmen 25
    2.2.1 Erinnern und vergessen 27
    2.2.2 Gedenken und denken 29
    2.2.3 Danken 32
    2.2.4 Ehren und rühmen 32
    2.2.5 Mahnen 33

3 Motive und Funktionen des Kriegstotengedenkens 40

3.1 Individuelle Motive 41
    3.1.1 Trauer 41
    3.1.2 Trost 43
    3.1.3 Tragikempfinden 46
    3.1.4 Trauma und Therapie 48
3.2 Soziale Motive 53
    3.2.1 Treue 53
    3.2.2 Trotz oder Triumph 56
    3.2.3 Tabuisierung 58
    3.2.4 Trivialisierung 61
    3.2.5 Topik 63
    3.2.6 Totenkult und Transzendenz 65
3.3 Motive dauerhafter Überlieferung 70
    3.3.1 Testat 70
    3.3.2 Transformation 71
    3.3.3 Testament 75
    3.3.4 Tradierung und Tatenruhm 78

4 Formen und Orte des Kriegstotengedenkens 91

4.1 Formen des Kriegstotengedenkens 91
    Anzeigen 92
    Audio-visuelle Medien 93
    Denkmäler (Monumente) 94
    Denkmünzen 95

Ehrenfenster	96
Ehrenzeichen	97
Gedächtniskapellen	97
Gedenkblätter	98
Gedenkbücher	100
Gedenkbüchereien	101
Gedenkfeiern	102
Gedenkstätten	106
Gedenktafeln	106
Gedenktage	108
Gedenkrennen	110
Glocken	110
Kriegerheimstätten und -siedlungen	111
Kriegsmuseum	112
Landschaftsbestandteile (Findlinge, Baumpflanzungen, Haine)	113
Nachrufe	114
Nagelungswahrzeichen	114
Pflegegräber und Ehrenfriedhöfe	115
Postkarten	118
Rituale	118
Stiftungen	119
Überreste (Rudimente)	120
Widmung von Straßen und Plätzen	120
Windbretter	121
4.2 Orte des Kriegstotengedenkens	121
4.2.1 Belebte öffentliche Räume	122
4.2.2 Markante landschaftliche Punkte	122
4.2.3 Stille öffentliche Räume	122
4.2.4 Sakrale Räume (Kirchen, Synagoge, Friedhöfe)	122
4.2.5 Arbeitsstätten (Schulen, Verwaltungen, Betriebe)	124
4.2.6 Vereinseinrichtungen (Klubheime, Sportanlagen)	124
5 Zeichen und Zeiten des Kriegstotengedenkens	**129**
5.1 Zeichen des Kriegstotengedenkens	129
5.1.1 Pflanzen	131
5.1.1.1 Bäume	131
5.1.1.2 Blätter	133
5.1.1.3 Blumen	133
5.1.2 Steinmale	134
5.1.2.1 Findling	134
5.1.2.2 Obelisk	134
5.1.2.3 Pylon	134
5.1.2.4 Pfeiler	134
5.1.2.5 Stele und Epitaph	134
5.1.2.6 Steinkreuz	135
5.1.2.7 Steinwand	135
5.1.3 Belebte Wesen	135
5.1.3.1 Soldaten	135

	5.1.3.2 Zivilisten	136
	5.1.3.3 Christliche Heilige	136
	5.1.3.4 Gestalten der Mythologie	137
	5.1.3.5 Tiere und Fabelwesen	137
5.1.4	Symbole	138
	5.1.4.1 Grundformen	138
	5.1.4.2 Kreuzformen	139
5.1.5	Geräte	141
	5.1.5.1 Zivile Geräte	141
	5.1.5.2 Zeremonielle Geräte	141
	5.1.5.3 Militärische Geräte	142
	5.1.5.4 Reichsinsignien	142
5.1.6	Texte	142
	5.1.6.1 Namen als personenbezogene Widmung	143
	5.1.6.2 Personengruppenbezogene Widmungen	145
	5.1.6.3 Widmungen mit Aufforderungscharakter	146
	5.1.6.4 Sinnsprüche (Epigramme)	146
	5.1.6.5 Lyrische Zitate / Zitate aus Liedern	147
	5.1.6.6 Weitere literarische Zitate	147
	5.1.6.7 Geistliche oder biblische Zitate	147
5.1.7	Schriftgestaltung	149

5.2 Zeiten des Kriegstotengedenkens 151
    5.2.1 Totensonntag (Ewigkeitssonntag) 151
    5.2.2 Buß- und Bettag 152
    5.2.3 Volkstrauertag („Heldengedenktag") 153
    5.2.4 Antikriegstag 156
    5.2.5 Andere kirchliche Feiertage 157
    5.2.6 Besondere Jahrestage 158
    5.2.7 Andere Jahres- oder Gedenktage 159
    5.2.8 Gelegenheitsveranstaltungen 160
    5.2.9 Zusammenfassung 160
    5.2.10 Einweihungstermine 162

6 Kriegstotengedenken als initiierter und interaktiver Prozess 171

6.1 Initiatoren der Denkmalstiftungen 171
    6.1.1 Angehörige 171
    6.1.2 Kirchen- und Synagogengemeinden 171
    6.1.3 Politische Gemeinde 172
    6.1.4 Militärische Einheiten 173
    6.1.5 Betriebe 173
    6.1.6 Schulen 174
    6.1.7 Vereine 175
    6.1.8 Spontane Stiftungen 176
6.2 Affirmative und kritische Denkmalrezeption 177
    6.2.1 Hamburg 179
    6.2.2 Peine 180
    6.2.3 Nordhorn 180
    6.2.4 Schulprojekt „Gedenktafeln auf dem Nordfriedhof" 182
6.3 Ansätze für eine zeitgemäße Denkmalsrezeption in Hildesheim 182

Teil II: Katalog der Hildesheimer Denkmäler für Kriegstote des 19. und 20. Jahrhunderts 187

Übersicht 187
1 Stadtmitte 192
2 Neustadt 247
3 Nordstadt 262
4 Südstadt 294
5 Oststadt 304
6 Galgenberg und Marienburger Höhe 338
7 Drispenstedt 359
8 Weststadt 362
9 Moritzberg 378
10 Neuhof 400
11 Ochtersum 405
12 Marienrode 409
13 Sorsum 413
14 Himmelsthür 428
15 Bavenstedt 438
16 Einum 443
17 Achtum-Uppen 448
18 Itzum 453
19 Marienburg 459
20 Denkmäler außerhalb Hildesheims 460
21 Weitere verschollene Denkmäler 463
22 Nicht aufgestellte Denkmäler 464

23 Anhang 466
23.1 Biografien von Bildhauern, Kunsthandwerkern, Architekten 466
23.2 Festabläufe bei den Denkmalsenthüllungen des Infanterie-Regiments
   v. Voigts-Rhetz Nr. 79 481
23.3 Ansprachen
   23.3.1 Regimentsgedächtnisstätten 483
   23.3.2 Schulen 488
23.4 Literatur- und Quellenverzeichnis 500
23.5 Fragebogen und Befragungsanschriften 510
23.6 Liste der Vereine 1927/1928 513
23.7 Verzeichnis der Abbildungen und Tafeln (im Teil I) 520

Vorwort

Seit 1996 die Recherche begann, ist es ruhiger um das Thema des Kriegstotengedenkens geworden. Die Ereignisse, die beim Gedenken der Toten mitzudenken sind, haben mittlerweile einen Abstand zur Gegenwart erreicht, der sie aus der Zeitgenossenschaft in die Zeitgeschichte gleiten lässt. Die Gedenktage zur x mal zehnfachen Wiederkehr von Kriegsausbrüchen, Entscheidungsschlachten oder Kapitulationen sind Indikatoren für die begonnene Historisierung. Zu den Feiern der Opfer und Sieger wurde – wie anlässlich des sechzigsten Jahrestages der Invasion am 6. Juni 1944 oder des Beginns des Warschauer Aufstandes am 1. August 1944 – inzwischen auch der deutsche Bundeskanzler eingeladen.

Auch das Verhältnis der Deutschen zum Krieg an sich hat sich zwischenzeitlich gewandelt. Die aus der Bundestagswahl am 27. September 1998 hervorgegangene sozialdemokratisch geführte Bundesregierung warb für eine deutsche Beteiligung an einem möglichen NATO-Einsatz gegen die Bundesrepublik Jugoslawien und damit für den ersten Kampfeinsatz deutscher Soldaten seit dem Zweiten Weltkrieg. Der Deutsche Bundestag billigte am 16. Oktober 1998 noch in alter Zusammensetzung die militärische Option mit 500 Ja-Stimmen gegen 62 Nein-Stimmen und 18 Enthaltungen. Als der Kosovo-Krieg am 24. März 1999 mit einer NATO-Luftoffensive begann, griffen auch vier deutsche ECR-Tornados jugoslawische Ziele an. Der CDU-Verteidigungsexperte und Bundestagsabgeordnete Martin Hohmann erwartete dabei offenbar auch Heldenhaftes. Einer Meldung der TAZ („Die Tageszeitung") vom 18. Dezember 2001 zufolge regte er an, den Orden des Eisernen Kreuzes neu zu stiften.

Die Beantwortung der Frage, wie heute Kriegstote zu ehren sind, blieb den Deutschen bislang erspart. Die bisher bei Auslandseinsätzen der Bundeswehr gestorbenen Soldaten kamen bei Unfällen ums Leben. Ihr Tod provozierte noch keine Debatte um die aktuelle Form des Kriegstotengedenkens. Woran liegt das? Gibt es eine „kritische Anzahl" von Todesopfern, die über Art und Form des Gedenkens entscheidet? Sind die tödlichen Unfälle so alltäglich, dass eine dauerhafte Form der Ehrung unangemessen wäre? Eine öffentliche Debatte, ob der Soldatentod eine öffentliche Würdigung in Form von Denkmälern erfordert oder ob er als individuelles Schicksal zu betrachten ist, das nur die Angehörigen etwas angeht, fand jedenfalls bisher in Deutschland nicht statt. Einen frühen ahnungsvollen Beitrag dazu leistete ein unbekannter Autor, dessen Gedicht auf einem vergilbten Blatt überliefert ist, datiert mit „4.7.76":

„kriegerdenkmal
auf dem denkmal
für die gefallenen und vermissten
der weltkriege
haben die kameraden
platz gelassen
für weitere
eintragungen
am sockel
das plakat gegen den krieg
lässt sich nicht
ganz
entfernen."

Die vorliegende, von der Universität Hildesheim im Sommersemester 2005 als Dissertation angenommene, Untersuchung leistet zu der bevorstehenden Debatte nur bedingt einen Beitrag. Die heutigen Antworten müssen andere sein als die den überlieferten Denkmälern innewohnenden. Die analysierten Formen und Inhalte der Hildesheimer Kriegerdenkmäler offenbaren trotz ihres postulierten Ewigkeitsanspruches Zeitgebundenes und Situationsbezogenes.

Die langjährige, immer wieder durch tagesaktuelle und vorrangige Arbeiten verzögerte Erforschung der Geschichte, Funktionen und Formen des Kriegstotengedenkens in Hildesheim konnte nur dank einer Vielzahl von Mitwirkenden durchgeführt und abgeschlossen werden. Allen voran ist der Leitende Direktor des Stadtarchivs Hildesheim, Prof. Dr. Herbert Reyer, zu nennen, der die Auseinandersetzung mit diesem Gegenstand durch anregende, kritische Hinweise von Anfang an begleitete.

Seine Mitarbeiterinnen und Mitarbeiter, insbesondere Claudia Gaßmann und Harald Braem, schafften die benötigten Archivalien heran, oft versehen mit Verweisen auf weitere mutmaßliche Fundstellen.

Bei der Erforschung der Einzelobjekte gilt der Dank den Adressaten der Befragungsbögen, die bereitwillig Auskunft erteilten. Manchen veranlasste die Befragung, sich selbst auf die Suche nach abgelegten Dokumenten zu machen. Längst vergessene Denkmäler wurden dabei wiederentdeckt. Stets fanden die Befragten Zeit für ein Gespräch oder für das Aufsuchen des sonst unzugänglichen Denkmals.

Impulse für die Analyse gaben Dr. Rolf Meyer und Dr. Friedrich Winterhager, die sich bereitwillig für die kritische Durchsicht einzelner Passagen in Anspruch nehmen ließen. Wertvolle Anregungen, insbesondere aber das beharrliche Drängen, zum Abschluss zu kommen, verdanke ich Prof. Dr. Rudolf Keck und Prof. Dr. Josef Nolte.

Die Untersuchung der Geschichte, Funktionen und Formen des Hildesheimer Kriegstotengedenkens entstand nicht, um aus heutiger Sicht ein Urteil über die Initiatoren oder Schöpfer dieser Denkmäler zu fällen. Vielmehr soll die Analyse der Objekte und ihrer Geschichte eine Distanz schaffen, die ein erweitertes Verständnis und eine kritische Rezeption ermöglicht. Für die noch nicht begonnene Debatte über ein zeitgemäßes Kriegstotengedenken bietet der 1927 erschienene Leitartikel des Hildesheimer Volksblatts einen noch immer aktuellen grundsätzlichen Beitrag an.

„Wer trauern will, wer es in Wahrheit will, der gehe diesen Weg, den Kreuzweg unseres Jahrhunderts. Die voie sacrée (ein befestigter, 75 Km langer französischer Nachschubweg zwischen Bar-le-Duc und Verdun, H. H.) stöhnt das Sterbegestöhn der Millionen: die Ehrenmale aber künden den Ruhm der Toten, sind Glorifizierung, häufig Monumente, durch die diejenigen, die nicht gelitten haben, wie die Toten, oft Missbrauch treiben mit unseren verlorenen Brüdern, um mit ihnen ihre dunklen politischen Geschäfte zu machen. Ergreifend in ihrer Wirkung, starkes Mahnmal, sind die Grabmale der „unbekannten Soldaten". England begrub den seinen in der Westminster-Abtey, der Grabkirche der Vornehmsten Englands; mitten im brausendsten Verkehr Londons, baute es ihm ein Denkmal, dem auch der eiligste Passant seinen Gruß entbietet. In Paris ruht unter dem Torbogen des arc de triomphe Frankreichs unbekannter Soldat, unter einer schönen, einfachen Grabplatte, aus der eine ewige Flamme leuchtet; ringsum braust an diesem schönsten, belebtesten Platz der Stadt, der Riesenverkehr, der ewige Strom der Fußgänger, der – ergreifend es zu erleben! – den toten Kameraden grüßt, ihm Blumen bringt und ihn in Ehrfurcht ehrt. Fast alle Staaten der Entente haben in ihren Hauptstädten ein solches Grabmal des unbekannten Soldaten. In Deutschland aber geht – von unwürdigen politischen Geschäftemachern hin und her gezerrt – der Streit weiter: ob „Heldenhain" oder „Ehrenmal", ob Berlin, Thüringer Wald, Harz oder Insel im Rhein – als ob der, um den wir trauern, ein politisches Symbol, eine Sehenswürdigkeit oder gar ein – Ausflugsziel wäre.

Auch wir verlangen, dass das Reich seine Ehrenpflicht denen gegenüber erfüllt, die dem Reich gegenüber ihre Pflicht erfüllten, als sie hinauszogen. Zweiundeinviertel Millionen Hinterbliebene hinterließen sie als Erbe des Krieges: 1.130.000 Waisen, 520.000 Witwen, 164.000 Eltern. 1.350.000 Brüder der Toten kehrten als Schwerinvalide oder verkrüppelt zurück. Hier könnte das Reich dem Andenken der Toten das schönste Ehrenmal errichten, wenn es den lebenden Opfern das Dasein menschenwürdig und existenzfähig gestalten würde! Sie haben für das Reich gelitten und geopfert und – leben! Doch wie sie leben, leben müssen unter dem Zwang lächerlicher Renten und primitiver Unterstützungen, zeugt wenig davon, dass die Republik ihre wahrhafte Ehrenpflicht erkannt hat...

Um die Toten aber trauern wir, wir, die wir sie verloren haben als Väter, Mütter, Frauen, Bräute, Brüder, Kinder, weil wir sie nicht vergessen können, weil sie uns immer erinnern, nicht nur an diesem Tage, weil sie zu viele waren, zu viele! Wir hören ihr Stöhnen und sehen ihre Wunden. Und aus unseren zuckenden Mündern bricht der Schwur, den Toten in Ehrfurcht und in Trauer geschworen: Nie wieder Krieg!"[1]

Hildesheim, September 2006   Hartmut Häger

---

1 Nicht gezeichneter Leitartikel zum Volkstrauertag in: Hildesheimer Volksblatt v. 12.3.1927, S. 1: Trauerndes Volk.

Teil I
Geschichte, Funktionen und Formen

1 Einführung

Ausgelöst wurde die vorliegende Untersuchung des Kriegstotengedenkens im Hildesheim der Jahre 1813 bis heute durch den steinernen Soldaten, der vor dem Galgenberg Wache steht und mit starrem Gesicht nach Westen blickt. Weder der riesige Recke noch der über ihm prangende Spruch drücken aus, was angesichts des Massensterbens, an das sie erinnern, zu erwarten ist: Von Trauer oder Entsetzen angesichts von über 10 Millionen Kriegstoten im Ersten Weltkrieg (und der noch nicht geahnten über 55 Millionen im Zweiten) ist an diesem Denkmal nichts zu erkennen. Die Frage nach den Gründen für diese Formgebung lässt sich nur beantworten, wenn auch die anderen Fragen nach den näheren Umständen der Entstehung, den Initiatoren und den Realisatoren untersucht werden. Schon die Annäherung an dieses eine Denkmal verweist auf eine ganze Serie von Denkmälern, die in engem Zusammenhang zum monumentalen Soldatendenkmal des Infanterie-Regiments 79 stehen. Von da aus spannen sich weitere Fäden: über die Initiatoren, die auch an anderer Stelle wirksam wurden, über die Entwürfe, deren Gestalter auch andernorts ihren Beitrag leisteten, über die Ausführenden, die Künstler oder Handwerker, die auch anderen zur Seite standen.

Der monumentale Soldat blickt nicht nur über die Stadt, er zieht auch die Blicke der Stadt auf sich. Er ist für Hildesheim das Kriegerdenkmal schlechthin, die Erinnerungsstätte, von der viele meinen, sie sei für alle Kriegstoten – des Ersten Weltkriegs – geschaffen worden. Dass dies nicht stimmt, zeigt zum einen die genauere Erforschung der Entstehungsgeschichte des Monuments am Galgenberg, zum anderen aber die durch sie ausgelöste Aufarbeitung der Herkunft der übrigen Denkmäler für Kriegstote in Hildesheim. 132 unabhängige Denkmalsstiftungen konnten ermittelt werden. Sie haben 122 selbständige Objekte hervorgebracht. Ohne die Windbretter am Knochenhauer-Amtshaus (Teil II, 1.6.2), die Friedenslinde [II 1.22.1] und die Fotogramm-Installation [II 1.22.3] auf dem Marktplatz sowie die ephemere Soldatengruppe an der Universität [II 6.4] sind es 118 verschiedene Denkmäler für Tote der großen Kriege des 19. und 20. Jahrhunderts. Verglichen mit den 300 in Hannover nachgewiesenen Denkmälern ist das eine große Zahl.[2] 71 erfüllen heute noch ihre Funktion. Zwei Gedenktafeln stehen in Abstellräumen[3], die Installation im Totenkeller des Josephinums [II 1.13.2] ist in Vergessenheit geraten, zwei Denkmäler verfallen[4]. Einige der noch vorhandenen fordern wie der Steinsoldat ständige öffentliche Aufmerksamkeit ein, andere sind Orte stillen Gedenkens. Hier trauern Vereine, Schulen, Betriebe oder Kirchengemeinden um ihre Verstorbenen, dort rühmen sie die Taten der toten Helden.

10 Denkmäler wurden insbesondere nach dem Zweiten Weltkrieg verändert, ergänzt oder erweitert.[5] Neue Namenstafeln wurden am alten Denkmal angebracht, die alte Denkmalanlage wurde mit neuen Steinen versehen, neue Gedenksteine wurden dem alten Gedenkstein beigeordnet. Jedes dieser Vorhaben bedurfte einer neuen Initiative, die nicht weniger anstrengend war als ihre Vorgängerin. So betrachtet, kommt die Zahl von mindestens 132 Denkmalsstiftungen zustande.

Einen Hinweis auf die besondere Bedeutung, die in Hildesheim dem Gefallenengedenken beigemessen wurde, gibt eine Umfrage, die von der Zentralstelle des Deutschen Städtetags am 17. April 1920 unter allen Mitgliedsstädten mit mehr als 50.000 Einwohnern durchgeführt wurde. Nur 12 hatten danach eine Gedenktafel für die im Krieg gefallenen Kommunalbediensteten aufgehängt, darunter auch Hildesheim. Sie war mit 200 Mark auch mit Abstand die billigste. Die Teuerste hing für 35.000 Mark in Duisburg.[6]

Welchen Ausdruck gaben die Menschen in Hildesheim dem Phänomen des Kriegstodes, dem sie 1813 kaum Beachtung schenkten, 1866 und 1870/71 noch in relativ geringer Zahl begegneten, der aber schon 1914/1918 und erst recht 1939/1945 als Massentod in Erscheinung trat?[7] Wie nahmen sie die Kriegstoten wahr, wie setzten sie sich zu ihnen in Beziehung? Wie deuteten sie das Geschehene, welche Lehre zogen sie aus dem Erlebten? Welche Erfahrung gaben sie an die nachfolgenden Generationen weiter?

Diese Fragen stellten sich zu Beginn der Untersuchung und sollen durch sie beantwortet werden. Der Begriff des Kriegstotengedenkens wird weitgefasst. Er schließt auch Formen ein, die sich auf Tote beziehen, die in Folge des Krieges ums Leben kamen, also in Gefangenschaft, auf der Flucht oder bei der Vertreibung. Auch Denkmäler, die den Verlust, zum Beispiel der Heimat oder des Hildesheimer Marktplatzes in Erinnerung rufen, sind miterfasst, wie auch jene, die sich mit dem Krieg allgemein (am Knochenhauer-Amtshaus) oder in anderen Regionen (an der Universität) auseinandersetzen.

In einer ersten Grobeinteilung geht es um Nachrufe und Zurufe. Nachrufe auf Verstorbene und Verlorenes, Zurufe der Mahnung und Warnung. Denkmäler, die nur zurufen sollen, versammeln nicht, sind vielleicht Treffpunkte, aber keine Begegnungsstätten. Die Dokumentation nennt dreizehn, vier davon auf dem Marktplatz (Windbretter am Knochenhauer-Amtshaus [II 1.16.2], Friedenslinde, Bodentafel und Fotogramminstallation [II 1.22]), zwei weitere in unmittelbarer Nähe im Rathaus (das Relief des Knochenhauer-Amtshauses und die Skulptur Erinnerung [II 1.25.2 und 3], dann den Ostpreußengedenkstein [II 1.24], die Soldatengruppe an der Universität [II 6.4], das Sorsumer Zentenardenkmal zur Völkerschlacht bei Leipzig [II 13.2] und die den Kriegstoten gewidmeten Glocken von St. Lamberti [II 2.12], Christus [II 9.1.2] und St. Kunibert, Sorsum [II 13.3.4]. Auch das Kaiser-Wilhelm-Denkmal an der Sedanstraße ist der Form nach ein Zuruf-Denkmal. Es ist dem siegreichen Reichsgründer gewidmet und tabuisiert dabei die im vorangegangenen Krieg zu Tode gekommenen Soldaten [II 5.7.1]. Alle anderen 109 Formen des Kriegstotengedenkens enthalten Nachrufe und schaffen Raum für öffentliche Anteilnahme. Dort versammelt man sich zur gemeinsamen Kundgebung aber auch zur Kundgabe von Gemeinsamkeit. Reine Nachruf-Denkmäler gibt es nicht, es sei denn sie würden ausschließlich zeremoniell verwendet. Aber der Zuruf-Charakter tritt bei ihnen deutlich in den Hintergrund.

Bei der Recherche stieß die Frage nach einzelnen Kriegstotendenkmälern mancherorts auf Unverständnis und geradezu peinlich berührte Betroffenheit. Das Thema galt als heikel, den meisten Angesprochenen fehlte der Bezug zu den Denkmälern und zu ihrem Anlass. Vielen war „ihr" Denkmal gar nicht mehr bekannt – obwohl es auf dem Gelände oder im Gebäude deutlich zu sehen war. Gerhard Schneider zitiert die häufig verwendete paradoxe Bemerkung aus Robert Musils „Nachlass zu Lebzeiten": „(Das) auffallendste an Denkmälern ist nämlich, dass man sie nicht bemerkt. Es gibt nichts auf der Welt, was so unsichtbar wäre wie Denkmäler."[8] Eine Reihe von Tabu-Themen mögen dafür mitverantwortlich sein: der Umgang mit dem Tod, an den die Denkmäler erinnern, das „Vaterland", auf das sie verweisen, weil in seinem Namen getötet und gestorben wurde, die Weltkriege, die Rolle der Wehrmacht, der Nationalsozialismus. Musil erklärt das Phänomen damit, dass alles Beständige seine Eindruckskraft einbüßt.[9]

Der „Unsichtbarkeit der Denkmäler" entspricht die häufig festgestellte Unkenntnis. Wann sie gebaut wurden und von wem ist heute schwer zu ermitteln. Akten verbrannten im Krieg. Standorte versanken in Schutt und Asche. Der Wiederaufbau setzte neue Akzente, Renovierungen verdrängten die Kriegserinnerungen in die Abstellkammer. Aber schon zeitgenössische Dokumentationen wie Dehios oder Zellers Kunstdenkmälerinventare oder auch baugeschichtliche Abhandlungen über einzelne Kirchen aus jüngerer Zeit sparten die Denkmäler aus, selbst wenn die Tagespresse sie als herausragende Kunstwerke gelobt hatte.[10] Auch in Günther Roeders akribischem „Bericht über die Kunstwerke und die kulturellen Einrichtungen der Stadt Hildesheim", den der Direktor des Roemer- und Pelizaeus-Museums am 17. April 1945 für den amerikanischen Stadtkommandanten anzufertigen hatte, kam kein im Krieg zerstörtes Kriegstotendenkmal vor. Nur auf eins wies er hin, allerdings auf eins, das nicht die Bomben 1944/1945 vom Sockel geholt hatten, sondern die Braunen 1943.[11] Roeder vermisste das Kaiser-Wilhelm-Denkmal. Er charakterisierte es nicht als Krieger- oder Siegerdenkmal, sondern zählte es zu den Darstellungen „hervorragender Personen". Das schwer beschädigte Kriegerdenkmal am Hohen Wall erwähnte er ebenso wenig wie die vielen Gedenktafeln und Gedächtnisstätten, die in den Gebäuden verbrannt waren.[12] Sie wurden wohl auch von ihm der Gebrauchskunst zugerechnet, die einer besonderen Überlieferung nicht bedarf oder nicht wert ist.

Allerdings rüttelt die „Unsichtbarkeit" zusammen mit ihrem Pendant der „Unbemerktheit" an den Grundfesten des Denkmalkultes. Denkmäler unterliegen trotz aller Ewigkeitsversprechen nicht nur einer physischen Abnutzung durch Verwitterung, Verfall oder Zerstörung, sondern auch einem psychischen Abnutzungseffekt, vor allem, wenn sie mit der Eindeutigkeit ihrer Aussage der Phantasie keinen Spielraum lassen, wenn sie künstlerisch „flach" sind oder wenn man sich ihrer moralischen oder ideologischen Anmaßung nur durch Nichtbeachtung erwehren kann.

1.1 Eingrenzung des Untersuchungsgegenstands

Das Wort „Denkmal" kennt zwei Pluralbildungen.[13] Denkmalpfleger verwenden den Plural „Denkmale".[14] Die im Literaturverzeichnis vermerkten Bücher handeln dagegen fast ausschließlich von Denkmälern. Reinhart Koselleck, einer der Nestoren der Erforschung der Kriegerdenkmäler, entschied sich für beide Varianten: 1979 schrieb er über „Kriegerdenkmale als Identitätsstiftungen der Überlebenden"[15], 1994 über „Kriegerdenkmäler in der Moderne"[16].

„Denkmäler" ist der Plural der Lehnübertragung für das griechische mnémósynon („Gedächtnishilfe"), die in den Bedeutungen „Gedenkstein oder -bild" und „Schrift-, Bild-, Bauwerk der Vorzeit" seit dem 17. Jahrhundert verwendet wird, zum Teil in Anlehnung an das lateinische „monumentum". „Denkmale" ist der Plural des Kompositums aus „Denk(würdig)" und „Mal" (= Zeichen), das in der Bedeutung „Erinnerungszeichen" seit dem 16. Jahrhundert gebräuchlich ist.[17] Ein solches Denkmal kann ein Natur- oder Kulturdenkmal sein, ein Bodendenkmal, Baudenkmal (eine bauliche Anlage oder ein ganzes Ensemble) oder ein bewegliches Denkmal (eine Sache oder Sachgesamtheit).[18]

Im Zusammenhang dieser Untersuchung ist der Denkmalbegriff der Gruppe der Überreste, denen eine Überlieferungsabsicht innewohnt, zuzurechnen. In einer weiteren Einengung sind mit „Denkmal" Bau- und Kunstwerke mit memorierender Funktion gemeint, die, noch weiter spezifiziert, dem Kriegstotengedenken dienen. Die Inschriften sind als feste Bestandteile dieser Bau- und Kunstwerke mitgemeint.

Das Denkmal als memorierendes Werk in Architektur und Plastik hat keine Gebrauchsnutzen-Funktion wie die überlieferten Bauwerke (Burg, Schloss), und es gemahnt und erinnert (memoriert) immer vom Ziel der Errichtung her appellativ an ein Kollektives oder Individuelles, an ein Ereignis oder eine Person.[19] Kriegstotendenkmäler stehen neben anderen Denkmälern mit memorialer Funktion, die Ereignisse, Überzeugungen oder Verdienste repräsentieren können. Ihre Nach- und Zuruffunktion wurde eingangs erwähnt. Sie weiter zu kategorisieren, ist an dieser Stelle müßig. In Hildesheim gibt es keine Regenten- oder Generalsdenkmäler, alle sind Kollektivdenkmäler, Grabdenkmäler gefallener Soldaten stehen vereinzelt auf Friedhöfen.[20]

Weil fast alle der hier untersuchten Denkmäler in einem Wirkungszusammenhang stehen, der nicht nur die kontemplative Betrachtung einzelner ermöglicht und das Einverständnis mit der vorübergehenden Öffentlichkeit unterstellt, sondern auch für gemeinsame Zeremonien gedacht ist, verwende ich für das gesamte Arrangement den Begriff „Kriegstotengedenken". „Kriegstote" ist der umfassendste Begriff mit den geringsten Konnotationen. Die Nominalisierung „Gedenken" erlaubt zugleich die Zuordnung von Formen, die zwar materiell vergänglich (ephemer), doch ideell auf Dauer angelegt sind. Rituale und Topoi sind in diesem Sinne ebenso Denkmäler wie Skulpturen und Monumente aus Erz oder Granit. Auch Gedenkblätter oder Gedenkmedaillen zählen dazu. In Hildesheim erinnern Straßennamen an Schlachtorte oder an zu Tode gekommene Soldaten. Solche Varianten der Kriegerehrung werden hier nur kurz erwähnt. Auch Predigten und Ansprachen, die bei Gedenkfeiern gehalten werden, sind in einem eigenen Abschnitt nur exemplarisch zusammengestellt. Das einzelne Objekt bezeichne ich demgemäß als „Kriegstotendenkmal".

Im Teil II werden Denkmäler im heutigen Stadtgebiet Hildesheims dokumentiert und analysiert. Hildesheim umfasst seit 1974 acht ehemals selbständige Gemeinden als Ortsteile: Achtum-Uppen, Bavenstedt, Einum, Himmelsthür, Itzum, Marienburg, Marienrode und Sorsum. Zuvor waren die Ortschaften Moritzberg (1911), Neuhof und Drispenstedt (1938) sowie Ochtersum (1971) eingemeindet worden. Ebenso werden hier Denkmäler verzeichnet, die auf Initiative von Hildesheimern oder mit wesentlicher Unterstützung außerhalb der Stadt errichtet wurden. Im Fall des Alpenvereins geschah das auf dem „Hausberg der Hildesheimer Hütte", also gleichsam exterritorial.

Eine Reihe von Denkmälern werden zwar in den Quellen erwähnt, sind aber weder real noch in Form von konkreten Überlieferungen vorhanden. Soweit diese Objekte räumlich einem Stadtteil zugeordnet werden können, wurden sie dort eingereiht, andernfalls erscheinen sie in der Liste „Nicht lokalisierbare Denkmäler".

Schließlich werden auch einige Kuriosa genannt, die zeigen, dass es einen schillernden Denkmalsmarkt mit heute grotesk wirkenden Ideen gab. Hildesheim bekam einiges angeboten, was andernorts nicht mehr gewünscht war. Aber aus zweiter Hand hat die Stadt nie ein Denkmal erworben.

1.2 Zum Umgang mit den Quellen

Für diese Untersuchung standen vielfältige Quellen zur Verfügung, die allerdings aufwändig zu erschließen waren und oft nicht mehr als das Faktum der schlichten Existenz des Denkmals offenbarten. Primäre Quellen sind die Denkmäler selbst, die Schriftstücke, die als Akten oder Dokumente überliefert wurden, die Karten und Briefe, die Auftraggeber und Ersteller geschrieben haben sowie mündliche Auskünfte der unmittelbar Beteiligten. Anders als Grabmale enthalten die Kriegstotendenkmäler mit ganz seltenen Ausnahmen (z. B. Himmelsthür [II 14.1.2]) keinen Hinweis auf Auftraggeber, Gestalter und Hersteller sowie das Errichtungsdatum. Vollständige Vereinsakten sind ein seltener Glücksfall, die kommunalen, staatlichen und kirchlichen Aktenbestände dezimierte der Krieg oder Nachlässigkeit, z. B. beim Vollzug der Gebiets- und Gemeindereform. So fehlen zum Beispiel die Niederschriften des Gemeindeausschusses Himmelsthürs ausgerechnet für die Jahre, in denen über den Bau eines Ehrenmals gestritten und entschieden wurde. Sekundäre Quellen sind vor allem die Periodika, die in der Regel zeitnah über das Ereignis berichteten oder Auskünfte von den heutigen Vorsitzenden und Leitern von Institutionen und Vereinen.

Da die Zeitungen in der Regel eine konfessionell, politisch oder soziologisch definierte Zielgruppe ansprachen, wäre ein Vergleich der Berichterstattung eine spannende Aufgabe. Sie bleibt hier jedoch unbearbeitet. Die Quellenkritik hat auch zu berücksichtigen, dass die Zeitungen die Region Hildesheim nur sehr selektiv wahrnahmen. Die Berichterstattung über die Orte außerhalb Hildesheims stand im Wechselverhältnis zum Zeitungsbezug: ohne Leserschaft keine Lokalberichterstattung und umgekehrt. Insbesondere bei kleineren Dörfern erklärt dies das Fehlen von Nachrichten über das Ortsgeschehen. Hinzu kommt, dass Zeitungen nur über das berichten können, was sie erfahren. Freie Mitarbeiter scheint es nur in wenigen Orten gegeben zu haben. Schließlich veröffentlichen Zeitungen nur, was sie veröffentlichen wollen oder dürfen. Das „Dürfen" schränkte die Berichterstattung in der Zeit des Nationalsozialismus und unmittelbar nach dem Ende des Zweiten Weltkriegs ein. Das „Wollen" hängt von der Tendenz ab, der sich die Redaktion verpflichtet fühlt, aber auch von der tagesaktuellen Prioritätensetzung, die regelmäßig bei der Flut konkurrierender Nachrichten zu entscheiden ist und von dem Platz, der für die Veröffentlichung zur Verfügung steht.

Vereinszeitschriften, Festschriften, Jahrbücher, Schulberichte und Protokollbücher wurden durchgesehen, wenn die Daten für ein bereits bekanntes Denkmal gesucht wurden. Dabei weist die Überlieferung hinderliche Lücken auf, die entweder kriegsbedingt sind oder die Gleichgültigkeit oder Distanziertheit der Autoren widerspiegeln. Die Jubiläumsfestschriften der Siedlergemeinschaften Großer Saatner und Hildesheim-West listen zum Beispiel sorgfältig alle wichtigen Ereignisse auf. Die Einweihung ihrer Ehrenmale übergehen sie.

Wie wurden die Denkmäler gefunden und die Quellen erschlossen? Eine vom Verfasser veranlasste Pressemitteilung, die am 13. August 1997 herausgegeben und kurz darauf im Kehrwieder am Sonntag (24. August) und in der Hildesheimer Allgemeinen Zeitung (28. August) veröffentlicht wurde, skizziert die zunächst geplante Vorgehensweise:

- 149 Hildesheimer Institutionen, darunter Kirchengemeinden, Ortsbürgermeister, Vereinsvorsitzende und Firmenchefs, wurden schriftlich um Mithilfe gebeten, die in ihrem Zuständigkeitsbereich noch erhaltenen, aber auch die nicht mehr vorhandenen Mahnmale zu nennen.
- Ältere Hildesheimerinnen und Hildesheimer wurden um Angaben über frühere oder noch existente Denkmäler gebeten, insbesondere zur Entstehungsgeschichte, zur Funktion im gesellschaftlichen Leben, zu Initiatoren, Auftraggebern, Schöpfern und Adressaten sowie zu Erinnerungen an Gedenkveranstaltungen.

Mit dem zunächst vergessenen Alpenverein waren es schließlich 150 Adressaten, die am 7. August 1997 ein Anschreiben mit einem Fragebogen (s. Kapitel II 23.5) erhielten. 45 meldeten Fehlanzeige, darunter einige (drei Kirchen[21], zwei Sportvereine[22]), deren Denkmäler späteres Quellenstudium wiederentdeckte. 33 gaben Auskunft über „ihr" Denkmal, zum Teil sehr detailliert und mit beigefügten Quellen, zum Teil nur mit den wenigen bekannten Daten.

Sechzehn Denkmäler sind keiner heute noch aktiven Institution zuzuordnen, der Rest der noch vorhandenen Denkmäler war den Besitzern offenbar selbst nicht mehr bekannt. Bei diesen Überresten führte die gezielte Recherche zu den dokumentierten Ergebnissen. Die systematische Auswertung der Tageszeitungen förderte eine Vielzahl weiterer, inzwischen längst vergessener Denkmalstiftungen zutage. Mehr als die doppelte Anzahl der noch vorhandenen Denkmäler steckten zwischen den Zeitungsblättern von ca. 65 Jahrgängen. Die Zeit zwischen 1813 und 1913 wurde nicht systematisch, sondern nur situativ erforscht. Die Hildesheimsche (Kornackersche) Zeitung (HiZ) diente als Leit-Zeitung für die Zeit zwischen 1914 und 1933. Sie erfüllte ihre Chronistenpflicht am vollständigsten und genauesten, berichtete als einzige regelmäßig aus dem Hildesheimer Vereinsleben (allerdings weniger aus dem sozialdemokratischen) und aus den Nachbarorten. Für die Zeit von 1933 bis 1945 wurde auf die Hildesheimer Allgemeine Zeitung (HAZ) bzw. den Hildesheimer Beobachter (HB) zurückgegriffen. Nach 1949 waren die Hildesheimer Allgemeine Zeitung und, bis zu ihrem Ende, die Hildesheimer Presse (HP) wertvolle Quellen. Die anderen Hildesheimer Periodika wurden punktuell zur Ergänzung oder Kontrastierung hinzugezogen.

1.3 Zum Stand der Forschung

In umfangreichen und differenzierten Forschungen hat sich „die" Wissenschaft mit dem Phänomen der Kriegstotendenkmäler befasst. Die Wissenschaft? Geschichtswissenschaft, Kunstgeschichte, Sozial-, Kultur-, Kommunikations- und Geisteswissenschaft, Volkskunde und Psychologie steuerten bisher Untersuchungen zum Verständnis der Denkmäler und des Denkmalkults bei. Nur interdisziplinär sind Kriegstotendenkmäler zu erfassen und zu verstehen.

Reinhart Koselleck deutete schon 1979 Kriegerdenkmale als Identitätsstiftungen der Überlebenden[23], Mitte der 80er Jahre entstand die sechsbändige Arbeit des Teams von Meinhold Lurz[24], die das Thema epochalgeschichtlich anging. Mit Unterstützung des „Hamburger Instituts für Sozialforschung" untersuchte Gerhard Armanski 1988 die politische Ästhetik von Kriegerdenkmälern. Er ging phänomenologisch vor und ordnete sie in die „allgemeine politische Choreographie des Militarismus, ja bürgerlicher Herrschaftsordnung überhaupt" ein. Seine Absicht bestand darin, „ein unterhalb der ‚großen Politik' verborgenes Selbstverständnis unserer Herrschaftskultur ausgraben und aufsprengen zu helfen."[25]

1991 erschien der Sonderband der Hannoverschen Geschichtsblätter von Gerhard Schneider, „....nicht umsonst gefallen?"[26], in dem er den Kriegerdenkmälern und dem Kriegstotenkult in Hannover nachspürte. Ebenfalls 1991 veröffentlichten die österreichischen Autoren Reinhold Gärtner und Sieglinde Rosenberger ihr engagiertes kritisches Buch „Kriegerdenkmäler"[27], das sich insbesondere mit dem gespaltenen Nationalverständnis in Österreich auseinandersetzt und mit der anhaltenden Identifizierung des österreichischen Heldenkults mit den nationalsozialistischen Idealen. Einen ähnlich motivierten Beitrag zur Debatte um die Göttinger Kriegerdenkmäler, Mahnmale und Gedenksteine, gab Carola Gottschalk unter dem Titel „Verewigt und Vergessen" 1992 heraus.[28] 1993 bearbeitete der US-Amerikaner George L. Mosse den Kult um den Kriegstod aus der Perspektive des „Mythos des Kriegserlebnisses".[29] 1994 gaben Reinhart Koselleck und Michael Jeismann ihr Kompendium „Der politische Totenkult, Kriegerdenkmäler in der Moderne" heraus.[30] 1996 erschien die gründliche und aus reich sprudelnden Quellen gespeiste Untersuchung von Arie Nabrings über das Kriegstotengedenken im Kreis Viersen bei Krefeld, die sich auf die Denkmäler für die Gefallenen des Ersten Weltkriegs beschränkt.[31] Hans Harer hat in seinem Aufsatz „Kriegstotengedenken in Northeim nach dem Ersten Weltkrieg" ebenfalls diesen Zeitraum im Fokus.[32]

Auch im Internet befinden sich inzwischen Präsentationen von (Nach-)Forschungen: Eine Website entstand aus einer Idee, die erstmals in der genealogischen Mailingliste „Sachsen-L" zur Sprache gebracht und diskutiert wurde.[33] Der Zweck ist, die Inschriften von Gefallenendenkmälern zu sammeln und der Allgemeinheit, insbesondere den Ahnenforschern, zugänglich zu machen. Am 9. Februar 2006 vermeldete man bereits 350.000 Namen, darunter die von Denkmälern aus den Hildesheimer Ortsteilen

Neuhof und Sorsum. Ein anderes Interesse verfolgt Britta Abendroth, eine junge Frau mit nationalkonservativer Motivation, die Fotos von Kriegerdenkmälern aus Deutschland und Europa in der Tradition des Heldenkults präsentiert.[34]

In dem Jahrzehnt zwischen 1985 und 1995 weckten die Kriegerdenkmäler und andere Manifestationen des Kriegstotengedenkens ein gesteigertes wissenschaftliches Interesse, das an den Rändern dieses Zeitraumes langsam stärker bzw. schwächer wurde. Nicht nur die wissenschaftliche Reflexion förderte in diesen Jahren ihre breit gefächerten Erkenntnisse zutage, auch im Alltag war die tradierte Rezeptionsgewohnheit fragwürdig geworden. Zeitgeschichtlicher Hintergrund waren das Erstarken der Friedensbewegung gegen das Drohpotenzial der Pershing-II- und SS-20-Raketen und gegen den „NATO-Doppelbeschluss" sowie der vierzigste Jahrestag der deutschen Kapitulation am 8. Mai 1945.

Methodologisch nähern sich die Forschungen ihrem Gegenstand naturgemäß uneinheitlich und mehrdimensional. Lurz zum Beispiel verfolgt mit seiner repräsentativen Untersuchung der deutschen Kriegerdenkmäler das Ziel der Vermittlung von Kunst- und Sozialgeschichte. Er beabsichtigt, über den kunstgeschichtlichen Einstieg zu einer „histoire des mentalités" zu kommen, also zur Aufdeckung der sich zwischen 1813 und 1983 ständig wandelnden Einstellung der Stifter zu Krieg und Kriegstod.[35] Angesichts des schwer zugänglichen Materialbergs verzichtet Lurz auf die anfängliche Forderung nach Repräsentativität. Er nähert sich seinem Gegenstand hermeneutisch und strukturalistisch, weil eine an den Methoden einer positivistisch orientierten empirischen Sozialforschung ausgerichtete Analyse den Materialberg allenfalls hätte durchsieben und sortieren können.

Lurz ordnet die Denkmäler nicht in Kästen ein, sondern macht mit einer typisierenden Analyse auf Eigenheiten und Gemeinsamkeiten aufmerksam. Er untersucht die Denkmäler nach den Kategorien Rechtsordnung, Form, Ort, Inschrift und Sozialgeschichte. Der von der Rechtsordnung – also der Gesetzgebung und Zuständigkeitsverteilung – zur Sozialgeschichte – also zum sozialen Umfeld der Denkmalsstiftung – geschlagene Bogen offenbart allerdings, dass sich Lurz darauf beschränkt, den Wandel der Denkmalauffassungen der Auftraggeber zu verstehen. Was im Lauf der Zeit aus den Denkmälern wurde, entzieht sich seinem Interesse – es sei denn, vorhandene Denkmäler wurden um die Toten nachfolgender Kriege erweitert. Lurz' Vorgehen ist induktiv, gleichwohl theoriegeleitet und methodisch stringent.

Einen deduktiven Zugang findet George L. Mosse, der vom Anlass des Denkmalskultes, vom Sterben im Krieg, ausgeht und sich mit dem Widerspruch von „namenlosem Sterben" und „nationalem Heldentum" auseinandersetzt. Er entdeckt in den Denkmälern und anderen Surrogaten des Heldenkultes Legitimations- und Derealisierungsmotive, die den erlittenen persönlichen Verlust zum nationalen Opfer, das Sterben im Krieg zum Heldentod verklärten und die Trauer um den toten Familienangehörigen zur stolzen Trauer um den toten Kriegshelden abhärteten. Der so verschleierte Blick auf das Geschehene nahm die Realität von Ursache und Wirkung nicht mehr wahr. Mosse analysierte das Motiv der Trivialisierung, durch die das grausame Kriegsgeschehen erträglich, das Unbegreifbare fasslich wurde.

Reinhart Kosellecks Aufsatz „Kriegerdenkmale als Identitätsstiftungen der Überlebenden" richtet den Blick – wie Lurz – auf die Stifter und Erbauer der Denkmäler, dringt aber tiefer ein. An der Oberfläche, auf der Ebene der Erscheinung, äußerlich also, bringt das Denkmal durch Form, Ikonografie oder Text seine Absicht eindimensional auf den Punkt. Unter der Oberfläche – also im Innenleben seiner Stifter – ging es mehrdimensional zu. In Anlehnung an Koselleck konstituiert das Denkmal eine zweifache Identitätsstiftung: „Die Toten sollen für dieselbe Sache eingestanden sein, wofür die überlebenden Denkmalstifter einstehen wollen"[36], und – so wäre drittens hinzuzufügen – die kommenden Generationen einstehen sollen. Das in die Vergangenheit hineingedeutete Vermächtnis wird in der Gegenwart der Denkmalstifter sinnfällig, um die künftigen Betrachter zu verpflichten.

Wie Berliner Kriegerdenkmäler für politische und ideologische Zwecke funktionalisiert und instrumentalisiert wurden, untersucht Christian Saehrendt bezogen auf den Zeitraum 1919 bis 1939, den er rezeptionsgeschichtlich bis zur Gegenwart ausdehnt.[37] Er weist nach, dass bis in die Details der Denkmalsgestaltung politische Kontroversen zu verfolgen sind und dass sich der Anspruch, die Nation im Kriegstotengedenken zu vereinen, bei den Denkmalsprojekten in Partikularinteressen, bisweilen auch in handfestem Streit auflöste.

Wenn die Denkmalsforschung nicht deskriptiv bleiben will, muss sie die Ergebnisse der Erinnerungs- und Gedächtnisforschung aber auch anderer Wissenschaftsdisziplinen einbeziehen. Hinzuweisen ist insbesondere auf die im weiteren Verlauf zitierten Arbeiten von Aleida und Jan Assmann, auf die Kommunikationsmodelle von Friedemann Schulz von Thun oder auf psychoanalytische Untersuchungen. Harald Welzer nennt weitere Wissenschaften im Zusammenhang mit der Erforschung der Phänomene der Erinnerung und des Gedächtnisses: Literaturwissenschaft, Ägyptologie, Medienwissenschaft, Neurophysiologie und Soziologie. Auch die Religionswissenschaft hätte er erwähnen können, oder die Kulturwissenschaft oder die Semiotik. Sie alle tragen zu der differenzierten Wahrnehmung von Gedächtnis und Erinnerung bei: wir unterscheiden zum Beispiel individuelles und kollektives oder kulturelles und kommunikatives Gedächtnis, zwischen bewusstem und unbewusstem oder traumatischem und alltäglichem Erinnern.[38]

Denkmäler, insbesondere Kriegerdenkmäler, stehen nur scheinbar fest und unumstößlich auf sicherem Grund. Aus konstruktivistischer Sicht erweist sich in der Theorie, was die Praxis vielerorts offenbart: dass sowohl die Denkmäler wie auch das Verständnis von ihnen konstruiert, rekonstruiert und dekonstruiert werden. Das Gedenken verschließt sich nicht in einem Schrein, in dem es unverändert durch die Zeiten getragen wird. Es ist von Anfang an einer ständigen Transformation ausgesetzt, die als einziges am Denkmal beständig ist.

Die Forschungslage in Hildesheim und in der näheren Umgebung ist bezüglich der Kriegerdenkmäler desolat. Henriette Steube hat in ihrem Buch „Kunst in der Stadt 1945-1995" die Kriegerdenkmäler fast vollständig ausgelassen. Der Hildesheimer Nordfriedhof und die auf ihm befindlichen Gedenkstätten wurden von Carolin Krumm[39] oder Günther Hein[40] dokumentiert. Günther Hein veröffentlichte in einer Zeitschrift für den Geschichtsunterricht auch einen Aufsatz zum „Kaiser-Wilhelm-Denkmal"[41], allerdings ohne seine Wandlung vom Siegerdenkmal zum Kriegsgefangenen- und Vermisstendenkmal zu erwähnen. Von Hermann Seeland und Barbara Thimm gibt es Skizzen zum „Kriegerdenkmal am Galgenberg" [siehe II 6.1.1, S. 350]. Weitergehende systematische Arbeiten – wie sie aus Hannover oder Viersen vorliegen – sind nicht bekannt.

Anmerkungen

2 Schneider, „...nicht umsonst gefallen?", S. 6. Gerhard Armanski geht von etwa hunderttausend Kriegerdenkmälern in der ehemaligen Bundesrepublik aus (in: Ders., „... und wenn wir sterben müssen", S. 9).
3 Auf dem Kirchenboden in Bavenstedt [II 15.1] und z. Z. beim Senking-Werk [II 3.6].
4 Auf der Sportanlage des FC Concordia [II 4.2.1] und die Lindenanpflanzung am alten Friedhof in Sorsum [II 13.3.2].
5 Achtum-Uppen, Bavenstedt, Drispenstedt, Einum, Fliegerhorstdenkmal, Himmelsthür, Itzum, Neuhof, Ochtersum sowie für den Ersten Weltkrieg der Kriegerverein von 1872.
6 Lurz, Kriegerdenkmäler in Deutschland, Band 4, S. 28.
7 Aus StadtA Hi Best. 799-9 Nr. 5: Kameradschaftsbund ehem. 79er, Nr. 9, 1.6.1922, S. 6: General v. Wegerer stellte für die Ehrentafel im Offiziersheim der Kommandantur die Verluste des Inf.-Rgts. 79 zusammen für die Feldzüge:

	Offz.	Uffz.	Mann
Gibraltar (1783)		3	22
1866	2	3	6
1870/71	7	14	141
1914/18	131	314	2.627

Die „Kriegschronik der Stadt Hildesheim", von Adolf Vogeler im Auftrag des Magistrats verfasst, (Hildesheim 1929) nennt, geordnet nach Kirchengemeinden, auf den Seiten 433-496 die Namen von 1.601 Kriegstoten aus Hildesheim.
Der am 31.12.1957 abgeschlossenen Auflistung „Die Kriegsopfer der Stadt Hildesheim im II. Weltkrieg", Statistisches Amt der Stadt Hildesheim, Nr. 26, sind die Zahlen der Hildesheimer Wehrmachtstoten im 2. Weltkrieg entnommen, die mit den oben genannten Angaben nicht unmittelbar vergleichbar sind:

| 1939/45 | 285 | 780 | 1.766 |

Hinzuzurechnen sind 1.645 Bombenopfer und ca. 1.861 Vermisste. Insgesamt starben danach 6.337 Hildesheimerinnen und Hildesheimer im Zweiten Weltkrieg, mehr als 10 Prozent der Gesamtbevölkerung.
Aufschlussreich ist auch die Anzahl der auf den Gedenktafeln der Michelsenschule aufgeführten Namen:

| 1870/71: 7 | 1914/18: 281 | 1939/45: 365 |

8 Schneider, „...nicht umsonst gefallen?", S. 6; auch in Schlage: Kriegstrauer deutsch, S. 3 oder Neumann, Shifting Memories, S. 4. Das Original befindet sich in Musil, Nachlass, S. 59.
9 Musil, Nachlass, S. 61.
10 Das gilt beispielsweise für Denkmäler in den Kirchen St. Bernward, St. Godehard, Heilig Kreuz und St. Magdalenen.
11 Heinemann, Ein Denkmal für Kaiser Wilhelm I, S. 84. Das Kaiser-Wilhelm-Denkmal stand auf der Liste der von der Stadt 11 Hildesheim zurückerbetenen 1943 abgelieferten Bronzedenkmäler v. 10.12.1948. StadtA Hi Best. 800 Nr. 1280.
12 Overesch, Der Augenblick und die Geschichte, S. 55.
13 Darauf macht auch Robert Musil – belustigt – aufmerksam. Musil, Nachlass, S. 59.
14 So im Niedersächsischen Denkmalschutzgesetz (NDSchG) v. 30.5.1978.
15 Koselleck. In: Marquardt/Stierle, Identität, S. 255-276.
16 Koselleck/Jeismann (Hrsg.), Der politische Totenkult, Kriegerdenkmäler in der Moderne, München 1994.
17 Duden, Das Herkunftswörterbuch, S. 140.
18 § 3 NDSchG.
19 So Dietrich Schubert, Formen der Heinrich-Heine-Memorierung im Denkmal heute. In: Assmann/Harth, Mnemosyne, S. 104.
20 Diese vier Kategorien unterscheidet Lurz in: Kriegerdenkmäler in Deutschland, Band 4, S. 64 f.
21 St. Bernward, St. Elisabeth, Heilig Kreuz.
22 VfV, Eintracht.
23 In: Marquard/Stierle (Hrsg.). Identität, S. 255-276.
24 Kriegerdenkmäler in Deutschland, Bände 1 bis 6, Heidelberg 1985-1986.
25 Armanski, „... und wenn wir sterben müssen", S. 7 f.
26 „...nicht umsonst gefallen?" Kriegerdenkmäler und Kriegstotenkult in Hannover, Hannover 1991.
27 Innsbruck 1991.
28 Verewigt und Vergessen. Kriegerdenkmäler, Mahnmale und Gedenksteine in Göttingen, Göttingen 1992.
29 Mosse, Gefallen für das Vaterland. Nationales Heldentum und namenloses Sterben, Stuttgart 1993.
30 München 1994.
31 „... eine immerfort währende Mahnung ...", Denkmäler für die Gefallenen des I. Weltkriegs im Kreis Viersen, Schriftenreihe des Kreises Viersen (vormals Kempen-Krefeld), Viersen 1996.
32 In: Northeimer Jahrbuch 70, 2005, S. 106-124.
33 http://www.denkmalprojekt.org/ (letzter Zugriff: 9.2.2006).
34 http://www.kriegerdenkmal.com/ (letzter Zugriff: 9.2.2006).
35 Lurz, Kriegerdenkmäler in Deutschland, Band 1, S. 19.
36 Koselleck, Kriegerdenkmale als Identitätsstiftungen der Überlebenden, S. 257.
37 Sahrendt, Der Stellungskrieg der Denkmäler, Bonn 2004.
38 Welzer, Das soziale Gedächtnis, S. 11.
39 Krumm, Der Hildesheimer Zentralfriedhof.
40 Hein, Vom Hildesheimer Zentralfriedhof zum Nordfriedhof.
41 „Ganz Hildesheim ist eine Bühne" – Der Kaiser besucht eine Stadt, Geschichte lernen, 54/1996, S. 32 ff.

2 Zur Bezeichnung der Denkmäler

Schon beim Titel dieser Untersuchung zeigt sich das Problem: Es gibt keine eindeutige Bezeichnung der hier analysierten Denkmäler. Das liegt nicht an den Objekten. Ein- und dasselbe Denkmal heißt bei dem einen Soldatendenkmal, bei einem anderen Kriegerdenkmal, bei einem dritten Gefallenendenkmal und beim vierten Heldenehrenmal. Jeder von ihnen bekäme den Weg zum selben Objekt gewiesen, würde er auf der Straße nach dem Weg zu ihm fragen. Möglicherweise stieße er auf unterschiedliche Reaktionen.

Er träfe auf das gleiche Phänomen, fragte er nach dem Ehrenmal, dem Mahnmal, dem Denkmal oder der Erinnerungsstätte. Jeder wüsste Bescheid, doch jeder hätte etwas anderes im Sinn. Eine semantische Betrachtung der dem Denkmal hinzugefügten Substantivstämme geht der Frage nach, wer mit den Denkmälern gemeint ist und wie die Gemeinten gesehen werden. Eine Betrachtung der Verbstämme fragt im Anschluss daran nach dem Zweck der Denkmäler.

2.1 Begriffssemantische Überlegungen zu den Substantivstämmen

Kriegerdenkmäler, Denkmäler für Krieger also, erinnern nur an aktive Kriegsteilnehmer, also an alle Personen, die nach einer Definition des Reichsarbeitsministers aus dem Jahr 1920 „vermöge ihres Dienstverhältnisses, Amtes oder Berufes zur Land- und Seemacht gehören, auch Personen, die sich aus Anlass der Kriegsführung im Ausland aufhielten und sich als Kriegsgefangene oder Geiseln in der Gewalt des Feindes befinden."[42] Was ist mit den anderen Kriegstoten, den Bombenopfern, den hingerichteten Deserteuren und Widerstandskämpfern?

Wir kennen seit der klassischen Antike Skulpturen, die Kriegsszenen oder Kriegshelden abbilden und den Sieg feiern. Diese Triumphsäulen (man denke an den Konstantin- oder Trajansbogen) oder heroischen Skulpturen (zum Beispiel das Reiterstandbild Marc Aurels) zeigen Krieger in Aktion oder in der Positur des Siegers. Allen gemeinsam ist: sie lebten, hatten überlebt. Durch den Triumphbogen zog das siegreiche Heer in die Heimatstadt ein, das Standbild verkündete den Ruhm des Geehrten schon zu Lebzeiten.

Aber die Antike gedachte auch ihrer Kriegstoten, der Heroen und „Gemeinen", der Namhaften und Namenlosen. Der Löwe von Chaironeia, der seit 338 v. Chr. über dem Grab der in der Schlacht Gefallenen wacht, ist ein solches Beispiel oder die legendäre Inschrift des Denkmals an den Thermopylen (480 v. Chr.), die Herodot überlieferte: „Zu Ehren derer, die dort an Ort und Stelle begraben worden sind, wo sie gefallen waren, und derer, die vorher gefallen waren, ehe die von Leonidas Weggeschickten abzogen, ist eine Inschrift eingemeißelt worden, die folgendes sagt:

„Mit dreihundert Zehntausenden kämpften hier einst in Entscheidung /
Aus der Peloponnes viertausend Männer allein."
Sie also ist der Gesamtheit gewidmet, den Spartiaten persönlich aber:
„Wanderer, kommst du nach Sparta, verkünde dorten: du habest
Uns hier liegen gesehen, wie das Gesetz es befahl![43]
... Mit Inschriften und Säulen ... haben die Amphiktyonen sie geehrt..."[44]

Nicht nur die Antike gedachte der Toten in sichtbaren Zeichen. Der Leiter des Göttinger Max-Planck-Instituts für Geschichte, Hermann Heimpel, zieht die Traditionslinie quer durch die deutsche Geschichte und nannte beispielhaft „die Türkenfahne im Dom, das Täfelchen zu Ehren der Bauernkrieger von 1703 in der Tegernseer Dorfkirche, die altväterischen Kriegerdenkmäler, welche die Toten nach Dienstgraden zählten: Offiziere, Unteroffiziere, Soldaten, Jäger, Husaren; selbstverständlich war, auch in unserem bayerischen Gymnasium, Friedrich der Große: seine Schlachten, sein Ruhm, seine Leiden, seine Fahnen, Rauchs Monument zu Pferde."[45]

Er hätte der diachronen Sichtweise die synchrone folgen lassen können: Kriegerdenkmäler sind keine deutsche Eigenheit. Es gibt sie in vielen Ländern der Welt, wo sie bis heute einen festen Platz in der Traditionspflege haben. Eindrucksvoll erzählte der evangelische Schulpastor Hans May den Scharnhorstschülern 1963, wie er bei einem Finnland-Besuch erlebte, wie das Mannerheim-Denkmal in Helsinki in das jährliche Ritual des Gefallenengedenkens einbezogen wird [II 23.3]. „Es ist bei uns so Sitte," sagte ihm seine finnische Begleitung, „dass heute Nachmittag um drei die Abiturienten hier zusammenkommen und die Blumen, die sie zum Abitur bekommen haben, zu den Gräbern der gefallenen Soldaten bringen."[46] Beispiele dieser Art hätte May auch in den USA (z. B. in Arlington) oder der damaligen UdSSR (z. B. in Stalingrad), in Großbritannien wie in Griechenland gefunden. Kriegerdenkmäler sind weltweit verbreitet, der Umgang mit ihnen ist in Deutschland allerdings durch den Missbrauch militärischer Tugenden, insbesondere durch den Nationalsozialismus, stark belastet.

Der offizielle Terminus für alle Formen des Gedenkens lautet „Kriegerehrungen". Er umfasst das Soldatengrab, die Friedhofsanlage, den Grabstein, das Gedenkblatt, die Ehrentafel und das Denkmal. Eine „Beratungsstelle für Kriegerehrungen" war im und nach dem Ersten Weltkrieg beim Regierungspräsidium bzw. Oberpräsidium angebunden, also in Hildesheim und in Hannover. Der preußische Minister für Wissenschaft, Kunst und Volksbildung, dem diese Einrichtungen unterstellt waren, warb immer dafür, dass sie von den Körperschaften und Anstalten auch in Anspruch genommen werden. „Kriegerehrungen (müssen) einen einfach würdigen und künstlerisch einwandfreien Charakter tragen, was dem Vernehmen nach leider in manchen Fällen bisher nicht der Fall gewesen ist."[47] Die Beratungsstelle bot „Entwürfe für schlichte eindrucksvolle Gedächtniszeichen" an, ein Angebot das nach Auswertung der noch im Hauptstaatsarchiv Hannover vorhandenen Unterlagen kaum genutzt wurde. Bekannt ist, dass man in Itzum die Empfehlung der Beratungsstelle annahm, das Kriegerdenkmal vor dem Kirchhofplatz aufzustellen. Auch vor der Aufstellung des Obelisken an der Steingrube konsultierte der Denkmalsausschuss der 79er die Beratungsstelle.

Wer **Kriegsteilnehmer** ist, definierte ein Allerhöchster Erlass am 7. September 1915, unterzeichnet von Wilhelm II. und von Bethmann-Hollweg:

„1. Die Angehörigen des deutschen Heeres, der Marine, der Schutz- und Polizeitruppen in den Schutzgebieten, die während des Krieges an einer Schlacht, einem Gefecht, einem Stellungskampf oder einer Belagerung teilgenommen haben, gleichgültig ob diese Teilnahme bei den deutschen oder den Streitkräften eines mit dem Deutschen Reiche verbündeten oder befreundeten deutschen Staate erfolgt ist,

2. die Angehörigen des deutschen Heeres, der Marine, der Schutz- und Polizeitruppen, die, ohne von den Feind gekommen zu sein (Ziffer 1), sich während des Krieges aus dienstlichem Anlass mindestens zwei Monate im Kriegsgebiet aufgehalten haben."[48] Der Erlass definierte nachfolgend auch, was unter Kriegsgebiet zu verstehen ist und wer in zweifelhaften Fällen entscheiden muss – es ging um versorgungsrechtliche Fragen im Rahmen des Offizierspensionsgesetzes.

Die Gemeinden Einum, Neuhof/Marienrode, Itzum oder Sorsum ehrten die toten und die überlebenden Kriegsteilnehmer mit gedruckten Ehrentafeln, auf denen alle mit Portraitfotos abgebildet waren.[49] Der Kriegerverein von 1872 nannte alle Namen auf seiner Gedenktafel. Sehr selten gaben Familienanzeigen den Tod einer Kriegsteilnehmerin bekannt, zum Beispiel, wenn sie sich als Krankenschwester im Lazarett mit einer tödlichen Krankheit infiziert hatte.

Wenn von Kriegsteilnehmern die Rede ist, wird eine militärische Auseinandersetzung zwischen Staaten vorausgesetzt. Ob der Krieg erklärt wurde, ob er gerecht oder ungerecht ist, ob er der unmittelbaren Gefahrenabwehr dient oder vorbeugend die Kriegsfähigkeit des Gegners zerstört, ist nicht Bestandteil der Definition. Der gegenwärtig dem Terrorismus erklärte „Krieg" verzichtet sogar auf die Notwendigkeit eines staatlichen Feindes. Entscheidend ist, dass die Soldaten im staatlichen Auftrag entsandt werden, kämpfen – und sterben.

Und im Bürgerkrieg? Das Problem stellte sich in Hildesheim während des Kapp-Putsches. Sechs junge Männer kamen ums Leben, als Goslarer Jäger am 15. März 1920 mit dem Maschinengewehr in eine demonstrierende und protestierende Menge schossen, die dem Befehl zur sofortigen Räumung der Kaiserstraße nicht nachkam. Die städtischen Kollegien beschlossen, die Getöteten auf Kosten der Stadt in Ehrengräbern beizusetzen.[50] Sie befinden sich auf dem Nordfriedhof im Bereich der Grabanlage für die Toten des Ersten Weltkriegs [II 3.5.1.1].

Der Begriff **„Kriegstote"** erweitert den Kreis der Kriegsteilnehmer und bezeichnet Menschen, die im Verlauf oder in Folge des Kriegsgeschehens ihr Leben verloren haben. Er verwischt bewusst den Unterschied zwischen Beteiligten und Betroffenen. Victor Klemperer hat gegen Ende des Zweiten Weltkriegs bemerkt, dass die Zeitungen im letzten Kriegsjahr wegen des Mangels an Papier die Toten

„ins Massengrab" legten, unbildlich gesprochen in einer gemeinsamen, allerdings unterteilten, Anzeige veröffentlichten: die Gefallenen zuerst, dann die Bombenopfer, die auswärts ums Leben kamen, dann diejenigen – ohne nähere Hinweise – aus der unmittelbaren Nachbarschaft.[51] Hinzuzufügen wären, aber nicht aufgeführt wurden, auch die hingerichteten oder anders zu Tode gekommenen Deserteure und Saboteure. Die Definition berücksichtigt auch jene, die nach dem Ende der Kampfhandlungen an den Folgen ihrer im Krieg erlittenen Verwundungen oder in Gefangenschaft starben. Ihre Namen stehen in den veröffentlichten Totenlisten.

Einige Denkmäler dehnen den Kreis noch weiter und beziehen die Kriegstoten in das allgemeine Totengedenken ein. Der Sportverein Borussia von 1906 [II 4.1.3], die Siedlergemeinschaften Großer Saatner [II 6.3] und West [II 8.5] und die Gemeinde Marienburg [II 19.1] haben ihre Gedenksteine „unseren Toten" gewidmet, obwohl sie bei ihrer Aufstellung zunächst an die Kriegstoten dachten. Keines dieser Denkmäler führt einzelne Namen auf.

Zwei der nach 1990 entstandenen Denkmäler sind nicht konkreten Kriegstoten gewidmet. Sie thematisieren die Schrecken des Krieges und seiner Folgen und das Sterben im Krieg. Die Windbretter am Knochenhauer-Amtshaus [II 1.16.2] mahnen die Vorübergehenden zum Erhalt des Friedens, um nicht erneut, wie beim Untergang des Marktplatzes am 22. März 1945, Zerstörung und Tod erleiden zu müssen. Die inzwischen wieder verschwundene Skulpturengruppe Daniel Schürers an der Universität sollte als Diskussionsbeitrag zum Irak-Krieg verstanden werden [II 6.4]. Die aus Stämmen nachgebildeten Soldaten vermorschten mit der Zeit und fielen um. Sie versinnbildlichten damit das Sterben im Krieg.

Der Begriff **„Kriegsopfer"** verhält sich, anders als Lurz vermutet, nicht „neutral in der Einschätzung der Toten"[52]. Er ist deskriptiv (wie „Todesopfer") und präskriptiv (wie „Opfertod") verwendbar.[53] Deskriptiv lässt er sich auf lateinisch „operatio" zurückführen. Damit sind dann diejenigen bezeichnet, die im Zusammenhang mit einer Kriegshandlung ums Leben gekommen sind. Präskriptiv – also mit einer vorgegebenen Deutungsabsicht – steht das lateinische „operari" im Hintergrund: einer Gottheit – oder dem Staat – wird ein Opfer dargebracht. Dieser Euphemismus des gewaltsamen Kriegstods auf dem Schlachtfeld ist unabhängig von Zeit und Raum allgegenwärtig: „Der Altar des Vaterlandes" ist in Rom real und in vielen Ansprachen und Redewendungen als Metapher vorhanden. In einigen Hildesheimer Kirchen und Schulen wurde die Kriegerehrung als Altar gestaltet. Opfer und Opferstätte fügen sich situativ zusammen wie Opfer und Erlösung intuitiv. Der sich bewusst aufopfernde Mensch und der geopferte Mensch – beide Möglichkeiten der Deutung sind bei der Betrachtung eines Namens auf der Gedenktafel gegeben. Nicht auf den Denkmälern erscheinen in der Regel die Namen der Opfer, die von den „sich Aufopfernden" umgebracht wurden: die auf der anderen Seite der Front, in den überfallenen Gebieten, in den Lagern.

Abgesehen von den Gedenkbüchern erscheinen die Namen von Frauen und Kindern nur auf wenigen Denkmälern. Sie starben augenscheinlich nur als passive, leidende, Kriegsopfer bei Bombenangriffen. Dass Frauen auch an der „Heimatfront" aktiv am Krieg teilnahmen, war wenigstens dem Kommentator der HiZ klar, als er unter der Überschrift „Noch mehr Frauen an die Front!" an die „zahllosen schönen Beispiele treuen Opfermutes unseres Frauenheeres in den Kämpfen an der inneren, der wirtschaftlichen Front" erinnerte. Dennoch war das Opfer offenbar noch nicht groß genug. Im Juli 1917 seien in der englischen Munitionsherstellung 700.000 Frauen beschäftigt gewesen, mehr als 400 Prozent mehr als im Vorjahr. Einen solchen Dienst am Vaterland wünschte sich der Verfasser auch bei jenen deutschen Frauen, „die vielleicht aus unschwer zu überwindenden, wenn nicht gar nichtigen Gründen gezögert haben".[54]

Dass Frauen bei der Munitionsherstellung oder anderen gefährlichen Arbeitseinsätzen ums Leben kamen, ist an den Denkmälern nicht zu erkennen. Ihre Namen stehen auf den Steinen auf ihren Gräbern auf dem Nordfriedhof. Mitgedacht werden können sie auf allen Gedenksteinen mit allgemein gehaltener Widmung. Ausdrücklich werden sie darauf fast nie erwähnt: die Himmelsthürer Denkmalanlage, die Gedenkbücher von St. Lamberti [II 2.1.4] oder der Landwirtschaftlichen Berufsschule [II 3.3] und die Gedenktafel der Firma Senking [II 3.6] sind seltene Ausnahmen.

Für „Kriegsopfer", im Sinne der allgemeinen Wortbedeutung, die sich dem Begriffsinhalt von „Todesopfer" annähert, der die Opfer von Unfällen oder Naturkatastrophen und die Opfer von Gewalttaten gleichermaßen umfasst, sind in Hildesheim Denkmäler vorhanden: für die Toten der Bombenangriffe auf die Stadt [II 3.5.2], für Zwangsarbeiterinnen und Zwangsarbeiter, die zu Tode gequält wurden [II 3.5.3.2/4], tödlich verunglückten oder erkrankten, für ums Leben gekomme Kriegsgefangene, Fremdarbeiterinnen und Fremdarbeiter und Verschleppte [II 3.6], für von „plündernden Polen" Erschlagene [II 2.1.4], für Vertriebene [II 9.5 und 1.24] und Internierte [II 5.7.2], für auf der Flucht Gestorbene sowie für Opfer nationalsozialistischer Gewaltmaßnahmen (jüdischer [Nord-] Friedhof).[55] Die St.-Lamberti-Gemeinde führt in ihrem Gedenkbuch auch einen pensionierten Oberinspektor, der am 28. September 1945 von *räuber. Polen in Hildesh. ermordet* wurde, als Kriegsopfer auf.

Eine Bedeutungsmischung aus Kriegs- und Todesopfer finden wir in einigen Hildesheimer Denkmalsinschriften: Sorsum erinnert an alle *Opfer der Weltkriege* [II 13.5]. Die Drispenstedter wollen *aller Opfer der Kriege und des Terrors* gedenken [II 7.2.2]. In Bavenstedt sei *euer Opfer uns Mahnung zum Frieden* [II 15.2.1]. Auf dem Marktplatz trägt die Tafel unter anderen die Wörter *Den Opfern von Krieg und Gewaltherrschaft* [II 1.22.2].

„**Kriegerdenkmäler**" erinnern in eingeschränkter Wortbedeutung an im Krieg ums Leben gekommene Soldaten. In dieser allgemeinen Definition muss allerdings als semantisches Merkmal eine nicht aufgekündigte Loyalitätsbeziehung mitgedacht werden. Desertierte oder „unehrenhaft" entlassene Soldaten kommen auf Kriegerdenkmälern grundsätzlich nicht vor. Die Bezeichnung „Kriegerehrenmal" verstärkt diesen Hinweis, verdeutlicht aber zugleich das Dilemma des militärischen Ehrbegriffs, mit dem Begriffe wie Mut, Tapferkeit oder edle Gesinnung dem der treuen Pflichterfüllung durch unbedingten Gehorsam zugeordnet werden und weniger dem am „Prinzip Verantwortung" ausgerichteten Handeln. Kriegerehrenmäler vermitteln dem Betrachter in unerschütterlicher Weise den antiken Sinnspruch „Süß und ehrenvoll ist es, fürs Vaterland zu sterben".[56]

Die Kriegerehrung grenzt sich ab vom „antiken Heroenkultus, der von seinen Helden alle menschlichen Schwächen und Fehler abstreifte und sie mit dem Nimbus des Göttlichen umgab". ... „Wir haben es bei unserer Ehrung nicht sozusagen mit den ganzen Menschen, sondern nur mit ihrer Eigenschaft als Krieger zu tun, mit ihrer außerordentlichen Leistung in einer außerordentlichen Zeit."[57]

Der Kyffhäuser-Bund der Deutschen Landes-Kriegerverbände hatte über viele Jahre auch auf die Gesinnung geachtet und Arbeitern, insbesondere aber Sozialdemokraten, die Bezeichnung „Krieger" nicht zugestanden. Erst am 10. Dezember 1916 beschloss der Hannoversche Provinzial-Kriegerverband, die Haltung gegenüber der Sozialdemokratie nach den im Krieg gemachten Erfahrungen zu ändern. Nun solle auch denen, die sich Sozialdemokraten nannten, der Eintritt in die Kriegervereine gewährt werden, da sie dadurch ja ihre Treue zu Kaiser, Reich und Vaterland bekräftigten.[58]

Nach der Durchsetzung des Frauenwahlrechts Anfang 1919 und des Eindringens von Frauen in weitere Männerdomänen, zum Beispiel des Kampfsports, musste der Kriegerverein „Vaterland" „aus gegebenem Anlass" eine klare Grenze ziehen. Er beschloss, dass Frauen Kriegervereinen nicht beitreten können und dass ihnen auch nicht die vom Kyffhäuserbund herausgegebene „Kriegsdenkmünze" verliehen werden dürfe.[59] Die oft beschworene Einheit des Volkes und von Heimat und Front war an ihre natürliche Grenze gestoßen: Der Krieger ist männlich.

„**Gefallenendenkmal**" verweist auf das Wortfeld „fallen", dem Wörter wie „hinfallen" aber auch „fällen" zuzuordnen sind. Der Tod im Krieg versinnbildlicht sich in diesen Wörtern. Er entkleidet sich im Wort „fallen" seines Schreckens, im Wort „fällen" verkleidet er sich in einen starken Baum, der von einem Naturereignis (Blitzschlag) oder einem übermächtigen technischen Mittel (Axt, Säge) umgelegt wurde. Es ist ein aseptischer Tod, der nichts mit den apokalyptischen Bildern gemein hat, die beispielsweise Erich Maria Remarque und Wolfgang Borchert in der Literatur oder Otto Dix in der bildenden Kunst hervorrufen: zerfetzte Gedärme, verpestete Lunge, antwortlos und einsam unter der giftig glühenden Sonne und unter wankenden Gestirnen umherirren, einsam zwischen den unübersehbaren Massengräbern, dürr, wahnsinnig, lästernd, klagend.[60] Für das Fallen ist niemand so recht haftbar zu machen: der Schnee fällt, die Aktienkurse fallen – das Schicksal waltet hier wie dort. Ralph Giordano rät deshalb, „gefallen" durch „umgebracht" zu ersetzen.[61]

Neben diesem offenkundigen Euphemismus schränkt der Begriff „Gefallener" den Inhalt auf den Bedeutungsbereich ein, der im Englischen mit „killed in action" bezeichnet wird. Die deutsche Sprache bevorzugt auch dafür einen schönfärbenden Ausdruck: „im Felde gefallen" oder „auf dem

Felde der Ehre gefallen". Nicht auf ein „Gefallenendenkmal" gehörten demnach alle, die beim Beschuss der Unterkunft, im Lazarett, auf dem Transport oder in Gefangenschaft ums Leben kamen. Ein in diesem Sinne gestaltetes „Gefallenendenkmal" finden wir in Hildesheim nirgends. Obwohl sie offenkundig keinen Kriegstoten von der Ehrung ausschließen wollen, erinnern viele Denkmalsinschriften dennoch ausdrücklich an gefallene Bergkameraden [II 20.1], gefallene Fallschirmspringer [II 3.2.2], gefallene Regimentskameraden [II 3.5.1.2], Gefallene unserer Gemeinde [II 12.2.2], gefallene Lehrer und Schüler [II 8.3.3], gefallene Brüder [II 2.2], gefallene Söhne [II 1.21], gefallene Poseidonen [II 8.4], Gefallene des Zweiten Weltkriegs [II 13.3.3], *Caduti Italiani* [3.5.3.3], *gefallene Sportkameraden* [II 13.6]. Die Scharnhorstschule zitiert angeblich Morgenstern: *Die Gefällten sind es, auf denen das Leben steht* [II 5.5]. Nur die Martin-Luther-Gemeinde und der FC Concordia erkannten die Enge des Begriffs „Gefallene". Die Kirchengemeinde widmete die Inschrift *den Gefallenen der 2 Weltkriege, den in Kriegsgefangenschaft Verstorbenen, den bei den Bombenangriffen um's Leben Gekommenen und all' unseren lieben Toten in der Fern*e [II 3.4]. Der Sportverein unterscheidet in seiner Inschrift Gefallene und Tote [II 4.2.2]. An den anderen Orten fand man offenbar die dramatisierende und assoziationskräftigere Bezeichnung reizvoller.

Die Bezeichnung **„Heldenehrenmal"** verwandte das Parteiorgan der NSDAP, der Hildesheimer Beobachter, am 8. Juni 1939 im Zusammenhang mit der Einweihung des 79er-Denkmals am Galgenberg. Als „Helden" wurden in den Sagen des klassischen Altertums die siegreich aus dem Krieg Zurückgekehrten ebenso gefeiert, wie die auf dem Schlachtfeld Zurückgebliebenen betrauert wurden. Sie hatten sich in einer außergewöhnlichen, bedeutsamen Situation unter Einsatz ihres Lebens besonders tapfer verhalten. In der zweiten Hälfte des 18. Jahrhunderts war das Idealbild des klassischen Helden – insbesondere durch den deutschen Kunsthistoriker Johann Joachim Winckelmann – wieder entdeckt und wieder erweckt worden. Es war nicht nur ein ästhetisches, sondern auch ein ethisches Ideal und fügte sich in das klassizistische Programm „edler Einfalt und stiller Größe" nahtlos ein.[62] Der klassizistische Held verkörperte in seinen idealen Proportionen die zentralen bürgerlichen Tugenden: Disziplin, Selbstbeherrschung, Loyalität, Mut, Gehorsam und Todesbereitschaft.[63]

An die Helden und das Heldentum erinnerten Denkmalsinschriften und Festredner auch ohne nationalistische oder gar nationalsozialistische Motivation, wenngleich es dem Nationalsozialismus vorbehalten war, aus dem Volkstrauertag einen „Heldengedenktag" zu machen. Den Hildesheimer Schulen teilte der Preußische Minister für Wissenschaft, Kunst und Volksbildung beispielsweise mit, dass „am Sonntag Reminiscere ... das deutsche Volk wiederum der Toten des Weltkrieges (gedenkt). Unter Hinweis auf meinen Erlass vom 25. Februar 1933 – U II C 314 U II K – ordne ich an, dass alljährlich in den Schulen des Heldengedenktages am Vortage in würdiger Weise gedacht wird."[64] Im Jahr zuvor, wie auch in der Überschrift zu dem zitierten Erlass im Amtlichen Schulblatt, war noch vom Volkstrauertag die Rede. Politisch rechts stehende Kreise sprachen aber schon in der Weimarer Republik vom Heldengedenktag.[65]

Auch der Begriff des „Helden" wird erst durch seinen Kontext verstehbar. Zum einen kommt er im zivilen wie im militärischen Sprachgebrauch vor, ebenso in allen ideologischen Schattierungen.[66] Löst er sich allerdings von einer „Heldentat", ist jeder Kriegsteilnehmer, der zu Tode kommt, ein „Kriegsheld". Auch ein tödlicher Unfall wurde in der Wahrnehmung der trauernden Familie als „Heldentod fürs Vaterland" erlitten.[67]

Zum anderen unterliegt der Begriff einem zeitbedingten Bedeutungswandel: „Die soziale Ebene des Personenkreises, auf den er Anwendung fand, senkte sich seit der Mitte des 18. Jahrhunderts immer weiter herab, d. h. der Personenkreis wurde immer größer."[68] Nach C. F. Pauli dient der „moderne" Held unter Aufbietung aller Kräfte zuerst dem Vaterland als höchstes Gut, dann dem Monarchen und schließlich dem Christentum. Nicht den Vorgesetzten und Regenten gebühre der Ruhm für die Taten der Untergebenen, sondern ihnen selbst. Die Leistung, nicht der Rang sollte ausgezeichnet werden.[69]

Die Stiftung von Gedenktafeln durch den preußischen König Friedrich Wilhelm III. am 5. Mai 1813 griff diesen Gedanken auf und bestimmte in § 1: „Jeder Krieger, der den Tod für das Vaterland in Ausübung einer Heldenthat findet, die ihn nach dem einstimmigen Zeugniß seiner Vorgesetzten und Kameraden den Orden des eisernen Kreuzes erworben haben würde, soll durch ein, auf Kosten des

Staates in der Regimentskirche zu errichtendes, Denkmal auch nach seinem Tode geehrt werden."
Entsprechend lautete der vorgeschriebene Text der Widmung: „Die gefallenen Helden ehrt dankbar König und Vaterland. Es starben den Heldentod aus dem ... Regiment...". Demgegenüber wurden die übrigen Gefallenen auf Gedenktafeln in ihren Gemeindekirchen unter der Einleitung „Aus diesem Kirchspiele starben für König und Vaterland..." namentlich erwähnt, im Anschluss an die Träger des Eisernen Kreuzes.[70]

Diese „Ehrungen erster und zweiter Klasse" ließen sich bei den Gefallenenehrungen nicht halten. Im Gegensatz zu den fein abgestuften Ordensstiftungen für Lebende wurden auf Denkmälern sehr bald alle Gefallenen unterschiedslos zu Helden erklärt. Der Hinweis Paulis wurde dabei dankbar aufgegriffen, allerdings in umgekehrter Reihenfolge: die Gefallenen waren für Gott, Kaiser und Vaterland gestorben und damit alle zu Helden geworden.

Zur Zurückhaltung mit der Bezeichnung „Held" mahnte dagegen General Leopold Freiherr von Ledebur, als er die Auswahlvorschläge für die Inschrift am 79er Denkmal am Galgenberg zur Diskussion stellte. Jemand hatte einen Spruch von Grillparzer empfohlen: „Ein Held ist, wer das Leben Großem opfert, wer's für ein Nichts vergeudet, ist ein Tor." Der Regimentschef des Ersten Weltkriegs gab zu bedenken, dass nicht jedes Kriegsopfer „Held" gewesen sei, so dass das Hineinbringen dieses Wortes zum Widerspruch reizen würde. Der Einwand wurde bei der Entscheidung berücksichtigt.[71]

Der streitbare Pazifist Kurt Tucholsky ging noch einen Schritt weiter. Mit keinem Begriff sei seit dem Jahre 1914 so viel Unfug getrieben worden, wie mit dem Wort „Helden". In einem zornigen Text nennt er alles Heldengerede, zumal wenn es sich auf die militärische Führung bezieht, Schwindel. Der moderne Krieg habe aus dem Führer einen Beamten gemacht. „Es gibt keine Landsknechte mit der Hellebarde mehr – übrig geblieben sind nur noch die Vorstellungsformen aus jener Zeit: das ruhmreiche Schwert und der heldische Führer und das Feld der Ehre." Eben „Schwindel."[72]

In Hildesheim verwenden sechs Denkmäler in der Inschrift die Bezeichnung „Held": In Achtum steht über der Namensliste der Toten des Zweiten Weltkriegs *Den Helden* [II 17.1.2], in den Kirchen St. Bernward und St. Godehard und in Himmelsthür starben die Väter, Brüder und Söhne *im Kampfe für Heimat und Vaterland den Heldentod* [II 1.3, 1.7 und 14.1], das 79er-Denkmal am Hagentorwall, jetzt auf dem Marienfriedhof, erinnert an die *im siegreichen Kampfe gegen Frankreich 1870-1871 gebliebenen Helden* [II 1.11] und auch das Josephinum leitete die Totenliste ein mit *Im Weltkriege 1914/18 starben den Heldentod für das Vaterland* [II 1.13.1].

	Signifikat					
Signifikant	ums Leben gekommen	durch Kriegsgeschehen	bei Kriegshandlungen	als Kombattant	auf dem Schlachtfeld	mit vorbildhaftem Einsatz
						Helden
					Gefallene	
				Krieger / Soldaten		
			Kriegsopfer			
		Kriegstote				
	Tote					

Tafel 1: Matrix der semantischen Spezifizierung des Kriegstotengedenkens

Umgangssprachlich werden die verschiedenen Bezeichnungen für das Kriegstotengedenken oft synonym verwendet. Der Sachverhalt ist gleich, der Gefühlswert, die „emotionale Ladung" nicht. Sie nimmt nach rechts zu und ist bei „Kriegsopfer" größer als bei „Kriegstote". Je größer diese Ladung, desto größer auch die pragmatische Wirksamkeit bei der Herausbildung einer Gruppenidentität und bei der Abgrenzung zu anderen.

Der jeweils individuelle Umstand des Todes im Krieg ermöglicht – wenn es denn aus statistischen oder versorgungsrechtlichen Gründen erforderlich wäre – eine Zuordnung des Einzelnen zur jeweiligen Kategorie. Das Denkmal bildet aus der Vielzahl der Einzelnen eine abstrakt zu definierende Gruppe. In der ersten Spalte der Matrix könnten die Namen aller Kriegstoten erscheinen, in der sechsten Spalte nicht. Je mehr semantische Merkmale den Begriff bestimmen, desto kleiner ist die Anzahl der Gemeinten. Es geht beim Denkmal aber nicht mehr um die Begrifflichkeit, sondern um Symbolik. Der „Held" wird zum Symbol für Selbstlosigkeit, Aufopferung, Tapferkeit und Treue. Es aggregiert die einzelnen Erscheinungsformen unabhängig von der Vielzahl der individuellen Merkmale. Nicht die Erscheinungen werden „auf den Begriff" gebracht, sondern die Erscheinungen erhalten durch das Symbol eine besondere, irrationale und emotionsgeladene, Bedeutung. In Gesellschaft ähnlicher, ebenso aggregierter Symbole wie Vaterland, Heimat, Volk oder Nation (die erheblich mehr „bedeuten" als Territorium, Geburtsort, Bevölkerung oder Staat) entsteht am Denkmal ein Netz von Symbolen, das man auch Scheinwirklichkeit oder Ideologie nennen kann.

Die Scheinwirklichkeit wirkt in beide Richtungen. Nach rechts, mit zunehmender semantischer Spezifizierung, überhöht und heroisiert sie das Geschehen und die Akteure, deren Taten als semantische Merkmale beim Gedenken mitzudenken sind. Krieger, Gefallene und Helden waren per definitionem Täter, bevor sie zu Opfern wurden. Bei Kriegern und Gefallenen bleibt von der Täterrolle allerdings nur die äußere Hülle sichtbar, nicht aber ihre Ausfüllung. Im Begriff des „Helden" enthüllt sie sich und strahlt veredelt. Ob sich die Heldentaten an ethischen Maßstäben orientierten, ob der Held edel und gut war, wird bei der Definition ausgeblendet.

Nach links, mit zunehmender semantischer Generalisierung, nivellieren sich die Rollen. Täter und Opfer vereinen sich in den Begriffen „Kriegsopfer" und „Kriegstote". Im „Opfer" klingt noch die Tragik des Geschehens an, dass Täter und Opfer sich – zumindest überwiegend – gegenseitig nach dem Leben trachteten und deshalb beide Rollen verkörpern. Dem Begriff „Kriegstote" geht auch diese Differenzierung verloren – der Tod macht scheinbar alle gleich.

2.2 Begriffssemantische Überlegungen zu den Verbstämmen

Welchen Zweck sollen die Monumente erfüllen? Mit der Frage ist bereits eine wichtige Feststellung getroffen: Sie sollen einen Zweck erfüllen, sie sind keine freien Kunstschöpfungen, die frei gedeutet werden können und funktionslos im öffentlichen Raum sehen. Sie sollen konkretes Erinnern unterstützen und verstetigen. Auch hier gibt es eine Parallele zur antiken Skulptur. Eines ihrer herausragenden Merkmale war die kultische Gebundenheit. Denkmalanlagen für Kriegstote sind als Orte oder gar Zentren für kultische Veranstaltungen und Verwendungen geplant worden. Sie verwenden oft die Form eines Altars, eines Kreuzes oder einer Grabstele. Bisweilen greifen sie auch auf vorchristliche Formen der griechischen, römischen, ägyptischen oder germanischen Tradition zurück. Der Kult wurde mindestens einmal im Jahr bei öffentlichen Gedenkveranstaltungen am Totensonntag oder Volkstrauertag, bisweilen auch am Buß- und Bettag, ausgeübt, darüber hinaus auch anlassbezogen bei Patronatsfesten, Jubiläen oder an den Jahrestagen bedeutender Schlachten. Die Abfolge dieser Feste erscheint ritualisiert. Unabhängig vom Veranstalter, vom Ort und vom Jahr ähneln sich diese Veranstaltungen thematisch, strukturell und inhaltlich. Der Totenkult hat im Gesamtarrangement des öffentlichen Gedenkens seine zeitlose Form gefunden.

Daneben waren und sind die Denkmäler Orte privaten, persönlichen Totengedenkens. Das findet insbesondere dort statt, wo das Denkmal das persönliche Interesse durch Preisgabe persönlicher Daten erwidert. Gedenkbücher, deren Totenlisten tagesaktuell aufgeschlagen werden, oder Gedenktafeln, die über Geburts- und Todestag (z. B. Sorsum [II 13.3.3]), Sterbeort (z. B. Scharnhorstschule [II 5.5]), militärischen Dienstgrad (z. B. Himmelsthür [II 14.1.1]), Wohnort (z. B. Fachhochschule [II 4.3]) und Beruf (z. B. Lambertikirche [II 2.1.4]) Auskunft geben, sprechen Angehörige an aber auch Menschen, die am persönlichen Leidensweg der Kriegstoten mitfühlend Anteil nehmen wollen.

Die Bezeichnungen „Ehrenmal", „Denkmal", „Gedenkstätte", „Gedächtnisstätte", „Mahnmal" geben erste Aufschlüsse über die weitere Zweckbestimmung der Erinnerungsstätten. Die Infinitive ihrer Bestimmungswörter verweisen auf die Haltungen oder auf das Verhalten, das die Denkmäler beim Betrachter oder „Benutzer" hervorrufen sollen: ehren, denken, gedenken, mahnen. Im konkreten Zusammenhang mit der jeweiligen Denkmalsstiftung und -gestaltung wird erörtert werden müssen, welchen konkreten Zweck das Denkmal verfolgen sollte. Ein stolzes Ehren wird anders dargestellt als ein trauerndes. Werden Gedanken der Vergeltung oder der Versöhnung angeregt? Dient es dem Heldengedenken oder dem Opfergedenken? Ist es „Mahnung zum heiligen Opfer" oder zum „Nie wieder Krieg"?

Zur Zweckbestimmung des ersten ausgeführten Nationaldenkmals der Befreiungskriege, des Kreuzbergdenkmals in Berlin, veröffentlichte Friedrich Wilhelm III. von Preußen aus Anlass der Grundsteinlegung einen Zeitungsartikel, in dem er die Funktionen des Denkmals beschrieb, die auch von anderen Denkmälern in ähnlicher Weise erwartet werden[73]:

„1. Zunächst handelte es sich um eine Synthese der sieben Denkmäler auf den Schlachtfeldern. Anders als dort lagen auf dem Kreuzberg jedoch keine Toten, so dass das Monument lediglich einen Kenotaph bildete.

2. Die Hauptstadt brauchte ein Monument für zentrale Feierstunden des Reiches, an denen die königliche Familie, die Regierung und hohe Staatsbeamte teilnehmen und sich dem Volke zeigen konnten.

3. In der Hauptstadt bildete das Nationaldenkmal den Ort patriotischer Wallfahrt und eine Attraktion für die Bevölkerung und Besucher der Stadt.

4. Ausländische Besucher können zum Denkmal geleitet werden; z. B. nahm der Kaiser von Russland an der Grundsteinlegung teil.

5. Im Nationaldenkmal bot sich dem Monarchen die Gelegenheit, kollektiv dem Volk zu danken und dabei seine Rolle als Souverän zu demonstrieren. Der vaterländische Impetus der Insurrektionszeit wurde in konservativem Sinne umgedeutet.

6. Schließlich erfüllte das Kreuzbergdenkmal die gleichen Zwecke wie die Gedenktafeln in den Kirchen, nämlich das Totengedächtnis als Erinnerung, Mahnung und Vorbild zu pflegen. Darüber hinaus gedachte es „dem Volke", also auch der Überlebenden und aller, die nicht im Felde gekämpft hatten."

Auch im Brief der allgemeinen Ständeversammlung an das hannoversche Kabinettsministerium vom 17. März 1829 sind am Beispiel der 1826 von Laves entworfenen Waterloo-Säule Zweckbestimmungen zu erkennen, die sich mit den Stichwörtern ehren, danken, mahnen und erinnern zusammenfassen lassen:

„Ein Denkmal der Ehre der Hannöverschen Armee sowie der Königlich Deutschen Legion, und des verdienstlichen Todes der bey Waterloo gefallenen Krieger, sey es zugleich ein Denkmal der Dankbarkeit des Vaterlandes und eine Mahnung des Vaterlandes an seine kampffähigen Söhne zu gleicher Tapferkeit und Ehre, wenn es – Gott gebe in einer noch weit entfernten Zukunft – wiederum genöthigt werden sollte, sie zur Vertheidigung und zum Schutze aufzufordern. Möge es aber auch der Nachwelt Zeuge seyn von der treuen Anhänglichkeit der Bewohner dieses Königreichs an ihr verehrtes Fürstenhaus und von der dankbaren Anerkennung der erhabenen Verdienste, welche seine jetzt regierende Königliche Majestät sich um Mit- und Nachwelt erworben haben durch die ausdauernde Kraft, durch welche Allerhöchst dieselbe den Völkern jenen Sieg möglich gemacht und die Vereinigung Ihrer deutschen Staaten zur allgemeinen Wohlfahrt hat."[74]

Das hannoversche Nationaldenkmal erwähnt, anders als das preußische, ausdrücklich nicht den Monarchen Georg IV., sondern trägt auf der Nordseite die Inschrift: „Den Siegern von Waterloo / Das dankbare Vaterland". Auch auf den drei Tafeln mit den Namen der 876 Gefallenen fehlt der Hinweis auf den Regenten.

Erstmals erschien die Trias Ehrung – Mahnung – Nacheiferung leicht abgewandelt in einer Denkschrift von Karl Freiherr vom und zum Stein, dem Bruder des Reformers, der als Gesandter des preußischen Königs bereits 1793 zur Übergabe des Hessen-Denkmals an Magistrat und Bürgerschaft der Stadt Frankfurt Überlegungen zum Zweck des Denkmals formulierte: es diene „kommenden

Geschlechtern zur Nachahmung, unserem Volk als lehrendes Beispiel", später fügte er hinzu: „uns, die wir's sahn, zur immerwaerenden Erinnerung".[75]

Die dreifache Zweckbestimmung, die auch auf die Zeitdimensionen Vergangenheit, Gegenwart und Zukunft wie auch auf die Adressatendimensionen „Wir", die Zeitgenossen, „Ihr", die Nachfolgenden, und „Sie", die Toten, verweist, konstituiert jedes memoriale Denkmal, so dass sie formal den Lauf der Zeit unabhängig von Herrschaftsformen und gesellschaftlichem Wandel überdauerte. Allerdings veränderten sich die Erwartungen: Generalfeldmarschall Paul von Hindenburg bestimmte das Tannenberg-Nationaldenkmal mit seinem Hammerspruch bei der Grundsteinlegung am 31. August 1924 „den Gefallenen zum ehrenden Gedächtnis, den Lebenden zu ernster Mahnung und den kommenden Geschlechtern zur Nacheiferung".[76] Der Regimentsgeschichte der 79er stellte der Autor als Geleitwort Ende der zwanziger Jahre eine noch etwas pathetischere

Tafel 2: Trias der Kriegstotenehrung

Variante voran: „Den gefallenen Kameraden des Regiments von Voigts-Rhetz zum ewigen, ehrenden Gedächtnis, den Lebenden zur stolzen Erinnerung, der deutschen Jugend zur Erbauung und inneren Erstarkung".[77] Über siebzig Jahre später, nach einem weiteren verlorenen Krieg und nach der Vereinigung der beiden deutschen Staaten, sind in einem Erlass des niedersächsischen Kultusministers zur Bedeutung des Volkstrauertags aus „den Gefallenen" „Opfer und Verfolgte" geworden, aus „den Lebenden" „Überlebende und ihre Angehörigen" und aus „den kommenden Geschlechtern" die „nachwachsende Generation". Auch die Zwecke bestimmte der Erlass genauer: Das Erinnern soll das Namenloswerden und das dem Vergessen anheimfallen verhindern, die (Er-)Mahnung erwartet Respekt und Mitgefühl und die Nacheiferung besteht in der Bereitschaft, „für die Menschenwürde und den Respekt vor Andersdenkenden, für Demokratie, Freiheit und Rechtsstaatlichkeit einzutreten."[78]

2.2.1 Erinnern und vergessen

„Erinnern heißt, eines Geschehens so ehrlich und rein zu gedenken, dass es zu einem Teil des eigenen Inneren wird." Als Richard von Weizsäcker dies am 8. Mai 1985 als Bundespräsident im Plenarsaal des Deutschen Bundestages sagte, hatte er wenige Sätze zuvor den 8. Mai einen „Tag der Befreiung" genannt, weil er uns alle von dem menschenverachtenden System der nationalsozialistischen Gewaltherrschaft befreit habe.[79] Verbreitet war bis dahin die Bezeichnung „Tag der Kapitulation". Wie erinnert man richtig?

Wer den Tag als Niederlage erlebte, wird ihn sich als Kapitulation gemerkt haben. Wer das Ende der Gewaltherrschaft herbeisehnte, wird die Befreiung begrüßt haben. Was taten die Mitläufer? Haben sie das Ereignis des 8. Mai oder gar die ganzen Jahre zwischen 1933 und 1945 gelöscht? Wäre die Erinnerung das Abrufen gespeicherter Daten, kämen sie unverfälscht zum Vorschein. Durch einen Löschbefehl könnten sie getilgt werden. So aber funktionieren Erinnerung und Vergessen nicht. Beides sind Bewusstseinsvorgänge, die sich im Lauf der Zeit, im Verlauf der psycho-sozialen Entwicklung, durch die Verarbeitung von Wahrnehmungen und Vorstellungen, von Wünschen, Hoffnungen und Ängsten, wandeln. Aleida Assmann unterscheidet im Zusammenhang mit Shakespeares Historien die rächende und die rühmende Erinnerung, Nemesis und Fama. Beide halten als Teil der feudalen Memoria den Träger eines Namens unsterblich, bewahren ihn vor Schande und sichern seine Ehre. Die nationale Memoria hebt die feudale auf. „Der Einzelne versteht sich im Lichte dieser Geschichte als Teil einer übergreifenden Identität. An die Stelle der Sakralisierung des Blutes und der Legitimation durch Herkunft tritt die Identifikation mit einer gemeinsamen Geschichte; an die Stelle der Sakralisierung des Namens tritt die patriotische Ehre der Nation."[80]

Erinnern ist nicht das Abrufen gespeicherter Informationen. Die Erinnerung kommt gefiltert zutage, so gereinigt, dass sie kein Unheil anrichtet. Die Versuchung ist groß, sich in Lebenslügen zu flüchten und Selbstbetrug zu begehen. Bundespräsident von Weizsäcker mahnte die Ehrlichkeit und Reinheit des Gedenkens, im Ergebnis also Wahrheit und Klarheit an, um der Gefahr kollektiver Selbsttäuschung zu entgehen. Das Unheil ist nicht durch Vergessen oder Beschönigen zu heilen. Die Fama, die für ewigen Ruhm und ein ungetrübtes Andenken sorgt, verschweigt die Schattenseiten: de mortuis nil nisi bene. Die Pietät, die Pflicht der Angehörigen, den Verstorbenen in Ehren zu halten, lässt zu, ihn als sündigen, also unvollkommenen Menschen zu akzeptieren. Alexander Mitscherlich hielt 1967 der (west)deutschen Gesellschaft vor, dass sie lieber der Fama frönt. „Es gehört zur Natur der Trauer, dass sie im Verlauf der Zeit erlischt und dass wir in ihr lernen, den erlittenen Verlust zu ertragen, ohne ihn zu vergessen. Für Kriegstote, so hat man den Eindruck, wird die Erinnerung bei uns oft weniger aus Pietät, denn aus der Absicht, Schuld aufzurechnen, wachgehalten."[81]

Die Erinnerung enthält Potenziale der Klage und Anklage, der Reinwaschung und Beweihräucherung ebenso wie die der Einsicht, der Versöhnung und des Lernens. Die in den Hildesheimer Kriegerdenkmälern materialisierten Erinnerungen deuten die Ereignisse im Wesentlichen als erlittene Schmach. Das ehrliche, reine Gedenken des Geschehens wird mit missbrauchsgefährdeten Wortsymbolen wie Treue und Pflicht, Vaterland oder Heimat vernebelt. Von „Terror" oder „Gewaltherrschaft" ist nur auf wenigen Tafeln zu lesen. Nur ein Denkmal – das des DGB auf dem Nordfriedhof [II 3.5.3.1] – nennt die Täter beim Namen.

Richard von Weizsäcker riet in seiner bereits zitierten Ansprache zu einem umfassenden Erinnerungsbegriff, den er aus einer jüdischen Weisheit ableitete: „Das Vergessenwollen verlängert das Exil, und das Geheimnis der Erlösung heißt Erinnerung." Zwar ist die hier gemeinte Erinnerung „die Erfahrung vom Wirken Gottes in der Geschichte". Doch gilt auch für die Kriege, was von Weizsäcker mit Blick auf die nationalsozialistischen Verbrechen formulierte: „Würden wir unsererseits vergessen wollen, was geschehen ist, anstatt uns zu erinnern, dann wäre dies nicht nur unmenschlich. Sondern wir würden damit dem Glauben der überlebenden Juden zu nahe treten, und wir würden den Ansatz zur Versöhnung zerstören. Für uns kommt es auf ein Mahnmal des Denkens und Fühlens in unserem eigenen Inneren an."[82]

Die griechische Mythologie verbindet die Göttin der Erinnerung, Mnemosyne, aufs engste mit Zeus. Gemeinsam zeugten sie die neun Musen, die Göttinnen der Wissenschaften und Künste und die Hüterinnen einer harmonischen Ordnung. Die Erinnerung bedient sich mit Hilfe der Musen vieler anschaulicher, einprägsamer Ausdrucksmittel. Klio und die anderen Musen sorgen dafür, dass Geschichte und Geschichten auch nach langer Zeit noch erinnert werden. Die Mnemotechnik, die „Kunst des Erinnerns", stellte die Mittel für eine möglichst unverfälschte Wiedergabe bereit. Auf die Bedeutung der Anschaulichkeit und des operativen Umgangs bei der Tradierung von Erfahrung und Wissen wies in einem ganz anderen Kulturkreis auch der chinesische Philosoph Konfuzius hin: „Erzähle mir, und ich vergesse. Zeige mir, und ich erinnere. Lass es mich tun, und ich verstehe." Das Denkmal und die Zeremonie verankern die Erinnerung. Sie schlagen die Brücke vom Bewusstsein zum Unterbewusstsein aber auch vom Einzelnen zur Gruppe.

Der empirische Soziologe Maurice Halbwachs fand schon in den zwanziger Jahren des letzten Jahrhunderts heraus, dass gemeinsame Erinnerungen das wichtigste Mittel des Gruppenzusammenhalts sind. „Aber gemeinsame Erinnerungen stabilisieren nicht nur die Gruppe, die Gruppe stabilisiert auch die Erinnerungen. ... Löst sich die Gruppe auf, verlieren die Individuen jenen Teil an Erinnerungen aus ihrem Gedächtnis, über den sie sich als Gruppe vergewisserten und identifizierten." Halbwachs spricht in diesem Zusammenhang von „kollektivem Gedächtnis".[83]

Harald Welzer kritisiert diesen Begriff als schlecht definiert, bezeichnet das Konzept einerseits als eindrucksvoll und faszinierend, gleichzeitig aber auch als ziemlich unhandlich. Er findet bei Jan Assmann eine Ausdifferenzierung des kollektiven Gedächtnisses: Das „kulturelle Gedächtnis" bildet den Rahmen für das „kommunikative Gedächtnis" einerseits und die „Wissenschaft" andererseits[84]. „Während das ‚kommunikative Gedächtnis' durch Alltagsnähe gezeichnet ist, zeichnet sich das ‚kulturelle Gedächtnis' durch Alltagsferne im Sinne von Alltagstranszendenz aus. Es stützt sich auf Fixpunkte, die gerade nicht mit der Gegenwart mitwandern, sondern als schicksalhaft und bedeutsam markiert werden und durch ‚kulturelle Formung (Texte, Riten, Denkmäler) und institutionalisierte Kommunikation (Rezitation, Begehung, Betrachtung) wachgehalten' werden."[85] Als Merkmale des kulturellen Gedächtnisses nennt Assmann die Identitätskonkretheit und die Rekonstruktivität. Es ist zwar fixiert auf „unverrückbare Erinnerungsfiguren" (Assmann) und Wissensbestände, doch setzt sich jede Gegenwart dazu in eine aneignende, kontroverse oder affirmative, bewahrende oder verändernde Beziehung.

Doch nur scheinbar stellt sich das Kriegerdenkmal dem Vergessen in den Weg. Tatsächlich befördert es das Vergessen, indem es nur ausgewählte Aspekte des Geschehenen repräsentiert: Wirkungen ohne Ursachen, Geschehnisse ohne Geschichte, Ergebnisse ohne Prozesse, Namen ohne Persönlichkeit, Opfer ohne Täter.[86] „Auf welchem dieser steinernen oder metallenen ‚Ehrenmale' wurde beim Namen genannt, für wen oder was gestorben worden ist? Kein Wort von nationaler Machtpolitik, von Hegemonialstreben, nackten Besitzinteressen, Beutegier, Eroberungsgelüsten und Weltherrschaftsphantasien, für die Millionen von deutschen und fremden Soldaten umgekommen sind. Diese Motive werden ebenso wenig genannt wie die Namen derer, die in den beiden Weltkriegen aus dem Massensterben Profit geschlagen, Blut in Gold verwandelt und zu ihrem eigenen militärischen Ruhm gewissenlos ganze Armeen geopfert haben."[87] Die Fähigkeit zu vergessen „ist ein unerlässliches Erfordernis der seelischen und kulturellen Hygiene, ohne die das Leben in einer Kultur unerträglich wäre; aber sie ist auch das seelische Vermögen, das die Unterwürfigkeit und den Verzicht unterstützt. Vergessen heißt auch, all das zu vergeben, was nicht vergeben werden dürfte, wenn Gerechtigkeit und Freiheit gelten sollen."[88] Hinzuzufügen wäre: und Frieden.

Der Wunsch nach „tabula rasa" und unbeschwertem Neuanfang wird in der Bezeichnung des Kriegsendes am 8. Mai 1945 als „Stunde Null" erkennbar. Die angemessene Form der Erinnerung, die hinter die Stunde Null zurück ginge, wäre die Anamnese. Alexander und Margarete Mitscherlich haben sie umfänglich praktiziert und dokumentiert. Dass etwas ausgeblendet wird, kann aber auch bedeuten, dass es bewusst ausgeschlossen, also verschwiegen, tabuisiert, geleugnet werden soll. In Martin Stathers Untersuchung Heidelberger Denkmäler findet sich eine mögliche Erklärung: „Die Verschleierung gesellschaftlicher Zustände durch ihre Nicht-Thematisierung muss als ein Hauptmerkmal bürgerlicher Denkmalskunst angesehen werden. Sie steht der Entwicklung kritischen Bewusstseins entgegen."[89] Aber gerade weil die gesellschaftlichen Ursachen des Debakels absichtlich verschwiegen wurden, bildete sich insbesondere nach 1968 ein kritisches gesellschaftliches Potenzial, das nach der heftigen moralischen Auseinandersetzung mit der Elterngeneration in der Lage war, sich historisch-kritisch mit den Ereignissen und ihren Ursachen und ihren Bedingungen auseinanderzusetzen. Weniger allerdings mit den Folgen. Dadurch dass die Haltung der 68er-Generation die Eltern auf ihre Schuld festlegte, blockierte sie – zusätzlich zum reaktionären Auftreten des Bundes der Vertriebenen – das emotionale Nacherleben von Flucht und Vertreibung.[90]

Ausgeblendet werden neben den bereits genannten näheren Umständen des Todes in der Regel auch die Gegner. Tote Feinde erscheinen nicht auf den Denkmälern, auch nicht, wenn sie – zum Beispiel bei einem Flugzeugabsturz – im Gemeindegebiet ums Leben kamen. Erst der DGB schloss sie auf seiner Erinnerungstafel am Rand der Ausländerabteilung des Nordfriedhofs mit ein [II 3.5.3.1]. Allerdings erhielten die Zwangsarbeiterinnen und Zwangsarbeiter der Firma Senking, die bei der Zerstörung der Werksanlage ums Leben kamen, einen Platz auf der Gedenktafel des Werkes [II 3.6].

2.2.2 Gedenken und denken

Denken an jemanden oder etwas benötigt Anhaltspunkte: den Namen, einen Ort, eine Begebenheit oder einen persönlichen Gegenstand. Die meisten Hildesheimer Denkmäler haben über die Namen die Gedankenverbindung hergestellt. Der Altar der St.-Magdalenen-Kirche enthält darüber hinaus Andenken an einzelne Verstorbene, die zwar nicht sichtbar, den Angehörigen aber gegenwärtig sind. Die Einsatzorte und Kampfplätze nennen die Denkmäler am Galgenberg und in Himmelsthür. Die Anlage auf dem Nordfriedhof integriert Grabstätten, deren Grabsteine persönliche Angaben enthalten. Hier findet persönliches Gedenken statt.

Einige Sportvereine[91] und die beiden Hildesheimer Siedlergemeinschaften [II 6.3 und 8.5] denken an ihren Gedenksteinen ohne konkrete Hinweise an die Verstorbenen. Das schlichte, kaum beschriftete Denkmal hat die Funktion eines Sprechsteins, der in einer Gruppe herumgereicht wird und individuelle Assoziationen auslöst: jeder aus der Gemeinschaft kennt Personen, an die er sich beim Passieren der Grabsteine erinnert. Und einmal im Jahr, bei der Feierstunde am Totensonntag, werden die individuellen, persönlichen Erinnerungen zu gemeinsamen: dann, wenn der Festredner das Gedenken aller in seine Worte fasst, häufig nach dem Schema Erinnern, Wiederholen, Durcharbeiten – den Phasen von Trauerarbeit.

Für Werner Boldt, Oldenburger Politikwissenschafter und Experte für Gedenkstättenarbeit, ist Gedenken ein „komplexer, hoch angespannter psychisch-rationaler Vorgang, der aussagekräftig als ‚Trauerarbeit' bezeichnet wird".[92] Allerdings verläuft der Vorgang entgegengesetzt. Nicht die allmähliche Lösung der Beziehung zum libidinös besetzten, verlorenen Objekt ist das Ziel,[93] sondern die Aufnahme einer Beziehung, das Wachsen der Fähigkeit zu einfühlender Liebe.[94] Dies geschieht nicht in einem curricular planbaren oder von außen zu steuernden Lernprozess, sondern in einem autonomen Bildungsvorgang, nicht irrational-emotional, sondern auf fachlich gesicherte historische Kenntnisse angewiesen.[95]

Allerdings muss die Bereitschaft zum Gedenken „kraft einer sittlichen Entscheidung gewollt" sein.[96] Der Gedenkende muss sich also zuvor bewusst über Blockademechanismen hinweggesetzt haben. Die leisten Widerstand gegen die Herstellung einer Beziehung zu fernliegenden Ereignissen und fremden Personen sowie gegen ihre libidinöse Besetzung, durch die erst einfühlende Liebe wachsen kann. Sie legen Widerspruch ein gegen das Ergebnis der Realitätsprüfung, das die eigenen Gruppenangehörigen belastet. Im Gegenzug verstärkt sich in diesem Widerstand das Wir-Gefühl bis zum bedingungslosen Aufgehen in der Gruppe und bis hin zur Fremdenfeindlichkeit. Die Opfer werden politisch und ideologisch vereinnahmt. Die kurze Erörterung zeigt, dass emanzipatorisches und aversives Gedenken zwei Seiten einer Medaille sind. Allerdings ist zu beachten, dass sich Boldt mit Gedenkstätten befasst, von denen die meisten an Orten nationalsozialistischer Schreckensherrschaft errichtet wurden. Die Unmittelbarkeit der Realbegegnung ist ungleich bedrückender als die Vermittlung der Realität durch ein Denkmal. Gleichwohl haben wir es mit ähnlichen psychisch-rationalen Prozessen zu tun.

Anders als eine Gedenkstätte kann das Denkmal zum Denken anregen, aber auch anleiten, die Richtung des Denkens vorgeben und didaktische Absichten verfolgen. Einerlei, ob es dies mit sprachlichen Erklärungen tut oder sich anderer Gestaltungsmittel bedient, es muss ein Einverständnis der Denkmalinitiatoren und der Denkmalinterpreten vorausgesetzt werden. Beide müssen über den gleichen Vorrat an sprachlichen und bildnerischen Zeichen, Regeln und Denkmustern (Prä-Texten) verfügen. Das wird schon zur Entstehungszeit ein schwer zu realisierender Wunsch gewesen sein. Im zeitlichen Längsschnitt ist dies nicht mehr zu erwarten. Symbole wie Eichen- oder Lorbeergirlanden, Anleihen beim Formenrepertoire antiker Bildhauer, selbst Zitate aus der Bibel oder aus Werken patriotischer Dichter dürften heute nicht mehr von den Betrachtern verstanden und im gewünschten Sinn gedeutet werden.

Voraussetzung für die wirksame Anleitung ist auch, dass sich der Betrachter auf diesen Duktus einlässt und sich anleiten lassen will. Dazu müsste die pädagogische Absicht im Denkmal offenbart und vom Betrachter akzeptiert werden. Die Denkmalsinschriften, die sich in der Form des Imperativs an die Adressaten wenden, drücken diese Absicht eindeutig und anweisend aus. Inschriften, die Thesen formulieren, erwarten Zustimmung und Aneignung. Dass sie auch Widerspruch ernten, ist das Dilemma jedes pädagogischen Aktes. Am deutlichsten und häufigsten entlädt sich diese Spannung am „Soldatendenkmal" am Galgenberg [II 6.1.1]. *Die ihr das Leben gabt in Schicksalszeit / gewannt dem Volk und euch Unsterblichkeit:* diese Umdeutung des Sterbens im Ersten Weltkrieg zur märtyrerhaften Haltung entsprach dem Selbstbild der Auftraggeber, deren Gedanken auch den Gestaltern vertraut war: August Waterbeck und Wilhelm Hübötter, die die Anlage am Galgenberg entwarfen und bauten, gehörten selbst einmal dem Infanterieregiment 79 an.[97] Die heutigen Betrachter, die das Denkmal in

Verbindung bringen mit dem Erstarken des Nationalsozialismus während der Weimarer Republik, ausgelöst vom Mythos der im Felde unbesiegten deutschen Soldaten, die nur der Dolchstoß der Sozialdemokraten um den Sieg brachte, mit der Schreckensherrschaft während des „Dritten Reichs" und dem verbrecherischen Zweiten Weltkrieg, werden sich der ihnen nahe gelegten Deutung verweigern müssen.

Im Sinne des Aufrufs „Denk mal!" benötigt das Nachdenken weitere, andere Impulse. Die Idee der Gedenkraumbücherei in der Scharnhorstschule [II 5.5] verbindet das Denken an die im Krieg umgekommenen Mitschüler und Lehrer mit dem Nachdenken über die Umstände, die zu ihrem Tod führten. Als Studienraum bot er sorgfältig ausgewählte Bücher, die für die eigene Meinungsbildung und Urteilsfindung genutzt werden konnten. Zwar ist jede Auswahl eine Beschränkung, doch bürgte das Max-Planck-Institut für Geschichte der Universität Göttingen für eine repräsentative und exemplarische Zusammenstellung. Als Gedenkraum verzichtete er nicht auf stimulierende Objekte, die Assoziationen hervorriefen und den Gedankengang lenkten. Das französisch beschriftete Kreuz vom Grab eines unbekannten deutschen Soldaten oder das vermeintliche Zitat Morgensterns, das dicke Gedenkbuch mit den Namen, Daten und Zitaten, ja das gesamte Arrangement machten dem Nachdenkenden Angebote, die ihn nicht auf eine einzige vorgefasste Meinung aber durchaus auf eine humanistische Richtung festlegten.

Konfrontative Denkmäler, die dadurch zum Nachdenken anregen, dass sie der These des einen Denkmals die Antithese eines anderen entgegensetzen, oder die Klischees zerstören, indem sie zum Beispiel dem idealisierten Helden die alles zerstörende Realität des Krieges gegenüberstellen, gibt es in Hildesheim allenfalls ansatzweise. Die Gedenkplatte des DGB am Eingang zur „Ausländerabteilung" auf dem Nordfriedhof [II 3.5.3.1] kann als ein Versuch angesehen werden, den allgemein gehaltenen Gedenksteinen eine eindeutige Aussage hinzuzufügen. Die Reliefs im Himmelsthürer Denkmal, die den Namen der Kriegstoten Bilder der Zerstörung und des Leids zur Seite stellen, geben dem Denken weiterführende Impulse [II 14.1.2]. Umgestaltungen, konfrontative Ergänzungen oder „Gegendenkmäler", wie die von Alfred Hrdlicka, Wien, am Hamburger Dammtorbahnhof[98] oder wie die von Maximilian Stark, Gifhorn, am Peiner Herzberg[99] kommen unter den Hildesheimer Formen des Kriegstotengedenkens nicht vor.

Provokativ im Sinn von „herausfordernd" und „Widerspruch hervorrufend" sind die Reflexionen zum Thema „Krieg", die ihren ästhetischen Ausdruck auf den Windbrettern am Knochenhauer-Amtshaus [II 1.16.2] oder in der ephemeren Installation vor der Universität am Uetzenkamp [II 6.4] gefunden haben. Der konkrete Anlass, die Wiedererrichtung des im Krieg verbrannten Fachwerkhauses bzw. der zweite Golfkrieg, ist den Denkmälern nicht mehr anzusehen. Aber auch unabhängig davon ist das Bemühen erkennbar, nicht Krieg durch ein Denkmal zu verklären, sondern durch das Denkmal das Nachdenken über das Thema „Krieg" anzustoßen.

Im Sinne des „Gesetzes der ungewollten Nebenwirkungen" (Eduard Spranger) ist letztlich jedes Denkmal fragwürdig, gerade das in Aussage und Gestalt nach heutigem Verständnis fragwürdige. Wer also die Aussagen des Denkmals zu Fragen umgestaltet und mit den Mitteln des Forschens, dem Befragen, der genauen Beobachtung und der Dokumentenanalyse nach Antworten sucht, entgeht den manipulativen Absichten, die den Denkmälern oft innewohnen.

Die Zeitschrift des Kreisverbands Hildesheim der Gewerkschaft Erziehung und Wissenschaft (GEW) rief 1983 – erfolglos – dazu auf, als Ergebnis einer gründlichen Reflexion aus Kriegerdenkmälern Mahnmale des Friedens zu machen. Kriegerdenkmäler sollten in den Schulen als historische Quellen interpretiert werden. Mehr noch: Sie sollten verändert werden, um heute verstanden zu werden. „Die Geschichte zieht keinen Schlussstrich, in ihrem Kontinuum gibt es nichts Endgültiges. Überlegen wir uns also, wie aus Kriegerdenkmälern Mahnmale des Friedens entstehen können, durchbrechen wir das Tabu, unter dem sie stehen. Machen wir aus Steinen des Anstoßes Denkanstöße."[100]

Ende 1997 regte der Direktor des Stadtgeschichtlichen Museums in Leipzig, Volker Rodekamp, mit ähnlicher Absicht öffentlich an, ausgehend vom Völkerschlachtdenkmal „derartige Brennpunkte der Geschichtsdeutung in Orte der Reflexion und als Friedensdenkmale in Stätten einer zeitgemäßen Selbstverortung sowohl des einzelnen als auch der europäischen Gesellschaft als Ganzem umzuwidmen."[101] Rodekamp schwebte ein Verbund von Friedensdenkmalen von der Iberischen Halbinsel bis zur Wolga, von Guernica bis Wolgograd vor. Neben der Thematisierung des europäischen Integrationsprozesses intendierte das Vorhaben „den Weg zu neuen Denkmalskonzepten: die Umwidmung von nationalen Gedenkstätten zu Orten lebendiger Diskussion, Stätten der Geschichtsbefragung und Foren der Reflexion über Sinn und Zweck der Memoriale, ihre identitätsstiftenden Potenziale und ihnen innewohnende Instrumentalisierungsgefahren."[102]

2.2.3 Danken

Etymologisch besteht eine enge Sprachverwandtschaft zwischen Denken, Gedenken und Dank. Mit dem Gedenken und dem (An-)Denken verbinden sich – sprachgeschichtlich – das Gefühl und die Äußerung dankbarer Gesinnung.[103] Die Hildesheimsche Zeitung vom 27. Februar 1926 erinnerte an diesen sprachlichen Zusammenhang und benannte den „Heldengedenktag" in „Heldendanktag" um.

Zweifellos entstanden die Kriegerdenkmäler auch aus Dankbarkeit gegenüber denen, die „für Herd und Heimat kämpften" und dabei „für die Überlebenden ihr Teuerstes, ihr Blut und Leben", einsetzten.[104] Diese Absicht fasste der Hildesheimer Regierungspräsident Dr. Suermann bei der Einweihung des Derneburger Ehrenfriedhofs am 7. Oktober 1956 in die Worte: „Wir statten den Männern, die vor uns in der Erde ruhen, unseren Dank ab, weil sie an unserer Stelle gestorben sind." Ein vielschichtiger Satz, in dem die christliche Vorstellung vom Opfertod Jesu ebenso anklingt, wie die Überlebensschuld der Davongekommenen.

Der „Dank des Vaterlandes" war insbesondere vor 1945 ein feststehender Begriff, der bei offiziellen Reden eingefordert oder abgestattet wurde, den der Volksmund dagegen eher sarkastisch verwendete: z. B. wenn die Rede auf die geringfügige materielle Unterstützung für Kriegsversehrte kam. Er ist in beiden Bedeutungen im übrigen international gebräuchlich, unabhängig vom Kulturkreis.

Dem Dank, der den Toten gebührt, folgt der Dank an die Angehörigen, insbesondere an die Mütter für das Opfer ihrer Söhne oder die Frauen für das Opfer ihrer Männer. Dank und Opfer sind eng verbunden, ebenso wie Dank und Gunst.

2.2.4 Ehren und rühmen

Das Andenken der Toten zu ehren, die Toten in Ehren zu halten, sind Anliegen von universaler Geltung. Die Ehrung findet ihre Form in Gesten und Worten. Denkmäler unterstützen sie, indem sie funktional das Niederlegen eines Kranzes, das Anbringen von Blumenschmuck oder die feierliche Beleuchtung mit Kerzen- oder Fackellicht ermöglichen. Die Aufstellung einer Ehrenformation oder einer Ehrenwache benötigt Platz, ebenso der Festredner und die Festgemeinde, die sich zu Ehren der Kriegstoten versammelt. Schließlich benötigt die Ehrung eine besondere Atmosphäre, die Störungen durch Straßenverkehr oder lärmende Betriebe nicht verträgt.

Ein Ehrenmal ist sorgfältig gestaltet, es darf die Haltung der Ehrerbietung nicht durch Disharmonie oder gar Provokation stören. Es entspricht Objekten, die für den gleichen Zweck geschaffen wurden: die Grabstätte, der Friedhof, der Altar.

Man gibt dem Verstorbenen ein „ehrenvolles Geleit", erweist ihm „die letzte Ehre", bewahrt ihm ein „ehrenhaftes Andenken" – so oder ähnlich lauten die in Todesanzeigen und Nachrufen verwendeten Formeln. Diese Ehre, die allen zuteil wird, die ein untadeliges Leben geführt haben, nähert sich dem Begriff der Würde und der Form der Würdigung an. Das althochdeutsche „era" enthält alle Bedeutungen, die in unserem Zusammenhang eine Rolle spielen: „[Ver]ehrung, Scheu, Ehrfurcht, Ansehen, Berühmtheit, Würde, Hochherzigkeit".[105] Die Ehrfurcht, die den Toten entgegengebracht wird, ist ethisches Gebot, das unterschiedslos gilt, im Gegensatz zum Ehrbegriff des Militärs, des Adels oder anderer sozialer Klassen, der abgrenzt. Der Maßstab für die untadelige Lebensführung ist allerdings subjektiv und bezieht seine Skalierung auf gesellschaftlich normierte Erwartungen von einem guten Leben. So gilt auch der zivile Ehrbegriff nur im konkreten Kontext. „Ausländer", „Fremdarbeiter" oder „Kriegsgefangene" erfahren auch in Hildesheim eine Beachtung, die sich gegenüber den anderen Kriegstoten, den Bombenopfern oder den ums Leben gekommenen Soldaten unterscheidet. Während der einen nur selten gedacht wird, gilt den anderen jährlich wiederkehrende Aufmerksamkeit: den

Bombenopfern am 22. März, den Soldaten am zweiten Sonntag vor dem ersten Advent, am Volkstrauertag.[106]

Ehren kann mehr bedeuten als nur jemanden in guter Erinnerung zu bewahren. Es kann die Absicht beinhalten, jemanden auszuzeichnen, also eine besondere Leistung, ein besonderes Verhalten, eine besondere Haltung hervorzuheben. Eine solche Form der Ehrung ist im zivilen Bereich mit der Verleihung von Ehrenbezeichnungen, Urkunden, Ehrenringen oder -plaketten oder auch Orden verbunden, im militärischen Bereich vor allem mit Orden. Das Kriegerdenkmal wird diesen Ordens- und Ehrenzeichen gleichsam zur Seite gestellt und posthum kollektiv verliehen. Grund der Auszeichnung ist die durch den Tod besiegelte besondere Treue oder Tapferkeit, Haltungen, die auch heute noch der Soldateneid einfordert.[107]

Popularisiert wurde die Kriegerehrung nach den Befreiungskriegen, zuerst für die Überlebenden durch das Gesetz über die Stiftung des Eisernen Kreuzes, danach durch das Gesetz über die Stiftung von Gedenktafeln für die Gefallenen, beide erlassen durch Friedrich Wilhelm III. von Preußen, das eine am 10. März 1813, das andere am 5. Mai 1813.[108]

Die Ehrung kann sich zur Verehrung, zur Verklärung (Apotheose) steigern. Das verehrungswürdige Sujet verträgt keine Beschädigung, keine Beschmutzung. Das hat es mit dem Idol gemein oder im geistigen Kontext mit dem Ideal. Der Krieger mutiert zum Held, das Kriegerdenkmal zum Heldenehrenmal – und ist damit jeder kritischen Betrachtung entzogen. Der „deutsche Soldat" hat sich sui generis heldenhaft verhalten, so wenig wie er dürfen die Reichswehr oder die Wehrmacht in Zweifel gezogen werden. Die von Hindenburg am 18. November 1919 im parlamentarischen Untersuchungsausschuss des Reichstags als Erklärung für die Niederlage des Ersten Weltkriegs vorgetragene „Dolchstoßlegende"[109] oder die Proteste gegen die „Wehrmachtsausstellung" über von ihr begangene Verbrechen im Zweiten Weltkrieg sind Ausdruck der Bemühungen, sowohl die militärischen Institutionen wie auch die ihnen angehörenden Personen der geschichtlichen Realität und damit auch der Verantwortung zu entziehen.[110]

Verehrung und Anbetung sind ähnliche Verhaltensformen. Begriffe wie „Weihe" und „Einweihung" sorgen dafür, dem einfachen Gedenk- oder Denkstein eine besondere Aura zu geben. Wortverbindungen wie „heiliges Opfer" oder „heilige Pflicht" bringen diese Nähe zum Ausdruck. Beispiele für die Übertragung der Aura der Heiligkeit auf die Kriegstotenehrung finden sich insbesondere dort, wo Altäre zu Stätten des Gedenkens hergerichtet wurden: in oder bei den Kirchen St. Bernward [II 1.3] und St. Magdalenen [II 1.21] sowie in der Einumer Klus [II 16.1]. Sie laden nur vermittelt zur Anbetung Gottes einladen. Der Kriegstod steht zwischen dem Gläubigen und ihm.

Das Versprechen, ein Andenken in Ehren zu halten, beinhaltet Zustimmung und Verpflichtung. Pastor Maulhardt stellte in seiner Predigt anlässlich der Einweihung des 79er-Ehrenmals an der Steingrube im Jahr 1920 den Zusammenhang von Ehrung und Nachahmung her und überhöhte ihn sogleich mit der Anspielung auf das Thomas von Kempen zugeschriebene Buch „De imitatione Christo": „Die Toten grüßen uns. Seid der Toten wert! Keinen von uns in dieser Weihestunde hier Versammelten, keinen, der je in kommenden Tagen das Denkmal grüßt, treffe das Wort des Kirchenvaters: Ehren und nicht nachahmen heißt lügnerisch schmeicheln. Seid der Toten wert! Sie waren die Arbeiter der ersten und der neunten Stunde. Sie erreichten, dass die Heimat unversehrt blieb und nicht in Brand und Trümmern liegt. Uns, den Arbeitern der elften Stunde, gaben sie die Möglichkeit, trotzdem Deutschland sein Wagnis verloren hat, die Heimat noch am Leben zu erhalten und langsam wieder aufzubauen."[111]

2.2.5 Mahnen

Wer mahnt, will anderen ins Gewissen reden. Das Gewissen als moralische Instanz zur Unterscheidung von Gut und Böse braucht Kriterien. Der Mahner findet sie in überlieferten Normen. Quellen sind die Glaubenstradition, das Naturrecht, die Menschenrechte, politische Grundhaltungen, die Überzeugungen sozialer Gruppen. Solche Normen können universelle Geltung beanspruchen oder sehr spezielle: unterschiedliche für Nationen oder Konfessionen, für soziale Stände oder Klassen, für Institutionen und Anstalten. Wer so mahnt, stellt sich als Hüter der Gruppennorm dar und verlangt von anderen ihre Einhaltung.

Wer mahnt, kann aber auch die Erbringung einer Schuld einfordern und die Einlösung einer Zusage. In diesem Zusammenhang ist die Mahnung zwar auch in den Kontext sozialer Normen eingebunden, bezieht sich aber letztlich auf eine individuell eingegangene Verpflichtung.

Auch Verpflichtungen, die sich aus der Gruppennorm ableiten, werden durch bewusste Entscheidungen in individuelles Verhalten transformiert. Dass alle etwas mitgemacht haben, entlastet den Einzelnen nicht von seiner persönlichen Verantwortung. Es gibt allerdings in der gesellschaftlichen Praxis viele Pflichten, die sich aus der Grundentscheidung zur deutschen Staatsbürgerschaft ableiten. Sie wird als Zugehörigkeit zu einem Rechtssystem verstanden, das heute durch das Grundgesetz und die mit ihm in Einklang stehenden Beschlüsse, Entscheidungen und Handlungen von Legislative, Exekutive und Judikative bestimmt wird. In dieses Rechtssystem ist auch die Wehrpflicht eingebettet – wie auch das Recht zur Kriegsdienstverweigerung. Es beschreibt genau, welche Voraussetzungen vorliegen müssen, um die Wehrpflicht einfordern zu können. Ein Aggressionskrieg kann damit beispielsweise nicht geführt werden. Die Bundeswehr dient der Landesverteidigung.[112]

Wenn Denkmäler allgemein zur Pflichterfüllung ermahnen, ignorieren sie das Rechts- und Staatsverständnis, aus dem sich die Verpflichtung ergibt. Fordern sie zur Nacheiferung auf, verlangen sie dem Betrachter ein Bekenntnis zur „Pflicht an sich" ab oder bringen ihn um die Erkenntnis, dass der Staat zum Zeitpunkt der Errichtung des Denkmals anders verfasst war als zur Zeit des Geschehens, auf das es sich bezieht. Mit der Rechtsordnung sollte sich auch die Rechtsauffassung gewandelt haben. Die Denkmäler bestätigen die These, dass sich die Angleichung über mehrere Generationen hinzieht. Das Verständnis eines Reiches, das einen Anspruch erhebt, seinen Platz an der Sonne zu verteidigen, widerspricht dem Geist der Weimarer Reichsverfassung und des Völkerbunds. Der NS-Staat, der seine Bürger als Angehörige einer privilegierten Sippe, Volks- oder gar Schicksalsgemeinschaft wähnte, stellte sich bewusst außerhalb dieser Rechtsordnung. Wenn es Recht ist, was dem Volke nützt, ist der Angriffskrieg nicht moralisch verwerflich. Das Postulat, ein Volk ohne Raum zu sein, legitimierte den Überfall auf Polen und die Sowjetunion. Von daher lassen sich die Ereignisse auch retrospektiv umdeuten. Die „Mahnung zum heiligen Opfer", von der bei der Denkmalsenthüllung am Galgenberg 1939 gesprochen wurde, stellt ungewollt ein Scharnier her zwischen der wilhelminischen und der hitlerschen Hegemonialpolitik. An der Schwelle des Zweiten Weltkrieges und nach den vorangegangenen Expansionen mahnt es die Bereitschaft an, im Kampf um die deutsche Vorherrschaft und die Unterwerfung anderer Nationen sein Leben zu opfern. Denkmäler, die in der Bundesrepublik Deutschland entstanden, hätten sich solchen Mahnungen heftig zu widersetzen. Ausdrücklich tun sie es nicht.

Um der Mahnung Nachdruck zu verleihen, werden oft Zustände beschrieben, die eintreten, wenn das Gewissen überhört oder die Verpflichtung nicht eingehalten wird. Dann soll die Mahnung – verbunden mit einer Warnung – die Wiederholung eines Desasters verhindern. Mahnungen, die am Denkmal für die Toten des deutsch-französischen Krieges 1870/71 ausgesprochen wurden, zielten auf die Wahrung der erreichten Einheit. Nach innen gerichtet hieß das, Klassengegensätze zu überwinden oder der nationalen Einheit wegen zu vernachlässigen, sowie ein einheitliches Reichsbewusstsein zu entwickeln, das die zahllosen Kleinstaaten zusammenhalten kann. Nach außen bedeutete das eine Kampfansage an die traditionellen Feinde des Deutschen Reichs, insbesondere an Frankreich und England.

An den Denkmälern des Ersten Weltkriegs sahen sich diese Mahner bestätigt, war doch in Militärkreisen (trotz besseren Wissens der obersten Heeresleitung) die Parole ausgegeben worden, die kriegsmüde Heimatfront habe den im Felde Unbesiegten den Dolch in den Rücken gestoßen.[113] Die innere Einheit war zerbrochen, die äußere Einheit hatte durch den Versailler Vertrag Gebietsverluste erlitten. Das einstmals stolze Kaiserreich war tief gedemütigt worden: Nicht nur traditionsbewusste Militärs empfanden die Niederlage als Schmach, die Revolution als Verrat, die Abdankung und Flucht des Kaisers als Unrecht und die Ausrufung der Republik als Veranstaltung des Pöbels. Die Grußadressen der ehemaligen 79er (immerhin eines ehemaligen hannoverschen Regiments) wurden regelmäßig zu runden Geburtstagen oder besonderen Anlässen dem früheren König und Kaiser in Haus Doorn, seinem holländischen Exil, dem Generalfeldmarschall von Hindenburg und dem Feldmarschall von Mackensen zuteil. Der Reichspräsident Ebert ging dagegen leer aus. Der „böhmische Gefreite" allerdings auch.[114]

Die verschollene Gedenktafel im Offiziersheim der Kommandantur an der Hildesheimer Mozartstraße hat offenbar diese Art von Mahnung gemeint, wenn sie in ihrer Inschrift in Anlehnung an das 1818 bis 1821 von Schinkel in Berlin erbaute Kreuzbergdenkmal forderte:
Den Toten zum Gedächtnis!
Den Lebenden zur Mahnung!
Den kommenden Geschlechtern
Zur Hoffnung und Nacheiferung! [115]

Hoffnung und Nacheiferung verstanden die Initiatoren und Adressaten zweifellos als Aufforderung, die Scharte wieder auszuwetzen. Hier klingt an, was in Heinrich von Reders in allen politischen Lagern und Lagen des letzten Jahrhunderts populärem Lied „Wir sind des Geyers schwarze Haufen" den erfolglosen Bauern in den Mund gelegt wurde: „Geschlagen ziehen wir nach Haus, ... Unsre Enkel fechten's besser aus."[116]

Die nach innen gerichteten Mahnungen zwischen den Weltkriegen orientierten sich an einem konfliktfreien, harmonischen Staatsmodell. Pastor Crome verknüpfte bei der Einweihung des 79er-Denkmals an der Steingrube am 22. August 1920 den Zustand des Ruhens (der Toten) mit der Ruhe (verstanden als konfliktfreie gesellschaftliche Harmonie), die zur Zeit ihres Lebens und Sterbens bestanden habe und nun, nach dem verlorenen Krieg, vorbei sei. In seiner Ansprache beschwor er die klassenlose Gesellschaft im Sinne Kaiser Wilhelms II., der am 1. August 1914 den Berlinerinnen und Berlinern vom Balkon seines Schlosses zurief: „Ich kenne keine Parteien mehr, ich kenne nur Deutsche!" und diesen Satz zwölf Stunden nach dem Einmarsch der deutschen Truppen in das neutrale Belgien am 4. August im Reichstag wiederholte.[117] Crome sagte: „Selig seid ihr Toten. Wie ruht ihr so friedlich nebeneinander. Als ihr lebtet, da gab es keine Parteien mehr. In den Heldengräbern hier in der Heimat und auf den Schlachtfeldern schlummern die Männer des arbeitenden Volkes und der vornehme Edelmann, der Fürstensohn und der Fabrikarbeiter, der General und der einfache Soldat nebeneinander. Dort schläft der Thüringer, dort deckt der Hügel den Sohn der bayerischen Berge. Hier ruht der Schleswiger, dort der Elsässer. O, als diese Helden starben, war Deutschland ein Land, welches stets zu Schutz und Trutz brüderlich zusammenhielt. Glücklich die, welche nur solche Zeiten der Eintracht verlebten. Und wir heute? Was müssen wir erfahren?"[118]

Bei der Einweihung des Himmelsthürer Denkmals 1929 forderte Pastor Gnegel die Versammelten auf, zu hören „auf die Mahnstimmen der toten Helden, damit durch ihre stille Predigt ein Hauch von Gesundung hineinwehe in unser krankes Volksleben." Er mahnte zur Treue gegen Gott, Kirche und Vaterland, zur Rückkehr zu Sittenreinheit, Zucht und Ordnung im Einzelleben, im Familienleben und im Volksleben, zum Opfersinn und zum Opfermut in unserer schweren Zeit und zur Überbrückung der Gegensätze zwischen Mensch und Mensch und zwischen Klasse und Klasse bei aller Betonung des Grundsätzlichen in der Weltanschauung durch wahre, echte Nächstenliebe.[119]

Sind die toten Helden Vorbilder für Treue und Tugend, sind die klassenlose Gesellschaft und die wahre Nächstenliebe Garanten für Wehrhaftigkeit? Oder hat der Krieg, in dem die Männer ihr Leben verloren, die christlichen Werte und Hoffnungen zerstört, so dass der Mahner ihre Wiederherstellung und Beachtung einfordern muss? Am 1924 eingeweihten Bavenstedter Ehrenmal dankt die Gemeinde den Gefallenen für ihren Einsatz für Heimat und Vaterland mit dem eigentlich näher liegenden Selbstappell *Euer Opfer sei uns Mahnung zum Frieden* [II 15.2.1].

Der Zweite Weltkrieg brachte nach dem totalen Krieg die totale Niederlage, die in Hildesheim in Anbetracht der fast völlig zerstörten Innenstadt, der britischen Militärverwaltung und der Zuwanderung von Tausenden Flüchtlingen und Vertriebenen sinnlich wahrnehmbar wurde. Die Mahnungen, die sich in und an den Denkmälern anschlossen, gingen in drei Richtungen: dem Totalitarismus zu widerstehen, die Heimat der Vertriebenen nicht zu vergessen, dem Schicksal der Vermissten und Gefangenen nachzugehen. Der expliziten Mahnung „Nie wieder Krieg" begegnete man nur sehr selten. Als Inschrift gab sie nur ephemer, als Unbekannte sie 1981 in Riesenlettern auf die Mauer des Soldatendenkmals am Galgenberg schrieben.[120]

Die Tafel, die im Pflaster des Marktplatzes vor den Arkaden des Rathauses eingebettet ist, verweist auf den Zusammenhang von Gewaltherrschaft und Zerstörung: *Den Toten zum Gedenken; den Lebenden zur Mahnung: 1945 wurde dieser Marktplatz völlig zerstört. 1990 sind die Bauten neu erstanden. Die Opfer von Krieg und Gewaltherrschaft bleiben unvergessen* [II 1.22.2]. Der Wiederaufbau hat die äußeren Wunden heilen können, die Rekonstruktion des historischen Marktplatzes könnte sogar über das Geschehene hinwegtäuschen. Dem Vergessen legt sich das mahnende Gedenken quer, indem es die Fassade durchdringt und die Ursachen für die Zerstörung und die Opfer andeutet.

Im Eichendorff-Hain am Berghölzchen bezeichnet eine Kupferplatte die Anlage als *Mahnmal zur Erinnerung an die Vertreibung aus Ostdeutschland und Ostmitteleuropa.* Eine weitere Platte ist *den Opfern von Terror und Gewaltherrschaft zum Gedenken gewidmet* [II 9.5]. Der Kontext lässt sowohl den Bezug auf die nationalsozialistische Gewalt- und Terrorherrschaft zu, die durch den Krieg und die Verbrechen gegen die Menschlichkeit die Vertreibung aus den ehemals deutschen Siedlungsgebieten verursachte, als auch den verkürzten Bezug auf Terror und Gewaltherrschaft in den sowjetisch besetzten Gebieten. Ralph Giordanos Kritik an der „Charta der Vertriebenen" von 1950, in der er das grundlegende Bekenntnis zur eigenen Schuld und Verantwortung vermisste, wird hier augenfällig.[121]

Wir mahnen steht stacheldrahtumrankt an dem Denkmal für die vermissten Hildesheimer Soldaten am Eingang der Sedanallee [II 5.7.2]. Sie sollen nicht vergessen werden, die ca. 1.900 Vermissten und Gefangenen des Zweiten Weltkriegs, deshalb die weitere Inschrift *Memento*, und sie mögen Barmherzigkeit erfahren, deshalb das Wort *Misericordia*. Aber auch hier fehlt das für eine Versöhnung so entscheidende „Mea Culpa". Schuld haben die anderen.

Die drei Richtungen der Mahnung gehen von Ereignissen aus (Zerstörung, Vertreibung, Vermissen), deren Ursachen das Denkmal nur andeutet oder verschweigt. Um einen Beitrag zur Versöhnung zu leisten, muss die eigene Schuld sichtbar werden. Die vierte Richtung der Mahnung müsste zur Erforschung der Ursachen im eigenen Land und eigenen Volk auffordern, auch im eigenen Verhalten. Aber Granit und Gitter versperren Einsichten, die nur wenige Jahre zuvor zum Beispiel von der EKD oder von Konrad Adenauer formuliert wurden.[122]

Uns zur Mahnung steht über der Ehrentafel der Michelsenschule [II 8.3.4]. Superintendent Meyer-Roscher, Hoheneggelsen, formulierte bei ihrer Einweihung am 12. Juni 1958 den Wunsch nach einer Sinngebung für das Sterben im Krieg, die über den konkreten Anlass hinausgeht und sich als allgemeine Lebensregel eignet. Er fragte nicht nach dem Sinn des Kriegstodes, sondern ließ „unsere gefallenen Brüder fragen: ‚Wo steht ihr heute? Wie lebt ihr heute?'"[123] Die Toten scheinen in dieser rhetorischen Frage ihren Tod als selbstlosen Dienst an der Gemeinschaft anzunehmen und ihn den Nachkommen als Modell notwendiger Ein- und Unterordnung anzubieten, denn Meyer-Roscher erklärte seinen jungen Zuhörern: „Unter ihren Fragen wird uns deutlich, dass wir in Gefahr stehen, im Materialismus unterzugehen. Der Blick auf die Tafel möchte davor gerade die jungen Menschen, die in dieser Schule sich fürs Leben rüsten, bewahren. Ihr habt ein Erbteil zu verwalten, so rufen es die Gefallenen uns Lebenden zu. Dieses Erbteil heißt: ‚Volk und Vaterland ist mehr als der Einzelne, Freiheit und Ehre ist mehr als persönliche Sicherheit'. Wo wir in Gefahr stehen, nur uns selbst zu sehen, an uns selbst zu denken, mahnen uns die Gefallenen zu rechter Kameradschaft. Sie haben um die Kameradschaft gewusst. Sie rufen uns zur Gemeinschaft heute, dass wir wieder Menschen werden, die den Bruder und die Schwester neben sich sehen und ernst nehmen. Echtes Menschentum aber lebt in Verantwortung vor Gott."[124]

Die im Zitat anklingenden Bewertungen Meyer-Roschers stehen in der national-konservativen Tradition der evangelischen Kirche, die sich auch schon 1920 vorbehaltlos zu den nationalistisch geprägten Definitionen der Begriffe Volk, Vaterland, Ehre und Treue bekannt hatte. 1958 war dies aber nicht mehr expressis verbis möglich, weil der Nationalsozialismus jeden der genannten Begriffe entwertet hatte und ihre freiheitlichen und demokratischen Dimensionen neu zu entdecken waren. Die NS-Phrase „Du bist nichts, dein Volk ist alles" ist ein besonders perfider Ausdruck dieses Missbrauchs und veranschaulicht die Erniedrigung des Individuums und die Überhöhung des „Volks" auf drastische Weise. Das Volk kann in diesem Sinne nicht die Summe von einzelnen sein: sie würde aus „Nichtsen" gebildet. Steht der Volkskörper aber dem Einzelnen gegenüber, hat dieser als Nichts zu schweigen. Geht der Einzelne im Volksganzen auf, verliert er seine Identität und seine Individualität, seine personale Würde und Verantwortung. Vor der historischen Erfahrung der nationalsozialistischen Willkürherrschaft kann sich die Mahnung an junge Menschen, sich als Teil einer Gemeinschaft zu begreifen, für sie Verantwortung zu übernehmen und für sie Opfer zu bringen, nicht auf das Zeugnis des Massentods berufen. Im Gegenteil: das Massensterben und die Verwüstung weiter Teile Europas offenbaren die verheerenden Folgen eines verengten Gemeinschaftsbegriffs, einer völkisch-nationalistisch begrenzten Verantwortung und einer moralisch blinden Opferbereitschaft. Ginge die Mahnung dahin, in der internationalen, interkulturellen und interreligiösen Gemeinschaft Verständigung herzustellen und sich um gewaltfreien Interessenausgleich zu bemühen, leistete sie einen Beitrag zum friedlichen Zusammenleben über Grenzen aller Art hinweg.

Einen „Welttrauertag", einen „Mahntag erster Ordnung", regte deshalb Friedrich Rasche in der Wochenendbeilage der Hildesheimer Presse am 12. November 1955 an: „Wenn wir aber nun wieder ‚nur' einen Volkstrauertag begehen, wollen wir nicht allein unserer Toten gedenken, sondern ebenso der Toten auf der anderen Seite. Und wir sollten nicht vergessen uns zu erinnern, auf wessen Schuldkonto die Geschichte den zweiten Weltkrieg geschlagen hat und dass dies keine Geschichtsfälschung ist. Wir wollen auch darauf achten, dass sich in unsere Totenehrung kein falsches nationales Pathos mischt, und wollen bedenken, dass es mit rühmenden Nachrufen, mit feierlicher Musik und niedergelegten Kränzen nicht getan ist. Vor allem wollen wir in unser trauerndes Gedenken die wiederum Millionen gemordeter Menschen einschließen, die der Nationalsozialismus seinen rassischen und politischen Hassgefühlen opferte. Unsere aufrichtigste Totenehrung aber sei das Bekenntnis zum Frieden und unser fester Wille, denen zu widerstehen, die mit neuen Kriegsmöglichkeiten spielen. Das sind nicht nur Generale und bereitwillige Soldaten, das sind ebenso verstockte Politiker wie die gut verdienenden Nutznießer einer sinnlosen und gefährlichen Aufrüstung."[125]

Ähnliche Mahnungen wurden 1955, im Jahr der Wiedererlangung der staatlichen Souveränität und ein Jahr nach dem NATO-Beitritt, auch in Himmelsthür[126] und auf dem Bombenopferfriedhof geäußert. Bei dessen Einweihung erklärte Bürgermeister Lekve: „Es mag manchen unter uns geben, den in der Erinnerung an das grausige Kriegsgeschehen, dem diese Bürger unserer Stadt zum Opfer fielen, ernste Sorge erfüllt, dass wir heute – also zehn Jahre später – uns mit dem Gedanken tragen, unsere so grenznahe Stadt wiederum zum Standort von Garnisonen bestimmen zu lassen. Ich meine, dass wir es den Opfern, die wir heute betrauern, schuldig sind, dass wir in der anstehenden Entscheidung unser Gewissen nicht verschließen vor der Mahnung dieser Gefallenen, dass in unserer im Zerstörungswerk so vervollkommneten Welt ein Krieg nicht mehr den Sieg dieser oder jener Partei bedeutet, sondern sinnlose Verwüstung und Massenvernichtung, die nicht mehr mit ehrenvollem Kampf zu tun hat."[127]

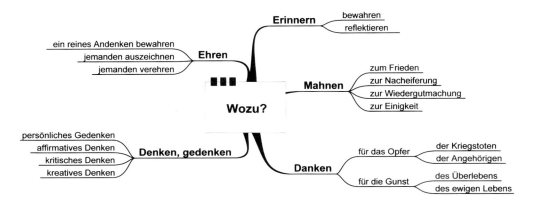

Tafel 3: Zusammenfassung der Zweckbestimmungen des Kriegstotengedenkens

Anmerkungen

42 HiZ v. 8.9.1920.
43 Oberbürgermeister Boysen leitete 1874 seine Weiherede mit diesem Zitat ein (HAZ v. 15.8.1874). Die Übersetzung dieses Epigramms findet sich in Friedrich Schillers Gedicht „Der Spaziergang" [1795]. Schiller, Werke, Band 1, S. 111.
44 Herodot, Historien IV, S. 203.
45 Bei der Einweihung der Gedenkraumbibliothek der Scharnhorstschule am 3. September 1960.
46 Forum, Schülerzeitung der Scharnhorstschule, 1/1964, S. 2 ff.
47 Erl. v. 30.7.1920 in „Amtliches Schulblatt für den Regierungsbezirk Hildesheim" v. 16.9.1920, S.229.
48 HiZ v. 7.10.1915. In ähnlicher Weise definierten die „Richtlinien über die Fürsorge für die Gräber der Kriegsgefangenen des jetzigen Krieges auf den nichtreichseigenen Friedhöfen und über die Gestaltung von Kriegsgräberanlagen" – RdErl. d. RMdI. v. 1.12.1943 – StadtA Hi Best. 103-67 Nr. 10733 den Personenkreis.
49 Die Tafeln stehen in Teil II unter dem Namen des jeweiligen Ortsteils.
50 Arndt, Ehrlicher, S. 79.
51 Klemperer, LTI, S. 132.
52 Lurz, Kriegerdenkmäler in Deutschland, Band 6, S. 331.
53 Ulrike Haß analysiert die ambivalente Verwendung des Wortes „Opfer" ausführlich in: Dies., Mahnmaltexte; S. 144-146.
54 HiZ v. 7.11.1917.
55 Siehe Abb. 3. Die Zusammenstellung korrespondiert mit der Definition der „Opfer von Krieg und Gewaltherrschaft" durch § 1 des Gräbergesetzes vom 29.1.1993 i. d. F. v. 21.9.1997.
56 Horaz (65 - 8 v. Chr.), Oden III, 2,13 („dulce et decorum est pro patria mori"); mit diesem Spruch überschrieb das Andreanum 1921 seine Ehrentafeln [II. 5.1].
57 W. Hoffmann, Kirchliche Kriegerehrungen. In: Jessen, Kriegergräber, S. 31.
58 HiZ v. 12.12.1916.
59 HAZ v. 12.11.1921.
60 Das „Sprachbild" entstammt Wolfgang Borchert, Dann gibt es nur eins! in: Ders., Draußen vor der Tür und Ausgewählte Erzählungen, S. 128; ähnlich in der bildenden Kunst: z. B. Otto Dix, „Der Krieg", Radierfolge, 1924, oder „Krieg", Triptychon, 1929, Dresden, Gemäldegalerie Neue Meister.
61 Giordano, Die Zweite Schuld, S. 48.
62 Brunotte, Zwischen Eros und Krieg, S. 23.
63 Brunotte, Zwischen Eros und Krieg, S. 24.
64 Amtliches Schulblatt für den Regierungsbezirk Hildesheim, 1934, Nr. 5, S. 44.
65 Siehe: HiZ v. 27.2.1926.
66 Zu denken ist an die Auszeichnungen der Sowjetunion und der DDR, die den Begriff „Held" ähnlich inflationär gebrauchten: Held der Sowjetunion, Held der sozialistischen Arbeit, Held der Deutschen Demokratischen Republik, Held der Arbeit. Aber auch an die „Helden von Bern", die Fußballweltmeister von 1954, darf erinnert werden.
67 HiZ v. 8.1.1916.
68 Lurz, Kriegerdenkmäler in Deutschland, Band 1, S. 260.
69 C. F. Pauli, Denkmale berühmter Feld-Herren und anderer verdienstvoller Männer neuerer Zeiten (1768), zit. bei Lurz, Kriegerdenkmäler in Deutschland, Band 1, S. 260.
70 Lurz, Kriegerdenkmäler in Deutschland, Band 1, S. 76 f.
71 Brief v. Ledeburs vom 14.1.1939, StadtA Hi Best. 799-9 Nr. 10.
72 Tucholsky, Die Herren Helden, (1926). In: Gesammelte Werke, Band 10, S. 173.
73 In Spenersche Zeitung Nr. 113, 19.9.1818, zusammengefasst in Lurz, Kriegerdenkmäler in Deutschland, Band 1, S. 351.
74 Zit. n. Lurz, Kriegerdenkmäler in Deutschland, Band 1, S. 282.
75 Lurz, Kriegerdenkmäler in Deutschland, Band 1, S. 280.
76 Kuratorium für das Reichsehrenmal Tannenberg (Hrsg.), Tannenberg, Deutsches Schicksal - Deutsche Aufgabe, S. 202 f. und 213.
77 Brandes, Geschichte des Kgl. Preuß. Infanterie-Regiments, vor S. 1.
78 Volkstrauertag und Gedenktag für die Opfer der nationalsozialistischen Gewaltherrschaft, Erl. d. MK v. 16 9.1997 - 306-82104 (SVBL. 10/1997 S.353) – VORIS 22410 00 00 00 068 -.
79 von Weizsäcker, Zum 40. Jahrestag der Beendigung des Krieges, S. 2.
80 Assmann, Erinnerungsräume, S. 98.
81 Mitscherlich, Die Unfähigkeit zu trauern, S. 43.
82 von Weizsäcker, Ansprache am 8. Mai 1985, S. 6.
83 Assmann, Erinnerungsräume, S. 131.
84 Welzer, Das soziale Gedächtnis, S. 12.
85 Assmann, zitiert von Welzer in: Das soziale Gedächtnis, S. 13 f.
86 Siehe auch Giordano, Die zweite Schuld, S. 284. Kriegerdenkmäler sind danach nicht die einzigen desorientierenden Zeitdokumente. Die 1950 verkündete „Charta der deutschen Heimatvertriebenen" nennt Giordano ein „klassisches Beispiel historischer Unterschlagungen. Sie kappt jede Kausalität zwischen Ursache und Wirkung, ignoriert die Chronologie der Ereignisse, verschweigt also die Vorgeschichte der Vertreibung, trägt damit ihren Teil zur Verdrängung und Verleugnung der ersten Schuld bei und macht sich zu zum Unikat der zweiten."
87 Giordano, Die zweite Schuld, S. 324.
88 Marcuse, Triebstruktur und Gesellschaft, S. 228.
89 Martin Stather in: Dietrich Schubert, Heidelberger Denkmäler 1788-1981, Heidelberg 1981; zit. bei Armanski, „.... und wenn wir sterben müssen", S. 25.
90 Aleida Assmann in Frankfurter Rundschau v. 3.2.2004, Nr. 28, S. 19.
91 z. B. Concordia Hildesheim [II 4.2.2], SV Borussia [II 4.1.3], VfV [II 4.4].
92 Boldt, Subjektive Zugänge zur Geschichte, S. 179.

93 Ebd., S. 180.
94 Ebd., S. 185.
95 Ebd., S. 201.
96 Ebd., S. 182.
97 HB v. 19.2.1937, StadtA Hi Best. 799-9 Nr. 10, „Mahnung zum heiligen Opfer".
98 Ausführlich in I 6.2.1. Umgestaltung der Anlage des 76er Denkmals am Dammtordamm, Mitteilung der Staatlichen Pressestelle Hamburg v. 14.9.1983; Der Spiegel, Jg. 1985, Nr. 18, S. 238, HAZ v. 8.5.1985.
99 Ausführlich in I 6.2.2. Der Peiner Rat fasste am 27.8.1992 mit den Stimmen der SPD gegen die CDU und FDP bei Stimmenthaltung der Grünen den Beschluss, dem Kriegerdenkmal eine Gedenkstätte für die Zivilopfer des Naziregimes gegenüberzustellen. Das Denkmal wurde ausgeführt und am 14.11.1993 eingeweiht. (Peiner Allgemeine Zeitung v. 28.8.1992 und 15.11.1993).
100 GEW-Info 45/1983 (März).
101 Volker Rodekamp, Das Völkerschlachtdenkmal: was tun mit einem nationalen Symbol, Frankfurter Rundschau, Nr. 303, Silvester 1997.
102 Ebd.
103 Duden, Das Herkunftswörterbuch, S. 134.
104 Prof. Dr. Machens, aus der Gedenkrede zum Volkstrauertag am 24.2.1929 in der Stadthalle Hildesheim, zit. n. HiZ v. 25.2.1929.
105 Duden, Das Herkunftswörterbuch, S. 170.
106 Mitscherlich hat (1967) einen „Ausfall an Mitgefühl" für die ehemaligen Kriegsgegner und Opfer beobachtet: „.... bisher ist es nicht dazu gekommen, einen dem Bombardement auf Dresden oder Frankfurt vergleichbaren Gedenktag für die Opfer der Konzentrationslager, für die holländischen, polnischen oder russischen Opfer der Gestapo und Sonderkommandos festzulegen und zu begehen." (Mitscherlich, Die Unfähigkeit zu trauern, S. 42). Fast dreißig Jahre später, 1996, legte Bundespräsident Herzog den 27. Januar als Gedenktag für die Opfer der nationalsozialistischen Gewaltherrschaft fest.
107 „Ich schwöre, der Bundesrepublik Deutschland treu zu dienen und das Recht und die Freiheit des deutschen Volkes tapfer zu verteidigen, so wahr mir Gott helfe."
108 Lurz, Kriegerdenkmäler in Deutschland, Band 1, S. 75 f.
109 Saehrendt, Der Stellungskrieg der Denkmäler, S. 158; dort auch weitere Literaturhinweise zur „Dolchstoßlegende".
110 Dirk W. Oetting moniert methodische Fehler der Ausstellung „Vernichtungskrieg. Verbrechen der Wehrmacht 1941-1944" und wirft ihr Parteilichkeit vor. In ihrer Gesamtheit sei die Wehrmacht bei ihrer Kriegsführung zwar nicht „sauber" geblieben, doch könne man die festgestellten Untaten nicht „hochrechnen". Außerdem werde der Kriegsverbrecherbegriff unzulässigerweise ex post und nur auf die Besiegten angewandt. (In: Hildesheimer Jahrbuch 2000/2001, S. 229-252.) Auch wenn die Ausstellung „schludrig" gemacht sein sollte, rieb sich das Gros der Kritiker nicht an methodischen Mängeln, sondern an der Grundfeststellung, dass die Wehrmacht unter einer verbrecherischen Führung zu einer verbrecherischen Organisation wurde. Denn dann wäre die Ehrenhaftigkeit nicht die Regel, sondern die Ausnahme gewesen.
111 HAZ Nr. 192 v. 23.8.1920, S. 5 und 6.
112 Artikel 26 Abs. 1 GG.
113 Das plötzliche Kriegsende und die zeitgleiche revolutionäre Entwicklung erzeugten bei der politischen Führung offenbar einen starken Drang nach Integration, so dass sie eine Abrechnung mit der militärischen Führung vermied. Friedrich Ebert begrüßte am 10.12.1918 die heimkehrenden Truppen mit den Worten „Kein Feind hat euch überwunden" und übernahm damit den Tenor von Hindenburgs letztem Tagesbefehl nach dem Waffenstillstand am 11.11.1918 (Saehrendt, Der Stellungskrieg der Denkmäler, S. 158). Siehe auch Joachim Petzold, Die Dolchstoßlegende, 2. Auflage, Berlin 1963 und Lars-Broder Keil/Sven-Felix Kellhoff, Deutsche Legenden. Vom „Dolchstoß" und anderen Mythen der Geschichte, 2. Auflage, Berlin 2003.
114 Siehe StadtA Hi Best. 799-9 Nr. 6.
115 Nach den Befreiungskriegen lautete dort die Inschrift: „den Gefallenen zum Gedaechtniß, den Lebenden zur Anerkennung, den künftigen Geschlechtern zur Nacheiferung"; Lurz, Kriegerdenkmäler in Deutschland, Band 3, S. 20.
116 Das Lied gehörte zum Standardrepertoire der „Nationalsozialistischen Gemeinschaft Kraft durch Freude" (Wir wandern und singen, Berlin 1935, S. 38) und steht heute im Liederbuch der Sozialistischen Jugend – Die Falken (http://www.sjd-falken.de/lieder/wir_sind_des_geyers_schwarzer_haufen.shtml; Zugriff: 9.2.2006). Heinrich von Reder schrieb den Text 1865, Fritz Sotke komponierte die Melodie 1919 (http://ingeb.org/Lieder/wirsindg.html; Zugriff: 9.2.2006).
117 Chronik des 20. Jahrhunderts, S. 175.
118 HAZ Nr. 192 v. 23.8.1920, S. 5 und 6.
119 HiZ v. 21.10.1929.
120 Hildesheimer Stadtmagazin 7/81; s. II 6.1.1.
121 Giordano, Die zweite Schuld, S. 284.
122 Overesch, Deutschland 1945-1949, darin: Schuldbekenntnis der EKD v. 19.10.1945, S. 108 bzw. Rede Adenauers in der Kölner Universität am 24.3.1946, S. 201.
123 100 Jahre Michelsenschule Hildesheim 1858-1958, S. 260.
124 Ebd.
125 HP v. 12.11.1955.
126 In Himmelsthür erinnerte Pastor Isermeyer daran, dass bei der Einweihung des Ehrenmals nach dem ersten Weltkrieg eine Jugendgruppe die Reden mit dem Ruf „Nie wieder Krieg" übertönt hatte. „Nur wenige Jahre danach hätten diese jungen Menschen wieder in einen weit schrecklicheren Krieg ziehen müssen, der nicht nur die Front, sondern auch die Heimat mit aller Härte traf, der Hunderttausende von Opfern in den Kriegsgefangenenlagern, in den Konzentrationslagern und auf dem Elendszug der Vertreibung forderte. Der Volkstrauertag könne nur dann einen Sinn haben, wenn alle dafür einstehen, dass dieser Platz am Ehrenmal reingehalten werde von allen politischen Rachegelüsten." (HP v. 15.11.1955)
127 HP v. 21.11.1955.

3 Motive und Funktionen des Kriegstotengedenkens

Das „Warum?" stellt nicht nur die Frage nach dem Grund, sondern auch nach dem Motiv. Eine Begründung für das Kriegstotengedenken zu suchen, erscheint auf dem ersten Blick trivial. Es gab Krieg, es gab Tote, und es gab Überlebende, die sich der Toten erinnerten. Die Toten waren ihre Angehörigen, Freunde, Kameraden, Kollegen. Es ist Christenpflicht, der Toten zu gedenken.

So schlicht lassen sich Denkmäler für die Opfer von Katastrophen erklären. Bei Klein Düngen erinnert ein Grabmal an die Choleratoten vor hundertfünfzig Jahren.[128] Im Heideort Escheden wurde ein Gedenkstein mit den Namen der 101 Opfer aufgestellt, die im Juni 1998 bei einem Zugunfall ums Leben kamen. Aber schon in Veltheim an der Weser, wo eine Denkmalanlage die Erinnerung an den Tod von 81 Reichswehrsoldaten wach hält, die 1925 bei einer Übersetzübung verunglückten, reicht diese Erklärung nicht aus. Auch in Hohenhameln, wo an der Kirche ein Gedenkstein für fünf Männer steht, die 1975 bei einer Waldbrandbekämpfung starben, soll das Denkmal nicht nur den Tod der Feuerwehrleute anzeigen. Ein Grabstein auf dem Marienfriedhof macht mit seiner Inschrift den Unterschied augenfällig: *Dem Andenken des Corporals Wilhelm Thies / vom 3. Jäger-Bataillone / geboren den 3. April 1835 zu Hameln / fand am 2. Juni 1860 in der Innerste / seinen Tod nachdem er zwei Jäger / vor dem Ertrinken gerettet und / mit hochherziger (Selbstverleugnung [unsicher lesbar]) / einem dritten Jäger leider vergeblich / Hilfe zu bringen versuchte.*[129]

Zweifellos erinnert man sich hier auch, wie an jedem Grabmal, der Schicksalhaftigkeit des Todes und der Hinfälligkeit menschlicher Existenz. Hier soll aber vor allem die Vorbildlichkeit des Verhaltens angesichts solcher Katastrophen im kollektiven Gedächtnis haften bleiben. Neben die Trauer um die toten Feuerwehrmänner tritt schon der Dank für die treue Pflichterfüllung, der bei den Kriegerdenkmälern eine besondere Rolle spielen wird. Die Diskussion um das Denkmal für die etwa 3.000 Opfer des Terroranschlags gegen das World Trade Center am 11. September 2001 in New York leitet zur besonderen Qualität der Kriegstotendenkmäler über. Die einen sprachen sich dafür aus, alle Opfer unterschiedslos namentlich aufzuzählen, die anderen bestanden auf der Unterscheidung von Opfern und Geopferten: die Retter und Helfer, die Polizisten und Feuerwehrleute müssten besonders hervorgehoben werden.[130]

Sieht man im Krieg den sich selbst entzündenden oder von Brandstiftern angelegten Weltenbrand, werden die Soldaten wie Feuerwehrleute zum Löschen gerufen. Versteht man den Krieg als Feldzug gegen Verbrecherbanden oder „Schurkenstaaten"[131] oder das Böse an sich, schlüpfen Soldaten in die Rolle des Polizisten oder Heilsbringers. Ist ihr selbstloses Handeln schon vorbildlich, muss es auch der Tod sein, den sie im Vollzug ihres Handelns erleiden. Mit ihrer Einstellung haben sie sich den Dank und damit das Denkmal verdient. Wo es dann steht, dieses Denkmal, das allen diesen Dank verkündet, ist dann eher ein Problem der wirkungsvollen Inszenierung als der Pietät.

Zu unterscheiden ist zwischen dem Motiv, ein Denkmal zu bauen und dem Motiv, es zu nutzen. Beide Motivationen werden in den folgenden Abschnitten zusammengefasst, weil sie sich bedingen. Dennoch müssen sie differenziert betrachtet werden. Kriegerdenkmäler ähneln formal den Katastrophendenkmälern, wenn sie nicht allzu martialisch herausgeputzt wurden. Sie suggerieren damit die Einschätzung, Krieg sei ähnlich schicksalhaft und ähnlich unausweichlich. Die Deutung des Kriegs als Mittel der Politik und damit als Folge menschlicher Entscheidungen brächte die Soldaten wieder in die ursprüngliche begriffliche Nähe von Söldnern. Der Idealisierung stünde die Funktionalisierung gegenüber. Ist der Soldat aber nur ein Mittel politischer Macht, leitet sich die Moralität seines Handelns aus der moralischen Legitimation der Macht ab. Dieses Dilemma belastet die Stiftung und Gestaltung von Kriegerdenkmälern ganz besonders in Deutschland und Österreich[132], aber nicht nur hier. Auch die Amerikaner tun sich schwer mit einem angemessenen Gedenken für die Toten des Vietnam-Kriegs.[133]

Die im Folgenden untersuchten Motive für das Kriegstotengedenken sind nicht mit den Instrumenten der empirischen Sozialforschung gefunden worden. Ebenso wurde eine Analyse verworfen, die nicht von den Motiven ausgeht, sondern von den wissenschaftlichen Disziplinen, die zur Aufklärung der Motive herangezogen wurden. Als heuristische Methode wurde ein kreatives Verfahren angewandt, das eine Alliteration des Hildesheimer Standortpfarrers Maulhardt inspirierte. Er fasste am Volkstrauertag 1926 drei mit T beginnende Motive für die „deutsche Totenfeier" zu einer Trias zusammen:

„Trauer, Trost, Treue"[134]. Dieser Anregung folgend, wurden fünfzehn weitere Begriffe gefunden, die Beweggründe bezeichnen, die zum Denkmal hinführen oder Funktionen, die vom Denkmal ausgehen.

Ob durch diese Methode wichtige Motive übersehen wurden, konnte nur auf der Basis des vorliegenden Materials überprüft werden. Danach sind weitere Motivationen oder Funktionen nicht zu erkennen. So erwies es sich beispielsweise als nicht erforderlich, eine eigenständige politische Motivation zu unterscheiden, weil sich das politische oder ideologische Interesse im Zusammenhang mit anderen Motiven (z. B. Trotz und Triumph, Toten- und Heldenkult oder Tradierung) konkretisiert. Jedes Denkmal ist komplex motiviert, keins verdankt sein Entstehen nur einem einzigen Motiv. In jedem Entstehungs- und Aneignungsprozess sind unterschiedliche Beweggründe in jeweils anderer Konstellation wirksam.

Das Motiv, der Kriegstoten zu gedenken, kann auf die Person, die Gruppe oder eine Mission bezogen werden, je nachdem, ob es den Einzelnen entlastet, die Gruppe verbindet und zusammenhält oder das Anliegen übermitteln will. Trauer, Therapie, Trost und Tragikbewusstsein helfen insbesondere dem einzelnen Hinterbliebenen, den Verlust zu verschmerzen und seine Situation zu bewältigen. Die dahinter stehende Motivation erstrebt ein Ende des leidvollen Zustands, im Gegensatz zum Anspruch des Denkmals auf Dauerhaftigkeit.

Wenn dem Einzelnen das Vergessen verwehrt wird, muss dieses Opfer belohnt werden. Das geschieht auf der sozialen Ebene durch den kollektiven Freispruch von Schuld durch Tabuisierung, durch die soziale und kulturelle Identität mit Hilfe der Topik, durch die Pflege eines Totenkults, der die Angehörigen der Helden mitfeiert, durch das Band unverbrüchlicher Treue und durch den Ausdruck gemeinsamer Freude durch Triumph bzw. gemeinsamer Gegnerschaft durch Trotz. Die Trivialisierung hilft, der Auseinandersetzung mit dem Skandal des millionenfachen Massensterbens über Identifikationsangebote, über Idealisierung oder über De-Realisierung auszuweichen.

Die Mission, der sich die Überlebenden vor allem im Hinblick auf die nachfolgenden Generationen verpflichtet fühlen, ist die Beglaubigung der Ereignisse durch Testat, die Transformation des Geschehens in eine tradierbare Form, die Behauptung und Vollstreckung des Testaments der Toten und die Stiftung einer Tradition, in der das Kriegstotengedenken unverfälscht weitergegeben werden soll.

3.1 Individuelle Motive

3.1.1 Trauer

Hunderte Kriegstote liegen in Hildesheim auf dem Nordfriedhof, doch Tausende Hildesheimer kamen in den Kriegen ums Leben. Die Denkmäler, die als Ersatz für die realen Gräber in der Heimat errichtet wurden, sind Orte der individuellen Trauer über den Verlust eines persönlich nahestehenden Menschen. Individuelle Trauer „verschmerzt" den Verlust, hilft Abschied zu nehmen. Sie braucht offenbar einen Ort, an dem sich der Verlust festmachen lassen kann, einen Halt. Die private Trauer findet ihn auf den Friedhöfen und manifestiert ihn im Stein auf dem Familiengrab. Dort finden sich Hinweise auch auf die dort nicht bestatteten Angehörigen, auf die Gefallenen und Vermissten. Dort – im eingemeißelten Schicksal – wird die Trauer aber gleichzeitig auch öffentlich. Die Hinterbliebenen machen auf ihren Verlust und ihre Trauer aufmerksam, bezeugen in der Grabpflege ihre persönliche Verbundenheit und die Wahrnehmung ihrer sozialen Verpflichtung.

In einer Entscheidung des Bundesgerichtshofs wird das Recht der Gemeinde auf öffentliche Trauerbekundung dem Persönlichkeitsrecht vorgeordnet. „Trauer ist nicht nur Privatsache" überschrieb die HAZ ihren Beitrag, in dem sie vom Fall eines Vaters berichtete, der die Entfernung des Namens seines vermissten Sohnes auf der Gedenktafel der Gemeinde Groß Rhüden durchsetzen wollte.[135] Der BGH entschied in dritter Instanz übereinstimmend mit dem Landgericht Hildesheim und dem Oberlandesgericht Celle: „Die engeren Familienangehörigen eines im zweiten Weltkrieg vermissten Soldaten haben kein ausschließliches Recht, darüber zu bestimmen, ob und wie das Andenken an ein gefallenes oder vermisstes Familienmitglied gewahrt werden soll. Das gleiche Recht ist nach den sittlichen Anschauungen im Volke und dem allgemeinen Herkommen auch der Heimatgemeinde des Gefallenen oder Vermissten einzuräumen. Sie können daher nicht verhindern, dass der Name eines

Vermissten in eine von dessen Heimatgemeinde öffentlich aufzustellende Ehrengedenktafel aufgenommen wird und die Familienangehörigen anderer, vom gleichen Schicksal betroffener Soldaten sich Nachbildungen dieser Tafel anfertigen lassen."[136]

Ist der Grabstein ein Ausdruck veröffentlichter Trauer, so steht das Kriegerdenkmal für öffentliche Trauer. Ob damit auch eine kollektive Trauerarbeit[137] geleistet wird, ist zweifelhaft. Es ist gerade kein Ort des Abschiednehmens, sondern der „Unsterblichkeit" in der Form ständiger Gegenwart. Die Individualität der Benannten verblasst mit der Zeit – was bleibt, ist die Idealisierung ihres Todes, und die hat mit Trauer nichts im Sinn. „Zur wirklichen Trauer der Betroffenen verhält sich das Kriegerdenkmal wie die Pornographie zur Liebe: Es verhindert sie geradezu, spaltet sie von den einzelnen ab und unterwirft sie der Herrschaft und Ideologie staatlicher Zwecke."[138] Genau mit dieser Absicht verweigerte sich der Hildesheimer Standortälteste, Oberst Kauffmann, bei seiner Ansprache zum „Heldengedenktag 1937" der Haltung von Trauer. „Der Staat trauert nicht, er ehrt seine Helden, auf deren Kampf und Opfer sein Dasein begründet ist." Die Soldaten hätten ihrer gefallenen Kameraden stets in einem ganz anderen Sinne gedacht als in dem der reinen Trauer. Es habe im Krieg Augenblicke gegeben, in denen die Lebenden die Toten beneidet hätten. Man habe ihr Sterben bejaht, weil man ihren Kampf bejaht habe.[139] In dieser sozialdarwinistischen Sichtweise, nach der sich die Existenz des Staates auf Kampf gründet und durch Kampf erhält, verändert auch die individuelle Trauer ihren ehrlichen Charakter. Unter dem Zwang ideologischer Verblendung und dem Diktat des Propagandaministeriums verkommt sie zur „stolzen Trauer".[140]

Die stolze Trauer verlangt nach einer genaueren Bestimmung der Trauer. Wer mit Stolz auf den Verlust eines Menschen reagiert, hat ihn für einen höheren Zweck hergegeben. Etymologisch ist das Verb „trauern" wahrscheinlich mit dem gotischen „driusan" und dem altenglischen „drusian" verwandt. Beide bedeuten „fallen, sinken" und meinen „den Kopf sinken lassen".[141] Die „stolze" Trauer verlangt das genaue Gegenteil: das hoch erhobene Haupt. Sie hat etwas mit Trotz und Triumph zu tun. Sie akzeptiert die volle Hingabe des Lebens als Treuepflicht, bekennt sich zu einer Tradition, in der Krieg und Kriegstod als notwendig gelten. Die „reine Trauer" hat etwas mit Trübsal und Bedrückung zu tun, mit Schmerz und Jammer. Ihr Ausdruck ist die Klage. Formen der Anklage oder der Selbstanklage gehen schon darüber hinaus, suchen bereits nach Sinndeutungen, nach Schuld und Verantwortung. Die hier gemeinte Trauer geht noch nicht auf die Suche. Sie ist noch trostlos.

Das Wort „Trauer" oder „trauern" kommt auf Kriegerdenkmälern in Hildesheim nur einmal vor. Auf dem Denkmal für die Bombenopfer [II 3.5.2] heißt es: *Trauernd gedenkt die Stadt / der erschlagenen Söhne und Töchter / wehrlose Opfer der Willkür + / unvergessen ruhen sie hier / in der Erde der Heimat." // „Zum Andenken / an die Opfer der Luftangriffe / auf die Stadt Hildesheim / im Weltkrieg 1939 bis 1945.* Dort, und in der unmittelbaren Nachbarschaft, auf dem Ausländerfriedhof, begegnet man am ehesten der Trauer. Die Gräber, die Kreuze, die Grabdenkmäler dämpfen jedes andere Gefühl.

Gesten der Trauer, in Stein gehauen oder in Holz geschnitzt, sind allerdings einige Male zu beobachten. So könnte das Relief am Himmelsthürer Denkmal [II 14.1.2], das zwei Soldaten zeigt, wie sie das Leichentuch über ihren toten Kameraden ziehen, Trauer ausdrücken. Auch der dort kniende Soldat könnte mit gesenktem Kopf und dem in den betenden Händen gehaltenen Stahlhelm um seine Kameraden trauern.[142] Seine Pose könnte aber auch Demut oder Ehrfurcht darstellen. Der Soldat des Itzumer Denkmals [II 18.1] betet ebenfalls, allerdings nicht in einer Haltung der Trauer. Er bereitet sich offenbar im Gebet auf die Schlacht vor, denn er trägt Sturmgepäck und Feldflasche am Mann und den Stahlhelm auf dem Kopf.[143] Auch die Figur der Frau am Vermisstendenkmal an der Sedanallee [II 5.7.2], die unter dem Umhang die Hände faltet, trauert nicht. Neben ihr steht das Wort *Misericordia*. Sie bittet um „Barmherzigkeit". Die Gedenkaltäre, die die Pietà verwenden, deuten Trauer an, ohne den Begriff ausdrücklich zu gebrauchen (z. B. II 1.7 und 5.2).

In den Ansprachen zur Einweihung oder zum jährlichen Totengedenken findet die Trauer Ausdruck in unterschiedlichen Stilformen. Anlässlich der Einweihung der Gedenktafel für die Opfer des Ersten Weltkriegs in der Michelsenschule am 2. Juni 1921 drückten die Schüler ihre hilflose Trauer in fast existenzialistischer Weise mit einem Gedicht aus:

„Sie opferten Zukunft und Jugendglück,
Sie kehrten nie wieder zur Heimat zurück

Für uns!
Sie gaben ihr Alles, ihr Leben, ihr Blut,
Sie gaben es hin mit heiligem Mut
Für uns!
Und wir? Wir können nur weinen und beten
Für sie, die da liegen bleich, blutig, zertreten
Für uns!
Denn es gibt kein Wort, für das Opfer zu danken,
Und es gibt keinen Dank für sie, die da sanken
Für uns!"[144]

Trauer lässt sich nicht verordnen oder erzwingen. Ein „Volkstrauertag" ist nur möglich, wenn das Volk Trauer empfindet. In den ersten zehn Jahren nach dem Ersten Weltkrieg und über zwanzig Jahre nach dem Zweiten spürten große Teile der Bevölkerung das Bedürfnis, gemeinschaftlich zu trauern. Andere, und zunehmend mehr, erkannten den förmlichen Charakter, der einem regelmäßig wiederkehrenden, öffentlich zur Schau gestellten Trauerritual anhaftet, und distanzierten sich davon. Die politisch korrekte veröffentlichte Meinung prangerte die sich der öffentlichen Trauer Entziehenden immer wieder an. So beklagte die – katholische – Kornackersche Zeitung am 2. März 1925, dass nur wenige Privathäuser halbmast beflaggt waren (in der ganzen Almsstraße nur zwei) und dass es zwei Gedenkfeiern in Hildesheim gab: an der Vormittagsveranstaltung des Reichsbanners auf dem Ehrenfriedhof nahm auch Oberbürgermeister Dr. Ehrlicher teil, am Abend hatte der Volksbund Deutsche Kriegsgräberfürsorge zur Trauerversammlung in das evangelische Vereinshaus eingeladen. Für die Hildesheimsche Zeitung war das „ein fürchterliches Zeichen der deutschen Not, dass nicht einmal die Trauer um die Toten gemeinsam begangen werden kann."[145]

1962 vermisste die – sozialdemokratische – Hildesheimer Presse wenn schon nicht die Trauer, dann wenigstens den Takt der Unbeteiligten am Volkstrauertag. „Die Menschen tragen dunkle Kleidung. Sie wollen zur Gedenkfeier auf dem Zentralfriedhof gehen. Zum Geläut der Kirchenglocken gesellen sich flotte Schlagermelodien, da ein Bewohner der Nordstadt seine Fenster weit geöffnet hält. Er teilt den Menschen auf der Straße seine Volkstrauertagsmeinung mit. Bill Ramsey besingt gerade die „Zuckerpuppe", anscheinend eine Schallplatte. Während der Gedenkfeier steigen aus der hinter dem Ehrenmal liegenden Kleingartenkolonie Qualmwolken eines Kartoffelfeuers auf. Der leichte Ostwind treibt sie mit schwarzen Rußteilchen herüber. Es gibt eben Menschen, die ihre besonderen Ansichten haben, was Takt und Geschmack anbetrifft. Gegen Schlager und Kartoffelfeuer hat niemand etwas, doch, bitte, jedes Ding zu seiner Zeit."[146]

3.1.2 Trost

„Trost" gehört zusammen mit „treu" und „(ver)trauen" zur indogermanischen Wortgruppe „deru" (Eiche, Baum) und bedeutet „(innere) Festigkeit".[147] Es tröstet, wenn der Tod nicht sinnlos war, wenn er als Opfer angenommen werden kann. Trost spendet die Gemeinschaft der Trauernden, die nicht nur mittrauern, sondern selbst Grund zur Trauer haben.

In die so entstehende Solidargemeinschaft können sich auch diejenigen einreihen, die mit finanzieller oder tatkräftiger Unterstützung zum Bau einer Erinnerungsstätte beitragen wollen. Der so zum Ausdruck gebrachte Trost hilft, Gedanken an die historischen Umstände und Ursachen des Todes im Krieg zu unterdrücken. Der Kriegstod von Angehörigen bildet nicht nur eine Trauergemeinschaft, er hebt diese „Schicksalsgemeinschaft" insgesamt aus der „Volksgemeinschaft" hervor. Die Familie, deren Angehörige auf den „Ehrentafeln" verzeichnet sind, wird damit selbst „verewigt". Die öffentliche Respektbezeugung tröstet über den persönlich erlittenen Verlust hinweg.

Die NSDAP übermittelte in diesem Sinne den Hinterbliebenen der Kriegsgefallenen Trost mit einem Edda-Zitat, Sprüche Odins, 1. Gedicht: „Besitz stirbt, Sippen sterben, du selbst stirbst wie sie. Eins weiß ich, was niemals stirbt, der Toten Tatenruhm."[148] Christliche Trauerpredigten und weltliche Ansprachen trösteten die Angehörigen mit ähnlichen Floskeln von Mut, Tapferkeit und heldenhafter Gesinnung. Nicht im NS-Staat, sondern im zweiten Jahr der Weimarer Republik pries der evangelische

Hildesheimer Pastor Crome die Kriegstoten des Infanterie-Regiments 79: „Deutsche Ehre, deutsche Art, deutsches Land, deutsche Größe durftet ihr schützen. So habt ihr doch gestritten, ihr unvergleichlichen Krieger, deren Ruhm alle Völker des Erdkreises überstrahlt! In den Wüsten des Morgenlandes, auf den Steppen Russlands, in den Fruchtgefilden Flanderns, im Hochgebirge der Alpen, auf den Fluten der Weltmeere, tief im Herzen Frankreichs, im sonnigen Italien flatterten eure siegreichen Fahnen. Ruht nun aus, ihr Helden. Eures Ruhmes Kränze welken nie."[149] Das geistige Band zwischen christlicher Predigt und heidnischer Edda, zwischen nationalistischer und nationalsozialistischer Ideologie ist unverkennbar.

Dennoch gelang es der Kirche zum Leidwesen der NSDAP besser, Trost zu spenden. Der Sicherheitsdienst der SS berichtete aus dem Reich, „dass es der kirchliche Prediger rein psychologisch zumeist wesentlich leichter habe als der Hoheitsträger der Partei, indem die Kirche vor allem sich des persönlichen Leides der Betroffenen annehme, um sie in der ersten Erschütterung des Trennungsschmerzes auf das ewige Leben und das Wiedersehen im Jenseits hinzuweisen, während der Politische Leiter an die innere Haltung appelliere und aus dem Gedanken des Opfers für das Reich den Angehörigen Trost zusprechen müsse".[150]

George L. Mosse bemerkt, dass auch das Empfinden, für eine edle Sache gekämpft und ein Opfer gebracht zu haben, tröstete. „Das Bedürfnis, im Kriegserlebnis einen höheren Sinn zu suchen und für das Opfer und den Verlust eine Rechtfertigung zu finden, war weit verbreitet, am stärksten bei den Veteranen."[151] Fast jede Gedenkrede belegt die These Mosses. Auch berühmte Beispiele hätte er heranziehen können, zum Beispiel Abraham Lincolns Gettysburg Address vom 19. November 1863. Bei der Einweihung des Nationalfriedhofs sagte Lincoln in einer dreiminütigen Rede alles, was bei ähnlichen Gelegenheiten immer wieder langatmig ausgebreitet wurde und wird. Er widmete den Friedhof denen, „die ihr Leben gaben, damit dieser Staat leben kann." Nicht die Überlebenden können den Friedhof, der auf einem Teil des Schlachtfelds liegt, weihen, segnen oder heiligen. „Die tapferen Männer, die hier gekämpft haben, Lebendige wie Tote, gaben ihm eine Weihe, die weit über das hinausgeht, was unsere Kraft hinzutun kann oder wegzunehmen vermag." Die Toten sind nicht sinnlos gestorben, sondern haben „hier das letzte, volle Maß an Opfer" dargebracht, „damit wir uns hier hochgemut geloben, dass sie nicht vergebens gefallen sein sollen, dass diese Nation unter Gottes Führung zu neuer Freiheit geboren werde und dass die Regierung des Volkes, durch das Volk und für das Volk nicht von dieser Erde verschwinde."[152] Es tröstet, im Opfer der Getöteten die Voraussetzung der eigenen Existenz zu erkennen.[153]

Der Hinweis auf Gottes Führung und Fügung durchzieht auch die deutsche Kriegsgeschichte. „Welch' eine Wendung durch Gottes Fügung" telegrafierte der preußische König Wilhelm I. nach dem Sieg bei bei Sedan an die Königin.[154] Das 1913 eingeweihte Völkerschlachtdenkmal wurde gleichsam auf dem in Riesenlettern im Sockel eingehauenen Wahlspruch von Wilhelm I., „Gott mit uns", errichtet, obwohl der preußische König 1813 Friedrich Wilhelm III. hieß. Seine Regentschaft stand unter der Devise „Meine Zeit in Unruhe, meine Hoffnung in Gott".[155] Das Koppelschloss mit der Aufschrift „Gott mit uns" sollte im entscheidenden Moment Kraft und Trost spenden: auf ihm umrahmte die Anrufung Gottes im Ersten Weltkrieg die Kaiserkrone und im Zweiten Weltkrieg den ins Hakenkreuz verkrallten Reichsadler (Abb. 1 und 2). Siegeszuversicht und die Erwartung des ewigen Lebens konnten sich daraus ebenso nähren wie die tröstende Gewissheit der Hinterbliebenen, dass der Gefallene im Augenblick des Todes Gott an seiner Seite hatte.[156]

Wer mit Gott kämpfte, bekämpfte die Gottlosen. Dass auch der Gegner mit Gott kämpfen konnte, war ausgeschlossen. Der eigene Krieg war der vor Gott gerechte, der des anderen war ungerecht. Den Hinterbliebenen blieb als Trost, dass der Verstorbene sein Leben für die gute Sache eingesetzt hat. In religiösen Gemeinschaften gilt jemand, der für eine gottgewollte Sache gestorben ist, als Märtyrer. Der Trost speist sich aus der ethischen Rechtfertigung des Krieges, die ihrerseits Auswirkungen auf die Art der Kriegsführung hat. Trost und Trotz liegen dann dicht beieinander.

Hans Küng weist darauf hin, „dass viele ökonomisch-politisch-militärische Konflikte von Religionen teils ausgelöst, teils eingefärbt, inspiriert und – das gilt auch für die beiden Weltkriege – legitimiert" wurden.[157] Er beobachtete dies in allen Erdteilen und Kulturkreisen und stellte fest, dass diese Kriege unbeschreiblich fanatisch, blutig und gnadenlos geführt wurden. Seine Erklärung: Wenn „Gott

*Abb. 1: Deutsches Koppelschloss
Erster Weltkrieg*

*Abb. 2: Deutsches Koppelschloss
Zweiter Weltkrieg*

mit uns" ist, dann ist die Gegenpartei logischerweise des Teufels. Diese Polarisierung wirkte bis in die Verkündigung hinein: Pastor Crome, von 1907 bis 1928 Pastor in St. Lamberti, begann nach glaubwürdiger, mündlicher Überlieferung seine Predigt oft mit den Worten „Gott strafe England".[158]

Auf dem Itzumer Kriegerdenkmal betet ein Soldat vor der Schlacht. Er betet nicht zu dem parteilichen Gott, sondern zu seinem persönlichen. Jeder Hinweis auf eine fanatische Gesinnung fehlt, die Gebetshaltung zeigt Demut an. Ein Zusammenhang zu Theodor Körners Gedicht „Gebet während der Schlacht", das 1814, ein Jahr nach seinem Kriegstod in Gadebusch, in der Gedichtsammlung „Leyer und Schwert" erschien, ist nicht nachweisbar, doch zu vermuten. In der letzten Strophe ergibt sich der Soldat nicht dem Feind oder fatalistisch einem drohenden Unheil, sondern Gott: „Gott dir ergeb' ich mich! / Wenn mich die Donner des Todes begrüßen, / Wenn meine Adern geöffnet fließen: / Dir, mein Gott, dir ergeb' ich mich! / Vater, ich rufe Dich!"[159] Carl Maria von Weber vertonte am 21. Oktober 1814 unter dem Titel „Gebet vor der Schlacht" das Körner-Gedicht „Hör uns, Allmächtiger"[160], das bei Körner mit „Gebet"[161] überschrieben ist.

Sich vor der Schlacht Gott zu ergeben heißt, ihm sein Schicksal anzuvertrauen, sich seinem Willen zu beugen. Der gemeinsame Feldgottesdienst vor der Schlacht und der empfangene Segen des Feldgeistlichen nimmt dem Gläubigen die Furcht vor ewiger Verdammnis und gibt ihm die Hoffnung auf das ewige Leben. Philippe Ariès nennt die mit dem Segen ausgesprochene Absolution ein archaisches Ritual: Schon Roland und seine Waffengefährten erhielten die Absolution in Form eines Segens, bevor sie ohne Hoffnung auf Heimkehr zum Kreuzzug aufbrachen.[162]

Ein ganz anderes, ehrliches und gänzlich trostloses „Gebet vor der Schlacht" verfasste der junge expressionistische Schriftsteller Alfred Lichtenstein hundert Jahre später, kurz bevor er selbst in den ersten Wochen des Ersten Weltkriegs seiner Verletzung erlag: „Inbrünstig singt die Mannschaft, jeder für sich: / Gott, behüte mich vor Unglück, / Vater, Sohn und heiliger Geist, / Dass mich nicht Granaten treffen, / Dass die Luder, unsre Feinde, / Mich nicht fangen, nicht erschießen, / Dass ich nicht wie ein Hund verrecke / Für das teure Vaterland."[163]

Die Inschrift auf der Erzberger-Gedächtnistafel, die am 8. Mai 1927 im Geburtsort Matthias Erzbergers Buttenhausen enthüllt wurde, zeigt, dass auch im nichtmilitärischen Gedenken über Sinnstiftung Trost erzeugt wird. In der persönlichen Widmung *Matthias Erzberger / Reichsminister / in Deutschlands / schwerster Zeit / Für das Vaterland gestorben / am 26. August 1921*[164] blieben der Mord unbenannt und die Mörder sowie ihre rechtsradikalen Motive unbekannt. Drei Floskeln, die sich auch auf Kriegerdenkmälern finden, verschleiern den Skandal: Wie man Soldaten durch Nennung ihres militärischen Rangs oder Dienstgrades posthum zur Treue und Hingabe verpflichtet, wird Erzberger hier als Reichsminister bezeichnet. Wie ein Soldat hat auch er sich „in Deutschlands schwerster Zeit" aufgeopfert. So wenig wie ein Kriegerdenkmal die wahren Umstände des Soldatentodes preisgibt, so wenig nennt die Erzberger-Tafel die Art seines Todes beim Namen. Er ist „für das Vaterland gestorben" als sei er im Dienst ums Leben gekommen. Stünde der Skandal des Fememords als Grund für Erzbergers gewaltsamen Tod auf der Tafel, verwandelte sie sich in eine eherne Anklageschrift, die politisierte und polarisierte. Die Erzberger-Tafel spendet Trost, indem sie den Tod nicht als Meuchelmord brandmarkt, sondern zum Opfer für das Vaterland überhöht. Da es – wie ein Kriegerdenkmal – damit einen falschen Schein erweckt, spendet es auch falschen Trost. Es tröstet allenfalls, dass Matthias Erzberger sechs Jahre nach seiner Ermordung überhaupt öffentlich und dauerhaft gedacht wurde.

Wenigstens im ersten Jahrzehnt nach dem Zweiten Weltkrieg vermieden die an den Denkmälern gehaltenen Ansprachen oft den Versuch, dem Massentod eine sinnvolle oder sinnstiftende und damit tröstende Begründung zu geben. Sinnvoll sei es statt dessen, alle Anstrengung darauf zu richten, „nie wieder leichtsinnig einen Krieg vom Zaune zu brechen".[165]

3.1.3 Tragikempfinden

Beim Auszug der aktiven Armee in Mainz, schreibt Carl Zuckmayer, seien sich viele der disziplinierten, ernsten, besonnenen Truppe der „Tragik des Geschehens" bewusst gewesen. „Es war eine hoffnungsvolle, leistungsstarke Generation, wirklich und wahrhaftig die Blüte der Nation, die da hinauszog, um zu sterben." Tragisch ist hier, dass eine hoffnungsvolle Generation, die eben erst eingetreten ist in das Leben, in den Tod geführt wird, viele mit den besten patriotischen Absichten, die am Ende so schmachvoll enttäuscht wurden. „Damals, im Jahre 14, glaubte man noch an ein Aufblühen durch den Krieg. Doch es wurde ein Welken", formuliert Zuckmayer, und spielt damit an das im Krieg 1870/71 erlebte Aufblühen der Wirtschaft in den Gründerjahren an. Es kam gänzlich anders. „Deutschland hat sich davon nie ganz erholt. Als es so weit hätte sein können, wurden seine jungen Männer wieder in einen Krieg getrieben, von einer gewissenlosen Führung entfesselt und noch viel unglückseliger in seinem Ausgang."[166]

Nach dem Ersten Weltkrieg ist die Enttäuschung ein abruptes Ende einer grandiosen nationalen Selbsttäuschung. Das Tragikempfinden entlastet, entschuldigt in dieser heiklen Lage. Nach dem Zweiten Weltkrieg empfand Hans May es in einer 1963 vor Schülern und Ehemaligen der Scharnhorstschule gehaltenen Gedenkrede als tragisch, dass die Gefallenen „getäuscht wurden und objektiv für eine ungerechte Sache in den Tod gegangen sind".[167] Nach dieser These ist die Tragik eigentlich keine. Sie konnte als solche nur empfunden werden, weil der Betrug unerkannt blieb. Dem Einzelnen konzediert diese Betrachtung, dass er über keine Mittel zur Aufklärung des Betrugs verfügte. Dass dies nicht den Tatsachen entspricht, bezeugen zahllose Verfahren vor den nationalsozialistischen Sondergerichten gegen „heimtückische Angriffe auf Staat und Partei", „Wehrkraftzersetzer" und Widerstandskämpfer.[168]

Seit der Antike kennen wir den tragischen Normenkonflikt, der zu keinem guten Ende führt. Wie auch immer der Einzelne sich entscheidet, er bleibt in Schuld verstrickt. „S'ist leider Krieg, und ich begehre, nicht schuld daran zu sein", heißt es in dem bekannten „Kriegslied" von Matthias Claudius (1740-1815).[169] Tragik, definiert Gero von Wilpert, ist „der unausweichliche, schicksalhafte Untergang eines Wertvollen im Zusammenstoß oder Widerstreit mit anderen erhabenen Werten oder übermächtigen Gewalten, der die beteiligte(n) Person(en) notwendig in Leid und Vernichtung führt, für die sie sich, über sich selbst hinausragend, um des Erhabenen willen unter Ausschlagung der Kompromissmöglichkeiten opfern, während die Werte selbst als Ideen bestehen bleiben" und fügt hinzu: „Der tragische Gegenstand erweckt bei Außenstehenden nicht nur Mitleid und Trauer durch das Maß des Leidens, sondern zugleich – durch die Heldenhaftigkeit seines erfolglosen Kampfes gegen das Verhängnis, die dabei entfalteten Seelenkräfte und die Unerbittlichkeit seines Geschicks, das aus höheren Gesetzen, nicht aber aus der bloßen Laune eines Zufalls entspringen muss – Bewunderung, Ehrfurcht u. a. erhabene Gefühle und führt dadurch zur Seelenerschütterung."[170] Zur Tragik taugte der idealisierte Krieg, wie er von Ernst Jünger geschildert wird und wie ihn die Lesarten der Offiziellen die Bevölkerung glauben machen wollten. In der Beschreibung eines Erich Maria Remarque oder in der Sichtweise eines Otto Dix wurde all das an edler Gesinnung, was die Tragik des Krieges freisetzen sollte, in der blutigen Realität umgekehrt. „Die Kirch ist umgekehrt", dichtete metaphorisch bereits Andreas Gryphius während des Dreißigjährigen Krieges in „Tränen des Vaterlandes" und meinte damit die unglaubliche Verrohung, die Verwahrlosung der Sitten, den Verlust des „Seelenschatzes".[171]

Sigmund Freud hat in einem schon 1915 geschriebenen Essay das hier gemeinte Tragikempfinden als „die Enttäuschung des Krieges" beschrieben.[172] Allein, dass nicht irgendwelche verwilderten Völkerindividuen, sondern die großen weltbeherrschenden Kulturnationen aufeinander einschlugen, statt ihre Interessenkonflikte friedlich zu lösen, war enttäuschend. Aber dass dieser Krieg die Ordnung auflöste, die er zu verteidigen vorgab, dass der Staat „sich jedes Unrecht, jede Gewalttätigkeit freigibt, die den einzelnen entehren würde", dass der Krieg in einer physischen und psychischen Grausamkeit geführt würde, „als sollte es keine Zukunft und keinen Frieden unter den Menschen nach ihm geben", müssten mitdenkende und mitfühlende Zeitgenossen als tragisch empfinden. „Wir leben der Hoffnung, eine unparteiische Geschichtsschreibung werde den Nachweis erbringen, dass gerade diese Nation, die, in deren Sprache wir schreiben, für deren Sieg unsere Lieben kämpfen, sich am wenigsten gegen die Gesetze der menschlichen Gesittung vergangen habe, aber wer darf in solcher Zeit als Richter auftreten in eigener Sache?"[173]

Es kam, wie Freud es vorhersah: In den Krieg zu ziehen, um das Vaterland zu verteidigen und Leben zu schützen, bewirkte auf deutscher Seite im vergangenen Jahrhundert, das Vaterland zunächst zum Teil, später ganz zu verlieren und Leben in bisher unbekanntem Ausmaß zu vernichten. Die bange Hoffnung, Deutschland möge das Völkerrecht am Ende am wenigsten verletzt haben, wich angesichts der Taten dem blanken Entsetzen.

Eine weitere, sehr konkrete und im Krieg allgegenwärtige Tragikerfahrung bringt das bei nahezu allen Gedenkfeiern vorgetragene Lied „Der gute Kamerad" zum Ausdruck: „Eine Kugel kam geflogen; / Gilt's mir, oder gilt es dir? / Ihn hat es weggerissen, / Er liegt mir vor den Füßen, / Als wär's ein Stück von mir."[174] Das Kriegstotengedenken, das zeitnah zum gemeinten Ereignis Form annahm, spiegelt immer auch diese Tragikempfindung wider: es drückt die Überlebensschuld[175] der Davongekommenen aus. „Ich habe mir keine Schuld vorzuwerfen", schreibt Carl Zuckmayer beim Gedanken an den Widerstand seines Freundes Carlo Mierendorff gegen die Nazis und an seinen Leidensweg durch ihre KZs. „Und doch empfinde ich sie unter der Schwelle des Bewusstseins – weil ich nicht dasselbe erlitten habe. Vielleicht weil ich lebe."[176] Überlebende Kriegsteilnehmer quält der Selbstvorwurf, nicht genug gekämpft zu haben, ebenso wie das Gefühl, nicht genug zum Schutz der Getöteten getan zu haben. Als unverdient erscheint das Überleben. Der Tote, der sich aufopferte, hätte es wohl verdient. Ungerecht ist es auch, sind doch beide, der Überlebende wie der Tote, in denselben Krieg, dieselbe Schlacht gezogen. Wie konnte der eine heil heraus kommen und der andere Unheil erleiden?

Aber auch die Überlebensschuld ist eine Idealisierung der tatsächlichen Verhältnisse, die auszusprechen eine „Überlebenslüge" bloßlegt. Die Allgegenwart des Todes ließ die Empfindungen verrohen. Das eigene Überleben war doch wichtiger als das des Kameraden. George L. Mosse berichtet davon, dass noch nicht begrabene Körper von Gefallenen als Deckung oder Gewehrauflage oder als Markierungszeichen genutzt wurden. Es kam vor, dass Soldaten den Toten die Stiefel auszogen, wenn diese besser erhalten waren als die eigenen.[177]

Die Kompensation dieses Konfliktes sind das besonders markante Denkmal und der besonders markige Leitspruch. Entlastend wirkt auch die Überhöhung der Kriegstoten zu Helden. Sie gibt dem Einzelnen die Beachtung zurück, die in der Anonymität des Massensterbens und des Massengrabes verloren ging, holt ihn gleichermaßen aus der Fremdheit zurück in die vertraute Umgebung der Heimat. Der Mythos ersetzt die Realität. Das herausragende Beispiel dafür steht „wuchtig" am Galgenberg.

Eine andere Tragik enthält der Widerspruch von Heldenproklamation und Hinterbliebenenleid. Die im Denkmal zum Ausdruck gebrachte Ehrerbietung linderte nicht im mindesten die soziale Not der Familien, deren Ernährer ums Leben kam. Im Gegenteil: Die Opfer wurden um neue, diesmal finanzielle, Opfer gebeten, damit ihres Angehörigen öffentlich gedacht werden konnte. Nie verstummten die – überwiegend sozialdemokratischen und sozialistischen – Stimmen, die anstelle von Denkmalsbauten auskömmliche Hinterbliebenenrenten forderten und anstelle von Ehrenhainen Familienheime.

Kriegerdenkmäler künden nicht nur vom Sterben, sondern auch vom Töten und Getötetwerden. Gemeint ist die Tragik, dass das Opfer zugleich – wenigstens potenziell – Täter ist. Um eines Täters zu gedenken, bedarf es eines edlen Zwecks der Tat. „Ares, heißt es in der Ilias, ist gerecht, denn er tötet die, welche töten. Zum Töten im Krieg gehört Mut, denn jeder wagt sein eigenes Leben, indem er andere angreift und tötet. Der Krieg ist ein Kampf auf Leben und Tod, Töten und Getötetwerden sind in ihm aufeinander bezogen."¹⁷⁸ Spätestens seit dem Ersten Weltkrieg hatte das anonyme Töten und Sterben den tapferen, heroischen Zweikampf verdrängt und damit dem Heldentum die letzte Legitimation entzogen. Damit das individuelle Opfer nicht sinnlos wird, beharrt Karl Löwith darauf, dass der Staat mehr ist als ein Gesellschaftsvertrag, denn sonst „wäre eine solche Zumutung widersinnig und ungerecht".¹⁷⁹ Antike Stilelemente (wie Säulen und Schalen, aber auch Helme, Schwerter) nehmen diesen Gedanken auf. An der Abschlusswand auf dem Nordfriedhof finden sich Beispiele dafür.

Das Kriegerdenkmal „klagt auch das verlorene Leben ein, um das Überleben sinnvoll zu machen".¹⁸⁰ So wie das Töten und Getötetwerden aufeinander bezogen sind, sind es auch das sinnlose Sterben und das sinnvolle Überleben. Reinhart Koselleck nennt den lateinischen Sinnspruch „mortui viventes obligant" eine Blindformel, weil jede beliebige Sinngebung möglich ist.¹⁸¹ Sie erleichtert den Überlebenden, sich der als tragisch erlebten Sinnlosigkeit des Todes zu entziehen. Der Alpenverein greift diesen Gedanken mit einem Bibelzitat auf: *Eine größere Liebe hat niemand, als die, dass er sein Leben hingibt für seine Freunde.* [II 20.1] Er vergleicht damit den Kriegstod mit dem Kreuzestod, der die Liebe Gottes zu den Menschen dadurch ausdrückt, dass er seinen einzigen Sohn hingibt.

In seiner Rede am Volkstrauertag 1986 widmete sich der Vorsitzende der CDU/CSU-Bundestagsfraktion Alfred Dregger der „tragischen Konfliktsituation unseres Volkes zwischen äußerem Feind und innerer Unterdrückung". Den Deutschen sei angesichts dieser Alternative nichts anderes übrig geblieben, sich anzupassen und in den Krieg zu ziehen. Die meisten hätten sich dabei durchaus respektwürdig verhalten und hätten damit einen Anspruch erworben, dass ihrer in Ehrfurcht gedacht wird.¹⁸² Wenn Dregger die Tragik in klassischem Sinne als ausweglos darstellt, entwertet er mit dieser Formulierung allerdings den Widerstand gegen das Hitler-Regime, der sich beidem widersetzte: der inneren Unterdrückung ebenso wie der Kriegführung bis hin zum totalen Krieg. Er verschafft statt dessen jenen eine moralische Legitimation, die sich auf den Befehlsnotstand berufen, der die Bindung an den Dienstherren erzwang und die Bindung an das Gewissen, das Naturrecht oder die Menschenrechte aussetzte.

Schließlich ist es aus Sicht der Betroffenengeneration tragisch, dass „Denkmäler, auf Dauer eingestellt, ... mehr als alles andere Vergänglichkeit (bezeugen). ... Die einzige Identität, die sich hintergründig durch alle Kriegerdenkmäler durchhält, (ist) die Identität der Toten mit sich selber. Alle politischen und sozialen Identifikationen, die das Sterben ... bildlich zu bannen und auf Dauer zu stellen suchen, verflüchtigen sich im Ablauf der Zeit. Damit ändert sich die Botschaft, die einem Denkmal eingestiftet worden war."¹⁸³ Der Widerspruch, der dem monumentalen Denkmal am Galgenberg in vielfältiger Weise entgegenschlägt, ist lebhafter Ausdruck dieser These.

3.1.4 Trauma und Therapie

Im psychologischen Sinn handelt es sich bei der Trauer um einen seelischen Vorgang, „bei dem der Mensch einen Verlust mit Hilfe eines wiederholten, schmerzlichen Erinnerungsprozesses langsam zu ertragen und durchzuarbeiten lernt."¹⁸⁴ Der therapeutische Prozess ist in dieser Definition bereits skizziert: Trauerarbeit besteht aus Erinnern, Wiederholen und Durcharbeiten. Dieser Dreischritt lässt sich, zumindest ansatzweise, in vielen Gedenkreden nachweisen. Die Trauer über den Verlust eines nahestehenden Menschen unterscheidet sich dabei nicht von der Trauer über verloren gegangene Ideale oder Traditionen, über eine begangene böse Tat oder eine unterlassene gute. Ohne Trauerarbeit entsteht „Trauerkrankheit", Melancholie, der Verlust oder das Versäumnis wird als Trauma erlitten.

Dass das Volk seine Einigkeit zurückgewinne, durchzieht wie ein Leitmotiv die Ansprachen und Appelle in den ersten Jahren nach dem Ersten Weltkrieg. Dass man seine Pflicht getan habe und sich dabei nichts zuschulden kommen ließ, ist das Credo nach dem Zweiten Weltkrieg, das auch fünfzig Jahre nach Kriegsende, insbesondere als Reaktion auf die Ausstellung „Verbrechen der Wehrmacht. Dimensionen des Vernichtungskrieges 1941-1944" des Hamburger Instituts für Sozialforschung, beharrlich bekannt wurde. Die in den Denkmälern und den sie umgebenden Ritualen ausgedrückte Trauer beklagt zum einen die aktuellen Zustände, die das vermeintliche „goldene Zeitalter" oder die vermeintlich guten Absichten radikal auf den Prüfstand stellen, zum anderen klingt der Hader mit der Ungerechtigkeit des Schicksals an, dass trotz bester Motive der Krieg verloren ging. Selten offenbart sich die Erkenntnis begangenen Unrechts. Lediglich aus gesellschaftskritischen Gruppen wird die Frage nach der Sinnhaftigkeit und Rechtmäßigkeit kriegerischer Auseinandersetzungen gestellt.

Kurt Sontheimer machte als Spezifikum des Ersten Weltkriegs ein tiefgreifendes Kriegserlebnis aus, das die politische Rechte als Legitimationsformel für die nationale Gesinnung benutzte. Freikorpskämpfer F. W. Heinz war überzeugt, dass im August 1914 das deutsche Volk ausmarschierte und im November 1918 als Nation zurückkehrte.[185] Als „heroische Festivität" bezeichnete Thomas Mann die das ganze Volk erfassende Kriegsbegeisterung Anfang August 1914, die erste Erfahrung einer Volksgemeinschaft jenseits des wilhelminischen Materialismus, der Klassenzwietracht und des Konfessionsstreits. Die „Volksgemeinschaft des Schützengrabens" schloss – als Modell für den deutschen Volksstaat – die „defaitistischen" Kräfte zwangsläufig von der Teilhabe aus und strafte sie mit – wie sich zeigen sollte tödlicher – Verachtung. Die bewusste Isolierung vom Schicksal des ganzen Volkes, die Trennung von Front und Heimat, verstärkten den rechten Hass gegen die Weimarer Republik, die als Geschöpf der abtrünnigen Heimat diffamiert wurde. Stahlhelmführer Franz Seldte beschrieb in seinem Buch „Fronterlebnis" eine wahnhafte Metamorphose: „Der Krieg hat uns Frontsoldaten zu neuen Menschen, zu einem Volk im Volke gemacht." Deutschland werde wieder frei, wenn das deutsche Volk seinen Frontsoldaten vertraue.[186]

Eine solche Selbstwahrnehmung empfindet nicht den Krieg als Trauma, sondern den nachfolgenden Frieden. Die Bewältigungsformen äußern sich in den von Sontheimer analysierten Formen antidemokratischen Denkens. Sie finden ihren Ausdruck in rückwärtsgerichteter Symbolik und Sprache, in der Idealisierung des Soldatentums, in mystischem Einklang mit den Mythen des klassischen Altertums, der germanischen Stammesgeschichte oder der deutschen Reichsgründung, in der Geschlossenheit und Standfestigkeit der Denkmäler aus Stein, Eisen oder Hartholz, die jeden Gedanken an Zerrissenheit, Verzweiflung oder Zerstörung vertreiben, schließlich in einer Entpolitisierung des Geschehens und der Geschichte, in der Interessenkonflikte und Entscheidungen nicht vorkommen, sondern nur der bedingungslose, heldenhafte Kampf.

Dem Trauma der Sinn suchenden Frontsoldaten gesellt sich das Trauma der zu spät geborenen Männerbündler hinzu. Ulrike Brunotte, die den Männerbund als „performative Kult-Gemeinschaft" definiert, die sie von ihren Anfängen in der Jugendbewegung bis zu ihrem Aufgehen in der SA und SS verfolgt, zitiert die Klage des Gründers der Deutschen Jungenschaft, Eberhard Koebel, die er 1925 – erst 17-jährig – notierte: „Könnt Ihr Euch noch entsinnen, Kameraden, an die Zeiten, da Deutschland groß und mächtig war. Wie ein Traum aus früher Jugend sahen wir im Geist noch die schwarz-weißrote Fahne siegreich und groß ... . Die Alten können uns noch vom großen Reich erzählen ..., sie können uns noch berichten vom mächtigen Kaiserreich und vom heiligen Krieg, von 1914 und von den Siegen ... . Und wir? Wir Jungen, wir Neuen? Wir, die wir damals noch Kinder waren? Wir sind dazu verdammt, zu spät gekommen zu sein, wir durften nicht mehr fürs Vaterland kämpfen ..."[187] Koebel ist von der Trias des Kriegstotengedenkens in traumatischer Weise ergriffen: Die Erinnerungen an die großen Siege und das mächtige Reich, die Erzählungen der Alten und der verzweifelte Drang zur Nacheiferung, verschmelzen zu einem Konglomerat, aus dem die nationalsozialistische Ideologie kräftig austreiben kann. Ein solches Trauma findet Ausdruck in überhöhten, verherrlichenden Repräsentationen der guten, alten Zeit, in ihren Herrschaftssymbolen und Siegeszeichen. Es sperrt sich gegen jede rationale Aufklärung des Vergangenen und Geschehenen. Es verschließt sich vernünftigen Schlussfolgerungen. Unvermeidlich sehnt dieses Trauma den charismatischen Führer herbei und auch einen neuen Krieg. Vielen gelang auch danach die Ent-Täuschung nicht.

Bis in die jüngste Zeit lassen sich Beispiele dafür nachweisen, wie aus unverarbeiteter Trauer über enttäuschte Ideale Verbitterung wird. Am 1. August 1998 zitierte der hannoversche Pressedienst „Rundblick" einige Anzeigen, die in großen Tageszeitungen von Menschen aufgegeben waren, die damit an gefallene Geschwister, Verlobte, Ehegatten oder Kameraden erinnerten, „mit ein paar Daten und manchmal mit wenigen Worten, in denen Dank steckt, die voller Bitterkeit sind, in denen Hoffnung mitschwingt"[188]. Tenor: Der Staat, „für den sie ihren Eid leisteten", halte ihren Tod nicht in Ehren und dulde die Verunglimpfung seiner Soldaten. Verfassungsrichter hatten es gerade für zulässig erklärt, Soldaten als potenzielle Mörder zu bezeichnen.[189]

Die sich so öffentlich erregten, trauerten nicht über den Missbrauch des Eides durch den Staat, über die gewissenlose Politik, die Menschen gegen Menschen und Völker gegen Völker aufhetzte. Trauerarbeit hätte die Motive des Völkermordens zu enthüllen, müsste zulassen, das Massensterben als politisches Kalkül zu akzeptieren und die Suche nach einem höheren oder edlen Sinn einstellen, hätte nach eigenen verborgenen und uneingestandenen Anteilen am Geschehen zu forschen, um sinnvolle Alternativen für denkbar halten zu können. Im Ergebnis könnte der Trauernde die Indoktrination durchschauen, der die Betrauerte zum Opfer fiel.

Einzelnen gelang dies, selbst nach dem kollektiven Kriegserlebnis des Ersten Weltkriegs. Ein Beispiel dafür findet sich in einer Totensonntagspredigt, die Pastor Haupt 1921 hielt: „Gedenken wir an diesem Totensonntag, an diesen Totensonntagen nach dem Kriege, vor allem jener Toten, gedenken wir der vielen Unbekannten, die von mitleidigen Kameraden, eigenen und so genannten feindlichen begraben wurden, wo sie das tödliche Eisen traf. ... Vorbei der Krieg, vorbei das Morden, in dem die Millionen hingerafft werden, die stärksten und ehrlichsten, die besten und hoffnungsvollsten unter ihnen – vorbei das Morden –. Aber ist durch das in Strömen geflossene Blut die Welt besser geworden, wie vorausgesagt von den Verfechtern des Krieges...? Könnten sie aufsteigen aus ihren Gräbern, alle die, die zu fallen glaubten in ernstester, edelster Pflicht: schaudernd würden sie sich abwenden, wenn sie die Welt sehen könnten, wie sie geworden ist durch den Krieg, dem sie Leib und Blut hingaben ... geopfert ‚Gott Mammon', dem blutübersättigten Kapital."[190]

Margarete und Alexander Mitscherlich erörtern in diesem Zusammenhang den Unterschied von Trauer und Melancholie, die Freud als krankhafte Steigerung von Trauer definiert. „In der Trauer fühle ich mich verarmt, aber nicht in meinem Selbstwert erniedrigt."[191] Für viele Millionen Deutsche sei der „Führer" (und in ähnlicher Weise gewiss auch der Kaiser[192]) zur Verkörperung des eigenen Ich-Ideals geworden. „Der Verlust eines derart hoch mit libidinöser Energie besetzten Objektes, an dem man noch nicht zweifelte, nicht zu zweifeln wagte, als die Heimat in Trümmer fiel, wäre in der Tat ein Anlass zur Melancholie,"[193] „wenn diese Gefahr nicht durch Verleugnungsarbeit schon in statu nascendi abgefangen worden wäre."[194] Die Verleugnungsstrategie nach dem Ersten Weltkrieg legitimierte mit der „Dolchstoßlegende" die Diffamierung der Republik und die Identifikation mit einer starken Autorität im Staat. Die totale Niederlage des Zweiten Weltkriegs verlangte nach einer anderen Lösung: Sie führte zur lange betriebenen „Derealisierung des ganzen Zeitabschnittes"[195].

In seinem 1968 veröffentlichten Nachtrag „Antidemokratisches Denken in der Bundesrepublik" belegt Paul Sontheimer diese „Entwicklichung" mit dem Ergebnis einer Studie über die Einstellung der bundesrepublikanischen Presse zum Dritten Reich. Danach war die beherrschende Interpretation der nationalsozialistischen Vergangenheit durch metaphysische Schlüsselworte wie Verhängnis, Schicksalsfügung, Tragödie etc. charakterisiert. Der NS-Staat erschien als eine Art Betriebsunfall.[196] Rechtsradikale Parteien wie die NPD bemühten sich sogar, die Hauptverantwortung Deutschlands am Zweiten Weltkrieg zu widerlegen und die Verbrechen des NS-Regimes als Kompensation der Verbrechen anderer Völker zu entschuldigen.[197] Zur gleichen Zeit prangerte der Philosoph Karl Jaspers die Flucht in die Lüge an: die Deutschen würden sich auf unbegründete Rechtsansprüche berufen; sie verleugneten die Haftung für den Hitler-Krieg, würden den Sinn der bedingungslosen Kapitulation verkennen.[198]

Ohne angemessene Trauerarbeit gibt es keine Friedensfähigkeit: „Die nicht geweinten Tränen erzeugen den Drang, statt ihrer immer neues Blut zu vergießen", schreibt Gerhard Vinnai.[199] „Jede Glorifizierung eines Menschen, der im Krieg getötet worden ist, bedeutet drei Tote im nächsten Krieg", mahnt Kurt Tucholsky.[200] Tendenziell dienen Kriegerdenkmäler gerade nicht einer befriedeten Erinnerung und schon gar nicht einem befriedeten Vergessen, sie leisten eher einer kollektiven Verdrängung Vorschub. Auch damit lässt sich die Aggressivität erklären, die denen entgegenschlägt, die die verdrängten Anteile ins Bewusstsein heben wollen.

Nach Norbert Hilbig sind die militärischen Drill- und Zurichtungsprozeduren ein „Formierungs- oder besser Deformierungsprozess". Das Idealbild in allen patriarchalischen Kulturen war der soldatische Mann, die „Stahlgestalt", der „Körperpanzer" (Ernst Jünger). In früheren Epochen galt nur der als Mann, der Frau, Familie und Besitz mit der Waffe schützen konnte.[201] Die militärische Ausbildung – in der Regel in der Spätadoleszenz der jungen Männer – verknüpft Männlichkeit und Gewaltbereitschaft. Das psychosoziale Bedürfnis nach Liebe zielt auf die gleichgeschlechtliche Kameradschaft, die

Isolation vom weiblichen Geschlecht verwandelt männliche Potenz in Kampfbereitschaft (oder pervertiert zu sexueller Gewaltanwendung gegen Frauen in den unterworfenen Gebieten). Vinnai zitiert Militärpsychologen, die herausgefunden haben, dass Soldaten – psychologisch betrachtet – in erster Linie für ihre Kameraden kämpfen und dass Kriegstraumatisierungen deshalb fast immer mit dem Verlust von Kameraden verknüpft sind.[202] Kriegerdenkmäler sind – auch – ein Versuch, diese Traumata zu bearbeiten.

„Trauma" heißt Wunde. Das Wundmal steht dem Denkmal nicht nur sprachlich nahe. Der Schmerz, den Nietzsche das mächtigste Hilfsmittel der Mnemotechnik nannte, konstituiert das Denkmal und das, wofür es steht: „Man brennt Etwas ein, damit es im Gedächtniss bleibt: nur was nicht aufhört, weh zu tun, bleibt im Gedächtniss."[203] Die Wunden, die die Kriegsfurie in den „Truppenkörper" („Korps") riss, schlagen als Gedächtnisstütze die Brücke von Erniedrigendem zu Erhabenem: „Man möchte selbst sagen, dass es überall, wo es jetzt noch auf Erden Feierlichkeit, Ernst, Geheimniss, düstere Farben im Leben von Mensch und Volk giebt, Etwas von der Schrecklichkeit nachwirkt, mit der ehemals überall auf Erden versprochen, verpfändet, gelobt worden ist: die Vergangenheit, die längste tiefste härteste Vergangenheit, haucht uns an und quillt in uns herauf, wenn wir ‚ernst' werden. Es gieng niemals ohne Blut, Martern, Opfer ab, wenn der Mensch es nöthig hielt, sich ein Gedächtniss zu machen."[204]

In einem privaten Brief an einen früheren Regimentskameraden, in dem es eigentlich um die Vorbereitung der Einweihungsfeier des „Soldatendenkmals" am Galgenberg ging, schreibt der Initiator, Karl Brandes, scheinbar ganz beiläufig in Parenthese: „Bin 5 mal verwundet und habe, nebenbei bemerkt, das Preußische Militär-Verdienst-Kreuz im Regiment erhalten. Leider sind es nur 4 Kameraden des Regts., die diese Auszeichnung mit nach Hause gebracht haben. Nun glauben Sie aber beileibe nicht, dass ich ein grosser Held bin. Nein, ich habe nur meine Pflicht getan und dabei viel Glück gehabt. Andere Kameraden haben vielleicht noch mehr getan, aber waren vom Glück nicht begünstigt."[205] Die Beiläufigkeit, mit der er seine Verwundungen erwähnt und die demonstrative Zurückweisung des Etiketts „großer Held" sind ebenso verräterisch wie der Hinweis auf „andere", die „vielleicht" noch mehr getan haben. Sein Stolz ist unverkennbar.

Brandes hatte das doppelte Glück, den Krieg überlebt zu haben und den toten Helden gleichgestellt werden zu dürfen. Seine Wunden durften nur vernarben, aber nicht wirklich verheilen. Sie verbanden und verpflichteten. Sie dienten als Gedächtnisstütze, wenn man sich nach vielen Jahren zu Regimentstreffen wieder begegnete oder sich zur jährlichen Wiederkehr bedeutender Schlachten, zum Beispiel der „Feuertaufe", am Denkmal zur Kranzniederlegung versammelte.

In William Shakespeare's „Henry V" spornt der König den Kampfgeist seiner Soldaten mit der Erinnerungsträchtigkeit der Wundmale an:

„Der heut'ge Tag heißt Crispianus' Fest:
Der, so ihn überlebt und heim gelangt,
Wird auf dem Sprung stehn, nennt man diesen Tag,
Und sich beim Namen Crispianus rühren.
Wer heut am Leben bleibt und kommt zu Jahren,
Der gibt ein Fest am heil'gen Abend jährlich
Und sagt: ‚Auf Morgen ist Sankt Crispian!'
Streift dann die Ärmel auf, zeigt seine Narben
Und sagt: ‚Am Crispins-Tag empfing ich die.'
Die Alten sind vergeßlich; doch wenn alles
Vergessen ist, wird er sich noch erinnern
Mit manchem Zusatz, was er an dem Tag
Für Stücke tat: dann werden unsere Namen,
Geläufig seinem Mund wie Alltagsworte..."[206]

Das Schlachtfeld bei Agincourt verließen der König und seine Mannen am 25. Oktober 1415 als strahlende Sieger. Die Materialschlachten der beiden Weltkriege fünfhundert Jahre später hinterließen – in Deutschland – Männer, deren Narben nicht Triumph, sondern nur noch Trotz wachriefen: Sie zeugten von Standhaftigkeit, Durchhaltevermögen und Leidensfähigkeit. Bisweilen hat es den Anschein, als brächten sie auch Verbitterung hervor: dass die Kriege trotzdem verloren gingen.

Kriegerdenkmäler sind nach diesem Verständnis vernarbte Wunden im sozialen Organismus. Sie sind nicht nur die Ruhmeszeichen des „kleinen Mannes"[207], sondern auch Manifestationen eines Zusammengehörigkeitsgefühls, das sich als Nationalbewusstsein, Patriotismus, Vaterlandsliebe oder Volksgemeinschaft deklarierte. Kollektivehrungen durch National-, Provinzial-, Regional- oder Lokaldenkmäler stiften nur einen Sinn in entsprechenden Gemeinschaften. Sie wuchsen seit den Befreiungs- und Einigungskriegen des 19. Jahrhunderts zusammen und festigten sich unter dem Einfluss der Massenmedien im 20. Jahrhundert. Als notwendige weitere Bedingung erwies sich die Demokratisierung, die Einführung der allgemeinen Wehrpflicht und des allgemeinen Wahlrechts. Auf den Schlachtfeldern starben Bürger. Über die sie ehrenden Nationaldenkmäler diskutierten die Parlamente, über die Lokaldenkmäler die Gemeinderäte. Die sozialen Groß- und Kleingruppen, die Nation wie die Familie, zeigten mit den Denkmälern nicht nur trauernd auf ihre Toten, sondern auch stolz auf ihre Wunden.

Die Hildesheimer Kriegerdenkmäler – wie Kriegerdenkmäler allgemein fast ausnahmslos[208] – sind Männerdenkmäler. Sie wurden ausschließlich von Männern erschaffen, mit seltenen Ausnahmen (Marienrode) von Männern initiiert, fast ausschließlich gelten sie Männern, die sich „mannhaft" verhielten: Mut zeigten, tapfer waren, kämpften – bis zur Selbstaufgabe. Sie erinnern an Ereignisse und Taten, bei denen Gewalt angewendet wurde, Gewalt, bei der sich die Frage nach Schuld und Verantwortung stellt.

Frauen überbringen nach 1871 strahlend den Siegerkranz, nach 1918 weinen sie beim Abschied des einrückenden Sohnes oder bei der Mitteilung seines Todes. Sie repräsentieren Mitleid und Mutterliebe, zugleich aber auch Ohnmacht. Der Bereitschaft der Männer zur Hingabe ihres Lebens entspricht die Bereitschaft der Mütter zur Hergabe ihrer Söhne und der Frauen zur Hergabe ihrer Männer. Die als Pietà dargestellte Muttergottes wandelt sich zur Kriegermutter, so dass die toten Krieger unversehens in die Haut ihres hingestreckten Sohnes schlüpfen. „So verkommt die reklamierte göttliche und weibliche Funktion des Marienkults zum Beiwerk prahlerischer Männlichkeit (phallischer Aufbau, heldischer Zierrat) und dem gemäße Inschriften dominieren die Denkmäler."[209]

Die Frage nach Schuld und Verantwortung enthält neben dem Geschlechteraspekt auch die Frage des Umgangs mit der Schuld. Damit ist zum einen die persönliche Verantwortung für persönliches schuldhaftes Verhalten gemeint aber auch jene Schuld, die „Schuldbewusstsein", „schlechtes Gewissen" oder „Schuldgefühl" auslöst. Der Konflikt spielt sich in diesem Fall nicht in der Gesellschaft, sondern in der Person ab. Nicht die Gesellschaft verlangt Sühne, sondern der Einzelne sucht Entlastung. Nach Freud äußert sich Schuldbewusstsein in Strafbedürfnis, „schlechtes Gewissen" als Angst vor Liebesverlust, als „soziale Angst", das Schuldgefühl als Angst vor dem Über-Ich.[210] Gegenstand der Schuld ist hier nicht das Verhalten im Krieg, sondern die Teilhabe am Krieg und die Hinnahme des Krieges mit all seinen Facetten: von der Verächtlichmachung und Drangsalierung des Gegners bis hin zur gewaltsamen Tötung. Die Lösung des Konflikts kann der Kompromiss zwischen den Ansprüchen des Es und des Über-Ich und die Entwicklung von Abwehrmechanismen sein: die Verdrängung (das Nichtwahrhabenwollen), die Rationalisierung (die nachträgliche Scheinbegründung), die Sublimation (Überführung in sozial hoch bewertete Tätigkeiten) oder durch Überkompensation (Ausgleich eines Minderwertigkeitsgefühls durch besondere, oft verkrampfte Anstrengung).

Michael S. Roth macht darauf aufmerksam, dass ein Trauma nicht vergessen werden kann, weil es – paradoxerweise – nicht erinnert und nicht erzählt werden kann. Es ist der Trauerarbeit unzugänglich. „Wenn keine Möglichkeit besteht, ein Trauma durchzuarbeiten, kann die traumatische Situation nur in Begriffen des Tragischen beschrieben werden: kein Ausweg, alle Handlungen sind schon falsch und zum Scheitern verurteilt, noch bevor irgendeine Handlung überhaupt stattfinden konnte. ... Das Trauma verschließt die Vergangenheit in der Zukunft als etwas, das wieder und wieder zurückkehren wird, als unfreiwillige Erinnerung – unfähig, vergessen zu werden, und unfähig, bewusst erinnert zu werden und in einen Prozess des Durcharbeitens überführt zu werden."[211]

Nach dem Zweiten Weltkrieg waren nicht nur die Kriegserlebnisse aufzuarbeiten, sondern die Teilhabe oder Hinnahme eines rassistischen und verbrecherischen Regimes. Kriegerdenkmäler entstanden überwiegend in einer Zeit, in der nach einem „Schlussstrich" unter der Aufarbeitung der Vergangenheit gerufen wurde, also vor 1968. Sie setzen einen Kontrapunkt zum faktischen Geschehen. Von der eigenen Verstrickung in Schuld wird abgelenkt durch die Zurschaustellung der eigenen Opfer. Theodor W. Adorno schreibt empört: „Zuweilen werden die Sieger zu Urhebern dessen gemacht, was die Besiegten taten, als sie selber noch obenauf waren, und für die Untaten des Hitler sollen diejenigen verantwortlich sein, die duldeten, dass er die Macht ergriff, und nicht jene, die ihm zujubelten. Die Idiotie alles dessen ist wirklich Zeichen eines psychisch Nichtbewältigten, einer Wunde, obwohl der Gedanke an Wunden eher den Opfern gelten sollte."[212]

3.2 Soziale Motive

3.2.1 Treue

„Trauer, Trost, Treue – das sei die deutsche Totenfeier!" So fasste Pastor Maulhardt seine Predigt zum Volkstrauertag 1926 zusammen.[213] Die Treue der Gefallenen wird auf Denkmälern oft beschworen. An die *treuen Söhne* erinnerte die St.-Bernward-Gemeinde [II 1.3], *Treue um Treue* verspricht die Gemeinde Bavenstedt [II 15.2.1]. Sie verspricht den Toten damit „ewiges Gedenken", ein Gedenken, das – wie die Liebe – den Tod transzendiert. Der Mythos der Treue, der Führer und Gefolgschaft zusammenschweißt und deshalb oft mit dem Attribut „heilig" in Verbindung gebracht wird, verpflichtet nun die Mit- und Nachwelt. Die Treue sei das Maß, an dem wir gemessen werden, meinte der Präsident des Deutschen Jägerbundes anlässlich der Gedenkveranstaltung des 8. Bundestreffens auf dem Hildesheimer Ehrenfriedhof. Treue aber sei nicht denkbar ohne Disziplin und ohne den Glauben an Gott.[214] Kaum ein Begriff ist so anfällig gegen Missbrauch wie dieser.

Die Treue des Soldaten ist in unprätentiöser Betrachtung die widerspruchslose Erfüllung einer auferlegten Dienstpflicht. Die „volle Hingabe", die das Beamtengesetz von jedem Beamten erwartet, bindet ihn an den Staat und verlangt uneingeschränkten Einsatz. Im besonderen Fall ist damit auch der Einsatz des Lebens gefordert. Soldaten sind in diesem Sinne zu keiner anderen Treue verpflichtet als beispielsweise Feuerwehrleute oder Polizisten.

Die Treue, die Soldaten in den deutschen Armeen im Fahneneid beschworen oder beschwören, galt dem Landesherrn, der Reichsverfassung, der „Deutschen Demokratischen Republik, meinem Vaterland" oder gilt der Bundesrepublik Deutschland. Im „heiligen Eid auf den „Führer des deutschen heiligen Reiches" fehlt das Wort „Treue". Die Treueverpflichtung konkretisiert sich in der Verhaltenserwartung, unbedingten Gehorsam zu leisten und jederzeit sein Leben einzusetzen.

Preußische Armee
„Ich (Vor- und Zuname) schwöre zu Gott dem Allwissenden und Allmächtigen einen leiblichen Eid, daß ich Seiner Majestät dem König von Preußen Wilhelm II., meinem allergnädigsten Landesherrn, in allen und jeden Vorfällen, zu Land und zu Wasser, in Kriegs- und Friedenszeiten und an welchen Orten es immer sei, getreu und redlich dienen, Allerhöchstdero Nutzen und Bestes befördern, Schaden und Nachteil aber abwenden, die mir vorgelesenen Kriegsartikel und die mir erteilten Vorschriften und Befehle genau befolgen und mich so betragen will, wie es einem rechtschaffenen, unverzagten, pflicht- und ehrliebenden Soldaten eignet und gebührt. So wahr mir Gott helfe durch Jesum Christum und sein heiliges Evangelium!" (Jüdische Soldaten: „So wahr mir Gott helfe!")[215]

Reichswehr
„Ich schwöre Treue der Reichsverfassung und gelobe, dass ich als tapferer Soldat das Deutsche Reich und seine gesetzmäßigen Einrichtungen jederzeit schützen, dem Reichspräsidenten und meinen Vorgesetzten Gehorsam leisten will" (bis 2. August 1934)[216]

> Wehrmacht
> „Ich schwöre bei Gott diesen heiligen Eid, dass ich dem Führer des deutschen heiligen Reiches, Adolf Hitler, dem Oberstem Befehlshaber der Wehrmacht, unbedingt Gehorsam leisten und als tapferer Soldat bereit sein will, jederzeit für diesen Eid mein Leben einzusetzen." (ab 2. August 1934)[217]
>
> Bundeswehr
> „Ich schwöre, der Bundesrepublik Deutschland treu zu dienen und das Recht und die Freiheit des deutschen Volkes tapfer zu verteidigen, so wahr mir Gott helfe."[218]
>
> Zum Vergleich: Nationale Volksarmee:
> „Ich schwöre: Der Deutschen Demokratischen Republik, meinem Vaterland, allzeit treu zu dienen und sie auf Befehl der Arbeiter-und-Bauern-Regierung gegen jeden Feind zu schützen.
> Ich schwöre: An der Seite der Sowjetarmee und der Armeen der mit uns verbündeten sozialistischen Länder als Soldat der Nationalen Volksarmee jederzeit bereit zu sein, den Sozialismus gegen alle Feinde zu verteidigen und mein Leben zur Erringung des Sieges einzusetzen.
> Ich schwöre: Ein ehrlicher, tapferer, disziplinierter und wachsamer Soldat zu sein, den militärischen Vorgesetzten unbedingten Gehorsam zu leisten, die Befehle mit aller Entschlossenheit zu erfüllen und die militärischen und staatlichen Geheimnisse immer streng zu wahren.
> Ich schwöre: Die militärischen Kenntnisse gewissenhaft zu erwerben, die militärischen Vorschriften zu erfüllen und immer und überall die Ehre unserer Republik und ihrer Nationalen Volksarmee zu wahren.
> Sollte ich jemals diesen meinen feierlichen Fahneneid verletzen, so möge mich die harte Strafe der Gesetze unserer Republik und die Verachtung des werktätigen Volkes treffen."[219]

Tafel 4: Formeln des Fahneneids von 1914 bis heute

Hegel nennt die Treue als Rechtsverhältnis „Diensttreue" und stellt die Treue der Sklaven und Knechte der Vasallentreue des Rittertums gegenüber. Während die eine „zwar schön und rührend sein kann, doch der freien Selbständigkeit und Individualität und eigenen Zwecke und Handlungen entbehrt und dadurch untergeordnet ist", bewahrt sich das Subjekt bei der anderen, seiner Hingebung an einen Höheren zum Trotz, „sein freies Beruhen auf sich als durchaus überwiegendes Moment. ... Diese Treue macht jedoch ein so hohes Prinzip im Rittertum aus, weil in ihr der Hauptzusammenhalt eines Gemeinwesens und dessen gesellschaftliche Ordnung, bei der ursprünglichen Entstehung wenigstens, liegt."[220] Bei Hegel bleibt der Boden der Treue „die Selbständigkeit des Subjekts in sich".

Das „Vaterland" forderte – vor allem im Zweiten Weltkrieg – bedingungslose Treue und ließ keine Frage nach der Rechtmäßigkeit des Krieges, der Befehlshaber und der Befehle zu. Die absolute Treue wiegt die Schmach der Niederlage auf – man ist wenigstens treu geblieben, dem Eid, dem Vaterland, einer Idee, sich selbst – wem oder was auch immer. *Kein Ruhm währt länger als der Ruhm der Treue,* steht auf der Sorsumer Ehrentafel für die Toten des Zweiten Weltkriegs [II 13.3.3]. Die abwägende Verfassungstreue kann ebenso gemeint sein wie die skrupellose Gefolgschaftstreue. Der Betrachter hat die Wahl.

Aus der so relativierten und subjektivierten Treue leitet sich die Ehre ab. Treue und Ehre sind eng aufeinander bezogen. Die Ehre ist ein sehr persönlicher Begriff, der die mannigfaltigsten Inhalte haben kann. „Denn alles, was ich bin, was ich tue, was mir von anderen angetan wird, gehört auch meiner Ehre an. Ich kann mir deshalb das Substantielle selbst, Treue gegen Fürsten, gegen Vaterland, Beruf, Erfüllung der Vaterpflichten, Treue in der Ehe, Rechtschaffenheit in Handel und Wandel, Gewissenhaftigkeit in wissenschaftlichen Forschungen usf. zur Ehre anrechnen."[221] Nicht diese Verhältnisse selbst sind ehrenvoll, sie werden erst durch das Subjekt zur Ehrensache. „Der Mann von Ehre denkt daher bei allen Dingen immer zuerst an sich selbst; und nicht, ob etwas an und für sich recht sei oder nicht, ob es sich zieme, sich damit zu befassen oder davonzubleiben."²²² Aleida Assmann unterscheidet von diesem bürgerlichen Ehrbegriff den feudalen. Die feudale Ethik gebiet, für den guten Namen der Familie zu sterben, weil nur die Familie und ihr Name, nicht aber der Einzelne überlebt. „Die Werte des Lebens, der körperlichen Integrität, sind im Kodex der Ehre der Reputation eines unbescholtenen Namens untergeordnet."²²³

Der Widerstand des 20. Juli 1944 findet seine ethische Legitimation in dem Gedanken, dass der Treueid objektiv nicht einseitig bindet. Eine verbrecherische politische Führung bricht ihr dem Volk im Amtseid gegebenes Treueversprechen, so dass dem Widerstand gegen Hitler gerade die Untreue gegenüber dieser Führung zur Ehre gereicht. Der Generaloberst Ludwig Beck zugeschriebene „Aufruf an das deutsche Volk" rechtfertigt den Aufstand gegen Hitler damit, dass dieser „seinen vor zehn Jahren dem Volke geleisteten Eid durch Verletzungen göttlichen und menschlichen Rechts unzählige Male gebrochen" habe. Daher sei „kein Soldat, kein Beamter, überhaupt kein Bürger ihm mehr durch Eid verpflichtet."²²⁴ Theodor Heuss, der dem Ermächtigungsgesetz am 23. März 1933 zugestimmt hatte, vertrat während seiner Amtszeit als Bundespräsident nachdrücklich die Überzeugung, dass Hochverrat in einem totalitären Staat ehrenvoll ist.²²⁵ Otto Wels, der Vorsitzende der SPD-Fraktion im Deutschen Reichstag, zeigte diese Haltung schon, als er sich und der Verfassung treu blieb und trotz der unmittelbaren Bedrohung durch gewaltbereite Nationalsozialisten in einer Rede das Nein der Sozialdemokraten zum Ermächtigungsgesetz begründete und mutig bekannte: „Freiheit und Leben kann man uns nehmen, die Ehre nicht."²²⁶ Freilich erhält auch dieser Satz seine besondere moralische Qualität nur im konkreten historischen Zusammenhang. Die Begriffe „Freiheit", „Leben" und „Ehre" bedeuteten auch den Nationalsozialisten viel – nur mit entgegengesetzter, inhumaner und unsozialer Definition.²²⁷

Das Grundgesetz der Bundesrepublik Deutschland verbürgt als Reaktion auf die nationalsozialistische Gewaltherrschaft seit 1949 das Recht auf Kriegsdienstverweigerung und seit 1968 das Recht auf Widerstand²²⁸, entbindet also unter bestimmten Voraussetzungen den einzelnen von der Treuepflicht oder, neutraler, von der Loyalitätspflicht. Am Sorsumer Denkmal [II 13.3.3] und an ähnlich gestalteten zeigt sich, dass der Hegelsche Gedanke vom subjektiven Charakter der Treue mit der Suche nach eindeutiger und allgemein gültiger Legitimation kollidiert.

Bei der Einweihung der Gedenkraumbibliothek der Scharnhorstschule am 3. September 1960 zeigte Hermann Heimpel die Tagesaktualität dieses Konflikts auf. An die anwesenden Schüler gewandt sagte er: „Sie aber, die Jugend, für die ein Soldat ein Toter, ein Gefangener, Geschlagener, Heimkehrender war, sehen wieder Soldaten auf den Straßen und erwarten ihre Gestellungsbefehle, nach dem Gesetz der erneuerten allgemeinen Wehrpflicht. Aber einer ist vielleicht in der Klasse, der sich als Kriegsdienstverweigerer bekennt, und das Grundgesetz erlaubt es ihm. Ist er ein Fauler? Ist er ein Feiger, der den Tod fürs Vaterland fürchtet? Ist er ein Tapferer, der nicht tut, was alle tun, der den unbequemen Weg sucht, von dem er meint, dass sein Gewissen ihn zu weisen scheint?"²²⁹ Heimpel beantwortete diese Fragen nicht, sondern riet den Schüler, sich möglichst umfassend zu informieren, weiter zu fragen und Antworten zu prüfen – und ausweichenden Gegenfragen Stand zu halten. 1969 beklagten Militärs und Politiker unisono, dass „der Begriff Vaterland keine Opferbereitschaft mehr weckt" (Major Peters in „Wehrkunde") und dass „treues Dienen gegenüber dem Staat bei der Jugend nicht im Denken verankert ist" (Hauptfeldwebel a. D. Stahlberg, MdB). Die Zahl der Anträge auf Anerkennung als Kriegsdienstverweigerer war von 418 im Jahr 1966 auf über 3.000 angewachsen – bundesweit.²³⁰

Kurt Sontheimer hat für die Weimarer Republik überzeugend dargelegt, dass viele Deutsche der Idee des Vaterlandes treu waren oder den nationalen Gedanken über alles stellten oder sich einer vergangenen oder künftigen Staatsidee verpflichtet fühlten, dass sie aber kein Staatsbewusstsein entwickelten, das sie loyal mit der demokratischen Republik verband.²³¹ Paradoxerweise gelang das erst mit Hilfe einer außerparlamentarischen Opposition und einer antiautoritären Bewegung in den sechziger Jahren des vergangenen Jahrhunderts. Die Kriegerdenkmäler der Weimarer Zeit unterstützen nicht den republikanischen Treuebegriff, sondern einen autoritativen, der sich Gott, dem König oder dem Vaterland unterwirft.

Die Gemeinde erwidert die Treue der Soldaten mit dem Versprechen „ewigen" Dankes. Sie folgt dem Gebot des „patriotischen Ethos, das den Einsatz des Lebens für das Gemeinwesen fordert. Die

Gegengabe für den Opfertod ist die Unsterblichkeit des einzelnen, seine Verewigung im kollektiven Gedächtnis der Nation."²³² Der Ruhm, der eigentlich dem Sieger gebührt, winkt jedem Getreuen. Die Wurzeln dieser politischen Theologie der Nation reichen bis ins antike Griechenland. Euripides lässt seine Iphigenie in Aulis ihren „Preis" für ihren patriotischen Opfertod nennen: „Ich werde kein Grab haben, sondern ein Denkmal." Im christlichen Glauben findet diese Hoffnung auf Selbstverewigung ihren Ausdruck in der Auferstehung.

Wenn es in der Jakobikirche bis 1945 hieß *Sei getreu bis an den Tod, so will ich dir die Krone des Lebens geben* [II 1.12], war nicht die lebenslange Treue zum christlichen Glauben gemeint, sondern die Überhöhung der Treue an sich. Der Kontext zeigt, worum es in der Offenbarung des hl. Johannes (Offb 2, 10) geht: „Fürchte dich nicht vor dem, was du leiden wirst! Siehe, der Teufel wird einige von euch ins Gefängnis werfen, damit ihr versucht werdet, und ihr werdet in Bedrängnis sein zehn Tage. Sei getreu bis an den Tod, so will ich dir die Krone des Lebens geben." Allen Versuchungen und Bedrängnissen des Teufels zu widerstehen, um die „Krone des (ewigen) Lebens" zu empfangen, lautet die Botschaft des Evangelisten. In diesem Verständnis richtete sich die Inschrift gleichsam mit einem Appell und einem Versprechen an die Angehörigen: „Der Teufel hat euch Tod und Not gebracht, um eure Festigkeit im Glauben zu prüfen. Haltet an eurem Bekenntnis zu Gott fest, und er wird euch mit dem ewigen Leben krönen." Ob diese Auslegung der Bibelstelle gemeint war? Das Zitat und sein Zusammenhang legen eine andere, weltliche, Deutung nahe.

Mit dem Dank nimmt die (Trauer-)Gemeinde das hingegebene Leben als Opfer an. Das Denkmal bezeugt beides dauerhaft, entweder ausdrücklich in der Formel *Treue um Treue* (Bavenstedt, II 15.2.1) oder in den wiederkehrenden Ehrungen zu den verschiedenen Anlässen.

Schon die Stiftung der Kriegerdenkmäler kann als Einlösung des gegenseitigen Treueversprechens gewertet werden, weil die Initiative fast immer von einzelnen Personen oder von Gruppen ausging und Einzelne bei der Realisierung immer das Motiv des Dankes in den Vordergrund stellten. Wo im Einzelfall die Gemeinde aktiv wurde, wie bereits 1915 auf dem heutigen Nordfriedhof, finanzierten die Aufwendungen der Angehörigen oder die von der Bürgerschaft aufgebrachten Spenden die Gestaltung der Grabstellen (siehe II 3.5.1.1). In Sorsum klärte der Gemeinderat 1964 zunächst die rechtlichen Voraussetzungen des Denkmalprojekts, erörterte das Modell aber wenige Tage vor dem Beschluss mit den örtlichen Vereinen. Deren Votum übernahm der Gemeinderat bei seiner Entscheidung. Die Bürgerschaft sollte mit Spenden zur Finanzierung beitragen, die Gemeinde sollte den Fehlbetrag ergänzen (siehe II 13.5). So verhielt sich die Stadt Hildesheim auch bei privaten Denkmalsstiftungen von besonderer Bedeutung: Bei den Denkmälern für das Infanterie-Regiment Nr. 79 sicherte sie z. B. sowohl 1874 als auch 1936 (siehe II 1.11.1 bzw. 6.1.1) die Verwirklichung des Vorhabens mit Zuschüssen aus dem städtischen Haushalt ab. Bei der Gedenkraumbibliothek der Scharnhorstschule half sie mit der gestalterischen Kompetenz ihrer Mitarbeiter (siehe II 5.5).

Mit zunehmendem Abstand wird die Treue abstrakt. Wurden die Namen der Gefallenen bei der Denkmalsweihe häufig noch verlesen[233], wird später nur noch ein Typus – in idealisierter Form – angesprochen: der des Gefallenen, des Kameraden. Konkret bleibt die Erwiderung der Treue in der Pflege des Denkmals und der Wahrung der Tradition, die ihren Ausdruck im äußeren Erscheinungsbild, im Blumenschmuck und in der Beteiligung an den Gedenkfeiern finden. Aber auch diese Dankesschuld gilt mit zunehmendem zeitlichen Abstand nicht mehr treuen Personen, sondern dem Prinzip Treue. Der Dank an die Vergangenen verblasst, die Ermahnung der Künftigen bleibt.

3.2.2 Trotz oder Triumph

Der Triumph ist eine Ausgeburt des Sieges, der Trotz ein Kind der Niederlage. 1874 war der Triumph über den westlichen Nachbarn, den „Erbfeind" Frankreich, unüberhörbar: „Möge die Victoria dort oben, die Zeugin unserer Siege, das Sinnbild unserer Einigkeit, der Einigkeit in allen Schichten der Bevölkerung, der es gelang, auch dieses Denkmal würdig herzustellen, möge sie, mit dem Lorbeer in der rechten, noch Jahrhunderte lang ihr Auge diesen schönen Gauen unseres Landestheiles zuwenden, möge sie noch späten Geschlechtern ein Merkzeichen dafür sein, daß die Treue bis in den Tod, daß die Dankbarkeit auch bei uns eine gute Stätte gefunden haben!"[234]

Trotz und Trutz haben den gleichen Ursprung, Widerspruch klingt in dem einen an, Widerstand in dem anderen. In der Redewendung „nicht umsonst gefallen"[235] nähern sich beide Bedeutungen an, auch in der oft wiederholten Aufforderung, den Helden nachzueifern, also zu künftigem Heldentum bereit zu sein und die Niederlage nicht hinzunehmen. Pastor Maulhardt zitierte am 13. Mai 1923 bei der Einweihung des Denkmals auf dem Nordfriedhof die lateinische Redewendung „Invictis victi victuri!": Unbesiegten stiften das Denkmal Besiegte, in denen die Hoffnung auf Sieg lebt.[236] Mit dieser Phrase ließen Professoren der Berliner Friedrich-Wilhelms-Universität (der heutigen Humboldt-Universität) nach einem Vorschlag ihres Rektors Reinhold Seebergs ein Kriegerdenkmal beschriften, das sie im Juli 1926 in Anwesenheit des Reichspräsidenten von Hindenburg im Universitätsgarten einweihten. Es stieß im Inland insbesondere bei Sozialdemokraten und Kommunisten und allgemein im Ausland auf Protest. Sozialdemokratische Studenten kritisierten die Inschrift als „Bekenntnis zum Kriegs- und Rachegedanken". Die französische Zeitung Les Temps wertete sie als Zeichen des „Revanchegeistes im deutschen Unterrichtswesen".[237]

Dem Volkstrauertag 1926 widmete die Presse große Aufmerksamkeit, die katholisch-konservative Hildesheimsche Zeitung allein drei Sonderseiten. In der Begrifflichkeit wechseln sich „Volkstrauertag", „Heldengedenktag" und „Heldendanktag" ab. Aber es ging nicht nur um den Dank und das Gedenken. Es ging auch um Wut und Trotz. Etwa eine halbe Seite lang bilanzierte der Autor die Lasten des Friedens. Sein Fazit ist ein „Trotzdem", das im zweiten Absatz das ganze Repertoire des nationalen Pathos aktiviert: „Heute, am Volkstrauertage, gedenken wir deshalb nicht nur der teuren Toten, die für das Vaterland gefallen sind und die Heimaterde vor den Kriegsgräueln bewahrt haben, sondern wir rufen uns auch alle anderen Verluste ins Gedächtnis zurück, die uns durch ein angebliches Friedenswerk ein siegestrunkener Feind, oft in geradezu sadistischer Weise, beigebracht hat.

Aber nicht verzweifelt wollen wir stille stehen. Nur das Volk ist verloren, das sich selbst aufgibt. Wir wollen uns über allem Unglück der Gegenwart hinweg heute die Hände reichen in dem heiligen ernsten Wollen, Deutschland wieder herauszuführen aus der Tiefe der Not und Unfreiheit zu den Höhen wahrhaft nationalen Glückes und der Freiheit, Heldenblut kann und darf nicht vergebens vergossen sein."[238]

Beim nächsten Mal Rache zu nehmen, einen günstigen Zeitpunkt abzupassen und dem Rad der Geschichte eine neue, günstigere Richtung zu geben, das sind Eindrücke, die Denkmäler mit Trotzcharakter hinterlassen sollen. Oft leisten sie das Gegenteil: sie provozieren Protest und Abscheu. Die Wirkung hängt vom Kontext und von der zeitlichen Distanz ab: ein Denkmal für die Opfer des Bauernkriegs löst andere Empfindungen aus, als ein Denkmal zu Ehren der Weltkriegsopfer. Die Niederlage im „gerechten Krieg" – was immer damit gemeint ist – wird anders registriert als die Niederlage in einem „ungerechten". Während die eine als unverdient gilt und auf diplomatischem, politischem oder militärischem Wege überwunden werden muss – auch die polnische Solidarnosc schwor sich unter dem Motto „Invictis victi victuri!", die Verhältnisse zu verändern –, wird die andere mit einigem Abstand als zu Recht erlitten angesehen. Trotz wäre bei dieser Einsicht eine völlig unangemessene Reaktion.

Triumph lässt es am Mitgefühl mit dem Gegner und am Einfühlungsvermögen in seine Lage vermissen und versperrt so den Zugang zu Verständigung und Aussöhnung. Trotz verweigert die Annahme des erlittenen Geschehens. Eine trotzige Reaktion greift in der Regel zum selben Mittel, sucht also die Genugtuung in einem erneuten Krieg. „Lösungen zweiter Ordnung"[239], die nicht auf der Ebene des „Mehr desselben" gesucht werden, sind nicht gefragt.

Beide Motive sind hier aus deutscher Sicht in der jeweiligen historischen Situation zu überprüfen: Triumph äußerte sich nach dem deutsch-französischen Krieg, Trotz nach den beiden verlorenen Weltkriegen. Die Gefühlsregungen sind nicht einer bestimmten Nation zu eigen, und sie verhalten sich komplementär. Auf die Niederlage von 1870/71 reagierten die Franzosen in ähnlicher Weise wie die Deutschen nach 1918. Und den Trotz der Verlierer des Ersten Weltkriegs stachelten die Franzosen mit deutlichen Zeichen ihres Triumphes an: Am 20. Juli 1922 teilte die Hildesheimer Allgemeine Zeitung auf ihrer Titelseite mit, dass am 11. November im Wald von Compiègne genau dort ein Denkmal errichtet werden soll, wo im Sonderzug von Marschall Foch die Bedingungen des Waffenstillstands unterschrieben wurden. Auf einem großen flachen Grabstein solle die Inschrift stehen: „Hier / am 11.

November 1918 / brach zusammen / der verbrecherische Stolz des deutschen Kaiserreichs, geschlagen / von den freien Völkern, die es unterjochen wollte". Eine Siegesallee sollte direkt zu dem Denkmal führen. Die Zeitung kommentierte in Form einer Selbstoffenbarung: „Bezeichnend für die französische Seelenverfassung."

Das Kaiserreich erinnerte sich seines Triumphs jährlich an besonderen Festtagen, zum Beispiel am Sedantag (2. September). Er wurde von monarchistisch Gesinnten in Hildesheim auch nach dem verlorenen Ersten Weltkrieg und nach der Abdankung des Kaisers hochgehalten – sehr zum Trotz sozialdemokratischer Kreise. Das Hildesheimer Volksblatt protestierte Anfang September 1920 gegen den Missbrauch von Schülern bei einer verkappten Sedandemonstration des Verbands für Leibesübungen in Hildesheim. Dabei waren am Kaiser-Wilhelm-Denkmal Lieder gesungen worden wie „Siegreich wollen wir Frankreich schlagen", das Deutschlandlied und „Wacht am Rhein". „Mögen die erwachsenen Kriegsvereinsseelen sich schließlich in Liedern vom Schlage der Wonnegans austoben – mehr wie sich lächerlich machen können sie nicht. Aber die Jugend verschone man damit."[240]

Aus monarchistischer Sicht folgerichtig stand das triumphierende Kaiser-Wilhelm-Denkmal am Ende der Sedanallee, bis es 1943 zu Kanonen oder Geschossen umgeschmolzen wurde. Trotzig wirken dagegen das Denkmal in Achtum oder das der Fallschirmjäger, die beide einem zornigen Adler Platz bieten, der seine Schwingen zur Abwehr (oder zur Landung) weit geöffnet hat.

Der Triumph schließt die Antwort auf die Sinnfrage nach dem Tod der Gefallenen mit ein: Sie wurden gleichsam der Siegesgöttin geopfert (die Hildesheimer Denkmäler für die Gefallenen des Krieges 1870/71 krönte deshalb eine Viktoria). Zum Volkstrauertag 1929 musste Prof. Dr. Machens dagegen in seiner Gedenkrede „die bange Frage" stellen: „War all der Heldenmut nicht vergeblich?". Nach seinem rhetorischen Stoßseufzer „Ach, wenn auf ihren Grabesstätten Siegesfahnen wehten, wenn Deutschland reich an Ehre und Macht aus diesem Kriege zurückgekehrt wäre!" fand er den Sinn in einer Art von Testament: „Ihr Edelsinn und ihre Tapferkeit ist nicht mit ihren Leibern begraben worden." Edelmut und Opfersinn seien zu Geist geworden, der nicht vergehe, sondern an die Überlebenden und Nachgeborenen übergehe.[241]

Als Zeichen des Trotzes und Triumphes sind auch Denkmäler zu betrachten, die dem Bedürfnis abgrenzender Selbstdarstellung entsprangen. Das Denkmal der 79er am Galgenberg [II 6] entstand beispielsweise als Trotzreaktion auf das 1920 auf der Steingrube errichtete. Karl Brandes, empfand das Ehrenmal als „kläglich"[242], er bemängelte den Nischenplatz an der Steingrube und die Nähe des Toilettenhauses. Es sei „der Kameraden, die da draussen ruhen", nicht würdig.[243] Das Denkmal sei für die 4.165 gefallenen Kameraden zu klein, zu unscheinbar. Man habe übereilt und ohne ihn entschieden. Er war 1920 noch Soldat bei der Reichswehr und hatte keinen Einfluss.[244] Unmittelbar nach seiner Wahl zum Vorsitzenden des Hildesheimer Kameradschaftsbundes der 79er im März 1936 betrieb er mit großer Energie und Ausdauer den Bau des Monumentaldenkmals oberhalb der Feldstraße.

3.2.3 Tabuisierung

Wer tötet, begeht einen Tabubruch. Um einer Selbstbestrafung durch das Über-Ich zu entgehen, muss der Tabubruch geheilt, geheiligt werden, zum Beispiel durch rituelle Handlungen oder durch entgegenstehende Gebote. Das Töten an sich ist bei Kapitalstrafe verboten, im Krieg ist das Töten – ebenfalls unter Androhung von Kapitalstrafe – geboten. Zum Tabubruch ist eine zeremoniell verpflichtete Gemeinschaft berechtigt, die bei den von den Denkmälern gemeinten Kriegen fast ausschließlich aus Männern bestand. Die Denkmäler ähneln Totems, deren Funktion Sigmund Freud als „Zeichen der Machtgrundlage des Männer-Klans" beschrieb.[245] Insbesondere die mit bildhaften Elementen ausgestatteten Denkmäler sind auch Zeugnisse maskuliner Identität und der Selbstrechtfertigung.

Hilbig beschreibt in Anlehnung an Klaus Theweleit als Ergebnis militärischer Sozialisation ein neues Prinzip von Gerechtigkeit, „gleiche Qualen für alle", die Verwandlung des Lustprinzips in das Schmerzprinzip, „schön ist, was weh tut", schließlich die Deformation aller Wunsch- und Wahrnehmungsdispositionen, den Sieg des Todes- oder Destruktionstriebs Thanatos über den Lebenstrieb Eros: der Wunsch nach Körperwärme transformiert in die Wahrnehmung der Hitze des Körperschmerzes, der Wunsch nach Berührung in die Wahrnehmung des Peitschenhiebes. „Und nach und nach akzeptiert der Körper die Schmerzeingriffe an seiner Peripherie als Antwort auf sein Lustbegehren. Er nimmt sie als Befriedigung" (Theweleit). „Der Fels (reckt) seinen Kopf aus dem Uniformkragen."[246] Die hier skizzierten Motive sind auf den Denkmälern an der Sedanallee (Wärme – Berührung – Schmerz) und an der Feldstraße („Fels") beobachtbar.

Die Annahme eines Todestriebs löste schon zum Zeitpunkt seiner Entdeckung und Erörterung heftige Empörung aus. Gleich drei Tabus wurden mit ihm gebrochen: die Annahme des Todes als Teil menschlicher Existenz, die Wahrnehmung des Menschen als Triebwesen und die Abkehr vom Modell einer geradlinigen Höherentwicklung des Menschengeschlechts. „Denn die Kindlein, sie hören es nicht gerne, wenn die angeborene Neigung des Menschen zum „Bösen", zur Aggression, Destruktion und damit auch zur Grausamkeit erwähnt wird".[247]

Vollends dem Tabu unterliegt die Aufdeckung der libidinösen, insbesondere der sexuellen Anteile der Aggression und Destruktion. In seinem 1922 veröffentlichten Bekenntnisbuch „Der Kampf als inneres Erlebnis" (KiE) trägt Ernst Jünger den Eros-Thanatos-Konflikt orgiastisch im Kampf Mann gegen Mann aus: „Im Kampf ums Dasein in seiner nacktesten Form" könne nur der eine über den erschlagenen tiefer ins Leben treten mit einem Schrei „aus Erkennen, Grauen und Blutdurst". Der Göttinger Historiker Bernd Weisbrod schreibt in seiner Analyse des Werks Jüngers: „Hier ergießt sich die Sprache mit demselben delirösen Druck, den sie in der Schlacht zu orten meint: ‚Das ist die Wollust des Blutes, die über dem Kriege hängt, wie ein rotes Sturmsegel über schwarzer Galeere, an grenzenlosem Schwung nur der Liebe verwandt.' Jeder Satz ein Anschlag, so geht es weiter, jedes Wort ein obszöner Erguss. Was hier strömt, ist etwas anderes als Blut, es ist die aggressive Angst-Lust, die Unfähigkeit zur hingebungsvollen Liebe, und jedes Wort, das hier vergossen wird, beschwört eine ganz andere ‚Liebesnacht': die ‚Feuertaufe', ... wenn das Blut durch Hirn und Adern wirbelt wie vor einer ersehnten Liebesnacht und noch viel heißer und toller. ... Die Feuertaufe. Da war die Luft so von überströmender Männlichkeit geladen, dass jeder Atemzug berauschte, dass man hätte weinen mögen, ohne zu wissen warum. O, Männerherzen, die das empfinden können." Und im „Eros" überschriebenen Kapitel erreicht Jünger schließlich den Höhepunkt der sinnlichen Verschmelzung von Leben und Kampf: „O Leben Du! Noch einmal, einmal noch, vielleicht das letzte! Raubbau treiben, prassen, vergeuden, das ganze Feuerwerk in tausend Sonnen und kreisenden Flammenrädern verspritzen, die gespeicherte Kraft verbrennen vorm letzten Gang in die eisige Wüste. Hinein in die Brandung des Fleisches, tausend Gurgeln haben, dem Phallus schimmernde Tempel errichten." (KiE 31)[248]

Ein so rauschhaft erlebtes und bewusst gemachtes Kriegsgeschehen braucht keinen höheren Sinn für den Bruch des Tötungstabus, es ist Rechtfertigung in sich. Der Krieg stiftet eine Eigengesetzlichkeit, deren Grund und Anlass nicht mehr bedeutsam sind. Mit Nietzsches Zarathustra befreit sich Jünger von diesen Skrupeln: „Gewiss wird der Kampf durch die Sache geheiligt; mehr noch wird eine Sache durch Kampf geheiligt." (KiE 48)[249]

Auf Denkmälern unsichtbar bleibt auch die „Lust an der Zerstörung"[250], die im Kriege zwar erwünscht, im Frieden aber verpönt ist. Ihre Nähe zu den sexuellen Motiven indiziert die Menge der Postkarten, Bilderbögen und Laienzeichnungen, die von der „Dicken Bertha" angefertigt wurden, jenem legendären Geschütz, dessen verheerende Wirkung nicht nur die Soldaten mit einer tiefen Befriedigung erfüllte. Zahlreiche Exponate der Weltkriegsausstellung des Frankfurter Historischen Museums belegen die Gewaltverherrlichung und Destruktionslust, die zweifellos einen militärischen Zweck erfüllte: „Der einzige Damm, der im Kriege den Zerstörungs- und Grausamkeitsinstinkten errichtet wird, dient dazu, ihre Ausbrüche in eine vom Kriegsziel bestimmten Richtung zu lenken." (Magnus Hirschfeld)[251]

Tabuisiert werden nicht nur die sexuellen und destruktiven Motive, sondern vor allem auch die Totalität, in die sich auch die Motivationen der Befehlshaber einordneten. Die hegemonialen ideologischen Konzepte von Imperialismus oder Faschismus, Kolonialismus oder Rassismus widersprechen dem Ideal der heldenhaften Vaterlandsverteidigung, die nur der Abwehr und dem Schutz verpflichtet ist. Sie zielen mit sozialdarwinistischer Absicht auf „Kampf und wieder Kampf" und sehen „im Kampf das Schicksal aller Wesen"[252]. Die Wahrnehmung der Gegner als minderwertig oder der eigenen Handlungen als schicksalhafte, gottgewollte Mission zur Sicherung des völkischen Lebensraums oder eines „Platzes an der Sonne" senkt die moralische Hemmschwelle weit ab, so tief, dass man sich heute nur ungern daran erinnert. Wer über die „Verbrechen der Wehrmacht" aufklärt, bricht das Tabu der anständigen Kriegsführung. Deserteure kommen auf Hildesheimer Denkmälern nicht vor, Widerstandskämpfer werden zwar namentlich genannt, aber nur einmal – im Gedenkbuch des Andreanums [II 1.1] – als solche bezeichnet.

Die nationale Identität, die Mythen, die zu ihrer Entstehung führen und die Dogmen, die sich aus ihr ableiten, stehen – insbesondere in autoritären oder totalitären Staaten – unter Tabu. Wer sie in Frage stellt, erklärt sich selbst als vogelfrei oder verortet sich – im Nationalsozialismus mit tödlichen Folgen – außerhalb der Gesellschaft. In der Bundesrepublik nahm die Unteilbarkeit Deutschlands Tabu-Charakter an. Als der Bezirksschulsprecher Ulrich Röbbelen am 17. Juni 1962 mit Einverständnis des Kuratoriums Unteilbares Deutschland und des Kreisjugendpflegers den Anspruch auf die Ostgebiete hinterfragte und den Zusammenhang von Oder-Neiße-Linie und nationalsozialistischer Gewalt- und Eroberungspolitik herstellte, löste er eine lang dauernde und weit reichende Kontroverse aus.[253] Die Kontroverse ist exemplarisch für alles, was mit der Aufarbeitung der Vergangenheit nach 1945 zusammenhängt. Adorno monierte, dass man das Vergangene nicht im Ernst verarbeiten, seinen Bann nicht durch helles Bewusstsein brechen wolle, sondern einen Schlussstrich darunter ziehen und womöglich es selbst aus der Erinnerung wegwischen möchte. Seine Überlegungen bezogen sich auf die in deutschem Namen verübten Verbrechen gegen die Menschlichkeit, auf einen Bereich, „von dem heute noch ein solches Grauen ausgeht, dass man zögert, ihn beim Namen zu nennen".[254]

Als exemplarisch für die Tabuisierung der Wehrmachtsverbrechen bei Kriegstotengedenkfeiern mag das alljährliche Pfingsttreffen der Gebirgsjäger am Ehrenmal auf dem Hohen Brendten bei Mittenwald gelten. Die etwa fünfzig Massaker, die von der Wehrmachtsgebirgstruppe in ganz Europa insbesondere an Tausenden von Kriegsgefangenen verübt wurden, blieben nicht nur juristisch ungesühnt, sondern auch beim Gedenken unerwähnt. Entsprechende Kritik wies der Präsident des Kameradschaftskreises, Brigadegeneral a. D. Ernst Coqui, als Verleumdung und Beleidigung zurück. Er wolle sich nicht vorschreiben lassen, wessen er zu gedenken habe. Beim Volkstrauertag gedenke er ja auch nur der Soldaten und nicht etwa Verkehrsopfern.[255]

Es ist bezeichnend, dass auch der ungeschönte Soldatentod auf den Denkmälern oft tabuisiert wird. Kein Bild, keine Skulptur zeigt einen sterbenden oder toten Soldaten auf Hildesheimer Denkmälern des Ersten Weltkriegs. 71% der nach dem Ersten Weltkrieg angebrachten Inschriften umschreiben, ersetzen oder vermeiden die Wörter „tot" oder „Tote". Nach dem Zweiten Weltkrieg erhöht sich der Wert auf 81%. Betrachtet man den Rest genauer, sind nach dem Ersten Weltkrieg nur 7% der Inschriften *den Toten* gewidmet[256] (nach dem Zweiten Weltkrieg 17%[257]), weitere 7% kleiden den Tod in ein Zitat[258], 5% verweisen auf *tote Kameraden*.[259] Nach dem Zweiten Weltkrieg kommt nur noch auf einem Denkmal[260] „Tod" in einem Bibelzitat vor (entspricht 2%).

Beliebter sind Metaphern: 20% der Inschriften nach dem Ersten Weltkrieg und 26% nach dem Zweiten enthalten das Wort Gefallene ohne eingrenzende Bezeichnungen.[261] 32% der Inschriften sind nach dem Ersten Weltkrieg (11% nach dem Zweiten) an gefallene Kameraden, Söhne, Brüder, Mitglieder, Schüler, Lehrer, Kriegsteilnehmer oder Beamte/Angestellte/Arbeiter adressiert.[262] Neu ist nach dem Zweiten Weltkrieg die ausdrückliche Verwendung des Wortes Opfer oder die Auflistung von Namen ohne eine besondere Widmung.[263] 15% der Denkmäler verwenden Inschriften ohne einen direkten Bezug zum Kriegstod[264], nach dem Ersten Weltkrieg geschah das nur auf den Tafeln der Baugewerkschule [II 4.3].

Das weitverbreitete Ausweichen vor der harten Realität des Kriegstodes kann mit der allgemeinen gesellschaftlichen Tabuisierung des Themas „Sterben und Tod" erklärt werden. Folgt man Ariès[265], veränderten Tod und Trauer allerdings noch zu Beginn des 20. Jahrhunderts das Leben einer ganzen sozialen Gruppe, z. B. der Familie oder einer Gemeinde. Erst nach dem Zweiten Weltkrieg, mit zunehmender Funktionsteilung, Desorganisation und Hinwendung zu diesseitigem Glück, setzte sich verstärkt die „Ausbürgerung des Todes"[266] fort, die bereits Ende des 19. und Anfang des 20. Jahrhunderts mit der Tabuisierung von Liebe und Sexualität latent begann. Was hätte also die Denkmalstifter bis in die Sechzigerjahre des letzten Jahrhunderts daran hindern sollen, die Wörter „tot", „Tote" oder „Tod" ohne besänftigende oder beschönigende Attribute in die Denkmalsinschrift aufzunehmen?

Die Entscheidung für Metaphern deutet darauf hin, dass das Grauen des Kriegstodes vom Denkmal

verbannt werden sollte. An den geliebten Verstorbenen möchte man sich nicht im Zustand seiner
Hinfälligkeit erinnern, sondern ihn als kraftvollen Menschen im Gedächtnis bewahren. Das am häufigsten verwendete Wort „Gefallener" (oder „gefallen") schließt die Dimension des Kraftvollen in seine
Definition ein. Die Vorstellung eines ritterlichen Turniers leuchtet auf. Nur ein Aufrechter kann zum
Gefallenen werden.

3.2.4 Trivialisierung

George L. Mosse nennt die Strategie, das Ereignis des Krieges und das individuelle Erleben erträglich
zu machen, „Trivialisierung". Während des Krieges machte diese Strategie das schicksalhafte Ausgeliefertsein zu etwas Normalem, das Kriegsgeschehen und der Kriegstod wurden alltäglich, das Grauen
wich der Gewöhnung. Der Trivialisierung des Krieges entspricht der Modecharakter des Denkmalkults
und die spätere Beiläufigkeit der Kriegerehrungen, deren Konkretisierung als Denkmal nicht mehr
bewusst wahrgenommen wird und die als Ansprache oder Feier nicht mehr inhaltlich, sondern nur noch
als ritualisierte Pflichtübung begriffen wird.

Offizielle Stellen bekämpften die Trivialisierung, die sie hinter der Massenproduktion von Ehrenmälern oder Gedenkblättern vermuteten.[267] Gleichwohl fanden diese Produkte ihren Markt, der schon
im Krieg von einer beachtlichen Produktion von Kitsch und Nippes vorbereitet worden war. Nach dem
Krieg wurden diese Erzeugnisse den Besuchern der ehemaligen Schlachtfeldern verkauft.[268] Mosse
nennt weiter: Gesellschaftsspiele aller Art, Ansichtskarten[269], Kinderspielzeug, Kinder- und Jugendbücher, Theater- und Filmaufführungen (insbesondere Militärlustspiele), Schlachtfeldtourismus.

Trivial muten die gestalterischen Versuche an, das Töten und Sterben im Krieg zu ästhetisieren, ihn
als heroischen Zweikampf auf Leben und Tod oder als gottgefälliges Opfer darzustellen. Während sich
die „Feldgrauen" oder „Landser" schon in diesen Bezeichnungen als sehr „irdisch" wahrnehmen und
ihre Rolle im Zeitalter der Materialschlachten mit dem zynischen Wort „Kanonenfutter" kennzeichneten, versuchten die Denkmalbauer mit der Anknüpfung an antike Vorbilder dem Geschehen den
Charakter des Erhabenen und Reinen zu geben. Dem Landser wurde – in der Landwirtschaftlichen Berufsschule [II 3.3] – ein Schwert in die Hand gedrückt, den Feldgrauen umgab im Umfeld von
Feuerschalen, Ehrenkränzen und Hellenenprofilen – wie auf dem Nordfriedhof [II 3.5.1.2] – der Glanz
des klassischen Altertums. Die Heroisierung und Sakralisierung sollen die Wirklichkeit des Sterbens
verdrängen oder – wie Mosse es ausdrückt – den Tod der Gefallenen leugnen.[270]

Passend zur Trivialisierung brachte das Konsumgewerbe reichlich Kitsch hervor, nicht nur die verklärenden Abbildungen auf den Postkarten. Es gab Wohnzimmertische mit eingearbeiteter Reichskriegsflagge[271] oder das „Kreuzbergdenkmal" als Miniatur. Die Trivialisierung macht den Betrachtern
fassbare und leicht eingängige gesellschaftliche Identifikationsangebote, die denen der Trivialliteratur
und der Kitschproduktion ähneln:

1. Personale Identifikationsangebote: Helden als kollektive Idole.

Abhängig vom Kontext werden die Kriegstoten in die Nähe verehrungs- und anbetungswürdiger
Personen gerückt oder durch entsprechende Symbolik selbst zu solchen erhöht. Im religiösen Umfeld
sind das Jesus oder Maria, im weltlichen Bereich sind es die Insignien der Reichsgewalt oder der antiken Helden. Zum Begriff des Helden gehören Attribute wie ehrenhaft, rein, kühn, tadellos und tapfer,
die den Kriegstoten kollektiv zugeschrieben werden. Immer wieder gibt es Versuche, diese Attribute
der Wehrmacht oder dem Soldatentum insgesamt zuzuschreiben.[272]

2. Die gerettete individuelle Identität: Das Warten auf das Wunder der Erlösung.

Je nach dem Grad der persönlichen Betroffenheit ist die Identität des Einzelnen durch den Verlust
eines nahen Angehörigen, durch Zweifel am Sinn des Geschehens oder durch das Erleiden der staatlichen und gesellschaftlichen Auflösungstendenzen einer starken Belastungsprobe ausgesetzt. Das
Denkmal bietet Halt und Hoffnung: Die von ihm Bezeichneten werden aus möglichen schuldhaften
Verstrickungen erlöst und als rein und ehrenhaft dargestellt, die Überlebenden erlöst es aus Unruhe und
Unsicherheit.

3. Identitätsstiftende soziale Anpassung: Sich treu bleiben.

Das Kriegstotengedenken stellt typischerweise nichts in Frage: es akzeptiert die soziale Ordnung, die darin zugewiesenen Rollen und Positionen, die Rituale und Traditionen. Der Begriff der Treue bezieht sich auf die übernommene Verpflichtung gegenüber den Toten, auf die Deutung ihres Todes als Treuebeweis und auf die eigene Prinzipienhaftigkeit und deren Wahrnehmung bei anderen und durch andere. Die Versammlungen am Denkmal tragen zur regelmäßigen Vergewisserung bei.

4. Identitätsstiftender Konsum: „In" sein.

Wie in der Warenwelt Produkte oder Marken identitätsstiftende Funktion haben, erfüllen im politischen oder gesellschaftlichen Raum Symbole, Rituale oder Repräsentationen diesen Zweck. Durch sie gehört man zur Gruppe, ohne sie gerät man ins Abseits. Schon bei ihrer Entstehung erzeugten die Initiatoren der Kriegerdenkmäler bei Außenstehenden Aufmerksamkeit und Handlungsbereitschaft durch Gruppendruck. Ein Spendenaufruf in Achtum-Uppen motivierte die Bürgerschaft mit dem Hinweis auf das Pflichtbewusstsein der meisten anderen Gemeinden, hinter denen man doch nicht zurückstehen wolle.[273]

5. Identitätsstiftende kollektive Ohnmacht: Die Kriegsgeneration.

Für mächtige Idole und Ideale zogen die Kämpfer in den Krieg, hart traf sie die Niederlage. Vielen erschien das Leben zum Zeitpunkt des Denkmalbaus als trost- und hoffnungslos. Das Gefühl, dem Schicksal ausgeliefert zu sein oder die gesellschaftlichen Mächte als schicksalhaft hinnehmen zu müssen, teilten die meisten, die das Denkmal bauten oder nutzten. Denkmäler definieren sich oft als Manifestierungen der Unterordnung, ja Unterwerfung – gegenüber, Gott, König/Kaiser/Führer, Vaterland.[274]

Im Vergleich der Trivialisierungsprozesse kommt Mosse zu dem Schluss, dass sie im Verlauf des Ersten Weltkriegs und nach seinem Ende intentional eingesetzt wurden und mit bestimmten politischen und ideologischen Bewegungen verbunden waren.[275] Der Mythos des Kriegserlebnisses, den die Veteranenverbände mit zunehmendem zeitlichen Abstand zum Ereignis verklärten und den besonders Monarchisten, Deutschnationale und Nationalsozialisten politisch verwerteten, verlangte für den Kriegstotenkult nach Devotionalien, am besten unter Verwendung anschlussfähiger Motive. Die religiöse Trivialisierung bediente sich des Kreuzes und des Kruzifixes, der Madonna, der Heiligen, der christlichen Ikonologie aber auch isolierter Bibelzitate. Die politische Trivialisierung benutzte Motive und Zitate aus der Nationalgeschichte, den Heldensagen, von Protagonisten der jeweiligen Ideologie und aus der heimatlichen Umgebung, dem gesellschaftlichen Stand, dem beruflichen Wirken und der Sorge für die Gemeinschaft im Kleinen wie im Großen. Der Rückgriff auf trivialisierende Formen bei der Kriegspropaganda und beim Kriegstotenkult stimuliert die Tötungs- und Todesbereitschaft der Menschen mehr als rationale Erklärungen und materielle Versprechungen. Sie verheißen in klischeehafter Weise ewigen Ruhm sowie ehrenvolles und reines Gedenken.

Der Kriegstod vernichtet Leben, nicht nur das der Soldaten. Schon in den vorangegangenen Kriegen starben auch Zivilisten im Krieg, im Zweiten Weltkrieg, vor allem aber in den Kriegen danach, zählen sie zu den Hauptbetroffenen. Bereits das Herausstellen des Soldatentods als etwas Besonderes ist trivial. Seine Verklärung produziert Kitsch. Der Kitsch entzieht den Schrecken des Kriegstodes dem Verstand und überlässt ihn dem Gemüt. Der brasilianische Philosoph Vilém Flusser definiert Kitsch genau in diesem Sinne: „Im Grunde ist daher Kitsch eine Methode, angesichts des Absurden des Menschseins gemütlich zu sterben."[276]

Der Gegenpol der Überhöhung ist die Banalisierung. Dem zur aufopfernden Selbsthingabe hochstilisierten Kriegstod steht das friedliche Entschlummern des Gefallenen auf dem Totenbett und die liebevolle Totensorge der Kameraden gegenüber. Dazwischen steht die Archaisierung des Daseins, die Beschwörung des Gesetzes der Urhorde, nach dem Geborgenheit nur durch Kampf erreicht werden kann. Die zahlreichen Hildesheimer Denkmäler, die verbal oder ikonografisch eine Analogie des Kriegstodes zum Kreuzestod Jesu herstellen, belegen die Tendenz zur Überhöhung. Auf dem Himmelsthürer Denkmal veranschaulicht die rührende Abschiedsszene [II 14.1.2] die Tendenz zur Verniedlichung. Die Symbolik insbesondere in der Michelsenschule [II 8.8.3 und 8.8.4] und in der Landwirtschaftlichen Berufsschule [II 3.3] vermittelt einen Eindruck von der Tendenz zur Archaisierung.

Hans-Dieter Gelfert unterscheidet achtzehn Kitschtypen, die er in zwei Gruppen zusammenfasst. Er bezeichnet sie nach ihren psychologischen Wirkungen als „Regression" und „Projektion". Bei der

Regression weicht der Rezipient der Realität aus. „Niedlicher, gemütlicher, sentimentaler und sozialer Kitsch sowie Natur- und Heimatkitsch und die pietistischen Formen des religiösen Kitsches beschwören Kindlichkeit, Geborgenheit und emotionale Integration. ... Auch der mondäne Kitsch mit seiner Flucht in die Plüschkultur des saturierten Bürgertums und in allgemeiner Form der poetische Kitsch, der die raue Wirklichkeit mit dem Mantel des Schönen zu verhüllen sucht, lassen diese Tendenz erkennen. Selbst den sauren Kitsch könnte man dazurechnen, nur dass bei ihm Regression als Flucht in den Zynismus erscheint."[277] Zur zweiten Gruppe zählt Gelfert Kitschformen, „die den Rezipienten entweder unmittelbar zu Selbsterhöhungsträumen einladen oder ihm Gelegenheit bieten, sich unmittelbar durch Identifikation mit einer Autorität zu erhöhen."[278] In seiner Systematik sind das der erhabene, heroische, patriotische, ideologische und der einschüchternde Kitsch. Beim erotischen und religiösen Kitsch entscheide die Darstellungsabsicht über die Einordnung als Regression oder Projektion. Bei den von ihm in diesem Zusammenhang nicht erwähnten aber zuvor beschriebenen archaisierenden Formen des Blut- und Boden-Kitsches und Gruselkitsches ist eine starke Tendenz zur Projektion vorhanden. Regressive Denkmäler, vor denen sich der Betrachter gleichsam fallen lassen kann, weil er von religiöser Zuversicht, heimatlicher Geborgenheit oder kameradschaftlicher Verbundenheit aufgefangen wird, sind insbesondere in Kirchen [z. B. II 1.9] und Vereinslokalen [z. B. II 21.1] zu finden. Pojektive Denkmäler, die das heroische Vorbild oder die patriotische Pflichterfüllung herausstellen, entstanden vor allem nach dem Ersten Weltkrieg in Schulen [z. B. II 1.8 oder 8.1] oder als Regimentsdenkmäler im öffentlichen Raum [z. B. II 6]. Auch die Denkmäler in Bavenstedt [II 15.2.1] und Achtum-Uppen [II 17.1] verwendeten projektive Symbole.

Nach dem Zweiten Weltkrieg beschränkte sich, nach Mosse, die Trivialisierung auf die provozierende Verwendung nationalsozialistischer und militärischer Symbole als Teil einer Modeströmung oder wegen ihrer schockierenden Wirkungen. Ein Mythos des Kriegserlebnisses, wie er während des Ersten Weltkrieges entstand und anschließend entscheidend zum Untergang der Weimarer Republik beitrug[279], konnte sich nach der totalen Niederlage 1945 nicht mehr in das kollektive Bewusstsein einnisten.

3.2.5 Topik

Bei der Betrachtung der Topik als Motiv für das Kriegstotengedenken richtet sich der Blick auf den Standort und den Standpunkt, den das Denkmal einnehmen bzw. für den es einstehen soll. Die Topik bezieht sich auf die Suche nach einem geeigneten Aufstellungsort für das Denkmal, den Platz (Topografie), wie auf die Denk- und Ausdrucksschemata, die „Gemeinplätze", die im und am Denkmal vernehmbar werden (Topologie). Beide Betrachtungsweisen sind getrennt möglich und zusammenhängend nötig.

Der griechische Ursprung des Wortes Topik ist der Topos, der Ort, der Platz, die Gegend. Die Topografie beschreibt die Orte, macht sie präzise identifizierbar, auffindbar und wiederfindbar. Topik ist demnach eine Methode des Findens, weniger des Suchens. Topisches Denken verortet Gedanken, erweist sich als „verräumlichendes, spatiales Denken". Stefan Goldmann, der mit dieser Aussage die Verknüpfung zur Mnemotechnik herstellt, unterscheidet drei Bedeutungsebenen: „Topik ist Heuristik, Mnemonik und Taxis, Findungslehre (inventio), Erinnerungslehre (memoria) und Anordnungs- bzw. Darstellungslehre (dispositio)."[280]

Topik und Memoria sind Bestandteile der antiken Rhetorik, die von Aristoteles und Cicero begründet und entfaltet wurde. Die angewandten Techniken stehen in engem Zusammenhang zum Gegenstand dieser Untersuchung: Simonides von Keon, der die Affekte seiner Hörer entfachen und kanalisieren konnte, indem er „Trauer in Gedenken verwandelt", identifizierte als einziger Überlebender eines Hauseinsturzes die zerschmetterten Leichen, indem er die Sitzordnung durchging. Daraus entstand eine „allgemein erlernbare Mnemotechnik, die sich auf Bilder und feste Plätze (Topoi) stützt".[281] Die Taxis bezeichnet die Aufstellung der Soldaten in Reih und Glied, die Schlachtordnung. Kyrus nutzte sie offenbar als Gedächtnisstütze für das Memorieren der Namen seiner Soldaten – er kannte sie alle.[282]

Der Ort des zivilen Totengedenkens ist eigentlich die Grabstätte auf dem Friedhof. Der oben erwähnte Gedenkstein für den Corporal Thies schmückte sein Grab, der Klein Düngener Cholerastein steht auf dem ehemaligen Cholerafriedhof. Ein weiterer Ort zivilen Totengedenkens ist, wenn ein Unfall oder eine Gewalttat zu beklagen ist, der Unfall- oder Tatort. Die Gedenksteine, die an die anderen Katastrophen erinnern, stehen fast immer – wie in Escheide oder Veltheim – am Ort des Geschehens, vergleichbar den Kreuzen am Straßenrand, aufgestellt von trauernden Hinterbliebenen von Unfalltoten.[283]

Der eigentliche Ort des Kriegstotengedenkens wäre der Soldatenfriedhof oder das Schlachtfeld in seiner blutigen Bedeutung. Dort aber „ruhen" ihre Gebeine „in fremder Erde", „fern der Heimat", wie in Reden und Predigten immer wieder beklagt wurde. Die den Angehörigen überbrachte Todesbotschaft enthielt zwar die sinnstiftende Formel, dass der Verstorbene für Volk und Vaterland gefallen sei, doch verschleierte sie nur, dass der Tote oft weit außerhalb seines Volkes und seines Vaterlands begraben wurde – wenn er denn begraben wurde. Dieser Ort war, wenn er denn bekannt wurde, lange Zeit unzugänglich. Es gab also keinen realen Ort des Totengedenkens in der Heimat, wenn nicht Kriegsgräber auf den örtlichen Friedhöfen angelegt wurden, vereinzelt, wie z. B. auf dem Lamberti-Friedhof, oder als eigene eindrucksvolle Abteilung, wie auf dem Nordfriedhof oder bei Derneburg.

Trauer verlangt nach Ort und Halt. Der Denkmal ist Ausdruck des Verlangens nach Topik, nach einer räumlichen und geistigen Verortung. In seiner Predigt anlässlich der Einweihung des 79er-Ehrenmals an der Steingrube schuf der katholische Pastor Maulhardt die Kunstfigur des „Ehrengrabs". Er schlug damit den Bogen von der Heimat der Trauernden zur Fremde der im Krieg ums Leben Gekommenen wie den von zeitlich gebundener Trauer und ewig währender Erinnerung: „Aber in den Tagebüchern der Kompanien und der bandreichen Verlustlisten werden die Namen und die Totenkreuzlein mit der Zeit mit dem Papier verrosten und verwesen, deshalb soll dieser Gedenkstein der Mit- und Nachwelt künden: Hier ruhen im Ehrengrab deutsche Soldaten. Was treues Gedenken und fromme Fürbitten leisten können, das sei euch dargebracht. Nehmet es als ein Zeichen unauslöschlicher Liebe, unserer unauslöschlichen Dankesschuld! Und wo immer ein Mütterlein in Galizien, in Flandern oder in den Karparthen (sic!) die sterblichen Überreste ihres Sohnes weiß oder nicht weiß, sie soll dieses Denkmal als Grabdenkmal ihres Sohnes betrachten, dem sie in Bitternis und Liebe nachträumt."[284]

Das Denkmal derealisert das Irreale: Das nicht vorhandene Grab manifestiert sich in der heimatlichen Gedächtnisstätte, die ihrerseits in der Wahrnehmung der Trauernden zum individuellen Grabdenkmal mutieren soll. Das Denkmal für Kriegstote erfüllt beide Funktionen: die eines Grabes als Ort persönlicher Klage und die eines Versammlungsortes, an dem sich die Trauergemeinde auch zur Klage, aber auch zur öffentlichen Anklage oder – allgemeiner – Kundgebung versammeln kann (z. B. am Denkmalsockel an der Sedanstraße [II 5.7.2], an dem bis 1955 das Schicksal der Kriegsgefangenen beklagt wurde[285]). So sucht nicht nur die Trauer einen angemessenen Ort, auch die Mahnung und die Ehrung, das öffentliche Gedenken und die Feier verlangen nach Raum und Gestaltung.

Ein fester Standort hilft zu erinnern. In der Rhetorik ist die Topik der Ausgangspunkt von Gedankengängen, ein gemeinsamer Standpunkt, an den der Redner erinnern kann, von dem er seine Zuhörerschaft abholen kann. Cicero sprach in diesem Zusammenhang von „loci", Plätzen. Hermann Heimpel meint, dass in diesem Verständnis der Mensch das Bedürfnis habe, das Gedächtnis der Toten zu lokalisieren, die Erinnerung örtlich zu fixieren, die Fotografie des mühsam gesuchten Grabes in ferner Erde an der Wand zu haben. Die Formen der Totensorge mögen sich im gesellschaftlichen Wandel ändern: was bleiben müsse, sei die Erinnerung. Ganz im Sinne topischen Denkens formulierte er: „Die Erinnerung an die Gefallenen aber wird stets das öffentliche Denkmal fordern, weil der Mensch vergesslich ist und gedankenlos dahinlebt. Das geschriebene, gedruckte Wort allein garantiert dem Menschen nicht jenes Gedächtnis, das den Menschen vom Tier unterscheidet: er sollte sich schon an einem Denkmal stoßen müssen."[286]

Sprachliche Topoi, die durch das Denkmal vermittelt werden, sind die in Stein gehauenen oder in Erz gegossenen Widmungen mit formelhaftem Charakter. Sie unterstellen, dass sich die Verfasser auf ewig im Einklang mit ihren aktuellen und potenziellen Lesern finden werden. Nicht allein die formelhafte Wendung, sondern auch die Form, in der die Schrift weitergegeben wird – in Stein, Metall oder hartem Holz – unterbindet Zweifel an der zeitlosen Gültigkeit der Topoi.[287] Dass die Toten für ihre Heimat, für ihr Vaterland oder die Staatsführung starben, dass sie treu und heldenhaft waren, stellt das

Denkmal ein für allemal fest. Mag es Abstufungen der Intensität oder der Reichweite der Floskeln geben, ein Topos gilt bei allen Hildesheimer Kriegstotendenkmälern: de mortuis nil nisi bene.

Die soziale Topik fasst den Gesamtbestand der Topoi zusammen. Nach Oskar Negt sind das Stereotypen, die die kollektive Erfahrung in „handlichen Formeln" und „beziehungsreichen Bildern" repräsentieren, so dass sich der einzelne (Arbeiter) mit ihnen leicht solidarisieren kann.[288] Nach Negt erfüllen die Stereotypenmodelle eine doppelte Funktion: sie schaffen individuelle Bestätigungsmöglichkeiten und sie tragen bei zu einer sozialgeschichtlich bedingten Gruppensolidarität, „die im Bewusstsein der kollektiven Leistung und des gemeinsamen Schicksals zum Ausdruck kommt, sowie zur Erschließung der Wirklichkeit durch eine ordnende Selektion der Wahrnehmungen und Informationen".[289]

Negt stellt dar, dass im allgemeinen „der Vorrat an Topoi, die einen realen sozialen Gehalt haben, auf die kollektiven Erfahrungen der *eigenen* Gruppe und Klasse gegründet" sind.[290] Die Erfahrung der ungleichen Machtverteilung prägt den Topos „Wir hier unten – die da oben" und das dahinter stehende Bild gesellschaftlicher Dichotomie. Auf nationaler Ebene heben andere Topoi die soziale Spaltung auf: „Wir wollen sein ein einzig Volk von Brüdern" (Rütli-Schwur[291]), „Ich kenne keine Parteien mehr, ich kenne nur noch Deutsche" (Wilhelm II. zu Beginn des Ersten Weltkriegs), „Wir sind ein Volk" (Leipziger „Montagsdemonstranten" in der Endphase der DDR 1989) sind Phrasen, deren Topos-Charakter geschichtsmächtig wurde. Sie stärken das Verlangen nach nationaler Identität. Es findet seinen Ausdruck nicht nur in den monumentalen Nationaldenkmälern, sondern auch in den Kriegerdenkmälern der Provinz: im Denkmal in Achtum [II 17.1] spiegelt sich die Sehnsucht nach der monarchistischen Ordnung wider, in Bavenstedt [II 15.2.1] werden nationale und christliche Symbole der Wehrhaftigkeit verwendet, gleichwohl mahnt das Denkmal zum Frieden – offenbar zu einem verteidigten oder erkämpften Frieden.

Hier verbindet sich der Topos der nationalen Einheit mit der traumatischen Fiktion, dass der Erste Weltkrieg durch nationale Zwietracht verloren ging. Er hielt sich bis weit nach 1933 und – als Erklärung für die „Machtergreifung" der Nationalsozialisten – weit über 1945 hinaus. Immer wieder beschworen Festredner an Gedenktagen die Harmonie, die vor dem Krieg in Staat und Gesellschaft vorhanden war. Das Leiden unter dem unheilen Deutschland und die Sehnsucht nach Einigkeit kompensierten sich buchstäblich im „Heil Hitler", machten es für viele erträglich, dass Hitler mit Gleichschaltung und Ausgrenzung sowie mit Völkerrechtsbruch die soziale und nationale Einheit wiederherstellte.

3.2.6 Totenkult und Transzendenz

Nach Aleida Assmann ist „die ursprünglichste und meistverbreitete Form sozialer Erinnerung, die Lebende und Tote miteinander verbindet, ... der Totenkult".[292] Die Formen sind vielfältig, die Motive nicht: Immer geht es darum, die Gottheit gnädig zu stimmen, damit sie dem Verstorbenen die Aufnahme ins Paradies nicht verwehrt und für den Seelenfrieden der Ahnen zu sorgen, um sie von der – dann unheilvollen – Rückkehr ins Leben abzuhalten. Alles hat seine Zeit – auch die Auferstehung von den Toten.

Die altägyptische Form des Totenmahls, die am Grab die Lebenden mit den Verstorbenen zusammenführt, hat sich im christlichen Raum ähnlich – z. B. in Mexiko – oder symbolisch – z. B. in Form von Grabbeigaben und Grablämpchen – bis in unsere Tage erhalten. Den Toten, deren ewiges Leben im Jenseits für die Gläubigen gewiss ist, soll damit die Angst vor dem Vergessenwerden genommen werden. Im Mittelpunkt des ägyptischen Totenkults stand die Totenmemoria, die Verewigung individueller Namen.

Jeder Kult hat seinen Ritus, zu dem eine Liturgie, liturgische Geräte sowie bestimmte Verhaltensvorschriften gehören. Institutionen wachen darüber, dass der Kult angemessen praktiziert und tradiert wird. Das Brauchtum variiert je nach Region und Schicht. Es bleibt im Alltag lebendig. Sein besonderer Ausdruck ist das Fest. Der Kult ist an Institutionen gebunden, die mythischen oder religiösen Ursprungs sind. Sie und die von ihnen Beauftragten sind Wahrer des Kults. Der Kult überhöht und transzendiert den Alltag. Seine besondere Form ist die Feier.

Betrachtet man die Kriegerdenkmäler und die an ihnen stattfindenden Veranstaltungen, fallen sofort Elemente auf, die sich einem Kult zurechnen lassen. Anfangs veranlasste der Staat (in der Person des Königs) die Denkmalsstiftungen, das patriotisch gesinnte Bürgertum identifizierte sich damit und veranlasste eigene – so viele, dass von einer „Denkmalssucht" gesprochen wurde.[293] Die identitätsstiftende Funktion der Denkmäler leistete ihren Beitrag im Verlauf und in der Folge der Einigungskriege. Das gilt insbesondere für die großen überregionalen Nationaldenkmäler wie Kyffhäuser-, Niederwald- oder Völkerschlacht-Denkmal, sondern auch für massenhaft aufgestellten Denkmäler in den Städten, die an Herrscher, Militärs aber auch an Dichter und Wissenschaftler erinnerten oder einfach nur Motive aus Mythen, Märchen und Sagen darstellten.[294] Die Darstellungen des Königs und Kaisers entrückten ihn – wie auch auf dem Granitsockel an der Sedanstraße [II 5.7.1] – der Realität und zeigten ihn idealisiert umgeben von mythischen Gestalten.

Soldaten waren bis in das achtzehnte Jahrhundert selbst vom schlichten christlichen Totenkult ausgeschlossen. Der Stand der Söldner genoss geringe gesellschaftliche Anerkennung, obschon Martin Luther 1526 nach dem Feldzug „wider die räuberischen und mörderischen Bauern" betonte, dass auch Kriegsleute im seligen Stande sein können, wenn sie auf Befehl der Obrigkeit streiten[295]. 1727 führte ein Handbuch für den Kriegerstand Klage, dass Soldaten wie Hexen und Falschmünzer verbrannt würden.[296] Durch die Einführung der allgemeinen Wehrpflicht in Folge der französischen Revolution bzw. der Bildung von Landwehr und Landsturm im gegen Napoleon gerichteten Befreiungskrieg änderte sich die Lage. Bis dahin lockten der Sold und Beute als Verdienst des Söldners. Danach war es verdienstvoll, für das Vaterland zu sterben.[297]

So vollzogen die ersten Gedenktafeln, die in Preußen nach 1813 den Toten der jeweiligen Gemeinde gewidmet waren, um ihnen bleibenden Dank auszusprechen oder um sie für bezeugte Heldentaten besonders zu ehren, den Anschluss an den allgemeinen Totenkult, zugleich aber auch den Einstieg in den Heldenkult. Sie hingen noch in der Kirche, unterschieden aber schon zwischen gewöhnlichen Toten und Helden. Schon das Denkmal am Hohen Wall [II 1.11.1] verzichtete auf Differenzierungen. In dankbarer Erinnerung widmeten das Offizier-Corps des Regiments und die Bewohner der Stadt den im siegreichen Kampfe gegen Frankreich 1870-1871 gebliebenen Helden des 3. Hannoverschen Infanterie-Regiments Nr. 79 und der Stadt Hildesheim das Siegerdenkmal. Vorangestellt wurde die sinnstiftende Devise „Mit Gott für König und Vaterland".

Die Heldenverehrung ließ sich noch steigern. Zum massenhaften Tod passte das massenhaft aufgestellte Denkmal. Der Krieg 1870/1871 forderte relativ geringe Opfer. Nur wenige Denkmäler erinnern in Hildesheim an ihn. Einen „Volkstrauertag„ gab es seinetwegen nicht. Die toten Helden wurden im Glanz des „Sedantags" mitgefeiert. Am „Kriegerdenkmal" am Hohen Wall versammelten sich die überlebenden Kriegskameraden und das aktive Militär am Jahrestag der Feuertaufe. Erst nach 1918 trat das Kriegerdenkmal seinen Siegeszug durch Deutschland und mit etwa 70 Exemplaren auch in Hildesheim an. Es stand nicht nur im kleinsten Dorf, sondern mutierte zu handlichen Formen, die man in Versammlungsräumen und sogar in Wohnzimmern unterbringen konnte. Eine ähnlich weitreichende Durchdringung fand nach dem Zweiten Weltkrieg, der das Leid des Vorgängers verfünffachte, nicht mehr statt.

Am 3. August 1924 veröffentlichten Reispräsident Ebert und Reichskanzler Marx einen Aufruf zum zehnten Jahrestags des Kriegsbeginns und nationalen Gedenktag der Kriegsopfer. Darin erklärten sie, dass die äußere Einheit des Reiches zwar gerettet werden konnte, dass sie aber noch zur „inneren Einheit und Geschlossenheit" „erweitert" werden muss. Sie warben für ein zentrales Ehrenmal für alle Kriegstoten, das ein Zeichen der Einheit setzen sollte.[298] Dazu kam es weder nach dem Ersten noch nach dem Zweiten Weltkrieg, weder im Deutschen Reich, noch in der (alten) Bundesrepublik Deutschland, selbst in einer Stadt wie Hildesheim nicht.[299] Statt dessen offenbarte die Vielzahl der Denkmalstiftungen insbesondere nach dem Ersten Weltkrieg die Partikularisierung der Gesellschaft, die zu regelrechten Wettkämpfen um Zeitpunkt, Anzahl und Güte führte. Auch für Hildesheim gilt, was Aleida Assmann gesetzhaft formulierte: „Je krisenhafter die Zeiten, je erschütterlicher die Selbstgewissheit der verschiedenen Interessengruppen, desto zahlreicher und theatralischer wurden die Denkmäler, die sich kaum noch an die Nachwelt richteten und zum Mittel der politischen Beeinflussung der Zeitgenossen wurden."[300] Die Feststellung trifft in Hildesheim auch auf die Gedenkveranstaltungen zu, die nach dem Ersten Weltkrieg zeitweise in direkter Konfrontation von Volksbund Deutsche Kriegsgräberfürsorge und Zentralverband deutscher Kriegsbeschädigter und Kriegshinterbliebener ausgerichtet wurden.[301] In der Zeit der Weimarer Republik gelang es nicht, sich auf einen reichseinheitlichen Termin für das Kriegstotengedenken zu verständigen.[302]

Das Begehren des Volks nach Gefallenenehrungen in unterschiedlicher Form und Größe kann allerdings auch als Ausdruck fortschreitender Demokratisierung des politischen Totenkults gewertet werden. Das Fürsten- oder Generaldenkmal ersetzte nicht mehr die Ehrung der Truppenangehörigen. Die allgemeine Wehrpflicht hatte ein allgemeines Recht auf Ruhm im Gefolge, das seinen Ausdruck suchte und ihn in den überkommenen Formen der Monumente und Tafeln fand. Dass Fachleute die Denkmalsstiftungen als ästhetisch minderwertig abqualifizierten und in Hildesheim durch Weltkrieg oder Vandalismus zerstörte Denkmäler mit ganz wenigen Ausnahmen (St. Godehard, Andreanum) nicht wieder rekonstruiert und wiederverwendet wurden, bestätigt, dass die Initiatoren nicht an ihre künstlerische Selbstverewigung dachten, sondern ihre persönliche Empfindung ausdrücken und ihren Mitmenschen ein appellhaftes Zeichen setzen wollten.

Dass der Staat den „Volksaufstand" des massenhaften Denkmalsbaus einzudämmen versuchte, zeigt die schon 1915 vom preußischen Kultusminister angeregte Einrichtung von Beratungsstellen für Kriegerehrungen. In Hildesheim wurde am 12. Mai 1917 auf die Beratungsstelle für Kriegerehrungen hingewiesen, die im Einvernehmen mit dem Kriegsminister in Berlin tätig war. Ihr Ziel war, geschmacklose Grabdenkmäler zu verhindern und die Kriegergräber „von Banalitäten, Geschmacklosigkeiten und anderen Zeichen der Unkultur" freizuhalten.[303] Schon am 21. Dezember 1915 und noch am 14. Januar 1920 führte der Minister Klage über die Überschwemmung des Landes mit „minderwertiger und geschmackloser Fabrikware".[304] Aufwändige Denkmalsgestaltungen belegte der Staat mit einer Luxussteuer, von der ohne weitere Qualitätsnachweise „Erinnerungsmale und -tafeln für gefallene Krieger bei schlichter Ausführung" ausgenommen waren[305]. Völlig ins Leere stieß der Erlass des Ministers für Wissenschaft, Kunst und Volksbildung, der den Gemeinden nahe legte, vor der Errichtung von Denkmälern zu prüfen, ob das Andenken der Gefallenen nicht auf eine würdigere Art durch eine bleibende Erinnerung geehrt werden könne. Gedacht war an eine Stiftung für die Hinterbliebenen oder an eine dauernde Einrichtung von Gedenkfeiern, etwa im Anschluss an alte heimatliche Bräuche.[306] Der politische Totenkult fand andere, altbewährte Ausdrucksmittel.

Die meisten Denkmäler verewigten, wie schon bei der ägyptischen Totenmemoria, Namen. Hatte das Kriegsgeschehen die Toten der Namen beraubt, wurden die eindrucksvoll großen Zahlen genannt (am Nordfriedhof und Galgenberg). Waren selbst die Zahlen nicht mehr verfügbar, wurde wenigstens in allgemeiner Form an die Toten erinnert. Allerdings fehlt den „unseren Gefallenen" gewidmeten Denkmälern der Nimbus des leeren Grabs oder Sargs („Kenotaph") eines „Unbekannten Soldaten". Das Anliegen solcher Stiftungen ist paradox: Es drückt die Notwendigkeit der individuellen Ehrung aus, indem es ein anonymes Individuum ehrt. Niemand sollte vergessen werden, der „für alle" sein Leben hingegeben hatte. „Was ehedem der kirchlichen Messe anvertraut wurde, das jenseitige Heil der Seele zu erbeten, wird zur diesseitigen Aufgabe des politischen Totenkults: Im gewaltsamen Tod jedes Einzelnen liegt bereits seine Rechtfertigung, solange er das politische Heil des ganzen Volkes für die Zukunft verbürgen hilft."[307]

Der private, und hier in der Regel der christlich-konfessionell geprägte Totenkult entfernte sich notwendigerweise aus der Privatsphäre und drängte in den öffentlichen Raum, den Raum der „Polis". Zwar starb jeder Einzelne seinen eigenen Tod, doch starb er nicht allein. Und er wurde getötet. Der politische Totenkult gab dem Sterben einen Sinn und den Verstorbenen ihren Ruhm. „Im Hinblick auf die immer erforderliche Rechtfertigung eines gewaltsamen Todes konvergieren Politik und Religion, so verschieden sie im Lauf der Zeiten einander zugeordnet wurden. ... Immer enthielt der gewaltsam herbeigeführte Tod für die Handlungseinheiten ein religiöses Element ihrer Selbstkonstitution."[308]

Solche religiösen oder pseudoreligiösen Bezüge wurden zum Beispiel mit bildhaften Gestaltungsmitteln hergestellt. Der Vergleich des Opfertodes Jesu und des Opfertodes der Soldaten wurde durch die Verwendung des Kreuzsymbols, der Pietà oder der Altarform nahegelegt. Heilige Schutzpatrone der Soldaten wurden den Toten zur Seite gestellt, Blumen bekränzten ihr Blutopfer. Aus vorchristlicher Zeit stammen Palmwedel und Lorbeerkränze, Feuerschalen und Fackeln.

Die dem Kult zuzurechnenden Gestaltungselemente wurden auch nach 1945 verwendet. Die Altarform des Denkmals wurde weiterentwickelt. In der Lambertikirche und in der Christuskirche wurde sie um einen Schrein ergänzt, der das Buch mit den Namen der Toten aufnimmt. Kerzen oder gedämpfte Lampen beleuchten die Stätte des Gedenkens. In ähnlicher Weise steht im Andreanum der Schrein mit dem Totenbuch des Zweiten Weltkriegs vor den Namenstafeln des Ersten Weltkriegs. Rechts daneben wurden die Tafeln um eine weitere ergänzt. Sie zeigt ein zum Boden gerichtetes Schwert, dessen Knauf kreuzförmig erweitert wurde und dessen Blatt Strahlen aussendet, die an das Andreaskreuz erinnern. Zwei Kerzen flackern zwischen den Platten.

Nicht allein der Verwendungszusammenhang macht aus Gegenständen Kultgegenstände. Für den Einsatz im Gottesdienst benötigen sie eine Weihe. Denkmäler werden eingeweiht, mindestens aber enthüllt. Die Enthüllung ist nicht nur spannungsfördernder Teil einer Inszenierung. Verhüllung macht ein Ding geheimnisvoll, verstärkt die Erwartung. Die feierliche Enthüllung ist immer auch ein Stück Offenbarung. In der Fastenliturgie der katholischen Kirche werden Kreuze und Bilder in der Karwoche verhüllt, um am Karfreitag – die Kreuze – und am Ostersonntag – die Bilder – wieder enthüllt zu werden. Die Verhüllung ist Ausdruck der Vergeistigung von Trauer und Schmerz. Die Enthüllung führt den Gegenstand gleichsam neu ins Leben ein.

Nur wenige Denkmäler waren plötzlich da (wie beispielsweise das Denkmal an der Universität oder die Windbretter am Knochenhauer-Amtshaus). Die Einweihung der anderen fand in ritualisierter Form im Rahmen einer liturgisch geplanten Feier statt, ebenso wie sich die jährlichen Gedenkfeiern an festen Schemata ausrichteten. Während der Einweihungsfeier übergab der Schöpfer oder der Stifter das Denkmal, nicht selten unter Glockengeläut, in die Obhut der Gemeinde. Der Vertreter der Gemeinde versprach dabei, es für immer in Ehren zu halten.

Der allgemeine Totenkult umfasst das weltliche Erinnern wie auch die Sorge um das Seelenheil im Jenseits. Er setzt den Glauben an Transzendenz voraus und wendet sich dabei dem Einzelnen zu. Er könnte das Kriegstotengedenken vollständig aufnehmen, so wie es im Rahmen der Sepulkralkultur auf den Friedhöfen teilweise geschah. Unmittelbar nach dem Ersten Weltkrieg und vereinzelt auch nach dem Zweiten Weltkrieg fand das Kriegstotengedenken am Totensonntag statt, an dem man sich aller Verstorbenen erinnert. Am Totensonntag, dem 21. November 1954, gedachte zum Beispiel Pastor Westphal in der Martin-Luther-Kirche „bei der alljährlichen Nachmittagsandacht" „besonders herzlich der Gefallenen, der Bombenopfer und der Opfer tragischer Unfälle".[309] Diese Gleichsetzung nimmt dem Kriegstod jeden Glanz und jeden Sinn. Der politische Totenkult gestattet eine solche Nivellierung nicht: der Glanz des Heldentums und der Sinn des Heldentods ehrt und befriedigt auch die Hinterbliebenen.

Der zum Gefallenen- oder Heldenkult gesteigerte politische Totenkult transzendiert nicht den einzelnen Menschen, sondern Gattungen. In einer pseudoreligiösen Ideologie wie dem Nationalsozialismus, der den politischen Toten- und Heldenkult in beispiellos grandioser Weise pflegte, galt jeder Soldat schon zu Lebzeiten als potenzieller Held. Doch nicht nur er: die Begriffsinflation machte aus Landarbeitern Helden der Erzeugungsschlacht, aus Bauarbeitern Helden der Arbeitsschlacht. Hitler verglich in einer Rede, die er am 8. September 1934 in Nürnberg vor der nationalsozialistischen Frauenschaft hielt, den Heldenmut des Mannes auf dem Schlachtfeld mit der ewig geduldigen Hingabe, dem ewig geduldigem Leid und Ertragen der Frau. „Jedes Kind, das sie zur Welt bringt, ist eine Schlacht, die sie besteht für das Sein oder Nichtsein des Volkes."[310] Der Kult verband den Einzelnen mit der Sippe, die Sippe mit der Volksgemeinschaft, das Volk ging schließlich in der Schicksalsgemeinschaft auf, in der nur aus taktischen Gründen der christliche Gott eine Rolle spielen durfte. Nicht ihm gab der Einzelne sein Leben als Opfer hin, sondern dem „ewigen Volk".[311] Das Germanentum stellte für diesen Kult die passenden Mythen bereit, die im Kriegstotenkult vergangener Jahre bereits durchschimmerten: die Walhalla (im Zusammenhang mit dem Himmelsthürer Denkmal bereits 1929 erwähnt) oder die Heldenepen.

Der Nationalsozialismus trieb den obrigkeitsstaatlichen „sakralen Nationalismus" (Assmann) zur Totalität. „Die zentrale Bürgerpflicht in einem sakralen Nationalismus besteht in der Bereitschaft, für das Vaterland zu sterben. Um diese Bereitschaft zu erzielen, müssen die Mitglieder einer tiefgehenden symbolischen Erziehung unterworfen werden, in deren Verlauf sie die Werte der sozialen Sicherheit und der körperlichen Unversehrtheit gegen den „höheren" Wert des Opfertods eintauschen. Der Einzelne wird im vollen Sinne zum Bürger einer sakralen Nation, sobald er diesen Wert verinnerlicht hat."[312]

In Verbindung mit dem Opfergedanken hatte sich der Einzelne für das Volk, das Volk für die kommenden Generationen aufzuopfern. Der Heldenkult um Albert Leo Schlageter und Horst Wessels, um die „Gefallenen der Bewegung" schuf gesellschaftliche Leitbilder und perpetuierte sie. Auf den Langemarck-Mythos spielte der Aufruf des Reichsjugendführers Baldur von Schirach an die Hitlerjugend anlässlich der Übernahme der Patenschaft über die Kriegsgräberstätte Dranoutre „Donegal Ferme" am Kemmelberg in Flandern durch die HJ an. Ebenso wie in Langemarck sollte dort ein Mahnmal geschaffen werden, „das auch äußerlich deutschen Heldengeist und deutsche Treue in alle Zukunft bezeugen wird." Der Aufruf ließ keine der eingängigen Floskeln aus: es galt, sich bewusst in die „ruhmreiche Tradition des alten deutschen Heeres" zu stellen, die Patenschaft als „große und heilige Verpflichtung" zu übernehmen, zu erkennen, dass „von den Opfern an Blut und Leben, die Eure Kameraden für Deutschlands Ehre und Freiheit brachten, ... ein gerader Weg zu den Toten unseres Kampfes führt", und schließlich mit der Übernahme den Willen zu bekunden, „das Vermächtnis der Toten von Langemarck in uns zu erfüllen."[313]

Zur Kultstätte entwickelte sich das Tannenberg-Denkmal, mehr und mystischer als die großen Nationaldenkmäler des 19. Jahrhunderts, insbesondere nachdem es zur Begräbnisstätte Hindenburgs umgebaut worden war. Wilhelm Kreis, der schon zur Kaiserzeit das Land mit Monumentaldenkmälern (z. B. den Bismarck-Säulen) überzog, entwarf die Heldenkrypta für die gigantomane Planung Hitlers und Speers für die „Welthauptstadt" Berlin und verschiedene Typen so genannter „Totenburgen", die aussahen wie die Tumuli der antiken Welt, aber mit Höhen von hundert Metern und mehr Kathedralen und Pyramiden überragen sollten.[314]

Wenn Sabine Behrenbeck in einem Aufsatz die These aufstellt, „einen Gefallenenkult wie 1918 gibt es nach 1945 nicht mehr"[315], verweist sie auf folgende Unterschiede und kennzeichnet damit zugleich Merkmale des Kults:

– Der Kult selbst beansprucht Unvergänglichkeit.
– Der Kult gibt dem Geschehen einen höheren Sinn.
– Der Kult vereint und grenzt ab.
– Der Kult weiht die aus ihm erwachsenen Handlungen.
– Der Kult stiftet und stärkt die soziale Identität.
– Der Kult heroisiert und sakralisiert die Kriegstoten.
– Der Kult verpflichtet den einzelnen auf Gruppenzugehörigkeit und Nacheiferung.

nach 1918	nach 1945
Patriotische Stimmungsmache, die selbst mit dem Zeichen des Christentums Missbrauch trieb und damit ungewollt das Verhängnis des Zweiten Weltkriegs vorbereiten half	Ausdruck der Trauer
Bezugspunkt: Kriegserlebnis	Bezugspunkt: Kriegsfolgen
Trotz und Auflehnung	Hinweis auf Opfer und das tragische Geschehen
Zeichen des Triumphes	Zeichen der Trauer
Ort der nationalen Sammlung	Ort der inneren Sammlung
	Zeichen der Versöhnung[316]
Erinnerungswürdig sind die Leistungen und Taten. Ein politischer Sinn des Soldatentods wird unterstellt.	Das individuelle Opfer rückt in den Mittelpunkt. Am sittlichen Wert des Opfers für die Gemeinschaft wird festgehalten.
Helden-, Gefallenen- oder Kriegerdenkmal, oft mit dem Zusatz „Ehrenmal"	„Mahnmal", „Kriegsopfermal"
Heroisierung und Sakralisierung der Kriegstoten Soldaten als Helden	Kriegstod galt nicht mehr überwiegend als vorbildlich Verfolgte und Widerstandskämpfer als Helden

Tafel 5: Vergleich von Kriegstotendenkmälern nach 1914 und nach 1945 (n. Behrenbeck)

Bei dieser Gegenüberstellung stützt sich Behrenbeck im Wesentlichen auf eine Literaturanalyse. Für Hildesheim ist zu registrieren, dass sich nur wenige Ortschaften nach dem Zweiten Weltkrieg für ein neues Denkmal entschieden, das dem christlichen Totenkult näher steht als dem Gefallenen- oder Heldenkult. Die Sorsumer Denkmalanlage am Friedhof greift bewusst Gestaltungsformen der Sepulkralkultur auf. Dagegen ist das 1960 errichtete Denkmal in Achtum-Uppen ausdrücklich *den Helden* gewidmet. Die meisten Gemeinden erweiterten das Denkmal einfach um die neuen Jahreszahlen oder Namen und akzeptierten damit die stilistische und intentionale Vorgabe.

3.3 Motive dauerhafter Überlieferung

3.3.1 Testat

„Die Ereignisse und Taten einer großen aber dunklen Vergangenheit bedürfen der Beglaubigung durch Orte und Gegenstände. Relikte, die diese Beglaubigungsfunktion erfüllen, gewinnen den Status von ‚Monumenten'".[317] Das Kriegstotengedenken „testiert" das Geschehene, hebt es für die Nachkommen auf. Das Heldenepos, die Sage, das Schauspiel, die Ballade, das Gemälde sind Beispiele für Gattungen, die das Andenken an Kriege und Kriegstote durch die Jahrtausende befördern. In der Form des Denkmals knüpft das Gedenken an die seit dem 14. Jahrhundert wiederbelebte Grabepigrafie an, die bereits in der Antike üblich war und erst ab dem 5. Jahrhundert unterbrochen wurde. Formale Elemente der Epigrafie sind: die Identitätsangabe, mit Todesdatum, bisweilen auch dem Alter, die Anrede des Vorübergehenden, die fromme Formel, dann die rhetorische Weitschweifigkeit und die Einbeziehung der Familie.[318] Schon hier zeigt sich, dass nur das unangetastet gebliebene Relikt das Geschehene authentisch bezeugt. Jede Zutat, jede Veränderung hält den Blick auf das Ereignis auf oder lenkt ihn um. Beglaubigt wird dann nicht die Tat, sondern die Honorigkeit der Täter oder der Opfer.

Relikte, also überkommene Überreste, sind nicht nur die Objekte, die früher im Hildesheimer Kriegsmuseum ausgestellt wurden, nicht nur der Ruinenrest an der Lambertikirche, sondern auch die Namen. Sie beglaubigen die Identität der Kriegstoten, die sonst namenlos vergessen wären. Die meisten Kriegerehrungen enthalten neben den Vor- und Nachnamen der Toten wenigstens noch ein weiteres Lebensdatum. Oft ist es der Todestag, manchmal sind es aber auch der Geburtstag, der Beruf, der militärische Dienstgrad, der Geburts- oder Wohnort oder der Sterbeort.

Das Denkmal als Testat bezeugt das reine Faktum des vergangenen Geschehens (den Krieg, die Gewaltherrschaft, die Vertreibung, den Bombentod, die Kriegsgefangenschaft u. ä.) und die Haltung und Absicht der Denkmalstifter und -schöpfer. Es dokumentiert Ereignisse, Namen und Daten und bescheinigt durch seinen auf Ewigkeit angelegten Charakter ihre Gültigkeit. Auf allen Denkmälern trägt die Inschrift dazu bei, die Botschaft für künftige Generationen zu bewahren. Sie ist unterschiedlich präzise formuliert. In allgemeiner Form übermittelt sie eher Konnotationen. Die Aufschrift *Dem / Gedenken / unserer / Toten* (Siedlergemeinschaft West) übergibt der Mit- und Nachwelt lediglich die triviale Tatsache, dass Menschen verstarben. „Gedenken" und „unserer" sowie die Form und die Lage des Denkmals übermitteln allerdings Informationen über das Faktengeschehen hinaus: sie bekunden eine Gemeinschaft, die der Tod nicht beendet, in der es zwischen dem Tod im Sterbebett und auf dem Schlachtfeld keinen Unterschied gibt, wo Status und Rang keine Rolle spielen und wo Lebensdaten unwichtig sind. Dieses Denkmal, wie einige andere ähnlich gehaltene auch, beglaubigt vor allem die Einstellung der Erschaffer und Erhalter des Denkmals.

Das leisten die anderen Denkmäler auch – je formenreicher und detaillierter, desto genauer und nachvollziehbarer. Das Gemeinte wird deutlicher, bis hin zur fast kongruenten Annäherung von beabsichtigter und erzielter Wirkung. Je mehr Lebensdaten ein Denkmal vermittelt, desto plastischer entsteht vor dem Betrachter die Person. Sie weckt nicht nur Assoziationen, sondern über den Namen die Vermutung zu Verwandtschaftsbeziehungen, über den Geburts- und Todestag Überlegungen zum Lebensalter, über den Beruf zur sozialen Stellung, über den Dienstgrad und Todesort zum Kriegsverlauf und zum Kriegsschicksal des Einzelnen und seiner Generation. Dennoch gilt generell, was Gerhard Armanski aus einer 1985 erschienenen Dokumentation zum Marbacher Kriegerdenkmal zitierte: „Denkmäler stehen nicht für historische Wahrheit. Sie sind nicht Zeugnisse des Geschehens.

Vielmehr bezeugen sie die Perspektive, die der Betrachter auf das historische Ereignis haben soll. Sie sind steinerne Rhetorik. Wer die Macht hat, setzt seine Sicht der Geschichte in ihre steinerne Sprache um."[319] Freilich ist der Vermittlungsvorgang komplexer. Er ist Teil eines Transformationsprozesses.

3.3.2 Transformation

„Wenn eine Erinnerung nicht verloren gehen soll, dann muss sie aus der biographischen in kulturelle Erinnerung transformiert werden. Das geschieht mit Mitteln kollektiver Mnemotechnik."[320] Als „Paradigma kultureller Mnemotechnik" entdeckte Jan Assmann das 5. Buch Mose, das Deuteronomium. In ihm identifizierte er nicht weniger als acht verschiedene Verfahren kulturell geformter Erinnerung:
1. Bewusstmachung, Beherzigung; „Einschreibung ins eigene Herz (Dtn 6, 6) und auf die eigene Seele" (Dtn 11, 18)
2. Erziehung; Weitergabe an die folgenden Generationen durch Kommunikation, Zirkulation; „davon reden allerorten und allerwege" (Dtn 6,7 und 11, 19)
3. Sichtbarmachung; „Denkzeichen auf Stirn und Hand" (Dtn 6, 8 und 11, 18)
4. „Limitische" Symbolik; Inschrift auf den Türpfosten (Grenze des Eigenen) (Dtn 6, 9 und 11, 20)
5. Speicherung und Veröffentlichung; „Inschrift auf gekalkten Steinen" (Dtn 27, 8)
6. Feste der kollektiven Erinnerung"; die drei großen Versammlungs- und Wallfahrtsfeste, an denen „alles Volk, groß und klein, vor dem Angesicht des Herrn zu erscheinen hat" (Dtn 16, 3 – Pessach, Dtn 16, 10 – Wochenfest, Dtn 16, 13 – Laubhüttenfest)
7. Mündliche Überlieferung, d. h. Poesie als Kodifikation der Geschichtserinnerung (Dtn 31, 19 – Moseslied, Dtn 31, 30-32, 44)
8. Kanonisierung des Vertragstextes (Tora) als Grundlage „buchstäblicher" Erinnerung und Verpflichtung der Kinder (Dtn 31, 9-13, und 32, 46)

Die Tora löst mit diesen Anweisungen ein Problem, mit dem sich auch die Zeitgenossen der gefallenen Kriegsteilnehmer und die Zeitzeugen der großen Kriege beschäftigten: Wie kann ihre Erinnerung zum dauerhaften Gedächtnis werden, wie kann das von Einzelnen Erinnerte zum geistigen Bestand der künftigen Gesellschaften werden? Oder, mit Jan Assmanns Begriffen: Wie wird das kommunikative Generationengedächtnis in das kulturelle Gedächtnis transformiert und damit soziale Identität gesichert und fortgesetzt? In erster Linie kommen dafür „Feste, Feiern und andere Formen rituellen und zeremoniellen Handelns in Frage", darunter auch Male und „kanonische und klassische Grundtexte".[321] Augenscheinlich soll das Kriegstotengedenken in Deutschland einiges zur Sicherung und Entwicklung sozialer Identität beitragen: durch Volkstrauertag, Gedenkfeiern und das seit 1985 ritualisierte Kriegstotengedenken des Bundespräsidenten, durch Denkmäler und Gedenkstätten, durch Schulfeiern oder Schulveranstaltungen, durch die Behandlung des Themas im Unterricht.

Denkmäler sind als Medien und Zeichen das Mittel und das Ergebnis einer Transformation. Auch als Medien enthalten sie eine Botschaft: Der Film vermittelt den Eindruck dramatischer Authentizität, das Foto dokumentiert den besonderen Moment, das Gedenkblatt oder Votivbild gibt sich privat und intim und ermöglicht andauernde Nähe, das Monument ist eine dauerhafte öffentliche Kundgebung. Als Zeichen verleihen sie einem vorangegangenen Geschehen, einem Inhalt, den vom Gestalter gewollten Ausdruck. In einem weiteren Transformationsprozess wird der Ausdruck zum Eindruck des Betrachters. Der Betrachter rekonstruiert die Deutung, die der Konstrukteur dem Denkmal eingab, und konstruiert zugleich seine eigene. Dabei kommt ihm das Denkmal als Metapher entgegen, in dem es jenseits der Materialität Qualitäten wie Treue, Trauer, Erhabenheit, Verewigung repräsentiert.

„Eindeutig" ist ein Denkmal daher nie. Mark Freeman belegt dies in seinem eindrucksvollen autobiografischen Berichts über einen Berlin-Besuch: „Was meine Reaktion auf diese plötzliche Transformation vom Objekt zur Präsenz – vom Monument zur Erinnerung – könnte man sagen – betrifft: es war etwas wie tiefe Trauer, eine Mischung von Sorge und Entsetzen, alles auf einmal." Semantisch gesehen, fällt die Deutung in der jeweiligen konkreten, individuellen Situation jeweils eng umgrenzt und präzise aus.[323] Harald Weinrich verwendet dafür den Begriff „Meinung". Die Ansprachen, die anlässlich einer Grundsteinlegung oder der Enthüllung gehalten wurden, formulieren die Meinung der

Initiatoren und Gestalter. Regelmäßig verpflichteten die Redner die Nachwelt, die so verkündete Meinung als für alle Zeit verbindlich anzuerkennen und dies durch ihr Verhalten zu zeigen. Sie versuchen damit – in der Regel vergebens – dem Denkmal eine „Be-Deutung" einzuverleiben. Tatsächlich geben sie ihre Deutung nur der sofort einsetzenden Transformation preis.

Als Beispiel für einen typischen Verlauf der Bedeutungs-Transformation sei die Geschichte des 79er-Denkmals am Hagentorwall skizziert. Landdrost Graf von Westarp übergab es am 18. August 1874 mit den Worten: „Möge die Victoria dort oben, die Zeugin unserer Siege, das Sinnbild unserer Einigkeit, der Einigkeit in allen Schichten der Bevölkerung, der es gelang, auch dieses Denkmal würdig herzustellen, möge sie, mit dem Lorbeer in der rechten, noch Jahrhunderte lang ihr Auge diesen schönen Gauen unseres Landestheiles zuwenden, möge sie noch späten Geschlechtern ein Merkzeichen dafür sein, daß die Treue bis in den Tod, daß die Dankbarkeit auch bei uns eine gute Stätte gefunden haben!"[324] Damit kommentierte er die Meinung der Konstrukteure, die im Denkmal zur Gestalt wurde. Zugleich formulierte er die Meinung in Form einer allgemeingültigen Bedeutung, die jetzt und in Zukunft von jedem anzuerkennen sei: noch Jahrhunderte lang möge Viktoria noch späten Geschlechtern ihr Zeugnis über die Treue und die Dankbarkeit der Zeitgenossen ablegen. Mit der Übergabe des Denkmals an die Stadtoberen ging die förmliche Verpflichtung im Duktus eines Sprechaktes einher:

„An Ihnen aber, meine Herren, derzeitigen Vertretern der Stadt, den Mitgliedern des Magistrats und den Bürgervorstehern, ist es, in dieser Beziehung den kommenden Geschlechtern voran zu gehen. Halten Sie das Denkmal in Ehren und erweisen Sie ihm die wohlverdiente Pietät, dann werden unsere Kinder und Enkel Ihrem Beispiele folgen. Dann wird das Denkmal noch manche Generationen überdauern und noch lange, lange Jahre dieser Stadt zum Schmuck und zur Zierde gereichen. Ihrer Obhut vertraue ich es an, Ihnen übergebe ich es hiermit im Namen und im Auftrage unseres Vereins."[325]

Geradezu beschwörend wirkt der Versuch, die Allgemeingültigkeit der Bedeutung herzustellen: er verpflichtet die Verantwortlichen, die Meinung der Konstrukteure anzunehmen und entsprechend zu handeln. Denn nur durch ihr beispielgebendes Handeln kann das Denkmal mit seinem innewohnenden Sinn überdauern.

Die Empfänger, die das Denkmal in ihre Obhut nahmen, reagierten erwartungsgemäß. Oberbürgermeister Boysen griff in seiner Rede den Appell von Westarps auf und formulierte in symmetrischer Weise sowohl die damals herrschende Meinung wie auch das Vermächtnis an die Nachwelt: „Zur Erinnerung an die große Zeit der Jahre 1870 und 71, an die großen Errungenschaften des blutigen Krieges, an die Thaten des Heeres, an unsern Heldenkaiser, Wilhelm den Siegreichen, an seine Feldherren und Räthe, an das Wiedererstehen des deutschen Kaiserreichs soll dies Ehrenzeichen auch dienen, soll mahnen, des Dankes nicht zu vergessen, den wir ihnen allen schulden. Eine Aufforderung zu gleicher Ausdauer und Tapferkeit sei es, ein Nacheiferung erweckendes Beispiel mögen aber auch unsere Söhne und Nachkommen darin sehen, daß sie denselben Heldenmuth, dieselbe Opferwilligkeit und Kraft beweisen, wenn auch sie dereinst berufen werden zur Vertheidigung des Vaterlandes! Es mahne das deutsche Volk, die waffenfähige Jugend besonders als Vorbild der Einigkeit und Kraft, und sichere dadurch das Vaterland, daß das schöne Band, welches jener Krieg geknüpft, nicht wieder gelockert und zerrissen werde durch innere und äußere Feinde!"[326] In diese Verpflichtung, die dem altpreußischen Dreiklang – Erinnerung, Mahnung, Nacheiferung – folgte, war die Selbstverpflichtung als notwendige Bedingung eingeschlossen.

Indem Meinungen aber konkret, individuell, präzise und eng umgrenzt sind, sind sie Zeitströmungen und dem sozialen Wandel stärker unterworfen als Bedeutungen. Nach dem siegreichen Ausgang des deutsch-französischen Krieges konnten sich von Westarp und Boysen einer breiten Zustimmung sicher sein, gleichwohl gab es nach den verlorenen Weltkriegen des zwanzigsten Jahrhunderts immer auch Kritiker, die den Sinn von Denkmälern anzweifelten. Nach der schweren Beschädigung des Denkmals im Bombenhagel der letzten Monate des Zweiten Weltkriegs kam niemand auf die Idee, der Verpflichtung der Konstrukteure nachzukommen und das Denkmal bedeutungsgemäß zu rekonstruieren. Statt dessen kam es nach vielen Jahren der unentschlossenen Suche nach einer zeit- und zugleich traditionsgerechten Lösung zu dem Kompromiss, die einst stolz aufrecht unter der Viktoria stehenden Tafeln auf dem Marienfriedhof einem Kreuz zu Füßen zu legen. Die Übergabe der neuen Stätte des Gedenkens fand ohne jegliche öffentliche Kundgebung statt. Es erschien nur eine allgemein gehaltene kurze Bekanntmachung in der HAZ. Allerdings bestanden die ehemaligen 79er darauf, in das Traditionsdenkmal eine transformierte „Be-Deutung" einzufügen, von der aber niemand außer den Beteiligten etwas erfuhr. Von der ursprünglichen Verpflichtung blieb der Dank, die Nacheiferung ging auf in der Mahnung an die, „die vor ihnen stehen", in aktualisierter (oder historisch zitierter) Weise „für Deutschlands Einigkeit, Recht und Freiheit einzustehen."[327]

Unumstritten waren Kriegerdenkmäler und der Kult, der sich um sie entwickelte, nach den Weltkriegen nie. Nicht nur die Denkmäler wurden konstruiert, sondern auch das Verständnis von ihnen. Die bürgerlichen, konservativen Zeitungen repräsentierten dabei stets den – wohl auch größeren – Teil der Bevölkerung, indem sie in ihrem Verständnis der Rekonstruktion überkommener Vorbilder Raum gaben, die den Denkmalsbau und -kult als angemessene Reaktion auf das Geschehene akzeptierten. Die Dekonstruktion dieser Vorbilder, die zu einer kritischen Neuorientierung aufforderte, fand sich eher im proletarischen Milieu: Das sozialdemokratische Hildesheimer Volksblatt vertrat beispielsweise eine Ansicht, die zwar die Totenehrung als ethische Pflicht respektierte, aber durchaus auch den Klassencharakter der Kriege, die soziale Verantwortungslosigkeit gegenüber den Kriegsopfern und den Hinterbliebenen und den hohlen Schein der Ritualrhetorik bloßstellte.[328]

Die konstruktivistisch definierte Transformation begleitet in diesen drei Modalitäten jedes Denkmal. Sie geht davon aus, dass jedes Erinnern grundsätzlich rekonstruktiv verfährt; „es geht stets von der Gegenwart aus, und damit kommt es unweigerlich zu einer Verschiebung, Verformung, Entstellung, Umwertung, Erneuerung des Erinnerten zum Zeitpunkt seiner Rückrufung. Im Intervall der Latenz ruht die Erinnerung also nicht wie in einem sicheren Depot, sondern ist einem Transformationsprozess ausgesetzt."[329]

Auch fast sechzig Jahre nach der deutschen Kapitulation und der Befreiung von der nationalsozialistischen Gewaltherrschaft am 8. Mai 1945 traf diese Untersuchung über das Kriegstotengedenken in Hildesheim auf tiefe, höchst unterschiedliche Empfindungen und Erwartungen, die eine kritische Erörterung der Funktion der Denkmäler, und sei es auch nur eine vergleichende[330], belasten. „Was die einen als kriegsverherrlichendes Denkmal verabscheuten, wollten die anderen als ‚Kriegerdenkmal' in Ehren halten" schrieb „Der Spiegel" 1985 zum Streit über die Umgestaltung des 76er-Denkmals in der Nähe des Hamburger Dammtorbahnhofs. Das wäre heute in Hildesheim beim 79er-Denkmal am Galgenberg nicht anders.

Gerade weil das „Soldatendenkmal" so eindeutig heroisch gemeint ist, bewegt es die Gemüter. Die Kontroverse zwischen Rekonstruktion und Dekonstruktion einer Sinngebung findet ihren Ausdruck in den immer wiederkehrenden Zeichen des Protestes, zum anderen in den Reaktionen darauf, die sich spontan am Denkmal oder in den Zeitungsspalten äußern. Dabei hält sich kaum ein Diskussionsteilnehmer im engeren „Meinungsbereich" der Denkmalstifter auf. Ausgehend vom Denkmal dehnt sich der Sinnhorizont weit aus: auf die Problematik von Krieg und Frieden, Faschismus und Heldenkult, Kriegerehrung und Friedensmahnung, Treuepflicht und Dankesschuld. Die Transformation produziert viele Meinungen.

Bei der Aufklärung des komplexen und komplizierten Zusammenhangs von Intention (der Denkmalersteller) und Interpretation (der Denkmalnutzer oder -betrachter) bietet die Kommunikationstheorie ein Erklärungsmodell an. Friedemann Schulz von Thun[332] nennt vier Aspekte einer Nachricht – und als solche wird das Denkmal hier begriffen – , die der Sender verschlüsseln und der Empfänger entschlüsseln muss:
- den *Sachaspekt*, der sich auf das Wissen und die Kenntnis des Inhalts bezieht
- den *Selbstoffenbarungsaspekt*, mit dem der Sender (hier: der Auftraggeber des Denkmals oder der Hersteller) ihre persönliche Sicht und ihre persönliche „Befindlichkeit" zum Ausdruck bringen
- den *Appellaspekt*, mit dem der Sender den Empfänger zu einem Verhalten auffordert und
- den *Beziehungsaspekt,* mit dem der Sender seine Vorstellung von seinem Verhältnis zum Nutzer und Betrachter ausdrückt.

Keiner dieser Aspekte ist unproblematisch. Die Vermittlung des gleichen Verständnisses von der Sache selbst setzt in der sprachlichen Kommunikation die Verwendung eines von Sender und Empfänger gleichermaßen beherrschten Codes voraus. Bei der ästhetischen Kommunikation muss das

Verständnis des sachlichen Kerns über bei beiden bekannte ästhetische Mittel (z. B. der Formensprache) entdeckt werden. Die Selbstoffenbarung des Senders wird der Empfänger (als der Nutzer oder Betrachter) aus seiner persönlichen Sicht kaum kongruent verstehen können. Die Lebenssituationen sind zu verschieden, selbst bei Gleichzeitigkeit der Kommunikation (also zum Zeitpunkt der Denkmalseinweihung zum Beispiel) wird es erhebliche intra- und interpersonale „Verstimmungen" gegeben haben. Wie viel schwieriger ist das Entschlüsseln der Selbstoffenbarung, wenn uns heute ein Denkmal aus weit zurückliegender Zeit anspricht. Ebenso verhält es sich mit dem Appell, der heute anders ankommt als zum Zeitpunkt seines Entstehens, der damals aber auch nicht eine übereinstimmend geteilte Bereitschaft voraussetzen konnte. Und auch die Beziehungsaussage unterstellt eine Gemeinschaft, die schon bei der Denkmalseinweihung differenziert war, über die Zeit hinweg aber völlig inhomogen geworden ist.

Sender (Auftraggeber/Ersteller)	Empfänger (Nutzer/Betrachter)
Welche Information geben Auftraggeber/Ersteller zur **Sache** weiter?	Welche Nachricht entnehme ich dem Denkmal?
Was geben die Ersteller über sich kund? **(Selbstoffenbarung)**	Was sagt das Denkmal über die Auftraggeber/Ersteller?
Welcher Art ist die **Beziehung** zwischen Erstellern und den Nutzern/Betrachtern?	In welcher Beziehung stehe ich zu dem Denkmal?
Wozu sollen Nutzer/Betrachter veranlasst werden? **(Appell)**	Zu welchem Verhalten oder Empfinden soll ich durch das Denkmal veranlasst werden?

Tafel 6: Vier Aspekte des Denkmals aus kommunikationstheoretischer Sicht

Mit all diesen Überlegungen befinden wir uns auf dem weiten Feld der Semiotik, auf dem aus verschiedenen Blickwinkeln die sprachlichen und nicht sprachlichen Zeichen untersucht werden. Die soeben skizzierte Beziehung zwischen Sendern und Empfängern ist Gegenstand der Pragmatik, mit der Bedeutung der Zeichen befasst sich die Semantik, mit ihrer Verknüpfung die Syntax. Die ikonografische Transformation von Bedeutungen zu Zeichen auf Hildesheimer Denkmälern wird im Kapitel I 5.1 im einzelnen untersucht.

Exemplarisch hat Reinhart Koselleck die Transformationen „politischer Totenmale" im 20. Jahrhundert überprüft[333] und geht als erstes der Wandlung des St.-Georg-Motivs nach, das zunächst Fürsten vorbehalten war, später aber auch einfache Soldaten verkörperte – über Landesgrenzen hinweg mit jeweils dem feindlichen Nachbarn in Gestalt des sich im Staub wälzenden Drachen.

Zweitens verfolgt er die sich wandelnde Praxis der Namensnennung, die vom achtlosen Verscharren der namenlosen Kriegstoten über die namentliche Hervorhebung jedes Einzelnen bis zur Heroisierung des Unbekannten Soldaten im Kenotaph führt. Drittens beobachtet er durchgängig eine Rückbindung des Unbekannten Soldaten in eine Tradition monarchischer Herkunft, benennt aber auch seine demokratische Funktion: seine Repräsentanz der Nation und des Volks. Viertens stellt er einen Wandel im Umgang mit dem Gegner fest, der anfangs respektvoll mitgenannt, später abgegrenzt oder ausgeschlossen wurde. Schließlich, fünftens, beschreibt er den Wandel der Sinnstiftung und Sinndeutung.

Ihn beschäftigt die Frage, ob die Vorgänge, die durch die „Düse der Denkmalsaussage" erinnert werden sollen, selber sinnvoll sind. „Die einem Denkmal eingestiftete Botschaft, etwas Bestimmtes so und nicht anders zu erinnern, garantiert keineswegs, dass das, was erinnert wird, auch in sich selbst sinnvoll ist und bleibt."[334] Drei Phasen unterscheidet er bei der Transformation der Sinndeutung im 20.

Jahrhundert: Bis zum Ersten Weltkrieg bezog sich die Aussage affirmativ auf die Vorgänge und Ereignisse, die den Tod gewaltsam herbeigeführt hatten. Der Sinn wurde durch das Geschehen selbst gestiftet. Nach dem Ersten Weltkrieg konnte der Sinn nicht mehr vorausgesetzt werden, er wurde vielmehr gesucht, beschworen oder eingefordert. In der letzten Phase, insbesondere nach dem Massensterben im Zweiten Weltkrieg, wurde das Fehlen jeglichen Sinns, die Sinnlosigkeit und die Absurdität zum Ausdruck gebracht.

Koselleck definiert den Begriff der Phase zwar über Zeitabschnitte, weist jedoch darauf hin, dass sich die Phasen je nach Siegern und Besiegten überlappen und sich nicht auf einen einzigen, „unilinearen" Vorgang reduzieren lassen.335 Seine Beispiele bezieht er aus der künstlerisch anspruchsvollen Produktion weltweit, nicht aus den Denkmälern der Provinz. In Hildesheim stiften die 79er-Denkmäler nach dem deutsch-französischen Krieg und das Denkmal am Fliegerhorst den vorgegebenen Sinn. Ausgehend vom Erreichten oder Erstrebten ehren sie die auf dem Weg dahin ums Leben Gekommenen.

Aber auch die nach dem Zweiten Weltkrieg geschaffenen Denkmäler der Vertriebenen und der Vermissten am Eichendorff-Hain und an der Sedanstraße sind dieser Kategorie zuzuordnen. Auch sie „erheischten von sich aus Zustimmungsfähigkeit" (Koselleck). Ihre Aussagen verzweifeln nicht an der Sinnlosigkeit des Geschehens. Die historischen Ursachen von Flucht und Vertreibung wie auch Verschleppung und Gefangenschaft sind bekannt und werden auch nicht in Frage gestellt. Das Leid der Betroffenen wird nicht als sinnlos, sondern als ungerecht wahrgenommen. Das Denkmal am Eichendorff-Hain drückt Wehmut aus, das an der Sedanstraße fordert Barmherzigkeit.

Die meisten der anderen Denkmäler teilen das Ergebnis einer Sinnsuche mit. Christliche, patriotische oder nationalistische Attribute bringen zum Ausdruck, dass die Toten für Gott, Heimat, Vaterland und Volk starben. Für Koselleck entscheidet die Art und Weise der Sinngebung über die ästhetische Qualität eines Denkmals: „Je mehr überkommener Sinn aufgefrischt und neu investiert werden muss, und je mehr Sinn überhaupt noch gesucht wird, desto geschmackloser das Denkmal. Umgekehrt: Je nachhaltiger die Verzweiflung am Sinn des Kriegstodes reflektiert wird, desto größer die Leistung des Künstlers."336

Mit dieser Wertung bewegt sich Reinhart Koselleck in einem Rahmen, der vor vierzig oder achtzig Jahren anders ausgesehen hätte. Die zentrale These Maurice Halbwachs' lautet: „Es gibt kein Gedächtnis, das nicht sozial ist"337 und eine Ableitung daraus ist, dass es kein mögliches Gedächtnis außerhalb derjenigen Bezugsrahmen gibt, derer sich die in der Gesellschaft lebenden Menschen bedienen, um ihre Erinnerungen zu fixieren und wiederzufinden. „Das soziale Gedächtnis verfährt rekonstruktiv: Von der Vergangenheit wird nur bewahrt, ‚was die Gesellschaft in jeder Epoche mit ihren jeweiligen Bezugsrahmen rekonstruieren kann' (Halbwachs). Erinnerungen werden also bewahrt, indem sie in einen Sinnrahmen eingehängt werden. Dieser Rahmen hat den Status einer Fiktion."338 Durch Änderung des Rahmens werden Erinnerungen beziehungslos – und fallen dem Vergessen anheim.

Als Mark Freeman seine ganz persönliche Transformationserfahrung durchlebte, war in ihm auf einmal die Vergangenheit übermächtig gegenwärtig, überkamen ihn Erinnerungen, die nicht auf persönliches Erleben zurückzuführen waren. Ihn überwältigte die plötzlich gespürte oder begriffene Teilhabe an der sozialen und historischen Identität einer Gemeinschaft, in der die Geschichte seines Lebens eingebettet ist.339 Kriegerdenkmäler sind als Identitätsstiftungen nur mit Hilfe solcher Transformationen wirkungsvoll.

3.3.3 Testament

Denkmäler sind für die Nachwelt und für das Diesseits – und dennoch ausdrücklich mit erklärtem Ewigkeitsanspruch und als Schnittstelle zum Jenseits – gedacht. Suggeriert wird, die Toten selbst vermittelten testamentarisch den Überlebenden und Nachgeborenen eine Mahnung oder einen Appell. Dabei ist klar, dass diese Form der Sinngebung eigentlich „der Verfügungsgewalt der Toten entzogen"340 ist. Die Vielzahl der Toten und die Verschiedenartigkeit ihrer Lebensumstände schließen ein gemeinsames Testament völlig aus. Die unterstellte Gleichsinnigkeit ist dem Gleichschritt und der Uniform verwandt: „Soldaten sehn sich alle gleich / Lebendig und als Leich" (Wolf Biermann341).

Aber wie verhält es sich mit der Übereinstimmung „zwischen der Selbsterfahrung und der Selbstdeutung derer, die fielen, und der Gestaltung des Denkmals"[342] durch die Überlebenden? Dieter Henrich gibt zu bedenken, dass gerade die „modernen Kriege" mit ihren Massenheeren aus einer bunten Vielfalt kriegsverpflichteter Zivilisten und einem engmaschigen Kommunikationsnetz zwischen Front, Etappe und Heimat dafür sorgten, dass sich auch die Bilder von Todeserfahrung schnell und allgemein ausbreiteten und mit ihnen eine „verhangene stygische Stimmung". „Nationale Pathetik, die über Gräue und Grauen des alltäglichen Todes hinwegtönt, konnte zwar wohl Glauben an den Sinn oder doch die Unvermeidlichkeit des Leidens am Leben erhalten. Sie konnte aber nicht die gelebte Erfahrung der Soldaten erreichen."[343] Henrich zitiert aus einem 1915 geschriebenen Feldpostbrief eines bald darauf gefallenen Freundes, der vom Tod eines Kameraden berichtet und dabei verbittert das Grabkreuz „als letzten Orden" bezeichnet und die Gräber, an denen er täglich vorübergeht, als „Heldengräber", die wegen ihrer großen Zahl nicht nur vom schrecklichen Wüten des Krieges zeugen, sondern auch „von treuer Tapferkeit".[344]

Noch kritischer und deutlicher wendet sich der aus der Eifel stammende Joachim Klinkhammer am 11. November 1915 in einem Brief an seine Familie gegen die kommenden Testamentsvollstrecker: „Da wird nun die Stadt beflaggt. Alles brüllt Hurra, wenn ein Sieg errungen ist. Aber was damit verbunden ist, bleibt außer acht. Daß hunderte Leichen herumliegen, in den Drahthindernissen hängen, überhaupt, wie ein Angriff zugeht, daran wird nicht gedacht. Und wer fällt, der stirbt den Heldentod. Auch ein schönes Wort, das jedoch hier keinen Anklang mehr findet. Das war einmal!"[345]

Die testamentarische Vereinnahmung der Opfer durch die künftigen Denkmalsstifter ignoriert auch, dass sich das Bewusstsein und die Einstellung im Verlauf des mehrjährigen Krieges wandelten. Die Phase der Euphorie überdauerte im Ersten Weltkrieg kaum die ersten Kriegsmonate, im Zweiten Weltkrieg veränderte sich die Stimmung spätestens nach dem Überfall auf die Sowjetunion. Ein Beispiel dafür enthält das Gedenkbuch im Scharnhorstgymnasium, das aus dem letzten Brief eines unbekannten Soldaten aus Stalingrad zitiert: *Der Krieg brachte hunderttausendfachen Tod, aber / gleichzeitig wurde in den Tagen seiner Herr- / schaft tausendfaches Leben geboren. Was wir / fortan schaffen und streben, gründet sich auf / die Taten unserer Toten, sie sind gefallen, / und sie haben gewonnen, was wir auch gewin- / nen müssen, um es dauernd zu besitzen:/ den Frieden.* [II 5.5]

Aus einer ganz anderen Perspektive, aus der des antifaschistischen Widerstands in den letzten Monaten des Zweiten Weltkriegs, befasst sich Peter Weiss mit dem, was von den Kämpfenden nach ihrem Tod als Vermächtnis bleibt. Seine unbeirrte, umsichtige, unscheinbare und unheroische Heldin Charlotte Bischoff „hatte sich von ihrem Gleichmut, von der Dauerhaftigkeit ihrer Arbeit überzeugt, doch jetzt musste sie, einige Augenblicke lang, dem Schmerz nachgeben, der dem Gedenken derer galt, die die Erfüllung ihres Werks nicht erleben durften. Sie wusste, wie schnell das Vergessen immer wieder zusammenschlug über denen, die kämpfend umgekommen waren. So war es den Revolutionären nach dem vorigen Krieg ergangen, und so könnte es jetzt, zum Ende dieses Kriegs, auch jenen widerfahren, die ihre Verschwiegenheit mit in den Tod genommen hatten. Der Feind, der sein Weiterleben im kommenden Frieden vorbereitete, war schon dabei, alles, was sich von ihnen überliefern ließe, zu verringern, zu entstellen, zu verhöhnen, als Belanglosigkeit zu erklären im Ringen der großen Mächte. Deshalb hatte sie alles, was sie vom Dasein und Sterben ihrer Gefährten wusste, in ein kleines Heft eingetragen, das sie jedes Mal wieder unter den Himbeersträuchern vergrub. Waren es auch nur dürre Notizen und Daten, die nichts deckten von dem, was sie geleistet hatten, so sicherte es ihr doch etwas von ihrer Unvergänglichkeit. Vielleicht könnte sie es einmal ergänzen, denn die große Grabplatte mit allen eingemeißelten und vergoldeten Namen würde nicht genügen. Sie wusste nicht einmal, was darüber stehn sollte. Gestorben für Deutschland. Das würde auch auf dem Grab des Unbekannten Soldaten stehn. Gestorben für eine bessre Welt. Doch das Pathetische war ihnen fremd. Gestorben für das Notwendige. Auch in Russland waren Millionen für das Notwendige gestorben."[346]

Charlotte Bischoff möchte nicht nur die Namen der im Widerstand Umgekommenen unvergänglich machen, sondern „alles, was sie vom Dasein und Sterben ihrer Gefährten wusste". Sie weiß hellsichtig, dass im kommenden Frieden „der Feind" versuchen wird, die Gefährten ein zweites Mal zu ermorden, ihnen nach dem Leben auch noch die Erinnerung auszulöschen. Sie ist sich auch der Aussichtslosigkeit ihrer Anstrengung bewusst: nach dem vorigen Krieg ist die Woge des Vergessens über den

Revolutionären zusammengeschlagen. Und sie weiß, dass auch eine große Grabplatte voller Namensgravuren mit welcher Sinnzuschreibung auch immer die Erinnerung auf Dauer nicht sichern würde. Ihr kleines Heft unter den Himbeersträuchern, in das sie flüchtig notierte, was sie mit ihnen in Verbindung brachte und was doch nur andeuten konnte, was sie geleistet hatten, sicherte doch etwas von ihrer Unvergänglichkeit.

Die kurze Feststellung aus Peter Weiss' monumentalem Roman knüpft an die paradoxe Erkenntnis an, dass die Schrift ein sichereres Verewigungsmedium ist als kolossale Denkmäler. Jan und Aleida Assmann fanden bei ihren Forschungen in verschiedenen Abschnitten der Menschheitsgeschichte Belege für die Erörterung der Vergänglichkeit der verschiedenen Erinnerungsmedien. Ein Papyrus aus dem 13. Jahrhundert v. Chr. „vergleicht die Konservierungskraft von Gräbern und Büchern und kommt dabei zu dem Ergebnis, dass die Schrift eine wirksamere Waffe ist gegen den zweiten, sozialen Tod, das Vergessen. Von den Toten dort heißt es dort: ‚gewiss, sie sind verborgen, aber ihr Zauber / berührt noch immer alle, die in ihren Büchern lesen'."[347]

Die Bischoff testiert mit ihren Notizen auf Papier zunächst einmal nur eine Auswahl von dem was war. Das wenige konnte die Wirklichkeit nicht vollständig abdecken. Aber es hatte beigetragen zur Erfüllung ihres Werkes. So enthalten Charlotte Bischoffs Heftseiten auch ein Testament der Widerstandskämpferinnen und -kämpfer: das Werk der Befreiung vom Faschismus zu vollenden. Aber selbst ihr, der Kampfgefährtin, fällt es schwer, dafür eine unpathetische Formulierung zu finden.

Die Verantwortung für das Vermächtnis des Denkmals tragen Auftraggeber und Erbauer. Der Betrachter muss mit hermeneutischen Verfahren den Gehalt des Denkmals, seinen Sinnspruch und die verwendeten ästhetischen Mittel entschlüsseln, um etwas über den Inhalt des Testaments zu erfahren. Mit den Ansprachen, die am Denkmal gehalten werden, ist es wie mit dem Denkmal selbst. Des weiteren gilt: Das Nichtmitgeteilte ist genauso aufschlussreich wie das Mitgeteilte.

Wenn nur von der Verteidigung des Vaterlands die Rede ist, wird der Angriffskrieg verleugnet. Wenn das Vermächtnis aus der Aufforderung besteht, den toten Helden nachzueifern, wird der Krieg idealisiert und der Frieden zur Lebensform von Schwächlingen. Im Testament ist die pädagogische Absicht aufgehoben, die auch in den großen Nationaldenkmälern enthalten ist (besonders sinnfällig: das Hermannsdenkmal, das Völkerschlachtdenkmal oder das Kyffhäuserdenkmal): sich dem geschichtsmächtigen Wirken früherer Generationen würdig zu erweisen. Die Denkmäler „von denen da oben" suggerieren: Geschichte macht man mit Kriegen. Zweifel „von denen da unten" am Heldentum oder gar seine Negierung führen zum Bruch des Testaments und zur Aufkündigung der generationsübergreifenden „Schicksalsgemeinschaft", die sich stets nationalistisch begreift und gegen andere Nationen abgrenzt.[348]

Vereinzelt gibt es auch Denkmäler, die der Nachwelt das Diktum „Nie wieder Krieg" überliefern wollen, Denkmäler, die an die Schrecken des Krieges erinnern, an das grenzenlose Leid, das er bewirkte. In Hildesheim zeigt das Himmelsthürer Denkmal in seinen Reliefs schlaglichtartig die Folgen kriegerischen Handelns [II 14.1.2]. Auf dem Nordfriedhof erinnert der DGB in der Ausländerabteilung an das Leiden der Opfer, um *Kraft für eine friedliche Zukunft aller Menschen* freizusetzen [II 3.5.31]. Die Gemeinde Bavenstedt gibt die Hoffnung weiter, *euer Opfer sei uns Mahnung zum Frieden* [II 15.2.1].

Zusammengefasst: In Anlehnung an Koselleck enthält das Testament einen doppelten Identifikationsvorgang: „Die Toten sollen für dieselbe Sache eingestanden sein, wofür die überlebenden Denkmalstifter einstehen wollen."[349] Und – so wäre drittens hinzuzufügen – für die die kommenden Generationen einstehen sollen. Das in die Vergangenheit hineingedeutete Vermächtnis wird in der Gegenwart der Denkmalstifter sinnfällig, um die künftigen Betrachter zu verpflichten. Dass die Erbschaft der Stifter angenommen und weitergegeben wurde, zeigen die Denkmäler, denen die Toten des Zweiten Weltkriegs ohne Kommentar hinzugefügt wurden. Denkmäler, die zerfielen, ohne dass sie jemand ersetzte oder auch nur vermisste, und Denkmäler, die bewusst entfernt wurden, zeigen jedoch auch, dass die Erbschaft ausgeschlagen werden konnte.

Obwohl die dreifache Identitätsstiftung bei den alljährlichen Feierstunden neu beschworen und das Testament regelmäßig neu als Legat bestätigt wird, beklagte der Chronist des „Kgl. Preuß. Infanterie-Regiments von Voigts-Rhetz (3. Hannoversches) Nr. 79" Heinz Brandes, dass das Erbe der Kriegsjahre die „heilige Begeisterung" und das „opferbereite Pflichtbewusstsein" der Soldaten gewesen sei. „In der

Arbeit für eine bessere Zukunft ihres Volkes haben sie die große Zeit nicht vergessen. Auch ihre Kameraden nicht, die von ihrer Seite gerissen wurden." Als Hüter dieses Erbes verstanden sich die Betroffenen selbst, die zugleich ein vernichtendes Urteil über ihre Zeitgenossen fällten: „Was galt denn noch Vaterland? Was Tapferkeit? Was Opfer? Nur eines hatte Wert: Der schnöde Mammon."[350] Er hatte das stark nachlassende Interesse an den Gedenkveranstaltungen und die schwindende Spendenbereitschaft im Blick.

3.3.4 Tradierung und Tatenruhm

Kriegerdenkmäler für den „gemeinen Mann" stehen in einer eigenen Tradition, die begann, als im 18. Jahrhundert das stehende Heer das Söldnerheer verdrängte und das stehende Heer sich durch die allgemeine Wehrpflicht – in Preußen 1814 eingeführt – zum Volksheer wandelte. Das Söldnerheer verrichtete ein riskantes aber Profit versprechendes Handwerk. Das Freiwilligen- oder Volksheer griff nicht des Geldes wegen zu den Waffen. Die Vorstellung, das Vaterland von feindlicher Besetzung zu befreien oder vor feindlichem Zugriff zu schützen, wurde auch in den Kriegen aufrechterhalten und propagiert, wo die Führung den Angriff befahl. Denkmäler tradieren seit ihrem ersten Auftreten die Überzeugung, im Krieg für drei traditionsreiche Werte gekämpft zu haben: „für das Vaterland als höchstem Gut, dem der Einzelne unter Aufbietung aller Kräfte diente, zweitens der Monarchie, der er sich bereitwillig unterordnete und drittens seinem überzeugten Christentum."[351] Ein solches Bewusstsein lässt nicht daran zweifeln, auf der richtigen Seite und für die gute Sache gekämpft zu haben.

Traditionen entstehen in sozialen und kulturellen Kontexten, die in den Denkmälern gleichsam mit überliefert werden. Totengedenken ist sittlich geboten. Der Gefallenen, noch dazu der zu Helden überhöhten, ehrend zu gedenken, ist eine gesellschaftliche Verpflichtung. Bereits Thukydides betont, dass die im Peloponnesischen Krieg Gefallenen „nach der Sitte der Väter" bestattet wurden. Zur Trauerfeier selbst nannte Perikles es „schicklich, am Grabe der Gefallenen zu sprechen", stellte diesen Brauch aber sogleich in Frage: „Mich aber würde es genug dünken, durch ein Tun zu bezeugen, wie ihr es jetzt bei diesem öffentlichen Begängnis der Totenfeier seht, und nicht den Glauben an vieler Männer Heldentum zu gefährden durch einen einzigen guten oder minder guten Redner."[352] An beispielhaftes Tun wurde auch zweieinhalbtausend Jahre später appelliert. Wer eine Denkmalstiftung vorantreiben wollte, brauchte nur auf die erfolgreichen Denkmalinitiativen in der Umgebung, in anderen Kirchengemeinden oder in anderen Ortschaften, hinzuweisen. Keiner der so angesprochenen – z. B. in der Michaeliskirche oder in Achtum-Uppen – konnte sich ohne das Risiko sozialer Stigmatisierung der Tradition entziehen.

Eine Tradition begründen und fortsetzen heißt, etwas im sozialen Gedächtnis zu verankern und zu erinnern. Die Verewigung der Taten der Toten ist dabei die eine Seite der Medaille. Die Selbstverewigung der Stifter ist die andere. Den Tatenruhm zu tradieren, ist naturgemäß ein Siegerdenkmal am besten geeignet. Das 79er-Denkmal am Hohen Wall nennt den Grund für das Heldentum der Toten in seiner Inschrift: den siegreichen Kampf gegen Frankreich. Nach dem Ersten Weltkrieg bezeugt nur das Denkmal des Infanterie-Regiments Nr. 79 am Galgenberg den Tatenruhm. Es verweist nicht auf Siege, sondern verewigt die Kampfplätze: *Belgien 14-17 / Russland 1915-1916-1917 // Galizien 1915-1916-1917 / Frankreich 14-18*. Haben auch die Taten, zumindest öffentlich, den Anspruch auf Ruhmesglanz verloren, verbleibt doch noch die Möglichkeit, den Toten – wie in Sorsum geschehen – Ruhm zuzuerkennen. Dort währt nicht der Tatenruhm ewig, sondern der Ruhm der Treue.

Die Selbstverewigung der Stifter ist – wenn sie denn überhaupt ein persönliches Motiv war – in der Selbstverewigung der Gruppe aufgegangen. Bisweilen gibt sich diese Gruppe in der Widmung namentlich zu erkennen, meistens aber unterbleibt auch dies. Vollends anonym bleiben die Erbauer. Nur an dem Himmelsthürer Denkmal für die Toten des Zweiten Weltkriegs hat der Künstler Ernst Ueckert seine Initialen hinterlassen. Den Einweihungsreden ist zu entnehmen, dass nicht die persönliche Identifizierbarkeit, sondern die soziale und kulturelle Identität tradiert werden sollte. Niemand wollte sich vorwerfen lassen, der Toten nicht würdevoll gedacht zu haben. Jeder hat das auch gegenüber der eigenen Generationen bekundet. Für die kommenden Generationen bezeugt das Denkmal namenlose Selbstlosigkeit.

Nicht ganz so leicht ist es, die beschworene Tradition zu pflegen. Man braucht Verantwortliche für die Erhaltung des Denkmals, für die Auffrischung des Blumenschmucks, das Umblättern des Gedenkbuchs, das Organisieren von Feiern. Wo sich Institutionen wie Kirchengemeinden oder Gemeindeverwaltungen mit der Übernahme des Denkmals zur Traditionspflege verpflichteten, sollte es kaum Probleme bei ihrer Realisierung geben. Dennoch wurden gerade in Kirchen Orte des Kriegstotengedenkens bei Umbaumaßnahmen entfernt, ohne dass für Ersatz gesorgt wurde. Die Gemeindeverwaltungen nutzen ihrerseits in der Regel das Engagement von Vereinen, des Volksbundes Deutsche Kriegsgräberfürsorge zum Beispiel, aber auch das der Ortsfeuerwehr, und unterstützen es allenfalls organisatorisch. Wo Vereine Rituale einführen wollten, wie beim SC Poseidon eine wöchentliche Ehrenwacht von zwei Klubkameraden [II 8.4], gerieten diese bald in Vergessenheit.

Traditionen sind nicht nur anfällig gegen Nachlässigkeit und Vergessen, sondern auch gegen Wandlungen und Brüche. Beim Infanterieregiment Nr. 79 wandten sich die Denkmalstifter vom Galgenberg gegen die bis dahin geltende Auffassung, das Totengedenken in schlichter Form zum Ausdruck zu bringen. Das wuchtige Denkmal, das 1939 das einfache von 1920 ersetzte, erlebte allerdings nach dem Zweiten Weltkrieg einen erneuten Traditionsbruch: die Gedenkfeiern wurden dort nicht mehr durchgeführt, statt Respekt wird dem Denkmal sichtbar mit aufgemalten Parolen, farbigen Verfremdungen oder provokanten Installationen Kritik entgegengebracht. Die Hoffnung, „die Enkel werden dankbar sein", die Provinzial-Konservator Hermann Deckert 1937 nach einer Begutachtung des Entwurfs des „Soldatendenkmals" äußerte[353], erfüllte sich augenscheinlich nicht. Aber auch der sich dabei andeutende Generationskonflikt, dem immer auch ein Stück Tragik innewohnt, hat Tradition. Brecht ließ im „Leben des Galilei" den Schüler Andrea ausrufen: „Unglücklich das Land, das keine Helden hat!". Galilei entgegnete ihm, der noch nicht ahnte, dass der Meister Leben und Wahrheit auf kluge Weise retten konnte: „Nein. Unglücklich das Land, das Helden nötig hat."[354]

Einen entgegengerichteten Traditionsbruch vollzogen die 79er in den fünfziger Jahren, als die Ruine des höchsten Hildesheimer Denkmals, das anfangs eine triumphierende Viktoria krönte, über 10 m hoch war und im Stil eines gotischen Kathedralenturms für die Toten des deutsch-französischen Krieges errichtet worden war, am Hohen Wall beseitigt werden musste. Sie akzeptierten, dass die Platten mit der Widmung und den Namen vor einem Hochkreuz auf dem Marienfriedhof abgelegt wurden. Der Gegensatz könnte nicht deutlicher ausfallen: hier die römische Siegesgöttin, dort das schmucklose Kreuz, hier die himmelstürmende gotische Fiale, dort die Form eines Grabes und die Funktion von Grabplatten, hier die Erinnerung an die Reichsgründung 1871, dort das Gründungskreuz des Friedhofs von 1834, hier der Gipfel des Hohen Walls, dort der Tiefpunkt des Friedhofs. Dass die Inschrift und die Namen der Toten durch Verwitterung allmählich ausgelöscht werden, wird offenbar dankbar hingenommen. An den Triumphalismus nach der Reichsgründung und an die martialischen Ausdrucksformen in Symbolik und Rhetorik möchte man nicht mehr erinnert werden.

Das gilt ausdrücklich auch für Hildesheims triumphalstes Denkmal. Das stolze Kaiser-Wilhelm-Denkmal [II 5.7.1] fiel nicht dem Bombenkrieg zum Opfer, sondern wurde 1943 zu Bomben umgeschmolzen. Nach dem so total verlorenen Krieg, nach der Besatzungszeit und der Spaltung Deutschlands und noch vor Erlangung der Souveränität der Bundesrepublik Deutschland machte die Wiederherstellung eines Kaiser-Standbildes, das gerade an das Gegenteil erinnern sollte, an Sieg, Einheit und Stolz, keinen Sinn. Es zeugt schon von „trotziger Demut" (Ariès), dass gerade aus dem Siegerdenkmal 1952 eine Erinnerungsstätte für die zurückgehaltenen Kriegsgefangenen des Zweiten Weltkriegs entstand [II 5.7.2]. Demütig ist das Denkmal, weil das Weggelassene Einsicht andeutet. Die hinzugefügten Inschriften und Reliefs fordern allerdings für den Verzicht auf das triumphale Monument gleichsam eine Gegenleistung und erheben Anklage. Die Gitternische soll die Gefängnisse und „Konzentrationslager" der Siegermächte symbolisieren – nicht die des NS-Regimes. Die Mahnung, das Gedenken und der Ruf nach Barmherzigkeit richten sich an die Alliierten. Zeichen der Buße, Sühne oder der Bitte um Vergebung fehlen an dem Denkmal. Es passt zur „Stunde Null"-Legende, nach der die totale Niederlage jegliche Schuld und Verstrickung auslöschte und am 8. Mai 1945 unbelasteter Neuanfang begann. Was der Amerikaner Robert Tompson Pell 1945 über die deutschen Wirtschaftsspitzen schrieb, konnte offenbar weitergehende Geltung beanspruchen: „Dafür, was ihr Land in seine bejammernswerte Lage gebracht hatte und wer dafür verantwortlich war, interessierten sie sich kaum, genauer gesagt, gar nicht."[355] Zumindest die sozialdemokratische Presse ist von diesem Verdacht auszunehmen. Auf ihrer Hildesheim-Seite stellte die Hannoversche Presse am 23. Mai 1947 den Entwurf einer monumentalen Gedenkstätte für die damals auf 120.000 geschätzten Opfer des Konzentrationslagers Bergen-Belsen vor. Für die Zeitung war klar, dass es keine Kriegerdenkmäler oder Ehrenmale für die Gefallenen geben werde, die an den Krieg 1939-1945 erinnern. Statt dessen würden andere, erschütternde und beschämende Gedächtnisstätten dort zu errichten sein, wo „das Gewaltregime der Nationalsozialisten an wehrlosen und schuldlosen Menschen seine grausamen Verbrechen beging".[356] Der erste nach dem Zweiten Weltkrieg errichtete Gedenkstein erinnerte dann auch nicht an Soldaten, sondern – auf dem jüdischen Friedhof an der Peiner Straße – an neun jüdische KZ-Häftlinge, die in Hildesheim einen qualvollen Tod starben.[357] Er trägt die Inschrift: *Hier ruhen 9 Opfer des Rassenhasses – Sie starben für die Freiheit ihrer Nation! / Dieser Gedenkstein wurde von dem Kaufmann Siegfried Groß erstellt und im Juni 1946 enthüllt.*[358]

Abb. 3: Denkmal für Rassenhass-Opfer   *Abb. 4: Synagogengedenkstein*

Auch der erste Gedenkstein im öffentlichen Raum gedachte der Verfolgten: Am 22. Februar 1948 enthüllte der Vorsitzende des Rates der jüdischen Gemeinden in der britischen Zone, Oberrabbiner Dr. Helfgott, das Denkmal zur Erinnerung an die Synagoge am Lappenberg. Regierungspräsident Backhaus hielt die Gedenkrede.[359]

Ulrike Haß bemerkt, dass zwischen 1945 und 1950 kein Erinnern von Seiten der Täter und Mitläufer stattfand. Die ersten beiden Hildesheimer Denkmäler gedachten der jüdischen Opfer, initiiert und eingeweiht von jüdischen Überlebenden. „Es ging den Lebendgebliebenen dabei nicht nur darum, in Mahnmaltexten ihrer Trauer Ausdruck zu geben und sie dadurch ein Stück weit zu verarbeiten, sondern es ging auch um die Wiederherstellung der Totenruhe auf den von den Nazis und ihren Helfern verwüsteten jüdischen Friedhöfen."[360] Es ging darum, ein lebendiges Bild der Ermordeten und des Vernichteten zu evozieren, gerade weil es keine physischen Überreste mehr gab und nur das Mahnmal den für die jüdische Tradition so bedeutsamen Generationenzusammenhang wiederherstellen konnte.

Doch auch sonst fehlte den Hildesheimern bis Mitte der 50er Jahre offenbar der Sinn für großartige Denkmäler. Das spürten auch die ehemaligen 59er bei ihrer Suche nach einem geeigneten Ort ihres Gedenkens. Das Infanterie- und Panzer-Grenadier-Regiments 59 war in der Wehrmacht mit der

Traditionspflege des Infanterie-Regiments Nr. 79 betraut gewesen. Naheliegend war daher die Idee, das 79er-Denkmal an der Frontseite entsprechend zu ergänzen. Am 16. August 1954 bat der Vorsitzende der Gemeinschaft der Angehörigen des ehemaligen Infanterie- und Panzer-Grenadier-Regiments 59 Hildesheim, Oberst a. D. Hugo Kempchen, das Stadtbauamt - Denkmalspflege -, die Angelegenheit zu prüfen. Doch die vom Stadtbaurat gefragten Kameraden des IR Nr. 79 lehnten die Umkehrung der Traditionspflege ab: Man trug vor, ein ähnlicher Antrag sei schon damals gestellt und von Professor Waterbeck abgelehnt worden. Sämtliche Mitglieder des Verbandes ehemaliger 79er hatten sich gegen den Vorschlag der Anbringung einer Sockelschrift und für den Ausbau eines Ehrenplatzes an der Mozartstraße hinter dem Denkmal ausgesprochen.

Am 19. April 1955 nahmen die 59er enttäuscht und mit großem Bedauern die Ablehnung der Kameraden zur Kenntnis. Sie sahen sich außerstande, an der Mozartstraße einen Ehrenhof zu errichten, und verwiesen dabei auf einen Traditionsbruch, der auch in der Weimarer Zeit bereits anklang. Das beginnende „Wirtschaftswunder" und die damit verbundene materielle Orientierung verringerte das Interesse an spendenfinanzierten Denkmalsprojekten. Überdies schmälerte die heftige Debatte um die Einführung der Bundeswehr und die Vertiefung der Spaltung Deutschlands die Akzeptanz solcher Vorhaben. Jedenfalls hielten die 59er es aus zwei Gründen für unmöglich, das Denkmal zu finanzieren:
– Sie hätten kein Geld und sahen auch keine Chance, etwas zu sammeln, denn „selbst in Zeiten einer Aufrüstung wird der deutsche Soldat in weitesten Kreisen diffamiert."
– Die Idee der Gefallenenehrung fand (in den dreißiger Jahren; H. H.) in der Bevölkerung eine ganz andere Resonanz. Außerdem habe man damals fest mit der Förderung und finanziellen Hilfe seitens der Verwaltung und der moralischen Unterstützung durch militärische Stellen rechnen können.[361]

Während das Kaiser-Wilhelm-Denkmal an der Sedanallee durch Weglassung des Wesentlichen eine neue Bedeutung erhielt (Traditionsbruch), geschah das Weglassen von Wesentlichem am Fallschirmjägerdenkmal an der Lavesstraße [II 3.2.2] nur pflichtgemäß zum Bedeutungserhalt (Traditionsfortsetzung). Das Wort Führer musste aufgrund rechtlicher Bestimmungen getilgt werden.[362] Im Satz *Sie starben den / Fliegertod für ... / Volk und Vaterland* klafft eine sichtbare Lücke – ein Zeitdokument in doppeltem Sinne: Das verschwundene Wort verweist sowohl auf die Entstehungszeit 1937 als auch auf die Zeit der Aneignung lange nach dem Zweiten Weltkrieg 1979. Wann *Führer* entfernt wurde, ob von den Engländern während ihres Aufenthalts in der Kaserne oder erst nach ihrem Abzug, war bisher nicht zu klären.

Ebenfalls ungeklärt ist der Abbruch des Ausländerdenkmals, das überlebende Zwangsarbeiter 1946 auf dem Nordfriedhof errichteten [II 3.5.3.2]. Es verschwand um 1959, ohne dass die Presse darüber berichtete und ohne Spuren in Protokollen oder Akten zu hinterlassen. Die Widmungstafel wurde zur Wahrung der Tradition in einen benachbarten Gedenkstein eingefügt [II 3.5.3.4].

Beim FC Concordia [II 4.2] nutzte man den Neubau des Klubhauses auf der Sportanlage am Lönswäldchen für den Bruch mit der Tradition. Als 1970 das überlieferte Denkmal von 1933 von Unbekannten beschädigt wurde, verzichtete man auf eine Instandsetzung und gab es dem Verfall preis. Man fand neben dem neuen Vereinshaus einen neuen Standplatz und errichtete dort einen neuen Gedenkstein, der nicht mehr an bestimmte Tote und Anlässe erinnert, sondern allgemein an Tote und Gefallene.

Für die Zeit nach dem Zweiten Weltkrieg unterscheidet Jörn Rüsen idealtypisch drei zeitlich aufeinander folgende Einstellungen, die auch das Verhältnis zur Tradition der Kriegerdenkmäler bestimmten.[363] Er ordnet sie Generationen zu, gleichsam den Eltern, ihren Kindern und ihren Enkeln. Die Kriegs- und Wiederaufbaugeneration erlebte das Kriegsende als radikalen Kontinuitätsbruch, in dem die Vergangenheit abgestoßen werden musste und die Zukunft als konturierte Handlungsperspektive noch nicht gewonnen war. Rüsen nennt zwei Bewältigungs-Strategien dieser Generation: Das kollektive Beschweigen der Naziverbrechen und Exterritorialisierung und Dämonisierung der Nazis. Als entsprechende psychoanalytische Kategorien nennt er die Verschiebung und die Verdrängung. Die Nachkriegsgeneration antwortete darauf (zeitlich etwa um 1968) mit einer Gegenidentifizierung mit den Opfern und einer moralischen Distanzierung von der Tätergeneration. Sie nahm die Vergangenheit an, um sich selbst kritisch von ihr absetzen zu können. Rüsen hält „diese merkwürdige Mischung von Integration und Exklusion" für fragil und meint, sie herrsche noch heute bei vielen Deutschen vor.[364]

Etwa 1989 beginnt für ihn die dritte Epoche, in der es möglich wird, die überzeitliche moralische Distanz in eine spezifisch historische zu verändern. Die Verbrechen des Nationalsozialismus können nun in der deutschen Identität aufgehoben werden, ohne dass sie an diesem neuen historischen Ort ihren Charakter als das Gegenteil des Wertesystems verlieren, dem sich die Deutschen kollektiv verpflichtet fühlen.[365]

Die Beobachtung von Hans-Dieter Schmid, dass kaum ein älteres Denkmal noch an seinem ursprünglichen Ort steht, weil die Erfordernisse der Stadtentwicklung und Verkehrsplanung die Denkmäler zur Wanderschaft zwingen[366], bestätigt sich in Hildesheim nicht. An der Steingrube, wo wegen der Remilitarisierung 1936 die Umsetzung drohte, unterblieb sie, bei der Neuaufstellung der 79er-Tafeln von 1874 verwarf man in Voraussicht dieser Gefahr den Standplatz Pfaffenstieg.[367]

Kontinuitäten und Diskontinuitäten äußern sich auch in den Formen. Das Denkmal des Ersten Weltkriegs greift – z. B. in der Form des Obelisken [II 5.4], der Feuerschalen, des Hellenenhelms [II 3.5.1.2] – antike Elemente auf und stellt damit bewusst Assoziationen zum Heroismus des klassischen Altertums her. Zitate stellen Sinnzusammenhänge her [z. B. II 5.5]. Spätere Denkmäler nehmen die Formensprache früherer auf [z. B. II 18.1.2], kopieren sie [z. B. II 8.3.4] oder stellen sich zu ihnen bewusst in einen Gegensatz [z. B. II 6.4]. Das Denkmal des Ersten Weltkriegs wird häufig um die Namen der Toten aus dem Zweiten Weltkrieg nur erweitert [z. B. II 15.2, 16.1, 18.1]. Woanders wird es umgestaltet [z. B. II 14.1] oder gar nicht in Anspruch genommen. Der Tod als großer Gleichmacher hat manchenorts auch den historischen Unterschied zwischen Erstem und Zweitem Weltkrieg eingeebnet [z. B. II 2.1.4]. Und wo der Opfer der Gewaltherrschaft gedacht wird [II 10.2.2], ist – ganz im Sinne der Totalitarismustheorie – gleichermaßen die nationalsozialistische oder stalinistische denkbar.

Auch die Gestaltung der Feiern und der Inhalt der Ansprachen sind Teil der Tradition. Sie wirken ritualisiert und beschwörend. Bei den Einweihungsfeiern – schon der Name verheißt Ritual und Liturgie – spricht nach einem einleitenden Musikvortrag in der Regel ein Vertreter der Initiatoren, Organisatoren oder Stifter, oft ein hochrangiger Amtsinhaber (Regierungspräsident, Oberbürgermeister, Bürgermeister, Oberstadt- oder Gemeindedirektor). Nach einem weiteren Musikstück oder Gedichtvorträgen folgt die Festansprache, in der Regel eines Pastors oder, seltener, eines Lehrers. Ihre Gliederung folgt in der Regel dem klassischen Dreischritt Ehrung – Erinnerung – Ermahnung. Danach setzt wieder die Musik ein (oder ein Wortbeitrag). Möglicherweise werden Grußworte, z. B. des Regimentschefs, gesprochen. Schließlich wird das Denkmal vom Stifter enthüllt und – bei Denkmälern im öffentlichen Raum – in die Obhut des Gemeindevertreters gegeben. Fast immer klingt die Feier mit dem gemeinsam gesungenen Lied vom guten Kameraden aus, immer werden am Denkmal Kränze niedergelegt. Der Wechsel von Musik- und Wortbeiträgen, die Auswahl der Stücke, die Verwendung bestimmter Elemente, z. B. des Liedes „Ich hatt' einen Kameraden...", unterstreichen den ahistorischen, überzeitlichen Anspruch der Gefallenenehrung und ihrer Botschaft, den die inhaltlichen Bezüge zur Gegenwart in der Regel nur bestätigen.

Stilistisch und funktional überdauert das Kriegerdenkmal alle geschichtlichen Brüche und Katastrophen. Der Denkmalskult stellt sich allerdings nur äußerlich als ahistorisch dar. Da, wo auf der Erscheinungsebene Zäsuren die Weltgeschichte in Abschnitte einteilen, markieren Kriegerdenkmäler Punkte auf einer durchgehenden Linie, die die Bismarck-Zeit, die Wilhelminische Ära und den Ersten Weltkrieg, die Weimarer Republik, das „Dritte Reich" und den Zweiten Weltkrieg sowie Nachkriegsdeutschland verbindet. Die ideologische Verwandtschaft, das fortbestehende ökonomische Fundament und vielfältige strukturelle und personelle Kontinuitäten spiegeln sich in der Homogenität der Denkmäler wider. Sie stehen für Tugenden, bei denen Ralph Giordano einen „Verlust an humaner Orientierung" ausmacht: die Gewöhnung an Befehl und Gehorsam, Untertanengeist und Obrigkeitshörigkeit sowie Pflichtauffassungen mit weitgehendem Selbstzweckcharakter. Sie kommen seines Erachtens „aus der Tiefe der deutschen Reichsgründung von 1871".[368]

Dass Kriegstotendenkmäler nicht nur Traditionen weitergeben, sondern auch stiften können, offenbart die oben bereits zitierte Gedenkrede des Präsidenten des Deutschen Jägerbundes. Stolz bekannte er, dass „die Jägerkameradschaft an den Denkmälern der Gefallenen geboren worden sei".[369]

Während des Ersten Weltkriegs (1916) wies Werner Lindner darauf hin, dass Denkmäler zum „Ausdruck des Volksempfindens, zum Spiegelbild der Volksseele" werden müssten. Demzufolge verlangte er eine volkstümliche Gestaltung, die das Gemüt stärker anspricht als die in der Tradition des Klassizismus entstandenen Denkmäler.[370] So wie Denkmäler Kunstauffassungen tradieren, überliefern sie auch das zentrale Anliegen des Denkmalprojekts: ob es dem dauerhaften Gedenken der Gefallenen dient oder der Befriedigung des Bürgerstolzes und der Selbstverewigung der Initiatoren. Bei Kriegerdenkmälern kann man in unterschiedlichen Ausprägungsgraden immer beides registrieren, so wie die Hildesheimsche Zeitung über die geplante Nagelung eines Ehrenwahrzeichens im Hildesheimer Rathaus [siehe II 1.25.1] schrieb: „Wir erhalten in unserem Rathaus eine Ruhmeshalle, die den kommenden Generationen von dem Opfergeist und Gemeinsinn unserer Zeit berichten wird und ihnen bezeugt, dass auch in Hildesheim künstlerische Traditionen in dieser Zeit hochgehalten wurden."[371]

Der Wortbestandteil „ewig" weist auf den transzendentalen Charakter des Kriegstotengedenkens hin. Das Denkmal soll es ewig verkörpern. Das Material aus Stein oder Erz wurde danach ausgewählt. Inschriften wurden tief eingemeißelt oder ehern herausgearbeitet. Bäume sollten sich fest verwurzeln und ewig standhalten. Holztafeln wurden immer wieder aufgefrischt oder erneuert. Wie das Denkmal unsere Zeitvorstellungen überschreiten sollte, transzendieren auch das Leben, der Ruhm und die Treue die irdischen Dimensionen: das ewige Leben, der ewige Ruhm und die ewige Treue werden vom Denkmal selbst oder am Denkmal durch Reden und symbolische Handlungen beschworen.

Hier mündet die Tradition in den Kult, wird die Geschichte zum Mythos. Rudolf G. Bindung beschwor diesen Wandel am 11. November 1924 in seiner Weiherede bei der Enthüllung des Langemarck-Denkmals auf dem Heidelstein in der Röhn: „Jenes Geschehen aber (die Schlacht bei Langemarck, H. H.) gehört schon nicht mehr der Geschichte an, wo es einst dennoch erstarren und begraben sein würde, sondern der unaufhörlich zeugenden, unaufhörlich verjüngenden, unaufhörlich lebendigen Gewalt des Mythos."[372]

Die Kirchen, die (in Preußen) 1813 Orte der Kriegerehrung sein mussten und es (in Hildesheim) nach 1914 sein wollten, taten sich nach 1945 schwer mit der Fortsetzung dieser Tradition. In den ausgebrannten katholischen Kirchen gingen auch die Kriegstotengedächtnisstätten in Flammen auf. Sie wurden beim Wiederaufbau nicht erneuert oder erweitert. Dort, wo die Denkmäler den Krieg überstanden, wurden sie nicht ergänzt – sie bezeugen nur die Toten des Ersten Weltkriegs. In zwei evangelischen Kirchen, die im Krieg zerstört (Lamberti) oder als KZ-Außenlager entweiht worden waren (Christus), wurden neue schlichte Orte des Gedenkens geschaffen.

Jede Typologie vereinfacht durch Abstraktion. Die Motive sind weder eindeutig einem Formelement zuzuordnen, noch treten sie isoliert auf. Die genannten Motive können sich in unterschiedlichen Schattierungen und mit unterschiedlicher Gewichtung mischen. Trost kann man im Trotz wie im Triumph finden, im Vermächtnis des Testaments wie in der Verpflichtung der Tradition. Man muss die Bestandteile der Mischung kennen, um ihre beabsichtigte Wirkung einschätzen zu können.

Um den Typus zu bestimmen, kann man ein positives und ein negatives Analyseverfahren anwenden. Positiv müssten sich stilistische Merkmale finden lassen, mit denen beispielsweise Trauer in einem Denkmal genau zum Ausdruck zu bringen ist. Christliche Symbole und Allegorien könnten das sein oder kontextgebundene figürliche Darstellungen: die über dem toten Sohn weinenden Eltern, die gramerfüllte, in schwarzes Tuch gehüllte Frauengestalt. Im negativen Verfahren wird man eine Vielzahl von Ausdrucksformen als unangemessen zurückweisen können. Nach der Ausschlussmethode wird man dann die Denkmäler nicht danach zu befragen haben, welche Empfindungen sie auslösen, sondern welche sie blockieren. So erklärt sich auch, warum vor dem Denkmal der 79er kein trauerndes Gedenken stattfinden konnte, sondern allenfalls hinter ihm, im Ehrenhof an der Mozartstraße. Dort jedenfalls fanden zwischen 1956 und 1987[373] die jährlichen Kranzniederlegungen statt, während sich die 79er in der Regel auf dem Zentralfriedhof oder am Steingrubendenkmal trafen. Unter dem Soldaten versammelten sie sich – soweit ersichtlich – nur bei „runden" Ereignissen: zur 50. Wiederkehr des Jahrestages der „Feuertaufe" am 22. August 1964[374] und anlässlich des 100. Gründungstages ihres Regiments.[375]

Motive für das Kriegstotengedenken im Überblick:

Das Motiv der Kriegs-totenehrung ist	Der Kriegstod wird empfunden als	Das Kriegstoten-gedenken wird ausgedrückt als	Das Kriegstoten-gedenken wirkt nach als
Trauer	Verlust	Klage	Seelenfrieden
Trost	Schmerz	Sinnerfüllung	Heilung
Tragik	Schuld	Selbstanklage	Verzweifelung
Therapie	Trauma	Trauerarbeit	Bewältigung
Treue	Dienst	Dank	Nacheiferung
Trotz	Niederlage	Zorn	Vergeltung
Triumph	Sieg	Stolz	Überheblichkeit
Tabuisierung	Sakrileg	Symbole	Verdrängung
Trivialisierung	Erdrückung	Banalisierung	Affektverschiebung
Topik	Unbestimmtheit	Verortung	Versammlung
Totenkult	Heldentum	Verehrung	Verklärung
Testat	Ereignis	Zeugnis	Bewahrung
Transformation	Geschehen	Verschlüsselung	Be-Deutung
Testament	Vorbild	Vermächtnis	Erfüllung
Tradierung	Opfer	Verpflichtung	Nachfolge

Tafel 7

Anmerkungen

128 Kurz vor Wesseln, am Fuße des Sonnenbergs, legten Klein Düngener um 1850 einen Friedhof für zwölf Choleraopfer an. Der noch vorhandene Grabstein für Franz Ferdinand Meyer, geb. 10. Dez. 1843, gest. 9. Sept. 1850 und die von sechs Bäumen übriggebliebene Trauerresche erinnern noch heute an die damalige Dorfkatastrophe. Hofmann, St. Cosmas und Damian, S. 156.
129 Die HAZ berichtete am 4. Juni 1860 über den Unfall. Auf das Denkmal, das von Verfall bedroht ist, machte der Nordstemmener Heimatpfleger Dietmar Kunitz den Verfasser am 31. August 1997 aufmerksam.
130 So setzte z. B. die Gemeinde Hohenhameln den fünf Feuerwehrmännern, die 1975 bei einer Waldbrandbekämpfung ums Leben kamen, einen Gedenkstein in unmittelbarer Nähe der Gedenkstätte für die Toten der beiden Weltkriege. Bei der Diskussion um die geplante Gedenkstätte für die Opfer des Terroranschlags auf die Twintowers des WTC am 11. September 2001 verlangte der pensionierte Feuerwehrmann John Finucane – unterstützt vom damaligen New Yorker Bürgermeister Rudolph Giuliani – „dass die Toten auf dem Denkmal nach Kategorien angeordnet sind. ‚Wir sagen nicht, dass Feuerwehrmänner oder Polizisten besser sind. Wir sagen nur, dass das, was sie getan haben, etwas Besonderes war und dass es niemals vergessen werden darf.' ... Die Verwandten toter Broker und Kellnerinnen zeigen sich schockiert über die mögliche Ungleichbehandlung. Viele von ihnen haben die ‚Coalition', eine Vertretung der Opferangehörigen, bereits unter Protest verlassen." (HAZ v. 6.9.2003).
131 So bezeichnet der amerikanische Präsident George W. Bush jr. Staaten, die im Verdacht stehen, Terroristen zu unterstützen (Afghanistan, Irak, Iran, Nordkorea); siehe z. B. Michel Chossudovsky, Global brutal, S. 11 oder Gerhard Vinnai, Die Liebe zu Krieg und Gewalt. In: Frankfurter Rundschau v. 20.3.2003, Nr. 67, S. 7.
132 Siehe z. B. Gärtner/Rosenberger, Kriegerdenkmäler.
133 Beispielhaft wird verwiesen auf die Auseinandersetzung um das Vietnam Veterans Memorial von Maya Lin (1979), das nur mit der Ergänzung einer Figurengruppe des Bildhauers Fredrick Hart akzeptiert wurde (eingeweiht am Veterans Day 1982). Dazu entwarf Chris Burden 1991 „The other Vietnam Memorial"; siehe Wettengl, Kurt, Das Gedächtnis der Kunst, S. 94, und Ingrid Gessner, Das Trauma des Vietnamkrieges. In: Praxis Geschichte, Heft 6/2003, S. 28 f.
134 HiZ v. 1.3.1926.
135 HAZ v. 24.4.1959.
136 BGH, Urt. v. 5.12.1958 – IV ZR 95/58.
137 Im Sinne von Mitscherlich, Die Unfähigkeit zu trauern, insbesondere S. 78 ff. Der erweiterte Trauerbegriff wird im Abschnitt „Therapie" behandelt.
138 Armanski, „... und wenn wir sterben müssen", S. 11.
139 Hildesheimer Beobachter v. 22.2.1937.
140 Klemperer, LTI, S. 129.
141 Duden, Das Herkunftswörterbuch, S. 861.
142 Iris Thal nennt ihn ein „Sinnbild des trauernden Kameraden" (Thal, Himmelsthürer Friedhöfe. In: Himmelsthür, S. 315).
143 Das Motiv „Gebet vor der Schlacht" findet sich auch in Gedichttiteln bei Theodor Körner (geb. Dresden 23.9.1791, gef. bei Gadebusch 26.8.1813) oder Alfred Lichtenstein (geb. Berlin 23.8. 1889, gef._ Vermandovillers (bei Reims) 25.9.1914; frühexpressionistischer Lyriker) wieder.
144 100 Jahre Michelsenschule Hildesheim, 1858-1958, S. 146 (vgl. Jahresberichte des V. a. H., Nr. XXIX, S. 6 bis 25, XXXI, S. 5 bis 22). Nach Adolf Vogeler stammt das Gedicht von einem Charlottenburger Gymnasiasten, der damit bei der Trauerfeier für einen seiner gefallenen Lehrer sein Gefühl des Dankes an die Gefallenen ausdrückte. Vogeler, Kriegschronik, S. 114 f.; s. a. Lurz, Kriegerdenkmäler in Deutschland, Band 6, S. 342.
145 HiZ v. 2.3.1925.
146 – eha – in HP v. 21.11.1962.
147 Duden, Das Herkunftswörterbuch, S. 864.
148 Privatbesitz Häger, Abb. 7, S. 99.
149 Pastor Crome. In: HAZ Nr. 192 v. 23.8.1920, S. 5 und 6.
150 Boberach, Meldungen aus dem Reich, Band 11, Bericht vom 12.10.1942, S. 4313.
151 Mosse, Gefallen für das Vaterland, S. 12.
152 Musulin, Proklamationen der Freiheit, S. 122 ff.
153 Nabrings, Mahnung, S. 131.
154 Rheinische Pestalozzi-Stiftung, Festschrift zur zweihundertjährigen Jubelfeier des preußischen Königtums, S. 172.
155 Ebd., S. 110.
156 Abb. 1 und 2 aus http://www.ibka.org/infos/kurzinfo.html (Zugriff: 9.2.2006); „Gott mit uns" war der Wahlspruch des preußischen Königs und deutschen Kaisers Wilhelm I. (Rheinische Pestalozzi-Stiftung, Festschrift zur zweihundertjährigen Jubelfeier des preußischen Königtums, S. 180), Bestandteil des preußischen Wappens und Randinschrift der nach 1871 geprägten Goldmünzen des deutschen Kaiserreichs. Die Geschichte dieser Losung lässt sich bis zum zweiten Makkabäerbuch des Alten Testaments zurückführen, als sich die Juden der feindlichen Übermacht mit der Losung „Mit Gottes Hilfe!" erwehrten (2 Makk 8, 23).
157 Küng, Projekt Weltethos, S. 100.
158 Heutger, 500 Jahre Hallenkirche St. Lamberti, S. 73.
159 Körner, Werke, S. 32.
160 Jähns, Carl Maria von Weber, S. 187.
161 Körner, Werke, S. 38.
162 Ariès, Geschichte des Todes, S. 181.
163 Lichtenstein, Dichtungen, S. 120.
164 HiZ v. 12.5.1927.
165 Regierungspräsident Dr. Suermann bei der Einweihung des Derneburger Ehrenfriedhofs; HP v. 8.10.1956.

166 Alle Zitate aus Zuckmayer, Als wär's ein Stück von mir, S. 197.
167 Forum, Schülerzeitung der Scharnhorstschule, 1/1964, S. 2 ff. Bundesverteidigungsminister Volker Rühe kam in einem Redebeitrag zur Bundestagsdebatte über die umstrittene Wehrmachtsausstellung zu einer ähnlichen Unterscheidung: „Dass der subjektiv ehrenhafte und tapfere Dienst objektiv mit dem Einsatz für ein verbrecherisches System einherging, das macht die Tragik soldatischen Pflichtbewusstseins im Zweiten Weltkrieg aus." Plenarprotokoll 13/163 v. 13.3.1997, S. 14721-14722.
168 Ludewig/Kuessner, „Es sei also jeder gewarnt", S. 101 ff. und 140 ff.
169 In: Roscher, Tränen und Rosen, S. 87.
170 von Wilpert, Sachwörterbuch der Literatur, S. 793.
171 In: Roscher, Tränen und Rosen, S. 66.
172 Freud, Studienausgabe Band IX, S. 35-48.
173 Freud, Studienausgabe Band IX, S. 39.
174 Uhland, Der gute Kamerad. In: Ders., Hundert Gedichte, S. 108.
175 Mitscherlich, Erinnerungsarbeit, S. 134.
176 Zuckmayer, Als wär's ein Stück von mir, S. 278.
177 Mosse, Gefallen für das Vaterland, S. 11.
178 Löwith, Töten, Mord und Selbstmord. In: Die Frage der Todesstrafe, Zwölf Antworten, S. 161 f.
179 Ebd.
180 Koselleck, Kriegerdenkmale als Identitätsstiftungen der Überlebenden, S. 256.
181 Ebd.
182 Giordano, Die zweite Schuld, S. 331.
183 Koselleck, Kriegerdenkmäler als Identitätsstiftungen, S. 257.
184 Mitscherlich, Erinnerungsarbeit, S. 19.
185 Zit. bei Sontheimer, Antidemokratisches Denken in der Weimarer Republik, S. 125.
186 Sontheimer, Antidemokratisches Denken, ebd., S. 122 f. Seldte bildete am 11.10.1931 zusammen mit Hitler die „Harzburger Front", wurde 1933 Reichsarbeitsminister und Reichskommissar für den Freiwilligen Arbeitsdienst. Der Stahlhelm ging in der SA auf, Seldte wurde SA-Obergruppenführer. Er starb am 1.4.1947 in alliierter Haft.
187 Brunotte, Zwischen Eros und Krieg, S. 96.
188 Rundblick v. 1.8.1998.
189 Beschluss des Ersten Senats des Bundesverfassungsgerichts vom 10. Oktober 1995, – 1 BvR 1476, 1980/91 und 102, 221/92 –, BVerfGE 93, 266; erneut mit Beschluss vom 10.10.1995 - Aktenzeichen: 1 BvR 1476/91, 1 BvR 1980/91, 1 BvR 102/92 und 1 BvR 221/92. Eine pädagogische Handreichung für alle Schulformen und Schulformen veröffentlichte der Volksbund Deutsche Kriegsgräberfürsorge e. V., Landesverband Niedersachsen, 1995 unter dem Titel „Trauer: Erinnerung und Mahnung".
190 Hildesheimer Volksblatt v. 19.11.1921.
191 Mitscherlich, Die Unfähigkeit zu trauern, S. 37.
192 Erinnert sei an Heinrich Mann, Der Untertan; bezeichnenderweise endet der 1918 erschienene Roman mit der furios desaströsen Enthüllung eines Kaiser-Wilhelm-Denkmals, bei der dessen geistiger Schöpfer und Titelheld „Herr Generaldirektor Doktor Diederich Heßling" statt des erhofften Höhepunkts tiefste Erniedrigung erfährt: die Festrede verhallt im Gewittersturm, er übersteht den Wolkenbruch „in der kühlen Tiefe seines Rednerpults" und empfängt dort unten, im Wasser hockend, begleitet von einem nahen Blitzeinschlag, aus den Händen eines Schutzmanns, den heißbegehrten „Willemsorden".
193 Mitscherlich, Die Unfähigkeit zu trauern, S. 37.
194 Ebd., S. 39.
196 Sontheimer, Antidemokratisches Denken in der Weimarer Republik, 1968, S. 332.
197 Ebd., S. 327.
198 Karl Jaspers, Wohin treibt die Bundesrepublik?, zit. bei Glaser, Kleine Kulturgeschichte der Bundesrepublik Deutschland 1945-1989, S. 282.
199 Gerhard Vinnai, Die Liebe zu Krieg und Gewalt. In: Frankfurter Rundschau v. 20.3.2003, Nr. 67.
200 Tucholsky, Schloss Gripsholm. In: Ausgewählte Werke, Band 6, S. 485.
201 Hilbig, Mit Adorno Schule machen, S. 124.
202 Frankfurter Rundschau v. 20.3.2003.
203 Nietzsche, Zur Genealogie der Moral, S. 311.
204 Ebd.; Hinweis bei Assmann, Erinnerungsräume, S. 245.
205 Brandes an Friedrich Ebhardt, Frankfurt a. M., am 20.7.1938. In: StadtA Hi Best. 799-9 Nr. 10. Am 26.9.1934 rühmte die HAZ Brandes als Träger des 'Pour le mérite' des Unteroffiziers und begründete detailliert den Wert dieses selten (ca. 1750-mal) verliehenen Ehrenzeichens.
206 IV. Aufzug, 3. Szene, in der Übersetzung von August Wilhelm von Schlegel zit. n. Shakespeare, Sämtliche Werke, Band 3, S. 458; der Vergleich wurde angeregt von Aleida Assmann, Erinnerungsräume, ebd., S. 246.
207 „Ein wirklicher Frontsoldat sieht schon seit Jahren, zum größten Teil mindestens seit 1917, im Eisernen Kreuz nur ein Zeugnis der Eitelkeit, sein Stolz ist nicht dies Kreuz, das auf dem dicken Bauch jedes nur in der Heimat beschäftigt gewesenen Intendanturrates baumelt, sondern seine Narben." (Hildesheimer Volksblatt v. 9.12.1920).
208 Eine der seltenen Ausnahmen schuf Käthe Kollwitz nach dem Ersten Weltkrieg 1932 auf dem Soldatenfriedhof Eesen bei Dixmuiden in Belgien zum Gedächtnis an ihren gefallenen Sohn Peter. Es heißt – und zeigt ein – „Trauerndes Ehepaar". Nachweis z. B. in: Volksbund Deutsche Kriegsgräberfürsorge, Trauer: Erinnerung und Mahnung, S. 20 ff. oder in: HP v. 13.11.1954.
209 Armanski, "... und wenn wir sterben müssen", S. 18.
210 Vgl. z. B. Das Unbehagen in der Kultur. In: Freud, Studienausgabe Band IX, S. 250 ff.
211 Zitiert nach: Gertrud Koch, Affekt oder Effekt. Was haben Bilder, was Worte nicht haben. In: Welzer (Hrsg.), Das soziale Gedächtnis, S. 128.

212 Adorno, Was bedeutet: Aufarbeitung der Vergangenheit? In: Eingriffe, S. 127.
213 HiZ v. 1.3.1926.
214 HAZ v. 1.9.1959.
215 http://home.t-online.de/home/deutschland14-18/fahneid.htm (Zugriff: 22.2.2004).
216 http://www.ths.rt.bw.schule.de/projekte/heuss/ermae.htm#3.5.%20Theod.%20und%20seine%20Zust (Zugriff: 9.2.2006).
217 Ebd.
218 § 9 Abs. 1 Soldatengesetz, http://www.soldatengesetz.de/ (Zugriff: 22.2.2004).
219 Staatsbürgerkunde Klasse 8, Berlin (DDR), 1970, S. 48.
220 Hegel, Ästhetik I/II, S. 630.
221 Hegel, Ästhetik I/II, S. 616.
222 Hegel, Ästhetik I/II, S. 616; anders als der „brave Mann", der – nach Schiller – an sich selbst zuletzt denkt.
223 Assmann, Erinnerungsräume, S. 77.
224 Zitiert nach Musulin, Proklamationen der Freiheit, S. 148.
225 Z. B. in der Ansprache „Dank und Bekenntnis" zum 20.7.1954. Glaser, Kleine Kulturgeschichte der Bundesrepublik Deutschland 1945-1989, S. 154.
226 Stenographische Berichte des Deutschen Reichstages, Band 457, S. 32. Zit. n.: Potthoff, Die Sozialdemokratie von den Anfängen bis 1945, S. 214.
227 Die sozialdarwinistische Einteilung der Menschheit in minderwertige „Kuli- und Fellachenrassen", verachtenswerte „Parasiten" und hochwertige „Herren- und Kriegerrassen" – siehe Hofer, Der Nationalsozialismus, S. 32 – steht in krassem Gegensatz zu den allgemeinen Menschenrechten, die das Recht auf Leben, Freiheit und persönliche Ehre diskriminierungsfrei für alle Menschen konstituieren. Sie stehen z. B. in der amerikanischen Unabhängigkeitserklärung vom 4. Juli 1776 – zit. n. Muslin, Proklamationen der Freiheit, S. 62-67 – oder heute im Grundgesetz der Bundesrepublik Deutschland, Artikel 2 und 5. Dass die willkürliche Aussetzung der Menschenrechte Ausfluss des nationalsozialistischen Führerprinzips ist, begründete der Rechtswissenschaftler Carl Schmitt zur Rechtfertigung der so genannten Niederschlagung des Röhm-Putsches am 30. Juni 1934. Alles Recht stamme aus dem Lebensrecht des Volkes und dessen oberster Vollstrecker sei der Führer. Hofer, ebd., S. 106.
228 Art. 4, 3 und 20, 4 GG. Vergleiche demgegenüber den Begriff der bedingungslosen Treue, der in dem SS-Spruch „Seine Ehre hieß Treue" gemeint ist. Eugen Kogons Charakteristik der SS lässt sich in diesem Punkt auch auf weite Teile der Wehrmacht übertragen: „Kritisches Denken, das Vergleich und Unterscheidungsvermögen voraussetzt, hätte die Schlagkraft beeinträchtigt, hätte ‚angeblässelt', wäre ihnen zersetzend, gefährlich, treulos, ‚jüdisch' erschienen." Kogon, Der SS-Staat, S. 325. Dass diese Gleichsetzung sich nicht auf den Nationalsozialismus beschränkt, sondern für alle autoritären Systeme typisch ist, zeigt das Zitat Hindenburgs: „Die Treue ist das Mark der Ehre." (nach Generalmajor Epner in: HAZ v. 25.8.1921).
229 Entnommen der Festschrift 75-Jahrfeier Scharnhorstschule Hildesheim, Bericht der Ehemaligen, S. 14 ff.
230 Zitate und Zahlen in: Häger, Konflikte ernst nehmen. In: HAZ v. 8./9.3.1969.
231 Sontheimer, Antidemokratisches Denken in der Weimarer Republik, S. 12 f.
232 Assmann, Erinnerungsräume, S. 81. Assmann unterscheidet zwei Formen des Nationalismus, den säkularen, der sich vorwiegend durch Schutz und Rechte definiert, die seine Bürger als Individuen genießen, und den sakralen, der sich vorwiegend durch Pflichten definiert, die er seinen Bürgern auferlegt. (Siehe auch Abschnitt I 3.2.6: Totenkult).
233 In der Michelsenschule [II 8.3.1 und 3] zeigt sich diese Entwicklung auch bei den Einweihungen selbst. Wurden 1875 und 1921 die Namen der Gefallenen noch verlesen, galt das Gedenken 1958 [II 8.3.4] den Gefallenen der Schule allgemein: „Unsere gefallenen Kameraden gaben ihr Bestes im Glauben an ihr Vaterland und zum Schutze der Heimat." (Der Festredner Rudolf Brunotte, zit. nach: 100 Jahre Michelsenschule Hildesheim 1858-1958, S. 258).
234 Landdrost Graf Westarp bei der Enthüllung des 79er-Denkmals am Hagentorwall 1874 in: HAZ v. 15.8.1874.
235 Siehe: Schneider, „.... nicht umsonst gefallen?".
236 HiZ v. 14.5.1923.
237 Saehrendt, Stellungskrieg der Denkmäler, S. 123 bzw. 127. Der Wettbewerb, die Entstehungsgeschichte und die Rezeption des Denkmals werden auf S. 116-127 dargestellt. Siehe auch Lurz, Kriegerdenkmäler in Deutschland, Band 4. S. 306.
238 M. in HiZ v. 27.2.1926.
239 Watzlawick/Weakland/Fisch, Lösungen, S. 99 ff.
240 Hildesheimer Volksblatt v. 6.9.1920.
241 HiZ v. 25.2.1929.
242 Brandes im Brief an Fotografen Karl Wöltje, Oldenburg, am 31.8.1937 (StadtA Hi Best. 799-9 Nr. 10)
243 Brandes im Brief an Friedrich Ebhardt, Frankfurt a. M., Günthersberg-Allee 9 am 20.7.1938, StadtA Hi Best. 799-9 Nr. 10.
244 Brandes am 21.7.1938 an Kurt Rickmann, Hamburg, Besenbinder Hof 48, StadtA Hi Best. 799-9 Nr. 10.
245 Diesen Zusammenhang stellt Pamela Kort her in: Dies., Erinnerung, Modell, Denkmal, S. 55.
246 Hilbig, Mit Adorno Schule machen, S. 124; Klaus Theweleit, Männerphantasien, 1+2, München 2002.
247 Freud, Das Unbehagen in der Kultur. In: Ders., Studienausgabe Band IX, S. 247 f. Siehe auch: Ders., Unser Verhältnis zum Tode, S. 59.
248 Bernd Weisbrod, Die Schule des männlichen Fundamentalismus. In: Frankfurter Rundschau v. 21.2.1998, Nr. 44.
249 Nietzsche, Also sprach Zarathustra, S. 60. Digitale Bibliothek Sonderband: Meisterwerke deutscher Dichter und Denker, S. 34239 (vgl. Nietzsche, Werke, Band 2, S. 312): „Ihr sagt, die gute Sache sei es, die sogar den Krieg heilige? Ich sage euch: der gute Krieg ist es, der jede Sache heiligt."
250 Hoffmann, Ein Krieg wird ausgestellt, 1976.
251 Magnus Hirschfeld, Sittengeschichte des ersten Weltkriegs. Zit. in Hoffmann, Ein Krieg wird ausgestellt, S. 114.
252 Hitler bei einer geheimen Konferenz mit seinen Heerführern am 23.11.1939. In: Mendelsohn, Die Nürnberger Dokumente, S. 15.
253 HP v. 26.6.1962 (überregional).
254 Adorno, Was bedeutet: Aufarbeitung der Vergangenheit? In: Ders., Eingriffe, S. 125.

255 Frankfurter Rundschau v. 10.6.2003, Nr. 132, S. 1.
256 II 6.2, 18.1.1, (8.4) – Bei den in Klammern gesetzten Denkmälern kommt die Bezeichnung neben einer anderen vor.
257 II 19.1, 1.22.2, (3.4), 10.2.2, 3.5.1.3, 6.3, 8.5, 4.1.3.
258 II 13.4.1, 8.1, 1.12.
259 II 3.3.2.1,5.1.2.
260 II 13.4.2.
261 WK I: II 1.8, 15.1, 15.2.1, 9.1.1, 9.1.2, 1.8, 12.2.1, 5.2 und WK II: 3.2.2, 4.2.2, 18.1.2, 12.2.2, 3.4, 3.5.3.3, (3.5.1.3), 5.5, 3.6, 13.3.3, 13.3.4, 4.4
262 WK I: II 17.1.1, 5.4, 1.14, 8.3.3, (3.5.1.2), 11.1.1, 8.4, 13.3.1, 9.4, 1.21, 1.25.1, 2.2, (13.4.2) und WK II: 20.1, 3.1, 3.3, 13.6, (13.4.2)
263 Opfer: II 7.2.2, 9.5, (10.2.2), 3.5.2, 13.5, Namen: 15.2.2, 16.1.2, 11.1.2, 2.1.4
264 II 1.1, 9.1.3, 1.13.2, 1.14, 1.2, 8.3.4, 5.7.2
265 Ariès, Geschichte des Todes, S. 715 f.
266 Ebd., S. 741 f.
267 Die Beratungsstelle für Kriegerehrungen, die im Einvernehmen mit dem Kriegsminister in Berlin tätig war, war beauftragt, geschmacklose Grabdenkmäler zu verhindern und die Kriegergräber „von Banalitäten, Geschmacklosigkeiten und anderen Zeichen der Unkultur" freizuhalten. Das Ziel dehnte sie auf alle Formen des Kriegstotengedenkens aus. HiZ v. 12.5.1917.
268 Mosse, Gefallen für das Vaterland, S. 156.
269 Mosse kommt zu dem Schluss, „dass die Ansichtskarte als das mit Abstand häufigste Medium für schriftliche Mitteilungen durch ihre Verharmlosung der Realität des Krieges wesentlich zum Mythos des Kriegserlebnisses beitrug". Ebd., S. 163.
270 Behrenbeck, Heldenkult oder Friedensmahnung?, S. 357.
271 Ein solches Exemplar steht im Hildesheimer „Pfannkuchenhaus" an der Jakobikirche (Abb. 5).
272 So finden sich in der Programmatik und Rhetorik der rechtsradikalen Parteien regelmäßig Umschreibungen dieser Attribute. Maier/Bott, NPD, S. 40.
273 Der undatierte Aufruf (verm. 1925) wurde dem Verfasser von der Ortsbürgermeisterin, Monika Pröving, übergeben.
274 Die Kategorien sind entnommen von Ihde, Massenmedien und Trivialliteratur, S. 48.
275 Mosse, Gefallen für das Vaterland, S. 267.
276 Vilém Flusser, Gespräch, Gerede, Kitsch, in: Pross, Kitsch, S. 61.
277 Gelfert, Was ist Kitsch?, S. 65.
278 Ebd.
279 Sontheimer, Antidemokratisches Denken, S. 109.
280 Goldmann, Topik und Memoria in Sigmund Freuds Traumdeutung, S. 159 f.
281 Ebd., S 157.
282 Ebd., S 160.
283 Für Thomas Zaunschirm stellt das Denkmal in Eschede „eine Monumentalisierung der neben Landstrassen aufgestellten Kreuze dar, wo jemand dem ‚Schlachtfeld Strasse zum Opfer gefallen' ist." (in: Hierarchie der Denkmäler, Neue Zürcher Zeitung, Nr. 214 v. 15./16.9.2004, S. 49).
284 HAZ Nr. 192 v. 23.8.1920, S. 5 und 6.
285 HP v. 28.11.1955.
286 Hermann Heimpel anlässlich der Einweihung der Gedenkraumbibliothek der Scharnhorstschule am 3.9.1960: Festschrift 75-Jahrfeier Scharnhorstschule Hildesheim, Bericht der Ehemaligen, S. 14 ff.
287 Auf alle Kriegerdenkmäler übertrug sich, was zu den gängigen Topoi der Laudatio des Siegers gehörte: dass sein Ruhm ewig währe. Vgl. Lurz, Kriegerdenkmäler in Deutschland, Band 1, S. 47.
288 Negt, Soziologische Phantasie und exemplarisches Lernen, S. 62.
289 Ebd., S. 63.
290 Ebd., S. 64.
291 In der Version Friedrich Schillers (Wilhelm Tell, zweiter Aufzug, zweite Szene). Schiller inspirierte offenbar auch die Leipziger Demonstranten. In derselben Szene versprechen sich alle Verschwörer „Wir sind ein Volk, und einig wollen wir handeln." In: Schiller, Werke, Band 6, S. 55 bzw. 48.
292 Assmann, Erinnerungsräume, S. 33.
293 Hannoversches Tageblatt v 25.12.1915, zit. von Schneider in: Ders. „...nicht umsonst gefallen?", S. 132.
294 Vgl. Lurz, Kriegerdenkmäler in Deutschland, Band 2, S. 19-25.
295 Martin Luther, Ob Kriegsleute auch in seligem Stande sein können. In:. Helmolt, Das Buch vom Kriege, S. 358.
296 Hans-Friedrich v. Flemming, Der vollkommene Teutsche Soldat, Leipzig, 1726, zit. nach Koselleck, Kriegerdenkmale als Identitätsstiftungen der Überlebenden. In: Marquard/Stierle, Identität, S. 258.
297 „... als das Söldnerheer abgeschafft und das Bürgerheer eingeführt wurden, bedurfte es einer ideologischen Steuerung der nicht mehr durch Sold und Beute, sondern durch Aufruf des Königs und durch patriotische Überzeugung motivierten Krieger." Lurz, Kriegerdenkmäler in Deutschland, Band 1, S. 68.
298 Lurz, Kriegerdenkmäler in Deutschland, Band 4, S. 49.
299 Erst 1993 wurde die Neue Wache in Berlin nach einer Idee und einem Gestaltungskonzept von Bundeskanzler Helmut Kohl zur „Zentralen Gedenkstätte der Bundesrepublik Deutschland für die Opfer von Krieg und Gewaltherrschaft" umgewidmet und umgestaltet. Von 1956 bis 1990 war sie „Gedächtnisstätte für die Opfer des Faschismus". Puvogel, Gedenkstätten für die Opfer des Nationalsozialismus, Band II, S. 97.
300 Assmann, Erinnerungsräume, S. 48.
301 HiZ v. 2.3.1925.
302 Kapitel I 5.2.1 und 5.2.3.
303 HiZ v. 12.5.1917.

304 Erl. d. Ministers für Wissenschaft, Kunst und Volksbildung v. 14.1.1920, HStA Hann. 122a XIII Nr. 3438, fol. 47.
305 § 48 II Ziff. 11d Ausführungsbestimmungen zum Umsatzsteuergesetz; den Hinweis darauf enthält der Erl. d. preußischen Ministers für Wissenschaft, Kunst und Volksbildung an die Oberpräsidenten vom 23.4.1921, zit. n. Schneider, „.... nicht umsonst gefallen?", Hannover, 1991, S. 188.
306 HAZ v. 17.3.1921, S. 6.
307 Koselleck/Jeismann, Der politische Totenkult, S. 14.
308 Koselleck/Jeismann, Der politische Totenkult, S. 9.
309 HP v. 22.11.1954.
310 Focke/Reimer, Alltag unterm Hakenkreuz, S. 121. Ähnlich ein Jahr später bei gleicher Gelegenheit, veröffentlicht in: Völkischer Beobachter v. 15.9.1935. Mosse, Der nationalsozialistische Alltag, S. 66.
311 Mosse, Der nationalsozialistische Alltag, S. 133.
312 Assmann, Erinnerungsräume, S. 81 (Fußnote 41); ähnlich auch Demandt, Luisenkult, S. 303.
313 Amtliches Schulblatt für den Regierungsbezirk Hildesheim, Nr. 4, 16.2.1936, S. 46.
314 Biografie von Wilhelm Kreis in II 23.
315 Behrenbeck, Heldenkult oder Friedensmahnung? S. 361.
316 Adolf Rieth, Berater für Kriegerdenkmale in Baden-Württemberg, 1962, zit. bei Behrenbeck, S. 345.
317 Assmann, Erinnerungsräume, S. 55.
318 Ariès, Geschichte des Todes, S. 285.
319 Armanski, „... und wenn wir sterben müssen", S. 12.
320 Assmann, Die Katastrophe des Vergessens, S. 339 f.
321 Ebd., S. 343.
322 Freeman, Tradition und Erinnerung des Selbst und der Kultur, S. 30.
323 Vgl. Weinrich, Linguistik der Lüge, S. 14 ff.
324 HAZ v. 15.8.1874.
325 HAZ v. 15.8.1874.
326 HAZ v. 15.8.1874.
327 Aktenbestand der Denkmalspflege Stadt Hildesheim.
328 Z. B. im Hildesheimer Volksblatt v. 19.11.1921; daneben finden sich aber auch Berichterstattungen, insbesondere von örtlichen Veranstaltungen, in denen auch vom Heldentod fürs Vaterland zu lesen ist (z. B. am 26.11.1922). Durchgängig herrscht beim Volksblatt allerdings das Motiv der Trauer vor, während es den Hildesheimer Kriegervereinen, „die sich bezeichnenderweise unter die Führung des berüchtigten Stahlhelms gestellt hatten" vorwirft, sich nur zu versammeln, „um zu zeigen, dass (ihnen) auch die Toten nicht heilig genug sind, um für ihre Zwecke Propaganda zu machen" (21.11.1921).
329 Assmann, Erinnerungsräume, S. 29.
330 Arie Nabrings weist darauf hin, dass nur Vergleichbares verglichen, alles andere kontrastiert und interpretiert werden müsse. (Nabrings 1996, S. 12) Dieser feinsinnige Hinweis könnte die Leidenschaftlichkeit der Kontroverse erklären, die in diesem Zusammenhang zu beobachten ist, vernachlässigt aber, dass auch der Vergleich von Denkmälern zum gleichen Anlass (bei Nabrings ist das der 1. Weltkrieg) wegen der Ungleichzeitigkeit der Erstellung und der Unterschiedlichkeit der Ersteller auf die gleichen Probleme stößt.
331 Der Spiegel, Jg. 1985, Nr. 18, S. 240.
332 Schulz von Thun, Miteinander reden: Störungen und Klärungen, 1986.
333 Koselleck, Die Transformation politischer Totenmale im 20. Jahrhundert. In: Transit 22, 2002, S. 59-74; anschließend folgen Beispiele.
334 Ebd., S. 74.
335 Ebd., S. 74.
336 Ebd., S. 78.
337 Zit. n. Assmann, Die Katastrophe des Vergessens, S. 346 f.
338 Assmann, ebd.
339 Freeman, Tradition und Erinnerung des Selbst und der Kultur. In: Welzer, Das soziale Gedächtnis, S. 34.
340 Koselleck, Kriegerdenkmale als Identitätsstiftungen, S. 257.
341 Biermann, Mit Marx- und Engelszungen, S. 36.
342 Henrich, Tod in Flandern und in Stein, S. 650 (als Antwort auf eine These Reinhart Kosellecks in seinem Beitrag im gleichen Buch).
343 Henrich, ebd., S. 651.
344 Henrich, ebd., S. 651.
345 6. Sendung der Reihe Feldpostbriefe - Lettres de poilus, „.... wer fällt, der stirbt den Heldentod", ausgestrahlt vom Deutschlandfunk am 9.11.1998, 8.30 Uhr. http://www.dradio.de/dlf/sendungen/feldpost/981109.html (Zugriff: 25.1.2005).
346 Weiss, Die Ästhetik des Widerstands. Dritter Band, S. 222 f.
347 Zit. n. Assmann, Erinnerungsräume, S. 181.
348 Eine alternative, doch ähnliche Geschichtsmotorik enthält die berühmte Grundthese des Kommunistischen Manifestes „Die Geschichte aller bisherigen Gesellschaft ist die Geschichte von Klassenkämpfen." Folgerichtig entstanden in der DDR Gedenkstätten und Denkmäler für die Helden der Klassenkämpfe und für die Befreier vom Faschismus.
349 Koselleck, Kriegerdenkmale als Identitätsstiftungen der Überlebenden, S. 257.
350 In: „Geschichte des Kgl. Preuß. Infanterie-Regiments v. Voigts-Rhetz (3. Hannov.) Nr. 79 im Weltkrieg 1914-1918", S. 574.
351 C. F. Pauli, „Denkmäler berühmter Feld-Herren und anderer verdienstvoller Männer", 1768, zit. n. Lurz, Kriegerdenkmäler in Deutschland, Band 1, S. 260.
352 Thukydides, Der Peloponnesische Krieg, II, 34-35.

353 Schreiben des Provinzial-Konservators der Provinz Hannover Deckert, Bertastr. 12, vom 16.10.1937 an den Kameradschaftsbund ehem. 79er, Hildesheim. StadtA Hi Best. 799-9 Nr. 10.
354 Brecht, Leben des Galilei. In: Ders., Ausgewählte Werke, Stücke 2, S. 94.
355 Rudolph, Die verpassten Chancen, S. 93; Martin Niemöller erfuhr eine ähnliche Reaktion, als er am 22.1.1946 das Stuttgarter Schuldbekenntnis der EKD vom 19.10.1945 verteidigte. (Overesch, Deutschland 1945-1949, S. 200).
356 Hannoversche Presse v. 23.5.1947.
357 Hannoversche Presse v. 16.9.1947: „Die Toten mahnen".
358 Puvogel, Gedenkstätten für die Opfer des Nationalsozialismus (1987), S. 429.
359 Hannoversche Presse v. 21. und 24.2.1948: „Ein Mahnmal für die Menschlichkeit" (mit Foto). Der Rat beschloss am 14.3.1947, das Denkmal für 3.600 Mark zu errichten. Bei der Einweihung fiel der Presse die fast vollständige Abwesenheit der Hildesheimer Bevölkerung auf (Neumann, Shifting Memories, S. 72). Bereits am 19.6.1948 suchte die Stadtverwaltung durch die Hannoversche Presse nach Farbschmierern, die das Mahnmal geschändet hatten. Die Anwohner wurden um Mithilfe bei der Betreuung des Platzes gebeten. Wenige Tage vorher waren zum wiederholten Mal Grabsteine auf dem jüdischen Friedhof umgestürzt worden. Am 13.9.1957 berichtete die Hildesheimer Presse vom Wunsch der jüdischen Gemeinde Hildesheim, das Denkmal zu erneuern und mit einer neuen Tafel mit hebräischem, deutschem und englischem Text auszustatten. Über die Textfassung werde noch beraten.
360 Haß, Mahnmaltexte, S. 137.
361 StadtA Hi Best. 103, Nr. 8263, S. 76.
362 Direktive Nr. 30 im Amtsblatt des Kontrollrats in Deutschland, Nr. 7, v. 31. Mai 1946; zit. n. Lurz, Kriegerdenkmäler in Deutschland, Band 6, S. 123, daraus abgeleitet Art. 139 GG.
363 Rüsen, Holocaust, Erinnerung, Identität. In: Welzer, Das soziale Gedächtnis, S. 243-259.
364 Ebd., S. 253. Paris, Vergangenheit verstehen, S. 38.
365 Rüsen, S. 258; ähnlich unterscheidet Giordano, Die zweite Schuld, S. 356 ff.
366 Schmid, Den künftigen Geschlechtern zur Nacheiferung, S. 7.
367 StadtA Hi Best. 103 Nr. 8263, S. 187.
368 Giordano, Die Zweite Schuld, S. 42.
369 HAZ v. 1.9.1959.
370 Zit. n. Lurz, Kriegerdenkmäler in Deutschland, Band 3, S. 18. Lindner war 1914 Geschäftsführer des Deutschen Bundes Heimatschutz geworden.
371 HiZ v. 23.11.1915.
372 Brunotte, Zwischen Eros und Krieg, S. 125.
373 Fotos und Zeitungsausschnitte über die Regimentstreffen der 59er finden sich in Band IV, dem Fotoalbum, sowie im Zeitungsarchiv 1959-1969 der Gemeinschaft der Angehörigen des ehem. Inf. und Pz. Gren. Rgts. 59 in der Stabskompanie des 1. Pz.-Gren.Btl., Hildesheim.
374 HAZ vom 22./23.8.1964: „Unvergessliche Tage für die ehemaligen 79er".
375 HAZ v. 5.11.1966, HP v. 5./6.11.1966.

4 Formen und Orte des Kriegstotengedenkens

4.1 Wie in Hildesheim der Kriegstoten gedacht wurde

Die Frage nach dem Wie stellt sich zweimal: Wie war das Verfahren geregelt, das dem Gedenken eine Form gab? Und wie war das Gedenken schließlich beschaffen? Wie sehr das eine das andere beeinflussen kann, stellte Th. Fischer in der 1917 erschienenen Broschüre „Kriegergräber im Felde und daheim" mit deutlich kritischem Unterton anschaulich dar. Mit Blick auf die „glorreiche" Vergangenheit des zweiten Kaiserreichs fragte er, ob nicht das Kriegerdenkmal vordem Inbegriff und Sinnbild des Unkünstlerischen gewesen sei. Er führte das Phänomen nicht auf den Mangel an Künstlern zurück, sondern auf die Art und Weise ihrer Auswahl.

„Die Amtsperson, sei es der Bürgermeister oder ein Höherer, sei es der Präsident des Vereins oder nur ein Ausschussmann, überkommt mit dem Amt und der Aufgabe der ehrliche und gute Glaube, dass er Sachverständiger nicht etwa in Kanalisations- und Hypothekensachen, wohl aber in Kunstsachen zu sein nicht nur das Recht, sondern auch die Pflicht habe. In der Regel wird so nicht der beste Künstler gesucht, sondern der bequemste genommen, d. h. der am Ort wohnende oder der mit der beweglichsten Wirbelsäule. Neigt der Gewaltige aber zur Objektivität, so bietet sich das Wettbewerbsverfahren an, das, so wie es üblich ist, der sicherste Weg zur Banalität genannt werden kann. Zunächst nämlich werden diejenigen, von denen man annehmen darf, dass sie von Berufs wegen die Angelegenheit am besten beurteilen können, dadurch von der Mitarbeit ausgeschieden, dass man sie zu Preisrichtern wählt. Dann aber, um ganz gewissenhaft zu sein, sucht der Gewaltige auch noch Vertreter verschiedener Richtungen ins Preisgericht, Fortschrittliche und Konservative. So muss das Ergebnis notwendig ein leerer Kompromiss sein. Freilich scheint es, als ob der Wettbewerb das einzige Mittel wäre, um die aufstrebende Jugend zu Wort kommen zu lassen. Daran ist es aber im allgemeinen dem Gewaltigen nicht gelegen, sondern daran, die Verantwortung der eigenen Wahl zu umgehen."[376]

Das von Fischer karikierte Verfahren kann man bei den Hildesheimer Großprojekten wieder entdecken: bei der Viktoria am Hohen Wall [II 1.11.1], beim Kaiser-Wilhelm-Denkmal an der Sedanstraße [II 5.7.1] oder beim Soldaten am Galgenberg [II 6.1.1]. In diesen – aber auch in anderen – Fällen war für den Denkmalsbau ein Comité oder ein Ausschuss zuständig.

Um das Siegerdenkmal am Hohen Wall zum Gedenken der Kriegstoten von 1870/1871 zu errichten, luden ein halbes Jahr nach Kriegsende für das Militär Oberst von Baumeister (I. R. 79), für die Stadt Oberbürgermeister Boysen und für die Provinzialverwaltung Landdrost Graf von Westarp 34 Honoratioren zu einer Besprechung ein. Aus diesem „Comité für die Errichtung eines Kriegerdenkmals in Hildesheim" ging ein siebenköpfiger Ausschuss hervor, der einen Wettbewerb durchführen und dem Comité einen Vorschlag zur Entscheidung vorlegen sollte. In diesem Fall wurde auf besondere Gestaltungsvorschriften verzichtet und nur ein Finanzrahmen von 3.000 Talern vorgegeben. Architekten und Bildhauer aus Hildesheim und Hannover wurden eingeladen, sich mit Entwürfen und Modellen am Denkmalswettbewerb zu beteiligen. Für die Bewertung wurde ein Schiedsgericht bestimmt, dem der Bildhauer von Bandel, Hannover, die Bauräte Hase und Köhler, der Oberbaurat Mithoff und der Geheime Regierungsrat Mittelbach angehörten. Zuvor waren die Entwürfe für zwei Wochen öffentlich ausgestellt worden.[377] Man hatte unter 4 Entwürfen und 4 Modellen auszuwählen und entschied sich schließlich für die Vorschläge des hiesigen Stadtbaumeisters Knoch und des Berliner Bildhauers Hartzger. Das Comité folgte dem Vorschlag, erkannte Knoch die Prämie zu und beauftragte ihn mit der Ausführung des Denkmals.[378] Der Städtische Magistrat wurde erst eingeschaltet, als es um die Herstellung des Platzes, die Kosten für die Feier, eine Nachfinanzierung und die Verantwortung für die Folgekosten ging. Da der Oberbürgermeister dem Comité angehörte, gab es keinerlei Probleme.

Beim Kaiser-Wilhelm-Denkmal folgte man einem ähnlichen Muster – und entging knapp der Falle, die Th. Fischer in seiner Polemik aufgestellt hatte: Der später mit der Ausführung beauftragte Künstler war anfangs Mitglied des Preisgerichts. In der nationalen Denkmalseuphorie des ausgehenden 19.

Jahrhunderts wollte man auch in Hildesheim nicht zurückstehen. Anlässlich der Feiern zur hundertjährigen Hohenzollern-Regentschaft berief eine Bürgerversammlung ein vorläufiges Komitee, dem anfangs für das Militär General der Infanterie Freiherr von Rössing, für die Provinzialverwaltung Regierungspräsident Dr. Schultz, für die Stadt Oberbürgermeister Struckmann und als Honoratioren aus der Bürgerschaft Amtsrat Sander, die Kommerzienräte Schoch und Pistorius, sowie Bankdirektor M. Leeser angehörten und das bei der Konstituierung am 3. Juni 1897 auf 25 Mitglieder anwuchs. Man berief einen noch größeren „Ortsausschuss", sammelte Spenden, bestimmte den Standort und wählte von Rössing, Dr. Schultz, Struckmann, Stadtbaumeister Schwartz (Hildesheim), Geh. Oberregierungsrat Dr. Jordan und Prof. Lessing (Berlin) sowie Prof. Prell (Dresden) in das Preisgericht. Lessing verließ die Jury nach einem ersten Besuch Hildesheims, um sich selbst an dem Gestaltungswettbewerb zu beteiligen. Sein Vorschlag setzte sich gegen 53 Entwürfe, von denen 13 in die engere Wahl kamen, durch.[379] Trotz des großen Spendenaufkommens wurde die Stadt für vorbereitende Arbeiten, die gärtnerische Anlage und die künftig anfallenden Kosten in die Pflicht genommen.

Der Soldat am Galgenberg verdankt seine Existenz ebenfalls einem Preisgericht. Ein Komitee brauchte gar nicht erst gebildet zu werden, weil die Militärs diesmal das Heft vollständig in der Hand behielten und außerdem über beste Beziehungen zu den Mächtigen der Stadt verfügten. Das Team Brandes (79er Kameradschaft Hildesheim) und von Ledebur (Offizier-Vereinigung) ergänzte sich bestens und organisierte das Verfahren strategisch und taktisch mit militärischer Präzision. Auf Vorschlag des Vizefeldwebels berief der General einen „Großen Ausschuss für die Denkmalsangelegenheit" mit fünf Offizieren und sechs Kameradschaftsmitgliedern sowie einen „Arbeitsausschuss" aus zwei Offizieren und vier „Kameraden". Ein achtköpfiges Preisgericht, dem ein siebenköpfiges Ersatz-Preisgericht zur Seite stehen sollte, war für die Auswahl des besten Entwurfs vorgesehen. Dazu kam es jedoch nicht. Rechtzeitig erkannte man, dass man mit der Berufung der Hannoverschen Bildhauer Waterbeck, Ahlbrecht, Scheuernstuhl und Vierthaler hoch angesehene Künstler von der Wettbewerbsteilnahme ausgeschlossen hätte. Außerdem befand man plötzlich, dass ein Wettbewerb unnötig Zeit und Geld koste sowie bürokratisierte Entscheidungsabläufe verursache. Also wurden bis Ende 1936 sieben der „tüchtigsten Bildhauer" zur Abgabe honorierter Entwürfe aufgefordert, darunter auch August Waterbeck und Hermann Scheuernstuhl. Eine Bewertungskommission, der zwecks Beschleunigung neben den Militärs von Ledebur, Brandes, Stein, Holbe und Engelke auch die Stadtvertreter Oberbürgermeister Dr. Ehrlicher, Stadtbaudirektor Dr. Högg, Stadtarchitekt Gothe angehörten, entschied sich am 17. Februar 1937 für den Entwurf Waterbecks.[380] Die Beteiligung der Stadt sollte sich auszahlen: sie finanzierte mit 23.000 Mark fast die Hälfte des Denkmals.

Auch der Kirchenvorstand von St. Andreas veranstaltete Anfang 1921 nach längeren internen Verhandlungen einen Wettbewerb unter ortsansässigen Künstlern. Eingereicht wurden Entwürfe von Walter Evers, Helfried Küsthardt, Henry (Heinrich) Schlotter/Friedrich Pries sowie August Stein/Otto Thiesing. Der Kirchenvorstand trat nicht nur als Auftraggeber, sondern auch als Jury auf: Er verständigte sich auf eine Rangfolge der Entwürfe, die unter Kennworten abgegeben wurden.[381]

Die Formenvielfalt des Kriegstotengedenkens in Hildesheim wird im Folgenden in alphabetischer Reihenfolge ausgebreitet. Es handelt sich dabei um Formen, die Öffentlichkeit beanspruchen, Formen, in denen die Individuen eher zugunsten kollektiven Gedenkens in den Hintergrund treten, oder in denen sie persönlich in den Mittelpunkt gestellt werden, sei es als Trauernde oder Betrauerte, als Ehrende oder Geehrte. Nicht erörtert werden Formen, die in privaten Haushalten verwendet wurden, wie zum Beispiel persönliche Erinnerungsstücke oder Einrichtungsgegenstände, wie beispielsweise der Tisch im „Pfannkuchenhaus Beste" (neben der Jakobikirche), der einer Offiziersfamilie gehörte (Abb. 5). Sie ließ die Flaggen Deutschlands und Frankreichs sowie die Jahreszahlen 1914-1918 und ein Eisernes Kreuz als Intarsien in die Tischplatte einfügen.

Anzeigen

Angehörige gaben persönliche Todesanzeigen und Nachrufe auf, um den Verlust eines Familienmitglieds mitzuteilen. Firmen-, Schul- und Vereinsnachrufe bekundeten die Anteilnahme von Kollegen und Kameraden.

Abb. 5: Tisch mit Kriegsintarsien[382]

Am 9. August 1914 übergab das „Zentralnachweisbureau" des Kriegsministeriums der Öffentlichkeit die erste Verlustliste mit den Namen der Gefallenen und Verwundeten „aus Gefechten unserer Grenzschutztruppen".[383] Sie und die folgenden Listen erschienen bis zum 1. September im redaktionellen Teil der Tageszeitungen. Danach wurden die Listen bei Landratsämtern und Ortsbehörden ausgelegt, in der Zeitung aber nur noch in Übersichten des amtlichen Telegrafenbüros und Auszügen „zur Befriedigung besonderer lokaler oder allenfalls provinzieller Interessen"[384]. Die Hildesheimsche Zeitung vom 5. September enthielt die erste Rubrik „Gefallene Hildesheimer" mit zwei Nachrufen auf Major Werner Reinsdorff und Hauptmann Kurt von Braunschweig.

Die erste, groß und zivil gestaltete Todesanzeige erschien in der Hildesheimschen Zeitung am 25. August 1914: *Am 19. August fiel im Kampfe fürs Vaterland unser geliebter Sohn, Bruder, Schwager und Neffe Gerichtsassessor u. Leutnant d. Res. Franz Engelke im Alter von 32 Jahren. / Wir bitten, des lieben Verstorbenen im Gebete zu gedenken. Hüddessum, den 24. August 1914 / Franz Engelke und Familie. Den Heldentod fürs Vaterland* vermeldeten erstmals am 7. September zwei Anzeigen.[385]

Nachrufe von Vereinen, die an den Tod mehrerer Mitglieder erinnerten, erschienen erstmals zum Jahrestag des Kriegsausbruchs Anfang August 1915 in der Zeitung. So teilte der Katholische Kaufmannsverein Hildesheim am 2. August 1915 mit, dass *im verflossenen Kriegsjahr ... den Heldentod für Kaiser und Vaterland* fünf Mitglieder starben und versprach: *Wir werden diesen Braven stets ein treues ehrendes Gedenken bewahren und als Vorbilder wahrer Pflichterfüllung sollen ihre Namen unserer Jugendabteilung unsterblich bleiben. Requiescat in pace!* [386] Ungleich länger war die Namensliste im Nachruf des Katholischen Gesellen-Vereins. Dem Vorspruch *Doch, wer den Tod im heil'gen Kampfe fand, / Ruht auch in fremder Erde im Vaterland* und der Einleitung *Im ersten Kriegsjahr starben in treuer Pflichterfüllung auf dem Felde der Ehre den Heldentod für Kaiser und Vaterland* folgten die Namen von drei Ehrenmitgliedern, vier Vorstandsmitgliedern und einundzwanzig aktiven Vereinsmitgliedern.[387]

Victor Klemperer weist mit Bezug zum Zweiten Weltkrieg darauf hin, dass sich mit dem Krieg gegen die Sowjetunion auch der Stil der Todesanzeigen veränderte. „Es ist von Wichtigkeit, dieses Datum anzugeben, denn damals gingen Artikel durch die Presse, in denen die allzu weichherzige oder fassungslose Trauer um einen auf dem Felde der Ehre Gefallenen als unwürdig und beinahe unpatriotisch und staatsfeindlich bezeichnet wurde. Das hat zur Heroisierung und Stoisierung der Gefallenenanzeigen entschieden beigetragen."[388]

Audio-visuelle Medien

Bereits kurz nach Beginn des Ersten Weltkriegs, am 21. August 1914, wurde „das große vaterländische Filmschauspiel" „Aus Deutschlands Ruhmestagen 1870-1871" „zum Besten des Roten Kreuzes" in den „Amerikanischen Lichtspielen" gezeigt. Der Zweiakter schloss mit der „glänzenden Apotheose: Deutschlands Einigkeit".[389]

Den Film „Der Weltkrieg" kündigte das Bernward-Lichtspielhaus 1927 in einer Anzeige als „ein Ehren-Denkmal für die gefallenen deutschen Helden" an. Der „historische Film" wurde mit großem verstärkten Orchester gezeigt und wurde am Sonntagnachmittag auch Schülerinnen und Schülern ab 12 Jahren vorgeführt. In der Beschreibung wird auf die Ambivalenz von Kriegerdenkmälern allgemein hingewiesen: „Dem einen werden kaum vernarbte Wunden aufgerissen, dem andern ist jene Zeit stolzer Lebensinhalt."[390]

„Zum Gedenken unserer gefallenen Helden" zeigten die Bernward-Lichtspiele am „Heldengedenktag" 1937 den Film „Im Trommelfeuer der Westfront", der als packender Kriegstonfilm angekündigt wurde und zu dem ausdrücklich die Jugend eingeladen war.[391]

Während Filme als in sich geschlossene Ereignisse für sich wirkten, waren andere audio-visuelle Darbietungsformen in Veranstaltungen eingebunden. Eine „Lichtbilderandacht zum Gedächtnis unserer Gefallenen" wurde am 3. Februar 1926 in der Hildesheimschen Zeitung angepriesen. Sie konnte beim Vaterländischen Lichtbilderverlag, Stuttgart, unter dem Titel „Sei getreu bis in den Tod" angefordert werden. Für die Abfassung des Textes und die Zusammenstellung der Bilder zeichneten Divisionspfarrer Schwenk (kath.) und Divisionspfarrer Mauch (ev.) gemeinsam verantwortlich. Die Zeitung betrachtete die Tonbildschau als geeigneten Anlass, am „Gefallenengedenktag" (28. Februar 1926) „alle Volksschichten zu einer weihevollen Erinnerungsstunde zusammenzuführen".[392]

Denkmäler (Monumente)

Im August 2000 erinnerte eine Ausstellung des Heimatmuseums Elze in Zusammenarbeit mit der Arbeitsgemeinschaft Denkmalforschung in Niedersachsen daran, dass seit dem Mittelalter für Menschen, die gewaltsam ums Leben kamen, Kreuzsteine gesetzt wurden.[393] Was zunächst als Mahnung und Beschwörung gedacht war, wurde im späten Mittelalter, als sich die Menschen ihrer Individualität gewiss wurden, Ausdruck der den Tod überdauernden Erinnerung an Einzelne, wobei hinzufügen ist, für alle, die sich das leisten konnten. Überliefert sind bis heute Grabsteine von Klerikern, Adligen und wohlhabenden Bürgern. Viele dieser frühen Grabsteine erzählten in groben Zügen die Lebensgeschichte des Verstorbenen oder stellten charakteristische Verhaltensweisen dar.[394]

Die Hildesheimer Kriegerdenkmäler sind Kollektivehrungen[395], die es auch in anderen Zusammenhängen gibt. So setzte z. B. die Nachbargemeinde Hohenhameln den fünf Männern, die 1975 bei einer Waldbrandbekämpfung ums Leben kamen, einen Gedenkstein in unmittelbarer Nähe des Denkmals für die Toten der beiden Weltkriege. Bei der Gedenkfeier am 25. Jahrestag ihres gewaltsamen Todes hob der Ortsbrandmeister Heinrich Boes ihren selbstlosen und uneigennützigen Einsatz hervor.[396] Nicht nur der Einzelnen, nicht nur des Ereignisses soll also gedacht werden, sondern darüber hinaus auch der vorbildlichen Motive der Opfer.

Gleiches gilt für Denkmäler, die an Ereignisse erinnern, bei denen Soldaten in Friedenzeiten ums Leben kamen. Als „Sinnbild der Kameradschaft" wurde ein Denkmal bezeichnet, das in Velteim an der Weser an den Tod von 81 Reichswehrsoldaten erinnert, die 1925 bei einer Übersetzübung verunglückten. Die Pioniere aus Minden unterstanden damals dem Kommandeur der 6. Reichswehrdivision, Freiherr von Ledebur. Dem in der Hildesheimer Ledebur-Kaserne untergebrachten Versorgungsbataillon 16 war das Denkmal nach Gründung der Bundeswehr anvertraut worden. Am 31. März 1962, 11 Uhr, fand am Denkmal in Velteim eine Kranzniederlegung durch eine Ehrenkompanie des Vers.-Btl. 16 statt, mit der Btl.-Kommandeur Major Schönerstedt die Bereitschaft zum Ausdruck brachte, die Kameradschaft weiter zu pflegen.[397]

In allen Denkmälern dieser Gattung äußert sich eine Form des Totengedenkens, die nachhaltigste Wirksamkeit anstrebt. Deshalb mahnte kurz nach dem Ersten Weltkrieg ein Kommentator zur Bedachtsamkeit: „Wenn wir auch in einer recht schnelllebigen Zeit stehen, in der jeder Gedanke über Nacht Gestalt annehmen kann, so fordert gerade dieses Unternehmen (der Kriegerehrung, eig. Zus.) viel Ruhe und sehr viel Zeit, Zeit und wieder Zeit. Überlegen, abwägen und hineinfühlen in diesen Gedanken der Kriegerverehrung ist zwingende Pflicht zunächst derjenigen, die sich mit dieser Aufgabe beschäftigen, aber auch aller Gemeindemitglieder, die noch irgendwie einen Funken Liebe unseren toten Brüdern bewahrt haben. Nur so ist eine gründliche Verarbeitung des Gedankens möglich und verspricht Erfolg."[398]

Er richtete weitere Forderungen an das Denkmal: So seien „gute, nein, die allerbesten Kräfte" heranzuziehen, „die mit unserer niedersächsischen Heimat aufs engste verbunden sind". Wenn kein Naturdenkmal entstehen könne, das „wohl für den Zweck der Kriegerehrung und in unserer schweren Landschaft am geeignetsten" ist, dann müsse wenigstens ein Kunstmal den Betrachter „als recht heimisches Produkt ansprechen, es muss der Ausdruck unserer Volksseele werden". Das Denkmal muss der Zahlkraft aller Gemeindemitglieder angepasst sein. „Gemeingut, nicht Privatspende" sei die Devise. Schließlich komme nur ein Platz in Frage, „der entweder abseits vom Verkehr und Getriebe des Alltags auf einem Berge liegt, von dem herab das Mal jederzeit mahnend zu uns spricht, oder aber ein Platz, der weihevoll versteckt liegt, uns alle einlädt zu stiller Einkehr."

Die normierenden Überlegungen des Redakteurs ähneln den Richtlinien der Beratungsstellen für Kriegerehrungen, die der preußische Kultusminister schon 1915 anregte. Am 17./18. März 1916 wurden in Berlin die „Landesberatungsstellen für Kriegerehrungen" ins Leben gerufen[399], denen „Provinzialberatungsstellen" zugeordnet wurden.[400] In Hildesheim wurde am 12. Mai 1917 auf die Beratungsstelle für Kriegerehrungen hingewiesen, die der Minister der geistlichen und Unterrichts-Angelegenheiten im Einvernehmen mit dem Kriegsminister in Berlin, Wilhelmstr. 68, eingerichtet hatte. „Es würde dem großen Geiste unserer Zeit nicht entsprechen, wenn das Andenken tapferer, fürs Vaterland gefallener Krieger durch geschmacklose Grabdenkmäler beeinträchtigt wird. Es ist vielmehr Verpflichtung des Volkes, dem großen Geist der Zeit auch dadurch gerecht zu werden, dass man die Kriegergräber freihält von Banalitäten, Geschmacklosigkeiten und anderen Zeichen der Unkultur." Die Stelle sollte den für Preußen in Betracht kommenden Truppen, Behörden und Privaten auf Wunsch in allen die künstlerisch einwandfreie Gestaltung der Kriegergräber und sonstigen Kriegerehrungen betreffenden Fragen kostenlos zur Seite stehen.[401] Am 14. Januar 1920 führte der Minister zum wiederholten Mal Klage, dass „geschäftseifrige Unternehmungen" das Land mit „minderwertiger und geschmackloser Fabrikware" überschwemmen. Er appellierte an das Verantwortungsgefühl und den Sinn für die sittliche Bedeutung der Kriegerehrung und forderte, den verlockenden Anpreisungen und schnellen Liefermöglichkeiten zu widerstehen.[402] Der erste Erlass dieser Art war am 21. Dezember 1915 erschienen.

Solche Klagen wiederholen sich mehrmals. Aber auch besondere Geschmacksvorstellungen mussten berücksichtigt werden. 1938 ersuchte der Reichsminister des Innern die Gemeinden, sich mit dem Presseoffizier des zuständigen Wehrkreises in Verbindung zu setzen, wenn bei den Denkmälern „Soldaten zur Darstellung" kommen sollten. Mehrere „kürzlich eingeweihte Ehrenmale" hätten das „soldatische Empfinden des Volkes" gestört.[403]

Nach dem Zweiten Weltkrieg bemühte sich das Landeskirchenamt, Kammer für kirchliche Kunst, um „Richtlinien für die Gestaltung von Gefallenenehrungen", die sich zum Charakter, Ort, zum Stil und zum Material der zeitweilig „Gedenkmäler" genannten Denkmäler äußerten. Fünf Forderungen formulierte das Landeskirchenamt 1949:

„1. Durch Anpassung an die jeweils örtlichen Gegebenheiten muss gedankenlose Verallgemeinerung äußerer Formen vermieden werden,
2. Ehrlichkeit des Ausdrucks wie der Gestaltungsmittel muss das Erinnerungsmal frei von Gefühlsüberschwang, Nachahmung und leerer Ornamentik halten,
3. Schlichtheit im Material und Bescheidenheit in der Abmessung müssen die Rücksicht auf die sozialen Pflichten der Kirche erkennen lassen,
4. Unterordnung unter die liturgisch wichtigen und architektonisch bedeutsamen Teile der Kirche muss vor Aufdringlichkeit und Störung der raumkünstlerischen Einheit schützen,
5. der religiöse Leitgedanke muss sich über die Anwendung christlicher Symbole hinaus sichtbar ausdrücken."[404]

Das Denkmal stellt markanter und konstanter als alle anderen Ehrungen eine Beziehung zum Betrachter her. Es ist dauerhaft präsent und beeinflusst durch seine Art – die Größe, den Standort, die Aufstellung und Ausstattung – das Verhältnis, das der angesprochene Mensch eingehen soll. Die Schauseite nimmt dabei eine wichtige Funktion ein. Ob das Denkmal den Betrachter klein, ehrfürchtig, dankbar, untertänig stimmt, ob es zur Bewunderung oder Besinnung anregt oder ob es traurig, zweifelnd und selbstkritisch stimmt, ist beim Denkmal keine Frage des Augenblicks oder des Zufalls oder des subjektiven Empfindens, sondern es ist im Denkmal selbst vom Gestalter angelegt. Ob das Denkmal tatsächlich im erhofften Sinne das Gemüt anspricht oder den Verstand erreicht, ist allerdings vor allem eine Frage der Haltung und Erwartung des Betrachters.

Ein Denkmal, das als „Anti-Denkmal" konzipiert wurde, entstand anlässlich des bevorstehenden ersten Irak-Krieges 1991 an der Universität Hildesheim [II 6.4]. Eine aus Baumstämmen stilisierte Soldatengruppe wurde bewusst auf Verfall angelegt. Das Abfaulen der Stämme war Teil des Konzepts. Mit dem Holz morschten symbolisch die Ideale dahin, mit der Farbe verblichen die Erinnerungen, mit dem Denkmal verging der Kult. Der Soldatentod hatte seine privilegierte Darstellung und Wahrnehmung verloren.

Denkmünzen

Kriegs-Erinnerungsmedaillen wurden bereits während des Ersten Weltkriegs ausgegeben. So erhielt jeder hundertste eine Mark Eintritt zahlende Besucher der vom Künstlerbund Bavaria im Roemermuseum veranstalteten Kunstausstellung von Kriegsbildern eine silberne Medaille gratis.[405]

Der Kyffhäuser-Bund bot bald nach dem Ersten Weltkrieg seinen Mitgliedsvereinen und über Zeitungsmeldungen auch der allgemeinen Öffentlichkeit Denkmünzen an, mit denen ein zentrales Kriegerdenkmal finanziert werden sollte. Die Hildesheimer Vereine unterstützten den Aufruf, obwohl sie eigene und gemeinsame Projekte am Ort ausführten.

Die Staatliche Beratungsstelle für Kriegerehrungen, Abteilung Denkmünze, dachte in die entgegengesetzte Richtung, als sie 1920 ihre von Künstlerhand gestalteten Denkmünzen aus Eisenguss zum Preis von 2,70 M anbot. Gewaltiges bleibe noch zu leisten, „nicht prunkende Denkmale zu errichten oder kostbare Anlagen zu schaffen: wohl aber noch Tausende von Ruhestätten unserer Treuen schlicht und würdig herzurichten und ihre dauernde Pflege sicherzustellen."[406]

Mit dieser Zweckbestimmung werden Denkmünzen bis in die Gegenwart hinein angeboten: Zum Volkstrauertag 2002 warb der Volksbund Deutsche Kriegsgräberfürsorge auf der Einladung zur Gedenkstunde für die Opfer von Krieg und Gewalt am 17. November 2002 für die Gedenkmedaille „Madonna von Stalingrad", die zum 60. Jahrestag der Schlacht von Stalingrad wieder aufgelegt worden war. Sie war nicht im Handel erhältlich, sondern wurde den Mitgliedern und Förderern des Volksbunds als Dank für die geleistete Hilfe angeboten – allerdings in Erwartung einer Spende.

Während man diese Denkmünzen käuflich erwerben konnte, wurden andere wie Ehrenzeichen überreicht. So verlieh der Großdeutsche Orden Heinrich der Löwe, Ortsgruppe Hildesheim, 31 ehemaligen Langensalza-Kämpfern, die alle bereits das 80. Lebensjahr überschritten hatten, anlässlich des 60-jährigen Gedenktags der Schlacht eine Erinnerungsmedaille.[407]

Was den Welfen recht war, hatten die Hohenzollern schon lange vorher eingeführt. Anlässlich des fünfzigsten Jahrestags des Breslauer Aufrufs „An mein Volk" stiftete Wilhelm I. eine „Erinnerungs-Kriegsdenkmünze", die den Veteranen der Freiheitskriege und den noch lebenden Inhaberinnen des ersten Luisenordens verliehen wurde.[408]

Ehrenfenster

Die ehemaligen Landwirtschaftsschülerinnen und -schüler stifteten für den Neubau ihrer Schule, der Landwirtschaftlichen Berufsschule des Landkreises Hildesheim, 1955 ein großes Fenster aus Antikglas, das Widmung und Sinnspruch mit einer allegorischen Darstellung eines Soldaten und eines Landmanns verband [II 3.3]. Das lichtdurchflutete Denkmal beherrschte den Eingangsbereich und war Blickfang bei Schulfeiern. Das Lichterspiel belebte das Bild, wie es auch sein Aussehen beim ständigen Wechsel von Helligkeit und Dunkelheit verändert. Für das Denkmal erwies sich das fragile Material als schicksalsbestimmend: Es zerbrach bei den häufigen Um- und Erweiterungsbauten und verschwand. [409]

Farbige Glasfenster gab und gibt es in den unterschiedlichsten privaten und öffentlichen Kontexten; wo sie nicht nur Dekoration sind, sondern – wie insbesondere in kirchlichen Räumen – bedeutsame Gestaltungselemente, erzeugen sie in ihrer materialspezifischen Weise Transzendenz. Das gilt auch für öffentliche Gebäude wie Verwaltungen oder Schulen: Wo Glasfenster figürlich gestaltet werden, nutzt man sie, um durch Licht und Farbe die Aufmerksamkeit auf Symbole, Allegorien oder Sinnsprüche zu lenken.

Die Leistungsfähigkeit der Hildesheimer Kunstglaserei Garms und des seit 1960 – als Nachfolger von Fritz Röhrs – an der Hildesheimer Werkschule tätigen Paul König demonstrierte die HAZ mit der Beschreibung von Arbeiten für die Kriegergedächtnisstätte in Ravensburg, die in einer früheren Kapelle eingerichtet worden war. König hatte drei figürliche und drei ornamental gestaltete Fenster entworfen sowie Steintafeln mit 800 Namen und den Altar. Die figürlichen Fenster zeigten in der Mitte die Wiederkunft Christi, rechts den heiligen Ulrich während der Schlacht auf dem Lechfeld, waffenlos, in der Rechten das Kreuz, umgeben von seinen Getreuen, und links die Jünglinge im Feuerofen.[410]

Ehrenzeichen

Zwanzig Jahre nach dem Beginn des Ersten Weltkriegs und wenige Tage nach dem „Röhm-Putsch" stiftete Reichspräsident von Hindenburg durch eine von Hitler mitunterzeichnete Verordnung ein Ehrenkreuz „zur Erinnerung an die unvergänglichen Leistungen des deutschen Volkes im Weltkriege 1914/1918 ... für alle Kriegsteilnehmer sowie für die Witwen und Eltern gefallener, an den Folgen von Verwundungen oder in Gefangenschaft gestorbener oder verschollener Kriegsteilnehmer"[411]. Die Verordnung unterschied zwischen „Kriegsteilnehmern" („jeder Reichsdeutsche, der auf deutscher Seite oder auf Seite der Verbündeten Kriegsdienste geleistet hat") und „Frontkämpfern" („jeder reichsdeutsche Kriegsteilnehmer, der bei der fechtenden Truppe an einer Schlacht, einem Gefecht, einem Stellungskampf oder an einer Belagerung teilgenommen hat"). Für die einen sah sie das einfache Ehrenkreuz aus Eisen vor, während die anderen es als „Frontkämpferkreuz" in der Ausführung mit zwei Schwertern erhielten. Personen, die wegen Landesverrats, Verrats militärischer Geheimnisse, Fahnenflucht oder Feigheit vor dem Feinde bestraft worden waren, war das Ehrenkreuz verwehrt. Der Reichsminister des Innern verlieh das Ehrenkreuz auf Antrag.[412]

Im November 1934 wurden auch Schiffsjungen und Unteroffizierschüler in den Kreis der Begünstigten aufgenommen, während Kadetten und Schüler der Unteroffiziervorschulen ausgeschlossen wurden. Auch ledige weibliche Personen, die mit einem gefallenen Kriegsteilnehmer verlobt waren, durften kein Ehrenkreuz empfangen, weil sie nicht Witwe im Sinne der Verordnung waren.[413]

Ende Oktober 1936 war die Verleihung der Ehrenkreuze in Hildesheim abgeschlossen: Insgesamt wurden 8.903 Ehrenkreuze ausgegeben, 6.366 an Frontkämpfer, 1.511 an Kriegsteilnehmer, 456 an Witwen und 570 an Eltern. 5 Anträge waren noch nicht entschieden worden.[414]

Gedächtniskapellen

Gedächtniskapellen, also Stätten kirchlicher Andacht, entstanden in der Godehardikirche [II 1.7] oder in der Einumer Klus [II 16.1]. Ein Altar, der auch bei religiösen Feiern genutzt werden konnte, steht an der St.-Magdalenen-Kirche [II 1.21] und stand beispielsweise in der St.-Bernward-Kirche [II 1.3].

Das Hildesheimer „Bernwards-Blatt" regte am 15. August 1920 an, an Stelle von Gedächtniskapellen in den eigenen Kirchen die Patenschaft über Gedächtniskapellen in der Diaspora zu übernehmen. In der eigenen Kirche könnte dann – „wie ja 1870/71 auch geschehen" – eine schlichte Holztafel mit den Namen der Gefallenen angebracht werden, über der dann in schlichten Lettern stehen könnte: „Anstatt der geplanten Gedächtniskapelle wurden die gesammelten 10 oder 50.000 Mark zum Bau eines Kirchleins in der Lüneburger Heide oder in Pommern, in Sachsen, im Harz usw. dem Bonifatiusverein überwiesen." Für den Gefallenen würde dann in der Diaspora ein wöchentliches Hochamt gelesen. Das Modell der ursprünglich geplanten Kapelle sollte im Interesse der katholischen Künstler in der Heimat ausgestellt werden.

Von einer Umsetzung dieser Idee ist nichts bekannt, wohl aber von einigen schlichten Holztafeln, die in den Kirchen Bavenstedts [II 15.1] oder Marienrodes [II 12.2.1] an die Kriegstoten erinnerten. Die angeregte Erläuterung fehlt dort allerdings.

Gedenkblätter

Gedenkblätter sind preiswert und in beliebiger Menge herzustellen. Sie bieten sich zur speziellen Verleihung ebenso an wie zur breiten Verteilung. Es gibt sie ohne grafisches Beiwerk oder künstlerisch gestaltet, als Textblätter oder bebildert.[415] Sie sind einerseits das Ergebnis von Massenproduktion und damit adäquater Ausdruck des Massentodes, andererseits aber auch Indikator für die Individualisierung des Kriegstotengedenkens und damit Ausdruck der bald nach dem Krieg einsetzenden Entsolidarisierung.

„Heldengedenkblätter" erhielten die Hinterbliebenen, wenn ihnen der Tod des Angehörigen offenbart wurde oder wenn Armee, Gemeinde, Kirche oder – im 3. Reich – Partei ihr Beileid ausdrückten. Die Schmuckblätter wirkten äußerlich wie Ehrenbriefe, die im privaten Raum eingerahmt und ausgestellt werden konnten. Der Tote wurde zu etwas Besonderem, den Angehörigen sein Sterben als Heldentat und Opfer, als heilbringendes Martyrium dargestellt.

Im Ersten Weltkrieg bestimmte ein „allerhöchster Erlass" den Zweck und die Form der Gedenkblätter: „Ich will den Angehörigen der im Kampfe um die Verteidigung des Vaterlandes gefallenen Krieger des preußischen Heeres in Anerkennung der von den Verewigten bewiesenen Pflichttreue bis zum Tode und in herzlicher Anteilnahme an den schweren Verlust ein Gedenkblatt nach dem mir vorgelegten Entwurf verleihen. Das Kriegsministerium hat das weitere zu veranlassen. Großes Hauptquartier, 27. Januar 1915. (Gez.) Wilhelm, R. / (Gegengez.) Wild von Hohenborn / An das Kriegsministerium."[416] Wenige Tage später musste das Kriegsministerium eine große Zahl von Angehörigen wegen der erhofften Ehrung vertrösten. Das Gedenkblatt liege erst im Entwurf vor und beanspruche noch einige Zeit zur Fertigstellung.[417]

Im Herbst 1915 wurden die Anforderungen von Gedenkblättern so zahlreich, dass man die Zuständigkeit für die Ausfüllung und Versendung vom Kriegsministerium auf die Ersatztruppenteile oder Bezirkskommandos verlagerte.[418] Ab Frühjahr 1916 nannten sich die Gedenkblätter „Merkblätter", ohne allerdings die mit dieser Bezeichnung heute gemeinte Funktion einer amtlichen Information über einzuhaltende Bestimmungen zu übernehmen. Das Merken bedeutete Erinnern, im Gedächtnis behalten:

„Das vom Kaiser herausgegebene Merkblatt für die Familien unserer auf dem Felde der Ehre gefallenen Brüder wird seit einiger Zeit zur Versendung gebracht und dürfte schon manchem Herzen nach dem widerfahrenen schweren Leide eine Stunde genugtuungsvollen Trostes bereitet haben. Das nach dem Entwurf von E. Doepler d. J. in farbigem Druck hergestellte Merkblatt für einen gefallenen Infanteristen zeigt eine auf grünem Plane ruhende vom Tode ereilte Kriegergestalt, über die sich ein Engel beugt, um auf dem gefallenen Helden einen Eichenzweig niederzulegen. Darüber ist das Schriftwort angebracht ‚Wir sollen auch unser Leben für die Brüder lassen' (1. Joh. 3, 16), unten, umgeben von einer das Eiserne Kreuz einschießenden Lorbeerranke, die mit dem Namen des Heimgegangenen ausgefüllte und vom Kaiser unterzeichnete Widmung, welcher der schlichte Spruch eingefügt ist: ‚Er starb fürs Vaterland.' Dem gerade in seiner würdigen Einfachheit wirkenden Merkblatt, mit dessen Zustellung in der Regel die für die betreffenden Familien in Frage kommenden Geistlichen der verschiedenen Konfessionen beauftragt werden, ist ein vom Kriegsministerium unterzeichnetes Begleitschreiben beigefügt, das den nachstehenden Wortlaut hat: ‚In den Kämpfen für die Verteidigung des deutschen Vaterlandes hat auch ein teures Mitglied Ihrer Familie den Heldentod erlitten. Zum Gedächtnis des auf dem Felde der Ehre Gefallenen haben Seine Majestät der Kaiser und König in herzlicher Teilnahme an dem schweren Verlust und in Anerkennung der von dem Verewigten bewiesenen Pflichttreue bis zum Tode Ihnen das beifolgende Gedenkblatt verliehen, das als ein Erinnerungszeichen an die große Zeit und an den unauslöschlichen Dank des Vaterlandes in Ihrer Familie dauernd bewahrt werden möge.'"[419]

FORMEN UND ORTE DES KRIEGSTOTENGEDENKENS   99

Ein Erinnerungsblatt speziell für gefallene Volksschullehrer wurde am 3. August 1916 angekündigt. Auf Anordnung des Unterrichtsministeriums sollte das künstlerische Gedenkblatt zum ehrenden Gedächtnis in den Schulklassen angebracht werden.[420]

Gedenkblätter erinnerten nicht nur an die Toten, sondern auch an die Taten, die in der Heimat die Kriegsführung unterstützten. Zur Anerkennung der Bereitschaft, Gold bei der Reichsbank abzuliefern, ließ das Reichsbankdirektorium auf Wunsch Gedenkblätter ausfertigen. Voraussetzung war der Umtausch von Goldmünzen im Wert von mindestens 200 Mark in Papiergeld nach dem 31. Januar 1916. Neben der Anerkennung der geleisteten Zahlungen erhoffte man sich auch einen Anreiz für künftige: „Es ist zu hoffen, dass mit dem Gedenkblatt ein neuer Ansporn für jedermann geschaffen ist, an der Goldsammlung zum Besten des Vaterlandes teilzunehmen."[421]

Die Gedenkblätter des Ersten und Zweiten Weltkriegs unterschieden sich kaum, das Motto „Einer für alle – alle für einen", das im Ersten Weltkrieg trösten sollte, wäre auch im Zweiten verwendbar gewesen. Auch die drei Feldgrauen, die im Ersten Weltkrieg am sorgfältig geschmückten Grab eines gefallenen Kameraden trauern, hätten dies auch in Wehrmachtsuniform tun können.[422]

Umgekehrt hätte das Gedenkblatt der evangelischen Kirchengemeinde Obornik nach Auswechseln des Wortes „Führer" gegen „Kaiser" auch im Ersten Weltkrieg den Hinterbliebenen überreicht werden können: *Ich werde nicht sterben, sondern leben. Gott hat uns wiedergeboren zu einer lebendigen Hoffnung durch die Auferstehung Jesu Christ von den Toten. Nach dem ewigen Ratschluß des allmächtigen Herrn gab sein Leben im Kampf für Führer, Volk und Vaterland Jungbauer Walfried Stein.*[423]

Lediglich die Gedenkblätter des Zweiten Weltkrieges, die Parteiorganisationen überbrachten, trugen deutlich eine nationalsozialistische Handschrift. Mit Runen des Lichts und des Lebens verziert, übermittelten sie die Botschaften vom ewigen Tatenruhm und der Belanglosigkeit des Einzelwesens: Du bist nichts, dein Volk ist alles.[424] Der Sicherheitsdienst der SS meldet am 20. Oktober 1941 aus dem Reich, dass der in einzelnen Gebieten aufgekommene Brauch, den Hinterbliebenen eine vom Gau- oder Kreisleiter unterschriebene Urkunde oder ein Gedenkblatt zu überreichen, besonders gut aufgenommen werde.[425]

Abb.6: Gedenkblatt der evangelischen Kirchengemeinde Obornik

Abb. 7: Gedenkblatt der NSDAP Ortsgruppe Pamen (undatiert, 1943) [426]

Auswärtige „Kunstanstalten" oder Hildesheimer Druckereien boten den Kriegsteilnehmern und Hinterbliebenen im und nach dem Ersten Weltkrieg Ehrentafeln an.[427] Sie enthielten Fotos und Namen und waren den „Gefallenen und Mitkämpfern" gewidmet. Für Einum [II 16] und Itzum [II 18] sind diese Ehrungen in den jeweiligen Ortschroniken nachgewiesen, die für Neuhof [II 10] befindet sich in Privatbesitz[428]. Eine ähnliche auf Karton aufgezogene Ehrentafel erinnert in Sorsum [II 13] an die Kriegsgefallenen des Zweiten Weltkriegs.[429] Verkleinerte Ehrentafeln wurden in Regimentsgeschichten oder Schulchroniken veröffentlicht. Als Votivbilder forderten sie, z. B. in der St. Elisabeth-Kirche[430], zur Fürbitte für den Gefallenen auf.

Der „begreifliche Wunsch aller Kriegshinterbliebenen ..., ihre Toten öffentlich dadurch geehrt zu sehen, dass sein Name oder sein Bild in einer öffentlich aufgestellten Ehrentafel verewigt wird" wurde von skrupellosen Betrügern ausgenutzt. Am 8. September 1921 warnte die Hildesheimsche Zeitung vor Reisenden, die Bestellungen auf Vergrößerung von Kriegerbildern entgegennehmen mit der Zusage, bei einer bestimmten Anzahl von Bestellungen eine öffentliche Ehrentafel für die Kirche zu stiften, die Ware aber minderwertig oder gar nicht liefern.

Schon Ende 1915 sahen sich die Behörden veranlasst, den Gedenkblatthandel einzudämmen. Aufgrund § 4 des Gesetzes über den Belagerungszustand verbot das Generalkommando des 10. Armeekorps den Hausierbetrieb von Gedenkblättern an Angehörige von im Felde stehenden oder gefallenen Kriegsteilnehmern. In Ladengeschäften durften die Blätter weiterhin angeboten werden, allerdings nur auf Kundennachfrage und ohne nach außen gerichtete Werbung.[431]

Gedenkbücher

Das Buch ist Speichermedium und Sinnbild zugleich. Man verzeichnet in ihm, was nicht vergessen werden soll. Man notiert Merktexte, Anschriften, Lebensdaten. Das Tagebuch hält Erlebnisse, Gedanken und Erinnerungen fest. Wir sprechen vom Buch der guten und bösen Taten, vom Lebensbuch („Liber vitae", irdischer Stellvertreter des von Gott im Himmel geführten Originals „Pagina coeli"), vom Buch der Geschichte, vom Heiligen Buch. Im Alten Testament empfängt der Prophet Daniel die Offenbarung, dass sein Volk in der Endzeit vom Erzengel Michael gerettet werden wird, aber nur „jeder, der im Buch verzeichnet ist" (Dan 12, 1).[432] Gedenkbücher lassen alle diese Assoziationen zu. W. F. Storck griff 1917 die Idee eines „Eisernen Buchs" auf, das nicht nur Namen und Taten gefallener Helden und Kämpfe, sondern auch die Chronik der Ereignisse der Heimat in der vielfältigen Verzweigtheit wirtschaftlichen und sozialen Lebens verzeichnen sollte.[433] Die Kriegschronik, die Adolf Vogeler 1929 fertigstellte, kommt diesem Vorschlag nahe. Das in ähnlicher Absicht geplante „Goldene Buch" des Josephinums verhinderte der Beginn des Zweiten Weltkriegs.[434]

In zwei Hildesheimer Kirchen (Christuskirche, Lambertikirche), im Scharnhorstgymnasium und im Andreanum und früher auch in der Michelsenschule, in der Landwirtschaftlichen Berufsschule und im Kriegsgefangenendenkmal an der Sedanstraße verzeichnen bzw. verzeichneten Gedenkbücher Namen und weitere persönliche Daten der Kriegsopfer. In den Kirchen und im Andreanum werden sie tagesaktuell aufgeschlagen und sind so in besonderem Maße eine Stätte der persönlichen Trauer am Jahrestag des Todes. Im Scharnhorstgymnasium steht jeder Name auf einem eigenen Blatt. Die einzelne Person wird zwar hervorgehoben, allerdings nur zufällig oder nach gezielter Suche.

Ein Gedenkbuch kann sich – ebenso wenig wie andere Formen von Namensammlungen – nicht auf vorhandene Verzeichnisse stützen. Offizielle Listen, die in Standesämtern oder Kirchengemeinden geführt oder von Suchdiensten herausgegeben wurden, lagen zwar vor, doch hätte man sie mit der Liste der Kriegsteilnehmer des eigenen Wirkungskreises abgleichen müssen. Letztere gab es nicht, erstere garantierten trotz ihres offiziellen Charakters keine Vollständigkeit. Man war bei der Namenssuche und bei den einzelnen Angaben auf die Mithilfe von Angehörigen oder Bekannten angewiesen. Öffentliche Aufrufe bei Versammlungen oder in der Presse, schriftliche Umfragen sowie gezielte Erkundigungen führten schließlich zu einer Fülle von Daten, die zu sichten und zu ordnen waren. In der Regel übernahm diese Aufgabe ein kleiner Ausschuss, im Andreanum lag sie nacheinander in der Hand von zwei Mitgliedern des Lehrerkollegiums. Von fast 180 Andreanern, von denen bekannt war, dass sie gefallen, vermisst oder in Kriegsgefangenschaft verstorben waren, ließen sich bei etwa 150 Geburts- und

Todestag ermitteln, für manche fehlte eine dieser Angaben, von einigen war nur der Name bekannt. Schließlich blieben manche Namen spurlos verschollen, weil die Personen, die sie trugen, selbst vollständig vernichtet wurden, Akten nicht vorhanden waren und es niemand gab, der über sie Auskunft geben konnte. So war man sich bewusst, dass ein endgültiger Abschluss der Sammlung nicht erreicht werden konnte. Die gewählte Form der Namensaufzeichnung ermöglichte es, spätere Namensnennungen nachträglich einordnen zu können.[435]

Den Vorteil schneller Aktualisierung nutzte man in allen vorliegenden Gedenkbüchern: In der St.-Lamberti-Kirche wurden die Angaben von zunächst unberücksichtigten Gefallenen von unterschiedlichen Schreibern nachgetragen, im Scharnhorstgymnasium ergänzte man sie am Schluss.

Festschriften und Chroniken werden zu privaten Gedenkbüchern, wenn sie die Namen von Gefallenen und Vermissten auflisten (so die Festschriften von Michelsenschule, Scharnhorstschule und Josephinum sowie der Jahresbericht 1965/1966 des Andreanums). Die Chronik des Infanterie-Regiments Nr. 79 verzeichnet neben den Kriegsteilnehmern auf 125 eng bedruckten Seiten auch die Kriegsopfer, geordnet nach Offizieren sowie Unteroffizieren und Mannschaften, diese wiederum nach Kompanien[436]. Ein Jahr vorher, 1929, erschien im Verlag August Lax die „Kriegschronik der Stadt Hildesheim", die Adolf Vogeler im Auftrag des Magistrats verfasst hatte. Sie nennt, getrennt nach Kirchengemeinden, auf den Seiten 433-496 die Namen von 1.601 Kriegstoten aus Hildesheim. Die Dokumentation „Die Kriegsopfer der Stadt Hildesheim im II. Weltkrieg" legte die Stadt zum Totensonntag 1958 vor.[437]

In einigen Denkmälern wurden Bücher oder Listen eingefügt: eingeschlossen im Grundstein des 79er-Denkmals am Galgenberg oder auf dem Marienfriedhof und im Steinhocker des neuen Sorsumer Denkmals, frei zugänglich und bei Feierstunden verfügbar in einer Truhe an der Sedanallee, im Ehrenschrein der Landwirtschaftlichen Berufsschule oder an der Ehrentafel vor der Aula der Michelsenschule. Die Verfügbarkeit führte aber in allen Fällen zum Verlust der Bücher, an den anderen Orten ist die symbolische Präsenz in Vergessenheit geraten.

Anders als Gedenktafeln lenken Bücher den Blick auf das Einzelne: auf die einzelne Person oder den einzelnen Tag. Die Angehörigen finden nur einmal im Jahr den gesuchten Namen im aufgeschlagenen Buch. An den anderen Tagen ist er unsichtbar im Gedenkbuch vor oder hinter anderen sichtbaren Namen verborgen. Es ist eigentlich eine gänzlich unmilitärische Präsentation der Kriegstoten. Während die soldatische Gemeinschaft aus militärischen Einheiten, wie Gruppen, Zügen, Kompanien besteht und das Massen- oder Reihengrab zur charakteristischen Form der militärischen Bestattung stilisiert wurde, hebt das Gedenkbuch die Individualität hervor und stellt sie damit den zivilen Toten gleich. „So tritt", schreibt Kurt Ernesti im Ehrenbuch des Andreanum, „jeder der Gefallenen, wenn auch nur für eine kurze Zeitspanne, als einzelner hervor, nicht als ein Mann, der auf einem Gebiet eine besondere Leistung aufzuweisen hätte, sondern – in der überwiegenden Mehrzahl – als jemand, dem ein früher Tod jede Möglichkeit dazu genommen hat."[438]

Es lässt sich aber auch eine militärische Interpretation finden: Die ins Blickfeld Gerückten treten gleichsam hervor aus der angetretenen Formation der namenlosen Feldgrauen oder Olivgrünen, um persönlich die Ehrung der Öffentlichkeit und insbesondere ihrer Angehörigen und Freunde entgegen zu nehmen. Danach treten sie ins Glied zurück. Ein anderer wird aufgerufen. Nach dieser Deutung gliche das Gedenkbuch einem militärischen Appell.

Gedenkbüchereien

Bruno Taut schlug 1921 vor, statt eines Denkmals eine Gedächtnishalle mit öffentlicher Bibliothek zu errichten. Sein Bestreben war die Überwindung des Einzelinteresses und seiner politischen und sonstigen Ziele von Gruppen und Grüppchen, welche deshalb ihren besonderen Gedenkstein für ihre Kameraden allein beanspruchten. Seine Idee war, unmittelbar am Magdeburger Dom eine Lesehalle zu errichten, die architektonisch den Charakter des Dienens repräsentierte und funktional jeden Besucher zum Lesen und Schweigen einlud. Traditionelle Gedächtnisformen sollten nicht zu kurz kommen: Auf der den Fenstern gegenüberliegenden Wand sollten in Gold auf Schwarz die Namen aller Gefallenen Magdeburgs geschrieben stehen. Schwarz und Gold schlug Taut auch als Farbgebung für den

Backstein-Rohbau vor. Durch Vor- und Zurücksetzen der Ziegelsteine sollten die Maurer die Aufschrift „Unseren gefallenen Brüdern" herstellen.[439] Es blieb beim Konzept, weil die Magdeburger Truppenvereine protestierten: „In der Nutzung als Lesehalle erblickten sie eine Profanierung der Gefallenenehrung und störten sich an der Verbindung von Erhabenem und Nützlichem."[440]

Etwa 40 Jahre später wurde der Gedenkraum in der Scharnhorstschule eingerichtet [II 5.5]. Dort wurden neben dem Gedenkbuch und einer Erinnerungsstätte Bücher angeboten, die zum Verständnis der Ereignisse des 20. Jahrhunderts, insbesondere der Zeit des Nationalsozialismus und des Zweiten Weltkriegs beitragen sollten. Auch Außenstehende konnten die Schulbibliothek nutzen.[441]

Gedenkfeiern

Private Trauerfeiern, zu denen gleichwohl öffentlich eingeladen wurde, spielten sich im kirchlichen Raum ab und unterschieden sich nicht von den Formen der zivilen Trauer. Zu ihnen zählen Requien und Jahresämter. Anders verhielt es sich mit den Trauerfeiern, die sich in der neugeschaffenen Ehrenabteilung des Zentralfriedhofs (heute: Nordfriedhof) insbesondere zu Beginn des Ersten Weltkriegs „für die Teilnehmer ergreifend und erhebend (gestalteten): Nach einem feierlichen Gottesdienst in der Friedhofskapelle, wo der Sarg mit Kränzen und Blumen aufgebahrt war, zog der Trauerzug unter Vorantritt der Militärkapelle und einer Ehrenkompanie, gefolgt von den Offizieren der Garnison, den Angehörigen und den Freunden des Toten, hin zu der Stätte des Grabes. Wenn dann die Klänge des einfachen und doch so tiefsinnigen Liedes ertönten ‚Ich hatt' einen Kameraden, einen besseren findst du nicht ...', dann wurden viele Augen tränenschwer, wahrlich, es waren lauter beste Kameraden, treu bis in den Tod, die dort zur letzten, ehrenvollen Ruhe bestattet wurden! Eine Ehrensalve, ein letzter Gruß, vielleicht auch ein letzter, blühender Strauß auf dem Sarg, dann schloß sich das Grab."[442] Ende 1915 rieten die Militärbehörden von der Rückführung der Kriegstoten ab.[443] Die Bestatteten kamen vor allem aus den Hildesheimer Lazaretten. Die schnell wachsende Zahl der Todesfälle führte zu schlichteren Formen des Begräbnisses mit weniger öffentlicher Anteilnahme.

Die Gedenkfeiern fanden in ihren vertrauten Rahmen zurück, in dem sie vor allem Jubiläen, Jahrestage von Schlachten oder Tage öffentlichen Gedenkens (z. B. Totensonntag oder Volkstrauertag) ausschmückten oder den Feldgottesdiensten einen besonderen Charakter gaben. Sie hielten die Tradition aufrecht, verbanden zivile und militärische Formen, lieferten Sinndeutungen, die dem „Volksempfinden" entsprachen, und die von der Presse dafür gelobt wurden, dass sie zum Ausdruck brachten, was alle dachten. Ein bischöfliches Pontifikal-Requiem für die im Weltkrieg gefallenen Soldaten aus der Diözese Hildesheim wurde zum Beispiel an Allerseelen 1916 im Dom gehalten.[444] Heinrich Kloppenburg erwähnt weitere Kriegs- und Friedensgottesdienste, insbesondere der Dom-Gemeinde.[445]

Nach dem Ende des Krieges richteten die deutschen Bischöfe am ersten Adventssonntag 1918 ein Hirtenwort an die heimkehrenden Krieger, das am 8. Dezember in allen Kirchen von der Kanzel verlesen wurde. Darin kündigten sie ein feierliches Dankamt vor dem ausgesetzten Allerheiligsten Sakrament in der Pfarrkirche der Heimkehrer an. „Den Dank aber gegen alle, die in diesem Kriege gefallen sind, wollen wir ihnen nachsenden in die Ewigkeit. Es soll geschehen durch ein hl. Messopfer, das für ihre Seelenruhe Gott dargebracht wird." Es sollte am Tag vor oder nach dem Dankamt, ebenfalls mit Predigt, gehalten werden.[446] Nach dieser Anweisung begrüßte zum Beispiel die Gemeinde Einum vier Tage nach der Heimkehr der Soldaten am dritten Adventssonntag 1918 mit einem feierlichen Hochamt und Aussetzung des Allerheiligsten die heimgekehrten Soldaten und gedachte am Tag darauf in einem Seelenamt der Kriegstoten.[447]

In der St.-Elisabeth- und St.-Mauritius-Kirche fand am 4. Adventssonntag, dem 22. Dezember 1918, ein Dankgottesdienst mit Levitenamt und Predigt statt, zu welchem die zurückgekehrten Krieger der Gemeinden fast vollständig erschienen waren. Am folgenden Tage gedachten die Gemeinden in einem besonderen Trauergottesdienste ihrer gefallenen Krieger.[448]

Anlässlich der zehnjährigen Wiederkehr des Tages des Kriegsausbruchs am Sonntag, 3. August 1924, riefen die Reichs- und Staatsbehörden zu einer Gedenkfeier in der Mittagsstunde auf. Der

Hildesheimer Bischof Joseph Ernst genehmigte das zur Einleitung erbetene Glockengeläut und regte darüber hinaus an, es nicht bei solcher äußerlichen Kundgebung zu belassen. „An den Gräbern gefallener Krieger mahnt die Heilige Schrift: ‚Es ist ein heiliger und heilsamer Gedanke, für die Verstorbenen zu beten' (II. Mach. 12, 46). Den katholischen Christen wird es drängen, von der dankbaren Erinnerung zum innigen Gebete und zur treuen Fürbitte für das Seelenheil der gefallenen Brüder emporzusteigen. Der 3. August als der Tag des Portiunkula-Ablasses bietet zur Betätigung liebevoller Erkenntlichkeit für das Opfer des Lebens, das sie um uns und unser Vaterland hingegeben haben, eine machtvolle und herzbewegende Mahnung." Der Seelsorgsgeistlichkeit trug der Bischof auf, die Gläubigen in der Predigt eindringlich an die Pflicht der Liebe und Dankbarkeit gegenüber den Kriegsopfern zu erinnern. Am Nachmittag sollte entweder gemeinsam der schmerzliche Rosenkranz gebetet oder die Kreuzwegandacht verrichtet werden.[449]

1927 beschloss die Bischofskonferenz, am vorletzten Mittwoch des Kirchenjahres (also am Buß- und Bettag) in allen katholischen Kirchen ein Requiem für die Opfer des Weltkrieges zu feiern. Es bestehe zwar keine kirchliche Verpflichtung zum Besuch der Messe, doch bitte man die Gläubigen, „in dankbarer Erinnerung gegen die im Weltkriege gefallenen Brüder dem Requiem beizuwohnen."[450]

Zu Beginn des Zweiten Weltkriegs irritierte die Nationalsozialisten, dass und wie die christlichen Kirchen Gedächtnisfeiern für Gefallene durchführten. Die Feiern würden propagandistisch äußerst wirksam gestaltet und allgemein sehr gut besucht. Die Predigten seien zum Teil geeignet, die Trauer über den Verlust zu erhöhen und Zweifel an der Notwendigkeit des Opfers zu wecken. Die Ortsgruppenleiter der NSDAP nahmen an den kirchlichen Feiern nicht teil, andererseits veranstaltete die Partei aber auch keine eigenen Feierlichkeiten. Die Funktionäre der nationalsozialistischen Organisationen wünschten sich eine einheitliche Regelung, nicht nur hinsichtlich der Feiern, sondern auch der Grabdenkmäler. Die Kirchen würden damit die Friedhöfe in Weihestätten verwandeln und die Gedenkfeiern mit kirchlichem Gedankengut verschmelzen.[451]

Die Unruhe der Nazis verstärkte sich. Am 4. November 1940 berichtete der Sicherheitsdienst der SS (SD) zum einen von einer „erheblichen Zunahme der kirchlichen Trauergottesdienste und Gedächtnisfeiern für die Gefallenen", zum anderen von der Weigerung der Lehrerschaft, „laufend Heldengedenkfeiern" durchzuführen. Dadurch würden die Lehrer, Schüler und geladenen Gäste nur unnötig deprimiert.[452]

Am 20. Oktober 1941 meldete der SD aus dem Reich, dass der weitaus größte Teil der Bevölkerung besondere Gedenkfeiern für die Gefallenen ablehne. Man erwarte eine größere Kundgebung „nach Abschluss des Feldzuges" am Heldengedenktag oder am 9. November. Klage wurden über den Verlauf der Parteifeiern geäußert. Insbesondere auf dem Lande hätten sie sich an katholische Begräbniszeremonien angelehnt, wären ungeschickte Redner oder ungeeignete Feierräume ausgewählt worden, käme es zu einer zu häufigen Wiederholung und zu einer ablehnenden Haltung der Hinterbliebenen. Die Gedenkfeiern der Kirchen fanden zum Verdruss der Nazis weiterhin großen Anklang.[453]

Im weiteren Kriegsverlauf gaben das Hauptkulturamt der Reichspropagandaleitung und die Gaupropagandaämter doch noch Anweisungen für Heldenehrungsfeiern heraus, in denen zwischen einer nationalsozialistischen und einer kirchlichen Feier unterschieden wurde. Nun berichtete der SD von dankbarster Annahme der Parteifeiern bei der Bevölkerung und den Hinterbliebenen, die entgegen früherer Vermutungen ausnahmslos der an sie ergangenen Einladung gefolgt seien. Man sei jedoch nicht auf eine „nach propagandistischen Grundsätzen ausgerichtete Rede eingestellt ..., sondern (wolle) vielmehr vom Menschlichen her angesprochen werden."[454]

Am 12. Oktober 1942 beklagte der SD-Bericht, „dass in letzter Zeit die Kirche mit allen Mitteln versucht, sich die Führung auf diesem Gebiet einer seelischen Betreuung zu erhalten oder wieder zurückzugewinnen." Sie beginne damit sofort bei Bekanntwerden der Todesnachricht und nütze ihre reichen Erfahrungen in der Feiergestaltung aus. Außerdem käme ihr die immer noch starke Bindung der Landbevölkerung an das kirchlich-christliche Brauchtum zugute. Schließlich fänden sogar „gottgläubige" Partei- und Volksgenossen bei ihr Trost und Zuspruch.[455]

Die NSDAP versuchte am 9. November 1942, die sogenannten Heldenehrungsfeiern reichsweit mit der Erinnerung an den „Marsch auf die Feldherrnhalle" zu verknüpfen. Die Namen der Gefallenen des Zweiten Weltkriegs wurden zusammen mit den Toten des Hitler-Ludendorff-Putsches von 1923 verlesen. Dadurch sei eine enge Kettung zwischen Einzelfamilie und Bewegung hergestellt worden. Man solle in Zukunft die Verlesung der Namen zur Pflicht machen.[456]

Nach dem Zweiten Weltkrieg wurde die Tradition der Gedenkfeiern fortgesetzt. Der Kriegstoten wurde vorwiegend am Volkstrauertag, aber auch am Buß- und Bettag oder Totensonntag gedacht. Auf dem Nordfriedhof (damals Zentralfriedhof) trat der Volksbund für Kriegsgräberfürsorge wieder als Veranstalter auf. Dort fand 1954 aber auch eine Nachmittagsandacht statt, bei der die Gefallenen zusammen mit den Bombenopfern und den Opfern tragischer Unfälle genannt wurden.[457] Ausdrücklich unterstützte der Hildesheimer Bischof Joseph Godehard Machens die Bemühungen des Volksbundes. Er empfahl die Sammlungen wärmstens den Gläubigen und rief sie zum Gedenken im stillen, herzlichen Gebet auf.[458]

Zwischen 1950 und 1955 wurde jährlich im Oktober der Kriegsgefangenen und Vermissten gedacht. Seit 1952 versammelte man sich zu Protestveranstaltungen am Sockel des Kaiser-Wilhelm-Denkmals an der Sedanstraße.

Zur ersten Gedenkfeier für die Opfer des Faschismus lud die „Geschäftsstelle des Betreuungsausschusses" am 8. September 1946 in den Saal des Theaters Hildesheim ein. Anschließend legten Regierungspräsident Backhaus, Oberbürgermeister Bruschke, Gewerkschaftssekretär Brönnecke und der zweite SPD-Vorsitzende Ernst Kipker Kränze auf dem Zentralfriedhof und auf dem benachbarten jüdischen Friedhof nieder.[459]

Ob man auch die Siegesfeiern, zu denen die Bevölkerung während des Ersten Weltkriegs anfangs öfter, später seltener in die Kirchen[460] oder auf den Hildesheimer Marktplatz gerufen wurde, als Gedenkfeiern bezeichnen darf, sei dahingestellt. Immerhin gedachte die Stadt in vergleichbarer Inszenierung militärischer Erfolge bei einzelnen Schlachten, bei denen zugleich zahllose Menschen zu Tode kamen. Eine der letzten dieser Feiern fand am Dienstag, dem 4. September 1917, um 8 Uhr abends statt, nachdem in den Schulen zur Feier des Sieges in Riga bereits schulfrei gegeben worden war. Die Militärkapelle eröffnete und umrahmte die Veranstaltung mit Konzertstücken, der Direktor des Gymnasiums Prof. Ernst verlieh der Dankbarkeit des deutschen Volkes „gegen seine herrlichen Truppen und genialen Heerführer" Ausdruck und ermahnte seine Zuhörer zur Ausdauer und Treue im Dienste des Vaterlandes, konkret: zum Ertragen der Beschränkungen, Lasten und Leiden und zur Treue gegen König und Vaterland, noch konkreter: bei der nächsten Kriegsanleihe herzugeben, was man kann. Nach dem Kaiserhoch folgten zwei weitere Stücke der Militärkapelle und zwei Gesangsvorträge („Brüder weiht Herz und Hand" und „Sturmbeschwörung") der Hildesheimer Männergesangvereine, die allerdings in überraschend schwacher Besetzung erschienen waren. Zum Schluss formierte sich die Jugendwehr und verließ unter Trommel- und Pfeifenklang und flatternden Fahnen den Platz, von dem auch die Volksmenge langsam auseinanderströmte. Von einer ehrenden oder trauernden Erwähnung der Kriegstoten überliefert die Presse kein Wort.[461]

Das Langemarck-Gedenken der Hitler-Jugend zeigt, wie unterschiedliche Motive und Symbole verschmolzen wurden, um für eigene Zwecke genutzt werden zu können. Das Langemarck-Ereignis verwendete die HJ in der Form der Legende, die im Heeresbericht vom 11. November 1914 wahrheitswidrig verbreitet wurde, um die Niederlage und die rücksichtslose Preisgabe von Menschenleben zu verschleiern und die Kriegsbegeisterung zu erhalten.[462] Den Geist von Langemarck wollte die „Staatsjugend" ebenso in ihren Reihen bewahren wie die Erinnerung „an den Opfertod der Toten von der Feldherrnhalle". Um dies zu bekunden, versammelten sich die Hitler-Jungen und Jungvolkpimpfe des Standortes Hildesheim am 11. November 1936 („ähnlich wie im vorigen Jahre") zu einer Gedächtnisfeier am Bismarckturm, der mit drei schwarzen Kreuzen, Fahnen und Fackeln zu einer „eindrucksvollen Weihe- und Gedächtnisstätte" ausgestaltet worden war. Auf dem Platz vor der Hildesheimer Bismarcksäule, die 1905 nach einem weit verbreiteten Modell errichtet worden war, das Wilhelm Kreis als Symbol deutscher Einheit entworfen hatte[463], vollzog die Hildesheimer Jugend den geistigen Dreisprung von den Einigungskriegen des Eisernen Kanzlers über den Langemarck-Mythos der sich in patriotischer Gesinnung aufopfernden akademischen Jugend 1914 zum „Marsch auf die Feldherrnhalle" 1923. Damit landete man in der Gegenwart, in der die „Wehrmacht" und die Wehrpflicht gerade eingeführt worden waren und die Gesellschaft nach dem „Parteitag der Ehre" 1936 durchgängig militarisiert wurde. Landsknechtstrommeln gaben den Marschtakt beim Schweigemarsch zur Stätte des Gedenkens an, Fanfaren eröffneten die Feierstunde, in deren Zentrum die Beförderung von Jugendführen und die Verleihung von Ehrenzeichen stand. „Nichts sonst konnte sie so auf die Verantwortung ihrer Stellung als junge Führer in der Jugend des Führers hinweisen, aber auch durch nichts anderes konnte die Jugend ihren Willen, im Geist von Langemarck zu leben, besser veranschaulichen, als durch die Verpflichtung ihrer Führer im Angesicht der drei schwarzen Kreuze."[464]

Auch viel weiter zurück liegende Ereignisse nutzten die Nationalsozialisten, um das Denken und Fühlen der Menschen – und insbesondere der Kinder und Jugendlichen – in ihrem Sinne zu beeinflussen. Wie dabei vorgefundene Interpretationen umgedeutet und Absichten verfälscht wurden, zeigt die Vorbereitung der „Gedächtnisfeiern für das Jahr 1683 bzw. der Türkenkriege" 250 Jahre nach der erfolgreichen Verteidigung Wiens am 11./12. September 1683. Die katholische Kirche hatte aus diesem Anlass vom 5. bis 9. September 1933 zum gesamtdeutschen Katholikentag in die österreichische Hauptstadt eingeladen und dabei auch an die damaligen ungarischen, ukrainischen, tschechischen, polnischen und kroatischen Kampfgefährten gedacht. Der dadurch sichtlich aufgeschreckte Preußische Minister für Wissenschaft, Kunst und Volksbildung setzte sich mit diesem Vorhaben am 9. August 1933 mit ausführlichen „Grundgedanken für die Gestaltung der Gedächtnisfeier von 1683 bzw. der Türkenkriege" auseinander, in denen er gegenwartsorientiert hervorhob:

– Alle deutschen Stämme hatten Anteil an diesem Ereignis.
– Ungarn wurde befreit, der deutsche Einfluss bis zur unteren Donau getragen – die größte deutsche Machtausweitung seit der mittelalterlichen Ostkolonisation.
– Das Jahr 1683 ist ein Jahr stolzester deutscher und österreichischer Erinnerung, österreichische Geschichte ist deutsche Geschichte.
– Der polnische Anteil am Schlachtausgang ist sehr gering wie auch der Beitrag der beteiligten kleineren Völker.
– Die Türken waren die Verbündeten Frankreichs, Frankreich versündigte sich auch weiterhin an Europa.
– Die offizielle Feier muss interkonfessionell und gesamtdeutsch aufgezogen werden, damit sich das Geschichtsbewusstsein der Österreicher nicht separatistisch orientiert und die Polen, Ungarn und anderen Völker aus der ruhmvollen Leistung des deutschen Volkes keinen Gewinn ziehen können.
– Sie muss am 12. September stattfinden.
– Die Anordnung von einheitlichen Schulfeiern in allen deutschen Ländern wäre empfehlenswert.

Militärische Einheiten und ihre Veteranenvereine veranstalteten regelmäßig Gedenkfeiern aus Anlass besonderer Schlachten: Die Ehemaligen des Infanterie-Regiments Nr. 79 z. B. gedachten nach 1918 jährlich ihrer verlustreichen „Feuertaufe" bei Aiseau am 22. August 1914. Die Marinekameradschaft versammelte sich „in jedem Jahr" am 31. Mai auf dem Zentralfriedhof, „um zum Gedächtnis der Toten der größten Seeschlacht aller Zeiten, der Schlacht am Skagerrak, einen Kranz am Ehrenmal niederzulegen".[466] Die „Kriegerkameradschaft ehem. R. I. R. 231 und 50. Res. Div. Hildesheim" lud am 22. November 1964 zur „Brzeziny-Gedenkfeier" ein, weil es Teilen der 3. Garde-Infanterie-Division 50 Jahre zuvor gelungen war, im Raum von Lodz die russische Einkreisung zu durchbrechen. Die Totengedenkfeier fand vormittags am Ehrenmal des Reserve-Infanterie-Regiments 231 auf dem Zentralfriedhof statt, am Nachmittag versammelte man sich im Hotel „Weißer Schwan".[467]

Selten genug verband sich in Hildesheim zwischen den Weltkriegen das Kriegstotengedenken mit einem ausdrücklichen Bekenntnis zum Frieden und einem Protest gegen den Krieg oder, wie es in der Ankündigung einer „Morgenfeier der Friedensfreunde" zum Andenken an den Ausbruch des Weltkrieges am 31. Juli 1927 hieß, mit einem „Warnruf an alle Kriegshetzer".[468]

Alle örtlichen Organisationen, „die für den Frieden eintreten", riefen zur Teilnahme an der Veranstaltung auf, die am Sonntagvormittag um 10 1/2 Uhr in der Stadthalle stattfand: Katholischer Arbeiterverein, Friedensbund deutscher Katholiken, Windthorstbund, Deutsche Friedensgesellschaft, Ortsgruppe Hildesheim, Frauenliga für Frieden und Freiheit, Reichsbanner, Ortsausschuss der Arbeiterwohlfahrt. Redner bei dieser bemerkenswerten (und seltenen) Veranstaltung katholischer und sozialdemokratischer Vereine war der Sekretär der Deutschen Friedensgesellschaft, Seger. Seine Ansprache enthielt einen eindrucksvollen Rückblick und einen visionären Ausblick: „Während des Weltkriegs verloren 4 Jahre und 3 Monate lang stündlich 270 Menschen ihr Leben gewaltsam. ... Bedenkt man, mit welch furchtbaren Mitteln der Vernichtung ein neuer Krieg Europa heimsuchen würde, dann muss man sich sagen, dass es nie dazu kommen darf, wenn wir nicht freventlich alles zerstören wollen, was an geistigen und kulturellen Gütern in Jahrtausenden geschaffen wurde und wenn wir vor allem nicht wollen, dass nicht nur Millionen von Kriegern, sondern auch Millionen Zivilisten hingemordet werden."[469]

Nach dem Zweiten Weltkrieg fand der Friedensappell Nachfolger in der Ostermarschbewegung, im Hildesheimer Friedensforum und bei den Veranstaltungen des DGB zum Antikriegstag am 1. September.

Gedenkstätten

Im weitesten Sinne sind alle Formen des Kriegstotengedenkens, sofern sie lokalisierbar sind, Stätten des Gedenkens, also Gedenkstätten. Im engeren Sinne bezeichnet der Begriff „Gedenkstätten, die unmittelbar an Orten des Geschehens, an das sie erinnern, auf dem Gelände ehemaliger Konzentrationslager, in ehemaligen Gefängnissen und Folterstätten nationalsozialistischer Gewaltorgane wie Gestapo, SA und SS sowie an anderen Verfolgungs- und Terrorstätten errichtet wurden und die mit Dokumentations- und Informationseinrichtungen zur sachlichen Aufklärung ausgestattet sind."[470] Das Verzeichnis „Gedenkstätten für die Opfer des Nationalsozialismus", das die Bundeszentrale für politische Bildung 1987 herausgegeben hat, nennt in Hildesheim die Ausländerabteilung des Nordfriedhofs und den jüdischen Friedhof.[471]

Das Gesetz über die „Stiftung niedersächsischer Gedenkstätten", das der niedersächsische Landtag am 17. November 2004 verabschiedete, sichert vorrangig die Fortsetzung der Gedenkstätten Bergen-Belsen und Wolfenbüttel „als Orte der Erinnerung an die Leiden der Opfer des Nationalsozialismus und der Opfer der Justizverbrechen und als Orte des Lernens für künftige Generationen".[472] Darüber hinaus soll die Stiftung „die Gedenkstättenarbeit von Initiativen und Gedenkstätten in privater Trägerschaft in Niedersachsen fördern".[473]

Ulrike Puvogel dehnte nach Auswertung erster Recherchen den von ihr zunächst sehr eng definierten Begriff „unwillkürlich" aus. Der erweiterte Begriff bezieht auch kleinere Gedenkstätten mit vorwiegend lokaler und regionaler Bedeutung ein, die sich in Gemeinden und Städten und auf Friedhöfen „in Form von Mahnmalen, Gedenksteinen und Gedenktafeln bis hin zu kleinsten Gedenkzeichen ... wie Namensgebungen für Straßen, Plätze, Gebäude und Einrichtungen" befinden.[474] Bezogen auf Hildesheim hebt sie die Straßenbenennungen im Godehardikamp nach Mitgliedern verschiedener Kreise des Widerstands gegen den Nationalsozialismus hervor.[475]

Gedenktafeln

Philippe Ariès berichtet von Diptycha[476], mit Schnitzwerk geschmückten, gravierten Elfenbeintäfelchen, die von römischen Konsuln am Tag ihres Amtsantritts wie Familienanzeigen vorgewiesen wurden. Die Christen schrieben auf ähnliche Tafeln – oder sogar auf alte konsularische Diptycha – die Liste der Namen, die nach der Prozession der Opfernden von der Empore herab verlesen wurden. Diese Liste enthielt „die Namen der Opfernden, der ranghöchsten Amtspersonen, der höchsten geistlichen Würdenträger der Gemeinschaft, die der heiligen Märtyrer oder Bekenner, schließlich die der im Schoße der Kirche verstorbenen Gläubigen, um durch diese versammelten Personen das enge Band von Gemeinschaft und Liebe darzutun, das alle Glieder der triumphierenden, leidenden und kämpfenden Kirche eint." Die Totenregister wurden auf dem Altar aufbewahrt, manchmal waren sie sogar in den Altar eingraviert oder an den Rändern des Messbuchs niedergeschrieben.[477] Die der Kirche zugeschriebenen Attribute verbinden die Diptycha mit den modernen Gedenktafeln für Kriegstote, deren Geschichte mit den Freiheitskriegen begann.

Die zweite Wurzel der Gedenktafeln ist das Epitaph[478], dessen erneutes Auftreten Ariès um das 12. Jahrhundert herum nachweist. Erst mit der Renaissance häufen sich die Epitaphien, zunächst nur mit persönlichen Angaben, dann mit einem Gebet für das Seelenheil, schließlich – vom 15. bis 18. Jahrhundert – mit der Schilderung der Ruhmestaten. Namentlich im 17. Jahrhundert war das heroische Epitaph (in Frankreich) weit verbreitet, vor allem aufgrund der zahlreichen Kriegsgefallenen aus der

Zeit Ludwigs XIII. und Ludwigs XIV. und der Türkenkriege. Ariès sieht im heroischen Epitaph eine „erste individuelle Andeutung und Antizipation der späteren Kriegsgefallenendenkmäler"[479] und stellt fest, dass sich zur gleichen Zeit die Statue vom Grabe trennt und zu einem Teil des Stadtbilds zum Ruhm des jeweiligen Fürsten wird.[480]

Hans Körner hat entdeckt, dass Grabdenkmäler in der Regel den genauen Todestag festhielten, während Epitaphien in der Mehrzahl nur das Todesjahr nannten. Grabmäler verpflichteten zur Totenmemoria, das Epitaph ist dagegen eine (Andachts-)Stiftung. Seine Funktion ist der des Kriegerdenkmals ähnlich: „Es dokumentiert in der üblichen Kombination von betendem Stifter und Andachtsbild die Frömmigkeit des Verstorbenen und bietet gleichzeitig Andachtshilfen und Heilsversprechung für jeden. Auf diesem Wege und unter Umgehung traditioneller Gebetsverpflichtungen sichert das Epitaph dem Toten dann doch wieder den Beistand vieler."[481] Einige Anpassungen erleichtern die Übertragung des Zitats: so ist von einem bekennenden Stifter auszugehen, der die Heldenhaftigkeit der Toten hervorhebt und den Vorübergehenden Interpretationshilfen und Identitätsversprechen anbietet und damit den Toten das Gedächtnis vieler sichert.

Am 5. Mai 1813 schrieb Friedrich Wilhelm III. von Preußen per Verordnung vor, in den Regiments- und Gemeindekirchen Gedenktafeln mit den Namen der im jeweiligen Regiment oder Kirchspiel Gefallenen anzubringen.[482] Ausdrücklich nahm der König Bezug auf die Stiftung des Eisernen Kreuzes. Diejenigen, die ihr Leben „für das Vaterland in Ausübung einer Heldenthat" (§ 1) gelassen haben, erhielten den Orden mit der Verewigung auf der Gedenktafel gleichsam posthum verliehen. Text und Gestaltung waren vorgegeben. Die Tafeln in den Regimentskirchen, die einfach gehalten und auf Staatskosten ausgeführt werden sollten, verzierte ein Eisernes Kreuz in vergrößertem Maßstab. Der Widmung: „Die gefallenen Helden ehrt dankbar König und Vaterland. Es starben den Heldentod aus dem ... Regiment" folgten die Namen der Gefallenen mit Ort und Tag ihres Todes. In den übrigen Kirchen waren die Tafeln von den Gemeinden zu bezahlen. Hier lautete die Inschrift „Aus diesem Kirchspiele starben für König und Vaterland". Es folgten zunächst die Namen der mit dem Eisernen Kreuz ausgezeichneten „Helden" und danach die Namen der anderen Kriegstoten. Die Tafeln konnten in Gusseisen nach drei Musterentwürfen von Schinkel bzw. Schadow von der Kgl. Eisengießerei Berlin bezogen oder aus Sparsamkeitsgründen in Holz ausgeführt werden.[483]

Im Königreich Hannover wurden solche Ehrentafeln offenbar nur selten aufgehängt. In einer Stellungnahme an die „Staatliche Beratungsstelle für Kriegerehrungen" erwähnt der hannoversche Provinzialkonservator, Landesbaumeister Siebern, am 6. Juli 1917 nur Gedächtnisfahnen in Baddeckenstedt oder Sottrum, nicht aber Gedenktafeln. Dazu blieben seine Angaben sehr ungenau. Gerhard Schneider folgert aus der Dienststellung Sieberns, dass er sehr wohl über solche Tafeln Auskunft erteilt hätte, wenn sie denn vorhanden gewesen wären. Erst nach 1871 seien sie vereinzelt in Kirchen angebracht worden, und erst nach 1918 wurden sie allgemeiner Brauch.[484]

Vereine und Kirchengemeinden, Betriebe und Schulen, entschieden sich insbesondere nach dem Ersten Weltkrieg in der Regel für Ehrentafeln, um ihrer Toten zu gedenken. Sie wurden meistens aus Holz gefertigt – fast immer aus Eiche – vereinzelt auch aus Gusseisen. Sie enthielten die Namen und Daten der Gefallenen, in Einzelfällen auch der überlebenden Kriegsteilnehmer. Vereinzelt wurden den namentlich Genannten Porträtaufnahmen beigefügt. Obwohl sie angesichts der Not nach dem Krieg schlicht gehalten werden sollten – wie z. B. in Marienrode [II 12.2.1] – wurden sie oft kunstvoll gestaltet und reich verziert – z. B. in der Sorsumer Kunibertkirche [II 13.3.1].

Eine Warnung vor dem Kauf von künstlerisch und technisch minderwertigen Denkmalstafeln sprach die Hildesheimsche Zeitung am 30. Mai 1921 aus. Die Aktiengesellschaft für das Deutsche Kunstgewerbe ließ den Gemeinden und Körperschaften durch Musterreisende Abbildungen von angeblich marmorartigen Tafeln vorlegen, die sich später als schlechte Massenware herausstellten.

Die Gedenktafeln werden ebenso wie die Gedenkblätter wesentlich von der Schriftkunst bestimmt, oft ist die Schrift der einzige Schmuck. Als Sinnbild wird häufig das Eiserne oder Lateinische Kreuz hinzugefügt, der Rahmen wird gern ornamental gestaltet.

Lange nach dem Zweiten Weltkrieg erging ein höchstrichterliches Urteil, das die öffentliche Funktion der Gedenktafel unterstreicht und sie gegenüber dem Persönlichkeitsrecht des Einzelnen hervorhebt. Einer Gemeinde war von einem Unternehmen eine Gedenktafel für die Gefallenen und

Vermissten in Aussicht gestellt worden, wenn es eine Nachbildung dieser Tafel den Angehörigen zum Kauf anbieten dürfe. Die Gemeinde willigte ein. Der Vater eines Vermissten widersprach. Er untersagte dem Unternehmen, den Namen seines Sohnes auf der Tafel aufzuführen. Der Name erschien dennoch in der Liste. Der Aufforderung, die Eintragung zu löschen, wurde nicht entsprochen. Schließlich klagte der Vater – und verlor in allen drei Instanzen.

Der Bundesgerichtshof entschied, dass ein unbefugter Gebrauch eines Namens vorliege, wenn jemand einen fremden Namen zu Reklamezwecken, zur Bezeichnung von Waren, auf Schildern oder in anderer Weise in der Öffentlichkeit gebrauche. Hier aber stehe der Name des Vermissten nur unter vielen andern, ohne besonders herausgehoben zu sein."[485]

Gedenktage

Das öffentliche Kriegstotengedenken beansprucht nicht nur öffentlichen Raum, sondern auch öffentliche Zeit. Ihm werden feste Termine im Jahreskalender reserviert. Besondere Jahrestage kommen hinzu, in der Regel anlässlich der 25-, 40-, 50- oder 100-jährigen Wiederkehr des Ereignisses. Gedenktage dienen der öffentlichen Erinnerung, zur Aktualisierung des vergangenen Geschehens und zur Adaption des ihm beigemessenen Sinns in der Gegenwart.

Gedenktage beziehen sich auf besondere Ereignisse oder befördern allgemeine, für besonders wichtig gehaltene Anliegen. Sie können in bestimmten Gemeinschaften verankert, gesellschaftlich veranlasst oder staatlich verordnet sein. Das Kriegstotengedenken liefert für jeden Typus Beispiele.

Militärische Einheiten gedachten ihrer Toten oft im Zusammenhang mit den sie betreffenden einschneidenden militärischen Ereignissen. Der Tag der „Feuertaufe", der Tag des ersten verlustreichen Gefechts, war für das Infanterie-Regiment Nr. 79 ein solches Ereignis. Fast fünfzig Jahre lang legten Ehemalige am Jahrestag der Schlacht Aiseau am 22. August 1914, bei der 211 Regimentsangehörige ums Leben kamen, einen Kranz an den Denkmälern der 79er nieder.

Religiöse Gemeinschaften verbanden das Kriegstotengedenken zunächst mit dem allgemeinen Totengedenken. Der Totensonntag, aber auch der Buß- und Bettag und die Fastensonntage Invocavit und Reminiscere boten sich dafür den christlichen Glaubensgemeinschaften an.

In der Gesellschaft löste der schockierende Massentod des Ersten Weltkriegs das Verlangen nach einem besonderen Gedenktag aus. Zwar beantragten die bürgerlichen Parteien Zentrum, DVP und DDP im Reichstag 1920 einen reichseinheitlichen Gedenktag.[486] Dennoch waren es nicht Parlament oder Regierung, sondern gesellschaftliche Vereinigungen, die einen „Volkstrauertag" etablierten. Die Reichsregierung weigerte sich sogar ausdrücklich, einen Nationaltrauertag zu dekretieren, da er von einer starken einmütigen Bewegung im ganzen Volk getragen werden müsse.[487]

Während der Zentralverband deutscher Kriegsbeschädigter und Kriegshinterbliebener bis 1925 am Totensonntag festhielt und ihn durch Gedenkfeiern besonders akzentuierte, verlangte der Volksbund Deutsche Kriegsgräberfürsorge e. V. schon am Totensonntag 1920 einen eigenen Tag für das allgemeine Kriegstotengedenken.[488] Er erreichte schließlich, dass 1925 ein einheitlicher Gedenktag im ganzen deutschen Reich informell eingeführt wurde. Am 1. März 1925 richtete der Volksbund erstmals in Hildesheim eine Gedenkveranstaltung am Abend in der Stadthalle aus, während die Trauerkundgebung auf dem Zentralfriedhof am Vormittag auf Einladung des Reichsbanners in Anwesenheit des Oberbürgermeisters Dr. Ehrlicher stattfand.[489]

In der Weimarer Republik gelang es nicht, eine gesetzliche Regelung für einen einheitlichen Volkstrauertag zu beschließen. Erst die nationalsozialistischen Machthaber setzten sich über die unterschiedlichen regionalen und religiösen Standpunkte hinweg. Schon am 25. Februar 1933 stellte der „Kommissar des Reichs" für Preußen per Erlass fest, dass am Sonntag Reminiscere das deutsche Volk um die Toten des Weltkriegs trauere. Mit markigen Sätzen erinnerte er die Schulen an ihre „selbstverständliche Pflicht, die Jugend, die im Schatten dieses gewaltigsten Kampfes des deutschen Volkes um seine Existenz aufwächst, in stetem Gedenken an die in der Geschichte beispiellosen Taten ihrer Väter zu Männern und Frauen zu erziehen, die sich in wehrhafter Gesinnung und tiefer Liebe zu Volk und Vaterland ihrer Väter würdig erzeigen."[490] Noch hieß das so beschriebene und befrachtete Ereignis „Volkstrauertag". Erst 1934 wurde er als „Heldengedenktag", wie der Volkstrauertag schon 1926 von

Formen und Orte des Kriegstotengedenkens 109

der Hildesheimschen Zeitung genannt wurde[491], und als gesetzlicher Feiertag auf den fünften Sonntag vor Ostern festgelegt, so dass er Ende Februar oder Anfang März begangen wurde.[492] Kurz vor Kriegsbeginn erhielt der „Heldengedenktag" zusätzlich den Charakter des Jahrestags der Wiedereinführung der allgemeinen Wehrpflicht. Demzufolge hatte er am 16. März stattzufinden, sofern dieser Tag auf einen Sonntag fiel, andernfalls am diesem Tag vorangehenden Sonntag.[493] Den November nutzten die Nationalsozialisten für die eigene Heldenverehrung: Am 9. November bemühte man sich darum, eine Brücke von den Weltkriegstoten – die Schlacht bei Langemarck hatte am 11. November stattgefunden – zu den „Gefallenen der Bewegung" zu schlagen.

Offenbar kam es angesichts der Vielfalt und der Nuancen des Totengedenkens während der NS-Zeit zu Missverständnissen, so dass sich der Reichs- und Preußische Minister des Innern am 22. Februar 1935 zu einer offiziellen Klarstellung veranlasst sah:

„1. Totensonntag und Allerseelen sind allgemein kirchliche Gedenktag des Volkes. Alle Anordnungen und Beteiligungen sowie Kranzniederlegungen von öffentlichen Stellen und Verbänden haben sich in den durch die kirchliche Ordnung bestimmten Rahmen einzufügen. Im übrigen gelten diese Tage des Gedenkens an die Toten in der Hauptsache für den Einzelnen und für die Familie.

2. Der Heldengedenktag am Sonntag Reminizere (sic!) ist der allgemeine Gedenktag für die Gefallenen des Weltkrieges. Die Ordnung des Tages wird vom Reichsminister für Volksaufklärung und Propaganda in Gemeinschaft mit der Wehrmacht bestimmt. Veranstaltungen an den Standorten der Wehrmacht werden von den Standortältesten der Wehrmacht geleitet.

3. Der 9. November ist der Gedenktag für die Toten der nationalsozialistischen Bewegung. Seine Ausgestaltung liegt in den Händen der Partei."[494]

1952 kehrte der Volkstrauertag (in Niedersachsen) wieder in den November zurück. Er wurde durch das niedersächsische Feiertagsgesetz vom 10. Oktober 1952 auf den zweiten Sonntag vor dem ersten Advent gelegt[495] und – wie schon früher – unter besonderen Schutz gestellt. Die Hildesheimer Allgemeine Zeitung rief am 2. März 1936 in Erinnerung, was gemäß § 6 der Verordnung über den Schutz der Sonn- und Feiertage 16. März 1934 verboten war: in Räumen mit Schankbetrieb das Abspielen jeglicher Musikdarbietung von Polizeistunde bis Polizeistunde, Veranstaltungen mit Unterhaltungscharakter, schließlich Filme, die nicht ausdrücklich für den Heldengedenktag zugelassen waren.[496] Dabei blieb es auch in der Nachkriegszeit.

Die Festsetzung staatlicher Gedenktage folgte nicht immer einem gesellschaftlichen Bedürfnisse, sondern auch herrschaftlichen Interessen oder dem Wunsch nach nationaler Identitätsstiftung. Meinhold Lurz führt die Idee, sich der Kriegstoten an einem nationalen Gedenktag zu erinnern, auf Ernst Moritz Arndt zurück. Arndt schlug als Feiertag den 18. Oktober, den Tag der Völkerschlacht bei Leipzig, vor und als Trauertag den Todestag Scharnhorsts oder Hofers.[497] Als Trauertag setzte sich auch im staatlichen Raum der Totensonntag durch, der Tag der Völkerschlacht wurde im ganzen 19. Jahrhundert und ganz besonders aufwändig 1913 gefeiert. Der Sedantag, dessen Anlass der Sieg über Marschall Mac Mahon und die Gefangennahme Napoleons III. am 2. September 1870 bei Sedan war, kam nach 1871 hinzu und verband den militärischen Triumph mit der Reichseinigung, die Einheit des Reichs mit dem Bekenntnis zur Monarchie.

In der Bundesrepublik Deutschland entstanden Gedenktage wie der „Tag der Heimat" oder der „Tag der Kriegsgefangenen", an denen immer auch der Kriegstoten gedacht wurde und sich die Deutschen vornehmlich als Opfer empfanden. Erst später kamen Tage hinzu, die die Erinnerung an die nationalsozialistischen Gewalttaten wach hielten: Erst seit 1985 gilt der 8. Mai auch in der Bundesrepublik Deutschland als „Tag der Befreiung", nachdem Bundespräsident Richard von Weizsäcker ihn in seiner Ansprache in der Gedenkstunde des Deutschen Bundestages so bezeichnete – und nachdem die DDR ihn als „Tag der Befreiung vom Faschismus" schon seit Jahrzehnten gefeiert hatte. Andere Gedenktage erinnern an die Pogromnacht des 9. November 1938, an den Widerstand des 20. Juli 1944 oder nehmen das Datum der Befreiung des Vernichtungslagers Auschwitz am 27. Januar 1945 zum Anlass, den Holocaustgedenktag zu begehen.

Die Stadt Hildesheim erinnert jährlich am 22. März mit einer Kranzniederlegung an die hier im Zweiten Weltkrieg bei den Bombenangriffen ums Leben gekommenen Menschen.

Gedenktage, an denen die Auswirkungen des Zweiten Weltkriegs immer – wenigstens implizit –

mitgedacht werden mussten, fanden zur Erinnerung an den Aufstand in der DDR am 17. Juni 1953 jährlich wiederkehrend statt. Als Veranstalter trat das „Kuratorium Unteilbares Deutschland" auf, das die Parole „Dreigeteilt niemals" auf Plakaten und Plaketten propagierte. Dennoch bemühten sich viele Funktionsträger um eine differenzierte Betrachtung und nach 1961 auch verstärkt um eine realistische Beurteilung. Die selbst geweckten Hoffnungen trafen nun auf Positionen, die um Verständnis für die andere Seite warben, historische Schuld anerkannten und Kompromisse suchten. Eine auch überregional beachtete heftige Kontroverse entstand, als der Bezirksschulsprecher Ulrich Röbbelen am 17. Juni 1962 mit Einverständnis des Kuratoriums und des Kreisjugendpflegers kritische Thesen und Fragen vortrug: ob die propagandistische Betriebsamkeit am 17. Juni den Opfern gerecht werde, ob die Oder-Neiße-Linie nicht als Bumerang nationalsozialistischer Gewalt- und Eroberungspolitik zu betrachten sei, ob nicht neues Leid entstünde, wenn der Anspruch auf deutsche Ostgebiete durchgesetzt werde, und ob nicht die phrasenhafte Verwendung von Begriffen wie „Volk" und „Vaterland" den Zugang zu den eigentlich bedeutsamen Inhalten versperre.[498]

Der nun folgende, auf der Leserbriefseite und in Partei- und Verbandsveranstaltungen geführte Streit, der mit Rücktritten und Rücktrittsforderungen, Verdächtigungen und Verleumdungen gewürzt wurde, hätte auch unter der Überschrift „Ist das Kriegstotengedenken noch zeitgemäß?" stehen können. Karlheinz Schloesser, Geschäftsführer des Kuratoriums Unteilbares Deutschland und Hildesheimer VHS-Direktor, hätte die gleichen drei grundverschiedenen Erwartungen herausfiltern können:
– Eine kleine Gruppe verbindet den Tag mit aggressiven nationalen und antikommunistischen Parolen.
– Eine weitaus größere Gruppe wünscht sich eine schiedlich-friedliche vaterländische Erbauungsstunde wie weiland zum Sedantag oder Kaisergeburtstag.
– Scheinbar möchte nur eine Minderheit den Tag nutzen für nüchtern-kritische Überlegungen, was uns die Opfer von 1953 in unserer realen menschlich-politischen Situation bedeuten können.[499]

Gedenkrennen

Im Oktober 1958 richteten die Hildesheimer Radsportvereine VfV und RTC Merkur Gedenkrennen aus. Der Wettkampf des VfV fand in Mahlerten statt und war dem Gedenken aller verstorbenen und gefallenen Sportkameraden gewidmet und nach dem 1958 tödlich verunglückten Reinhard Beer benannt. Der RTC Merkur widmete sein Vereinsrennen in Ochtersum dem Gedenken an verstorbene Sportler.[500]

Glocken

Kirchenglocken laden zum Gottesdienst ein, rufen Gläubige zum Gebet zusammen. Ihr Klang übermittelt Kundigen den Anlass des Gebetrufs. Sie teilen den Tag ein, zählen die Stunden. Glocken werden nicht einfach aufgehängt und in Gang gesetzt, sie werden eingeholt und geweiht. Sie werden getauft. Und sie wurden der Kriegsführung geopfert, abgenommen und eingeschmolzen, um als Waffen oder Munition wiederverwendet zu werden. Die Hildesheimsche Zeitung personifizierte im Juni 1917 diesen Vorgang und verglich ihn mit der Rekrutierung von Soldaten: „Wie bekannt, müssen demnächst auch die Glocken von ihren luftigen Höhen heruntersteigen, um, nachdem sie aus dem Glutofen in neuer Form erstanden, zur Verteidigung des Vaterlandes gegen die uns bedrängenden Feinde ins Feld zu rücken. Wenn auch in Hildesheim die meisten Glocken wegen ihres ehrwürdigen Alters, vorläufig wenigstens, zurückgestellt sind, so müssen doch manche der jüngeren Schwestern schon jetzt ihr Glockenleben fürs Vaterland opfern. Es ist dies umso schmerzlicher, da sie noch so voller Jugendhoffnung in die Zukunft schauten und noch so viel Freud und Leid mit den Menschen teilen wollten. Um ihnen den Abschied zu erleichtern, werden sämtliche Glocken der Stadt Hildesheim, Freitag, den 29. Juni, mittags von 12 - 1 Uhr gemeinsam in vier Pulsen ihre Stimme erschallen lassen über Stadt und Land, alle mahnend zu Eintracht und Liebe und zu durchhaltendem Gottvertrauen, bis der Friede wieder errungen."[501]

Glocken vermeldeten auch die Kriegsereignisse und des Stand des Kriegsgeschehens, begleiteten den Auszug der Soldaten ebenso wie die Rückkehr des siegreichen oder geschlagenen Heeres. So ordnete der Kaiser für Montag, 4. Dezember 1916, in Preußen und Elsaß-Lothringen Kirchengeläut an, um den Sieg der Schlacht von Argesul, nordwestlich von Bukarest, zu verkünden.[502] In Hildesheim läuteten die Glocken um 12 Uhr als Teil einer umfassenden Inszenierung: „Fahnen grüßten wallend im Winde und gaben dem Stadtbilde einen festlichen Anstrich. Und Siegesfreude strahlte aus den Augen der Menschen. Neue Begeisterung zog mit dem Dank gegen den ewigen Lenker der Schlachten in unsere Herzen ein, unsere Siegeszuversicht wurde mit der Flamme der Begeisterung von neuem zu sprühender Liebe angefacht. Möge Gottes Segen weiterhin auf unseren Heeren und unseren Waffen ruhen, damit ihr Siegeszug einmal den ersehnten Frieden bringt und recht bald ... von der Türme hohen Stuhl Siegesglocken durchs Land frohlocken."[503] Die Hoffnung auf Siegesglocken blieb unerfüllt. Dennoch „jubelte" es trotz alledem von allen Türmen der Stadt, als die 79er am 3. Dezember 1918 um 7 Uhr auf dem Hildesheimer Güterbahnhof eintrafen. „Ihr seid doch die Sieger trotz des ungünstigen Ausganges des Krieges", bekannte die Kornackersche Zeitung.[504]

Nach dem Krieg wurden z. B. an der Steingrube oder in Himmelsthür unter Glockengeläut Kriegerdenkmäler eingeweiht oder regelmäßig Gedenkveranstaltungen durchgeführt.

Die katholische Monatszeitschrift, die Hildesheimer Krieger über Vorgänge in Stadt und Stift unterrichten sollte, hatte die Geistlichkeit des Dekanats Hildesheim „Heimatglocken" genannt.[505]

In der Christuskirche wurde die größte Glocke den Gefallenen des Ersten Weltkriegs gewidmet. In der Lambertikirche trug die mittlere von drei Glocken den Namen „Kriegergedächtnisglocke". Sie erklang zwischen der „Christusglocke" und der „Lutherglocke". In der St.-Kunibert-Kirche, Sorsum, erinnert seit 1953 die Totenglocke an die Gefallenen und Vermissten.

Kriegerheimstätten und -siedlungen

„Heimat Dank baut den Kriegern Häuser", war der Leitgedanke einer Initiative der „Kriegerkolonie Alt-Deutschland", die sich am 27. August 1920, dem Tag der Tannenbergfeier, in „Kriegerkolonien Heimatdank" umbenannte. Ihr Ziel war, der Nachwelt als Erinnerung Heime für Kriegsbeschädigte zu überlassen. „Eine würdigere und edlere Ehrung ... vermag selbst das kostbarste und schönste Bronze- und Steindenkmal nicht herzustellen, da letzteres in den Herzen der Beschauer immer nur den stillen Gram über die nutzlos verbrauchten Mittel erwecken wird. Als besondere Ehrung für Generalfeldmarschall von Hindenburg sollte „voraussichtlich bei Hildesheim" eine Kolonie mit dem Namen „Ehren-Tannenberg" entstehen, deren zuerst errichtetes Haus nach Hindenburg benannt werden sollte. – Der Verein bat um Einzahlung von Spenden.[506] Es blieb bei der Ankündigung.

Der Verein konnte sich auf das „Kriegerheimstättengesetz" vom 21. November 1915 stützen, mit dem vermieden werden sollte, was nach dem Friedensschluss vom 10. Mai 1871 die Bodenreform- und Kriegerheimstättenbewegung empörte: dass die heimkehrenden proletarischen Massen keine Unterkünfte fanden und die Grundstückspreise explodierten.[507] Bodenreformer Adolf Damaschke forderte den Bau von Siedlungshäusern, die Deutsche Gartenstadtbewegung setzte sich für die Anlage besonders strukturierter, genossenschaftlich organisierter Siedlungen ein, die ihr Protagonist Kampffmeyer „Friedensstadt" nannte. In den Wohnungsbauprogrammen fand insbesondere das Konzept der vorstädtischen Kleinsiedlungen oder des Landarbeiterwohnungsbaus Berücksichtigung.

Der Ortsausschuss für Kriegerheimstätten Hannover und Umgebung verlangte im April 1916, jeder deutsche Kriegsteilnehmer oder seine Witwe solle „auf vaterländischem Boden ein Familienheim auf eigener Scholle erringen". Was pathetisch klang, war pragmatisch gemeint. Es ging um die Vermehrung der Nahrungserzeugung, die Bekämpfung des Geburtenrückgangs, der die Erhaltung des Volkes gefährdete und um die Förderung der Sesshaftigkeit der Familie.[508] Von „Denkmälern" wurde im Zusammenhang mit den Siedlungen noch nicht gesprochen.

Das blieb erst wieder Adolf Hitler vorbehalten, der am 11. März 1936 bei einer Wahlveranstaltung in Karlsruhe kurz nach dem „Heldengedenktag" und dem völkerrechtswidrigen Einmarsch der Wehrmacht ins entmilitarisierte Rheinland seine Friedensabsichten beteuerte. Der Hildesheimer Beobachter veröffentlichte einen stenografischen Bericht: „Ich habe den Ehrgeiz, mir einmal im deutschen Volk ein Denkmal zu setzen (Brausender Beifall der begeisterten Massen). Aber ich weiß auch, dass dieses

Denkmal besser im Frieden aufzustellen ist, als in einem Kriege. Wenn wir heute in einen Krieg gestoßen würden, dann kostet die Dreißigzentimetergranate 3.000 Mk., und wenn ich noch anderthalbtausend Mark dazulege, dann habe ich dafür ein Arbeiterwohnhaus (stürmischer langanhaltender Beifall). Und wenn ich eine Million solcher Granaten auf einen Haufen lege, dann ist dies noch lange kein Monument. Wenn ich aber eine Million solcher Häuser habe, in denen so viele deutsche Arbeiter wohnen können, dann setze ich mir damit ein Denkmal. (Tosende Zustimmungskundgebungen der Zehntausende, die sich immer wiederholten)."[509]

Sowohl der Frieden wie auch die Wohnungen blieben rhetorische Floskel. Im März 1941, kurz nachdem Robert Ley durch Führererlass „Reichskommissar für den sozialen Wohnungsbau" wurde, entlarvte sein Geschäftsführer, Hans Wagner, beide Beteuerungen als Lügen: „Wir wollen es offen bekennen: wie oft haben wir uns seit 1933 die Frage vorgelegt, warum fasst der Führer den Wohnungsbau nicht an...? Heute wissen wir genau, es waren törichte Fragen, die wir hier und da gestellt haben. Alles, was der Führer bis zum Ausbruch des Krieges in Angriff genommen hat, galt nur dem einen Ziel, die Freiheit unseres Volkes, seine Wehrhaftigkeit und seine wirtschaftliche Unabhängigkeit so sicherzustellen, dass sie auch bei der äußersten Eventualität eines Krieges gewährleistet blieben."[510]

Nach dem Zweiten Weltkrieg – im August 1959 – regte der Stadtarchitekt Jahn an, in Hildesheim anstelle eines Vertriebenendenkmals eine Siedlung zu bauen, deren Name die Erinnerung an Flucht und Vertreibung wach halten könne. Die Verbände der Neisser und Laubaner entschieden sich dann doch für einen Gedenkstein, der ein Jahr später errichtet und danach jährlich als Treffpunkt genutzt wurde.[511]

Kriegsmuseum

Werner Lindner schlug für den Dürerbund und den Deutschen Bund Heimatschutz 1916 vor, in Schulen, Anstalten und Gemeindehäuser kleine Kriegsmuseen einzurichten. Feldpostbriefe, Bilder und Erinnerungsstücke sollten dem Denkmal eine besondere Authentizität verleihen.[512]

Mit ähnlicher Absicht reagierte das „Amtliche Schulblatt" der Königlichen Regierung in Wiesbaden auf den Wunsch mehrerer Schulen, die Bilder von gefallenen Lehrern in den Schulen, in denen sie zuletzt tätig waren, anzubringen. „Wir begrüßen diese Anregung und halten sie für wohlgeeignet, um die für das Vaterland Gefallenen an der Stätte ihrer früheren Wirksamkeit zu ehren und ihr Gedächtnis in den Herzen der Schuljugend lebendig zu erhalten."[513]

Bereits am 26. Februar 1915[514] gründete der Magistrat in Hildesheim („wie an vielen anderen Orten auch") ein Kriegsmuseum, mit dem man der Nachwelt „ein Bild von dem jetzigen gewaltigen Ringen um Deutschlands Sein oder Nichtsein" vermitteln wollte. Gesucht wurden „Erinnerungen in Wort und Bild, Druckschriften, Briefe, Postkarten, gebrauchte und ungebrauchte, Bilder, Karten, Pläne u. dergl., Uniformstücke, Waffen und was sonst alles dazu geeignet erscheinen könnte". Die Leitung wurde zunächst Stadtsyndikus Dr. Gerland und Oberlehrer Dr. Kleuker übertragen.[515] Schon drei Wochen später war im Knochenhauer-Amtshaus, wo es zunächst untergebracht war, eine Anzahl wertvoller Stücke eingegangen.[516] Dann las man ein Jahr lang nichts mehr von dem neuen Museumsprojekt. Auch als am 7. März 1916 der Kriegerverein von 1872 beschloss, eine Kriegsbilderausstellung, die vom Frankfurter Kunstverein zusammengetragen wurde und dem Breslauer Weltkriegsmuseum gehörte, nach Hildesheim zu holen und im Roemer-Museum zu zeigen, blieb das Kriegsmuseum ungenannt.[517] Erst Ende Mai wurde das Kriegsmuseum wieder in der Zeitung erwähnt, diesmal als Abteilung im Museum der Stadt Hildesheim. Ansonsten wiederholte die Presse, was sie schon vor einem Jahr geschrieben hatte: Es würden neben anderen Zeitdokumenten Extrablätter, Bekanntmachungsanschläge, Mobilmachungsaufrufe, Brot- und Zuckerkarten ausgestellt. Oberlehrer Kleuker vom Andreanum habe den Auftrag, die Abteilung zu ordnen.[518]

Am 1. September 1916 wurde das als klein aber doch interessant bezeichnete Hildesheimer Kriegsmuseum dann der Öffentlichkeit vorgestellt. In aller Stille sei es im Knochenhauer-Amtshaus eingerichtet worden und verdiente eine rege Beachtung von Seiten der Bevölkerung. Auf engem Raum seien dort Sachen zusammengetragen, „die der blutige Kampf selbst geliefert hat", also zerbeulte Waffen, Uniformen, Splitter von Granaten und Schrapnells, erbeutete Karten, Bekanntmachungen in den Sprachen der Gegner, und Dokumente aus den besetzten Gebieten und dem Inland (außer Bekanntmachungen und Zeitungen Lebensmittelkarten, Notgeld, Gefangenenlisten, Spiele und Scherzartikel).[519] Führungen durch Professor Kleuker wurden im Dezember 1916 jeden Dienstag und Freitag von 11 bis 13 Uhr angeboten.[520]

Vom Knochenhauer-Amtshaus wurde das Kriegsmuseum in das Roemer-Museum verlagert, wo es am 24. Februar 1918 mit der Ausstellung von Papier-Notgeld verschiedener Städte, Dörfer und Betriebe Deutschlands sowie der besetzten Gebiete eröffnete. Der Aufruf, Gegenstände mit Bezug zur Kriegszeit abzuliefern, wurde offenbar nur zögerlich befolgt. Die Presse wünschte sich erneut eine regere Beteiligung als bisher und wies besonders auf die Möglichkeit der leihweisen Überlassung von Gegenständen hin. Neben Gerland betreute nun Mittelschullehrer Kloppenburg das Museum.[521]

Auch die heimkehrenden Kriegsteilnehmer wurden dringend und wiederholt gebeten, mitgebrachte Gegenstände im Kriegsmuseum abzugeben.[522]

Kurz nach der Machtübertragung an die Nationalsozialisten fand vom 28. Mai bis 8. Juni 1933 in den Ausstellungssälen des Roemer-Museums eine „Gedenkausstellung Weltkrieg 1914-1918" statt, die von den Ehemaligen des Infanterie-Regiments von Voigts-Rhetz Nr. 79, vom Flotten- und Kolonialverein und von anderen Verbänden mit Erinnerungsstücken ergänzt worden war. Der kommissarische Regierungspräsident wies am 2. Mai 1933 durch die Abteilung für Kirchen und Schulen auf dieses Ereignis hin und ersuchte insbesondere „die Herren Schulleiter der Stadt Hildesheim und der benachbarten Kreise Hildesheim-Land und Marienburg, bis zum 15. Mai ihren Herrn Schulräten zu berichten, ob und mit wie viel Kindern (vom 10. Jahre ab) sie die Ausstellung zu besuchen wünschen." Von einem „Kriegsmuseum" war in diesem Zusammenhang nichts mehr zu lesen.[523] Es war bereits im März 1920 geschlossen worden.[524] Das ursprüngliche Konzept hatte sich der Tradierung eines hart errungenen Sieges verschrieben. Schon während des Krieges erzeugte es nur wenig Resonanz bei den Hildesheimern, danach verstummte sie völlig: „Nach dem unglücklichen Ausgang des Krieges (hatten) die Erinnerungsstücke für die Bevölkerung das Interesse (verloren). Deshalb wurde das Kriegsmuseum aufgelöst und die Bestände teils dem Stadtarchiv, teils der öffentlichen Bibliothek überwiesen."[525]

Landschaftsbestandteile (Findlinge, Baumpflanzungen, Haine)

Die Nutzung von Naturelementen zählt zu den germanisierenden Denkmalformen. Die Sinngebung wird entweder direkt aus dem Material abgeleitet (Stein = hart, Eiche = fest, Linde = weich) oder aus Mythen und Märchen (das Gewisper in den Baumkronen, die Donareiche, die Dorflinde, der Thiestein).

Nicht zum Gedenken an das Sterben, sondern an den Triumph wurden hundert Jahre nach der Völkerschlacht zu Leipzig in Hildesheim mehrere Bäume gepflanzt. So sollte eine Eiche im Hof des evangelischen Waisenhauses am Stein an dieses Ereignis erinnern.[526] Auch in Neuhof soll in der Zeit vom 16.-19. Oktober 1913 ein Baum gepflanzt worden sein. In Sorsum wurde unter einer Eiche ein großer Findling aufgestellt [II 13.2].

„Heldeneichen und Friedenslinden" standen auch im Mittelpunkt eines Programms, das der Königliche Gartenbaudirektor Willy Lange bereits im Spätsommer 1914 anregte, um die Weltkriegstoten zu ehren. Der Minister des Innern übermittelte den Landräten und Oberbürgermeistern die so betitelte Schrift in der Erwartung, dass dadurch kostspielige Denkmäler entbehrlich werden und durch die in Aussicht genommenen Grünflächen zur Belebung des Ortsbilds, zur Pflege der Heimatliebe und zur gesundheitlichen Erstarkung des Nachwuchses beigetragen wird.[527] Langes Idee, die anfangs auf allerhöchstes Wohlwollen stieß, scheiterte an den Realitäten, auf die im September 1916 die Deutsche Gesellschaft für Gartenkunst hinwies. Inzwischen hatte die Zahl der Toten die Fläche knapp werden lassen, für 5.000 Eichen wurden 272 Hektar veranschlagt. Auch die finanzielle Alternative stellte sich nun nicht mehr, müsse man doch die Verzinsung des gegenwärtigen Bodenwertes und die entgangenen Einnahmen in Rechnung stellen. Schließlich dürften auch die Kosten für Pflege und Unterhaltung der Anlage nicht unterschätzt werden.[528]

Die Anlage von Heldenhainen blieb danach nur noch einzelnen Gemeinden vorbehalten, in der

Nähe Hildesheims zum Beispiel der Gemeinde Escherde.529 Die lange nach dem Zweiten Weltkrieg geäußerte Idee von Stadtarchitekt Jahn, anstelle eines Vertriebenendenkmals entweder eine Siedlung zu benennen oder einen Ehrenhain anzulegen, zeigt die bleibende Faszination der Konzeption Willy Langes. Sie wurde aber auch 1959/1960 nicht verwirklicht. Immerhin wurde die Umgebung des Denkmals [II 9.5] „Eichendorff-Hain" genannt.530

Der Sorsumer Pastor Franz Lehne, Teilnehmer des Ersten Weltkriegs, pflanzte mit Gemeindeangehörigen nach seinem Amtsantritt 1939 insgesamt 24 Linden – für jeden Gefallenen und Vermissten aus der Gemeinde eine – rund um den alten Friedhof an der St.-Kunibert-Kirche [II 13.3.2]. Jede „Friedenslinde" holt einen „Sohn der Gemeinde" zurück aus der Fremde auf den heimatlichen „Friedhof", der in unmittelbarer Nachbarschaft zur Kirche liegt, in deren Eingang die Namen der Kriegstoten vermerkt sind.

Nachrufe

In einzelnen Fällen erschienen während des Ersten Weltkriegs im redaktionellen Teil der Tageszeitungen ausführliche Nachrufe zu Todesfällen von Menschen, die aus der Region stammten oder zu ihr in einer besonderen Beziehung standen und es beim Militär zu einer herausgehobenen Stellung gebracht haben.531 Mit der Überschrift „Ehrentafel" führte die Hildesheimsche Zeitung eine Rubrik ein, in der bis 1917 nahezu täglich in Erzählform über das Sterben im Felde berichtet wurde. Einzelne Bestattungen von Offizieren wurden in der Presse als „Heldenbegräbnis" hervorgehoben und mit Angaben zum Lebensweg angereichert.532

Nagelungswahrzeichen

Als besondere Form der Ehrentafel sind die während des Ersten Weltkriegs veranstalteten Nagelungen anzusehen. Nagelungswahrzeichen sollten zum einen durch den Verkauf der Nägel Geld für die Unterstützung von Kriegerwitwen und -waisen zusammenbringen, zum anderen eine bleibende Erinnerung an die Kriegszeit schaffen. Der Deutsche Werkbund veranstaltete 1915 unter seinen Mitgliedern einen Wettbewerb, um die künstlerische Qualität dieser „Kriegswahrzeichen zum Benageln" zu sichern. Von den 121 Empfehlungen, die nach künstlerischem und praktischem Wert gegliedert wurden, berücksichtigte die Vereinigung „Nationalgabe" nur wenige.533

Welche der Vorlagen „Ortsausschuss zur Errichtung eines Nagelungswahrzeichens" in Hildesheim berücksichtigte, ist unbekannt. Er kümmerte sich unter dem Vorsitz des Direktors des Andreas-Realgymnasiums, Prof. Dr. Mackel, um diese Angelegenheit. Grundlage waren hölzerne Schilder, z. B. nach dem Vorbild von Feldzeichen gestaltet, deren Farbfelder durch Nägel ausgefüllt werden sollten. Im Hildesheimer Rathaus [II 1.25.1], wo man – allerdings vergeblich – die Anbringung von elf Nagelschildern geplant hatte, sollte der Verkauf von 20.000 Nägeln 18.000 Mark für die Nationalspende der Hinterbliebenen gefallener Krieger erwirtschaften. Eiserne (schwarze), kupferne (rote), silberne (weiße) und goldene (gelb) Nägel sollten für 30 und 50 Pfennig sowie für eine und drei Mark angeboten werden.534 Erfolgreicher war offenbar eine Aktion der gewerblichen Schulen in Hildesheim, deren „Ehrenmal der gefallenen Schüler und Lehrer" im Gebäude an der Rathausstraße im Jahr 1916 Nagelungen veranlasste und so zur Finanzierung eines „Kriegs-Unterstützungsfonds" der Schule beitrug [II 1.8].

Die Vereinigung „Nationalgabe, Nagelung von Wahrzeichen zugunsten der Nationalstiftung für die Hinterbliebenen der im Kriege Gefallenen" wurde 1915 gegründet, weil es keine staatlich geregelte Angehörigenversorgung gab.535 Außer den Nagelungen war auch die Aufstellung von Opferstöcken vorgeschlagen worden. In Hildesheim wurde ein Opferstock des Roten Kreuzes am 1. August 1916 vor dem Rathaus aufgestellt.536

Pflegegräber und Ehrenfriedhöfe

Mit der Aufwertung des Soldatentums und der Kriegstoten im ausgehenden 18. Jahrhundert ging auch eine Änderung des Bestattungsreglements einher. Wurden die Leichen der Gefallenen auch im 19. Jahrhundert noch auf den Schlachtfeldern verscharrt oder verbrannt, konstituierte erstmals 1872 ein deutsches Gesetz für Elsass-Lothringen ein bleibendes Ruherecht der Bestatteten und die dauerhafte Grabpflege durch die öffentliche Hand.[537] Damit wurden sie Ehrenbürgern gleichgestellt.

Auf ein Grab dieser Art machte Rita Behrens, Nordstadtschule, das Hildesheimer Gartenamt in einem offenen Brief am 9. September 1955 aufmerksam. Seit dem 10. November 1855 läge Carl von Beaulieu-Marconnay auf dem Marienfriedhof begraben. Das Eiserne Kreuz, das ihn auszeichnete, sei längst verschrottet worden. Nun sei das Grab von Schneebeerensträuchern umgeben und schlecht zu finden. „Er hat für die Freiheit gekämpft und sein ganzes Hab und Gut gegeben, um den Soldaten Kleidung zu kaufen. Er war ein reicher Mann, gab aber alles fort aus Liebe zu seinem Vaterland." Die Gartenbauverwaltung möge doch das Grab zum hundertsten Todestag zurechtmachen und pflegen.[538]

Während des Ersten Weltkriegs stellte der Massentod neue Bedingungen: Seit 1916 war die Bestattung auf Soldatenfriedhöfen vorgeschrieben, anstelle der bis dahin praktizierten Beerdigung am Todesort. Die 1914 eingeführten Erkennungsmarken ermöglichten zwar die Identifizierung, das Massensterben an der Front verhinderte aber die Individualisierung. Otto May weist im Zusammenhang mit der Analyse von Ansichtskarten darauf hin, dass mit zunehmender Kriegsdauer der Tod als Einzelschicksal von den Postkarten verschwindet. Ab 1916 wird das Sterben als Gemeinschaftserlebnis dargestellt.[539] Auch auf dem Hildesheimer Ehrenfriedhof galt es weniger, die Erinnerung an die einzelnen Kriegstoten wachzuhalten als vor allem die Erinnerung an das Kriegserlebnis. Die Kriegsjahre sollten dauerhaft im Bewusstsein der Bevölkerung verankert bleiben.[540]

Dennoch beharrten einzelne, offensichtlich wohlhabende, Hildesheimer Familien auf individuelle Bestattungen und persönliche Trauerbezeigungen. Als Inschriften bevorzugten die Hinterbliebenen Bibelzitate oder eine Strophe aus Theodor Körners Gedicht „Gebet während der Schlacht": „In Fide et Silentio" Krieger K 32 (1914), „Wer nicht gekämpft der trägt auch die Kron des ewigen Lebens nicht davon" Grub K 33 (1914) [Off 2, 10], „Gott Dir ergeb ich mich / wenn mich die Donner / des Todes begrüssen / wenn meine Adern / geöffnet fliessen / Dir mein Gott / ergeb ich mich / Vater ich rufe Dich" Kallbreyer II r 5 (1915) [Körner], „Die Liebe höret nimmer auf" Deiters G 33 (1915) [1 Kor 13, 8], „Wirke, solange es Tag ist, es kommt die Nacht, da Niemand wirken kann" Rabius (1916) [Jh 9,4], „Erbarme Dich unser" „In Ehren gekämpft / in Ehren gestorben" Ledebur II r 7 (1917), „Selig sind die Toten, die in dem Herrn sterben von nun an. Ja der Geist spricht dass sie ruhen von ihrer Arbeit denn ihre Werke folgen ihnen nach" Engelke B r. 4 (1918) [Off 14, 3][541]

Ende 1915 wurde den Angehörigen von der „Rückführung der Leichen vom Kriegsschauplatz" abgeraten. Bei allem Verständnis für den Wunsch der Angehörigen, ihre Toten in heimatliche Erde bestatten zu wollen, gebe es doch erhebliche Bedenken. So sei die letzte Ruhestätte oft unbekannt. Außerdem werde die soldatische Gemeinschaft aufgekündigt: „Kein Soldat wird anders darüber denken, als dass die für das Vaterland Gefallenen am ehrenvollsten im Soldatengrab ruhen inmitten der Kameraden, die mit ihm stritten und fielen. Treue Kameradenhände haben die letzte Ruhestätte und die Gräben (sic!) geschmückt, ja oft Anlagen geschaffen, die so, wie sie angelegt, erhalten bleiben werden."[542] Das Kriegsministerium sehe die Anlegung von Kriegergrabstätten als eine Ehrenpflicht an und werde nach Kriegsende mit Garten- und Landschaftsarchitekten würdige Soldatenfriedhöfe einrichten.

Deshalb sollten Gesuche auf Rückführung auf Ausnahmen beschränkt sein. Adressat sei das stellvertretende Generalkommando, das für den Wohnort des Antragstellers zuständig ist. Außerdem waren Bedingungen einzuhalten: Der Tote musste in einem präzise lokalisierten Einzelgrab bestattet worden sein. Der Name des Überführenden war mitzuteilen. Die Beachtung der militärischen Anweisungen wurde vorausgesetzt.[543] In den Sommermonaten von Mai bis September war die Überführung von Leichen nicht gestattet – vom Balkan und aus der Türkei aus gesundheitlichen und verkehrstechnischen Gründen überhaupt nicht.[544]

In einem Zeitungsartikel am 2. September 1916 war von zahlreichen Anträgen die Rede, in denen die Antragsteller irrigerweise von einer kostenlosen Heimführung der Gefallenen ausgingen. Wegen der erheblichen Schwierigkeiten, die der Transport in den besetzten Gebieten bereite, seien die vollen Kosten aufzubringen. Erst nach dem Krieg seien die Bundesregierungen bereit, die Hälfte der Kosten zu übernehmen.545

Gegen Kriegsende redete die Hildesheimsche Zeitung den Angehörigen noch einmal kräftig ins Gewissen. Selbst die Prinzen Ernst von Sachsen-Meiningen und Heinrich XXVI. Reuß hätten vor ihrem Heldentod verfügt, dass sie eine Überführung ihrer Leichen in ihre Erbgruft ablehnten. „Wo sie gefallen, da liegen sie begraben, Seite an Seite mit denen, die das gleiche Geschick tragen, wie sie." Die Zeitung zitierte nicht die nahe liegenden Vorbilder aus der griechischen Klassik oder des Mittelalters, um die Hinterbliebenen von der Rückführung ihrer Verstorbenen abzuhalten. Sie schilderte drastisch das Problem, den Angehörigen in den Überresten der Leichenteile zu erkennen, nannte es unschön, die Ruhe der Gefallenen zu stören. Herzlos sei es, wenn Wohlhabende ihre Söhne ins Vaterland brächten, während die Toten der Armen draußen bleiben müssten. Man solle doch den Toten in der zuletzt gesehenen ganzen Manneskraft in Erinnerung behalten, statt arg zerschossen und unkenntlich gemacht. Schließlich sei die Bezeichnung „Er ist in Feindesland geblieben" eine schöne. Sie besage nicht nur, dass er nicht zurückgekommen ist und dass ihn dort, wohin ihn das Vaterland zur Abwehr feindlichen Ansturms stellte, der Tod ereilt hat, sondern dass er dort, wo er fiel, auch seine letzte Ruhestätte fand.546

Die während des Krieges ausnahmsweise mögliche Rückführung der Toten in die Heimat wurde unmittelbar nach dem Krieg zunächst gänzlich eingestellt. Das Zentrale Nachweise-Amt für Kriegerverluste wehrte mit einer öffentlichen Bekanntmachung die sich häufenden Gesuche um Überführung der „irdischen Reste" der Gefallenen aus dem Ausland in die Heimat wegen des Mangels an Transportmitteln, Zinksärgen und Geld ab.547 Ein Jahr später bestanden allerdings keine Bedenken gegen die „Heimschaffung deutscher Kriegerleichen" mehr, wenn die Angehörigen die gesamten Kosten übernahmen.548 Faktisch machten die Hinterbliebenen davon kaum Gebrauch. Stattdessen organisierten die Kriegervereine oder der Volksbund für Kriegsgräberfürsorge bald nach dem Ersten Weltkrieg Fahrten zu den Soldatenfriedhöfen im Ausland. Diese Praxis wurde auch im und nach dem Zweiten Weltkrieg beibehalten.549

Für die Anlage von Ehrenfriedhöfen und Ehrenfeldern sowie die Gestaltung der Gräber und Grabmale gab und gibt es gesetzliche Vorschriften und Richtlinien. Die „Richtlinien über die Fürsorge für die Gräber der Kriegsgefallenen des jetzigen Krieges auf den nichtreichseigenen Friedhöfen und über die Gestaltung von Kriegsgräberanlagen" vom 1. Dezember 1943550 forderten beispielsweise, das Ehrenfeld müsse in seiner Gesamtgestaltung, in der Form und Anordnung der Grabzeichen die straffe Gemeinsamkeit soldatischen Lebens und Schicksals würdig zum Ausdruck bringen. Für die endgültigen Grabzeichen waren vorgegebene Muster zu verwenden. Die Pflege der Kriegergräber insgesamt sollte „schlicht und würdig und tunlichst einheitlich sein". Woran eine gepflegte Grabstelle zu erkennen ist, bestimmten die Richtlinien genau. An diese Vorschriften konnte das Kriegsgräbergesetz vom 27. Mai 1952551 nahtlos anknüpfen.

1955 wurden auf 27 Gemeindefriedhöfen der Landkreise Hildesheim-Marienburg, Alfeld und Peine 70 Gefallene exhumiert und nach Derneburg zu den 23 dort schon bereits bestatteten Verstorbenen des Reservelazaretts umgebettet. Alle Angehörigen hatten zugestimmt, fünf Soldaten waren unbekannt. Sie fanden auf dem Ehrenfriedhof zwischen Derneburg und Hackenstedt ihre letzte Ruhestätte. Dort hatte im Auftrag der Regierung der Volksbund Deutsche Kriegsgräberfürsorge zusammen mit dem Gartenarchitekten Breloer „in der ländlichen Abgeschiedenheit eine würdige Stätte des Gedenkens und der Sammlung" geschaffen. Der erste Abschnitt war Anfang Dezember 1955 fertig gestellt.552 Zur Fertigstellung der gesamten Anlage mit 93 Gräbern wurden die Angehörigen am 7. Oktober 1956 eingeladen.553

Die in Hildesheim bestatteten Kriegsopfer starben überwiegend in den Lazaretten der Stadt oder bei den Bombenangriffen. Ihre Gräber hat die Stadt in Dauerpflege übernommen. Das gilt auch für Grabstellen, die außerhalb der Reihengräber des Nordfriedhofs angelegt wurden. Ein wie ein Kriegerdenkmal gestaltetes Privatgrab ist z. B. das von Franz Gebhardt, Abt. II r. 4, auf dem ein Totenhaus mit einem knienden, sich auf einem Schwert abstützenden, barhäuptigen Soldaten steht. In einem Bericht an den Volksbund Deutsche Kriegsgräberfürsorge (VDK) erwähnte das Friedhofs- und Gartenamt

Abb. 8: Grabstein für Hans Löbenstein

neben 307 Gräbern auf dem Zentralfriedhof (heute: Nordfriedhof) 14 Grabstellen auf dem Lambertifriedhof, 9 auf dem evangelischen Friedhof Moritzberg, 3 auf dem katholischen Friedhof Moritzberg, 3 auf dem Godehardifriedhof, 3 auf dem Magdalenenfriedhof und eine auf dem Domfriedhof.[554] Nicht übersehen werden sollte das Grab von Hans Löbenstein, dessen Grabstein ein mit Eichenlaub bekränztes gesenktes Schwert zwischen Davidstern und Eisernem Kreuz abbildet (Jüdischer Friedhof, Peiner Straße 26, lk. Seite, 6. Reihe).

Pflegegräber unterhält die Stadt. Die Rechtsgrundlage ist heute das Gesetz über die Erhaltung der Gräber der Opfer von Krieg und Gewaltherrschaft (Gräbergesetz) in der Fassung der Bekanntmachung vom 29. Januar 1993 (BGBl. I S. 178, geändert durch Art. 20 der Verordnung vom 21. September 1997, BGBl. I S. 2390).

Objektiv mögen es wirtschaftliche Gründe gewesen sein, die zur Schaffung von Ehrenfriedhöfen führten: Hier lässt sich die Dauerpflege kostengünstiger realisieren als auf den Gemeindefriedhöfen, wo dann bei einer Bestattung im Familiengrab der Konflikt mit dem befristeten und dem unbefristeten Liegerecht zu lösen wäre. Im Bewusstsein der Organisatoren und der Angehörigen galt der Ehrenfriedhof dagegen stets als eine dem Militär besonders angemessene Bestattungsform. Der Einzelne wird Teil der Formation, die Kreuze stehen aufgereiht wie die Soldaten beim Appell. Die Gesamtheit der Kriegstoten ist den zivilen Toten entrückt. Die Distanz erzeugt eine Aura des Erhabenen.

Im entgegengesetzten Sinn war die Distanzierung gemeint, die im November 1941 bei den nach Hildesheim verschleppten und hier verstorbenen Ausländerinnen und Ausländern vorgenommen wurde. Auch die Gräber „von Personen, die in der Zeit vom 1.9.1939 bis 8.5.1945 in Internierungslagern unter deutscher Verwaltung gestorben sind" oder „von Personen, die in der Zeit vom 1.9.1939 bis 8.5.1945 zur Leistung von Arbeiten in das Gebiet des Deutschen Reiches verschleppt oder in diesem Gebiet gegen ihren Willen festgehalten worden waren und während dieser Zeit verstorben sind", gelten nach § 1 Absatz 1 Ziffer 8 und 9 des Gräbergesetzes als Pflegegräber. In Hildesheim wurden diese Personen zunächst in der Nähe der hier verstorbenen Hildesheimer bestattet. Die Abkehr von dieser Praxis schildert der amerikanische Historiker Andrew Stewart Bergerson: „Then, a new policy emerged after the death of two Russians in the POW camp in Drispenstedt on 7 November 1941. The local Garden and Cemetery Office decided to designate a special section of the cemetery for foreign forced laborers and POWs (there already was a special section for fallen Aryan soldiers). These strangers were wrapped in oil-paper, sometimes identified on their burial certificate only by a number or a racial label (Pole, Eastern Worker, etc.), unceremoniously laid to rest, and in the case of POWs, often buried by fellow prisoners (SAH 103/8941). Like the so-called Final Solution to the Jewish Question that was being developed at the same time in Eastern Europe, these policies arose from the ingenuity of local bureaucrats responding to an admixture of the exigencies of wartime, racial ideology, and the desire to fit local policies to the principles of the Third Reich. In this case, however, officers of the Nazi regime also isolated foreigners from locals in death in the same way that they had been separated in everyday life. By November 1941, the Hildesheimers who ran the Garden and Cemetery Office took it upon themselves to ensure that local Aryans were not buried near 'sub-humans,' that grieving locals did not have to hear or see any evidence of degenerate foreigners in Hildesheim – neither their hard lives nor their tragic deaths."[555]

Günther Hein beschreibt die Lage der Ausländerabteilung des Hildesheimer Zentralfriedhofs als „relativ versteckt". Tatsächlich wurden die Ausländer dort mit Bedacht den Blicken der Hildesheimer Öffentlichkeit entzogen, nicht nur, um ihr den Anblick von Gräbern hier bestatteter „Untermenschen" zu ersparen. Dort, im Verborgenen und offenbar im Schutz der Dunkelheit, ließen Hildesheimer Gestapo-Angehörige in den letzten Kriegstagen auch 208 willkürlich exekutierte Ausländer in einem Massengrab verscharren. Ob dies aus Rücksichtnahme auf die Empfindungen der Bevölkerung geschah, ist allerdings zu bezweifeln. Über 30 Italiener und eine unbekannte Anzahl weiterer Ausländer wurden als vermeintliche Plünderer in der Nacht vom 26./27. März 1945 auf dem Hildesheimer Marktplatz öffentlich hingerichtet. Die letzten Leichen wurden für einige Tage am Galgen hängen gelassen. Am Galgengerüst oder direkt am Körper eines der Toten war ein Schild befestigt mit der Aufschrift: „Wer plündert muss sterben."[557]

Markus Roloff bestätigt Bergersons Vermutung, dass rassistische Gründe die Separierung veranlassten: „Doch selbst nach dem Tod kam die rassenideologisch geprägte Werteskala des NS-Systems voll und ganz zum Tragen, denn als einziges Opfer wurde der von Huck erschossene deutsche Volkssturmmann aus Hannover separat und namentlich begraben."[558]

Postkarten

In der Sammlung von Otto May beschäftigen sich 117 Ansichtskarten mit dem Thema „Soldatentod". Fast alle verherrlichen ihn zum Heldentod, der zum Teil sehr realistisch, zum Teil durch Hinzufügung von Engeln, der Siegesgöttin oder des Reichsadlers verklärt dargestellt wird. Texte unterstreichen das bedingungslose Heldentum und die Leichtigkeit des Sterbens: „Kein schönrer Tod ist in der Welt als wie vor'm Feind erschlagen auf grüner Heid im freien Feld: darf nicht gross Wehklagen." und „Es braust das Meer über das Heldengrab / Anstatt gefangen – lieber hinab".[559]

Einzelne Karten bilden Motive von Kriegerdenkmälern oder ganze Ehrenmäler ab: „Die vier Kreuze" (Eisernes Kreuz, Rotes Kreuz, Grabkreuz und Kruzifix) stehen über dem Satz „In diesem Zeichen werden wir siegen." (Abb. 588) Der Adler trägt ein Eisernes Kreuz (Abb. 580), einen Ehrenkranz (Abb. 582) oder Schwert und Fahne (Abb. 584) durch die Lüfte. Abb. 600 zeigt eine „Nagelung", ein „Gedenkschild für gefallene Helden", das bei vollständiger Ausfüllung mit 4.149 schwarzen, silbernen oder goldenen Nägeln 177,45 Mark erlösen würde. Abb. 703 ff. stellen bedeutende Kriegerdenkmäler in den Mittelpunkt: die Befreiungshalle bei Kelheim, die Waterloosäule in Hannover, das Denkmal in der Aue.

Auch in Hildesheim trugen Postkarten dazu bei, dass Kriegerehrungen finanziert und kriegsbedingte Not gelindert werden konnten. Erhalten ist eine Postkarte der Handwerker- und Kunstgewerbeschule, die „zum Besten des Kriegs-Unterstützungsfonds der Schule bestimmt" war.[560]

Nach dem Zweiten Weltkrieg erschienen in Hildesheim Ansichtskarten von einzelnen Denkmälern. Erhalten sind Postkarten aus den fünfziger und sechziger Jahren vom Kriegerdenkmal am Galgenberg[561] und vom Ostpreußengedenkstein an der Bundesstraße 1 [II 1.24].

Rituale

Der preußische Kultusminister schlug 1920 vor, Rituale als bleibende Erinnerung alternativ zur Errichtung von Denkmälern zu erörtern, wenn diese wegen unzulänglicher Mittel nur unvollkommen ausfallen könnten. Er regte (neben einer Stiftung für die Hinterbliebenen) „die dauernde Einrichtung von Gedenkfeiern und dergleichen, etwa im Anschluss an alte heimatliche Bräuche" an.[562]

Feiern folgen in der Regel bestimmten Festordnungen oder Liturgien. Das gilt auch für die öffentlichen Feiern zum Kriegstotengedenken. Die Reihung von Musik- und Wortdarbietungen, die Sitz- oder Aufstellordnung, die an Prozessionen erinnernden Märsche vom Sammelpunkt zum Veranstaltungsort, die Kranzniederlegungen tragen ritualisierte Züge, die sich Jahr für Jahr und auch von Ort zu Ort gleichermaßen wiederholten. Das Denkmal ist dabei Anlass, Ziel und Mittelpunkt des Rituals, es zieht die Empfindungen und Erwartungen der Anwesenden in ihrer ganzen, auch widersprüchlichen Vielfalt auf sich und versöhnt sie miteinander.

Dass Rituale auch überinszeniert werden können, belegt ein Bericht des SD der SS vom 7. Januar 1943: „Das stimmungsvolle Halbdunkel des Raumes, die Konzentration auf das Eiserne Kreuz, die Feuerschalen auf den Pylonen, sowie der Gang der sauber durchgeprobten und psychologisch genau berechneten Veranstaltungsfolge haben ihre Wirkung nicht verfehlt. Die Feier wurde als ‚sehr schön' empfunden. Doch hat sie, wie sich aus Gesprächen mit Teilnehmern ergab, nur wie eine gute Theateraufführung gewirkt. Man habe bei vollster Anerkennung das Gefühl nicht verloren, dass es sich um bewusste Regie, um die Herbeiführung von Nervenerregung, um Stimmungszauber handelte. Die magische Wirkung eines unsichtbaren guten Sprechers, des Trommelwirbels, des genau berechneten Auf und Ab besonders von Scheinwerfern usw. habe mit einer wirklichen Feier wenig zu tun. Auf dem Wege über eine geschickte Regie und Illusion komme man nicht zum wirklichen Erlebnis."[563]

Wie ein Ritual eindrucksvoll gestaltet werden kann, machten den Nazis die christlichen Kirchen vor. Bei den kirchlichen Gefallenenfeiern ist die vor dem Altar aufgestellte Tumba[564] gewöhnlich mit einem Fahnentuch, Stahlhelm und zwei gekreuzten Seitengewehren oder bei Offizieren mit zwei Degen geschmückt. Die Angehörigen der Gefallenen werden vor der Feier begrüßt und durch das Spalier der Gläubigen zu ihren Ehrenplätzen geleitet. Eine militärische Abordnung (in der Regel ein Unteroffizier mit sechs bis acht Mann) nimmt zu beiden Seiten der Tumba Aufstellung. Nach dem Gottesdienst singt die Gemeinde das Lied vom guten Kameraden.

Eine Wirkungssteigerung wurde dadurch erreicht, dass anstelle der Soldaten so viele brennende Kerzen an der Tumba aufgestellt wurden, wie Gefallene zu beklagen waren. Ministranten trugen sie während des Gottesdienstes zum Altar, löschten sie dort aus und trugen sie fort. Anschließend rief der Geistliche jeden Namen auf und damit die Kerzen nach und nach wieder zum Altar zurück, wo sie die Messdiener an der Osterkerze neu entzündeten. Der Abschluss des irdischen Lebens und der Beginn des ewigen wurde so ergreifend symbolisiert.[565]

Stiftungen

Die meisten Denkmäler gehen auf Stiftungen zurück. Diese sind hier nicht gemeint. Als die Versorgung der Hinterbliebenen noch nicht staatlich geregelt war, mussten Stiftungen die erforderlichen Finanzmittel bereitstellen. Es handelt sich also um Stiftungen für überlebende Kriegsopfer – für Versehrte und Hinterbliebene. Einige solcher Stiftungen sind im Verwaltungsbericht der Stadt Hildesheim für die Jahre 1914 bis 1928 in der „Ehrentafel über Stiftungen und Schenkungen" (vor dem Inhaltsverzeichnis ohne Paginierung) aufgeführt:

1915/1916: Stiftung des Geheimen Kommerzienrats Max Leeser von 5.000 Mark für die Errichtung von Heimstätten für arbeitsunfähige Kriegsinvaliden
1916/1917: Stiftung der Stadt von 50.000 Mark zum Jubiläum des Inf.-Rgt. 79 für bedürftige Kriegsteilnehmer
1917/1918: Stiftung der Stadt von 50.000 Mark für bedürftige Kriegsteilnehmer, die nicht dem Inf.-Rgt. 79 angehören
1917/1918: Stiftung von Warnecke & Co. von 10.000 Mark für Zinsen zu Freistellen für Witwen und Waisen gefallener Krieger im Walderholungsheim Wildemann
1918/1919: Stiftung des Mühlenbesitzers W. A. Gehrke, Bremen, von 10.000 Mark zur Unterstützung für aus Hildesheim gebürtige Kriegsteilnehmer.

Während materielle Stiftungen nach dem Krieg wohltätig wirkten, sollten spirituelle Stiftungen während des Krieges vor Gefahren schützen oder für einen gnädigen Tod sorgen. So stiftete beispielsweise der Himmelsthürer Friedrich Lüke vor seinem Auszug in den deutsch-französischen Krieg 1870/71 ein Jahresamt zu seinem Gedächtnis. Jahresämter oder Anniversarien sind liturgische Gedächtnisgottesdienste, die aus den Zinsen von so genannten Anniversarienstiftungen zugunsten der

Kirche bezahlt und üblicherweise am Todestag des Verstorbenen gefeiert wurden. Friedrich Lüke kam im Krieg ums Leben.[566]

Überreste (Rudimente)

Unabsichtliche Überlieferungen historischer Gegebenheiten nennt die Geschichtswissenschaft Überreste. Sachüberreste oder konkrete Überreste, die an den Krieg und an Kriegstote erinnern, gibt es in Hildesheim noch viele. Genau genommen ist die ganze Stadt ein Überrest, auch wo sie nach dem Krieg wieder aufgebaut wurde. An einigen Stellen, zum Beispiel auf dem Marktplatz [II 1.22.2] oder am Rand des Bombenopferfriedhofs [II 3.5.2], wird dieser Überrest auf Schrifttafeln kommentiert.

Unkommentiert blieb bis zum 22. Februar 2006[567] ein Überrest, der durch bewusstes Handeln zum Zweck der Unterrichtung der Mit- und Nachwelt zu Denkmälern wurde. Die St.-Lamberti-Kirche [II 2.1.3] behielt bei ihrem Wiederaufbau 1952 bewusst sichtbare Spuren vom Tag ihrer Zerstörung am 22. Februar 1945 zurück. Die Quadersteine außen an der Kirche wurden nicht abgesäuert, sondern zeigen noch heute den Ruß vom Bombenbrand.[568] Die spätgotische, zweigeschossige Sakristei im Süden wurde nicht wieder aufgebaut und der Nachwelt als Mahnmal gegen den Krieg und zur Erinnerung an seine Opfer überlassen.[569] Auch an den achteckigen Pfeilern im Kirchenschiff blieben die Spuren der Verwüstung von 1945 sichtbar.[570]

Weiterhin unkommentiert sind die persönlichen Erinnerungsstücke (Briefe, Uhren usw.) vieler der 98 im Ersten Weltkrieg gefallenen Gemeindemitglieder, die im Altartisch der St.-Magdalenen-Kirche aufbewahrt werden. Sie bedeuten mehr als die in vielen anderen Grundsteinen eingeschlossenen schriftlichen oder konkreten Überreste: Sie sollen die persönliche Erinnerung an persönlich zuzuordnenden Objekten festmachen und die Bindung der Hinterbliebenen an das Denkmal verstärken [II 1.21].[571]

Widmung von Straßen und Plätzen

Auf Gefechte, Schlachten und Kriege verweist in Hildesheim eine größere Anzahl von Straßen, allerdings nur vereinzelt auf die dabei ums Leben gekommenen Menschen. Wenn militärische Führer durch eine Denomination geehrt werden, wollten die Namensgeber ihre Siege und Verdienste ins Gedächtnis rufen, nicht dagegen ihre Opfer.
Mit den Benennungen wird kriegerischen Ereignissen seit der frühen Neuzeit gedacht:[572]

Die Bischof-Gerhard-Straße (28. September 1927), Dinklarstraße (10. Februar 1912) und Obergstraße (3. Februar 1928) erinnern an die Schlacht bei Dinklar 1367.

Die Bleckenstedter Straße wurde am 15. April 1912 nach der Schlacht bei Bleckenstedt am 12. Februar 1493 benannt.

Die Soltaustraße (26. November 1952) und Quedlinburger Straße (1928) stehen mit dem Beginn der Hildesheimer Stiftsfehde am 28. Juni 1519 (Schlacht bei Soltau) und ihrem Ende am 13. Mai 1523 („Quedlinburger Rezess") in Verbindung.

Die Befreiungskriege 1812/1813 werden durch die Blücherstraße (22. November 1901), Gneisenaustraße (17. Mai 1907), Körnerstraße (22. November 1901), Lützowstraße (1936), Nettelbeckstraße (1942), Scharnhorststraße (22. November 1901) und Yorckstraße (1936) angesprochen, denen man auch die Waterloostraße (3. Juli 1894) hinzurechnen muss. Die Von-Steuben-Straße trug zunächst zur Erinnerung an die „Völkerschlacht" 1813 den Namen Leipziger Straße (6. Januar 1899) bevor sie 1930 nach Friedrich Wilhelm von Steuben umbenannt wurde.

Entlang der damals aus Linden bestehenden Sedanallee erhielten die Straßen ihre Namen nach Schlachtorten des deutsch-französischen Krieges 1870/1871. An beiden Seiten verläuft die Sedanstraße (30. September 1873) parallel zur Allee. Rechtwinklig münden die Weißenburger Straße (seit 3. April 1877), Vionvillestraße (seit 29. Juli 1897) und Wörthstraße (seit 12. Mai 1875) ein. In der Umgebung wurden weitere Straßen nach Schlachten dieses Krieges benannt: Gravelottestraße (28. August 1896), Montoirestraße, Orléansstraße und Spichernstraße (3. Juli 1894).[573] Aber auch der Kriegshelden sollte man sich erinnern. Die Generalfeldmarschalle Graf von Moltke und Graf von Roon erhielten „ihre" Straße am 29. Mai 1876, die Generäle von Goeben und von Voigts-Rhetz die ihre 1899 und 1914.

In der Zeit des Nationalsozialismus wurden in Hildesheim Straßen nach Personen benannt, die im militärischen Einsatz ums Leben kamen und im damaligen Verständnis als Helden galten. Die Immelmannstraße z. B. (21. März 1936) erinnert an den 1916 in Flandern abgestürzten Kampfflieger Max Immelmann.574 Die Behrlastraße (1936) wurde dem zweiten Kommandanten des Fliegerhorstes Georg Behrla gewidmet, der im gleichen Jahr auf einem Dienstflug tödlich verunglückt war.575

An den Widerstand gegen Hitler erinnern – vor allem am Godehardikamp – Straßen, die 1961 nach Bernhard Letterhaus, Bernhard Lichtenberg, Carlo Mierendorff, Christoph Hackethal, Dietrich Bonhoeffer, Ernst Heilmann, Ernst von Harnack, den Geschwistern Scholl, Heinrich Jasper, Helmut Hesse, Joseph Müller, Julius Leber, Claus Graf Schenk von Stauffenberg, Carl von Ossietzky, Wilhelm Leuschner, 1963 nach Albrecht Hausdorfer, Erich Klausener, Eugen Bolz, Johanna Kirchner und 1981 nach Georg Schulze-Büttger benannt wurden. Ute Huhold vom Hildesheimer Friedenskreis stellte in ihrer Ansprache bei der Gedenkfeier am 22. März 1994 auf dem Hildesheimer Marktplatz heraus, dass Hildesheim die erste Stadt der Bundesrepublik Deutschland gewesen sei, die Straßen den Frauen und Männern des Widerstands gewidmet habe.576 Demgegenüber behauptet Klaus Neumann, Hildesheim habe länger als die meisten anderen Städte gewartet, die Gegner des Nazi-Regimes durch Straßennamen zu ehren.577 Einen Beweis seiner These bleibt er allerdings ebenso schuldig wie Ute Huhold.

Windbretter

Als Hildesheimer Besonderheit des Gedenkens an Krieg und Kriegstod sind die Windbretter am Knochenhauer-Amtshaus zu nennen, die Ende 1994 an der Nordseite in drei Reihen auf je 9 Brettern die Themenfelder „Aspekte des menschlichen Lebens in Kriegs- und Friedenszeiten", „Frieden" und „Krieg" künstlerisch umsetzen. Sie sind in ihrer Bedeutung nur zu erfassen, wenn sie als Teil der Marktplatzrekonstruktion betrachtet werden. Sie werfen einen Blick hinter die Fassaden, zurück auf die Geschichte, die zur Zerstörung der Stadt führte, nach innen auf die Haltung und das Verhalten von Menschen und in die Zukunft eines friedlichen Zusammenlebens.

4.2 Orte des Kriegstotengedenkens

Für den bereits zitierten Redakteur der Kornackerschen Zeitung „rg" kam 1920 als angemessener Ort des Kriegstotengedenkens nur ein Platz in Frage, „der entweder abseits vom Verkehr und Getriebe des Alltags auf einem Berge liegt, von dem herab das Mal jederzeit mahnend zu uns spricht, oder aber ein Platz, der weihevoll versteckt liegt, uns alle einlädt zu stiller Einkehr."578 Ein sozialdemokratischer Kollege wies 1927 auf die Grabmale der „unbekannten Soldaten" in London und Paris hin, die mitten im Riesenverkehr der Metropolen zum Innehalten und zum stummen Gruß einladen. Seine Mahnung: Der Ort der Trauer dürfe nicht zum politischen Symbol oder zum Touristenziel verkommen.579

Die konträren Ansichten der Journalisten spiegeln die Vielfalt der Standortvorschläge exemplarisch wider. In der ersten Hälfte des 19. Jahrhunderts standen Denkmäler mitten in der Stadt, gegen Ende bevorzugte man Standorte mitten in der Natur. Mal überragten sie zentrale, nach allen Seiten offene Plätze, mal suchten oder bildeten sie geschlossene Räume von ernster, feierlicher Stimmung. Gebäude kamen dafür ebenso in Frage wie Friedhofsabteilungen oder Parkanlagen.

In Hildesheim wurde immer wieder darauf hingewiesen, dass es mit dem Friedhof einen anerkannten Ort des Totengedenkens gebe. Oft verband sich mit diesem Hinweis auch der Wunsch, sich zusätzlicher Kosten erwehren zu können oder das Stadtbild nicht mit einer Vielzahl von Denkmalstiftungen überhäufen zu müssen. Seinen Ausdruck findet dieser Gedanke in der großen Anlage auf dem Nordfriedhof, die einer Vielzahl von militärischen Traditionsverbänden als Ort würdigen Gedenkens diente und in deren Nähe auch der nichtmilitärischen Kriegstoten gedacht wird.

Die zentrale Anlage konnte indes nicht alle Ansprüche erfüllen. Einzelne Gemeinschaften – insbesondere die nichtmilitärischen – suchten nach eigenen Plätzen, an denen sie sich ihrer erinnern konnten. Auch die früher selbständigen Ortsteile Hildesheims entschieden sich nur selten für den abgeschiedenen Platz auf dem Friedhof, sondern wählten auffälligere Standorte. Und auch Hildesheim selbst gönnte den Ehemaligen des Infanterie-Regiments Nr. 79 mit dem Hohen Wall [II 1.11.1], der Herderstraße/Marienstraße [II 5.4] und der oberen Feldstraße [II 6.1.1] markante Standorte für „ihre" Denkmäler.

4.2.1 Belebte öffentliche Räume

Das Ortszentrum oder der Ortseingang oder Plätze vor öffentlichen Gebäuden oder an frequentierten Straßen sind Räume der Bewegung und Begegnung vieler Menschen. Denkmäler, die dort errichtet werden, sollen beiläufig und alltäglich wahrgenommen werden. Nicht der besondere Anlass oder die gezielte Absicht sind es, die zur Wahrnehmung führen, sondern das gewöhnliche Geschehen. Die Denkmäler stellen sich entweder in den Weg (zum Beispiel als Triumphdenkmal an der Sedanstraße, II 5.7.1), sie legen sich vor den Betrachter (die Gedächtnistafel zur Erinnerung an die Zerstörung des Stadtzentrums am 22. März 1945 auf dem Markplatz, II 1.22.2), sie laden zur Unterbrechung der Bewegung ein (an der Herderstraße/Marienstraße, II, 5.4) oder stehen wie Wegbegleiter am Straßenrand (an den Kirchen in Itzum [II 18.1], Achtum [II 17.1] oder Ochtersum [II 11.1], an den Ortsrändern von Neuhof [II 10.2], Einum [II 16.1], Sorsum [II 13.5] oder Bavenstedt [II 15.2]).

Denkmäler in belebten öffentlichen Räumen drängen sich auf. Sie nehmen Teil am Leben und gestatten damit symbolisch auch den Toten, am Leben teilzunehmen. Wer will, kann sich die Zeit nehmen innezuhalten, um seinen Gedanken nachzugehen.

4.2.2 Markante landschaftliche Punkte

Einige Denkmäler erlauben einen weiten Blick in das Hildesheimer Land und über das Hildesheimer Land hinaus. Sie wurden an Plätzen errichtet, die nicht leicht zu finden sind, deshalb zur Ruhe und Besinnung einladen. (Eichendorff-Hain [II 9.5], Neuhof – Sportverein Blau-Weiß [II 10.1]). Zwei andere sind selbst schon von weitem sichtbar (Himmelsthür [II 14.1], Galgenberg [II 6.1.1]), sind damit einerseits dauernd optisch präsent, andererseits auch als abgelegene Orte Stätten der Stille und Aussichtspunkte. Das Sehen löst Empfindung aus, wird „Schauen". Vom Denkmal auf der Fuchslade in Himmelsthür überblickt man die Ortschaft und in der Ferne das Stadtgebiet, die beide am 22. März 1945 zum größten Teil zerstört wurden. Die Reliefs stellen den Zusammenhang zur Gemeinde her und verbinden die Leiden der Vergangenheit mit der Gegenwart. Himmelsthür wurde wieder aufgebaut und erheblich vergrößert, doch die Zerstörung und ihre Opfer sollen unvergessen bleiben.

Am Eichendorff-Hain und am Galgenberg streift der Blick über das Stadtgebiet hinweg am Horizont entlang. Er verbindet den Standort des Betrachters und den vor ihm liegenden Raum der Heimat durch die angegebene Himmelsrichtung mit den Erinnerungen an die alte Heimat und die Flucht im Nordosten oder an die Schlachtorte im Westen.

4.2.3 Stille öffentliche Räume

Auch mitten in Ortschaften, nicht weit entfernt von verkehrsreichen Wegen, gibt es Plätze der Stille, die zum Rückzug einladen. Sie sind schnell erreicht, entziehen den Betrachter der Geschäftigkeit des Alltags, ohne seine Zeit zu sehr zu beanspruchen. Der Marienfriedhof [II 1.11.2], heute eine Parkanlage mit Fußwegen, die gern als Abkürzung genutzt werden, kann ein solcher Ort zurückgezogener Besinnung sein. Das Denkmal am Hohen Wall, dessen Platten am Marienfriedhof weiterverwendet wurden, war es bis zu seiner Zerstörung zweifellos auch.

4.2.4 Sakrale Räume (Kirchen, Synagoge, Friedhöfe)

Für religiöse Menschen sind sakrale Räume die natürlichen Orte des Totengedenkens. Im Gotteshaus versammelt sich die Glaubensgemeinschaft in Anwesenheit Gottes, des Herrn über Leben und Tod. In ihnen wird durch die Spende der Sakramente die Zugehörigkeit zur Religionsgemeinschaft begründet und gefestigt, ihn ihnen vollzieht sich der Übergang vom irdischen zum ewigen Leben. Denkmäler stellen sicher, dass die in fremder Erde Bestatteten wenigstens im Geiste bei den Ahnen liegen. An Allerseelen oder am Totensonntag konnte so gemeinsam der Toten gedacht werden, erst später wurde mit dem Volkstrauertag ein gesonderter Gedenktag für die Kriegstoten geschaffen.

Dennoch war die Wahl des sakralen Raumes für Kriegerehrungen nicht unumstritten. Den einen galten das neutestamentarische Gebot der Feindesliebe und die Botschaft der Bergpredigt als eindeutige Verpflichtung zur Friedfertigkeit, die Kriegserinnerungen nicht zuließ. Die anderen beriefen sich auf die aus dem 13. Kapitel des Römerbriefs abgeleitete Treuepflicht gegenüber der Obrigkeit, auf den mit der Anrufung Gottes besiegelten Treueeid und auf das Bekenntnis zu Gott im Staatswappen oder auf den Koppelschlössern. Das Kriegstotengedenken besiegelte die Treue auch zu Gott über den Tod hinaus, ganz im Sinne der apokalyptischen Mahnung in der St.-Jakobi-Kirche *Sei getreu bis an den Tod* [II 1.12]. Wieder andere empfanden die christliche Lehre als zu weich, zu sanftmütig und gar nicht zum blutigen Kriegsgeschehen passend. Das Motiv der Vergebung und die Gleichheit im Tod gaben andererseits Veranlassung zum unterschiedslosen Gedenken der Toten aller Nationen, der angreifenden ebenso wie der angegriffenen: *Zum Gedächtnis / aller Opfer der Kriege / und des Terrors* steht an der Drispenstedter St.-Nikolaus-Kirche [II 7.2].

Christen und Juden begannen sofort nach dem Ersten Weltkrieg damit, dem Gedenken für die Kriegsopfer aus ihrer Gemeinde in den Kirchen oder der Synagoge eine Form zu geben. Die Michaelisgemeinde weihte Silvester 1919 als erste ein Denkmal ein [II 1.23]. 1920 folgten St. Bernward [II 1.3], St. Jakobi [II 1.12] und die Synagoge [II 2.2]. Nach dem Zweiten Weltkrieg wurden in den neugebauten Kirchen dagegen kaum noch Denkmäler errichtet. Nur die 1954 fertiggestellte Martin-Luther-Kirche [II 3.4] erhielt noch eins im Außenbereich, in den anderen zeitgleich oder später erbauten Kirchen wurde darauf verzichtet. In den meisten rekonstruierten Gotteshäusern, die vor ihrer Zerstörung Orte des Gedenkens einschlossen, unterließ man es, sie wiederherzustellen oder wenigstens an einem anderen Platz neuzugestalten. Als Ausnahmen sind in der Kernstadt die evangelischen Kirchen St. Lamberti (Garnisonskirche) [II 2.1] und Christus [II 9.1] und die katholischen St. Godehard [II 1.7] und St. Magdalenen [II 1.21] sowie in den Ortsteilen die katholischen Kirchen in Drispenstedt [II 7.2] und Sorsum [II 13.3] sowie die Klus in Einum [II 16.1] und die evangelische Kirche in Marienrode [II 12.1] zu nennen. Im Mariendom ist keine Kriegerehrung nachgewiesen.

Während in Preußen 1813 jede Gemeindekirche durch königlichen Erlass die Gedenktafel aufnehmen musste und während und nach dem Ersten Weltkrieg fast alle Kirchengemeinden Orte des Gedenkens im Kirchenraum schufen, vertrat die Evangelisch-lutherische Landeskirche Hannover nach dem Zweiten Weltkrieg – im Einklang mit den anderen Landeskirchen – zunächst die Meinung, „dass Gedenkmale (sic!) nicht in die Kirche (Unterstreichung im Original) gehören." In dem später abgesandten Entwurf mochte sie allerdings nur noch „die Nähe von Altar und Kanzel" von Gefallenenehrungen freihalten. Im direkten Gegensatz zum Vorentwurf machte sie nun sogar eine Fülle von Gestaltungsvorschlägen für den Innenraum.[580]

In fast allen Kirchen war der Platz für das Kriegstotengedenken im Westen des Gebäudes, in der Richtung des Sonnenuntergangs, des Tagesabschieds und des Beginns der Dunkelheit eingerichtet worden. Im Osten, dort wo in katholischen Kirchen der Altar steht, wo die Sonne aufgeht, stand in St. Bernward der „Kriegergedächtnisaltar" und in St. Lamberti vor der Zerstörung ein Denkmal – auch in der Form eines Altars. Das Gedenken nahm in mehreren Kirchen die Form und damit die Funktion einer Opferstätte an. Nur in der Klus und an der St.-Magdalenen-Kirche wird der Altar noch immer genutzt: als Station bei der Fronleichnamsprozession.

In der katholischen Garnisonskirche St. Elisabeth [II 5.2] war die Gedenktafel neben der Kanzel angebracht.

In der Synagoge beherrschten die großen Gedenktafeln den Innenraum.

An der Außenwand der Kirche auf dem Friedhof erinnert das Drispenstedter Mahnmal an die Opfer der Kriege und des Terrors, in der Nähe der Kirche und am Rand des Friedhofs befinden sich die Denkmalanlagen in Achtum, Itzum, Ochtersum und Sorsum.

Schließlich befinden sich Denkmäler auf Friedhöfen in einer eigenen Abteilung als Ehrenfriedhof wie auf dem Nordfriedhof [II 3.51] oder als Erinnerungstafel an der Friedhofskapelle wie in Marienrode [II 12.2].

4.2.5 Arbeitsstätten (Schulen, Verwaltungen, Betriebe)

Schulen, Verwaltungen und Betriebe werden hier zu Arbeitsstätten zusammengefasst, obwohl die Denkmäler in den Bildungseinrichtungen nicht nur an die Toten aus dem Lehrerkollegium erinnern, sondern vor allem an die im Krieg umgekommenen ehemaligen und beurlaubten Schüler. Gemeinsam ist den Denkmälern, dass sie am früheren Arbeitsplatz der Kriegstoten errichtet wurden. Damit umfasst die Adressatengruppe die überlebenden und zukünftigen Angehörigen der Institution und ihre Besucher. Die Überlebenden werden durch die einzelnen Namen an die persönlichen Bindungen zu den früheren Vorgesetzten, Kollegen, Lehrern oder Mitschülern erinnert. Den Zukünftigen und den Gästen fällt als erstes die große Zahl der Kriegstoten der Einrichtung auf, vermittelt durch lange, dicht geschriebene Namenkolonnen. Sie erhalten einen Eindruck von der Art, wie die Institution ihrer Toten gedenkt, welche Selbstoffenbarung sie preisgibt und welchen Appell sie an sie richtet.

Mit Ausnahme der von Ursulinen betriebenen Marienschule wurde in allen Hildesheimer Gymnasien, Gewerbeschulen und Fachhochschulen sowie im Lehrerseminar an eigenen Gedächtnisstätten der Kriegstoten gedacht. Auch die Goetheschule, die städtische Oberschule für Mädchen, hatte ein Denkmal [II 5.3]. Die intensivste Verbundenheit mit den Gefallenen bezeugte die Michelsenschule [II 8.3], die bereits für die sieben Kriegstoten von 1870/1871 ein Denkmal setzte (1875), nach dem Ersten Weltkrieg zwei Denkmäler einweihte (1921) und nach dem Zweiten Weltkrieg ein weiteres (1958).

Die Standortentscheidungen fielen im Kleinen offenbar nach ähnlichen Kriterien wie im Großen, in den Schulen also ähnlich wie in der Stadt. In der Michelsenschule, in der Staatlichen Baugewerkschule [II 4.3] und im Andreanum [II 5.1] wurde der Schuleingang ausgewählt. In der Michelsenschule hängen die Gedenktafeln zusätzlich in den Fluren vor dem Verwaltungsbereich im Erdgeschoss und vor der Aula. In der Scharnhorstschule wurde 1960 ein besonderer geschlossener Raum gestaltet [II 5.5]. Für die Versammlungsorte entschied man sich 1923 in der Goetheschule (die Turnhalle), im Andreas-Realgymnasium (1922) und im Josephinum (1921, II 1.13.1) sowie im Lehrerseminar (jeweils die Aula, II 1.19). Einen abgeschiedenen, zur Besinnung rufenden Raum fand das Josephinum 1962 im Kellergewölbe im ehemaligen Totenkeller der Cäcilienkirche [II 1.13.2].

Schulen nutzten die Denkmäler vor allem für die Erfüllung ihres Bildungsauftrags. Sie erinnerten mit ihnen nicht nur an die verstorbenen Schulangehörigen, sondern veranstalteten regelmäßige Gedenkfeiern mit Ansprachen, Gedicht- und Liedbeiträgen sowie Kranzniederlegungen.

In den Betrieben und Verwaltungen blieb die Funktion des Denkmals auf die bleibende stumme Erinnerung reduziert. Bis zum Umzug des Senking-Werks nach Harsum 2001 (und seit dem Neubau des Verwaltungsgebäudes 1964) hing im Treppenhaus eine Tafel mit den Namen der Bombenopfer vom 14. März 1945 [II 3.6]. *Die Ehrentafel / der gefallenen Beamten, Angestellten / und Arbeiter der Stadt Hildesheim,* die während des Ersten Weltkriegs in der Rathaushalle aufgehängt wurde [II 1.25.1], fiel dem Bombenangriff am 22. März 1945 zum Opfer. Von besonderen Gedenkfeiern, ja nicht einmal von einer Enthüllungsfeier, liegen Überlieferungen vor. Die Stadtverwaltung bemühte sich zwar um eine würdige Form im Rathaus, scheiterte aber am Denkmalschützer sowie an den fehlenden Haushaltsmitteln. Am Ende beschaffte sie für 200 Mark offenbar nur eine einzelne Holztafel.

Denkmäler in anderen Verwaltungen und Betrieben sind weder nach dem Ersten noch nach dem Zweiten Weltkrieg bekannt geworden, weder in den Zeitungen noch in den Festschriften zu Betriebsjubiläen.

4.2.6 Vereinseinrichtungen (Klubheime, Sportanlagen)

Vereine erinnerten sich ihrer gefallenen Mitglieder an ihren Versammlungs-, Übungs- oder Wettkampfstätten. Im Vereinslokal nutzten sie die Erinnerungszeichen überwiegend für das vereinsinterne Gedenken (z. B. MTV Eintracht, II 1.20), auf der Wettkampfanlage demonstrierten sie ihre Verbundenheit mit den toten Kameraden öffentlich und richteten sich damit vor allem an die Besucher.

Vereine, deren Hauptzweck die Zusammenkunft von Gleichgesinnten zum Austausch von Erinnerungen und Erfahrungen ist (Kriegervereine, Traditionsvereine, kirchlich gebundene Vereine) und Vereine, die sich der beruflichen oder standesgemäßen Interessevertretung verpflichtet fühlen, statteten ihre Versammlungsräume mit einer Erinnerungstafel aus. Allein im Katholischen Vereinhaus am Pfaffenstieg hingen fünf Gedenktafeln [II 1.15].

Vereine, deren Aufgabe der Dienst an der Gemeinschaft ist (Feuerwehr, Rotes Kreuz), entschieden sich ebenfalls für die Vereinslokale und nicht für die Außenlage als Standplatz (z. B. II 1.4 und 1.5).

Auf dem Vereinsgelände stehen die Denkmäler der Junggesellen-Kompanie v. 1831 [II 3.1] und der Mannschaftssportvereine Poseidon (heute: Eintracht) – Schwimmsport – [II 8.4], sowie Blau-Weiß Neuhof [II 10.1], SV Borussia [II 4.1], FC Concordia [II 4.2], Teutonia Sorsum [II 13.6] und VfV Hildesheim – Fußball – [II 4.4].

Die beiden Siedlervereine West [II 8.5] und Großer Saatner [II 6.3] errichteten die Denkmäler auf Plätzen des Siedlungsgebiets, die ähnlich wie in einer Dorfgemeinschaft ausgewählt und angelegt wurden.

Anmerkungen

376 Jessen, Kriegergräber, S. 45. In ähnlicher Weise beschrieb Gustav Brandes im Hannoverschen Kurier v. 30.10.1921 die Entstehungsgeschichte der „Kriegerdenkmäler auf dem Lande", die er als „Geschmacksungeheuer, die ... wie Pilze aus der Erde wuchsen" bezeichnete. Zit. nach Schneider, „.... nicht umsonst gefallen?", S. 186.
377 StadtA Hi Best. 799-9, Nr. 1, b1 und b2; StadtA Hi Best. 102 Nr. 10099.
378 Bericht über den Denkmalsbau, StadtA Hi Best. 799-9, Nr. 1.
379 Daten und Ereignisfolge nach: Cassel, Festschrift zur Enthüllung des Kaiser-Wilhelm-Denkmal, S. 10.
380 Vermerk des Stadtbauamts über die Bewertung der Entwürfe v. 18.2.1937, StadtA Hi Best. 799-9 Nr. 10.
381 Evangelisches Gemeindeblatt für Hildesheim, Nr. 11, 15.2.1921, S. 3 f.
382 Eigene Aufnahme vom 7. Mai 2003.
383 HiZ v. 11.8.1914.
384 HiZ v. 1.9.1914.
385 HiZ v. 7.9.1914.
386 HiZ v. 2.8.1915.
387 HiZ v. 7.8.1915.
388 Klemperer, LTI, S. 128.
389 HiZ v. 21.8.1914.
390 HiZ v. 21.10.1927.
391 HB v. 20./21.2.1937.
392 HiZ v. 3.2.1926.
393 HAZ v. 19.8.2000; zwei Kreuzsteine in der Gemarkung Ochtersum sind dokumentiert in: Hartel/Härlen-Simon/Hartmann, Ochtersum, S. 82 ff. Siehe auch Günther E. H. Baumann, Vier bedeutende steinerne Zeugen aus der Geschichte von Alt-Ochtersum. In: Hildesheimer Jahrbuch für Stadt und Stift Hildesheim, Band 63. 1992, S. 35-49. In der Einumer Ortschronik von Hartmann, ...unser Einum, S. 86 ff., werden vier Kreuzsteine nachgewiesen. Zum Thema Steinkreuze/Kreuzsteine allgemein s. Werner Müller/Günther E. H. Baumann, Kreuzsteine und Steinkreuze in Niedersachsen, Bremen und Hamburg. Vorhandene und verlorengegangene Rechtsdenkmale und Memorialsteine, Hameln 1988.
394 Siehe z. B. Hildesheimer Friedhöfe im Wandel der Zeit, S. 26 ff.
395 Es gibt kein Denkmal eines einzelnen Kriegshelden in Hildesheim. Das Kaiser-Wilhelm-Denkmal, Hildesheims einziges Regentendenkmal, ist 1943 eingeschmolzen worden.
396 HAZ v. 17.8.2000.
397 HP v. 2.4.1962.
398 Der mit „rg." gezeichnete Kommentar erschien in: Hildesheimsche Zeitung/Kornackersche Zeitung v. 21.6.1920.
399 Jessen, Kriegergräber, S. 48.
400 Lurz, Kriegerdenkmäler in Deutschland, Band 3, S. 46.
401 HiZ v. 12.5.1917.
402 Erl. d. Ministers für Wissenschaft, Kunst und Volksbildung v. 14.1.1920, HStA Hann. 122a XIII Nr. 3438, fol. 47.
403 Erl. v. 19.8.1938, HStA. Hannover, Hann. 122a XIII, Nr. 3438 fol. 9.
404 Schneider, „....nicht umsonst gefallen?", S. 270.
405 Anzeige in HiZ v. 27.8.1916.
406 Erl. d. Ministers für Wissenschaft, Kunst und Volksbildung v. 20.8.1919. In: Amtliches Schulblatt für den Regierungsbezirk Hildesheim, Nr. 18, 16.9.1919, S. 187.
407 HiZ v. 27.7.1925.
408 Demant, Luisenkult, S. 316.
409 Auskunft der Bauverwaltung des Landkreises am 20. Mai 2003.
410 HAZ v. 26.1.1962.

411 RGBl. I 1934, S. 163.
412 Verordnung des Reichspräsidenten über die Stiftung eines Ehrenkreuzes vom 13. Juli 1934, RGBl. I S. 619. Geeb, Deutsche Orden, S. 152.
413 Neue Durchführungsbestimmung in: HAZ v. 26.11.1934.
414 HAZ v. 22.10.1936.
415 Beispiele aus dem Ersten Weltkrieg in: Hoffmann, Ein Krieg wird ausgestellt, S. 136 f. und 309 f.
416 HiZ v. 27.1.1915.
417 HiZ v. 8.2.1915.
418 HiZ v. 1.10.1915.
419 HiZ v. 28.3.1916.
420 HiZ v. 3.8.1916.
421 HiZ v. 25.2.1916.
422 Beispiele in: Ein Krieg wird ausgestellt, S. 135-138.
423 Privatbesitz Häger, überbracht am 21.11.1943.
424 Gedenkblätter aus 1943 und 1944 im Privatbesitz Häger.
425 Boberach, Meldungen aus dem Reich, Band 8, S. 2887.
426 Privatbesitz Häger.
427 Anzeige der Kornackerschen Druckerei in HiZ v. 6.9.1916: „Ein bleibendes Andenken sind unsere Trauerbilder für gefallene Krieger mit Porträt der Gefallenen."
428 Peter Herbeck, ehemaliger Ortsbürgermeister, übergab mir am 20.2.2004 eine Kopie der Ehrentafel.
429 Einsehbar im Büro des Ortsbeauftragten.
430 Die Teilnehmer des Trauergottesdienstes am 23. Dezember 1918 erhielten ein künstlerisches Totenbildchen, auf dem die Namen der Gefallenen und ihr Todestag verzeichnet stand. Kloppenburg, Neueste Geschichte, S. 89.
431 HiZ v. 8.12.1915.
432 Siehe Ariès, Geschichte des Todes, S. 128 ff.
433 F. W. Storck, Von Gedenktafeln und Gedächtnisstätten. In: Jessen, Kriegergräber, S. 43.
434 Gerlach/Seeland, Geschichte des Bischöflichen Gymnasium Josephinum, Band 2, S. 8.
435 Das Verfahren im Andreanum schilderte Kurt Ernesti, Das Ehrenbuch der gefallenen Andreaner. In: Jahresbericht 1965/1966, Gymnasium Andreanum, S. 4.
436 Brandes, Kgl. Preuß. Infanterie-Regiments von Voigts-Rhetz, ab S. 595.
437 „Die Kriegsopfer der Stadt Hildesheim im II. Weltkrieg", Statistisches Amt der Stadt Hildesheim, Nr. 26, abgeschlossen am 31.12.1957, s. a. HP v. 15./16.11.1958.
438 Ernesti, Das Ehrenbuch der gefallenen Andreaner, S. 4.
439 Bruno Taut, Gefallenendenkmal für Magdeburg. In: Armanski, „... und wenn wir sterben müssen", S. 169-173.
440 Zit. n. Lurz, Kriegerdenkmäler in Deutschland, Band 4, S. 20.
441 Scharnhorstschule, Festschrift, S. 25.
442 Vogeler, Kriegschronik, S. 113.
443 HiZ v. 4.11.1915.
444 HiZ v. 28.10.1916.
445 Kloppenburg, Neueste Stadtgeschichte. Die Angaben finden sich in den Ereignisbeschreibungen der einzelnen Kirchengemeinden.
446 HiZ v. 5.12.1918.
447 Hartmann, ...unser Einum, S. 179.
448 Kloppenburg, Neueste Geschichte, S. 89 und 95.
449 Kirchlicher Anzeiger für das Bistum Hildesheim v. 29.7.1924, S. 111. Der Portiunkula-Ablass ist ein vollkommener Ablass, durch den nach katholischer Lehre alle zeitlichen Strafen nachgelassen werden.
450 HiZ v. 25.10.1927 (auf Anordnung des in der Fuldaer Bischofskonferenz zusammengeschlossenen Episkopats, s. Lurz, Kriegerdenkmäler in Deutschland, Band 4, S. 417.
451 Boberach, Meldungen aus dem Reich, Band 5, Bericht vom 29.7.1940, S. 1427.
452 Ebd., S. 1733.
453 Ebd., S. 2885 ff.
454 Boberach, Meldungen aus dem Reich, Band 10, Bericht vom 15.6.1942, S. 3830 ff.
455 Boberach, Meldungen aus dem Reich, Band 11, Bericht vom 12.10.1942, S. 4311 ff.
456 Boberach, Meldungen aus dem Reich, Band 12, Bericht vom 7.1.1943, S. 4643.
457 HP v. 22.11.1954 (am Totensonntag, 21.11.1954, von Pastor Westphal).
458 Kirchlicher Anzeiger für das Bistum Hildesheim, 12.2.1950, S. 24.
459 Hannoversche Presse v. 10.9.1946.
460 Vogeler erwähnte beispielhaft die Siegesfeiern anlässlich der Einnahme Antwerpens am 9. Oktober 1914. Um 22 Uhr wurde eine Feier auf dem Marktplatz improvisiert. Nach der amtlichen Bestätigung des militärischen Erfolgs gegen Mitternacht blieb die Lamberti-Gemeinde im Dankgebet um ihren Pfarrer geschart bis um 3 Uhr in der Kirche. Vogeler, Kriegschronik, S. 68 und 153.
461 HiZ v. 5.9.1917. Am 4.11.1917 wurde in gleicher Weise der Sieg gegen Italien gefeiert.
462 Mosse, Gefallen für das Vaterland, S. 90, Brunotte, Zwischen Eros und Krieg, S. 118-124.
463 Kozok, Die Bismarcksäule auf dem Galgenberg in Hildesheim, S. 68.
464 HAZ v. 12.11.1936.
465 Verdichtet wiedergegeben mit beibehaltenen Originalformulierungen aus: Amtliches Schulblatt für den Regierungsbezirk Hildesheim, Nr. 16, 16.8.1933, S. 191 ff.

466 HAZ v. 2.6.1962.
467 HAZ v. 20.11.1964.
468 HiZ v. 29.7.1927.
469 HiZ v. 1.8.1927.
470 Puvogel, Gedenkstätten für die Opfer des Nationalsozialismus, S. 11.
471 Ebd., S. 429 f.
472 § 2 Ziff. 2 Gesetz über die „Stiftung niedersächsischer Gedenkstätten" (GedenkStG).
473 § 2 Ziff. 3 GedenkStG.
474 Puvogel, Gedenkstätten für die Opfer des Nationalsozialismus, S. 11.
475 Ebd., S. 430.
476 Totenregister in Form zusammenklappbarer Schrifttafeln.
477 Ariès, Geschichte des Todes, S. 192.
478 Nach herkömmlicher Definition ist ein Epitaph ein Gedächtnismal, das nicht an eine Grabstätte gebunden ist. Körner schlägt demgegenüber vor, von der Ähnlichkeit zwischen Denkmal und Leichenbehältnis, also letztlich von Proportion und Dimension auszugehen: „Solange ein Denkmal anschaulich dem Sarg verbunden bleibt, bleibt es ein Grabdenkmal, und man sollte es nicht ein Epitaph nennen." (Körner, Grabmonumente des Mittelalters, S. 181).
479 Ariès, Geschichte des Todes, S. 278-295; bes. S. 287.
480 Ariès, Geschichte des Todes, S. 339.
481 Körner, Grabmonumente des Mittelalters, S. 181.
482 Gesetzessammlung f. die preußischen Staaten, Nr. 175, Jg. 1813, S. 65/66.
483 Zit. n. Lurz, Kriegerdenkmäler in Deutschland, Band 1, S. 75-77, 230.
484 Schneider, „... nicht umsonst gefallen?", S. 31.
485 HAZ v. 24.4.1959.
486 Hildesheimer Volksblatt, 15.11.1920.
487 Lurz, Kriegerdenkmäler in Deutschland, Band 4, S. 415.
488 Ebd., S. 414.
489 Die HiZ monierte am 2.3.1925, dass es zwei Feiern gab, als „ein fürchterliches Zeichen der deutschen Not, dass nicht einmal die Trauer um die Toten gemeinsam begangen werden kann".
490 Amtliches Schulblatt für den Regierungsbezirk Hildesheim, Nr. 5, 1.3.1933, S. 36.
491 HiZ v. 27.2.1926; sie verwendete auch die Bezeichnung „Heldendanktag".
492 Reichsgesetzblatt 1934 I S. 129.
493 Erlass d. Führers u. Reichskanzlers v. 25.2.1939, RGBl. 1939 I, S. 322, Beflaggung der Dienstgebäude. RdErl. d. RMdI v. 3.3.1939 in: RMBliB. 1939 Nr. 10, S. 399.
494 Amtliches Schulblatt für den Regierungsbezirk Hildesheim, Nr. 9, 1.5.1935, S. 89.
495 HP v. 11.10.1952.
496 HAZ v. 2.3.1936; „Heldengedenktag" war der 8. März.
497 Lurz, Kriegerdenkmäler in Deutschland, Band 4, S. 413.
498 HP v. 26.6.1962 (überregional).
499 Im Leserbrief in der HP v. 23./24.6.1962.
500 HP v. 17.10.1958.
501 HiZ v. 28.6.1917.
502 HiZ v. 4.12.1916.
503 HiZ v. 5.12.1916.
504 HiZ v. 3.12.1918.
505 HiZ v. 21.4.1917.
506 HiZ v. 30.8.1920.
507 Hartmann, Deutsche Gartenstadtbewegung, S. 43.
508 HiZ v. 13.4.1916.
509 HB v. 12.3.1936.
510 Hans Wagner, Die Neuordnung des deutschen Wohnungsbaus. In: Der Soziale Wohnungsbau in Deutschland, 1. Jahrgang, Heft 5, 1.3.1941, S. 145.
511 Schriftliche Auskunft des Einumer Ortsbeauftragten Hans Pander, Hirschberger Str. 2, 31135 Hildesheim, am 4.8.2001.
512 Lurz, Kriegerdenkmäler in Deutschland, Band 3, S. 123.
513 HiZ v. 14.8.1915.
514 Stadt Hildesheim, Verwaltungsbericht 1914 bis 1928, S. 443.
515 HiZ v. 26.2.1915; Beschluss des Magistrats v. 22.2.1915.
516 HiZ v. 17.3.1915.
517 HiZ v. 8.3.1916.
518 HiZ v. 26.5.1916.
519 HiZ v. 1.9.1916.
520 HiZ v. 22.12.1916.
521 HiZ v. 23.2.1918.
522 HiZ v. 7.12.1918.
523 Amtliches Schulblatt für den Regierungsbezirk Hildesheim, Nr. 9, 1.5.1933, S. 80.
524 Stadt Hildesheim, Verwaltungsbericht 1914 bis 1928, S. 444. Das Pensionsgesuch des inzwischen 84-jährigen Otto Gerland nahmen die Städtischen Kollegien am 18.11.1919 an und dankten ihm für sein vielfältiges Wirken mit der Ernennung zum Ehrenbürger. Außerdem überließen sie „dem geistig noch sehr regen Herrn die bisherige Leitung der Stadtbibliothek, des

Stadtarchivs und des von ihm ins Leben gerufenen Kriegsmuseums." (Stadt Hildesheim, Verwaltungsbericht 1914 bis 1928, S. 34, Vogeler, Kriegschronik, S. 410). Gerland war es also auch, der das Kriegsmuseum am Ende in die beiden anderen Einrichtungen, für die er zuständig war, integrierte.
525 Stadt Hildesheim, Verwaltungsbericht 1914 bis 1928, S. 443.
526 HAZ v. 20.10.1913.
527 Erl. v. 1.7.1915, HStA. Hannover, Hann. 122a XII, Nr. 3436-37 fol. 9.
528 HStA. Hannover, Hann. 122a XIII, Nr. 3437 fol. 67.
529 Klein Escherde plante einen Ehrenhain für die Gedenkstätten des 1. und 2. WK im ehemalige Schulgarten an der Kapelle (HP v. 13.4.1962).
530 Schriftliche Auskunft des Einumer Ortsbeauftragten Hans Pander, Hirschberger Str. 2, 31135 Hildesheim, am 4.8.2001.
531 Z. B. der „Fliegertod" oder „Heldentod" von Oberleutnant Carl Rohdewald, der im Hildesheimer Inf.-Reg. 79 zum Leutnant befördert wurde, inzwischen aber zum Flieger-Bataillon Nr. 3 in Hannover abkommandiert worden war, am 17.12.1915 in der HiZ.
532 Z. B. in HiZ v. 30.1.1917.
533 Lurz, Kriegerdenkmäler in Deutschland, Band 3, S. 41 f.
534 StadtA Hi Best. 102, Nummer 11293.
535 Lurz, ebd., S. 41.
536 Siehe II 1.25.1.
537 Gesetzblatt für Elsaß-Lothringen Nr. 7, 1872, S. 123. Zit. n. Lurz, Kriegerdenkmäler in Deutschland, Band 2, S. 136.
538 HP v. 9.9.1955; einen ähnlichen Brief von Egon Maas, Schüler der Klasse 7c, veröffentlichte die Hildesheimer Rundschau am 14.10.1955; Carl von Beaulieu-Marconnay trat vom Militärdienst in den Forstdienst über und erhielt am 25.11.1845 für seine Verdienste um den Bestand des Berghölzchens und des Hildesheimer Waldes die Ehrenbürgerwürde. Sievert, 23 Ehrenbürger, S. 69 f.
539 May, Deutsch sein heißt treu sein, S. 393.
540 Krumm, Der Hildesheimer Zentralfriedhof, S. 22.
541 Ebd.
542 HiZ v. 4.11.1915.
543 HiZ v. 4.11.1915.
544 HiZ v. 22.4.1916.
545 HiZ v. 2.9.1916.
546 HiZ v. 2.8.1918.
547 HiZ v. 4.8.1920.
548 HiZ v. 29.11.1921.
549 Mosse, Gefallen für das Vaterland, S. 186-190.
550 StadtA Hi Best. 103-67 Nr. 10733.
551 Siehe Nds. MBl. Nr. 10/1958, S. 141; Ausführungsbestimmungen enthält der RdErl. d. Nds. MdI v. 22.2.1958.
552 HP v. 20.10.1955 und 8.12.1955.
553 HP v. 3. und 8.10.1956.
554 Kopie des Berichts vom 28.8.1946, ausgehändigt vom Fachbereich 66 der Hildesheimer Stadtverwaltung.
555 Bergerson, Ordinary Germans, S. 227.
556 Hein, Vom Hildesheimer Zentralfriedhof zum Nordfriedhof, S. 105.
557 Hildesheimer Geschichtswerkstatt e. V., „Schläge, fast nichts zu essen und schwere Arbeit", S. 136.
558 Ebd., S. 140. Roloff, Nur Plünderer mussten sterben?, S. 206.
559 Beispiele in May, Deutsch sein heißt treu sein, S. 375-395.
560 Abb. in II 1.8. Foto im Privatbesitz Hartmut Häger.
561 Undatierte farbige Ansichtskarte (um 1960) im Privatbesitz Hartmut Häger.
562 Erl. d. Ministers für Wissenschaft, Kunst und Volksbildung v. 14.1.1920, HStA Hann. 122a XIII Nr. 3438, fol. 47.
563 Boberach, Meldungen aus dem Reich, Band 12, Bericht vom 7.1.1943, S. 4645.
564 Eine Sargattrappe.
565 Boberach, Meldungen aus dem Reich, Band 13, Bericht vom 1.3.1943, S. 4875.
566 Hildesheimer Volkshochschule, Himmelsthür, S. 268.
567 Am 22.2.2006 ließ der Heimat- und Geschichts-Verein in der Nähe der Bushaltestelle Goschenstraße gegenüber des Ruinenrestes ein Erläuterungsschild anbringen.
568 Heutger, 500 Jahre Hallenkirche St. Lamberti, S. 77.
569 Ebd., S. 35.
570 Ebd., S. 37.
571 Kunstinventar der Pfarrkirche St. Magdalenen und der Bernwardsgruft (St. Michael) in Hildesheim, 1994, Bistumsarchiv Hildesheim, S. 24.
572 Alle Benennungsdaten nach Häger, Hildesheimer Straßen.
573 Humburg, Straßennamen erzählen vom Krieg 1870/71, S. 112.
574 Die Hildesheimsche Zeitung veröffentlichte am 20.11.1926 Immelmanns Grab unter der Überschrift „Ein Heldengrab".
575 Er wurde auf dem Nordfriedhof neben den Kriegstoten beigesetzt.
576 HAZ v. 23.3.1994.
577 Neumann, Shifting Memories, S. 74.
578 Hildesheimsche Zeitung/Kornackersche Zeitung v. 21.6.1920.
579 Nicht gezeichneter Leitartikel zum Volkstrauertag, Hildesheimer Volksblatt v. 12.3.1927, S. 1: Trauerndes Volk.
580 Schneider, „...nicht umsonst gefallen?", S. 269.

5 Zeichen und Zeiten des Kriegstotengedenkens

Schon das Denkmal selbst ist ein Zeichen, das zu denken gibt. Initiatoren und Gestalter verfügten über einen reichhaltigen Vorrat sprachlicher und bildnerischer Mittel. Anleitungen, wie sie Werner Lindner 1917 veröffentlichte[581], oder Beratungsstellen für Kriegerehrungen, von denen eine 1917 auch in Hildesheim eingerichtet wurde[582], wachten über die angemessene Verwendung der Zeichen. Dazu zählte die Auswahl der Zeichen hinsichtlich ihrer Bedeutung (Semantik), ihre Verknüpfung mit anderen Zeichen (Syntax) und ihr Verwendungszusammenhang (Pragmatik).

Zum Zeitpunkt der Herstellung musste das Kriegstotengedenken allgemein verständlich sein. Die Gestalter haben deshalb Zeichen aus bekannten Sinnzusammenhängen – der Mythologie, der Religion, der Nationalgeschichte, aber auch des Alltags – verwendet. Um die Denkmäler ikonografisch zu entschlüsseln und ikonologisch deuten zu können[583], ist es erforderlich, das Zeicheninventar zu erfassen, zu beschreiben, zu erklären und zu systematisieren. Dies ist Aufgabe des folgenden Abschnitts.

Im Anschluss daran werden die für das Kriegstotengedenken ausgewählten oder vorbestimmten Zeiten untersucht. Haben auch sie Zeichencharakter? Ist der Zeitpunkt Ausdruck (Signifikant) einer bestimmten Bedeutung (Signifikat) mit denotativen und konnotativen Anteilen? Der zweite Sonntag vor dem ersten Advent wurde beispielsweise mindestens 10-mal als Einweihungsdatum gewählt. Er wurde nach dem Zweiten Weltkrieg gesetzlich als Volkstrauertag festgelegt. Das durch Gesetz verbindlich gewordene Signifikat „Das Volk betrauert die Kriegstoten" nutzten 8-mal politische Gemeinden und nur jeweils einmal eine Schule und ein Sportverein.[584] Wie verhält es sich mit anderen Anlässen, mit dem Totensonntag, den kirchlichen Feiertagen, den intern bedeutsamen Feiertagen wie Jubiläen, Schuleinweihungen oder Betriebseröffnungen, den öffentlichen Mahn- und Gedenktagen wie dem „Tag der Heimat"? Oder waren Denkmäler eben doch einfach nur da, nachdem sie fertiggestellt und übergeben werden konnten?

Das gesamte Zeicheninventar wird im zweiten Teil dieser Untersuchung, im Katalog der Hildesheimer Kriegstotendenkmäler, bei der Deutung der einzelnen Objekte in Anspruch genommen. Der Deutung vorangestellt wird eine Beschreibung, ihr folgt die Objektgeschichte, die auch – soweit leistbar – die Rezeptionsgeschichte umfasst. Das Vorgehen folgt damit implizit den Arbeitsschritten der Ikonografie und Ikonologie:
– präikonografische Beschreibung (Beschreibung der zu sehenden Details)
– ikonografische Beschreibung (In Beziehung setzen der Darstellungselemente)
– ikonografische Interpretation (Aufdecken der tieferen Bedeutung des Objekts)
– ikonologische Interpretation (Deutung des Objekts im sozialen und geschichtlichen Kontext.[585]

Ziel ist allerdings nicht die lupenreine Anwendung dieser Methoden. Vorrang hat in dieser Arbeit die Bereitstellung und Aufarbeitung der verfügbaren Angaben über die Objekte, die Umstände ihrer Entstehung und ihre Erschaffer.

5.1 Zeichen des Kriegstotengedenkens

Wie und in welchem Geist das Gedenken für Kriegstote zu gestalten sei, gab Werner Lindner in seiner bereits erwähnten Handreichung vor: „Höchste Freude, Stolz und tiefster Schmerz und der Opfergedanke fürs Vaterland, all das soll womöglich in einem Wort, in einem kleinen Zeichen zusammengedrängt werden. Kaum ein Ausdruck ist schön, kaum ein Werkstoff edel, eine künstlerische Kraft groß und würdig genug, um rechte Symbole für die Toten dieser Zeit zu schaffen. Nur der schlichteste Ausdruck besten Wollens wird dem nachkommen, was diese Männer, die wir ehren wollen, verdienen."[586] Wie immer, schieden sich allerdings schon zum Zeitpunkt der Veröffentlichung dieser Leitsätze die Geister an Begriffen wie „schön", „edel", „groß", „würdig" und „recht". Und was für die Fachdiskussion der Zeitgenossen galt, trifft umso mehr für das Formverständnis im Wandel der Zeit zu. So steht das Schlichte neben dem allegorisch Ausgeschmückten, das Einfache neben dem Edlen, das Bescheidene neben dem Würdevollen, das Kleine neben dem Großen.

In seiner Handreichung zur Gestaltung von Kriegerehrungen schlug er eine Vielzahl von Ornamenten, Symbolen oder Allegorien vor. Auf einzelne dieser Vorschläge wird im weiteren Verlauf genauer eingegangen – sie wurden auch beim Hildesheimer Kriegstotengedenken verwendet.

Sonne, Sterne, Siebenzahl, das jüngste Gericht, die Ernte, die heilige Stadt (gleich einer geschmückten Braut), geflügelte himmlische Wesen, die Wächter des Paradieses und des Thrones Gottes (Bilder nach der hl. Offenbarung Johannis), Baum des Lebens, Jesusdarstellungen (mit Namenszug Jesus oder I.N.R.I), das von Schwertern durchbohrte Herz der Mutter Jesu (mit R.I.P.), das Auge Gottes im Strahlendreieck, ein Fisch (gr. Ichdus), das Jesuszeichen IHS in der Strahlenkrone, Jesus am Kreuz, die Zeichen der vier Evangelisten, Wappenengel oder geflügelte Engelköpfe, das Bild des Erlösers, der seine Arme über die Gefilde der Toten ausbreitet, die Kreuzigung, Grablegung, Auferstehung und Himmelfahrt Christ, der Gekreuzigte mit der Schädelstätte zu Füßen, das Zeichen Jehovas oder die Taube über sich, das Lamm Gottes mit der Kreuzesfahne, das jüngste Gericht, durch einen Engel mit der Posaune ausgedrückt, ein Engel, der den Abgeschiedenen zum Himmel führt, wie Jakob mit dem Erzengel ringt, Jakobs Traum von der Himmelsleiter, Gottes Hand, die aus den Wolken herabgreift, darüber ein „kommt", in einem Kranzgewinde das Lebensschiff auf unruhigen Wogen, darüber im Schriftband „memento mori", wie eine Hand aus strahlenden Wolken die Krone des Lebens reicht, das Bild eines Traumes, in dem das Jesuskind gezeigt wird, wie Engel den Vorhang vor dem Bild der Dreieinigkeit ziehen, die Anbetung Christi, die Gestalt des Toten im Schlaf oder im Gebet, ein Baum, den Himmelshände pflanzen, darunter „mir ist bereit't Unsterblichkeit", andere Traumbilder von der Seligkeit (Brücken über das Todestal, das Gefilde des Jenseits, von der eben aus Wolken brechenden Sonne beschienen), der fledermausgeflügelte Totenkopf, der Sensenmann mit dem Stundenglas und einem „respice finem", der Engel, der zum Himmel fliegt mit einem Schriftband „ich lebe", ein anderer mit dem Buch des Lebens, pausbäckige Engel wie Bauernkinder mit Fruchtgewinden und Wappen, Gottvater wie ein freundlicher alter Mann, Doppelwappen als Zeichen für zwei Gräber und viele andere Zeichen der Ruhe, des Friedens, Gebärden des Zudeckens, des Geschütztseins, des Abschieds.

Bilder aus der romantischen Zeit: die gebrochene Rose, die leere Schmetterlingspuppe mit dem befreiten Falter, der zum Himmel strebt, darüber die Worte „er war und ist" oder „der Tod ist Leben", der Tod als Zeichen des ewigen Schlafes, die Schlange, die sich in den Schwanz beißt, als Zeichen der Ewigkeit, Efeu, Lorbeer und Immortellenkranz, Gewinde aus Mohnfrüchten, auf einem Sockel eine Kugel mit Sternenband für den Himmel oder sehr häufig die antike Vase als Aschenurne, oft auch in der Form der Mohnkapsel, gekreuzte, nach unten gekehrte Fackeln, zwei festgefaßte Hände (auf einem Kreuz nach 1800 für Mutter und Sohn).

Als schmückende Beigaben: Palmenzweige, mit Tuch drapierte oder verhüllte Vasen, trauernde Genien, antiker Trophäenschmuck, antike Waffen, „aber Wehr und Waffen, Sturmhelm und Mörser dieses unseres großen Krieges sind so schön und so bezeichnend auch in den Augen des Volkes, dass sie unmittelbar als Symbole zu werten sind."[587]

„Betender Reiter mit Pferd am Zügel."[588]

Für die ikonografische Beschreibung und Interpretation ist es erforderlich, die Objekte zueinander in Beziehung zu setzen sowie den geistigen und sozialen Kontext zu erhellen. Die folgende Mindmap stellt einen Zusammenhang ordnet die vorgefundenen Sinnbilder Funktionen oder Traditionen zu (Tafel 8).

Für diese Sinnbereiche finden sich in Hildesheim Beispiele. Nach dem Ersten Weltkrieg dominierte die Verwendung des Eisernen Kreuzes. Von den 72 Denkmalstiftungen sind noch 38 ikonografisch auswertbar. Auf ihnen kam 33-mal (87%) das Eiserne Kreuz vor, nur drei Kirchen, die Gedenkwand auf dem Nordfriedhof und der „Soldat" am Galgenberg verwendeten es nicht. Zehnmal wurde der Stahlhelm, siebenmal das Schwert eingefügt – beide Symbole kamen nach dem Zweiten Weltkrieg eigenständig gar nicht mehr vor. Das christliche Kreuz erschien nach 1918 nur neunmal, neunmal zitierte man andere religiöse Motive. Häufig verbanden sich nach dem Ersten Weltkrieg religiöse und militärische Motive. Insbesondere die katholischen Kirchen, katholische Organisationen und katholisch geprägte Ortschaften führten die beiden Bedeutungsebenen zur Sinnfindung zusammen.

Nur 27 der hier auszuwertenden 42 Denkmalstiftungen nach dem Zweiten Weltkrieg[589] verwendeten überhaupt eigene Symbole (64%). Entweder übernahmen sie stillschweigend die an den Denk-

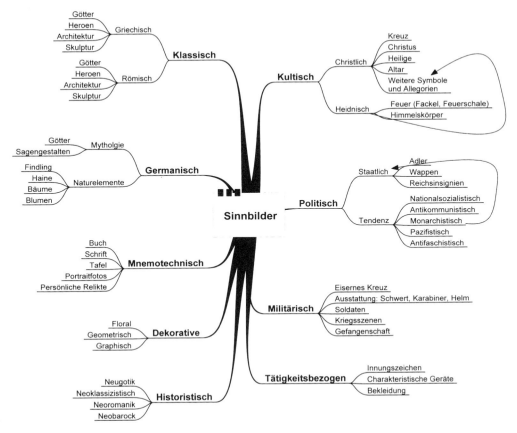

Tafel 8: Sinnbilder des Kriegstotengedenkens

mälern bereits vorhandenen oder sie beschränken sich auf die Schriftgestaltung. Wenn allerdings nach Symbolen gesucht wurde, fand man zu 52% das christliche Kreuz und zu 4% ein anderes christlich motiviertes Element. So gilt die bei Meinhold Lurz zu lesende Aussage, dass nur 10% der Gedenkzeichen nach dem Zweiten Weltkrieg keine christlichen Motive aufweisen[590], für Hildesheim nicht: 10-mal wählte man das Eiserne Kreuz (24%), einmal das Stadtwappen und einmal die Darstellung eines Fußballspielers (je 2,4%).

Im Folgenden wird nach der Bedeutung der einzelnen auf den Hildesheimer Denkmälern verwendeten Gestaltungsmittel und -elemente gefragt. Die Art des Gebrauchs – symbolisch, allegorisch, metaphorisch o. ä. – wird dabei nicht gesondert thematisiert, sondern in Teil II im Fall des konkreten Objekts betrachtet.

5.1.1 Pflanzen

5.1.1.1 Bäume

Der Baum zählt wie der Findling zu den germanisierenden Motiven und ist seit den neunziger Jahren des neunzehnten Jahrhunderts vielerorts für die Kriegerehrung verwendet worden. Symbolisch stehen Bäume allgemein für Bodenständigkeit, Verwurzelung, organische Verbundenheit.[591]

Eichen erfreuten sich besonders großer Beliebtheit. In Neuhof und im Innenhof des evangelischen Waisenhauses neben der Martinikirche wurden anlässlich der Zentenarfeiern zur Völkerschlacht von Leipzig in der Zeit vom 16.-19. Oktober 1913 Eichen gepflanzt.[592] Etymologisch gehört die Eiche zusammen mit „treu" und „(ver)trauen" zur indogermanischen Wortgruppe „deru" (Eiche, Baum) und bedeutet „(innere) Festigkeit".[593] Der Propagandist der Heldenhaine, Willy Lange, empfahl die Eiche, weil sie seit Tacitus an die „Vorstellung des Hehren" geknüpft sei und deshalb 1871 „Kaisereichen" gepflanzt worden wären. Eichen seien das „Zeichen aller Freien und Starken", „Stammbaum", „Hoffnungsbild der deutschen Einheit" und seit 1813 der deutsche Volksbaum.[594] Als Götterbaum war die Eiche Thor, Zeus und Jupiter geweiht. Eichenkränze waren schon das Würdezeichen der altitalischen Herrscher. Das semantische Merkmal „Treue" wurde in Liedern (z. B. im Niedersachsenlied), als Ordensattribut („Eichenlaub und Schwerter") oder auf Münzen symbolisiert. Mit der Eichel verbindet sich eine ausgeprägt männliche Sexualsymbolik.

Eine **Linden**anpflanzung erinnerte auf dem Sorsumer Friedhof an die Gefallenen des Ersten Weltkriegs [II 13.3.2]. Das mittelhochdeutsche „linde" bedeutet weich, zart oder mild.[595] Wir kennen die Linde im germanischen Raum als Gerichtslinde und Dorfbaum auf dem Versammlungs- und Marktplatz, als Baum des Hauses („Friedenslinde") und des Kaisers (als Hüter von Freiheit, Frieden und Recht). In germanischer Zeit war die Linde der Göttin Freya geweiht und galt als blitzabwehrend – im Gegensatz zur blitzanziehenden Eiche. Die Linde ist stark weiblich konnotiert, ein „sehr warmes Gewächs" (Hildegard von Bingen).

Die **Birke** wurde im germanischen, aber auch im slawischen Volksglauben schon lange vor der Eiche und der Linde als heiliger Baum verehrt. Sie war der Frigga (Freya) geweiht. Einer alten Sage nach soll unter einer einzeln stehenden Birke auch die letzte Weltenschlacht stattfinden.

Von alters her holt man einen „Maien" aus dem Wald, um ihn auf dem Dorfplatz aufzustellen. Damit zog der erwachende Frühling in das Dorf ein. Junge Birken werden am Straßenrand aufgestellt, wenn, zum Beispiel an Fronleichnam, Prozessionen stattfinden. Weil die Birke als erster Baum die Winterstarre beendet, symbolisiert sie Neuanfang, Lebenswillen, Trost, Jugendlichkeit, Licht und Heiterkeit. Ihr indogermanischer Wortstamm bedeutet „glänzend", „leuchtend".

Nadelbäume finden sich häufig in der Umgebung der Denkmäler, insbesondere Lebensbäume, Eiben, Tannen, Fichten oder Kiefern. Ihr Immergrün bedeutet Beständigkeit und Treue („O Tannenbaum"), verweist aber auch auf Unsterblichkeit (Thuja) und Ewigkeit. Die Tanne ist überdies mit dem Weihnachtsfest verbunden, wo sie als Lichterbaum die Hoffnung auf Frieden ausdrückt und „das Licht der Welt", die Geburt des Heilands, begrüßt.

Obstbäume vermutet man kaum im Zusammenhang von Kriegerehrungen. Dennoch: Am 2. März 1916 appellierte die Hildesheimsche Zeitung an alle Grundbesitzer: „Pflanzt Kriegsobstbäume". Was sich vordergründig als Vorsorge für gesunde Ernährung liest, ist als Reaktion auf tandhafte Andenkenware gemeint. Die Baumpflanzung sei die ursprünglichste und volkstümlichste Art der Verewigung von Taten und Menschen. „Jeder Besitzer von Land oder Garten sollte Bäume pflanzen zur Erinnerung an den Abschied, die Wiederkehr oder den Heldentod von Angehörigen, die für das Vaterland ins Feld der Ehre hinauszogen." Während tote Massenware schnell unansehnlich werde, lebe mit dem Baum die Erinnerung immerwährend fort, „und wenn ein Obstbaum auf den ersten Blick nicht dem poetischen Empfinden des deutschen Gemütes Rechnung trägt, wie der die Stärke und Kraft verkörpernde Eichbaum oder wie die unseren Vätern ans Herz gewachsene Linde, so wird er doch gerade durch seine alljährlich bescherenden Gaben Kindern und Enkeln ein Sinnbild werden von dem unerschöpflichen Schatz, den wir in der von unseren Streitern treulich beschirmten heimatlichen Scholle besitzen." Durch unablässige Eigenerzeugung werde der Kriegsobstbaum auf jedem Hof nie wieder Aushungerungspläne bei den Gegnern zulassen.[596]

Auch dieser abgehobene Appell kehrte wenige Wochen später auf den Boden zurück. Der Obstanbau sei schlicht erforderlich, weil vor dem Krieg große Mengen an Obst importiert wurden. Nun fehle der Bevölkerung die vitaminreiche Kost, so dass obstlose Flächen nicht geduldet werden dürften. Deshalb – und nicht weil Fontanes Ballade vom Birnbaum die Phantasie anregte – „kann die Mahnung, den Obstanbau zu vergrößern, nicht oft genug wiederholt und nicht weitgehend genug beherzigt werden."[597]

Anfang 1917 verklärte ein Volksschullehrer a. D. die vernünftige Idee, Obstbäume zu pflanzen, zur nationalen Huldigung. Er hatte an der schönsten Stelle seines Gartens bereits eine Grube ausgehoben, die im Frühjahr einen „Kriegs- bzw. Friedensbaum", wenn möglich der Apfelsorte „Kaiser Wilhelm", aufnehmen sollte.[598]

5.1.1.2 Blätter

Akanthusblätter wurden in Hildesheim an der Gedenkwand für die Gefallenen des Ersten Weltkriegs auf dem Nordfriedhof [II 3.5.1.2] angebracht, die im klassizistischen Stil Anleihen bei der griechischen Kunst nahm. Mit dem Akanthus (dt. Bärenklau) als Blattmotiv gestaltete man gern korinthische Kapitelle. Er ist in den Mittelmeerländern ein Symbol für Leben und Unsterblichkeit.

Lorbeer ist dem Kult des Sonnengottes Apollon zuzuordnen. Mit Lorbeer reinigte sich Apoll nach der Tötung eines Drachens. Im alten Rom war der Lorbeer dem Jupiter heilig und symbolisierte den Frieden nach dem Sieg. Siegreiche Waffen wurden mit Lorbeerreisern umwunden (vgl. die Darstellung beim Kaiser-Wilhelm-Denkmal [II 5.7.1]), ebenso die Feldzeichen der Sieger („Labarum", lat. „das Lorbeerbekränzte"). Im Christentum wurde der Lorbeer wegen seines immergrünen Aussehens Symbol des ewigen Lebens, bzw. für das neue Leben durch Christi Erlösungstod. Der Lorbeerkranz wurde von Viktoria den siegreichen Helden gereicht [II 1.11.1] und aufs Haupt gesetzt [II 3.5.1.2].

Während des Ersten Weltkriegs sah sich der Lorbeer nationalistischer Verdächtigungen ausgesetzt. Er werde aus „welschem Feindesland" eingeführt und sei deshalb ungeeignet für den Siegeskranz der Gefallenen. Eichen- und Tannenkränze seien dem italienischen Importartikel vorzuziehen.[599] Verdrängen konnte das Eichenlaub den Lorbeer nicht, bedrängen offenbar schon.

Palmwedel legten schon die Ägypter auf Särge und Mumien. Sie wurden Jesus beim Einzug in Jerusalem entgegengetragen. Der Palmwedel gilt deshalb im Christentum als „Siegespalme" des Märtyrers. Auch die griechische Mythologie kennt die Bedeutung als Siegeszeichen: Nike wurde oft mit dem Palmzweig dargestellt. Auf Hildesheimer Denkmälern sind Palmwedel überwiegend dekorative Bestandteile, z. B. im Ornament der Ehrentafel des Josephinums für die Kriegstoten des Ersten Weltkriegs [II 1.13.1].

5.1.1.3 Blumen

In dekorativen Ornamenten tauchen immer wieder Blumen mit symbolischer Bedeutung auf: Im Denkmal der St.-Jakobi-Kirche [II 1.12] wurden Passions- und Osterblumen sowie Rosen und Lilien einander zugeordnet, Symbole der Leidenszeit Christi und seiner Auferstehung sowie für Liebe und Tod.

Die **Passionsblume** erinnert schon mit ihrem Namen an die Leidenszeit Christi. Ihre Staub- und Blütenblätter sehen wie die Dornenkrone und die Kreuznägel aus.

Narzissen (Osterblumen) werden als Frühlingssymbol mit Schlaf, Tod und Auferstehung in Verbindung gebracht.

Rosen sind seit der Antike das Symbol einer Liebe, die über den Tod hinausreicht, und der Wiedergeburt. In der christlichen Symbolik steht die fünfblättrige Rose für Verschwiegenheit, die rote dornige Rose als Sinnbild des am Kreuz vergossenen Blutes für die himmlische Liebe. Als Königin der Blumen versinnbildlicht sie die Gottesmutter (Rosenkranz). Speziell in Hildesheim, der Stadt des 1000-jährigen Rosenstocks, entfaltet die Rose eine besondere Symbolkraft.

Lilien verwendet das Christentum als Symbol der reinen, jungfräulichen Liebe und für uneingeschränktes Gottvertrauen. In Sagen, Legenden und Volksliedern steht sie allerdings auch für den „bleichen Tod".

In Blumenbouquets, Füllhörnern, Körben, Schalen oder Girlanden werden diese und andere symbolträchtigen Blumen (Immortellen, Vergissmeinnicht, Astern) gerne üppig dekoriert, um liebevolle Verbundenheit, aber auch paradiesischen Überfluss anzudeuten.

5.1.2 Steinmale

5.1.2.1 Findling

Findlinge wecken Assoziationen zu germanischen und keltischen Hünengräbern und Dolmen. Die Romantik entdeckte sie wieder, nach den Befreiungskriegen verbreiteten sie sich als Denkmalstyp und setzten sich gegen Ende des 19. Jahrhunderts vorwiegend in Norddeutschland gegen den Obelisk durch.[600] In Hildesheim ist der Sorsumer Findling von 1913 erhalten geblieben [II 13.2]. Aus der Zeit nach dem Ersten Weltkrieg wurde der Findling vor der Michelsenschule überliefert [II 8.3.2]. Nach dem Zweiten Weltkrieg wurden sechs Findlinge von den Siedlergemeinschaften [II 6.3 und 8.5], von den Sportvereinen Concordia [II 4.2.2], Teutonia [II 13.6] und VfV [II 4.4] und in der Gemeinde Marienburg [II 19.1] aufgestellt.

Findlinge sind große (Granit-)Steine aus der heimatlichen Landschaft. Die Denkmalsstifter holten sie oft selbst aus der Heide oder dem Harz mühevoll herbei. Als Monolith steht der Findling für die Einheit des Landes, fast unbearbeitet, strahlt er Naturwüchsigkeit aus, selbst ein Teil der uralter Überlieferung mahnt er zu ewigem Gedenken.

5.1.2.2 Obelisk

Der Obelisk verweist als historisierende Form auf ägyptische, babylonische und assyrische Vorbilder, die als Kultsymbole des Sonnengottes errichtet wurden. Sie galten als Symbol ewigen Lebens.[601] Im 19. Jahrhundert stand er in Konkurrenz zum Findling. Auch in Hildesheim blieb er unterlegen. Nur ein Exemplar wurde als Kriegerdenkmal überliefert.[602] Seit 1920 steht es am Rand der Steingrube [II 5.4]. In Hildesheim trat der Obelisk nicht im neobarocken Stil, sondern im neoklassizistischen auf: glatt geschliffen und schlicht. An der Spitze trägt er das Eiserne Kreuz und an der Schauseite mit Schwert, Helm und Eichenlaub weitere militärische Insignien.

5.1.2.3 Pylon

Ein massiver turmartiger Baukörper mit rechteckigem Grundriss und abgeschrägten Seitenwänden wird als Pylon bezeichnet. Die ursprünglich ägyptische Form wurde im Spätbarock wiederentdeckt und im Klassizismus weiterverwendet. Pylone trugen – besonders im 20. Jahrhundert – Feuer- und Opferschalen (wie auf dem Nordfriedhof, II 3.5.1.2) oder symbolträchtige Figuren, z. B. den Reichsadler (wie in Achtum, II 17.1.1).

5.1.2.4 Pfeiler

Die hier angesprochenen Pfeiler haben keine Stütz-, sondern eine Tragfunktion, sie stehen mit rechteckigem oder quadratischem Querschnitt frei. Damit sind sie einem Sockel oder Postament vergleichbar. Pfeiler dieser Art wurden zum Beispiel an der Michelsenschule für die Opfer des Krieges 1870/71 errichtet (mit einer Viktoria an der Spitze, II 8.3.1) oder von den Angehörigen des Fliegerhorstes für die tödlich verunglückten Kommandeure Reinecke und Behrla. Dort trägt der Pfeiler einen Adler [II 3.2.1].

5.1.2.5 Stele und Epitaph

Frei stehende Steinplatten erinnern an Grabsteine, die Steine auf dem Ehrenfriedhof der Gefallenen des Ersten Weltkriegs auf dem Nordfriedhof sind bewusst als schlichte Stelen gestaltet worden [II 3.5.1.1]. Wie Stelen aussehende Denkmäler stellen am ehesten einen Zusammenhang zur Friedhofskultur her. In Achtum, wo der Standort am Kirchhof die Verbindung ohnehin nahe legt, wird sie mit einem kleinem Metallkreuz (in griechischer Form) an der Spitze noch betont [II 17.1.2]. Der Findling der Siedlergemeinschaft West wurde zur Stele umgearbeitet und gemahnt an die Verstorbenen der Gemeinschaft, ohne die Gefallenen besonders hervorzuheben [II 8.5].

Als ruhende Grabplatten wurden die Überreste des 79er-Denkmals vom Hohen Wall nach seiner Zerstörung im Zweiten Weltkrieg auf dem Marienfriedhof [II 1.11.2] weiterverwendet. Der Gedenkstein der Martin-Luther-Kirche wurde wie ein Epitaph an der Wand befestigt [II 3.4].

5.1.2.6 Steinkreuz

Frei stehende Kreuze stellen eine Beziehung zwischen dem Tod im Krieg und dem Erlösungstod Jesu her.[603] In seiner ältesten Form als Wegkreuz ist es in Sorsum zu finden [II 13.1]. Als private Stiftung erinnert es an den Tod eines Hoferben während des Russlandfeldzugs Napoleons. Nach dem Zweiten Weltkrieg wurden Denkmäler in Kreuzform auf dem Nordfriedhof errichtet (als Hochkreuz auf dem Ehrenfriedhof [II 3.5.1.3], als Steinkreuze auf dem Bombenopferfriedhof [II 3.5.2] und dem Ausländerfriedhof [II 3.5.3.5], alle Grabmale auf den Gefallenengräbern des Zweiten Weltkriegs [II 3.5.1.3]) sowie in Sorsum vor dem Friedhof [II 13.5].

5.1.2.7 Steinwand

Ein als Wand gestaltetes Denkmal ist der zentrale Hildesheimer Ort für das Gedenken der Kriegstoten des Ersten Weltkriegs auf dem Nordfriedhof [II 3.5.1.2]. Die aus verschiedenformatigen Buckelquadern errichtete Wand wird von vier Pfeilern in drei Nischen gegliedert, die jede für sich die Gedenktafeln verschiedener Einheiten bergen. In der Himmelsthürer „Walhalla" trägt die Rückwand der halbrunden Anlage die Gedenktafeln mit den Namen der Gefallenen des Ersten Weltkriegs [II 14.1.1] und der Kriegsopfer des Zweiten [II 14.1.2].

Die Wand oder Mauer erfüllt eine optische oder konstruktive Funktion. Darüber hinaus ist das Motiv der Klagemauer bekannt. Gerade auf dem Nordfriedhof schwingt diese Bedeutung spürbar mit.

Schließlich schützt eine Wand vor Eindringlingen. „Soll die Stahlmauer im Westen ein Loch bekommen, durch das sich der Feind ins Land wälzen kann?" fragte die Hildesheimsche Zeitung am 30. September 1918 und forderte zur Zeichnung der neunten Kriegsanleihe auf. Am Galgenberg steht der monumentale Wächter vor einer Mauer aus Dolomit, die Teil einer Bastion sein könnte. Die geschlossene Wand verstärkt den Eindruck der Wehrhaftigkeit und unterstreicht die Entschlossenheit des Soldaten. Das Denkmal suggeriert die im und nach dem Ersten Weltkrieg verbreitete These, dass es die – erfolgreich gelöste – Aufgabe des Königlichen Heeres war, Deutschland gegen die feindseligen Angreifer zu verteidigen. So rechtfertigt die fest stehende „Wacht" am Galgenberg symbolisch den maßlosen „Blutzoll" der 79er. Den verloren gegangenen Krieg gewinnt sie der Nachwelt siegreich zurück. Die tatsächlichen Ursachen des Kriegsausbruchs hält sie verborgen.

5.1.3 Belebte Wesen

5.1.3.1 Soldaten

Nur wenige Hildesheimer Denkmäler bilden diejenigen ab, um deren Gedenken es geht: Nach dem Ersten Weltkrieg wurden in Itzum [II 18.1] und Himmelsthür [II 14.1.1] sowie in der Kreuz-Kirche [II 1.9] Soldaten in betender Haltung dargestellt und in der Michelsenschule sowie an der Feldstraße in der Pose des Wachsoldaten. Nach dem Zweiten Weltkrieg gerät der Soldat als Trauernder und Gefallener (in Himmelsthür [II 14.1.2]) oder als Gefangener (in Himmelsthür und an der Sedanstraße [II 5.7.2]) ins Blickfeld. Kein Hildesheimer Denkmal zeigt einen kämpfenden oder sterbenden Soldaten. Auf dem Himmelsthürer Relief ist er friedlich entschlafen, in sauberer Uniform aufgebahrt und von Kameraden liebevoll betrauert. Davor beugt ein Soldat sein Knie, scheinbar in Bethaltung, doch wahrscheinlicher in der Pose ehrender Verbeugung vor den ihn umgebenden Namen der Gefallenen. Betend ist der Itzumer Soldat dargestellt, doch nicht als Trauernder, sondern als um göttlichen Beistand Flehender. Seiner Ausrüstung nach steht ihm die Schlacht noch bevor. Er verkörpert das Motiv „Gebet vor der Schlacht", dem Theodor Körner 1813 kurz vor seinem Kriegstod lyrischen und Carl Maria von Weber ein Jahr später musikalischen Ausdruck verlieh.[604] Der betende Soldat in der Heilig-Kreuz-Kirche befand sich mit der ihm gegenüber dargestellten betenden Gemeinde in christlicher Gemeinschaft und Verbundenheit, seine Bethaltung ist äußeres Zeichen seiner Zugehörigkeit, die Haltung der betenden Personen insgesamt ist Ausdruck ihrer Zusammengehörigkeit.

Das „Wächter-Motiv" kann ebenso als Ehrenwache (Michelsenschule [II 8.3.3 und 4]) wie auch als Schutzwache (Feldstraße [II 6.1.1]) gedeutet werden. Die Körperhaltung der Soldaten ist ähnlich, der Gesichtsausdruck wirkt am Galgenberg vor der Bastion entschlossener, kämpferischer.

Behelmte Köpfe, mit und ohne Ehrenkranz, kommen insbesondere an der Ehrenwand auf dem Nordfriedhof [II 3.5.1.2] vor. Dort kontrastiert die halbplastische Darstellung eines Soldatenkopfes mit lorbeergekränztem Helm in der Form des Ersten Weltkriegs einen halbplastischen antiken lorbeerbekränzten Jünglingskopf: Endpunkte einer langen Heldentradition. Auch in der Baugewerkschule [II 4.3] ist ein halbplastischer Soldatenkopf einem anderen Kopf gegenübergestellt, allerdings dem unbehelmten eines Zivilisten. Die Widmung verbindet die militärischen Tugenden mit den Berufstugenden der Ingenieure und Architekten.

5.1.3.3 Zivilisten

Auf den gleichen Denkmälern und auf einigen anderen sind auch andere Rollen figürlich dargestellt und zueinander in Beziehung gesetzt. Die Mutter, die sich von ihrem einberufenen Sohn verabschiedet und der Vater, der allein zurückbleibt und seine Arbeit verrichtet, sind auf der Gedenktafel der Michelsenschule zu sehen. Das Ehrenfenster, das ehemalige Landwirtschaftsschülerinnen und -schüler für die Kreisberufsschule [II 3.3] stifteten, zeigt einen Bauern, der einen geschlagen heimkehrenden Soldaten stützt. Auf dem Himmelsthürer Denkmal schützt eine fliehende Mutter ihr Kind, während der Mann hinter ihnen zurückblickt – zur verlassenen Heimat oder zu den die Peitsche schwingenden Verfolgern. Gleich daneben wehrt eine Frau hilflos die anfliegenden Bomber ab, gegenüber krallt sich ein Mann in den Stacheldraht des Gefangenenlagers [II 14.1.2]. Ein ähnliches Motiv findet sich am Kriegsgefangenen- und Vermisstendenkmal an der Sedanstraße [II 5.7.2]. Dort steht es dem Vertriebenenmotiv gegenüber: einem sich auf dem Wanderstab abstützenden Mann und einer erschöpften Frau auf der Flucht. Das Vertriebenendenkmal im Eichendorff-Hain [II 9.5] scheint dieses Bild aufzugreifen und weiterzudenken. Die Vertriebenen haben eine neue Heimat gefunden, die auf der Bank sitzende Frau und der hinter ihr stehende Mann tragen noch Reisekleidung, sind aber nicht mehr unterwegs. Der Bildhauer stellte sie blockhaft und statisch dar, angespannt ist ihr Blick, den sie über die neue Heimat hinaus zur alten richten.

In der Michelsenschule [II 8.3.3 und 4] können die Figuren, die Berufsrollen repräsentieren, auch allegorisch gedeutet werden. Der Schnitter und der Pflüger sind mehr als nur Landwirte, die einem bestimmten Tagwerk nachgehen: sie verkörpern zugleich das Vergehen und Werden, das Ernten und Aufbrechen, den Herbst und das Frühjahr, Tod und Geburt.

Am Denkmal des Sportvereins Blau-Weiß Neuhof [II 10.1] ist ein Fußballspieler dargestellt, im Sängerheim des MGV „Viktoria" [II 21.1] sah man auf der Ehrentafel einen müde von der Schlacht heimkehrenden, abgekämpften Reitersmann mit der Lyra in der Hand. Während die Fußballer mit ihrer figürlichen und textlichen Darstellung in den Gefallenen vorrangig die Sportkameraden sahen, deren Andenken sie dauerhaft bewahren wollten, greifen die Sänger zum Mittel der Allegorie, um Krieger und Sänger gleichermaßen zu verklären.

5.1.3.3 Christliche Heilige

Jesus ist auf Hildesheimer Denkmälern in Verbindung mit dem Kruzifix als Leidender, Duldender oder Erlöser dargestellt [1.21 und 15.3.1] oder zusammen mit Maria als Jesuskind oder Gekreuzigter. Er ist Vorbild für bedingungslose Treue dem Vater gegenüber und geduldig ertragenes Leid, zugleich ist er Leitbild für die Verheißung des ewigen Lebens.

Maria als Pietà mit dem vom Kreuz abgenommenen Christus auf dem Schoß: Entsagend und demutsvoll hebt Maria in der St.-Godehard-Kirche [II 1.7] ihren Kopf, öffnet sie ihre nach unten ausgebreiteten Arme. Mit der Linken unterstützt sie das Haupt Jesu, mit der Rechten und ihrer ganzen

Haltung stellt sie den Leichnam dem Anblick aller frei: Ecce Homo. Gleichzeitig fällt ihr Gewand wie bei einer „Schutzmantelmadonna", die den Menschen „Schutz und Schirm" gibt.

Das seit der Gotik (ab 1300) vielfach verwendete Motiv der Pietà verbindet die Hoffnungslosigkeit des Todes, auf den Maria mit menschlich nachzuempfindendem Mutterschmerz reagiert, mit dem Wissen des Gläubigen, dass Jesus den Tod überwand und in den Himmel auffuhr. Klage und Schmerz fanden oder finden sich in den Darstellungen der St.-Bernward- und St.-Elisabeth-Kirche [II 1.3 und 5.2], hier jeweils in Verbindung mit dem Appell aus Klagelieder 1, 12: „Euch allen, die ihr vorübergeht, sage ich: ‚Schaut doch und seht, ob irgendein Schmerz ist wie mein Schmerz, der mich getroffen hat'".

In der St.-Mauritius-Kirche [II 9.4] hält die Muttergottes im Bildnis der „Immerwährenden Hilfe" das Jesuskind schützend im Arm. In der Einumer Klus [II 16.1.1] trägt und behütet sie das Kind ebenfalls, allerdings aufrecht stehend und es vor sich haltend. Jesus breitet seine Arme wie zum Segen aus oder als Einladung: „Kommt zu mir, die ihr mit Sorgen beladen seid."

In der St.-Magdalenen-Kirche [II 1.21] ist Maria Magdalena mit Kelch in der Rechten dargestellt: Maria geht zum Grab, um dort zu weinen und den gekreuzigten Jesus zu salben.

St. Michael und St. Mauritius (beide in St. Mauritius) sind Schutzpatrone der Soldaten. **St. Georg** (in Bavenstedt, II 15.2.1) ist als Drachentöter Sieger über das Böse und die Zwietracht.

5.1.3.4 Gestalten der Mythologie

Drei Hildesheimer Denkmäler verwenden Figuren aus der Mythologie. Dem Götterhimmel des klassischen Altertums entlehnte man am Hagentorwall [II 1.11.1] und an der Michelsenschule [II 8.3.1] die Siegesgöttin **Viktoria**, die Denkmäler zur Erinnerung an den deutsch-französischen Krieg 1870/71 zu krönen hatte. Am Kaiser-Wilhelm-Denkmal an der Sedanstraße [II 5.7.1], das aus dem gleichen Anlass errichtet wurde, reckt **Germania** vor dem siegreichen Kaiser den Ehrenkranz in die Höhe, während sie sich mit der anderen Hand auf das loorbeerumkränzte Schwert stützt. In der Germania, die in römischer Zeit Fesseln und in ottonischer Zeit die Herrscherkrone trug, wurde um 1800 vom fortschrittlich-antifranzösischen Bürgertum wiederentdeckt und als Leitbild – gegen die französische Marianne – mit germanischen Urtugenden ausgestattet. In Hildesheim tritt sie nicht als Walküre gewappnet auf, sondern eher im Gewand einer tugendhaften Ehrenjungfrau.

5.1.3.5 Tiere und Fabelwesen

Der **Adler** ist als „der mächtigste König im Luftrevier"[605] der Herrscher der Lüfte und wehrhafter Beschützer seines Horstes. In der griechischen Mythologie ist er ein Attribut des Gottes Zeus. Als heraldisches Symbol diente er von 1433 bis 1806 den Kaisern des heiligen römischen Reiches deutscher Nation sowie deutschen Königen, Herzögen und Markgrafen als Wappenbild.[606] In dieser Form zeigt ihn das Denkmal in Achtum-Uppen [II 17.1.1], stolz, in aufrechter Haltung, die Schwingen in senkrechter Stellung geöffnet. Er krallt sich in eine Halbkugel, die auch einen Reichsapfel, das Attribut monarchischer Herrschaft, darstellen könnte. In heraldischer Form und als Relief zeigt ihn das Denkmal in Bavenstedt [II 15.2.1]. Auf dem Pfeiler des ehemaligen Fliegerhorstes [II 3.2.1] scheint der Adler abfliegen oder landen zu wollen, mit gespreizten Schwingen und nach Osten gewendetem Kopf. Die Luftwaffe verwendet ihn in ähnlicher Form in ihren Wappen.

Das **Lamm** als Symbol des erlösenden Opfertodes Jesu wird auf der Ehrentafel der Freien Fleischer-Innung [II 1.16.1] verwendet. Es ist zugleich das Wappenbild der Innung, so dass es nur mittelbar in Beziehung zum Denkmal gesetzt werden kann. Das Labarum, die Siegesfahne, die es trägt, enthält das Christusmonogramm und ist das Symbol für den auferstandenen Jesus und seinen Sieg über den Tod.

Mythische Fabelwesen sind die **Drachen**, die – in Bavenstedt [II 15.2.1] – von St. Georg beziehungsweise – an der Sedanstraße [II 5.7.1] – dem in seiner Pose auftretenden Kaiser Wilhelm I. vernichtet wurden. Sie versinnbildlichen das Teuflische und Böse – das der Erzengel (und Patron der Deutschen) St. Michael überwand – oder die Tyrannei, die St. Georg besiegte.

5.1.4 Symbole

5.1.4.1 Grundformen

Metaphorische oder allegorische Kraft haben bereits die Grundformen der Denkmäler, zum Beispiel der Altar, das Buch, die Tafel, die Ädikula oder das Portal. Säulen und Sarkophage fehlen in Hildesheim.

Der Altar ist das Zentrum der christlichen Kirche, der Tisch, an dem die Opferung stattfindet und das Abendmahl gefeiert wird, der Tisch des Herrn. In einigen Fällen (z. B. St. Bernward [II 1.3], St. Magdalenen [II 1.21]) gab bzw. gibt es „Kriegergedächtnisaltäre", in anderen Fällen (z. B. Christuskirche [II 9.1.3]) wurde das im Torraum eingerichtete Mahnmal einem Altar nachgebildet.

Das Denkmal der St.-Magdalenen-Kirche betont den Altarcharakter durch das Kruzifix und den Hostienkelch. Beide Symbole unterstreichen die Anwesenheit Gottes, das Opfer, die Erlösung, die Vergebung der Sünden und den neuen Bund, der ein ewiges Leben verheißt.

Das Buch verzeichnet die Namen der Gerechten, die am Jüngsten Tag ins Paradies einziehen dürfen, oder bilanziert die guten und schlechten Taten. Wir sprechen vom Lebensbuch („Liber vitae", irdischer Stellvertreter des von Gott im Himmel geführten Originals „Pagina coeli"), vom Buch der Geschichte, vom Heiligen Buch. Das Buch ist eine Gedächtnis-Metapher für Vollständigkeit, Genauigkeit der Übereinstimmung und Gültigkeit. Während das menschliche Gedächtnis lückenhaft ist, repräsentiert das Buch göttliche Totalität, die auch das künftige Geschehen umfasst. Es sind nur die sieben Gedenkbücher aus der Zeit nach 1945 bekannt. Noch vorhanden sind die Bücher des Andreanums [II 1.1], der Christus-Kirche [II 9.1.3], der Lamberti-Kirche [II 2.1.4] und des Scharnhorstgymnasiums [II 5.5]. Verschollen sind die Bücher der Michelsenschule [II 8.3.4], der Landwirtschaftlichen Berufsschule [II 3.3] und der Vermissten [II 5.7.2].

Ähnlich **die Tafel**: Als Wachstafel war sie das Geschenk der Mnemosyne, in sie konnte Schrift eingeritzt, eingraviert werden. Sie ist dann keine tabula rasa mehr, sondern übermittelt Namen und Fakten wie es dauerhaft Gesetzestafeln oder Stelen schon in der Antike taten. 44 Tafeln entstanden – überwiegend in Vereinen – nach dem Ersten Weltkrieg, nur noch acht waren es nach dem Zweiten.

Die **Schrift** oder die **Spur** sind komplexe Metaphern, die für das Speichern aber auch für das Verändern, Verlöschen und Auslöschen stehen. Die Schrift ist Ausdruck sozialer Konvention und verbindlicher Kommunikation.

Denkmäler oder Gedenktafeln in der Form der **Ädikula** leiten sich aus kleinen römischen Grabbauten und Tragschreinen für Götterbilder ab. Sie wurden in altchristlicher und frühmittelalterlicher Zeit verwendet, wurden in der Renaissance wiederentdeckt und bei Gedenktafeln (z. B. des Josephinums [II 1.13.1]) und Denkmälern (z. B. in Drispenstedt [II 7.2.1]) verwendet.

Schließlich fällt bei manchen Denkmälern oder Gedenktafeln **die Form der Nische, des Fensters oder des Portals** auf. Das Tor oder die Tür symbolisieren Eingang und Ausgang (z. B. in der Michelsenschule [II 8.3.3]), Geburt und Tod. Nischen geben dem Gedenken Raum und Rahmen (z. B. in St. Magdalenen [II 1.21]), Fenster öffnen sich dem Betrachter, gewähren ihm Ein- und Ausblick (z. B. in Sorsum [II 13.3.1]).

Ornamente, florale, symbolische oder geometrische, werden gern zur Abgrenzung oder Umrandung verwendet. Je nach Zeitgeschmack fallen sie mehr oder weniger üppig aus. Häufig werden Ehrengirlanden aus Eichenlaub oder Lorbeerblättern gestaltet. Sie sollen den besonderen Charakter der Ehrung unterstreichen: die Sorgfalt und den Aufwand, den man für die Ehrung aufbrachte oder das Ansehen, das man den Geehrten entgegenbringt. Sie geben dem Denkmal einen zeitlichen Bezugsrahmen, indem sie Motive bestimmter Kunst- und Kulturepochen verwenden.

Farben entfalten von alters her Symbolkraft. Schwarz ist die Farbe der Trauer und des Todes aber auch der Ehre und Ausdruck von Würde. Weiß steht dagegen für Reinheit und Wahrheit, für Verklärung und Herrlichkeit. Rot symbolisiert Liebe aber auch Kampf bis aufs Blut. Blau ist die Farbe der Treue, der Wahrheit, der Ewigkeit und des Himmels. Braun ist Symbol von Demut und Armut, des Bodens, des Herbstes und der Traurigkeit. Grün dagegen steht für Hoffnung und für das Werden. Gold ist Symbol des Himmelslichts und der Vollkommenheit, drückt aber auch höchste Wertschätzung aus, Silber wird mit dem Mondlicht in Verbindung gebracht.

Die politische Farbsymbolik tritt auf den Denkmälern nicht in Erscheinung. Nur in der Kombination drücken die Farben Schwarz-Rot-Gold oder Schwarz-Weiß-Rot eine republikanische oder monarchistische Gesinnung aus.

Auch das verwendete Baumaterial entfaltet eine über seine konstruktive oder dekorative Funktion hinausreichende Bedeutung. Beim Denkmal der Landwirtschaftsschule [II 3.3] entschied man sich (1956) bewusst für **Marmor** aus deutschen statt aus italienischen Steinbrüchen. Marmor sei ein wertvoller, harter Stein, fand man. 1875 teilte man diese Ansicht auch in der Michelsenschule. Dort sollte der edle Stein das Triumphgefühl ausdrücken und den Stolz über den gewonnenen Krieg. Nach dem verlorenen Ersten Weltkrieg stellte die Schule dem Marmor-Obelisken einen rohen Findling gegenüber. Diese Entscheidung kann als exemplarisch angesehen werden. Nicht nur die Niederlage belastete das Material, es erinnerte auch an den Glanz der Kaiserzeit und passte auch deshalb nicht mehr in die Zeit.[607]

Dolomit, Kalkstein und Sandstein sind heimische Baustoffe, die in eigenen oder regional benachbarten Steinbrüchen gewonnen wurden. Als Herkunftsorte werden z. B. Neuhof oder Salzhemmendorf (Dolomit, Thüster Kalkstein) und der Solling (Wesersandstein) genannt. Genau dies gab bei der Auswahl den Ausschlag. Man legte zwar großen Wert auf die Dauerhaftigkeit, aber gleichzeitig auch auf Heimatverbundenheit und Schlichtheit. Insbesondere in den Ortsteilen und Sportvereinen bewahrte man ihre raue Oberfläche und verwendete sie bisweilen auch in unregelmäßigen Quadern bis hin zu Bruchsteinen.

Granit ist teuer, schwer zu bearbeiten und wurde deshalb seltener verwendet. Wahrscheinlich wies man deshalb beim Kaiser-Wilhelm-Denkmal ausdrücklich darauf hin, dass der massige Sockel aus norwegischem Labrador-Granit sei. Seine dunkle Farbe, seine schroff belassene Oberfläche, seine Härte und sicher auch sein (Ewigkeits-)Wert prädestinierten ihn für seine Aufgabe, germanische Mythen aufzunehmen und den Wiederbegründer des Reichs zu tragen. Billiger aber mit ähnlicher Bedeutung behaftet waren die Granitfindlinge, die nach dem Ersten und nach dem Zweiten Weltkrieg aus dem Harz oder aus der Heide nach Hildesheim gebracht wurden. Die um 1900 entstandene und in der NS-Zeit überdehnte Konnotation „nordisch, germanisch, völkisch – deutsch" mag nach dem Zweiten Weltkrieg durch die Konnotation „heimatverbunden, fest, treu" ersetzt worden sein.

Eisen, Bronze, Kupfer und Messing, aber natürlich auch **Gold und Silber,** wurden bei den Hildesheimer Denkmälern vor allem mit dekorativer Absicht verwendet. Bei den Edelmetallen kam es nur auf die Kostbarkeit und auf die dadurch ausgedrückte Wertschätzung an. Bei den anderen Metallen dominierten andere Merkmale: beim Eisen der Mythos des Eisernen Kreuzes und seine Waffentauglichkeit, bei der Bronze die Strahlkraft als Material der edlen klassischen Kunst, bei Kupfer und Messing die Eigenschaften weich, formbar und farbig.

5.1.4.2 Kreuzformen

Die christliche Symbolik stellt das Kreuz in den Mittelpunkt, das Zeichen, das die Wandlung von der verächtlichsten Hinrichtungsform zum strahlenden Erlösungs- und Hoffnungszeichen repräsentiert. Es kommt in Hildesheim in den Grundformen Lateinisches Kreuz, Griechisches Kreuz und Tatzenkreuz (Eisernes Kreuz) vor. Auf vielen Gedenksteinen oder -tafeln wird das Kreuz schlicht oder als Kruzifix verwendet. Oft verbindet man es, wie im Eingang der Sorsumer St.-Kunibert-Kirche [II 13.3.1], mit dem Eisernen Kreuz. In Sorsum steht das Eiserne Kreuz über dem Längsbalken des Kreuzes, über dem Haupt Jesu mit der Dornenkrone. Wie zwei Archivolten wölben sich zwei Textzeilen über dem Kreuz, die vom Eisernen Kreuz bei den Wörtern Gott und Treu geteilt werden: *Aus – Gnaden – wollt (Eisernes Kreuz) Gott – euch – geben / Für – eure Treu (Eisernes Kreuz) das – ewige – Leben.*

Das christliche Kreuz ist sowohl Passions-, also Leidens- und Todeszeichen, als auch Zeichen des Triumphes über den Tod und damit zugleich Symbol für das ewige Leben. **Das Eiserne Kreuz** knüpft in Form und Farbgestaltung an das spätmittelalterliche Kreuz des Deutschen Ordens an, der als Ritterorden 1198 aus einem Hospital in Akko hervorging, sich bald aus den Kreuzzügen zurückzog und sich der Ostkolonisation zuwandte. Es symbolisiert ritterliche Tradition, die Einheit von Staat und Kirche sowie das Bekenntnis zum Christentum.

Der Entwurf des Eisernen Kreuzes geht auf Friedrich-Wilhelm III. von Preußen persönlich zurück.[608] Karl-Friedrich Schinkel, der 1810 in den preußischen Staatsdienst eingetreten war, führte die künstlerische Gestaltung aus. Es war aus Gusseisen, also ohne materiellen Wert, schwarz in Silber eingefasst, und auf der Vorderseite unverziert. Die Kehrseite enthielt oben den Namenszug F. W. mit Krone, in der Mitte drei Eichenblätter, und unten die Jahreszahl 1813. Der Orden war in zwei Klassen und als Groß-Kreuz für die Dauer des Krieges gestiftet worden. Die Kabinettsorder wurde auf den 10. März 1813, den Geburtstag von Königin Luise, rückdatiert. Das Volk verehrte Luise überschwänglich. Sie galt als glühende Patriotin, die die Reformer Stein und Hardenberg unterstützte und sich couragiert Napoleon widersetzte. Ihr früher Tod am 19. Juli 1810 im Alter von 34 Jahren trug zur Legendenbildung bei. Schinkel baute ihr Mausoleum im Schlosspark Charlottenburg.[609]

Das Großkreuz wurde im Befreiungskrieg fünfmal, die 1. Klasse fast 700-mal und die 2. Klasse etwa 16.000-mal für „Verdienste im Kampf mit dem Feinde" verliehen. Hinzu kamen etwa 380 Verleihungen des Eisernen Kreuzes am weißen Band (darunter zwei der ersten Klasse) für besondere Verdienste hinter der Front.[610] Der Tag der Stiftung des Eisernen Kreuzes wurde 100 Jahre später in den Rang eines nationalen Gedenktags erhoben, der in den Schulen mit festlichem Gottesdienst und „Schulaktus" begangen wurde. Dabei wurde auf den Geburtstag der Königin Luise ausdrücklich gesondert hingewiesen.[611]

Am 19. Juli 1870, dem Tag der französischen Kriegserklärung an Preußen, erneuerte König Wilhelm I. den Orden mit ausdrücklichem Bezug auf die „Heldentaten unserer Vorfahren in den großen Jahren der Befreiungskriege". Ordenszeichen und Band blieben unverändert, nur wurde jetzt das W in der Mitte der glatten Vorderseite mit der Krone im oberen und der Jahreszahl 1870 im unteren Flügel angebracht. Auch nichtpreußische Angehörige des Bundesheeres konnten jetzt mit dem Eisernen Kreuz ausgezeichnet werden. Mit schwarzem Band wurden das Großkreuz neunmal, die erste Klasse 1.500-mal und die zweite Klasse 43.000-mal verliehen, dazu etwa 3.000 Kreuze am weißen Band.[612]

Wilhelm II. stiftete am 5. August 1914 den Orden erneut, nun mit der Jahreszahl 1914 auf der Vorderseite. Formell blieb das Eiserne Kreuz ein preußisches Ehrenzeichen, faktisch wurde es ein deutsches, das ab 1915 auch an Soldaten verbündeter Mächte verliehen werden konnte. Im Ersten Weltkrieg wurden fünf Großkreuze, etwa 200.000 Kreuze erster Klasse und 5,2 Millionen Kreuze zweiter Klasse verliehen (bei insgesamt 13 Millionen deutschen Kriegsteilnehmern).[613]

Hitler erließ am Tag des Überfalls auf Polen, am 1. September 1939, die „Verordnung über die Erneuerung des Eisernen Kreuzes", die bis 1944 um fünf Varianten des Ritterkreuzes zwischen dem Eisernen Kreuz erster Klasse und dem Großkreuz ergänzt wurde. – Das Großkreuz wurde einmal (an Göring), das Eiserne Kreuz erster Klasse 300.000-mal, das Eiserne Kreuz zweiter Klasse 2,3 Millionen mal, alle Ritterkreuzstufen zusammen wurden 8.370-mal verliehen.[614]

Die Bundeswehr stellte sich bewusst in die Traditionslinie des Eisernen Kreuzes. Die am 24. September 1956 von Bundespräsident Heuss als Erkennungszeichen der Bundeswehr wieder eingeführte Form gilt „als Sinnbild für Tapferkeit, Freiheitsliebe und Ritterlichkeit".[615] Die Bundeswehr knüpft damit an die ursprüngliche Verwendung des Kreuzes durch die Deutsch-Ordens-Ritter und die erste Stiftung in den Befreiungskriegen an. Für den Verteidigungsexperten der CDU-Bundestagsfraktion Martin Hohmann war es deshalb nur konsequent anzuregen, anlässlich des ersten Kriegseinsatzes einer deutschen Armee nach 1945 auch den Orden des Eisernen Kreuzes zu erneuern.[616]

Beide Kreuzformen, das christliche wie das militärische, sind gemeinschaftsbildende Symbole. Sie schaffen Zugehörigkeit und grenzen ab. Das Eiserne Kreuz kennzeichnet die soldatische, das schlichte lateinische Kreuz die christliche (evangelische und katholische) Gemeinschaft.[617] Als christliches Symbol ist das Kreuz international – es verbindet die Christen weltweit. Als militärisches Symbol ist das Eiserne Kreuz national, ursprünglich preußisch, bald darauf deutsch. Beiden Kreuzen wird Verehrung zuteil – die Problematik dieser Überschneidung ergibt sich bereits aus der skizzierten Gegenüberstellung. In der geschichtlichen Wirklichkeit ordnete sich das christliche Kreuz dem militärischen regelmäßig unter, nur selten stellte es sich ihm entgegen.

Stärker als andere Symbole verlangt das Kreuz nach rituellen Gesten: Gläubige bekreuzigen sich, entblößen das Haupt, verneigen sich, knien nieder. Wie das Eiserne Kreuz zu tragen sei, bestimmte die Verordnung exakt. Dem mit dem Eisernen Kreuz Ausgezeichneten wurden militärische Ehrenbezeigungen, wie Stillstehen oder Salutieren, erwiesen. Beide Kreuze sind Bekenntnis, sie sprechen an und beanspruchen Antwort.

Das X-förmige „Andreaskreuz", das bereits in der vorchristlichen Zeit als Bannungszeichen bekannt war, fordert in heutiger Bedeutung zum Anhalten oder Innehalten auf. X-förmig gekreuzt deuten Schwerter ein Gefecht oder eine Schlacht an, erhobene Fackeln das Leben, gesenkte Fackeln den Tod, Werkzeuge die jeweilige Berufszugehörigkeit an. Im Andreanum [II 1.1] symbolisiert es zuallererst den Namenspatron der Schule.

Einen weiteren symbolischen Bezug zu Christus als Erlöser und Heilsbringer stellen die Buchstaben **X und P** dar (z. B. in der Martin-Luther-Kirche [II 3.4]), die im griechischen Alphabet für Chi und Rho stehen und damit für die Anfangsbuchstaben von Christus, also für das Christusmonogramm. Weil die Buchstaben häufig ineinander geschrieben werden, liest man sie auch bisweilen irrtümlich als PAX (Einum [II 16.1]), womit (auf Latein) die Friedensbotschaft Christi gemeint wird. Ähnlich verhält es sich mit der Buchstabengruppe **IHS**, die latinisierte Abkürzung der abgekürzten griechischen Schreibweise des Namens „Jesus"[618], die auch als deutsche Abkürzung mit „Jesus, Heiland, Seligmacher" übersetzt werden kann. Der Jesuitenorden führt das IHS-Christusmonogramm mit der Bedeutung „Jesus habemus socium" (Wir haben Jesus als Gefährten) im Siegel des Ordens.

Strahlenkranz und Strahlenkrone (z. B. in der St.-Jakobi-Kirche [II 1.12]) sind Herrschaftssymbole Christi, die ihn als glanzvollen König des Himmels und der Erde, als strahlenden Erlöser darstellen, um die Bezeichnung Christus („Gesalbter") hervorzuheben, auch im Kontrast zur Dornenkrone, die Jesus zum Spott aufgesetzt wurde, um ihn als „König der Juden" verhöhnen zu können. Am Kruzifix in der St.-Kunibert-Kirche [II 13.3.1] strahlt die Dornenkrone golden. In der St.-Elisabeth-Kirche [II 5.2] trug der Heiland auf dem Schoß Marias noch die schmachvolle Dornenkrone.

Am Altar von St. Magdalenen [II 1.21] sind seitlich des Kopfendes des Kreuzes **Sonne und Mond** abgebildet, Zeichen für die allumfassende Herrschaft des Gekreuzigten von Sonnenaufgang bis Sonnenuntergang (von Osten bis Westen), von Tag und Nacht (Süden und Norden).

5.1.5 Geräte

5.1.5.1 Zivile Geräte

Der **Pflug**, die **Sense**, die **Feuerwehraxt**, die **Grubenlampe** stehen – pars pro toto – für Berufsgruppen und das zivile Arbeitsleben beziehungsweise für die werktätige Heimatfront. In der Michelsenschule werden nach der Devise Eduard Michelsens „Vom Pflug zum Schwert" die zivilen Geräte militärischen gegenübergestellt [II 8.3.2]. Im Ehrenfenster der Landwirtschaftlichen Berufsschule Steuerwald stehen Pflug und Schwert ebenfalls nebeneinander: das zerbrochene Schwert in der Hand eines gebrochenen Soldaten, der Pflug gibt Halt einem sich stützenden Bauern. Möglicherweise wird hier das gegenteilige Motiv „vom Schwert zum Pflug" angedeutet, das an die Verheißung des Propheten Micha erinnert: „Dann schmieden sie Pflugscharen aus ihren Schwertern..." (Mi 4, 3).

5.1.5.2 Zeremonielle Geräte

Fackeln und **Feuerschalen** (z. B. bei der Gedenkwand auf dem Nordfriedhof [II 3.5.1.2]) lassen sich der Gruppe der zeremoniellen Geräte zuordnen. Feuerrituale stiften eine Atmosphäre, in der die emotionale Komponente dominiert, der übersinnliche Opfergedanke zum Ausdruck kommt, das Licht die Dunkelheit durchdringt und ihr dennoch erliegt.

Das **Feuer** ist eine Metapher für Leben und Reinheit. Die gesenkte, erlöschende **Fackel**, „erstirbt" [II 3.5.1.2]. Feuer, und insbesondere die Fackel, steht aber auch für Erkenntnis, Wissen und Erinnerung (gekreuzte Fackeln z. B. an der Gedenktafel der Michelsenschule [II 8.3.3] oder am Denkmal in Bavenstedt [II 15.2.1]). Erlischt die Fackel, kehrt die Dunkelheit der Unwissenheit und des Vergessens ein. Der griechische Todesgott Thanatos hält auf antiken Darstellungen eine nach unten gerichtete Fackel in der Hand.

5.1.5.3 Militärische Geräte

Der **Helm** und das **Gewehr** sind die einzigen Symbole, die für das Soldatische oder Militärische an sich stehen (Helm z. B. an der Baugewerkschule [II 4.3], an der Steingrube [II 5.4], in der Michelsenschule [II 8.3.3], das Gewehr in Verbindung mit einem Soldaten z. B. an der Feldstraße [II 6.1.1]). Der Stahlhelm, der erst 1916 auf den Schlachtfeldern des Ersten Weltkriegs auftauchte, entfaltete sofort eine über die bloße Schutzfunktion des Gegenstands weit hinausreichende Wirkung. Er repräsentierte das technische Erscheinungsbild des modernen Krieges, erinnerte an die Materialschlachten, die Ernst Jünger mit der Metapher „Stahlgewitter" evozierte. Franz Seldte nutzte die Symbolkraft des Stahlhelms, der die Faszination moderner Kriegstechnik mit der Erinnerung an archaische Rüstungen verband, und benannte nach ihm seinen im Dezember 1918 gegründeten deutschnationalen „Bund der Frontsoldaten".[619]

Wird ein Gewehr dargestellt, entspricht es der Grundform des Gewehrs 98, das im Ersten – und in modifizierter Form auch im Zweiten – Weltkrieg zur Ausstattung des Soldaten gehörte. Pistolen oder automatische Waffen sind auf den Hildesheimer Denkmälern nicht zu sehen. Auch andere Symbole, z. B. einzelner Truppenteile oder der Militärtechnik, fehlen. Militärische Trophäen gab es in Hildesheim in Verbindung mit Denkmälern offenbar nicht – außer im Kriegsmuseum.

Schwerter wurden einzeln senkrecht gesenkt dargestellt (z. B. in der Kunstgewerbeschule [II 1.8], an der Steingrube [II 5.4] oder bei Poseidon [II 8.4]) oder paarweise gekreuzt und gesenkt (z. B. an der Gedenkwand auf dem Nordfriedhof [II 3.5.1.2]). Fast immer ist das Schwert mit Eichenlaub umwunden oder vor Trauerflor dargestellt. Dass ein Soldat in Wehrmachtsuniform mit zerbrochenem Schwert aus dem Zweiten Weltkrieg zurückkehrte, empfand bereits der zeitgenössische Berichterstatter als Stilbruch (Landwirtschaftliche Berufsschule Steuerwald [II 3.3]).

Das Schwert hat auf den Denkmälern nach 1918 eine symbolische, keine allegorische Bedeutung. Das ist sicher anders beim lorbeerumkränzten Schwert der Germania auf dem Granitsockel an der Sedanstraße [II 5.7.1], das für Kampf, Sieg, Recht und Reich zugleich steht. Bei den späteren Schwertern handelt es sich „gleichsam um die archaische Form des Karabiners"[620], nicht um das Richtschwert oder das Ordnung schaffende oder Knoten lösende Schwert der Mythologie.

Als klassisches Zitat verweist das Schwert auf den Heroismus der Antike und damit auf die edle Gesinnung der Kämpfenden und die Schicksalhaftigkeit des Kampfes. Danach ist Krieg ein zeitloses Phänomen, dem sich der Einzelne ergeben zu fügen hat. Das zerbrochene Schwert symbolisiert die endgültige Niederlage. Das Motiv wurde vielfach überliefert und ist beispielsweise aus der Artussage und dem Nibelungenlied bekannt.

5.1.5.4 Reichsinsignien

Das Denkmal in der Kunstgewerbeschule [II 1.8] drückte mit der Verwendung der Reichsinsignien Reichsapfel und Kaiserkrone sowie des Reichsschwerts die Verbundenheit zum Kaiser und die Treue zum Reich aus.

5.1.6 Texte

Der Begriff „Texte" ist hier umfassend gemeint und bezeichnet alles, was in Schriftform überliefert wurde. Dem Betrachter treten die Texte gleichwohl als Teil des Denkmals gegenüber, nicht im ursprünglichen Textzusammenhang, selten mit Quellenhinweis oder Andeutung der Textgattung, immer im Kontext der Kriegstotenehrung, von der wir allerdings wissen, dass ihre Bedeutung nur weitgefasst, vage, sozial, abstrakt ist. Das gilt insbesondere auch für jene Texte, deren Herkunft unklar bleibt.

Die heutigen elektronischen Möglichkeiten der Recherche führten in den meisten Fällen zu einer Identifizierung, ohne dass dieses zurückgewonnene Wissen entscheidend weiterhilft. Es bleibt für das Verständnis des Denkmals unerheblich, wenn nationale und nationalistische Phrasen – wie bei Karl Bröger – aus der Feder überzeugter Sozialdemokraten stammen, wenn Walter Flex sich der Jugendbewegung verbunden fühlte oder wenn bei Fritz Röhrs mehrere Phasen des Lebenswegs, der politischen Einstellung und der Kunstauffassung zu unterscheiden sind [s. II 5.5]. Eher ist es möglich, auf Grund der verwendeten Zitate auf die Geisteshaltung der Rezipienten und Adaptierer zu schließen. Bei genauerem Hinsehen, verbietet sich aber auch bei ihnen eine vorschnelle Zuschreibung von konservativen oder reaktionären Gesinnungen. Es scheint den Denkmalsstiftern und -konstrukteuren vielmehr darauf angekommen zu sein, den passenden Spruch für die richtige Stimmung zu finden. Ob die Zitate ihrem ursprünglichen Zusammenhang entnommen wurden oder einer Zitatensammlung, wissen wir nicht. Der Klang der Wörter, das Metrum der Zeile, das Evozieren von Empfindungen hatte Vorrang vor der zum Verständnis führenden Erklärung.

Die Schrift ist der materielle Stoff der Texte, sie ist das Medium aber auch ein Topos für „reiner Geist". Hans-Georg Gadamer rühmt die Konservierungskraft der Schrift: „Keine sonstige Überlieferung, die aus der Vergangenheit auf uns kommt, ist dem gleich. Die Überreste vergangenen Lebens, Reste von Bauten, Werkzeuge, der Inhalt der Gräber, sind verwittert durch die Stürme der Zeit, die über sie hinweggebraust sind – schriftliche Überlieferung dagegen, sowie sie entziffert und gelesen ist, ist so sehr reiner Geist, dass sie wie gegenwärtig zu uns spricht."[621] Aleida Assmann folgt dem Ursprung dieses Topos bis ins klassische Altertum und fasst – ganz im Sinne der Verewigungsabsicht der Denkmalsinschriften, aber nicht im Sinne ihrer materiellen Umsetzung – in scheinbar paradoxer Formulierung zusammen: „Je immaterieller die Kodierung, desto größer wird offensichtlich die Chance der Unsterblichkeit."[622]

5.1.6.1 Namen als personenbezogene Widmung

Schon in der Schöpfungsgeschichte (Gen 2, 20) werden die Dinge durch die göttliche Namensgebung identifizierbar und „ins Leben gerufen". Die Ägypter formulierten sprichwörtlich: „Wessen Name genannt wird, der lebt". Im Märchen vom Rumpelstilzchen stoßen wir auf eine Form des Namenszaubers: Wer den Namen kennt, hat Macht über ihn und seinen Träger. In der christlichen Totenmesse heißt es: „Ich habe dich bei deinem Namen gerufen", bei dem Namen, der dem Menschen im Sakrament der Taufe gegeben wurde und der ihn zum einzigartigen Individuum macht.[623] Im 34. und 35. Gesang des Epos „Orlando Furioso" erzählt Ariost von einem Alten, der als Gehilfe der Parzen die Namensschilder abgelaufener Lebensspulen in die Fluten des Lethe schüttet. Zwei Schwäne retten die Namen vor dem Versinken im Schlamm, übergeben sie einer Nymphe, die sie im Tempel der Unsterblichkeit weiht.[624]

Auch die mittelalterliche Totensorge bestand wie die altägyptische Totenmemoria aus der Verewigung des Namens. Er wurde an Jahrestagen und Festtagen in die Messliturgie aufgenommen. Philippe Ariès belegt, dass in Gallien vor der Einführung der römischen Liturgie zur Zeit Karls des Großen zum Ende der Zeremonie die Lesung der Namen stattfand. Mönche übertrugen sie in das „Buch des Lebens", bis zu 30.000 Einträge umfassten die Listen. Mit der Nennung der Namen der Verstorbenen wurden für sie ewige Ruhe und ewige Glückseligkeit erfleht: „Führe zur Ruhe der Erwählten die Seelen derer, die schlafen und deren Namen eben ins Gedächtnis gerufen wurden."[625]

An diesen alten Brauch wurde bei Denkmalseinweihungen, gelegentlich auch jährlich wiederkehrend bei den Feierstunden, angeknüpft, immer mit dem gleichen Wunsch, die Namen ins Gedächtnis zu rufen. Erst die Nationalsozialisten versuchten, mit der Namensnennung bei Gefallenengedenkfeiern eine politische Sinnstiftung herzustellen. Sie verlasen am 9. November 1943 die Namen der Gefallenen zusammen mit den Toten des Hitler-Ludendorff-Putsches von 1923. Ob dies unangenehm aufstieß, ist nicht bekannt. Der SD meldete lediglich, dass das öffentliche Nennen der Namen allgemein als hohe Ehrung empfunden wurde. Die Wirkung verpuffte allerdings, als vier Namen von Gefallenen nicht mitverlesen wurden und die Angehörigen aufs Höchste erschüttert reagierten.[626]

Namen waren nicht immer wichtig. Grob gesagt verschwanden sie zwischen dem 5. und dem 12. Jahrhundert aus dem kollektiven Gedächtnis, offenbar aus Gleichgültigkeit gegenüber dem Dasein im irdischen Jammertal. Erst mit der Renaissance tauchten die Namen wieder verstärkt auf, zunächst nur mit persönlichen Angaben, dann mit einem Gebetsanruf für das Seelenheil des Verschiedenen, schließlich mit der Schilderung seiner Ruhmestaten. In Deutschland erinnert man sich der Namen der

Kriegstoten seit dem Erlass Friedrich Wilhelm III. von Preußen vom 5. Mai 1813 zur Anbringung von Gedenktafeln in Garnisons- und Heimatkirchen.

Insbesondere in feudalen Gesellschaftsstrukturen war nicht jeder Name gleich viel wert. Nicht das Individuum galt etwas, sondern der Träger eines Namens von Rang. Aleida Assmanns Beobachtung, dass in Shakespeares Kriegsdramen nach den Schlachten rituell nur einige wenige Namen aufgerufen und betrauert werden, die sämtlich Personen aus alten Adelsgeschlechtern bezeichnen, traf auf die Kriege bis weit in das neunzehnte Jahrhundert hinein zu.[627] Wenn die Massenschlachten zu Ende waren, wurden die Leichen aus hygienischen Gründen möglichst schnell verscharrt. Die sichtbare Erinnerung haftete nur an Denkmälern, die für die siegreichen Generäle oder ihre Fürsten errichtet wurden.[628]

Auf den Hildesheimer Denkmälern des Infanterie-Regiments Nr. 79 ist diese Entwicklung exemplarisch ablesbar. 1874 wurden die Namen nach militärischem Rang und militärischer Einheit geordnet [II 1.11.1]. Nach dem Massensterben im Ersten Weltkrieg verzichtete man zunächst (1920 [II 1.5.4]) auf die Namen, nicht aber auf den Rang, um sich später (1939 [II 6.1.1]) auch von dieser Einteilung zu verabschieden und nur noch die Gesamtzahl der Kriegstoten zu nennen. Von den 37 spezifischen Kriegstotendenkmälern, die nach dem Zweiten Weltkrieg errichtet wurden, erinnern 17 (46%) an einzeln benannte Personen, 20 sind in allgemeinerer Form „unseren Toten" oder „allen Opfern der Kriege" gewidmet, zum einen, weil die Namen nicht vollständig zur Verfügung standen, dann, weil man dem Kriegstod die Aura des Besonderen nehmen wollte, schließlich, weil der Opfer der Kriege allgemein gedacht werden sollte und Kriege und Terror als Todesursachen gleichermaßen gebrandmarkt werden sollten. Ein deutlich stärkeres Bedürfnis, Namen zu nennen, ist nach dem Ersten Weltkrieg zu beobachten. Auf den 66 spezifischen Denkmälern (ohne Glocken und Bäume) finden sich insgesamt 54 Namenslisten (82%).

Mit dem Recht auf einen eigenen Namen[629] ist das Grundrecht auf die unantastbare personale Würde aufs Engste verbunden. Wo Menschen zu Nummern werden (in Gefängnissen oder Konzentrationslagern), soll ihr Selbstbewusstsein, ihr Selbstwertgefühl gebrochen werden. Der nächste Schritt ist die vollständige Auslöschung der Individualität durch Anonymisierung. Gegen die Anonymisierung und Entpersonalisierung durch Verwendung von formelhaften Widmungen stemmten sich schon früh die Protagonisten der Kriegerehrungen: „Der Forderung nach Individualisierung entspricht es auch, dass wir dabei der Einzelnen nicht vergessen. Daher Namen, Namen! Diese Forderung kann nicht nachdrücklich genug erhoben werden. Oder sind sie es nicht wert, die für uns starben, dass wir sie nennen und auch ihr persönliches Gedächtnis festhalten? Sind wir's den Angehörigen nicht schuldig, dass sie ihre Kinder und Enkel immer wieder an die Tafel führen können, wo ihr Vater, ihr Vorfahr steht? Die Schwierigkeiten, die sich für große Stadtgemeinden ergeben, sollen nicht verkannt werden. Es ist nicht leicht, viele Namen – oft werden es Hunderte sein – auf einer Fläche zusammenzufassen oder, was hier richtiger sein wird, auf mehrere Flächen zu verteilen. Aber es muss versucht werden, und gerade je mehr es sind, desto überwältigender wird der Eindruck sein von der Menge der Opfer."[630]

Die bloße Nennung der Namen löste mit der Abstraktion des Individuums ganz praktische Probleme: Nicht nur, dass die Rückführung der Leichen sehr gefährlich und logistisch aufwändig gewesen wäre – „oft war mehr als die Hälfte aller Gefallenen, weil ihre Leichen zernichtet, zerrissen und zerfetzt wurden, nicht mehr wiederzufinden."[631]

Mit einem Urteil bestätigte der Bundesgerichtshof die Auffassung der Gemeinde Großrhüden, sie habe das Recht, den Namen eines Vermissten auch dann in eine öffentlich aufzustellende Ehrentafel aufzunehmen, wenn ein Angehöriger – in diesem Fall der Vater – widerspricht. Die Namensnennung entspräche den „sittlichen Anschauungen des Volkes und dem allgemeinen Herkommen".[632] Dass der BGH mit diesem Urteil das Vergessen verhindert, verweist auf eine bezeichnende Nebenwirkung der Namensnennung. Während der Name des Verstorbenen im Normalfall verblassen muss, damit der Trauernde nicht von einer bleiernen Melancholie erdrückt wird, verselbständigt sich der Name des Helden (Gefallenen, Vermissten ...) und wird mit der „Verewigung" dem Bestimmungsrecht und der Trauerbewältigung der Familie entzogen. Die Gesellschaft erhebt Anspruch auf die Nennung des Helden ohne Rücksicht auf die Interessen und Bedürfnisse der Angehörigen. Für die Familie wäre der Name in der Öffentlichkeit in der Regel nach 25 Jahren durch die Einebnung des Grabes und die

Entfernung des Grabsteins verblichen. Eine moralische Pflicht, so der BGH, gebiete es aber, „sich das – gerade im Dienste der Gemeinschaft erfüllte – Schicksal aller Vermissten ins Bewusstsein zu rufen und ihrer ... zu gedenken."[633] Peter Weiss kommentierte die typisierende Darstellung von Königen an einem Denkmal in Angkor, im Verlust des Persönlichen seien sie „gleichsam verdammt als Gesalbte".[634] Gleichsam verdammt als Helden (oder als Gefallene, Vermisste ...) werden die Kriegstoten durch die Nennung ihrer Namen am Denkmal.

Eine Bedeutungsverschiebung des Namens ist festzustellen: In der unmittelbaren Nähe des Bezugsereignisses gehört er zur Person und wird von Angehörigen, Nachbarn, Freunden, Kollegen und Kameraden erinnert. Jeder kennt die Person und die verschiedenen Rollen, die sie bis dahin gespielt hat, in diesem Fall insbesondere die Rolle des Kriegsteilnehmers oder Soldaten. Mit zunehmender zeitlicher Distanz verblasst die komplexe Persönlichkeit hinter der Rolle, die individuell ausgefüllte Rolle schließlich hinter dem Typus, der durch den Charakter des Denkmals bestimmt wird. Der einzelne Name wird vom Betrachter als Element einer Gattung wahrgenommen: als Gefallener, als Kriegsopfer oder als Held. Diese Entpersönlichung erlaubt auch, ihn schließlich als „Blutzeugen" für eine Idee zu missbrauchen. Unabhängig von seiner persönlichen Einstellung und den tatsächlichen Umständen seines Todes kann das Denkmal zeitlos behaupten, er sei für Deutschland, für den Kaiser, den Führer oder das Volk gestorben. Gegen diese rückwirkende Vereinnahmung kann sich der Tote nicht verwahren, seine Angehörigen dürfen es dem BGH zufolge nicht.

Gleichwohl legt der Name des Kriegstoten auch eine Spur zu seinem Schicksal. Angehörigen, vor allem aus späteren Generationen, hilft er bei der Rekonstruktion ihrer Familiengeschichte und ansatzweise auch der Lebensumstände des Namensträgers.[635]

Wer Namen nennt, muss sorgsam darauf bedacht sein, die Namen vollständig und alle Namen richtig zu nennen. Viele Denkmäler wurden deshalb erst später als geplant errichtet. Auf einigen mussten Namen ergänzt werden. Im Hildesheimer Nachbarort Emmerke stellte man nach Fertigstellung des Denkmals fest, dass 13 Einheimische und fünf Gefallene oder Vermisste aus den ehemals deutschen Ostgebieten vergessen worden waren. Die Tafeln wurden sofort wieder abgenommen und Monate später von der Hildesheimer Kunstschmiede Kiesche vervollständigt.[636] Wie schwer es ist, in einer größeren Gemeinschaft alle Kriegstoten zu verzeichnen, ist an dem Gedenkbuch der Lambertikirche abzulesen: zahlreiche Namen wurden nachträglich notiert. Und obwohl man sich Korrekturen in Büchern leicht vorstellen kann, kommen Namen wiederholt vor. Beispielsweise wird Georg Schulze-Büttger, der im Widerstand gegen Hitler sein Leben verlor, im Gedenkbuch des Andreanums [II 1.1.] mit zwei verschiedenen Todesdaten und deshalb auf zwei verschiedenen Seiten vermerkt. In Sorsum führte das Bemühen um Vollständigkeit dazu, dass ein Name auf einer Gedenktafel zweimal genannt wird [II 13.3.3].

Sofern es möglich war, wurden die Namen von den Denkmälern für dieses Buch getreulich abgeschrieben. Das geschah zum einen aus dokumentarischem Interesse. Zum andern soll der Einzelne in der Masse erkennbar zu machen, damit er im Massentod seine personale Würde und damit seinen Anspruch auf einen persönlichen Tod behält. Zur Bedeutung der Namensnennung schrieb Ernst Penzoldt im April 1951: „Mag sein, dass es bei mir eine fixe Idee ist, wenn ich von den Verlusten in einer Schlacht lese (die Zahlen sind meist aufgerundet) und dabei keinen Augenblick vergesse: Es handelt sich bei diesen Tausenden um lauter Einzelne, die Kinder waren, heranwuchsen, liebten und geliebt wurden, jeder ein Ich ... Krieg ist im Grunde nichts als Mangel an Phantasie und an Gedächtnis."[637]

5.1.6.2 Personengruppenbezogene Widmungen

Die meisten Denkmäler lassen die Betrachter nicht im unklaren darüber, an wen man bei ihrer Erstellung gedacht hat, auch wenn auf die Nennung von Namen verzichtet wurde.[638] Widmungen, entweder integriert oder nachträglich hinzugefügt, nennen

universal alle Opfer der Kriege und der Gewaltherrschaft (oder des Terrors)[639] wie in Drispenstedt [II 7.2.2] oder Neuhof [II 10.2.2],

epochal die Menschen, die in einem bestimmten Zeitabschnitt ums Leben oder zu Schaden kamen, wie an der Martin Luther-Kirche [II 3.4]), wo das Mahnmal *den Gefallenen der / 2 Weltkriege, den in Kriegs- / gefangenschaft Verstorbenen / den bei den Bombenangriffen / um`s Leben Gekommenen und / all' unseren lieben Toten in der Ferne* gewidmet wurde, oder, wie auf dem Ausländerfriedhof [II 3.5.3.2], in lateinischer Sprache: *Memoriae eorum qui tempore bellico / 1939 – 1945 / vitam suam pro patria et fide obtulerunt / Bone Jesu dulce domine libera animas / eorum de poenis inferni et da eis / beatitudinem aeternam* oder auf der Gedenktafel des DGB [II 3.5.3.1] in deutsch: *Menschen / zwischen 1933 und 1945 / der Heimat entrissen / * * * / in Hildesheim umgekommen / [Leerzeile] / [Leerzeile] / Die Nationalsozialisten / raubten ihnen Würde, Gesundheit und Leben. / Schöpfen wir / aus der Erinnerung an ihr Leiden / Kraft für eine friedliche Zukunft / aller Menschen,*

lokal die Angehörigen einer bestimmten Gemeinde oder einer bestimmten territorialen Vereinigung wie in den Kirchengemeinden Sorsum [II 13.3.1], St. Bernward [II 1.3] oder St. Magdalenen [II 1.21].

familial, kameradschaftlich oder kollegial die *Söhne und Töchter* (Bombenopferfriedhof, II 3.5.2) oder *Väter, Brüder und Söhne* in Himmelsthür, *unsere gefallenen Brüder* in der Synagoge [II 2.2] oder *unseren Kameraden* beim Blau-Weiß Neuhof [II 10.1]. Hier, im Mikrokosmos, weitet sich der Personenkreis dann wieder, indem man auch der zivilen Toten gedenkt, die unabhängig von Gewalttaten einen natürlichen Tod starben: *Unseren Toten* wurden die Gedenksteine des SV Borussia [II 4.1.3] oder der Siedlergemeinschaften Großer Saatner [II 6.3] und West [II 8.5] gewidmet.

Kategorial wird der Personenkreis eingegrenzt, wenn das Gedenken *ai caduti* (Italienerdenkmal, II 3.5.3.3), *unseren Gefallenen* (Fallschirmjägerkameradschaft, II 3.2.2, Christuskirche, II 9.1.2), *den gefallenen Kriegsteilnehmern* (Ochtersum, II 11.1) oder *unseren Helden* (Achtum, II 17.1.2, Godehard, II 1.7, Bernward, II 1.3) gelten soll.

5.1.6.3 Widmungen mit Aufforderungscharakter (deiktische Ausdrücke)

Einige Inschriften enthalten eine Aufforderung, die sich in jedem Fall an die Betrachter richtet, aber entweder direkt oder indirekt abgefasst sein kann.

Die **direkte Aufforderung** verpflichtet die Lebenden zu bestimmten Einstellungen, Gedanken und Handlungen. Syntaktisch vollständige Formulierungen sind: *Gedenket im Gebet der Gefallenen / unserer Gemeinde (Marienrode, II 12.2.1), Euer Opfer sei uns Mahnung zum Frieden / Gemeinde Bavenstedt [II 15.2.2]*. Elliptisch sind Formulierungen wie: *Den Toten zum Gedächtnis! Den Lebenden zur Mahnung! Den kommenden Geschlechtern zur Hoffnung und Nacheiferung!* (Offz.-Heim, 6.2), *Den Toten zum Gedächtnis, den Lebenden zur Mahnung* (Marktplatz, II 1.22.2) oder *Ihnen zur Ehre / Uns zur Mahnung* (Michelsen, II 8.3.4).

Die **indirekte Aufforderung** ist als Manifest der Toten selbst formuliert: *Uns rief das Vaterland in tiefster Not, / Wir zogen freudig aus zu frühem Tod, / Wir taten unsere Pflicht, / Vergesst uns nicht!* (Andreas-Real-Gymnasium, II 8.1)

5.1.6.4 Sinnsprüche (Epigramme)

Das Epigramm wird auf die Grabinschriften der in den Perserkriegen Gefallenen zurückgeführt (um 500 vor Chr.). Mit ihm verwandt ist die Spruchdichtung, deren Anfänge im ausgehenden Mittelalter zu finden sind. In Hildesheim sind Beispiele älteren und jüngeren Datums anzutreffen: von Ovid[640] *Dulce et decorum est pro patria mori* (Andreanum, II 5.1) und von Christian Morgenstern[641] *Die Gefällten sind es, auf denen das Leben steht* (Scharnhorstgymnasium, II 5,5). Auch die Inschrift am Galgenbergdenkmal ist der Gruppe der Epigramme zuzurechnen; General Felgenhauer formulierte in Distichon-Form *Die ihr das Leben gabt in Schicksalszeit / gewannt dem Volk und euch Unsterblichkeit* [II 6.1.1]. Die Autorenschaft anderer Sinnsprüche ist ungeklärt: *Kein Ruhm währt länger als der Ruhm der Treue* (Sorsum, II 13.3.3) oder *In eiserner Zeit eisern in eigenem Leid* (Kunstgewerbeschule, II 1.8).

5.1.6.5 Lyrische Zitate / Zitate aus Liedern

Stumm schläft der Sänger...: Der Männer-Gesangverein „Viktoria" [II 21.1] stellte seine Gedenktafel unter dieses friedliche, besänftigende Motto und zitierte damit aus dem Lied „Schottischer Bardenchor" von Friedrich Silcher (1789-1860). Silchers Lebensdaten verbinden ihn mit den Befreiungskriegen und der Romantik, er schrieb populäre Volkslieder und förderte – im Sinne Pestalozzis – das volkstümliche Chor- und Singwesen.

Pommernland, mein Sehnen ist dir zugewandt: Das „Pommernlied", in dem die Textzeile vorkommt, wurde 1850 von Gustav Adolf Pompe geschrieben. Es begleitet und verbindet als Hymne der Landsmannschaft Pommern in aller Welt. Im Internet findet man es auf einer polnischen Website ebenso wie auf einer brasilianischen.[642] (Vertriebenenmahnmal am Eichendorff-Hain, II 9.5)

Hoffnung wird die Heimat finden: Das dem Eichendorff-Gedicht „Der Pilot"[643] entnommene Zitat stand bei der Einweihung des Eichendorff-Hains [II 9.5] auf dem Gedenkstein mit den Wappen der Städte Lauban und Neisse.

Nach ewigen, ehernen Gesetzen müssen wir alle unseres Daseins Kreise vollenden.: Die Verse sind dem Gedicht „Das Göttliche" entnommen, geschrieben von Johann Wolfgang Goethe 1783. Im Original beginnt die Strophe wörtlich „Nach ewigen, ehrnen, / Großen Gesetzen...".[644] (Landwirtschaftliche Berufsschule Steuerwald, II 3.3)

5.1.6.6 Weitere literarische Zitate

Im Gedenkbuch der Scharnhorstschule [II 5.5] finden sich Seiten mit weiteren Zitaten aus Prosatexten von Arthur Schopenhauer, Karl Bröger und Walter Flex.

5.1.6.7 Geistliche oder biblische Zitate

Religionsgemeinschaften oder religionsbewusste politische Gemeinden benutzen geistliche oder biblische Zitate. In ihnen finden sich die religiösen Leitgedanken wie Glaube und Hoffnung, Liebe und Dankbarkeit, Buße und Vergebung wieder. Einige sind als Fürbitten zu verstehen, wie die gregorianische Antiphon *Gib / Frieden Herr / in unseren / Tagen* (Sorsum – Gemeinde, II 13.5; ähnlich auch auf der Totenglocke in der St.-Kunibert-Kirche, II 13.3.4) oder *Aus Gnaden wollt Gott euch geben / Für eure Treu das ewige Leben* (Sorsum – Kirche, II 13.3.3).

Andere legitimieren und glorifizieren – mit zum Teil sehr freien Übersetzungen, starken Verkürzungen oder unzulässiger Sinnübertragung – den Kriegstod als Opfer, Treue oder Liebesbeweis. Drei der fünf Bibelzitate entstammen dem Alten Testament, in dem vom Zorn Gottes mehr geschrieben steht als von der Liebe Gottes und wo das Heil noch Un-Heil, also noch nicht in die Welt gekommen, ist.

Sie waren bereit für Gesetz und Vaterland zu sterben. 2 Makk 8, 21 (St.-Godehard-Kirche, II 1.7)

Beide Makkabäerbücher sind Bestandteil des griechisch überlieferten Teils des Alten Testaments. Sie schildern ausführlich blutige Kriege und grausame Gewalttaten, aufopfernde Heldentaten und das Eingreifen Gottes durch „Himmelserscheinungen". Im Mittelpunkt steht das unbeirrte Glaubensbekenntnis, die unbedingte Bereitschaft zur Verteidigung der Heiligtümer und der religiösen Normen, Sitten und Bräuche. Löst man die Episoden aus ihrem heilsgeschichtlichen Zusammenhang und zitiert man die Verse unabhängig vom Kontext, liefern die Makkabäerbücher ideale Vorlagen für ein archaisches Kriegstotengedenken. Einige Beispiele:

„Simon ließ über dem Grab seines Vaters und seiner Brüder (in Modeïn; H. H.) ein hohes (Krieger-; H.H.) Denkmal errichten, das man weithin sehen konnte. Es war aus poliertem Stein an der Vor- und Rückseite. Er stellte auch sieben Pyramiden auf, eine jeweils der anderen gegenüber, für den Vater und die Mutter und die vier Brüder. An diesen brachte er Kunstwerke an. Er setzte große Säulen ringsum und ließ an den Säulen Waffenrüstungen zum ewigen Andenken anbringen und neben den Waffenrüstungen Schiffe einmeißeln, damit sie von allen Seefahrern gesehen würden." (1 Makk 13, 27-29)

„Als aber das Volk von diesen Dingen hörte, sprach es: ‚In welcher Form können wir dem Simon und seinen Söhnen unseren Dank abstatten? Er, seine Brüder und seine Sippe waren unsere Stütze; sie haben die Feinde Israels von ihm abgewehrt und sicherten ihm die Freiheit.' Da machten sie auf eherne Tafeln eine Inschrift und hängten sie an Säulen auf dem Sionsberg auf." (1 Makk 14, 25-26)

„... den jungen Leuten aber will ich ein edles Beispiel hinterlassen, dass man mutig und stolz für die ehrwürdigen und heiligen Gesetze eines schönen Todes sterben muss." (2 Makk 6, 28)

... „Auf diese Weise verschied er (- Eleasar - auf der Marterbank; H. H.). Er hinterließ nicht nur den jungen Leuten, sondern der Mehrzahl des Volkes seinen Tod als Beispiel edler Gesinnung und als Denkmal heldenhafter Tugend." (2 Makk 6, 31)

Die sieben makkabäischen Brüder, die zusammen mit ihrer Mutter aufs grausamste gequält und getötet wurden, weil sie sich weigerten, „gesetzlich unerlaubtes Schweinefleisch zu sich zu nehmen" (2 Makk 7, 1), „ermunterten sich ... gegenseitig, zusammen mit ihrer Mutter heldenmütig zu sterben." (2 Makk 7, 5)

Der in St. Godehard zitierte Vers fasst eine Ansprache des Makkabäers an die Juden zusammen, mit der er sie auf die Abwehrschlacht gegen Nikanor vorbereitete, der mit mehr als dreifacher Übermacht aufgebrochen war, „das gesamte Judengeschlecht auszurotten" (2 Makk 8,8). Der Übermacht der Gegner setzte er – heilsgeschichtlich belegtes – Gottvertrauen entgegen. „Mit solchen Hinweisen stärkte er ihren Mut und machte sie bereit, für die Gesetze und das Vaterland zu sterben." (2 Makk 8, 21) Unmittelbar vor der Schlacht gab er die Losung aus „Mit Gottes Hilfe!" (2 Makk 8, 23)

Die Gesetze und das Vaterland des Alten Testaments mit denen des zweiten deutschen Kaiserreichs gleichzusetzen und damit die alttestamentarische Kampfbereitschaft einzufordern, setzt die Vergöttlichung des Staates voraus. Das Gottesgnadentum lässt zwar den Rückbezug auf die Normen des Alten Testaments zu. Allerdings hätte sich die christlich eingestellte weltliche Herrschaft am „Friedensfürsten" des Neuen Testaments zu orientieren, der einen „neuen Bund" begründete und mit seiner Erlösungstat dem im Alten Testament vielfach zu Tage tretenden Un-Heil seine Heilsbotschaft entgegenstellte.

Eine größere Liebe hat niemand, als die, dass er sein Leben hingibt für seine Freunde. Joh 15, 13 (St.-Godehard-Kirche, II 1.7)

Das Zitat aus dem Johannes-Evangelium gehört zu der Ansprache, die Jesus zum Abschied an seine Jünger richtet. Sie ist eine Botschaft der Liebe, die die Gemeinschaft begründet, zusammenhält und trägt. „Das ist mein Gebot, dass ihr einander liebt, wie ich euch geliebt habe. Eine größere Liebe hat niemand, als die, dass er sein Leben hingibt für seine Freunde. Ihr seid meine Freunde, wenn ihr tut, was ich euch auftrage. Ich nenne euch nicht mehr Knechte; denn der Knecht weiß nicht, was sein Herr tut; euch aber habe ich Freunde genannt, weil ich alles, was ich vom Vater hörte, euch kundgetan habe." (Joh 15, 12-15)

Jesus kennt seinen Auftrag und hat ihn angenommen. Ohne seinen Tod gibt es keine Erlösung. Sein Leiden und Sterben ist das Opfer, das für die Erlösung der Menschen gebracht werden muss. Einen größeren Beweis der Liebe zu den Menschen – den Freunden, die ihm in Liebe verbunden sind – gibt es nicht.

Der Kriegstod erfährt mit diesem Zitat eine Sinngebung, die ihn in den Rang eines Erlösungsopfers erhebt, die ihn als größtmöglichen Liebesbeweis wertet und als bewusste Entscheidung, als bereitwillige Hingabe „für seine Freunde" darstellt. Die „Freunde" haben durch ihn überlebt, sie sollen Trost darin finden, den Tod so zu sehen. Bei Jesus war der Weg zum Kreuz, zur Auferstehung und Himmelfahrt vorbestimmt und heilsnotwendig. Wer dies auf den Kriegstod überträgt, nimmt ihn als gottgegeben an, zu dem es keine Alternative gibt.

Superintendent Dr. Schnübbe deutete den Bibelvers gesinnungsethisch. Der Einzelne könne nicht entscheiden, ob ein Krieg gerecht sei. Das wisse man nicht im voraus. Entscheidend sei die Gesinnung, in der er sein Leben lässt für seine Freunde.[645]

Sei getreu bis an den Tod, so will ich dir die Krone des Lebens geben. Offb 2, 10 (Jakobikirche, II 1.12)

Die Wörter Treue und Tod werden im Zusammenhang der Kriegstotenehrung häufig gebraucht: der erlittene Soldatentod gilt als Beweis des eingelösten Treueversprechens. Die „Krone des Lebens" ist eine Metapher, die nur dann zu verstehen ist, wenn zuvor das ewige Leben, das Leben nach dem Tod und das Leben im Paradies als Gewissheit angenommen wurde. Die dialogische ich-dir-Beziehung setzt den festen Glauben an einen persönlichen Gott voraus, im Appell formuliert Gott die Treue als Voraussetzung für den Empfang der „Krone des Lebens".

Johannes wendet sich an dieser Stelle der Offenbarung an die christliche Gemeinde in Smyrna, einem bedeutenden Handelsplatz, der unter dem Einfluss wohlhabender Juden stand. Durch ihn teilt Jesus der Gemeinde mit: „Ich weiß um deine Drangsal und deine Armut – doch du bist reich – und um das Lästern von Seiten derer, die sich Juden nennen und es nicht sind, sondern Synagoge des Satans. Fürchte dich nicht vor dem, was du zu leiden haben wirst. Siehe, der Teufel wird welche von euch ins Gefängnis werfen, damit ihr erprobt werdet; ihr werdet eine Drangsal haben von zehn Tagen. Sei getreu bis in den Tod, und ich werde dir den Kranz des Lebens geben."[646] (Offb 2, 9-10)

Ähnlich wie bei den Makkabäern handelt es sich bei diesem Zitat um geistliche Ermutigung und Vergewisserung, um in einer feindlichen Umwelt als Glaubengemeinschaft überleben zu können. Anders als im Alten Testament werden die Anfechtungen hier offenbar durch das Statusgefälle ausgelöst, durch die Armut, die Geringschätzung und die Rechtsunsicherheit bis hin zur physischen Bedrohung. Diesen Widrigkeiten stellt die Offenbarung die unbedingte Treue bis in den Tod entgegen, wie sie dem falschen Glanz des weltlichen Reichtums den Glanz der „Krone des Lebens" gegenüberstellt.

Die Treue ist nicht dem weltlichen Herrscher geschuldet, sondern Gott. Es ist auch nicht die Treue an sich, die mit der Krone des Lebens belohnt wird, sondern die getreue Nachfolge Christi: „Wenn einer mir nachfolgen will, so verleugne er sich selbst, nehme sein Kreuz auf sich und folge mir nach." (Mt 16, 24)

Ihr alle, die ihr vorübergeht, seht, ob ein Schmerz gleich dem meinen. Klgl 1, 12 (St.-Bernward-Kirche, II 1.3, St.-Elisabeth-Kirche, II 5.2)

Die Klagelieder betrauern im Stil der Leichenklage das 586 v. Chr. zerstörte Jerusalem. Dabei wird weniger der einzelne Tote beklagt, sondern das gemeinschaftlich erlittene Schicksal, die Sorge um die Zukunft, das aufgelöste Gemeinwesen und der Verlust an Macht und Ehre. Die Klage drückt weniger die Trauer um den Verstorbenen oder um das Verlorene aus als vielmehr Selbstmitleid und Anklage.

Dem hier verwendeten Zitat geht eine Selbstanklage voraus: Jerusalem sündigte schwer, führte ein gottloses, unsittliches Leben, wurde schließlich selbst von seinen Verehrern verachtet. Jetzt ist die Stadt entsetzlich tief gesunken, ohne dass einer sie tröstet. Alle Kostbarkeiten, selbst das Heiligtum, fielen in die Hände der Feinde. Was an Schätzen zurückblieb, geben die Bewohner für Nahrung hin, um das nackte Leben zu retten. Auf diesem Tiefpunkt ruft der Klagesänger: „O ihr alle, die ihr vorüberzieht, schaut und seht, ob es einen Schmerz gibt gleich meinem Schmerz, der mir widerfuhr, womit der Herr mich schlug am Tag seines glühenden Zornes!" Im weiteren Verlauf wird die Berechtigung des göttlichen Zorns immer deutlicher – die Strafe war gerecht, weil die Schuld unermesslich groß war. So kann die Klage schließlich zur Grundlage für Sühne, Vergebung und Versöhnung werden.

Davon ist das auf den Altären verkürzt wiedergegebene Zitat noch weit entfernt. Es beklagt den erlittenen Schmerz, nicht aber die Schuld. Es verleugnet den Zusammenhang, der zu den Auswirkungen des „glühenden Zornes" die Ursache sucht.

Gott spricht: // Ich bin euer Tröster // Amen + Amen, nach: Jes 51,12 (Christuskirche, II 9.1.3)

Im alttestamentarischen Jesajas-Buch mahnt der Prophet zum Vertrauen auf Gott: auf sein Erbarmen, seine Gerechtigkeit, seine hilfreiche Gnade, seinen Beistand und seinen Trost. Heilsgeschichtlich erinnert die Schrift an den Zug durch das Rote Meer und die Rückkehr in das gelobte Land. Danach folgt das Zitat, das in der Christuskirche leicht abgewandelt verwendet wurde. „Ich, ja ich, bin es, der euch tröstet! Wer bist du, dass du dich fürchtest vor sterblichen Menschen, vor Leuten, die dahinwelken wie Gras?" (Jes 51,12)

5.1.7 Schriftgestaltung

Schriftzeichen heißen auch „Charaktere", sie geben der Inschrift einen bestimmten Charakter. Man nennt sie auch „Typen", die in erster Linie ihre Zeit ausdrücken, „so wie jeder Mensch ein Symbol seiner Zeit ist".[647] Sie sollen zur Form des Denkmals passen, mit der Aussage im Einklang stehen, lesbar sein, die Zeit überdauern. Leicht herstellbar müssen sie nicht sein: Bei den Holztafeln in der Michelsenschule wird stolz darauf hingewiesen, wie viele Buchstaben zu schnitzen waren, um jeden Namen vorweisen zu können. Die große Zahl – über 10.000 waren es nach dem Zweiten Weltkrieg – dokumentiert auch, dass der Schule die Tradition (sie hatte schon nach dem Ersten Weltkrieg eine große geschnitzte Holzwand errichten lassen) und das Gedenken etwas wert war [II 8.3.3/8.3.4].

Die nach dem siegreichen deutsch-französischen Krieg gestalteten Schriftzüge sind rund, verziert und verspielt gestaltet [II 1.11.1]. Sie wirken familiär, drücken liebevollen Dank für diejenigen aus, die mit ihrem Leben die deutsche Einigung ermöglichten. In ähnlicher Weise ist auch die Schrift am Klöpper-Kreuz in Sorsum [II 13.1] ausgeführt, die in der Tradition der Befreiungskriege und des 18. Jahrhunderts steht.

Nach den verlorenen Kriegen des 20. Jahrhunderts greift keines der Denkmäler diese Gestaltungselemente wieder auf. Im Gegenteil: Man verurteilte schon 1916 im Führer einer „Musterausstellung" die „starke Verwahrlosung und Ordnungslosigkeit", die nach den Kriegen von 1866 und 1870/71 „Platz gegriffen habe".[648] Die Verfasser des Begleitheftes, W. F. Storck und G. F. Hartlaub, empfahlen zwei Kriterien besserer Schriftgestaltung: klare und übersichtliche Anordnung und Unterordnung unter den schmückenden Rahmen. Andere waren allerdings gegenteiliger Ansicht und schlugen eine Schriftgestaltung vor, die von Vorübergehenden nicht rasch erfasst, sondern nur allmählich entziffert werden kann. „Das allmähliche Entziffern edler und weiser Worte prägt solche dem Gedächtnis dauernder ein, als ein flüchtiges, zu leicht gemachtes Erfassen."[649] Demgegenüber legte die Berliner Bildhauer-Vereinigung Wert auf „Leserlichkeit" und „Schönheit". Im Übrigen spiele der Gesichtspunkt der Materialgerechtheit ein Rolle: Metallguss erfordere eine andere Behandlung als harter oder weicher Naturstein.[650]

So wenig wie für die Gesamtwirkung eindeutige Regeln vorliegen, so wenig gibt es eine einheitliche Auffassung zur Typografie und zur Ausführung. Je nach Aussageabsicht lässt jede Schriftform Interpretationen zu: die gotische Fraktur galt als germanische Schrift, ließ „etwas vom Marschrhythmus und dem festen Tritt unserer Regimenter" erahnen[651], die römische Kapitalschrift und die Antiquaschriften verfügten dagegen über den Vorzug der „klassischen" Herkunft, der Klarheit und Kargheit. Eingravierte Inschriften sind eingeschnitten oder „eingegraben", erhabene Schriften ragen aus der Tafel hervor, stehen frei. Vertiefte Schriften sind wie Spuren und verblassen wie diese mit der Zeit. Erhabene Schriften trotzen dem Vergessen und der Verwitterung. Die Groteskschrift auf dem Poseidon-Denkmal [II 8.4] wirkt wie ein antikes Ornamentband, die an der Ehrenwand auf dem Nordfriedhof [II 3.5.1.2] ist gleichsam einem Vorhang aufgestickt. Andere Schriften, insbesondere die auf den Findlingen, sind schlicht und geradlinig eingemeißelt.

Schlichtheit schien nach dem Desaster des Ersten Weltkriegs der angemessene Gestaltungsgrundsatz. Die in Stein gehauenen Antiqua-Schriften bildeten in Bavenstedt [II 15.2], Einum [II 16.1], Ochtersum [II 11.1], an der Steingrube [II 5.4] und am Galgenberg [II 6.1.1] oder auf dem Nordfriedhof [II 3.5.1.2] die lateinischen Kapitalien nach. Lediglich in den Kirchen und bei der Freien Fleischer-Innung [II 1.16.1] sowie nach dem Zweiten Weltkrieg bei Senking [II 3.6] tendierte man zur Fraktur. Die meisten Gestalter entschieden sich nach beiden Kriegen für eine Groteskschrift, also für eine Antiquaschrift mit gleichstarker Strichstärke, die in Tabellenform leicht überschaubar und lesbar wirkt (z. B. in der Sorsumer St.-Kunibert-Kirche [II 13.3]), in fortlaufender Schreibweise dagegen stark an Lesbarkeit einbüßt, dafür aber einen Eindruck von Dichte, Geschlossenheit und Fülle vermittelt (z. B. Baugewerkschule [II 4.3]). Jan Tschichold, einer der bedeutendsten Vertreter der Neuen Typografie, nannte die Grotesk- oder Blockschrift die einzige, „die unserer Zeit geistig gemäß ist," und meinte, ihre richtige Bezeichnung wäre eigentlich „Skelettschrift".[652]

Die meisten Denkmäler präsentieren ihre Inschriften feierlich in Kapitalbuchstaben (Majuskeln). Dagegen versachlicht die „gewöhnliche" und alltägliche Groß- und Kleinschreibung die Aussage, dokumentiert das Geschehene und verzichtet auf besondere Hervorhebung (z. B. in Neuhof [II 10.2], in der Sorsumer Kunibertkirche [II 13.3.1] oder bei Senking [II 3.6]).

Ein „ideologischer" Streit zwischen Antiqua und Fraktur hat in Hildesheim nicht stattgefunden, weder in religiöser noch in politischer Hinsicht. Im Verlauf der Reformation gab es Bemühungen, Antiqua und Fraktur unterschiedlich zu konnotieren. Im Nachwort der 1545 bei Hans Lufft in

Wittenberg erschienenen Luther-Bibel erläutert Rörer (Rorarius), dass er Textstellen, die von Gnade und Trost handeln, mit Frakturversalien markiert, während Antiquaversalien auf Aussagen zu Zorn und Strafe verweisen. Schon Luther soll diese Eigenart als „Narretei" abgetan haben.[654] Die Behauptung Albert Kaprs, die „lateinische" Antiqua sei insbesondere mit dem Druck der Luther-Bibel durch die „deutsche" Fraktur verdrängt worden, ist übertrieben, ebenso wie die apodiktische Feststellung, Antiqua wäre als katholische und Fraktur als evangelische Schrift konnotiert worden.[655]

Schon früh verfestigte sich im In- und Ausland allerdings das Stereotyp, die Fraktur charakterisiere typisch Deutsches.[656] Dass sich in Italien und Frankreich die Antiqua durchsetzte, machte sie doppelt anfällig für Vorurteilsbildung. Mit der Verbreitung der Drucktechnik und der Luther-Bibel stellte sich zusätzlich eine soziale Polarisierung ein: das Volk verwendete Fraktur, während dem Adel, dem Klerus und der Wissenschaft die Antiqua zugeschrieben wurde.[657]

Im nationalsozialistischen Deutschland galten Fraktur oder Gotisch als „arteigene deutsche" Schriften während die Antiqua als glatt und fremdländisch verpönt war. Völlig überraschend kam daher am 3. Januar 1941 ein Erlass von Martin Bormann, damals Stabsleiter beim Stellvertreter des Führers, Rudolf Heß, der vorschrieb, künftig alle staatlichen Druckerzeugnisse in Antiqua („Normalschrift") zu veröffentlichen. Die „so genannte gotische Schrift (Fraktur)" sei gar keine deutsche, sondern vielmehr eine jüdisch inspirierte Schrift, die auf die „Schwabacher Judenlettern" zurückzuführen sei. Der antisemitische Unfug sollte kaschieren, dass die unterdrückten Völker in den eroberten Gebieten mit den in „deutscher" Fraktur gesetzten Bekanntmachungen nichts anzufangen wussten.[658]

5.2 Zeiten des Kriegstotengedenkens

5.2.1 *Totensonntag (Ewigkeitssonntag)*

Der Totensonntag, der letzte Sonntag im Kirchenjahr, also der letzte vor dem ersten Advent, wurde 1816 in der altpreußischen Union durch Kabinettsorder König Friedrich Wilhelm III. als Gedenktag für die in den Befreiungskriegen gefallenen Helden eingeführt und erst im Laufe der Zeit ein Tag des allgemeinen Totengedenkens. Auch nach den Kriegen 1864, 1866, und 1870/71 behauptete sich der Totensonntag gegen alle Bestrebungen, einen gesonderten Trauertag für Kriegstote einzuführen. Offiziell bewahrte der Totensonntag auch in der Weimarer Republik diesen Charakter, wenngleich es schon kurz nach dem Ersten Weltkrieg Bemühungen gab, zusätzlich einen Volkstrauertag einzuführen. Ausgerechnet am Totensonntag beschloss der Volksbund Deutsche Kriegsgräberfürsorge auf seiner ersten Jahrestagung 1920 eine entsprechende Anregung, die fünf Jahre später durch gesellschaftlichen Konsens und ohne gesetzliche Regelung realisiert wurde.[659]

In Hildesheim lud 1920 der Zentralverband deutscher Kriegsbeschädigter und Kriegshinterbliebener am Totensonntag, dem 21. November, zur Gedenkfeier auf dem Ehrenfriedhof ein.[660] Das tat er auch am Totensonntag 1921, dem 20. November. Doch gab es diesmal den – offenbar misslungenen – Versuch einer Gegenveranstaltung: „Um die gleiche Zeit waren knappe hundert Mann der hiesigen Kriegervereine – die sich bezeichnenderweise unter die Führung des berüchtigten Stahlhelms gestellt hatten – auf der Steingrube versammelt, um zu zeigen, dass ihnen auch die Toten nicht heilig genug sind, um für ihre Zwecke Propaganda zu machen. Die schwache Beteiligung – auch der Bevölkerung als Zuschauer – ist als ein erfreuliches Zeichen des gesunden Sinnes der Hildesheimer zu bewerten. Traurig ist es, dass sich an diesem schwarz-weiß-roten Klimbim noch eine ganze Anzahl Arbeiter beteiligten, während sich die tonangebenden, ‚besseren' Kreise fernhielten."[661]

Der Zentralverband richtete auch 1922 und 1923 die Feierstunden aus. Erst 1924 trat der Volksbund Deutsche Kriegsgräberfürsorge e. V. in Hildesheim auf den Plan, indem er, noch einmal am Totensonntag, 23. November 1924, in der Stadthalle eine „große Gedenkfeier zu Ehren unserer Gefallenen" veranstaltete, die er zugleich als „einheitliche Kundgebung für einen Volkstrauertag" verstand. Den maßgeblichen Stellen im Reich sollte damit der Wille der Bevölkerung offenbart werden, durch die Erinnerung an gemeinsames Leid und das ehrende Andenken an die Gefallenen alle Schichten „des zerrissenen und gequälten Volkes" zusammenzuführen. Wie auch in den anderen

Staaten müsse sich der deutsche Staat „bewusst in den Dienst der Heldenverehrung stellen, um damit dem deutschen Volke den Weg zum Aufstieg zu zeigen".[662]

Ab 1925 gedachte Hildesheim der Kriegstoten zweimal im Jahr (und anfangs auch zweimal am Volkstrauertag): der Volksbund versuchte im Frühjahr einen reichseinheitlichen Gedenktag zu etablieren, der Zentralverband hielt am November und der Tradition des Totensonntags fest. Statt der erhofften Einheit im Gedenken verstärkte sich das Gefühl der Zerrissenheit. Der Frühjahrstermin wurde von den Hildesheimern anfangs nicht angenommen. Die Hildesheimsche Zeitung monierte, dass nur wenige Privathäuser halbmast beflaggt waren (in der ganzen Almsstraße nur zwei) und dass es zwei Gedenkfeiern in Hildesheim gab: an der Vormittagsveranstaltung des Reichsbanners auf dem Ehrenfriedhof nahm auch Oberbürgermeister Dr. Ehrlicher teil, am Abend hatte der Volksbund Deutsche Kriegsgräberfürsorge zur Trauerversammlung in das evangelische Vereinshaus eingeladen. „Es ist ein fürchterliches Zeichen der deutschen Not, dass nicht einmal die Trauer um die Toten gemeinsam begangen werden kann."[663]

Am Totensonntag, dem 22. November 1925, versammelte sich dagegen „eine nach Tausenden zählende Teilnehmerschaft" zur Gedenkfeier des Zentralverbands deutscher Kriegsbeschädigter und Kriegshinterbliebener, die unter anderem von Musikdarbietungen der vereinigten Kapellen von Artillerie, Kavallerie und Stahlhelm unter Leitung von Obermusikmeister Bluhm umrahmt wurde.[664]

Zwar wurden die Frühjahrsveranstaltungen des Volksbundes zunehmend durch die Anwesenheit von Honoratioren aufgewertet, doch blieb auch der Totensonntag ein Tag des Kriegstotengedenkens. Dieser Dualismus setzte sich nach der Unterbrechung durch den Nationalsozialismus nach dem Zweiten Weltkrieg fort. Der Reichsbund führte am Totensonntag die Tradition des Zentralverbands weiter (so am 20. November 1949 auf dem Zentralfriedhof)[665], der Volksbund Deutsche Kriegsgräberfürsorge, Ortsgruppe Hildesheim, blieb seiner Linie mit der Gedenkfeier im Frühjahr treu, (so am Volkstrauertag, dem 5. März 1950, im „Stadthaussaal am Hohnsen").[666]

In Niedersachsen galt zunächst der letzte Sonntag im Kirchenjahr, der Totensonntag, als Volkstrauertag. Ab 1952 wich man im Interesse einer bundeseinheitlichen Regelung davon wieder ab.[667] Seitdem finden auch in Hildesheim keine Gedenkveranstaltungen mehr im Frühjahr, sondern nur noch einheitlich am vorletzten Sonntag des Kirchenjahres statt.

Nachweisbar wurden sieben Denkmäler am Totensonntag eingeweiht, die der beiden Andreas-Gemeinden nach dem Ersten Weltkrieg [II 1.2] und das der Christus-Kirche nach dem Zweiten [II 9.1.3] sowie das des Andreas-Realgymnasiums 1922 [II 8.1], der Siedlergemeinschaft West 1963 [II 8.5] und des Ortsteils Drispenstedt 1979/1993 [II 7.2.2].

5.2.2 Buß- und Bettag

Einen „außerordentlichen Buß- und Bettag" veranstaltete die evangelische St. Andreas-Kirche am 20. Oktober 1918 „nach dem unglücklichen Ausgang des Krieges". Durch die „allgemeine religiös-vaterländische Feier" sollte „unserer in Schmerz und Sorge niedergedrückten Bevölkerung ... Trost dargeboten und ihre Herzen wieder in Hoffnung fest und stark gemacht werden."[668]

Der preußische Episkopat hat im Jahre 1926 – mit Billigung von Papst Pius XI. – den bis dahin in Preußen als kirchlichen Festtag gefeierten Buß- und Bettag aufgehoben. Als staatlich geschützter Feiertag blieb er allerdings bestehen.[669] Zu der Zeit, zu welcher sonst an Sonn- und Feiertagen das Hauptamt stattfindet, sollte aber laut Anweisung der bischöflichen Behörde vom 10. Oktober 1927 nun ein Requiem für die Opfer des Weltkrieges und am Nachmittag oder Abend eine dem Charakter des Tages entsprechende Andacht stattfinden.

Die Gründe für diese Anordnung hatte der Episkopat bereits am 30. September 1926 im Kirchlichen Anzeiger für das Bistum Hildesheim veröffentlicht: Für eine „bloße Gedenkfeier" sei ein Sonntag in der Fastenzeit zwar „einigermaßen geeignet". Nach den liturgischen Gesetzen kämen die Fastensonntage allerdings nicht in Frage. Der Blick werde stets von Neuem auf den November gelenkt, dem der Tag Allerseelen das Gepräge einer Gebetszeit für die Seelenruhe der Verstorbenen gebe. Zur Feier eines Requiems könne aber nach den liturgischen Normen kein Novembersonntag gewählt werden. Deshalb habe man sich für den Buß- und Bettag als liturgischen Gedenktag für die im Weltkrieg Gefallenen entschieden.[670]

Das betraf nicht nur das Bistum Hildesheim, sondern wurde auf Beschluss der Bischofskonferenz auf alle katholischen Kirchen in Deutschland ausgedehnt. Es bestehe zwar keine kirchliche Verpflichtung zum Besuch der Messe, doch bitte man die Gläubigen, „in dankbarer Erinnerung gegen die im Weltkriege gefallenen Brüder, dem Requiem beizuwohnen."[671] Zehn Jahre später erwähnte der Schulleiter des Josephinums einen am Buß- und Bettag 1937 zelebrierten feierlichen Gedenkgottesdienst für die Gefallenen im Schulbericht.[672]

Von einer der offenbar seltenen Gedenkfeiern, die 1928 am Buß- und Bettag öffentlich veranstaltet wurden, berichtete die Hildesheimsche Zeitung aus Neuhof. Dort versammelte man sich am 21. November 1928 zu einer „stillen Abendstunde im Fackelschein" auf Einladung des Kriegervereins und Gesangvereins Germania, die mit ihren Vereinsfahnen erschienen waren. Lehrer Gebecke, Marienrode, hielt die Ansprache, umrahmt von ergreifenden Liedern wurden Kränze niedergelegt, zum Abschluss sang man gemeinsam das Lied vom guten Kameraden.[673]

Der Sorsumer Sportverein Teutonia [II 13.6] weihte sein Denkmal am Buß- und Bettag 1956 ein.

5.2.3 Volkstrauertag („Heldengedenktag")

Im November 1920 beantragten das Zentrum, die DVP und die DDP, „der Reichstag möge beschließen, die Reichsregierung um schleunige Verordnung eines Gesetzesentwurfes zu ersuchen, durch den ein nationaler Trauertag für die Opfer des Krieges eingeführt wird".[674] Sie griffen damit eine Initiative des Volksbunds Deutsche Kriegsgräberfürsorge auf, der am Totensonntag 1920 auf seiner ersten Jahrestagung in Berlin beschlossen hatte, eine Volkstrauertag anzuregen. Vorangegangen war ein Antrag der Ortsgruppe München des VDK, den „Nationaltrauertag" am 6. März 1921 anzusetzen.[675]

Es dauerte bis zum 1. März 1925, dass zum ersten Mal, allerdings ohne gesetzliche Regelung, ein einheitlicher Volkstrauertag im ganzen Reich als Gedenktag für die Gefallenen des Weltkriegs durch den Volksbund Deutsche Kriegsgräberfürsorge ausgestaltet wurde. „Die Feier soll zeigen, dass die Erinnerung an das gemeinsame Leid des Krieges alle Schichten unseres Volkes über die Schranken der Partei, der Religion und der sozialen Stellung hinweg wieder zusammenführen kann und wird."[676]

Der Volkstrauertag wurde in seiner Geschichte abwechselnd im Frühjahr und im Herbst begangen. Bei seiner Einführung hielt man das Frühjahr für die geeignete Jahreszeit, um der Kriegstoten zu gedenken. Die Passionszeit mit den zahlreichen Tagen der Besinnung auf den Leidensweg Jesu, die Fastenzeit als Zeit der Läuterung, der Kreuzestod und die Auferstehung – diese Zeit bot eine Vielzahl von Anknüpfungspunkten zum Kriegstotengedenken. An der Schwelle zum Frühling nahm der Gedenktag dem Kriegstod seine sinnlose Endgültigkeit und band ihn ein in den ewigen Kreislauf des Vergehens und Werdens, fand im Aufgehen der Saat, im Bestellen des Bodens und im Aufbrechen der Natur tröstende und sinnstiftende Metaphern. Von 1925 bis 1952 stand der Volkstrauertag, der zwischen 1934 und 1945 offiziell „Heldengedenktag" hieß, deshalb im Februar oder März im Kalender.

Auf Initiative des Volksbunds bildeten am 17. November 1921 Vertreter der zuständigen Reichsministerien, der Ländergesandtschaften, der Kirchen, Gewerkschaften und etlicher Verbände einen Ausschuss mit vier Mitgliedern, von denen drei die Verhandlungen mit den Religionsgemeinschaften (Protestanten, Katholiken und Juden) führen sollten. Sie schlugen den Sonntag Invocavit vor, den sechsten Sonntag vor Ostern. Er sollte künftig einheitlich als „Volkstrauertag" bezeichnet werden. Nachdem sich am 17. Februar 1922 alle beteiligten Institutionen und Organisationen auf diesen Vorschlag geeinigt hatten, baten sie den Reichskanzler, einen Gesetzentwurf auszuarbeiten, der den Sonntag Invocavit als „weltlichen Feiertag für das ganze Reich" festlegt.[677] Zur Bekräftigung des Ersuchens fand an Invocavit, dem 5. März 1922, die erste offizielle Feierstunde im Deutschen Reichstag statt, bei der der damalige Reichstagspräsident Paul Löbe in einer im In- und Ausland vielbeachteten Rede sagte: „Leiden zu lindern, Wunden zu heilen, aber auch Tote zu ehren, Verlorene zu beklagen, bedeutet Abkehr von Hass, bedeutet Hinkehr zur Liebe, und unsere Welt hat die Liebe not."[678]

Das Ziel, „durch geschlossenes Vorgehen und Ausschaltung aller politischen Gegensätze die Gewähr für eine einheitliche und würdige Begehung des Tages zu geben"[679], offenbart zugleich den

Traum der Wiederherstellung der verlorenen gesellschaftlichen und politischen Einheit wie die Gründe seines Scheiterns.[680] Bis 1934 hielten die Länder an ihren unterschiedlichen Regelungen fest. Die Kirchen fügten eigene hinzu:
- Reichsminister Schiele schlug den Länderregierungen den Sonntag Invocavit vor.
- In Bayern einigten sich die christlichen Kirchen auf den zweiten Sonntag im November.
- Der Verband Deutscher Kriegsgräberfürsorge beging den Sonntag Reminiscere, den fünften Sonntag vor Ostern.
- Der in der Fuldaer Bischofskonferenz zusammen geschlossene Episkopat ordnete (1926) ein feierliches Requiem für die Opfer des Weltkriegs am Buß- und Bettag an.
- Württemberg setzte den letzten Sonntag im Kirchenjahr fest, der in Norddeutschland schon seit langem als Totensonntag begangen wurde.[681]

Am 29. November 1928 beschloss der Ausschuss für die Festsetzung eines Volkstrauertages einstimmig, auch ohne gesetzliche Regelung den fünften Sonntag vor Ostern (Reminiscere) für das reichsweite Kriegstotengedenken zu bestimmen. Der Ausschuss setzte sich wieder aus Vertretern der drei großen Bekenntnisse und den großen in Betracht kommenden Körperschaften und Verbänden zusammen. Der Präsident des Volksbundes Deutsche Kriegsgräberfürsorge war Vorsitzender. Der Tag sollte mit Gottesdiensten, Läuten der Glocken im ganzen Reich und Saalfeiern begangen werden.[682]

Nach der Machtübertragung an die Nationalsozialisten forderte der zum „Bundesführer" mutierte VDK-Vorsitzende erneut einen gesetzlichen Feiertag. In seinem Brief an das Reichsministerium für Volksaufklärung und Propaganda vom 6. Januar 1934 argumentierte er zeitgemäß:
- Der Gedenktag für die Gesamtheit der Toten des Krieges und der Freiheitsbewegung muss für alle Zeiten im Leben des Volkes verankert sein, weil er Volkstum und Volkskraft stärkt.
- Aus einem Tag der Trauer müsse ein Tag der Erhebung werden, ein Tag des Hoffens auf das Aufgehen der blutigen Saat.
- Der in der Vorfrühlingszeit liegende Sonntag Reminiscere sei ideal geeignet, in den hellen anbrechenden Frühling des Lebens, „den uns unser neues Reich schenkte" vorblicken zu können.
- Der Volkstrauertag werde so ein Gedenktag zugleich für das Dritte Reich wie für die Zukunft Deutschlands.
- Ein Novembertag komme nicht in Frage:
  o er sei von „marxistischen Regierungen" unterstützt worden,
  o sei als Totensonntag ein evangelischer Gedenktag,
  o werde von anderen Feiertagen wie Reformationsfest, Allerheiligen, Allerseelen, Buß- und Bettag und Totensonntag bedrängt
  o und sei wegen der Erinnerung an den Waffenstillstandstag ganz und gar unmöglich.[683]

Am 27. Februar 1934 wurde durch das „Gesetz über die Feiertage" der Volkstrauertag zum „Heldengedenktag" und „der 5. Sonntag vor Ostern (Reminiszere)" zum allgemeinen Gedenktag für die Gefallenen des Weltkriegs (§ 2).[684] Er sollte zentral vom Reichsminister für Volksaufklärung und Propaganda in Abstimmung mit der Wehrmacht organisiert werden. Die Erinnerung an den Waffenstillstand, vor der Eulen gewarnt hatte, verdrängte „der Gedenktag für die Toten der nationalsozialistischen Bewegung", der am 9. November, dem Tag des gescheiterten Münchner Putschversuchs, begangen werden sollte.[685]

Wie eng Hitler den „Heldengedenktag" mit der Wehrmacht und seinen Expansionsinteressen verknüpfte und wie er Machtdemonstration und Heldenkult propagandistisch nutzte, zeigten die folgenden Jahre: 1935 verkündete er am Sonnabend vor Reminiscere, am 16. März, die allgemeine Wehrpflicht, 1936 rückten am Tag vor dem „Heldengedenktag", am 7. März, deutsche Truppen in das entmilitarisierte Rheinland ein. Am 12. März 1938 annektierte die Wehrmacht Österreich, am 6. März 1939, kurz vor dem Ende Februar auf den 16. März verlegten Gedenktag, besetzten deutsche Soldaten Prag – jedes Mal unter Bruch des Völkerrechts und mit dem Risiko des Krieges. Das ereignislose Heldengedenken am 21. Februar 1937 war sich selbst Ereignis genug: eine grandiose Inszenierung, mit großflächigen Vorankündigungen in der Tagespresse, mit Aufmarsch- und Aufstellplänen und mit mehrseitigen Fotoberichten und wörtlich nachgedruckten Reden. Die ersten vier Jahre der nationalsozialistischen Herrschaft wurden bilanziert. Der Hildesheimer Standortkommandant Oberst Hoffmann hob in seiner Ansprache die aus seiner Sicht wichtigsten Ereignisse hervor: 1934 wandelte sich der Trauertag des Volkes zum Heldengedenktag, 1935 „gab der Führer dem Volke die verlorene Wehrfreiheit zurück", 1936 „stellte der Führer die Wehrhoheit des Reiches ... wieder her."[686]

Die Schulen wies der Reichskommissar für Preußen bereits am 25. Februar 1933 an, dass und wie am noch Volkstrauertag genannten Sonntag Reminiscere in würdiger Weise zu gedenken sei, nämlich an dem ihm vorausgehenden Schultage.[687] Weil 1935 der „Staatsjugendtag" eingeführt und auf diesen Sonnabend gelegt wurde, ordnete der Reichs- und Preußische Minister für Wissenschaft, Erziehung und Volksbildung an, dass statt dessen, die „Gedenkfeier alljährlich am Montag nach Reminiszere (sic) stattzufinden hat".[688]

Im Jahr des Kriegsausbruchs vollzog ein Führererlass offiziell, was sich in den vergangenen Jahren eingeschliffen hatte. Hitler legte den Heldengedenktag vom beweglichen Fastensonntag Reminiscere weg auf den 16. März bzw. auf den diesem Tag vorangehenden Sonntag. Ausdrücklich nennt der Erlass den Grund: der 16. März ist der Tag der Wiedereinführung der allgemeinen Wehrpflicht. Weniger der vergangenen Toten sollte fortan gedacht werden als der zukünftigen Helden.[689] Schon im Folgejahr waren beide Bedeutungen kongruent geworden.

Der Bischof von Hildesheim, Joseph Godehard Machens, hielt nach dem Zweiten Weltkrieg zunächst am Sonntag Reminiscere fest. Er rief die Gläubigen in gleichlautenden Texten 1950 und 1951 zum „Gedenken der Opfer des Krieges" auf: „Am zweiten Fastensonntage, dem 5. März d. J. (1950) gedenken wir der im Kriege Gefallenen, mögen sie im Kampf oder in den Lazaretten oder im Lande selber den Tod gefunden haben. Sie waren unsere Volksgenossen, unsere Freunde und Verwandten; es waren Väter, Brüder und Söhne, Verlobte und Gatten. Es wäre ehrlos, wollten wir die vergessen, die uns so nahe standen und so früh und gewaltsam von unserer Seite gerissen wurden. Darum gedenken wir ihrer im stillen, herzlichen Gebete und rufen die Gläubigen dazu auf.

Am gleichen Tage und am Sonnabend vorher, am 4. und 5. März, veranstaltet der Volksbund Deutsche Kriegsgräberfürsorge eine öffentliche Sammlung, um die Mittel zu beschaffen, die er für seine Aufgabe, insbesondere die würdige Pflege der Kriegsgräber im In- und Ausland benötigt. Die Sammlung des Volkbundes möge den Gläubigen empfohlen werden."[690]

Seit dem 10. Oktober 1952 wird in Niedersachsen in Angleichung an die bundeseinheitliche Regelung der zweite Sonntag vor dem ersten Advent als Volkstrauertag begangen.[691]

Der Niedersächsische Kultusminister erläuterte 1997 in einem Erlass die Entwicklung und Bedeutung des Volkstrauertags in der Nachkriegszeit: „In der Bundesrepublik wird der Volkstrauertag regional in vielen Städten und Gemeinden und außerdem mit einer zentralen Gedenkstunde im Deutschen Bundestag begangen. Zum gleichen Termin wird mit gleicher Zielsetzung in England der Remembrance Day gefeiert. Weitere Länder haben Gedenktage mit ähnlicher Ausrichtung.

Träger der Gedenkveranstaltungen in Deutschland ist der Volksbund Deutsche Kriegsgräberfürsorge e. V. Er pflegt die Ruhestätten deutscher und ausländischer Opfer aus beiden Weltkriegen. Er führt dort Jugendliche aus allen Ländern Europas in den Sommerferien zusammen und leistet damit einen wichtigen Beitrag zur Friedenserziehung und zur Völkerverständigung. Die Arbeit des Volksbundes steht unter den Leitwörtern „Versöhnung, Verständigung, Freundschaft – über Grenzen hinweg" und „Arbeit für den Frieden". Die Kultusministerkonferenz hat deshalb die Schulen gebeten, auch weiterhin an der Arbeit des Volksbundes mitzuwirken.

Der Volkstrauertag ist kein „Heldengedenktag". Im Mittelpunkt stehen die Kriegsopfer und andere Opfer und Verfolgte von Gewalt und Terror. Den Inhalt des Gedenkens hat Bundespräsident Herzog am Volkstrauertag des Jahres 1995 im Berliner Dom folgendermaßen zusammengefasst:

„Wir denken heute / an die Opfer von Gewalt und Krieg, / Kinder, Frauen und Männer aller Völker. Wir gedenken / der Soldaten, die in den Weltkriegen starben, / der Menschen, die durch Kriegshandlungen oder danach / in Gefangenschaft, als Vertriebene und Flüchtlinge / ihr Leben verloren.

Wir gedenken / derer, die verfolgt und getötet wurden, / weil sie einem anderen Volk angehörten, / einer anderen Rasse zugerechnet wurden oder / deren Leben wegen einer Krankheit oder Behinderung / als lebensunwert bezeichnet wurde.

Wir gedenken / derer, die ums Leben kamen, / weil sie Widerstand gegen Gewaltherrschaft leisteten, / und derer, die den Tod fanden, / weil sie an ihrer Überzeugung oder an ihrem Glauben / festhielten.

Wir trauern / um die Opfer der Kriege und Bürgerkriege unserer Tage, / um die Opfer von Terrorismus und politischer Verfolgung, / um die Opfer sinnloser Gewalt, die bei uns Schutz suchten.

Wir trauern / mit den Müttern und mit allen, die Leid tragen, um die Toten. / Doch unser Leben steht im Zeichen der Hoffnung / auf Versöhnung unter den Menschen und Völkern, und / unsere Verantwortung gilt dem Frieden unter den Menschen / zu Hause und in der Welt."[692]

Bundeskanzler Helmut Kohl hatte sinngemäß schon am Volkstrauertag 1983 versucht „Opfer und Geopferte" in einem versöhnenden Gedanken zu vereinen. Ralph Giordano monierte bald darauf die „verbalen Leerhülsen", die von den nationalsozialistischen Verbrechen und von der Verstrickung des deutschen Volkes ablenken.[693]

Acht Gemeindedenkmäler und je eins eines Sportvereins und einer Schule wurden am Volkstrauertag eingeweiht – alle nach dem Zweiten Weltkrieg.

5.2.4 Antikriegstag

Bemühungen um einen Antikriegs- oder Weltfriedenstag waren in Deutschland vor allem christlich oder pazifistisch motiviert. Nach der „Novemberrevolution" 1918 in Deutschland riefen die beiden damals bedeutendsten pazifistischen Organisationen, die von Bertha von Suttner mitgegründete „Deutsche Friedensgesellschaft (DFG)" und der „Bund Neues Vaterland (BNV)", unter der Parole „Nie wieder Krieg" eine Kampagne ins Leben, deren Ziel es war, die persönlichen Erinnerungen an die Kriegsgräuel durch alljährliche Massenkundgebungen am 1. August, dem Tag des Beginns des 1. Weltkriegs, wachzuhalten und die Menschen für die Durchsetzung einer dauerhaften Friedenspolitik zu aktivieren. Bei der Gründung des „Friedensbundes der Kriegsteilnehmer (FdK)" im Oktober 1919 wurde festgelegt, alljährlich am ersten Augustwochenende Massenkundgebungen zur Erinnerung an den Kriegsbeginn 1914 zu organisieren, die den Friedenswillen des deutschen Volkes bekunden sollten. Zur ersten Kundgebung am 1. August 1920 im Berliner Lustgarten riefen Organisationen der Friedensbewegung sowie der Arbeiterjugend auf. 1921 traten Vertreter der SPD, der USPD und des Allgemeinen Deutschen Gewerkschaftsbundes dem „Nie-wieder-Krieg-Ausschuss" bei. Dieses Bündnis machte aus den Antikriegsaktionen eine Massenbewegung, am 31. Juli 1921 beteiligten sich im ganzen Reichsgebiet ca. 500.000 Menschen in etwa 250 Städten an den Kundgebungen. Doch schon der Antikriegstag 1922 zeigte, dass die Nie-wieder-Krieg-Bewegung ihren Höhepunkt überschritten hatte.[694]

In Hildesheim lud ein Ausschuss aus Katholischen Arbeiterverein, Friedensbund deutscher Katholiken, Windthorstbund, Deutscher Friedensgesellschaft, Ortsgruppe Hildesheim, Frauenliga für Frieden und Freiheit, Reichsbanner und Ortsausschuss der Arbeiterwohlfahrt zu einer „Morgenfeier der Friedensfreunde" zum Andenken an den Ausbruch des Weltkrieges am 31. Juli 1927 ein und verband ihn mit einem „Warnruf an alle Kriegshetzer". Als Redner hatte man den Sekretär der Deutschen Friedensgesellschaft, Seger, gewonnen.[695]

Nach dem Zweiten Weltkrieg wird der „Antikriegstag" in Deutschland am 1. September begangen. Er erinnert an den Überfall der Wehrmacht auf Polen am 1. September 1939. Die Initiative ging vom „Deutschen Gewerkschaftsbund (DGB)" aus, der erstmals am 1. September 1957 das Motto „Nie wieder Krieg" wieder aufgriff und zu Aktionen aufrief. Die Wiedereinführung der Wehrpflicht und die „Antiatomtodbewegung" gegen atomare Aufrüstung trugen zur Mobilisierung bei, die in den späten siebziger und Anfang achtziger Jahren des letzten Jahrhunderts ihren Höhepunkt erreichte, als gegen die Aufstellung von Pershing-II- und SS-20-Raketen demonstriert wurde. Der Hildesheimer DGB beteiligte sich entweder an den Demonstrationen und Kundgebungen des „Hildesheimer Friedensforum" oder lud zu eigenen Veranstaltungen und Aktionen ein. Am 1. September 1989 übergab er der Stadt eine Gedenkplatte, die in der Ausländerabteilung des Nordfriedhofs an die in Hildesheim während der NS-Zeit ums Leben gekommenen Ausländer erinnert [II 3.5.3.1].[696]

Die katholische Kirche begeht seit 1967 einen „Weltfriedenstag". Der Tag fällt normalerweise auf den 1. Januar und ist mit einer Weltfriedensbotschaft des Papstes verbunden, wird aber in deutschen Gemeinden flexibel innerhalb der ersten 6 Wochen des Jahres begangen. Papst Paul VI. wandte sich 1967 an die Regierenden in aller Welt mit einer Friedensbotschaft und erklärte darin den Neujahrstag zum Weltfriedenstag.[697]

Weltweit gilt der 21. September als Weltfriedenstag. 1981 entschied die Generalversammlung der Vereinten Nationen: „Dieser Tag soll offiziell benannt und gefeiert werden als Weltfriedenstag (International Day of Peace) und soll genutzt werden, um die Idee des Friedens sowohl innerhalb der Länder und Völker als auch zwischen ihnen zu beobachten und zu stärken."[698]

5.2.5 Andere kirchliche Feiertage

Warum einzelne Kirchengemeinden bestimmte Tage des Kirchenjahres (oder im Fall der Synagoge des jüdischen Kalenders) auswählten, ist heute nicht mehr zu ergründen. Es ist nicht ausgeschlossen, dass der Zufall eine Rolle spielte, dass sich die Fertigstellung des Ehrenmals verzögert oder beschleunigt hatte oder dass andere Termine blockiert waren. Denkbar ist auch, dass sich diese Gemeinden eine gesteigerte Aufmerksamkeit erhofften, die sich ungeteilt ihnen zuwenden konnte. Möglicherweise orientierte man sich aber auch am symbolischen Charakter oder an der religiösen Sinngebung der Festtage:

Silvester, Ende eines Jahres, Anlass zu Rückbesinnung und Ausblick, Schwelle zum neuen Jahr mit der Chance des Neuanfangs: Michaelisgemeinde (1919, II 1.23)

(jüdisches) Neujahrsfest, Rosch Ha-Schana, Tag des „Lärmblasens" mit dem Widderhorn (Schofar) (z. B. 4. Mose, 29,1), Tag der Erschaffung der Welt und des göttlichen Gerichts, das Buch ist aufgeschlagen, die Taten werden eingetragen, das Geschick für das kommende Jahr wird bestimmt; Schuld kann getilgt und das gefällte Urteil zurückgenommen werden, Gott kann den Zusammenhang von Sünde und Unheil lösen, weil dem Menschen eine Möglichkeit zur Umkehr und zum Neuanfang gegeben ist: „An Neujahr werden sie eingeschrieben und am Versöhnungstag (d. i. neun Tage später, H. H.) besiegelt: Wie viele dahingehen und wie viel erschaffen werden, wer leben und wer sterben wird: wer zu seiner Zeit und wer nicht zu seiner Zeit, wer durch Feuer und wer durch Wasser, wer durch Schwert und wer durch Hunger, wer durch Sturm und wer durch Seuche; wer bleiben und wer wanken wird, wer ruhig sein wird und wer zerrissen, wer sicher sein wird und wer gezüchtigt, wer erhoben und wer erniedrigt wird, wer reich sein wird und wer arm – doch Umkehr, Gebet und Wohltun lassen das böse Verhängnis vorübergehen." (mittelalterliches Neujahrgebet)[699]: Synagoge (1920, II 2.2)

Gründonnerstag (Bedeutung von ahd. „grunen" = greinen, weinen), Ende der 40-tägigen Fastenzeit, Jesus vollzieht die Fußwaschung an seinen Jüngern, setzt das Abendmahl ein, betet am Ölberg in Getsemani, bittet Gottvater um Schonung und fügt sich in die Verheißung, wird von Judas verraten und ausgeliefert: Christuskirche (1921, II 9.1.1)

Pfingsten, Abschluss des Osterfestkreises mit dem Spannungsbogen von der tiefsten Erniederung des Verrats und der Kreuzigung bis zur Auferstehung und Himmelfahrt, Fest des Heiligen Geistes: Bernward (1920, II 1.3)

Fronleichnam (Bedeutung: lebendiger Leib, Leib des Herrn), Fest der Eucharistie, des Leibes und Blutes Christi; Tag der öffentlichen Bezeugung des (katholischen) Glaubens durch eine Prozession, die an vier (in alle Himmelsrichtungen ausgerichteten) Altären innehält: St. Magdalenen (1924, II 1.21), Einum (1934, II 16.1.1); beide Denkmäler sind vierte Station bei der Fronleichnamsprozession.

Jakobitag (25. Juli): In Sorsum wurde das Klöpper-Denkmal nach seiner Renovierung im Verlauf der Jakobsprozession eingeweiht [II 13.1]. Jakobus der Ältere begleitete Jesus in den Ölgarten. Sein Name verbindet sich mit Missionstätigkeiten in Jerusalem und Samaria aber auch in Spanien. Ostern 44 erlitt er auf Anordnung des Königs Herodes den Märtyrertod. Nach ihm und den in der dortigen Kirche aufbewahrten Reliquien ist Santiago de Compostela benannt, ein Ort der Ziel zahlreicher Pilgerstraßen, der Jakobswege, ist.

5.2.6 Besondere Jahrestage

Für militärische Einheiten sind der Tag der „Feuertaufe", der Tag des ersten verlustreichen Gefechts, oder Regimentstage, die an den Tag der Aufstellung erinnern, Ereignisse, an denen der gefallenen und vermissten Kameraden gedacht wird. Die Bezeichnung „Feuertaufe" verdeutlicht, dass es sich dabei nur vordergründig um die erste verlustreiche Feindberührung handelt. Ähnlich wie bei „Stahlgewitter" ist hier die Härtung mitgedacht, die aus Zivilisten Soldaten machte. An dieses Ereignis erinnern sich Veteranen wie an einen Geburtstag.

Je nach Zielsetzung und Motivation werden Anlässe für das Kriegstotengedenken ausgewählt, die das Sterben im Krieg entweder zum hohen Wert stilisieren oder als atavistischen Rückfall werten. Das Langemarck-Gedenken rund um den 11. November kümmerte sich wenig um den realen Verlauf der Schlacht. Die Legende vom Opfertod einer patriotisch gesinnten, akademischen Jugend führte ein Eigenleben, wurde bei Feiern immer und immer wieder erzählt und verlangte Nacheiferung. Der Sedantag oder die Erinnerung an die Völkerschlacht bei Leipzig verklärten das historische Geschehen ebenfalls mehr als es zu erklären. Die Tage wurden ebenso wie die Ereignisse in den Dienst von Sinn- und Identitätsstiftung genommen.

Nicht übersehen darf man den Widerstand, der sich gegen die ideologische Ausbeutung regte. Dem chauvinistischen und militaristischen „Sedanrummel" und „Sedanklimbim" setzte die sozialdemokratische Arbeiterbewegung die Lassalle-Feiern entgegen. Da Ferdinand Lassalle am 31. August 1864 starb, bot sich die Gelegenheit zu einer Art Gegenfest zum Sedantag, die nach dem dreißigsten Todestag auch in Hannover und Umgebung genutzt wurde. Doch nicht nur zum Sedantag: Der Lassalle-Gedenktag hatte auch „die Funktion eines Totengedenktages, manchmal gar eines proletarischen ‚Heldengedenktages' als Gegenstück zu dem christlichen Totensonntag, ... an dem man alljährlich auch der in den Kriegen von 1866 und 1870/1871 gefallenen Soldaten gedachte."[700]

Jahrestage, die aus unterschiedlicher Sicht gedeutet werden können, provozieren Protest und polarisieren. Der 8. Mai wird je nach politischer Gesinnung als Tag der Niederlage oder als Tag des Sieges über den Faschismus empfunden, der 1. September als Überfall oder Notwehrhandlung. Selbst wenn die Fakten zwingend nahe legen, vom Niederwerfen und Abschütteln einer Gewaltherrschaft zu sprechen und damit von einer Kapitulation eines terroristischen Regimes und einer Befreiung zur demokratischen Selbstbestimmung, wird es bei unterschiedlichen Bewertungen bleiben, die bei Veranstaltungen auch konfrontativ aufeinander stoßen können. Den 8. Mai 1945 nannte Theodor Heuss kurz vor seiner Wahl zum Bundespräsidenten „die tragischste und fragwürdigste Paradoxie der Geschichte für jeden von uns. Warum denn? Weil wir erlöst und vernichtet in einem gewesen sind."[701]

Jahrestage, die im Leben eines Vereins, einer Kirchengemeinde, einer Schule oder eines Betriebs eine besondere Bedeutung haben, sind dagegen unumstritten und harmloser, obwohl sich Abläufe und Ansprachen formal und inhaltlich kaum von anderen Veranstaltungen unterscheiden. Hier sind die Stiftungsfeste zu nennen, die Kirchweihfeste, die Schul- und Betriebsjubiläen. In ihnen realisieren sich die Motive der gemeinsamen Trauer und des gegenseitigen Trostes, Treue und der Traditionspflege, der Verankerung (Topik) und der Verarbeitung. Die Gemeinschaft feiert aus einem für sie wichtigem Grund und bewahrt das Andenken der Kriegstoten sichtbar in ihrer Mitte.

„Runde" oder „markante" Stiftungsfeste nutzen vor allem Vereine: der Kriegerverein Bavenstedt sein 30-jähriges Stiftungsfest (1924, II 15.2.1), der Hildesheimer Tunerbund sein 40-jähriges Stiftungsfest (1920, II 1.10), der Hildesheimer Schwimmverein von 1899 sein 25-jähriges Vereinsjubiläum (1924, II 8.2). Beim Denkmal des Infanterie-Regiments Nr. 79 auf der Steingrube fielen der Tag der Feuertaufe und das 15-jährige Stiftungsfest zusammen (1920, II 5.4). Der Katholische-Arbeiter-Bildungsverein feierte zugleich sein 71. Stiftungsfest (1920, II 1.15.2), 400 Jahre Knochenhauer-Amtshaus inspirierten die Freie Fleischer-Innung (1929, II 1.16.1). Der MTV „Eintracht" weihte seine Gedenktafel beim 60-jährigen Stiftungsfest ein (1921, II 1.20), der SV Borussia von 1906 den ersten Gedenkstein zum 25-jährigen (1931, II 4.1.2) und einen anderen zum 50-jährigen [II 4.1.3]. Beim VfV bot das 50-jährige Jubiläum der Fußballabteilung einen geeigneten Rahmen [1957, II 4.4] Die Junggesellen-Kompanie von 1831 verband ihr 125-jähriges Jubiläum mit der Einweihung einer Gedenktafel (1956, II 3.1).

Zum 25-jährigen Schuljubiläum übernahm die Staatliche Baugewerkschule das Denkmal (1925, II 4.3), zur Schuleinweihung wurden die Denkmalanlagen in der Michelsenschule (1875/1878, II 8.3) sowie in der Scharnhorstschule (1960, II 5.5) und im Andreanum (1962, II 1.1) – beide wohl eher zufällig in unmittelbar zeitlicher Nähe zum 1. September, den auch das Josephinum – bewusst – als Tag für die Denkmalweihe wählte (1962, II 1.13.2).

Der FC Concordia eröffnete 1933 die neue Sportanlage mit der Einweihung seines Denkmals [II 4.2.1].

5.2.7 Andere Jahres- oder Gedenktage

Tag der Luftwaffe, Tag der Wehrmacht: Obwohl der Tag der Luftwaffe oder auch der Tag der Wehrmacht in Hildesheim mit großen Aufmärschen im fahnengeschmückten Hildesheim mit starker Beteiligung der Bevölkerung gefeiert wurden, kommen diese Tage der Demonstration von Wehrhaftigkeit im offiziellen Fest-, Feier- und Gedenktagskalender des NS-Staats nicht vor. Der beginnt mit der Feier der zur Machtergreifung verklärten Beauftragung zur Regierungsbildung am 30. Januar, setzt sich am 24. Februar mit der Parteigründungsfeier fort, kommt bis Mitte März zum „Heldengedenktag", dem am 20. April Hitlers Geburtstag und am 1. Mai der Tag der Arbeit folgen. Muttertag wird am zweiten Maisonntag und die Sommersonnenwende am 21. Juni gefeiert. Im September fand der Reichsparteitag der NSDAP in Nürnberg und Anfang Oktober das Erntedankfest auf dem Bückeberg bei Hameln statt. Am 9. November gedachten die Nazis ihrer „Gefallenen" und im Dezember standen Wintersonnenwende und Volksweihnacht im braunen Kalender.[702]

Der Tag der Luftwaffe fügt sich wie viele andere „Motto-Tage" in das Konzept der politischen Ästhetisierung des Alltags, der permanenten politischen Agitation und der Militarisierung ein. In Hildesheim fand der Tag der Luftwaffe u. a. am 21. April 1936, 21. April 1937, 1. März 1938 und am 1. März 1939 statt. Den Tag der Wehrmacht beging man z. B. am 6. März 1938, 19. März 1939, 17. März 1940, 29. März 1942 und 21. März 1943. Siehe Fliegerhorst (1937, II 3.2.1).

Tag der Heimat: Als erste Veranstaltung zum Tag der Heimat gilt die Kundgebung vor dem Stuttgarter Schloss am 6. August 1950, bei der die Charta der deutschen Heimatvertriebenen feierlich verkündet wurde. In der Folge begingen die Vertriebenenverbände den Tag der Heimat jährlich Anfang September. Siehe Eichendorff-Hain (1962, II 9.5).

Tag der Kriegsgefangenen: Mit einer Sondersitzung des Deutschen Bundestages, einem Appell des Bundespräsidenten an die Weltöffentlichkeit und einer allgemeinen Verkehrsstille und Glockengeläut zwischen 12.00 und 12.02 Uhr wurde am Donnerstag, 26. Oktober 1950 in Deutschland erstmals der Tag der Kriegsgefangenen begangen. Zu diesem Zeitpunkt wurden in Hildesheim noch etwa 1.540 Menschen vermisst, über 80 wurden in Gefangenenlagern festgehalten.[703]

In Hildesheim fand am Sonntag, 29. Oktober 1950, eine Gedenkstunde im bis auf den letzten Platz besetzten Stadttheater statt, mit Ansprachen des Regierungspräsidenten Backhaus und des Vorsitzenden des Bezirksverbands Hildesheim der Kriegsgefangenen, Rechtsanwalt Dr. Nowack, umrahmt von Darbietungen des Orchesters des Stadttheaters und des Schubert-Bundes. Intendant Walter Zibell sprach fünf Gedichte von Kriegsgefangenen.

Der Gedenktag weitete sich zur Kriegsgefangenen-Gedenkwoche aus, die künftig am letzten Sonntag im Oktober mit einer Feierstunde beendet wurde. 1955 wurde sie wegen der anlaufenden Entlassungen der Ostgefangenen vom Verband der Heimkehrer auf den 26. oder 27. November verschoben.[704] Der Gedenktag wurde letztmals am 27. November 1955, am 1. Advent, begangen. Aus Verbundenheit mit den noch Festgehaltenen oder Vermissten wurde er auch als „Tag der Treue" bezeichnet.[705] Siehe Sedanallee (1952 bzw. 1955, II 5.7.2).

Gedenktag für die Opfer der nationalsozialistischen Gewaltherrschaft am 27. Januar („Holocaustgedenktag"): 1996 erklärte Bundespräsident Herzog den 27. Januar zum Gedenktag für die Opfer der nationalsozialistischen Gewaltherrschaft. An diesem Tag befreiten Soldaten der Roten Armee 1945 das Konzentrationslager Auschwitz. Der Name Auschwitz wurde zum Symbol für die staatlich organisierte Unmenschlichkeit des nationalsozialistischen Regimes, für Terror und den millionenfachen Mord an Juden und anderen Verfolgten. Ein Erlass des niedersächsischen Kultusministers verbindet mit dem Gedenktag „eine dreifache Verpflichtung", die den Dreiklang vom Kreuzberg-Denkmal aufnimmt: Erinnerung, Mahnung, Nacheiferung: „Die Opfer und Verfolgten nicht namenlos werden und dem Vergessen anheimfallen zu lassen, den Überlebenden und ihren Angehörigen mit Respekt und Mitgefühl zu begegnen und in der nachwachsenden Generation die Bereitschaft zu wecken, für die Menschenwürde und den Respekt vor Andersdenkenden, für Demokratie, Freiheit und Rechtsstaatlichkeit einzutreten."[706]

5.2.8 Gelegenheitsveranstaltungen

Einige Denkmäler wurden nicht an einem besonderen, dafür geeigneten Tag eingeweiht, sondern erhielten bei sich bietender Gelegenheit den Glanz – oder Hauch – eines exklusiven Ereignisses. Glanzvoll war zweifellos der sehr aufwändige Besuch des Kaisers Wilhelm II. am 31. Oktober 1900 in Hildesheim anlässlich der Enthüllung des Reiterstandbilds für Kaiser Wilhelm I. [II 5.7.1] Eigentlich hätte die Enthüllung schon am 15. Oktober 1900 stattfinden sollen. Wegen des schlechten Gesundheitszustands seiner Mutter verschob der Kaiser den Besuch auf den Reformationstag. Die Hildesheimer waren froh, waren sie doch zeitlich arg in Verzug geraten.

Weit weniger glanzvoll, aber immerhin bei einer herausragenden Veranstaltung, weihten einige Vereine die Ehrenmale bei besonderen Mitgliederversammlungen, zum Beispiel einem festlichen kameradschaftlichen Abend, ein. Der Kriegerklub Vaterland [II 1.17] verzeichnete am 13. Dezember 1919 eine außerordentlich zahlreiche Beteiligung seiner Mitglieder und zahlreicher Ehrenmitglieder bei der feierlichen Enthüllung der Ehrentafel mit Gedächtnisrede durch den Vorsitzenden.[707] Fast gleichzeitig veranstaltete die Junggesellen-Kompanie [II 1.14] am Mittwochabend, dem 10. Dezember 1919, unter großer Anteilnahme ihrer Mitglieder und einer Anzahl Damen eine Gedenkfeier für ihre im Kriege gefallenen Mitglieder und verband damit die Enthüllung der Gedenktafel.[708]

Der Verein ehemaliger Kavalleristen [II 5.6] wählte einen Monat später für die Enthüllung der Ehrentafel für die vier im Weltkrieg gebliebenen Vereinsmitglieder eine normale Mitgliederversammlung am 10. Januar 1920, in deren Anschluss der Ehrenvorsitzende, Oberstleutnant von Bultke, „das Wort zu einer markigen Ansprache" ergriff.[709] Die Presse hob auch hier den sehr guten Besuch hervor.

Der Garde-Verein für Hildesheim und Umgebung [II 1.6] enthüllte die Gedenktafel in der Mitgliederversammlung, die auf die Fertigstellung folgte: Sie fand am 1. Donnerstag im Februar 1920, am 5. Februar, statt.[710]

5.2.9 Zusammenfassung

Untersuchen wir nun zusammenfassend die Nutzung der verschiedenen Anlässe bei 108 datierbaren und auswertbaren Einweihungen. 63 der 72 der nach dem Ersten Weltkrieg errichteten Denkmäler und 45 der 46 Denkmäler nach dem Zweiten sind zeitlich zuzuordnen.

Nach dem Ersten Weltkrieg warteten 58 % der Auftraggeber offenkundig nicht erst auf einen besonderen Anlass für die Einweihung ihres Denkmals, sondern nahmen es bei der nächsten sich bietenden Gelegenheit in ihre Obhut. Das gilt für fast alle Gruppen in gleichem Maß. Nur Sportvereine setzten bei internen Feiertagen, also bei Vereinsjubiläen oder Platzeröffnungen, mit dem Kriegstotengedenken einen besonders feierlichen Akzent. Sie bekräftigten damit die Mitgliedstreue über den Tod hinaus. Schon bald bezog sich dieses öffentliche und feierliche Bekenntnis nicht nur auf die im Krieg ums Leben Gekommenen, sondern erstreckte sich auf alle verstorbenen Vereinsmitglieder. Bei FC Concordia ergänzten ihre Namen die Liste der Kriegstoten auf dem Vereinsdenkmal [II 4.2.1]. Nach dem Zweiten Weltkrieg werden die Vereine auf die namentliche Nennung überhaupt verzichten und damit auch auf die Unterscheidung von militärischen und zivilen Toten.

Für alle anderen war es offenbar ein dringendes Anliegen, so bald wie möglich einen würdigen und eigenen Ort des Gedenkens zu schaffen. Die Herstellung eines Denkmals erwies sich vor allem bei den

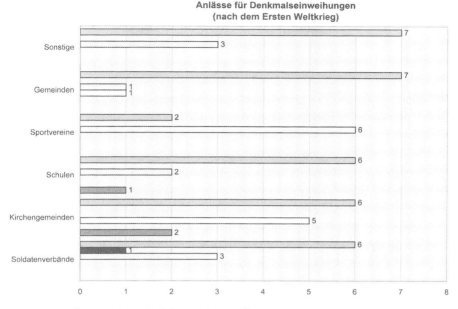

Tafel 9: Anlässe für Denkmalseinweihungen nach dem Ersten Weltkrieg

politischen Gemeinden, aber auch bei den Kirchengemeinden und den Veteranenverbänden, als sehr aufwändig. Wenn man schließlich sein Ziel erreicht hatte, sollte das Ergebnis den Bürgern, Gemeindegliedern oder Mitgliedern so schnell wie möglich vorgestellt werden. Statt Anlässe für die Einweihung zu nutzen, nahm man die Einweihung zum Anlass, einen internen Feiertag zu schaffen, z. B. 1939 das Regimentstreffen ehemaliger 79er [II 6.1.1].

Fünf Kirchen wählten für die Installierung ihres Kriegstotengedenkens kirchliche Feiertage (mit dem Merkmal „herausgehobener Festtag unserer Kirchengemeinde"), zwei weitere entschieden sich für den Totensonntag (mit dem Signifikat „Tag der allgemeinen Trauer um verstorbene Angehörige"). Ihnen schien es wichtig zu sein, mit der Symbolkraft eines bedeutenden Tages im Kirchenjahr (wie Gründonnerstag [II 9.1.1] oder Fronleichnam [II 1.21]) das Kriegstotengedenken anzureichern, oder sie in das allgemeine Totengedenken einzubeziehen. 1923 hatte man sich allerdings noch nicht zu einem nationalen Volkstrauertag durchgerungen, so dass die Entscheidung für den Totensonntag durchaus auch mit einer besonderen Wertschätzung der Kriegstoten verbunden war. Den Kirchenverantwortlichen lag es offenbar am Herzen, ihnen einen besonderen Platz in der Kirchengemeinde zu schaffen, einen Topos, der im Denkmal als sichtbare und in der Liturgie als unsichtbare Gegenwart erfahrbar wird.

Auch nach dem Zweiten Weltkrieg wurden etwa 26 % der Denkmäler gleich nach der Fertigstellung der Öffentlichkeit übergeben. Allerdings halbierte sich damit der Anteil gegenüber der Zwischenkriegszeit. Die Nutzung der internen Feiertage blieb mit etwa 23 % konstant. Es darf unterstellt werden, dass sich auch die Beweggründe dafür gleichen.

Auffällig ist der Anteil der Denkmäler, die am Volkstrauertag eingeweiht wurden. Er beträgt ebenfalls 23 %. Deutlich zeigt sich das topische Bemühen, der Bevölkerung eine bestimmte Zeit und einen bestimmten Raum für das Kriegstotengedenken vorzugeben. Deshalb wählten vor allem die politischen

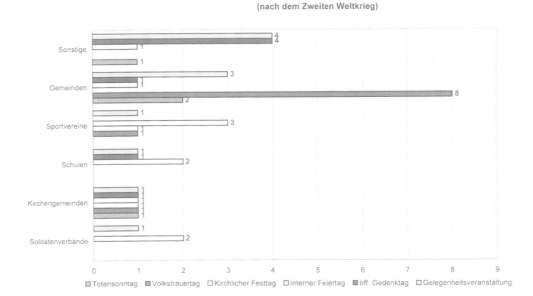

Tafel 10: Anlässe für Denkmalseinweihungen nach dem Zweiten Weltkrieg

Gemeinden diesen Termin. Wie sie die Zusammenlegung der Kriegstoten auf zentralen Soldatenfriedhöfen betrieben (z. B. in Derneburg oder auf dem Hildesheimer Zentralfriedhof), wie die Stadt Hildesheim sich für eine zentrale Stätte für das Kriegstotengedenken auf dem Zentralfriedhof einsetzte [II 3.5.1.2], so sehr lag den Gemeinden jetzt daran, das öffentliche Gedenken auf einen Zeitpunkt und einen Standort zu konzentrieren, damit es dort gemeinsam begangen werden konnte. In den meisten Ortsteilen akzeptierte die Bevölkerung offenbar diese Lösung. Außer in Sorsum und der Kernstadt verzichteten die Vereine und Kirchengemeinden auf eigene Denkmäler.

Die Kirchen hielten sich insgesamt mit Kriegstotenehrungen zurück. Die sechs, die nach dem Zweiten Weltkrieg Stätten des Gedenkens einrichteten, orientierten sich je einmal am Allerheiligen-Feiertag, Totensonntag und Volkstrauertag oder an Terminen, die nur für sie selbst bedeutsam waren. Eine transzendentale Verknüpfung des Denkmalsweihe mit einem herausgehobenen kirchlichen Feiertag kam offenbar nicht mehr vor.

5.2.10 Einweihungstermine (sofern der Tag genau ermittelt werden konnte)

Soldatenverbände/Militär (x), Kirchengemeinden (+), Schulen (*), Sportvereine (o), politische Gemeinden (#), u. a.
Vor 1919 sind fünf Denkmalseinweihungen datierbar:
August 1874: x1.11.1 / September 1875: *8.3.1
Oktober 1900: 5.7.1
Oktober 1913: #13.2
Dezember 1916: *1.8

	Jan.	Feb.	März	April	Mai	Juni	Juli	Aug.	Sept.	Okt.	Nov.	Dez
1919												x1.17 +1.23 21.3 3
1920	x5.6	x1.6		x2.3 x1.15.5	+1.3	o1.10	+1.12 7.1	x1.15.1 x5.4	+2.2 #10.2.1	x1.18 o4.1.1	x9.2	15
1921		1.15.3	*5.1 +9.1.1 +9.1.2 9.3		1.4 +1.9 +2.1.1	*1.13.1 1.5 +9.4	7.2.1 *8.3.2 *8.3.3		#11.1.1		o1.20	*1.19 17
1922											*8.1	+1.7 2
1923					#3.5.1. #3.5.1.2	#18.1.1		*5.3		13.4.1	+1.2.1 +1.2.2	7
1924			1.15.4	+15.1	o8.2	#15.2.1 +1.21					1.15.2	6
1925								*4.3				1
1926	21.1						#17.1.1				x15.3	3
1927				+2.1.2								1
1928												0
1929									1.15.1	#14.1.1		2
1930												0
1931					o4.1.2							1
1932												0
1933								o4.2.1		o8.4		2
1934					#16.1.1							1
1935												0
1936												0
1937				x3.2.1								1
1938												0
1939						x6.1.1						1
Summe	2	2	5	5	9	8	6	5	4	5	7	5 63

	Jan.	Feb.	März	April	Mai	Juni	Juli	Aug.	Sept.	Okt.	Nov.	Dez
1945												
1946												
1947												
1948												
1949	13.4.2											1
1950												
1951												
1952										+2.1.3	+2.1.4	2
1953							+13.3.4				+9.1.3	2
1954					1.25.2							1
1955			+3.4		*3.3			5.7.2 6.3			#3.5.2 #11.1.2	6
1956					o4.1.3			x6.1.2			#3.5.1.3 o13.6	4
1957								o4.4.	1.24			2
1958							o8.3.4				#16.1.2 #18.1.2	3

	Jan.	Feb.	März	April	Mai	Juni	Juli	Aug.	Sept.	Okt.	Nov.	Dez	
1959											#14.1.2		1
1960							9.5		*5.5				3
									#17.1.2				
1961													0
1962							20.1		*1.1		#15.2.2		4
									*1.13.2				
1963				x1.11.2							8.5		2
1964									3.6				1
1965											#13.5		1
1966													
1967													
1968													
1969			3.5.3.3										1
1970													
1971													
1972													
1973											#19.1		1
1974													
1975											o4.2.2		1
1976													
1977													
1978													
1979					x3.2.2								1
1980					#10.2.2								1
1981													
1982													
1983													
1984													
1985											1.22.1 + 9.4.2	Linde	2
1986													
1987													
1988													
1989									3.5.3.1				1
1990				(1.22.1 Bank)									
1991													
1992													
1993											#7.2.2		1
1994			#1.22.2							1.15.2			
1995			#1.22.3										
Summe	1	0	4	1	4	2	3	4	7	1	18	0	45

Tafel 11: Zeitliche Verteilung der Denkmalseinweihungen

Auffällig ist, dass nach dem Ersten Weltkrieg sofort, nach dem Zweiten erst mit etwa zehnjähriger Verzögerung Denkmäler errichtet wurden. 80% der Denkmäler entstanden bis 1924. Bruno Taut beobachtete die unaufhaltsame Verbreitung der Denkmalbewegung im gesamten Reichsgebiet schon 1922.[711] In den ersten zehn Jahren nach 1945 wurden in Hildesheim nur sechs Denkmäler errichtet. Das Ausmaß der menschlichen Katastrophe hätte eine schnellere Reaktion erwarten lassen. Der Zweite Weltkrieg hatte die Zahl der Opfer weltweit verfünffacht, ohne die vielen Millionen, die in

Vernichtungs- und Konzentrationslagern und Haftanstalten der Nationalsozialisten ums Leben kamen. Allerdings hatte der von Deutschland ausgegangene Krieg diesmal auch hier die Lebensgrundlagen großflächig zerstört. Es dauerte mehr als zwanzig Jahre bis – trotz des „Wirtschaftswunder" genannten Wiederaufbaus – der kriegsfolgebedingte Wohnungsmangel einigermaßen behoben und die Baulücken zum großen Teil geschlossen waren.

Die Nachkriegsnot setzte nach dem Zweiten Weltkrieg andere Prioritäten als nach dem Ersten. Konnte man sich nach 1918 über die Behandlung Deutschlands durch die Siegermächte ärgern, die verloren gegangene innere und äußere Einheit beklagen und sich auf die Suche nach Schuldigen machen, waren diese Fragen nach 1945 erkennbar beantwortet. Auf der Tagesordnung stand der Wiederaufbau. In der Stadt waren von 21.000 Wohnungen 6.000 vollständig zerstört und 10.000 unbewohnbar geworden, der historische Stadtkern war vollständig ausgelöscht; 82% der Kirchen, 78% der Schulen, 70% der Werkstätten, 85% der Läden, 50% der Fabrikanlagen waren vernichtet. 1952 waren bereits 10.450 Wohnungen wieder oder neu hergestellt, die Bevölkerung, die von 60.352 (1939) auf 39.492 (1945) abgesunken war, stieg bis 1952 auf über 76.500 an, bis 1955 auf 82.000. Das Theater, 65 Schulklassen und Kinos waren sieben Jahre nach Kriegsende wieder aufgebaut. Auch die Volkshochschule hatte wieder eröffnet.[712]

Gleiches galt für die Infrastruktur: Gas-, Wasser- und Stromversorgung waren unterbrochen oder zerstört, ebenso 75% der Straßenbahnwagen[713]. Die Stadt- und die Kreissparkasse waren wiederaufgebaut, der Wiederaufbau der Kirchen hatte begonnen oder war bereits abgeschlossen (Jakobikirche 1949, Magdalenenkirche 1950, Lambertikirche 1952). Am 17. September 1952 zogen die ersten Dienststellen zurück ins Rathaus.[714]

Der gewaltige Anstieg der Einwohnerzahl erforderte immense Anstrengungen zur sozialen und wirtschaftlichen Integration. Von 30.000 Entschädigungsanträgen ausgebombter Hildesheimer wusste die „Hildesheimer Presse" am 26. September 1952.[715] 7.327 (1949) Flüchtlinge und Vertriebene[716] benötigten Wohnraum und lösten den Bau neuer Siedlungen aus. Zahlreiche neue Kirchen entstanden.

Wie Hildesheim wieder aufzubauen sei, wie die Fluchtlinien gezogen werden müssen, welchen Verlauf die Straßen nehmen sollten, diskutierten die Hildesheimer heftig. Besonders heftig, lange und widersprüchlich stritten sie um den Marktplatz und das „schönste Fachwerkhaus der Welt", das Knochenhauer-Amtshaus.[717]

Fünf Jahre nach Kriegsende verwarf der Rat die Wiedererrichtung des völlig zerstörten Fachwerkbaus. 57% der gültigen Stimmen, insgesamt 21.554 Bürgerinnen und Bürger, bestätigten 1953 bei einer Volksbefragung diese Entscheidung.[718] Die Planung der Stadt strebte einen modernen, großen Marktplatz an, der etwa zwanzig Jahre nach Kriegsende fertiggestellt war. Vierzig Jahre nach Kriegsende hatte sich die „Initiative Bürger helfen ihrer Stadt" durchgesetzt. Der Marktplatz wurde mit großem finanziellen Engagement der Bürgerschaft zum „Historischen Marktplatz" zurückgebaut. Eine Gedenktafel vor dem Rathaus erklärt ihn zum Mahnmal, das an seine Vernichtung und die dabei Getöteten erinnert [II 1.22.2].

Bürgerschaftliches, insbesondere auch finanzielles Engagement war von Anfang an ein wichtiger Motor des Wiederaufbaus öffentlicher Gebäude. Eine Rathaus-Tombola brachte zum Beispiel 1950 60.000 DM auf.[719] Am Bau von Kirchen, des Theaters, des Museums, an der Volkshochschule beteiligte sich die Bürgerschaft mit Lotterien, Spenden und Taten. Im engeren Umfeld wurden Vereine und örtliche Initiativen unterstützt.

Zur gleichen Zeit beschäftigten sich die Menschen mit den Spannungen des Kalten Krieges, die auch ihr eigenes Schicksal unmittelbar beeinflussten. Die Teilung Deutschlands schränkte die Bewegungsfreiheit ein und zerschnitt Familienbande. Bis 1955 wurde jährlich an die zurückgehaltenen Kriegsgefangenen erinnert [s. II 5.7.2]. Zugleich wurde über die künftige Rolle Deutschlands diskutiert, über die außenpolitische zuerst, später auch – durchaus kontrovers – über die militärische. Auch den Stadtrat spaltete die Debatte um die Wiederbewaffnung der Bundeswehr: Hildesheim wurde wieder Garnisonsstadt.

Dass die Fülle der Probleme und die anderweitige finanzielle Beanspruchung die Forderung nach Kriegerdenkmälern in den ersten zehn Nachkriegsjahren zweitrangig erscheinen ließ, liegt auf der Hand, zumal es für das allgemeine Gedenken den Ort des Zentralfriedhofs und in den Ortschaften die

Denkmäler des Ersten Weltkriegs gab. Ca. 62% (28) der 45 Denkmalstiftungen nach 1945 datieren zwischen 1955 und 1965. Nur etwa 13% (6) entstanden vorher.
Acht Typen der Denkmalsgestaltung und -nutzung entwickelten sich nach 1945:
- Angesichts der unvorstellbar großen Zahl der Toten oder der Schwierigkeit, ihre Lebensdaten vollständig zu erfassen oder aber in Anbetracht des starken Zustroms von Flüchtlingen und Vertriebenen, verzichteten einige Gemeinschaften auf die Aufstellung eines neuen Denkmals. Sie nutzten das vorhandene pars pro toto als Stätte, an der aller Toten der Kriege und Gewalthandlungen gedacht wird. (Godehardi- oder Magdalenenkirche [II 1.7 und 1.21], ähnlich auch St. Mauritius [II 9.4.2])
- Einige erweiterten das vorhandene Denkmal und fügten im gleichen Stil gehaltene Namenstafeln ein. (Ochtersum oder Bavenstedt [II 11.1.2 und 15.2.2]). Eine Variante dieses Typs ist die Aufnahme der Gefallenen des Ersten Weltkriegs in das neue Denkmal – eine Form, die in Hildesheim mit Namensnennung nur bei den Gedenkbüchern (St. Lamberti, Scharnhorstgymnasium, Christuskirche [II 2.1.4, 5.5 und 9.1.3]) zu beobachten ist, ohne Namensnennung aber z. B. im Josephinum, an der Martin-Luther-Kirche oder in Marienburg [II 1.13.2, 3.4 und 19.1] vorkommt.
- An einigen Orten ist die Denkmalergänzung in eigenem Stil erfolgt. In Drispenstedt wurden die Namen der im Zweiten Weltkrieg Gefallenen und ein eigenes Leitwort hinzugefügt [II 7.2.2], ein ähnliches wie in Neuhof [II 10.2.2], wo nur eine allgemein gehaltene Widmung ergänzt wurde, weil man wegen des expandierenden Stadtteils die Namen nicht mehr vollständig ermitteln konnte. Am Galgenberg [II 6.1.2] kamen nur die Bezeichnungen der militärischen Einheiten hinzu. In Himmelsthür [II 14.2] geben mehrere Reliefs eigene Deutungsimpulse.
- Im Andreanum oder in Achtum [II 1.1 oder 17.1.2] errichtete man in unmittelbarer Nähe des überlieferten Denkmals ein neues, das zwar völlig unabhängig gestaltet, gleichwohl aber in die Anlage integriert wurde.
- In der Michelsenschule [II 8.3.4] setzte man die Schultradition fort und gedachte der Toten des Zweiten Weltkriegs mit einer ähnlich gestalteten Gedenktafel, die zwar im selben Gebäude, aber in einem anderen Trakt isoliert von der anderen angebracht wurde.
- Neue Denkmäler, die in allgemeiner Form die Opfer aller Kriege und jeder Gewaltherrschaft einschließen, entstanden in Hildesheim dauerhaft an der Nordseite des Knochenhauer-Amtshauses in Form von künstlerisch gestalteten Windbrettern [II 1.16.2], ephemer am Rathaus [II 1.23.3] und an der Uni [II 6.4].
- Der Vollständigkeit halber muss auch die bewusste Entscheidung einer Gemeinschaft gegen ein Denkmal – gegen die Wiederbeschaffung eines zerstörten durch Rekonstruktion wie auch gegen den Erhalt eines vorhandenen durch Restaurierung erwähnt werden. In den meisten Kirchen wurde beim Wiederaufbau von der Wiederherstellung der zerstörten Denkmäler abgesehen, in der Elisabethkirche und in Bavenstedt [II 5.2 und 15.1] wurden die überkommenen Denkmäler ausgemustert.
- Zu registrieren ist ebenfalls, dass es Denkmalsplanungen gab, die ins Leere liefen, sei es, dass sie in Vergessenheit gerieten (wie die 1952 geäußerte Absicht, die Ruine der alten Sakristei an der Lambertikirche zum Denkmal für die Kriegstoten umzugestalten [II 2.1.3]), sei es, dass die Planung wegen des nachlassenden Interesses oder des Ausscheidens der Initiatoren und Förderer (wie in der Elisabethkirche [II 5.2]) zum Erliegen kam.

Vordergründig mag die starke Zerstörung der materiellen Daseinsgrundlagen den verzögerten Denkmalsbau nach dem Zweiten Weltkrieg im Vergleich zur Zeit nach dem Ersten Weltkrieg erklären. Tatsächlich war 1945 offenbar mehr zu Bruch gegangen, als sichtbar war. Anscheinend fehlte eine verbindende und verpflichtende Motivation, die sofort zur Tat drängte. Nach 1918 hatte sich schnell ein identitätstiftendes Kriegserlebnis ausgebreitet, das von weiten Teilen der Gesellschaft nachempfunden wurde.[720] Eine vergleichbare nationalistische und militaristische Grundstimmung bildete sich nach dem Zweiten Weltkrieg nicht heraus. Die durch Zerstörung und Besatzung wahrnehmbare totale Niederlage, die zum Teil lang andauernde Kriegsgefangenschaft von Millionen Wehrmachtsoldaten, das Verschmelzen von Heimat und Front, die offensichtlichen Verbrechen der Nationalsozialisten und die schon früh einsetzende Diskussion der „Schuldfrage" (so ein Buchtitel von Karl Jaspers 1947) ließen ein solches grundlegendes Gemeinschaftserlebnis nicht mehr aufkommen. Sozialpsychologisch betrachtet, setzte statt dessen eine Identifikation mit dem Aggressor ein, die umso erfolgreicher verlief, als man sich bald mit den früheren Gegnern im gleichen Block wiederfand, der nur wenig später gemeinsame, auch militärische, Bündnisse hervorbrachte. Der gemeinsame Gegner im Ostblock verstärkte die Kohäsion im Westen und um zum Westen gehören zu können, verboten sich nationalistische oder faschistische Manifestationen – welcher Art auch immer. Auch deshalb setzte der Denkmalbau nach den Zweiten Weltkrieg verzögert ein. Auch deshalb wählte man zurückhaltendere Darstellungsformen.

Dass das Kriegervereinswesen nach 1945 in Hildesheim kaum noch Unterstützung fand, belegt die Klage der ehemaligen 59er, die sie am 19. April 1955 gegenüber der Stadtverwaltung zum Ausdruck brachten: Selbst in Zeiten einer Aufrüstung werde der deutsche Soldat in weitesten Kreisen diffamiert. Die Idee der Gefallenenehrung hätte in den Dreißigerjahren in der Bevölkerung eine ganz andere Resonanz gefunden. Außerdem habe man damals fest mit der Förderung und finanziellen Hilfe seitens der Verwaltung und der moralischen Unterstützung durch militärische Stellen rechnen können.[721] Davon war nun offenbar kaum noch etwas zu spüren. Das militärische Desaster, die unabweisbaren Verbrechen des NS-Systems und deren juristische Aufarbeitung (Synagogenbrand, willkürliche Hinrichtung von Ausländern auf dem Hildesheimer Marktplatz, Ermordung von Ausländern auf dem Nordfriedhof) fanden in der Presseberichterstattung breiten Raum und hinterließen offenbar ihre Wirkung.

Unsicherheit mag kurz nach Kriegsende eine Anweisung des Alliierten Kontrollrats verbreitet haben, mit der dieser am 13. Mai 1946 verbot, Krieger- und Nazi-Denkmäler und Museen zur Schau zu stellen. „Nach dem Inkrafttreten dieser Direktive ist das Planen, Entwerfen, Errichten, Aufstellen, Postieren oder jedes Zurschaustellen von Denkmälern, Statuen, Gebäuden, Straßenschildern, Sinnbildern, Tafeln oder Abzeichen, die geeignet sind, die deutsche militärische Tradition zu bewahren und lebendig zu erhalten, den Militarismus wieder zu erwecken, an die Nazipartei zu erinnern oder kriegerische Ereignisse zu verherrlichen, die Veranstaltung militärischer Museen und Ausstellungen und ihr Errichten, Aufstellen, Postieren oder jedes sonstige Zurschaustellen in einem Gebäude oder in anderen Baulichkeiten verboten und als ungesetzlich erklärt, ebenso die Wiedereröffnung militärischer Museen und Ausstellungen."[722]

Nicht zerstört zu werden brauchten: „1. Denkmäler, die nur zur Erinnerung an verstorbene Mitglieder gewöhnlicher Militärorganisationen errichtet wurden, mit Ausnahme der militärähnlichen Organisationen: der SS und der Waffen-SS. 2. Persönliche Grabsteine ...

Die Ausdrücke ‚militärisch' und ‚Militarismus' und der Ausdruck ‚kriegerische Ereignisse' sind so auszulegen, dass sie sich auf alle kriegerischen Ereignisse nach dem 1. August 1914 ... beziehen."[723] Die Anweisung wurde schon dadurch erfüllt, dass „an den architektonischen Mustern, Ausschmückungen oder Inschriften Änderungen vorgenommen werden, wodurch die zu Beanstandungen Anlass gebenden Merkmale beseitigt werden."[724]

In Hildesheim wurde aufgrund dieser Vorschrift kein Denkmal demontiert. Lediglich das Wort „Führer" am Denkmal des Fliegerhorstes [II 3.2.1] könnte in Folge dieser Vorschrift entfernt worden sein. Nachzuweisen ist dieser Zusammenhang allerdings nicht.

Die ersten neuen Hildesheimer Denkmäler lassen das schlechte Gewissen spüren, das die öffentlichen Handlungen in den ersten Nachkriegsjahren beeinflusste: 1947 und 1948 wurden zwei Gedenksteine für Juden errichtet, einer auf dem jüdischen Friedhof an der Peiner Straße zur Erinnerung an neun jüdische KZ-Häftlinge (Abb. 3), die in Hildesheim einen qualvollen Tod starben[725], der zweite am 22. Februar 1948 am Lappenberg zur Erinnerung an die Pogromnacht am 9. November 1938 (Abb. 4).[726]

An die eigenen Kriegstoten erinnerte als erster der SC Blau-Weiß Neuhof [II 10.1], der schon 1946/1947 sein Denkmal errichtet haben will, gefolgt von der Freiwilligen Feuerwehr Sorsum am 30. Januar 1949 [II 13.4.2].

Gab es im Jahresverlauf bestimmte Präferenzen für eine Denkmalsweihe? Für die Zeit von 1918 bis 1945 muss diese Frage verneint werden. März und November, die Passionszeit und der Totensonntag, wurden insgesamt zehnmal für Einweihungen gewählt, April, Mai und Juni dagegen zweiundzwanzigmal. Bis auf Januar und Februar verteilen sich die Termine relativ gleichmäßig auf das ganze Jahr.

Nach 1945 ist ein deutlicher Schwerpunkt im November auszumachen: 15 der 45 Denkmäler (33%), deren Datierung feststeht, wurden am Volkstrauertag oder in zeitlicher Nähe eingeweiht.

Anmerkungen

581 Lindner, Das Sinnbild in der Grabmalkunst. In: Jessen, Kriegergräber.
582 HiZ v. 12.5.1917.
583 Die ikonographische und ikonologische Methode werden ausführlich beschrieben in: Kirk, Unterrichtstheorie in Bilddokumenten, S. 91-106.
584 Ob die frühere Bedeutung „Heldengedenktag" dabei konnotativ mitschwingt oder ob es gar diese Konnotation war, die für die Wahl des Zeitpunkts den Ausschlag gab, wäre mit einer vertiefenden Untersuchung aufzuklären.
585 Vgl. van Straten, Einführung in die Ikonographie, S. 28.
586 Lindner, Das Sinnbild in der Grabmalkunst, S. 38.
587 Ebd., S. 38.
588 Ebd., S. 35 ff.
589 Nicht auszuwerten sind Ruinen, Glocken, Windbretter, das Knochenhauer-Amtshaus-Relief im Rathaus, die Skulptur „Erinnerung" im Rathaus, die Friedenslinde auf dem Marktplatz und das ephemere Soldaten-Denkmal an der Universität.
590 Lurz, Kriegerdenkmäler in Deutschland, Band 6, S. 217 und 469; s. a. Behrenbeck, Heldenkult oder Friedensmahnung?, S. 352.
591 Für die Deutung der Symbole s. Biedermann, Knaurs Lexikon der Symbole, 1998.
592 HAZ v. 20.10.1913.
593 Duden, Das Herkunftswörterbuch, S. 864.
594 Zit. nach Lurz, Kriegerdenkmäler in Deutschland, Band 3, S. 99; Goethe ließ schon in „Wilhelm Meisters Lehrjahre" (1796) Therese von der Eiche als „diesem deutschen Baume" sprechen (Siebentes Buch, sechstes Kapitel; Goethe, Werke, Band 15, S. 82).
595 Duden, Das Herkunftswörterbuch, S. 487.
596 HiZ v. 2.3.1916.
597 HiZ v. 7.4.1916.
598 HiZ v. 3.3.1917.
599 Hannoverscher Courier v. 15.1.1915, zit. bei Schneider, „....nicht umsonst gefallen?", S. 150.
600 Lurz, Kriegerdenkmäler in Deutschland, Band 4, S. 194 ff.
601 Nabrings, Mahnung, S. 150.
602 Weitere Obelisken stehen als Grabdenkmäler auf den Friedhöfen.
603 Zum Thema Steinkreuze/Kreuzsteine allgemein s. Werner Müller/Günther E. H. Baumann, Kreuzsteine und Steinkreuze in Niedersachsen, Bremen und Hamburg. Vorhandene und verlorengegangene Rechtsdenkmale und Memorialsteine, Hameln 1988.
604 Körner, Werke, S. 38 und Jähns, Carl Maria v. Weber, S. 187.
605 Anfang des „Seeräuberlied", das zum Marschliederkanon der Wehrmacht gehörte.
606 Zum Thema „Adler" insgesamt s. Johannes Enno Korn, Adler und Doppeladler. Ein Zeichen im Wandel der Geschichte, Göttingen 1969.
607 So Saehrendt, Der Stellungskrieg der Denkmäler, S. 62.
608 Demandt, Luisenkult, S. 312. Geeb, S. 163 f., Williamson, The Iron Cross.
609 Demandt, ebd., S. 35.
610 Angaben zur Anzahl der Ordensverleihungen hier und in den folgenden Absätzen nach http://www.struemer-phaleristik.de/ (Zugriff: 22.2.2004). Williamson gibt für das EK I von 1813 eine Schwankungsbreite in den von ihm ausgewerteten Angaben von 63 bis 670 an. Ders., The Iron Cross, S. 19. Er erwähnt, dass von den EK II „a handful were given to female recipients" (S. 17).
611 Bischöfliches Gymnasium Josephinum zu Hildesheim, Bericht über das Schuljahr 1912-1913, erstattet von Direktor Ernst, Hildesheim 1913, S. 20.
612 Williamson zählt 7 Großkreuze, zwischen 1.230-1.903 EK I und 41.770 EK II, darunter 3.500 EK II für Nichtkombattanten. Ebd., S. 32.
613 Williamson gibt wieder Spannweiten an: für das EK I 80.000-250.000, für das EK II 1,5 bis 5 Millionen. Ebd., S. 49
614 Nach Williamson's Darstellung wurde das EK I 750.000mal und das EK II ca. 5 Millionen mal verliehen. Ebd., S. 65.
615 Laut „Richtlinien zum Traditionsverständnis und zur Traditionspflege in der Bundeswehr" vom 20. September 1982.
616 Demandt, Luisenkult, S. 317 Anm. 40 (S. 506). Die Bundeswehr beteiligte sich mit Zustimmung des Deutschen Bundestags vom 16.10.1998 am Krieg der NATO gegen die Bundesrepublik Jugoslawien, der am 24.3.1999 mit einer Luftoffensive begann.
617 Das Buch „Alltag unterm Hakenkreuz" (von Harald Focke und Uwe Reimer) bestätigt mit zahlreichen Beispielen die gemeinschaftsbildende Funktion auch für das Nazi-Symbol.
618 IHS (Jota-Eta-Sigma) ist die Abkürzung der griechischen Schreibweise des Namens IHSOUS (Jesus). Sie wird auch als Abkürzung für griechisch „Jesus Hyos Soter" – Jesus Sohn Erretter – oder für lateinisch „Jesus hominum salvator" – Jesus, der Menschen Heiland – gedeutet.
619 Weitere Hinweise bei May, Deutsch sein heißt treu sein, S. 403.
620 Schneider, „.... nicht umsonst gefallen?", S. 201.
621 Hans-Georg Gadamer, Wahrheit und Methode. Grundzüge einer philosophischen Hermeneutik, Tübingen 1960, S. 156. Zitiert bei Assmann, Erinnerungsräume, S. 190.
622 Assmann, Erinnerungsräume, S. 191.
623 Nabrings, ...eine immerfort während Mahnung..., S. 141.
624 Zitiert bei Assmann, Erinnerungsräume, S. 34.
625 Ariès, Geschichte des Todes, S. 194; s. auch Assmann, Erinnerungsräume, S. 39.
626 Boberach, Meldungen aus dem Reich, Band 12, Bericht vom 7.1.1943, S. 4643.

627 Assmann, Erinnerungsräume, S. 60.
628 Koselleck, Die Transformation der politischen Totenmale im 20. Jahrhundert. In: Transit 22, 2002, S. 62.
629 Erklärung der Rechte des Kindes, Proklamation der Generalversammlung der Vollversammlung der Vereinten Nationen v. 20.11.1959, Grundsatz 3; § 12 BGB.
630 Hoffmann, Kirchliche Kriegerehrungen. In: Jessen, Kriegergräber, S. 33.
631 Koselleck, Die Transformation der politischen Totenmale im 20. Jahrhundert. In: Transit 22, 2002, S. 64.
632 Tenor des BGH, Urt. v. 5.12.1958 – IV ZR 95/58. Vorangegangen waren gleichartige Entscheidungen des LG Hildesheim und OVG Celle.
633 Ebd., Urteilsbegründung, S. 6.
634 Weiss, Die Ästhetik des Widerstands, Band 3, S. 103.
635 Paris, Vergangenheit verstehen, S. 419.
636 HAZ v. 18.4.1962.
637 Penzoldt, Mangel an Phantasie und an Gedächtnis, S. 102.
638 Ulrike Haß analysiert Mahnmaltexte, die zwischen 1945 bis 1988 entstanden sind, allerdings ausdrücklich nicht solche, die ausschließlich Soldaten und zivilen Kriegsopfern gewidmet wurden (S. 135). Einige allgemeine Befunde, wie die Gleichsetzung der Opfer von Nationalsozialismus und Stalinismus (S. 138), das Verwischen der Unterschiede von Opfern und Tätern (S. 139), die Enthistorisierung und Abstraktion des Geschehen (S. 142) lassen sich dennoch auch an Kriegstotengedächtnisstätten nachweisen.
639 Damit wurde auf die Formulierung des Gesetzes über die Erhaltung der Gräber der Opfer von Krieg und Gewaltherrschaft (Gräbergesetz) vom 1.7.1965 (i. d. F. v. 1.1.1993) zurückgegriffen.
640 Publius Ovidius Naso, (43 v. Chr. bis etwa 17 n. Chr.).
641 Er lebte zwischen den symbolträchtigen Jahren 1871 (6. Mai) und 1914 (31. März). Reinhardt Habel, Leiter des Editionsprojekts der siebenbändigen Stuttgarter Ausgabe „Christian Morgenstern. Werke und Briefe" hält die Autorenschaft Morgensterns eher für unwahrscheinlich (schriftliche Auskunft am 15.1.2006).
642 http://www.marsze.xo.pl/daspom.html oder http://www.teutonia-latina.net/br/Santa-Catarina/pomerode/pommernlied.htm (Zugriff jeweils am 22.2.2004).
643 HP v. 2./3.7.1960. Eichendorff, Werke, Band 1, S. 379.
644 Goethe, Werke, Band 1, S. 250.
645 Ansprache zum Volkstrauertag am 19.11.1961, zitiert in HAZ v. 20.11.1961.
646 Die heutigen Bibelübersetzungen benutzen das Wort Kranz anstelle von Krone, im Gegensatz z. B. zur Luther-Bibel.
647 Tschichold, Die neue Typographie, S. 79.
648 Kriegergrabmal und Kriegerdenkmal, Führer durch die 20. Ausstellung des Freien Bundes, Mannheim 1916, S. 26, zit. nach Lurz, Kriegerdenkmäler in Deutschland, Band 3, S. 138.
649 S. H. Ehmke, Schrift und Denkmal, 1916, zit. nach Lurz, Kriegerdenkmäler in Deutschland, Band 3, S. 138.
650 Berliner Bildhauer-Vereinigung (Hrsg.), Kriegergedenktafeln. Entwürfe deutscher Bildhauer, Berlin-Friedrichshagen (1917), zit. nach Lurz, Kriegerdenkmäler in Deutschland, Band 3, S. 139.
651 Carl Neumann, Kriegergrabmalentwürfe der Wiesbadener Gesellschaft für Grabmalkunst, 1915, zit. nach Lurz, Kriegerdenkmäler in Deutschland, Band 3, S. 139.
652 Tschichold, Die neue Typographie, S. 75.
653 Kapr, Schriftkunst, S. 98. Luther, Die gantze Heilige Schrift, Band 3, S. 2515.
654 Luther, ebd., Anhang, S. 115*.
655 Kapr, Schriftkunst, S. 98.
656 Vgl. Jegensdorf, Schriftgestaltung und Textanordnung, S. 69 f.
657 Kapr, Schriftkunst, S. 98.
658 Ebd., S. 213.
659 Lurz, Kriegerdenkmäler in Deutschland, Band 4, S. 414 ff.
661 Hildesheimer Volksblatt v. 21.11.1921.
662 HiZ v. 24.11.1924.
663 HiZ v. 2.3.1925.
664 HiZ v. 23.11.1925.
665 Ankündigung in HP v. 19.11.1949.
666 HP v. 6.3.1950.
667 HP v. 11.10.1952.
668 Kloppenburg, Neueste Geschichte, S. 26.
669 Bis zu seiner Abschaffung als Beitrag zur Finanzierung der Pflegeversicherung im Jahr 1995.
670 HiZ v. 20.11.1928.
671 HiZ v. 25.10.1927 (auf Anordnung des in der Fuldaer Bischofskonferenz zusammengeschlossenen Episkopats. Lurz, Kriegerdenkmäler in Deutschland, Band 4, S. 417).
672 Bischöfliches Gymnasium Josephinum, 400 Jahre, Katalog zur Ausstellung, S. 29.
673 HiZ v. 23.11.1928.
674 Hildesheimer Volksblatt, 15.11.1920.
675 Lurz, Kriegerdenkmäler in Deutschland, Band 4, S. 414.
676 HiZ v. 20.1.1925.
677 Lurz, Kriegerdenkmäler in Deutschland, Band 4, S. 414 ff.
678 http://www.volksbund-niedersachsen.de/wir/volks.htm (Zugriff: 22.2.2004).
679 Lurz, Kriegerdenkmäler in Deutschland, Band 4, S. 416.

680 Schon als am 1.3.1925 auch in Hildesheim zum ersten Mal ein im ganzen Reich einheitlicher Volkstrauertag als Gedenktag für die Gefallenen des Weltkriegs begangen wurde, spielte das Einheitsmotiv eine Rolle: „Die Feier soll zeigen, dass die Erinnerung an das gemeinsame Leid des Krieges alle Schichten unseres Volkes über die Schranken der Partei, der Religion und der sozialen Stellung hinweg wieder zusammenführen kann und wird." (HiZ v. 20.1.1925).
681 Lurz, Kriegerdenkmäler in Deutschland, Band 4, S. 417.
682 HiZ v. 6.12.1928.
683 Dr. Siegfried Emmo Eulen an Goebbels, zit. n. Lurz, Kriegerdenkmäler in Deutschland, Band 4, S. 421.
684 Reichsgesetzblatt I 1934, S. 129.
685 Lurz, Kriegerdenkmäler in Deutschland, Band 4, S. 422.
686 Hildesheimer Beobachter v. 22.2.1937.
687 Amtliches Schulblatt für den Regierungsbezirk Hildesheim, Nr. 5, 1.3.1933, S. 36.
688 Amtliches Schulblatt für den Regierungsbezirk Hildesheim, Nr. 6, 15.3.1935, S. 71.
689 Erlass d. Führers u. Reichskanzlers v. 25.2.1939, RGBl. 1939 I, S. 322.
690 Erlassen am 1.2.1950 in: Kirchlicher Anzeiger für das Bistum Hildesheim v. 12.2.1950, S. 24.
691 HP v. 11.10.1952.
692 Volkstrauertag und Gedenktag für die Opfer der nationalsozialistischen Gewaltherrschaft Erl. d. MK v. 16.9.1997, ersetzt durch textgleichen RdErl. d. MK v. 30.9.2004, - 21-82104 (SVBl. 11/2004, S.502) - VORIS 22410.
693 Giordano, Die zweite Schuld, S. 322.
694 http://www.heiligenlexikon.de/index.htm?Gedenktage/Weltfriedenstag.html (Zugriff: 22.2.2004). Materialien zur Geschichte des Weltfriedenstags enthält auch Donat, Die Friedensbewegung in Deutschland.
695 HiZ v. 29.7.1927.
696 DGB, Geschichte der Hildesheimer Arbeiterbewegung, S. 91 und 137.
697 http://www.heiligenlexikon.de/index.htm?Gedenktage/Weltfriedenstag.html (Zugriff: 22.2.2004).
698 Ebd.
699 Der Talmud, S. 485 f.
700 Schneider, Politische Feste in Hannover, S. 103.
701 Zit. nach Glaser, Deutsche Kultur 1945-2000, 1999, S. 30.
702 Stadt Göttingen, Göttingen unterm Hakenkreuz, S. 75.
703 HP v. 26.10.1950.
704 HP v. 15.10.1955.
705 HP v. 28.11.1955.
706 Volkstrauertag und Gedenktag für die Opfer der nationalsozialistischen Gewaltherrschaft, Erl. d. MK v. 16 9.1997 - 306-82104 (SVBL. 10/1997 S.353) - VORIS 22410 00 00 00 068.
707 HAZ v. 15.12.1919.
708 HAZ v. 12.12.1919.
709 HAZ v. 12.1.1920.
710 HAZ v. 12.1.1920.
711 Vgl. Behrenbeck, Heldenkult oder Friedensmahnung, S. 347. Sie zitiert Bruno Taut, einen politisch und sozial engagierten Architekten, der 1922 in seiner Zeitschrift „Frühlicht" bemerkte, dass sich „die Denkmalbewegung für die Gefallenen des großen Krieges ... sich unaufhaltsam überallhin zu verbreiten (scheint). Bei Autofahrten findet man schon in den meisten Dörfern irgendeinen Stein oder ein steinähnliches Gebilde, sei es nun, daß es eine Figur darstellt, der nur noch die Engelsfittiche fehlen, oder daß ein Findlingsblock unmittelbar von den Eisbergen angeschwemmt ist. Ja, es soll sogar Firmen geben, welche ‚eisenarmierte Betongranithohlfindlinge' offerieren und bei der sentimentalen Bevölkerung Erfolg damit haben. Viel anders verhält es sich aber mit den werkbundgerechten Versuchen auch nicht, die Kriegerdenksteine in eine ‚geschmackvolle' Form zu bringen, eine Form, die gewöhnlich einem Briefbeschwerer ähnlich sieht."
712 Oberstadtdirektor Dr. Herbert Sattler in HP-Beilage am 19.7.1952. Oberbürgermeister Albin Hunger nannte in der Sendereihe des Nordwestdeutschen Rundfunks im März 1948 die gleichen Zahlen, ergänzte sie aber um weitere, z. B. zum Gesundheits- und Ernährungszustand der Bevölkerung. Overesch, Der Augenblick und die Geschichte, S. 58.
713 Ebd., Stadtwerke-Direktor Walther Theuerkauf.
714 HP v. 29.8.1952.
715 Am 2. Oktober 1952 wurde das Versorgungsamt am Hindenburgplatz eröffnet.
716 Am 13.9.1958 zitierte die HAZ den letzten amtlichen Bericht des Statistischen Bundesamts. Danach lebten 18.200 Vertriebene in Hildesheim (20,6%). 15.138 Hildesheimer besaßen laut HAZ v. 9.3.1962 den Ausweis für Vertriebene.
717 Rump, „Ein immerhin merkwürdiges Haus", S. 23 f., S. 28-33.
718 Ebd., S. 57.
719 HAZ v. 13.11.1964.
720 Siehe Kapitel I 3.1.4.
721 StadtA Hi Best. 103, Nr. 8263, S. 76.
722 Direktive Nr. 30 im Amtsblatt des Kontrollrats in Deutschland, Nr. 7, v. 31. Mai 1946, zit. n. Lurz, Kriegerdenkmäler in Deutschland, Band 6, S. 123.
723 Lt. Schreiben der International Affairs & Communications Branch Headquarter, Military Gouvernment, ... North Rhine-Westfalia an die Landesregierung von Nordrhein-Westfalen, zit. n. Lurz, Kriegerdenkmäler in Deutschland, Band 6, S. 124.
724 Ebd.
725 Hannoversche Presse v. 16.9.1947: „Die Toten mahnen".
726 Hannoversche Presse v. 21. und 24.2.1948: „Ein Mahnmal für die Menschheit" (mit Foto).

6 Kriegstotengedenken als initiierter und interaktiver Prozess

6.1 Initiatoren der Denkmalstiftungen

6.1.1 Angehörige

Das Kriegstotengedenken der Angehörigen beschränkte sich im Regelfall auf den privaten Raum des Friedhofs. In der Gestaltung des Grabsteins, die vom textlichen Hinweis auf den Kriegstoten bis hin zur symbolischen oder figürlichen Ausschmückung reicht, bekundeten die Angehörigen den Verlust und machten ihn damit öffentlich. Diese Form der Herstellung von Öffentlichkeit wirkt nachhaltiger als die obligatorische Todesanzeige in der Tageszeitung.

Eine private Stiftung mit öffentlicher Funktion bewirkte die Sorsumer Familie Klöpper [II 13.1]. Sie griff um 1830 die mittelalterliche Tradition der Kreuzsteine auf, indem sie in der Nähe ihres Gehöfts ein Wegkreuz für einen in Russland gefallenen Angehörigen errichten ließ, auf dem sie nach dem Zweiten Weltkrieg den Namen eines weiteren Angehörigen ergänzte. Das Kreuz wurde bei den Prozessionen der Kirchengemeinde als Stationskreuz genutzt.

Schließlich traten Angehörige immer wieder als Initiatoren, „Motoren" und Sponsoren in den Denkmalausschüssen in Erscheinung.

6.1.2 Kirchen- und Synagogengemeinden

Eine ambivalente Rolle spielten die religiösen Gemeinschaften hinsichtlich der Einrichtung von Denkmälern. In Preußen waren sie 1813 vom König verpflichtet worden, das Andenken der Kriegstoten und -helden in Ehren zu halten. Im gleichen Jahr trat Preußen das Fürstbistum Hildesheim an Kurhannover ab. Dort veranlasste man keine Gedenktafeln für die Kriegstoten der Befreiungskriege in Gotteshäusern. Auch die Einigungskriege (der aus hannoverscher Sicht verlorene Krieg 1866 ebenso wenig wie der aus preußischer Sicht erfolgreiche 1870/71) hinterließen keine kirchlichen Gedenktafeln. Das änderte sich grundlegend mit dem Ersten Weltkrieg. Innerhalb von zehn Jahren nach seinem Ausbruch entstanden offenkundig in allen Kirchengemeinden[727] und in der Synagogengemeinde zum Teil aufwändige Denkmäler, die aus dem Vermögen der Gemeinde oder durch Sammlungen unter den Mitgliedern finanziert wurden. Anfangs – während des Ersten Weltkriegs und kurz danach – gab es einen regelrechten Wettlauf. Schon gegen 1915 begannen Gemeinden, wie die von St. Elisabeth oder St. Kunibert (Sorsum), mit der fortlaufenden Verzeichnung der Gefallenen auf Gedenktafeln, 1924 hatte die St.-Magdalenen-Kirche als letzte von 17 Gemeinden den Kriegstoten ein Denkmal gesetzt. Die Synagoge gedachte der Toten der jüdischen Gemeinde bereits im September 1920.

Ganz anders verhielten sich die Kirchen nach dem Zweiten Weltkrieg. Nach der Zerstörung fast aller Kirchen durch die alliierten Bomben oder in Folge der nationalsozialistischen Zweckentfremdung als KZ-Außenlager oder Lazarett begann bald nach Kriegsende die Wiederherstellung durch Instandsetzung oder Wiederaufbau. Die Kreuzkirche und die Bernwardkirche, St. Michaelis und St. Andreas sowie die Jakobi-Kirche verzichteten nach 1945 darauf, die beschädigten oder zerstörten Denkmäler wiederherzustellen. St. Godehard [II 1.7] und St. Magdalenen [II 1.21] bewahrten ihre überkommenen Formen des Gedenkens, ohne die Toten des Zweiten Weltkriegs ausdrücklich einzubeziehen. In St. Elisabeth und in Bavenstedt verschwanden die Gedächtnisstätten des Ersten Weltkriegs im Zuge von Renovierungsmaßnahmen, offenbar ohne dass sich Widerspruch regte. In St. Mauritius [II 9.4] wurde das Denkmal von 1921 bei der Erneuerung des Kirchenraums entfernt und einhalb Jahrzehnte später auf dem Friedhof ohne das ursprüngliche Bildprogramm neu aufgestellt. Nur noch fünf Kirchengemeinden errichteten nach dem Zweiten Weltkrieg ein darauf bezogenes Denkmal (Lamberti, Martin-Luther, Christus, Marienrode, Kunibert [II 2.1.4, 3.4, 9.1.3, 9.4, 13.3.3].

Bei genauerem Hinsehen lag es wesentlich an der Einstellung und am Engagement des Pastors oder Pfarrers, ob und in welcher Form der im Krieg ums Leben gekommenen Gemeindeglieder gedacht wurde. Namentlich Pastor Friedrich Tegtmeyer (Lamberti) und Pastor Heinz Bauer (Christus), beide als Offiziere dem Militär verbunden, sorgten sich um einen zeitgemäßen Ausdruck der gleichwohl traditionellen Form der Kriegstotenehrung: Beide entschieden sich für Gedenkbücher statt für die Wiederherstellung und Ergänzung der in beiden Kirchen ursprünglich vorhandenen Gedenktafeln.

6.1.3 Politische Gemeinde

Eine Vollfinanzierung von Denkmälern durch eine politische Gemeinde gab es in Hildesheim nur sehr selten. Dabei hatte sie die königliche Order vom 5. Mai 1813 für Preußen als Regelfall vorgesehen. Eine dieser Ausnahmen ist das Patenschaftsgeschenk an die Vertriebenen, insbesondere für die aus Lauban und Neiße. 34.000 DM wendete die Stadt für den Eichendorff-Hain am Berghölzchen auf, wobei geplant war, dass die Vertriebenenverbände die Wappen ihrer Heimatbezirke selbst bezahlten [II 9.5]. Ob die Ortschaft Marienburg ihren Gedenkstein kurz vor der Eingemeindung aus der Gemeindekasse bezahlte, oder ob sich auch andere an der Finanzierung beteiligten, ist nicht dokumentiert [II 19.1].

In allen anderen Ortschaften und in Hildesheim ließ die politische Gemeinde dem bürgerschaftlichen Engagement den Vortritt. Sie beteiligte sich lediglich mit einer Anschub- oder Restfinanzierung oder mit der Genehmigung von Haus- und Straßensammlungen. Auch die Stadt Hildesheim beließ es überwiegend bei der Bewilligung von Komplementärmitteln. 1916 half sie mit 200 Mark bei der Herstellung eines Gedenksteins auf dem Ehrenfriedhof bei Gozée (Namur), unter anderem für die Gefallenen der Maschinengewehrkompanie des Reserve-Infanterie-Regiments Nr. 77, die in Hildesheim aufgestellt wurde [II 20.3]. 23.000 RM gewährte sie dem Infanterie-Regiment Nr. 79 als Zuschuss für das Galgenberg-Denkmal [II 6.1.1]. In jedem Fall übernahm sie bei Denkmälern im öffentlichen Raum die gärtnerische Gestaltung und Pflege der Anlage und in der Regel auch die Instandhaltung.

Denkmäler, die im Gemeindegebiet errichtet werden sollten, mussten beantragt werden. Den Anstoß gab häufig ein nicht dem Rat angehörender Privatmann, der bei der Vorstellung seiner Idee fast immer schon einen Plan oder ein Modell mitbrachte. Die Bauverwaltung, gelegentlich aber auch der Stadtbaurat als Baudezernent oder der Oberbürgermeister bzw. Oberstadtdirektor als Hauptverwaltungsbeamter, übernahmen die Koordination in der Verwaltung, die Beratung der Antragsteller, die Ausarbeitung der Beschlussvorlagen für die Städtischen Kollegien oder den Gemeinderat und die Vermittlung bei Meinungsverschiedenheiten. Dabei wurden – oft in langwierigen Verfahren – in der Regel Kompromisse erzielt, an deren Zustandekommen sich auch die zuständigen Ratsgremien beteiligten.

Beim Soldatendenkmal am Galgenberg waren sich Initiatoren und Stadtverwaltung von Anfang an einig. Die gewählten Bürgervertreter wurden nur gefragt, wenn es um die Bezuschussung ging, in Gestaltungsangelegenheiten hatten sie nichts zu melden. Dennoch zog sich der Entstehungsprozess über drei Jahre hin, weil der Bildhauer dreizehn Modelle wegen immer neuer Änderungswünsche anfertigen musste. Bei dem 79er-Denkmal auf dem Marienfriedhof für die Toten von 1870/71 dauerte der Abstimmungsprozess zwischen den Beteiligten aus Ehemaligenverein, Verwaltung und Kommunalpolitik über zehn Jahre. Einundzwanzig Jahre wartete die Fallschirmjägerkameradschaft, bis sie 1979 ihr Denkmal auf dem Gelände der Toffrek-Barracks in Besitz nehmen konnte [II 3.2.2]. Eigentlich hatte die Stadt an diesem Ereignis gar keinen Anteil mehr, war doch von den in diesem langen Zeitraum erörterten Alternativen keine realisiert worden.

Alle politischen Gemeinden verfügen über ein im öffentlichen Raum stehendes Denkmal. Uppen gehört zu Achtum, Marienrode wird auf dem Neuhofer Denkmal mitberücksichtigt. Nur die Ortschaft Marienburg errichtete kein eigenes Denkmal für die Toten des Ersten Weltkriegs, sondern erwähnte sie erst (mit den Kriegsdaten 1914-1918) auf dem 1973 errichteten Gedenkstein [II 19.1]. Neun der datierbaren kommunalen Denkmalsstiftungen entstanden nach dem Ersten Weltkrieg, zwölf nach dem Zweiten.

Wenn die Gemeinderäte – zum Teil nach mehrstündigen Debatten und mehrjährigen Unterbrechungen – entschieden, dann regelmäßig in großer Einigkeit. Nach dem Ersten Weltkrieg meldeten sich als erste und überwiegend konservative Kommunalpolitiker zu Wort, nach dem Zweiten Weltkrieg kamen die Anstöße häufig von Sozialdemokraten, so zum Beispiel in Achtum [II 17.1.2], Himmelsthür [II 14.1.2], Neuhof [II 10.2.2] oder am Hildesheimer Marktplatz [II 1.22.2]. Auch die Vertreter der Flüchtlinge und Vertriebenen, die sich im „Bund der Heimatvertriebenen und Entrechteten (BHE)" organisiert hatten, stellten entsprechende Anträge – in eigener Sache beispielsweise am Eichendorff-Hain [II 9.5] –, unterstützten – wie in Achtum – die örtliche Denkmalsinitiative oder gestalteten – wie in Himmelsthür – das Denkmal mit. Zwar lenkten die sozialdemokratischen Initiatoren das Gedenken verstärkt auf die nichtmilitärischen Opfer des Krieges und dabei insbesondere auf die bei den Bombenangriffen auf Hildesheim und Himmelsthür zu Tode gekommenen Mitbürgerinnen und Mitbürger, zwar erweiterten sie die Widmung auf alle Opfer der Kriege und des Terrors (wie in Drispenstedt [II 7.2.2] oder in ähnlicher Weise in Neuhof), doch verwendeten sie weiterhin die überkommene Formensprache. Da die SPD in den genannten Ortsteilen zum damaligen Zeitpunkt die politische Mehrheit repräsentierte (in Achtum unterstützte sie einen BHE-Bürgermeister), konnte sie die politische Willensbildung maßgeblich beeinflussen. Ebenso wie in den CDU-regierten Ortsteilen, wo – wie in Sorsum [II 13.5] – die Initiative von der CDU ausging, bemühte man sich allerdings immer um einvernehmliche Lösungen.

In kleineren Ortschaften kümmerten sich die Kommunalpolitiker auch um die Umsetzung. In der Stadt war das Zusammenspiel zwischen Kommunalparlament und Stadtverwaltung konfliktträchtiger. Die Verwaltung bereitete die Entscheidungen der Bürgervertreter oft so präzise vor, dass kaum noch Gestaltungsspielraum blieb. Andererseits erörterten die Ratsausschüsse über viele Monate Einzelheiten mit einer Ernsthaftigkeit, als ginge es um Weichenstellungen für die künftige Stadtentwicklung (beispielsweise beim Fallschirmspringerdenkmal [II 3.2.2]). Vielleicht erklären solche Erfahrungen, dass sich das Verwaltungshandeln bisweilen verselbständigte – wie bei der Gedenktafel auf dem Marktplatz [II 1.22.2]. Nach anfänglicher detaillierter Beteiligung des Kulturausschusses und trotz mehrerer Aufforderungen des Rates zu Sachstandsberichten stellte das Kulturamt den Rat schließlich vor vollendete Tatsachen.

6.1.4 Militärische Einheiten

Wenn das Militär unmittelbar ein Denkmalprojekt betrieb, dann nur während des Krieges wie im Fall des Gedenksteins auf dem Ehrenfriedhof bei Gozée (Namur), für den Hauptmann Bäumer von der Garnisonskompanie in Narlinnes, am 8. Juli 1916 bei den Städtischen Kollegien 200 Mark beantragt hatte [II 20.3], oder auf dem Kasernengelände, wie beim Fliegerhorstdenkmal [II 3.2.1]. Nach dem Krieg oblag es den Veteranenverbänden, Denkmalprojekte zu initiieren, zu finanzieren, zu realisieren und schließlich zu erhalten und zu nutzen. Im Vereinslokal, wo sich das Vereinsleben abspielte, wurden Gedenktafeln aufgehängt, die in der Regel kunsthandwerklich begabte Mitglieder herstellten. Im öffentlichen Raum gibt es eigenständige Denkmäler nur als Stiftungen der Ehemaligen des Infanterie-Regiments Nr. 79. Dabei ist zu berücksichtigen, dass für die Ehrung der Toten des Krieges 1870/71 ein „Ausschuss des Comités für die Errichtung eines Kriegerdenkmals in Hildesheim" verantwortlich zeichnete, an dem offenbar nur ein Angehöriger des Regiments mitwirkte. Anders war es bei den 79er-Denkmälern auf der Steingrube oder am Galgenberg. Federführend blieb die Ehemaligenvereinigung, die Stadtvertreter wurden punktuell als Ratgeber, Juroren oder Zuschussgeber in Anspruch genommen.

Von den zahlreichen Traditions- und Veteranenvereinen formierten sich nur die ehemaligen 79er nach 1945 wieder neu (1953). Sie schlossen sich mit den Vereinen der Ehemaligen der verschiedenen Waffengattungen der Wehrmacht im Kyffhäuser-Bund zusammen. Nur drei Denkmalsstiftungen entstanden nach 1945 (59er, 79er, Fallschirmjäger-Kameradschaft), zehn dagegen zwischen 1918 und 1939.

6.1.5 Betriebe

Gedenktafeln in Betrieben wurden in Hildesheim nur zweimal nachgewiesen. Ob die Stadtverwaltung die begonnene Kriegstotenehrung in der Rathaushalle [II 1.25.1] zum Abschluss brachte, ist zweifelhaft. Dokumentiert ist nur eine Tafel für die ersten beiden Kriegsjahre. Die Firma Senking gedachte bei der Einweihung ihres Verwaltungsneubaus ihrer Gefallenen vom 14. März 1945, also der bei der Bombardierung des Werks ums Leben gekommenen [II 3.6]. Die Zerstörung des Betriebs bedeutete für das Werk nicht das Ende: Der Entschlossenheit der Überlebenden verdankte es die Verhinderung der vollständigen Demontage und den umgehenden Wiederaufbau. Damit sieht sich der Betrieb in einer ähnlichen Lage wie die Gesellschaft als Ganzes. Diejenigen, denen man viel verdankte – bei Senking starb auch der Firmenchef im Bombenhagel – sollen wenigstens „im Geiste" am erfolgreichen Aufbau teilhaben.

6.1.6 Schulen

Initiator des ersten Denkmals der Michelsenschule [II 8.3.1] war ein Komitee der aktiven Schüler, die weiteren dort errichteten Denkmäler veranlasste der Ehemaligenverein. Eine ähnliche verantwortliche Rolle spielte die Schülerschaft in keiner Hildesheimer Schule. Immer fühlten sich die Ehemaligen berufen, die Denkmäler in den Schulen zu stiften. Lediglich bei der Einrichtung des Gedenkraums in der Scharnhorstschule [II 5.5] waren die Schüler nach ihren Vorstellungen gefragt worden.

Der Verein ehemaliger Josephiner übereignete dem Josephinum die Denkmäler 1921 und 1962 [II 1.13], ein geplantes Gedenkbuch für die Opfer des Ersten Weltkriegs kam nicht zustande. 1922 richtete der „Verband der ehemaligen Schüler des Andreas-Realgymnasiums nebst Realschule" in seiner Schule eine Gedenktafel ein [II 8.1]. Der „Verein der ehemaligen Andreas-Realgymnasiasten und Scharnhorstschüler" verhalf der Scharnhorstschule 1960 zu einer Gedenkraumbibliothek. Die Elternschaft der Goetheschule erinnerte 1923 mit einer Gedenktafel an die drei gefallenen Lehrkräfte [II 5.3]. Das Andreanum erhielt 1921 und 1962 einen Ort des Gedenkens [II 1.1 und 5.1], das Gedenkbuch stiftete der Verein der Alten Andreaner 1966. Im katholischen Lehrerseminar wurden 1921 zwei Tafeln enthüllt [II 1.19]. Die Initiatoren sind unbekannt. Die Handwerker- und Kunstgewerbeschule erhielt während des Ersten Weltkriegs ein Denkmal [II 1.8], der Staatlichen Baugewerkschule gestaltete der Altherrenverband 1925 ein Ehrenmal [II 4.3].

Offenbar erhielt jede Bildungseinrichtung oberhalb von Volks- und Mittelschule eine eigene Gedächtnisstätte. Voraussetzung scheint ein aktiver Ehemaligenverein zu sein, der über finanzielle Mittel und gute Beziehungen verfügt und dem daran liegt, sich der Schule gegenüber erkenntlich, den Verstorbenen verpflichtet und der Schülerschaft als vorbildlich zu erweisen. Volks- und Mittelschulen verfügten über diese Möglichkeiten nicht. Gleichwohl wurden auch sie – wie alle anderen Schulen auch – zum Kriegstotengedenken aufgerufen. Dass sie sich dafür ähnliche räumliche Fixpunkte schufen, ist nicht bekannt. Offenkundig beließen sie es bei Ritualen und Feiern sowie der Umsetzung der Richtlinien, die für den Geschichtsunterricht an Volksschulen beispielsweise den „opferbereiten Einsatz für Volk und Vaterland" zum Erziehungsziel erklärten.[728]

Wo es Orte des Gedenkens gab, wurden sie genutzt und auch missbraucht. Die patriotische Gesinnungsbildung gehörte in der Michelsenschule beispielsweise zu den ehernen Prinzipien von Eduard Michelsen, dem Sohn des Gründers. „Vom Pflug zum Schwert"[729] war das Leitmotiv, das zwar auf den Krieg 1870/71 gemünzt war, aber sich mit seiner Symbolik auch auf den beiden späteren Gedenktafeln [II 8.3.3 und 4] und sogar auf dem Glasfenster in der Kreisberufsschule [II 3.3] wiederfindet. Für das 50-jährige Schuljubiläum am 29. Mai 1908 hatte Professor Gehne ein Festspiel geschrieben und inszeniert, das in zwei Bildern dem Schulgründer Konrad Michelsen und seinem Sohn und Nachfolger Eduard huldigte. Drei der insgesamt sechs Bilder glorifizierten danach den Krieg 1870/71 und seine toten Helden. Die Regieanweisung zum vierten Bild könnte auch die Gestalter der Gedenktafeln inspiriert haben: „Vom Pflug zum Schwert. (Auf einem Felsen steht Germania, einem am Pfluge stehenden Landmanne das Schwert reichend. Links im Hintergrunde eilen Schüler in patriotischer Begeisterung zur Fahne. Rechts im Hintergrunde rücken Soldaten kriegsmarschmäßig aus. Im Vordergrunde nimmt ein alter Vater von seinem Sohne und ein Bräutigam von seiner Braut Abschied.)"[730]

Wo es nicht um die gemeinten Personen geht, sondern um ideologische Vereinnahmung, muss von Missbrauch gesprochen werden. Dr. Clausing, von 1930-1943 Direktor des Josephinums, listete die Ereignisse des Schuljahres 1937/38 auf, zu denen am 17. November (Buß- und Bettag!) der feierliche

Gedenkgottesdienst für die Gefallenen, insbesondere für die gefallenen Lehrer und Schüler der Anstalt ebenso gehörte wie am 12. März (Samstag vor „Heldengedenktag") die Gedächtnisfeier für die Gefallenen des Weltkrieges und der Bewegung.[731] Die Schule konnte sich der nationalsozialistischen Inanspruchnahme offenbar nicht entziehen, unterlief ihre Intentionen allerdings auf subtile Weise. Offiziell sollte der Gefallenen von München natürlich am 9. November gedacht werden, außerdem war angeordnet worden, den „Heldengedenktag" am Montag danach und nicht am Samstag davor zu feiern. Wenigstens diese Freiheit ließ der Schulleiter sich nicht nehmen.

Wie das Kriegstotengedenken im Geist des Nationalsozialismus instrumentalisiert wurde, zeigt exemplarisch die Jahresgabe des Vereins ehemaliger Josephiner 1939. Ein Auszug: „Wenn es gilt fürs Vaterland, dann ist das Josephinum auch heute genauso zur Stelle wie zu allen Zeiten seiner Geschichte. Die Namen der toten Helden auf der Gedenktafel in der Aula sind uns lebendigste Verpflichtung jeden Tag. Die junge Mannschaft wird hier erzogen zu körperlicher Härte und Leistungsfähigkeit, zu geistiger Beweglichkeit und sicherer Wissensbeherrschung, zu charakterlicher Stärke und Zuverlässigkeit, zu unentwegter Pflichterfüllung gegenüber Gott und dem Vaterlande. Sie tritt an nach dem Gesetz, das Deutschlands größter Führer geschaffen, und sie wird im Kampf des Lebens das bewähren, was ihr in den Tagen der Jugend zu sicherer Gewöhnung geworden ist. So wird ihr der Kampf für die Ewigkeit ihres Volkes höchste Ehre auf Erden und hehrster Gottesdienst."[732]

Sieben Denkmäler entstanden nach dem Ersten Weltkrieg in Bildungseinrichtungen. Nach dem Zweiten Weltkrieg beschritt nur die Scharnhorstschule mit der Gedenkraumbücherei einen neuen Weg und schuf einen Lernort [II 5.5]. Vier Schulen, die beiden anderen Jungengymnasien (Andreanum [II 1.1] und Josephinum [II 1.13.2]) sowie die beiden landwirtschaftlichen Schulen (Michelsen [II 8.3.4], Landwirtschaftliche Berufsschule [II 3.3]) übernahmen die überlieferten Formen.

6.1.7 Vereine

Es gab und gibt in Hildesheim eine verwirrende Vielfalt und Vielzahl von Vereinen. Ihre Zahl ist nur grob zu schätzen, weil das Vereinsregister nur die „eingetragenen Vereine" enthält. Vielen Vereinen ist allerdings die Eintragung ins Register zu umständlich und aufwändig – man muss Protokollvorschriften beachten, einen Notar beauftragen und regelmäßig die Veränderungen im Vorstand und in der Vereinssatzung anzeigen. Andere Listen, zum Beispiel in Adressbüchern, stützen sich aber auf das Vereinsregister. Bisweilen berücksichtigen sie auch darüber hinaus bekannt gewordene Vereinsnamen. Vollständig sind sie nicht.

Bei einer Stichprobe in den Jahrgängen der Hildesheimschen Zeitung 1927 und 1928, bei der alle im redaktionellen und Anzeigenteil erwähnten Vereine notiert wurden, kamen 181 Vereinsnamen zusammen. Die vielen Kleingartenvereine, die Vereine, die dem sozialdemokratischen oder dem liberalen Milieu zuzurechnen sind, nutzten dieses Medium jedoch nicht für ihre Mitteilungen.[733] Ergänzt man sie, ist die Zahl von 250 Vereinen, die sich einem bestimmten Zweck verschrieben haben und sich regelmäßig versammeln, schnell erreicht. Von diesen verfügten 26 nach dem Ersten Weltkrieg über eine eigene Gedächtnisstätte, wobei zu berücksichtigen ist, dass die ca. 30 damals existierenden Krieger- und Veteranenvereine sich häufig am zentralen Kriegstotengedenken auf dem Nordfriedhof beteiligten, die kirchlich gebundenen Vereine das Denkmal im Kirchenraum mitnutzten und die Vereine der kleineren Ortschaften gemeinsam das Gemeindedenkmal realisieren halfen.

Dass Vereine mit militärischer Tradition, also Kriegervereine und Schützenvereine sowie das aus den Kriegervereinen hervorgegangene Deutsche Rote Kreuz, Ehrenmale für ihre Kriegstoten schaffen, ist nahe liegend. Von den Hildesheimer Schützen sind allerdings lediglich die Gedenktafeln der Junggesellen-Kompanie nachweisbar [II 1.14 und 3.1]. Acht Kriegervereine schufen ebenfalls Gedenktafeln für ihre Vereinslokale [II 1.6, 1.17, 1.18, 2.3, 5.6, 9.2, 15.3, 21.2], beteiligten sich aber auch an den großen öffentlichen Kriegstotenehrungen im Gemeindegebiet. Sie vor allem fühlten sich als Anwälte ihrer gefallenen Kameraden. Bei den Denkmalseinweihungen und Gedenkfeiern luden sich die Vereine zum Zeichen der Verbundenheit untereinander zur Teilnahme und Kranzniederlegung ein.

Nach dem Ersten Weltkrieg befanden sich unter den Initiatoren der ersten sieben Denkmäler vier Kriegervereine (Kriegerklub „Vaterland", Verein ehemaliger Kavalleristen, Verein ehemaliger Artilleristen, Gardeverein). Die monumentalsten Denkmäler entstanden auf Betreiben der Ehemaligen des Infanterie-Regiments Nr. 79 (an der Steingrube [II 5.4], am Galgenberg [II 6.1.1] und am Marienfriedhof [II 1.11.2]). Gemessen an der Gesamtzahl der Stiftungen ist der Anteil der Kriegervereine allerdings gering: nach dem Ersten Weltkrieg betrug er ca. 16%, nach dem Zweiten Weltkrieg ca. 7%. Die von Jeismann und Westheider aufgestellte These, in Deutschland sei – im Gegensatz zu Frankreich – die Initiative für die Kriegerdenkmäler zumeist von Regiments- und Kriegervereinen ausgegangen und seltener von Gruppen aus dem zivilen Vereinsspektrum, bestätigt sich in Hildesheim allenfalls für die ersten beiden Jahre nach dem Ersten Weltkrieg, über alle Jahre hinweg hingegen nicht.[734]

Vereine, die eine besondere gesellschaftliche Verpflichtung übernommen haben, wie zum Beispiel die Freiwilligen Feuerwehren, hängten in Hildesheim und Sorsum eigene Gedenktafeln in ihren Versammlungsräumen auf [II 1.4 und 13.4]. In den anderen Ortschaften und Stadtteilen nutzten sie die vorhandenen zentralen Denkmalanlagen.

Von den Vereinen mit einer besonderen weltanschaulichen Bindung sind vor allem die katholischen Vereine im Besitz eigener Denkmäler gewesen, überwiegend in Form von Gedenktafeln in den Sitzungsräumen. Allein im katholischen Vereinshaus am Pfaffenstieg [II 1.15] hingen fünf.

Vereine, in denen sich die Mitglieder in besonderem Maße zur Gemeinschaft verpflichten, zum Beispiel in Gesangvereinen durch regelmäßige Teilnahme an Übungsabenden und öffentlichen Auftritten, oder in Sportvereinen durch regelmäßiges gemeinsames Training und Beteiligung an Mannschaftswettkämpfen, haben ihren verstorbenen Mitgliedern im Übungsraum, Clubhaus oder auf der Sportanlage Denkmäler gesetzt. Zwei Gesangvereine (Germania-Eintracht und Viktoria [II 1.15.4 und 21.1], vier Fußballklubs (Borussia, Concordia, Neuhof, Teutonia [II 4.1, 4.2, 10.1, und 13.6]), zwei Turnvereine (Hildesheimer Turnerbund, MTV Eintracht [II 1.10 und 1.20]) und zwei Schwimmvereine (Hellas, Poseidon [II 8.2 und 8.4]) ehrten ihre Kriegstoten mit selbst gestalteten Monumenten.

Vereine mit besonderer Heimatbindung, wie die beiden Siedlervereine [II 6.3 und 8.5], der Deutsche Alpenverein [II 20.1] und die Vereine der Heimatvertriebenen [II 9.5], schufen Gedächtnisstätten mit Naturbestandteilen: mit Findlingen, Bäumen („Hain") und dem Kreuz auf dem alpinen Berggipfel.

Die besondere Rolle von Vereinen ehemaliger Schülerinnen und Schüler wurde bereits oben ausgeführt.

6.1.8 Spontane Stiftungen

Wenn ein Denkmal unmittelbar nach dem Ereignis entsteht, auf das es sich bezieht, und wenn dies ohne formelle Organisation und strukturierte Vorbereitung am Ort des Geschehens erfolgt, ist es als spontane Stiftung zu betrachten. Der Stiftungsimpuls ist auf die gleichen Motive und Zweckbestimmungen wie bei den organisierten privaten und institutionellen Stiftungen zurückzuführen. Die Träger der Spontanstiftung sind aber mit den vorstehenden Kategorien nicht zu erfassen. Es handelt sich bei ihnen um Menschen, die sich vom Schicksal der Toten in besonderer Weise betroffen fühlten, sei es aus „Überlebensschuld" der dem Tod Entronnenen, sei es, um aus unmittelbarer Zeugenschaft das unerhörte Geschehen zu testieren und der Nachwelt zu überliefern. Die Trauer und die Empörung über das Geschehene, also auch das Trauma, finden im Denkmal einen Ausdruck. „Mit dem Errichten solcher Denkmäler beklagten die Überlebenden und die Angehörigen der Opfer deren Tod. Indem sie das im öffentlichen Raum taten, scheint es, als wollten sie den Tätern und deren Nachkommen entgegen rufen: ‚Wir haben überlebt!'"[735] Aus diesen Motiven entstanden zum Beispiel zwei Denkmäler im Konzentrationslager Bergen-Belsen. Dort errichteten am Tag nach ihrer Befreiung christliche (polnische) Überlebende am Rande der Massengräber ein Holzkreuz. Jüdische Überlebende erstellten im November 1945 ein provisorisches Mahnmal aus Holz, das im April 1946 durch ein steinernes ersetzt wurde.[736] Beide Denkmäler stehen dort heute noch.

Viele spontane Denkmäler waren von vornherein nur als vergängliche Mahnzeichen gedacht, andere wurden in den 40er- und 50er-Jahren des letzten Jahrhunderts zerstört.[737] Der ersten Gruppe ist ein Denkmal zuzurechnen, das überlebende Italiener gleich nach ihrer Befreiung durch die Amerikaner am 8. April 1945 als Holzkreuz mit der Inschrift *AGLI ITALIANI IMPICCATI* („Den erhängten Italienern") in der Mitte des Massengrabs errichtet hatten, in dem die Leichen von 208 Ausländerinnen und Ausländern, überwiegend Italienern, lagen. Sie waren zwischen dem 26. März und dem 6. April 1945 von Hildesheimer Gestapo-Angehörigen auf dem Marktplatz und am Rand des Zentralfriedhofs auf dem Gelände des Polizei-Ersatzgefängnisses bzw. in der jüdischen Leichenhalle als mutmaßliche Plünderer willkürlich hingerichtet worden.[738] Zur zweiten Gruppe zählt ein heute in Hildesheim nicht mehr vorhandenes Denkmal: das Ausländer-Denkmal auf dem damaligen Zentralfriedhof [II 3.5.3.2]. Kurz nach der Aufstellung des Holzkreuzes begannen die italienischen Landsleute der Opfer damit, ein dauerhaftes Denkmal zu errichten. Nach den Akten des Garten- und Friedhofsamtes ist der Rohbau bereits 1945 fertiggestellt worden. Die Stadt half den Stiftern, beim Entwurf z. B. Architekt Gothe vom Stadtbauamt. Wegen anderer Schwerpunktsetzungen wurde das Denkmal jedoch erst 1948/1949 vollendet.[739] Bei der Friedhofsumgestaltung 1959 verschwand Hildesheims einzige spontane Denkmalsstiftung spurlos. Nur die lateinische Inschrift blieb auf der Rückseite des Gedenksteins auf dem Massengrab zurück, allerdings ohne dass ihre Herkunft erkennbar ist.

6.2 Affirmative und kritische Denkmalrezeption

Denkmale sind historische Überlieferungen. Als solche stehen sie unter „Denkmalschutz". Allerdings nicht unbeschränkt: Eindeutige Verherrlichungen, zum Beispiel des Nationalsozialismus oder Militarismus, sind genauso demontiert worden wie andernorts Stalin- und Lenin-Standbilder. Bei etlichen Kriegstotendenkmälern verflüchtigte sich offenbar das im Niedersächsischen Denkmalschutzgesetz vorausgesetzte „öffentliche Interesse": sie kamen abhanden oder verwahrlosten. Auch die Rezeption der Denkmäler ist eine historische Gegebenheit. Es gibt nach der Entstehungsgeschichte auch eine Geschichte der Rezeption, genauer: einer affirmativen Rezeption, die den ursprünglichen Charakter des Denkmals unverändert durch die Zeit bringen will und eine kritische, die immer wieder Funktion und Relation des Denkmals zu seiner Zeit klärt.

Grabdenkmäler verschwinden mit den Gräbern nach fünfundzwanzig Jahren. So lange überlässt sie die Friedhofsverwaltung der Obhut der Angehörigen. Denkmäler für Kriegstote, die der Kommune übertragen wurden, belegen öffentliche Plätze ohne ein Verfallsdatum. Die in der Kernstadt stehenden Monumente verdanken ihre Entstehung prominent zusammengesetzten Kommissionen und namhaften Bildhauern, die Monumente in den Ortsteilen sind in der Regel laienhafte Schöpfungen ohne besondere künstlerische Ambitionen. Verdienen sie alle gleichermaßen, erhalten zu werden?

Als Denkmäler, die geeignet sind, die deutsche militärische Tradition zu bewahren und lebendig zu erhalten, den Militarismus wieder zu erwecken, an die Nazipartei zu erinnern oder kriegerische Ereignisse zu verherrlichen, stuften sie die Besatzungsmächte nach 1945 offensichtlich nicht ein. Sie hätten sonst gegen die Direktive Nr. 30 des Alliierten Kontrollrats verstoßen und wären zu zerstören gewesen. Als Erinnerungsstätten für die Toten früherer Kriege durften alle Denkmäler, die Krieg und Demontage überstanden hatten, erhalten bleiben.[740]

Ein anderes – ebenso politisches – Kriterium ist die Überprüfung ihrer Funktion und Intention in Bezug auf ein friedliches Zusammenleben der Bevölkerung und der Völker. Stehen sie der Völkerverständigung im Wege und blockieren sie gewaltfreie Konfliktlösungen im Inneren? Stiften sie sozialen Frieden oder Unfrieden? Sind die Kriegerdenkmäler wegen der in ihnen und durch sie übermittelten Werte noch erhaltenswürdig oder nur noch, wie Susanne Behrenbeck formulierte, als „akzeptable Bestandteile einer Überlebensstrategie in der Nachkriegsgesellschaft zur Bewältigung von Kriegstod und Kriegsfolgen"?[741]

So verstanden, wären Kriegstotendenkmäler Zeitzeugen für den Umgang einer Gesellschaft mit Trauer und Traumata, mit Tabuisierung und Tragikempfinden. Sie wären distanziert und reflektiert zu betrachten, mit sozialkritischem Blick und geschichtlichem Interesse. Doch dann könnte man sie auch dokumentieren und archivieren, sie ansonsten aber ihrem Schicksal überlassen. Wenn sich Sender und Empfänger entkoppeln, die heutigen Adressaten für die dem Denkmal innewohnende Botschaft unempfänglich sind, wenn dem Signifikant das Signifikat verloren ging, dann hat auf der semiotischen Ebene ein Auflösungsprozess stattgefunden, den der natürliche Verfall auf der physischen Ebene nur zeitversetzt abbildet. Das natürliche Vergehen des Denkmals stünde in einem erhellenden Gegensatz zur künstlich erzeugten Ewigkeitsgeltung.

Ein solches tatenloses Zuschauen ist allerdings ebenso zu verantworten, wie das Bemühen, das Denkmal in regelmäßigen Abständen durch Restaurierung zu erneuern. Das Ergebnis wäre jeweils von gleicher Dauerhaftigkeit. Die Beseitigung eines Denkmals erhebt den gleichen Ewigkeits- und Gültigkeitsanspruch wie seine Errichtung und Erhaltung. Nur umstritten zu sein, kann kein Verdikt begründen. Es träfe das Kriegerdenkmal ebenso wie das Kunstwerk von Rang.

An vielen der noch vorhandenen Kriegstotendenkmäler, die nicht in das Verzeichnis der Kulturdenkmale gemäß § 4 des Niedersächsischen Denkmalschutzgesetzes (NDSchG) aufgenommen wurden, hat der Erosionsprozess bereits eingesetzt. Überall da, wo man sie nicht mehr zeremoniell nutzt, sondern unbeachtet abseits liegen lässt [II 4.4] oder als makaber-dekoratives Objekt auf das Freigelände einer Sauna [II 8.4] stellt, hat sich die Bedeutung des Denkmals zeitbedingt aufgelöst. Typischerweise ist selbst den meisten Verantwortlichen der jeweiligen Anlage das eigene Denkmal nicht mehr bekannt.

In das Denkmalsverzeichnis kommen Objekte, an deren Erhaltung wegen ihrer geschichtlichen, künstlerischen, wissenschaftlichen oder städtebaulichen Bedeutung ein öffentliches Interesse besteht (§ 3 NDSchG). Von den 74 noch vorhandenen Kriegstotendenkmälern stehen durch die Aufnahme in dieses Verzeichnis 51 unter Denkmalschutz. Sie verteilen sich auf 32 Standorte (5 Anlagen, 11 Gebäude, 16 freistehende Objekte).

A. 10 Denkmäler sind Bestandteile geschützter Flächen

Marienfriedhof	1.11.2	1
Marktplatz	1.22	2
Nordfriedhof: Ehrenfriedhof I und II	3.5.1	2
Nordfriedhof: Bombenopfer	3.5.2	1
Nordfriedhof: Ausländerfriedhof	3.5.3	4
Anzahl der Denkmalsstiftungen		10

B. 16 Denkmäler sind Bestandteile von Gebäuden

Andreanum	1.1	1
St.-Magdalenen-Kirche	1.21	1
St. Godehard Kirche	1.7	1
Rathaus (nur das KHA-Relief)	1.25	1
St.-Lamberti-Kirche	2.1	2
Martin-Luther-Kirche	3.4	1
Fachhochschule (Baugewerkschule)	4.3	1
Drispenstedt	7.2	2
Michelsenschule	8.3	3
Christuskirche	9.1	1
Sorsum (Kirche)	13.3	2
Anzahl der Denkmalsstiftungen		16

C. 16 Freistehende Objekte (in denen sich 25 Stiftungen abbilden)

Lavesstraße (Luftwaffe/Fallschirmspringer)	3.2	2
Nordfriedhof: Gedenkwand	3.5.1.2	1
Steingrube (IR 79-Denkmal)	5.4	1
Sedanallee	5.7	1
Feldstraße/Mozartstraße (IR 79-Denkmal)	6.1	2
Eichendorffhain	9.5	1
Neuhof	10.2	2
Ochtersum	11.1	2
Sorsum (Klöpper)	13.1	1

Sorsum, Hinter dem Dorfe (Völkerschlacht)	13.2	1
Sorsum II, Schildweg (Gemeinde)	13.5	1
Himmelsthür	14.1.1	2
Bavenstedt	15.2	2
Einum	16.1	2
Achtum-Uppen	17.1	2
Itzum	18.1	2
Anzahl der Denkmalsstiftungen		25

Tafel 12: Auszug aus dem Verzeichnis der Hildesheimer Kulturdenkmale[742]

Bewegliche Formen oder Vereinsdenkmäler finden sich nicht im Denkmalverzeichnis, auch nicht der Findling der ehemals selbständigen Gemeinde Marienburg, die Gedenkraumbücherei des Scharnhorstgymnasiums und die Gedenktafel in der Marienroder Cosmas-und-Damian-Kirche. Die Gründe für die Aufnahmen der einen und der Zurückweisung der anderen werden nicht mitgeteilt.

Norbert Huse mahnt einen öffentlichen Denkmals-Diskurs, gerade bezüglich der „unbequemen Baudenkmale", an. Das Kriterium des „öffentlichen Interesses" erfordere ihn in einem demokratischen Gemeinwesen zwingend. Es auszulegen, könne weder der Exekutive noch der „Diktatur der Denkmalpfleger" überantwortet aber auch nicht einfach populistisch entschieden werden. „Ein Diskurs tut vielmehr not, der rechtzeitig und öffentlich geführt werden muss, nicht erst dann, wenn wieder einmal ein Abriss bevorsteht."[743]

Die drei folgenden Abschnitte schildern beispielhaft, wie in drei Kommunen (Hamburg, Peine, Nordhorn) ein kritischer Diskurs zur Überprüfung und Bearbeitung vorhandener Denkmäler führte. Ein vierter geht kurz auf das „Schulprojekt, Gedenktafeln auf dem Nordfriedhof'" ein, das der Volksbund Deutsche Kriegsgräberfürsorge e. V., Bezirksverband Hannover, mit Blick auf das sich 2005 zum 60. Mal jährende Ende des Zweiten Weltkriegs initiierte.

Dass man – in der Vor-Denkmalschutz-Zeit – mit weniger Skrupeln meinte, Denkmäler mit dem Zeitgeist verändern zu können und ihnen neue Funktionen zuweisen zu dürfen, zeigt das Beispiel des Erbauers des Feldstraßendenkmals, August Waterbeck. Er beteiligte sich am Wettbewerb für den Umbau des Burschenschaftsdenkmals bei Eisenach in eine Kriegergedächtnisanlage für die deutschen Burschenschafter.[744]

6.2.1 Hamburg

Aufschlussreich sind die Vorgänge um das „76er-Denkmal" in Hamburg am Dammtor[745], das 1934 als Gegenstück zum 1932 eingeweihten Ehrenmal an der Kleinen Alster in Auftrag gegeben wurde[746], den Krieg unbeschädigt überstand und seit 1946 ein Stein des Anstoßes ist. Die Forderungen nach Abriss oder auch nur Veränderung stießen immer wieder auf etwa gleichstarke Gegenwehr, teilweise kam es zu handgreiflichen Auseinandersetzungen. 1982 schrieb die Hamburger Kulturbehörde einen Wettbewerb zur künstlerischen Umgestaltung des Denkmalvorplatzes aus. In der Ausschreibung äußerte sie sich auch zur Problematik des Vorhabens:

„Für viele Hamburger ist das Dammtor-Denkmal ein Kriegerdenkmal: eine Gedenkstätte für Angehörige, die im Krieg ihr Leben lassen mussten. Diese Auffassung verdient Respekt und Beachtung. Wahr ist aber auch, dass das Denkmal gleichermaßen von vielen Bürgern und Gästen unserer Stadt als Provokation empfunden wird. Wer unter dem Faschismus leiden musste, wer Krieg und Völkermord erlebt hat, muss in dem Denkmal eine Verhöhnung und Beleidigung der Opfer von Krieg und Faschismus sehen.

Die Entstehungsgeschichte des Denkmals widerlegt mit aller Deutlichkeit, dass das Dammtor-Denkmal ausschließlich ein Ehrenmal für die Gefallenen des Krieges ist. Wer davon heute ausgeht, verdrängt die Geschichte und zeigt sich unempfindlich für die demonstrative Geste der Denkmalanlage und die entlarvenden Inschriften.

<u>Dennoch kommt ein Abriss des Denkmals nicht in Betracht.</u> (im Original unterstrichen; H. H.)

Dies wäre geschichtsfeindlicher Rigorismus, der Probleme nicht löst, sondern verschleiert; dazu trägt die Beseitigung eines Denkmals nicht bei. Notwendig ist jedoch die Aufklärung über den Missbrauch der Gefallenenehrung für propagandistische Zwecke des Nationalsozialismus.
Daraus folgt: Bei Erhaltung des Denkmalblocks als historisches Dokument muss das Umfeld des eigentlichen Denkmals so gestaltet werden, dass dessen kriegsverherrlichende Funktion entlarvt wird.
In dem ausgelobten Wettbewerb sollen Gestaltungsvorschläge gefunden werden, die den oben beschriebenen historischen Zusammenhang des Denkmals auch architektonisch zum Ausdruck bringen. Der Denkmalplatz soll so ein Mahnmal gegen Krieg und Faschismus werden."
Unter 108 Arbeiten (12 weitere liefen außer Konkurrenz) entschied sich das Preisgericht für einen kombinierten Gestaltungsvorschlag aus den Entwürfen des Bildhauers Alfred Hrdlickas und der Architekten Böhme und Schneider.[748]
Die Gesamtkosten der Umgestaltung beziffert der „Spiegel" mit 800.000 DM. Das erste Teilstück von Hrdlickas Environment wurde am 8. Mai 1985 feierlich eingeweiht. Eine fünf Meter hohe und sieben Meter lange Bronzewand symbolisiert eine Flamme, die zur Plastik „Hamburger Feuersturm" gehört. Von den geplanten drei weiteren Skulpturen folgte am 29. September 1986 nur noch eine anfangs nicht vorgesehene, die Hrdlicka „Untergang von KZ-Häftlingen" nannte. Unverwirklicht blieben „Verfolgung und Widerstand" (ein zum Galgen verwandeltes Hakenkreuz), die Frauen-Plastik „Glaube, Liebe, Menschenverachtung" (Gegenüberstellung einer idealisierten Frauenfigur à la Breker und einer im KZ gemarterten Frau) und „Soldatentod".[749] Hrdlicka betrachtete seine Arbeit als „Antwort auf diesen Klotz", in der er darstellen wolle, dass der wahre Heldentod ein sehr trister Tod sei.[750]

6.2.2 Peine

Ein zweites Beispiel für eine sichtbare Auseinandersetzung mit einem vorgefundenen Denkmal befindet sich in Peine (Abb. 9). Dort wurde am Volkstrauertag 1993, am 14. November, ein Mahnmal für alle zivilen Opfer des Nazi-Regimes eingeweiht. Der Bildhauer Maximilian Stark begriff es als Pendant zu dem vorhandenen Kriegerdenkmal: Er stellte dem in der Mitte aufgebahrten steinernen Gefallenen einen auf einem Steinblock liegenden, angeketteten und geschundenen Menschen gegenüber. Zwei Betonwände stehen links und rechts neben dem Betonquader. Sie tragen auf den Außenseiten Bronzereliefs (Mutter mit totem Kind/Menschen hinter Stacheldraht) und innen Schrifttafeln mit Zitaten der Allgemeinen Erklärung der Menschenrechte der Vereinten Nationen („Alle Menschen sind frei und gleich an Würde und Rechten geboren.") und des Grundgesetzes der Bundesrepublik Deutschland („Die Würde des Menschen ist unantastbar.") und einer Erklärung der Fraktionsvorsitzenden im Peiner Rat Heinz Möller (SPD) und Rudolf Kühn (CDU/FDP): „Zum Gedenken an alle, die in Kriegen ihr Leben lassen mussten, und alle, die wegen ihrer Überzeugung, ihres Glaubens und ihrer Abstammung Opfer von Terror und Gewaltherrschaft wurden. Ihr Andenken ist uns Mahnung und Verpflichtung zur Brüderlichkeit."[751] Das Peiner Denkmal kostete 128.000 Mark, der Bildhauer erhielt davon 68.000.

6.2.3 Nordhorn

1994 begannen in Nordhorn die Arbeiten zur Umgestaltung des Mahnmals am Langemarckplatz.[752] Das Denkmal war nach langer Diskussion am Totensonntag 1929, am 24. November, eingeweiht worden. Hermann Scheuernstuhl hatte eine Skulptur eines nackten Jünglings gestaltet, der sich von einem runden Sockel erhob, den das mutmaßliche Morgenstern-Zitat „Die Gefällten sind es, auf denen das Leben steht" umschloss.[753] Nach anfänglicher positiver Resonanz in der örtlichen Presse, meldeten sich bald Kritiker, die sich an der figürlichen Darstellung des Jünglings störten. Gleich nach der nationalsozialistischen Machtübernahme holten SA-Angehörige die Skulptur vom Sockel und gruben sie im Garten des früheren Bürgermeisters ein. Statt der geforderten neuen Skulptur, die sich der Magistrat am 12. Dezember 1933 als sterbenden Krieger oder Hornisten wünschte, gab es nur einen neuen

Abb. 9: Das Peiner Mahnmal von Maximilian Stark (1993)

Namen für die Denkmalanlage: den Platz mit dem Denkmalstorso benannte der Gemeinderat am 8. Februar 1938 in Langemarckplatz um. Die Scheuernstuhl-Figur bot der Bürgermeister anderen Kommunen – u. a. auch Hildesheim [II 22.1] – vergeblich zum Kauf an. Am 7. April 1940 führte sie die Gemeinde der „Metallspende des deutschen Volkes" zu, nachdem man ihr vorher Kopf und Geschlechtsteil abgeschlagen hatte.

1952 hatte die Stadt für die erste Gedenkfeier am Mahnmal eine einfache Blumenschale auf den Sockel gestellt. 1959 weihte Nordhorn unter großer Anteilnahme der Bevölkerung die umgestaltete Gedächtnisstätte ein. Auf dem Sockel stand nun eine Feuerschale, 23 Tafeln enthielten die Namen von Gefallenen, Vermissten sowie von politisch und rassistisch Verfolgten. 1986 regte sich erster Widerstand. Die Ratsherren Gerhard Naber (SPD) und Hartmut Schyla (DKP) verlangten die Umbenennung des Langemarckplatzes. Nach zweijähriger kontroverser Debatte fand der Rat die umstrittene Kompromissformel „Mahnmal am Langemarckplatz". Die weiter anhaltende Kontroverse mündete 1987 ein in eine Diskussion um die vollständige Umgestaltung des Platzes. Inzwischen war nicht nur der Name des Platzes, sondern auch der angebliche Morgenstern-Spruch in die Kritik geraten. In Kenntnis der Entwicklung am Dammtor-Denkmal in Hamburg nahmen die SPD-Fraktion und der Nordhorner Kulturdezernent Bernd Sundhoff Kontakte zu Künstlern auf. Der Verwaltungsausschuss entschied sich zur Jahreswende 1989/1990, mit der im Staat New York lebenden Künstlerin Jenny Holzer Verhandlungen zu führen.

1992 schloss die Stadt mit Jenny Holzer einen Vertrag über das Projekt „Schwarzer Garten", das für ca. 135.000 DM realisiert werden sollte. Erneut entzündete sich eine heftige Debatte. Leserbriefschreiber verteidigten den Platz als „Denkmal der Zeitgeschichte", als Ehrenmal für die Gefallenen, verteidigten jetzt sogar den zuvor kritisierten Spruch. Holzers Konzept, einen Garten mit schwarz blühenden Pflanzen, Steinbänken mit englisch/deutschen Sinnsprüchen und einem Baum anstelle des bisherigen Denkmalsockels anzulegen, stieß auf heftigen Widerspruch. Die Kontroverse galt der als „amerikanisch" diffamierten Form und den dahinter stehenden Gedanken: „Für Jenny Holzer kann sich kein besseres Leben aus gewaltsamem Tod, Hass, Unrecht oder Mord definieren. Sie sucht nicht die Hoffnung in den ‚Gefällten', sondern im Leben der Lebenden, zu dem das Leiden gestern gehöre und heute als Erinnerung noch gegenwärtig sei. Nicht die mit Trauer verwechselte Glorifizierung des Soldatentodes, nicht salbungsvolle Metaphern hätten Sterben und Krieg je verhindern können. Ein Mahnen und Gedenken, wie es sich in der Umschrift des Steinsockels ausdrückt, war aus Sicht Jenny Holzers für den Moment tröstend, danach jedoch oftmals von fröstelnder Seelenlosigkeit."[754] Außerdem könne man nicht gefallene Soldaten und aus politischen oder ideologischen Gründen

Abb. 10: Der Schwarze Garten in Nordhorn[756]

Ermordete an einem Denkmal zusammen erwähnen. Das Denkmal mit Schale solle die Stadt in dem gegenüberliegenden Schlieperpark aufstellen.

Die positive Kritik beurteilte Jenny Holzers „Schwarzen Garten" als „ausdrucksvollste und kühnste Formulierung des modernen Denkmals", als vollkommenes Gegendenkmal.[755] Pflanzen ersetzen Steine, vergänglich, verwundbar und organisch sind die Eigenschaften, nicht fest, hart und dauerhaft. Wandel und Veränderung stehen Beständigkeit und Unsterblichkeit gegenüber, das Leben widerspricht – wenn auch traurig schwarz – dem Tod. Die Namenstafeln bezog Holzer in die Gestaltung ein, flankierte die der Soldaten mit schwarzen Mondo-Grasbüscheln, die der Verfolgten mit reinweißen Blumen. In konzentrischen Kreisen pflanzte sie schwarze Tulpen und tiefbronzefarbene Güsel an. Jenny Holzers Park ist sehr arbeitsintensiv. Die Gemeinschaft muss sich um den Garten kümmern, sich mit ihm tätig auseinandersetzen. Andernfalls verkommt er.

Die in die Bänke eingemeißelten Texte „beschreiben die grässlichen Folgen des Krieges. Sie stechen wie Stacheln."[757] Die Form der Inschriften ist alten Kriegerdenkmälern nachempfunden, ihr Inhalt ist pazifistisch. Weitere Plaketten zeigen die von den Nazis entfernte Skulptur, und erläutern die Langemarckgeschichte. Am 30. März 1995 benannte der Rat der Stadt Nordhorn den früheren Langemarckplatz in „Schwarzer Garten" um, rechtzeitig zur Gedenkfeier zum 50. Jahrestag des „Tags der Befreiung".

6.2.4 Schulprojekt „Gedenktafeln auf dem Nordfriedhof"

Mit dem Blick auf den 60. Jahrestag des Kriegsendes initiierte der Volksbund Deutsche Kriegsgräberfürsorge e. V. (VDK), Landesverband Niedersachsen, ein Projekt, das Ende 2003 bei einem „Forum Jugend- und Schularbeit" Gestalt bekam: „Geschichts- und Erinnerungstafeln auf Kriegsgräberstätten". Egbert Schendel, Lehrer an der Hildesheimer Friedrich-List-Schule, erklärte sich im Sommer 2004 bereit, im Rahmen des Geschichtsunterrichts am Fachgymnasium Wirtschaft das Hildesheimer Projekt „Gedenktafeln auf dem Nordfriedhof" inhaltlich zu betreuen. Um die gestalterische und technische Umsetzung hatte der Bezirksverband Hannover des VDK andere Schulen gebeten. Als Ziel wurde angestrebt, im Dezember 2004 zusammen mit dem zuständigen Fachbereich der Stadtverwaltung Hildesheim die Standorte für die Tafeln zu bestimmen und dem VDK Ende Januar 2005 den Entwurf für die zentrale Gedenktafel am Eingang des Nordfriedhofs vorzulegen.[758] Am 27. Januar 2005 – dem „Holocaustgedenktag" – übersandte Schendel dem Volksbund die Entwürfe für die Eingangstafel und die Tafeln an den Gräberfeldern der Soldaten des Ersten und des Zweiten Weltkriegs, der Hildesheimer Bombenopfer und der Ausländer. Auch die Ortsbegehung hatte am 10. Dezember 2004 termingerecht stattgefunden.[759]

6.3 Ansätze für eine zeitgemäße Denkmalsrezeption in Hildesheim

Was der VDK hinsichtlich der sehr konkreten Gräberfelder befürchtet, gilt in ähnlicher Weise auch für ihre Repräsentanten, die Kriegerdenkmäler im Stadtgebiet. Obwohl Jahrestage immer wieder die Aufmerksamkeit erregen und sie über die Bezugsereignisse[760] hinaus auf ihren zeitgeschichtlichen

Rahmen lenken, lässt das Interesse an den vorhandenen Überlieferungen nach. Der VDK klagt in einem Rundschreiben: „Leider schwindet das Wissen um das Schicksal dieser Toten oder ist vielfach überhaupt nicht bekannt. Zudem ist festzustellen, dass zunehmend viele Träger der Friedhöfe die Anlagen nicht so pflegen, wie es wünschenswert wäre."[761] Sein Ziel sei deshalb, das besondere öffentliche Interesse am Jahrestag dafür zu nutzen, auf das Schicksal der Opfer des Krieges und der nationalsozialistischen Gewaltherrschaft hinzuweisen. „Dabei sollten die Kriegsgräberstätten als Orte des Gedenkens und der Erinnerung im Vordergrund stehen."[762]

Das Wissen verblasst, das Informationsbedürfnis wächst. Wenn aber selbst die Orte der realen Begegnung erklärungsbedürftig sind, weil das, was sie zu sagen haben, von den nachwachsenden Generationen nicht mehr verstanden wird, gilt das umso mehr für die Denkmäler als zeichenhafte Repräsentanten der Realität. Ähnlich wie es Werner Boldt für die Gedenkstättenarbeit vorschlägt[763], sollen die Gedenktafeln auf dem Nordfriedhof Informationen bereitstellen, die zur Aufnahme einer Beziehung, das Wachsen der Fähigkeit zu einfühlender Liebe, anstoßen können. Die Besucherinnen und Besucher sollen fachlich gesicherte historische Kenntnisse erwerben, über den Krieg in Niedersachsen, aber vor allem über Einzelschicksale. Ihre Rekonstruktion soll die Erkenntnis vermitteln, dass sich hinter den Namen der Toten konkrete Biografien verbergen. Die Herkunft der Opfer und die Umstände ihres Todes sollen in den örtlichen und regionalen Zusammenhang gestellt werden.

Den Begriff des Kriegsopfers verwendet der VDK in der Weite der Definition des Kriegsgräbergesetzes. Auf den 1.369 Kriegsgräberstätten und zivilen Friedhöfen haben 255.460 Opfer von Krieg und Gewalt ihre letzte und dauerhafte Ruhestätte erhalten: Bombenopfer, Kriegsgefangene, Zwangsarbeiterinnen und Zwangsarbeiter, in Gefangenschaft geborene und verstorbene Kinder, deutsche und ausländische Kombattanten, in den Konzentrationslagern umgekommene deutsche und ausländische Juden, politische Gefangene, „Euthanasie"-Opfer, delinquente Jugendliche und weitere Opfer im Sinnes des Gesetzes.[764]

Dieser weitgefasste Begriff könnte zu strukturierten Suchbewegungen auffordern. Menschen dieser Personengruppen finden sich auch in Hildesheim in den Gedenkbüchern und auf den Gedenktafeln wieder. Aber wie? Auf vielen Denkmälern sind sie gemeint, aber nicht einzeln genannt. Hier gehen sie in einer einzigen Zahl oder einem einzigen Wort auf. Auf anderen Denkmälern stehen zwar Namen, aber bewusst nur die einer Gruppe von Kriegstoten und damit implizit die der anderen nicht. Eine zeitgemäße Rezeption hätte den selektiven Charakter aufzudecken und zu problematisieren. Je mehr sich Kriegstotendenkmäler vom Zeitpunkt ihrer Referenzereignisse und ihres Entstehens entfernen, desto mehr gilt, was Eberhard Grunsky mit Blick auf die unbequemen Denkmäler des Nationalsozialismus forderte: „Durch die Freilegung von verschütteten Erinnerungen, durch die Klärung von Verzerrtem und durch die Vervollständigung von Bruchstückhaftem werden die Denkmäler als ‚soziales Gedächtnis' erschlossen."[765] Voraussetzung sei allerdings Zurückhaltung und Redlichkeit. Sie dürften nicht durch zeitbedingt oder ideologisch gebundene Geschichtserklärungen manipuliert werden.

Schilder, wie die am Nordfriedhof, kontextualisieren das Denkmal, ergänzen was ihm vorausging, legen offen, was es verschweigt. Werner Lindner befand 1915, ein Jahr nachdem er Geschäftsführer des Deutschen Bundes Heimatschutz geworden war, „erst die Kunst vermag in geheimnisvollem Raunen den Geist der vergangenen Zeiten weiterzugeben."[766] Seinem Anspruch an ein gutes Kriegstotendenkmal widersetzt sich die Kontextualisierung: Sie setzt dem Raunen Daten und Fakten sowie anschauliche Begriffe entgegen und entlockt ihm damit seine unterdrückten Geheimnisse.

Während am Nordfriedhof Wörter den Kontext herstellen, verwenden die drei anderen Beispielprojekte künstlerische Mittel. In jedem dieser Fälle verzichteten die Verantwortlichen nach längerem öffentlichen Diskurs auf eine zunächst auch diskutierte Demontage der anstößigen Denkmäler. Sie behandelten sie nicht wie Kunstwerke, die man freiwillig aufsucht und von denen man sich auch trennen kann, wenn ihre Zeit vorbei ist. Sie setzten sich mit ihnen auseinander als geschichtliche Überlieferungen mit sozialer Funktion, nicht mit dem Ziel der Beseitigung, sondern der Beiordnung. Sie brachten eine neue Denkmalsstiftung auf den Weg durch die Zeit, weil ein öffentliches Interesse bestand, der vorgefundenen Form des Kriegstotengedenkens eine heute als authentischer und ehrlicher empfundene gegenüberzustellen. Sie bestanden darauf, dass die historische Identität dem Wandel unterliegt und dass keine Gruppe das Recht hat, ihr Identitätsverständnis den kommenden Generationen zu oktroyieren. Wie beim produktiv verlaufenden Generationskonflikt beharrten sie auf einer diskursiven Auseinandersetzung. Mit den Ergänzungen relativierten sie die überkommenen Aussagen. Sie entschieden sich gegen belehrende oder erläuternde Kommentare und verwendeten adäquate ästhetische Mittel. Hrdlicka erzählte mit der Umgestaltung des Hamburger Denkmals die Geschichte weiter und zeigte, wo der stramme Marsch endet und welches Unheil die marschierenden Kolonnen anrichteten und auslösten. Auch die Objektgeschichte erhielt durch ihn eine neue Pointe, war doch das von ihm mit Gegendenkmälern umgebende Monument seinerzeit selbst als Gegendenkmal erdacht worden.

In Peine kontrastierte Maximilian Stark das Kriegstotendenkmal mit einer anderen Sichtweise. Wie auf dem Sarg der tote Soldat liegt auf einem Steinblock ein toter Häftling. Steht hinter dem Soldatendenkmal eine abschirmende Wand, stellte er den Block zwischen zwei Stelen auf. durch die der Blick auf die gesamte Anlage fällt. Der Kriegstod wurde mit dem Tod der anderen konfrontiert, die in den Lagern und Verließen umkamen. Deren Tod wiederum rahmen die fundamentalen Menschenrechte ein, die Stark auf den Stelen verewigte. An ihnen kommt niemand vorbei, der die Anlage betritt oder verlässt.

In Nordhorn umrahmte Jenny Holzer das Kriegstotendenkmal ganz neu. Mit der konzentrischen Wegeführung und Beetanordnung, mit den schwarz blühenden und schwarzblättrigen Pflanzen und mit den provokanten Inschriften auf den steinernen Bänken gibt sie dem Denkmal und damit dem Gedenken einen neuen Bezugsrahmen, der eigentlich der alte ist. Sie rekonstruiert mit ästhetischen Mitteln das Sterben im Krieg und die Trauer über den sinnlosen Tod.

Kontextualisierung, Umgestaltung, Kontrastierung und Umrahmung bieten sich auch in Hildesheim als Ausdrucksformen zeitgemäßer Denkmalsrezeption an. Freilich hat sich hier die Bürgerschaft die Kriegerdenkmäler bisher überwiegend so, wie sie sind, fallen lassen. Ein öffentliches Interesse an einer Umgestaltung artikulierte sich hier nur punktuell (am „Galgenberg-Denkmal" [II 6.1.1]), temporär (vor allem zwischen 1980 und 1990) und singulär (einzelne kritische Meinungen und Aktionen stießen auf den affirmativen Widerspruch anderer Einzelner). Wo sich Gruppen oder Gremien nach dem Zweiten Weltkrieg mit dem Gedenken für die neuen Kriegstoten befassten oder wo eine notwendige Restaurierung zum Überdenken der vorhandenen Form veranlasste, ergänzte man das Denkmal nur behutsam. Die Zutaten veränderten grundsätzlich nichts an der Denkmalsform, brachten aber formelhaft zum Ausdruck, dass der Kreis der in das Gedenken einzubeziehenden zu erweitern sei. In Drispenstedt [II 7.2.2], Itzum [II 18.1.2] und Neuhof [II 10.2.2] gibt eine nachträglich angebrachte Inschrift oder Tafel die Ansicht der Stifter bekannt, dass die Opfer des totalitären NS-Terrors und die des totalen Kriegs zusammenzudenken sind. Semiotisch betrachtet, wirkt dieses Bemühen allerdings hilflos und verspricht kaum die erhoffte Wirkung. Der rein sprachliche Code des Ergänzungstextes ist zu schwach, um sich gegen das „Superzeichen Denkmal"[767] zu behaupten. Um eine neue Rezeptionstradition begründen zu können, ist die Zutat zu unscheinbar, als „Therapieversuch" (mit dem Ziel der Befähigung zu trauern) bleibt sie zu oberflächlich, als Tabubruch bleibt sie zu allgemein. Im Gegenteil: Auch der im Dezember 2004 in Itzum angebrachte Zusatz *Den Opfern von Unrecht / Krieg und Gewalt* [II 18.1.2], der den beiden Vorgängern in Neuhof und Drispenstedt ähnelt, verschweigt Ursachen, Umstände und Wirkungen, so dass zwischen Tätern und Opfern, zwischen Deutschland und der Welt, zwischen Kriegen im Einzelnen und den Kriegsformen im Allgemeinen die Unterschiede verwischen.

Anmerkungen

727 Das Denkmal der Domgemeinde ist nicht mehr nachweisbar. Allerdings schreibt Heinrich Kloppenburg in seiner Neuesten Geschichte (bis 31.12.1920): „Die Domgemeinde hat 44 Kriegsopfer zu beklagen: eine Ehrentafel für dieselben ist in Arbeit." (S. 67)
728 Flessau, Schule der Diktatur, S. 83.
729 Michelsen, Vom Pflug zum Schwert, Berlin 1884.
730 Verein alter Hildesheimer Michelsenschüler, 100 Jahre Michelsenschule Hildesheim, S. 69.
731 Bischöfliches Gymnasium Josephinum, 400 Jahre, Katalog zur Ausstellung, S. 29.
732 „Unser Josephinum. Ein Blatt der Erinnerung" von Studienrat Dr. A. Potthoff. In: Bischöfliches Gymnasium Josephinum, 400 Jahre, Katalog zur Ausstellung, S. 29.
733 Kapitel II 23.6.
734 Jeismann/Westheider, Wofür stirbt der Bürger, S. 35. Auch Nabrings widerspricht mit Blick auf den Kreis Viersen dieser These (Mahnung, S. 122).
735 Neumann, Shifting Memories, S. 110 (eigene Übersetzung, H. H.).
736 Niedersächsische Landeszentrale für politische Bildung, Konzentrationslager Bergen-Belsen, Berichte und Dokumente, S. 235.
737 Neumann, ebd.
738 Zum Schicksal der Toten: Hildesheimer Geschichtswerkstatt e.V., „Schläge, fast nichts zu Essen und schwere Arbeit", S. 130-143, zum Massengrab: S. 154-161.
739 Vermerke des Stadtbauamts, Aktenbestand des Friedhofsamts des Stadtverwaltung Hildesheim.
740 Direktive Nr. 30 im Amtsblatt des Kontrollrats in Deutschland, Nr. 7, v. 31. Mai 1946. Lurz, Kriegerdenkmäler in Deutschland, Band 6, S. 123.
741 Behrenbeck, Heldenkult oder Friedensmahnung? S. 353.
742 Auswertung aufgrund des Verzeichnisses der Baudenkmale gem. § 3 NDSchG, erstellt vom Niedersächsischen Landesamt für Denkmalpflege, Stand: 4.1.2001.
743 Huse, Unbequeme Baudenkmale, S. 9.
744 Hannoverscher Kurier v. 27.5.1930, Senator Karl Anlauf, Hannover als Kunststadt. August Waterbeck. Zu seinem Projekt auf dem Hörselberg bei Eisenach.
745 Zur Erinnerung an die Gefallenen des 2. Hanseatischen Infanterie-Regiments Hamburg Nr. 76 im Krieg von 1870/71 und im Ersten Weltkrieg 1934 vom Bildhauer Richard Kuöhl entworfen und 1936 eingeweiht. Der Spiegel, Nr. 18/1985, S. 238.
746 Hermann Hipp: Freie und Hansestadt Hamburg. Geschichte, Kultur und Stadtbaukunst an Elbe und Alster, Köln 1990, S. 209 f.
747 Dies unterscheidet sie allerdings von der des Hildesheimer 79er-Denkmals.
748 Mitteilung der Staatlichen Pressestelle Hamburg vom 14.9.1983.
749 Der Spiegel, Nr. 18/1985, S. 239.
750 HAZ v. 8.5.1985, „Das umstrittene Kriegerdenkmal in Hamburg wird umgestaltet"; ausführlich auch in Vorwärts v. 4.5.1985, S. 21: „Die beliebige Vervielfältigung der Unperson".
751 Peiner Allgemeine Zeitung v. 15.11.1993: „Beim Verarbeiten der Vergangenheit dem gewollten Vergessen widerstehen".
752 Die Schilderung der Ereignisse folgt: Stadt Nordhorn, Vom Langemarckplatz zum Schwarzen Garten, Nordhorn Kulturbeiträge 4, Nordhorn o. J. (1995).
753 In Nordhorn ist die Herkunft des Zitats nicht bekannt (mündliche Auskunft vom Leiter des Nordhorner Stadtarchivs, Griese, am 3.4.2006). Auch in der Burg Ludwigstein, Witzenhausen, wo es in einem Gedenkraum steht, der im Mai 1932 von der „Vereinigung Jugendburg Ludwigstein e. V." initiiert und am 19.11.1933 unter Beteiligung der Hitlerjugend eingeweiht wurde, ist ein Quellennachweis nicht zu führen (schriftliche Auskunft der Leiterin des Archivs der deutschen Jugendbewegung, Rappe-Weber, am 7.4.2006). In Hildesheim wurde es in die am 3.9.1960 eröffnete Gedenkbücherei der Scharnhorstschule eingefügt. Mitinitiator Wilhelm Hübötter führte es – ohne Beleg – auf Christian Morgenstern zurück.
754 Thomas Krigisch, „Ein kleiner Park wird künftig Trauer tragen", Grafschafter Nachrichten v. 23.7.1993. Nachdruck in Nordhorn Kulturbeiträge 4, ebd., S. 36.
755 Eva Ungar Grudin. Nordhorn Kulturbeiträge 4, ebd., S. 44.
756 Copyright des Fotos von Helmut Claus bei kunstwegen – Städtische Galerie Nordhorn. Siehe auch NZZ Folio. Die Zeitschrift der Neuen Zürcher Zeitung, Nr. 8, 2003.
757 Eva Ungar Grudin. In: Nordhorn Kulturbeiträge 4, ebd., S. 46.
758 Auskunft von Egbert Schendel am 31.10.2004.
759 Auskunft von Egbert Schendel am 27.1.2005. An der Begehung nahmen teil vom VDK Landesgeschäftsführer Behrmann und Frau Dr. Bartels, von der Friedhofsverwaltung Herr Udens, von der Werner-von-Siemens-Schule Herr Hilbig und Herr Schendel. Die Eingangstafel soll in den Maßen 110 x 180 cm, die vier Pulttafeln mit den Abmessungen 70 x 90 cm angefertigt werden. Inzwischen wurden die Tafeln aufgestellt.
760 Nachhaltige Spuren hinterließen insbesondere der 40. Jahrestag des Kriegsendes durch die berühmte Rede von Bundespräsident von Weizsäckers und der 50. Jahrestag durch die von Bundespräsident Herzog vorgetragene Gedenkformel. Zu denken ist aber auch an den 90. Jahrestag des Ausbruchs des Ersten Weltkriegs oder an den 60. Jahrestag des Stauffenberg-Attentats oder der Invasion.
761 VDK, Veranstaltungen und Aktivitäten zu 60 Jahre Kriegsende in Niedersachsen 2005, o. O. u. J. (2004).
762 Ebd.
763 Boldt, Subjektive Zugänge zur Geschichte, S. 185.
764 VDK, Projekt „Geschichts- und Erinnerungstafeln auf Kriegsgräberstätten in Niedersachsen", o. O. u. J. (2004).
765 Zitiert nach Huse, Unbequeme Baudenkmale, S. 36.
766 Schneider, Kriegerdenkmäler als Geschichtsquellen, S. 556.
767 Es verknüpft in der Regel verschiedene sprachliche, kulturelle und ästhetische Codes zu einem Ganzen „höherer" Ordnung.

Teil II
Katalog der Denkmäler für Kriegstote des 19. und 20. Jahrhunderts

Übersicht

Denkmal/Objekt	Nummer	Stiftung	Zustand	1813	70/71	14/18	39/45	allg.
Andreanum	1.1	+	+			(+)	+	
Andreas-Gemeinde	1.2							
Andreas-Gemeinde	1.2.1	+	-			+		
Andreas-Gemeinde, Nord-Bezirk	1.2.2	+	-			+		
St.-Bernward-Kirche	1.3	+	-			+		
Freiwillige Feuerwehr Hildesheim	1.4	+	-			+		
Freiwillige Sanitätskolonne des Roten Kreuzes	1.5	+	-			+		
Garde-Verein	1.6	+	-			+		
St.-Godehard Kirche	1.7	+	+			+		
Handwerker- und Kunstgewerbeschule	1.8	+	-			+		
Hl. Kreuz	1.9	+	-			+		
Hildesheimer Turnerbund	1.10	+	-			+		
IR 79 (1870/1871)	1.11							
IR 79 - Hoher Wall	1.11.1	+	-		+			
IR 79 - Marienfriedhof	1.11.2	+	+		+			
St.-Jakobi-Kirche	1.12	+	-			+		
Josephinum	1.13							
Josephinum I	1.13.1	+	-			+		
Josephinum II	1.13.2	+	o				+	
Junggesellen-Kompanie von 1831 I	1.14	+	-			+		
Katholisches Vereinshaus	1.15							
Katholischer Arbeiter-Bildungsverein	1.15.1	+	-			+		
Katholischer Arbeiterverein Hildesheim	1.15.2	+	-			+		
Katholischer Gesellen-Verein	1.15.3	+	-			+		
Männer-Gesangverein „Germania-Eintracht"	1.15.4	+	-			+		
Reichwirtschaftsverband dt. ehem. Berufssoldaten	1.15.5	+	-			+		
Knochenhauer-Amtshaus	1.16							
Freie Fleischer-Innung	1.16.1	+	-			+		
Knochenhauer-Amtshaus - Windbretter	1.16.2	+	+					+
Kriegerklub „Vaterland"	1.17	+	-			+		

Denkmal/Objekt	Nummer	Stiftung	Zustand	1813	70/71	14/18	39/45	allg.
Kriegerverein von 1872	1.18	++	- -		+	+		
Lehrerseminar	1.19	+	-			+		
Männer-Turnverein „Eintracht"	1.20	+	-			+		
St.-Magdalenen-Kirche	1.21	+	+			+		
Marktplatz	1.22							
Friedenslinde (mit Bank)	1.22.1	+	+					+
Gedenktafel	1.22.2	+	+				+	
Fotogramm-Installation	1.22.3	+	-				+	
Michaelisgemeinde	1.23	+	-			+		
Ostpreußen-Denkmal	1.24	+	+					>1945
Stadt Hildesheim (Rathaus)	1.25							
Gedenktafel	1.25.1	+	-			+		
Knochenhauer-Amtshaus (Relief)	1.25.2	+	+				+	
Skulptur	1.25.3	+	+				+	
St.-Lamberti-Kirche	2.1							
St.-Lamberti-Kirche I	2.1.1	+	-			+		
St. Lamberti (Glocke)	2.1.2	+	-			+		
St. Lamberti (Ruine der Sakristei)	2.1.3	+	+				+	
St.-Lamberti-Kirche II	2.1.4	+	+			(+)	+	
Synagoge	2.2	+	-			+		
Verein ehemaliger Artilleristen	2.3	+	-			+		
Junggesellen-Kompanie v. 1831 II	3.1	+	+				+	
Luftwaffe	3.2							
Fliegerhorst	3.2.1	+	+					<1939
Fallschirmjäger	3.2.2	+	+				+	
Landwirtschaftsschule	3.3	+	-			(+)	+	
Martin-Luther-Kirche	3.4	+	+			(+)	+	
Nordfriedhof	3.5							
Nordfriedhof: Ehrenfriedhof	3.5.1							
Nordfriedhof: Ehrenfriedhof I	3.5.1.1	+	+			+		
Nordfriedhof: Gedenkwand	3.5.1.2	+	+			+		
Nordfriedhof: Ehrenfriedhof II (Hochkreuz)	3.5.1.3	+	+				+	
Nordfriedhof: Bombenopfer	3.5.2	+	+				+	
Nordfriedhof: Ausländerfriedhof	3.5.3							
Nordfriedhof: Ausländerfriedhof - DGB	3.5.3.1	+	+				+	
Nordfriedhof: Ausländerfriedhof - ausl. Tote	3.5.3.2	+	-				+	
Nordfriedhof: Ausländerfriedhof - Italiener	3.5.3.3	+	+				+	

ÜBERSICHT

Denkmal/Objekt	Nummer	Stiftung	Zustand	1813	70/71	14/18	39/45	allg.
Nordfriedhof: Ausländerfriedhof - Unbekannte Tote	3.5.3.4	+	+				+	
Nordfriedhof: Ausländerfriedhof - Gedenkkreuz	3.5.3.5	+	+				+	
Senkingwerk	3.6	+	o				+	
SV Borussia v. 1906	4.1							
SV Borussia v. 1906 I (Tafel)	4.1.1	+	-			+		
SV Borussia v. 1906 I (Stein)	4.1.2	+	-			+		
SV Borussia v. 1906 II	4.1.3	+	+					+
FC Concordia	4.2							
FC Concordia I	4.2.1	+	x			+		
FC Concordia II	4.2.2	+	+			(+)	+	
Fachhochschule (Baugewerkschule)	4.3	+	+			+		
VfV Hildesheim	4.4	+	+					+
Andreanum	5.1	+	-			+		
St.-Elisabeth-Kirche	5.2	+	-			+		
Goetheschule	5.3	+	-			+		
IR 79 - Steingrube	5.4	+	+			+		
Scharnhorstgymnasium	5.5	+	+			(+)	+	
Verein ehemaliger Kavalleristen	5.6	+	-			+		
Sedanallee	5.7							
Sedanallee, Kaiser-Wilhelm-Denkmal	5.7.1	+	-		+			
Sedanallee, Kriegsgefangenendenkmal	5.7.2	+	+				(+)	>1945
Galgenberg	6.1							
IR 79 - Galgenberg	6.1.1	+	+			+		
IR und Pz-Gren 59	6.1.2	+	+				+	
IR 79 - Offz.-Heim	6.2	+	-			+		
SG Großer Saatner	6.3	+	+					+.
Universität Hildesheim	6.4	+	-					+.
Katholischer Arbeiterverein Drispenstedt	7.1	+	-			+		
Drispenstedt	7.2							
Drispenstedt I	7.2.1	+	+			+		
Drispenstedt II	7.2.2	+	+				+	
Scharnhorstgymnasium - Andreas-Realgymnasium	8.1	+	-			+		
Hildesheimer Schwimmverein von 1899	8.2	+	-			+		
Michelsenschule	8.3							
Michelsenschule 70/71	8.3.1	+	-		+			
Michelsenschule 14/18 (Findling)	8.3.2	+	+			+		
Michelsenschule 14/18 (Tafel)	8.3.3	+	+			+		
Michelsenschule 39/45	8.3.4	+	+				+	
SC Poseidon	8.4	+	+			+		

190 ÜBERSICHT

Denkmal/Objekt	Nummer	Stiftung	Zustand	1813	70/71	14/18	39/45	allg.
Siedlergemeinschaft West	8.5	+	+					+.
Christuskirche	9.1							
Christuskirche I	9.1.1	+	-			+		
Christuskirche I (Glocke)	9.1.2	+	-			+		
Christuskirche II	9.1.3	+	+				+	
Kriegerverein „Germania" Moritzberg	9.2	+	-			+		
Katholischer Arbeiterverein Moritzberg	9.3.	+	-			+		
St.-Mauritius-Kirche	9.4							
Kirche	9.4.1	+	-			+		
Friedhof	9.4.2	+	+			+		
Eichendorff-Hain	9.5	+	+				(+)	>1945
SV Blau-Weiß Neuhof	10.1	+	+				+	
Neuhof	10.2							
Neuhof I	10.2.1	+	+			+		
Neuhof II	10.2.2	+	+				+	
Ochtersum	11.1							
Ochtersum I	11.1.1	+	+			+		
Ochtersum II	11.1.2	+	+				+	
Marienrode (Cosmas und Damian)	12.1	+	+			+		
Marienrode (Friedhof)	12.2							
Marienrode I	12.2.1	+	+			+		
Marienrode II	12.2.2	+	+				+	
Sorsum (Klöpper)	13.1	+	+	+				
Sorsum (Völkerschlacht)	13.2	+	+	+				
Sorsum (Kirche)	13.3							
Sorsum I	13.3.1	+	+			+		
Sorsum I (24 Linden)	13.3.2	+	x			+		
Sorsum II (Kirche)	13.3.3	+	+			(+)	+	
Sorsum (Glocke)	13.3.4	+	+				+	
Freiwillige Feuerwehr Sorsum	13.4							
Freiwillige Feuerwehr Sorsum I	13.4.1	+	+			+		
Freiwillige Feuerwehr Sorsum II	13.4.2	+	+				+	
Sorsum II (Gemeinde)	13.5	+	+				+	
Teutonia Sorsum	13.6	+	+				+	
Himmelsthür	14.1							
Himmelsthür I	14.1.1	+	+			+		
Himmelsthür II	14.1.2	+	+				+	
Bavenstedt - Kath. Kirche	15.1	+	o			+		
Bavenstedt (Gemeinde)	15.2							
Bavenstedt I	15.2.1	+	+			+		
Bavenstedt II	15.2.2	+	+				+	
Bavenstedt - Kriegerverein	15.3	+	-			+		
Einum	16.1							
Einum I	16.1.1	+	+			+		

ÜBERSICHT   191

Denkmal/Objekt	Nummer	Stiftung	Zustand	1813	70/71	14/18	39/45	allg.
Einum II	16.1.2	+	+				+	
Achtum-Uppen	17.1							
Achtum-Uppen I	17.1.1	+	+			+		
Achtum-Uppen II	17.1.2	+	+				+	
Itzum	18.1							
Itzum I	18.1.1	+	+			+		
Itzum II	18.1.2	+	+				+	
Marienburg	19.1	+	+			(+)	+	
Alpenverein	20.1	+	+			(+)	+	
Männer-Gesangverein „Viktoria"	21.1	+	-			+		
Verein ehemaliger Jäger und Schützen	21.2	+	-			+		
Anzahl der Denkmäler bezogen auf den Krieg...				2	5	80	44	11
Anzahl unabhängiger Denkmalsstiftungen		132		2	5	72	42	11
		88 Standorte						
unabhängige Denkmalsstiftungen		132						
Bedeutungserweiterung**		10						
Objekte:		122						
ikonografisch auswertbar:		93		2	5	38	42	6
unspezifische Kriegstotendenkmäler					4		5	3
+ = vorhanden		44 Standorte						
			74	2	1	23	38	10
- = verschollen			53		4	45	3	1
o = ausgemustert			3			2	1	
x = verfällt			2			2		
Stiftungen:			132	2	5	72	42	11

** Ergänzung des vorhandenen Denkmals nach einem späteren Krieg.

1 Stadtmitte

1.1 Gedächtnisstätte des Gymnasiums Andreanum

1. Standort

Hagentorwall 17, in der Eingangshalle des Andreanums

2. Beschreibung

Das Denkmal besteht aus zwei Namenstafeln der Gefallenen des Ersten Weltkriegs (die Namen sind im Abschnitt 5.1 aufgeführt) und einer dritten, die ein nach unten gerichtetes, „ruhendes" Schwert und dahinter Strahlen in der Gestalt des Andreaskreuzes zeigt. Die Aufschrift lautet „Memoriam". Zwischen den Tafeln wurde je ein Kerzenhalter angebracht, auf dessen Vorderseite jeweils ein Kreuz und in dessen vier Feldern die Kriegsdaten: links 19/14 // 19/18, rechts 19/39 // 19/45 eingemeißelt wurden.

Vor den Tafeln steht ein Tisch, in dessen trapezförmiges Untergestell ein Andreaskreuz eingefügt wurde. Er trägt einen Glasschrein, in dem auf einer Glasplatte ein aufgeschlagenes Gedenkbuch im DIN-A-4-Querformat liegt. Das Buch ist in weißes Leder gebunden, in den Buchdeckel wurde rechts oben ein Andreaskreuz geprägt.

Fast alle Eintragungen stehen unter dem Zeichen des Andreaskreuzes und enthalten in rot den Vor- und Nachnamen, darunter in schwarz in seltenen Fällen den militärischen Dienstgrad, danach das Geburtsdatum, das Todesdatum und den Todesort bzw. die Umstände des Todes.

Abschrift des Buchs[768]:
Dem „Gedenkbuch des Gymnasium Andreanum" liegt ein DIN-A-4-Blatt bei, auf dem handschriftlich vermerkt ist: „Betr. Ehrenbuch / Folgende ehemalige Andreaner sind im Ehrenbuch noch nicht benannt: / Heinrich Seevers, 27. 1. 1943 in Rußland vermißt / Alfred Eckebrecht, im (1., später eingefügt) August 1944 in Rußland vermißt / Fritz Waßmann, geb. 5.4.1924, 25.10.1943 in Rußland vermißt (am 27.2.1974 für tot erklärt mit Wirkung v. 31.12.1946) / Jochen Gerth, Helmut Peinemann (keine Daten bekannt) / Hi., d. 14.1.93 / Unterschrift (wahrscheinlich) Ernst"
Die Gefallenen / des / Gymnasium / Andreanum / im 2. Weltkrieg // Niemand / hat grössere Liebe / denn die, / dass er sein Leben lässt / für seine Freunde / Joh 15/13 / + // x / Im Kriege / 1939 – 1945 / starben / aus dem / Andreanum // Januar // x / Kurt Lüders / geboren am 19. Juli 1921 // vermisst seit Anfang Januar 1943 / in Stalingrad // x / Hans-Adolf Probst / geboren am 3. Januar 1908 / gefallen 1944 / in Jugoslavien // x / Hans-Diedrich Gebauer / geboren am 6.

Abb. 1: Gedächtnisstätte am Nordeingang, fotografiert am 13. August 2003

Abb. 2.: Aufgeschlagenes Buch in der Vitrine, fotografiert am 13. August 2003

Januar 1908 / vermisst 1945 / im Osten // x / Hans-Reimer Degener / geboren am 7. Januar 1918 / vermisst 1945 in Rußland / x / Volkmar Borsche / geboren am 14. Juni 1925 / vermisst am 7. Januar 1944 in Rußland // x / Wilhelm Verbarg / geboren am 16. Juli 1909 / gefallen am 8. Januar 1943 / in Rußland // x / Hans Klare / geboren am 12. Januar 1912 / vermisst // x / Gerhard Buchterkirchen / geboren am 31. Juli 1925 / vermisst seit 15. Januar 1945 / zwischen Warschau und Allenstein // x / Werner Heinemeier / gestorben am 17. Januar 1946 / in Jugoslavien // x / Hellmuth v. Diringshofen / geboren am 14. Juli 1907 / gefallen am 27. Januar 1943 / in Italien / Heinrich Seevers / am 27. Januar 1943 in Rußland vermisst //x / Karl-Heinz Utermöhlen / geboren am 15. Mai 1922 / letztes Lebenszeichen aus Liegnitz / vom 27. Januar 1945 // x / Gerhard Loeblich / geboren am 28. Januar 1912 / vermisst in den letzten 3 Wochen des Krieges / x / Friedrich Wilhelm Schröder / geboren am 6. Oktober 1921 / gefallen am 28. Januar 1944 in Italien // x / Klaus Spindler / geboren am 26. Oktober 1921 / gefallen am 29. Januar 1943 / in Rußland // x / Karl Rieschel / geboren am 20. Juni 1912 / gefallen am 30. Januar 1945 // x / Heinz Kreikenbaum / geboren am 18. Juni 1915 / gefallen im Januar 1945 bei Schneidemühl / x / Dr. Gerhard Grote / gefallen Januar 1942 im Osten // Februar / x / Berthold Conrades / geboren am 18. Mai 1901 / gefallen am 1. Februar 1945 / im Osten // x / Martin Rinker / geboren am 20. November 1912 / gefallen am 2. Februar 1942 / in Rußland // x / Karl Bartens / geboren am 31. Januar 1900 / gestorben am 5. Februar 1945 / bei Hirschberg/Schlesien // x / Wolfgang Heesemann / Oberst u. Regimentskommandeur / geboren am 29. Januar 1906 / gefallen am 6. Februar 1947 / in Waldpothen/Königsberg // x / Gerhard Müller / geboren am 23. Dezember 1922 / gefallen am 6. Februar 1943 / bei Brjansk/Rußland // x / Wolfgang Peinemann / Unteroffizier / geboren am 1. März 1924 / gefallen am 8. Februar 1944 / in Rußland // x / Arnold Dörge / Polizeioffizier / gebüren am 2. Oktober 1913 / gefallen am 9. Februar 1942 / in Rußland // x / Friedrich Struss / geboren am 7. Juli 1922 / gefallen am 10. Februar 1943 / in Rußland // x / Martin Kienscherf / geboren am 22. Oktober 1910 / gefallen am 13. Februar 1942 // x / Gerhard Stech / geboren am 7. Januar 1925 / gefallen am 16. Februar 1945 / in Breslau // x / Karl-Ernst Schmidt / geboren am 21. Februar 1921 / gefallen 1943 / in Rußland // x / Klaus Barner / geboren am 27. November 1914 / gefallen am 26. Februar 1945 / März // x / Georg Mirow / geboren am 4. Oktober 1911 / gefallen am 1. März 1942 // x / Walter Kühneck / geboren am 1. September 1922 / gestorben am 2. März 1943 // x / Karl-Heinz Gellert / Major / geboren am 23. November 1915 / gefallen am 4. März 1944 / in Rußland // x / Hermann Gensel / geboren am 22. April 1921 / gefallen am 8. März 1944 / in Rußland // x / Horst Berkefeld / geboren am 20. November 1918 / gefallen am 7. März 1942 / im Westen // x / Karl Stelling / geboren am 7. November 1911 / gefallen am 9. März 1942 / in Rußland // x / Rolf Gutsche / Leutnant / geboren am 5. September 1916 / gefallen am 13. März 1945 / in Ungarn // x / Gerhard Feise / geboren am 3. März 1925 / gefallen am 15. März 1944 / in Rußland // x / Erwin Alberti / geboren am 16. September 1918 / gefallen am 16. März 1944 // x Helmut Ehlers / geboren am 20. Dezember 1915 / gefallen am 18. März 1945 / bei Heiligenbeil/Ostpr. // x / Hans-Werner Finzenhagen / geboren am 6. September 1922 / gefallen am 23. März 1945 / in Ungarn // x / Eberhard Hess / geboren am 18. Februar 1903 / gefallen am 24. März 1945 bei Eberswalde / x / Jürgen Bremer / geboren am 27. März 1926 / gefallen am 24. März 1945 b. Wesel // x / Dr. med. Helmut Fiedler / geboren am 29. Juli 1915 / gestorben am 26. März 1944 in Wesel / nach Verwundung // x / Friedrich-Wilhelm Degener / geboren am 11. August 1914 / gefallen am 30. März 1942 / x

/ Wolfgang Schlange / geboren am 7. Juni 1926 / gefallen am 30. März bei Wiesbaden // x / Klaus Börner / geboren am 16. März 1921 / gefallen am 30. März 1944 / in Süditalien // x / Otto Schoch / geboren am 8. März 1883 / gestorben im Frühjahr 1947 / im Lager Buchenwald / April // x / Joachim Hoppe / geboren am 20. März 1915 / vermisst Anfang April 1941 / auf See // x / Gerhard Schäffer / geboren am 5. Dezember 1925 / gefallen am 7. April 1945 / Manfred Wilke / geboren am 11. Dezember 1924 / gefallen am 6. April 1945 auf See bei Rügen / x / Helmut Barner / geboren am 2. August 1917 / gefallen am 8. April 1945 // x / Helmut Schneemann / geboren am 25. September 1925 / vermisst seit 10. April 1945 / bei Wiener-Neustadt // x / Hans-Otto Wittenberg / geboren am 8. Mai 1927 / gefallen am 16. April 1945 / in Sachsen // x / Dr. Ludwig Theodor Plathner / geboren am 25. Juni 1886 / gestorben am 19. April 1941 // x / Joachim Kaiser / geboren am 20. April 1924 / x / Arthur Scheiermann / geboren am 13. Mai 1916 / vermisst im April 1945 // x / Walter Jansen / geboren am 19. September 1913 / gestorben im Arpil 1943 / in Kriegsgefangenschaft bei Stalingrad // x / Hans Mirow / geboren am 23. September 1922 / vermisst am 23. April 1945 // x / Jost Kreplin / geboren am 29. April 1924 / gefallen am 23. April 1945 / in Oberitalien // x / Horst Bethmann / geboren am 12. November 1911 / gefallen am 30. April 1945 / im Kampf um Berlin bei Spandau // x / Hermann Schriever / geboren am 21. April 1896 / vermisst seit April 1944 / in Ostpreußen // Mai // x / Klaus-Dietrich Oltmann / geboren am 12. Juni 1914 / gefallen am 1. Mai 1942 / in Rußland // x / Albrecht Rohne / geboren am 14. August 1923 / gestorben am 3. Mai 1944 / nach Verwundung in Wien // x / Rudolf Ludwig / geboren am 29. Juni 1921 / vermisst am 3. Mai 1945 / in Berlin-Spandau // x / Wolfgang Stange / geboren am 21. Februar 1920 / gefallen am 3. Mai 1945 / in Berlin // x / Ernst Segebrecht / Staatsanwalt in Königsberg / geboren am 6. Mai 1905 / gefallen im Mai 1943 / in Rußland // x / Gerd Walther / Leutnant zur See / geboren am 27. November 1921 / vermisst am 6. Mai 1943 / Nordatlantik // x / Hellmut Grotensohn / geboren am 5. Dezember 1907 / gefallen am 7. Mai 1945 / in Rußland // x / Friedrich Egon / Freiherr von Verschuer / geboren am 16. Oktober 1918 / gefallen am 10. Mai 1944 / in Belgien // x / Herbert Mehm / geboren am 11. März 1906 / gefallen am 10. Mai 1944 / beim Rückzug auf der Krim // x / Hartwig Schmidt / geboren am 9. Juli 1912 / vermisst am 13. Mai 1944 auf der Krim / x / Helmut Schnass / geboren am 13. Mai 1917 // x / Gerhard Siemens / geboren am 26. Dezember 1919 / gestorben am 14. Mai 1944 / im Lazarett in Regensburg // x / Ernst Gunther Arnold / geboren am 24. Februar 1916 / gefallen am 15. Mai 1940 / bei Poix-Terron/Frankreich // x / Günther Wehmeyer / geboren am 18. November 1919 / gestorben am 16. Mai 1943 / im Lazarett Ebersbach in Sachsen // x / Wolfgang Kraut / Leutnant der Luftwaffe / geboren am 31. August 1918 / gefallen am 17. Mai 1941 / über England/Birmingham // x / Heino Möller / geboren am 28. Dezember 1917 / gestorben nach Verwundung / am 18. Mai 1940 in Luxemburg // x / Gerhard Mühlenbrink / geboren am 3. Juli 1917 / gefallen am 18. Mai 1940 / in Belgien // x / Ernst Heinrichs / geboren am 8. Februar 1919 / gefallen am 19. Mai 1941 / in Frankreich // x / Malte-Georg Hass / geboren am 16. Juli 1906 / gefallen am 22. Mai 1940 / in Hondeghem/Belgien // x / Rudolf Dann / Hauptmann / geboren am 22. Juni 1906 / gefallen am 23. Mai 1940 / südlich von Sedan // x / Karl-Heinz Köhler / geboren am 30. Mai 1924 / vermisst seit 1945 / Juni // x / Kurt Janke / geboren am 17. Mai 1910 / gefallen am 5. Juni 1940 / in Frankreich // x / Dr. Rudolf Grote / geboren am 8. September 1904 / vermisst seit Juni 1944 / im Osten // x / Joachim von Buch / geboren am 6. März 1914 / gefallen am 7. Juni 1940 // x / Eberhard Wehrspann / gefallen am 9. Juni 1940 // x / Hans-Ferdinand von Grawert / geboren am 8. Oktober 1916 / gefallen am 10. Juni 1940 / in Frankreich // x / Heinz Pinkepank / geboren 1912 / gefallen am 14. Juni 1944 / in Rußland // x / Werner Becker / geboren am 3. April 1901 / gefallen am 16. Juni 1945 / bei Explosion eines Munitionszuges in Sarstedt // x / Oskar Dröge / geboren am 20. Juli 1921 / gefallen am 17. Juni 1942 / in Rußland // x / Georg Schimmelpfeng / geboren am 16. Oktober 1899 / gefallen am 19. Juni 1944 / bei Cherburg // x / Friedrich-Karl Hoppe / geboren am 20. März 1915 / gefallen am 22. Juni 1941 / im Osten // x / Günther Hagenberg / Unteroffizier / geboren am 11. April 1913 / gefallen am 21. Juni 1941 / in Sokal am Bug/Rußland // x / Ernst-Günthter Merten / geboren am 25. Oktober 1920 / gefallen am 28.

Juni 1942 / in Rußland // x / Klaus Müller / geboren am 19. August 1914 / gefallen am 29. Juni 1941 in Rußland / x / Dr. Rudolf Grote / geboren am 8. September 1904 / vermisst seit Juni 1944 im Osten // Juli / x / Herbert Schulz / Oberleutnant d.R. / geboren am 10. Februar 1917 / vermisst Anfang Juli 1944 / bei Minsk in Rußland // x / Gerhard Preer / geboren am 10. Februar 1919 / gestorben am 3. Juli 1941 / in Finnland / x / Herbert Grote / geboren am 3. Juli 1918 // x / Erich Sundermeyer / geboren am 30. November 1916 / gefallen am 6. Juli 1941 in Rußland // x / Otto Wode / geboren 1920 / gestorben am 11. Juli 1941 / in Rußland // x / Hans-Georg Kirchberg / geboren am 25. Februar 1918 / gefallen am 12. Juli 1941 / bei Fastow/Kiew // x / Günther Kolb / geboren am 12. Juli 1919 / x / Dr. jur. Ernst Roempler / geboren am 16. September 1895 / gefallen am 13. Juli 1943 / in Rußland // x / Joachim Ernst / geboren am 1. August 1922 / gefallen am 14. Juli 1943 / in Rußland // x / Konrad Bruns / geboren am 5. Oktoeber 1922 / gefallen am 16. Juni 1943 in Rußland / x / Hans-Henning Peine / geboren am 27. Januar 1922 / gefallen am 16. Juli 1944 in Rußland // x / Kurt Walter / Oberleutnant / geboren am 9. September 1919 / gefallen am 17. Juli 1943 / in Rußland // x / Rudolf Peine / geboren am 27. Janaur 1922 / gefallen am 16. Juli 1944 in Rußland / x / Walter Gabriel / geboren am 2. März 1920 / gefallen am 19. Juli 1941 in Rußland // x / Karl-Heinz Becker / Leutnant / geboren am 14. August 1918 / gefallen am 20. Juli 1944 / bei Lemberg // x / Jürgen Russmann / Leutnant / geboren am 6. November 1919 / gefallen am 20. Juli 1944 // x / Klaus Mühe / geboren am 20. Juni 1924 / gefallen am 23. Juli 1943 / in Rußland // x / Herbert Heuer / geboren am 17. Februar 1923 / gefallen am 23. Juli 1943 / in Rußland // x / Gerhard Scholz / geboren am 25. Juli 1917 / vermisst 1944 im Osten // x / Jürgen Warnebold / geboren am 30. August 1923 / gestorben am 26. Juli 1944 / nach Verwundung in Rußland // x / Ernst-Ulrich Wagner / geboren am 31. März 1917 / gefallen am 27. Juli 1941 in Rußland / x / Hans-Jürgen Klockemann / geboren am 3. Februar 1922 / gefallen am 27. Juli 1942 in Rußland // x /Joachim Boes / geboren am 17. Mai 1899 / gestorben am 28. Juli 1941 / in Rumänien // x / Heinz Richter / geboren am 11. Dezember 1922 / gefallen am 29. Juli 1942 / in Rußland // August // x / Hans-Egon Schulz / Unteroffizier / geboren am 23. Spetember 1915 / gefallen am 1. August 1944 / bei Scherpen/Grigoriopol/Bessarabien / Alfred Eckebrecht / am 1. August 1944 in Rußland vermisst // x / Walter Remmert / Leutnant / geboren am 19. April 1921 / gefallen am 1. August 1941 / in Bessarabien / x / Joachim Zeppenfeld / geboren am 17. Mai 1907 / gefallen am 3. August 1944 / in Rußland // x / Gerd Wielert / geboren am 13. Oktober 1919 / gefallen am 4. August 1941 / in Rußland // x / Franz-Gerhard Domino / geboren am 6. April 1920 / gefallen am 5. August 1943 / im Osten // x / Walter Greune / geboren am 18. September 1917 / gefallen am 7. August 1941 / in Rußland / x / Heinz Glenewinkel / geboren am 25. März 1924 / gefallen am 9. August 1944 / in St. Bartelemy/Frankreich // x / Vollprecht / Freiherr von Verschuer / geboren am 17. November 1919 / gefallen am 11. August 1941 / in Rußland // x / Hans-Joachim Scheibe / geboren am 12. August 1920 / gefallen 1942 / x / Hans Schimmelpfeng / geboren am 6. Oktober 1904 / gefallen am 12. August 1941 // x / Karl-Heinz Bärner / geboren am 28. Februar 1921 / gestorben am 12. August 1943 im Lazarett Warthegau / x / Artur Domino / geboren am 13. Mai 1922 / gefallen am 12. August 1944 in Rußland // x / Wolfgang Kuhn / geboren am 28. März 1920 / gefallen am 14. August 1941 in Rußland / x / Herbert Müller / geboren am 14. August 1918 // x / Karlheinz Thiele / Oberleutnant / geboren am 4. Februar 1914 / gefallen am 17. August 1941 / in Rußland // x / Alexander Mohrenweiser / geboren am 17. August 1922 / vermisst 1943 / in Stalingrad // x / Walter Holzhusen / geboren am 21. August 1922 / gefallen am 18. August 1942 / in Rußland // x / Harald Liecke / geboren am 1. Juni 1925 / vermisst am 20. August 1944 / in Rußland // x / Horst Brehm / geboren am 2. Juli 1922 / gefallen am 21. August 1942 / in Rußland // x / Hermann Eggers / geboren am 26. März 1919 / gestorben am 21. August 1942 / nach Verwundung in Frankreich // x / Helmuth Kaune / geboren am 7. Januar 1909 / gefallen am 24. August 1941 / in Bessarabien // x / Günther Burmester / geboren am 25. Februar 1919 / gefallen am 24. August 1942 / in Rußland // x / Kurt Schubarth / geboren am 12. September 1914 / vermisst im August 1944 in Bessarabien / x / Ulrich Koch / geboren am 24. August 1911 / vermisst / x / Klaus Bock / geboren am 23. Juni 1925 / gefallen am 28.

August 1944 / in Rußland // x / Günther Foeth / geboren am 2. November 1907 / gefallen am 29. August 1944 / in Toulon // September // x / Gerhard Bolms / geboren am 9. Juli 1920 / gefallen am 4. September 1941 im Osten / x / Wilfried Diers / geboren am 4. März 1916 / gefallen am 4. September 1939 in Rußland // x Werner Koch / Pastor / geboren am 18. Januar 1913 / gefallen am 4. September 1943 / in Rußland // x / Günther Bokelmann / geboren am 7. Juni 1923 / seit September 1945 aus russischer / Gefangenschaft keine Nachricht // x / Herbert Eggert / geboren am 14. Dezember 1922 / gestorben am 5. September 1942 in Rußland / x / Georg-Wilhelm Schlicke / geboren am 4. Juni 1914 / gefallen am 5. September 1939 in Polen // x / Ernst-Andreas Boysen / geboren am 17. April 1920 / gefallen am 13. September 1942 / bei Stalingrad // x / Siegfried Liebeneiner / geboren am 26. Juni 1897 / gestorben am 14. September 1945 / im Lader Vrsac/Jugoslavien // x / Jürgen Prigge / geboren am 20. April 1926 / gefallen am 17. September 1944 in der Ostsee / x / Ernst Kessler / geboren am 28. August 1920 / gefallen am 19. September 1941 in Rußland // x / Armin Berghahn / geboren am 24. Januar 1925 / gefallen am 20. September 1944 / in Italien bei Rimini // x / Otto Harte / geboren am 9. Januar 1914 / gefallen am 21. September 1942 in Stalingrad / x / Karl-Heinz Stoffregen / geboren am 15. September 1918 / vermisst am 21. September 1942 in Rußland // x / Karl-Günter von Oven / geboren am 12. Februar 1925 / gefallen am 22. September 1944 / bei Aachen // x / Wilhelm Wetje / geboren am 2. September 1925 / vermisst im September 1944 / in Estland // x / Hans Johann Höfft / geboren am 11. April 1909 / gestorben am 29. September im / Lazarett Innsbruck // Oktober // x / Werner Engelhard / geboren am 28. März 1921 / gefallen am 3. Oktober 1941 / in Rußland // x / Martin Siemens / geboren am 3. März 1917 / gefallen am 5. Oktober 1941 / in Rußland // x / Georg Brandt / Leutnant und Bataillons-Ordonnanzoffizier / geboren am 18. März 1903 / vermisst am 6. Oktober 1944 / bei Riga // x / Armin Dreyer / geboren am 15. Juni 1922 / gefallen am 9. Oktober 1942 / in Stalingrad // x / Georg Schulze-Büttger / geboren am 4. Oktober 1904 / erhängt am 15. Oktober 1944 / in Plötzensee[769] // x / Gert Wielert / geboren am 13. Oktober 1919 / gefallen im August 1941 // x / Herbert Umbereit / geboren am 14. Oktober 1921 // x / Joachim Habelmann / geboren 1904 / gefallen am 22. Oktober 1941 // x / Ernst-Walter Gensel / geboren am 28. Februar 1919 / gefallen am 18. Oktober 1942 / bei Rschew/Rußland // x / Gerhard Deppe / geboren am 6. August 1922 / verwundet am 6. November 1942 in Stalingrad / gestorben am 22. Oktober 1943 // x / Elmar Becker / geboren am 8. Juli 1915 / vermisst am 23. Oktober 1943 // x / Helmuth Priess / geboren am 6. März 1896 / gefallen am 25. Oktober 1944 / x / Fritz Heinrich Degener / geboren am 21. März 1922 / gefallen am 25. Oktober 1941 im Osten // Herbert Krahmer / geboren am 28. September 1918 / gefallen am 29. Oktober 1943 / in Rußland / Georg Schulze Büttger / am 13. Oktober 1944 / als Teilnehmer am Widerstand gegen Hitler / hingerichtet / Fritz Wassmann / geboren am 5. April 1924 / am 25. Oktober 1943 in Rußland vermisst / am 27. Februar für tot erklärt / mit Wirkung vom 31. Dezember 1995 // November // x / Ernst Segebrecht / geboren am 6. Mai 1905 / gefallen am 12. November 1943 / bei Kiew // x / Hans Adolf Probst / geboren am 3. Januar 1908 / gefallen am 13. November 1944 / in Jugoslavien // x / Helfried Grote / geboren am 16. Februar 1923 / gefallen am 15. November 1943 / in Rußland // x / Wolfgang Kurre / geboren am 9. August 1915 / gefallen am 16. November 1941 in Rußland / x / Adolf Oppermann / geboren am 25. März 1920 / gefallen am 16. November 1943 in Rußland // x / Helmut Richstein / geboren am 1. Dezember 1920 / gefallen am 18. November 1942 am Ilmensee in Rußland / x / Heinz Trampe / geboren am 10. Januar 1922 / gefallen am 18. November 1943 in Rußland // x / Hans-Gerhard Prenzler / geboren am 28. Dezember 1918 / gefallen am 20. November 1940 / im Luftkampf in Frankreich // x / Dieter Mund / geboren am 16. März 1922 / gefallen am 23. November 1943 / in Rußland // x / Wolfgang Wüstmann / geboren am 14. November 1921 / gefallen am 25. November 1943 / in Rußland // Dezember // x / Walter Mecke / geboren am 26. August 1897 / gefallen am 1. Dezember 1941 / in Rußland // x / August Behmann / geboren am 2. August 1914 / gestorben am 4. Dezember 1942 / nach Verwundung am 2.12. in Rußland // x / Johannes Cordes / geboren am 22. Mai 1912 / gefallen am 8. Dezember 1942 / in Rußland // x / Georg Sauerwein / geboren am 9. Mai 1915 / gefallen am 10. Dezember 1941 / in Rußland // x / Bodo Wilke / geboren am 15. März 1923 / gefallen am 12. Dezember 1942 / in Rußland // x Werner Liecke / geboren am 23. September 1925 / gefallen am 12. Dezember 1944 / in Rußland // x / Herbert Wiedenroth / Dr. jur. / geboren am 6. November 12913 / mit dem Flugzeug abgestürzt / am 18. Dezember 1940 bei Orly // x / Helmut Otte / Hauptmann / geboren am 12. Oktober 1915 / gefallen am 19. Dezember 1941 / in Rußland // x / Joachim Gensel / geboren am 8. August 1914 / gefallen am 24. Dezember 1942 / in Rußland // x / Peter Pfeiffer / geboren am 10. September 1921 / gefallen am 28. Dezember 1944 / in Ungarn // x / Joachim Georg Wüstmann / geboren am 14. Dezember 1914 / gefallen am 30. Dezember 1943 / in Rußland // x / Konrad Bruns / geboren am 28. September 1891 / 31. Dezember 1945 Todestag // x / Karl-Heinz Kohler / geboren am 30. Mai 1924 / vermisst 1945 // x / Ernst August Rehwinkel / geboren 1902 / gefallen etwa 1943 / im Nordatlantik // x / Bruno Knoke / geboren 1899 / gefallen 1945 / x / Otto Maschle / geboren 1897 // x / H. Althoff / Wolfgang Beier / Stud. Assessor Brühl / Otto Bruns / Günther Burmester / von Dringshoven / Hugo von Dömming / Helmut Ehlers / Stud. Assessor Hans-Werner Flebbe // x / Hans-Dieter Gebauer / Franz Gerhard / Hermann Gensel / Balduin Goßmann / Heinz K. Glenewinkel / Heinz Hampe / Malte Georg Hass / Ernst Heinrichs / Franz Hops // x / Wolfgang Hünichen / Bruno Knoke / Hugo Liebeneiner / Erich Lüntzel / Walter Mecke / Hans Menzel / Adolf Oberbeck / Karl Preer // x / Ernst August Rehwinkel / Walter Schwarz / Otto Schoch / Manfred Wilke / Walter Würtemberger / Jochen Gerth / Helmut Peinemann // von den Gefallenen / des 1. Weltkrieges / sind auf den Ehrentafeln /nicht genannt / 1914 x 1918 / Johannes Bach / Hermann Bobertz / Kurt Bohne / Karl Büsching / Hilmar von Campe // 1914 x 1918 / Erich von Caron / Haimart Cludius / Adolf Crome / Bernhard Crome / Erich Dammeier // 1914 x 1918 / Bruno Falke / Kurt Feldmann / Karl Greiffenhagen / Wilhelm Greiffenhagen / Hermann Grote // 1914 x 1918 / Wilhelm Grünewald / Heinrich Haars / Friedrich Hake / Walter Hake / Theobald Harmsen // 1914 x 1918 / Albert Hartmann / Karl Hartmann / Kurt Helmke / Johannes Henseling / Martin Hepe // 1914 x 1918 / Wilhelm Hermes / Bruno Hußla / Heinrich Kattentidt / Julius Kettler / Ernst Klein // 1914 x 1918 / Victor Kölle / Werner Kund / Hugo Liebeneiner / Albert Mester / Adolf Meyerhoff // 1914 x 1918 / Albrecht Neumann / Karl Neure / Johannes Niemeyer / Max Nöggerath / Karl Ohlendorf // 1914 x 1918 / Graf Christian Hermann zu Rantzau / Bodo Raven / Fritz Redeke / Hermann Reuter / Hans Richter // 1914 x 1918 / Hans Rosenbach / Karl Rühlmann / Ernst Rühmekorf / Ernst Sachse / Karl Schrammen // 1914 x 1918 / Walter Schrammen / Fritz Schütte / Kurt Strewe / Erich Thies / Georg Voigt // 1914 x 1918 / Hugo Wegener / Paul Werner //

Maße (Breite, Höhe, Tiefe): Tafeln: 95 x 118 x 1,5 cm; Kerzenhalter: 24 x 11 x 24; Tisch: 120 x 68 x 80; Glasschrein: 115 x 25 x 75 (Zirka-Maße)
Material: Tafeln aus Bronze, Kerzenhalter aus Granit, Schrein aus Glas
Technik: Guss, Gravur
Zustand: gut[770]

3. Dokumentation

Auftraggeber: Verein der Alten Andreaner
Hersteller (Entwurf, Ausführung): Ehrentafel, Altar und Schrein: Carl van Dornick; Ehrenbuch: August-Wilhelm Lange
Entstehungszeit: 1962-1966
Einweihung: Gedenktafel: Sonntagmittag, 2. September 1962 (Schuleinweihung); Gedenkbuch: 13. November 1966 (Volkstrauertag)
Deutung: Das Andreanum übernimmt im neuen Gebäude mit der Gedenktafel und dem Gedenkbuch die Form der traditionellen Kriegstotenehrung. Die Namenstafeln des Ersten Weltkriegs stellen den Zusammenhang zur Schulgeschichte unmittelbar her – sie sind das einzige, was von dem im Krieg zerstörten Gebäude übernommen werden konnte.
Die dritte, neu gestaltete und ebenfalls aus Metallguss hergestellte Tafel verwendet mit dem „ruhenden Schwert" ein antikes Symbol, das für einen ruhmvoll beendeten Kampf steht. Es strahlt den Ruhm sichtbar aus, allerdings nicht gleichmäßig wie üblicherweise in der Sonnendarstellung, sondern in vier Bündeln, die in der Form des Andreaskreuzes angeordnet wurden. Beide Symbole wie auch das Wort „Memoriam"

charakterisieren das altsprachliche Gymnasium Andreanum.

Die zwischen den Tafeln montierten Kerzenhalter wurden mit den Kriegsdaten und dem christlichen Kreuz versehen. Das „Licht der Welt" verleiht auch diesen finstern Jahren Glanz und Sinn. Gott war in dieser Zeit offenbar nicht abwesend. In seinem Zeichen starben die Toten.

Der vor den Tafeln aufgestellte eiserne Tisch trägt einen gläsernen Schrein, in dem ein in kostbares weißes Leder gebundenes Buch aufgeschlagen liegt, das die Angaben zu den Toten des Zweiten Weltkriegs enthält. Daneben gelegte Rosen bringen Zuneigung zum Ausdruck. Das Buch kann als Buch des Lebens aber auch als Buch der guten Taten betrachtet werden. Die Farbe Weiß symbolisiert die Reinheit und Ehre der Verstorbenen, das im Einband eingeprägte und auf jeder Seite aufgezeichnete Andreaskreuz kann als geistliches Segenszeichen oder als weltliches Schulzeichen gedeutet werden. Für den Namen wählte der Schreiber die Farbe Rot, für die anderen Angaben benutzte er Schwarz. Rot ist eine Signalfarbe zur Hervorhebung des Wesentlichen, aber auch Symbol der Liebe und des Kampfes. Schwarz ist die gewöhnliche Druckfarbe, symbolisiert aber auch Ehre und Trauer.

Das Andreaskreuz tritt auch zweimal unter dem Schrein im Tragegestell des Tisches hervor, der wie ein Altar, also als Opfertisch gestaltet wurde.

Das entstandene Arrangement verbindet Elemente des Toten- und Heldenkults. Die Transformation der Ehrentafeln des Ersten Weltkriegs bringt die auf Bronze festgehaltenen Namen in Opposition zu den auf Papier geschriebenen. Sie hängen wie ein Tryptichon hinter dem Altar, in dem sich der Glasschrein mit dem Ehrenbuch befindet. Die dritte Bronzetafel stellt den Sinnzusammenhang her: Das gesenkte Schwert kennzeichnet die Toten als Helden, das stilisierte Andreaskreuz nimmt das Motiv vom Altartisch auf, die Strahlen deuten himmlischen Glanz an, den der Märtyrertod des Apostels Andreas dem Kreuz verlieh. In diesem Umfeld können auch die Toten als Helden und Märtyrer wahrgenommen werden.

Die gesamte Anlage befindet sich im Bereich des Nebeneingangs am Hohen Wall. Der Raum wurde als Ruhe- und Aufenthaltszone eingerichtet. Er ist offenbar nicht vorrangig als Verkehrsfläche gedacht. Das Denkmal steht im Halbdunkel und wird von den seitlichen Fensterflächen nur schwach beleuchtet. Die Wachskerzen verstärken mit ihrem flackernden Schein eine weihevolle Stimmung.

Objektgeschichte: Bei der Gestaltung der Gedächtnisstätte wurden die Namenstafeln der im Ersten Weltkrieg Gefallenen wieder verwendet, die der ehemalige Andreaner Helmut Graf, Domänenpächter aus Marienburg, 1945 aus den Trümmern des von Bomben zerstörten Schulgebäudes an der Goslarschen Straße geborgen hatte. Der Ehemaligenverein hatte zur Schuleinweihung außer einem Aquarium und zwei modern gestalteten Glasfenstern auch die Gedächtnisstätte gestiftet, um im neuen Haus anzuknüpfen an das, was war. Der Schulleiter, Oberstudiendirektor Dr. Martin Boyken, nahm das Denkmal in die Obhut der Schule. „Durch seine stete Gegenwart werde es eindringlicher zu den Schülern sprechen, als Menschen es vermöchten."[771]

Weil die Zahl der Gefallenen des Zweiten Weltkriegs doppelt so groß ist wie die des Ersten Weltkriegs, verzichtete man auf zusätzliche Tafeln und plante, die Namen in einem Gedenkbuch zu erfassen.

Zur Entstehung des Gedenkbuchs schreibt Studienrat Kurt Ernesti im Jahresbericht der Schule für das Schuljahr 1965/1966: „Vor einigen Monaten sind die Vorarbeiten für dieses Buch zu einem gewissen Abschluss gekommen. Es sind fast 180 Andreaner, von denen wir wissen, dass sie nicht zurückgekehrt sind – als Gefallene, Vermisste oder in Kriegsgefangenschaft Verstorbene. Für etwa 150 von ihnen ließen sich Geburts- und Todestag feststellen, für manche fehlt eine dieser Angaben, von einigen ist nur der Name bekannt und die Namen mancher Gefallener werden wohl nie zu unserer Kenntnis kommen, weil niemand mehr da ist, der über sie Auskunft geben könnte. So wird – auch wenn hin und wieder ein weiterer Name für das Buch gefunden wird – ein endgültiger Abschluss der Sammlung nicht erreicht werden können.

Das führt zu der Frage: Warum geschieht diese Sammlung erst jetzt, 20 Jahre nach dem Ende des Krieges? Man möchte die Ursache dafür mindestens zum Teil in den Verhältnissen suchen, die eben der Krieg geschaffen hat. 1945, nach dem Ende des Krieges, existierte das Andreanum als Gebäude nicht mehr; aus den Trümmern ließen sich lediglich die Gedenktafeln für die Gefallenen des ersten Weltkrieges bergen. Als Institution begann das Andreanum sich im Winter 1945/46 wieder zu regen, führte ein unstetes Leben in Baracken oder als Gast in einigen Volksschulgebäuden, kam dann notdürftig – angesichts der Schulraumverhältnisse von 1951 freilich ein großer Fortschritt – in einem Anbau der heutigen Realschule am Pfaffenstieg unter und erhielt erst 1962 wieder ein eigenes Gebäude. Aber nicht einmal heute, 21 Jahre nach der Zerstörung, ist das Andreanum eine vollständige Schule; es fehlt außer der Turnhalle der Raum, der es ermöglicht, dass alle Angehörigen der Schule sich zu einer gemeinsamen Veranstaltung zusammenfinden, die Aula, und es lässt sich noch nicht auch nur mit einiger Gewissheit sagen, wann die Schule diesen ihren Mittelpunkt haben wird. Bis zum Einzug in das neue Gebäude wurden alle Kräfte davon in Anspruch genommen, den Schulbetrieb auch unter schwierigen Verhältnissen bestmöglich zu gestalten: die Sorge für die Lebenden stand im Vordergrund.

Gleichzeitig mit dem Einzug in das neue Gebäude begann die Sammlung der Namen gefallener Andreaner. Zunächst erging die Frage an die Teilnehmer der Einweihungsfeierlichkeiten. Eine ganz wesentliche Hilfe leistete der Verein der Alten Andreaner, der auch die Kosten für die Herstellung und Aufbewahrung des Ehrenbuches trägt; durch eine Umfrage bei seinen weit verstreut lebenden Mitgliedern brachte er unter erheblichen Mühen eine Menge Material zusammen. Weitere Angaben erhielt die Schule durch gezielte Anfragen bei Angehörigen und Bekannten von gefallenen Andreanern, ferner durch eine Zeitungsnotiz zu Beginn des Jahres. Die Sichtung und Ordnung der einlaufenden Angaben lag nacheinander in der Hand von zwei Mitgliedern des Lehrerkollegiums. Gelegentlich kommen auch jetzt noch Angaben ein, und die gewählte Form der Namensaufzeichnung macht es möglich, dass sie noch nachträglich eingeordnet werden können. Das Buch wird seinen Platz in der Eingangshalle unserer Schule bei den Gedenktafeln für die Gefallenen des ersten Weltkrieges finden. Die Reihenfolge der Namen wird nicht durch das Alphabet bestimmt wie auf den Tafeln, sondern durch das Kalenderdatum, in der Weise, dass jeder Name am Todestage seines Trägers oder an dessen Geburtstag seinen Platz gefunden hat. Soweit das möglich war, sind beide Daten genannt, so dass das Alter ersichtlich wird, das der Einzelne erreicht hat.

Es ist vielleicht nicht ganz fehl am Platz, dazu einige Einzelheiten aufzuführen. Es sind nur zwei Andreaner verzeichnet, die im Alter von mehr als 50 Jahren gefallen sind. Fünf weitere standen zwischen 41 und 50 Jahren, 16 oder 17 waren zwischen 31 und 40 Jahre alt, als sie starben. Mehr als 30 erreichten nur ein Alter zwischen 26 und 30 Jahren, d. h. das Alter, in dem jemand die ersten Schritte in einem akademischen Beruf tut; fast 70 fielen im Alter von 21 bis 25 Jahren, dem eines Studenten; weit über 30 haben nicht einmal oder gerade erst das Alter von 20 Jahren erreicht, der jüngste war noch nicht 18 Jahre alt. Fast allen diesen Männern – man darf wohl auch die jüngsten so nennen – ist eins gemeinsam: sie starben weit vor der Zeit, die wir gewöhnlich dem Leben eines Menschen zumessen, die meisten, bevor sie aus ihrem Leben etwas machen konnten.

Betrachtet man die Geburtsjahrgänge der Gefallenen, so ergibt sich, dass der Jahrgang 1922 mit 20 Angehörigen – etwa die Schülerzahl einer Abiturklasse, die meisten Opfer hat bringen müssen; dieser und die folgenden Jahrgänge haben nach ihrer Schulzeit nur militärische Ausbildung und Krieg kennen gelernt. Aber auch andere Jahrgänge haben nicht viel weniger Angehörige verloren, und noch aus dem Jahrgang 1925 sind acht gefallen, ein Zeichen, welche Verluste der Krieg gerade gegen Ende hin verursacht hat.

Zum Volkstrauertag soll das Ehrenbuch an seinem Platz niedergelegt werden. Es ist beabsichtigt, dass am jeweiligen Kalendertage die Seite aufgeschlagen ist, auf der die an diesem Tage Gefallenen verzeichnet sind. So tritt – anders als auf den Gedenktafeln, auf denen die Namen insgesamt einen geschlossenen Block bilden – jeder der Gefallenen, wenn auch nur für eine kurze Zeitspanne, als Einzelner hervor, nicht als ein Mann, der auf einem Gebiet eine besondere Leistung auf zuweisen hätte, sondern – in der überwiegenden Mehrzahl – als jemand, dem ein früher Tod jede Möglichkeit dazu genommen hat."[772]

Weitere Quelle: HP vom 1./2. September 1962

1.2 Andreas-Gemeinde

1.2.1 Gedenktafel für die Gefallenen des Ersten Weltkriegs

1. Standort

An der Nordostseite im Inneren der Andreaskirche schräg hinter dem Altar gegenüber dem Taufkessel, in einer der nördlichen Kapellen auf dem Chor der Kirche

2. Beschreibung

Tafelartige Einteilung an der Wand; das mittlere Feld trug die Widmung, zu beiden Seiten waren zwei mächtige Felder eingerichtet, die in alphabetischer Reihenfolge die Namen der 420 Gefallenen aufnahmen und als Abschluss Sinnsprüche enthielten.[773]
Material: Fresko
Technik: Fresko auf frischem Kalkputz
Zustand: zerstört

3. Dokumentation

Auftraggeber: Kirchengemeinde
Hersteller (Entwurf, Ausführung): Kunstgewerbler Otto Thiesing, Maler August Stein
Entstehungszeit: 1920-1923
Einweihung: 25. November 1923 (Totensonntag)
Objektgeschichte: Ein Aufruf an die Gemeindeglieder, innerhalb von drei Wochen die im Krieg gefallenen Angehörigen in eine im Opfermannshaus ausliegende Liste einzutragen, wurde am 17. Januar 1920 veröffentlicht. Die Namen sollten auf „würdige Ehrentafeln" übertragen werden.[774]
Der Kirchenvorstand veranstaltete Anfang 1921 nach längeren internen Verhandlungen einen Wettbewerb unter ortsansässigen Künstlern. Vier Entwürfe wurden eingereicht und im Knochenhauer-Amtshaus oder Roemer-Museum ausgestellt. Es wurde vorausgesetzt, dass sich 40 – 60 Gemeindeglieder fänden, die je 1.000 Mark oder mehr stiften. Der Vorstand verständigte sich auf eine Rangfolge der Entwürfe, die unter Kennworten abgegeben wurden:
„Erinnerung" (Architekt Walter Evers): Der Entwurf fasst die Wandflächen der Kapelle durch die Namenstafeln zusammen, welche die Schrift in einer für den Betrachter günstigen Höhe aufnehmen. Die schmaleren Endfelder werden für Widmungen genutzt. Ruhebänke sind vorgesehen. In der Mitte der Kapelle steht ein kleines Ehrendenkmal.
„Monogramm" (Architekt Helfried Küsthardt): auf den Wandflächen 5 waagerecht gelagerte Tafeln, in der Mitte des Raums ein dreieckiges Ehrendenkmal mit einer kleinen Bronzefigur des heiligen Michael.
„2 verschlungene Ringe" (Bildhauer Henry Schlotter, Architekt Friedrich Pries): achteckiges Denkmal in der Raummitte mit Kuppel.
„Gotik" (Kunstmaler August Stein und Otto Thiesing): 5 aufgerichtete Tafeln.[775]
Das Ehrenmal für die Gefallenen wurde in der Kirche im Anschluss an den Vormittagsgottesdienst eingeweiht. Pastor Peter hielt die Predigt, der Andreas-Kirchenchor unter Leitung des Organisten Sievers wirkte mit, Superintendent Boes hielt die Gedächtnisrede. Stehend vernahm die Gemeinde die Verlesung der 420 Gefallenen, deren Namen die Ehrentafel trug.[776] Die weitere Ausführung der Kriegerehrung war auf einen späteren Zeitpunkt verschoben worden.[777]
Weitere Quelle: HAZ vom 27. Dezember 1922

1.2.2 Gedenktafel des Nordbezirks für die Gefallenen des Ersten Weltkriegs

1. Standort

Zunächst im Gemeindesaal des Andreas-Nordbezirks, später in der neu zu errichtenden Kirche

2. Beschreibung

Gedenktafel mit 130 Namen
Zustand: 1945 zerstört

3. Dokumentation

Auftraggeber: Kirchengemeinde
Hersteller (Entwurf, Ausführung): Tischlermeister Henze, Malermeister Müller (Ausführung)
Entstehungszeit: 1922-1923
Einweihung: 25. November 1923 (Totensonntag)
Objektgeschichte: Im Gemeindehaus wurden seit Beginn des Ersten Weltkriegs auf zwei pro-

visorischen Tafeln die Namen der Gefallenen vermerkt. Anfang 1922 beschloss der Kirchenvorstand die dauerhafte Anbringung einer würdigen Ehrentafel. Am 29. März 1922 hielt Architekt Küsthardt einen Lichtbildervortrag über Grabmalkunst und Totenkult. Abschließend stellte er einen Entwurf für die Gefallenenehrung der Andreas-Gemeinde vor. Ein Beschluss wurde nicht gefasst, da den Vertrauensfrauen und -männern sowie den Frauen- und Männervereinen Gelegenheit zur Stellungnahme gegeben werden sollte.[778]

Im Gemeindesaal des Andreas-Nordbezirks fand durch Pastor Brandt die Einweihung statt. Der Knaben-, Mädchen- und Posaunenchor wirkten bei der Feier mit.[779]

1.3 St.-Bernward-Kirche

1. Standort
Im Kreuzschiff der Kirche St. Bernward, Linkstraße 19 (früher: Peiner Straße)

2. Beschreibung
Kriegergedächtnisaltar mit einer Pietà zwischen den Namenstafeln für 88 Gefallene. Über dem „Bildwerk" stand die Inschrift „Ihr alle, die ihr vorübergeht, seht, ob ein Schmerz gleich dem meinen".[781]
An der Frontseite des St.-Bernward-Altars enthielt ein von zwei christlichen Kreuzen eingerahmtes Feld die Inschrift „DEN / HELDENTOD / FÜR / HEIMAT UND / VATERLAND / STARBEN IN DEN / SCHWEREN JAHREN / DES WELTKRIEGES / 88 HIER VERZEICHNETE / TREUE SÖHNE DER / ST: BERNW: GEMEINDE"
Zustand: verschollen

3. Dokumentation
Auftraggeber: Bernward-Kirchengemeinde
Hersteller (Entwurf, Ausführung): Pietà: Bildhauer Moormann, Wiedenbrück; Maler-, Tischler- und Steinmetzarbeiten von Hildesheimer Meistern unter Anleitung des Erbauers der Kirche, Geh. Baurat Richard Herzig
Einweihung: 24. Mai 1920 (Pfingsten)
Deutung: Das Zitat über dem Bildwerk entstammt dem Alten Testament, Klagelieder 1, 12. Es lautet vollständig: „Euch allen, die ihr vorübergeht, sage ich: ‚Schaut doch und seht, ob

Abb. 3: St.-Bernward-Altar mit der Figur des hl. Bischofs Bernward und der Kriegerehrung[780]

irgendein Schmerz ist wie mein Schmerz, der mich getroffen hat; denn der Herr hat Jammer über mich gebracht am Tage seines grimmigen Zorns.'"
Die Klagelieder entstanden bald nach der Zerstörung Jerusalems und des Tempels (586 v. Chr.). Das Elend der Eroberung und der Vernichtung führt der Verfasser auf die schweren Sünden Jerusalems zurück, durch die es zum Abscheu wurde (Klgl 1, 8). Es gibt keinen Tröster (Klgl 1, 16 und 17 sowie 21), denn die Strafe ist gerecht (Klgl 1, 18). So ist die Klage

einerseits Selbstanklage, andererseits aber auch Mahnung und Warnung für alle Völker (Klgl 1, 18).

So wäre das Denkmal als Opferstätte zu deuten, um den Herrn nach verübtem Unrecht gnädig zu stimmen. Dem biblischen Autor sind nach dem fürchterlichen Strafgericht die Augen aufgegangen. Er bekennt seine Verfehlungen und beklagt die vielfältigen Folgen, unter anderem auch, dass der Herr „all meine Helden" verworfen hat. Von einer solchen Einsicht zeugen Stellung und Wortlaut der Inschrift allerdings nicht. Das Denkmal ist eben jenen Helden gewidmet, die als treue Söhne der Gemeinde für das Vaterland starben. Damit dient es dem Toten- und Heldenkult.

Durch die verkürzte Wiedergabe des Zitats und die Herauslösung aus dem Kontext droht es zur Selbstbemitleidung zu verkümmern. Das erlittene Leid wird auf den Prüfstand gestellt: Der Vorüberhehende möge prüfen, ob sein Leid genauso groß ist. Der Leidtragende überhöht sich damit ebenso wie die Kriegstoten, denen er einen Platz direkt am Tisch des Herrn zuweist. Trotz der Trostlosigkeit des Klageliedes vermag das Denkmal dennoch Trost zu spenden. Die der Schuld folgende Demut stellt die Gnade wieder her.

Durch die Gestaltung des Antependiums als Ehrenmal rückt die Kriegerehrung zumindest optisch in das Zentrum des liturgischen Geschehens. Über der Widmung stand die Skulptur des Bischofs Bernward – der Kirchenpatron spendete den Kriegstoten und der Gemeinde seinen Segen. Die Gnade Gottes stellt den Toten das ewige Leben in Aussicht. Die Angehörigen finden Trost in der Hoffnung auf ein Wiedersehen nach dem Tod.

Das Denkmal nennt die Toten „treue Söhne der Gemeinde". Mit ihm erweist ihnen die Gemeinde ihren Dank. Im Zentrum der Kirche ist es ein dauerhafter Ort des ehrenden Gedenkens und der persönlichen Fürbitte.

Objektgeschichte: In den ausgewerteten Quellen wird die Entstehungsgeschichte der Gedächtnisstätte nicht dokumentiert. Vermutlich wurde das Denkmal 1945 zusammen mit der Kirche zerstört.

Weitere Quellen: Hildesheim im Jahre 1920, HAZ vom 31. Dezember 1920; Hildesheimische Zeitung vom 26. Mai 1920; Carl J. H. Villinger, St. Bernward in Hildesheim, Aus 50 Jahren Geschichte der Kirche und der Pfarrgemeinde, Hildesheim 1963, S. 14

1.4 Gedenktafel der Freiwilligen Feuerwehr der Stadt Hildesheim

1. Standort

Vermutlich im Vereinslokal, das seit 1915 in der Gastwirtschaft Hasse, Marktstraße, war.[782]

2. Beschreibung

Gedenktafel mit den Namen Paul Bartölke, Georg Kaiser, Heinrich Bartels, Ernst Popitz, Oskar Röwer, Johannes Lutter, Wilhelm Diesing, Karl Knackstedt, Mennebröcker und Johannes Düwel[783]
Zustand: verschollen

3. Dokumentation

Auftraggeber: Freiwillige Feuerwehr
Hersteller (Entwurf, Ausführung): Entwurf: Malermeister Aschemann, Ausfertigung: Tischlermeister Koch
Einweihung: 1. Mai 1921
Objektgeschichte: Die Gedenkfeier für die im Krieg gefallenen Kameraden fand in Verbindung mit der Einweihung einer Gedenktafel in den Sälen des Theatergartens statt.
Im Veranstaltungsbericht wird darauf hingewiesen, dass „von den 200 Mitgliedern der Wehr 116 ins Feld rückten, von denen 102 direkt vor dem Feind kämpften, um Haus und Herd vor einer Übermacht von Feinden zu verteidigen. 9 der 10 Gefallenen waren Vorgesetzte".[784]
Die Gedenktafel wurde im Schaufenster des Hutgeschäfts Kayser, Hoher Weg, ausgestellt.[785]
Die 1987 vorgelegte Festschrift zum 111-jährigen Bestehen nennt – ohne Bezug auf die als Quelle verwendete Festschrift zum 75-jährigen Gründungstag der Freiwilligen Feuerwehr der Stadt Hildesheim vom 19./20. Mai 1951 – andere Zahlen: „Von den 194 Mitgliedern rücken 112 ins Feld, die Mannschaftsstärke sank von 115 Mann im ersten Kriegsjahr auf 82 Mann in den nächsten Jahren herab. Zehn Feuerwehrkameraden blieben damals auf dem Felde der Ehre."[786]
Den Hinweis auf die Ehrentafel und die Namen der Gefallenen übernehmen die folgenden Fest-

schriften nicht mehr. In ihnen fehlt auch die Ehrung der gefallenen und vermissten Feuerwehrleute, die in der Festschrift von 1951 das Kapitel „Der 22. März 1945" abschloss: „Unseren Gefallenen! / Der 2. Weltkrieg 1939-45 bringt der Wehr eine Zeit des härtesten Einsatzes. / Viele Kameraden müssen die ihnen liebgewonnene Tätigkeit in der Wehr beenden und ziehen hinaus ins Feld. / Während des letzten Krieges verlor die Wehr an Gefallenen und Vermißten die folgenden Kameraden: / Franz Kratzberg / Günther Reibe / Otto Fuhrmann / Karl Hahn (22.3.45 in Hildesheim) / Franz Kloth / Theodor Meyer / Heinrich Ohlendorf / Hermann Gremmels / Vermißt werden: / Heinrich Adenstedt / Heinrich Brandes / Heinrich Grebe / Fritz Ossenkopp. / Ständig sei diesen unvergeßlichen Kameraden ein ehrendes Andenken versichert. Sie gaben ihr Leben, wurden hinweggerafft. Sie gaben uns aber mit ihrem Tod die Verpflichtung zu ständiger Einsatzbereitschaft, zu guter und opferbereiter Kameradschaft und zu ständiger Nächstenhilfe. Wir wollen die gesenkten Fahnen heben und voranschauen. Alte und Junge, weiter zum Wohle unserer Stadt, zur Ehre des Herrn! / Gott schütze unsere Wehr!"

1.5 Gedenktafel der Freiwillige Sanitätskolonne des Roten Kreuzes für die Gefallenen des Ersten Weltkriegs

1. Standort

Im Saal des Gasthauses „Neuer Schaden", Kreuzstraße 18

2. Beschreibung

Die Gedenktafel für die im Weltkrieg gefallenen Mitglieder enthielt die zwölf Namen: Wilhelm Nieth, Konrad Brandes, Paul Kreislack, August Bowe, Wilhelm Kauffmann, Wilhelm Strothmann, Ernst Ernst, Heinrich Blume, Hermann Harenberg, Wilhelm Nagel, Johann Heese und Heinrich Kemna
Zustand: verschollen

3. Dokumentation

Auftraggeber: Verein
Hersteller (Entwurf, Ausführung): Für Entwurf und Ausführung waren Mitglieder der Kolonne verantwortlich.

Einweihung: 3. Juni 1921
Objektgeschichte: Die Tafel war für kurze Zeit im Schaufenster der Firma Vergau, Schuhstraße, zu sehen.[788]
In Hildesheim bildeten sich zwischen 1882 und 1900 fünf Sanitätskolonnen einzelner Kriegervereine, die sich am 4. März 1919 zu einer Freiwilligen Sanitätskolonne vom Roten Kreuz Hildesheim zusammenschlossen. Leiter wurde Dr. Sarrazin, Vorsitzende des DRK war von 1910-1936 Maria Ehrlicher, die Frau des Oberbürgermeisters Dr. Ernst Ehrlicher.[789]
Im ersten Obergeschoss der Gastwirtschaft „Zum Neuen Schaden", Kreuzstraße 18, wurde am 9. November 1915 ein Soldatenheim eröffnet. Für die Errichtung und Ausstattung kam das Rote Kreuz auf.[790] Auch der Kriegerverein von 1872 betrachtete den „Neuen Schaden" als Vereinslokal.

1.6 Gedenktafel des Garde-Vereins für Hildesheim und Umgebung für die Gefallenen des Ersten Weltkriegs

1. Standort

Vereinslokal „Europäischer Hof" (am Hauptbahnhof)

2. Beschreibung

unbekannt

3. Dokumentation
Auftraggeber: Verein
Einweihung: 5. Februar 1920
Objektgeschichte: Während der Versammlung des Garde-Vereins für Hildesheim und Umgebung im Vereinslokal „Europäischer Hof" (am Hauptbahnhof) am 8. Januar 1920 wurde die Enthüllung der Gedenktafel bei der nächsten Mitgliederversammlung am 5. Februar 1920 angekündigt.[791]

1.7 Gedächtnisstätte in der St.-Godehardi-Kirche für die Gefallenen des Ersten Weltkriegs

1. Standort

Hinter einem Gitter an der Westseite in der Taufkapelle; ursprünglich im nördlichen Seitenschiff der Kirche

Abb. 4: Denkmal in der Godehardikirche, fotografiert am 17. August 2000

2. Beschreibung

Die Gedächtnisstätte ist an der rechten Wand befestigt. Auf der gegenüberliegenden Seite ragt eine historische Grabplatte an der Wand empor, dazwischen steht in der Mitte das Taufbecken.

Die Gefallenentafel steht auf einem nach oben abgeschrägten Sockel. Die Platte wird von einem Kapitell überragt. Es springt über die Platte hinaus und ist mit Ornamenten verziert.

Darauf ist vor einer Scheibe eine Pietà plastisch herausgearbeitet. „Die zu Tode betrübte Gottesmutter hat den von Wunden entstellten Leichnam ihres gekreuzigten Sohnes in ihren Schoß gebettet, mit der Linken stützt sie das dornengekrönte Haupt und erhebt ihre Rechte aufwärts. Ihr edles von Gram und Leid zerfurchtes Antlitz wendet sie mit entsagendem Blick zum Himmel, dem Allerhöchsten alle ihre Sorgen und Seelenschmerzen demutsvoll aufopfernd. ... Das halbrunde Relief trug einmal die Aufschrift: „Eine größere Liebe hat keiner, als wenn jemand sein Leben hingibt für seine Freunde!"[793]

Auf der Platte sind auf der Basis einer Unzialschrift (Majuskeln) die Worte eingemeißelt:

„Aus der Pfarrei St. Godehard sind im Weltkrieg 1914 - 18 / den Heldentod für das Vaterland gestorben:"

Die anschließend (in gewöhnlicher Schrift) aufgelisteten Namen sind in fünf Spalten angeordnet.

1. Spalte: Abmeyer, Fr. 10.VIII.15 / Alfus, Franz 7.IX.16 / Armgardt, G. 4.VII.16 / Aselmeyer, W. 17.IV.17 / Atenhan, Karl 23.III.18 / Ballauf, Jos. 8.IX.14 / Bartels, Alb. 16.IV. 18 / Bauer, Rud. 29.XI.17 / Behre, Karl 28.VIII.14 / Belte, Franz, vermißt / Bernecker, R. 1.VIII.17 / Bernecker, H. 26.II.16 / Berends, W. 16.VIII.17 / Bilshausen, R. 2.VIII.17 / Biermann, Ch. 2.V.16 / Bönning, H. 15.VI.15 / Bodenburg, R. 26.X.17 / Breitemeyer, F. 9.IX.14 / Brune, Jos. 31.VII.18 / Brunke, W. 16.IX.15 / Brüggeboes, J. 20.X.16 / Brüggeboes, J. 20.XI.17 / Chilinski, Joh. 19.Vii.15 / Czwalinski, J. 26.IV.18 / Döring, Wilh. 12. VI.15 / Droste, Karl 17.X.16 / Weinrich, Jos. 26.VIII. 14 / Baule, Joh. 31.VII.17

2. Spalte: Eggers, Alb. 26.IX.15 / Eggers, Aug. 30.XI.17 / Eggers, Franz 19.IX.19 / Eilers, Joseph 28.VIII.15 / Eilers, Heinr. 19.VI.16 / Engelke, Fr. 20.VII.15 / Ernst, Ernst 19.IV.17 / Ertmer, Ign. 14.IX.14 / Ertmer, Joseph 4.X.17 / Finke, Heinr. X.14 / Finke, Rudolf 22.III.18 / Freitag, Karl 5.VIII.15 / Geiger, Karl 11.VIII.15 / Gerlach, R. 11.X.18 / Goedecke, J. 8.V.15 / Gue, Heinr. 27.X.18 / Gutschky, Fr. 11.V.15 / Haas, Wilh. 28.II.16 / Hackenberg, J. 28.II.16 / Hasse, Theod. 4.IX.14 / Härich, Herm. 14.VII.15 / Henniges, R. 19.VIII.18 / Hessing, Bernh. 20.XI.16 / Himstedt, Fr. 29.III.15 / Hofmann, H. 25.III.18 / Hoffmann, W. 20.X.17 / Hofmeister, R. 13.VI.15 / Garms, Heinr. vermißt / Blum, Karl, 24. III. 18

3. Spalte: Holle, Bernw. 19.X.18 / John, Edm. 4.X.15 / Jünemann, Jos. vermißt / Kaune, Georg 10.VI.16 / Klein, Franz, 21.IV.18 / Knieke, August 4.IX.14 / Knieke, Albert 25.XI.17 / Kniep, Joseph 22.XI.17 / Kolan, Georg 12.IX.18 / Koch, Walter 27.V.15 / Koch, Hans, 12.XII.15 / Koß, Ferdin. 16.VII.15 / Kornacker, J. 21.VI.16 / Kopps, Franz 23.X.14 / Köhler, Johs. 16.I.16 / Kreth, Ernst 20.XI.14 / Kreth, Heinr. 18.VI.18, Krone, Bernh. 17.IV.16 / Lausch, Franz 11.VI.16 / Lehnert, Heinr. 29.VII.16 / Lerche, Ernst 5.I.15 / Lindenkohl, H. 14.XI.14 / Linke, Joseph 1.V.15 / Martin, Rud. 17.X.16 / Michalsky, P. 6.III.16 / Moiser, Max 25.VIII.15 /

Möller, Albert, 26.X.17 / Reuter, Ernst, 28. IX. 15 / Günter, Leop. u. Aug.
4. Spalte: Moritz, Heinr. 21.I.18 / Noll, Karl 24.V.16 / Noll, Joseph 8.VIII.19 / Oelkers, Fr. 7.IX.18 / Oppermann, R. 20.VII.17 / Oppermann, K. 20.VIII.17 / Oppermann, R. IX.18 / Ossenkopp, H. 12.V.15 / Ossenkopp, B. 12.V.15 / Pagel, Ernst A. 15.IX.16 / Pawlitke, Hch. 17.VI.15 / Persun, Heinr. vermißt / Plümer, Wilh. 17 / Preiss, Karl 21.IV.17 / Preusse, Hch. 29.X.18 / Rath, Karl 23.VIII.14 / Rohde, Heinr. 31.V.15 / Röhr, Alfred 13.IX.14 / Rudolf, Hch. 28.IX.18 /Salbreiter, M. 10.IV.18 / Sander, Chr. 10.III.17 / Schmidt, Karl 22.IX.14 / Schmidt, Franz 16.IV.15 / Schmitz, Jos. 6.III.15 / Scholle, Aug. 13.XI.14 / Schrader, Alb. 6.XI.18 / Schwetje, W. 30.IV.18 / Seidler, Aug. 25.III.18 / Preusse, Joh. vermißt / Hahnheiser, F. 28. X. 16
5. Spalte: Speck, Heinr. 31.V.16 / Steinwachs, A. 23.VIII.14 / Stockfleet, H., 25.VIII.15 / Stockfleit, L. VIII.15 / Stoffregen, W. 10.V.15 / Stollberg, Hch. 4.XI.14 / Sukopp, Karl 10.X.15 / Tönnies, W. 23.VIII.17 / Trumper, Hch. 22.VII.17 / Vornfett, Franz 7.VII.16 / Wagner, Karl 30.IX.15 / Wedemeyer, W. 7.IX.14 / Weiterer, Chr. 20.IX.17 / Werner, Hans 21.IX.14 / Werner, Ant. 19.XII.14 / Wesch, Ernst 8.X.16 / Wille, Friedr. 7.XI.18 / Wilke, Bern. 25.X.18 / Winkelhoff, L. 24.IX.14 / Wolf, Adolf 14 / Wolf, Viktor 2.X.16 / Wollny, Jos. 23.II.15 / Wucherpfenig, F. 14.II.17 / Wunram, Wilh. 17.II.19 / Semmelroth, G. 23.VIII.18 / Köhler, Franz vermißt / Diete, Heinr. 29.IX.18 / Zarnau, Otto 20.VI.19 / Rickhey, Wilh., 21.VII.18
Darunter: SIE WAREN BEREIT FÜR GESETZ UND VATERLAND ZU STERBEN. / 2. Mac. 8, 21
Die Schriftzeichen wurden schwarzbraun ausgemalt.
Maße (Breite, Höhe, Tiefe): Gefallenentafel: 1,65 m x 1,20 m x 15 cm. Kapitell: 23 cm hoch. Scheibe: Durchmesser etwa 70 cm. Pietà: etwa 65 cm hoch.
Material: Sandstein lt. HiZ vom 18. Dezember 1922 (Marmor lt. HAZ vom 18. Dezember 1922)
Technik: Steinmetzarbeit
Zustand: sehr gut.[794]

3. Dokumentation
Auftraggeber: Kirchengemeinde
Hersteller (Entwurf, Ausführung): Prof. Georg Busch, München (zweiter Vorsitzender der Deutschen Gesellschaft für christliche Kunst)
Entstehungszeit: 1921-1922
Einweihung: 17. Dezember 1922
Deutung: Das Denkmal deutet das Kriegsgeschehen in der biblischen Tradition. Es zitiert das Alte Testament, zweites Buch der Makkabäer, 8, 21: „So machte er ihnen Mut, damit sie bereit wären, für die Gesetze und das Vaterland zu sterben" und stellt(e) dieser Textstelle eine Aussage des Neuen Testaments gegenüber: „Eine größere Liebe hat keiner, als wenn jemand sein Leben hingibt für seine Freunde!" (Joh 15,13). Der Pflicht und der Treue zum Gesetz steht die Liebe zu den Freunden – im Glauben – gegenüber. Beide Textstellen beziehen sich unmittelbar auf die Namen. Sie nehmen sie gleichsam in die Heilsgeschichte auf.
Die Namen der Kriegstoten werden zeilenweise aufgelistet, alphabetisch sortiert nach den Familiennamen, denen die in der Regel abgekürzten Vornamen und der Todestag folgen. Die Anordnung erleichtert das Auffinden und vermeidet jegliche Hervorhebung Einzelner. Wie die anderen Gestaltungselemente Material und Form nimmt auch die Schrift mit der Affinität zu den mittelalterlichen Unizialen Bezug zur Baugeschichte.
Trost spendet die Pietà. Maria vermittelt zwischen Gott und den Menschen. Maria sitzt über dem Denkmal vor einer Scheibe und bietet mit nach unten ausgebreiteten Armen Jesu dar. Wie das Bibelzitat die Größe des Opfers unterstreicht, gleicht die Pose der liturgischen Darbietung des „Leib Christi" oder der biblischen des „Ecce Homo". Der verhüllt mit angewinkelten Beinen und herunterhängendem linken Arm ausgestreckt auf ihrem Schoß liegt, verheißt den Anghörigen, dass die Gefallenen in gleicher Weise geopfert wurden und dass ihnen das ewige Leben zuteil wird. Marias Gewand fällt wie bei einer Schutzmantelmadonna. Es fasst nicht nur den Leichnam Jesu ein, sondern den ganzen Durchmesser des Kreises. Sie breitet ihren Mantel aus, macht Schirm und Schild für uns daraus.[795]
Maria richtet ihren Blick wehklagend und flehend zum Himmel. Die Kreisform gibt ihr allerdings Halt und Sicherheit. Trotz des Schmerzes und dem Gefühl von Ausweglosigkeit spendet die Darstellung Trost und Hoffnung. Durch die Nähe zum Taufbecken wird der Kriegstod über-

dies in das Kontinuum von Werden und Vergehen oder – im christlichen Sinn – von Eingang und Ausgang gestellt.
Objektgeschichte: Am 2. Mai 1921 fand im katholischen Vereinshaus eine Wohltätigkeitsveranstaltung zu Gunsten einer Kriegergedenktafel in der St.-Godehardi-Kirche statt.
Die Einweihung erfolgte durch Pastor Feltmann, der nach dem Gemeindegesang „an die Angehörigen der Gefallenen sowie an die gesamte Gemeinde zu Herzen gehende Worte" richtete. Danach trug der Kirchenchor unter Leitung von Lehrer Weber mehrere der Stimmung entsprechende Lieder vor (zum Beispiel die vierstimmige Motette von B. Schmiedeknecht „Zum Gedächtnis der Gefallenen!"). Weiß gekleidete kleine Mädchen legten zahlreiche Kranzspenden der Angehörigen an der Gedenktafel nieder. Mit einer kurzen Andacht wurde die Einweihungsfeier beendet.[797]

1.8 Ehrenmal der gefallenen Schüler und Lehrer der gewerblichen Schulen zu Hildesheim

Abb. 5: Postkarte mit Spendenaufruf [798]

1. Standort

Rathausstraße 9

2. Beschreibung

Das Denkmal ist als Abbildung auf einer Postkarte überliefert.
Zwei Namenstafeln, in die offenbar fortlaufend auf beiden Seiten die Daten der Gefallenen in heller (weißer? goldener?) Schrift eingetragen wurden, trennte ein vorspringendes Mittelstück gleicher Höhe, das im oberen Viertel ein modelliertes Eisernes Kreuz mit der Krone im Zentrum und darauf aufgesetzt die achteckige Kaiserkrone von 1888 trug. Im unteren Teil zeigte ein Langschwert nach unten. Das Schwert durchstieß einen Ring.
Die Tafeln standen auf einem ca. 75 cm hohen Steinsockel.
Den oberen Abschluss bildete ein etwa 75 cm hohes Tympanon mit einem Sinnspruch und einer Widmung in Majuskeln mit Kapitälchen an der Basis: „In eiserner Zeit eisern in eigenem Leid / Zum Gedächtnis der fürs Vaterland Gefallenen". Darüber, im Zentrum des Tympanons, zeigte ein Oval eine Drachentöterszene (?).
Maße (Breite, Höhe, Tiefe): Verhältnis 5 : 11,5 : 0,5 (vermutlich 1,5 x 3,45 x 0,15 m)
Material: Stein (Stuck, Marmor?)
Technik: Steinmetzarbeit
Zustand: zerstört

3. Dokumentation

Auftraggeber: unbekannt
Hersteller (Entwurf, Ausführung): unbekannt
Entstehungszeit: offenbar fortlaufend während des Ersten Weltkriegs
Einweihung: wahrscheinlich am 18. Dezember 1916
Deutung: Kaiserkrone und Schwert stellen eine Loyalitätsbeziehung her, wobei hier eine Beziehung zur Reichseinheit und nicht zum Oberbefehlshaber der Königlichen Armee gemeint ist. Die Inschrift nimmt Ernst Jüngers Deutung des Ersten Weltkriegs als „Stahlgewitter" vorweg. Die Doppelung der Metapher „eisern" steht auch in Beziehung zum Eisernen Kreuz. Die eiserne Zeit ist die Zeit der Waffen, zugleich ist sie eine Zeit der Härte und Askese.

Der Wert des Eisernen Kreuzes besteht gerade in der Wertlosigkeit des Materials. Nur das Zeichen zählt. Am 26. April 1808 antizipierte Ernst Moritz Arndt mit dem Gedicht „Lob des Eisens" den zwei Jahre später entworfenen und fünf Jahre später gestifteten Orden. Die siebte und letzte Strophe lautet
„Bleib, Eisen, Männern hold!
Lass Knechte Gold begehren!
Wer deine Kraft gewollt,
Der wollte hohe Ehren,
Der wollte herrlich leben
Und herrlich untergehn.
Drum sei dir Preis gegeben,
O Eisen schwarz und schön!"[799]
Arndt liebte die Eisen-Metapher. Er ersann den „Gott, der Eisen wachsen ließ" und den „eisernen Besen", mit dem – „der Feldmarschall" (Blücher) – „das Land reingemacht". Zuvor „schwur er beim Eisen (beim Degen) gar zornig und hart". In diesem Sinne galt Bismarck im Volksmund als der „Eiserne Kanzler", der die Reichseinheit im Feuer von Kriegen schmiedete. Schon am 16. August 1914 begründete das Kriegsministerium die Heranziehung der noch nicht waffenfähigen Jugendlichen ab 16 zur Jugendwehr mit dem Anbruch einer eisernen Zeit, welche die höchsten Anforderungen an die Leistungsfähigkeit und Opferwilligkeit jedes Einzelnen stelle.[800] Ende 1914 wurde die Bevölkerung aufgerufen, Gold für Eisen zu geben. Als ideellen Gegenwert für den gespendeten Materialwert erhielt man Schmuckstücke aus Eisen, welche die „geweihte Inschrift ‚Gold gab ich für Eisen'" adelte.[801] Im Juli 1916 lautete das Motto der Goldspende „Gold gab ich zur Wehr, Eisen nahm ich zur Ehr'".[802] Oberbürgermeister Dr. Ehrlicher verwendete die Metapher anlässlich der Einweihung der katholischen Grundschule auf dem Moritzberg am 14. April 1915: „In eiserner Zeit übergeben wir hiermit dieses Gebäude der Schulleitung... Möge sie uns darin ein eisern Geschlecht heranbilden, ein Geschlecht mit deutschem Sinn und deutscher Kraft, welches, eingedenk der heutigen großen Zeit, dereinst auch bereit ist, alles einzusetzen für Deutschlands Ehre, Deutschlands Größe."[803]
Die eiserne Zeit duldet keine weichen Gefühle, deshalb ist die Formulierung „eisern in eigenem Leid" nur konsequent. Eisern, das meint hier hart und hartnäckig, eifrig und unbeirrt.
Das Denkmal bekundet im Trotz das Verlangen nach Triumph. Es demonstriert die Treue zum Reich und – im Drachentötermotiv – die Berufung und den Willen zum Sieg über das Böse.

Objektgeschichte: Die Postkarte trägt den Vermerk „Errichtet aus Mitteln der Wohltätigkeits-feier der Handwerker- und Kunstgewerbeschule Weihnachten 1916". Das „Ehrenmal der gefallenen Schüler und Lehrer der gewerblichen Schulen zu Hildesheim" war offenbar Anlass für Nagelungen und Motiv für Postkarten und trug so zur Finanzierung eines Kriegs-Unterstützungsfonds der Schule bei.
Andere Wohltätigkeitsveranstaltungen wurden „zum Besten des Roten Kreuzes" veranstaltet, zum Beispiel „wie im Vorjahr" am 8. April 1916, 20.30 Uhr, im Versammlungsraum der Schule, Rathausstr. 9, wo Schülerarbeiten im Zeichen des Krieges ausgestellt wurden. Als Eintritt wurde eine Mark verlangt. Die oben erwähnte Wohltätigkeitsweihnachtsfeier, die mit einer Kriegskunst- und Verlosungsausstellung verbunden war, fand am 18. Dezember 1916 statt.

1.9 Gedächtnisepitaph in der Kirche Heilig Kreuz

1. Standort

In der Kirche an der Kreuzstraße an der ersten Säule zwischen dem Langschiff und dem nördlichen Seitenschiff

2. Beschreibung

Als Grabdenkmal (Epitaph) ausgeführt, trägt es als Hauptschmuck eine Herz-Jesu-Gruppe mit der bildlichen Darstellung des überproportional vergrößerten tröstenden Christus und den Figuren der betenden Heimat und des betenden Kriegers über den Namen von 73 Gemeindemitgliedern. Umrahmt ist die Gruppe von Rosengehängen und gekrönt mit dem Eisernen Kreuz und Eichenkranz. Die Inschrift lautet „Pro patria mortui semper vivant". (Für das Vaterland gestorben, mögen sie ewig leben.) Das Denkmal ist dem Stil der Kirche angepasst.
Maße (Breite, Höhe, Tiefe): 1,10 m x 3,20 m
Material: Ruthener Dolomit
Technik: Steinmetzarbeit
Zustand: verschollen

*Abb. 6: Das Denkmal als Modell*⁸⁰⁵

3. Dokumentation
Auftraggeber: Heilig-Kreuz-Kirchengemeinde
Hersteller (Entwurf, Ausführung): Bildhauer Werminghausen, Hannover
Einweihung: 29. Mai 1921
Deutung: Das Denkmal verbindet Toten- und Heldenkult. Das blutende Herz Jesu (Joh 19, 34) ist seit dem 17. Jahrhundert Ausdruck des Opferleidens und der dienenden Gesinnung. Rosen sind Symbol der schmerzhaften Liebe und des irdischen Lebens. Das Denkmal wurde als Epitaph ausgeführt und an der Säule zwischen dem Langschiff und nördlichen Seitenschiff angebracht. Auch dass sich Heimat und Front im Gebet vereinen, lässt sich noch als Totenkult deuten. Auf den Heldenkult verweisen das Eiserne Kreuz und die Eichenblätter. Sie sind militärische Auszeichnungen für heldenhaftes Verhalten und stehen über den christlichen Motiven. Durch den Bezug auf die christliche Mystik wird der Tod der Soldaten zum Opfertod (für Gott, Kaiser und Vaterland) verklärt. Den Angehörigen wird der Trost zuteil, dass die Gefallenen im Denkmal als Helden verewigt und in Christus auferstehen werden.

Margarita Maria Alacoque, auf deren Visionen um 1675 das Herz-Jesu-Fest zurückzuführen ist, überlieferte ein Gebet, das den angedeuteten Bezug vertieft: „Herr und Heiland, bei deiner ganzen Liebe bitten wir dich: lass unsere Namen tief eingeschrieben sein in deinem heiligsten Herzen. Unser Glück und unsere Ehre soll es sein, in deinem Dienst zu leben und zu sterben. Amen."⁸⁰⁶

Objektgeschichte: Die Heilig-Kreuz-Gemeinde las für jeden der 73 Gefallenen nach Eintreffen der Todesnachricht ein Sterbeamt. Außerdem errichtete sie eine Andachtsstiftung „zum Gedächtnis der Toten, um ihr Andenken in einem jährlich am 2. November (Allerseelentag) zu haltenden Requiem zu begehen."⁸⁰⁷
Unmittelbar nach Kriegsende wollte Pastor Buch, die „würdige Restaurierung des Kreuzganges der Kreuzkirche mit der darin befindlichen Kapelle erreichen und damit zugleich die Aufstellung einer Kriegerehrung verbinden."⁸⁰⁸
Nach Verhandlungen mit dem Generalvikariat zerschlug sich das Vorhaben, so dass nur noch eine einfache Ausführung der Kriegerehrung in der Kirche in Frage kam.
Kirchenvorstand und kirchliche Gemeindevertretung beschlossen am 24. Oktober bzw. 30. Oktober 1920 die Aufstellung des Denkmals und bewilligten die Kosten dafür. Wenn Kloppenburg schreibt, dass die Gemeinde für das Denkmal 15.000 Mark aufgebracht habe.⁸⁰⁹, ist das nur eingeschränkt richtig. Tatsächlich waren in der Gemeinde rund 11.000 Mark gesammelt worden. Der ungedeckte Rest sollte der Stiftung des verstorbenen Domkapitulars Graën entnommen werden, die eigentlich für die Gestaltung des Hochaltars bestimmt war. Da sie aber durch Verzinsung von 5.000 auf 7.500 Mark angewachsen war und für den Stiftungszweck gegenwärtig nicht benötigt wurde, stimmte das Generalvikariat dem Verwendungsvorschlag Pastor Buchs zu. Dem Brief war ein Foto des Modells beigefügt, das Bildhauer Werminghausen entworfen habe.⁸¹⁰ Ob das in der Akte vorhandene Foto von ihm oder vom hannoverschen Bildhauer Peter Schumacher stammt, ist nicht zu erkennen. Schon am 27. Dezember 1918 hatte Pastor Buch

von Schumacher „noch einige photographische Abzüge des Modells", dessen Ausführung nun gesichert sei, „möglichst umgehend" erbeten.[811] Das unbeschriftete Foto, das dieser Anforderung folgt, aber unmittelbar vor dem Bericht vom 12. Mai 1921 abgelegt wurde, könnte beiden Bildhauern zugeordnet werden. Der Beschreibung und dem Aktenzusammenhang nach handelt es sich allerdings mit großer Wahrscheinlichkeit um den Entwurf von Werminghausen.

Zwischen August und Dezember 1921 entspann sich ein streitbarer Briefwechsel zwischen dem Bildhauer Schumacher und dem Generalvikariat, mit dem der Bildhauer nachweisen wollte, dass er bei der Auftragsvergabe hintergangen wurde. Er habe mit Zustimmung von Pastor Buch und auf Veranlassung von Geh. Baurat Herzig eine Kriegerehrung in der Krypta geplant. Am 30. Dezember 1919 habe Pastor Buch ihm allerdings mitgeteilt, das Generalvikariat habe die Kosten für die einfache Restauration der Krypta (!) nicht genehmigt. Buch habe Schumacher dann ein Jahr später zur Veränderung des Johannes-Nepomuk-Altars in der Kirche selbst aufgefordert. Mit Zustimmung des Konservators Prof. Siebern wurde die gegenüberliegende Mauer vorgeschlagen, die sich aber wegen der Konkurrenz mit der nebenan stehenden Pietà als ungeeignet erwies. Schumacher habe dann den unteren Pfeiler in der Kirche vorgeschlagen und für diesen Platz einen Entwurf erarbeitet. Siebern habe ihn genehmigt. Überraschenderweise brachte Pastor Buch aber nun einen zweiten Bildhauer ins Spiel, der den Auftrag schließlich auch bekam. Schumacher forderte einen Auslagenersatz in Höhe von 1.500 Mark.[812] Er wurde allerdings weder vom Generalvikar noch von der Kirchengemeinde anerkannt. Pastor Buch stellte überzeugend dar, dass Schumacher immer nur ein Bewerber gewesen sei, der auf eigenes Risiko geplant habe. Als Schumacher seine Forderung in einem einlenkenden Vorschlag am 20. Oktober 1921 auf 300 Mark reduzierte, sah das Generalvikariat eine Chance, die Angelegenheit zu beenden. Am 14. Dezember bot der Pastor, auf Drängen der bischöflichen Behörde, dem Bildhauer „vergleichsweise" 300 Mark an, ausdrücklich ohne damit irgendwelche Regressansprüche anzuerkennen.[813]

Weitere Quellen: HiZ vom 28. Mai 1921 und 31. Mai 1921, HAZ vom 30. Mai 1921; ein kurzer Hinweis befindet sich in Richard Herzig, Die Kirche zum Heiligen Kreuz in Hildesheim, Hildesheim-Leipzig 1929, S. 13

1.10 Hildesheimer Turnerbund

1. Standort

Im Vereinslokal Restaurant Müller, Paradeplatz

2. Beschreibung

Ehrentafel für die 20 gefallenen Turnbrüder
Zustand: zerstört

3. Dokumentation

Auftraggeber: Verein
Hersteller (Entwurf, Ausführung): Vereinsmitglieder
Einweihung: 20. Juni 1920
Objektgeschichte: Die Hauptversammlung beschloss am 8. Mai 1920, die Ehrentafel anlässlich des 40. Stiftungsfestes zu enthüllen.[814]
Die Tafel enthielt „fast die ganze Vorturnerschaft" und „stellt ein Prachtstück echt Hildesheimer Kunst dar".[815]

1.11 Kriegerdenkmal des Infanterie-Regiments 79 für die im Krieg 1870/71 Gefallenen

1.11.1 Kriegerdenkmal auf dem Hagentorwall

1. Standort

Der nordwestliche Vorsprung des Hohen Walls zwischen dem Hagen- und dem Dammtor

2. Beschreibung

Neugotisches Denkmal; eine Fiale, deren viereckiger Schaft auf einer umzäunten quadratischen Plattform steht, die über drei Stufen erreicht wird. Maßwerkdekoration mit Fischblase an den vier Seiten der unteren Hälfte, darin eingebettet die Steintafeln. Eine Tafel trägt die Aufschrift: „Mit Gott für König und Vaterland – den im siegreichen Kampfe gegen Frankreich 1870-1871 gebliebenen Helden des 3. Hannoverschen

Abb. 7: Das Denkmal auf einer Ansichtskarte[816]

Infanterie-Regiments Nr. 79 und der Stadt Hildesheim in dankbarer Erinnerung gewidmet von dem Offizier-Corps des Regiments und den Bewohnern der Stadt". Auf den anderen stehen Namen, geordnet nach Bataillonen („Erstes", „Zweites" und „Füsilierbataillon") und militärischem Rang („Offiziere", „Unteroffiziere", „Musketiere"). 96 Namen zählte das 1. Bataillon des I. R. 79, 63 Namen das 2. Bataillon, 62 Namen das 3. Bataillon, 7 Kriegsopfer wurden anderen Einheiten zugerechnet. In der Kreisform eines Spitzgiebels ist das Eiserne Kreuz zu erkennen, der sich in den anderen Giebeln wiederholte.

Der Schaft mündet in einen etwa 5 m hohen Helm in Pyramiden- und Satteldachform. Die Außenkanten sind mit Krabben besetzt, die Spitze krönt eine Viktoria-Statue, die in der Rechten einen Lorbeerkranz hoch hält.

Maße (Breite, Höhe, Tiefe): ca. 4,40 x 10,20 x 4,40 m
Material: Sandstein, Bronze
Technik: Steinmetzarbeit
Zustand: 1945 bei Bombenangriffen schwer beschädigt; die Bronzeteile waren bereits 1943 als „Metallspende" abmontiert worden; 1957 abgebrochen. Die Tafeln liegen seit 1963 auf dem Marienfriedhof (II 1.11.2).

3. Dokumentation

Auftraggeber: „Ausschuss des Comités für die Errichtung eines Kriegerdenkmals in Hildesheim"
Hersteller (Entwurf, Ausführung): Stadtbaumeister Knoch, Hildesheim (Entwurf und Bauleitung), Maurer- und Steinhauermeister Herzog, Hildesheim, (Ausführung des Korpus), Bildhauermeister Küsthardt, Hildesheim (Ausgestaltung der Bildsäule)
Entstehungszeit: 1872-1874
Einweihung: 18. August 1874
Deutung: Schon die neugotische Form des Denkmals legt die Typisierung des Denkmals als Manifestation von Triumph und Stolz nahe. Die Gotik bezeugte den Bürgerstolz in wieder erstarkten Städten, demonstrierte Reichtum, Kunstfertigkeit aber auch Gottesfürchtigkeit. Trotz ihrer französischen Herkunft galt Gotik zeitweilig als vaterländischer Stil. Das Denkmal am Hohen Wall ähnelt dem Langensalza-Denkmal für die gefallenen Hannoveraner. Mit einer Höhe von über zehn Meter überragt es seine Umgebung hoch und weit. Sein Standplatz unmittelbar am Rand der Bastion über dem Innerstetal unterstreicht seine hervorragende Bedeutung. Es ist von weitem zu sehen, blickt aber auch selbst weit ins Land hinaus, nach Westen, Richtung Frankreich, wo durch den Sieg Kaisertum und Reichseinheit gewonnen wurden. Das Eiserne Kreuz und die Devise „Mit Gott für König und Vaterland" drücken an den Wänden die Heldenhaftigkeit des Kampfes und das Gottvertrauen der Kämpfer aus. Der Kampf und Sieg stellen sich damit auch als geheiligte Handlungen dar. Die dabei den Heldentod fanden, können mit der Gnade Gottes rechnen. Sie werden nicht betrauert, sondern triumphal gefeiert.

Die Hildesheimer Viktoria wird von Meinhold Lurz widersprüchlich gedeutet: einmal als Friedensengel[818], einmal als „Siegesgenius"[819]. Graf v. Westarp, Landdrost und Comité-Vorsitzender, nannte die Viktoria in seiner Einweihungsansprache die „Zeugin unserer Siege, das Sinnbild unserer Einigkeit, der Einigkeit in allen Schichten der Bevölkerung", und er erwartete von ihr, dass sie mit dem Lorbeer in der Rechten, noch Jahrhunderte lang späten Geschlechtern ein Merkzeichen dafür sein möge, dass die Treue bis in den Tod, dass die Dankbarkeit auch in Hildesheim eine gute Stätte gefunden haben (II 23.3.1).

Dem Aspekt der Reichseinigung und des Reichsfriedens sind der Stolz auf den Sieg und das Vorbild der Treue bis in den Tod mindestens gleichgestellt. Den Aspekt des Friedens verkörpert die römische Siegesgöttin allenfalls in Form der „Pax Germaniae". Eine Friedensgöttin trug auch damals schon einen Palmwedel, die Figur auf dem Denkmal hatte keinen. Auch die Widmung des Denkmals, die den Sieg und das Heldentum hervorhebt, unterstreicht das. Es handelt sich weniger um ein Krieger- als vielmehr um ein Siegerdenkmal. Motive seiner Entstehung sind das Gefühl des Triumphes, das Verlangen nach einem dauerhaften Testat und der Stiftung eines verpflichtenden Testaments.

Die namentlich genannten 228 Toten wurden nach militärischem Rang („Offiziere", „Unteroffiziere", „Musketiere") geordnet und nach Einheiten getrennt genannt. Erst das 1939 eingeweihte 79er-Denkmal am Galgenberg (II 6.1.1) verzichtet auf die militärische Unterscheidung und betont die Uniformität der Gefallenen. Der Obelisk an der Steingrube von 1920 (II 5.4) differenziert noch in Offiziere, Unteroffiziere und „Mann".

Objektgeschichte: Bald nach dem gewonnenen Krieg, am 20. April 1872, luden der Oberst v. Baumeister (für das I. R. 79), Oberbürgermeister Boysen und Landdrost Graf v. Westarp zu einer Besprechung ein: „Es ist in neuerer Zeit mehrfach der Wunsch laut geworden, den im Kriege gegen Frankreich gefallenen oder an ihren Wunden verstorbenen Kämpfern unseres heimatlichen 3. hannoverschen Infanterie-Regiments Nr. 79 zum Zeichen der Erinnerung an ihren heldenmütigen Tod für König und Vaterland ein Denkmal in hiesiger Stadt zu errichten." Das Treffen wurde für den 29. April angesetzt, die Namen von 34 Honoratioren standen auf der Einladungsliste.

Am 21. Mai wurde der nordwestliche Vorsprung des Hohen Walls zwischen dem Hagen- und dem Dammtor, „zwanzig Meter über der Sohle des Innerstetals" als Denkmalsstandort bestimmt. Alle Gefallenen, an Kriegsfolgen Verstorbenen und Vermissten sollten unabhängig von ihrer Zugehörigkeit zu bestimmten Truppenteilen in vier Gruppen aufgeführt werden.

Der siebenköpfige „Ausschuss des Comités für die Errichtung eines Kriegerdenkmals in Hildesheim" verzichtete auf besondere Gestaltungsvorschriften. Es begrenzte lediglich die Gesamtkosten auf 3.000 Taler. Die Architekten und Bildhauer aus Hildesheim und Hannover wurden eingeladen, sich mit Entwürfen und Modellen am Denkmalswettbewerb zu beteiligen. Einsendeschluss war der 15. August. Spätestens sechs Wochen im Anschluss an eine zweiwöchige öffentliche Ausstellung der Entwürfe sollte das Schiedsgericht, bestehend aus dem Bildhauer von Bandel, Hannover, den Bauräten Hase und Köhler, dem Oberbaurat Mithoff und dem Geheimen Regierungsrat Mittelbach, die Vorschläge bewerten. Der beste Entwurf sollte mit 40 Louisdor prämiert werden.[820]

Das Schiedsgericht hatte sich am 13. Oktober zwischen 4 Entwürfen und 4 Modellen zu entscheiden. Es wählte die Vorschläge des hiesigen Stadtbaumeisters Knoch und des Berliner Bildhauers Hartzger aus. Am 20. Oktober beschloss das gesamte Comité, Knoch die ausgelobte Prämie zuzuerkennen und ihn mit der Ausführung des Denkmals zu beauftragen.[821]

Am 8. Januar 1874 konnte der Ausschuss das Denkmal in Auftrag geben. Der Grundstein wurde am 20. April 1874 gelegt. Am 16. August 1874, dem vierten Jahrestag der Schlacht bei Mars la Tour, an deren siegreichen Ausgang das 79. Regiment beteiligt war, sollte das Denkmal eingeweiht werden.[822] Tatsächlich fand die Feier zur Einweihung des Kriegerdenkmals am 18. August 1874 statt.[823] Dem Magistrat wurde dieser Termin von Oberbürgermeister Boysen am 30. Juni 1874 mitgeteilt, verbunden mit der Absicht, das Denkmal in städtische Trägerschaft zu übernehmen. „Die städtischen Collegien dürften damit einverstanden sein", vermutete der OB – er hatte die Zusage offenbar ohne vorherige Beteiligung gegeben. Auch bezüglich der Nachfinanzierung gab es Entscheidungen zu treffen: Das Comité beantragte, „die noch ausstehenden Mittel aus städtischen Mitteln zu

bewilligen, außer den Mehrkosten des Denkmals selbst waren das noch die Kosten der Herstellung des Platzes um das Denkmal, auch die Kosten für die Feier.[824] 1.000 Taler wurden angegeben, eine Bewilligung von zunächst 800 Talern wurde zugesagt.
Die städtischen Kollegien stimmten erwartungsgemäß zu. Am 16. Februar 1875 berichtete Graf v. Westarp dem Magistrat, dass die vom Kassierer, Senator Braun, vorgelegten Rechnungen geprüft und für richtig befunden wurden und dass der Verein nun seine Tätigkeit eingestellt habe. Die 800 Taler seien bis auf 7 Thaler 9 Silbergroschen und 4 Pfennig aufgebraucht worden. Die Abrechnung wurde dem Vermerk beigefügt. Danach gab es Einnahmen:

durch Sammellisten und Einzelbeiträge:
    T. 1.540/10/3
durch das Officiercorps des 79. Inf. Reg.
    T. 994/ 9/7
durch die Veranstaltung eines Concerts:
    T. 274/15/1
durch Beitrag der Cämmereikasse der Stadt:
    T. 800/ 0/0
durch Zinsen während der Sammlungen:
    T.   76/ 8/2
Summe
    T. 3.685/13/1
Die Ausgaben beliefen sich auf
    T. 3.685/13/1.[825]

Im April 1938 stürzte ein Sturm die Siegesgöttin von ihrem Sockel. Verwitterungsprozesse hatten den Stein abgelöst. Prof. Dr. Rüth schlug am 1. Mai vor, die Figur ganz zu entfernen und „zweckmäßig durch eine ordentliche Kreuzblume" zu ersetzen. Außerdem müssten die Fundamentstufen neu gefugt oder „anlässlich der beabsichtigten Beseitigung der eisernen Einfriedungen" ganz beseitigt werden. Am 15. November präzisierte ein Verwaltungsvermerk die Lage: „Durch die starke Verwitterung an der Spitze des Denkmales und infolge der durch den Vierjahresplan bedingten Abnahme der eisernen Einfriedung ist eine Umgestaltung des Denkmals erforderlich, die für die Zukunft auch Unfälle durch abbröckelnde Steine ausschließt." 4,50 m der oberen Spitze sollten abgetragen und erneuert werden. Mittel dafür wurden im städtischen Haushalt 1939 bereitgestellt. Die Steinmetzarbeiten führte die Firma Frohme und Sösemann im April 1939 aus.[826]

Am 30. Dezember 1940 wurde in der Sitzung des Hildesheimer Stadtrats mitgeteilt, dass die Reichsstelle für Metalle von der Stadt die Beseitigung verschiedener Denkmäler fordere, unter anderen auch des Kriegerdenkmals 1870/71. Die Entfernung solle durch die technische Nothilfe auf Kosten der Stadt erfolgen.[827] 1943 wurden die Bronzeteile entfernt.[828] Die Bomben, die am 22. März 1945 die Innenstadt Hildesheims zerstörten, beschädigten auch das Denkmal am Hohen Wall auf das schwerste. Am 1. Februar 1956 befasste sich der Ausschuss für Garten- und Friedhofsverwaltung mit einer Anregung, die Ratsherr Wesemüller im Rat vorgetragen hatte: das Denkmal an Ort und Stelle wieder aufzubauen. Der Fachausschuss empfahl das Gegenteil. Die Gedenkplatten mit den Namen der Gefallenen sollten herausgelöst und zwecks anderweitiger Verwendung vorläufig sichergestellt werden. Mit dem Denkmalspfleger, Stadtarchitekt Gothe, sollte die Angelegenheit noch einmal erörtert werden.[829] Anfang 1957 wurde die Ruine abgebrochen.[830] Die Tafeln wurden für das Ehrenmal auf dem Marienfriedhof verwendet.
Die Gedenkfeiern fanden nach 1920 vorrangig am Steingrubendenkmal statt. Dafür gab es bald eine andere Nutzung, die zum Charakter und Standort des Denkmals passte: die Musik am Kriegerdenkmal. Der Schubertbund hatte sich die Bastion am Denkmal ausgesucht, um seine Lieder hoch über dem Treiben der Stadt erklingen zu lassen.[831]
Weitere Quellen: HAZ vom 11. August 1936: Das „Hohe Rondell" hinter St. Michael; HAZ vom 18./19. November 1961

1.11.2 Ehrenmal auf dem Marienfriedhof

1. Standort

Auf dem Marienfriedhof, wo der Zugang von der Lüntzelstraße auf den Fußweg trifft, der die Straßen „Butterborn" und „Am Marienfriedhof" verbindet

2. Beschreibung

Vier Steintafeln des Kriegerdenkmals vom Hohen Wall (s. 1.11.1), von denen die linke die Aufschrift trägt: „Mit Gott für König und Vaterland – den im siegreichen Kampfe gegen Frank-

Abb. 8: Denkmal, fotografiert am 3. Oktober 2000

reich 1870-1871 gebliebenen Helden des 3. Hannoverschen Infanterie-Regiments Nr. 79 und der Stadt Hildesheim in dankbarer Erinnerung gewidmet von dem Offizier-Corps des Regiments und den Bewohnern der Stadt". Die drei folgenden sind mit – heute stark verwitterten und unlesbaren – Namen beschriftet, die nach Bataillonen („Erstes", „Zweites" und „Füsilierbataillon") und militärischem Rang („Offiziere", „Unteroffiziere", „Musketiere") geordnet wurden.

Etwa 1,50 m hinter den schräg abgelegten Steinplatten erhebt sich ein steinernes Hochkreuz, das auf einem ca. 1,30 m hohen Pylon steht, der unten eine Kantenlänge von 90 cm und oben – unter der Platte – 65 cm aufweist. Die Platte ist 15 cm stark und hat eine Kantenlänge von ca. 90 cm.

Maße (Breite, Höhe, Tiefe): Die Platten sind ca. 1,15 m breit, 2,35 m hoch, 40 cm stark. Sie liegen auf einer schiefen Ebene, die vorn 15 cm und hinten 60 cm hoch ist. Das Kreuz ist ca. 4,00 m hoch und etwa 1,80 m breit, sein Stamm ist quadratisch (35 cm). Die gesamte Denkmalanlage hat die Ausmaße 10 mal 11 Meter.

Material: Sandstein

Zustand: Der Zustand des Denkmals wirkt sehr ungepflegt. Die Namen sind nicht mehr zu erkennen, zwischen den Platten wächst Gras, die Beetanlage ist verwildert. Überwucherte Baumstümpfe zeugen von der früheren Platzgestaltung.[832]

3. Dokumentation

Auftraggeber: Stadt Hildesheim
Hersteller (Entwurf, Ausführung): Stadt Hildesheim

Abb. 9: Tafel mit Widmung, fotografiert am 3. Oktober 2000

Entstehungszeit: 1951-1963
Einweihung: April 1963
Deutung: Das Hochkreuz ist das Gründungskreuz des Marienfriedhofs aus dem Jahr 1834. Es hat nur einen schmalen Profilrand und trägt keine Inschrift oder Jahreszahl.[833] Die vor ihm wie eine Grababdeckung niedergelegten Platten befinden sich in auffälligem Gegensatz zur bisherigen senkrechten Aufstellung: Sie liegen flach und frei auf einem (ehemaligen) Friedhof am Boden und stehen nicht aufrecht und eingerahmt von gotischem Zierwerk in einem beliebten Park, sie liegen unter einem schmucklosen christlichen Kreuz statt unter einer römischen Siegesgöttin mit Lorbeerkranz oder Palmenzweig.

Die Zustimmung der 79er zu diesem vollkommen unmilitärischen Standort zeugt eher von Resignation als von Einsicht: Das Denkmal am Hohen Wall sollte schon von weitem gesehen werden und die Botschaft des triumphalen Sieges weit ins Land tragen. Der Obelisk an der Steingrube stand in Kasernennähe, beim Soldaten am Galgenberg erreichte man sowohl die überragende öffentliche Aufmerksamkeit wie die Nähe zur Schießanlage. Nun war man bereit, auf solche Attribute zu verzichten und den Gefallenen gleichsam die letzte Ruhe zu gönnen. Der Traditionsverband der 79er bestand 1963 nur noch aus etwa hundert betagten Mitgliedern, die spürten, dass es mit ihrem Verein zuende ging. Die Mahnung an alle, dem Beispiel der Toten zu folgen und „für Deutschlands Einigkeit, Recht und Freiheit einzustehen", hinterließen sie der Nachwelt nicht auf einer sichtbaren Tafel, sondern in einer eingemauerten Schatulle.

Das Denkmal ist Objekt und Ausdruck von Transformationen. Als Objekt konnte es nur durch die Transformation vom triumphalen Monument zur bescheidenen Grabstätte fortbestehen. Eine Rekonstruktion des zerstörten Denkmals wäre nach dem Ersten Weltkrieg noch als Trotzbekundung möglich gewesen. Nach dem Zweiten Weltkrieg schied auch dieses Motiv aus. Folgerichtig wurde der angeregte Wiederaufbau gar nicht erst erwogen.

Individuelle Motive wie Trost, Trauer oder Tragikempfinden spielten neunzig Jahre nach der ursprünglichen Denkmalstiftung keine Rolle mehr. Die 79er-Veteranen des Ersten Weltkriegs fühlten sich allerdings noch ihrer Tradition verpflichtet und sahen sich noch als Hüter des 1874 übergebenen Testaments. Es wurde in zeitgemäßer Aktualisierung dem Denkmal beigegeben.

Objektgeschichte: Ratsherr Wolfgang Prieß, Architekt BDA, hatte schon am 7. November 1951 die Bergung oder Sicherstellung der Gedenktafeln der Ruine des 79er-Denkmals auf dem hohen Wall angeregt.[834] Stadtarchivar Dr. Zoder hielt ihre Unterbringung im Museum für erforderlich.[835] Aus finanziellen Gründen – die von der Firma Dräger veranschlagten 1.000 bis 1.200 DM waren nicht aufzubringen – stellte Stadtbaudirektor Bernhard Haagen die Angelegenheit zurück.[836]

1955 duldete diese Denkmalfrage keinen Aufschub mehr. Polizeimeister David vom Polizeiabschnitt Hildesheim berichtete am 20. Oktober dem Ordnungsamt, die Steinplatten hätten sich bereits aus der Verankerung gelöst und gefährdeten dort auf der Rasenfläche spielende Kinder.[837] Haagen schlug nun vor, das Denkmal für etwa 1.700 DM gänzlich zu beseitigen.[838]

Der Bauausschuss mochte dieser Lösung nicht zustimmen. Er beschloss, mit Oberbaurat Münter Fühlung aufzunehmen, um die beim Abbruch des Denkmals anfallenden vier Inschrifttafeln in

Abb. 10: Das Denkmal kurz vor dem Abbruch [840]

die weitere Gestaltung des Ehrenhofes an der Mozartstraße einzubeziehen. Aber sämtliche Verhandlungen scheiterten an der Kosten- und Gestaltungsfrage.[839]

Der Bauausschuss beschloss deshalb am 21. August 1956, die Tafeln an der gegenüberliegenden Grenzmauer des Magdalenen- bzw. Michaelisklosters anzubringen. Doch die 79er beharrten auf ihrem inzwischen gefassten Beschluss, die Platten im Ehrenhof aufzustellen.[841]

Eile war für die 79er geboten, denn am 24. September hatte die Bezirksregierung die Befestigung der Platten an den landeseigenen Klostermauern genehmigt.[842] August Stein unterbreitete der Stadt am 17. November einen neuen Vorschlag[843], den die Tagespresse im Bericht über den Abbruch des Denkmals am 18. Januar 1957 für gesichert hielt: „Die großen Namenstafeln finden neuen Platz im Ehrenmal am Galgenberg"[844] Am 10. April 1959 lag dem Ausschuss für die Garten- und Friedhofsverwaltung die schriftliche Bitte der Kyffhäuser-Kameradschaft vor, die Platten möglichst bald an der Acht am Galgenberg unterzubringen.[845]

Aus gestalterischen Gründen lehnte die Stadt ab, die Tafeln in den geschlossenen Baukörper des Ehrenhofes einzufügen. Sie schlug vor, die Platten in den Rasen auf dem Hohen Wall oder in die Böschung des Galgenbergs vor oder hinter dem Ehrenmal einzubetten.[846] Andere Pläne sahen eine Aufstellung der Platten im Baumbestand links am Rand des oberen Kreises der Acht vor.[847] Stadtbaudirektor Haagen machte sogar den Vorschlag, die Ehrentafeln an der künftigen Fußgängerseite der Mauer am belebten Pfaffenstieg anzubringen[848], den der Ausschuss am 13. Januar 1961 ausdrücklich unterstützte.[849] Die 79er lehnten alle Vorschläge strikt ab.[850] Sie wiederholten ihren alten Plan, eine Bastei in den Abhang am Galgenberg zu bauen und durch einen Ehrenhof das alte Denkmal mit der neuen Stätte zu verbinden. Der Stadt warf man vor, ihr Versprechen gebrochen zu haben, den Ehrenhof würdig zu gestalten. Zwar habe der Krieg vorrangigere Aufgaben gestellt, doch sei die Entscheidung für den Bau eines Kinderspielplatzes in unmittelbarer Nähe nicht in Ordnung gewesen. Ein Gefallenendenkmal brauche eine ruhige Umgebung. Auch deshalb käme die Anbringung an dem Stadtmauerrest am Pfaffenstieg nicht in Frage. Einstimmig unterstützte die Jahreshauptversammlung der 79er die Stadt dagegen dabei, das Denkmal der Fallschirmjägerkameradschaft am Galgenberg aufzustellen. Man ging allerdings – anders als die Fallschirmjäger – nicht von einem größeren Bauwerk aus, sondern von einer Gedenktafel im Ehrenhof hinter dem Denkmal.[851]

Die Platten lagerten unterdessen, mit Holzpflöcken verkeilt, sachgemäß auf Holzbohlen auf dem Gelände der Gärtnerei des Zentralfriedhofs. Sie hatten etliche Splitter abbekommen, eine Platte war beim letzten Transport, bedingt durch die Kriegsschäden, in der Mitte durchgebrochen.[852]

Am 20. April 1961 stellte die HAZ der Öffentlichkeit vier Vorschläge vor, die „im Gespräch" seien:

1) Am Steine, zwischen dem Museum und dem Domhof-Durchgang an der Mauer hinter den Grünanlagen
2) an der Wand der ehemaligen Martini-Kapelle, nahe dem Eingang zur Stadtbibliothek (ev. Waisenhaus) gegenüber den alten Häusern am Palandtweg
3) im Innenhof an der Wand der Martini-Kapelle
4) in der Nähe des früheren Standorts gegenüber der Mauer des Michaelis-Klosters.

Der Vorstand der 79er setzte sich für Vorschlag 1 ein. Um zu prüfen, ob die Platten auch in die Mauer eingefügt werden können, nahm der Vorsitzende Karl Fröchtling zusammen mit Bau-Ingenieur Ax vom Beamten-Wohnungs-Verein schon einmal Maß auf dem Zentralfriedhof. Das auf dem Skizzenblock festgehaltene Ergebnis lautete: Die Platten ließen sich einheitlich auf das Maß von 1,07 m Breite und 2,29 Meter Höhe bringen.[853]

Ein halbes Jahr später hatten sich die 79er umbesonnen. An allem war etwas auszusetzen:

1) Die Umfassungsmauer am Hohen Wall sei für die 2,43 m hohen Platten viel zu niedrig.
2) Am Westgiebel der Martinkirche würden die Platten bald in Vergessenheit geraten.
3) Die Mauern zwischen Domhof und Museum oder die nördliche Mauer der Martinikirche seien entweder zu niedrig oder zu versteckt.
4) Die „Klagemauer" am Pfaffenstieg sei zu sehr vom Verkehr umbrandet.

Nun erschien ihnen eine Grotte auf dem Galgenberg neben dem großen Ehrenmal als würdigste Lösung. Die Stadt mochte aber die dafür erforderlichen 40.000 DM nicht aufbringen.[854]

Am 2. Oktober 1962 empfahl der Ausschuss, die Platten auf dem Marienfriedhof am Hochkreuz unterzubringen.[855] Dort liegen sie seit dem Frühjahr 1963[856] nahe dem Gärtnerhaus schräg im Erdreich. Die Veteranen hatten sich schließlich mit dem von der Stadt bestimmten Platz abgefunden.[857] Als bei der Monatsversammlung der Kyffhäuser-Kameradschaft ehem. 79er im April 1963 mitgeteilt wurde, dass drei der vier Platten inzwischen auf dem Marienfriedhof eingebettet lägen, war man nicht begeistert. Man nahm die Entscheidung hin, beschloss aber, die alten Urkunden, die bei der Grundsteinlegung eingemauert worden waren, in der Nähe der Platten aufzubewahren. Die Erinnerungsstücke kamen nach dem Abbruch des Denkmals erst auf Umwegen im November 1961 beim Vorsitzenden der Kyffhäuserkameradschaft Karl Fröchtling an und wurden von diesem sofort zur Aufbewahrung an das Stadtarchiv weitergeleitet. Nur widerstrebend und erst nach einer Entscheidung des Stadtschulrats Dr. Höfinghoff gab der Stadtarchivrat Dr. Zoder am 16. August 1963 die Dokumentensammlung in der Originalverpackung an Fröchtling zurück. Seitdem ist sie in der Rückwand der Denkmalanlage in einer gegen das Eindringen von Feuchtigkeit gesicherten Kammer oberhalb der Erdoberfläche untergebracht. Dem erklärten Willen der Gründer wurde Rechnung getragen.[858]

Gemeinsam mit der Stadt schlossen die ehemaligen 79er ein Geleitwort in den Grundstein ein, das die Bedeutung des Denkmals aktualisierte: „An der neuen Stätte sollen sie (die Ehrentafeln, H. H.) den Dank an die im Kriege 1870/71 gefallenen Angehörigen des Infanterie-Regiments von-Voigts-Rhetz (3. Hannov.) Nr. 79 und der vor dem Feinde gebliebenen Söhne der Stadt Hildesheim ausdrücken und alle mahnen, die vor ihnen stehen, für Deutschlands Einigkeit, Recht und Freiheit einzustehen."[859]

1.12 Ehrentafel der St.-Jakobi-Gemeinde für die im Ersten Weltkrieg Gefallenen

1. Standort

An der Nordseite der St.-Jakobi-Kirche

2. Beschreibung

„Die Tafel ist dem Rokokostil der Kirche angepasst und in Hartstück ausgeführt. Auf einem Sockel mit den Kriegsinsignien (Stahlhelm, Seitengewehr, Eichenkranz) und den Jahreszahlen 1914-19 ruht die Ehrentafel. Unter der Inschrift ‚Sei getreu bis an den Tod, so will ich dir die Krone des Lebens geben' reihen sich Namen an Namen derer, die den Heldentod fürs Vaterland starben, 113 an der Zahl."[860]

Von der Dornenkrone rechts oben am Pfeiler schlingt sich ein Blumengewinde von Osterblumen und von Lilien zu der Strahlenkrone links. Darüber ergießt sich ein Füllhorn mit Rosen und rechts ein Füllhorn mit Passionsblumen. Das Kreuz überragt alles. Die Zahlen 1914-1919 umfassen einen Stahlhelm.

Zustand: 1945 bei Bombenangriffen zerstört

3. Dokumentation

Auftraggeber: Kirchengemeinde
Hersteller (Entwurf, Ausführung): Architekt Evers (Entwurf), Bildhauer Pahlen, Hannover (Bildhauerarbeit), Malermeister Zierenberg (Schrift)[861]
Einweihung: 4. Juli 1920
Deutung: Das Denkmal soll trösten. Die Zeichen des Krieges bleiben unten zurück. Über ihnen stehen die christlichen Zeichen des Leidens und Sterbens (Dornenkrone), des Lebens (Strahlenkrone), der Auferstehung (Osterblumen), der Verklärung (Lilien), der irdischen Heimat (Rosen), der himmlischen Heimat (Passionsblumen). In der Aufwärtsbewegung steht dem Tod auf dem Schlachtfeld das ewige Leben gegenüber. Horizontal heben die Symbole für Verklärung und Auferstehung die Spannung von Leiden und Heil auf.

Die soldatischen Gegenstände Seitengewehr und Helm verbindet ein ehrender Eichenlaubkranz. Vom Heldentod fürs Vaterland schrieb offenbar nur der Berichterstatter in der HAZ. Die Inschrift über den Namen betonte nicht das Heldentum, sondern die Treue. Das Zitat aus dem Neuen Testament (Offbg. Joh. 2,10) wird allerdings sinnwidrig auf den weltlichen, militärischen Treuebegriff verkürzt, damit er durch das biblische Zeugnis überhöht werden kann: „Sei getreu bis an den Tod, so will ich dir die Krone des Lebens geben." Der Kontext stellt die Treue zum Glauben an Gott auf eine harte Probe. *„Fürchte dich nicht vor dem, was du leiden wirst! Siehe, der Teufel wird einige von euch ins*

Gefängnis werfen, damit ihr versucht werdet, und ihr werdet in Bedrängnis sein zehn Tage."
Objektgeschichte: Der Predigt des Einweihungsgottesdienstes lag das Bibelwort zugrunde, mit dem auch die Tafel überschrieben ist.
Weitere Quelle: Evangelisches Gemeindeblatt für Hildesheim, Nr. 5, 15. August 1920, S. 2 f.

1.13 Gymnasium Josephinum

1.13.1 Gedenktafel für die im Ersten Weltkrieg gefallenen Josephiner

1. Standort

In der großen Aula des Josephinums

2. Beschreibung

Als Ädikula gestaltete Gedenktafel, die in der fischblasenartig ausgewölbten Giebelfläche ein Eisernes Kreuz in der Form des Ordens im Ehrenkranz darstellte. Das Giebelfeld war mit Eichenlaub ausgefüllt. Unter dem Giebel stand die Inschrift „Im Weltkrieg 1914/18 starben den Heldentod für das Vaterland". In den ersten beiden Zeilen sind die Namen Studien-Assessor H. Fischer und Studien-Assessor J. Böhmer aufgeführt und darunter in zwei Spalten die Namen von 34 im Krieg umgekommenen Schülern des Josephinums. Angegeben war der letzte Wohnort der Schüler.
Linke Spalte:
K. Achilles, Gr. Döhren / H. Asbach, Hildesheim / H. Bank, Achtum / R. Bauer, Hildesheim / W. Behrens, Hildesheim / Chr. Block, Hildesheim / Th. Bögel, Hildesheim / J. Brüggeboes, Hildesheim / A. Buhre, Dingelbe / H. Freckmann, Hildesheim / J. Freckmann, Hildesheim / F. Freter, Achtum / K. Gross, Liebenburg / P. Hage, Hildesheim / J. Herzig, Hildesheim / E. Hilgenstock, Riesa / K. Hobrecht, Giboldehausen //
Rechte Spalte:
H. Kaune, Wöhle / J. Kaune, Dingelbe / H. Klöpper, Hildesheim / K. Meiser, Hildesheim / W. Meiser, Hildesheim / H. Ohlns, Bettmar / A. Pagel, Hildesheim / M. Salbreiter, Hildesheim / J. Sarstedt, Himmelsthür / A. Schwerdtfeger, Hildesheim / V. Skok, Hildesheim / F. Stein, Hildesheim / J. Vornfett, Einum / A. Wiedeholt, Verden / J. Wirries, Algermissen / J. Wöckener, Hildesheim / O. v. Wrede, Syke //

Abb. 11: Gedenktafel des Josephinums[862]

Den unteren Abschluss bildete die im Sockel eingravierte Zeile „Requiescant in pace!". Seitlich begrenzten zwei Pilaster die Tafel, die mit Streifenornamenten in Form von Palmenzweigen gefüllt waren.
Material: Holz
Technik: Schnitz- und Maltechnik
Zustand: 1945 bei Bombenangriffen zerstört

3. Dokumentation

Auftraggeber: Verein der ehemaligen Josephiner
Hersteller (Entwurf, Ausführung): Regierungs- und Baurat Richard Herzig[863] (Entwurf), Bildhauer Ferdinand Böhme (Ausführung)
Entstehungszeit: 1920-1921
Einweihung: 23. Juni 1921 (am zweiten Tag der 14. Hauptversammlung des Vereins ehem. Josephiner)
Deutung: Die Gedenktafel im katholischen Josephinum verzichtet auf christliche Symbole. Nur die dem vierten Psalm, Vers 9, nachempfundene Gebetsformel „Requiescant in Pace!" (Sie

mögen ruhen im Frieden) stellt einen schwachen Bezug zur christlichen Totenmesse her. Die Inschrift testiert das Geschehen nicht ohne Stolz und im Stil des Heldenkults: Die Widmung hält die Eckdaten des Krieges fest, nennt ihn „Weltkrieg" und verwendet die geläufige patriotische Wendung „den Heldentod für das Vaterland". Die Namen werden von zwei klassischen Säulen eingerahmt, die Palmwedel verzieren. Eichenlaub füllt den Giebel aus. Das vom Ehrenkranz eingerahmte Eiserne Kreuz scheint die Tafel nach oben auszudehnen und zu überstrahlen.

Objektgeschichte: Ein Teil der Beträge (ca. 2.500 Mark), die 1920 nach einem Rundschreiben an die Vereinsmitglieder eingingen, wurde für die künstlerische Gedenktafel in der Aula verwendet, auf der nur die Namen derjenigen standen, „die direkt von der Schule zur Truppe, ins Feld und dann in den Tod gingen." (Dr. Köhler in seiner „Gedenk- und Weiherede"). Mit dem nicht benötigten Geld sollte ein Ehrenbuch gefertigt werden, das die Namen aller, auch der ehemaligen, gefallenen Josephiner, vereinen sollte.[864] Sie waren bis dahin nur von den drei Vereinen der Schule anlässlich von Jubiläen getrennt in Festschriften verzeichnet worden. Der Plan geriet in Vergessenheit und wurde erst auf der Tagung des Josephiner-Vereins am 22. August 1939 wieder belebt. Der dabei gefasste Beschluss, ein „Goldenes Buch" mit Bild, kurzen Lebensdaten und Angaben zu den Umständen ihres Todes anzulegen, wurde wegen des Ausbruchs des Zweiten Weltkriegs nicht verwirklicht.[865]

Weitere Quellen: HiZ vom 25. Juni 1921; Bischöfliches Gymnasium Josephinum, 400 Jahre, Katalog zur Ausstellung, Hildesheim 1995, S. 28-30

1.13.2 Mahnmal im ehemaligen Totenkeller

1. Standort
Am Ende des Gewölbegangs im ehemaligen Totenkeller der Cäcilienkirche

2. Beschreibung

An der linken Wand wurde 80 cm hoch über dem Boden ein mehrschichtiges Geflecht aus Kupferdraht installiert. Zwei Bäume mit Wurzelwerk, Stamm und Geäst sind zu erkennen. Durch Aussparung entsteht in der Mitte ein Kreuz.

Abb. 12: Installation im Totenkeller[866]

Neben dem rechten Stamm verweisen zwei Platten mit den Jahreszahlen 1914 / 1918 und 1939 / 1945 auf die beiden Weltkriege.
Ursprünglich erhellten „geschmackvolle Wandlampen" den Kellergang.[867]
Maße (Breite, Höhe, Tiefe): 120 x 140 cm
Material: Kupferdraht
Technik: Drahtplastik
Zustand: vernachlässigt

3. Dokumentation

Auftraggeber: Josephinerverein
Hersteller (Entwurf, Ausführung): Kunsterzieher Studienrat Friedrich Herzog, Hausmeister Aloys Gassmann[868]
Entstehungszeit: 1962
Einweihung: 1. September 1962
Deutung: Die Eckdaten beider Weltkriege machen die Installation zur Gedächtnisstätte für Kriegstote. Die künstlerische Form entrückt das Geschehen in den metaphorischen Bereich. Gewalt, Krieg und Tod werden tabuisiert. Bei seiner Einweihung, immerhin am Jahrestag des Ausbruchs des Zweiten Weltkriegs, wurde das Denkmal als Ausdruck des Miteinanders von Entstehen und Vergehen und der Gemeinschaft der Lebenden und der Toten interpretiert; die Bäume repräsentieren nach dieser Auffassung die Gemeinschaft der Lebenden, das Kreuz ist als Symbol des Todes gedacht.[869]
Die Schilder mit den Kriegsdaten sind neben den Stämmen angebracht – wäre demnach jeder Stamm als Gemeinschaft der Überlebenden zu deuten? Das Kreuz erscheint als Loch im Geäst

der Bäume – symbolisiert es die Lücke, die die Gefallenen hinterlassen haben, und spendet es den Trost, dass sie im Zeichen des Kreuzes starben?

Der Ort stellt das Mahnmal in den Kontext des Totenkults. Im Keller wurden bis vor etwa hundert Jahren die Lehrer der Schule bestattet.

Objektgeschichte: Baurat Algermissen übergab das Mahnmal in einer schlichten Feierstunde, die im Korridor des Mitteltraktes stattfand, mit einer kurzen Ansprache im Namen des Josephinervereins in die Obhut der Schule. Der Schuljahresbericht dokumentiert das Ereignis nur in der Chronik (S. 3). Im Bericht des Schulleiters über das Schuljahr 1962/63 wird es nicht erwähnt.[870]

Heute ist die Gedächtnisstätte in Vergessenheit geraten und spielt im Schulleben keine Rolle.[871]

1.14 Gedenktafel der Junggesellen-Kompanie von 1831 für die Gefallenen des Ersten Weltkriegs

1. Standort

Im Vereinslokal Hasse, Jakobistraße

Abb. 13: Ehrentafel der Junggesellen[872]

2. Beschreibung

Rechteckige Holztafel mit einem geschweiften Giebel; die seitlichen Rahmen sind wie dorische Säulen geschnitzt, die linke trägt in einem Wappen die Jahreszahl 1914, die rechte die Jahreszahl 1918. Das Innenfeld enthält einen ovalen aus Lorbeer (links) und Eichenlaub (rechts) geflochtenen Ehrenkranz, der unten von einem Schleifenband umwunden ist und oben das Eiserne Kreuz in der Ordensform trägt. Die Ecken außerhalb des Kranzes füllen links geschnitzte Lorbeer-, rechts Eichenblätter. Die Innenfläche ist ornamental gestaltet, enthält aber vor allem oben in goldenen Lettern die Widmung: „Den im Weltkriege / gefallenen Mitgliedern / zum ehrenden Andenken", darunter zwei nach außen gerichtete Palmenzweige, darunter die Namen „Hagemann C. 1.12.14 / Hildebrandt O. 26.2.15 / Heumann Otto 17.5.15 / Bollmann Aug. 31.5.15 / Benecke Heinr. 14.6.15 / Beckmann Aug. 31.7.15 / Scholz Adolf 25.9.15 / Blume Louis 4.10.17 / Düwel Hans 7.12.17 / Seegers Konst. 22.8.18". Am oberen Abschluss des Rechtecks, des „Architravs", prangt mittig das Hildesheimer Stadtwappen mit Harnisch und Jungfrau und trennt die Bezeichnung „Junggesellen / Compagnie".

Material: Holz
Technik: Schnitztechnik
Zustand: zusammen mit dem Vereinslokal beim Bombenangriff am 22. März 1945 zerstört

3. Dokumentation

Auftraggeber: Junggesellenkompanie von 1831 e. V.
Hersteller (Entwurf, Ausführung): Bildhauer Nipp
Einweihung: 10. Dezember 1919[873]
Deutung: Die Festschrift von 1931 nennt als Motiv für die Stiftung der Gedenktafel das Motto „Treue um Treue". Zwei weitere Motive klingen in den folgenden Sätzen an: „In goldenen Lettern grüßen die Namen die neue Generation und rufen ihr zu: „Uns nach!" Unauslöschlich sind ihre Namen mit der Geschichte der Junggesellen-Kompanie verknüpft."[874]

Die Tafel selbst verleiht den Verstorbenen posthum das Eiserne Kreuz, das sie als Helden auszeichnet. Ihre Namen strahlen in goldener Schrift. Sie windet ihnen auch einen Ehrenkranz mit den Symbolen des ehrenvollen Sieges (Lorbeer- und Eichenlaub). Über den Namen liegen Palmenwedel als christliches Symbol für ewigen Frieden.

Der in der Festschrift enthaltende Aufruf zur Nacheiferung geht aus der Widmung nicht hervor. Dass die Namen unauslöschlich mit der Vereinsgeschichte verknüpft sind, wird nicht gesagt, aber durch die Art der Ausführung und den Ewigkeitsanspruch des Denkmals gezeigt.

Objektgeschichte: „Die Junggesellen-Kompanie veranstaltete Mittwochabend (10. Dezember 1919) unter zahlreicher Beteiligung seiner Mitglieder und einer Anzahl Damen eine Gedenkfeier für ihre im Kriege gefallenen Mitglieder und verband damit die Enthüllung der zur besonderen Ehrung der Gefallenen aus Vereinsmitteln angefertigten Gedenktafel, die von Bildhauer Nipp hergestellt (wurde) und die Namen der 10 gefallenen Mitglieder trägt. Die eindrucksvolle Feier wurde durch verschiedene Gesangsvorträge eines Doppelquartetts des Kath. Männer-Gesangs-Vereins recht wirksam ausgestaltet."[875]

1.15 Katholisches Vereinshaus

1.15.1 Ehrentafel des Katholischen Arbeiter-Bildungsvereins

1. Standort

Katholisches Vereinshaus, Pfaffenstieg 9

2. Beschreibung

Ehrentafel für 25 im Weltkrieg gefallene Mitglieder und für sämtliche Kriegsteilnehmer des Vereins
Zustand: verschollen

3. Dokumentation

Auftraggeber: Verein
Hersteller (Entwurf, Ausführung): Architekten Walter Evers und Walter Holtschmidt (Entwurf); Hildesheimer Handwerker
Einweihung: 18. April 1920
Objektgeschichte: Im Rahmen des 71. Stiftungsfestes, das im großen Saal des kath. Vereinshauses gefeiert wurde, fand die Enthüllung der Ehrentafel statt. Die Gedenkrede hielt Handelslehrer Platz. 194 Vereinsmitglieder hatten am Weltkrieg teilgenommen. Der Bevölkerung wurde sie Ende April/Anfang Mai im Schaufenster des Buchbindemeisters August Lange, Friesenstieg 2, gezeigt.
Quellen: HAZ vom 19. April 1920; Hildesheimische Zeitung vom 1. Mai 1920

1.15.2 Ehrentafel des Katholischen Arbeitervereins

1. Standort

Katholisches Vereinshaus, Pfaffenstieg 9 (Ob die Tafel tatsächlich im katholischen Vereinshaus hing, ist nicht belegt. Der Verein führte dort aber regelmäßig seine Versammlungen durch.)

2. Beschreibung

Gedenktafel für die gefallenen Mitglieder
Zustand: verschollen

3. Dokumentation

Auftraggeber: Verein
Hersteller (Entwurf, Ausführung): Hildesheimer Künstler
Entstehungszeit: 1924
Einweihung: um den 10. November 1924; möglicherweise zum Stiftungsfest am 14. Dezember 1924
Objektgeschichte: Die Gedenktafel wurde Anfang November im Schaufenster der Firma Eisbach und Frank, Hoher Weg, ausgestellt.
Quellen: HiZ vom 10. November 1924; HiZ vom 12. Dezember 1924

1.15.3 Ehrentafel des Katholischen Gesellen-Vereins

1. Standort

Katholisches Vereinshaus, Pfaffenstieg 9

2. Beschreibung

Stilisierte Ehrentafel aus dunkler Eiche in großen Ausmaßen für die 87 gefallenen Mitglieder
Zustand: verschollen

3. Dokumentation

Auftraggeber: Verein
Hersteller (Entwurf, Ausführung): Architekt

H. Sommer (Entwurf), Tischlermeister Franz Gehrz, Bildhauer R. Böhme[876]
Einweihung: Mitte Februar 1921
Objektgeschichte: Die Form der Gedenktafel ist Ergebnis eines Preisausschreibens. Sie wurde Anfang Februar im Schaufenster des Hutgeschäfts Kayser (Hoher Weg) ausgestellt. „Es handelt sich um ein hervorragendes Stück Hildesheimer Gewerbefleißes, das berechtigte Aufmerksamkeit erregt."[877]
Am Nachmittag des Volkstrauertages 1926, am 28. Februar, veranstaltete der Verein im Gesellenhaus eine eigene Gedenkfeier, bei der er der inzwischen 89 gefallenen Kolpingbrüder gedachte. Kaplan Sauermost hielt die Gedenkrede.[878]

1.15.4 Ehrentafel des Männer-Gesangvereins „Germania-Eintracht"

1. Standort

Katholisches Vereinshaus, Pfaffenstieg 9

2. Beschreibung

Ehrentafel für die im Weltkrieg gefallenen Sangesbrüder
Zustand: verschollen

3. Dokumentation

Auftraggeber: Verein
Hersteller (Entwurf, Ausführung): Bildhauermeister Richard Hunger
Einweihung: 23. März 1924
Objektgeschichte: Die Ehrentafel wurde nach ihrer Einweihung im Schaufenster des Geschäfts D. Lindemann, Hoher Weg, ausgestellt.
Quellen: HiZ vom 28. März 1924

1.15.5 Ehrentafel des Reichswirtschaftsverbands deutscher ehemaliger und derzeitiger Berufssoldaten, Ortsgruppe Hildesheim

1. Standort
Katholisches Vereinshaus, Pfaffenstieg 9

2. Beschreibung

Umfangreiche Ehrentafel für die 67 gefallenen Unteroffiziere des Regiments 79

Zustand: verschollen

3. Dokumentation

Auftraggeber: Verein
Hersteller (Entwurf, Ausführung): Tischlermeister Wilhelm Linkogel, Malermeister Heinrich Zierenberg[879]
Einweihung: 20. August 1920
Objektgeschichte: Die Tafel wurde am 6. August 1920 im Schaufenster der Blumenhandlung Lange, Altpetristraße, der Öffentlichkeit gezeigt.
Weitere Quellen: HiZ vom 19. August 1920, 21. August 1920

1.16 Knochenhauer-Amtshaus

1.16.1 Gedenktafel der Freien Fleischer-Innung Hildesheim für die Gefallenen des Ersten Weltkriegs

1. Standort

In der Toreinfahrt des Knochenhauer-Amtshauses am unteren Ende der nördlichen Seite gegenüber der Tür des Treppenaufgangs

Abb. 14: Gedenktafel der Freien Fleischer-Innung[880]

2. Beschreibung

Den Namen vorangestellt war die Zeile „Im Kampfe für das Vaterland starben", den Abschluss bildeten die Worte „Den Helden zum Gedächtnis / Freie Fleischer Innung Hildesheim". Über der Schrift links ein Stahlhelm auf Eichenlaub vor einem nach links unten gerichteten Schwert, rechts ein Eisernes Kreuz auf Lorbeerblättern vor einem nach rechts unten gerichteten Schwert. In der Mitte das Lamm Gottes mit angedeutetem Nimbus und Kreuzfahne.

Die Namen der 40 Gefallenen sind zweispaltig aufgelistet:

links:
Bach, Wilhelm 23.8.14 / Brandt, Wilhelm 7.9.14 / Strube, Heinrich 9.9.14 / Dreier, Heinrich 23.12.14 / Burgdorf, Wilhelm 17.3.15 / Sander, Willi 17.5.15 / Klages, Wilhelm 28.5.15 / Stöhr, Ernst 30.5.15 / Hermann Kiene, 26.6.15 / Dormeyer, Heinrich 17.7.15 / Jahns, Friedrich 19.8.15 / Weber, Max 21.8.15 / Mönkemeyer, Aug. 1.10.15 / Brinkmann, Georg 4.10.15 / Behrens, Gustav 21.12.15 / Chodzinsky, Ferd. 26.2.16 / Günther, Richard 2.8.16 / Baule, Wilhelm 26.8.16 / Knödler, Wilhelm 27.9.16 / Froböse, Hermann 21.10.16

rechts:
Heyer, Wilhelm 9.11.16 / Jordan, Willi 11.4.17 / Ahrens, Gustav 17.4.17 / Vespermann, Fritz 25.4.17 / Bock, Karl 27.4.17 / Karl Maaß, 8.5.17 / Knackstedt, Heinrich 25.6.17 / Hesse, Franz 20.8.17 / Leinius, Martin 15.9.17 / Holze, Albert 1.12.17 / Schmidt, August 5.3.18 / Klages, Heinrich 20.3.18 / Helmke, Rudolf 28.3.18 / Jipp, Ernst 25.4.18 / Macke, Hans 14.9.18 / Wedekin, Louis 16.9.18 / Pätz, Wilhelm 3.11.18 / Karl Kniep, 26.12.19 / Kliemann, Heinr. verm. / Kloth, August verm.

Zwischen den Spalten wird die Kreuzfahne des Lamms mit den Enden „1914" und „1918" senkrecht wiederholt, an dem in der Mitte ein Schild mit Kreuzabbildung befestigt ist, über dem Eichenlaub und unter dem Lorbeerblätter den Stab schmücken.

Maße (Breite, Höhe, Tiefe): etwa 1,25 m x 2,00 m
Material: Holz
Technik: Schnitztechnik
Zustand: Die Tafel ging am 22. März 1945 zusammen mit dem Gebäude in Flammen auf.

3. Dokumentation

Auftraggeber: Freie Fleischer-Innung Hildesheim
Hersteller (Entwurf, Ausführung): erster Entwurf für die nicht realisierte Terrakotta-Tafel von Friedrich Pries (Architekt) und Bildhauer Schlotter[881], die realisierte Tafel wurde nach dem Entwurf Schlotters von Otto Schiller hergestellt.[882]
Entstehungszeit: Juni bis September 1929
Einweihung: 8. September 1929
Deutung: Das Fleischer-Innungszeichen steht verbindend zwischen dem Helm vor gesenktem Schwert auf Eichenlaub und dem Eisernen Kreuz. Das Innungszeichen ziert auch das Eingangsportal des Knochenhauer-Amtshauses beiderseits der Wölbung. Umgekehrt ist das Knochenhauer-Amtshaus das Signet der Innung. Das Motiv der Fleischer, das Lamm mit der Kreuzfahne (Labarum), ist als triumphierendes Osterlamm, das die Fahne des Sieges über den Tod trägt, ein Symbol für die Auferstehung und deshalb im doppelten Sinn also für die Gedenktafel der Fleischer-Innung geeignet. Die Kreuzfahne in der Mitte ist mit den Symbolen der Treue und Ehre (Eichenlaub) und des Sieges (Lorbeer) geschmückt.

Treuebekundung und Traditionsbewusstsein sind die Hauptmotive dieser Denkmalsstiftung.

Objektgeschichte: Anlässlich der 400 Jahr-Feier des Knochenhauer-Amtshauses wollte die Freie Fleischer-Innung endlich die lange geplante Gedenktafel für ihre im Krieg gefallenen Mitglieder einweihen. Am 25. Juni 1929 legte Friedrich Pries in ihrem Auftrag Oberbürgermeister Dr. Ehrlicher zwei Entwürfe für eine Gedenktafel vor, die im Ziegelton der ausgemauerten Fachwerkfelder gehalten war, farbige Ornamente enthielt und die Namen in vergoldeter Schrift auflistete. Den vorgesehenen Anbringungsort demonstrierte er mit einer Fotomontage: Die Tafel sollte unter der ersten Auskragung an der Ecke Marktplatz/Marktstraße nach Norden hin angebracht werden.[883]

Der Magistrat genehmigte am 2. Juli 1929 die Art der Ausführung und den Standort Knochenhauer-Amtshaus, überließ die Entscheidung über die Stelle, wo die Tafel anzubringen sei, allerdings dem Provinzial-Konservator Siebern und der Kunstkommission. Von der Kommission kam schon am selben Tag ein positiver Bescheid,

Siebern erhob dagegen am 13. Juli 1929 in einem Gutachten für den Regierungspräsidenten heftige Bedenken: Jede Veränderung an dem wertvollen Hause sollte vermieden werden, wenn sie nicht unbedingt nötig sei. Die beantragte Veränderung sei weder zur Erhaltung des Hauses erforderlich noch läge sie im Interesse der Allgemeinheit. Die heutige Fleischer-Innung habe zum Gebäude keine direkte Beziehung mehr und solle daher ihre Ehrentafel besser am Ort ihrer Zusammenkünfte anbringen.

Am 15. Juli widersprach Obermeister Louis Safft in einem vertraulichen Brief an den Oberbürgermeister dem Provinzial-Konservator aufs heftigste. Schon das verwendete Briefpapier widerlegte den Denkmalschützer: Im linken oberen Drittel prangte ein Foto des Knochenhauer-Amtshauses als Signet der Freien Fleischer-Innung Hildesheim. Er verlangte eine sofortige Entscheidung, um die Feierlichkeiten wie geplant vorbereiten zu können oder aber „das gesamte Handwerk" gegen die Entscheidung Sieberns aufzurütteln. Das Ehrenmal sei seit Jahren beabsichtigt, bis vor einigen Monaten habe man nirgends das erwartete Entgegenkommen gefunden und erst Ehrlicher habe die Idee im richtigen Sinne aufgefasst. Kein besserer Platz sei für die Kriegerehrung der Gefallenen des heimischen Fleischerhandwerks geeignet als die vorgesehene Stelle am Knochenhauer-Amtshaus. Das gesamte deutsche Fleischerhandwerk betrachte das Gebäude als Wahrzeichen seiner Zunft. Das Gesamthandwerk im Allgemeinen werde durch die Stellungnahme Sieberns brüskiert.

Ehrlicher arrangierte für den 16. Juli, nachmittags 5.30 Uhr, einen Lokaltermin, zu dem er telefonisch Oberbaurat Köhler, Architekt Pries und Schlachterobermeister Safft einlud. Am 18. Juli schrieb Ehrlicher in einem Vermerk, dass Safft und Pries zur Kenntnis genommen hätten, „dass wegen der Kürze der Zeit die Genehmigung des Reichskonservators und des Provinzialkonservators nicht mehr eingeholt werden kann. Herr Safft will sofort Vorschläge wegen Anbringung im Durchgang oder im Saal des Knochenhauer-Amtshauses vorlegen". Etwa zeitgleich berichtete die Kornackersche Zeitung, dass am 8. September 1929 die 400-Jahrfeier als Marktfest begangen werde, und die „Schlachter-Innung" im Rahmen einer ernsten Feier am Vormittag im Hause eine Ehrentafel für die gefallenen Meister und Gesellen anbringen wolle.[884] Pries hatte bei dem Ortstermin erklärt, „er wolle mit der Sache nichts mehr zu tun haben, wenn die Tafel nicht an der von ihm vorgeschlagenen Stelle angebracht werde."[885]

Am 6. August 1929 erteilte der Regierungspräsident „vom Standpunkt der Denkmalpflege die Genehmigung zur Anbringung der Ehrentafel für die Gefallenen der Fleischerinnung in der Durchgangshalle des Knochenhauer-Amtshauses am unteren Ende der nördlichen Seite gegenüber der Tür des Treppenaufganges."

Die feierliche Weihe der Gedenktafel bildete den Auftakt der 400-Jahr-Feier. Oberbürgermeister Dr. Ehrlicher und Bürgermeister Gerbaulet, zahlreiche Senatoren und Bürgervorsteher sowie Vertreter von Handwerkskammer, Kreishandwerkerschaft, Innungen und Verbänden nahmen an der Feier teil. Nach der Ansprache von Obermeister Safft wurde die Tafel unter dem Gesang des Liedes „Morgenrot" enthüllt. Nach der Verlesung der Namen sang die Liedertafel „Ich hatt' einen Kameraden". Die Kranzniederlegung beendete den Festakt.[886]

An der Gedenktafel wurde am 21. Februar 1932 im Rahmen einer Gedenkfeier der Freien Fleischer-Innung Hildesheim vom Altgesellen Höweling ein Kranz niedergelegt. Ein gemeinsam gesungener Choral leitete die Feier ein, eine kurze Gedenkrede von Obermeister Louis Safft schloss sich an, nach weiteren Gesangsvorträgen wurde die Feierstunde mit dem gemeinsam gesungenen Lied „Ich hatt' einen guten Kameraden" beendet.[887]

Die Holztafel ist durch ein Foto nachgewiesen, das sich im Besitz der Familie Schiller befindet.

1.16.2 Das Knochenhauer-Amtshaus als Mahnmal – Die Windbretter an der Nordseite

1. Standort

An der Nordfassade des Knochenhauer-Amtshauses

2. Beschreibung

Drei Reihen mit je 11 Windbrettern (9 künstlerisch gestalteten und 2 Texttafeln, die sich am jeweiligen Thema orientieren). Die oberste Reihe beschäftigt sich der Thematik „Aspekte

Abb. 15: Windbretter (links)

Abb. 16: Windbretter (rechts)

des menschlichen Lebens in Kriegs- und Friedenszeiten", die mittlere mit der Darstellung des „Friedens" und die unterste Reihe mit dem Thema „Krieg".[888]
Maße (Breite, Höhe, Tiefe): 27 Windbretter im Format 130 x 60 cm
Material: Holz, Farbe
Technik: Malerei
Zustand: sehr gut

3. Dokumentation

Auftraggeber: Bürgergemeinschaft Marktplatz Hildesheim GmbH & Co KG
Hersteller (Entwurf, Ausführung): Je 3 Bretter wurden von einer Künstlerin/einem Künstler gestaltet:
untere Reihe, Thema: „Krieg": Heinz Metell (Hildesheim): „Der Einbläser", „Erst stirbt die

Wahrheit – dann stirbt der Mensch", „Da brennen Städte und Menschen" – Texttafel: „Zuerst stirbt die Wahrheit, / dann sterben die Menschen" – Walter Schrammen (Uelzen): „Gut gerüstet", „Der besiegte Sieger", „Die reinen Opfer" – Walter Ludvik Glazer (Berlin): „Kriegsparteien", „Das Opfer", „Hoffnungslosigkeit"
mittlere Reihe, Thema: „Frieden": Rüdiger Höding (Bad Salzdetfurth-Bodenburg): ohne Titel – Texttafel: „So lange die Rose blüht / vergeht nimmer diese Stadt" – Paul König (Hildesheim): ohne Titel – Texttafel: „Herr, gib Frieden / in unseren Tagen" – Victor Svéc (Hameln): „Das Paar", „Die Familie", „Die Alten"
obere Reihe, Thema: „Aspekte des menschlichen Lebens in Kriegs- und Friedenzeiten": Marion Lidolt (Adenstedt-Sellenstedt): ohne Titel („Der Mensch zwischen Schuld und Schicksal") – Texttafel: „Wissen hilft nicht, / wenn man nicht danach handelt" – Micha Kloth (Lamspringe): ohne Titel – Texttafel: „Man muß der Klugheit / mehr vertrauen / als dem Zufall." – Paul Kunofski (Adenstedt-Sellenstedt): ohne Titel („Mensch-Natur-Technik")
Entstehungszeit: 1993-1994
Einweihung: 28. November 1994
Deutung: Historisch-zeitkritische Visualisierung der Themenbereiche „Wiederaufbau und Zerstörung" oder „Krieg und Frieden" angesichts des Wiederaufbaus des am 22. März 1945 zerstörten Marktplatzes. Dabei standen sowohl ein historischer Rückblick auf die Geschichte als auch die Schaffung einer nicht übersehbaren Mahnung für die Nachwelt im Mittelpunkt. Ziel der Überlegungen war die Entstehung eines Gesamtkunstwerks.
Die Windbretter in der untersten Reihe prangern mit ihren in bräunlichen Tönen gehaltenen Arbeiten die Schrecken des Krieges an. „H. Metell ergreift die Position des machtlosen Volkes, das dem kriegstreibenden Regime und dessen Medien fast schutzlos ausgeliefert ist. Dagegen bezieht Schrammen sich auf stellvertretende Einzelindividuen, sei es der Betrachter, der Soldat oder die Frau als Mutter mit Kind, die in seinen Augen die Opfer sind. L. Glazer sucht die Ursachen von Krieg am Verhandlungstisch und demonstriert gleichsam das aussichtslose Unterfangen, das Gute oder das Böse zu identifizieren."[889]

Die mittlere Windbrettreihe widmet sich dem Thema „Frieden". Überwiegend in bläulichen Tönen gehalten, wirkt sie harmonisch und tatsächlich hoffnungsvoll. „Lediglich die Arbeiten R. Hödings sind von Zweifeln durchwebt. Bei ihm stellt sich die Frage: Ist ein Friede überhaupt möglich, oder ist er nicht vielmehr ein Wunschdenken mit verschlossenen Augen? In den Brettern von P. König herrscht heitere Gelassenheit. Als Betrachter kann man sich der positiven Ausstrahlung eines tanzenden Schmetterlings oder dem Reiz einer aufbrechenden Blüte nicht entziehen. V. Svéc bezieht seine Grundlagen für ein friedliches Miteinander aus der Gemeinschaft der Familie. In wachender Harmonie zusammengefügt, symbolisiert sie für ihn die kleinste Keimzelle des Friedens."[890]
Die für die letzte und oberste Reihe verantwortlichen Künstler haben sich bewusst auf einen gemeinschaftlichen Konsens bei der Farbgebung geeinigt, um eine Grundharmonie zu erreichen. „Vorherrschend sind hierbei Blau- sowie Grüntöne. M. Lidolt thematisiert in ihren Arbeiten den Mensch zwischen Schuld und Schicksal. Sie zeigt eine Auseinandersetzung mit dem, was war, mit dem, was ist und mit dem was kommen wird. Weniger Realität reflektierend, dafür mehr nach innen gekehrt, präsentieren sich die Bretter M. Kloths. Er verlegt das Erleben in eine Traum- und Märchenwelt und erschließt daraus die Kräfte fürs tägliche Leben. P. Kunofski setzt sich, wirklichkeitsnah, mit der Problematik Mensch und Technik auseinander; dabei beleuchtet er die Vor- und Nachteile allen Forschens und Strebens nach Erkenntnis."[891]
Objektgeschichte: Weil für die Rekonstruktion der Windbretter an der Marktstraße nur wenige überlieferten Vorlagen existierten, sollte diese Seite die „Moderne" repräsentieren, in der das Haus wieder aufgebaut wurde. 1993 bat die Bürgergemeinschaft Marktplatz Hildesheim neun Künstler, dort das Thema „Krieg und Frieden" mit den Ausdrucksmitteln unserer Zeit zu bearbeiten. Die Kosten für die Gestaltung der Nordseite in Höhe von 269.000 DM[892] wurden durch Spenden und Zuschüsse aufgebracht, allein von der Weinhagen-Stiftung kamen 70.000 DM, 10.000 DM steuerte die Landschaft Fürstentum Hildesheim bei.[893] Gegenüber der Hildesheimer Allgemeinen Zeitung begründeten die Verantwortlichen im April 1994 die Entscheidung für eine moderne Ausstattung der Nordseite mit der

These: „Das Knochenhauer-Amtshaus ist nicht nur ein Denkmal, sondern auch ein Mahnmal."
„Die Schwierigkeit, bei neun unterschiedlichen Künstlern ein harmonisches, der Architektur des Hauses entsprechendes Gesamtergebnis zu erhalten, wurde durch Arbeitstreffen gelöst. Bei diesen Gesprächen wurde nächst versucht, eine gemeinsame Farbgebung zu finden. Doch das heutige Erscheinungsbild der Windbretter zeigt, dass man aus verschiedensten Gründen von dieser Ausgangsüberlegung Abstand genommen hat. Im Vordergrund stand schließlich die jeweilige bildnerische Aussage des Künstler und so passen sich die gewählten Farben nur zum Teil dem Grundton des Knochenhauer-Amtshauses an. Auch untereinander kontrastieren einige Einzelarbeiten an manchen Stellen stark, wodurch der Gesamtkontext jedoch nicht wesentlich gestört wird. Im Gegenteil, die ausdrucksstarke, farbintensive Verdeutlichung des Krieges lässt die dazu im Kontrast stehende harmonisierende Ruhe der Arbeiten zum Thema Frieden erst deutlich werden."[894]
Weitere Quellen: HAZ vom 22. April und 29. November 1994

1.17 Ehrentafel des Kriegerklubs „Vaterland"

1. Standort

Hasse'sches Gasthaus, Marktstraße, im Saal

2. Beschreibung

Ehrentafel mit den Namen von 12 gefallenen Mitgliedern
Material: Holz
Zustand: verschollen

3. Dokumentation

Auftraggeber: Verein
Einweihung: 13. Dezember 1919[895]

1.18 Ehrentafel des Kriegervereins von 1872

1. Standort

Im Vereinslokal „Neuer Schaden", Kreuzstr. 18

2. Beschreibung

Ehrentafel mit den Kriegsteilnehmern von 1870/71 und sämtlichen Kriegsteilnehmern des Ersten Weltkriegs
Zustand: verschollen

3. Dokumentation

Auftraggeber: Verein
Einweihung: 3. Oktober 1920
Objektgeschichte: Bis zum 7. März 1916 hieß der Verein einfach „Kriegerverein", dann beschlossen die Mitglieder einstimmig – um Verwechselungen zu entgehen – das Gründungsjahr 1872 im Vereinsnamen aufzunehmen.[896]
Bei einer gut besuchten Versammlung am 15. April 1920 wurde der Antrag angenommen, die Ehrentafel des Vereins so umzuändern, dass zu den Kriegsteilnehmern von 1870/71 auch sämtliche Kriegsteilnehmer des Ersten Weltkrigs hinzukommen. Eine Kommission sollte den Entwurf prüfen und ihn der nächsten Versammlung zur Beschlussfassung vorlegen.[897]
Die Hauptversammlung am 3. Mai 1920 stimmte dem Vorschlag zu und beauftragte zwei Vereinsmitglieder mit der Ausführung. Es wurde festgelegt, die Tafel beim Stiftungsfest am 3. Oktober feierlich zu enthüllen.[898]
Am 7. November 1921 stellte der Vorsitzende anlässlich der Aufnahme neuer Mitglieder fest, dass auf der Ehrentafel nur noch Platz für 5-6 Kriegsteilnehmer sei. Da sich dem Verein aber ständig neue ehemalige Weltkriegssoldaten anschlössen, werde eine Erweiterung der Tafel in Aussicht genommen.[899]

1.19 Ehrentafeln des Lehrerseminars

1. Standort

In der Aula des Seminars am Pfaffenstieg

2. Beschreibung

Zwei Tafeln, auf denen die 53 gefallenen Schüler des Seminars vermerkt waren
Material: Holz
Zustand: zerstört

3. Dokumentation

Auftraggeber: unbekannt

Hersteller (Entwurf, Ausführung): Prof. Höfert (Entwurf), Bildhauermeister Böhme, Schreinermeister Albes und Malermeister Gronau (Ausführung)
Einweihung: 14. Dezember 1921
Objektgeschichte: An der Feier nahmen der Lehrkörper und die Schüler sowie die Angehörigen der im Ersten Weltkrieg ums Leben gekommen Seminaristen teil. Dem feierlichen Requiem im Dom schloss sich die Enthüllung der ersten von zwei Tafeln an, auf der 53 Schüler des Seminars vermerkt waren, die unmittelbar „aus der Anstalt ins Feld" gezogen waren. Die Tafel fügte „sich streng in die Architektur der Aula" ein.
Am Buß- und Bettag 1927, dem 16. November, veranstaltete der Katholische Junglehrerbund, Ortsgruppe Hildesheim, in der „festlich geschmückten Aula" eine „schlichte Totengedenkfeier", bei der Vorsitzender Buerschaper die Namen der gefallenen Lehrer, Junglehrer, Seminaristen und Präparanden vorlas. Zum Schluss der Veranstaltung legte der Vorsitzenden einen mit Chrysanthemen geschmückten Lorbeerkranz an der Gedenktafel nieder. Die Hildesheimsche Zeitung war von der Feierstunde sehr angetan: „Der Junglehrerbund kann mit Stolz auf seine erste würdige Heldenehrung zurückschauen. Ein Markstein in seiner inneren geistigen Struktur."[900]
Weitere Quelle: HiZ vom 15. Dezember 1921

1.20 Ehrentafel des Männer-Turnvereins „Eintracht" Hildesheim

1. Standort

In der Stadthalle (Vereinslokal)

2. Beschreibung

Ehrentafel mit den Bildern und Namen der 45 gefallenen Vereinsmitglieder. Die Bilder waren im Inneren der Ehrentafel angebracht.
Material: Holz
Zustand: verschollen

3. Dokumentation

Auftraggeber: Verein
Hersteller (Entwurf, Ausführung): Kunstgewerbeschuloberlehrer Saeger (Entwurf), Bildhauer Schlotter, Tischlermeister Holzapfel (Ausführung)
Einweihung: 27. November 1921[901]
Objektgeschichte: Die Tafel wurde anlässlich des 60-jährigen Stiftungsfestes feierlich in der Stadthalle eingeweiht und danach für kurze Zeit im Schaufenster der „Blankenburg" ausgestellt. Bei der Gedenkfeier zu Beginn der 75-Jahrfeier am 1. November 1936 stand die Tafel zusammen mit der Vereinsfahne auf der schlichten Bühne des Lichtspielhauses an der Bernwardstraße.[902]

1.21 Gedächtnisstätte für die im Ersten Weltkrieg Gefallenen der St.-Magdalenen-Gemeinde

1. Standort

Etwa 3 m rechts neben dem Haupteingang der St.-Magdalenen-Kirche, Mühlenstraße

2. Beschreibung

Auf einem Podest, das über vier Treppenstufen erreichbar ist, steht ein Altar, der sich eine ca. 8 m hohe Nische, dem ehemaligen Portal, einfügt, die seitlich von zwei runden Säulen begrenzt ist

Abb. 17: Denkmal an der St.-Magdalenen-Kirche[903]

(Ädikula). In der Wölbung des Giebels steht eine Frauengestalt, die in der rechten Hand ein Gefäß trägt. Der darunter liegende Schlussstein zeigt die Jahreszahl 1721.

Über dem Altar erhebt sich in der Mitte ein Kruzifix, an dessen Kopfstück links ein Sonnen- und rechts ein Mondsymbol reliefartig angebracht wurde. Am Kreuzfuß steht ein Kelch mit Hostie. Unter dem waagerechten Kreuzbalken sind die Namen der im Ersten Weltkrieg Gefallenen in Majuskeln eingemeißelt. Persönliche Erinnerungsstücke von ihnen (Briefe, Uhren usw.) werden in dem Altartisch bewahrt.[904]

Linke Seite:
1914 / Karl Heese – Karl Ahrens / Walth. Evensen / Aug. v. d. Osten / Aug. Caspary – Friedr. Lenz / Franz Wesshoff – Joh. Ernst / Heinr. Filthaut / Wilh. Graen / Karl Drzewiecki – Karl Broedel / Jos. Hartmann – Franz Weberling / Heinr. Stollberg – Theo Bürger / Otto Reuter – Willi Schrader / Heinr. Hartmann / Eduard Mutke / 1915 / Joh. Busche – Heinr. Engelke / Heinr. Kratzberg – Herm. Wand / Joh. Blauermel – Heinr. Wächter / Franz Gramann – Fritz Weiterer / Theod. Schrader – Theod. Börsig / Joach. Gentemann – Aug. Römer I / Herm. Pape – Jos. Kappenberg / Jos. Ahrens – Karl Eggers / Joh. Willke – Karl Bodmann / Friedr. Armbrecht – Herm. Kühl / Karl Müller I – Heinr. Hoseas / 1916 / Jos. Horbach – Heinr. Eilers / Ant. Algermissen – Jos. Ahrens / Joh. Schollmeier – Heinr. Kreye / Wilh. Sauer – Heinr. Hollemann / Ludw. Weise //

Rechte Seite:
1916 / Aug. Römer II – Karl Müller II / Erich Hagemann – Joh. Borgas / Hans Barth – Franz Nordhoff / 1917 / Werner Möhle – Jos. Kliemann / Max Krenczynski – Joh. Hartleib / Ant. Bonk – Joh. Horst – Jos. Wulf / Joh. Römer – Joach. Algermissen / Heinr. Oppermann – Erich Horst / Alb. Holze – Willi Buerschaper / Jos. Sauer – Jos. Mroz / 1918 / Heinr. Machmer – Konr. Busche / Herm Meyer – Alex Drzewiecki / Alfons Baule – Karl Heine / Aug. Aselmeyer – Joh. Lutter / Heinr. Wissel – Friedr. Wissel / Wilh. Meyer – Heinr. Vollmer / Jos. Bode – Jos. Steinwedel / Jos. Lüke – Steph. Langenberg / Theod. Holetzek – Ernst Voss / Vermisste / Louis Wedekin – Jos Algermissen / Karl Todt – Theod. Sürig – Willi Uhde / 1915 Aug. Urban +

In den Altartisch wurde eingemeißelt: „Den im Weltkriege / gefallenen Söhnen der / St. Magdalenengemeinde / zum Gedächtnis / 1914 – 1918"

Auf dem Altar steht eine bepflanzte quadratische Blumenschale.

Maße (Breite, Höhe, Tiefe): Der Altar steht in einer ca. 3,25 m hohen portalförmigen Wandöffnung, die ca. 1,70 m breit und 27 cm tief ist. Die Altarplatte misst ca. 1,50 x 1,00 m (Stärke ca. 15 cm). Der Altar ist insgesamt ca. 1,00 m hoch. Der obere Absatz misst ca. 4,13 x 1,80 m, die Stufen sind durchschnittlich 30 cm tief und 15 cm hoch. Über dem Altar erhebt sich in der Mitte ein ca. 2,00 m hohes Kruzifix

Material: Thüster Kalkstein (Sandstein aus dem Osterwald)[905]

Technik: Steinmetzarbeit

Zustand: Das Denkmal macht einen gepflegten Eindruck. Der Zustand ist gut.[906]

3. Dokumentation

Auftraggeber: Kirchengemeinde
Hersteller (Entwurf, Ausführung): Peter Schumacher, Hannover, (Entwurf), Ferdinand Böhme, Hildesheim (Kreuz); Wilhelm Dräger, Hildesheim (Altar, Inschrift), Bildhauer Adolf Barth, Hildesheim (Schriftgestaltung), Ludwig Steinwedel und Johannes Müller (Maurerarbeiten), Prof. Siebert, Provinzialkonservator, Hannover; Helfried Küsthard (Bildhauer)[907]
Entstehungszeit: 1923-1924
Einweihung: 15. Juni 1924
Deutung: Die Gedächtnisstätte fügt sich in die Tradition der Kirche ebenso ein, wie in das Heilsgeschehen und das aktuelle Gemeindeleben. Durch die im Altar verwahrten persönlichen Erinnerungsstücke der Toten, sind sie – pars pro toto – dauerhaft präsent.

Seit 1235 gibt es eine klösterliche Niederlassung der büßenden Schwestern von der heiligen Magdalena in Hildesheim, 1294 wurde ihre Kirche geweiht.[908] Die Jahreszahl 1721 zeugt vom barockisierenden Umbau. Die Magdalenenfigur mit dem Salbengefäß steht anders als im Neuen Testament über dem Kreuz. Die Christusfigur am Kreuz wirkt kräftig und vollkommen, ganz im Bewusstsein des „Es ist vollbracht". Hier wurde der Heiland, der Erlöser der Menschheit dargestellt. Sonne und Mond deuten die Herrschaft über die ganze Welt an, von Ost nach

West, bei Tag und Nacht, im Leben wie im Tod. In dieser Gewissheit wurden die Namen der Gefallenen links und rechts des Kreuzbalkens hinzugefügt.

Der unter dem Kreuz stehende Altar nimmt den Blumenschmuck der Gemeinde auf, ist aber auch vierte Station bei der Fronleichnamsprozession. Fronleichnam ist das „Hochfest des Leibes und Blutes Christi", bei dem die Freude über die Erlösung die Trauer über den Tod (so in der Karwoche) überwiegt. Hier bekennt die Gemeinde öffentlich ihren katholischen Glauben und schließt die Gefallenen in ihre Gemeinschaft und in das Bekenntnis ein. Die Hoffnung auf das gemeinsame ewige Leben erleichtert die Trauer über den irdischen Verlust.

Objektgeschichte: Am 30. Januar 1924 veranstaltete die St.-Magdalenen-Gemeinde eine Wohltätigkeitsveranstaltung zu Gunsten der Beschaffung einer Kriegergedächtnistafel.[909] Der Altar, der schließlich entstand, wurde in dem 1922 beim Kirchenumbau zugemauerten Südportal eingefügt. Am Fronleichnamstag, am 19. Juni, wurde er erstmals als vierter Segensaltar genutzt.[910]

Pastor Freericks knüpfte mit seiner Predigt an das Wort an „Maria (Magdalena) geht zu Grabe, um dort zu weinen". „So trauere und weine auch die Magdalenengemeinde am Grabmal ihrer gefallenen Söhne, und wie Jesus am Grabe des Lazarus sprach: „Hebet den Stein weg", und auf seinen Befehl die Binden und Tücher von Lazarus genommen wurden, so sollen auch Uneinigkeit, Unfrieden und alles Böse aus unserem Vaterlande weichen, damit das Blut unserer Helden nicht umsonst vergossen sei."[911]

1.22 Gedächtnisstätten auf dem Marktplatz

1.22.1 Friedenslinde

1. Standort

Vor dem Rathaus

2. Beschreibung

Lindenbaum, umgeben von einer Sitzbank, unter dem Glockenspiel des Rathauses; auf der Rückenlehne war der Hinweis „Friedenslinde gepflanzt von der Initiative Bürger helfen ihrer

Abb. 18: Ausschnitt der Rückenlehne der Bank[912]

Stadt e. V. 1985" eingeschnitzt. Heute steht er auf einer kleinen Metalltafel.

Material: Bank aus Eichenholz, Metallhalterungen aus Kupfer

Technik: Tischler- und Schlosserarbeit

Zustand: Die Bank wurde im Frühsommer 2003 von der Stadtverwaltung entfernt und durch eine Bank aus Tropenholz ersetzt.

3. Dokumentation

Auftraggeber: Stadtverwaltung/Initiative „Bürger helfen ihrer Stadt"

Hersteller (Entwurf, Ausführung): Linde: Baumschule von Ehren (Hamburg); Sitzbank: Tischler Jürgen Machens, Metallgestalter Reinhard Kubina; Entwurf: Prof. Dietrich Klose

Entstehungszeit: 1984/1987

Einweihung: Baumpflanzung am 26. November 1985; Bank: 4. April 1990

Deutung: „Die Linde galt von jeher als heiliger Baum. Zahlreiche Völker haben sie verehrt. Aus ihrem Holz wurden berühmte Kunstwerke geschnitzt. Viele Kathedralen ziert lindenförmiger Blattschmuck. Die Linde ist der Baum der Versöhnung, der Liebe, des Friedens. Vielleicht kann die ‚Hildesheimer Friedenslinde' in die Tradition solcher Baum-Denkmäler hineinwachsen."[913]

Die runde Bank lädt zum Verweilen auf dem Marktplatz ein, zum Schauen auf das gelungene Werk des Wiederaufbaus. Der Betrachter wird durch den textlichen Hinweis an der Rückenlehne auf die Initiatoren aufmerksam gemacht. Der Marktplatz ist als Werk einer Bürgerinitiative ein lebendiges Zeugnis einer selbstbewussten tatkräftigen Bürgerschaft. Die Initiative stellt sich mit dem Schild, das ihren Namen und das Jahr der Baumpflanzung enthält, selbst ein Testat aus.

Das für die Bank verwendete Eichenholz ergänzt symbolisch das Lindenholz des Baumes. Es ist hart und dauerhaft, steht als Metapher für die

Widerstandsfähigkeit und Hartnäckigkeit der Bürgerinitiative, deren Ziel anfangs stark angefochten wurde und die sich zusammen mit anderen energisch und phantasievoll durchzusetzen verstand. Das Eichenholz und die Kupferbeschläge schlagen einen Spannungsbogen zur kupferverkleideten Rathaustür, deren Kern auch aus Eiche besteht und zum Knochenhauer-Amtshaus, in dem das Material auch verwendet wurde. Schließlich stand bis 1945 eine Eiche an der Südecke des Rathauses.

Die Friedenslinde auf einem Marktplatz symbolisiert Rechtsfrieden und Schutz. Die Linde spendete Schatten auf dem germanischen Thingplatz, galt als blitzabwehrend und als Kennzeichen der lokalen Gerichtsbarkeit. Im Kontext des im Krieg zerstörten Marktplatzes bekommt der Begriff Frieden aber auch auch eine konkrete Bedeutung. Frieden ist der Zustand nach dem Krieg, in dem die Bürger Hildesheims wieder zu Wohlstand kamen und die Häuser am Markt wieder errichten konnten. Diesen Zustand gilt es zu erhalten.

Eine Baumpflanzung ist immer auch Ausdruck der Hoffnung auf eine blühende und gedeihende Zukunft. Zur Zeit der Pflanzung blickte man noch auf das Hotel Rose und den großen Marktplatz, auf dem allerdings schon die beabsichtigte Rekonstruktion zu ahnen war. Am 19. November 1984 hatte sich der Rat entschieden, nach Investoren für die Wiederherstellung der historischen Gebäude zu suchen. Davor (am 14. März 1983) war die Grundsatzentscheidung für die Rückkehr zu den Abmessungen des kleinen Marktplatzes gefallen.[914]

Baum und Bank knüpfen an die Tradition an. Sie wurden, wie der Marktplatz selbst, nach dem Vorkriegsbeispiel wieder hergestellt.

Objektgeschichte: Auf alten Fotos rahmen zwei Bäume das Rathaus ein: Links (im Norden) stand bis zur Zerstörung 1945 eine Linde, rechts (im Süden) eine Eiche. Nach der Wiederherstellung des Rathauses pflanzte man die Linde wieder an, verzichtete aber auf die „deutsche" Eiche. Auch eine Bank beschaffte die Stadt.

1984 stellte die Stadtverwaltung fest, dass die Linde auf dem Marktplatz die geplanten Umbaumaßnahmen nicht überstehen würde. Sie musste gefällt und sollte ersetzt werden. Ihr Wert wurde gutachtlich mit 11.300 DM[915] angegeben. Auch die Bank kam abhanden.

Der Vorsitzende der am 19. Januar 1983 gegründeten Initiative „Bürger helfen ihrer Stadt", Hans-Günther Oppermann, hatte am 27. September 1984 telefonisch angeboten, einen bedeutenden Spendenbetrag für die Anpflanzung von zwei Bäumen zur Verfügung zu stellen. Stadtbaurat Wolfgang Riemann bestätigte am 2. Oktober die Spendenofferte schriftlich, rechnete aber vor, dass man rund 27.000 DM für ansehnliche Kaiserlinden brauche und eine Rundbank mit 6.600 DM zu Buche schlage. Die am 3. Juli 1985 von der Stadt vorgeschlagenen preiswerteren Feldahorne stießen bei der Initiative nicht auf Gegenliebe. Der Verein bestand mit Schreiben vom 10. Juli auf eine Linde mit Bank und akzeptierte nur notfalls eine Eiche. Dass an der Bank ein kleines Bronzeschild mit der Aufschrift „Gestiftet vom Verein Initiative Bürger helfen ihrer Stadt e. V. 1985" angebracht werden sollte, hatte Oppermann dem Oberbürgermeister schon am 31. Mai geschrieben. Am 25. Juli teilte Riemann dem Oberstadtdirektor Dr. Wilhelm Buerstedde mit, dass man sich mit Herrn Oppermann geeinigt habe. Aus historischen Gründe werde man eine Linde pflanzen, aus finanziellen Gründen nur eine. Am 14. August sagte Oppermann der Stadt für eine Kaiserlinde und eine Rundbank insgesamt 10.000 DM zu. Am 24. Oktober 1985 schlug Riemann der Initiative vor, für 10.000 DM eine Kaiserlinde mit einer Breite von 3 bis 4 Metern, einer Höhe von 7 bis 9 Metern und einem Stammumfang von 50 bis 60 Zentimetern zu kaufen. Die Bank könne aus städtischen Mitteln angeschafft werden. Das Schild mit den Maßen 5 oder 6,5 cm x 12,5 cm könne dennoch an der Lehne eines Sitzsegments angebracht werden. In der Mitgliederversammlung der Initiative am 15. November 1985 im Hotel Rose wurde bekanntgegeben und beschlossen, dass künftig eine „Friedenslinde" die historische „Kaiserlinde" ersetzen solle. Als Zeitpunkt der Pflanzung sei der 19. November, 8.00 Uhr vorgesehen.[916]

Die Stadt kaufte die Kaiserlinde (tilia pallida) schließlich bei der Hamburger Baumschule von Ehren, die von der Gärtnerei Bischoff eine Woche später als geplant am 26. November auf dem entstehenden „Historischen Marktplatz" kostenlos gepflanzt wurde.[918] Die Firma spendete den Gegenwert anlässlich ihres 100-jährigen Firmenjubiläums der Stadt.[919]

Im März 1987 entwarf Architekt Prof. Dipl. Ing. Dietrich Klose eine Rundbank aus acht Seg-

Abb. 19: Anpflanzung der Linde[917]

menten. Anfang Dezember traf die Planung bei der Stadtverwaltung ein und stieß auf Bedenken. Gartenamtsleiter Morlock schrieb dem Stadtbaurat am 15. Januar 1988, das Design und die Kostbarkeit des Materials seien eher Merkmale eines Innenmöbels. Er befürchtete häufige Beschädigungen und einen hohen Unterhaltungsaufwand. Er schloss sich damit den kritischen Bemerkungen des Denkmalpflegers an, der am 9. Dezember 1987 die kleinteilige möbelbeschlagartige Kunstgewerblichkeit als unangemessen für den Marktplatz moniert hatte. Zustimmungsfähig wäre eine schlichte Bank, am besten ohne Lehne. Nothdurft bestätigte seine Kritik am 11. Mai 1988, nachdem er sich zuvor der Unterstützung des Instituts für Denkmalpflege vergewissert hatte. Denkmalrechtlich sei der Bankentwurf jedoch nicht „verhinderungsfähig".

Der Tischler Jürgen Machens (Hildesheim) und der Metallgestalter Reinhard Kubina (Bavenstedt)[920] fertigten die Bank nach den Plänen Kloses an – ohne die Zustimmung der Stadt. Am 9. März 1990 drängte der Vorsitzende der Initiative, Hans-Günther Oppermann, die Stadt zur Tat: „Nachdem die Renovierung der Rathausfassade beendet ist, möchte ich nun gern möglichst umgehend die von unserer Initiative gestiftete Eichenholzbank aufstellen lassen, damit im April d. J. bei den großen Feierlichkeiten[921] die Angelegenheit erledigt ist." Die Bank stelle einen Wert von 10.000 DM dar. Architekt Klose werde die Aufstellung und Verankerung im Boden überwachen.[922] Tatsächlich gelang es, die Bank vierzehn Tage vor der offiziellen Einweihung des „Historischen Marktplatzes" rund um die Friedenslinde zu installieren. Der Presse zufolge bezifferte Oppermann den Aufwand für die Bank nun mit fast 15.000 Mark.[923]

Am 30. Juni 2003 erfuhr der Verwaltungsausschuss durch den Stadtbaurat Thomas Kulenkampff, dass die Rundbank aus Sicherheitsgründen durch eine andere ersetzt worden sei. Sie sei abgängig gewesen, als „Gegenstand aus der Zeit des Wiederaufbaues des Marktplatzes" jedoch auf dem Bauhof eingelagert worden. Nachdem die Erbauer Machens und Kubina durch öffentlich geäußerte Beschwerde über die Art des Vorgehens den weitgehend unbemerkt gebliebenen besonderen Charakter von Baum und Bank bewusst gemacht hatten, lenkte die Bauverwaltung ein. Sie bot den Initiatoren an, die Bank zu restaurieren und sagte die Aufstellung an der ursprünglichen Stelle zu.

Weitere Quelle: HAZ vom 16. August 2003

1.22.2 Gedenktafel am Marktplatz

1. Standort

Vor dem Rathaus im Pflaster des Marktplatzes

2. Beschreibung

Vor dem Rathaus ist in die Pflasterung des Marktplatzes eine Bronzeplatte in der angedeuteten Form eines Balkenkreuzes mit folgender Majuskel-Inschrift eingefügt:

„Den Toten zum Gedenken / den Lebenden zur Mahnung / 1945 wurde dieser Marktplatz / völlig zerstört, 1990 sind die / Bauten neu erstanden

Abb. 20: Gedenktafel vor dem Rathaus[924]

/ Die Opfer von Krieg und / Gewaltherrschaft / bleiben unvergessen"
Maße (Breite, Höhe, Tiefe): 0,90 m x 0,42 m
Material: Bronze
Technik: Bronzeguss
Zustand: gut[925]

3. Dokumentation

Auftraggeber: Stadt
Hersteller (Entwurf, Ausführung): Stadtarchivdirektor Dr. Heinz-Günther Borck (Text); Georg Arfmann, Königslutter (Ausführung)
Entstehungszeit: 1994
Einweihung: 22. März 1994
Deutung: Der 1989 fertig gestellte „Historische Marktplatz" wurde vom 19. bis 22. April 1990 von der Hildesheimer Bevölkerung mit einem historischen Stadtfest in Besitz genommen. Zuvor war, am 22. März 1990, die stadtgeschichtliche Sammlung im Knochenhauer-Amtshaus eröffnet worden. Damit zeigte sich den Hildesheimern, dass mit dem Marktplatz nur ein Teil der im Feuersturm versunkenen Stadt wiedererrichtet werden konnte. Der Rest der alten Fachwerkstadt wurde zusammen mit den Zeugnissen der Stadtgeschichte dem Stadtmuseum zur Vermittlung und Bewahrung überantwortet.
Am 22. März 1993 startete die Gesellschaft für den Wiederaufbau des Knochenhauer-Amtshauses die Spendenaktion „Farbe bekennen", die die noch ausstehende farbliche Fassadengestaltung der beiden Amtshäuser finanzieren sollte. Sie konnte am 4. August 1994 abgeschlossen werden.[926]
Die Tafel im Pflaster des Marktplatzes wirkt wie die Erläuterungstafel an dem Gesamtkunstwerk. Sie markiert die Stelle am Rathaus, die von Alt-Hildesheimern „der schöne Blick" genannt wird. Von dort streift der Blick das ganze Panorama. Die Kreuzform der Schriftanordnung, die Anlehnung an die traditionelle Trias Erinnerung - Mahnung - Appell im Wortlaut, die an Sepulkralkultur gemahnende Typografie und der dem Betrachter vorgegebene Blickwinkel fordern allerdings nicht zu einer Haltung der Bewunderung oder des Stolzes, sondern zur Demut auf. Die Tafel liegt – wie die zerstörte Stadt – am Boden, der betrachtende Mensch muss sich verbeugen, um den Text lesen zu können.
Form und Inhalt der Tafel verhindern, dass die Fassaden einen falschen Schein vorspiegeln. Die durch Krieg und Gewaltherrschaft getöteten Menschen sind nicht zu ersetzen. Sie können nur in fortwährender Erinnerung bewahrt werden.
Die Tafel testiert das Ereignis der Zerstörung der Bauten am historischen Marktplatz 1945 ebenso wie das ihrer Rekonstruktion 1990. Es gebietet aber auch die Erinnerung an die Gründe für Tod und Verderben. Sie blitzen in der Chiffre „Krieg und Gewaltherrschaft" auf, mit der der von den Nationalsozialisten begründete Unrechtsstaat, die von ihnen zu verantwortenden Völkerrechtsverletzungen, die Verbrechen gegen die Menschlichkeit und schließlich der von ihnen der Welt erklärte „Totale Krieg" gemeint ist.
Das Schild auf dem Boden tradiert die Erinnerung an die Kriegszerstörung und transformiert die Realität zur Wirklichkeit. Das Bild vom schönen Marktplatz bekommt eine unvermutete Tiefenschärfe.
Neumann stellt einen Zusammenhang zum Synagogendenkmal am Lappenberg her. „(It) seemed as if the people of Hildesheim needed to make a conclusive statement about the events of 10 November 1938 before they could memorialize the town's destruction by Allied bombers; six years after the erection of the new memorial at Lappenberg, a memorial plaque dedicated to the ‚victims of war and terror' was unveiled at the market square."[927] Das Lappenberg-Denkmal erinnere an der Westseite („Verfolgung") mit dem optischen Reflex der im Flammenmeer untergehenden Stadt unterhalb der brennenden Synagoge erstmals an die Opfer des Bombenangriffs.[928] Neumann übersieht dabei allerdings, dass andere Denkmäler (z. B. in Himmelsthür [II 14.1.2] oder auf dem Nordfriedhof [II 3.5.2]) sehr wohl und schon früher an die Toten der Luftangriffe erinnerten.
Objektgeschichte: Am 5. Februar 1990 regte der SPD-Ratsherr Heinz Wutkewicz im Rat an, „an hervorspringender Stelle – beispielsweise der Rathausmauer – eine Gedenkplatte einzulassen oder ein Denkmal zu errichten, um der Menschenopfer des 22. März 1945 zu gedenken".[929] Als Ortsbürgermeister Neuhofs hatte Wutkewicz 1980 schon einmal für die Anbringung einer Gedenktafel gesorgt, damals am Kriegerdenkmal seines Ortsteils. Diesmal drohte die Anregung zu verhallen. Zwar erinnerte der Lokalchef der Hildesheimer Allgemeinen Zeitung, Menno Aden, in einer Ankündigung des Gedenkens am 22. März an die Anregung von

Heinz Wutkewicz, für die sich mit einer Ratsanfrage am 19. März auch Hans Freter (BAH) eingesetzt hatte.[930] Doch erst eine erneute Nachfrage der Ersten Bürgermeisterin Leonore Auerbach (SPD) im vertraulichen Teil der Ratssitzung am 11. Juni 1990 nach dem Stand der Angelegenheit brachte die Sache in Bewegung. An Stelle der Verwaltung antwortete Ratsherr Wutkewicz. Er verlas ein Antwortschreiben, in dem ihn die Kulturdezernentin Dr. Annamaria Geiger fragte, ob er angesichts der Gedächtnisstätte auf dem Zentralfriedhof den Wunsch nach einem zusätzlichen Denkmal aufrechterhalten würde. Wutkewicz bejahte dies, hielt aber alternativ auch einen Standort im Rathaus für denkbar, zum Beispiel die Wandfläche mit dem Relief des Knochenhauer-Amtshauses. Er reagierte damit auf den Einwand Frau Dr. Geigers, eine Außenanbringung sei schwierig. Normalerweise werden Anregungen und Anfragen im Rat nicht diskutiert. In diesem Fall aber meldeten sich spontan mehrere Ratsmitglieder zu Wort. Beide Positionen fanden Befürworter: Oberbürgermeister Gerold Klemke (CDU) und Ratsherr Franz Ohlendorf (CDU) sprachen sich für die Rathauslösung, Hans Freter und Lore Auerbach plädierten für eine Marktplatzlösung („Außenwand des Rathauses"). Franz Casper (CDU) schlug schließlich vor, die Details im Kulturausschuss zu erörtern.[931]

Das geschah erstmals am 31. August. Der hinzugezogene Stadtarchivdirektor Dr. Heinz-Günther Borck regte an, eine Gedenkplatte an der Stelle in den Boden des Marktplatzes einzulassen, an der am 22. März 1945 die Toten des Luftangriffs abgelegt wurden. Dr. Borck wurde gebeten, Textvorschläge zu erarbeiten, die sowohl an die Opfer von Krieg und Gewaltherrschaft als auch an die Zerstörung des Marktplatzes erinnern.[932]

Am 17. Oktober stellte der Stadtarchivdirektor dem Kulturausschuss seine vier Varianten vor:

o „Krieg und Zerstörung haben 1945 diesen Marktplatz zerstört und zahlreiche Menschenleben gekostet. Auch nach der Wiedererrichtung der Bauten 1990 bleiben die Opfer unvergessen.

o Am 22. März 1945 sank dieser Marktplatz in Schutt und Asche – die Bauten wurden 1990 wiedererrichtet, Opfern von Krieg und Gewaltherrschaft gilt das Gedenken der Lebenden.

o Anläßlich der im Jahre 1990 erfolgten Wiedererrichtung des 1945 zerstörten Marktplatzes gedenkt Hildesheim der Opfer von Krieg und Gewaltherrschaft.

o Den Toten zum Gedenken, den Lebenden zur Mahnung! 1945 wurde dieser Marktplatz völlig zerstört, 1990 sind die Bauten neu erstanden – die Opfer von Krieg und Gewaltherrschaft bleiben unvergessen."[933]

Einstimmig empfahl der Ausschuss nach kurzer Debatte den vierten Vorschlag.[934]

Hinter den Kulissen pendelten Vermerke zwischen den Ämtern hin und her.[935] Am 16. November meldete das Kulturamt bei der Kämmerei einen Bedarf von 7.500 DM für den nächsten Haushalt an. 7.000 DM wurden in den Etat eingestellt und trotz einiger Versuche bis zuletzt nicht aufgestockt. Die Denkmalpflege schrieb am 31. Januar 1991, dass gegen eine flächenbündige $1/2$ m^2 große Platte keine Bedenken bestünden. Sie schlug vor, sie zwei Meter westlich vom Brunnen in das Pflaster einzulassen. Das Hochbauamt regte am 11. Februar 1991 an, eine Bronzegusstafel mit erhabenen, ca. 80 cm^2 Buchstaben zu verlegen. Aus Hannover wusste es zu berichten, dass für solch eine Tafel 12.000 bis 15.000 DM zu veranschlagen seien. Außerdem schlug es in einer Skizze des historischen Marktplatzes fünf Standorte vor:

o unter der Arkade im Bereich des ehemaligen Erkers (und heutigen Glockenspiels)

o unter der Arkade (in der Nähe des heutigen Platzes)

o an der Westseite des Brunnens zwischen den Lisenen, den schmalen hervortretenden Streifen

o an der ehemaligen Sammelstelle der Bombentoten des 22. März (ca. 15 m nordwestlich des Brunnens)

o am „Eingang zum Marktplatz" von der Ratsapotheke aus (zwischen Bäcker-Amtshaus und Sparkasse)

Auch Schriftverkehr mit Gestaltungsvorschlägen füllt die Akte. Der Kulturausschuss befasste sich mit der künstlerischen Umsetzung am 9. September 1991.[936] Kulturamtsleiter Werner Rüdiger Stehr stellte drei Entwürfe vor:

o Der Hildesheimer Bildhauer Moritz Bormann beabsichtigte, den aus 164 Buchstaben bestehenden Text mit einem Sandstrahlgebläse in die Basaltpflastersteine zu schreiben. Kosten: 15.000 DM zuzüglich Pflasterarbeiten.

o Der Hildesheimer Metallgestalter Reinhard

Kubina wollte eine Gedenkplatte aus Kupferblech anfertigen, die entweder im Bereich des Marktbrunnens oder vor dem Knochenhauer-Amtshaus eingelassen werden werden sollte. Kosten: 6.800 bis 10.000 DM.
o Alfred Bullermann, ein Schmiedemeister und Metallgestalter aus Markhausen/Friesoythe, schlug vor, eine Bronzegusskonstruktion, die mit einer beätzten Panzerglasplatte abgedeckt werden sollte, in den Marktplatzboden einzuarbeiten. Ein innen angebrachter Leuchtkörper sollte die Tafel Tag und Nacht anstrahlen. Kosten: 9.300 DM.

Die Stadtverwaltung favorisierte Moritz Bormanns Konzept. Der Ausschuss verwarf die in diesem Zusammenhang angeregte Kürzung der Widmung, konnte sich aber auf keinen der Vorschläge einigen. Da außerdem weitere Vorschläge der örtlichen Fachhochschule angekündigt wurden, vertagte der Ausschuss die Beschlussfassung.

Von der Verwaltung wurde der Kulturausschuss bis zur Einweihung der Tafel nicht mehr beteiligt. Zweimal fragten Ratsherren nach dem Stand der Angelegenheit: am 31. Januar 1992 der Sozialdemokrat Peter Herbeck[937], am 23. September 1992 der Christdemokrat und Ausschussvorsitzende Anton Teyssen.[938] Jedes Mal blieb die Anfrage unbeantwortet, verwaltungsintern aber nicht folgenlos.

Das Kulturamt der Stadtverwaltung hatte den Ehrgeiz, mit dem Haushaltsansatz auszukommen. Der Zufall kam zu Hilfe. Bei der Restaurierung des Marktplatzbrunnens hatte Denkmalpfleger Walter Nothdurft den Bildhauer Georg Arfmann kennengelernt und auf das Vorhaben angesprochen. Arfmann zeigte sich interessiert, Nothdurft gab den Tipp an Stehr weiter.[939] Das Angebot Arfmanns wurde am 30. September 1993 abgeschickt und von Stehr unverzüglich bearbeitet. Am 6. Oktober stimmte der Stadtbaurat Wolfgang Riemann zu. Die Tafel sollte nunmehr zwischen Rolandbrunnen und Rathaus eingebettet werden, dort, wo der ganze Platz gut eingesehen werden könne und wo man den „schönen Blick" habe. Ein interner Vermerk des Kulturamtsleiters setzt am 20. Oktober 1993 das Planungsamt davon in Kenntnis, dass mit gleichem Datum der Auftrag an Arfmann herausgegangen ist. Die Herstellungskosten blieben genau im Rahmen im Vermögenshaushalt bereitgestellten 7.000 DM.[940]

Ein Foto in der Hildesheimer Allgemeinen Zeitung vom 16. März 1994 zeigt unter dem Titel „Gedenktafel vor dem Rathaus" den Bauarbeiter Manfred Eckbrett beim Einbetonieren der Platte. Der Artikel verriet, dass der Auftrag für die Platte vom Kulturamt nach Absprache mit der Denkmalpflege an Georg Arfmann, Künstler aus Königslutter, vergeben wurde. Die Arbeiten würden 6.800 DM insgesamt kosten. Bis zur Einweihung durch die Erste Bürgermeisterin Ilse Wittenberg, die für Dienstag, 22. März 1994, 13.20 Uhr (angenommener Zeitpunkt des Bombenangriffs), angekündigt wurde, werde die Inschrift mit Sand bedeckt bleiben.[941] Vom Rat und seinem Kulturausschuss war nicht mehr die Rede.

Weitere Quelle: HAZ vom 23. März 1994

1.22.3 Fotogramminstallation unter den Rathausarkaden

1. Standort

Marktplatz, unter den Rathausarkaden

Abb. 21: Die Fotogramminstallation nach der Anbringung[942]

2. Beschreibung

Die Installation zeigt den durch Licht 1:1 abgebildeten Schatten eines männlichen Körpers. Das Fotogramm ist unter einer Glasplatte in Höhe des Straßenniveaus in die Pflasterung eingelassen. Die abgebildete Figur wird durch farbige Bildelemente schreiender Münder, aufgerissener Augen und eines Flugzeugdetails ergänzt.

Maße (Breite, Höhe, Tiefe): 1,20 m x 2,00 m
Material: Glas, PE-Fotopapier
Technik: Fotografie
Zustand: dem Konzept entsprechend wieder entfernt

3. Dokumentation:

Auftraggeber: Projekt der Künstlergruppe „Zeitspuren"
Hersteller (Entwurf, Ausführung): Ditmar Schädel[943]
Entstehungszeit: März 1995
Einweihung: 22. März 1995 (50. Jahrestag der Zerstörung der Innenstadt)
Deutung: Der Titel der Installation, „... wir werden im Vertrauen auf dich weiter unseren Weg gehen...", ist ein Zitat des lutherischen Geistlichen, der wenige Stunden vor dem Abwurf der ersten Atombombe auf Hiroshima, am 5. August 1945 um 22.30 Uhr, unter der Tragfläche des nach der Mutter des Piloten Oberst Tibbets benannten Bombers vom Typ B-29 „Enola Gay" der 509th/20. US-Luftflotte folgendes Gebet sprach: „Allmächtiger Vater, der du die Gebete jener erhörst, die dich lieben, wir bitten dich, denen beizustehen, die sich in die Höhen deines Himmels wagen und den Kampf bis zu unseren Feinden forttragen. *Mögen sie, so wie wir, von deiner Kraft und von deiner Macht wissen, und mögen sie mit deiner Hilfe diesen Krieg zu einem schnellen Ende bringen. Wir bitten dich, dass das Ende dieses Krieges nun bald kommt und dass wir wieder einmal Frieden auf Erden haben.* Behüte und beschütze sie, wenn sie ihre befohlenen Einsätze fliegen. Mögen die Männer, die in dieser Nacht den Flug unternehmen, sicher in deiner Hut sein, und mögen sie unversehrt zu uns zurückkehren. **Wir werden im Vertrauen auf dich weiter unseren Weg gehen,** denn wir wissen, dass wir jetzt und für alle Ewigkeit unter deinem Schutz stehen. Amen."[944]

Das Körperfotogramm sollte ursprünglich bis zum 9. August 1995[945] bestehen bleiben und wurde laut Projektskizze anlässlich der 50. Jahrestage der Atombombenabwürfe auf Hiroshima und Nagasaki in das Pflaster unter den Rathausarkaden eingelassen. Da es aber bereits am 22. März der Hildesheimer Öffentlichkeit übergeben wurde, erinnert es auch an die Zerstörung Hildesheims. Es setzt die Ereignisse in Beziehung zueinander. Form, Lage und Größe erinnern an eine Grabstätte. Der schattenhafte Körper weckt Assoziationen an das Schattenreich des Todes. Schädel weist in seiner Projektskizze darauf hin, dass der Übergang des physischen Körpers in einen anderen Zustand, die Reduktion auf Lichtspuren und die Präsentation für das memento mori einer jeden Fotografie stehen, besonders aber für die Abbildung von Menschen. Die Metapher fand in Hiroshima und Nagasaki auf grauenhafte Weise ihre reale Entsprechung: Der atomare Lichtblitz bannte die Schatten von Menschen dauerhaft in das Straßenpflaster, so dass diese erhalten blieben, während die Körper in der nachfolgenden Hitzewelle vollständig verbrannten.

Die Technik des Fotogramms basiert auf der Tonwertumkehrung. Licht verwandelt sich auf dem Fotopapier in dunkle bis schwarze Flächen, der Schatten verändert das weiße Fotopapier nicht. Ein „positiver" Gegenstand bildet sich „negativ" ab. Beim Körperfotogramm werden nicht Gegenstände, sondern menschliche Körper direkt belichtet. Dadurch reduziert sich die plastische Form auf eine flächige Darstellung. Der individuelle Mensch wird abstrahiert und formalisiert – der moderne Krieg und die in ihm eingesetzten Massenvernichtungswaffen treffen unterschiedslos Kombattanten und Nichtkombattanten, Schuldige und Unschuldige. Sie entpersönlichen die Opfer.

Die Fotogramminstallation wurde bewusst als ephemeres, vergängliches Denkmal konzipiert. Damit lebt es – wie die Toten auch – nur in der Erinnerung weiter.

Objektgeschichte: Die Installation war Bestandteil eines Projektes, das die Hildesheimer Künstlergruppe „Zeitspuren" anlässlich der Gedenkfeierlichkeiten zum 22. März 1995 durchführte. Im Kulturausschuss regte das beratende Mitglied Ewald Breloer an, das Objekt über den 9. August hinaus zu erhalten und es mit einem erläuternden Text zu versehen. Der Kulturamts-

leiter Werner Rüdiger Stehr versprach, sich darum zu bemühen.[946]
Offenbar blieb Stehr erfolglos, denn die Installation wurde in Hildesheim im Herbst 1995 wieder entfernt. Anders in Hannover: Hier blieb eine ähnliche Fotogramminstallation vor dem neuen Rathaus erhalten. Auch in der Partnerstadt Hiroshima gibt es das Werk noch.[947]
Weitere Quellen: Henriette Steube, Kunst in der Stadt 1945 bis 1995, Hildesheim 1996, S. 83; Ditmar Schädel, Projektbeschreibung Fotogramminstallation am 22. März 1995, Manuskript im Besitz des Verfassers, Februar 1995; http://www.ditmar-schaedel.de/fotogramme/index.html (Zugriff: 9.2.2006)

1.23 Gedenktafel der Michaelis-Gemeinde für die Gefallenen des Ersten Weltkriegs

1. Standort

Im südwestlichen Flügel der Kirche in der Westwand

2. Beschreibung

Monumentale Gedenktafel mit den Namen von 114 Gefallenen aus der Gemeinde[948]
Maße (Breite, Höhe, Tiefe): unbekannt
Material: Elbsandstein
Zustand: mit der Kirche 1945 durch Bomben zerstört

3. Dokumentation

Auftraggeber: Kirchengemeinde
Einweihung: 31. Dezember 1919
Objektgeschichte: Die Enthüllung fand anlässlich des Silvestergottesdienstes statt. Die Gemeindeglieder, in Sonderheit aber die Angehörigen, hatten sich dazu in großer Zahl eingefunden. Pastor Kottmeier legte seinen Ausführungen das Bibelwort „Sei getreu bis in den Tod, so will ich dir die Krone des Lebens geben" zu Grunde und gab der Hoffnung Ausdruck, „dass die Gemeinde das Andenken dieser Helden immerdar hoch halten werde". Gesangsvorträge des Michelis-Kirchen-Orchesters sowie ein weiterer Vortrag von Martha Oppermann gestalteten die Feierstunde musikalisch.[949]

1.24 Ostpreußen-Gedenkstein

1. Standort

Im Liebesgrund an der Bundesstraße 1, ca. 50 m westlich der Kreuzung Kardinal-Bertram-Straße/Schützenallee

2. Beschreibung

Stele, die zur Straßenseite über dem Wappenzeichen Ostpreußens, der Elchschaufel, die Aufschrift „Bundesstraße 1" und darunter „Königsberg / 878 km" trägt. Zum Liebesgrund hin listet sie unter der Inschrift „Deutsche / Heimat / im Osten" die Städte Königsberg / Marienburg / Bromberg / Breslau / Küstrin / Stettin / Danzig / Oppeln / Eger". Zwischen der Widmung und den Städtenamen prangt ein Eichenblatt.
Maße (Breite, Höhe, Tiefe): unten 50 cm, oben 60 cm breit, 2,00 m hoch, 18 cm tief
Material: Salzhemmendorfer Dolomit
Technik: Steinmetzarbeit
Zustand: sehr gut

3. Dokumentation

Auftraggeber: sämtliche Hildesheimer Vertriebenenverbände
Hersteller (Entwurf, Ausführung): Steinmetzmeister Rudolf Schinzel (Hildes-heim/Sarstedt)
Entstehungszeit: 1957
Einweihung: 22. September 1957 („Tag der Heimat")
Deutung: Die Bundesstraße 1 durchquert das Land in Ost-West-Richtung von der polnischen

Abb. 22: Ansichtskarte mit Ostpreußen-Stein[9450]

Grenze an der Oder (Küstriner Vorland) bis Aachen an der Grenze zu den Niederlanden. Ursprünglich verlief sie als Reichsstraße 1 über 1.000 Kilometer durch Preußen von Königsberg über Berlin, Potsdam und Magdeburg bis Aachen. Sie entwickelte sich aus der „Via Regis", der ottonischen Königsstraße von Aachen nach Magdeburg.

Die B 1 endete bis 1990 in Helmstedt am Grenzübergang Marienborn und wurde dort zur Fernverkehrsstraße 1 der DDR. Bis Kaliningrad (Königsberg) führte sie über das Territorium Polens und der Sowjetunion. Im offiziellen Sprachgebrauch der Bundesrepublik Deutschland standen diese Gebiete bis 1971 unter polnischer bzw. sowjetischer Verwaltung.

Die Landsmannschaften reklamierten das Gebiet jenseits der Oder-Neiße-Linie als Teil Deutschlands, der zurückgegeben werden müsse. Die Bundesstraße 1 verband die „deutschen Ostgebiete" mit der Bundesrepublik Deutschland und schloss dabei die Deutsche Demokratische Republik, die lange als SBZ („Sowjetische Besatzungszone") oder „sog. DDR" bezeichnet wurde, gleich mit ein. Wie kein anderer Straßenzug symbolisierte die B 1 die deutsche Teilung und die deutsche Einheit gleichermaßen.

„Wie ein breites Band umschlingt sie also den freien Westen unseres Vaterlandes, die unfreie Sowjetzone und die unter fremder Verwaltung stehenden deutschen Ostgebiete. Symbolhaft soll durch diesen Stein der innigen Verbundenheit des freien Westens mit den unfreien Ostgebieten Ausdruck gegeben werden."[951] Dass es sich bei ihr um die verlängerte mittelalterliche Königsstraße handelt, erhöht ihren Symbolwert noch.

Zur Straße hin ist die Bedeutung des Gedenksteins nur zu erschließen – vordergründig weist er nur auf die Entfernung zur Stadt Königsberg hin. Die Rückseite enthält die vermittelte Botschaft. Der Stein soll die Erinnerung an die „deutsche Heimat im Osten" wach halten, an die durch den Zweiten Weltkrieg verlorenen Gebiete. Dabei repräsentieren die Städte frühere preußische Provinzen

Königsberg: Ostpreußen
Marienburg: Westpreußen
Bromberg: Westpreußen
Breslau: Schlesien
Küstrin: Pommern
Stettin: Pommern
Danzig: Westpreußen
Oppeln: (Ober-)Schlesien
Eger: Böhmen

Das Eichenblatt verweist auf die „deutsche" Eiche und drückt die Festigkeit des Bekenntnisses aus.

Der Stein fordert nicht zur Trauer über den erlittenen Verlust auf, sondern stellt sich trotzig an den Weg: Er nennt eine Kilometerzahl, die zum damaligen Zeitpunkt nur rückwärts gewandt bedeutsam war. Königsberg gab es nicht mehr und Kaliningrad war unerreichbar. Die Testatfunktion wird durch die Inschrift „Deutsche Heimat im Osten" zum trotzigen Bekenntnis, das der damals weit verbreiteten Formel „Dreigeteilt? Niemals!" entspricht. Der Begriff „Heimat" meint nicht den Herkunftsraum der Vertriebenen, sondern die Zugehörigkeit zum deutschen Kulturraum. Er enthält die Verpflichtung, für die Herstellung seiner Einheit zu sorgen. Die Gründe für die Abspaltung werden tabuisiert.

Objektgeschichte: Die Ankündigung des „Meilensteins für die Vertriebenen" erschien erstmals am 5. September 1957 in der Hildesheimer Allgemeinen Zeitung. Max Glowitz, 2. Vorsitzender der Landsmannschaft West- und Ostpreußen, teilte der Mitgliederversammlung auch den Standort an der B 1 am Hagentorwall, den Zeitpunkt am „Tag der Heimat", 11 Uhr, und die erwarteten Gäste – Oberbürgermeister Hunger, Oberstadtdirektor Kampf sowie Vertreter aus Rat und Stadtverwaltung – mit. Ursprünglich war als Aufstellungsort das Almstor vorgesehen, wovon man aber aus verkehrstechnischen Gründen abwich.[952]

Am 14./15. September 1957 griff die HAZ das Thema noch einmal auf. Mit dem schlichten Wegstein wolle man an die „z. Z. verlorenen deutschen Gebiete im Osten" erinnern. Der Redakteur schilderte auch die Symbolkraft der Bundesstraße 1 und des Meilensteins. Durch ihn bekundeten die Vertriebenenverbände, dass sie sich in der Grundforderung, dem Recht auf Heimat, einig sind.

Die Enthüllung des Steines nahm am „Tag der Heimat" bei strömendem Regen ein Junge aus der „Deutschen Jugend des Ostens" vor – symbolhaft, wie die HAZ anmerkte, für die Zukunft. Zur Denkmalsweihe hatte der Verband der Landsmannschaften alle Vertriebenenverbände eingeladen. Dicht gedrängt standen die Menschen, die der Vorsitzende der Landsmannschaften Karl Zehe begrüßte und deren zahlreiches Erscheinen er als „schönen Beweis gemeinsamer Heimatliebe" wertete. Gerade die Stadt Hildesheim bringe aus ihrer Tradition und aus ihrer Trauer um die Zerstörung Verständnis für die Forderung nach Rückgewinnung der deutschen Ostgebiete auf.

Zur Gedenkfeier trugen der Musikzug der Freiwilligen Feuerwehr Hildesheim und der Männer- und Frauenchor des Schubertbundes sowie die Deutsche Jugend des Ostens eine „würdige musikalische Umrahmung" bei. Carl Kliewer vom Stadttheater trug einen „Mahnruf" vor. Mittelschullehrer Marquardt hielt die Festrede, Senator Weis überbrachte in Vertretung des Oberbürgermeisters die Grüße der Stadt. Der gemeinsame Gesang des Deutschlandliedes beendete die Feierstunde, aus der der NDR am Montag Ausschnitte übertrug.[953]

Weitere Quellen: Protokoll des Verwaltungsausschusses am 16. September 1957, StAHi Bestand 103-10 Nr. 15, HAZ vom 18. September 1957 (mit Foto), HAZ vom 21./22. September 1957 (Aufruf mit Programmablauf), HP vom 14./15. September 1957

Abb. 23: Ehrentafel der Stadtverwaltung[954]

1.25 Rathaus

1.25.1 Ehrentafel der Stadtverwaltung Hildesheim für die Gefallenen des Ersten Weltkriegs

1. Standort

In der Rathaushalle

2. Beschreibung

Rechteckige, oben gewölbte Holztafel, in der unteren Hälfte seitlich und unten umrahmt mit einer fest gebundenen Lorbeergirlande aus der in die obere Hälfte links und rechts Eichenbäume wachsen, deren Kronen in der Mitte des oberen Randes ein Eisernes Kreuz im Ehrenkranz berühren. Im Eisernen Kreuz ist in der Ordensform dargestellt. In der Mitte des unteren Rands ist das Stadtwappen mit halbem Reichsadler zu sehen. Zwischen den Girlandenenden und den Eichenstämmen sind die Jahreszahlen 1914 (links) und 1915 (rechts) auf Schildern zu lesen.

Das Innere der Ehrentafel ist dreigeteilt: Das obere Rechteck liegt horizontal, die Oberkante ist nach oben gewölbt. In Majuskeln wurde die Widmung geschnitzt: „Ehrentafel / der gefallenen Beamten, Angestellten / und Arbeiter der Stadt Hildesheim".

Zwei vertikale Rechtecke enthalten in Fraktur die Namen von 32 Gefallenen: Friedrich Willuweit / Heinrich Stollberg / Friedrich Stümpel / Friedrich Heuer / Otto Koers / Franz Schmitz / Theodor Börsig / Georg Noelscher / Hermann Klages / Gustav Koch / Hermann Langner / Friedrich Kausche / Konstantin Seegers / Fritz Nölle / Engelbert Hogreve / Christoph Stephan // Johann Budde / Josef Lambrecht / Fritz Rode / Theodor Fröhlich / Wilhelm Rühmes / Heinrich Knolle / Friedrich Herwig / Julius Ulrich / Wilhelm Borchers / Ernst Kuchra / Emil Krebs / Heinrich Fricke / Wilhelm Schulle / Helmut Hensch / Bernhard Wöhning / Harry Kreykenbohm

Maße (Breite, Höhe, Tiefe): (im Foto im Verhältnis 15 : 21 dargestellt)
Material: Holz
Technik: Schnitztechnik
Zustand: zerstört

3. Dokumentation

Auftraggeber: Stadtverwaltung
Hersteller (Entwurf, Ausführung): unbekannt
Entstehungszeit: Dezember 1914 bis 1916
Einweihung: unbekannt
Deutung: Das Eiserne Kreuz im Ehrenkranz zeichnet Helden aus. Die seitlichen Eichen bilden kräftige Kronen aus, die in der Mitte beim Ehrenkranz zusammenwachsen. Aststümpfe am Stamm verweisen auf die „Gefällten". Die „Bäume des Lebens" wachsen weiter, weil sie beide in einer Lorbeergirlande wurzeln, die den gefallenen städtischen Beamten, Angestellten und Arbeitern von der Stadt angelegt wurde. Darin drückt sich das gegenseitige Treueverhältnis aus, zu dem die Stadtverwaltung ihren Teil beitragen will, aber auch das Bekenntnis zu einem Totenkult, der sich germanischer, organischer Stilelemente bedient. Der Krieg wird nur in der Bezeichnung „Gefallenen", in den Jahreszahlen und im Eisernen Kreuz wahrnehmbar, ansonsten tabuisiert ist. Die Vorlage dieser Tafel könnte eine städtische Ehrenurkunde für vorbildliche Pflichterfüllung gewesen sein.

Objektgeschichte: Am 22. Dezember 1914 beauftragte der Magistrat das Stadtbauamt mit dem Entwurf einer Tafel, auf der die Namen der gefallenen städtischen Beamten, Angestellten und Arbeiter nach den Todestagen geordnet verzeichnet sein sollten.[955]
Bei einer Umfrage der Zentralstelle des Deutschen Städtetages, die am 17. April 1920 unter allen Mitgliedstädten über 50.000 Einwohnern durchgeführt wurde, gab die Stadtverwaltung an, dass sie eine Gedenktafel für die Kommunalbediensteten für 200 Mark aufgehängt habe.[956] Die im Verwaltungsbericht der Stadt für die Zeit von 1914 bis 1928 abgebildete Tafel trägt die Jahreszahlen 1914 und 1915.[957] Genaue Angaben zu Beschaffenheit, Größe und Standort sowie über weitere Tafeln sind unbekannt. Bei dem genannten Preis von 200 Mark ist die Beschaffung weiterer Tafeln unwahrscheinlich. Anders als in den Berichtsbüchern anderer Einrichtungen (zum Beispiel Schulen) fehlt im Verwaltungsbericht der Jahre 1914 bis 1928 eine Liste der gefallenen städtischen Bediensteten. Drei in den Kriegsjahren verstorbene Beamte werden mit ihren Todestagen genannt.[958] Über das Schicksal der Angestellten und Arbeiter wird nichts erwähnt.

Ende November 1915 beantragte Prof. Dr. Mackel als Vorsitzender des „Ortsausschusses zur Errichtung eines Nagelungswahrzeichens", die „Anbringung von elf Nagelungsschildern in der Eingangshalle des Rathauses und eine damit organisch verbundene Ausschmückung der Halle".[959] Der gesamte Vorgang trägt den Bertreff „Umgestaltung der unteren Rathaushalle zu einer Gedenkhalle an den großen Krieg"[960] und beschreibt damit ein sehr ambitioniertes Ziel. Der Ausschuss dachte an etwas Bescheideneres: an ein schönes, aber schlichtes Nagelungswahrzeichen, das zum einen durch den Verkauf der Nägel Geld für die Unterstützung von Kriegerwitwen und -waisen zusammenbringt, zum anderen eine bleibende Erinnerung an die Zeit darstellt, „die in späteren Tagen sicherlich als das Heldenzeitalter des deutschen Volkes angesehen werden wird". Man schlug vor, elf Feldherrenschilder[961] mit Namen und Sprüchen, die sich auf den Krieg beziehen, „zwischen den Säulen der Vorhalle anzubringen und durch Umkleidung der jetzt vor den massiven Pfeilern vorgesetzten Holzstützen, sowie Anbringung von Wappenschildern der verbündeten Mächte einerseits und der deutschen Staaten andererseits mit der Architektur der Halle in organische Verbindung zu bringen." Die malerische Ausgestaltung sollte auch eine „große Ehrentafel der im großen Kriege gefallenen Hildesheimer Bürger aufnehmen", durch die die Halle zu einer Ruhmeshalle ausgebaut würde. Durch den Verkauf der veranschlagten 20.000 Nägel erhoffte man sich Einnahmen in Höhe von 18.000 Mark, die der Nationalspende der Hinterbliebenen gefallener Krieger zufließen sollten. Eiserne (schwarze), kupferne (rote), silberne (weiße) und goldene (gelb) Nägel sollten für 30 und 50 Pfennig sowie für eine und drei Mark angeboten werden. Die städtischen Kollegien stimmten der Anbringung und Umgestaltung am 16. November 1915 zu, beauftragten mit der Ausführung Direktor Sandtrock von der Kunstgewerbeschule und stellten dafür 12.000 Mark bereit.

Die Hildesheimsche Zeitung schrieb begeistert: „Nach den vielen unglücklichen Nagelungswahrzeichen, die in jüngster Zeit in verschiedenen deutschen Städten entstanden sind, wird sich Hildesheim rühmen können, mit der Verwirklichung dieses Planes ein vorbildliches Wahrzeichen zu erhalten. Wir erhalten in unserem Rathaus eine Ruhmeshalle, die den kommenden Generationen von dem Opfergeist und Gemeinsinn unserer Zeit berichten wird und ihnen bezeugt, dass auch in Hildesheim künstlerische Traditionen in dieser Zeit hochgehalten wurden." Zum Enthusiasmus der Presse passt auch der von der Redaktion genannte Betrag von 50.000 Mark der durch den Nagelverkauf erlöst werden sollte. Die Kosten wurden mit 12.000 Mark beziffert. Goldene Nägel sollten 10 Mark, silberne 5, kupferne 2 Mark kosten, schwarze 50 Pfennig.[962]

Da bereits am 4. Adventssonntag mit der Nagelung begonnen werden sollte, bat die Stadt den Provinzialkonservator Siebern mit Schreiben vom 24. November 1915 um Zustimmung. Die Ortsbesichtigung warf aber mehr Fragen auf, als dass sie zur Lösung beitrug. Ein umfangreicher Umgestaltungsplan wurde entwickelt, seine Überprüfung ergab erhebliche Auswirkungen auf die Statik, die den Einbau einer Stahlkonstruktion erforderte, durch die wiederum die Wandgemälde von Prof. Prell im oberen Rathaussaal in Mitleidenschaft gezogen worden wären. Prell forderte deshalb, die Zustimmung des Königlichen Kultusministeriums bzw. der Königlichen Akademie der Künste und der staatlichen Kunstkommission einzuholen. Der Oberbürgermeister, der dies dem Initiator Direktor Mackel am 21. Juli 1916 mitteilte, rechnete damit, dass sich die Angelegenheit deshalb noch lange hinziehen würde. Deshalb sollte – auf Anregung des Architekten Evers von der Handwerkerschule – ein Opferstock des Roten Kreuzes am 1. August 1916 „in aller Stille" vor dem Rathaus an einem der Steinpfeiler aufgestellt werden. Über die Presse sollte ein Spendenaufruf an die Bürgerschaft ergehen. Dieser erfolgte am 29. Juli 1916, verbunden mit der Aufforderung, eine Kriegspatenschaft für Kriegswaisen zu übernehmen[963] und mit der Ankündigung, dass der Magistrat künftig am 1. August die Gräber auf dem Ehrenfriedhof auf Kosten der Stadt schmücken lassen wird.[964] Den Opferstock lobte die Hildesheimsche Zeitung am 1. August als geschmackvoll und kunstreich. Der Entwurf stammte von Architekt Evers, Schlossermeister Feddeler fertigte die eiserne Kassette an, Architekt Küsthardt stellte den Sockel aus den Sandstein her, der aus den Steinbrüchen bei Eschershausen stammte. Der Sockel trug die Inschrift: „Gott bewahre uns vor Krieg!", auf dem Deckel der Kassette, den ein schwarzes Kreuz mit Eichenlaub zierte, war ein Schild angebracht, das auf den Zweck „Für die Kriegswaisen" hinwies.[965] Nach sechs Tagen wurden dem Opferstock 1.220,01 Mark entnommen, 13.480 Mark wurde beim Roten Kreuz für Patenschaften gezeichnet.[966] 18 Tage später waren der Opferstocksammlung 173,47 Mark hinzugefügt worden.[967]

Am 29. März 1917 wurde dem Provinzialkonservator mitgeteilt, dass sich die Angelegenheit erledigt habe.

1.25.2 Knochenhauer-Amtshaus-Relief in der Rathaushalle

1. Standort

in der Rathaushalle (Relief an der Nordseite, Wächter an der Südseite am Ausgang zur Lilie)

2. Beschreibung

Die Terrakotta-Plastik des Knochenhauer-Amtshauses ist farblich dem Original nachempfunden: das Fachwerk ist braun, die Fenster und der Giebel blaugrau eingefärbt. Vorlage war offen-

Abb. 24: Knochenhauer-Amtshaus-Relief[968]

bar die kolorierte Zeichnung, die Edwin Oppler 1853 anfertigte.[969] Links und rechts neben dem Sockel sind die Jahreszahlen 1529 und 1945 angegeben. An dem Pfeiler, der den hinteren Eingangsbereich von der Halle trennt, ist die Widmungstafel, ebenfalls aus Keramik, eingelassen „Gestiftet / von der / Industrie- und / Handelskammer / Süd-Hannover / Hildesheim / 1954".

Der Wächter ist dem Relief gegenüber an der Südwand angebracht, auf der Höhe der Empore. Er trägt eine goldleuchtende Rose auf der Brust, umfasst mit seinem Umhang eine Lanze. Dennoch wirkt er nicht wehrhaft, sondern sanft. Sein Körper ist völlig verhüllt, durch seine Stellung im Raum ähnelt er eher einem Engel.

Maße (Breite, Höhe, Tiefe): ca. 2,5 x 6 m
Material: Relief: Keramik, Wächter: Kupfer
Zustand: gut

3. Dokumentation

Auftraggeber: IHK
Hersteller (Entwurf, Ausführung): Bildhauer Otto Hohlt, Unterkatzbach/Inn (Keramik), Carl van Dornick (Figur), Firma Schulz (Leuchter – nach Dornicks Entwurf)

Abb. 25: Stadtwächter im Rathaus[970]

Entstehungszeit: 1954
Einweihung: 9. Mai 1954 (anlässlich der Einweihung des wiederaufgebauten Rathauses)
Deutung: Der Deutung, die in der Schenkungsurkunde enthalten ist, wurde bei der Übergabe der Geschenke an die Stadt noch einiges hinzugefügt. Das Knochenhauer-Amtshaus sei ein Symbol für die untergegangene Pracht der vielen Fachwerkbauten. Der Wächter solle die Entschlossenheit und den lebensbejahenden Willen verkörpern, den schweren, weiten Weg des Wiederaufbaus zu gehen, aber auch Liebe, Güte und Verstehen. Hervorgehoben wurde die Zeitlosigkeit der Figur. Die Kerze erinnere sowohl an das vernichtende Feuer aber auch an die lebenspendende Sonne.

Einen Wächter (und keinen Roland) zeigt auch der so genannte Roland-Brunnen vor dem Rathaus. Am Tempelhaus, über der Judenstraße, ist am Laternenhalter wieder wie zum Zeitpunkt der Zerstörung in durchbrochener Schrift der Spruch zu lesen „Wenn der Wächter / nicht wacht / wacht der / Dieb".

Von einem Totengedenken übermittelt der Chronist nichts. In den Ansprachen wurde wurde der untergegangenen Pracht des „Nürnberg des Nordens" gedacht. Die im Bombenhagel und unter den Trümmern umgekommenen Menschen wurden ebenso tabuisiert wie die historischen Umstände und Ursachen. Kurz vor der endgültigen Fertigstellung des historischen Marktplatzes 1994 fügte man eine Tafel in das Marktplatzpflaster ein, die die Erinnerung an die Zerstörung und an die Todesopfer wach halten soll.[971] In ihrer Rede erinnerte Bürgermeisterin Ilse Wittenberg 49 Jahre nach dem Inferno im März 1945 mit drastischen Worten an die 135 Menschen, die im Senking-Werk ums Leben kamen, und an die 1.645 Hildesheimer, die insgesamt im Luftkrieg starben: „Die Hölle hatte ihre Tore geöffnet. Die Opfer wurden verbrannt, verkohlt und zerstückelt."[972] Neun Jahre nach dem Untergang verschwieg man – zumindest bei dieser Gelegenheit – das Unheil und verklärte in Gestalt des Knochenhauer-Amtshauses (und des Stadtwächters) die gute alte Zeit. Die Jahreszahlen 1529 und 1945 – die „Lebensdaten" des Knochenhauer-Amtshauses – scheinen sie zu begrenzen.

Dennoch: Die Konservierung des Andenkens im Rathaus mutet wie Trauerarbeit an. 1949 hatte sich die Stadt bereits gegen den Wiederaufbau des Amtshauses und für eine Erweiterung des Marktplatzes ausgesprochen, mehrfach entschied sich der Rat gegen eine Rekonstruktion. Nur widerstrebend entschloss er sich 1953, die Bürgerschaft zu befragen. Die „große Lösung" fand eine deutliche Mehrheit. Wichtigster Befürworter des großen Marktplatzes, der das Knochenhauer-Amtshaus nicht vorsah, war Stadtbaudirektor Bernhard Haagen, der das symbolträchtige Replikat 1954 ins Rathaus holte.[973]

Objektgeschichte: Zur Wiedereröffnung des Rathauses hatte die Industrie- und Handelskammer Süd-Hannover Hildesheim der Stadt eine besondere Erinnerungs- und Gedächtnisstätte gestiftet. IHK-Präsident Morsch interpretierte die Schenkung in einer Urkunde, die er nach der Enthüllung verlas und Oberbürgermeister Hunger überreichte: „Anläßlich der Wiederherstellung unseres ehrwürdigen Rathauses will die Industrie- und Handelskammer für Südhannover zu Hildesheim ihrer Verbundenheit mit der Stadt sichtbaren Ausdruck verleihen. Das von dem Bildhauer und Keramiker Otto Hohlt entworfene und ausgeführte Kunstwerk an der Nordwand der Rathaushalle soll die Erinnerung an das dem Luftbombardement zum Opfer gefallene schönste Fachwerkhaus des Erdballs, das Knochenhaueramtshaus, und darüber hinaus an das unvergängliche herrliche Alt-Hildesheim wach halten.

Die von dem Bildhauer und Gold- und Silberschmied Carl van Dornick handgetriebene Kupferplastik eines Wächters und Beschützers soll Symbol eines gütigen, edlen, ritterlichen Menschentums sein, das in unserer Stadt nie verloren gehen möge.

Der von der Industrie- und Handelskammer ferner gestiftete Leuchter soll jedes Jahr am 22. März von dem Oberbürgermeister oder seinem Stellvertreter angezündet werden, der Einwohnerschaft zum Gedenken, der Jugend zur Mahnung!"[974]

Bei der Feier, die Oberstadtdirektor Dr. Sattler ausdrücklich nicht als „Einweihungsfeier" verstanden wissen wollte, weil insbesondere die Ratsetage noch nicht fertiggestellt war, wurde mehrfach auf die besonderen Verdienste des Stadtbaudirektors Haagen um die künstlerische Ausgestaltung der Rathaushalle hingewiesen.[975]

Der Wandschmuck und der Leuchter bilden eine Einheit den anderen Elementen: der aus farbigen Glasscheiben zusammengesetzten Fensterfront, den von van Dornick gestalteten Wandleuchtern und der ebenfalls von ihm geschaffenen Uhr, sowie den aufgehängten oder eingefügten Überresten aus Alt-Hildesheim.

1.25.3 Skulptur „Erinnerung" im Treppenhaus des Rathauses

1. Standort

Im Treppenhaus des historischen Rathauses zwischen zweiter und dritter Etage

2. Beschreibung

Ein vom Stamm einer Kastanie abgerissener Ast ist 150 cm von der Bruchstelle entfernt zersägt und an der Schnittstelle mit einem eisernen Reifen umschlossen worden. Im unteren Drittel sind charakteristische Gebäude der Städte Hildesheim und Neisse reliefartig geschnitzt worden. Die dargestellten Kirchen und das Knochenhauer-Amtshaus stehen in hoch lodernden Flammen. Vom brennenden Neisse aus flüchten Massen von Menschen zum brennenden Hildesheim, wo ihnen die Hand gereicht wird. Zwischen den Stadtbildern stehen am unteren Rand die eingeschnitzten Daten „22. + 23. März

Abb. 26: Skulptur „Erinnerung" im Rathaus[976]

1945". Neben den ineinander geschnitzten Initialen des Künstlers ist die Jahreszahl 1988 am unteren Rand zu lesen.
Maße (Breite, Höhe, Tiefe): Durchmesser unten: 40 cm; Sockel 45 x 10 x 45 cm; Skulptur: Höhe: 150 cm
Material: Kastanienholz; Sockel aus Sandstein
Technik: Schnitztechnik
Zustand: gut

3. Dokumentation

Auftraggeber:
Hersteller (Entwurf, Ausführung): Josef Franke[977]
Entstehungszeit: 1988
Einweihung: Aufstellung Juni 1988
Deutung: Der Untergang Hildesheims im Feuersturm des 22. März 1945, der in realistischer Darstellung in das Holz geschnitzt wurde, verbindet sich mit dem Untergang Neisses am 23. März 1945 zu einer Bilderfolge, die den Stamm umschließt. In seinem Brief an Oberbürgermeister Klemke lobte Ratsherr Hartmut Häger die Plastik als „die ausdrucksstärkste und gelungenste Realisation dieses leidvollen Ereignisses".[978]
Franke wählte ein symbolisches Material für seine Skulptur: einen Kastanienast, den der Sturm vom Stamm abgerissen hatte. Er stellte ihn gleichsam auf den Kopf, schnitzte das Inferno der Bruchstelle entgegen und ließ die Flammen eins werden mit dem zerfaserten Abriss. Zerstörung und Heimatlosigkeit verbinden sich in einer Ausdrucksform. Die Risse, die längs im Ast verlaufen, verweisen auf die innere Zerrissenheit der Menschen und die gesellschaftliche-politische Zerrissenheit der Welt 1986.
Josef Franke fügte der Skulptur einen Text hinzu, den er „Gedanken zu meiner Arbeit ‚Erinnerung'" nannte, und der neben der Skulptur im Rathaus aufgehängt wurde:
„Zerbrochener Baum, / abgerissen vom Lebenden, / in Teile geschnitten, / Deine Bruchstelle wie Feuer das / zum Himmel lodert. // Du warst mir Erinnerung / an damals vor über 40 Jahren, / als meine Stadt, die ich liebte, / in Flammen aufging. / An den Irrsinn, den viele Städte / vor ihr und nach ihr trafen. // Deine Risse sind wie das Symbol / für die damalige Zeit, / nicht minder für heute. / Risse die durch Länder gehen, / Risse, die Menschen trennen und vertreiben, / schier unüberbrückbare Risse, die / Einheimische von Flüchtlingen, / Schwarze von Weißen, / Reiche von Armen trennen. // Mögen Gebäude zerstört werden, mag vieles untergehen, / da wo ein Mensch dem andern, dem Fremden, / die Hand reicht, ist der Riss verschwunden, / ist eine Brücke gebaut, / da ist Heimat, da ist ein ehernes Band geschmiedet / das zusammenhält."[979]
Die Skulptur und der Text sind ästhetische Transformationen des Wortlauts der Urkunde vom 24. März 1952, mit der Hildesheim die Patenschaft für die Stadt Neisse übernommen hat.[980]
Objektgeschichte: Die Skulptur war Teil einer Ausstellung von Werken des gebürtigen Neissers Josef Frankes, die anlässlich des 40-jährigen Bestehens des Neisser Kultur- und Heimat-Bunds in der Kreissparkasse Hildesheim gezeigt wurde. Die Presse registrierte, dass insbesondere das Werk mit dem Titel „Erinnerung" beim Publikum großen Anklang gefunden hätte. Der SPD-Ratsherr Hartmut Häger habe in einem Brief an Oberbürgermeister Gerold Klemke angeregt, die Skulptur zu erwerben und – etwa im Rathaus – einer breiten Öffentlichkeit zugänglich zu machen.[981]
Nach Eingang des Schreibens verständigten sich der Oberbürgermeister und Oberstadtdirektor Dr. Wilhelm Buerstedde in einem Gespräch, an dem für die Neisser deren Bundesvorsitzender Hermann und aus Hildesheim Hans Pander, als Verwaltungsangestellter wie als gebürtiger Neisser, teilnahmen, grundsätzlich auf einen Ankauf. In der darauffolgenden Ratssitzung informierte Klemke den Rat am Schluss des vertraulichen Teils unter Tagesordnungspunkt 35, dass der Oberstadtdirektor und er beabsichtigten, die Plastik „Erinnerung" für 10.000 DM zu erwerben.[982] Dieser Betrag markierte die Untergrenze des Forderungsrahmens, der im Verlauf der Verhandlungen von 10.000 bis 20.000 DM reichte, so dass zwischenzeitlich auch eine Mitfinanzierung des Landkreises in Spiel gebracht wurde. Schließlich konnte Pander am 20. Juni den Ankauf zum genannten Preis in einem Aktenvermerk bestätigen.
Das Werk stand zunächst vor dem großen Sitzungssaal, danach kurzfristig in der Rathaushalle, schließlich fand es zwischen der zweiten und dritten Etage seinen heutigen Platz, umgeben von anderen Erinnerungsstücken aus Neisse.[983]

Anmerkungen

768 Die wortgetreue Abschrift des Gedenkbuchs besorgte Barbara Mönk.
769 An dieser Stelle übertrug der Schreiber das Todesdatum augenscheinlich falsch: statt 13 notierte er 15. Sechs Seiten weiter wiederholte er den Eintrag. Er korrigierte dabei nicht nur das Datum, sondern klärte auch über den ehrenhaften Grund der Hinrichtung auf.
770 Besuch am 13.8.2003.
771 HP v. 3.9.1962.
772 Gymnasium Andreanum, Jahresbericht 1965/1966, StadtA Hi Best. 552 Nr. 17.
773 HiZ v. 16.10.1923 (in der Beschreibung ist die Zahl 405 enthalten).
774 HAZ v. 17.1.1920.
775 Evangelisches Gemeindeblatt für Hildesheim Nr. 11, 15.2.1921, S. 3 f.
776 Hildesheimer Volksblatt v. 26.11.1923.
777 HiZ v. 26.11.1923.
778 HAZ v. 30.3.1922.
779 Hildesheimer Volksblatt v. 26.11.1923.
780 Villinger, St. Bernward in Hildesheim, S. 27.
781 Der Text wurde so von der HiZ v. 26.5.1920 überliefert.
782 HiZ v. 16.2.1915.
783 Die Vornamen wurden aus der „Festschrift zum 75-jähr. Gründungstag 19. und 20. Mai 1951 der Freiw. Feuerwehr der Stadt Hildesheim" (StadtA Hi Best. 14442, oh. Pag.) übernommen. Die abweichende Schreibweise der Nachnamen Kaiser und Popitz im Nachruf vom 17.12.1918 im Anzeigenteil der HiZ wurde dabei ignoriert. Darin wurden Diesing und Mennebröcker noch nicht erwähnt.
784 HiZ v. 2.5.1921.
785 HAZ v. 2.5.1921.
786 Freiwillige Feuerwehr Stadt Hildesheim, 1876-1987, S. 31.
787 Festschrift zum 100-jährigen Jubiläum 1976, StadtA Hi Best. 14714.
788 HiZ v. 4.6.1921 und 6.6.1921, HAZ v. 6.6.1921.
789 85 Jahre Deutsches Rotes Kreuz in Hildesheim, Oktober 1952, ohne Paginierung (S. 4-9), StAHi 14675. Ernst Ehrlicher wurde am 17.9.1909 in sein Amt eingeführt, aus dem er am 31.12.1937 ausschied. Arndt, Ehrlicher, S. 19 und 169.
790 HiZ v. 10.11.1915.
791 HAZ v. 12.1.1920.
792 HiZ vom 18.12.1922.
793 HiZ vom 18.12.1922. Diese Aufschrift nach Joh 15, 13 ist heute nicht mehr erhalten.
794 Der Zustand der Gedächtnisstätte wurde am 17.8.2000 beschrieben.
795 Um 1640 entstandenes Kirchenlied „Maria, breit den Mantel aus". In: „Gotteslob", Katholisches Gebet- und Gesangbuch, Hildesheim 1975 Nr. 595.
796 HiZ v. 2.5.1921.
797 HAZ v. 18.12.1922, HiZ v. 18.12.1922.
798 Postkarte an Fräulein H. Staepel, Pott Hilmessen, oh. Datum (s. Abbildung; Privatbesitz Häger).
799 Ernst Moritz Arndt, Gedichte, Faksimile der Ausgabe Leipzig 1850, Hildesheim 1983.
800 Vogeler, Kriegschronik, S. 101.
801 Hoffmann, Ein Krieg wird ausgestellt, S. 152 und 292, 7.2./20.
802 Ebd., S. 293, 7.2/21.
803 Vogeler, Kriegschronik, S. 163.
804 HiZ v. 5.4.1916.
805 Bistumsarchiv Hildesheim, Ortsakten, Hildesheim Hl. Kreuz Nr. 14.
806 Gotteslob, Katholisches Gebet- und Gesangbuch, Hildesheim 1975, S. 803.
807 Kloppenburg, Neueste Geschichte, S. 71.
808 Bericht von Pastor Buch an Generalvikariat v. 4.9.1921. Bistumsarchiv Hildesheim, Ortsakten, Hildesheim Hl. Kreuz Nr. 14, Blatt 9.
809 Kloppenburg, ebd.
810 Bericht von Pastor Buch an Generalvikariat v. 12.5.1921. Bistumsarchiv Hildesheim, Ortsakten, Hildesheim Hl. Kreuz Nr. 14, Blatt 3.
811 Bistumsarchiv Hildesheim, Ortsakten, Hildesheim Hl. Kreuz Nr. 14, Blatt 1.
812 Bistumsarchiv Hildesheim, Ortsakten, Hildesheim Hl. Kreuz Nr. 14, Blatt 6 f.
813 Bistumsarchiv Hildesheim, Ortsakten, Hildesheim Hl. Kreuz Nr. 14, Blätter 9-19.
814 HAZ v. 11.5.1920.
815 HAZ v. 22.6.1920.
816 Umdatierte Ansichtskarte aus Hildesheimer Heimat-Kalender 1971, S. 23.
817 Schneider, „... nicht umsonst gefallen"?, S. 66.
818 Lurz, Kriegerdenkmäler in Deutschland, Band 2, S. 186 f.
819 Lurz, Kriegerdenkmäler in Deutschland, Band 2, S. 207.
820 StadtA Hi Best. 799-9 Nr. 1, b1 und b2; StadtA Hi Best. 102 Nr. 10099.
821 Bericht über den Denkmalsbau, StadtA Hi Best. 799-9 Nr. 1.
822 StadtA Hi Best. 799-9 Nr. 1. Die hier zitierten Dokumente sind bei der Grundsteinlegung eingeschlossen worden.
823 HAZ v. 13.8.1874.
824 Bericht über den Denkmalsbau, ebd.
825 StadtA Hi Best. 102 Nr. 10099. Durch Gesetz vom 9.7.1873 war die Mark als Reichswährung eingeführt worden. 1 Thaler wurde gleich 3 Mark gesetzt. Bis 1876 durfte allerdings noch in der alten Währung abgerechnet werden. 1 Thaler hatte 30 Silbergroschen oder 360 Pfennige.
826 StadtA Hi Best. 102 Nr. 11379.
827 Ratsprotokoll v. 30.3.1939, Protokollband 1939, S. 200, StadtA Hi Best. 102/7396.
828 Liste der von der Stadt Hildesheim zurückerbetenen 1943 abgelieferten Bronzedenkmäler (v. 10.12.1948 – StadtA Hi Best. XIII/2b).
829 Protokoll des Ausschusses für Garten- und Friedhofsverwaltung v. 1.2.1956, StadtA Hi Best. 103-14 Nr. 8077.
830 StadtA Hi Best. 103 Nr. 8263, S. 145, HAZ vom 18.1.1957 „Kriegerdenkmal am Hohen Wall verschwindet".
831 HAZ v. 4.8.1936.
832 Die Beschreibung entspricht dem Zustand am 3.10.2000.
833 Hein, Hildesheimer Friedhöfe im Wandel der Zeiten, S. 85.
834 HAZ v. 24.5.1956: „Verschwindet das Denkmal?".
835 StadtA Hi Best. 103 Nr. 8263, S. 2.
836 Ebd., S. 4.
837 Ebd., S. 31.
838 Ebd., S. 86.
839 Ebd., S. 113.
840 Foto aus Hildesheimer Heimat-Kalender 1971, S. 23.
841 StadtA Hi Best. 103 Nr. 8263, S. 124.
842 Ebd., S. 127.
843 Ebd., S. 139.
844 Ebd., S. 145, HAZ vom 18.1.1957 „Kriegerdenkmal am Hohen Wall verschwindet".
845 Protokoll des Ausschusses für die Garten- und Friedhofsverwaltung v. 10.4.1959, StadtA Hi Best. 103-14 Nr. 8077.
846 StadtA Hi Best. 103 Nr. 8263, S. 146.

847 Ebd., S. 168 ff.
848 Protokoll des Ausschusses für die Garten- und Friedhofsverwaltung v. 13.5.1960, StadtA Hi Best. 103-14 Nr. 8077.
849 Ebd.
850 StadtA Hi Best. 103 Nr. 8263, S. 187.
851 HAZ v. 13.2.1961.
852 HAZ v. 25./26.2.1961.
853 HAZ v. 20.4.1961.
854 HAZ v. 18./19.11.1961.
855 Protokoll des Ausschusses für die Garten- und Friedhofsverwaltung v. 10.10.1962, StadtA Hi Best. 103-14 Nr. 8077; am 8.1.1963 bekräftigte er einstimmig seinen Beschluss.
856 Aus dem Friedhof war 1955 eine Grünanlage geworden.
857 HAZ vom 24.4.1963, „Standort gefunden".
858 Schriftwechsel zwischen Fröchtling und Dr. Zoder im StadtA Hi Best. 799-9 Nr. 1.
859 Aktenbestand der Denkmalspflege Stadt Hildesheim.
860 HAZ v. 7.7.1920.
861 HAZ v. 7.7.1920.
862 Bischöfliches Gymnasium Josephinum, 400 Jahre, Katalog zur Ausstellung, S. 41.
863 Herzig wurde 1913 erstes Ehrenmitglied des Vereins ehemaliger Josephiner. Gerlach/Seeland, Geschichte des Bischöflichen Gymnasium Josephinum, Band 2, S. 65.
864 25 Jahre Verein ehemaliger Josephiner, Feier des 25-jährigen Bestehens, 28. und 29. August 1933, Festschrift, S. 10.
865 Gerlach/Seeland, Geschichte des Bischöflichen Gymnasium Josephinum, Band 2, S. 8.
866 Besucht und fotografiert am 23.7.2001.
867 HP v. 1./2.9.1962.
868 Mdl. Auskunft von Johannes Gassmann am 10.3.2006.
869 Deutung von Oberstudienrat Bilitewski laut HAZ, 3. 9. 1962: Ausbau des Josephiums gefordert.
870 Schuljahresbericht 1962/63.
871 Bericht des Schulleiters OStD Georg Liebke am 23.7.2001.
872 Abb. der Tafel in: Festschrift 100 Jahre Junggesellen-Kompanie e. V. Hildesheim, S. 37.
873 Die Festschrift von 1931 nennt auf S. 39 als Jahr der Einweihung 1920.
874 Festschrift von 1931, S. 39.
875 HAZ v. 12.12.1919.
876 HiZ v. 12.2.1921.
877 HAZ v. 14.2.1921.
878 HiZ v. 2.3.1926.
879 HiZ v. 7.8.1920.
880 Beschrieben nach einem Foto von Horst Schiller.
881 Skizze im StadtA Hi Best. 102 Nr. 11440.
882 Den Hinweis auf Otto Schiller gab sein Sohn Horst. Schiller arbeitete mit Ellerbrock zusammen.
883 Foto in StadtA Hi Best. 951 Nr. 8469, alle anderen Schriftstücke in Bestand 102 Nr. 11440.
884 Ankündigung in HiZ v. 22.7.1929, Bericht über die Einweihung in HiZ v. 9.9.1929.
885 Schreiben von Siebern an den Magistrat in Hildesheim vom 24.8.1929, StadtA Hi Best. 102 Nr. 11440.
886 HiZ v. 9.9.1929.
887 HiZ v. 22.2.1932.
888 Die Kunstschaffenden hatten von vornherein die Auflage, zusammen mit ihren Entwürfen knappe schriftliche Interpretationshilfen abzugeben. Auf diese Ausführungen nimmt die nachfolgende knappe Einführung in die jeweiligen Bildwelten der Nordfassade Bezug.
889 Krause, Krieg und Frieden, S. 8.
890 Krause, Krieg und Frieden, S. 9.
891 Krause, Krieg und Frieden, S. 9. Die Texttafeln kommentiert ausführlich Helga Stein auf den Seiten 38-43 derselben Veröffentlichung.
892 Eine DM entspricht ca. 0,51 Euro.
893 Rump, „Ein immerhin merkwürdiges Haus", S. 214, 216 und 257.
894 Krause, a. a. O., S. 6-7. Siehe auch Krause, Krieg und Frieden, S. 7 ff.
895 HAZ, 15.12.1919.
896 HiZ v. 8.3.1916.
897 HAZ v. 16.4.1920.
898 HAZ v. 3.8.1920.
899 HAZ v. 8.11.1921.
900 HiZ v. 17.11.1927.
901 HAZ v. 28.11.1921.
902 HAZ v. 2.11.1936.
903 Foto v. 2.7.2001.
904 Kunstinventar der Pfarrkirche St. Magdalenen und der Bernwardsgruft (St. Michael) in Hildesheim, 1994, Bistumsarchiv Hildesheim, S. 24; HiZ v. 16.6.1924.
905 HiZ v. 16.6.1924.
906 Besuch am 2.7.2001.
907 Anneliese v. Merkl-Zeppenfeldt, Ein Leben für die Hildesheimer Kunst. In: HAZ v. 9.7.1962.
908 Gebauer, Geschichte der Stadt Hildesheim, Band I, S. 80.
909 HiZ v. 31.1.1924.
910 HiZ v. 13.6.1924.
911 HiZ v. 16.6.1924.
912 Foto in HAZ v. 16.8.2003.
913 Initiative Bürger helfen ihrer Stadt, Für unser Hildesheim, S. 44.
914 Rump, „Ein immerhin merkwürdiges Haus", S. 254 ff.
915 Eine DM entspricht ca. 0,51 Euro.
916 HiZ v. 18.11.1985.
917 Foto aus dem Privatbesitz von Manfred Oppermann.
918 Nach Auskunft des Bereichsleiters des Fachbereichs Grünflächen und Friedhöfe der Stadtverwaltung Hildesheim, Karsten Boldte, am 24.9.2004 wurde die Linde am 26. November 1985 um 7.30 Uhr gepflanzt. Vermerk vom 28.11.1985 v. StA 67.
919 Alle zitierten Schriftstücke sind Bestandteile der Akte beim Fachbereich Grün: „Straßenbäume. Marktplatz (Linde), 67 13 01".
920 Mündliche Auskunft von Manfred Oppermann am 28.8.2003.
921 Vom 19. bis 22. April 1990 feierte die Bevölkerung den Marktplatz mit einem historischen Stadtfest.
922 Alle zitierten Schriftstücke sind Bestandteile der Akte beim Fachbereich Grün: „Entwurf, Ausführung und Unterhaltung der Grünanlagen, Marktstr./Marktplatz, Band 2, 67 11 01"
923 HAZ v. 5.4.1990.
924 Fotografiert am 19.7.2001.
925 Steube, Kunst in der Stadt, S. 29.
926 Rump, „Ein immerhin merkwürdiges Haus", S. 257 (Sie kostete insgesamt 802.000 DM, also ca. 410.000 Euro, S. 213).
927 Neumann, Shifting Memories, S. 91.
928 Ebd.
929 Niederschrift über die Sitzung des Rates der Stadt Hildesheim vom 5.2.1990, S. 22.
930 HAZ v. 21.3.1990; Niederschrift über die Sitzung des Rates der Stadt Hildesheim vom 19.3.1990, S. 20.
931 Niederschrift über die Sitzung des Rates der Stadt Hildesheim vom 11.6.1990, S. 22.
932 Kulturausschussprotokoll v. 31.8.1990.

933 Anlage zur Niederschrift der Kulturausschusssitzung v. 17.10.1990; StadtA Hi Best. 104-42 Nr. 2607.
934 Kulturausschussprotokoll v. 17.10.1990.
935 Die Verwaltungsvorgänge sind im Fachbereich Kultur der Stadtverwaltung Hildesheim in der Akte „Denkmäler und Gedenktafeln", 21.6.1990, Az. 41-61 dokumentiert.
936 Kulturausschussprotokoll v. 9.9.1991.
937 Kulturausschussprotokoll v. 31.1.1992, Top 9, StadtA Hi Best. 104-41 Nr. 5816.
938 Kulturausschussprotokoll v. 23.9.1992, Top 11, StadtA Hi Best. 104-41 Nr. 5816.
939 Mdl. Auskunft von Werner Rüdiger Stehr am 28.9.2004.
940 Haushaltsstelle 2.3600.901.94001.3.
941 HAZ v. 16.3.1994.
942 Foto von Ditmar Schädel, zugesandt am 20.10.2004.
943 Weitere Arbeiten Schädels sind vor dem neuen Rathaus in Hannover, in der Gedenkstätte Hiroshima/Japan und auf dem Campus der Universiät Duisburg-Essen realisiert.
944 http://home.snafu.de/veith/Texte/509th.htm; Zugriff: 31.10.2004); die kursive Ergänzung stammt von http://bs.cyty.com/kirche-von-unten/archiv/gesch/refgew.htm (Zugriff: 31.10.2004). Henriette Steube schreibt das Zitat Paul Tibbets zu.
945 Am 9. August 1945 zerstörte die Atombombe „Fat Man" Nagasaki; 70.000 Menschen starben sofort, fast genauso viele erlagen den Folgen.
946 Niederschrift der Kulturausschusssitzung v. 14.6.1995, TOP 7a, S. 10 (StadtA Hi Best. 104-41 Nr. 5815).
947 Auskunft von Ditmar Schaedel am 20.10.2004; die Hildesheimer Installation befindet sich heute im Besitz des Künstlers.
948 Nach Kloppenburg ehrte die Gemeinde ihre 117 gefallenen Mitglieder durch eine ornamentale Ehrentafel im Südwestflügel der Kirche. Die Kosten gibt er mit 7.200 Mark an. Ders., Neueste Geschichte, S. 51.
949 HAZ v. 2.1.1920.
950 Foto-Wehmeyer, undatierte Ansichtskarte, Privatbesitz. Zur Verfügung gestellt vom Bund der Vertriebenen, Hildesheim, Frau Kiefer, am 21.1.2004.
951 HAZ v. 14./15.9.1957.
952 HP v. 6.9.1957.
953 HP und HAZ v. 23.9.1957.
954 Verwaltungsbericht der Stadt Hildesheim für die Zeit vom 1. April 1914 bis 31. März 1928, nach Seite 66.
955 HiZ v. 23.12.1914.
956 Lurz, Kriegerdenkmäler in Deutschland, Band 4, S. 28.
957 Verwaltungsbericht der Stadt Hildesheim für die Zeit vom 1. April 1914 bis 31. März 1928, nach Seite 66.
958 Ebd., S. 55. Ehrlicher schilderte den Städtischen Kollegien am 26.3.1916 die aktuelle Personalsituation der Stadtverwaltung. Danach bestand die Verwaltung aus 326 Beamten und Angestellten, darunter 100 weibliche Hilfskräfte. 98 Beamte und 56 Lehrkräfte leisteten Kriegsdienst, 14 Beamte und 5 Lehrer waren gefallen. Vogeler, Kriegschronik, S. 270.
959 Ausführlicher Bericht über das Nagelungswahrzeichen im Rathaus in HiZ v. 23.11.1915.
960 StadtA Hi Best. 102 Nr. 11293.
961 Sie sollten „Heer- und Volksführern des Weltkriegs" gewidmet werden und ihre Namen sowie ein Eisernes Kreuz tragen.
962 HiZ v. 23.11.1915.
963 Die auf Versicherungsbasis zu übernehmende Kriegspatenschaft wurde in der HiZ v. 10.8.1916 ausführlich erläutert.
964 HiZ v. 29.7.1916.
965 Vogeler, Kriegschronik, S. 190, Foto nach S. 296.

966 HiZ v. 11.8.1916.
967 HiZ v. 30.8.1916.
968 Fotografiert am 22.10.2004.
969 Abgebildet in: Dietrich Klose, Arbeitsprozesse zum Wiederaufbau des Knochenhauer-Amtshauses und des Bäckeramtshauses. In: Der Marktplatz zu Hildesheim, S. 103.
970 Fotografiert am 22.10.2004.
971 II 1.22.2.
972 HAZ v. 23.3.1994.
973 Daten nach Rump, „Ein immerhin merkwürdiges Haus", 1995, S. 248.
974 HAZ v. 10.5.1954.
975 HAZ v. 10.5.1954.
976 Fotografiert am 22.10.2004.
977 Geb. 1921 in Neisse, erhielt 1986 den Kulturpreis des Neisser Kultur- und Heimatbundes.
978 HAZ v. 7.6.1988.
979 Josef Franke Bildhauer, Katalog zur Sonderausstellung zu „40 Jahre Neisser Kultur- und Heimatbund" vom 24. Mai bis 3. Juni 1988 in der Kreissparkasse Hildesheim, o. P.
980 Abgedruckt in Trouw, Neisse-Hildesheim.
981 HAZ v. 7.6.1988.
982 Protokoll der Ratssitzung am 13. Juni 1988.
983 Mdl. Mitteilung von Hans Pander am 26.10.2004.

2 Neustadt

2.1 Gedächtnisstätten in der St.-Lamberti-Kirche

2.1.1 Gedächtnisstätte für die Gefallenen des Ersten Weltkriegs

1. Standort

Im rechten Teil des Kirchenschiffs

Abb. 27: Ehrentafel der St.-Lamberti-Kirche[984]

2. Beschreibung

Die monumentale Ehrentafel enthielt 208 Namen.[985]
Material: Holz
Zustand: zerstört

3. Dokumentation

Auftraggeber: Kirchenvorstand
Hersteller (Entwurf, Ausführung): Hildesheimer Handwerker
Entstehungszeit: 1919-1921
Einweihung: 22. Mai 1921
Objektgeschichte: Am 22. November 1919 kündigte der Kirchenvorstand von St. Lamberti durch Zeitungsanzeigen[986] an, „das Gedächtnis der dem Weltkriege zum Opfer gefallenen Gemeindeglieder ... durch eine in der Lambertikirche lebendig erhalten" zu wollen. Im Opfermannhaus, Neustädter Markt 37, werde „von heute an" ein alphabetisches Verzeichnis der Gefallenen und im Krieg Verstorbenen entsprechend den Eintragungen im Kirchenbuch ausgelegt. Drei Wochen lang bestand Gelegenheit zur Einsichtnahme, zur Korrektur und zur Vervollständigung.
Die Einweihungsfeier fand im Rahmen des Vormittagsgottesdienstes unter Mitwirkung des St.-Lamberti-Kirchenchors und des Männerchors des Arbeiter-Bildungs-Vereins statt. Die Kriegervereine entsandten größere Fahnendeputationen in die ehemalige Garnisonskirche.[987]

2.1.2 Glocke zum Gedenken an die Gefallenen des Ersten Weltkriegs

1. Standort
Glockenstuhl im Turm der St.-Lamberti-Kirche

2. Beschreibung

Von drei Glocken die mittlere
Material: Guss
Zustand: zerstört

3. Dokumentation

Auftraggeber: Kirchenvorstand
Hersteller (Entwurf, Ausführung): unbekannt
Entstehungszeit: März/April 1927
Einweihung: 3. April 1927
Objektgeschichte: Am 27. März 1927 wurden drei neue Kirchenglocken feierlich eingeholt. Pastor Kaune gab der mittleren den Namen „Kriegergedächtnisglocke", während die größte „Christusglocke" und die kleinste „Lutherglocke" genannt wurde. Die Glockenweihe fand am Sonntag, dem 3. April statt.[988]

2.1.3 Überrest an der Südostseite zum Gedenken an die Kriegsopfer

1. Standort

Ruine der ehemaligen Sakristei an der Südostseite der St.-Lamberti-Kirche (Goschenstraße)

2. Beschreibung

Hochragender Ruinenrest mit Brandschwärzungen und Einschusslöchern. Eine an der Bushaltestelle Goschenstraße pultförmig aufgestellte Tafel erläutert den Sinn des Relikts: „Ruine

Abb. 28: Ruinenrest der Sakristei [989]

der Sakristei / Die Ruine der spätgotischen / zweigeschossigen Sakristei von 1482. / Sie ist ein Überrest der am 22. Februar 1945 / von Bomben zerstörten St.-Lamberti-Kirche. / Sie soll an die Opfer des Krieges erinnern / und zur Wahrung des Friedens mahnen." Über der Kopfzeile verläuft waagerecht eine weiße Line, die rechts das Stadtwappen durchschneidet.

3. Dokumentation

Auftraggeber: Kirchenvorstand
Entstehungszeit: 1950-1952; 2006
Einweihung: 12. Oktober 1952 (Einweihung der Lambertikirche); 22. Februar 2006 (Aufstellung der Erläuterungstafel)
Deutung: Die Ruine der spätgotischen zweigeschossigen Sakristei sollte – dem Pressebericht zufolge – „als lebendige Erinnerung an die furchtbaren Wunden des Krieges" stehen bleiben. Der Entschluss, authentische Reste schrecklicher Ereignisse der Nachwelt zu überliefern, findet in Berlin (Kaiser-Wilhelm-Gedächtnis-Kirche, 1961) oder Coventry (Kathedrale, 1962) berühmte Ebenbilder. Allerdings gibt es dort künstlerische Ergänzungen, Dokumente oder Erläuterungen. Denkmäler dieser Art testieren und tradieren das Geschehene unmittelbar. Sie wecken bei Zeitgenossen Erinnerungen an das Erlittene.
Objektgeschichte: Am 22. Februar 1945 wurde die St.-Lamberti-Kirche ein Opfer der Bomben. Die Ruine der Sakristei erinnert an die Zerstörung. Es war geplant, aus ihr später eine Stätte des Gedenkens an die Gefallenen und die Bombenopfer der Gemeinde werden zu lassen.[990] Am 61. Jahrestag der Zerstörung stellte der Heimat- und Geschichtsverein vor dem Überrest eine Erläuterungstafel auf. Den Text verfasste Elisabeth Kampen, das Schild fertigte die Firma Obornik an.[991]
Weitere Quelle: Kirchenvorstand der Ev.-luth. Kirchengemeinde St. Lamberti Hildesheim, St. Lamberti zu Hildesheim, Hildesheim 2001, S. 8.

2.1.4 Gedächtnisstätte für die Gefallenen beider Weltkriege

1. Standort

Im Torraum, dem Haupteingang der St.-Lamberti-Kirche

2. Beschreibung

An der nördlichen Seite des Torraums steht ein Schrein, der einem Haus aus Glas mit spitzem Giebel aus Messing nachgebildet ist. Auch der Rahmen der Glaswände ist aus Messing.

Abb. 29: Gedächtnisstätte im Torraum [992]

Die Konsole, auf der der Schrein steht, besteht aus einer Steinplatte. Links und rechts des Tisches ragt je ein Kerzenhalter in den Raum. Der Fußboden ist mit Terrakottaplatten ausgelegt. Beiderseits des Schreines steht ein Blumenständer mit bepflanzten runden Terrakottaschalen.

Der Innenraum des Schreins wird von einer glockenförmigen Pendellampe beleuchtet. In ihm liegt auf einem Lesepult ein ca. DIN A 4 großes Buch mit schwarzem Ledereinband, das unter den rot geschriebenen Kalendertagen den Vor- und Nachnamen, den militärischen Dienstgrad (bzw. Berufsbezeichnung oder gesellschaftliche Stellung), das Alter, das Todesdatum und den Todesort enthält – sofern diese Daten bekannt sind. Eingetragen sind die Toten beider Weltkriege. Später bekannt gewordene wurden mit anderer Schrift nachgetragen. Mindestens vier Namen kommen zweimal vor – unter verschiedenen Todesdaten.

Die aufgeschlagenen Buchseiten entsprechen dem aktuellen Datum.

Abschrift der Eintragungen[993]:

3. Januar / Friedrich Husmann / gef. 3.1.1915 // 4. Januar / Herbert Geese / geb. 14.10.21, gef. 4.1.1944 / Mogilew Ronim Staryj Bychrow // 5. Januar / Friedrich Störmer, Gefreiter, / geb. 21.3.12, gest. 5.1.42, Rußland, Feldlaz. / Artur Dedecke, Sonderführer, Dolmetscher / 45 Jahre, gest. 5.1.43 / Gustav Grube, Gefreiter / geb. 14.5.19, gef. b. Luftangr. in Stettin 5.1.44 // 6. Januar / Otto Rawohl, Uffz. / gef. 6.1.45 // 8. Januar / Wilhelm Verbarg, Obergefreiter / 33 Jahre, gef. 8.1.43 im Osten // 9. Januar / Heinz Kahle, Schütze / geb. 14.6.20, gest. 9.1.42 vor Leningrad / Walter Küster, Grenadier / 19 Jahre, gef. 9.1.44 im Osten // Willi Kahle, Soldat / 21 Jahre, vermißt bei Starobelsk / im Januar 1943, vor Stalingrad // 10. Januar / Walter Maibaum, Oberleutnant / geb. 21.4.14, gef. 10.1.43 Nowegoake, Rußl. // Wilhelm Börner, Hauptfeldwebel / 27 Jahre, gef. 10.1.42 b. Jegorzewskoje, Rußl. // Martin Grube, Stabsgefreiter / geb. 26.5.12, gef. 10.1.44 Vicopol / Rußl. // 11. Januar / Heinrich Stille / gef. 11.1.17 // 12. Januar / Georg Nüller, Meldereiter / geb. 18.11.19, gef. 12.1.42, Medyn / Rußl. / Herbert Gellert, Uffz. / 24 Jahre, gef. 12.1.44 i. Osten // Kurt Trümper, Uffz. / 27 Jahre, gef. 22.1.45 im Osten // 13. Januar / Albert Söhle / gef. 13.1.15 // Karl Horst, Oberkanonier / 28 Jahre, gest. 13.1.42 Feldlaz.

Abb. 30: Aufgeschlagenes Ehrenbuch[994]

im Osten // Georg Müller, Soldat / geb. 18.11.19, gef. 13.1.42 im Osten // 16. Januar / Hermann Schriever, Oberstleutnant / geb. 21.4.1896 / vermißt seit 16.1.1945 im Osten // 17. Januar / Martin Crusius, Oberleutnant / geb. 30.8.19, gef. 17.1.42 Stalingrad // 18. Januar / Alfred Schirmer, Pionier / 23 Jahre, gest. 18.1.43 im Osten // 20. Januar / August Krawutschke, Gefreiter / 35 Jahre, gest. 20.1.43 im Osten // 21. Januar / Karl Kreitlow / geb. 19.5.01, gef. 21.1.43, Kossosch a.Don // 22. Januar / Werner Scheilke, Leutnant / geb. 15.5.21, gef. 22.1.42 b. Rshew/Wolga / Walter Hölscher, Flieger Uffz. / geb. 22.8.20, gef. 22.1.43 Tunis/Afr. / Hans-Joachim Altmann, Oberleutnant / geb. 6.3.23, gef. 22.1.45 b. Kalisch / Kurt Trümper, Uffz. / geb. 10.12.17, gest. 22.1.45 Lazarett Rab/Ung. // 24. Januar / Walter Hölscher, Uffz. / geb. 22.8.20, gef. 24.1.43 Afrika // 25. Januar / Albert Rohrbach, Schütze / geb. 21.4.07, gef. 25.1.44 Res.Laz. i. Osten / Walter Rupprecht, Gefreiter / geb. 6.7.23, gef. 25.1.44 im Osten / Heinz Bock, Obergrenadier / geb. 29.3.26, gef. 25.1.45 / Richard Bunge / geb. 20.8.23, gef. 25.1.45 Ostpr. // 26. Januar / Wilhelm Sander / geb. 26.4.12, gef. 26.1.48 // 27. Januar / Christel Bollwage, Stabsgefreiter / geb. 14.11.17, gef. 27.1.45 b. Radon // 28. Januar / Kurt Fischer, Leutnant / geb. 15.11.06, gef. 28.1.45 Plantlünne // 29. Januar / Hermann Jentsch, Oberltn. u. Komp.Führer / geb. 7.10.99, gef. 29.1.45 v. Aachen // 30. Januar / Heinz Rennard, Waffen-Uffz. / 27 Jahre, gef. 30.1.42 im Osten / Ernst-August Grünfeldt, Gefreiter / 31 Jahre, gef. 30.1.44 im Osten // Januar / Willi Hellberg / geb. 30.3.12, gef. 1.45 / Karl Welge, Feldwebel / geb.

10.3.10, gest. 1.47 russ. Gefangensch. // 1. Februar / Helmut Friedrich, Uffz. / 21 Jahre, gef. 1.2.44 im Osten / Theodor Wolf, Soldat / 23 Jahre, gef. 1.2.44 im Osten /Gotthart Roediger, Oberfeldwebel / geb. 4.9.18, gef. 1.2.45 b. Züllichau // 2. Februar / Martin Rinker, Schütze / geb. 20.12.12, gef. 2.2.42 Lennuca/Rußl. / Hugo Orzikowski / geb. 21.12.08, verm. seit 2.2.45 // 3. Februar / Willi Steinmetz, Uffz. / 30 Jahre, gef. 3.2.44 im Osten // 4. Februar / August Marhauer, Obergefreiter / 28 Jahre, gef. 4.2.42 im Osten / Karl Germer, Uffz. / geb. 28.3.05, gest. 4.2.43 in Hamburg // 6. Januar / Alfred Oppermann, Masch.Ob.Gefreiter / geb. 19.2.23, gef. 6.2.44 Südatlantik // 7. Februar / Ernst Otto / gef. 7.2.15 / Hans Gelpke / geb. 26.11.92, gef. 7.2.16 b. Reims / Heinrich Wesseloh, Feldwebel / geb. 18.1.14, gest. 7.2.45 in russ. Gefangensch. // 8. Februar / Karl Börning, Uffz. / geb. 10.5.93, gef. 8.2.18 // 9. Februar / Albert Kreitz, Obergefreiter / gef. 9.2.45 im Osten // 10. Februar / Moritz von Drigalski / gef. 10.2.15 / Adeli Olssen / geb. 13.3.25, gef. 10.2.44 in Braunschweig // 13. Februar / Martin Kienscherf, Gefreiter / geb. 22.10.09, gef. 13.2.42 Neu-Kiritschi/Rußl. /Ursula Sonnemann, geb. Killburger, geb. 12.5.05 / Brigitte Sonnemann, geb. 4.3.28 / Renate Sonnemann, geb. 19.4.31 / gef. durch Bomben auf Dresden 13.2.45 // 14. Februar / Julius Hellberg, Obergefreiter / geb. 27.3.09, gef. 14.2.44 Witebs, Rußl. / Herbert Winter, Oberleutnant / geb. 2.11.08, gef. 14.2.44 Auwere/Narwa. // 15. Februar / Friedrich Huter, Jäger / geb. 18.12.81, gest. 15.2.15 i. Laz. bei Reims / Wolfgang Dammann, Uffz. / geb. 13.1.16, gef. 15.2.42 b. Moskau // 16. Februar / Karl Linne / geb. 2.1.02, gef. 16.2.45 b. Königsdubrau // 17. Februar / Wilhelm Gustke, Oberwachtmeister / geb. 21.3.15, gef. 17.2.42 Ladogasee // 18. Februar / Albert Howind / gef. 18.2.16 / Johann Korpf, Obergrenadier / 32 Jahre, gef. 18.2.43 im Osten / Walter Dreßler, Leutnant / geb. 30.12.20, gef. 18.2.45 Amstetten // 19. Februar / August Harrigfeld, Gefreiter / 30 Jahre, gest. 19.2.43 im Osten // 20. Februar / Fritz Altenhof / gef. 20.2.15 / Helmut Kruse / geb. 29.1.11, gef. 20.2.44 Rußland // 22. Februar / Gef. beim Bombenangriff auf Hildesheim / Anna Breitmeyer, geb. Weiterer, 47 Jahre / Emilie Braun, geb. Breitmeyer, 23 Jahre / Elisabeth Pellart, geb. Opitz, 42 Jahre / Marlis Pellart, 17 Jahre / Kind Ludwig Pellart, 11 Jahre / Kind Bärbel Pellart, 3 Jahre / Louise Math. Machens, geb. Caspari, geb. 1.6.98 / Luise Schultze, geb. Toepfer, geb. 16.7.66 / Eleonore Gassen, geb. Hülser, geb. 18.9.07 / Klaus Gassen, geb. 9.4.38 / Heinrich Otto, geb. 30.11.1896 / Lina Wiechmann, geb. Leweke, geb. 20.11.77 / Marie Jentsch, geb. 10.4.35 / Wilhelm Aschemann, 49 Jahre / Helmi Bartsch, geb. Brandes / Heinrich Wille, orthop. Mechan. Mstr., 41 Jahre / Elly Wille, geb. Bense, geb. 11.6.07 / Kind Uta Wille, geb. 27.1.39 / Kind Hans-Joachim Wille, geb. 7.9.42 / Karl Ihlemann, Dr. phil., 60 Jahre / Elisabeth Schwetje, geb. v. Soest, 32 Jahre / Kind Sigrid Schwetje, 13 Jahre / Kind Ingeburg Schwetje, 10 Jahre // 22. Februar / Gef. beim Bombenangriff auf Hildesheim / Kind Adolf Schwetje, 7 Jahre / Kind Manfred Schwetje, 3 Jahre / Anna Gutenberger, geb. Weber / Ilse Gutenberger, 17 Jahre / Mimi Buse, geb. Wehmeier, 41 Jahre / Lisa Buse, geb. 27.12.25 / Heini Buse, Arbeiter, geb. 26.6.05 / Wilhelm Heydecke, geb. 2.8.71 / Wilma Heydecke, geb. 18.6.13 / Ella Ortgieß, geb. Peetz, 42 Jahre / Erika Ortgieß / Frieda Wiesenhöfer, geb. Wenzel, geb. 17.5.03 / Wilhelmine Bühsig, geb. Laue, geb. 22.11.70 / Anneliese Bühsig, geb. Bromme, geb. 1906 / Herm. Johannsen, Eisenbahnbeamter, 10.8.87 / Anna Oppermann, geb. Nienstedt, geb. 26.2.81 / Frau Auguste Bartel, geb. 7.3.77 / Kind Lieselotte Brümmer, geb. 10.1.34 / Emmi Strube, geb. Lauenstein, geb. 30.8.98 / Anna Stoffregen, geb. Budde, geb. 31.8.00 / Kind Gisela Stoffregen, geb. 20.6.35 / Lieselotte Bohm, geb. Dahle, geb. 8.9.16 / Lisa Hennies, 78 Jahre // 22. Februar / Gef. beim Bombenangriff auf Hildesheim / Marie Wehmeyer, geb. Eppers, 31 Jahre / Alma Härich, geb. Meier, 31 Jahre / Kind Klaus Härich, 1 Jahr / Kind Herbert Härich, 9 Jahre / Wilhelm Müller, Just.Sekretär, 62 Jahre / Ww. Marie Jetschin, geb. Mayer, geb. 20.8.75 / Elisabeth Jetschin, geb. Oppermann / Kind Elisabeth Jetschin, 9 Jahre / Kind Renate Jetschin, 7 Jahre / Louis Hahnheiser, Kassenbote, 52 Jahre / Kind Edeltraut Gerke, 13 Jahre / Kind Elke Gerke, 1 Jahr / Erna Gerke, geb. Bode, 30 Jahre / Ww. Marie Hollenbach, geb. Dannenberg, 73 Jahre / Anna Friedrich, Buchhalterin, 52 Jahre / Marie Friedrich, geb. Pieper, 56 Jahre / Bernhard Korpf, Arbeiter, 64 Jahre / Sofie Korpf, geb. Fischer, 57 Jahre / Ww. Emilie Ewald, geb. Gottschau, 76 Jahre / Otto

Kretzschmar, Rentner, 83 Jahre / Marie Dreher, geb. Rifkogel, geb. 7.4.88 / Henny Greve, geb. Bartels, 33 Jahre / Elisabeth Wedekin, geb. Leinemann, 62 Jahre // 22. Februar / Gef. beim Bombenangriff auf Hildesheim / Willi Jahns, Gefreiter, 32 Jahre / Ww. Martha Schulz, geb. Küster, 65 Jahre / Frau Frieda Burgdorf, geb. 9.6.90 / Marie Marheinecke, geb. Reese, geb. 13.3.03 / Klaus Marheinecke / Helene Reese, geb. Röbbelen, geb. 16.4.09 / Kind Hannelore Reese, 7 Jahre / Kind Rita Reese, 3 Jahre / Ludwig Brennecke, Bürovorsteher, 65 Jahre / Frau Emma Brennecke, 60 Jahre / Frau Johanna Kriegsmann, geb. 23.9.69 / Frl. Hanna Kriegsmann, geb. 21.9.03 / Emilie Pfeiffer, geb. Werick, 56 Jahre / Kind Rainer Pietsch, 5 Jahre / Marie Dreher, geb. Lindhorst, geb. 23.3.76 / Frau Lauenstein / Kind Hans-Joachim Gebert, 3 Jahre / Ww. Marie Deppe, geb. Hennies, 74 Jahre / Anna Werner, geb. Dörries, 54 Jahre / Minna Werner, 22 Jahre / Franz Simon, Tiefbauunternehmer, 71 Jahre / Marie Simon, geb. Fischer, 69 Jahre / Sofie Studte, geb. Labbus, 50 Jahre // 22. Februar / Gef. beim Bombenangriff auf Hildesheim / Lehrerin Anneliese Eichel, 42 Jahre / Friederike Mestmacher, geb. Eppers, 82 Jahre / Adolf Schöttler, Dr.phil. 78 Jahre / Dora Schöttler, geb. Wagener, 68 Jahre / Louis Hahnheiser, geb. 6.12.1891 / Marie Dreher, geb. Riefkogel, geb. 7.4.88 / Auguste Marheineke, geb. Helmke, geb. 24.7.86 / Oberstudiendirektor / Doktor Walther Alwin Montag / geb. 17.9.1884 und / Ehefrau Hannah geb. Gottschalk / geb. 28.1.1894 / Robert Purschke / geb. 17.12.1869 / Anna Purschke / geb. Eberhardt / geb. 2.10.1876 // 22. Februar / Karlheinz Oberbeck, Oberltn.d.R. und Komp.Führer / geb. 19.2.07, gest. 22.2.42 Lazarett Szolzy/Rußl. / Wilhelm Müller, Justizsekretär / geb. 31.7.82, gef. 22.2.45 / in Hildesheim // 23. Februar / Albert Oberbeck, Leutnant / geb. 7.12.19, gef. 23.2.42 Szamyskoje/Rußl. // 25. Februar / Wilhelm Kipker / geb. 14.10.92, gef. 25.2.15 Nune Porte / Wilhelm Franzki, Gefreiter O.A. / geb. 24.12.24, gef. 25.2.43 b. Ujanino/Ostfr. // 26. Februar / Wilhelm Rust / gef. 26.2.15 / Wolfgang Cochlowius, Leutnant / 27 Jahre, gest. 26.2.42 in Neapel / August Hintze, Feldwebel, Zugf. / 28 Jahre, gef. 26.2.42 im Osten / Erich-Willi Gerling, Obergefreiter / 32 Jahre, gest. 26.2.43 im Osten / Maria Ruß, geb. Brandes / 81 Jahre, gest. 26.2.45 inf. Fliegerangr. // 27. Februar / Hans Georg Birner, Soldat / geb. 12.1.10, gef. 27.2.42 Rußland // 28. Februar / Fritz Dölle, Uffz. / 27 Jahre, gef. 28.2.42 im Osten // 1. März / Kurt Vierthaler, Gefreiter / geb. 9.11.19, gest. 1.3.42 Loknia/Rußl. // 2. März / Walter Kühneck, Leutnant / geb. 1.9.22, gef. 2.3.43 in Kiew / Heinz Alpers, Leutnant / geb. 28.9.22, gef. 2.3.44 Radionowka / Herbert Schünemann, Feldwebel / geb. 2.3.18, gef. 24.5.40 Kortik, Belgien // 3. März / Gef. beim Bombenangriff auf Hildesheim / Magdalene Wietig, geb. Roffkahr, 28 Jahre / Kind Helmut Wietig, 8 Jahre / Kind Hartmut Wietig, 6 Jahre / Kind Harald Wietig, 5 Jahre / Kind Hans-Peter Wietig, 2 Jahre / Agnes Ruthemann, geb. Brüggemann, 38 Jahre / Kind Heinz Ruthemann, 11 Jahre / Kind Gerhard Ruthemann, 7 Jahre / Kind Walter Ruthemann, 5 Jahre / Kind Norbert Rößler, 5 Jahre / Kind Ernst Schmidt, 12 Jahre / Kind Walter Schmidt, 9 Jahre / Wwe. Käthe Brodoch, geb. Buttler, 73 Jahre / Ella Brodoch, geb. Paulini, 29 Jahre / Kind Waltraut Brodoch, 4 Jahre / Kind Arthur Brodoch, 1 Jahr / Johann Schwenkler, Arbeiter, 67 Jahre / Kind Herbert Härich, 9 Jahre // 4. März / Karl-Heinz Gellert, Major / geb. 23.11.15, gef. 4.3.44 in Rußland // 6. März / Karl Klapproth, Gefreiter / 34 Jahre, gef. 6.3.43 im Osten // 7. März / Horst Berkefeld, Leutn. d. Luftw. / geb. 20.11.18, gef. 7.3.43 b. Foggia/Ital. // 8. März / Walter Nebel, Oltn. u.Komp.Führer / geb. 26.5.08, gef. 8.3.43 im Osten // 9. März / Franz Schwarz, Obergefreiter / 26 Jahre, gef. 9.3.42 in Rußland // 10. März / Christel Sander / gef. 10.3.17 / August Klapproth, Obergefreiter / 34 Jahre, gest. 10.3.43 in Rußland // 11. März / Otto Naundorf / geb. 16.3.87, gef. 11.3.17 Somme // 12. März / August Klapproth, Uffz. / geb. 4.5.09, gef. 12.3.43 Utrikowo/Rußl. // 13. März / Hans Breitzke, Obergefreiter / 23 Jahre, gest. 13.3.44 im Osten // 14. März / Edmund Bertram, Wehrmann / geb. 6.10.78, gef. 14.3.1915 / Heinrich Homann / gef. 14.3.15 / Gustav Bertschat, Uffz. / 41 Jahre, gef. 14.3.44 im Osten / Herbert Kern, Kaufmann / geb. 17.1.05, gef. d. Bomben 14.3.45 Hildesheim / Heinrich Ehlers, Schlosser / geb. 25.5.99, gef. d. Bomben 14.3.45 Hildesheim / Wilhelm Werner, Kriegsversehrter / geb. 1.6.13, gef. d. Bomben 14.3.45 Hildesheim / Ernst Heimers, Schlosser / geb. 27.1.01, gef. d. Bomben 14.3.45 Hildesheim / Franz Siebke, Schlosser, geb. 10.6.99, gef. d. Bomben 14.3.45

Hildesheim / Max Wanjura, Arbeiter / 70 Jahre, gef. d. Bomben 14.3.45 Hildesheim 995 // 15.März / Fritz Schotte / gef. 15.3.15 / Ernst Robert Backhaus, Großkampf-Flg. / geb. 4.6.17, gef. 15.3.41 Sizilien / Gerhard Feise, Gefreiter / geb. 3.3.25, gest. 15.3.44 im Lazarettzuge // 16. März / Waldemar Wolters / gef. 16.3.17 // 18. März / Reinhold Beck, Waffenwachtmeister / geb. 16.12.20, gef. 18.3.45 Oslo / Heinz Verwold, Gefreiter / geb. 5.2.25, gef. 18.3.45 // 19. März / Fritz Pauleck, Meister d. Schutzpolizei / geb. 22.6.92, gef. 19.3.45 in Ostpreußen // 20. März / Eberhard Heß, Oberltn. / geb. 18.2.03, gest. 20.3.45 Laz.Eberswalde // 22. März / Gef. beim Bombenangriff auf Hildesheim / Johanne Eschemann, geb. Clages, geb. 24.8.70 / Erna Eschemann, geb. 2.3.99 / Otto Stemmer, geb. 3.8.78 / Johanne Stemmer, geb. Schoring, geb. 1.10.79 / Karl Hellberg, Schlosser, geb. 7.1.69 / Emma Hellberg, geb. Ibendahl, geb. 19.2.79 / Fritz Martini, geb. 12.1.78 / Wilh. Breifuß, Oberreg.Rat i.R., geb. 4.3.82 / Wwe. Marie Franz, geb. Heimers, 70 Jahre / Franz Ziegert, Postbeamter i.R., 70 Jahre / Gustav Jentsch, geb. 28.8.69 / Hermann Jentsch, Arbeiter, 72 Jahre / Heinrich Mestmacher, Maurermstr., 82 Jahre / Johanne Schmieske, geb. Brunke, 79 Jahre / Karl Ambrosius, Apotheker, 72 Jahre / Wwe. Emma Böhmelt, geb. Tönnies, 77 Jahre / Heinrich Oehlmann, Werkmeister, geb. 26.3.85 / Wilhelmine Gerke, geb. Wrehde, geb. 3.9.80 / Hermann Amm, geb. 22.4.65 / Dorothea Amm, geb. 14.2.66 / Otto Raschke, geb. 14.9.1890 / Johanne Ossenkopp, geb. 19.6.1861 // 22. März / Ernst Ehrhardt, gef. 22.3.15 / Willy Dammann, Gefreiter / geb. 2.2.21, gef. 22.3.42 Leningrad / Fritz Martini / geb. 12.1.78, gef. 22.3.45 / August Meyer / geb. 23.11.06, gef. i. Russland // 23. März / Hans-Werner Finzenhagen, Leutnant / geb. 6.9.22, gef. 23.3.45 Sytö/Donau / Luzia Pfab, geb. von Lieben / 63 Jahre, gef. d.Bomben 23.3.45 Hildesheim // 24. März / Gerhard Lagershausen / geb. 19.9.96, gef. 24.3.18 Frankreich // 26. März / Dr. med. Helmut Fiedler, Oberarzt / geb. 29.7.15, gest. 26.3.44 Riga i. Laz. //28. März / Ernst Grote / gef. 28.3.15 / Burchard Stammelbach. geb. 29.12.20, gef. 28.3.43 Stalingrad / Heinz Lehmann, Waffenmeister / geb. 1.11.16, gest. 28.3.44 Ref.Laz. Dresden // 30. März / Friedrich-Wilhelm Degener, Oberleutn. / geb. 11.8.14, gef. 30.3.42 i. Osten / Heinz Lehmann, Obergefr. / geb. 1. 11. 16, gest. 30.3.44 Lazarett Dresden / Kurt Eisengarten, Stabsoberzahlmeister / gest. 30.3.40 in Stalingrad // 31. März / Otto Lipper, Grenadier / geb. 1.11.07, gef. 31.3.44 Rzeczyka / Friedrich Kallmeyer, Feldw. / geb. 9.4.05, gef. 31.3.44 b. Cassino // März / Kurt Sievers, geb. 14.4.05, gef. 3.45 Brunau/Westpr. / Hermann Crome, Bez.Hptm. d. Gendarmerie / geb. 17.10.92, gef. Ende März 46 im Osten / Wilhelm Perder, Soldat / geb. 30.12.14, gef. 3.45 Rußland / Gustav Vierthaler, Obergefreiter / geb. 12.8.16, gest. 3.45 Kamischkowo östl. Mosk. // 2. April / Gustav Thomsen / gef. 2.4.15 / Werner Hayder, Grenadier / geb. 11.11.08, gef. 2.4.45 Lengerich/Westf. // 3. April / Reinhold Sonnemann, Feldwebel / geb. 1.5.18, gest. 3.4.45 Lemgo/Lippe // 5. April / Paul Neigenfind, Obergefreiter / geb. 29.10.00, gef. 5.4.44 Kowel/Rußl. // 6 April / Ernst Hümpel / geb. 29.9.78, gef. 6.4.17 in Belgien / Walter Wesche / geb. 30.1.22, gef. 6.4.45 Holland/Texel / Heinz Hagen / geb. 29.10.82, gef. 6.4.45 Helmstedt // 7. April / Alfred Radler / gef. 7.4.17 / Wolfg. Schneider-Eicke, Oberstltn. + Generalstab- / Kommandeur, 33 Jahre, gest. 7.4.43 Afrika / Karl Behning, Oberltn. / 23 Jahre, gef. 7.4.45 b. Heidekrug b. Hildesheim / Robert Staake, Fhj.Uffz. / 42 Jahre, gef. 7.4.45 an der Jagst // 8. April / Georg Tetzlaff, Feldwebel / geb. 28.9.15, gef. 8.4.41 Enos/Griechenl. / Heinrich Heidelberg, Soldat / 34 Jahre, gest. 8.4.42 i. Osten / Gerhard Uckermann, Obergefreiter / geb. 28.5.23, verm. 8.4.40 Slowakei // 10. April / Hermann Verschwele / geb. 3.8.97, gef. 10.4.17 b. Sisonne/Frkr. / Gerhard Caspari, Torpedomechaniker / geb. 7.2.24, gef. 10.4.45 Nordatlantik / Dr. jur. Hans Ellermeier, Oberstabsintendant / geb. 3.3.99, gef. d. Bomben 4.10.45 Zeitz / Anton Brandau, Uffz. / geb. 2.5.12, gef. 10.4.45 Wieprechtshausen // 11. April / Traugott Schmidt, Uffz. / 28 Jahre, gef. 11.4.42 Schlüsselburg/Osten / Achim Breitfuß / geb. 21.1.26, gef. 11.4.45 Westhoven/Köln / Willi Lange / gef. 11.4.45 b. Brunnen Kr. Cloppenburg // 12. April / Wilhelm Mannebeck, Justizangest. / 42 Jahre, 12.4.45 v. plündernden Polen erschl. // 13. April / Kurt Hartmann, Obergefreiter / 21 Jahre, gef. 13.4.43 Kaukasus // 14. April / Fritz Nagel / gef. 14.4.15 // 15. April / Karl Heinz Lottmann, Gefreiter / geb. 17.1.23, gef. 15.4.42 zur See // 16. April / Friedrich Kausche / gef. 16.4.17 / Rudolf Loges / gef.

16.4.17 // 17. April / Richard Oelbe / gef. 17.4.17 / Dietrich Herrmann, Fahnenjunker / geb. 5.3.27, gef. 17.4.45 bei Küstrin // 18. April / Otto Liebetruth, Obergefreiter / geb. 15.7.17, gef. 18.4.42 Rußland // 19. April / Franz Gras, Obergefreiter / geb. 29.9.18, gest. 19.4.43 / Hans-Walter Klusmann / geb. 13.12.10, gest. 19.4.45 Adelheide // 20. April / Bruno Brede, Gefreiter / 37 Jahre, gest. 20.4.44 im Lazarett / Friedrich Götze, Wachtmeister / geb. 21.3.16, gef. 20.4.45 Bad Freienwalde / Willy Hampe, Gefreiter / geb. 5.9.06, gest. 20.4.45 im Osten // 21. April / Rudolf Bading, Hauptmann / geb. 12.8.15, gef. 21.4.45 vor Berlin // 23. April / Hermann Holzen, Uffz. / geb. 28.10.77, gest. 23.4.19 // 25. April / Wilhelm Loges / gef. 25.4.15 // 26. April / Dr. Eberhard Eichel, Assistenzarzt / geb. 13.5.18, gest. 26.4.45 Agram/Jug. / Artur Helfers, Obergefreiter / geb. 25.9.07, gef. 26.4.45 / in Alt Golm, Kr. Fürstenwalde // 28. April / Kurt Wesche, Grenadier / geb. 8.8.24, gef. 28.4.43 Scharkow/Rußl. / Auti Kühne, Gefreiter / 22 Jahre, gef. 28.4.44 Cassino/Italien / Dr. Eberhard Eichel, Truppenarzt / geb. 13.5.18, gef. 28.4.45 Kroatien // 29. April / Herbert Asbach / gef. 29.4.17 / Albert Temme, Ltn. d. Res. / geb. 21.9.93, gef. 29.4.18 b. Mailly/Frkr. / Theodor Echtermeyer, Uffz. / geb. 17.5.06, gef. 29.4.45 Weningen/Eifel // 30. April / Ernst Göhring, Gefreiter / geb. 13.3.12, gest. 30.4.42 im Osten / Willi Brandes, Untersturmf. / geb. 7.5.07, gef. 30.4.45 Berlin // April / August Eggers, Volkssturmmann / geb. 6.4.89, gef. 4.52 Laz. Lintforth // 1. Mai / Friedrich Schwerdtfeger / geb. 22.9.78, gef. 1.5.15 b. Ypern/Belg. / Hermann Söchtig, Gefreiter / geb. 15.5.10, gef. 1.5.41 Amsterdam / Fritz Schwerdtfeger / geb. 11.4.11, gef. 1.5.45 Berlin / Horst Pozorski, Arbeitsdienst / geb. 7.6.29, gef. 1.5.45 b.Berlin / Helmut Tegtmeyer / geb. 24.5.23, gef. 1.5.45 Rußland // 3. Mai / Helmut Heinecke, Uffz. d. Luftwaffe / 44 Jahre, gef. 3.5.41, beerdigt in Hildesheim / Albrecht Rohne, Gefreiter / 20 Jahre, gest. 3.5.44 im Osten // 4. Mai / Otto Rühmekorf / gef. 4.5.15 / Wilhelm Schulze / gef. 4.5.17 / Wilhelm Meyer, Postinspektor / 71 Jahre, gest. 4.5.45 a. d. Verletzungen v. Angr. 22.2.45 // 5. Mai / August Lange, Schütze / geb. 28.4.07, gef. 5.5.43 Lack Sairach / Walter Kölling, Feldwebel / geb. 9.3.12, tot erkl. 5.5.46 in Kurland vermißt / Hermann Heineke, Unteroffizier / geb. 4.1.97, gef. 5.5.41 // 7. Mai / Theodor Stellbrink / gef. 7.5.17 / Hugo Feldmann / gef. 7.5.17 // 9. Mai / Johannes Ernst / gef. 9.5.15 // 10. Mai / Friedrich-Egon Freiherr von Verschuer, Gefreiter / geb. 16.10.18, gef. 10.5.44 b. Courtraie / Walter-Heinz Steinweg, Oberleutnant / Staffelkapitän in einem Kampfgeschwader / geb. 20.03.16, gef. in Belgien / 12. Mai / Karl-Heinz Brinkmann, Gefreiter / 20 Jahre, gef. 12.5.44 in Wurzen abgestürzt / Hans Hoffmann, Uffz. / geb. 20.11.18, gef. 12.5.45 // Dr. jur. Ernst Ehrlicher, Oberregierungsrat / geb. 11.6.03, gef. 12.5.45 Mähren // 13. Mai / Hermann Stein, Obergefr. / 38 Jahre, gest. 13.5.43 i. Res.Laz. Hannover / Heinz Bauerochs, Gefreiter / 19 Jahre, gef. 13.5.44 im Osten // 15. Mai / Ernst-Günther Arnold, Leutnant / geb. 24.2.16, gef. 15.5.40 b. Poix-Terron / Georg Malek, Unteroffizier / geb. 16.02.22, seit 15.05.44 vermißt / beim Kampfgeschwader über Bristol // 16. Mai / August Albrecht / gef. 16.5.15 / Hans Steinhoff / gef. 16.5.15 / Günther Wehmeyer, Oberleutn. / geb. 18.11.19, gest. 16.5.43 // 17. Mai / Franz Bosse / gef. 17.5.15 / Ernst Klein / gef. 17.5.15 / Dr.jur. Viktor Hepe, Oberl. d. R./ geb. 10.12.1884, gef. 17.5.1918 / in Flandern // 18. Mai / Heinrich Möller, Feldwebel / geb. 28.12.17, gef. 18.5.40 St. Jéan/Luxemb. / Heini Franz, Gefreiter, Flieger / 26. Jahre, gef. 18.5.40 Tirlemont/Brüssel / Richard Kogel, Obergefreiter / 33 Jahre, gef. 18.5.43 am Donbogen // 19. Mai / Franz Kruse, Gefreiter / geb. 13.5.24, gef. 19.5.44 in Italien / Herbert Meyer, Oberwachtmeister / geb. 30.4.14, gef. 19.5.43 Nowossokolniki // 20. Mai / Wilhelm Treder, Kanonier / geb. 9.2.76, gef. 20.5.16 Guillemont/Flandern / Friedrich Hampe, Soldat / geb. 10.5.27, gef. 20.5.42 b. Charkow // 21. Mai / Heinz Voßhage, Fallschirmjäger / 20 Jahre, gef. 21.5.41 Iraklion auf Kreta / Hans Arnold, Schütze / 19 Jahre, gest. 21.5.42 Krematorskaja/Rußl. / Erich Bloch, Uffz. / geb. 3.9.18, gef. 21.5.44 im Osten / Wilhelm Freiberg, Gefreiter / geb. 12.9.1909 / vermißt 21.5.1943 in Stalingrad // 22. Mai / Otto Mahlke / geb. 29.3.14, gef. 22.5.44 in Rußland // 23. Mai / Dr. med. Rudolf Schmidt, Unterarzt / geb. 22.1.10, gef. 23.5.40 Mont Dumon // 24. Mai / Hans Tölke / gef. 24.5.15 / Friedrich Frohmüller, Oberschütze / 39 Jahre, gef. 24.5.40 in Belgien // 25 Mai / Paul Kutsche / gef. 25.5.15 // 26. Mai / Heinrich Peschutter, Oberschütze / 25 Jahre, gest. 26.5.44 i. Res.Laz. Bad Kleinen // 27. Mai / Walter Zimmermann, Gefreiter / geb. 11.8.10, gef. 27.5.40 b. Ingelmünster/Belg. // 28. Mai / Willi Pinkepank / geb. 21.1.88, gef. 28.5.15 // 31. Mai / Hermann Peters, Gefreiter / 19 Jahre, gef. 31.5.44 in Italien // Mai / Benvenuto Gartmann, Feldw.u. Düsenjäger / geb. 24.11.09, gef. 5.45 b. Prag // 4. Juni / Willi Degenhardt / gef. 4.6.15 // 5. Juni / Paul Kreslak / geb. 3.5.88, gef. 5.6.15 La Bassé / Georg Erich Montag / Dipl. Ing. / geb. 12.6.1898 / verstorben im Lazarett am 5.6.1940 // 8. Juni / Barnim Willecke / geb. 31.5.1918, gef. 8.6.1944 // 9. Juni / Harald Waitz / geb. 14.11.19, gef. 9.6.40 b. Pagny-Ferme // 13. Juni / Konrad Lockstedt / gef. 13.6.15 / Wilhelm Ohms / gef. 13.6.15 / Ernst Rühmekorf / gef. 13.6.15 / Lagerf. der O.T. Hermann Wust, / geb. 10.1.93, gef. 13.6.44 in Italien // 14. Juni / Albert Frühling / gef. 14.6.15 / Hermann Dralle / gef. 14.6.15 / Dr. med. Oskar Kampmann, Ober- u. Reg.Arzt d. R. / gef. 14.6.18 Bercleau/Frankr. / Reinhard Schlemm, Ltn. u. Adjutant / 28 Jahre, gef. 14.6.40 im Westen // 15. Juni / Hans Ebeling / geb. 9.9.96, gef. 15.6.16 Thieumont/Verdun / Willi Wulff, Gefreiter / geb. 10.10.19, gest. 15.6.40 i. Laz. in Belgien / Helmut Künnecke, Gefreiter / geb. 6.8.04, gef. 15.6.44 Tessy/Westen // 16. Juni / Heinrich Herbst / gef. 16.6.15 / Karl Zellmann / geb. 10.2.86, gef. 16.6.16 Verdun/Frkr. / Heinz Barte, Gefreiter / 22 Jahre, gef. 16.6.42 im Osten // 17. Juni / Walter Gürtler / gef. 17.6.15 // 18. Juni / Hans Schmidt, Uffz. / geb. 23.10.15, gef. 18.6.40 b.Toule // 19. Juni / Felix Karl Trautvetter / geb. 11.8.1895, gest. 19.6.45 in russ. Gefgsch. // 22. Juni / Rudolf Kalus, Uffz. / geb. 28.1.15, gef. 22.6.41 am Bug / Wilhelm Schäfer, Gefreiter / 29 Jahre, gest. 22.6.41 i. Feldlaz. Rojowice/Polen // 23. Juni / Gefreiter August Urhahn / geb. 8.3.1909, gef. 23.6.1943 / in Malaja Pessotschnja / 9.Gren.Rgt. 588 // 25. Juni / Wilhelm König, Soldat / geb. 2.6.24, gef. 25.6.42 in Athen // 26. Juni / Richard Silberstein, Uffz. / 23 Jahre, gef. 26.6.44 in Italien / Walter Krüger, Oblt.d.Rs. / geb. 18.12.94, gef. 26.6.42 / Henry Steffen / geb. 17.8.06, verm. 26.6.44 Rußl. // 27. Juni / Willi Schramm, Obergefreiter / geb. 19.11.06, gef. 27.6.44 im Osten // 28. Juni / Friedrich Mönkemeyer, Vizefeldw. / geb. 8.10.80, gef. 28.6.16 in Flandern / Hugo Kuppe / geb. 21.12.98, gef. 28.6.40 Fermanville/Frkr. / Karl Heimers, Feldwebel, / geb. 19.2.14, gef. 28.6.41 Minsk/Rußl. / Heinz Heinemeyer, Oberschütze / geb. 3.11.09, gef. 28.6.42 Rußland // 29. Juni / Albert Wettmarshausen, Kriegsfreiw. / geb. 22.1.94, gef. 29.6.15 Galizien / Joachim Cochius, Ltn. / geb. 26.7.10, gef. 29.6.41 Sabotniki/Lit. / Walter Krüger, Oberltn. / 47 Jahre, gest. 29.6.42 Laz. Dresden // 30. Juni / Heinrich Engelke / gef. 30.6.15 // 1. Juli / Albrecht Schade, Oberltn. u. Komp.Führer / geb. 4.11.86, gef. 1.7.16 b.Lens/Frkr. // 3. Juli / Karl Kabus / gef. 3.7.15 / Karl Giesemann / gef. 3.7.16 / Eberhard Frohmüller, Gefr. d. Luftwaffe / 18 Jahre, gef. 3.7.41 an d. Beresina // 4. Juli / Hilmar von Campe / gef. 4.7.16 // 5. Juli / Paul Lehmann / gef. 5.7.16 // 6. Juli / Friedrich Schilling / gef. 6.7.16 / Hans Witt, Obergefreiter / geb. 8.4.20, gef. 6.7.44 b.Minsk // 7. Juli / Fritz Lahrtz, Ltn. i. Panzerschützen-Reg. / 40 Jahre, gef. 7.7.41 an der Düna // 8. Juli / Paul Fredrich / gef. 8.7.16 // 10. Juli / Heinrich Bodermann, Uffz. / geb. 24.3.11, gest. 10.7.45 // 11. Juli / Oscar Dröge, Gefreiter u. Funker / geb. 24.7.21, gef. 11.7.42 Oslinka/Rußl. // 13. Juli / Günther Reibe, Uffz. / geb. 6.12.14, gef. 13.7.44 Rußland // 14. Juli / Georg Volker / gef. 14.7.15 / Hans-Otto Niemann, Ltn. u. Komp.Führer / geb. 25.3.22, gef. 14.7.44 im Osten // 15. Juli / Albrecht Reinhold / gef. 15.7.16 / Georg Dreher / gef. 15.7.18 Tréloup/Marne // 16. Juli / Konrad Bruns, Gefreiter / geb. 5.10.22, gef. 16.7.43 Ssambeck/Ostfr. / Gustav Senne, Uffz. / geb. 21.9.95, gest. 16.7.45 Kriegsgef.Laz. Rheydt // 18. Juli / Gustav Weber / gef. 18.7.17 // 19. Juli / Gerhard Siegel, Oberfeldw. d. Luftw. / 29 Jahre, gest. 19.7.41 in Rußland / Karl-Heinz Kruse / geb. 21.5.12, gef. 19.7.44 Griechenland / Walter Gabriel, Off.Anw. / geb. 20.3.20, gef. 19.7.41 Rußland // 20. Juli / Fritz von Schwanewede / gef. 20.7.15 / Paul Altmann, Wehrmann / geb. 26.2.78, gef. 20.7.17 Amersfelde/Fland. / Willi Fischer, Uffz. / 33 Jahre, gef. 20.7.43 im Osten // 21. Juli / Franz Schiller / gef. 21.7.16 // 22. Juli / Friedrich Brömer, gef. 22.7.16 / Willi Schmieske, Uffz. / geb. 16.12.16, gef. 22.7.41 Kryskopolj/Ukr. / Heinz Wulf / geb. 15.3.26, gef. 22.7.44 / Russland // 23. Juli / Theo Hinnenberg, Gefr. / 21 Jahre, gef. 23.7.41 Ukraine // 24. Juli / Hans Temme, Uffz. / geb. 26.11.95, gest. 24.7.16 i. Laz. b. Loos/Frkr. / Karl Wolter, Schütze / 19 Jahre, gef. 24.7.42 im Osten // 25. Juli / Karl Lammert / gef. 25.7.16 / Alfred Müller, Gefreiter

/ 19 Jahre, gef. 25.7.44 im Osten // 27. Juli / August Meier, Schütze / geb. 13.5.09, gef. 27.7.42 Spaskoje/Ostfront / Karl Loschien, Obergrenadier / 29 Jahre, gef. 27.7.43 im Osten / Hans Röttger, Feldwebel / geb. 25.9.19, gef. 27.7.43 im Osten (Orel) // 28. Juli / Hans Henckel / gef. 28.7.16 / Henning Braun, Uffz. / 22 Jahre, gest. 28.7.42 i.Laz. zu Prag / Franz Radtke, Obergrenadier / 27 Jahre, gef. 28.7.43 im Osten / Otto Bosse, Schirrmeister / geb. 26.2.14, gef. 28.7.44 // 29. Juli / August Flohr / geb. 8.9.76, durch Bomben gef. 29.7.44 Hildesheim / Wilhelm Kirchhoff / geb. 6.11.01, gef. 29.7.47 Rußland // 30. Juli / Gustuav Meyer / geb. 25.12.93, gef. 30.7.15 Hartmannsweilerkopf / 31. Juli / August Beckmann / geb. 3.7.84, gef. 31.7.15 Katenjanow/Galizien / Werner Hänies, Flieger / 19 Jahre, gef. 31.7.43 b. St. Omer/Frankr. // 1. August / Gustav König / gef. 1.8.16 / Hans-Egon Schulz, Fhj.Uffz. / geb. 23.9.15, gef. 1.8.44 b.Scherpen/Bessarab. / Fritz Borchardt, Oberfeldwebel / geb. 17.2.17, gef. 1.8.44 im Westen / Rüdiger Diesener / Leutnant im J.R. 30 / geb. 6.3.21, gef. 1.8.41 in Rußland // 2. August / Hans-Theo Peters / geb. 26.6.25, gef. 2.8.46 in Jugoslawien / Richard Habicht / geb. 8.3.05, gef. 2.8.44 Rumänien // 3. August / Joachim Zeppenfeldt, Oberzahlmeister / geb. 17.5.07, gef. 3.8.44 im Osten // 4. August / Robert Hasse / gef. 4.8.15 / Friedrich Meyer, Uffz. / 28 Jahre, gef. 4.8.42 im Osten // 5. August / Paul Dahl / gef. 4.8.15 / Wilhelm Wippermann / geb. 13.12.99, gef. 5.8.18 Frankreich / Walter König, Pionier / geb. 20.11.26, gef. 5.8.44 Rußland // 6. August / Ernst Mettje / gef. 6.8.15 / Dr. Karl Schäfer, Leutnant / geb. 14.10.84, gef. 6.8.15 Wolka Nowa // 7. August / Günter Kolb, Gefreiter / geb. 12.7.19, gef. 7.8.41 b.Kiew / 8. August / Karl Söchtig, Obergefreiter / geb. 21.6.13, gef. 8.8.41 / Heini Hausmann, Off.Anwärter / geb. 29.7.25, gef. 8.8.44 Laz. Braunsberg / Werner Eppers, Hauptm. / geb. 5.8.16, gef. 8.8.44 im Osten / Hans-Theo Peters / geb. 26.6.25, gef. 8.8.46 in Jugoslaw. / Ernst-Walter Kellert / geb. 9.2.90, gef. 8.8.16 i. Osten // 9. August / August Meier, Schütze / 33 Jahre, gef. 9.8.42 im Osten / Friedrich Simon, Oberfeldw. d. Luftw. / 33 Jahre, gef. 9.8.1942 / Karl Härich, Gefreiter / 33 Jahre, gef. 9.8.1944 / Oskar Hesselbarth / gest. 9.8.1948 / in Mühlberg bei Torgau / Internierungslager // 10. August / Kurt Krage, Ltn. u. Komp.Führer / geb. 10.11.20, gef. 10.8.42 Kalatsch/Rußl. // 11. August / Volprecht Freiherr von Verschuer, Uffz. / geb. 17.11.19, gef. 11.8.41 Molosow/Rußl. / Karl-Heinz Eilers, Soldat / geb. 9.5.23, gef. 11.8.42 Susseja/Rußl. // 13. August / Ludwig Brakebusch, Leutnant / geb. 8.4.19, gef. 13.8.41 vor Kiew / Friedhelm Schlüter / geb. 1.8.20, gef. 13.8.42 bei Orel // 14. August / Martin Hepe / geb. 8.08.1898, gef. 14.08.1917, vor Verdun // 15. August / Willi Engel, Obergefreiter / geb. 27.5.10, gef. 15.8.43 im Osten // 16. August / Georg Umbach, Obergefreiter / geb. 29.7.17, gest. 16.8.42 Orel/Rußl. / Ernst Bischkopf, Hauptm. u. Komp.Chef / geb. 20.3.97, gef. 16.8.43 im Osten // 17. August / Ernst Kirchhoff, Hauptm. u. Komp.Chef / 50 Jahre, gef. 17.8.41 im Osten / Kurt Schönegge, Feldw. u. Flugzeugführer / gef. 17.8.43 im Westen // 18. August / Georg Aug. Johann Blum, Uffz. / geb. 11.1.14, gef. 18.8.41 Strechin/Rußl. // 19. August / Wilhelm Gremmel, Hauptfeldwebel / geb. 27.10.14, gef. 19.8.44 in Polen // 21. August / August Blum, Uffz. u. Zugführer / 28 Jahre, gef. 21.8.41 im Osten / Günther Burmester, Feldwebel / geb. 25.2.19, gef. 21.8.42 b. Nischny Akatow / Erhard Modrow / geb. 18.5.24, gef. 21.8.44 Wolkowytschke // 22. August / Hermann Helmhold / gef. 22.8.15 / Albert Lachmund / gef. 22.8.15 / Ernst Kruse / geb. 3.6.81, gef. 22.8.17 auf d. Durchreise i. Hildesheim / Herbert Wedekind, Uffz. / geb. 21.8.15, gef. 22.8.44 Ostrowitce/Rußl. // 23. August / Otto von Borries, Hauptmann / geb. 14.5.79, gef. 23.8.14 in Belgien // 24. August / Fritz Dohrs, Uffz. / geb. 12.2.15, gef. 24.8.41 Rußland / Kurt Siegel, Leutnant / 25 Jahre, gef. 24.8.42 im Osten // 25. August / Werner Reinsdorff, Major / geb. 20.8.70, gef. 25.8.14 Aiseau / August Knoke, Obergefreiter / 38 Jahre, gef. 25.8.44 im Westen // 26. August / Hermann Ahlborn, Feldwebel / gef. 26.8.14 b. Biesmes/Belgien // 28. August / Heinrich Schmidt, Gefreiter / geb. 5.2.88, gef. 28.8.14 b. Quentin / Rudolf Friedrich, Oberfeldwebel / 27 Jahre, gef. 28.8.42 Orel/Rußl. / Walter Otto, Oberst im Generalstab / geb. 28.12.05, erschossen 28.8.44 a. d. Fahrt Wien-Berlin // 30. August / Richard Wagner, Gefreiter / geb. 24.4.24, gef. 30.8.44 im Südosten // 1. September / Walter Neuhaus, Feldwebel / 30 Jahre, gef. 1.9.42 im Osten // 2. September / Wolf von Stutterheim, Oberstleutnant / geb. 29.11.57, gef. 2.9.16 in

Belgien // 3. September / Werner Kratz, Uffz. / geb. 3.6.16, gef. 3.9.41 b.Kremenschug/Rußl. // 4. September / Wilfried Diers, Gefreiter / geb. 4.3.16, gef. 4.9.39 in Polen // 5. September / Götz Gartmann, Hauptm. u. Batall.Komm. / geb. 21.7.15, gest. 5.9.42 Laz. Artemosk/Rußl. / Erich Wesche, Uffz. / 29 Jahre, gef. 5.9.42 im Osten / Herbert Eggert, Richtschütze / geb. 14.12.22, gest. 5.9.42 Igatowo/Rußl. / Hermann Dismer, Feldwebel / 54 Jahre, gest. 5.9.43 in Hildesheim / Kurt Tegtmeyer / geb. 28.4.12, gef. 5.9.43 Rußland // 7. September / Helmuth Jung, Kanonier / 19 Jahre, gef. 7.9.42 im Osten / August Rien, Wehrmann / geb. 26.6.1884, gef. 7.9.1914 // 8. September / Hans Achtermann, Gefreiter / geb. 6.8.21, gef. 8.9.42 b.Chilkow/Osten // 9. September / Gustav Diesmer / geb. 1.1.93, gef. 9.9.14 Sapignaul/Frkr. // 10. September / Wilhelm Kirchhoff / gef. 10.9.16 / Friedhelm Schlüter, Obergefreiter / 23 Jahre, gef. 10.9.42 im Osten / August Hahne, Reichsbahnbeamter / geb. 13.2.91, gef. 10.9.44 i. Ausüb. d. Dienstes i. Westen // 11. September / Günther Wehmeyer, Leutnant / geb. 18.11.19, gest. 11.9.42 / Werner Thiemeyer, Uffz. / geb. 25.3.25, gef. 11.9.44 // 12. September / Robert Bielstein, Gefreiter / geb. 22.3.13, gef. 12.9.41 a.d.norw.Küste / Karl-Heinz Groger, Hauptmann / geb. 15.1.11, gef. 12.9.43 in Rußland / Otto Alpers, Obergefreiter / geb. 23.1.06, gef. 12.9.44 Rimini/Italien / Wilhelm Freiberg, Gefreiter / geb. 12.9.09, verm. in Stalingrad 1943 // 13. September / Gustav Deinert / gef. 13.9.16 / Gerhard Schrödter, Oberleutnant / geb. 8.9.13, gef. 13.9.42 vor Stalingrad // 14. September / Burkhard Stein, Feldwebel / geb. 9.12.13, gef. 14.9.44 Holland // 15. September / Alfred Blumenberg, Gefreiter / geb. 19.1.20, gef. 15.9.41 Chatritsch/Rußl. / Hermann Rohde, Oberleutnant / geb. 13.2.03, gef. 15.9.44 Osten / Janniel Winfried Doepmann, Gefreiter / geb. 24.6.26, gef. 15.9.44 b. Tüddeern/Alb. Kanal // 17. September / Theo Huberts, Obergefreiter / geb. 23.7.21, gef. 17.9.43 // 18. September / Hermann Walter / geb. 5.2.97, gef. 18.9.17 Habercourt/Frkr. / Albert Umbach / geb. 12.5.16, gef. 18.9.39 in Polen / Jochen Büsing, Fhj. Uffz. / geb. 20.3.20, gef. 18.9.39 in Polen // 19. September / Theodor Hasse, Soldat / geb. 15.1.80, gef. 19.9.14 Orleis/Frkr. // 20. September / Gustav Grotjahn / geb. 8.5.90, gef. 20.9.14 b. Namsel/Frkr. / Hermann Gerbes, Pionier / 20 Jahre, gef. 20.9.42 im Osten / Armin Berghahn / geb. 24.1.25, gef. 20.9.44 b. Rimini / Wilhelm Cruse, Hauptm. / geb. 24.2.73, gef. 20.9.14 bei Nouvron // 24. September / Hermann Fütterer / gef. 24.9.16 / Gustav Blanke / gef. 24.9.16 / Willi Selonke, Feldw. u. Geschütz-Zugf. / 28 Jahre, gef. 24.9.42 Stalingrad // 25. September / Adolf Jentsch, Schütze / geb. 9.4.04, gef. 25.9.39 vor Warschau // 26. September / Wilhelm Stein, Wehrmann / geb. 21.9.81, gef. 26.9.14 in St. Gillet / Christian Bruns / gef. 26.9.16 / Wilhelm Gelpke / gef. 26.9.16 / Alfred Siekel, Off.Anwärter / geb. 21.3.09, gef. 26.9.39 Warschau / Fritz Malek, Schütze / geb. 18.04.1923, gef. 26.09.1942 / in Stalingrad // 27. September / Karl-Heinrich Kronemann, Ob.Ltnt. / geb. 18.9.19, gef. 27.9.41 Lebedin/Ostfr. / Allan Mac Lean, Uffz. / geb. 13.10.15, gef. 27.9.42 Ostfr. // 28. September / Emil Krebs, Kriegsfreiw. / geb. 2.6.98, gef. 28.9.16 an d. Somme / Paul Schultzen / gef. 28.9.16 / Ewald Schulenburg, Soldat / 22 Jahre, gef. 28.9.42 im Osten / Paul Brinkmann, Oberinsp. i. R. / 67 Jahre, 28.9.45 von räuber. Polen in Hildesh. ermordet // 29. September / Richard Viejeter / gef. 29.9.16 // 30. September / Karl Topp, Lok.Heizer / geb. 11.10.11, gest. 30.9.44 Litzmannstadt / 1. Oktober / Friedrich Riecher / gef. 1.10.15 / Wilhelm Huep / gef. 1.10.16 // 2. Oktober / Wilhelm Voigt / gef. 2.10.16 / Ernst Geese, Musketier / geb. 8.1.88, gef. 2.10.17 bei Paschendeale / Gerhard Armbrecht, Obergefreiter / geb. 8.1.20, gest. 2.10.43 amer. Gefangensch./Texas // 4. Oktober / Karl Offschany, Hauptm. u. Ritterkreuzträger / geb. 21.11.12, gef. 4.10.44 Triest/Italien // 5. Oktober / Götz Gartmann, Hauptm. u. Kommd. / geb. 21.7.15, gef. 5.9.42 // 6. Oktober / Wilfried Kasten, Soldat / geb. 24.9.27, gef. 6.10.44 Champdor/Fr. // 7. Oktober / Adolf Crome / gef. 7.10.15 // 8. Oktober / Heinrich Behmann / geb. 14.12.21, gef. 8.10.42 Kalatsch/Stalingrad // 10. Oktober / Erich Bolland, Uffz. / geb. 15.3.10, gef. 10.10.43 Rußland // 12. Oktober / Klaus Peter Eich, Matrose / geb. 13.10.23, gef. 12.10.42 in der Ostsee / Karl Dreher, Lok. Führer / geb. 5.5.88, verungl. 12.10.[996] // 14. Oktober / Hugo Voß, Ltn. u. Zugführer / 20 Jahre, gef. 14.10.43 im Osten // 15. Oktober / Friedrich Wolkenhauer / gef. 15.10.15 // 16. Oktober / August Froese / gef. 16.10.15 / Robert Behme / gef. 16.10.16 / Hans-Werner Jeckel,

Fähnrich / 23 Jahre, gef. 16.10.44 im Westen // 17. Oktober / Albert Stiemer / gef. 17.10.15 / Willi Huter, Sturmpionier / geb. 20.10.20, gef. 17.10.41 Malinovka / Henry Lerche, Uffz. / 24 Jahre, gef. 17.10.42 b. Stalingrad // 18. Oktober / Joachim Büsing, Fhj.-Uffz. / geb. 20.3.20, gef. 18.10.39 Polen // 21. Oktober / Hermann Froböse / geb. 18.2.93, gef. 21.10.16 Belgien // 22. Oktober / Hans von der Decken, Rittmeister a. D. / geb. 3.2.77, gef. 22.10.14 vor Ypern / Wilhelm Kästner, Schütze / 19 Jahre, gef. 22.10.41 im Osten / Wilhelm Müller, Uffz. / geb. 4.12.11 gest. 22.10.43 Laz. Brl.-Reineckendorf // 23. Oktober / Wilhelm Graf v. Borries, Hauptmann / geb. 3.3.71, gef. 23.10.14 Polen / Willi Maekler / geb. 8.11.95, gef. 23.10.14 Belgien // 24. Oktober / Rudolf Henckel / gef. 24.10.15 / Friedrich Wippermann, Obergefr. / geb. 19.6.16, gef. 24.10.42 Rawlodolski/Kauk. / Otto Brase, Pz.Grenadier / 34 Jahre, gef. 24.10.44 im Osten / Elsa Fellendorf, geb. Vietge / geb. 23.3.13, durch Fliegerangr. gef. 24.10.44 // 25. Oktober / Fritz-Hinrich Degener, Leutnant, / geb. 21.3.22, gef. 25.10.41 Rußl. // 27. Oktober / Ernst Greb, Uffz. / geb. 20.8.04, gef. 27.10.42 El Alamain / Friedrich Temme, Ltnt. / 30 Jahre, gest. 27.10.42 v.Stalingrad // 29. Oktober / Louis Brakebusch, Ltnt. / geb. 15.4.77, gef. 29.10.18 bei Frasnes / Karl Dreher, Lok.Führer / geb. 5.5.88, gef. 12.10.41 in Warschau // 30. Oktober / Paul Bartölke / geb. 26.7.81, gef. 30.10.14 Wallemole/Belg. // Gustav Jetschin / geb. 3.1.95, gef. 30.10.14 Belgien / Gottlieb Köthe / gef. 30.10.14 / Karl Rühlmann / gef. 30.10.14 / August Schmidt / gef. 30.10.14 / Friedrich Woltmann, Unteroff. / geb. 13.11.87, gef. 30.10.18 Belg. // 31.Oktober / Wilhelm Reichelt / gef. 31.10.14 // Oktober / Friedrich Kausche / geb. 17.7.91, vermißt Okt.17 in Frkr. / Walter Sandhak, Hauptm. d. Luftw. / 29 Jahre, gef. 10.42 i.Kaukasus // 1. November / Hermann Huberts, Maschinistenmaat / 23 Jahre, gef. 1.11.42 im Nordatlantik a. d. amer.Küste // 2. November / Ernst Eilert, Sanitätssoldat / geb. 9.4.03, gef. 2.11.44 b.Emmerke durch Beschuß // 3. November / Helmut Wagner, Oberleutnant / geb. 18.3.14, gef. 3.11.41 vor Moskau / Wolfgang Fett, Oberleutnant / geb. 15.3.1913 / gef. 3.11.1939 im Saar-Blies-Gebiet / Günther Otto, Gefr. / geb. 14.8.22, vermisst 3.11.42 / bei El Allamain // 4. November / Grete Dießel, Reichsbahnschaffnerin / 44 Jahre, durch Fliegerangriff gef. 4.11.44 / Gustav Dismer / gef. 4.11.1914 // 6. November / Rudolf Meyer / gef. 6.11.14 / Georg Fricke / gef. 6.11.15 / Johann Johannßen, Obergefreiter / geb. 9.1.1920, gef. 6.11.42 Cheljuchowo/Ostfront / Heinz Ohse, Uffz. / geb. 13.11.18, gef. 6.11.42 Marsa Matruk/Afrika // 8. November / Erich Gusewski, Oberfeldw. u. Flugzeugf. / 29 Jahre, 8.11.42 v.Feindflug nicht zurückgekehrt / Walter Hans, Leutnant u. Zugführer / 22. Jahre, gef. 8.11.43 im Osten / Walter Sandvoß, Obergefreiter / 31 Jahre, gef. 8.11.44 im Westen / Karl Neumann, Gefreiter / 35 Jahre, gef. 8.11.44 im Osten / Reinhold Schütz / geb. 22.1.25, gef. 8.11.44 b.Ankrois sur Seille // 10. November / Karl Rode / gef. 10.11.14 // 11. November / Helmut Dörpmund, Gefreiter / geb. 13.3.23, gef. 11.11.43 Uluki/Mittelrußland / Rudolf Rodenberg, Uffz. / 23 Jahre, gef. 11.11.43 b. Newel/Osten // 12. November / Werner Gehrmann, Stabsfeldwebel / geb. 2.1.10, gef. 12.11.44 auf Kreta // 13. November / Willi Schmidt / geb. 5.12.10, gef. 13.11.46 Brünn // 14. November / Willi Kücken, Obergefreiter / geb. 16.10.13, gest. 14.11.44 Breslau / Kurt Timme, gef. 14.11.14 // 15. November / Heinrich Leonhardt / gef. 15.11.14 / Otto Laue / gef. 15.11.14 / Karl Feise / geb. 28.9.97, gef. 15.11.17 b.Flabas/Frkr. // 17. November / Hans Böttcher, San.Gefreiter / 32 Jahre, gef. 17.11.41 vor Moskau // 18. November / Karl-Heinz Merz, Panzerschütze / 19 Jahre, gef. 18.11.41 vor Moskau / Karl Schmidt, Gefreiter / 35 Jahre, gef. 18.11.43 im Osten // 19. November / Adolf Bettels, Uffz. / geb. 7.5.14, gef. 19.11.41 vor Moskau / Heinz Werner Knolle, Obergefreiter / 38 Jahre, gef. 19.11.44 im Südosten // 20. November / Gerhard Probst, Funkgefreiter / geb. 10.5.24, gef. 20.11.43 auf See // 21. November / Friedrich Wittrock, gef. 21.11.14 / Theo Holzgrebe, Obergefreiter / geb. 16.3.1923, gef. 21.11.44 Alsdorf b. Aachen // 22. November / Wilhelm Stemmer / geb. 13.11.16, gef. 22.11.41 in Rußland // 23. November / Ludwig Deike / gef. 23.11.14 / Karl Ossenkopp, Gefreiter / geb. 19.1.12, gef. 23.11.44 im Westen // 24. November / Theodor Holzgrebe, Obergefreiter / geb. 13.3.23, gef. 24.11.44 bei Aachen // 28. November / Ludolf Schmidt / geb. 9.7.91, gef. 28.11.14 / August Wellmann / gef. 28.11.14 / Hans-Achim Pielke, Uffz. / 26 Jahre, gef. 28.11.42 b. Stalingrad // 29. November / Peter Sommer / gef. 29.11.14 // 30. November / Erich

Schaperjahn / geb. 17.7.14, gef. 30.11.44 b. Saarbrücken / Werner Meyer, Gefreiter / geb. 28.9.25, gef. 30.11.44 Wernigerode / Georg Behrens, Kraftfahrer / geb. 30.9.99, gef. 30.11.45 in Frankreich / Herbert Sander / geb. 28.10.16, gest. 30.11.48 // November / Paul Istel, Meldegänger / geb. 97, gef. 11.17 bei Cambrai // 1. Dezember / Hermann Fahlbusch, Feldwebel / 33 Jahre, gef. 1.12.41 im Osten / Walter Make, Major, Ritterkreuzträger / geb. 26.8.96, gef. 1.12.41 Akulowo / Ernst Brauns / geb. 11.7.1890, gest. 1.12.18 Hildesheim // 2. Dezember / Martin Garn / Obergefreiter / 25 Jahre, gef. 2.12.41 im Osten / Margot Bähre, Flakhelferin / geb. 3.10.23, gef. 2.12.44 Angriff Hagen / Max Bewersdorf, Feldwebel / geb. 3.5.91, gest. 2.12.45 Barowitsche // 3. Dezember / Eberhard Reimer, Uffz. / geb. 12.10.92, gef. 3.12.1917 / Wolf von Stutterheim, General / geb. 17.1.93, gef. 3.12.40 in Frankreich / Fritz Klinke, Obergefreiter / geb. 3.10.13, gef. 3.12.42 Andreikowo/Osten // 4. Dezember / Friedrich Stein / gef. 4.12.14 // 7. Dezember / Walter Wilke, Pionier, Gefreiter / geb. 24.12.11, gef. 7.12.41 Roslavl/Rußl. // 8. Dezember / Kurt Schlanstedt, Obergefreiter / geb. 14.9.10, gef. 8.12.42 im Osten // 11. Dezember / Franz Holle, Grenadier / 19 Jahre, gest. 11.12.42 im Osten // 12. Dezember / Walter Schröder, Feldwebel / gef. 12.12.44 im Osten / Karl-Heinz Huntze / geb. 17.2.1926 / vermißt 12.12.1944 in Ungarn // 13. Dezember / Heinrich Schmieske, Uffz. / geb. gef. 13.12.16 Douchy, Frkr. // 15. Dezember / Bruno Walkemeyer, Gefreiter / geb. 20.4.20, gef. 15.12.42 im Osten / Heinz-Georg Geitner, Uffz. / geb. 16.11.22, gef. 15.12.44 Varnach/Westen // 16. Dezember / Otto Hünisch / gef. 16.12.15 // 19. Dezember / Erich Wagner, Obergefreiter / 39 Jahre, gef. 19.2.44 im Westen / Günther Wentrup / geb. 27.7.05, gest. 19.12.49 / Oberst im Generalstab // 21. Dezember / Adalbert Haselhuhn, Feldwebel / geb. 13.8.79, gef. 21.12.18 Rußland // 22. Dezember / Hans Martin Müller, Feldw. d. Luftwaffe / geb. 16.10.21, gef. 22.12.42 // 25. Dezember / Heinz Weber / geb. 6.12.20, gef. 25.12.43 Nikopol/Rußl. / Erwin Mankewicz, Gefreiter / 20 Jahre, gest. 25.12.43 im Feldlaz. Schitomir // 26. Dezember / Albert Blanke, Sanitäter / geb. 28.3.99, gef. 26.12.44 a. d. Eifel / Heinz Geulen, Oberfeldwebel / 30 Jahre, gef. 26.11.44 im Osten / Helmut Steinmeyer / geb. 11.3.23, gef. 26.12.43 / beim Untergang der /Scharnhorst im Eismeer // 27. Dezember / Paul Senff / gef. 27.12.15 / Ernst August Weber / geb. 26.2.94, gef. 27.12.14 b.Sennheim // 28. Dezember / Hermann Sievers, Oberfunkmaat / geb. 12.4.21, gef. 28./29.12.44 Norw., Horten // 29. Dezember / Heinz Hampe, Pionier-Feldwebel / geb. 6.12.17, gef. 29.12.41 vor Moskau // 31. Dezember / Karl Armgard, Uffz. / geb. 5.1.44, gef. 31.12.44 Mugam/Kaschau, Rum. / Manfred Bähre / geb. 17.11.25, gef. 31.12.47 Rußland / Kurt Röwer, Obergefreiter / geb. 25.11.09, gef. 31.12.45 Rumänien / Fritz Schünemann, Oberleutnant / geb. 17.10.19, gef. 31.12.45 / Georg Malek, Unteroffizier / geb. 16.02.22, gef. 31.12.44 // Dezember / Ernst-August Schrage, U-Bootfahrer / geb. 3.8.22, gef. 12.42 kehrte v. Feindfahrt n. zurück //

Maße (Breite, Höhe, Tiefe): Torraum: ca. 6,50 m x 7,00 m; Schrein: 60 cm x 95 cm x 45 cm Konsole: 1,04 m x 1,06 cm x 55 cm, ca. 70 cm links und rechts des Tisches ragt je ein Kerzenhalter 33,5 cm weit in den Raum. Jeder ist 22 cm hoch und 13 cm breit. Die Oberkante ist 1,15 m hoch über dem Fußboden. Kerzenteller: 20 cm Durchmesser. Blumenständer: ca. 75 cm hoch
Material: Sandstein, Messing, Glas, Papier, Leder
Technik: Kalligrafie
Zustand: Die Gedächtnisstätte ist sehr gut erhalten.[997]

3. Dokumentation

Auftraggeber: Kirchenvorstand
Hersteller (Entwurf, Ausführung): Firma Karl Jaenicke (Glaserarbeiten); Carl van Dornick, Sillium (Entwurf und Ausführung des Schreins); Frau Hampe (Beschriftung des Ehrenbuchs); Meister Hampe (Buchbindearbeiten)[998]
Einweihung: 16. November 1952 (Volkstrauertag)
Deutung: Die Hausform des Schreins kann als Nachbildung des Gotteshauses und als Symbol für Heimat und Geborgenheit verstanden werden. Die Namen der Gefallenen werden an heiligem und heimatlichem Ort verwahrt. Sie sind in einem Buch verzeichnet. Die Deutungsmöglichkeiten in der Tradition des christlichen Totenkults sind vielfältig: das Buch des Lebens, das Buch der Gerechten, das Buch der guten

Taten. Buch ist die Übersetzung von „Bibel", das Christentum ist eine Buchreligion.

Das Buch ermöglicht ein tagesaktuelles, persönliches Gedenken. Dennoch sind alle Kriegstoten gleichzeitig präsent, wenn auch die meisten verborgen. Einzelne oder kleine Gruppen treten an ihrem Todestag sichtbar hervor. Der Turmraum bietet den Besuchern Gelegenheit zur Besinnung. Eine Bank ist aufgestellt, man kann Blumen ablegen oder Kerzen anzünden. Die Umgebung lädt zum trauernden Gedenken ein. Kein Spruch gibt dem Gedenken eine Richtung vor.

Das in Schwarz, der Trauerfarbe, eingebundene Buch liegt im Eingang der Kirche. Die Aufrufe des Leonidas oder des Jeremias, die sich beide an Vorübergehende richten, sind unausgesprochen gegenwärtig:

> „Wanderer, kommst du nach Sparta, verkünde dorten: du habest
> Uns hier liegen gesehen, wie das Gesetz es befahl."[999]
> „Die ihr vorübergehet schauet / ob ein Schmerz meinem gleiche."[1000]

Jeder Besucher begegnet dem Buch zweimal, beim Eingang und Ausgang. Diese Begriffe sind im christlichen Verständnis Metaphern für Leben und Tod.

Die Eintragungen testieren die Namen, Lebensdaten und je nach Verfügbarkeit den Dienstgrad oder die Funktion, den Todesort oder wenigstens das Gebiet und vereinzelt auch die Todesumstände.

Objektgeschichte: Die Gedächtnisstätte wurde im Rahmen des Hauptgottesdienstes durch Pastor Friedrich Tegtmeyer eingeweiht, der als Predigttext das Wort aus Joh 16, 22: „Ihr habt nun Traurigkeit; aber ich will euch wiedersehen, und euer Herz soll sich freuen, und eure Freude soll niemand von euch nehmen" gewählt hatte und die zentrale Bedeutung der Erlösertat des Heilandes für die Sinngebung des Totengedenkens aufzeigte. Der Lamberti-Kirchenchor und ein Kinderchor der Ev. Hohnsen-Schule gestalteten den Gottesdienst kirchenmusikalisch aus. Die Notgemeinschaft ehemaliger Berufssoldaten und ihrer Hinterbliebenen, Kreisgruppe Hildesheim, und der Traditionsverband des ehem. Inf.-Regts. 79 ließ an der Gedächtnisstätte Kränze niederlegen.[1001]

Im Laufe der Zeit wurde das Buch immer wieder ergänzt. Die Nachträge wurden in unterschiedlichen Schriften ausgeführt. Streichungen oder Korrekturen kommen nicht vor, dafür aber Doppeleinträge an unterschiedlichen Tagen.

2.2 Ehrentafel für die jüdischen Gefallenen des Ersten Weltkriegs

1. Standort

Im Naos (Hauptschiff) der Synagoge auf den Feldern der Holzempore an der Westseite, dem Aufenthaltsort der gläubigen Jüdinnen

2. Beschreibung

Drei künstlerisch gestaltete Ehrentafeln aus dunklem Holz. Die mittlere Tafel enthielt einen Text, der nur noch anhand eines überlieferten Fotos rekonstruiert werden kann. Er lautete wahrscheinlich: „Dem Gedenken unserer gefallenen Brüder". Die auf dem Foto nur schwach zu erkennenden, ursprünglich vergoldeten hebräischen Schriftzüge sind nicht mehr zu entschlüsseln. Die Tafeln links und rechts verzeichneten die Namen der gefallenen Gemeindemitglieder. Sie sind auf dem Foto nicht lesbar.

Maße (Breite, Höhe, Tiefe): mittlere Tafel: etwa 4 m x 1m, Tafeln links und rechts: jede etwa 2 m x 1m
Material: Eichenholz
Technik: Schnitztechnik
Zustand: am 9. November 1938 von nationalsozialistischen Brandstiftern zusammen mit der Synagoge zerstört

Abb. 31: Gedenktafel in der Synagoge[1002]

3. Dokumentation

Auftraggeber: Synagogengemeinde
Hersteller (Entwurf, Ausführung): H(elfried) Küsthardt (Entwurf), Holzbildhauer Böhme (Schnitzarbeiten), Malermeister Ohlendorf (Schrift)
Einweihung: 13. September 1920
Deutung: Ohne den genauen Wortlaut der Widmung zu kennen, muss sich die Deutung auf die äußere Form und das überlieferte Motto beschränken, das den „gefallenen Brüdern" gewidmet ist. Es ist eine Treuebekundung, die das Andenken der Verstorbenen auch nach ihrem Tod sichert. Dass sie ins religiöse Zentrum der Gemeinde gerückt wird, sorgt für ständige Präsenz der Verstorbenen in der Gemeinde und für ihre Nähe bei Gott.
Die Kriegerehrung ist auch ein patriotisches Bekenntnis, das nicht nur geeignet war, antisemitischen Behauptungen entgegenzutreten, die Juden hätten sich der Bürgerpflicht der Vaterlandsverteidigung entzogen. Es entsprach auch dem im Kaiserreich durchgängig artikulierten Selbstverständnis der Hildesheimer jüdischen Gemeinde.
Objektgeschichte: Im Anschluss an den Neujahrsgottesdienst, weihte der Landesrabbiner Dr. Lewensky in der Synagoge am Lappenberg die Ehrentafeln für die 12 im Weltkrieg gefallenen Juden ein.[1003] Dokumentiert ist der Kriegstod von insgesamt 18 Soldaten jüdischen Glaubens, die in Hildesheim gewohnt haben: Bach, Johannes-Hans, 14.04.17; Böhm, Walter, 02.11.16; Davidsohn, Hugo, 24.10.15; Levi, Hans, 09.02.20, Levy, Marcel, 24.5.15; Löbenstein, Hans, 02.12.16; Meyerhof, Adolf, 23.09.18; Meyerhof, Gerhard Georg, 05.11.17; Nachmann, Otto, 22.10.14; Orkin, Dr. Georg, 20.07.17; Rothschild, Fritz, 23.11.15; Rothschild, Georg, 23.02.16; Samuelson, Arthur, 08.09.14; Stern, Otto, 09.05.17; Uhde, Julius, 22.08.14; Wallheimer, Max, 24.10.16; Wolfermann, Paul, 14.10.17; Wrzesinski, Sally, 06.11.17[1004]. Das Gedenkbuch des Reichsbundes jüdischer Frontsoldaten, das 1933 in dritter Auflage erschien, enthält darüber hinaus weitere Namen gebürtiger Hildesheimer. Welche Namen die Ehrentafel enthielt, ist nicht mehr nachweisbar.

2.3 Verein ehemaliger Artilleristen e. V.

1. Standort

Im Vereinslokal Restaurant Hasse, Güntherstraße 20

2. Beschreibung

Ehrentafel mit den Namen der sechs im Weltkrieg gefallenen Mitglieder
Zustand: verschollen

3. Dokumentation

Auftraggeber: Verein
Einweihung: 18. April 1920
Objektgeschichte: Die Generalversammlung beschloss am 3. Februar 1920, am 18. April zur Einweihung der Tafel einen Kommers mit Damen zu veranstalten.
Die Feier fand wie vorgesehen im Saal des Restaurants Hasse, Güntherstr. 20, statt, wo Oberstleutnant Fiedler die Tafel enthüllte.
Am 12. Oktober 1924 wurde während einer Mitgliederversammlung im Bahnhofshotel die „Schaffung einer Ehrentafel für die gefallenen Artilleristen angeregt, da diese am Ehrendenkmal auf dem Zentralfriedhof bislang nicht in Erscheinung traten."[1005]
Weitere Quelle: HAZ vom 4. Februar 1920

Anmerkungen

984 Undatiertes Foto im Privatbesitz (überreicht von Pastor Tegtmeyer, St. Lamberti).
985 Kloppenburg schreibt von 278 „Blutopfern" der St.-Lamberti-Gemeinde, für deren Gedenktafel, die für Pfingsten 1921 geplant sei, die Gemeinde 13.000 Mark aufgebracht habe. Ders., Neuere Geschichte, S. 45.
986 HAZ und Hildesheimer Volksblatt v. 22.11.1919.
987 HAZ v. 23.5.1921.
988 HiZ v. 29.3.1927.
989 Fotografiert am 11.4.2004.
990 HP v. 11.10.1952.
991 Kehrwieder v. 26.2.2006, Huckup v. 1.3.2006.
992 Fotografiert am 19.7.2001.
993 Für die wortgetreue Abschrift danke ich Barbara Mönk.
994 Fotografiert am 6.2.2003.
995 Wie sehr der Zufall die Aufnahme von Namen in das Gedenkbuch bestimmte, zeigte dem Verfasser das Fehlen seines Großvaters, Heinrich Carl Häger, in der Liste der am 14. März 1945 durch Bomben ums Leben gekommenen. Heinrich Carl Häger, geboren am 13.12.1886, starb in den Trümmern des Senking-Werks. Seine Frau hatte nicht nur ihren Mann, sondern auch einen ihrer beiden Söhne verloren. Dass der andere in der Kriegsgefangenschaft überlebte, wusste sie lange nicht. Obwohl sie in der Braunschweiger Straße nahe der Lamberti-Kirche wohnte, kam der Aufruf, die Namen der Gefallenen und Vermissten zu melden, bei ihr nicht an. Karl-Heinz Häger, geboren am 25.1.1915 und seit dem 1.3.1945 im Raum Heiligenbeil/Kosselbude/Zinten (Ostpreußen) vermisst, kommt deshalb im Gedenkbuch auch nicht vor.
996 Warum Georg Schulze-Büttger, der am 13. Oktober 1944 als Teilnehmer am Widerstand gegen Hitler in Berlin hingerichtet wurde, ungenannt bleibt, ist nicht ersichtlich. Seine Familie wohnte Hohnsen 8, die Familiengrabstätte befindet sich auf dem Lambertifriedhof. Dort erinnert eine Inschrift an ihn.
997 Besuch am 9.7.2001.
998 Angaben in HAZ v. 15./16.11.1952, Die Gedenkstätte im Lamberti-Turm.
999 Schiller, Werke, Band 1, S. 111.
1000 Klgl 1, 12.
1001 HAZ v. 17.11.1952, Gedenkstätte in St. Lamberti geweiht.
1002 Das Foto zeigt Eingang in den Naos (das Hauptschiff). Schneider, Anmerkungen zur Gestaltung der Hildesheimer Synagoge, S. 164. Christian Popa, Die ehemalige Synagoge am Lappenberg – Hildesheim, Bl. Nr. 6 (Foto aus Privatarchiv Hans-Jürgen Hahn), StadtA Hi Bestand 150-61 Nr. 1.
1003 Hildesheimer Volksblatt v. 17.9.20, Einweihung einer Ehrentafel; HAZ und HiZ v. 17.9.1920.
1004 Reichsbund jüdischer Frontsoldaten, Die jüdischen Gefallenen des deutschen Heeres, S. 244 f., S. 408.
1005 HiZ v. 14.10.1924.

3 Nordstadt

3.1 Gedenktafel der Junggesellen-Kompanie von 1831 für die Gefallenen des Zweiten Weltkriegs

1. Standort

Auf dem Vereinsgrundstück Heinrichstraße 72, etwa 6 Meter hinter dem Tor zum Bogenschießplatz auf der rechten Seite

Abb. 32: Gedenktafel der Junggesellen[1006]

2. Beschreibung

Die Gedenktafel besteht aus drei Einzelteilen. „In der mittleren Hälfte (sic!) befindet sich das markant herausgearbeitete Hildesheimer Wappen und darüber die Jahreszahl 1956, darunter erkennen wir die Inschrift: Junggesellen-Kompanie von 1831 E. V. Hildesheim. Auf der linken Tafelseite sind die Namen der zehn aus dem 1. Weltkrieg nicht Zurückgekehrten eingeschnitzt: Carl Hagemann, Otto Hildebrandt, Otto Heidmann (richtig: Heumann, H. H.), August Bollmann, Heinrich Benecke, August Beckmann, Adolf Scholz, Louis Blume, Hans Düwel und Konstantin Seegers. Die rechte Tafelseite hält die Namen der Gefallenen des zweiten Weltkrieges 1939-1945 fest: Karl Brunotte, Franz Bertram, Adolf Hoffmann, Günter Reibe, Ernst Schöne und Karl-Heinz-Wedde. Die schmale Leiste trägt die Worte: ‚Ihren gefallenen Mitgliedern zum ehrenden Gedächtnis.' Die mittlere Tafel ziert ein Eisernes Kreuz."[1007]

Die Tafel steht heute auf zwei Beinen und wurde zum Schutz gegen Niederschlag mit einem schmalen Holzdach versehen. Sie ist Teil einer kleinen Gedächtnisstätte des Vereins, auf der auch ein 1974 gestifteter Findling von Walter Stemme für die Toten des Vereins und ein kleines Holzkreuz zu Ehren Paul Feldmeiers (18. 5. 1940 -12.5.2001) stehen. Vor der Tafel steht eine Pflanzschale mit Männertreu.
Maße (Breite, Höhe, Tiefe): Denkmalplatz: etwa 6 m x 3 m; Tafel: 120 x 105 x 12 cm
Material: Eichenholz
Technik: Schnitztechnik
Zustand: ungepflegt[1008]

3. Dokumentation

Auftraggeber: Junggesellenkompanie von 1831 e. V.
Hersteller (Entwurf, Ausführung): Holzbildhauermeister Heinrich Ellerbrock und August Lindenkohl
Entstehungszeit: 1954-1956
Einweihung: 13. Mai 1956 (anlässlich des 125-jährigen Bestehens)
Deutung: Die Ausführung in Holz ist entgegen dem ersten Anschein nicht der Tradition geschuldet. Die 1919 eingeweihte Ehrentafel war auch von einem Holzbildhauer angefertigt worden, so dass es nahe lag, das im Krieg zerstörte Stück durch ein gleichartiges zu ersetzen. Die Objektgeschichte zeigt allerdings, dass auch das Material Stein ernsthaft zur Debatte stand und die Entscheidung für Holz aus pragmatischen Gründen fiel.
Dennoch zeigt die Art der Namensnennung und der Widmung, dass man sich am Vorbild des Ersten Weltkriegs orientiert hat. Die auf der linken Seite aufgeführten Namen sind wie auf der Tafel von 1919 nach ihrem Todesdatum geordnet, die auf der rechten Seite nach Alphabet. Im Gegensatz zu damals hob man allerdings 1956 die Individualität deutlicher hervor, indem man Wert auf den ausgeschriebenen Vornamen legte. Die Widmung wurde der Form des Gedenkens angepasst – der Hinweis auf den Weltkrieg entfiel, aus „Andenken" wurde „Gedächtnis".
Mit dieser Ehrentafel legte die Junggesellen-Kompanie offenbar großen Wert auf die eigene Identitätsstiftung. Im Zentrum steht, plastisch herausgearbeitet und sehr dominierend, das Stadtwappen, das 1919 an der Spitze der Tafel

über dem Eisenen Kreuz stand. Hier steht das Eiserne Kreuz (als militärisches Symbol) oben, unter dem hinzugefügten Schutzdach allerdings kaum noch erkennbar. Tragend wirkt die Inschrift des Auftraggebers „Junggesellen-Kompanie von 1831 E. V. Hildesheim" unter dem Wappen testierend ist die Jahreszahl 1956, sowohl für den Anlass (125 Jahre nach der Gründung) wie für die Erstellung.
Bei der Einweihung appellierte der Festredner an dieselben Werte wie 1919: Treue, Vermächtnis, Verpflichtung. Allerdings fiel diesmal auch das Wort „Trauer".

Objektgeschichte: Bei der Monatsversammlung der Junggesellen-Kompanie am 7. Dezember 1954 brachte der Altgeselle Arno Wiesel unter „Verschiedenes" die Ausgestaltung und Einweihung der Ehrentafel für die Gefallenen – offenbar nicht zum ersten Mal – zur Sprache. Man dachte bereits über die 1956 anstehende 125-Jahr-Feier statt und plante, sie mit einem würdigen Totengedenken, am besten in der Rathaushalle, zu verbinden.[1009]
Schon bei der nächsten Monatsversammlung, am 4. Januar 1955, stand die Finanzierung der Tafel zur Debatte. Arno Wiesel schlug eine Umlage von 10 DM pro Mitglied vor, Altgeselle Walter Stemme, ein Steinmetz, regte an, die Kosten zu senken. Statt der Namen der Gefallenen beider Kriege sollte die Ehrung in allgemeiner Form gehalten werden. Altgeselle Willi Strube bestand auf Namensnennung. Man beauftragte einen engen Kreis von älteren Mitgliedern, das Problem zu lösen.
Offenbar als Ergebnis der Beratungen beantragte Altgeselle Fritz Schwetje in der Monatsversammlung am 1. März 1955 alle Namen auf der Gedenktafel aufzuführen. Alle 32 Anwesenden stimmten zu. Der Vorstand sollte mit dem Wirt über den Standort der Tafel reden.
Am 6. September 1955 legte der „1. Führer" (Vorsitzende) Wolfgang Brunotte den 41 zur Monatsversammlung erschienenen Mitgliedern mehrere Abbildungen von Entwürfen vor. Spontan trafen alle dieselbe Wahl. Etwa 800 Mark sollte die Ausführung kosten, wobei der Vorstand noch klären sollte, ob aus Holz oder Stein. Erwartungsgemäß gab es Streit mit Stemme, der auf der Verfahrensebene entschieden wurde. Da er (was Stemme später bestritt) sein Angebot nicht rechtzeitig vorgelegt habe, beschloss die Monatsversammlung (mit 25 Mitgliedern) am 6. Dezember 1955 die Firma Ellerbrock, also einen Holzbildhauer, zu beauftragen.
Eine Holztafel bevorzugte auch Stadtbaudirektor Bernhard Hagen, mit dem man über eine Anbringung im linken Mittelbogen der unteren Rathaushalle gesprochen hatte. Am 3. Januar 1956 bliesen die Junggesellen das Rathaus-Projekt ab. Brunotte skizzierte für die Mitglieder in groben Zügen die Vorstellungen Hagens, die offenbar eher einem Brett als einer Tafel ähnelten. Außerdem sei es sehr zeitaufwändig, Gespräche mit dem Stadtbaudirektor zu gestalten. Enttäuscht verständigte man sich, die Tafel vorläufig im Clubzimmer aufzuhängen. Die Totenliste wurde noch einmal überprüft, der Name Ernst Schöne fehlte. Ein anderer Gefallener war kurz vor seinem Tod ausgetreten. Er kam nicht auf die Tafel.
Am 2. Mai 1956 hatte Ellerbrock die Tafel fertig und dabei festgestellt, dass auf der rechten Seite noch Platz für Vermisste war. Brunottes diesbezügliche Frage an die Mitglieder blieb allerdings ohne Folgen.
Zu Ehren der gefallenen und verstorbenen Kameraden weihte die Junggesellen-Kompanie mit einer Feierstunde im Saal des Hotopps Hotel anlässlich des 125-jährigen Vereinsjubiläums die Gedenktafel ein. Ein kleines Streichorchester leitete die Feier ein. Nach der Begrüßung durch den Vorsitzenden Wolfgang Brunotte hielt das langjährige Vereinsmitglied, Goldschmiedemeister Arno Wiesel, die Gedenkansprache. Er wies „auf schwere Verluste hin, die die Junggesellenkompanie in ihrem Bestehen durch Zeitwenden hindurch in drei Kriegen zu erleiden hatte. Die 1924[1010] geweihte Gedenktafel sei ein Opfer des Märzbrandes 1945 geworden. Nun sei das Jubiläum ein würdiger Anlaß, die neue, von Künstlerhand geschaffene Tafel zu weihen. Man gedenke mit ihr der Gefallenen ebenso wie der Verstorbenen dieser Jahre. Trotz des Gefühles der Trauer und des Schmerzes sind wir stolz auf diese Kameraden. So übergeben wir heute die Tafel, die Namen der Toten sind uns Vermächtnis und Verpflichtung."[1011]
Das Streichorchester intonierte die Weise „Ich hatt' einen Kameraden", Wiesel verlas die 16 Namen der Gefallenen und 14 Namen von Verstorbenen. Nach dem Weihespruch „Treue um Treue" erhoben sich die Zuhörer in ehrendem Gedächtnis.

Den Plan, die Gedenktafel in der Rathaushalle aufzustellen, musste man aufgeben. Zunächst wurde sie ins Vereinslokal Neubauer mitgenommen.[1012]

3.2 Ehrenmal der Luftwaffe

3.2.1 Gedenkstein des Fliegerhorstes

1. Standort

Im Rasendreieck der Straßengabelung Lavesstraße / Gropiusstraße (im früheren Kasernengelände des Fliegerhorstes)

2. Beschreibung

Das Denkmal steht eingefasst von Lorbeerbüschen und im hinteren Teil, zu den beiden ehemaligen Kasernen hin, von Nadelbäumen, zum Beispiel Kiefern und Fichten, umsäumt.
Zum Denkmal führt von der Straßenecke aus ein ca. 17 m langer Plattenweg. Die Denkmalanlage beginnt bereits nach 12 Metern. Dann betritt man einen mit Natursteinplatten ausgelegten Platz. In seiner Mitte, auf einem flachen quadratischen Fundament, steht das Postament für einen quadratischen Pfeiler, der einen Adler trägt, der seinen Kopf nach Osten wendet und die Schwingen weit geöffnet hat. Die Kranzhalter, die ursprünglich an allen vier Seiten vorhanden waren, sind abgeschlagen worden.
In der Mitte des Pfeilers, zur Straße hin, steht in gewöhnlicher Schrift: „Den toten Kameraden / des Fliegerhorstes / Hildesheim. / Sie starben den / Fliegertod für (ein Wort, wahrscheinlich „Führer", fehlt) / Volk und Vaterland."
Maße (Breite, Höhe, Tiefe): Denkmalplatz: etwa 6 m x 6 m, Fundament: ca. 3 m x 3 m, 8 cm hoch; Postament: 1,30 m x 55 cm x 1,30 m, Pfeiler: 70 cm Kantenlänge, 2,90 m hoch
Material: Naturstein / Adler aus Bronze
Technik: Steinmetzarbeit / Bronzeguss
Zustand: Die Anlage selbst ist relativ gut erhalten. Der Plattenweg ist in den Fugen verkrautet und an der Straße zugewachsen.[1014]

3. Dokumentation

Auftraggeber: Fliegerhorst Hildesheim
Hersteller (Entwurf, Ausführung): Adler: Heinrich Schlotter
Einweihung: 21. April 1937 (Tag der Luftwaffe)[1015]
Deutung: Der niederstürzende Adler ist Wappentier der fliegenden Einheiten aller Waffengattungen und der Fallschirmjäger. Hier wacht der Adler mit offenen Schwingen auf der Spitze des Denkmals. Auf dem Pfeiler zwischen Toreinfahrt und Wacheingang des Fliegerhorstes und an der Fliegerbildschule waren ähnliche Adlerdarstellungen angebracht worden, beide mit ausgebreiteten Schwingen, die eine Kralle auf dem Hakenkreuz, die andere zur Abwehr oder zum Angriff erhoben.[1016] Auf die symbolischen Zutaten wurde bei diesem Denkmal verzichtet. Hier kann der Adler der König des Himmels und das Wappentier der Fallschirmspringer zugleich sein.
Mit dem Denkmal wurden zunächst die beiden bei Flugzeugabstürzen ums Leben gekommenen Kommandeure und die mit ihnen im Dienst verunglückten Angehörigen des Fliegerhorstes geehrt.[1017] Es wurde aber so allgemein gehalten, dass es später als „Kreta-Denkmal" bezeichnet

Abb. 33: Luftwaffen- und Fallschirmspringer-Denkmal[1013]

werden konnte und damit als Ehrung der beim Kampf um Kreta im Mai 1941 umgekommenen Fallschirmspringer galt. Die ursprüngliche Widmung enthält die Sinngebung für den „Fliegertod": Führer, Volk, Vaterland.

Das auf den meisten Denkmälern tabuisierte Wort kommt hier gleich zweimal vor: Tote Kameraden starben den Fliegertod. Das Denkmal rühmt keine Heldentaten, es bezeugt Dienstunfälle. Die lebenden Kameraden gedenken der toten, die Diensttreue verlangt den Dank und das ehrende Gedenken. Der Tod wird nicht beklagt, die Doppelung des Wortes hebt ihn im Gegenteil stolz hervor. Die toten wie die lebenden Kameraden zeichnet der gleiche Todesmut aus – das ist die Botschaft des Denkmals, die es auch nach dem Ende der nationalsozialischen Gewaltherrschaft übermittelt. Diese Aussage vereint die ehemaligen Kriegsgegner wie auch Wehrmachts- und Bundeswehrangehörige. Sie alle standen vor diesem Denkmal und ehrten die Toten.

Objektgeschichte: Der Adler wurde im Atelier Schlotters als Gipsmodell hergestellt und zum Bronzeguss nach Berlin gebracht. Wegen seiner Schwere habe es der Bildhauer mit dem Flaschenzug in seiner Werkstatt regieren müssen. Der Bronzeadler ziere inzwischen „die Gedenkstätte unseres Flughafens", schreibt die HAZ im März 1937, ohne das Datum der Aufstellung preiszugeben.[1018]

Das genaue Datum der Denkmalsaufstellung und -einweihung ist nicht dokumentiert. Man kann sich allerdings aufgrund der Pressemeldungen annähern. Bei dem kurzen Pressebericht über die Gedächtnisfeier und Beisetzung des Fliegerhorst-Kommandeurs Behrla und des mit ihm verunglückten Oberwerkmeisters Woerner in der HAZ vom 10. Februar 1936 wird das Denkmal auf dem Gelände des Fliegerhorstes noch nicht erwähnt. Auch am 21. April 1936, dem „Tag der Luftwaffe", fand die „interne Gedächtnisfeier des Fliegerhorstes und der Fliegerschule für ihre Toten" in Form eines Feldgottesdienstes in einer der Flugzeughallen statt, ohne dass von einem Denkmal die Rede war.[1019] Die „ergreifende Gedächtnisfeier für den auf dem Flugfelde der Ehre gefallenen Kommandeur" wurde auch beim Jahresrückblick der HAZ am 31. Dezember 1936 erwähnt, das Denkmal allerdings nicht. Am 21. Februar 1937 endeten die Aufmärsche zum „Heldengedenktag" am Berg-

hölzchen oberhalb der kurz zuvor nach Horst Wessel benannten Mittelallee, nachdem zuvor an den traditionellen Stellen auf dem „Karl-Dincklage-Platz" (Steingrube) und dem Zentralfriedhof Kränze niedergelegt worden waren. Die Soldaten vom Fliegerhorst stellten dort an der Gedenkstätte die Ehrenwache, ihr Kommandeur, Oberstleutnant Sperling, nahm dort die Meldung der Ehrenkompanie entgegen.[1020] Der bereits zitierte Bericht über den Bildhauer Schlotter nennt am 23. März 1937 die Gedenkstätte im Fliegerhorst zum ersten Mal. Am 22. April erwähnte die Presse dann beiläufig mit einem Satz, dass „an dem Denkmal im Fliegerhorst, das zum Gedenken der im Aufbau der Luftwaffe gefallenen Offiziere, Unteroffiziere, Mannschaften und Zivilangestellten errichtet ist, (...) eine schlichte und eindrucksvolle Feier abgehalten (wurde), in deren Verlauf ein Kranz am Denkmal niedergelegt wurde."[1021]

3.2.2 Gedenkstein der Fallschirmjägerkameradschaft

1. Standort

Im Rasendreieck der Straßengabelung Lavesstraße / Gropiusstraße am Ehrenmal der Luftwaffe

2. Beschreibung

Auf einer großen Platte an der Vorderseite des Postaments des Fliegerhorst-Denkmals prangt die in Majuskeln gehaltene Inschrift „Unseren Gefallenen / Fallschirmjäger- / kameradschaft / Hildesheim".

Maße (Breite, Höhe, Tiefe): Platte: 80 cm x 35 cm
Material: Sandstein
Technik: Steinmetzarbeit
Zustand: gut[1022]

3. Dokumentation

Auftraggeber: Hildesheimer Kameradschaft der Fallschirmjäger
Hersteller (Entwurf, Ausführung): Steinmetzbetrieb Polivka
Entstehungszeit: 1958-1979
Einweihung: 5. Mai 1979 (im Rahmen der Gedenktage der Fallschirmjäger-Kameradschaft

Hildesheim 30 Jahre Kameradschaft Hildesheim – 40 Jahre Fallschirmjäger in Hildesheim)

Deutung: Nach der Entfernung des Wortes „Führer" in der Inschrift des Fliegerhorst-Denkmals blieb die Widmung als allgemeine Sinnzuschreibung für das Sterben im Dienst des Krieges und als Legitimation für den eigenen Kriegsdienst akzeptabel. Die Kameradschaft ehemaliger Fallschirmspringer änderte das Denkmal deshalb nicht ab, sondern ergänzte es lediglich mit ihrer eigenen allgemeinen Widmung, der man allerdings die Art des tödlichen Dienstunfalls ansieht. Die „toten Kameraden" hatten ihren Tod im Frieden gefunden, die „Gefallenen" konnten nur im Krieg gestorben sein.

Der Krieg stellte sich auch 34 Jahre nach seinem Ende noch als Dienst am Volk und für das Vaterland dar, während die Fakten das Gegenteil bewiesen. Das Löschen des Wortes „Führer" tabuisiert den Völkerrechtsbruch beim Aufbau der Luftwaffe und die Kriegsverbrechen sowohl bei ihren ersten Auslandseinsätzen, insbesondere im spanischen Bürgerkrieg, und im Zweiten Weltkrieg. Die Fallschirmspringerkameradschaft beharrte auf einer Sinnstiftung, die sich unpolitisch und ahistorisch gibt, damit aber die eigene Rolle als Werkzeug einer verbrecherischen Führung und die eigene Verantwortung für das Handeln ignoriert. Der Vorgang der Verdrängung ist im Entfernen des Führers paradoxerweise sichtbar geblieben. Das Denkmal tradiert vorrangig das Selbstbild der Stifter.

Objektgeschichte: Am 5. Mai 1979 übergab das britische Standortkommando das auf dem Gelände der Toffrek-Kaserne im Unterkunftsbereich stehende Ehrenmal an die Hildesheimer Fallschirmjägerkameradschaft. Es war zuvor renoviert und zum Kriegerdenkmal der Fallschirmjäger erweitert worden. Dabei wurde vermutlich das Wort „Führer" aus der Inschrift entfernt.[1023]

Elfriede Polivka, Inhaberin des Hildesheimer Steinmetzbetriebs Polivka, ließ in Erinnerung an ihren Mann Rudolf, der von 1957 bis zu seinem Tod 1976 die Fallschirmjägerkameradschaft anführte, die Gedenktafel anfertigen. In der 1979 erschienenen Festschrift danken der 1. Kameradschaftsleiter Ernst Schlosser und sein Stellvertreter Heinz Kempe „besonders den Kameraden von der Bundeswehr" für die Hilfe bei den erheblichen Reparaturarbeiten.[1024]

An der Übernahme des Denkmals nahmen Fallschirmjäger aus der ganzen Bundesrepublik teil. Je eine Ehrenwache stellten die britischen Heeresflieger und das Sanitätsbataillon 1 aus Hildesheim. Als Ehrengäste wurden die beiden Bundestagsabgeordneten Rappe und de Terra, Landrat Deike, Oberkreisdirektor Kipker sowie als Vertreter der Stadtverwaltung Stadtrat Stock begrüßt. Von den britischen und deutschen Streitkräften waren Abordnungen gekommen. Grußworte sprachen der 1. Kameradschaftsleiter Ernst Schlosser und der Bundesleiter des Bundes Deutscher Fallschirmjäger, Oswald Finzel. Stadtdechant Schulz, selbst ehemaliger Fallschirmjäger, gedachte der Gefallenen. Die Jagdhorngruppe der Hildesheimer Jägerschaft umrahmte die Feier musikalisch.[1025]

Die erste größere Feier am Ehrenmal fand unter dem Motto „40 Jahre Kreta" am 20. Mai 1981 statt. Die Ansprache hielt wieder der 1. Bundesleiter Oswald Finzel.

Die in Wildeshausen stationierte Patenkompanie der Bundeswehr besuchte die Fallschirmjägerkameradschaft und das Ehrenmal 1985.

1998 wurde das Denkmal restauriert.

Die Hildesheimer Fallschirmjäger-Kameradschaft setzte sich bereits 1958 – vergebens – dafür ein, ein „Ehrenmal für die deutschen Fallschirmjäger" auf dem Fundament des 79er-Denkmals für die Toten des Krieges 1970/71 auf dem Hagentorwall zu errichten. Dem Ausschuss für Garten- und Friedhofsverwaltung lag am 20. September 1958, erneut am 19. März 1959 und dann wieder am 28. Oktober 1959 ein entsprechender Wunsch des Bundes Deutscher Fallschirmjäger vor. Grundsätzliche Einwände gab es nicht. Allerdings befürchtete der Ausschuss Präzedenzfälle. Deshalb sei es sinnvoller, sämtliche Denkmäler an einem Platz, zum Beispiel am Galgenbergdenkmal oberhalb der Acht, zusammenzufassen, statt sie in der Stadt verstreut aufzustellen.[1026] Von dieser Position ließ sich die Stadt auch nicht abbringen, nachdem ihr die Fallschirmspringer-Vereinigung fünf Entwürfe von drei Hildesheimer Architekten vorgelegt hatte. Zwar hatte sie in Aussicht gestellt, der Errichtung eines Ehrenmals am Hagentorwall zuzustimmen, wenn es in würdiger Ausführung geplant werde, doch blieb es bei dieser vagen Zusage. Vier Entwürfe stellten gerade oder schräg gestellte Säulen mit dem niederstürzenden Adler dar, das Modell des Architekten Gascard war auf eine teilweise in die Erde eingelassene Ehrenhofstätte abgestimmt. Ein am

Eingang aufgestellter vier bis fünf Meter hoher Stein sollte oben den niederstürzenden Adler zeigen.[1027] Anfang 1959 lagen der Stadt acht Entwürfe zur Auswahl vor, neben dem Hildesheimern hatte sich auch ein Hannoverscher Architekt an der Ausschreibung beteiligt. „Nun warten die 60 Mitglieder der Vereinigung auf die Baugenehmigung", teilte der Vorsitzende Rudi Polivka der Generalversammlung der Fallschirmjäger-Vereinigung mit.[1028]

Am 28. Januar 1960 kam der Ausschuss den Fallschirmjägern entgegen und bat den Hildesheimer Protagonisten, Polivka, verbindlich zu erklären, welchen Geldbetrag der Verein für die Aufstellung des Fallschirmspringerehrenmals aufbringen könne.[1029] Der Jahreshauptversammlung der Fallschirmjäger-Kameradschaft teilte Polivka am 2. Februar 1960 mit, die Stadt habe den Denkmalsbau grundsätzlich genehmigt. Nun solle „im Laufe dieser Woche" noch ein Platz ausgesucht werden, entweder am Hohen Wall, am Berghölzchen oder am Galgenberg. Die Versammlung zeigte sich sehr erfreut, dass die zweijährigen Bemühungen endlich zum Abschluss kämen. Bei dem Pfingsten 1961 geplanten Bundestreffen sollte das Ehrenmal eingeweiht werden.[1030] Am 13. Mai 1960 trug der Ausschuss den Fallschirmjägern wieder an, das Denkmal am Galgenberg zu errichten und zwar auf der ersten oder zweiten Anhöhe dahinter. Dort könnten dann eventuell auch die Platten vom 79er-Denkmal vom Krieg 1870/71 angebracht werden.[1031] Man habe Verständnis dafür, dass sich der Standort am Hagentorwall direkt anbiete, weil er weithin sichtbar sei und man nachvollziehen könne, „dass ein Fallschirmjägerdenkmal zu ebener Erde von seiner gedanklichen Struktur her nichts zu suchen hätte."[1032] Am Galgenberg könne man diesem Anspruch genügen.

Die HAZ kommentierte diesen Vorschlag und die Hinhaltetaktik mit Verdruss: „In der Hauptsache wäre jetzt zu wünschen, dass endlich Klarheit über den Standort geschaffen wird. ... Dass Hildesheim die ‚Wiege' der deutschen Fallschirmjäger war, weiß das In- und Ausland, das seine Abordnungen unter keinerlei politischen Aspekten in die Bundesrepublik (zum Bundestreffen 1961, H.H.) schickt. An einigen Hildesheimer Stellen zögerte man über diesen Punkt immer noch. Das wäre aber ein falsches Objekt."[1033]

Vom Galgenberg hielten die Fallschirmjäger gar nichts. Sie bevorzugten hartnäckig den Traditionsstandort am Hohen Wall, waren bereit, etwa 15.000 Mark aufzuwenden, dachten dabei an etwas künstlerisch Hervorragendes und wollten den Künstler von der Stadt aussuchen lassen. Der Ratsausschuss war fast der gleichen Ansicht – nur beim Standort nicht. Er hielt an der Acht fest und bot diesmal nur noch das zweite Plateau hinter dem Denkmal an.[1034] Am 26. August 1960 äußerte Stadtbaudirektor Haagen den – nicht bestätigten – Verdacht, der Vorstoß komme nur von der Hildesheimer Kameradschaft, aber nicht vom Bund.[1035]

Als Pfingsten 1961 zum 20. Gedenktag der Schlacht auf Kreta das 7. Bundestreffen ehemaliger deutscher Fallschirmjäger in Hildesheim stattfand, wurde der Toten in der bis auf den letzten Platz besetzten Sporthalle mit einer Gedenkfeier und mit Kranzniederlegungen an den Denkmälern am Galgenberg und auf dem Zentralfriedhof gedacht. Von der geplanten Gedächtnisstätte am Hohen Wall oder anderswo war – zumindest in der Presse – nicht mehr die Rede.[1036]

Als sich viele Jahre später Ernst Schlosser dafür einsetzte, das Fliegerhorstdenkmal aus dem inzwischen gewerblich genutzten und öffentlich zugänglichen ehemaligen Kasernenbereich zurück in eine Bundeswehrkaserne zu verlegen, stieß er auf Ablehnung sowohl beim Denkmalschutz als auch bei der Bundeswehr. Das Denkmal sollte in seiner historischen Umgebung bleiben.[1037]

3.3 Gedächtnisstätte in der Landwirtschaftsschule mit Ehrenfenster, Ehrenschrein und Ehrenbuch zur Erinnerung an die gefallenen und vermissten Mitglieder des Vereins ehemaliger Landwirtschaftsschüler und -schülerinnen Groß-Förste/Hildesheim

1. Standort

Im Treppenhaus der Landwirtschaftsschule / Kreisberufsschule Steuerwalder Straße 164

2. Beschreibung

Auf dem Foto, das die Hildesheimer Presse 1955 veröffentlichte, ist ein Glasfenster zu erkennen, das sich über Erdgeschoss und ersten Stock hin-

Abb. 34: Ehrenfenster[1038]

zieht. Eingerahmt von Schriftbändern, ist in der Mitte des oberen Teils ein Personenpaar dargestellt: Ein verletzter oder erschöpfter Soldat in Wehrmachtsuniform mit abgebrochenem Schwert in der Hand legt den linken Arm stützend über die Schulter eines Bauern, der mit der Linken auf einen Pfluggriff umfasst.

Im unteren Teil steht in Majuskeln die Widmung „Unseren / gefallenen und vermissten / Kameraden der Weltkriege / 1914-18 – 1939-45 / Der Verein ehemaliger / Landwirtschaftsschüler / und -schülerinnen / Groß-Förste/Hildesheim".

In einer vermutlich 1964 erschienenen Festschrift zeigt ein Foto das Fenster in einer anderen Anordnung. Die drei Teile stehen nun nebeneinander, offenbar in einer Nische im Erdgeschoss. Ein Schriftband mit einem Sinnspruch schließt das Fenster oben ab. Die auf dem Foto nicht zu erkennende Widmung lautete „Nach ewigen, ehernen Gesetzen müssen wir alle unseres Daseins Kreise vollenden."[1039] Ebenso wenig ist der Ehrenschrein zu sehen, der hinzugefügt wurde und der aus einem gemauerten Träger in Altarform bestand, mit einer Tischplatte aus Marmor. Die beiden Seiten und die Vorderfront waren durch Sgraffitoarbeiten ausgestaltet worden: In der Mitte eine braune Kreisfläche mit drei Eichenblättern und zwei Ähren, darüber ANNO DOMINI, darunter + M C M L V I +. Auf dem Altar stand eine Kassette, in der das Ehrenbuch lag, das auf 124 Seiten je einen Namen eines gefallenen ehemaligen Landwirtschaftsschülers trug.[1040] Die Blätter waren nach den Jahren 1939 bis 1945 und von Januar bis Dezember geordnet. Die erste Seite trug die Widmung: „Unseren / gefallenen und vermißten / Kameraden der Weltkriege / 1914-18 + 1939-45 // Der Verein ehemaliger / Landwirtschaftsschüler / und -schülerinnen / Hildesheim/Großförste / Im Dezember 1956".

Auf der zweiten Seite wiederholen sich die Worte auf dem Glas des Ehrenfensters.

Material: Antikglas; Ehrenschrein: deutscher Marmor; Ehrenbuch mit Einband aus Kalbspergament, durch Handvergoldung verziert.

Technik: Glasmalerei; Sgraffito in Dreifarben-Edelputz

Zustand: verschollen

3. Dokumentation

Auftraggeber: Verein ehemaliger Landwirtschaftsschüler und -schülerinnen Groß-Förste/Hildesheim

Hersteller (Entwurf, Ausführung): Otto Aue (Entwurf, Sgraffito und Kalligrafie), Kunstglasmaler Mühlenbein (Hannover); Ehrenbuch: August-Wilhelm Lange

Entstehungszeit: 1955-1956

Einweihung: Ehrenfenster am 11. Juni 1955 (mit der Einweihung der Schule); Altar und Ehrenschrein am 12. Dezember 1956 (50-jähriges Vereinsjubiläum)

Deutung: Die Hildesheimer Presse kommentierte das Foto vom Fenster am 21. April 1955: „Ob es richtig war, den Krieger in der letzten deutschen Wehrmachtsuniform zu zeigen, sei dahingestellt, denn schwertertragende Soldaten hat es im vergangenen Krieg nicht gegeben." Wie auf den Ehrentafeln der Michelsenschule verschmelzen antike Symbole und antiquierte Bilder, um Heldentum, Bodenständigkeit, Treue und Heimatverbundenheit darzustellen. Die Deutung „Schwerter zu Pflugscharen" liegt nahe, ist aber unwahrscheinlich. Der Buchtitel Eduard Michelsens hieß „Vom Pflug zum Schwert", und so scheint auch dieses Denkmal die Rückkehr des geschlagenen Heeres in die hilfsbereite Heimat darzustellen.

Altar, Schrein und Buch knüpfen an elementare Metaphern für das göttliche Opfer, den ehrenvollen Tod und das ewige Gedenken an. Die lateinische Inschrift verweist auf die heroische Zeit des klassischen Altertums. Farb- und Bildsymbolik stellen eine Beziehung zum nie-dersächsischen Bauerntum her: Die Eiche als Baum des

Niedersachsenlieds, die Ähren als wichtigste Nutzpflanzen der Region. Der Bun-desvorsitzende Theo Hensen verwendete in seiner Festrede bei der am Abend stattgefundenen Jubiläumsveranstaltung die Formulierung „Sicher ist nur das Brot auf eigener Scholle."[1041] Offenbar ohne auf das Denkmal Bezug zu nehmen, interpretierte er seinen Symbolgehalt, auch den der Farben: Braun ist der fruchtbare Boden, der rote Untergrund ist Zeichen für Heimatliebe und Blutsverbundenheit. Deutscher Marmor wurde verwendet, ein wertvoller, harter Stein, nicht aus den Steinbrüchen Italiens, sondern aus Deutschland.

Das nicht gekennzeichnete Zitat passt zu der metaphorischen Überhöhung. Es ist dem Gedicht „Das Göttliche" entnommen, das Johann Wolfgang Goethe 1783 geschrieben hat. Im Original beginnt die Strophe wörtlich „Nach ewigen, ehrnen, / Großen Gesetzen...". Das Gedicht selbst leiten die Verse „Edel sei der Mensch, / Hilfreich und gut!" ein.[1042] Im Zusammenhang des Kriegstotengedenkens tritt das Schicksalhafte, das Erhabene des Geschehens in den Vordergrund. Der Soldatentod ist eine Variante des zivilen Todes, der naturgesetzlich unumgänglich das Leben beendet. „Alle unseres Daseins Kreise" erinnern an die natürlichen Zyklen des Tages und des Jahres, der Entwicklung der Organismen wie des bäuerlichen Wirtschaftens. Der gewaltsame Tod der Schulkameraden wird gleichmütig unhinterfragt als Naturereignis angenommen.

Das Denkmal kumuliert die Motive der Treue, der Tabuisierung, der Trivialisierung, des Heldenkults und der Tradierung. Trauer wird trotz der bedrückenden Szene nicht abgebildet: Der Heimkehrer ist verwundet, aber er lebt und findet treue Hilfe. Die Toten finden sich im Gleichmaß von Werden und Vergehen wieder. Jede konkrete Erklärung wird verweigert, tabuisiert, stattdessen betonen die Rückgriffe auf die Klassik des Altertums und der deutschen Literatur die übergeschichtliche Gültigkeit der dem Krieg zugrundeliegenden Gesetze und den edlen Wert des Heldentums. Die Darstellungsform trivialisiert den Kriegstod, die Symbolik knüpft an die Tradition der Landwirtschaft an und tradiert sie weiter.

Objektgeschichte: Bei der Einweihung blickten die im Flur und im ersten Stock sitzenden Gäste der Landwirtschaftsschule auf das gestiftete Fenster, vor dem die Festredner auf dem mittleren Podest standen.[1043] Bei weiteren Umbauten wurde das Fenster verändert. Ein Altar mit Ehrenschrein wurde anlässlich der Feier des 50-jährigen Bestehens des Vereins ehemaliger Landwirtschaftsschülerinnen und -schüler hinzugefügt. Nach den Begrüßungsworten des 1. Vorsitzenden Karl Alpers, Machtsum, hielt der Direktor der Schule, Landwirtschaftsrat Dr. Probst, die Gedenkrede. „Doch war es nicht nur ein Erinnern, das in der von Herzen kommenden und zu Herzen gehenden Ansprache des Direktors aufklang, es war auch die Mahnung an die Jugend, sich eines großen Opfers würdig zu erweisen."[1044] Weitere Ansprachen hielten Landrat Böllersen, Superintendent Meyer-Roscher, der Vizepräsident der Landwirtschaftskammer Zeddies und Landwirt Köhler. An jedem Todestag eines Ehemaligen sollte ein Schüler morgens vor dem Unterricht die Kassette öffnen und die Seite mit dem Namen des Gefallenen aufschlagen.

Beim Erweiterungsbau Anfang der 60er Jahre ordnete man die Felder des Fensters horizontal an, beim Bau des Kreismedienzentrums entfernte man es und verlor es aus den Augen. Nach Auskunft der Bauverwaltung des Landkreises am 20. Mai 2003 ist das Fenster zwischenzeitlich im Keller der Berufsbildenden Schule gelagert worden, dort aber heute nicht mehr auffindbar. Auch der Altar und das Ehrenbuch verschwanden im Verlauf der kurzen aber wechselvollen Bau- und Schulgeschichte.

Weitere Quellen: HP vom 21. April 1955 (mit Foto); HAZ vom 26. November (mit Foto vom Altar), 10. Dezember 1956 (mit Foto vom Ehrenbuch) und 13. Dezember 1956.

3.4 Gedenktafel der Martin-Luther-Gemeinde für die Gefallenen der zwei Weltkriege

1. Standort

Am Ende des Laubengangs an der Ostseite der Martin-Luther-Kirche beim Durchgang zum Gemeindehaus

2. Beschreibung

Im Gitter der Türen ist ein Kreis mit dem griechischen Christusmonogramm X P (Chi/Rho)

Abb. 35: Gedächtnisstätte der Martin-Luther-Kirche[1045]

eingefügt. Zwischen den Türöffnungen wurde eine Gedenkplatte befestigt. Links und rechts ragt im Abstand von 50 cm je ein Kranzhalter in den Raum.

Auf der Platte steht in Majuskeln „Den Gefallenen der / 2 Weltkriege, den in Kriegs- / gefangenschaft Verstorbenen / den bei den Bombenangriffen / um's Leben Gekommenen und / all' unseren lieben Toten in der Ferne." Darunter ist ein 90 cm hohes und 50 cm breites schlichtes lateinisches Kreuz eingemeißelt.

Die unteren drei Zeilen der Schrift und das Kreuz weisen noch Spuren dunkelbrauner Farbe auf, der Rest der Schrift ist verblasst und zum Teil verwittert.[1046]

Maße (Breite, Höhe, Tiefe): Gedenkplatte: 95 cm x 2,00 m x 7,5 cm; Kranzhalter (17 cm x 25 cm) ragen beidseitig in einer Höhe von 85 cm 32 cm in den Raum.

Material: Sandstein
Technik: Steinmetzarbeit
Zustand: vernachlässigt

3. Dokumentation
Auftraggeber: Kirchengemeinde

Entstehungszeit: 1954/1955
Einweihung: 22. März 1955
Deutung: Die Türen mit dem Chrismon wurden bewusst in die Gedächtnisstätte einbezogen. Es ist Ausdruck des christlichen Glaubens an den Sieg des Erlösers über die Herrschaft der Sünde. Der Tod der Kriegsopfer steht gleichsam vor dem Tor zum Leben. Diese Sichtweise spendet Trost.

Für die Ehrentafel wurde die alte Altarplatte, an der die Gemeindeglieder sieben Jahre im Gemeindesaal das heilige Abendmahl gefeiert hatten, verwendet. Das Abendmahl führt die Gemeindeglieder zur christlichen Glaubensgemeinschaft zusammen, in ihm vereint sie sich mit Gott zum „Leib Christi". Mit der Auswahl der Tafel unterstreicht die Gemeinde ihren Wunsch, in Zeiten des Umbruchs die Kontinuität des Gemeindelebens zu wahren. Mit einem wesentlichen Element – einem Stück des Altars – pflegt sie die Tradition.

Auf der Tischplatte wurden nicht nur diejenigen verewigt, die selbst früher an ihr Platz genommen hatten, sondern alle Toten der Gemeinde, die im Verlauf oder in Folge der beiden Weltkriege ums Leben kamen. Namentlich genannt wurde niemand: Die Vermissten hoffte man noch herbei, die Flüchtlinge trauerten zusätzlich über ihre „lieben Toten in der Ferne", deren Gräber hinter dem Eisernen Vorhang sie nicht mehr besuchen konnten. Allen fühlte sich die Gemeinde in Treue verbunden. Dem unbestimmbaren Leid bot sich das Denkmal als Topos an.

Das Denkmal hat die Form eines Wandgrabs, das wie in einem Kreuzgang unter einer Pergola angebracht wurde, weit entfernt vom Haupteingang. Es knüpft damit an alte Formen des christlichen Totenkults an.

Objektgeschichte: Die Kirche wurde in den Jahren 1953/1954 unter Leitung der Architekten Blaich und Münter, beide Bauräte und ehemalige Dozenten der Staatlichen Ingenieur-Akademie, gebaut.[1047] Am 7. November 1954 wurde sie von Landesbischof D. Dr. Lilje eingeweiht.[1048]

Die Gedächtnisstätte wird – soweit bekannt – öffentlich nur einmal erwähnt: Die Festschrift zum 75-jährigen Jubiläum hält fest, dass „die Gedenktafel ... aus der Altarplatte des alten Kirchensaals im Gemeindehaus hergestellt (wurde). Wann sie entstand, teilt sie nicht mit.[1049]

Auch in den Akten der Kirchengemeinde fehlen

Hinweise auf Gedenkfeiern oder Kranzniederlegungen am Denkmal. Die ausführliche Schilderung der fünfundzwanzigjährigen Baugeschichte in der 1979 von Pastor Joachim Schwieterding hektografiert herausgegebenen Festschrift nennt viele Details, enthält aber keinen Hinweis auf die Gedächtnisstätte. Dennoch muss es sie zum damaligen Zeitpunkt schon gegeben haben. Das Protokollbuch der Martin-Luther-Kirchengemeinde überliefert, dass Pastor Gunther Westphal[1050] in der Kirchenvorstandssitzung am 18. November 1954 vorschlug, „die alte Altarplatte, an der wir 7 Jahre das hl. Abendmahl gefeiert haben, nicht wegzutun, sondern zu einer ganz schlichten Ehrentafel für die Gefallenen u. Toten der 2 Kriege zu machen u. in die Säulengang-Wand zwischen Hof u. Grünfläche auf der Straßenseite anzubringen." Der Kirchenvorstand verabredete, den Gedanken noch näher zu beraten.[1051] Am 16. Dezember 1954 beschloss er die Verwendung der Altarplatte, den vorgeschlagenen Standort (jetzt präzisierter „zwischen den beiden Gittertüren") und eine Inschrift: „Allen unseren lieben Toten in weiter Ferne".[1052]

Wann der Text und das Mahnmal die heutige Form erhielten und wann genau es errichtet wurde, lässt sich den Protokollbüchern nicht entnehmen. Das Protokoll vom 11. März 1955 vermerkt allerdings, dass am 22. März „hier (im Protokollbuch unterstrichen) am Gedenkstein eine kurze Feier im Gedenken der vielen Bombenopfer der Stadt" stattfindet. In der Kirchenvorstandssitzung, die am 22. März um 20.00 Uhr begann, wurde das Ereignis nicht angesprochen. Dennoch ist davon auszugehen, dass der Gedenkstein auf dem Kirchengrundstück gemeint war, dessen Inschrift ausdrücklich auch die Bombenopfer erwähnt. Der Gedenkstein für die Toten der Luftangriffe auf dem nahen Nordfriedhof wurde erst im November 1955 fertiggestellt.

Ein ähnlich unbestimmter, aber im Quellenkontext eindeutiger Hinweis findet sich im Protokoll der Kirchenvorstandssitzung am 20. März 1963: Der Vorstand beschloss, am 22. März einen Kranz an der Gedenktafel niederzulegen.[1053]

Soweit ersichtlich, gibt es keine weiteren Belege über die Nutzung der Gedächtnisstätte in den Akten. Pastor Wolfgang Ritter teilte allerdings auf Befragung mit, dass dort bis Mitte der 80er Jahre nach dem Gottesdienst am Volkstrauertag Kränze niedergelegt wurden.[1054]

3.5 Gedächtnisstätten für Kriegsopfer auf dem Nordfriedhof

3.5.1 Soldatenfriedhof

3.5.1.1 Ehrenfriedhof für die Opfer des Ersten Weltkriegs

1. Standort

Abteilung VII D. r.

2. Beschreibung[1055]

372 gleichförmige Grabstelen in von Hecken gerahmten tiefen Ausbuchtungen beidseitig eines breiten Mittelweges. Der überwiegende Teil dieser begrünten Nebenplätze wurde in annähernd quadratischer Form angelegt; nur die beiden westlichsten und östlichsten Nischen wurden rundbogig bzw. in größeren quadratischen Formaten ausgeführt.

Grundsätzlich wurde sämtlichen Grabstelen eine identische Form zugrundegelegt, die sich aus einem gedrungenen, nach oben verbreiternden Unterteil und einem zurückspringenden, flachdreieckig abschließenden Zieraufsatz zusammensetzt; die Proportionen variieren geringfügig. Im unteren Teil wurden lediglich Name,

Abb. 36: Gräbergruppe auf dem Nordfriedhof (Erster Weltkrieg)[1056]

Abb. 37: Beispiel eines Grabsteins (Erster Weltkrieg)[1057]

Daten und Rang eingemeißelt, der Aufsatz mit je nach Rang variierenden Reliefs verziert. Sprüche, wie „Wirke, solange es Tag ist, es kommt die Nacht, da Niemand wirken kann" (Heinrich Rabius, HPTM MAR Inf. RGT. 1916 [Jh 9,4]) sind nur in Einzelfällen belegt.
Eisernes Kreuz – dominierende Form
Eisernes Kreuz vor Lorbeerzweig - dominierende Form
Akanthuszweige – ein Beleg
Helm vor Lorbeerzweig – neun Belege (Unteroffiziere, Offiziere, Hauptmänner) Christusmonogramm (JHS) – fünf Belege (Unteroffiziere, Offiziere, Hauptmänner)
Christusmonogramm Chi/Rho – zwei Belege (Bergreferendar, Leutnant und Kompanieführer)
christliches Kreuz vor Lorbeerzweig – drei Belege
Maße (Breite, Höhe, Tiefe): Die Gesamtfläche beträgt 6.200 m².[1058]
Material: Lutterscher Sandstein
Technik: Steinmetzarbeit
Zustand: gut

3. Dokumentation

Auftraggeber: Stadt Hildesheim
Hersteller (Entwurf, Ausführung): Professor Kreis, Düsseldorf (Entwurf der Friedhofsanlage), Architekt Evers (Entwurf des Grabsteins), Bildhauer Dräger (Ausführung)
Entstehungszeit: 1915-1923
Einweihung: 13. Mai 1923
Deutung: In der Anlage der Gräber spiegeln sich militärische Prinzipien wider: straffe, regelmäßige Aufteilung in Gruppen, Uniformität von Gräbern und Steinen. Nach einer Auffassung von Emil Högg sollten die Friedhöfe durch ihre „Uniformiertheit" das „Wesen der marschierenden feldgrauen Regimenter über den Tod hinaus" versinnbildlichen.[1059] „Die Anlage dieser Gräber in Reih' und Glied bewahrt die Kampfgemeinschaft an der Front bis über den Tod hinaus und symbolisiert die (später ideologisch so stark überfrachtete) Schützengrabengemeinschaft."[1060]
Man wies den Kriegstoten einen von den „Normalsterblichen" abgetrennten Bereich zu, der im Gegensatz zur sonstigen parkartigen Anlage des Zentralfriedhofs sehr licht und schlicht gehalten war. Der weite Abstand zwischen den Parallelwegen vermittelt heute den Eindruck einer Schneise. Ursprünglich beschränkte sich die Schneise auf die Gräberanlage und verengte sich davor zu einer Allee. Während die Gruppenanordnung Zusammengehörigkeit und Vertrautheit vermittelt, stellt der weite Zwischenraum Distanz und Übersicht her. Der persönlichen Trauer geht die Wahrnehmung der Gesamtheit der Kriegstoten zwingend voraus. Sie findet Trost in der Erkenntnis, nicht allein zu stehen und in dem Gefühl, Teil einer Opfergemeinschaft zu sein.
Die Gemeinschaft trat auch bei der Finanzierung der Anlage hervor. Ähnlich wie bei den Kriegerdenkmälern sah man sie nicht als gemeindliche, sondern als gemeinschaftliche Aufgabe. Angehörige, verschont Gebliebene und die Kommune realisierten gemeinsam den Ehrenfriedhof, der später mit Spenden der Regimentsvereine abgeschlossen wurde.
Das Totengedenken steht im Vordergrund, der Heldenkult ist gleichwohl vorhanden. Das Eiserne Kreuz herrscht vor, die gestalterische Hervorhebung des „Ehrenteils" trennt ihn vom allgemeinen Totenkult ab. Besonders auffällig ist der Abschluss durch die mit klassischen Heldensymbolen verzierte Rückwand (s. II 3.5.1.2).
Objektgeschichte: Schon 1910 war über einen Ehrenfriedhof nachgedacht worden. Die Pläne von 1911 und 1914 verzeichnen an der Stelle des späteren Gefallenenfriedhofs eine üppige vierreihige Baumallee in Ost-West-Ausrichtung. Ob sie als Ehrenhain gedacht war und warum und

für wen sie so konzipiert wurde, ist nicht mehr zu rekonstruieren.[1061]
Mitte September 1914 beschlossen die Städtischen Kollegien, einen Ehrenfriedhof einzurichten, die Gräber unentgeltlich zur Verfügung zu stellen und einen auch in künstlerischer Hinsicht eindrucksvollen Gedächtnisplatz zu schaffen. Vorgesehen waren ursprünglich 140 Soldatengräber.[1062] Der Friedhof für Soldaten, die während oder kurz nach dem Weltkrieg in Hildesheim gestorben waren, wurde aufgrund eines 1915 von den städtischen Kollegien gefassten Beschlusses angelegt. Professor Wilhelm Kreis, Düsseldorf, war nach einem beschränkten Ideen-Wettbewerb mit der Ausführung beauftragt worden.[1063] Die Gartendeputation beschloss am 15. Februar 1916 die Aufstellung von zwei Pylonen am Eingang zur Kennzeichnung des Ehrenfriedhofs, am 14. Mai 1917 eine Erweiterung der Nischen, um Platz für weitere 72 Gräber zu erreichen[1064] und am 2. Juli 1918 die Trennung des Ehrenfriedhofs vom übrigen Teil des Zentralfriedhofs[1065] durch dichte Hinterpflanzung der beiden einmündenden Seitenwege.

Die Frage der Denkmalsbeschaffung für die auf dem städtischen Ehrenfriedhof ruhenden Gefallenen wurde am 20. September 1920 vom Magistrat mit den Angehörigen und Bürgervorstehern erörtert. Bei der ursprünglich geplanten Ausstattung des Ehrenfriedhofs hatte man einen siegreichen Ausgang des Krieges einkalkuliert. Die Stadt hatte sich am Ehrenfriedhof mit seiner Anlage bereits beteiligt und die Bepflanzung der Gräber mit Efeu und ihre Hinterpflanzung mit Stauden sowie die dauernde Unterhaltung der Gräber zugesagt.[1066] Die Kosten des von der Stadt herausgegebenen Denkmalsentwurfs beliefen sich einschließlich Beschriftung auf ca. 500 M. und sollten von den Angehörigen übernommen werden. Eine Kommission sollte die Finanzierung mit dem Magistrat verhandeln. Ihr gehörten an: Werkmeister Kühl, Schneidermeister Fietje, Senator Senking und Geh. Studienrat Zimmermann.[1067]

Ein „Normal-Gedenkstein", wie er zur einheitlichen Schmückung der Gräber auf dem Ehrenfriedhof vorgesehen war, wurde Ende 1920 auf einem der Gräber aufgestellt.[1068] Im September 1921 kostete der Stein einschließlich Schrift 700 Mk. Für die 285 Steine waren 199.500 Mk. veranschlagt worden. 45 Angehörige übernahmen die Kosten selbst, für Bedürftige wurde eine Sammlung durchgeführt, die 27.140 Mk erbrachte. „Die Sammlung wendet sich vornehmlich an die Kreise unserer Stadt, deren Söhnen es vergönnt war, während der Kriegsjahre in der Heimat zu bleiben, ferner an die wohlhabenden Kreise und solche deren Söhne gesund zurückgekehrt sind, aber auch an die, denen der Krieg besondere Vorteile brachte und nicht zuletzt an die, die ihren gefallenen Söhnen im anderen Falle weit kostbarere Denkmäler würden setzen lassen." Ende 1921 wurden 800 Mark für einen Stein verlangt.[1070]

Bei der Abschlusssitzung der „Kommission zur Schaffung einheitlicher Grabdenkmäler" trug der Vorsitzende Kühl vor, dass 121 der 286 Gräber einheitlich gestaltet werden konnten. 50 Grabsteine wurden von den Angehörigen voll bezahlt, 31 teilweise und 40 beantragten die vollständige Kostenübernahme durch die Stadt.[1071]

Auf diesem Friedhofsteil liegen überwiegend Soldaten, die in Hildesheimer Lazaretten gestorben sind. Es handelt sich um Gräber von in den 1920er und 30er Jahren verstorbenen Soldaten. In einer am Ehrenfriedhof platzierten Grabgruppe wurden sechs Todesopfer des Kapp-Putsches (1920) bestattet. Nur hier beobachtete Carolin Krumm sehr persönlich und emotional gehaltene Widmungen (zum Beispiel „Er starb an den Folgen schwerer Verwundung", „Er starb in treuer Pflichterfüllung für seine geliebte Heimatstadt", „Geliebt und nie vergessen").[1072] Direkt am Ehrenmal liegen Georg Behrla, Kommandeur der Fliegerschule, und Ludwig Wörner, die am 5. Februar 1936 den „Fliegertod" fanden, wie es auf ihren Grabsteinen heißt.[1073]

Am Nachmittag des Tags der Einweihung, am 13. Mai 1923, fand in der St.-Andreas-Kirche ein Konzert zu Gunsten der Altershilfe des Vereins der Sozial- und Unfallrentner und Witwen Hildesheim statt. Damit sollte das Gedächtnis für die Gefallenen „mit der Erinnerung an die unübersehbare Fülle aller anderen Kriegsopfer verknüpft" werden.[1074]

Der Ehrenfriedhof für die im Ersten Weltkrieg gefallenen Soldaten wurde im Jahre 1956 überholt. Dabei wurden 186 noch fehlende Steine aufgestellt[1075] und 1.000 Rosen neu angepflanzt. Die von der Regierung übernommenen Kosten beliefen sich auf 15.700 DM.[1076]

3.5.1.2 Gedenkwand

1. Standort

Am östlichen Ende des ostwestlich verlaufenden Ehrenweges

2. Beschreibung

Aus verschiedenformatigen Buckelquadern sorgfältig verlegte Abschlusswand mit drei gliedernden, Exedra-Nischen ausbildenden Pfeilern, die beiden äußeren mit runden, überdimensionierten Bepflanzungs-/Feuerschalen (Höhe: ca. 60 cm) verziert.

Abb. 39: Inschrift in der linken Exedra[1079]

Linker Pfeiler: stilisierter halbplastischer lorbeerbekränzter Jünglingskopf neben einem in Relief angelegten Akanthuszweig, darunter die Inschrift: „Das / Res. Inf Regt. / Nr. 77 / seinen / toten / Kameraden / zum ewigen / Gedächtnis"[1077]
Exedra (1. v. l.): Inschrift an der linken Seite: „Das Regiment / opferte / 3056 / Helden"
Pfeiler (2. v. l.): zwei von Akanthus gerahmte, sich überkreuzende sowie zu Boden gesenkte

Abb. 40: zweiter Pfeiler von links[1080]

Fackeln; Inschrift: „Das Res Inf.-Regt. / NR. 231/ seinen 3573 / gefallenen / Kameraden / zum Gedächtnis"[1081]
Exedra (2. v. l.): Gedenkplatte (1,50 x 1,30 m) mit Darstellung zweier Schwerter vor Trauerflor und Eichenlaubzweigen; Inschrift: „Den gefallenen / Kameraden des / Inf. Regts. / v. Voigts-Rhetz / 3. Hannov. Nr. 79"

Abb. 38: Linker Pfeiler[1078]

NORDSTADT 275

Abb. 41: zweite Exedra von links[1082]

Abb. 43: Inschrift in der dritten Exedra von links[1086]

Abb. 42: dritter Pfeiler von links[1083]

Abb. 44: rechter Pfeiler[1087]

Pfeiler (3. v. l): Flachrelief zweier sich überkreuzender zum Boden gesenkter Schwerter zwischen Eichenlaub; darunter die Inschrift: „Das / Res.-Inf. Regt. / Nr. 215 / gedenkt / seiner 2736 / gefallenen / Kameraden" [1084]
Exedra (3. v. l.): Inschrift an der linken Seite: „Das Inf. Reg. 465 / seinen toten / Kameraden / zum Gedächtnis"[1085]

Pfeiler rechts: halbplastische Darstellung eines Soldatenkopfes mit lorbergekränztem Helm, darunter das Flachrelief eines eichenlaubumrahmten zum Boden zeigenden Schwertes; Inschrift: „Das Landw. Inf. Regt. / Nr. 74 / seinen toten / Kameraden / zum ehrenden / Gedächtnis".

Seitlich in den Exedra-Nischen je eine Knagge mit Aufhängefunktion und stilisiertem Lotusmotiv, an den Rückwänden vier Steinhocker. Alle Inschriften in Majuskeln.
Maße (Breite, Höhe, Tiefe): ca. 19,30 x 2,75 x 2,40 m, Pfeiler: 1,50 x 2,75 x 1,85 m;
Gedenkplatte: 1,50 x 1,30 m
Material: Sandstein
Technik: Steinmetzarbeit
Zustand: gut

3. Dokumentation

Auftraggeber: Stadt Hildesheim
Hersteller (Entwurf, Ausführung): Architekt Walter Evers[1088], (Entwurf), Stadtbauamt unter Mitwirkung von Architekt Küsthardt und der Christlichen Baugewerkschaft (Leitung)[1089]
Entstehungszeit: 1920-1923
Einweihung: 13. Mai 1923
Deutung: Der neoklassizistische Memorialbau idealisiert das Heldentum durch Parallelisierung einer antiken Jünglingsbüste und der Büste eines Weltkriegssoldaten. Beide tragen einen Lorbeerkranz, der um das Haupt bzw. den Helm gewunden wurde und der sie als Sieger auszeichnet. Die gesenkten, lorbeerumkränzten Fackeln symbolisieren den ehrenvollen Tod, die eichenlaubbekränzten gesenkten Schwerter die ehrenvoll beendete Schlacht. Die Feuerschalen dienen nicht nur der stimmungsvollen Beleuchtung der Anlage, sondern auch der Inszenierung der Feuersymbolik. Feuer gilt – im Gegensatz zu Wasser – als männliches Symbol, das zum einen für Leben und Liebe steht, zum anderen aber auch für Reinheit und Überwindung des Bösen. Mit dieser Ausschmückung nimmt die Wand Teile der ursprünglichen Planung einer Ruhmeshalle auf.
Die Wand verstärkt den Raumcharakter der Anlage, der durch die klare Gliederung und die abgrenzende Wirkung der seitlichen Bepflanzung erzeugt wird. Sie war als Wahrzeichen des Ehrenfriedhofs konzipiert worden, die die vielen kleinen Einzelgräber zusammenfassen sollte, aber nicht nur sie, sondern auch die vielen andernorts in der Stadt geplanten Denkmäler. So versammelt die Wand jährlich die Trauernden aller Kriegstoten bei den Gedenkfeiern, nicht nur die der auf dem Nordfriedhof bestatteten. Dort wurden und werden die Kränze niedergelegt, von dort aus richten die Redner ihre Worte an die Veranstaltungsteilnehmer. Die Wand ist Versammlungsort, zugleich aber auch Kulisse, Requisit und Bühne.
Die Nischen verstärken diesen Eindruck, ihre Form ähnelt einer Guckkastenbühne, das Relief an der Rückwand sieht aus wie ein zugezogener Vorhang mit seitlichen Kordeln. Die Inschrift benennt das dahinter Verborgene: die Zugehörigkeit oder die Zahl der Toten. Nach außen bleiben sie unsichtbar und namenlos, im ehrenden Gedächtnis, in der Erinnerung, bleiben sie als Kameraden lebendig.
Sich die Wand als Klagemauer vorzustellen, fällt leicht. Die Nischen schützen den Trauernden vor neugierigen Blicken. Sie erlauben ihm, allein mit seinen Gedanken und seinem Gedenken zu sein. In ihnen fehlt das heroisierende Beiwerk der sie begrenzenden Pfeiler. Ihr Rahmen gibt dem Trauernden Halt. Das Bemühen, mit Sinnzuschreibungen Trost zu spenden oder Treue zu bekunden, fehlt. Die Inschriften testieren Ereignisse und Beziehungen, die Symbole verweisen auf die Tradition.
Objektgeschichte: 1915 entwarf Prof. Wilhelm Kreis, Düsseldorf, einen Ehrenhof für den Hildesheimer Zentralfriedhof[1090] Am 15. Februar 1916 beschloss die Stadtdeputation die Aufstellung von Pylonen am Eingang des Ehrenfriedhofs, der am 2. Juli 1918 vom übrigen Teil des Zentralfriedhofs abgetrennt wurde.[1091] An Stelle der östlichen Rückwand war zunächst eine Ruhmeshalle vorgesehen. Diese Planung konnte angesichts der finanziellen Notlage nicht verwirklicht werden. Der spätere Entwurf des Hildesheimer Architekten Walter Evers bezog die Kriegervereine in die Gestaltung ein und beteiligte sie an der Finanzierung. Die Stadt erreichte damit, dass auf Einzeldenkmäler andernorts weitestgehend verzichtet wurde und der Ehrenfriedhof künftig die Stätte zentraler Gedenkfeiern sein konnte. Sie beteiligte sich mit 150.000 Mark an der Anlage.
Die Presse mahnte an, die Gruppen von einzelnen Grabstellen nicht allzu schlicht sich selbst zu überlassen: „Wo bleibt das Wahrzeichen des Ehrenfriedhofes, das den kleinen Denkmals-Rummel zusammenfassen soll, um der großen Vergangenheit und ihren stillen Helden ein ewiges Andenken zu bewahren"[1092] Am 5. Januar 1922 vermeldete die Hildesheimische Zeitung den Erfolg: die Stadt plane eine große architektonische Anlage, die dem Andenken sämtlicher

gefallenen Hildesheimer dienen solle. Plätze zur Aufstellung von Sonderdenkmälern gebe die Stadt nun nicht mehr frei. Die große Anlage sollte die Namen aller Gefallenen tragen. Ein Ausschuss, in dem die Hildesheimer Kriegervereine vertreten waren, sollte den Bau der Gedächtnisstätte durchführen und finanzieren.[1093]
Die Kosten für den linken Eckpfeiler in Höhe von 30.000 Mark übernahm der Bund ehemaliger Angehöriger des Res.-Inf.-Rgts. 77. Den rechten Pfeiler finanzierten die Ehemaligen des Landwehr-Inf.-Rgts. 74. Für die Abschlussmauer wurden freiwillige Sammlungen der Allgemeinheit erbeten. Auch dafür wurden 150.000 Mark veranschlagt.[1094]
Die ehemaligen 79er, die zeitgleich das Denkmal an der Steingrube errichteten, beteiligten sich an den Kosten der Gedenktafeln an der zweiten Säule von rechts.
Am 8. März 1922 wurden die Gesamtkosten auf 400.000 Mark veranschlagt, von denen die Städtischen Kollegien 170.000 Mark bewilligten und der Regimentsbund ehemaliger 77er 30.000 Mark. Die fehlenden 200.000 Mark sollten aus Sammlungen finanziert werden, an denen sich die in der Stadt zusammengestellten Regimenter beteiligten.[1095]
Kurze Zeit später erschien im Anzeigenteil der örtlichen Tageszeitungen folgender Aufruf:
„Wir, die wir leben, werden die gefallenen Helden des Weltkrieges nicht vergessen.
Aber es wird auch bei uns ein Geschlecht heranwachsen, dem die erschütternden Ereignisse nicht mehr so tief ins Gedächtnis geschrieben sind wie uns, die wir sie miterlebt haben.
Für diese, die nach uns kommen, wollen wir ein sichtbares Zeichen der Erinnerung aufrichten an alle, die hinausgezogen sind zum Schutze der Heimat und die ihre Treue zum Vaterlande mit dem Tode bewiesen haben.
Wenn wir auch heute die Früchte nicht sehen, die solche Opfer uns gebracht haben, so können wir uns doch schon jetzt alle zusammenfinden, in der gleichen dankbaren Verehrung für unsere Helden. Auch davon soll das Ehrenmal für unsere Gefallenen ein Zeugnis sein.
Nicht ein prunkendes Denkmal wollen wir errichten. Aber die Stelle, an der in Hildesheim die Opfer des Weltkrieges ihre letzte Ruhe gefunden haben, den Ehrenfriedhof wollen wir würdig ausgestalten. Dazu gehört ein Bauwerk, das die Eigenart dieser Stätte kennzeichnet. An solchem Platze, in solcher Umgebung können in Zukunft alle Gedächtnisfeiern stattfinden.
Die städtischen Körperschaften in Hildesheim haben zu dem architektonischen Abschluss des Ehrenfriedhofes eine namhafte Summe bewilligt. Aber ein Ehrenmal unserer Stadt, ein Wahrzeichen unserer Verehrung wird dieses Denkmal erst dann, wenn es geschaffen ist, durch die Opferwilligkeit aller Kreise. Es gehören große Mittel dazu, darum gebe jeder, was er kann.
Der Denkmalsausschuss für Kriegerehrung in Hildeheim
Im Auftrage: Müller, Verwaltungsgerichtsdirektor"[1096]
Die Einweihung des Denkmals war zunächst für Mai 1922, dann für September 1922 geplant.[1097] Die Inflation erschwerte den Baufortschritt. Am 13. November 1922 beauftragte die Mitgliederversammlung der ehemaligen 79er den Vorstand mit der Formulierung der Inschrift.[1098] Im Februar 1923 war die Gedenktafel der 79er fertig gestellt. Sie hatte erheblich mehr gekostet als im Voranschlag vorgesehen. Der Herausgeber des Mitteilungsblattes des Kameradschaftsbundes ehemaliger 79er, General von Wegerer[1099], freute sich: „Die beiden Hildesheimer Vereine haben wirklich Großes geleistet an kameradschaftlicher Gebefreudigkeit."[1100] Der Kameradschaftsbund verlegte eigens seinen Regimentstag, um zur Denkmalseinweihung dabei sein zu können.[1101]
Die Einweihungszeremonie begann mit einem Feldgottesdienst auf der Steingrube, von dem der „unübersehbare Zug mit mehr als 20 Fahnen und 3 Musikkapellen" zum Zentralfriedhof führte. Die Weiherede hielt Pastor Maulhardt.[1102]
Mit der Einweihung der Gedenktafeln der ehemaligen 215er und 231er fand die Gestaltung der Rückwand am 10./11. Mai 1924 ihren Abschluss.[1103]
Drei Jahre später beschwerte sich der Verein ehemaliger Feldzugsteilnehmer Landw. Inf.-Reg. 74 beim Magistrat über „den durchaus unwürdigen Zustand des Ehrendenkmals auf dem Zentralfriedhof". Nachdem wieder gefestigte Verhältnisse eingetreten seien, müsse die Stadt an eine weitere, würdigere Ausgestaltung des Ehrenmals denken.[1104] Die Stadt schlug die Anbringung von Pflanzkästen mit frischem Blumenschmuck vor, wobei sich die beteiligten Vereine bereit erklärten, die Kosten für die

Anfertigung der Kästen zu übernehmen.[1105] Offenbar verzögerte sich die Ausführung, oder sie fiel im Ergebnis nicht zufrieden stellend aus. Der Verein der Feldzugsteilnehmer des Landwehr-Infanterie-Regiments Nr. 74 beschwerte sich am 13. Januar 1929 weiter über den „unwürdigen Zustand des Denkmals für die Gefallenen des Weltkrieges auf dem Ehrenfriedhof" und appellierte an das Pflichtgefühl der Stadtverwaltung, baldmöglichst Abhilfe zu schaffen.[1106]

Mit einer Ergänzung der Gedenkwand befasste sich der Ausschuss für Garten- und Friedhofsverwaltung am 14. Januar 1958. Es handelte sich um die Verlagerung der „beiden Steine von Aiseau und Metz" (II 20.4) nach Hildesheim. Sie sollten in den beiden Nischen vor dem Ehrenmal aufgestellt werden.[1107] Es kam nicht dazu, weil sich herausstellte, dass die Denkmäler zum Teil zerstört waren.[1108]

3.5.1.3 Ehrenfriedhof der Gefallenen des Zweiten Weltkrieges

1. Standort

Abteilung VII D. 1.

2. Beschreibung[1109]

351[1110] in gerade fluchtender Reihung beidseitig des Ehrenweges gesetzte Kreuze gedrungener Form aus rotem Sandstein mit kurzen sich verbreiternden Kreuzarmen, Umgestaltung des Mittelweges um eine breite Rasenfläche, sämtlich mit dem Flachrelief eines Eisernen Kreuzes ausgestattet und mit Namenszug versehen; weitere persönliche Angaben fehlen.

Abb. 45: Gräberreihen (Zweiter Weltkrieg)[1111]

Abb. 46: Hochkreuz [1112]

Das axial im Wegekreuz aufgestellte Gedenkkreuz befindet sich an der höchsten Stelle des beidseitig abfallenden Wegterrains, ca. 125 m vom westlichen und ca. 200 m vom östlichen Ende entfernt.

Aussehen: Bebeiltes schmales Holzkreuz (Kantenlänge ca. 30 cm, Einschalung ca. 40 cm) auf einem mit Metallplatten umstellten Sockel ca. (70 x 1,20 m). In der Längsachse vorder- und rückseitig ein in Flachrelief angelegtes Eichenlaubmotiv. Das Natursteinfundament (6,50 im Quadrat) ist ein drei Ebenen (ca. 20 und ca. 30 cm hoch) stufenartig aufgebaut.

Inschrift: links (nördlich): „Gedenkt / unserer / Toten / im Osten / [Eisernes Kreuz])"
rechts (südlich): „Den / Gefallenen / beider / Weltkriege / [christliches Kreuz]".

Maße (Breite, Höhe, Tiefe): Die Gesamtfläche beträgt 6.800 m².[1113] Höhe des Kreuzes: ca. 9 m, Länge der Querbalken: 3,60 m.[1114]

Material: Grabsteine aus Wesersandstein; Sockel des Kreuzes aus rotem Wesersandstein, Eichenholz, Blei- und Messingplattenverkleidung

Zustand: gut

Abb. 47: Sockel des Hochkreuzes (Nordseite)[1115]

3. Dokumentation

Auftraggeber: Stadt Hildesheim
Hersteller (Entwurf, Ausführung): Hochkreuz: Prof. Holtschmidt (Entwurf), Grabkreuze: Gemeinschaftsarbeit der Hildesheimer Steinmetzbetriebe
Entstehungszeit: Beginn der Planung: 1939; Abschluss der Arbeiten und Aufstellung des Hochkreuzes: 1956
Einweihung: Die Fertigstellung des Ehrenteils für die Soldaten wird in der HP am 18. September 1953 beiläufig mitgeteilt. Tatsächlich wurde die Gestaltung mit der Einweihung des Friedhofs und des Hochkreuzes am 18. November 1956 (Volkstrauertag) abgeschlossen.[1116]
Deutung: Stärker als bei den Gräbern der Gefallenen des Ersten Weltkriegs hat der Besucher das Gefühl, eine Front abzuschreiten. Die Grabsteine sind dem Eisernen Kreuz nachempfunden, stehen anfangs in drei Reihen, danach in einer Reihe entlang des Weges. Alle sind gleich, „uniformiert", persönliche Zusätze oder Gestaltungsnuancen, wie sie nach 1918 möglich waren, fehlen hier. Ein persönlicher Totenkult müsste sie zulassen, ein Heldenkult, bei dem nicht der einzelne Held, sondern das soldatische Heldentum an sich im Zentrum steht, muss darauf verzichten.

Das schmucklose Hochkreuz steht, in deutlicher Opposition zur mit heroisierenden Insignien ausgestatteten Rückwand, auf der höchsten Stelle im Zentrum der Anlage und stellt den ganzen Ehrenfriedhof unter das christliche Symbol des Leidens und Sterbens Jesu sowie der durch seinen Opfertod bewirkten Verheißung eines ewigen Lebens. So kann es den gläubigen Trauernden Trost spenden, ermöglicht aber auch die Gleichsetzung des Erlösertodes mit dem Soldatentod.

Die 1961 angebrachte Ergänzung ist missverständlich. Nach ihrer Anbringung – der 13. August und die an diesem Tag vollzogene hermetische Abriegelung der DDR lag erst ein Vierteljahr zurück – deutete sie Superintendent Dr. Schnübbe als stellvertretenden Hinweis auf die Soldatenfriedhöfe des Ostens, die von den Angehörigen nicht besucht werden könnten. Die Inschrift entstand aber auf Betreiben der Vertriebenen-Verbände, die sich auf dem Zentralfriedhof einen eigenen Gedenkstein wünschten. Mit ihr wurden die Flüchtlinge und Vertriebenen in die örtliche Trauergemeinschaft integriert. Zugleich wurde es allerdings auch möglich – wie die Ansprache des Superintendenten zeigt – das Kreuz für aktuelle politische Zwecke und für das Verdrängen von eigener Schuld zu missbrauchen.

Objektgeschichte: Die Planungen für diesen Teil des Gefallenenfriedhofes begannen bald nach Kriegsbeginn. Am 17. November 1939 erläuterte Gartendirektor Sickel vor der Gartendeputation die Pläne und die Kosten für die Neueinrichtung dieser Abteilung (samt Umbettung von 88 Gräbern). Die Gräber wurden in monotoner Reihung angelegt.

Bis zum Beginn der Umgestaltung im Herbst 1951 standen auf den Gräbern Holzkreuze. Nun war geplant, sie durch Steinkreuze zu ersetzen und ein etwa zehn Meter hohes Kreuz vor dem Ehrenmal zu errichten. Die Ulmen und Edeltannen sollten einer Allee von Silberahorn weichen. „Die für einen Ehrenfriedhof am besten geeigneten Eichen konnten wegen ihres langsamen Wachstums nicht gewählt werden."[1117] Am 10. März 1952 berichtete die Hildesheimer Presse anlässlich einer Beschwerde über den trostlosen Zustand des Ehrenfriedhofs über den Fortschritt der Arbeiten. Die 325 Kreuze seien in Gemeinschaftsarbeit der Hildesheimer Steinmetzbetriebe inzwischen fertiggestellt und könnten nach ihrer Beschriftung „in Kürze" aufgestellt werden. Auch den Entwurf des Hochkreuzes habe Prof. Holtschmidt inzwischen vorgelegt. Man ging davon aus, dass der Ehrenfriedhof „im Sommer" sein endgültiges Gesicht gewonnen haben werde, weil die Steinkreuze teilweise bis zur Grabsohle fundamentiert werden müssten.[1118] Ein Vierteljahr später hatten die Steinkreuze die morschen Holzkreuze ersetzt. Der Garten- und Friedhofsausschuss des Rates erhielt Gelegenheit, sich am 17. Juni 1952 das auf der höchsten Stelle der Anlage probeweise aufgestellte Hochkreuz anzusehen, um danach über die endgültige Aufstellung entscheiden zu können.[1119]

Die Umsetzung der Planung zog sich bis 1956 hin. Beide Teile des Gefallenenfriedhofs wurden neu gestaltet. Der Ehrenfriedhof für die im Krieg von 1939-1945 Gefallenen wurde seit 1953 mit einem Kostenaufwand von 25.000 DM umgebaut. 351 Steine wurden aufgestellt. Das 10 m hohe Holzkreuz wurde 1956 in der Mitte der Anlage errichtet. Ursprünglich war es zwei Meter höher geplant, musste dann aber aus statischen Gründen auf die geringere Höhe begrenzt werden. Es bestand aus zwei Jahre abgelagertem Tannenholz. Der Stamm wurde mit der Axt von Hand behauen. Mit dem Stecheisen wurde die Oberfläche ringsum „bemuschelt".[1120] Der breite Mittelweg wurde zu einer Rasenfläche umgestaltet.[1121]

Zum Volkstrauertag, am 21. November 1961, drei Monate nach Bau der Berliner Mauer und dem vollständigen Schließen des Eisernen Vorhangs, erhielt das Hochkreuz eine neue Tafel. Sie trägt die Aufschrift „Gedenket der Toten im Osten". Superintendent Dr. Schnübbe wies darauf hin, dass ähnliche Tafeln auch auf den anderen großen Kriegerfriedhöfen des Regierungsbezirks angebracht wurden, „stellvertretend für die vielen Soldatenfriedhöfe im Osten ..., die von den Sowjets längst eingeebnet sind und zu denen kein Angehöriger mehr den Weg finden kann."[1122]

Das Hochkreuz wurde am 19. Dezember 2002 ohne Beteiligung der Ratsgremien auf Veranlassung der Stadtverwaltung abgebaut und durch ein neues ersetzt.[1123]

Eine Erweiterung des Ehrenfriedhofs wurde 1960 erörtert. Die Vertriebenen, die in Hildesheim eine neue Heimat fanden, vermissten einen Ort für die Trauer um ihre Toten. Die Landsmannschaft „Weichsel-Warthe" beantragte deshalb beim Bund der Vertriebenen (BdV), auf dem „Heldenfriedhofsteil des Zentralfriedhofs" einen Gedenkstein zur Erinnerung an die Vertriebenen von 1914 bis 1960 aufzustellen. Die Pläne dafür würden bereits seit längerem diskutiert.[1124]

3.5.2 Friedhof für die Bombenopfer des Zweiten Weltkriegs

1. Standort

Abteilung V.c.li.

2. Beschreibung

Auf ungestalteter Rasenfläche angelegtes Grabfeld von insgesamt 15 Reihen (496 Grabsteine[1126]); ursprünglich mit 3.000 Polyantharosen bepflanzt. Mittig im Süden ein Steinkreuz, seitlich daneben zwei Gedenkplatten mit Inschriften in Majuskeln. Links: „Trauernd gedenkt die Stadt / der erschlagenen Söhne und Töchter / wehrlose Opfer der Willkür + / unvergessen ruhen sie hier / in der Erde der Heimat." Rechts: „Zum Andenken / an die Opfer der Luftangriffe / auf die Stadt Hildesheim / im Weltkrieg 1939 bis 1945". Nördlicher Abschluss gestaltet durch breit angelegten Plattenweg mit Sitzbänken.[1127]

Abb. 48: Denkmal für die Bombenopfer[1125]

Maße (Breite, Höhe, Tiefe): Die Gesamtfläche beträgt 2.280 m2. Steinkreuz: ca. 0,80 m x 4,00 m x 0,65 m; Gedenkplatten: 1,73 x 0,88 m; 496 Namensplatten 25x17x5 cm
Material: Dolomit aus dem Steinbruch der Klöckner-Werke bei Salzhemmendorf; Namensplatten aus Kalkstein
Technik: Steinmetzarbeit, der Stein wurde nur grob bearbeitet, um ihm den felsigen Charakter zu lassen.
Zustand: gepflegt [1129]

3. Dokumentation

Auftraggeber: Stadt Hildesheim
Hersteller (Entwurf, Ausführung): Steinkreuz: Friedhofsinspektor Reth (Entwurf) und Bildhauermeister Fiedler (Ausführung), Natursteinbetrieb Krause; Grabmale: Prof. Evers (Entwurf); Steinmetzbetriebe Bühsig, Dismer, Dräger, Hartmann, Stemme, Sösemann, Polivka und Zöpfchen
Entstehungszeit: 1953-1955
Einweihung: 20. November 1955 (Totensonntag)
Deutung: Die nur wenig behauenen Steine wirken roh, die Worte auf den am Boden liegenden Steinen umschreiben das Geschehen des Bombenkrieges in euphemischer Weise: „Söhne und Töchter" (nicht Bürgerinnen und Bürger oder Einwohnerinnen und Einwohner) wurden „erschlagen" (nicht verbrannt oder zerfetzt), waren „wehrlose Opfer der Willkür" (womit offensichtlich nur die angloamerikanischen Terrorbombardements und nicht das nationalsozialistische Terrorregime gemeint sind). Den Bombenangriffen fielen auch in Hildesheim internierte Fremdarbeiter oder Kriegsgefangene zum Opfer. Sie sind in der Widmung nicht mitgemeint.
Die Widmungstafeln wurden an den äußeren Ecken in eine aus Bruchsteinen zusammen gefügte Fläche eingelassen. Zwischen ihnen erhebt sich das vier Meter hohe, noch oben konisch verjüngte schmucklose Kreuz. Der stark verkürzte Querbalken betont die Aufwärtsrichtung.
Die Steinquader mit den Namen der Bombenopfer liegen flach auf dem Boden. Man fühlt sich an die Bilder von aufgereihten Leichen oder Särgen erinnert, die nach großen Katastrophen geborgen bzw. aufgestellt wurden. Die Anordnung der Gräber folgt den Vorschriften des Kriegsgräbergesetzes: Sie unterstreicht das gemeinsame Schicksal der Getöteten. Der Uniformität war anfangs eine individuelle Grab- und Denkmalgestaltung vorausgegangen, an der Einzelne nach der beschlossenen Vereinheitlichung des Gräberfeldes festhalten wollten.
Das Material für Kreuz und Quader stammt aus benachbarten Steinbrüchen. Auch die großen Kriegerdenkmäler, zum Beispiel die der 79er, wurden aus Dolomit gefertigt. Die Traditionslinie von den „Heldenfriedhöfen" führte kurz nach Kriegsende zur „Ehrenabteilung der im Luftkrieg Gefallenen", also nicht zum betrauerten Bombenopferfriedhof, sondern zur stolz bekannten „Ehrenabteilung".
Die 1953 entstandene Anlage, auf der etwa 150 mehr Personen bestattet wurden als auf dem benachbarten Soldatenfriedhof des Zweiten Weltkriegs, wirkt dagegen trostlos, ohne Trost. Das Geschehen wird nicht als Unheil wahrgenommen und verarbeitet, sondern als Unrecht. Mit alttestamentarischer Konnotation wurden wehrlose Brüder und Schwestern willkürlich erschlagen. Die Frage an Kain, „Wo ist dein Bruder Abel?" schwingt anklagend im Text der Inschrift mit. Das dem Himmel entgegengereckte, grob behauene, verstümmelte Kreuz scheint Gottes Empörung „Das Blut deines Bruders schreit zu mir vom Ackerboden"[1130] mit dem neutestamentarischen Erlösungsversprechen zu verbinden. Das erlösende Kreuzesopfer Christi, und dass die Toten in heimatlicher Erde liegen, könnte Trauernde trösten – wenngleich die Umstände des Todes und die Auswirkungen auf die eigene Existenz eher Trotz hervorgerufen haben werden.
Objektgeschichte: Bereits Anfang 1946 machte sich das Städtische Friedhofs- und Gartenamt Gedanken über die Ausführung der Grabmale in der „Ehrenabteilung der im Luftkrieg Gefallenen". Die Angehörigen hatten sich mit einfachen Holzkreuzen beholfen, waren aber teilweise auch bereit, Grabmale aus Stein zu bezahlen. Um ein einheitliches Gesamtbild zu erhalten, hatte man Professor Evers gebeten, einen einheitlichen Grabmaltyp zu entwerfen. Evers schlug zunächst 50 x 50 cm Steinblöcke vor, die zum Weg hin pultartig abgeschrägt waren.[1131] Am 18. Juni 1946 schlug das Friedhofsamt nach Beratung im Hauptausschuss der Stadtvertretung eine modifizierte Gestaltung der Steine vor. Fünf flachliegende Gedenksteine, die in Größe und

Form geringfügig von einander abwichen, waren auf der beigefügten Skizze abgebildet. Die Steine sollten etwa 50 cm lang, 45-60 cm breit und von weiß-grauer bis hell-rötlicher Farbe sein, keinesfalls aber dunkler. Die Stadtvertretung stimmte am 5. Juli 1946 zu.[1132]

Der Beschluss wurde nicht umgesetzt. Als sich am 19. Juni 1952 ein auswärtiger Besucher des Zentralfriedhofs über „das hässliche Durcheinander bei der Kennzeichnung der Gräber" beschwerte (Kissenmale, Holztafeln und Holzkreuze lägen und stünden bunt durcheinander), entschuldigte sich die Verwaltung mit den wirtschaftlichen Verhältnissen der Nachkriegsjahre und den unterschiedlichen Gestaltungswünschen der Hinterbliebenen. „Während die einen die Errichtung von Einzeldenkmalen – ähnlich denen der Wehrmachtsangehörigen – wünschen, möchten die zweiten ein großes Denkmal für alle mit den Namensinschriften der Einzelnen und die dritten die Schaffung eines Ehrenraumes (Kapelle oder ähnliches) haben, in welchem ein dokumentartig ausgestattetes Buch die Namen der Fliegergefallenen der Nachwelt erhält."[1133]

Im Frühjahr 1953 diskutierten die Gremien die Pläne für die Gesamtanlage und die Denkmäler. Am 1. September 1953 konnten die vorbereitenden Arbeiten für die würdige Gestaltung des Bombenopferfriedhofs beginnen. Der Geschäftsführer des Volksbundes Deutsche Kriegsgräberfürsorge, Schleuseuer, teilte mit, dass die Mittel für die Umgestaltung des Bombenopfer-Friedhofs genehmigt seien.[1134] Etwa 500 Namensplatten aus Kalksandstein waren anzufertigen, damit sie am Kopfende jedes Grabes in den Rasen eingelassen werden konnten. Die Zugangswege sollten mit Sandsteinplatten ausgelegt werden. Eine geschlossene Buchenhecke sollte das Gräberfeld umrahmen. Um die Namen und die Lebensdaten der Bombenopfer richtig auf die Steine übertragen zu können, baten der Volksbund Deutsche Kriegsgräberfürsorge und die Friedhofsverwaltung alle Angehörigen um Mitteilung dieser Angaben auf einer Postkarte.[1135]

Nicht alle mochten sich mit der einheitlichen Gestaltung abfinden, vor allem dann nicht, wenn sie schon früh auf die Gräber ihrer Angehörigen einen selbstfinanzierten Grabstein setzen ließen. Der Rechtsstreit einer Betroffenen mit der Stadt Hildesheim über die Zahlung von Schadensersatz in Höhe von 60 DM wegen der Entfernung des von ihr beschafften Steines wurde am 20. Dezember 1955 im Berufungsverfahren vom Oberlandesgericht in Celle mit Hinweis auf das Kriegsgräbergesetz vom 27. Mai 1952 zu Gunsten der Stadt entschieden.[1136]

Die geplante Einweihung am Volkstrauertag, 13. November 1955, verzögerte sich wegen Schwierigkeiten bei der Formulierung des Gedenktextes. Zur Auswahl stand ein Text in Versform: „Siebenhundertfünfzig sind gezählt, / weit mehr sind umgekommen. / Von Brand und Rauch gequält, / hat sie der Herr genommen. / Nun ruhen gleich Soldaten, / die vor dem Feind geblieben, / sie aus von ihren Taten, / uns bleibt nur, sie zu lieben."[1137] Der Friedhofsausschuss lehnte ab. Er entschied sich für die jetzt zu lesende „schlichte Prosa".[1138] Zuvor hatte er es sich noch schlichter gewünscht: Für Platte 1 schlug er vor „Zum Gedächtnis der Luftkriegsopfer der Stadt Hildesheim", für Platte 2 „Ehre ihrem Andenken".[1139]

Am Buß- und Bettag 1955 berichtete die HP ausführlich über das Denkmal. Wie schon beim 79er-Denkmal am Galgenberg war es der Fotograf Fritz Reimers, der den Steinmetzen bei der Arbeit zusah. Er musste dafür nach Hannover fahren. Dort, in der Ruine des ausgebrannten Leineschlosses, bearbeiteten zwei Steinmetze das vier Meter lange Kreuz, während Meister Fiedler den Text in zwei 160 Zentner schwere Dolomitblöcke schlug (die vor der Bearbeitung etwa 50 Zentner mehr gewogen hatten).[1140] Zuvor war das Denkmal „schon vor längerer Zeit" als Pappmodell in Originalgröße an Ort auf dem Friedhof aufgestellt worden[1141] – auch eine Parallele zum 79er-Denkmalsbau. Am 18. November wurden die Steine angeliefert und mit Flaschenzügen und Autowinden zentimetergenau platziert.[1142]

Am Totensonntag fand schließlich um 11.30 Uhr bei Regen und Wind die Einweihung des Denkmals statt. Hunderte waren erschienen, darunter Regierungsvizepräsident Dr. Suermann, Landrat Böllersen, Oberkreisdirektor Dr. Buerstedde, Oberstadtdirektor Kampf, Oberstaatsanwalt Kleffel sowie der „der um das Denkmal sehr verdiente" Geschäftsführer des Volksbundes Deutsche Kriegsgräberfürsorge Schleuseuer und Friedhofsdirektor Reth, auf den der Entwurf zurückgeht.

Die Ansprache hielt Bürgermeister Lekve. Die HP zitierte auszugsweise: „Wir Menschen sind in diese Welt nicht hineingestellt, um das unbegreiflich grausame Geschick wie weiland Hiob klagend, aber in Demut hinzunehmen und uns auf den ohnmächtigen Versuch der Deutung zu beschränken, sondern wir sind aufgerufen, diese Welt und ihre Verhältnisse zu verändern. ... Es mag manchen unter uns geben, den in der Erinnerung an das grausige Kriegsgeschehen, dem diese Bürger unserer Stadt zum Opfer fielen, ernste Sorge erfüllt, dass wir heute – also zehn Jahre später – uns mit dem Gedanken tragen, unsere so grenznahe Stadt wiederum zum Standort von Garnisonen bestimmen zu lassen. Ich meine, dass wir es den Opfern, die wir heute betrauern, schuldig sind, dass wir in der anstehenden Entscheidung unser Gewissen nicht verschließen vor der Mahnung dieser Gefallenen, dass in unserer im Zerstörungswerk so vervollkommneten Welt ein Krieg nicht mehr den Sieg dieser oder jener Partei bedeutet, sondern sinnlose Verwüstung und Massenvernichtung, die nicht mehr mit ehrenvollem Kampf zu tun hat." Bei der Feier predigten Superintendent Degener und Stadtdechant Hunold. Musikdarbietungen der Chorgemeinschaft Moritzberger Musikverein/Polizeigesangverein (unter Leitung von Paul Wangnet) und des Trompetenkorps ehemaliger Artilleristen und Kavalleristen (Leitung: Willi Lindemann) rahmten die Feier ein. Zahlreiche Abordnungen legten zum Schluss während des Liedes vom guten Kameraden Kränze nieder.[1143]

In der Ratsdebatte, die am 12. Dezember 1955 über die Garnisonsfrage geführt wurde, bekräftigte Bürgermeister Lekve seine Auffassung: „Als gebrannte Kinder in einer gebrannten Stadt haben wir aber nicht nur das Recht, sondern auch die Pflicht, aus unserem grausigen Erleben zu lernen." In namentlicher Abstimmung lehnte er zusammen mit den anderen Mitgliedern der SPD-Fraktion die Truppenbelegung ab, unterlag damit aber der konservativen Mehrheit.[1144]

Die schlichte Anlage des Friedhofsabschnitts empfanden einzelne Angehörige als Herabsetzung gegenüber den militärischen Kriegsopfern. Am 10. September 1963 erfuhr der Garten- und Friedhofsausschuss von dem Wunsch, wie auf den Soldatenfriedhöfen Kreuze auf den Gräbern zuzulassen. Der Ausschuss verabredete eine Ortsbesichtigung, deren Ergebnis er am 1. Oktober 1963 diskutierte. Nach einmütiger Auffassung hielt er es nicht für ratsam, Kreuze aufzustellen. Zu dieser Meinung waren zuvor auch schon Vertreter der Bezirksregierung, der Kriegsgräberfürsorge und des Garten- und Friedhofsamtes gelangt. Allerdings gestanden sich die Ausschussmitglieder den „Eindruck einer gewissen Kargheit" ein. Die Verwaltung sagte zu, neue Vorschläge für die Ausgestaltung dieses Friedhofsteils zu machen.[1145]

60 Jahre nach den Bombenangriffen und 50 Jahre nach der Friedhofseinweihung hatte Gras die Steine überwuchert. Die Friedhofsverwaltung gestand dem Lions Club Hildesheim zu, zum so genannten World Service Day die Grabsteine freizulegen, untersagte aber weiter gehende Pflegemaßnahmen. Die Gesamtanlage bleibt damit erhalten, während die Namen der einzelnen Toten allmählich verschwinden.[1146]

Weitere Quelle: HAZ vom 21. November 1955

3.5.3 Ausländerfriedhof

1. Standort

Abt. VI a links und VI b links

2. Beschreibung

In 14 Reihen à 24 Steinen unter fünf Linden angelegtes Grabfeld der als Kriegsgefangene, Zwangsarbeiter oder während des Zweiten Weltkrieges verstorbenen Ausländer aus Russland, Polen, Italien und Jugoslawien, von einer ca. 15 Steine umfassenden äußeren Grabreihe umrahmt. Die in dichter Reihung ohne Kennzeichnung eines Grabbezirkes angelegten ca.

Abb. 49: Ausländerfriedhof mit Gedenkplatte (vorn links)[1149]

500 Gräber repräsentieren fast durchweg Einzelbestattungen mit Angabe der persönlichen Daten.
Die häufigste Grabsteinform repräsentiert die kleine segmentbogige Stele (ca. 240 Exemplare), gefolgt von kleinen quadratischen Platten (ca. 50 Exemplare), die direkt auf dem Boden verlegt worden sind. Deutlich seltener bleibt die karniesförmige Stele (34 Exemplare), während das Kreuz (vier Exemplare) und die Rechteckstele mit (fünf Exemplare)/ohne (drei Exemplare) segmentbogigem Aufsatz bereits deutliche Sonderformen repräsentieren. Schließlich ist die dreiteilige Stele, das große relativ grob zugeschlagene Kreuz sowie vier weitere Formen nur noch in Einzelexemplaren zu belegen.[1148]
Auf dem Gräberfeld der für die in Hildesheim zu Tode gekommenen Zwangsarbeiter im nordwestlichen Teil des Nordfriedhofs in der Nähe des Gräberfelds der Hildesheimer Bombenopfer gibt es noch vier Denkmäler. Eins wurde Ende der 50er Jahre beseitigt.

3.5.3.1 Gedenkplatte des DGB am Eingang

Eine Gussplatte, die vier durch Blumenrosetten gedrehte Schrauben auf einem flachen Betonsockel befestigen, enthält neben einem zentralen Kreuzsymbol die Nennung der Nationalitäten: links: Russen / Polen / Franzosen / Inder / Italiener / Jugoslawen, rechts: Holländer / Belgier / Kanadier / Letten / Tschechen / Amerikaner. Unter dem Kreuz steht der Text „Menschen / zwischen 1933 und 1945 / der Heimat entrissen / * * * / in Hildesheim umgekommen / [Leerzeile] / [Leerzeile] / Die Nationalsozialisten / raubten ihnen Würde, Gesundheit und Leben. / Schöpfen wir / aus der Erinnerung an ihr Leiden / Kraft für eine friedliche Zukunft / aller Menschen."

3.5.3.2 Denkmal für die ausländischen Kriegstoten

Am Rand des Gräberfelds stand bis 1959 ein Denkmal aus Beton, bestehend aus einem ca. 4 m langen Sockel, darauf eine ca. 2,5 m hohe Wand mit fünf zur Mitte ansteigenden Pilastern, deren mittlerer die anderen um ca. 2,5 m überragte. An ihm war ein ca. 7 m hohes Metallkreuz befestigt. Je zwei parallele Rohre bildeten den Längs- und Querbalken und gaben dem Kreuz seine Kontur, so dass es transparent und leicht wirkte. Direkt unter dem Kreuz war die Wid-

Abb. 50: Gedenkplatte des DGB[1149]

Abb. 51: Ausländerdenkmal[1150]

Abb. 52: Italiener-Denkmal[1151]

Abb. 53: Gedenkstein für 208 unbekannte Tote[1153]

mungstafel angebracht, die heute Teil der Rückseite des Gedenksteins für die unbekannten Toten ist.

3.5.3.3 Gedenkstein für die zu Tode gekommenen Italiener

Das Denkmal ist einem P nachgebildet. Ein kreisförmiges Bandeisen vervollständigt das P zu einem Kreis mit ca. 1 m Durchmesser. In dem P ist eine strahlende Sonne dargestellt, über die sich ein Drahtbügel wölbt. In der Senkrechten wurde „Hannover 1969", im runden Sockel ist in Majuskeln „Ai Caduti Italiani"[1152] eingemeißelt.

3.5.3.4 Gedenkstein für 208 unbekannte Tote

Etwa 2,50 m rechts vom Italienerdenkmal steht der Gedenkstein für die unbekannten Toten im Massengrab. Er trägt in Majuskeln die Inschrift „208 Unbekannte". Auf der Rückseite ist eine stark verwitterte Steinplatte (75 x 45 cm) mit der Inschrift: „Memoriae eorum qui tempore bellico / 1939-1945 / vitam suam pro patria et fide obtulerunt / Bone Jesu dulce domine libera animas / eorum de poenis inferni et da eis / beatitudinem aeternam."[1154]

3.5.3.5 Gedenkkreuz

Am Rand des Gräberfelds steht ein schlichtes Steinkreuz.

Maße (Breite, Höhe, Tiefe): Die Gesamtfläche beträgt 1.050 m².[1155] Gedenkplatte des DGB: 45 cm x 60 cm x 2,5 cm auf 55 x 70 x 8 cm großem Betonsockel; Gedenkstein für die zu Tode gekommenen Italiener: ca. 1,00 m x 1,50 m x 30 cm, Sockel: Durchmesser 40 cm, Höhe 50 cm; Gedenkstein für die unbekannten Toten: 1,50 x 1,00 x 0,30 m; Gedenkkreuz: 60 x 2,40 x 0,40 m
Material: Gedenkplatte des DGB: Bronzeguss; Gedenkstein für die zu Tode gekommenen Italiener: Sandstein, Draht; Gedenkstein für die unbekannten Toten und Gedenkkreuz: Dolomit
Zustand: gepflegt[1156]

3. Dokumentation

Auftraggeber: Stadt Hildesheim; Gedenkplatte: DGB; Gedenkstein der Italiener: italienisches Vizekonsulat Hannover
Hersteller (Entwurf, Ausführung): Gedenkplatte des DGB: Hartmut Häger (Text); Ausbildungswerkstatt Kloth-Senking (Entwurf und Ausführung)
Einweihung: Denkmal der Italiener für die Opfer des Krieges: 1948; Gedenkstein für die unbekannten Toten: 1959; Kreuz am Rand des Ausländerfriedhofs: 1959; Gedenkstein für die zu Tode gekommenen Italiener: 23. März 1969; Gedenkplatte des DGB: 1. September 1989
Deutung: Der Grabstein für die unbekannten Toten steht über dem Massengrab. Er testiert auf der Schauseite nur das Faktum „208 Unbekannte". Weitere Daten fehlen. Der Objektgeschichte ist zu entnehmen, dass es sich bei den Unbekannten überwiegend um Italiener handel-

te, die willkürlich hingerichtet oder brutal ermordet wurden. Die lateinische Inschrift auf der Rückseite widmet das Denkmal denen, die ihr Leben für das Vaterland und den Glauben geopfert haben. Die Wahl der katholischen Kirchensprache wird durch die Objektgeschichte erklärt: Ein katholischer Pfarrer polnischer Nationalität war Initiator, Inspirator und Motor eines Projekts von (vermutlich katholischen) ehemaligen italienischen Fremdarbeitern oder Kriegsgefangenen, die für die dort Bestatteten kurz nach ihrer Befreiung ein Denkmal bauten, von dem nur noch diese Tafel übrig blieb. Auch von den ca. 500 Toten unterschiedlicher Nationalität waren weitaus die meisten Katholiken. Diese Tatsachen lassen die Wahl der universalen Sprache als sehr sinnvoll erscheinen, zumal auch Hildesheim als katholischer Bischofssitz mit der Kirchensprache sehr vertraut war. So erweist sich die tote Sprache als lebendige Verbindung von Lebenden und Verstorbenen, unterstreicht die – als frühes Versöhnungsangebot – Einheit der Menschen unterschiedlicher Nationalität und schafft eine deutliche kulturelle Distanz zu den atavistischen Untaten, auf die sie sich bezieht.[1157]

Möglicherweise hatte die 1946 von der britischen Militärregierung angeordnete Gestaltung der Inschriftenmauer in Bergen-Belsen die Entscheidung für die lateinische Sprache beeinflusst. Neben Texten in den Sprachen der Völker, die Opfer im Konzentrationslager Bergen-Belsen zu beklagen hatten, galt die fünfzehnte Inschrift in Latein allen Opfern: *Extincti ignoti notique hic evanuerunt / innocui, diris carnificum manibus / criminibus lassata dei clementia vindex / succurit misero tandem hominum generi.*[1158]

Das spurlos verschwundene Denkmal teilt seine Geschichte mit den verscharrten Toten. Auch sie sollten ohne Erinnerung in Vergessenheit geraten. Das Denkmal wurde gemauert und verputzt, die Wand gliederten Pilaster, wie eine große Kerze überragte der mittlere die Wand. Das konturierte Kreuz wirkt auf dem Foto wie die Flamme dieser Kerze. Je zwei Pilaster wuchsen von links und rechts zur Mitte hin an, erreichten aber nur die Mauerhöhe. Nur das Kreuz überstieg die Wand. Es befreite sich, stand oberhalb der Wand frei auf dem Pfeiler.

Am Fuß des Kreuzes gedachte die bereits erwähnte Tafel in lateinischer Sprache der Ge-töteten. Sie ist im Stil eines Epitaphs gehalten, nennt zunächst den Grund des Todes sowie das Verdienst der Toten und mündet dann in eine Fürbitte, die ihnen das Seelenheil und das ewige Leben erfleht. Wer einen Kranz aufhängen wollte, musste der Aufwärtsbewegung der Pilaster folgen und den Sockel besteigen.

Offenbar steht an der Stelle dieses Denkmals heute das grob behauene Dolomitkreuz, das dem vom Bombenopferfriedhof nachgebildet wurde. Die Dublizität mutet paradox an: Die auf dem Bombenopferfriedhof liegenden Deutschen wurden von Ausländern getötet, die hier bestatteten Ausländer starben in Deutschland und teils auch durch Deutsche.

Das „P" des benachbarten Italiener-Denkmals weckt Assoziationen an die Begriffe „Patria" (Vaterland) oder „Patrioti". Ein Bandeisen vervollständigt das P zum Kreis und drückt so einerseits Geschlossenheit und Verbundenheit aus aber auch eine Lücke, etwas Fehlendes. Zu dieser Lücke sendet die Sonne ihre Strahlen aus. Sie assoziiert sowohl Gedanken an Italien als auch an den Himmel, die Auferstehung und die Unsterblichkeit, aber auch an den Glanz, der den Gefallenen zuteil werden soll. Die Italiener suchten einen Topos für ihre Trauer. Die Verbindung „Patria" und „Patrioti" zu „Caduti" stellt eine wechselseitige Treuebeziehung her.

Die Tafel des DGB wurde am 1. September, am Jahrestag des deutschen Überfalls auf Polen, am Anti-Kriegs-Tag, enthüllt. Sie rückt die Nationalitäten der Opfer ins Bewusstsein, testiert ihre Herkunft, während der Text versucht, die erlittene Gewalt zum Ausdruck zu bringen, die Täter und ihre menschenverachtende Ideologie zu benennen sowie einen Appell zur Friedfertigkeit zu formulieren. Die internationale Solidarität – Grundprinzip der Gewerkschaftsorganisation – wird in der von Auszubildenden angefertigten Gusstafel erfahrbar. Die Anbringung der Tafel begründete eine Tradition, die seitdem jährlich an dieser Stelle fortgeführt wird. Die Tafel ist der Topos, der Treffpunkt und der Stimulus für die Gedenkveranstaltungen.

Objektgeschichte: Als der Volksbund Deutsche Kriegsgräberfürsorge die Anfrage der Sowjet-Militär-Regierung nach Unterlagen über „Russengräber in Niedersachsen" an die Stadt weiterleitete und Skizzen und Fotos erbat, verwies das Friedhofsamt auf das Gräberfeld in der Abteilung VIa. links, in der allerdings auch

Kriegsgefangene anderer Nationen bestattet worden seien. Es war im November 1941 angelegt worden, als zwei Russen im Kriegsgefangenenlager Drispenstedt gestorben waren und nicht auf dem örtlichen Gemeindefriedhof beerdigt werden sollten.[1159]

Etwa 500 Ausländerinnen und Ausländer – die HAZ nannte am 31. August 1989 die Zahl 424 – wurden danach in der der Abteilung des Nordfriedhofs bestattet. 208 wurden in den letzten Kriegstagen durch Willkürakte von Gestapo-Angehörigen auf dem Marktplatz und am Rand des Zentralfriedhofs auf dem Gelände des Polizei-Ersatzgefängnisses und in der jüdischen Leichenhalle exekutiert.[1160]

Gleich nach ihrer Befreiung suchten überlebende Italiener nach den Spuren ihrer vermissten Landsleute. Sie entdeckten das Massengrab und errichteten in dessen Mitte ein Kreuz. Der Zeitzeuge Giulio Dalla Rosa fotografierte bei einem Besuch des Friedhofs im Jahre 1952 das „ärmliche Holzkreuz" mit der Inschrift „AGLI ITALIANI IMPICCATI" („Den erhängten Italienern"). 1957 war das Kreuz verschwunden.[1161]

Ein anderer Zeitzeuge, Angelo Digiuni, bemerkte bei seiner ersten Wiederkehr im Jahr 1970: „Das Gemeinschaftsgrab ist meiner Meinung nach nicht dort, wo wir die Gedenkzeremonie gemacht haben. Dort war es nicht ... Das Gemeinschaftsgrab war dort, wo das Denkmal war, das wir gebaut hatten ... Das war das Gemeinschaftsgrab! Und nachher haben sie alles zerstört! ... Denn es gab niemand, der öfter auf dem Friedhof war und ihn besser kannte als ich. Denn ich ging jeden Nachmittag in den Teil, wo unsere Toten aus der Gefangenschaft, aus dem Krieg, begraben worden waren. Und dort in der Nähe haben wir es errichtet, es ist von Fachleuten errichtet worden. Da war ein Geometer, der hat eine Zeichnung gemacht, und andere haben geholfen, die Maurer z. B. haben alles aufgebaut. Und das Gemeinschaftsgrab war vor diesem Denkmal. Und dort wo – auf dem Foto, wo das Kreuz drauf ist, schwarz, so hoch ... mit der Aufschrift ‚Den erhängten Italienern', da war das Gemeinschaftsgrab. Und nicht da, wo wir hin sind, um die Gedenkzeremonie abzuhalten ... Zu irgend einem Zeitpunkt haben sie alles geändert. Sie haben alles weggerissen, sie haben es ausgelöscht... Dort wo jetzt der ... ist, mit den ganzen deutschen gefallenen Soldaten, also dort war unsere Fläche da, unser Friedhof. Dort sind Grabsäulen aus Marmor. Dort war es. Jetzt sind dort die deutschen Soldaten. Vorher waren es unsere."[1162]

Die Objektgeschichte des verschollenen Denkmals ist nach den Akten des Garten- und Friedhofsamtes bruchstückhaft zu rekonstruieren. Danach haben Italiener den Rohbau bereits 1945 fertiggestellt. Architekt Gothe, Stadtbauamt, hatte es entworfen. Schon 1946 war die gärtnerische Ausgestaltung der Ausländer-Abteilung abgeschlossen worden. Wegen anderer Schwerpunktsetzungen blieb das Denkmal jedoch unvollendet.

Im Mai 1948 setzte der niedersächsische Innenminister durch einen Erlass das Denkmalprojekt wieder in Gang. Die Ausländerfriedhöfe in Niedersachsen, insbesondere die sowjetrussischen Massenfriedhöfe, befänden sich in sehr schlechtem Zustand. Der Militärgouverneur habe den Ministerpräsidenten persönlich um baldige Abstellung der Missstände gebeten. Augenblicklich müssten nun die deutschen Behörden Schritte zur erforderlichen Restaurierung der Gedenkstätten für tote Alliierte unternehmen. Der Regierungspräsident gab den Erlass an die Gemeinden weiter. Darin wurden der Termin 31. Juli gesetzt, Inspektionen von britischen Beamten und Verbindungsoffizieren angekündigt sowie ein halbjährlicher Bericht gefordert.[1163]

Der Leiter des Friedhofsamts Reth, konnte zwar den Vorwurf der Verwahrlosung entkräften, musste aber einräumen, dass das Ehrenmal noch nicht fertig sei. Es hätte schon 1947 entstehen sollen, das Stadtbauamt hätte den Bau allerdings wegen der verzweifelten Lage beim Arbeits- und Baustoffeinsatz vorerst zurückgestellt.[1164]

Noch fehlten ein schmiedeeisernes Kreuz, das aber bereits auf dem Zentralfriedhof lagerte und Stützen zum Aufhängen von Kränzen (die schon bei der Fa. Walter Stemme in der Hagemannstraße lagen). Außerdem war das Denkmal noch zu verputzen und zu beschriften. Für die Putzarbeiten hatte der polnische Pfarrer der Gallwitzkaserne, Gaskalski, 35 Zentner Zement kostenlos zur Verfügung gestellt, die auch schon bei Stemme lagerten. Nur für die Fertigstellung reichte sein Geld nicht mehr. Die Stadtverwaltung sollte das Werk beenden.[1165]

Die Schrift gestaltete Walter Stemme, die Kosten teilten sich die Stadt und Pastor Gaskalski.[1166]

Der Entwurf der lateinischen Inschrift ist den

Akten ohne Hinweis auf die Autorenschaft beigefügt, auch eine Mitteilung der Stadt vom 2. August 1948 an die Regierung, dass die Arbeiten am Denkmal mit Nachdruck vorangetrieben wurden.

Vom 30. August bis 4. September 1948[1167] wurde auf Betreiben des Suchdienstes des italienischen Roten Kreuzes CRI das Massengrab geöffnet. 208 Leichen, 191 Männer und 17 Frauen, wurden exhumiert und nach gründlicher Untersuchung, aber vergeblicher Identifizierung, wieder in Schichten von drei Personen übereinander im Massengrab beerdigt. Der heutige Gedenkstein steht – vermutlich seit dem Abschluss der Friedhofsumgestaltung 1959 – auf der Begräbnisstätte.[1168]

Nach der Fertigstellung des Ehrenfriedhofs für die Soldaten beider Weltkriege wurde 1956 mit der Neugestaltung des Ausländerfriedhofs begonnen. „Die sterblichen Überreste der in Hildesheim beigesetzten Engländer, Amerikaner, Kanadier, Franzosen und Belgier sind bereits in ihre Heimatländer überführt worden, und die Holländer wurden auf den neu gestalteten Ehrenfriedhof in Düsseldorf umgebettet. Jetzt plant man, in Niedersachsen eine zentrale Gedenkstätte für Italiener zu schaffen. Dann soll auch in Hildesheim mit der Umbettung der Italiener begonnen werden. Und für die übrigen Ausländer vor allem aus den slawischen Ländern will man auf dem Zentralfriedhof in Hildesheim selbst eine gemeinsame Gedenkstätte schaffen, damit deren Gräber nicht mehr auf dem ganzen Friedhof verstreut sind."[1169]

Der inzwischen wieder verschlechterte Zustand des Ausländerfriedhofs war auch öffentlich beklagt worden. Die Hildesheimer Presse monierte die uneinheitliche Gestaltung, von einer Verwahrlosung könne nicht gesprochen werden. Die Gräber der über 500 dort bestatteten Ausländer seien zum Teil mit Grabsteinen versehen, zum Teil von Rasen überwachsen. Nach den Plänen des Gartenarchitekten Breloer beabsichtigte der Volksbund deutsche Kriegsgräberfürsorge, jedem identifizierbaren Toten einen Grabstein zu setzen. Für das Massengrab der 208 Unbekannten sollte ein besonderes Grabdenkmal über dem Massengrab errichtet werden. Das von den Italienern nach dem Krieg geschaffene Denkmal sollte durch ein anderes ersetzt werden, das dort besser hinpasse. Mit den Arbeiten sollte sofort begonnen werden, weil die Regierung die Planungen genehmigt und die finanziellen Mittel bereitgestellt habe.[1170] Die Anlage wurde 1959 gärtnerisch neu hergerichtet und mit kleinen Grabsteinen versehen.[1171] Der Abbruch des Italiener-Denkmals wird im Verwaltungsbericht ebenso wenig erwähnt wie die Aufstellung des Steinkreuzes am Rand des Gräberfelds.

Am 16. März 1959 teilte der Regierungspräsident der Stadt mit, dass die Überführung der italienischen Kriegstoten nach Hamburg abgeschlossen ist.[1172] Etwa 100 Überreste von verstorbenen Italienern, verblieben im Gemeinschaftsgrab der 208 Toten, weil sie 1945 nicht mehr identifiziert werden konnten.[1173] Der neue Gedenkstein der Italiener wurde am 23. März 1969 von Bischof Heinrich Maria Janssen feierlich eingeweiht, der zuvor in der Friedhofskapelle eine Messe für die Gefallenen zelebriert hatte. Ausdrücklich lud Vizekonsul Mario Capetta den Hildesheimer Oberbürgermeister Martin Boyken ein, an der Feierstunde teilzunehmen, „die inspiriert wird von dem Wunsch nach Frieden und Brüderlichkeit, der unsere beiden Länder beseelt".[1174] Der Oberbürgermeister erwiderte mit Schreiben vom 12. März 1969 den Wunsch nach Frieden und Brüderlichkeit und sagte „selbstverständlich" seine Teilnahme zu.

Am 27. April 1986 wollte der italienische Generalkonsul im Rahmen einer zentralen Gedenkfeier, zu der etwa 700 in Norddeutschland lebende Italiener erwartet wurden, einen weiteren Stein oder eine Gedenktafel einweihen. Als Text wurde vorgeschlagen „In memoria dei caduti italiani / della II guerra mondiale / periti a Hildesheim nel 1945 // Im Gedenken an die italienischen Gefallenen / des 2. Weltkrieges / gestorben in Hildesheim 1945 // Consolato Generale d' Italia in Hannover, 27 aprile 1986". Man dachte an eine Tafel mit den Maßen 70 x 50 cm.[1175] Die Stadt riet von einem weiteren Gedenkstein ab, unterstützte aber die geplante Gedenkfeier.

50 Jahre nach dem deutschen Überfall auf Polen brachte der Deutsche Gewerkschaftsbund (DGB) auf Initiative seines Kreisvorsitzenden Fred-Uwe Schulz eine Gedenktafel an[1176], deren Text ursprünglich lautete:

„Menschen
zwischen 1933 und 1945
der Heimat entrissen,

nach Deutschland verschleppt,
in Hildesheim umgekommen,
liegen in dieser Erde.
Die *Faschisten*
raubten ihnen Würde, Gesundheit und Leben.
Schöpfen wir
aus der Erinnerung an ihr Leiden
Kraft für eine friedliche Zukunft
aller Menschen."[1177]

Der Text wurde auf Wunsch der Stadtverwaltung um die kursiv gedruckten Stellen gekürzt, weil auch alliierte Kriegstote auf dem Friedhof bestattet worden waren, die zwischenzeitlich aber wieder umgebettet wurden. Das Wort „Faschisten" wurde durch die treffendere Bezeichnung „Nationalsozialisten", das ursprünglich vorgesehene Wort „Kroaten" durch „Italiener" ersetzt.
Die Feierstunde des DGB fand unter dem Motto „Nie wieder Krieg – Für den Frieden arbeiten" am 1. September 1989 auf dem Nordfriedhof statt. Die Gedenkrede hielt der ehemalige Hildesheimer Bundestagsabgeordnete und Parlamentarische Staatssekretär Joachim Raffert. Mit der Gedenktafel wollte der DGB nach Auskunft von Fred-Uwe Schulz an die 424 Zwangsarbeiter und abgeschossenen Flugzeugbesatzungen erinnern, die auf dem Nordfriedhof ihre letzte Ruhestätte gefunden haben.[1178]
Anlässlich eines Internationalen Jugendlagers des Volksbundes Deutsche Kriegsgräberfürsorge im Sommer 1982 beklagte die Hildesheimer Allgemeine Zeitung den Zustand der Ausländerabteilung: „Noch schlimmer sieht es auf dem Teil des Ehrenfriedhofs aus, auf dem die ausländischen Toten begraben liegen... Ihre Gräberfelder waren zuletzt nur noch bucklige Grasfläche, die Grabsteine standen schief und die plattenbelegten Gehwege waren überwuchert".[1179]

Weitere Quellen: Heimatgeschichtlicher Wegweiser zu Stätten des Widerstandes und der Verfolgung 1933-1945. Niedersachsen II, Regierungsbezirke Hannover und Weser-Ems, 1986, S. 73-79; Reinhard Jacobs, Terror unterm Hakenkreuz. Orte des Erinnerns in Niedersachsen und Sachsen-Anhalt, IG Metall Bezirksleitung Hannover, (2000), S. 60-61; Ulrike Puvogel, Gedenkstätten für die Opfer des Nationalsozialismus, Bonn 1987, S. 429-430

3.6 Gedenktafel im Senking-Werk für die Opfer des Bombenangriffs

1. Standort

Die Tafel hing bis zur Werksverlegung nach Harsum in der Eingangshalle des Verwaltungsgebäudes an der Senkingstraße.

2. Beschreibung

Auf der schwarzen Glastafel sind in goldener gewöhnlicher Frakturschrift die Namen in drei Spalten und zwei Gruppen unter der Überschrift „Zum Gedenken unserer Gefallenen / vom 14. März 1945" vermerkt:
1. Gruppe, linke Spalte: Hage, Rudolf / Albes, Karl / Aselmeyer, Louis / Algermissen, Heinrich, Barth, Bernhard / Bormann, Will / Bormann, Wilhelm / Böhmert, Otto / Brügmann, Fritz / Bunnenberg, Joh. / Busche, Albert / Bürger, Elisabeth / Deister, Willi / Dölle, Ursula / Ehlers, Heinrich / Fahlbusch, Karl / Franz, Walter / Fröhlich, Fritz / Habenicht, August / Hage, Albert / Hartung, Bernhard / Häger, Karl / Heckerott, Hermann //

Abb. 54: Gedenktafel im Senking-Werk[1180]

mittlere Spalte: Heimers, Ernst / Hey, August / Hollemann, Heinrich / Hoppe, Walter / Huberts, August / Kern, Herbert / Kluge, Alfons / Koch, Richard / Köke, Gustav / Kreter, Karl / Kreth, Wilhelm / Kyrieleis, Frido / Leinemann, Gisela / Ludewig, Johannes / Lübbecke, Johannes / Maaß, Fritz / Markgräfe, Karl / Meier, Ernst / Miethe, Karl / Mühlhan, Karl / Neermann, Christel / Niemeyer, Adele / Nothvogel, Karl / Ohlms, Friedrich /
rechte Spalte: Oppermann, Heinrich / Paul, Hermann / Peters, Richard / Rabe, Heinrich / Reuter, Karl / Rodewald, Fritz / Rosemeyer, Friedrich / Rößig, Heinrich / Saalmann, Heinrich / Scholz, Adolf / Scholz, Karl / Seeger, Erwin / Siebke, Franz / Stange, Oswald / Staufenbiel, Willi / Stolte, Adolf / Tittelbach, Annemarie / Vollmer, Rudolf / Waßmann, Karl / Waßmann, Wilhelm / Werner, Willi / Wolf, Otto / Wolter, Frido //
2. Gruppe, linke Spalte: Zambellini, Gioncuigi / Castellana, Peppino / Daniele, Gennaro / Bracci, Ulisse / Palermo, Dezimo / Melotti, Sergio / Chiodi, Vinanco / Intinorelli, Vinanco / Montalo, Attilio //
mittlere Spalte: Piazzi, Francesco / Vianchi, Augusto / Mangani, Quirino / Cantin, Gioj / Torra, Loureano / Meullemestre, Albert / Bussilet, Czule, Christof / Filipowa, Oscana //
rechte Spalte: Filipowa, Hala / Selesnjewa, Alexandra / Selesnjewa, Philageja / Wasjutinska, Olgo / Poljewa, Natalka / Stepanowa, Natalka / Krupiskij, Marko / Melnik, Anton / Babkewtsch, Iwan //
Maße (Breite, Höhe, Tiefe): 80 cm x 1,20 m x 1 cm
Material: Tafel aus Glas, mit vier Schrauben und 1 cm langen Distanzhülsen an der Wand befestigt
Zustand: Nach dem Umzug des Werks nach Harsum (2001) sollte die Tafel auf dem Nordfriedhof angebracht werden.[1181]

3. Dokumentation

Auftraggeber: Senking-Werk
Einweihung: 19. September 1964 (anlässlich des Einzugs in das neue Verwaltungsgebäude)
Deutung: Die Erinnerungstafel ist die einzige nachgewiesene von der Firmenleitung veranlasste Gedenktafel eines Hildesheimer Gewerbebetriebs. Sie überträgt den militärischen Begriff des „Gefallenen" auf die beim Bombenangriff ums Leben gekommenen. Nur dieser Toten wird – der Widmung zufolge – gedacht, nicht auch der Betriebsangehörigen, die als Soldaten oder in anderer Funktion am Krieg teilnahmen und starben.
Senking produzierte unter anderem Feldküchen, Feldbäckereien, Schiffskombüsen und als Zulieferer Panzerteile (Zünder, Lenkgetriebegehäuse, Nebelwerferköpfe) sowie Verstrebungen für Leitwerke der Ju 88, galt also als Rüstungsbetrieb.[1182] Möglicherweise wurden die Bombenopfer des Senking-Werks deshalb als Gefallene bezeichnet. Allerdings war schon 1946 auf dem Nordfriedhof von den „im Luftkrieg Gefallenen" gesprochen wurden.
Die Tafel listet die Namen in alphabetischer Reihenfolge auf, allerdings in einer Ordnung, in der der „Betriebsführer" Rudolf Hage außerhalb des Alphabets vor der „Gefolgschaft" als erster genannt wird, die „Fremdarbeiter" dagegen eine zweite Gruppe neben der „Betriebsgemeinschaft" bilden, immerhin aber genannt und vom Possessivpronomen „unserer" vereinnahmt werden.
Der schwarze Hintergrund, die weiße Schrift sowie der über der rechten Ecke befestigte Trauerflor deuten auf die Motive der Trauer und des Totenkults hin. Die Treue zu den Verstorbenen klingt im Ort und Zeitpunkt der Einweihung an: Sie werden mitgenommen ins erneuerte und erweiterte Werk, sie bleiben Teil der 100-jährigen Erfolgsgeschichte der Firma.
Objektgeschichte: 1963 konnte das Werk auf sein 100-jähriges Bestehen zurückblicken. Aber erst nach Fertigstellung der neuen Werkhalle konnte das Fest am 19. September 1964 gefeiert werden. Dabei gedachte man auch der 135 Mitarbeiter, die beim Bombenangriff am 14. März 1945 ums Leben kamen.[1183]
Beim Neubau des Verwaltungsgebäudes des Senkingwerks wurde eine Tafel zum Gedenken der Bombenopfer vom 14. März 1945 angebracht.[1184] Sie enthält die Namen von 70 Bombenopfern, die dem Stammpersonal angehörten und von 27 Zwangsarbeiterinnen und -arbeitern. Die Differenz zur Zahl 135 wird nicht erklärt.
Zum ersten Mal gedachte das Senking-Werk fünf Jahre nach seiner Zerstörung am Sonntag, 19. März 1950, der Toten. Der Presseartikel berichtete von 105 Toten, zu denen auch der

Direktor des Werkes, Rudolf Hage, zählte. 90% der Anlagen waren zerstört worden. 1950 waren von ehemals 52.000 Quadratmetern 35.000 wieder benutzbar. Die Zahl der Beschäftigten war auf 1.400 angestiegen.[1185] Allerdings waren bei Senking vor der Zerstörung bis zu 2.500 Personen beschäftigt gewesen, unter ihnen etwa 800 Kriegsgefangene und ausländische Zwangsarbeiterinnen und Zwangsarbeiter.[1186]

Anmerkungen

1006 Fotografiert am 22.10.2004.
1007 HAZ v. 9.5.1956; auf der Tafel erscheinen die Namen in der Form Nachname Vorname.
1008 Besuch am 22.10.2004. Anlässlich des 175-jährigen Bestehens wurde die Tafel im Vereinshaus aufgehängt.
1009 Protokollbuch der Junggesellen-Kompanie v. 23.1.1947-3.12.1958, StadtA Hi Best. 799-7 Nr. 5; auch die folgenden Darstellungen wurden in diesem Buch festgehalten. Die Festschrift zum 150-jährigen Bestehen nennt als Datum der erstmaligen Anregung den 4. Januar 1955. Junggesellen-Kompanie, Festschrift 175 Jahre, Teil I, S. 61.
1010 II 1.14.
1011 HAZ v. 14.5.1956.
1012 HP v. 14.5.1956.
1013 Fotografiert am 9.7.2002.
1014 Besuch am 9.7.2001.
1015 Über eine „Einweihungsfeier" gibt es keinen Beleg. Die HAZ und der Hildesheimer Beobachter v. 22.4.1937 berichten gleich lautend von einer „schlichten und eindrucksvollen Feier, in deren Verlauf ein Kranz am Denkmal niedergelegt wurde."
1016 HAZ v. 21.7.1936; Ausführung als Kupfertreibarbeit durch den Hildesheimer Schlossermeister Selle.
1017 Mit Waldemar Reinecke und Georg Behrla waren die beiden ersten Kommandeure des Fliegerhorstes Hildesheims und der Aufklärerfliegerschule zusammen mit mehreren Kameraden bei Flugzeugabstürzen ums Leben gekommen. Reinecke stürzte am 2.5.1935 bei Sauingen, Kreis Wolfenbüttel, bei einem Nachtflug ab, Behrlas Maschine zerschellte am 5.2.1936 bei einem Absturz auf das Flugplatzgelände. Nach Behrla wurde in der Nordstadt eine Straße benannt.
1018 HAZ v. 23.3.1937.
1019 HAZ v. 21.4.1936.
1020 Hildesheimer Beobachter v. 22.2.1937.
1021 HAZ und Hildesheimer Beobachter am 23.3.1937.
1022 Besuch am 9.7.2001.
1023 HAZ v. 7.5.1979.
1024 Festschrift der Fallschirmjäger, 30 Jahre Kameradschaft Hildesheim – 40 Jahre Fallschirmjäger in Hildesheim, S. 6.
1025 HAZ v. 7.5.1979.
1026 Festschrift, S. 21; Protokolle des Ausschusses für Garten- und Friedhofsverwaltung v. 24.9.1958, 31. 3. 1959 und 28.10.1959, StadtA Hi Best. 103-14 Nr. 8077.
1027 HAZ v. 7.1.1959.
1028 HAZ v. 6.2.1959.
1029 Protokoll des Ausschusses für die Garten- und Friedhofsverwaltung v. 28.1.1960, StadtA Hi Best. 103-14 Nr. 8077.
1030 HAZ v. 3.2.1960.
1031 Protokoll des Ausschusses für die Garten- und Friedhofsverwaltung v. 13.5.1960, StadtA Hi Best. 103-14 Nr. 8077.
1032 HAZ v. 16.5.1960.
1033 Ebd.
1034 Protokoll des Ausschusses für die Garten- und Friedhofsverwaltung v. 1.7.1960, StadtA Hi Best. 103-14 Nr. 8077.
1035 Ebd.
1036 HAZ v. 23.5.1961.
1037 Auskunft durch Ernst Schlosser am 21.10.1997.

1038 Foto aus: Landkreis Hildesheim, „Landwirtschaftliche Berufs- und Berufsfachschule". Das Heft befindet sich im Bestand des Kreisarchivs.
1039 HAZ v. 10.12.1956.
1040 Genauer: 123 Schüler und eine Schülerin; die HAZ v. 13.12.1956 nennt die Zahl 127.
1041 HP v. 13.12.1956.
1042 Goethe, Werke, Band 1, S. 250.
1043 HP v. 13.6.1955.
1044 HAZ v. 13.12.1956.
1045 Fotografiert am 9. 7. 2001.
1046 Besuch am 9. 7. 2001.
1047 Grundsteinlegung: 3. Mai 1953, Richtfest: 22. September 1953.
1048 HAZ v. 8.11.1954.
1049 Müller, 40 Jahre Martin-Luther-Kirche, S. 26.
1050 Von 1947 bis Januar 1955 Pfarrer in der Martin-Luther-Gemeinde.
1051 Protokollbuch der Martin-Luther-Kirchengemeinde Hildesheim 1951-1956, S. 111.
1052 Ebd., S. 113.
1053 Protokollbuch der Martin-Luther-Kirchengemeinde Hildesheim 1957-1970, S. 130.
1054 Fragebogenauskunft am 14.8.1997.
1055 Weitgehend übernommen aus: Krumm, Der Hildesheimer Zentralfriedhof, S. 69-70.
1056 Fotografiert am 1.10.2004.
1057 Fotografiert am 1.10.2004.
1058 StadtA Hi Best. 103-67 Nr. 10738.
1059 Emil Högg, Helden-Ehrung, 170, Flugschrift des Dürerbundes, in: Lurz, Kriegerdenkmäler in Deutschland, Band 3, S. 53.
1060 Schneider „... nicht umsonst gefallen...", S. 146.
1061 Krumm, Der Hildesheimer Zentralfriedhof, S. 11.
1062 Vogeler, Kriegschronik, S. 113.
1063 Verwaltungsbericht der Stadt Hildesheim 1914-1928, S. 330.
1064 HiZ v. 14.5.1917; von den vorgesehenen 140 Soldatengräbern waren bereits 129 belegt. Der Beschluss wurde in der HiZ v. 15.5.1917 gemeldet.
1065 StAHi Best. 102 Nr. 8029.
1066 HiZ v. 21.3.1921.
1067 Hildesheimer Volksblatt v. 22.9.1920.
1068 Hildesheimer Volksblatt v. 22.11.1920.
1069 HAZ v. 21.9.1921.
1070 HAZ v. 26.11.1921.
1071 HAZ v. 16.11.1922.
1072 Krumm, a. a. O., S. 23.
1073 Vgl. Hein, Vom Hildesheimer Zentralfriedhof zum Nordfriedhof, S. 103 ff.
1074 HAZ v. 4.5.1923.
1075 20 davon auf Gräbern außerhalb der Ehrenteils; HAZ v. 14.8.1956.
1076 Verwaltungsbericht 1960/61, 1, S. 362, zit. nach Hein, 1999, S. 104.
1077 Beim Regimentstag des Reserve-Infanterie-Regiments 77 am 11./12.9.1920 wurde die Errichtung eines Denkmals beschlossen, das möglichst beim nächsten Regimentstag enthüllt werden sollte. Spontan wurden 1.472 RM als Grundstock für einen Denkmalsfonds gespendet. (HAZ v. 13.9.1920) Am 5. August 1921 teilte die HAZ allerdings mit, dass der Termin nicht gehalten werden könne.
1078 Fotografiert am 28.7.2001.
1079 Fotografiert am 1.10.2004.
1080 Fotografiert am 28.7.2001.
1081 Die Kameradschaftsvereinigung ehem. 231er wurde am 11.5.1923, zwei Tage vor der Denkmalseinweihung, gegründet. (HiZ v. 12.5.1923) Die Gedenktafel wurde am 10./11.5.1924 eingeweiht (HiZ v. 23.4.1924).
1082 Fotografiert am 28.7.2001.
1083 Fotografiert am 28.7.2001.
1084 Am 26. April 1923 bat die Hildesheimische Zeitung um Spenden für das Denkmal, das am 26./27. Mai in Lübeck eingeweiht werden sollte und das dort an die „über 3000" Gefallenen der teilweise in Hildesheim aufgestellten Reserve Infanterie-Regiments 215 erinnerte. Die Gedenktafel wurde am 10./11.5.1924 eingeweiht. (HiZ v. 23.4.1924).
1085 Die Gedenkplatte wurde auf Antrag des Kameradschaftsbunds des Inf. Reg. 465 am 1.8.1920 vom Magistrat genehmigt, von Prof. Evers entworfen und anlässlich des Regimentstags am 7.9.1930 eingeweiht. (StadtA Hi Best. 102 Nr. 11475).
1086 Fotografiert am 1.10.2004.
1087 Fotografiert am 28.7.2001.
1088 HAZ v. 7.1.1922.
1089 HiZ v. 14.5.1923.
1090 Nerdinger/Mai, Wilhelm Kreis, S. 243 Nr. 101 im Werkverzeichnis, Literaturverweis auf Hans Hildebrandt, Krieg und Kunst, München 1916, S. 287.
1091 Hein, Vom Hildesheimer Zentralfriedhof zum Nordfriedhof, ebd., S. 104.
1092 HiZ v. 1.12.1921.
1093 HiZ v. 5.1.1922, Zusammensetzung des Ausschusses in HiZ v. 9.1.1922.
1094 HiZ v. 9.1.1922.
1095 HiZ v. 8.3.1922.
1096 Öffentlicher Spendenaufruf am 23.3.1922 im Anzeigenteil der HiZ.
1097 HAZ v. 8.3.1922.
1098 HAZ v.14.11.1923.
1099 Otto von Wegerer, zuletzt Generalmajor a. D., führte das Infanterie-Regiment 79 bis Anfang 1915. Er starb 95-jährig am 31.7.1963 in Hildesheim. HAZ v. 1.8.1963.
1100 StadtA Hi Best. 799-9 Nr. 5: Kameradschaftsbund ehem. 79er Nr. 13, 1.2.1923, S. 2.
1101 StadtA Hi Best. 799-9 Nr. 5: Kameradschaftsbund ehem. 79er Nr. 14, 1.4.1923, S. 1.
1102 HiZ v. 14.5.1923. Die Zeitung beschwerte sich darüber, dass der Presse keine Teilnahmekarte und Festfolge erhalten habe.
1103 HiZ v. 12.5.1924.
1104 HiZ v. 14.4.1927.
1105 HiZ v. 13.6.1928.
1106 HiZ v. 14.1.1929.
1107 Protokoll über die Sitzung am 14.1.1958. StadtA Hi Best. 103-14 Nr. 8077.
1108 Ebd., Protokoll über die Sitzung am 8.2.1958.
1109 Vgl. Krumm, Der Hildesheimer Zentralfriedhof, S. 70.
1110 Angabe nach Krumm, Der Hildesheimer Zentralfriedhof, S. 69; nach Hein sind es 354 Gräber; die HP erwähnt am 29.9.1951 325 Gräber.
1111 Fotografiert 1.10.2004.
1112 Fotografiert am 28.7.2001.
1113 StadtA Hi Best. 103-67 Nr. 10738.
1114 Die Maße des Hochkreuzes wurden der Rechnung der Fa. Langheim Holzbau an die Stadt Hildesheim v. 31.12.2002 entnommen (Akte beim Nordfriedhof); in der Presse, Literatur und in der Rechnung der Fa. Gienke, Eschershausen, wird die Höhe mit 10 m angegeben. StadtA Hi Best. 103-67 Nr. 10739.

1115 Fotografiert am 1.10.2004.
1116 HP v. 1.11. und 19.11.1956.
1117 HP v. 29.9.1951.
1118 HP v. 10.3.1952.
1119 HP v. 17.6.1952. Die Aufstellung der Grabsteine wird im Jahresbericht des städtischen Friedhofsamtes vom 10.12.1952 bestätigt. StadtA Hi Best. 103-67 Nr. 08942.
1120 HAZ v. 14.8.1956.
1121 Verwaltungsbericht 1960/61, I, S. 362, zit. nach Hein, 1999, S. 104; Krumm, Der Hildesheimer Zentralfriedhof, S. 16; HP v. 1.11.1956.
1122 HP, 20.11.1961, Für die Menschlichkeit.
1123 Rechnung der Fa. Langheim Holzbau an die Stadt Hildesheim v. 31.12.2002. Akte bei der Verwaltung des Nordfriedhofs.
1124 HAZ v. 1.3.1960.
1125 Fotografiert am 28.7.2001.
1126 Die HP v. 21.11.1955 notierte 750 Tote.
1127 Krumm, Der Hildesheimer Zentralfriedhof, S. 70; HP v. 16.11.1955 dokumentiert den Text auf einem Foto von der Steinbearbeitung.
1128 StadtA Hi Best. 103-67 Nr. 10738.
1129 Zustand am 22.3.2003.
1130 Genesis 4, 9-10; OB Lekve orientierte sich bei der Einweihung am Buch Hiob und stellte dem geduldeten Leiden den Kampf um eine friedliche Welt gegenüber.
1131 StadtA Hi Best. 103-67 Nr. 10733: 4.2.1946.
1132 Ebd.
1133 Ebd., Schreiben v. 4.7.1952.
1134 Ebd., Vermerk v. 1.9.1952.
1135 HP v. 18.9.1953.
1136 StadtA Hi Best. 103-67 Nr. 10733, Beschluss v. 20.12.1952.
1137 StadtA Hi Best. 103-67 Nr. 10733, Vorschlag undatiert; am 2.11.1955 lag den Ausschussmitgliedern ein weiterer Alternativvorschlag, diesmal der Bezirksregierung, vor. Er wurde im Umlaufverfahren entschieden.
1138 Siehe Hein, 1999, S. 105, Hildesheimer Presse am 16.11.1955.
1139 Protokoll des Ausschusses für Garten- und Friedhofsangelegenheiten v. 25.10.1955, StadtA Hi Best. 103-14 Nr. 8077.
1140 HP v. 16.11.1955.
1141 Foto von der Demonstration in StadtA Hi Best. 103-67 Nr. 10733.
1142 HP v. 19.11.1955.
1143 HP v. 21.11.1955.
1144 HP v. 13.12.1955.
1145 Niederschriften in StadtA Hi Best. 103-14 Nr. 8077.
1146 HAZ v. 15.10.2005.
1147 Fotografiert am 9.7.2002.
1148 Krumm, Der Hildesheimer Zentralfriedhof, S. 70.
1149 Fotografiert am 28.7.2001.
1150 Undatiertes Foto im Aktenbestand des Friedhofsamts des Stadtverwaltung Hildesheim; Kopie erhalten am 24.5.2003.
1151 Fotografiert am 30.7.2002.
1152 „Den italienischen Gefallenen".
1153 Fotografiert am 21.7.2002.
1154 „Im Gedenken derer, die in der Zeit des Krieges 1939-1945 ihr Leben für Vaterland und Glauben hingegeben. Guter Jesus, lieber Gott, befreie deren Seelen von den Strafen der Hölle und gib ihnen die Seligkeit auf ewig.". Übersetzung lt. Schreiben der Stadt an den italienischen Generalkonsul Dr. Spinetti vom 17.2.1986.
1155 StadtA Hi Best. 103-67 Nr. 10738.
1156 Zustand am 22.3.2003.
1157 Ulrike Haß vermutet, dass die lateinische Inschrift alle Verfolgten international zusammenfasst. (Dies., Mahnmaltexte, S. 137).
1158 Puvogel, Gedenkstätten für die Opfer des Nationalsozialismus, 1987, S. 396. Übersetzung: „Bekannte und unbekannte unschuldige Menschen, die von grausamen Henkershänden ums Leben gebracht wurden, sind hier verschollen (beerdigt). Gottes Güte, von den Verbrechen ermüdet, kam dem unglücklichen Menschengeschlecht als Retter zur Hilfe."
1159 Bergerson, Ordinary Germans, S. 277.
1160 Zum Schicksal der Toten s. z. B. DGB, Geschichte der Hildesheimer Arbeiterbewegung, S. 91; Teich, Hildesheim und seine Antifaschisten, S. 141 und 143; Hildesheimer Geschichtswerkstatt e.V., Begleitheft zur Ausstellung „Zwangsarbeit im Nationalsozialismus" Hildesheimer Geschichtswerkstatt e.V., „Schläge, fast nichts zu Essen und schwere Arbeit", S. 130-143, 154-161, Neumann, Shifting Memories, S. 101-104.
1161 Hildesheimer Geschichtswerkstatt e.V., „Schläge, fast nichts zu Essen und schwere Arbeit", S. 162.
1162 Ebd., S. 163. Auch Neumann zitiert Digiunis Erlebnisbericht ausführlich. Er bezieht ihn allerdings aus: Ricciotti Lazzer, Gli schiavi die Hitler: I deportati italiani in Germania nella secunda guerra mondiale, Mailand 1996, S. 248.
1163 Abschrift des Erlasses v. 13.5.1948, I/4 Nr. 2608, ebd.
1164 Vermerk des Stadtbauamts, VIII B.A. I/G. v. 23.6.1947 an das Städt. Friedhofs- und Gartenamt, ebd.
1165 Vermerk v. 13.7.1948, ebd.
1166 Kostenaufstellung über 260,30 DM v. 26.7.1948, ebd.
1167 Vermerk im Verzeichnis der Reihengräber des Zentral-Friedhofs Hildesheim, Nordfriedhof, S. 316.
1168 Vgl. allerdings die vorstehend zitierte Erinnerung des Zeitzeugen Angelo Digiuni.
1169 HP v. 1.11.1956.
1170 HP v. 10.10.1958 (mit Foto des Italiener-Denkmals von Fritz Reimers).
1171 Statistisches Jahrbuch 1960/61, Band 1, S. 362.
1172 Verfügung I PA (2) 0.15.2 v. 16.3.1959; Akte 67 52 50 im Bestand der Stadtverwaltung Hildesheim, Fachbereich Grün, Straße und Vermessung.
1173 Mitteilung der Stadtverwaltung an das Italienische Vizekonsulat, Hannover, v. 7.8.1967, ebd.
1174 Schreiben des Vice Consolato d' Italia v. 6.3.1969 an den Oberbürgermeister der Stadt Hildesheim, ebd.
1175 Schreiben des Consolato Generale d' Italia v. 14.2.1986, ebd.
1176 HAZ, 31.8.1989.
1177 Brief des Ratsherrn Hartmut Häger an den DGB-Vorsitzenden Fred-Uwe Schulz vom 6.7.1989; StadtA Hi Best. 800 Nr. 1277.
1178 HAZ v. 31.8.1989.
1179 HAZ, 14.7.1982.
1180 Das undatierte Foto wurde vom Senking-Werk zur Verfügung gestellt und am 21.7.2002 kopiert.
1181 Auskunft des damaligen Direktor Löfflers gegenüber dem Verfasser.
1182 Meyer-Hartmann, Zielpunkt 52092N 09571O, 1985.
1183 Hildesheimer Rundschau v. 19./20.9.1964.
1184 Schriftliche Auskunft von Direktor H. Löffler am 22.9.97.
1185 HP v. 14.3.1950 und 20.3.1950.
1186 Studienkreis zur Erforschung und Vermittlung der Geschichte des Widerstandes 1933-1945, Heimatgeschichtlicher Wegweiser, Band 3, S. 77.

4 Süd

4.1 SV Borussia von 1906

4.1.1 Ehrenmal für die Gefallenen des Ersten Weltkriegs

1. Standort

In den oberen Räumen des Vereinslokals Georgenpark

2. Beschreibung

Gedenktafel für die 22 gefallenen Vereinsmitglieder, wie ein zweiflügeliger Schrank gestaltet; im oberen Teil in der Mitte ein bekränztes Eisernes Kreuz, das die Inschrift unterbricht: „Im / Kampf // fürs Vaterland / starben 1914=18". Beide Flügel enthalten je elf alphabetische geordnete Namen: Augustin, Fritz / Ahlberg, Willi, / Botsch, Fritz / Böcker, Heinr. / Breitmeyer, Franz / Dittmann, Karl / Freise, Heinr. / Flohr, Franz / Glenewinkel, Rob. / Haake, Ernst / Hagemann, Fritz // Hofmann, Heinr. / *Hagemann*, Karl / *Kues*, August / *Moones*, Fritz / Meier, *Julius* / Niehoff, Heinr. / Nolte, Alfons / Polster, Anton / Reck, Max / Schollmeier, Joh. / Strüber, Georg
Der untere Querbalken trägt die Inschrift: „Rasen-Sportverein 1906 Hildesheim".[1187]
Material: Holz
Technik: Schnitzerei
Zustand: verschollen

3. Dokumentation

Auftraggeber: Verein
Hersteller (Entwurf, Ausführung): Bildhauer Bütefisch (Entwurf und Ausführung), Malermeister Albert Dechert – langjähriges Vereinsmitglied (Bemalung)
Einweihung: 24. Oktober 1920
Objektgeschichte: Die Gedenktafel wurde in der Woche vor der Einweihung im Schaufenster des Zigarrengeschäfts Gassen, Braunschweiger Straße, ausgestellt.[1188] Zur Feierstunde selbst versammelten sich Vereinsmitglieder und Angehörige, um den „im Weltkrieg gefallenen 22 Vereinskameraden durch die Einweihung einer künstlerisch ausgeführten Ehrentafel für ihre Liebe und Treue zum Vaterland zu danken."[1189]

Die Weiherede hielt der 2. Vorsitzende Lorenz Oppermann.
Der Verein „Borussia" verlor 1917 seine Sportanlage nahe der Gummifabrik Phoenix und schloss sich 1919 mit dem FC Himmelsthür von 1912 zum Rasensportverein von 1906 zusammen. 1923 erhielt der Verein ein Gelände an der Lademühle, wo am 31. Juli 1927[1190] der Sportplatz und 1928 das Klubhaus eingeweiht werden konnten. 1946 wurde der Sportbetrieb nach Zusammenschluss mit der Reichsbahn-Sportgemeinschaft unter dem Namen Rasensportverein Borussia von 1906 wieder aufgenommen. 1948 trennten sich die beiden Vereine wieder, aus dem RSV wurde Borussia von 1906. 1950 erfolgte der erste Spatenstich an der Lucienvörder Allee, 1951 wurde der Platz, 1953 das Klubhaus eröffnet.[1191]

4.1.2 Gedenkstein für die Gefallenen des Ersten Weltkriegs

1. Standort

Vereinsanlage an der Lademühle

2. Beschreibung

„Ein monumental wirkendes, aber schlicht in Klinkern ausgeführtes Werk"[1192]
Material: schwarzer Klinker
Zustand: verschollen

3. Dokumentation

Auftraggeber: Verein
Hersteller (Entwurf, Ausführung): unbekannt
Einweihung: 10. Mai 1931 zum 25-jährigen Jubiläum
Objektgeschichte: Das Ehrenmal für die 22 im Ersten Weltkrieg gefallenen Vereinsmitglieder wurde am Sonntag, 10. Mai 1931, vormittags um 9.00 Uhr auf dem Sportplatz unter Glockengeläut eingeweiht. Der 1. Vorsitzende v. d. Straaten begrüßte die Anwesenden, Pastor Loose (St. Lamberti) hielt die Weiherede. „Er gab der Hoffnung Ausdruck, dass das Ehrenmal eine Stätte des Trostes für die Angehörigen der Gefallenen werden möge, für die Mitglieder aber ein Ansporn, das Werk der Helden weiter zu fördern." Die Vertreter des RSV 06, FC Con-

cordia und VfB legten Kränze nieder.[1193] Einen Hinweis auf das verschollene Denkmal gab es 1935 beim 25-jährigen Jubiläum des FC Concordia durch die Nachricht: „Einer der Gründer des FC Concordia, Hans Schollmeier, ist auf dem Ehrenmal des RSV enthalten."[1194]

4.1.3 Gedenkstein für die Toten des Vereins

1. Standort

Rechts neben dem Hauptweg, etwa 25 Meter vor dem Klubhaus

2. Beschreibung

Auf einer halbkreisförmigen, mit rotem Kies aufgefüllten Fläche, umgeben von Büschen, Birken und Ahornbäumen steht ein Quader aus gemauerten Natursteinen. Unter der oberen Schicht der leicht bemoosten Steine ist in der Mitte eine flache und eine Steinlage hohe Nische eingelassen, in deren verputzter Rückwand als Widmung „Den Toten zur Ehre / SV Borussia von 1906" eingemeißelt wurde. Weitere Angaben enthält das Denkmal nicht.
Vor dem Denkmal steht rechts in einem kleinen halbkreisförmigen bepflanzten Beet ein kleines aus Eisen geschmiedetes Kreuz mit einer Plakette „Mirek / 17.4.2000".
Zum Weg hin ist das Denkmal mit einer Kette abgesichert.
Maße (Breite, Höhe, Tiefe): 2 m x 1,60 m x 35 cm
Material: Natursteinquader

Abb. 55: Borussen-Gedenkstein[1195]

Technik: Quadermauerwerk, Steinmetzarbeit
Zustand: gut

3. Dokumentation

Auftraggeber: Verein
Hersteller (Entwurf, Ausführung): Henry Haunroth
Entstehungszeit: 1956
Einweihung: 13. Mai 1956
Deutung: Die Gedächtnisstätte weist keine besondere Erwähnung der Kriegstoten auf, gleichwohl verwendet sie das Wort „Ehre". Zwar gelobt man in Nachrufen regelmäßig, dem Verstorbenen ein ehrendes Andenken zu bewahren, so dass hier das Motiv des tradierten Totenkultes anzunehmen ist, doch darf nicht außer Acht gelassen werden, dass der Verein bereits zwei Denkmäler besaß, die ausdrücklich und ausschließlich dem Kriegstotengedenken dienten. Der militärische Ehrbegriff darf also mitgedacht werden. Dennoch brach der Verein 1956 mit der Tradition der bisher üblichen namentlichen Gefallenenehrung. Die Ehre löst sich hier von der Person, auch von der Handlung und Haltung, und bezieht sich auf die Toten allgemein: „Den Toten zur Ehre".
Dieses Vermächtnis bekräftigt der Verein gleichsam mit seiner „Unterschrift" „SV Borussia von 1906". Er „untermauert" es mit seinem aus Natursteinquader zusammengefügten Denkmal. Das von Vereinskameraden geschaffene Monument ist an sich schon Beleg für die Treue des Vereins, die Massigkeit der Quader und der Verbund des Mauerwerks symbolisiert sie aber noch stärker. Jeder Tote bleibt Teil des Vereins, und jedem Verstorbenen wird ein ehrenvolles Gedenken zugesichert. Bemerkenswerterweise widersprach ein – offenbar junges – Vereinsmitglied der anonymisierten Trauer. Er stellte – mit Zustimmung des Vereins – ein Schild mit dem Namen seines tödlich verunglückten Freundes vor die Mauer.
Das Denkmal erfüllt eine topische Funktion für das Totengedenken des Vereins, das hier Ort und Ausdruck findet. Für den Einzelnen kann sie – wie das Beispiel Mireks zeigt – zum Anker für Erinnerungsprozesse werden.
Objektgeschichte: Nach dem Krieg wurde an der Lademühle der Trümmerschutt gelagert. Dem Verein wurde im Oktober 1951 die Sportanlage an der Lucienvörder Allee überlas-

sen. Die Gedächtnisstätte entstand zum 50-jährigen Vereinsjubiläum, das vom 12. bis 21. Mai 1956 gefeiert wurde. Die Einweihung des Ehrenmals stand am zweiten Tag, am Sonntag vor Pfingsten, 11.00 Uhr, auf dem Programm.[1196]

Vor zahlreichen, im Halbkreis vor dem verhüllten Ehrenmal versammelten Vereinsmitgliedern hielt Pastor Friedrich Tegtmeyer (St. Lamberti) die Weiherede. Als zentrale Aussage zitierte die Presse: „Den Wert einer Gemeinschaft erkennt man daran, wie sie ihre Toten ehrt. Eine stille Zwiesprache mit den Toten des halben Jahrhunderts müsse zur Besinnung auf die tiefe Kameradschaft führen, die immer noch das Ideal des Sports sei."[1197] Nach der Erhüllung durch Tegtmeyer und den 2. Vorsitzenden Fritz Niemann sprach der frühere Geschäftsführer Robert Strunck. Er nannte stellvertretend für die vielen Verstorbenen, die der Verein seit seiner Gründung zu beklagen hatte, drei Namen, die über den heimatlichen Sportkreis hinaus Geltung erlangten: Hermann Ribbentropp, Hans Dittel, Gustav Semmler. „Daß dabei manch traurige Erinnerung an die Kameraden auftauchte, die aus dem Kriege nicht zurückkehrten, versteht sich von selbst."[1198]

Karl Ahlbeck, der vor 50 Jahren in der ersten Mannschaft gespielt hatte, trug den Kranz zum Ehrenmal, „das allen Toten und Gefallenen gewidmet ist." Mit dem Lied vom guten Kameraden klang die Feier aus.[1199]

Die Zeitung erwähnte lobend die liebevoll hergerichtete kleine Anlage und hob die Ähnlichkeit mit dem Ehrenmal hervor, das die Borussen vor 25 Jahren auf der Lademühle errichtet hatten.[1200] Mirek ist ein tödlich verunglücktes Vereinsmitglied, dem ein Freund ein eigenes Denkmal setzte.[1201]

4.2 FC Concordia

4.2.1 Ehrenmal für die Gefallenen des Ersten Weltkriegs

1. Standort

In der Nordwestecke der Sportanlage

2. Beschreibung

Auf dem Sockelrand des quadratischen Pfeilers, der in etwa 1,30 m Höhe aus einem breiteren, ebenfalls quadratischen Sockel herausragte,

Abb. 56: Überrest des Concorden-Denkmals[1202]

erinnerten die eisernen Zahlen 1914 und 1918 an den Ersten Weltkrieg, an der Kante vorn rechts verzeichnete eine Steinplatte allerdings neben den Namen von 20 gefallenen Vereinsmitgliedern auch acht Namen von Mitgliedern, die in den Nachkriegsjahren verstarben:

die Gefallenen E. Brandenburg, F. de la Corte, P. Diegmann, F. Flügel, P. Flügel, W. Hauenschild, A. Wettmershausen, G. Ismer, H. Kliemann, F. Kook, R. Müller, W. Oelze, H. Reichert, W. Roge, J. Seidler, A. Soska, G. Stolte, G. Semmelroth, L. Watermann, L. Wittrock

und die Verstorbenen F. Fiene, G. Peschutter, F. Meyer, E. Schrage, J. Diegmann, W. Stolte, O. Wieser, W. Reuter.[1203] Das Denkmal krönten zwei etwa 60 cm große sich kreuzende geschmiedete Concorden-„C".

Maße (Breite, Höhe, Tiefe): 1,10 m x 3 m x 1,10 m

Material: Bruchstein

Technik: unregelmäßiges Schichtmauerwerk

Zustand: Das Denkmal bestand von 1933-1970. Heute ist das Denkmal verfallen, die Anpflanzung verwildert. Der Pfeiler ist zur Grundstücksgrenze hin geöffnet worden, einige der ausgebrochenen Steine liegen noch am Rand.

Die Platten mit den Inschriften sind nicht mehr vorhanden.

3. Dokumentation

Auftraggeber: Verein
Hersteller (Entwurf, Ausführung): u. a. Vereinsmitglieder Fischer, Bögel, Modrejewski und Reuter [1204]
Entstehungszeit: 1931-1933
Einweihung: 6. August 1933
Deutung: Das in Eigenarbeit erstellte Denkmal ist Ausdruck der kameradschaftlich treuen Verbundenheit mit den Verstorbenen. Ausdrücklich werden neben den Kriegstoten auch die anderen Toten des Vereins in das Gedenken eingeschlossen. Die Trauer über den Verlust der Vereinsmitglieder ist ungeteilt. Trotz der Gruppenbildung von Gefallenen und Verstorbenen bleiben die Toten gleich bedeutend. Mit der Unterscheidung ist keine Hervorhebung oder Hintanstellung verbunden. Mit der Gleichsetzung geht allerdings zwangsläufig die Tabuisierung des Krieges einher. Der Verein enthält sich einer Transformation des Geschehens, die über die ästhetische Dimension hinausgeht. Die Ästhetik bleibt der Natur verpflichtet.
Das Schichtmauerwerk aus Bruchsteinen verkörperte Zusammenhalt und Heimatverbundenheit. Die Anpflanzung sollte für einen beruhigenden und entspannenden Rahmen sorgen. Am Rand des Sportplatzes fanden hier bei Jubiläen Gedenkveranstaltungen statt. Hierhin zogen sich aber auch Trauernde zurück, um ihrer Angehörigen oder Kameraden zu gedenken.
Einem politischen Missbrauch des Denkmals widersetzte sich der Verein erfolgreich. Die beiden „C" auf dem Denkmal verschränkten sich zu einem christlichen Kreuz. Nationalsozialistische Symbolik oder Rhetorik gab es am Denkmal nicht.
Objektgeschichte: Im Winter 1931/1932 begannen unter Mithilfe fast aller Vereinsmitglieder die Arbeiten am neuen Sportplatz unmittelbar im Anschluss an den Lönsbruch. Josef „Seppel" Fischer sammelte rund 1.000 Mark für das Ehrenmal. Er erinnert sich, dass ein Standartenführer 1933 als Ausdruck der „neuen Zeit" ein Hakenkreuz in das Ehrenmal meißeln lassen wollte. Dazu kam es nicht.[1205] Vereinsmitglieder errichteten das Ehrenmal in eigener Regie.

Am Tag der Platzeröffnung wurde das Ehrenmal feierlich eingeweiht. Der Vereinschronist schreibt 1960 in der Festschrift: „Dieses schöne Bauwerk ist noch heute ein Schmuckstück der Anlage. Die Erstellung dieses Ehrenmals zeugt von der tiefen Verbundenheit der Concorden zu ihren Kameraden, die das Fortbestehen ihres Werkes, das nunmehr 50 Jahre andauert, nicht mehr miterleben durften. Die Einweihungsfeier wurde dann zu einem zu Herzen gehenden Erlebnis und die, die an dieser Feierstunde Anteil hatten, werden diesen Tag nie vergessen."[1206]
Zur Enthüllung hatten sich etwa 500 Teilnehmer eingefunden. Nach einigen Liedvorträgen des Quartett-Sängerkreis Hildesheim begrüßte der Vereinsvorsitzende Gustav Schamer die Gäste, insbesondere die Ehrengäste: Staatskommissar Schmidt, Landrat Dr. Hippler, Major Kretschmar von der Polizeischule, Senator Privat, Vertreter der Vereine und Angehörige der Gefallenen und Verstorbenen. Er dankte allen für ihr Erscheinen und gab Senator Privat das Wort zur Weiherede. Als äußeres Zeichen legte Schamer für Concordia einen großen Kranz mit Schleife am Sockel nieder. Ihm folgten Aug. Neumüller für den Gau Hildesheim und für den langjährigen Concordenführer, E. Schamer, Rechtsanwalt Meyer für 1906, Bäckermeister Wolter für Spielvereinigung, Wächter für VfR, Seegers für VfB. Weiter legte die Ortsgruppe Hildesheim des Vereins Deutscher Schäferhunde als treue Platznachbarin einen Kranz nieder; und groß war endlich die Zahl der Kränze der Angehörigen der Toten.[1207]
Die Vereinsjubiläen sahen bis 1970 feierliche Kranzniederlegungen am Ehrenmal vor.[1208] Von der Gedenkfeier anlässlich des 25-jährigen Bestehens berichtete die HAZ Anfang August 1935.[1209] Die Kranzniederlegung zur 40-JahrFeier ist in der Festschrift zum 50-jährigen Vereinsjubiläum dokumentiert.[1210]

4.2.2 Ehrenmal für die Gefallenen beider Weltkriege

1. Standort

An der nordöstlichen Ecke der Sportanlage links hinter dem Haupteingang und vor dem Parkplatz am Klubhaus

Abb. 57: Neues Concorden-Denkmal[1211]

2. Beschreibung

Das neue Ehrenmal wurde an den Rand einer Rasenfläche gesetzt. Auf einem Betonsockel wurde ein Findling verankert, der pfeilförmig gestaltet wurde (seitlich auf 60 cm Höhe abfallend). An der Vorderseite wurde unter der Pfeilspitze ein poliertes Metall-„C" befestigt. In der Mitte des Sockels trägt eine gusseiserne Platte die Inschrift „Unseren Toten und Gefallenen zum Gedenken".

In einem kleinen mit Kies aufgefüllten Beet steht vor dem Denkmal eine bepflanzte Blumenschale. Links und rechts neben ihm wächst je ein etwa ein Meter hoher Lebensbaum. Zum Parkplatz und zum Hauptweg begrenzt eine Kette den Denkmalsplatz.

Maße (Breite, Höhe, Tiefe): Betonsockel: 1,75 m x 80 cm hoch x 60 cm; Naturstein: 1,35 m x 80 cm x, 20 cm; „C": 10 cm x 35 cm; gusseiserne Platte: 45 cm x 70 cm x 2,5 cm
Material: Beton, Findling, Metall
Zustand: gut[1212]

3. Dokumentation

Auftraggeber: Verein
Hersteller (Entwurf, Ausführung): Den Findling beschaffte Hermann Schulz in der Heide, Karl Greve fertigte die Platte, Karl-Heinz Wichmann das Concorden-C. Erwin und Horst Nothdurft gestalteten den Stein und die Anlage.[1213]

Entstehungszeit: 1970-1975
Einweihung: 23. November 1975[1214] (Volkstrauertag)
Deutung: Die Widmung schließt alle verstorbenen Vereinsmitglieder bei ausdrücklicher Hervorhebung der Gefallenen in das Gedenken ein. Die Toten stehen vor den Gefallenen, die allgemeine Form vor der besonderen. Wie das frühere Denkmal drückt auch dieses die Verbundenheit der aktiven Vereinsmitglieder mit den Verstorbenen aus, jedoch dachte man damals zuerst an die Gefallenen und erst danach an die Verstorbenen. Allerdings waren die Zivilisten auch erst nach den Gefallenen gestorben.

Der Findling ist ein Zeichen für Festigkeit, Beständigkeit und Heimatverbundenheit. Ein im Stadtteil verwurzelter Sportverein wählt eine solche Symbolik (vgl. in Sorsum das Ehrenmal des SV Teutonia, II 13.6). Der Stein wurde bearbeitet und auf einen Sockel gestellt. Seine Form erinnert an ein Grabmal, sie verzichtet auf die Monumentalität, die im ersten Denkmal angelegt war.

Der Verein tradiert die Totenehrung, die auch in anderen Sportvereinen üblich war. Er setzt aber auch die eigene Tradition fort. Er legt Zeugnis ab von seiner Treue gegenüber den Verstorbenen und Gefallenen. Sie bleiben auch nach dem Tod „unsere". Trauer deutet sich in der Sepulkralform an, ist aber keine persönliche Trauer, sondern eher ein Topos für Trauer: ein Platz des gemeinsamen Gedenkens.

Objektgeschichte: Nach der Verlegung des Klubhauses von der West- zur Ostseite des Sportplatzes 1964[1215] und seiner Erweiterung 1970[1216] wurde die alte Gedächtnisstätte aufgegeben und die neue angelegt. Das alte Ehrenmal war „Objekt der Zerstörungswut Unbekannter geworden".[1217]

Anlässlich des 60-jährigen Vereinsjubiläums und der Fertigstellung des zweiten Klubhaus-Bauabschnitts (1970) wurde das Ehrenmal in völlig veränderter Form am Haupteingang des Sportplatzes seitlich vom Klubhaus vorgesehen[1218] und 1975 vom Senioren-Klub fertig gestellt.[1219] Das Denkmal wurde vom Ehrenvorsitzenden Heinrich Mühlke bei einer Feierstunde offiziell dem 1. Vorsitzenden Willi Strube übergeben.[1220]

SÜDSTADT 299

Abb. 58: Denkmal (links)[1221]

Abb. 59: Denkmal (rechts)[1222]

4.3 Gedenktafeln an der Staatlichen Baugewerkschule für die im Ersten Weltkrieg gefallenen Schüler (heute: Fachbereiche Architektur und Bauingenieurwesen der Fachhochschule Hildesheim-Holzminden-Göttingen)

1. Standort
Links und rechts im Eingang des Fachbereichs, Hohnsen 2, der als Säulenportal mit Kreuzrippengewölbe gestaltet wurde

2. Beschreibung

Ädikula links und rechts der Treppe. In der linken Giebelfläche umrahmen die Zahlen 19 und 14 den unbehelmten Kopf eines jungen Mannes, in der rechten teilt ein behelmter Männerkopf die Jahreszahl 1918. Der Architrav über der linken Gedenkplatte enthält in Majuskeln die eherne Inschrift „Schaffen und Bauen" überschrieben, der rechte trägt die Wörter „Freiheit – Vaterland". Danach folgen die Namen der Kriegstoten in serifenlosen Majuskeln:
Linke Seite erste Zeile, zentriert: Brackebusch – Oberlehrer = Frey – Diplomingenieur
linke Spalte: Ahrenholz Herm. Dardesheim –

Ahrens Georg – Hildesheim – Ahrens Gust. Kl. Ilsede – Andreas Ludw. Braunschweig – Appuhn Heinr. Bültum – Aumann Benno Hohenhameln – Bartels Alb. Gr. Heerre – Bartels Richard Adenstedt – Behrens Hermann Woltwiesche – Beines Wilh. Sosmar – Beyer Alfred – Halle = Bischoff Karl – Westerhüsen – Bleidiessel Friedr. Davenstedt – Blumberg Rob. Hannover – Bode Anton – Birkungen – Bode Heinr. Isernhagen – Bonewald Gustav Uechteritz – Brakebusch Wilh. – Langelsheim – Brandt Friedr. Hameln – Brasack Rich. Hannover -. Brauckmann Heinr. Hildesheim – Breitmeyer Karl Dinklar – Breucker Herm. – Hannover – Brockmöller Karl – Todendorf – Burchard Ludw. Tiftlingerode – Goldewey Hinr. Blexen – Dabelow Ludw. Halle – Ten Dam Gerhard Gronau i. W. – Dare Herm. Grone – Diederich Herm. Rhumspringe – Dierking Gust. Hannover – Engelhard Friedr. – Northeim – Engelke Heinr. – Hildesheim – Ewig Kurt Goslar – Flörke Karl – Einum – Franzmeyer Friedr. Barkhausen – Fuhrmann Fritz – Lehrte – Gieren Wilhelm Hildesheim (drei Eiserne Kreuze)
rechte Spalte: Gohr Otto – Hameln – Grafe Franz – Kahla – Greiert Otto Genthin – Greb Karl – Metz – Gruschwitz Karl – Hannover –

Hagemann Herm. Hannover – Hagemeister Franz – Hildesheim – Hahne Heinr. Alvesse – Hammerschmidt Aug. – Algermissen – Handelmann Wilh. – Gr. Lafferde – Hartung Karl Hannover – Hartwig Karl Wettmar – Haspelmath Hans – Kirchboitzen – Heeren Eduard – Hannover – Heinemann Rud. Eschwege – Hellberg Ferd. Hildesheim – Heuer Friedr. Duingen – Heyer Wilh. Hildesheim – Hille Friedr. Afferde – Hillemann Georg Northeim – Himstedt Friedr. Hildesheim – Horre Otto – Lauterberg – Hönig Karl – Hildesheim – Keiling Hans – Halle – Kelterborn Wilh. Dransfeld – Kittel Wilh. Halle – Klaproth Albrecht Düderode – Klaproth August – Düderode – König Josef – Hildesheim – Könnecker Ernst – Östrum – Koock Friedr. – Grasdorf – Kuschenbusch Heinr. – Hannover – Küken Albert – Grasdorf – Lange Herm. – Hannover – Laue Otto – Hildesheim – Leopold Otto – Giebichenstein – Liebchen Heinr. – Hannover – Lohmann Ludw. – Hamburg

rechte Seite, erste Zeile: Gehrke Ernst – Stöckheim – Klages Martin – Hannover

linke Spalte: Lomb Otto – Hannover – Lücke Otto – Schecktal – Ludewig Godehard – Hildesheim – Maibaum Georg – Hannover – Maschke Theod. Harburg – Mestmacher Eduard – Hildesheim – Meyer Albert – Sorsum – Meyer Gustav – Gadenstedt – Meyer Heinr. Hösseringen – Miede Emil – Steinbergen – Miehe Wilh. – Hahndorf – Montua Paul – Charlottenburg – Münstedt Karl – Peine – Nachtwey Willy – Wülfel – Nagel Heinr. – Boitzenburg – Oberländer Erich – Berlin – Oesterreich Karl – Neubeckum – Ohlendorf Gust. – Mahlerten – Oldemeyer Otto – Bischofshagen – Opitz Hartwig – Freiberg – Papenberg Emil – Dassel – Pott Wilh. – Osnabrück – Pottkamp Emil – Bielefeld – Pramme Albert – Braunschweig – Pries Erich – Winsen – Reiche Wilh. – Hameln – Reichard Franz – Hannover – Ritter Heinr. – Vardegötzen – Rübesamen Walter – Uslar – Sander Aug. – Heinde – Schaaf Paul – Mötzlich – Schaale Ernst – Braunschweig – Schecker Ernst – Burgdorf – Scherping Erich – Hildesheim – Schlinker Friedr. – Linden – Scholle Heinr. – Schiplage – Schröder Wilh. – Kirchweyhe – Schünemann, Louis

rechte Spalte: Hildesheim – Schünhoff Ernst – Hannover – Schüssler Wilh. – Braunschweig – Schuster Aug. – Münden – Seelmeyer Heinr. – Gleidingen – Sievert Heinr. – Hannover – Siever Karl – Bodenburg – Spierig Karl – Hildesheim – Spierling Otto – Frellstedt – Steinbach Adolf – Osnabrück – Steinecke Th. – Hannover – Steinhoff Heinr. – Hildesheim – Stock Wilh. – Welsede – Stoffregen Oskar – Hannover – Stolte Gerh. – Hannover – Strecker Joh. – Zapluskowenz – Strickstrack Erich – Braunschweig – Struckmeyer Wilh. – Hannover – Struss Heinr. – Hannover – Thun Gerh. – Beetzendorf – Ulrich Wilh. – Varel – Vettin Wilh. – Itzehoe – Vögler Otto – Ahlem – Warnecke Friedr. – Hannover – Weber Ernst – Hannover – Weckemann Willi – Naumburg – Welslau Wilh. – Northeim – Westebbe Heinr. – Gevelsberg – Wies Heinr. – Osnabrück – Wilgers Bernh. – Hildesheim – Winkelmann Fritz – Ülzen – Wolfes Harm – Wittenberge – Wüsteney Karl – Lübbecke – Bertram Wilh. – Hildesheim – Brukwitzki Wilh. – Osnabrück – Kallweit Gust. – Hannover – Kettler Willi – Markoldendorf – Waltke Wilh. – Hahlen – Zander Kurt – Kolberg – Ermisch Walt. – Löbau – Fehlhaber Otto – Nettelkamp[1223]

Maße (Breite, Höhe, Tiefe): Die 1,40 m breiten und etwa 2,50 m hohen Platten sind im Abstand von 45 cm in einer 50 cm tiefen Nische angebracht. Sie stehen auf einem 46 cm hohen und 20 cm tiefen Postament und teilen sich auf in eine 1,60 m hohe Schrifttafel, einen Steinkranz und einen Giebel.
Material: Sandstein
Technik: Steinmetzarbeit
Zustand: sehr gut

3. Dokumentation

Auftraggeber: Altherrenverband
Hersteller (Entwurf, Ausführung): Architekten Uhlmann und Füllgrabe (Entwurf), Steinmetzmeister W. Dräger (Ausführung)
Entstehungszeit: 1920-1925
Einweihung: 23. August 1925, am Hauptfesttag des 25-jährigen Schuljubiläums
Deutung: Das Denkmal sollte nach dem Willen der Schule „würdig" werden. Der Würde dienen die klassische Form und die sinnstiftenden Widmungen. „Schaffen und Bauen" steht „Freiheit und Vaterland" gegenüber. Schüler – Soldat, Werktätigkeit – Wehrdienst, Berufsethos – Patriotismus sind damit gegenübergestellt, nicht als

Gegensatz, sondern als zwei Seiten des Gleichen. Wenn das Vaterland ruft, die Freiheit zu verteidigen, hören Schaffen und Bauen auf. Alles Schaffen und Bauen macht nur Sinn, wenn das Vaterland frei ist und bleibt.

Das Motto spendet Trost und bekundet Treue. Der Verpflichtung fühlt sich die Schule insgesamt verbunden. Im Eingang grüßen die Toten die Lebenden und die Lebenden die Toten. Für Differenzierungen und historische Reflexionen lässt es wenig Raum. Insofern tabuisiert die historisierende Form des Denkmals die geschichtlichen Zusammenhänge, die Ursachen des Krieges und das individuelle Sterben. Es testiert die Namen und die Wohnorte der Verstorbenen, aber nicht Zeitpunkt und Umstand ihres Todes. Wichtiger ist ihre Zugehörigkeit zur Schule. Die Schule nennt stolz die Namen ihrer Helden.

Die Verbindung von „Schaffen und Bauen", „Freiheit und Vaterland" und den Namen der Toten offenbart aber auch die offenkundige Tragik, dass junge Menschen, die das Bauen lernen wollten oder schon geschafft haben, für Freiheit und Vaterland ihr Leben opferten oder verloren. Ob dies die Toten ebenso sahen, ist zweifelhaft. Es ist dies die Sinnstiftung der Überlebenden.

Objektgeschichte: Bei der Gedenkfeier für die Gefallenen der Baugewerkschule am Sonnabendmittag, 20. November 1920, wurde das Provisorium einer Gedenktafel für die gefallenen Schüler aufgestellt. Studienrat Preuße hielt die Festrede, Direktor Höfert die Schlussansprache, „in der er die Gefallenen der Baugewerkschule, es sind außer einem Lehrer 55 Schüler, nochmals im Geist vorüberziehen ließ" und ankündigte, dass die provisorische Tafel demnächst durch eine würdige Gedenktafel ersetzt werden soll.[1224] Mit musikalischen Beiträgen beteiligten sich ein Streichorchester des Kapellmeisters Bluhm und der Schülerchor. Schüler der Baugewerkschule rezitierten Gedichte.

Als Zeitpunkt für die Aufstellung der Tafel war das 25-jährige Schuljubiläum vorgesehen, das ursprünglich im Mai 1925 gefeiert werden sollte, dann aber auf Versammlungsbeschluss des Altherrenverbands am 1./2. November 1924 in den August verlegt wurde. Es fehlten noch eine größere Anzahl Namen, so dass dringend gebeten wurde, bekannte Namen von Gefallenen der Schule der Geschäftsstelle Schünemann, Hildesheim, Struckmannstr. 2, mitzuteilen.[1225] Auch im Juli 1925 bemühte man sich noch durch Aufrufe in den größten deutschen Zeitungen darum, die Namen aller Gefallenen richtig erfassen zu können.[1226]

Die Festschrift zum 25-jährigen Jubiläum der Schule, die 1925 erschien, enthält im Anhang eine Ehrentafel die Namen der zwei Lehrer und die Namen von 152 Schülern mit ihrem letzten Semesteraufenthalt in der Schule und ihrem Wohnort – der letzte Name auf der Steintafel des Denkmals (Fehlhaber) fehlt allerdings noch.[1227] Im Textteil kündigt der Verfasser an, dass „demnächst" im Haupteingang der Schule nach dem Hohnsen zwei Ehrentafeln ein bleibendes Zeugnis des Gedenkens ablegen werden.[1228]

An der Einweihungsfeier, die unter feierlichem Glockengeläut von der St.-Lamberti-Kirche pünktlich um 12 Uhr begann, nahmen in der „unübersehbaren Teilnehmerschaft" u. a. Regierungspräsident v. Halfern, Oberbürgermeister Dr. Ehrlicher, Generalsuperintendent D. Dr. Hoppe und die Landräte v. Stockhausen und Dr. Stiff teil.[1229]

Zu Beginn der 60-Jahr-Feier der Staatlichen Ingenieurschule für das Bauwesen legte der Vorsitzende der Alten Herren, W. Sievers, einen Kranz an den Ehrentafeln nieder. Die Toten seien eine Mahnung, künftigen Generationen derartige Blutopfer zu ersparen.[1230]

4.4 Gedenkstein des Vereins für Volkssport (VfV) für die gefallenen und verstorbenen Mitglieder

1. Standort

Etwa 40 Meter hinter dem Nordeingang auf der rechten Seite

Abb. 60: VfV-Findling[1231]

2. Beschreibung

Bearbeiteter Findling, auf dessen Vorderseite unter einem christlichen Kreuz die Inschrift „Unseren / Toten / und / Gefallenen" in Majuskeln eingemeißelt wurde. Der Stein steht am Nordrand einer mit Büschen umpflanzten Rasenfläche, die ca. 25 Meter breit und 20 Meter tief ist. Ein Plattenweg endet an einem rechteckigen Sockel, der mit Natursteinplatten ausgelegt wurde. Inzwischen ist die Höhe des Sockels dem Boden angeglichen, die Platten zeigen deutliche Verwitterungsspuren. Hinter dem Stein steht eine Trauerweide, seitlich wächst je ein Buchsbaum.
Maße (Breite, Höhe, Tiefe): Gesamtanlage: ca. 25 x 20 m, Fundament: ca. 3,20 x 0,50 x 4,30 m; Granitblock: 2,30 x 1,30 x 0,03 m, Stein: 0,70 x 1,30 x 0,35 m
Material: Granitblock
Technik: Steinmetzarbeit
Zustand: vernachlässigt[1232]

3. Dokumentation

Auftraggeber: Verein
Hersteller (Entwurf, Ausführung): unbekannt
Entstehungszeit: 1957
Einweihung: 4. August 1957 (zum 50-jährigen Bestehen der Fußball-Abteilung)
Deutung: Das Nordtor des VfV öffnet sich nur bei großem Besucherandrang. Normalerweise betritt man an dieser Stelle das Vereinsgelände durch eine Pforte. Dann liegt der Denkmalsplatz abgeschieden am Rand des Friedrich-Ebert-Stadions. Man kann dort ungestört vom Spielbetrieb der Toten gedenken aber auch in angemessenem Rahmen Feiern veranstalten.
Von dieser Möglichkeit macht der VfV offenbar seit längerem keinen Gebrauch. Die Randlage ließ den Platz in Vergessenheit geraten. Die Anlage wirkt vernachlässigt. Nebenan lagert Baumschnitt, dahinter steht ein Geräteschuppen. Die Tradition des Totengedenkens riss, soweit erkennbar, beim VfV vor längerer Zeit ab. Die Vereinschronik aus dem Jahr 1995 erwähnt das Ehrenmal nicht.[1233]
Der VfV unterschied in seiner Widmung Tote und Gefallene. Er verwendete aber keine weiteren Hinweise auf den Kriegstod, sondern stellte beiden Gruppen das christliche Kreuz voran. Auch ein sportbezogenes Motiv fehlt, sowohl bildlich wie sprachlich. Lediglich das Possessivpronomen kann als Hinweis auf Kameradschaft gedeutet werden, lediglich das Findlingsmotiv verweist auf „ewige Treue".
Objektgeschichte: Bei der Einweihung umsäumten die Fußballspieler des VfV und der Gastmannschaft „Eintracht" Bad Salzdetfurth in ihren Trikots den Rasenplatz, an dessen hinterem Rand der Gedenkstein mit der weiß-roten Fahne des VfV verhüllt war. Vereinsvorsitzender Ernst Kipker hielt vor etwa 300 Mitgliedern, Freunden und Angehörigen die Gedenkrede, in der er aller gedachte, „die in den letzten 50 Jahren der Vereinsgeschichte dem VfV angehörten und nun nicht mehr unter den Lebenden weilen."[1234] Der Sport diene dem Leben, doch hätten die Lebenden alle Veranlassung, den „vielen Toten und Gefallenen" in Ehrfurcht zu gedenken. Nach der Enthüllung durch Kipker „sprachen Pastor Küllig und Kaplan Aschemann mahnende Worte."[1235] Küllig betonte den besonderen Beitrag des Sports zur Völkerverständigung. Nach zwei verheerenden Kriegen hätten sich jedes Mal die Sportler als erste wieder die Hand gereicht.
Anschließend legten Heinrich Wolter, der Ehrenvorsitzende des VfV, Hermann Kölling vom Kreissportbund, Heinrich Mühlke, Kreisfachverband Fußball, und Martin Hanne für die noch lebenden Vereinsgründer Kränze nieder.
Liedvorträge der Chorgemeinschaft Moritzberger Gesangverein und Polizei-Gesangverein umrahmten die Feierstunde.
Weitere Quellen: HP vom 3./4. August 1957, Hildesheimer Rundschau vom 5. August 1957

Anmerkungen

1187 Nach der Fotokopie eines Fotos aus: Rasensportverein von 1906, Festschrift 25 Jahre, S. 16; zweifelhafte Schreibweise kursiv.
1188 HiZ v. 21.10.1920.
1189 Rasensportverein von 1906, Festschrift 25 Jahre, S. 18.
1190 HiZ v. 1.8.1927.
1191 SV Borussia von 1906 e. V. Hildesheim 75 Jahre.
1192 HiZ v. 9.5.1931.
1193 HiZ v. 11.5.1931.
1194 Hinweis in der HAZ v. 8.8.1935, 25 Jahre F. C. „Concordia", StadtA Hi Best. 799-8 Nr. 2.
1195 Fotografiert am 24.7.2001.
1196 Auskunft vom Vereinsvorsitzende Harald Stöveken am 6.2.2003. Aus der schriftlichen „Programm-Folge für das 50jährige Jubiläum".
1197 Norddeutsche Zeitung v. 14.5.1956.
1198 Ebd.
1199 Ebd.
1200 HAZ v. 14.5.1956.
1201 Tel. Auskunft vom Vereinsgeschäftsführer Heinz Kettler am 7.8.2002.
1202 Fotografiert am 24.7.2001.
1203 HAZ vom 8.8.1935, 25 Jahre F. C. „Concordia" Hildesheim. Die Namen sind der Bildunterschrift im Hildesheimer Beobachter entnommen, StadtA Hi Best. 799-8 Nr. 2.
1204 Festschrift, Fünfzigjahrfeier, 1910-1960, S. 21, StadtA Hi Best. 799-8 Nr. 2.
1205 StadtA Hi Best. 799-8 Nr. 2, HAZ, 17.8.1970, Doch noch Gold für „Seppel" Fischer.
1206 Ebd., Festschrift, Fünfzigjahrfeier, S. 23.
1207 Ebd., HAZ v. 7.8.1933, Die Platzweihe des FC Concordia.
1208 Nach dem 60. Vereinsjubiläum fehlen jegliche Hinweise auf Kranzniederlegungen.
1209 Ebd., Der SC 1911 Algermissen trug mit dem FC Concordia das Jubiläumsspiel aus.
1210 Ebd., Festschrift zur Fünfzigjahrfeier, S. 21.
1211 Fotografiert am 24.7.2001.
1212 Zustandsbeschreibung vom 15.8.2000.
1213 Auskunft von der „Seniorenrunde" des SC Concordia, insbesondere von Karl-Heinz Wichmann am 5.2.2003.
1214 Weder in den Festschriften noch in den Vereinsprotokollen, die damals schon wie 2003 von der Schriftführerin Margret Kempe geschrieben wurden, ist ein genaues Datum zu ermitteln. Die HAZ berichtete am 24.11.1975 mit Foto.
1215 Klubhaus-Einweihung am 31.10.1964. HAZ v. 2.11.1964.
1216 Gebrauchsabnahmeschein v. 20.4.1970, StadtA Hi Best. 799-8 Nr. 1.
1217 StadtA Hi Best. 799-8 Nr. 2, HAZ v. 24.11.75.
1218 Ebd., Bericht des Vorsitzenden Willi Strube auf der Hauptversammlung 1971. In: „Willi Strube wurde wiedergewählt", HAZ v. 2.2.1971.
1219 Festschrift „75 Jahre FC Concordia Hildesheim", S. 24 (1985).
1220 Ebd., HAZ v. 24.11.75.
1221 Fotografiert am 30.12.2000.
1222 Fotografiert am 30.12.2000.
1223 Beschrieben wird der Zustand am 24.8.2000.
1224 Hildesheimer Volksblatt v. 22.11.1920.
1225 HiZ v. 4.11.1924.
1226 HiZ v. 27.7.1925.
1227 Baugewerkschule Hildesheim, Festschrift zum 25-jährigen Jubiläum, S. 20 und 21.
1228 Baugewerkschule Hildesheim, Festschrift zum 25-jährigen Jubiläum, S. 6.
1229 HiZ v. 24.8.1925.
1230 HP v. 16.5.1960.
1231 Fotografiert am 21.10.2004.
1232 Besuch am 21.10.2004.
1233 VfV, Vom Arbeiterturnen zum Sportverein für alle.
1234 HP v. 5.8.1957.
1235 HAZ v. 5.8.1957 (Küllig war zu dem Zeitpunkt bereits Superintendent, H. H.).

5 Oststadt

5.1 Andreanum

1. Standort

Im Parterre an den beiden Treppenaufgängen des Schulgebäudes an der Goslarschen Straße

2. Beschreibung

Die Gedächtnisstätte wurde in der Presse „Ehrentafeln für die gefallenen Helden des Andreanums" genannt.[1236] Ihr Motto „dulce et decorum est in patria mori" ist ohne eine weitere Ortsangabe überliefert worden.
Die Ehrentafeln aus Stein trugen die Namen der vier im Krieg umgekommenen Lehrer. Die Bronzetafeln mit den Namen der 251 Schüler sind in drei Spalten unterteilt. Jede Zeile endet mit einem Doppelpunkt.

Erste Tafel:
In der ersten Zeile stehen nur zwei Namen:
Heine Ludwig   Lucassen Karl
Linke Spalte: Ahrens August / Alpers Hermann / Amelung Hermann / Asbach Herbert / v. Bahrfeldt Victor / Bartels Reinhard / Bassin Max / Bauche August / Bauer Otto / v. der Becke Karl / Becker Hans / Beddig Adolf / Beer Ulrich / Bertram Albert / Bippart Ferdinand / Bippart Rudolf / Block Alfred / Bötcher Elmar / Borchers Gustav / Graf v. Borries Wilhelm / v. Borries Otto / Brandt Harald / Brecke Willi / Breyther Hans / Breyther Ernst / Brinkmann Georg / Buchholz Heinrich / Burgtorf Gustav / Busch Heinrich / Busche Josef // Curtze Hermann / Dageförde Gerhard / v. der Decken Hans //
Mittlere Spalte: Demel Adolf / Doench Friedrich / Dröge Paul / Durlach Otto / Eckels Adolf / Elsmann Heinrich / Erbe Theodor / Freytag Günther / Freytag Ludwig Victor / Fricke Gerhard / Fuhrberg Walter / Gabriel Hans / Gehne Hans / Glindemann Adolf / Goedeke Ludwig / Goller Karl / Gramann August / Groschupf Gottfried / Grosse Friedrich / Grupe Curt Alfred / Grupe Richard / Gussone Max / Hagedorn Karl / Halsinger Wilhelm / Harbers Walter / v. Hausen Kurt / Hausigk Otto / Helmar Rudolf / Henckel Hans, Henckel Rudolf / Henseling Adolf / Hepe Victor / Heye Hermann // Rechte Spalte: Heynacher Rudolf / Hildebrandt Friedrich / v. Hinten Julius / Homann Emil / Hoppe Heinrich / Illing Bernhard / Isensee Paul / Jacobs Albrecht / Jost Walter / Jürrens Erich / Juhle Werner / Junge Oskar / Kanefend Heinrich / Kattentidt Alfred / Kaufmann Wilhelm / Klocke Arthur Berengar / Knoke Georg / Knoke Johannes / Knoke Wilhelm / Koch Walter / Köhler Friedrich / König Walter / Kramer August / Kraut Karl / Krieger August / Krone Georg / Kurmeier Gustav / Lange Friedrich / Leben Wilhelm / Ledebur Fritz / Limpricht Adolf / Loebenstein Hans / Loges Friedrich //

Zweite Tafel:
Erste Zeile:
Sievers Hans   Sperber Adolf
Linke Spalte: Marloh Kurt / Maschke Theodor / Matthäi Rudolf / Meister Kurt / Mester Heinz / Meyer Hans / Mitzlaff Fritz / Mosqua Karl / Mundt Ferdinand / Mushacke Hans / Neuhof Kurt / Nieland Georg / Nieland Otto / Niemeyer Eberhard / Niemeyer Georg / Niemeyer Theodor / Nolte Karl / v. Oertzen Rudolf / Ohlmer Fritz / Oppermann Adolf / Oppermann Gerhard / Orkin Georg / Ossenkopp Karl / Othmer Friedrich / Othmer Gustav / Otto Max / Palandt Georg / Pape Otto / Prollius Werner / Rabius Heinrich / Rauterberg Otto / Radler Alfred / Radler Martin //
Mittlere Spalte: Rehwinkel Eberhard / Reichelt Leopold / Reichelt Wilhelm / Remmers Karl Ludwig / Rettberg Paul / Reusche Martin / Reverey Gottfried / Röber Karl / Röber Hans / Röwer Oskar / Rosenbach Adolf / Rossberg Bernhard / Rosendorf Hermann / Rosendorf Karl / Rudolf Hermann / Rühmekorf Fritz / Rühmekorf Otto / Runge Karl / Sachse Hans Arnold / Sandvoss Hans / Schade Albrecht / Schaumburg Karl / Schelm Albert / Scherping Erich / Schilde Heinrich / Schneider Walter / Schnorr Günther / Schotte Fritz /Schotte Karl Erhard / Schulze-Berge Karl / Schwabe Herbert / Schwabe Victor / Schwachheim Ernst / v. Schwanewede Fritz //
Rechte Spalte: Schwemann Kurt Adolf / Seevers Paul / Senff Paul / Senkind Karl / Severin Friedrch / Soltenborn Otto / Steckeweh Theo-dor / Steinhoff Ernst / Steinhoff Gerhard / Steinhoff Hans / Strüh Rudolf / Stulle Walter / Sümmermann Wilhelm / Sumpf Karl / Tegtmeyer Friedrich / Temme Albert / Temps Ernst / Tesdorpf Peter Hinrich / Teyson Emil / Thielen

Karl / Tölke Johannes / Trapp Herbert / Troll Ernst Friedrich / v. Valentini Kurt / Voss Hans / Wedekind Wilhelm / Welge Karl / Wesemann Bernhard / Wiegmann August / Wiesemann Alfred / Wippern Karl / Wolters Waldemar / Woltmann Friedrich

In Arbeit befand sich zum Zeitpunkt der Einweihung ein Album, für das noch 60 Fotos fehlten. Es sollte das Andrenken der Toten in Bild und Wort lebendig halten.

Maße (Breite, Höhe, Tiefe): zwei Bronzetafeln mit je 118 x 95 x 1,5 cm; die Steintafeln sind nicht mehr vorhanden.
Material: Elbsandstein; Bronze
Technik: Steinmetzarbeit; Guss
Zustand: Die Gedächtnisstätte wurde 1945 mit dem Gebäude durch Bomben zerstört, die Bronzetafeln wurden bei der Gestaltung der Gedächtnisstätte im Neubau des Andreanums (II 1.1) wieder verwendet.

3. Dokumentation

Auftraggeber: Verein der Alten Andreaner
Hersteller (Entwurf, Ausführung): Gedenktafeln von Prof. Walter Holtschmidt und Walter Evers (Entwurf); Wilhelm Dräger (Steinbildhauer); Lauchhammerwerk (Guss).
Einweihung: 7. März 1921
Objektgeschichte: Schon am 21. November 1914 begannen die Schüler des Andreanums, für eine künftige Ehren- und Gedächtnistafel für die Kriegsteilnehmer Geld zu sammeln.[1237] Das Lehrerkollegium beschloss am 25. Juni 1919, eine Ehrentafel in der Aula den Gefallenen der Schule zu widmen.[1238]
Die Einweihungsfeier fand am Montag, 7. März 1921, um 11½ Uhr in der Stadthalle statt. In seiner Ansprache erinnerte der Schulleiter, Geheimrat Dr. Zimmermann an die Begeisterung im August 1914, „wo wirklich einmal unser Volk einig war und keine Schranken kannte".[1239] 45 Primaner hatten sich sofort als Kriegsfreiwillige gemeldet, 30 andere schlossen sich ihnen an. Im weiteren Verlauf des Krieges seien dann insgesamt weitere 120 Schüler „im vollen Bewusstsein der Gefahren, die ihrer warteten", ins Feld gezogen. Insgesamt 260 Lehrer, Schüler und Ehemalige, fünf mehr als Namen auf den Tafeln standen, waren im Krieg umgekommen. Zimmermann gedachte in „stolzer Trauer dieser unserer Helden, die für uns gestorben sind." Ihre Namen sollten für die vorübergehenden Schüler wieder Leben gewinnen und mit ihrem Todesmut unseren Lebensmut stärken. „Seid einig, rufen uns die Toten zu, einig im Lieben und Hassen, dann kann unser Volk noch manchen Sturm bestehen. Wie die Gefallenen einig waren mit ihren Kameraden in Not und Gefahr, so wollen auch wir einig sein. Hassen wollen wir alles Niedrige und Gemeine, sowohl den Wortbruch und die Grausamkeit unserer Feinde, wie im eigenen Land Würdelosigkeit und Gewalttat. Den Krieg haben wir verloren, weil wir den Willen zum Sieg nicht dauernd aufbringen konnten, aber in diesem Kampfe um die Volksseele, wo es gilt, den Boden zu bereiten für eine neue bessere Zeit, wollen und dürfen wir nicht unterliegen. Unsere Toten haben gezeigt, wie man im Kampf für Freiheit und Vaterland sein Leben nicht achten darf, ‚Lieber tot als Sklav'. In treuer Erinnerung an unsere Toten rufe er mit Hindenburg: ‚Deutsche Jugend, ich hoffe auf Dich! Hilf Dir selbst, so hilft Dir Gott!'"
Dem Vortrag des Schulleiters folgte die Kantate „So spricht der Herr" von Th. Krause. Studienrat Dr. Schimmelpfennig erinnerte in seiner anschließenden Ansprache an die achtzehn Andreaner, die am Krieg 1870/71 teilgenommen hatten und alle heil zurückgekehrt waren. Nun sei von den 200 kriegsfreiwilligen Schülern der vierte Teil nicht heimgekehrt. Für die Schüler dankte danach Abiturient Schriever den Toten, dem sich für den Verein alter Andreaner Pastor Rohrbeck anschloss. Die Feier klang mit dem Altniederländischen Dankgebet von Kremser aus.
Nach dem Festakt zogen die Teilnehmer „unter Vorantritt der Schüler mit den Fahnen des Gymnasiums", zum Schulgebäude, um dort die Ehrentafeln einzuweihen.
In großer Zahl kehrten die Teilnehmer zum Mittagessen in die Stadthalle zurück, wo der Verein alter Andreaner im weiteren Tagesverlauf „nach langjähriger Pause" seine Generalversammlung durchführte.
Die Bronzetafeln überstanden den Zweiten Weltkrieg und wurden vom ehemaligen Andreaner Helmut Graf, Domänenpächter aus Marienburg, 1945 aus den Trümmern geborgen und aufbewahrt.
Quellen: HAZ vom 3. und 8. März 1921, HiZ vom 3. März 1921

5.2 St.-Elisabeth-Kirche

1. Standort

Moltkestraße 80; ursprünglich in der Kirche neben der Kanzel, später im Turmraum

2. Beschreibung

Mit einem Kruzifix verzierte Gedenktafel für die 41 Gefallenen aus der Zivilgemeinde und die 14 Gefallenen aus der Militärgemeinde. Zum Zeitpunkt der Zeitungsmeldung in der HiZ vom 3. Januar 1918 trug die Tafel 45 Namen.
Nach dem Ersten Weltkrieg wurde rechts neben der Kanzel im Osten des Südschiffs der Kirche in einer Nische zwischen zwei Pilastern ein Altar geschaffen, der vor einer lebensgroßen geschnitzten Pietà aufgestellt war. Die Nische war mit einem Kreuz ausgemalt, dessen Querbalken die Inschrift „CRVX AVE SPES VNICA" trug. Die von den Außenwinkeln des Kreuzes gebildeten Flächen waren mit floralen Motiven dekoriert worden. Über dem Bogen der Nische war in zwei Archivolten in Majuskeln die Inschrift „Die ihr vorübergehet schauet / ob ein Schmerz meinem gleiche". Auf dem Antependium stand – offenbar eingestickt – „Die Liebe höret nimmer auf."
Zwischen Nische und Fenster, etwa 30 cm vom Altar entfernt, war eine Gedenktafel angebracht, die in zwei Spalten 64 Vor- und Nachnamen mit dem Todesdatum aufführte.[1241] Im unteren Rand waren die Jahreszahlen 1914-1918 vermerkt, die quadratischen Eckpunkte des rechteckigen Teils enthielten ein Eisernes Kreuz, das ein griechisches Kreuz umschloss. (Ein ähnliches Motiv – auf der Basis des Malteserkreuzes – verwendet der Deutsche Kreuzorden.) Die Seitenränder waren floral gestaltet, der obere wagerechte Abschluss trug die Widmung (in der überlieferten Fotografie sind nur die Wörter „Aus St. Elisabeth..." zu erkennen). Die sich darüber wölbende Fläche enthält in der Mitte ein Kruzifix sowie links vom Kreuzstamm die Wörter „AVE / SPES" und rechts „CRUX / UNICA".

Maße (Breite, Höhe, Tiefe): Nische: 135 x 275 x 30 cm; Pietà: 140 x 140 x 85 cm; Tafel: 75 x 190 x 5 cm (geschätzt), Altar: 135 x 100 x 80 cm (geschätzt); der Altar stand auf einem etwa 15 cm hohen Sockel.
Material: Holz
Technik: Schnitzwerk
Zustand: Der Altar und die Gedenktafel sind verschollen. Die Inschrift und die Ausmalung der Nische fielen der Renovierung der Kirche zum Opfer. Die Pietà steht in der Gebetsnische rechts vom Eingang im Turmraum.

3. Dokumentation

Auftraggeber: Kirchenvorstand
Hersteller (Entwurf, Ausführung): Geheimrat Herzig (Entwuf), Moderer (Schnitzarbeit)
Entstehungszeit: während des Weltkriegs ständig ergänzt; nach dem Ersten Weltkrieg in Form der Gedächtnisstätte zum Abschluss gebracht.
Deutung: Die St.-Elisabeth-Kirche war Garnisonskirche. Die Gedenktafel verzichtet (mit Ausnahme des Eisernen Kreuzes) auf militärische oder heroisierende Formen. Sie versteht sich offenbar als zentraler Ort der Trauer, nicht nur der Betroffenen, sondern aller Gemeindemitglieder. Gerade an die nicht Betroffenen richtet sich der Satz „Sie gaben ihr Leben für uns dahin, das wollen / wir nie vergessen"[1242]. Die Trauernden tröstet die christliche Verheißung „Sie ruhen in Frieden."
Die spätere, auf Dauer angelegte, Gestaltung der

Abb. 61: Gedächtnisstätte in der St.-Elisabeth-Kirche[1240]

Gedächtnisstätte verbindet die Leidensgeschichte Jesu mit der Heilsbotschaft des Kreuzes, die Jeremiade des Alten Testaments mit der Liebesbotschaft des Neuen Testaments, den Tod der Gefallenen mit dem Kreuzestod Jesu, den Schmerz Marias mit dem eigenen Schmerz.

Die Inschrift „Die ihr vorübergehet schauet / ob ein Schmerz meinem gleiche" entspricht der 1920 in der St.-Bernward-Kirche angebrachten: „Ihr alle, die ihr vorübergeht, seht, ob ein Schmerz gleich dem meinen".[1243] Sie ist dem Alten Testament, Klagelieder 1, 12, entnommen: „Euch allen, die ihr vorübergeht, sage ich: ‚Schaut doch und seht, ob irgendein Schmerz ist wie mein Schmerz, der mich getroffen hat; denn der Herr hat Jammer über mich gebracht am Tage seines grimmigen Zorns.'" Richtet sich diese Aufforderung an die Trauernden, werden sie direkt zum Vergleich aufgefordert, nicht mit Jeremias, denn auf seine Autorenschaft wurde nicht hingewiesen, sondern mit dem Schmerz der Gottesmutter. Die Klage Jeremias überwölbt eine Pietà, die sich mit schmerzverzerrtem Gesicht über den realistisch dargestellten Leichnam Jesu beugt, den sie sitzend auf ihrem Schoß hält. Im Hintergrund verheißt das Kreuz aber genau das Gegenteil der alt- und neutestamentarischen Schmerzensbekundungen: Der Tod Jesu war notwendig zur Erlösung der Menschheit, Gott liebte die Welt so sehr, dass er seinen einzigen Sohn hingab (Joh 3, 16). „Ave Crux, spes unica" – „Sei gegrüßt, Kreuz, einzige Hoffnung" – bringt diese Botschaft formelhaft zum Ausdruck. Der Kreuzestod, eine zutiefst erniedrigende Form der Hinrichtung, die Sklaven vorbehalten war und der einen demütigenden und qualvollen Leidensweg schmachvoll beendete, erweist sich als gehorsam angenommenes heilsnotwendiges Opfer (Phil 2, 8), das unsere einzige Hoffnung ist. „Er hat aus Liebe sein Leben für uns hingegeben. Dem Willen des Vaters treu und gehorsam, ist er uns Vorbild und Ermutigung. Gerade wegen seines kindlichen Gehorsams hat ihn der Vater „über alle erhöht und ihm den Namen verliehen, der größer ist als alle Namen" (Phil 2, 9).[1244]

Die dogmatische Konstitution des Zweiten Vatikanischen Konzils über die Kirche vom 21. November 1964 („Lumen gentium") würdigt in Kapitel 58 die Mater dolorosa: „Ihre Vereinigung mit dem Sohn hielt sie in Treue bis zum Kreuz, wo sie nicht ohne göttliche Absicht stand (vgl. Joh 19, 25), heftig mit ihrem Eingeborenen litt und sich mit seinem Opfer in mütterlichem Geist verband, indem sie der Darbietung des Schlachtopfers, das sie geboren hatte, liebevoll zustimmte."[1245] Der Altar, den die Pietà lebensgroß überragte, ist dem Sinn nach ein Opfertisch.

Die Kreuzesformel wurde vom Altar der Schmerzensmutter zur Gedenktafel für die Gefallenen der St.-Elisabeth-Gemeinde gleichsam mitgenommen: Sie steht hier über den Namen wie sie dort hinter der leidgeprüften Gottesmutter stand. Die Mütter (und Angehörigen der Toten) werden sich in den allegorisch vermittelten Botschaften wiedergefunden haben: Die Treue bis in den Tod, der Tod als Opfer, der Opfertod als Vorbild waren Deutungen, die ihnen auch in anderer Form im Zusammenhang mit dem Sterben im Krieg vermittelt worden waren. Es sind Sinnstiftungen, die sie von Gedenkblättern und Gedenkreden kannten.

Das Antependium zitierte den ersten Korinther-Brief: „Die Liebe höret nimmer auf" (13, 8; dort heißt es weiter: „so doch die Weissagungen aufhören werden, und die Sprachen aufhören werden, und die Erkenntnis aufhören wird.") Damit wird den Trauernden der Trost zuteil, dass alles Irdische vergeht, die Liebe aber in Ewigkeit fortbesteht. Sie werden diese Gottesliebe sehr konkret als Liebe zu ihrem verstorbenen Angehörigen gedeutet haben, als ihre eigene Liebe zu ihm wie auch als Liebe Gottes zu ihm und damit als Verheißung des ewigen Lebens.

Objektgeschichte: Die Festschrift zum zehnten Kirchweihfest enthielt auf den Seiten 3 und 4 den Abdruck einer Ehrentafel, die der in der Kirche angebrachten entsprechen könnte. Unter dem Eisernen Kreuz steht die Widmung „Dem Andenken der bisher im Weltkrieg Gefallenen der St.-Elisabeth-Gemeinde zu Hildesheim." Dann folgen die Namen
„1. Vollmer, Paul, Vizefeldwebel, † 29.8.1914 / 2. Lorentz, Johannes, Kriegsfreiw., 21.10.1914 / 3. Diedrich, Aloys, Musketier, 31.10.1914 / 4. Willers, Wilhelm, Kriegsfreiw., 23.10.1914 / 5. Stübe, Heinrich, Kriegsfreiw., 10.11.1914 / 6. Hartmann, Arthur, Kriegsfreiw., 15.11.1914 / 7. Homeyer, Hubert, Kriegsfreiw., fiel Sept. 1914 / 8. Wittenberg, Bernard, Kriegsfreiw., vermisst seit Sept. 1914 / 9. Weise, Heinrich, vermisst seit 17. Sept. 1914 / 10. van Bürck, Heinrich, Seesoldat, 25.12.1914 / 11. Lücke, Friedrich,

Füsilier, 18.12.1914 / 12. Engelhardt, Wilhelm, Füsilier, 23.11.1914 / 13. Hostmann, Aloys, Jäger, 23.9.1914 / 14. Fütterer, Karl, Unteroffizier, 20.6.1915 / 15. Bonertz, Edmund, † Frühjahr 1915 / 16. Riechenberg, Friedrich, Vizefeldw., 14.6.1915 / 17. Mathroß. Jahannes, Musketier, 26.6.1915 / 18. Büsch, Gustav, Unteroffizier, 30.6.1915 / 19. Hanke, Franz, Einj.-Freiwilliger Unteroffizier, 26.10.1915 // 20. Rautenstrach, Heinrich, Gefr., 15.9.1915 / 21. Rodenberg, Karl, Musketier, 14.10.1915 / 22. Werner, Karl, Musketier, 9.12.1915 / 23. Riechenberg, Heinrich, Unteroffz., 29.7.1915 / 24. Anderau, Friedrich, Musketier, 27.12.1915 / 25. Friedrich, Aloys, Wehrmann, 17.11.1915 / 26. Jahns, Fritz, Oberzahlmeister, 12.1.1916 / 27. Emmermann, Heinrich, Unteroff., 28.1.1916 / 28. Freckmann, Hermann, Vizefeldw., 15.2.1916 / 29. Kirchner, Wilhelm, Wehrmann, März 1916 / 30. Reiser, Georg, Kriegsfreiwilliger, 19.6.1916 / 31. Graën, Franz, Landsturmmann, 23.7.1916 / 32. Sprengler, Willy, Unteroffizier, 11.9.1916 / 33. Schlote, Heinrich, Wehrmann, 3.10.1916 / 34. Winter, Wilhelm, Offiz.-Stellvertr., 19.6.1916 / 35. Lerche, Adolf, Unteroffizier, April 1917 / 36. Müller, Gerhard, Musketier, 6.4.1917 / 37. Wagner, Edmund, Jäger, 3.2.1917 /

Um den gefallenen Vater und Gatten beziehungsweise Sohn trauern folgende Familien, die im Weltkriege nach St. Elisabeth verzogen sind: / Gutschki, Teichstraße / Heilmann, Goslarsche Straße / Kamberger, Goethestraße / Winkelmann, Einumer Straße / Conrad, Kasernenstraße / Münzer, Teichstraße / Meyer, Goslarsche Straße /

Sie ruhen in Frieden. / Sie gaben ihr Leben für uns dahin, das wollen / wir nie vergessen."[1246]

Auch die weitere Planung wird in der Festschrift vorgestellt: Es war beabsichtigt, die Kapelle im linken Turm durch einen Wanddurchbruch von der Kirche aus zugänglich zu machen und in dieser Kapelle einen Altar mit dem lebensgroßen Bild der Schmerzensmutter aufzustellen. Auf Marmortafeln sollten die Namen der Toten des Weltkrieges aus der St.-Elisabeth-Gemeinde darüber angebracht werden. Außerdem sollte der Taufstein in der Kapelle aufgestellt werden. Für alle damit zusammenhängenden Arbeiten veranschlagte Pastor Multhaupt am 20. Mai 1917 ca. 2.000 Mark.[1247]

Die Gedächtnisstätte entstand dann an anderer Stelle – im Osten der Kirche, rechts neben der Kanzel. Im Zuge mehrerer Umgestaltungen in der Kirche wurde auch die Gedächtnisstätte verändert. Offenbar wurden die Pietà und die Tafel schließlich doch in den Turmraum verlegt, wo die Pietà noch heute unter dem rechten Turm zu sehen ist. Die Wandtafel, die laut Sievert am heutigen Schriftenstand hing, wurde dagegen – vermutlich 1976 – entfernt. Die Festschrift zum 75-jährigen Bestehen der Kirche teilte die Absicht mit, „für die nächste Zukunft ... mit einem passenden Erinnerungsspruch an einer Seitenwand im Andachtsraum der Pietà das Gedächtnis an die Opfer beider Weltkriege und die Opfer des Bombenkrieges in der Heimat zu bewahren".[1248] Dazu kam es augenscheinlich nicht, ohne dass dafür ein Grund zu ermitteln ist.
Weitere Quelle: HiZ vom 3. Januar 1918

5.3 Ehrentafel der Goetheschule

1. Standort

In der Turnhalle der Schule an der Goslarschen Straße

2. Beschreibung

Ehrentafel für die drei gefallenen Lehrer der Goetheschule Ludwig Heine, Dr. Kurt Matthaei und Otto Plaumann
Material: Eichenholz
Technik: Schnitztechnik
Zustand: verschollen

3. Dokumentation

Auftraggeber: Elternschaft
Hersteller (Entwurf, Ausführung): Tischlermeister Feise, Bildhauer Schlotter
Einweihung: 26. August 1923
Objektgeschichte: Die Einweihungsfeier fand in der Turnhalle statt. Der Vorsitzende des Elternbeirats, Fabrikant Deipenau, übergab die Tafel an Schulleiter, OStD Freymark.
Quelle: HiZ vom 27. August 1923

5.4 Ehrenmal für die Gefallenen des Infanterie-Regiments 79 im Ersten Weltkrieg

1. Standort

Auf der Südseite der Steingrube „in den Anlagen, in der Verlängerung der Marienstraße"[1249], „zwischen Steingrube und Herderstraße"[1250]

2. Beschreibung

Das Denkmal, ein Obelisk, trägt als Abschluss ein in materialgerechter Form gehaltenes stilisiertes Eisernes Kreuz. Auf der Vorderseite steht unter ihm die Jahreszahl 1914. Ein mittleres Relief stellt Sturmhelm, Schwert und Eichengehänge dar. Darunter ist die Widmung angebracht: „Den gefallenen Kameraden des Inf.-Regts. Voigts-Rhetz (3. hann.) Nr. 79". Die Rückseite trug unter dem Kreuz die Jahreszahl 1918 und im unteren Drittel die später korrigierte Inschrift „Das Regiment verlor in den Kriegsjahren 1914-1918 durch den Tod 148 Offiziere, 431 Unteroffiziere und 3586 Mann". Zwei seitliche Kranzstützen verleihen dem Denkmal eine breitere Basis.

Abb. 62: Obelisk der 79er an der Steingrube[1251]

Maße (Breite, Höhe, Tiefe): Obelisk: 70 cm x 5 m x 70 cm, schräge Sockelplatte: 2 m breit, achteckig
Material: Ith-Dolomit aus dem Klöckner-Steinbruch in Salzhemmendorf
Technik: Steinmetzarbeit
Zustand: gut

3. Dokumentation

Auftraggeber: Verein ehemaliger 79er
Hersteller (Entwurf, Ausführung): die Hildesheimer Architekten und Professoren an der Hildesheimer Kunstgewerbeschule Walter Evers und Walter Holtschmidt (Entwurf); Steinmetz Wilhelm Dräger (Ausführung)
Einweihung: 22. August 1920
Deutung: Der glatte, klassizistisch schlichte Obelisk, der an der Spitze in ein Eisernes Kreuz mündet, steht wie ein Keil zwischen den Jahreszahlen 1914 und 1918. 1914 zugeordnet sind die Symbole für ritterlichen Kampf, Schutz und Treue sowie die Widmung. Unter dem Jahr 1918 werden nur noch die Zahlen der Opfer genannt – sie sind so entsetzlich groß, dass sie für sich sprechen. Das Regiment knüpft hier noch an die traditionelle Zählung nach dem militärischen Rang an (so auch am Hohen Wall/Marienfriedhof – II 1.11 – aber nicht mehr am Galgenberg – II 6.1.1).

Nicht der Tod des Einzelnen wird festgehalten, nicht seine Umstände und nicht das individuelle Sterben. Mit dem Verzicht auf Individualität wird der soldatische Tod verklärt, der scheinbar schicksalsgleich mit der großen Zahl erfasst wird.

Der Obelisk ist eigentlich ein Siegesmal, das Eiserne Kreuz zeichnet Helden aus. Der Gedanke, dass die 79er im Felde unbesiegt blieben, findet hier seinen formalen Ausdruck. Dreifach bemerkenwert ist das Einweihungsdatum: fast auf den Tag genau 50 Jahre nach den siegreichen Schlachten im Krieg 1870/71, am sechsten Jahrestag der „Feuertaufe" bei Aiseau und zum 15. Stiftungsfest des Vereins ehemaliger 79er.

Objektgeschichte: Die erste Inschrift lautete „Das Regiment verlor in den Kriegsjahren 1914-1918 durch den Tod 126 Offiziere, 314 Unteroffiziere 2627 Mann."[1252] Im Laufe des Jahres

1932 wurde die Beschriftung geändert. Die 1930 vorgelegte Regimentsgeschichte, die am 16. April 1924 öffentlich angekündigt[1253] und 1928/1929 von Lt. a. D. Heinz Brandes und Major a. D. Robert Meyer (Schlussredaktion: v. Ledebur) endlich geschrieben worden war, nannte die Namen und auch die Zahlen der Opfer, die noch heute mit den Angaben an den 79er Denkmälern an der Steingrube und der Feldstraße übereinstimmen (148 Offiziere, 431 Unteroffiziere und 3.586 Mann) und korrigierte die Zahlen des Jahres 1920. Die Offizier-Vereinigung wandte dafür 169,80 RM aus dem Konto „Regimentsgeschichte" auf. 1933 wurde – für 109,30 RM – auch noch die Denkmalsfront neu beschriftet. Schließlich erreichte der Vorsitzende der Offizier-Vereinigung, General von Wegerer[1254], sogar, dass die Stadt endlich den Denkmalsplatz verbesserte. Zugesagt hatte sie es vor mehr als zehn Jahren.[1255]

„Angeregt durch den Verein ehemaliger 79er und die Vereinigung v. Voigts-Rhetz, trat ein Ausschuss zusammen, der den Beschluss fasste, den auf dem Felde der Ehre gefallenen Helden des Regiments auf der Steingrube, seiner alten Ausbildungsstätte, ein schlichtes Denkmal zu errichten."[1256]

Der Grundstock „zu einem Gedenkstein für die Gefallenen des Regiments 79" wurde am 31. Januar 1920 bei einem kameradschaftlichen Abend mit einer Tellersammlung gelegt.[1257] Am 8. Mai baten der Verein der ehemaligen 79er, die Offz. Vereinigung v. Voigts-Rhetz und das Reichswehr-Bataillon No. 19 den Magistrat Hildesheim um die „gütige Bewilligung einer Geldspende", die am 8. Juli vom Finanzausschuss auch in Höhe von 1.000 Mark bewilligt wurde.[1258] Eine vom Regierungspräsidenten genehmigte Haus- und Straßensammlung wurde in der Mitgliedersammlung am 10. Mai 1920 angekündigt.[1259] Mitte Juni hatten auch die Kameradschaften außerhalb Hildesheims ihre Sammlungen erfolgreich durchgeführt.[1260]

Die Städtische Gartenbauverwaltung hatte die Denkmalanlage und die Kostenkalkulation schon Ende März/Anfang April mit dem Oberbürgermeister Dr. Ehrlicher und dem Architekten Evers abgestimmt. Allerdings zeigte sich bald, dass die mit 3-4.000 Mark bezifferten Kosten für die Änderung der gärtnerischen Anlagen nicht von der Stadt aufgebracht werden konnten. Das Gartenamt bat deshalb den Vorstand des Vereins ehemaliger 79er, als Aufstellungsort den Ehrenfriedhof in Erwägung zu ziehen. Carl Nause hielt jedoch am Standort fest, stellte am 5. Mai 1920 der Form halber offiziell einen Genehmigungsantrag und erklärte sich am 17. Juni 1920 bereit, etwa 2.000 Mark zu den Kosten beizusteuern. Schließlich verzichtete er völlig auf eine gärtnerische Umgestaltung.[1261]

Als beim 15. Stiftungsfest, am sechsten Jahrestag der ersten Feindberührung, der „Feuertaufe" bei Aiseau, das Ehrenmal enthüllt wurde, ging es um andere Zahlen als beim Kriegerdenkmal auf dem Hohen Wall, aber auch nur noch um Zahlen. (II 1.11) Die Toten des Krieges 1870/1871 konnten noch namentlich auf drei Platten aufgelistet werden. Das Massensterben im 1. Weltkrieg ließ sich nur noch beziffern und schätzen.

Die Denkmalweihe fand mittags im Anschluss an eine Gedenkfeier auf dem Ehrenfriedhof statt. Zwei Musikvorträge der Reichswehrkapelle leiteten die Feier ein, General v. Voigt hielt die Festrede und enthüllte anschließend unter dem Geläut aller Glocken das Denkmal, während die Kapelle das Lied vom guten Kameraden intonierte. Im Anschluss daran übernahm Bürgermeister Wiegmann das Denkmal im Namen der Stadt in ihre Obhut. Ansprachen von Pastor Maulhardt und Oberst Frhr. von Ledebur folgten. Zum Ende der Feier wurden die Kränze der Offizier-Vereinigung, des Magistrats, des Reichswehrbataillons, der ehemaligen 79er, der ehemaligen Unteroffiziere u. a. am Denkmal niedergelegt.[1262]

Der Ort und die Art des Denkmals entsprachen ausdrücklich dem Willen des Vereins der ehemaligen 79er, der die 17.000 Mark Gesamtkosten[1263] aufbrachte. Der Denkmalskommission war es zuwider, „in der augenblicklichen Zeit ein großes, pompöses Denkmal (auf der Steingrube, dem ehemaligen Exerzierplatz der 79er, vor dem Kasernengebäude des Regiments) zu schaffen, vielmehr wollte man durch ein bescheidenes, aber würdiges Mal das Gedächtnis derer ehren, die für Heimat und Herd und für das Vaterland ihr Leben haben lassen müssen."[1264]

Der Platz sollte auf dem Weg von der Bahnhofskaserne zur Steingrubenkaserne liegen.[1265] Die Hildesheimer Allgemeine Zeitung lobte die „in vornehmer Form" gehaltene Säule, die „eine Zierde der Anlagen werden wird".[1266]

Die Denkmalsaufstellung hatte allerdings die Umgebung so stark in Mitleidenschaft gezogen, dass die Denkmalskommission des Vereins der ehemaligen 79er den Magistrat doch um eine provisorische Lösung bat. Der Denkmalsausschuss gab sich bescheiden: „Der Gedenkstein ist einfach gehalten und ebenso müssten wir auch den Schmuck der Umgebung desselben in einfachster Weise herrichten, weil wir den Zeitverhältnissen Rechnung tragen und nur den inneren Wert der Anlage zum Herzen der Beschauer sprechen lassen wollen."[1267] Der Denkmalsausschuss hatte bereits die Einfassung des Zugangs und des Umgangs des Denkmals mit einem Dolomitbort bestellt und wünschte eine Einrahmung der Anlage mit Efeu. Die Kosten für die Steinmetzarbeiten in Höhe von 2.500 Mark könne der Verein aufbringen. Für die gärtnerischen Arbeiten bat er die Stadt aufzukommen. Benötigt wurden 1.882,50 Mark. Die Städtische Gartenverwaltung rechnete schließlich 2.147 Mark ab. Sie wurden aus dem Fonds zur Verschönerung der städtischen Anlagen erstattet.

Die Steineinfassung des Denkmals wurde Ende April 1921 errichtet.[1268]

Der Verein der 79er beschloss am 13. Juni 1921 regelmäßige Kranzniederlegungen an den Hauptschlachttagen.[1269] An dieser Stelle fand auch die Ehrung aller gefallenen Hildesheimer statt, zum Beispiel am Totensonntag 1921 mit einem Feldgottesdienst. Am Hagentorwall wurde anschließend ebenfalls ein Kranz niedergelegt.[1270]

Auch andere Ehemaligenvereine, wie zum Beispiel der Verein ehemaliger Feldzugsteilnehmer des Landw.-Inf.-Rgts. 74, gedachten an dem Denkmal der 79er ihrer Toten.[1271]

Am 11. Februar 1936 erfuhr die Öffentlichkeit durch einen Veranstaltungsbericht der HAZ über den „Jahreshauptappell der Kameradschaft ehem. 79er Hildesheim" von der Absicht, das Denkmal unmittelbar an die Straße am Karl-Dincklage-Platz (heute wieder: Steingrube) zu versetzen; die 79er wünschten sich für den Platz den Namen „Ehrenplatz der 79er". Der Vertretertag der Kameradschaften beschloss wenige Tage später, einmalig 300 Mark zur Verfügung zu stellen und „zur Deckung der Unkosten eine einmalige Umlage von 50 Pfg. auf den Kopf der Kameradschaften für 1936 zu erheben".[1272]

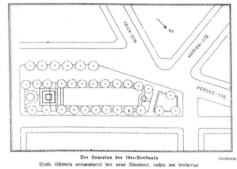

Abb. 63: Alter und neuer Standort[1273]

Im März 1936 beschäftigte sich die Dezernentenrunde der Stadt mit der Neuerrichtung der Bedürfnisanstalt an der Steingrube und der Umstellung des Denkmals. Major Robert Meyer, den man wegen der Veränderung um Zustimmung gebeten hatte, lehnte zunächst nach Rücksprache mit den ehemaligen 79ern ab, unter anderem wegen der Kosten und des Jahrmarkttrubels. Nach weiteren Ortsbesichtigungen und Verhandlungen stimmten die 79er, die von Meyer und Brandes vertreten wurden, den städtischen Planungen zu, die vorsahen, das Denkmal an die Westseite des Karl-Dincklage-Platzes zu verlegen. Sie regten jetzt offiziell die Umbenennung des Platzes in „79er-Platz" an und stellten der Stadt 2.000 RM in Aussicht. Am 6. September 1936 sollte das Denkmal am neuen Standort eingeweiht werden – von einer Umwidmung der Steingrube war nicht mehr die Rede.[1274]

Von den Vorboten der Denkmalsumsetzung berichtete die HAZ am 29. April: Am Vortag habe man die Bedürfnisanstalt beseitigt, die sich unmittelbar vor dem neuen Standort befand. Dennoch mehrten sich bei den 79ern die Zweifel: Am 6. Juni 1936 bat Major Meyer die Stadtverwaltung, die Angelegenheit 2-3 Wochen zurückzustellen, am 12. Juni vermerkte das Stadtbauamt, dass die 79er eine würdigere Art der Aufstellung und Durchbildung finden wollten. Die Bemühungen um die Versetzung und Neuaufstellung des Denkmals sollten vorerst beendet werden.[1275]

Schon Ende Mai 1936 war in der Presse[1276] und durch Flugblätter ein Spendenaufruf an die

Öffentlichkeit und die ehemaligen 79er[1277] ergangen, in dem gewarnt wurde, eine eingehende Prüfung der Beschaffenheit des Denkmalsmaterials habe ergeben, dass ein Teil der Steine derart krank sei, dass nur noch mit einer Lebensdauer von höchstens dreißig Jahren gerechnet werden könne.[1278] Dass der Stein brüchig sei, wurde von der Stadt weder behauptet noch entsprach es den Tatsachen. Sehr genau ging Wilhelm Dräger 1937 auf den Zustand des alten Denkmals ein, als er sich um die Lieferung der Steine für das neue an der Feldstraße bewarb: Zwar stimme es, dass „eines der Pfeilerstücke jenes Denkmals an der Oberfläche Spuren stärkerer Verwitterung aufweist", doch habe „dieses Absandeln der Oberfläche auf die Haltbarkeit des Steines an sich gar keinen Einfluss." 1/2 cm unter der Oberfläche sei der am meisten angegriffene Stein eisenhart.[1279]

In Wahrheit hatte nicht der Zahn der Zeit an dem Steingrubendenkmal genagt, sondern der Stolz. Für den im März 1936 neugewählten Kameradschaftsführer Karl Brandes war das Ehrenmal „sehr klein und kläglich. Nicht würdig der Kameraden, die da draußen ruhen."[1280] Seine Vorstellung war, ein „würdiges und wuchtiges Ehrenmal für unsere gefallenen Kameraden bauen zu können, welches eine Zierde für die Stadt und auch der gefallenen Kameraden würdig ist."[1281] 1939 hatte er sein Ziel erreicht: „Sein" monumentales Kriegerdenkmal steht an der Feldstraße. Das Denkmal an der Steingrube verblieb an seinem ursprünglichen Platz.

5.5 Gedenkraum mit Gedenkbuch und Schülerbibliothek im Scharnhorstgymnasium

1. Standort

Lehrerbücherei im Verwaltungstrakt des Scharnhorstgymnasiums, Steingrube 19

2. Beschreibung

Ein Schrein, der ein Gedenkbuch mit den Lebensdaten von 437 nach Alphabet geordneten ehemaligen Schülern und 9 auf graues Papier geschriebene Zitate (fett gedruckt) enthält (Vorname, Nachname / geboren am [Datum] / gefallen am [Datum] [Ort]), wurde ca. 1 m über dem Boden angebracht. Die Türen des Schreins

Abb. 64: Wand im Gedenkraum des Scharnhorstgymnasiums[1282]

enthalten jeweils drei Glashalbkugeln mit einem Eisernen Kreuz. In einer Höhe von etwa 60 cm ragen vier rechteckige Metallhülsen in den Raum, die sich als Vasen oder als Kranzträger eignen.

Ein Holzkreuz lehnt an der Wand. Es trägt ein Blechschild mit der Inschrift „203 / Allemand Inconnu". Auf dem Boden steht ein schwarzes Metallgestell aus dem zwei konisch zugespitzte Kerzenständer herauswachsen. Die Teller tragen zwei Kerzen. Auf einer Steinplatte rechts oberhalb des Schreins ist in geformten Majuskeln die Inschrift „Die / Gefällten / sind es / auf denen / das Leben / steht" zu lesen.

An den Seiten des Raumes stehen Regale, in denen bis 1997 Bücher über die Zeit des Nationalsozialismus einsortiert waren.

Abschrift des Gedenkbuchs[1283]:
Sonne und Sterne / schaut Ihr nicht mehr, / Ihr Geopferten, / aber Ihr lebt in den Herzen / derer, die glauben. // Georg Ahlborn / geboren am 26. Februar 1887 / gefallen am 14. Juni 1915 / Lorettohöhe // Friedrich-Wilhelm Ahrens / geboren am 22. März 1923 / vermißt seit 5. Februar 1945 / in der Mark Brandenburg // Wilhelm Albrecht / geboren am 4. August 1904 / gefallen am 22. März 1945 / am Niederrhein // Ludwig Alexander / geboren am 12. August 1921 / vermißt seit März 1945 / in Pommern // Otto Alpers / geboren am 23. Januar 1906 / gefallen am 12./13. September 1944 / in Oberitalien // Joseph Althoff / gefallen 1918 // Hans-Joachim Altmann / geboren am 6. März

1923 / gefallen am 22. Januar 1945 / in Polen // Wilhelm Amelung // Peter-Paul Andrzejowski / geboren am 21. Januar 1923 / gefallen am 1. Mai 1945 / in der Mark Brandenburg // Karl Appuhn / geboren am 13. Mai 1892 / gefallen am 18. September 1916 / in Siebenbürgen // Walter Appuhn / geboren am 12. September 1893 / gefallen am 25. März 1918 / in Frankreich // Heinrich Arneke / geboren am 18. Januar 1907 / gefallen am 21. Juli 1943 / in Rußland // Kurt Adenstedt / geboren am 14. März 1914 / gefallen am 27. Juni 1941 / im Osten // Ernst-Robert Backhaus / geboren am 4. Juni 1917 / gefallen am 15. März 1941 / auf Sizilien // Hans-Elmar Backhaus / gestorben am 11. Juni 1913 / gefallen am 24. November 1943 / in Rußland // Karl Bähre / geboren am 9. Dezember 1924 / verstorben am 10. Juni 1945 / im Lazarett Rotenburg-Hann. // Heinz Barta / geboren am 13. April 1922 / U-Boot versenkt im Nordatlantik // Albert Bartels / geboren am 15. August 1893 / gefallen am 15. Dezember 1914 // Ferdinand Bartels / geboren am 26. Juni 1920 / gefallen am 4. März 1944 / in Rußland // Gustav Bartels / geboren am 12. November 1900 / gefallen 1918 / Horst Bartsch / geboren am 7. April 1923 / gefallen April 1945 / bei Kremmen // Werner Baumann / geboren am 10. August 1899 / gefallen am 11./12. September 1918 / in Frankreich // Herbert Baxmann / geboren am 2. November 1910 / gefallen März 1943 / in Rußland // August Wilhelm Becker / geboren am 21. Juli 1923 / gefallen am 4. Januar 1945 / im Saarland // Heinrich Beckmann / geboren am 7. Oktober 1890 / am 15. Oktober 1917 / auf U-Boot verstorben // Karl Behning / geboren am 14. Februar 1922 / gefallen am 7. April 1945 / in Ostpreußen //Erich Behrens / geboren am 26. April 1896 / gefallen 1915 // Helmut Behrens / geboren am 31. März 1909 / verstorben am 13. Mai 1945 / in Dänemark // Kurt Behrens / geboren am 11. September 1919 / gefallen am 28. Mai 1940 / in Belgien // August Behrmann / geboren am 29. Juli 1894 gefallen am 22. November 1914 / in Rußland // Arthur Beimes / geboren am 23. September 1898 / gefallen am 17. Oktober 1918 / in Frankreich // Gert Beisse / geboren am 23. August 1924 / gefallen am 24. Januar 1945 / in Westpreußen // Heinz Beiße / geboren am 5. Oktober 1927 / gefallen am 1. Mai 1945 / in Mecklenburg // Werner-Heinz Bennewitz / geboren am 6. Januar 1915 / gefallen am 27. Januar 1943 / im Sudetenland // Ernst Beplate / geboren am 24. Juni 1893 / gefallen am 14. September 1918 / in Frankreich // Helmuth Diether Bierast / geboren am 31. Januar 1922 / vermißt seit 1944 / in Rußland // Albert Biskamp / geboren am 5. Februar 1896 / gefallen am 23. August 1916 / in Frankreich // Friedrich Bleßmann / geboren am 20. Oktober 1893 / gefallen am 27. August 1914 / in Frankreich // Gustav Bleßmann / geboren am 24. Dezember 1889 / verstorben am 13. September 1914 / im Lazarett Düsseldorf // Adolf Bluhm / geboren am 7. Oktober 1897 / gefallen 1914 // Horst Blume / geboren am 15. Mai 1924 / gefallen am 26. Januar 1944 / in Rußland // Ludwig Blume / geboren am 17. Juli 1919 / vermißt seit Januar 1943 / in Stalingrad // Wilhelm Bode / geboren am 17. April 1920 / gefallen am 4. Juli 1941 / in Rußland // Willi Bode / geboren am 27. April 1891 / ge-fallen 1916 // Herbert Bödecker / geboren am 3. Dezember 1920 / gefallen am 21. August 1944 / in der Normandie // Hermann Bödecker / geboren am 11. Dezember 1887 / gefallen am 11. Mai 1915 / in Galizien // Hans-Carl Bodenstein / geboren am 16. März 1906 / verstorben am 27. November 1945 / in russischer Kriegsgefangenschaft // Walter Böhm / geboren am 24. Mai 1897 / gefallen 1916 // Otto Böhme / geboren am 4. Mai 1897 / gefallen 1915 // Friedrich Borchers / geboren am 18. Oktober 1896 / verstorben am 24. Oktober 1918 / im Lazarett Essen // Theo Borchert / geboren am 11. November 1913 / vermißt seit 24. Januar 1944 / in Schlesien // Karl-Heinrich Bornemann / geboren am 21. April 1918 / vermißt seit 30. November 1941 / in Rußland // Otto von Borries / geboren am 18. Mai 1879 / gefallen 1914 // Heinrich Böttcher / geboren am 31. März 1908 / gefallen am 17. Dezember 1944 / im Rheinland // Ludwig Brackebusch / geboren am 8. April 1919 / gefallen am 13. August 1941 / in Rußland // Günther Brackmann / geboren am 28. August 1921 / vermißt seit 1945 / in der Mark Brandenburg / Henning Brandes / geboren am 20. November 1923 / gefallen am 12. Februar 1943 / in Rogan / ostwärts Charkow // Wilhelm Brandt / geboren am 13. Mai 1896 / gefallen 1916 // Erich Brauckmann / geboren am 3. Mai 1926 / gefallen am 19. Dezember 1944 / im Osten //

Totenklage ist ein arger Totendienst, Gesell! / Wollt ihr eure Toten zu Gespenstern machen / oder wollt ihr uns Heimrecht geben? Es gibt /

kein Drittes für Herzen, in die Gottes Hand / geschlagen. Macht uns nicht zu Gespenstern, / gebt uns Heimrecht! Wir möchten gern zu je- / der Stunde in euern Kreis treten dürfen, ohne / euer Lachen zu zerstören. Macht uns nicht ganz / zu greisenhaft ernsten Schatten laßt uns den / feuchten Duft der Heiterkeit, der als Glanz / und Schimmer über unsrer Jugend lag! / Gebt euren Toten Heimrecht, ihr Lebendi- / gen, daß wir unter euch wohnen und weilen / dürfen in dunklen und hellen Stunden. / Weint uns nicht nach, daß jeder Freund sich / scheuen muß, von uns zu reden! Macht, daß / die Freunde ein Herz fassen, von uns zu / plaudern und zu lachen. Gebt uns Heim- / recht, wie wir's im Leben genossen haben. / **WALTER FLEX**[1284] // Hermann Brauer / geboren am 24. Januar 1921 / gefallen am 13. Januar 1942 / in Rußland // Wilhelm Brauns / geboren am 25. Februar 1894 / gefallen am 7. April 1918 / in Frankreich // Gustav Brehm / geboren am 1. Juli 1882 / gefallen am 17. April 1917 / vor Reims // Dietrich Brehme / geboren am 15. August 1924 / gefallen am 1. August 1944 / in Litauen // Wilhelm Breyer / geboren am 18. Juli 1887 / verstorben am 6. Januar 1915 / im Feldlazarett/Frankreich // Heinrich Brinkop / geboren am 4. Juni 1915 / gefallen am 30. Juli 1943 / in Rußland // Otto Brockmann / geboren am 12. März 1872 / verstorben am 14. Januar 1918 / in Udine/Italien // Heinrich Brühl / geboren am 30. Mai 1911 / gefallen am 13. August 1943 / in Rußland // Walter Brünig / geboren am 28. April 1899 / gefallen 1918 // Friedrich Bruns / geboren am 7. August 1912 / gefallen am 10. Januar 1943 / in Stalingrad // Kurt Buchholz / geboren am 16. Dezember 1910 / gefallen am 15. Dezember 1942 / in Rußland // Friedhelm Busche / geboren am 28. Februar 1924 / gefallen am 18. Januar 1945 / in Ostpreußen // von dem Busche-Lohe / gefallen 1915 // Joachim Büsing / geboren am 20. März 1920 / gefallen am 18. September 1939 / in Polen // Walter Busse / geboren am 27. Mai 1891 / gefallen 1915 //Wilhelm Bach / geboren am 31. Dezember 1889 / gefallen am 23. August 1914 / in Belgien / Heinrich Behmann / geboren am 19. Juni 1914 / gefallen am 5. September 1939 / in Polen // Ernst Berthelmann / geboren am 19. Oktober 1920 / vermißt seit 16. Juli 1944 / in Rußland // Hermann Beuermann / geboren am 16. September 1913 / gefallen am 20. Januar 1942 / bei Stalingrad //Heinrich Blanke / geboren am 29. Dezember 1926 / gefallen am 12.April 1945 / in Niederösterreich / Ernst Bode / geboren am 29. Juni 1917 / gestorben am 2. Dezember 1943 / in Rußland // Karl-Heinz Böhm / geboren am 22. Oktober 1924 / gefallen am 9. Februar 1945 / Prüm-Eifel / Wilhelm Brandes / geboren am 27. Oktober 1915 / gefallen am 29. Juli 1943 / in Rußland // Wilhelm Claus / geboren am 6. Juni 1894 / gefallen 1916 // Friedrich Clodius / geboren am 2. Januar 1915 / vermißt seit 8. November 1941 / in Rußland // Ludwig Christ / geboren am 7. Juni 1915 / gefallen am 2. Dezember 1942 / in Stalingrad // Kurt Decker / geboren am 5. Juli 1926 / gefallen am 11.April 1945 / bei Wien // Heinrich Dehne / geboren am 19. August 1916 / verstorben am 3. Juni 1941 / im Garnisonlazarett Gotha-Thüringen // Wilhelm Dennstedt / geboren am 3. Oktober 1894 / gefallen 1914 / am 5. November in Flandern // Hans-Jürgen Doerry / geboren am 28. November 1920 / vermißt seit 1944 / in Rumänien // Helmut Dröge / geboren am 6. Juni 1923 / gefallen am 20. Mai 1942 / in Rußland // Otto Duvenkropp / geboren am 3. November 1924 / gefallen am 21. November 1943 / im Osten // Theodor Dubenkropp / geboren am 17. März 1917 / verstorben am 23. Oktober 1943 / im Lazarett Hildesheim // Erich Dyballa / geboren am 3. Oktober 1901 / gefallen am 14. Oktober 1941 / in Rumänien // Karl Danzmann / geboren am 27. Januar 1924 / vermißt seit 22. November 1944 / in Ungarn // Hans Ebeling / geboren am 9. September 1896 / gefallen 1916 // Helmuth Ebeling / geboren am 24. Juli 1920 / gefallen am 24. Dezember 1944 / in Frankreich // Ernst Ehrhardt / geboren am 2. April 1894 / gefallen 1915 // Klaus-Peter Eich / geboren am 13. Oktober 1923 / am 18. Oktober 1942 / im Dienst verunglückt // Kurt Eisengarten / geboren am 16. April 1914 / verstorben am 30. März 1942 / in Stalingrad // Heinrich Engelke / geboren am 5.April 1907 / verstorben am 22. Mai 1940 / im Lazarett Arlou-Belgien // Werner Eppers / geboren am 5. August 1916 / gefallen am 8. August 1944 / in Rußland / Johannes Ernst / geboren am 10.Oktober 1923 / gefallen am 19. Juli 1943 / bei Andrejewka/Südrußland // Otto Ewig / geboren am 11. Mai 1928 / vermißt seit Januar 1945 / in Ostpreußen // August Ewald / geboren am 20. September 1907 / vermißt seit 7. März 1945 / Johannes Everken / geboren am 12.

April 1923 / verschollen August 1944 / in Jassy/Rumänien // Wilhelm Engelmann / geboren am 1. Mai 1916 / Hermann Eggers / geboren am 26. März 1919 / verstorben am 23. Aug. 1940 / im Lazarett Chaumout/Frankreich // Bruno Faber / geboren am 21. März 1880 / gefallen am 28. August 1914 / in Ostpreußen / Fritz Fasterling / geboren am 30. September 1924 / vermißt 1944 auf dem Balkan // Oskar Friedrich Fautsch / geboren am 17. April 1922 / verstorben am 29.September 1944 / im Lazarett Danzig-Neufahrwasser // Kurt Felter / geboren am 27. September 1889 / gefallen am 22. November 1914 / in Polen // Hermann Fietje / geboren am 17. November 1889 / gefallen 1916 / am 17. Juli in Rußland // Herbert Fischer / geboren 22.Januar 1924 / verstorben Mitte Februar 1944 /im russischen Kriegsgefangenenlager // Wilhelm Fischer / geboren am 30. November 1912 / gefallen am 26. Februar 1945 / in Pommern // Theodor Flügel / geboren 16. Februar 1920 / vermißt seit 3. Januar 1943 / im Osten / Werner Forsten / geboren 28. Oktober 1924 / vermißt seit November 1943 / bei Rrassmaja/Rußland // Robert / Freund / geboren am 1. August 1898 / gefallen 1918 // Wilhelm Frenzen / geboren am 3. Mai 1910 / gefallen am 5. September 1944 / in Frankreich // Hermann Fricke / geboren am 11. September 1919 / gefallen am 17. April 1942 / in Rußland // Hugo Fricke / geboren am 10. Juni 1898 / gefallen am 16. August 1918 / in Frankreich // Hermann Fröböse / geboren am 26. Dezember 1888 / gefallen 1915 / am 23. Februar // August Froese / geboren am 19. März 1896 / gefallen am 16. Oktober 1915 / in Lettland // Jochen Fromme / geboren am 18. Juni 1921 / gefallen am 1. Januar 1943 / in Rußland // Georg Andreas Frühling / geboren am 25. Dezember 1919 / gefallen am 20. Januar 1944 / in Rußland / Paul Fuchs / geboren am 20. Januar 1891 / gefallen 1915 // **Wer für sein Vaterland in den Tod geht, ist / von der Täuschung frei geworden, welche das / Dasein auf die eigene Person beschränkt: er / dehnt sein eigenes Wesen auf seine Landsleute / aus, in denen er fortlebt, ja, auf die kommenden / Geschlechter derselben, für welche er wirkt, / wobei er den Tod betrachtet wie das Winken / der Augen, welches das Sehen nicht unterbricht. / SCHOPENHAUER**[1285] // Fritz Füllberg / geboren am 24. Januar 1913 / gefallen am 11. November 1941 / vor Moskau // Paul Füllgrabe / geboren am 20. Mai 1889 / gefallen 1914 // Kurt Funke / geboren am 26. November 1912 / gefallen am 26. April 1945 / in der Mark Brandenburg // Werner Funke / geboren am 12. August 1915 / gefallen am 29. September 1943 / im Osten // Wilhelm Funke / geboren am 19. Januar 1909 / gefallen am 6. September 1943 / im Osten // Willhelm Flentje / geboren am 1. März 1920 / verstorben am 2. August 1946 / im Heidehaus // Wolfgang Flebbe / geboren am 23. Februar 1917 / gefallen am 15. Juli 1944 / bei Jarkzowce / Hans Fritsch / geboren am 1. Dezember 1924 / vermißt seit 20. Januar 1943 / in Rußland // Herbert Fritsch / geboren am 26. Juni 1914 / gefallen am 3. Januar 1943 / in Rußland / Rudolf Fasbender / geboren am 2. November 1913 / gefallen am 8. März 1944 / in Rußland // Walter Gabriel / geboren am 20. März 1920 / gefallen am 19. Juli 1941 / in Rußland // Karl Gebauer / geboren am 27. März 1897 / gefallen am 17. Juli 1918 / in Frankreich // Heinz Gehring / geboren am 20. Juni 1913 / gefallen am 25. November 1941 / in Rußland // Otto Geidel / geboren am 2. Juni 1924 / gefallen am 20. November 1943 / in Rußland // Hans Gercken / geboren am 6. Januar 1895 / gefallen 1918 // Karl Heinz Gerves / geboren am 10. Juni 1925 / gefallen am 24. September 1944 / in Lothringen // Paul Geweke / geboren am 26. Juni 1913 / gefallen am 30. April 1942 / in Rußland // Hans Gieren / geboren am 12. September 1896 / vermißt seit 1914 / in Flandern // Wilhelm Gieren / geboren am 21. August 1893 / vermißt seit 1914 / in Flandern // Heinrich Gieseke / geboren am 18. März 1910 / vermißt seit 25. April 1945 / im Sudetenland // Friedrich Girmann / geboren am 26. April 1895 / gefallen am 4. Juli 1915 / in Galizien // Franz Göhmann / geboren am   März 1882 / gefallen 1915 / am 2. November // Wilhelm Gremmel / geboren 27. Oktober 1914 / gefallen am 19. August 1944 / in Polen // Hans Gremmels / geboren am 29. Juni 1911 / gefallen am 26. Dezember 1941 / vor Leningrad // Hans-Heinrich Gremmels / geboren am 18. April 1925 / gefallen Frühjahr 1944 / in Rußland // Rudolf Gimpel / geboren am 6. Februar 1879 / gefallen 1915 / am 30. Juli in Frankreich // Karl Groß / geboren am 2. August 1909 / gefallen am 2. Dezember 1941 / in Afrika // Ernst Grosse / geboren am 17.Oktober 1883 / umgekommen 15. März 1945 / beim Bombenangriff auf Misburg / Karl Friedrich Grote /

geboren am 12. Juli 1925 / gefallen am 15. April 1945 / in Blumenthal/Österreich // Wilhelm Grunert / geboren am 17. Juli 1895 / gefallen am 15. Juli 1918 / vor Reims // Heinz Grünewald / geboren am 4. Juni 1907 / gefallen am 15. Mai 1940 / Blanch/Frankreich / Wolfgang Göhring / geboren am 30. August 1922 / gefallen am 3. Februar 1943 / im Luftkampf über dem Mittelmeer // Gottfried Haeckel / geboren am 21. Mai 1888 / gefallen 1916 // Helmut Hahn / geboren am 5. Oktober 1919 / verstorben am 19. April 1941 / im Feldlazarett Warschau // Friedrich Hahne / geboren am 31. März 1891 / gefallen am 10. Juni 1916 / in Frankreich // Robert Hamann / geboren am 5. Februar 1904 / gefallen am 27. Januar 1943 / in Rußland // Horst-Günter Hanekop / geboren am 5. Oktober 1923 / verstorben am 24. Januar 1943 / im Reserve-Lazarett Arnheim // Werner Hänies / geboren am 6. Juli 1924 / gefallen am 31. Juli 1943 / in Frankreich // Erich Hanne / geboren am 19. März 1920 / gefallen am 7. September 1942 / im Osten // Friedrich-Wilhelm Harkinger / geboren am 26. März 1917 / vermißt seit 10. Januar 1943 / bei Stalingrad // Georg Heerdt / geboren am 29. September 1907 / gefallen am 27. Mai 1940 / bei Buqueur am Deule Kanal // Carl Heinz Heine / geboren am 26. Dezember 1911 / gefallen am 23.Februar 1944 / in Rußland // Reinhard Hellige / geboren am 26. September 1917 / gefallen am 1. Oktober 1941 / im Osten // Gustav Helmke / geboren am 24. April 1893 / gefallen am 17. Mai 1915 / in Galizien // Karl Henke / geboren am 5. Oktober 1892 / gefallen 1917 / in Frankreich // Erwin Hennecke / geboren am 12. September 1912 / gefallen am 28. September 1941 / in Rußland // Heinrich Hennis / geboren am 10. Oktober 1921 / gefallen am 30. Juni 1944 / in Rußland // Walter Henze / geboren am 10. Juli 1921 / gefallen am 3. September 1941 / in den Wäldern Kareliens // Hans Henseling / geboren am 15. Juni 1889 / gefallen am 15. Juni 1918 / in Frankreich // Walter Hermannes / geboren am 25. Juli 1892 / gefallen am 13. Februar 1918 / in Frankreich // Wilhelm Hermannes / geboren am 26.Februar 1920 / gefallen am 10. Oktober 1943 / in Münster // Dietrich Herrmann / geboren am 5. März 1927 / gefallen am 17. April 1945 / bei Küstrin a.d.Oder // Adolf Hesper / geboren am 30. September 1909 / vermißt seit 18. August 1943 / in Rußland // Albert Hess / geboren am 8. Juli 1920 / gefal-len am 28. Dezember 1942 / in Rußland // Ernst Hesse / geboren am 9. September 1888 / gefallen 1916 // Herbert Heßler / geboren am 7. Juni 1919 / verstorben am 24. Oktober 1948 / in Rußland // Hermann Heye / gefallen 1915 // Edmund Hilgendorf / geboren am 15. September 1922 / gefallen am 17. März 1944 / in Rußland // Emil Hille / geboren am 1. Mai 1891 / gefallen am 9. März 1915 / in Frankreich // Helmut Hille / geboren am 4. Dezember 1923 / gefallen am 14. Januar 1945 / in Polen // Otto Hintze / geboren am 6. Juli 1920 / gefallen am 26. Dezember 1942 / vor Stalingrad // Wilhelm Hormann / geboren am 13. Dezember 1900 / verstorben am 2. Januar 1946 / in franz. Kriegsgefangenschaft // Otto Hotopp / gefallen 1915 // Werner Huiffner / geboren am 7. Juli 1916 / gefallen am 22. März 1943 / in Rußland // Friedrich Heinemann / geboren am 20. Oktober 1923 / gefallen am 28. Juli 1942 / Cherbourg/Frankreich // Joachim Hellige / geboren am 21. Januar 1915 / verstorben im Mai 1943 bei Stalingrad / in russischer Gefangenschaft // Erich Hennecke, geboren am 3. August 1907 / gefallen am 2. August 1944 / Charleville/Frankreich / Rudolf Hesse / geboren am 18. Dezember 1914 / gefallen am 21. Januar 1945 / in Polen // Otto Hempel / geboren am 17. März 1901 / vermißt seit Juni 1944 / in Rußland / Georg Hünerberg / geboren am 10. August 1917 / verstorben am 3. Dezember 1942 / bei Smolensk // **Als man uns rief, / da zogen wir schweigend fort, / auf den Lippen nicht, / aber im Herzen das Wort: / Deutschland / KARL BRÖGER**[1286] // Karl Ilse / geboren am 13. Dezember 1919 / gefallen am 28. August 1943 / im Osten // Gustav Immendorff / geboren am 16. September 1886 / gefallen am 29. August 1914 / in Frankreich // Walter Immendorff / geboren am 18. Februar 1897 / gefallen am 26. September 1917 / in Frankreich // Hermann Isemann / geboren am 25. Dezember 1904 / gefallen am 4. Januar 1943 / bei Stalingrad // Kurt Isensee / geboren am 28. April 1916 / gefallen am 6. Februar 1943 / bei Worouesch // Hermann Jacke / geboren am 6. Juni 1912 / gefallen am 19. Juli 1941 / in Rußland // Kurt Jacobi / geboren am 11. September 1919 / gefallen am 18. November 1944 / in Jugoslawien / Karl-Heinz Jaenichen / geboren am 16. Mai 1924 / verunglückt in Ronsperg/Pilsen / am 3. September 1943 // Karl Jakobs / gefallen 1915 // Karl Alfred Jaster /

geboren am 9. Oktober 1893 / verstorben am 28. November1916 / im Krankenhause Gronau-Südhannover // Hans Jens / geboren am 6. August 1912 / verstorben am 13. Februar 1943 / in russischer Gefangenschaft // Rudolf Jürgens / geboren am 7. Juni 1915 / verstorben im März 1943 / in Stalingrad // Harry Jütte / geboren am 1. Juli 1894 / umgekommen am 22. März 1945 / beim Bomenangriff auf Hildesheim // Kurt Janke / geboren am 17. Mai 1910 / gefallen am 5. Juni 1940 / in Frankreich // Henry Kalbreyer / geboren am 5. März 1891 / gefallen 1915 / am 31. Oktober in Frankreich // Gustav Kasten / geboren am 19. Oktober 1920 / gefallen am April 1942 / in Rußland // Oskar Kaye / geboren am 5. September 1912 / gefallen am 25. Juli 1941 / in Rußland // Wilhelm Kettler / geboren am 11. Februar 1907 / vermißt seit 26. Februar 1945 / in Ostpreußen // Karl-Hermann Kinzel / geboren am 3. September 1926 / gefallen am 22. April 1945 / in der Mark Brandenburg // Paul Kirchberg / geboren am 14. April 1879 / gefallen am 25. Dezember 1914 / in Frankreich // Hans-Wilhelm Klein / geboren am 13. Dezember 1916 / gefallen am 16. Januar 1942 / vor Moskau // Georg Klemme / geboren am 18. Februar 1895 / gefallen 1914 // Heinz Kleuker / geboren am 25. Januar 1924 / verstorben am 19. November 1944 / in russischer Kriegsgefangenschaft // Fritz Kleuker / geboren am 19. Juli 1914 / gefallen am 25. Oktober 1944 / in Rußland // Friedrich Klinge / geboren am 9. Juli 1913 / verstorben am 28. September 1941 / im Kriegslazarett Lowicz-Rußland // Eberhard Koch / geboren am 29. November 1876 / gefallen am 15. September 1914 / in Frankreich // Hans Koch / geboren am 6. März 1884 / gefallen 1915 // Bruno Köhler / geboren am 22. November 1885 / gefallen 1918 // Friedrich Kolb / geboren am 4. August 1887 / gefallen am 17. Januar 1945 / bei Posen // Richard Kolb / geboren am 30. Juli 1896 / gefallen am 19. Juni 1916 / in Wolhynien // Günter Kolb / geboren am 12. Juli 1919 / gefallen am 7. August 1941 / in Rußland // Wilhelm Kolb / geboren am 15. August 1906 / vermißt seit Januar 1945 / in Rußland // Arnold Kortmann / geboren am 18. August 1888 / gefallen am 22. Oktober 1914 / bei Langemarck-Flanderr (sic!) // Ernst Kortmann / geboren am 1. Mai 1913 / gefallen am 25. September 1941 / in Rußland // Fritz Kortmann / geboren am 9. September 1898 / gefallen am 19. März 1944 / in Rußland // Konrad Kösel / geboren am 9. September 1886 / gefallen am 6. April 1945 / in Südhannover // Hans-Joachim Kost / geboren am 17. März 1919 / gefallen am 12. Januar 1943 / in Afrika // Wilhelm Kothe / geboren am 6. Dezember 1890 / gefallen 1914 // Adelfried Kowalsky / geboren am 25. März 1918 / gefallen am 14. November 1944 / in Frankreich // Oskar Krause / geboren am 1. November 1923 / vermißt seit 12. Februar 1944 / in Italien // Emil Krebs / geboren am 2. Juni 1898 / gefallen am 28. September 1916 / in Frankreich // Walter Kreipe / geboren am 12. November 1892 / gefallen am 29. Juli 1915 / im Osten // Karl Heinz Kremp / geboren am 21. Dezember 1925 / vermißt seit Anfang Juli 1944 / in Rußland // Richard Kreth / geboren am 19. August 1888 / verstorben am 3. Juli 1918 / im Feldlazarett bei Soissons // Karl Kruithoff / geboren am 23. Mai 1915 / gefallen am 27. Januar 1943 / in Stalingrad // Ernst Kruse / geboren am 2. März 1897 / gefallen am 1. Dezember 1914 / in Polen // Karl Kühl / geboren am 2. Februar 1904 / gefallen am 18. Januar 1944 / in Rußland // Gerhard Kulicke / geboren am 1. April 1921 / gefallen am 8. Juli 1942 / in Lettland // Fritz Klusmann / geboren am 31. Dezember 1892 / verstorben im September 1945 / in russischer Gefangenschaft // Fritz Kinkel / geboren am 30. Juni 1916 / gefallen am 5. Dezember 1941 / Gremjatschje / Friedrich Knösel / geboren am 24. August 1900 / vermißt seit 23. März 1945 / in Ungarn // Alfred Krage / geboren am 23. Februar 1917 / gefallen am 31. Juli 1944 / in Frankreich / Walter Kothe / geboren am 10. März 1906 / vermißt seit Februar 1945 / Frankfurt/Oder // Wilhelm Lambrecht / geboren am 4. August 1887 / gefallen am 9. August 1918 / in Frankreich // Ernst Lange / geboren am 10. Oktober 1895 / gefallen am 25. Juli 1915 / im Osten // Walter Lattmann / geboren am 26. August 1926 / gefallen am 7. April 1945 / bei Poggenhagen / Heinrich Laubert / gefallen 1915 // Hans Lauenstein / geboren am 25. September 1909 / gefallen am 13. Januar 1945 / bei Gumbinnen / Heinrich Lauenstein / geboren am 5. März 1923 / gefallen am 29. April 1945 / auf Gut Buberow/Rheinsberg / Mark Brandenburg // Friedrich Lautenbach / geboren am 10. Mai 1917 / gefallen am 16. Oktober 1944 / in Ungarn // Walter Lautenbach / geboren am 13. August 1921 / gefallen am 30. Dezember 1944 / im Osten // Karl Lauth / geboren am 9.Septemb. 899 / gestorb. 1918 / am 8. November / im Lazarett St. Ingert/Frankreich // Otto Lehnhoff / geboren am 15. Oktober 1905 / gefallen am 29. September 1943 / bei Neapel // Willi Lehrke / geboren am 4. November 1912 / umgekommen am 27.September 1943 / beim Luftangriff auf Hannover // Walter Lehrmann / geboren am 8. Dezember 1913 / gefallen Ende April 1945 / in der Mark Brandenburg // Wilhelm Leinius / geboren am 6. Juli 1914 / gefallen am 28. Juli 1943 / in Rußland // **Haltet das Werk am Leben, / so ist kein Geopferter tot. / KARL BRÖGER**[1287] // Werner Lenuweit / geboren am 6. Oktober 1915 / gefallen am 25. November 1942 / in Rußland // Ludwig Lepa / geboren am 12. Januar 1989 / gefallen 1918 // Walter Lepa / geboren 1918 // Fritz-Georg Lewerenz / geboren am 13. Januar 1915 / gefallen am 8. Juli 1941 / in Litauen // Othello Liesmann / geboren am 23. Februar 1912 / verstorben am 31. Dezember 1941 / im Kriegslazarett/Rußland // Adolf Limprecht / geboren am 26. April 1877 / verstorben 1918 / im Heimatlazarett // Hans Lindenberg / geboren am 13. Februar 1888 / verstorben am 3. Januar 1918 / im Feldlazarett Wevelghem/Belgien // Karl Loebnitz / geboren am 22. Juli 1891 / gefallen 1918 // Heinrich Lorberg / geboren am 16. Mai 1897 / gefallen 1918 // Gerhard Lübbe / geboren am 22. August 1926 / gefallen März 1945 / im Sudetenland // Fritz Ludewig / geboren am 8. Mai 1889 / gefallen 1914 // Otto Ludewig / geboren am 2. September 1919 / verstorben Dezember 1945 / im Lazarett Riga/Lettland // Erich Liesegang / geboren am 21. Dezember 1922 / gefallen am 17. Juni 1944 / an Bord des Schnellbootes 133 auf See // Herbert Mahnkopf / geboren am 9. Mai 1914 / gefallen am 15. Februar 1942 / im Osten // Friedrich Maibaum / geboren am 17. November 1917 / gefallen am 19. März 1944 / in Holland // Albert Mann / geboren am 10. Januar 1898 / gefallen am 27. Oktober 1917 / bei Reims // Henry Marahrens / geboren am 6. Januar 1891 / gefallen 1915 // Gerhard Martin / geboren am 13. Juni 1919 / gefallen am 7. Februar 1942 / in Rußland // Friedrich Mensing / geboren am 4. April 1898 / gefallen am 22. März 1918 / in Frankreich // Albert Meyer / geboren am 10. Oktober 1897 / gefallen am 17. Januar 1918 / in Frankreich // August Meyer / geboren am 15. Oktober 1907 / gefallen am 9. Juni 1940 / in Frankreich // Emil Meyer / geboren am 11. August 1882 / gefallen 1914 // Friedrich Wilhelm Meyer / geboren am 19. August 1914 / gefallen 1945 / in Italien // Karl Adolf Meyer / geboren am 17. Januar 1924 / gefallen am 15. Oktober 1943 / im Osten // Rudolf Meyer / geboren am 3. April 1892 / gefallen 1915 // Wolfgang Meyer / geboren am 1. Juli 1913 / gefallen am 14. Januar 1943 / in Rußland // Gerhard Meyerhof / gefallen 1917 // Wilhelm Miehe / geboren am 20. Juli 1894 / gefallen am 2. Dezember 1914 / in Polen // Bodo Moldenhauer / geboren am 21. Mai 1910 / vermißt seit Juni 1943 / in Rußland // Wilhelm Moldenhauer / geboren am 6. Juli 1906 / vermißt seit 3. Januar 1943 / bei Stalingrad // Ernst-August Müller / geboren am 28. März 1920 / vermißt seit 28. August 1944 / in Frankreich // Friedrich Müller / gefallen 1916 // Friedrich Wilhelm Müller / geboren am 23. Januar 1914 / gefallen am 10. Mai 1940 / in Holland // Gerhard Müller / geboren am 14. Oktober 1927 / gefallen im Mai 1945 / in der Mark Brandenburg // Hans-Joachim Müller / geboren am 13. Oktober 1914 / gefallen am 17. November 1943 / in Rußland // Walter Müller / geboren am 7. Januar 1918 / verstorben im März 1943 / im Kriegsgefangenenlager/Stalingrad // Günter Multhaupt / geboren am 8. Mai 1921 / vermißt seit 13. April 1945 / in Rußland // Eduard Mutke / geboren am 21. Oktober 1880 / gefallen am 5./6. November 1914 / in Frankreich // Gerhard Mylius / geboren am 25. März 1922 / gefallen am 29. Februar 1944 / in Italien // Rudolf Merkel / geboren am 24. Februar 1898 / gestorben am 11. Mai 1921 / in Hildesheim / Georg-Wilhelm Meyer / geboren am 4. Dezember 1922 // Konrad Müller / geboren am 2. August 1917 / verstorben im April 1947 / in Rußland / Wilhelm Müller / geboren am 4. Dezember 1911 / verstorben am 22. Oktober 1943 / im Lazarett Berlin // Ernst-August Mohnecke / geboren am 29. Mai 1916 / gefallen am 16. Januar 1943 / im Osten / Friedrich Melchereck / geboren am 20. Juli 1914 / gefallen am 16. August 1944 / bei Caen/Frankreich // Hans Müller / geboren am 22. Februar 1920 / gefallen am 20. Januar 1944 / in der Ukraine / Heinrich Müller-Scheessel / geboren am 1. September 1899 / vermißt seit 9. Januar 1945 / in Rußland // Klaus Münscher / geboren am 10. März 1915 / gefallen am 6. September 1939 / bei Hela // Arnold Niemeyer / geboren am 1. Januar

1911 / vermißt seit 1943 / in Rußland // Walter Nebe / geboren am 12. September 1899 / gefallen am 6. August 1918 / in Frankreich // Karl Heinrich Niepoth / geboren am 30. April 1919 / vermißt seit 1945 / in Ostpreußen // Heinrich Nietsch / geboren am 16.März 1909 / gefallen am 23. Juni 1940 / in Frankreich // Adolf Noack / geboren am 8. Juni 1905 / gefallen am 24. März 1945 // Fritz Nolte / geboren am 1. Oktober 1888 / gefallen 1915 // Hellmut Nothdurft / geboren am 30. Oktober 1918 / gefallen am 22. September 1943 / in Rußland // Heinrich Oberbeck / geboren am 27. Februar 1883 / gefallen am 21. Oktober 1916 / in Frankreich // Christoph von Oertzen / geboren am 22. Dezember 1889 / gefallen 1914 // Arthur Ohms / geboren am 23. September 1889 / gefallen 1918 // Paul Ohms / gefallen 1915 // Paul Ohrt / geboren am 13. Januar 1890 / gefallen 1915 // Hermann Olms / geboren am 16. Januar 1897 / gefallen am 19. April 1917 / in Frankreich // Alfred Oppermann / geboren am 5. Januar 1896 / gefallen am 29. Mai 1915 / in Flandern // Wilhelm Ossenkop gen. Müller / geboren am 24. Dezember 1886 / gefallen am 18. September 1917 / in Rußland // Helmut Ostermann / geboren am 25. März 1920 / gefallen am 29. April 1945 / in der Mark Brandenburg // Heinz Ostmann / geboren am 15. Juni 1925 / verunglückt am 9. Juni 1945 / in Südnorwegen // Heinrich Oetteking / geboren am 15. April 1915 / gefallen am 20. August 1944 / im Luftkampf bei Buggy/Ungarn // Hermann Pätzmann / geboren am 19. Mai 1883 / gefallen am 16. Juni 1915 / in Frankreich // Rudolf Peine / geboren am 17. Juli 1918 / gefallen am 12. August 1941 / in Rußland // Gert Petrich / geboren am 10. Oktober 1912 / vermißt seit Februar 1945 / in Posen // Willi Pieper / geboren am 27. Juli 1897 / gefallen 1917 // Adolf Pirl / geboren am 15. August 1884 / gefallen am 26. Oktober 1914 / in Belgien // Hans Plöhn / geboren am 14. Dezember 1907 / gefallen am 23. Januar 1943 / in Rußland // Wilhelm Plump / geboren am 26. April 1884 / gefallen 1915 / am 25. September / in den Argonnen // Walter Pöthe / geboren am 10. August 1920 / gefallen am 3. Oktober 1941 / in Rußland // **Uns rief das Vaterland in tiefster Not / Wir zogen freudig aus zu frühem Tod / Wir taten unsere Pflicht / vergeßt uns nicht! / A. VOGELER**[1288] // Otto Preine / geboren am 24. Mai 1924 / vermißt seit 4. August 1944 / vor Kreta // Kurt Probst / geboren am 8. November 1917 / gefallen am 25. August 1942 / im Osten // Hans Pröck / geboren am 8. Dezember 1922 / gefallen am 16. Januar 1945 / bei Warschau // Karl-Heinz Pröve / geboren am 29. September 1923 / vermißt bis August 1945 / in russischer Kriegsgefangenschaft verschollen // Paul Prüßner / geboren am 12. Juni 1896 / gefallen am 27. Februar 1915 // Dr. Viktor Priboth / geboren am 18. März 1892 / gefallen am 10. November 1942 / Tönsheide/Holstein // Werner Quappill / geboren am 11. Mai 1920 / gefallen am 3. September 1942 / in Rußland // Karl-Heinz Quaritsch / geboren am 16. September 1920 / gefallen am 14. Juni 1942 / in Afrika // Rudolf Quast / geboren am 9. Februar 1918 / gefallen am 14. April 1944 / auf U-Boot 986 im Atlantik // Werner Quast / geboren am 24. Oktober 1920 / gefallen am 14. August 1941 / in Rußland // Heinrich Rabius / geboren am 24. Juni 1882 / gefallen 1916 / am 6. März in Flandern // Hermann Radecke / geboren am 24. August 1895 / gefallen 1916 // Karl Radecke / geboren am 30. Juli 1897 / gefallen 1917 // Heinrich Rahlves / geboren am 27. Januar 1898 / gefallen 1945 / im Osten // Alfred Raufuß / geboren am 9. Oktober 1908 / gefallen im Januar 1943 / bei Stalingrad // Günther Rebhuhn / geboren am 6. November 1919 / vermißt seit 28. Juni 1944 / in Rußland // Kurt Reiche / geboren am 22. November 1895 / gefallen am 20. Juni 1916 / in Wolhynien // Klaus Reingruber / geboren am 17. September 1922 / gefallen am 4. Oktober 1942 / in Rußland // Friedrich-Wilhelm Reßmeyer / geboren am 14. Dezember 1924 / gefallen am 17. April 1944 / in Rußland // Helmut-Bert Richard / geboren am 2. März 1917 / am 21. September 1942 / mit U-Boot untergegangen // Werner Röhr / geboren am 8. Juni 1909 / gefallen am 13. Dezember 1942 / bei Leningrad // Werner Rollwage / geboren am 17. Februar 1926 / gefallen am 9. Dezember 1944 / im Elsaß // Otto Rohrmann / geboren am 1. September 1891 / gefallen am 16. Juli 1916 / vor Reims // Adolf Rosendorf / geboren am 28. Juli 1890 / gefallen 1914 // Erich Rott / geboren am 25. September 1893 / gefallen 1916 // Hermann Röwer / geboren am 12. August 1910 / vermißt seit 30. Januar 1943 / in Rußland // Karl Rübesamen / geboren am 27. Oktober 1893 / gefallen am 7. Oktober 1915 / in Frankreich // Walter Rübesamen / geboren am 19. November 1888 / gefallen am 18. Juni 1916 /

in Wolhynien // Ludolf Rübesamen / geboren am 4. Januar 1891 / gefallen am 18. Juni 1916 / in Wolhynien // Rudolf Rübsam / geboren am 30. Mai 1922 / gefallen am 8. August 1943 / in Rußland // Martin Rudolph / geboren am 4. November 1903 / gefallen 1944 / am 28. Januar / in Griechenland // Karl Rudolphy / geboren am 4. November 1884 / gefallen am 4. November 1914 / in Frankreich // Walter Rasche / geboren am 17. März 1921 / gefallen am 10. September 1942 / in Rußland / Wolfgang Rohmeyer / geboren am 10. Juni 1925 / gefallen Oktober 1944 / in Galizien // Otto Safft / geboren am 8. September 1921 / gefallen am 6. Januar 1943 / bei Stalingrad // Helmut Sander / geboren am 9. März 1924 / gefallen am 13. November 1943 / in Rußland // Alfred Sandvoß / geboren am 20. September 1926 / gefallen am 27. Dezember 1944 / in Belgien // Adolf Seegers / geboren am 4. Juni 1892 / gefallen 1917 // Franz Sehte / gefallen 1916 // Alfred Sickel / geboren am 21. März 1909 / gefallen am 26. September 1939 / bei Warschau / Gerhard Siegel / geboren am 17. September 1911 / gefallen am 21. Juli 1941 / in Rußland // Kurt Siegel / geboren am 4. März 1916 / gefallen am 24. August 1942 / in Rußland // Heinz Sölter / geboren am 20. November 1920 / gefallen am 8. Februar 1945 / in Polen // Karl Specht / geboren am 6. August 1896 / vermißt seit 13. November 1916 / in Frankreich // Walter Specht / geboren am 24. Februar 1899 / gefallen am 27. April 1918 / in Frankreich // Heinrich Spillner / geboren am 20. Juli 1914 / gefallen am 25. März 1945 / in Ungarn // Heinz Sundermeyer / geboren am 21. April 1923 / vermißt seit 21. April 1945 / in der Lausitz // Karl Schäfer / geboren am 14. Oktober 1884 / gefallen 1915 / am 6. August in Rußland // Paul Schäfer / geboren am 12. November 1888 / gefallen 1916 // Waldemar Schäfer / geboren am 11. November 1892 / gefallen 1915 // Karl Schatte / geboren am 8. August 1888 / gefallen am 11. Juni 1918 / in Frankreich //Erwin Scheel / geboren am 27. Juni 1914 / gefallen am 2. Februar 1942 / in Rußland // Johannes Schellack / geboren am 8. Februar 1891 / gefallen am 26. Oktober 1914 / in Flandern // Otto Schelm / geboren am 29. März 1892 / gefallen am 3. Mai 1945 / in der Mark Brandenburg // August-Wilhelm Schenkemeyer / geboren am 18. Dezember 1919 / vermißt seit 11. Januar 1943 / in Rußland // Friedrich-Wilhelm Schildheuer / geboren am 15. Mai 1907 / gefallen am 22. April 1945 / in Italien // Heinrich Schilling / geboren am 11. September 1926 / vermißt seit 8. Februar 1945 / in Westpreußen // Helmut Schliephake / geboren am 24. Januar 1924 / gefallen am 21. August 1944 / in Estland // Friedrich Schmidt / geboren am 14. September 1895 / gefallen am 5. November 1914 / in Flandern // Hans Schmidt / geboren am 10. November 1911 / verstorben 1941/42 / im Lazarett Rostock / am 23. Januar 1942 // **Unseren Toten zum Gedenken: / nicht im Geiste der Macht, / sondern im Geiste der Freiheit.** // Paul Schreyer / geboren am 23. Juni 1894 / gefallen im November 1914 // Gerhard Schrödter / geboren am 8. September 1913 / gefallen am 13. September 1942 / vor Stalingrad // Hans Schönemann / geboren am 12. Januar 1894 / gefallen 1914 // Rudolf Schönemann / geboren am 5. Juni 1892 / gefallen 1915 // Kurt Schöttler / geboren am 6. Juli 1898 / gefallen 1918 // Wilhelm Schramm / geboren am 11. Dezember 1885 / gefallen 1916 / über London mit Zeppelin abgeschossen // Karl Schröter / gefallen 19. Mai 1920 / gefallen am 26. Juni 1941 / in Polen // Karl-Heinz Schudeiske / geboren am 2. Januar 1920 / gefallen am 6. Mai 1944 / in Italien // Erich Schünemann / geboren am 12. Dezember 1912 / gefallen am 7. September 1943 / in Rußland // Friedrich von Schwanewede / geboren am 5. November 1896 / gefallen 1915 / am 20. Juli // Otto Schwemann / geboren am 20. Januar 1894 / gefallen Ende März 1915 / in Flandern // Friedrich Stamme / geboren am 31. Dezember 1887 / gefallen 1917 // Hans Steffen / geboren am 27. April 1905 / gefallen am 10. September 1943 / auf Rhodos // Eberhard Stein / geboren am 1. Oktober 1918 / gefallen am 4. August 1944 / in Rußland // Gustav Steinbach / geboren am 4. August 1895 / gefallen 1918 // Bodo Strohschein / geboren am 23. Februar 1915 / verstorben am 21. April 1946 / im Kriegsgefangenenlager bei Leningrad // Hans Strube / geboren am 25. Februar 1897 / gefallen am 1. Dezember 1914 / in Polen // Heinrich Struß / geboren am 23. April 1895 / gefallen 1915 // Wilhelm Stulle / geboren am 21. Juni 1919 / gefallen am 1. Februar 1944 / in Rußland // Heinrich Stümpel / geboren am 19. Januar 1897 / gefallen am 27. November 1916 / in Frankreich // Karl Schnabel / geboren am 9. Januar 1913 / verstorben am 5. März 1945 / im

Lazarett Wien / Udo Schneider / geboren am 13. November 1916 / gefallen am 2. Februar 1945 / in Pommern // Erich Schulz / geboren am 8. April 1918 / gefallen am 20. August 1943 / in Rußland / Karl Schinke / geboren am 15. Juni 1917 / gefallen am 7. Januar 1943 / in Rußland // Werner Stoffregen / geboren am 18. März 1922 / gefallen am 13. August 1944 / in Frankreich / Hermann Schmidt / geboren am 24. November 1914 / gefallen am 26. Oktober 1941 / Gorky/Rußland // Joachim Sandvoß / geboren am 7. Oktober 1928 / vermißt seit 8. Februar 1945 // Hermann Taebel / geboren am 19. Februar 1923 / vermißt seit Weihnachten 1942 / in Stalingrad / Friedrich Temme / geboren am 2. Juni 1911 / gefallen am 27. Oktober 1942 / in Stalingrad // Albrecht Thiele / geboren am 29. Februar 1888 / gefallen am 15. August 1914 / in Frankreich // Erwin Thielking / geboren am 25. Juli 1923 / verstorben im August 1945 / in russischer Gefangenschaft // Wilhelm Thomsen / geboren am 13. Juli 1891 / gefallen 1914 / am 11. September // Kurt Timme / geboren am 5. Juli 1885 / gefallen am 14. November 1914 / in Polen // Kurt Tostmann / geboren am 2. November 1912 / gefallen am 2. September 1941 / in Rußland // Helmut Trapp / geboren am 17. Juni 1898 / gefallen am 11. Februar 1917 / in Frankreich // Bruno Ullmann / geboren am 6. August 1892 / untergegangen am 16. August 1916 / mit U-Boot U 77 // Ludwig Ullmann / geboren am 16. März 1894 / gefallen am 24. Oktober 1914 / in Flandern // Herbert Umbereit / geboren am 14. Oktober 1921 / gefallen am 25. Juni 1941 / in Rußland // Hans Vach / geboren am 30. Oktober 1924 / vermißt seit 28. August 1944 / bei Buzău/Rumänien // Oskar Vietmeyer / geboren am 5. Juli 1887 / verstorben am 18. November 1914 / in Frankreich // Hans Voigt / geboren am 6. Februar 1914 / verstorben am 2. Januar 1946 / in russischer Kriegsgefangenschaft // Martin Voigt / geboren am 26. Januar 1922 / gefallen am 30. März 1944 / im Osten // Hans Voß / geboren am 2. September 1915 / gefallen am 23. Juli 1941 // Alfred Volberg / geboren am 2. Oktober 1917 / gefallen am 15. April 1945 / in Mecklenburg // Wolfgang Wagener / geboren am 18. Juni 1918 / gefallen am 23. Mai 1940 / in Belgien // Helmut Wagner / geboren am 18. März 1914 / gefallen am 3. November 1941 / vor Moskau // Bruno Walkemeyer / geboren am 20. April 1920 / gefallen am 15. Dezember 1942 / in Rußland // August Warnecke / geboren am 12. Mai 1886 / gefallen am 10. September 1916 // Friedrich Warnecke / geboren am 21. Mai 1914 / gefallen am 19. Oktober 1944 / bei Warschau // Reinhard Warnecke / geboren am 15. Oktober 1898 / gefallen am 2. September 1918 / in Frankreich // Wilhelm Warneboldt / geboren am 26. Mai 1897 / gefallen am 11. September 1944 / in Frankreich // Heinrich Weber / geboren am 6. Dezember 1920 / gefallen am 25. Dezember 1943 / in Rußland // **Nur den Toten könnt ihr ganz vertrauen, die / in euch leben, denn es ist kein Falsch an ihnen. / Glaubt die Besten unseres Volkes sind nicht / gestorben, damit die Lebendigen tot seien, / sondern, daß die Toten lebendig werden. Sind / nicht allzuviel Tote unter den Lebenden? / WALTER FLEX //** Heinz Weber / geboren am 30. Juli 1912 / gefallen 1943 / im Osten // Ernst Wecken / geboren am 17. August 1916 / gefallen am 13. Mai 1940 / in Belgien // Herbert Wedekind / geboren am 21. August 1915 / gefallen am 22. August 1944 / in Rußland // Günter Wegener / geboren am 24. Mai 1925 / gefallen am 28. April 1945 / in der Mark Brandenburg // Heinrich Wegener / geboren am 21. Januar 1924 / gefallen am 18. April 1945 / in Nordhannover // Klaus Wegner / geboren am 13. Juli 1925 / gefallen am 31. August 1944 / in Rumänien // Eduard Wehling / geboren am 11. November 1914 / gefallen am 12. Juli 1941 / in Rußland // Karl Wenger / geboren am 13. März 1912 / gefallen am 27. Juni 1941 / in Rußland // Ernst Wente / geboren am 11. Juni 1898 / gefallen 1918 // Hermann Westphal / geboren am 25. April 1916 / vermißt seit 5. Oktober 1939 / versenkt mit U-Boot im Kanal / Rudolf Weule / geboren am 28. August 1922 / gefallen am 25. April 1945 / bei Myslowitz/Oschl. // Hans Hermann Wiechmann / geboren am 6. Dezember 1923 / gefallen am 28. Februar 1943 / in Rußland // Friedo Wiegmann / geboren am 27. Februar 1888 / gefallen 1914 // Karl Wieland / geboren am 19. Januar 1914 / gefallen am 10. September 1942 / bei Stalingrad // Günther Wienk / geboren am 24. November 1919 / vermißt seit 4. September 1941 / in Rußland // Fritz Wilke / geboren am 30. September 1888 / gefallen 1917 // Franz Wilkens / geboren am 23. Februar 1911 / vermißt seit 18. Oktober 1943 / in Rußland // Walter Wille / geboren am 19. Januar 1920 / vermißt seit 26.

Januar 1945 / in Kurland // Gustav Willecke / geboren am 23. September 1888 / gefallen 1914 // Otto Willers / geboren am 30. Dezember 1886 / gefallen 1914 // Wilhelm Willers / geboren am 20. März 1882 / gefallen 1918 // Ernst Wißmar / geboren am 26. Juli 1886 / gefallen 1918 // Otto Witte / geboren am 28. März 1915 / gefallen am 9. November 1944 / in Dänemark / Rudolf Weule / geboren am 28. August 1929 / gefallen am 29. April 1945 / bei Myslowitz/Oschl. // Georg Wittmaack / gefallen 1914 / Günter Wittenberg / geboren am 31. Dezember 1923 / vermißt seit 17. Juli 1944 / bei Karmionka/Jugosl. // Gerhard Wohlfarth / geboren am 6. Arpil 1915 / gefallen am 6. Februar 1943 / in Rußland // Friedrich Wolkenhauer / geboren am 31. Oktober 1892 / gefallen 1915 / am 15. Oktober in Frankreich // Karl Heinz Wollenweber / geboren am 26. Januar 1920 / gefallen am 23. April 1945 / in Mecklenburg // Hans Wollers / geboren am 28. Februar 1895 / gefallen 1918 // Rudolf Wolther / geboren am 26. April 1915 / vermißt seit 23. März 1945 / bei Dresden // Hermann Wöltje / geboren am 27. März 1884 / verstorben am 3. Dezember 1916 / im Lazarett Fritzlar // Theodor Wrege / geboren am 30. März 1897 / gefallen am 10. Januar 1918 / in Italien // Hans-Heinrich Wulfert / geboren am 10. November 1921 / gefallen am 17. August 1942 / bei Stalingrad // Gerhard Wunstorf / geboren am 14. Juni 1908 / verstorben am 4. Juni 1945 / im Kriegslazarett in Tirol / Karl-Heinz Wedde / geboren am 31. Dezember 1915 / gefallen am 4. Oktober 1944 / in Rußland / Hans-Harald Weißenborn / geboren am 15. Dezember 1917 / gefallen am 15./16. April 1944 / Rigaischer Meerbusen // Wolfgang Wernicke / geboren am 7. Dezember 1925 / gefallen am 26. März 1945 / Gotenhafen / Hermann Weule / geboren am 1. Mai 1913 / gefallen am 15. Februar 1942 / in Rußland // Rudolf Zantop / geboren am 3. Dezember 1910 / vermißt seit 21. Dezember 1944 / in Kurland // Rolf Zick / geboren am 6. September 1923 / gefallen am 12. Juni 1944 / im Westen // Hans-Joachim Zimmer / geboren am 2.August 1919 / vermißt im Februar 1943 / in Stalingrad // Heinrich Zimmermann / geboren am 17. Oktober 1884 / gefallen 1918 // Karl Zipfel / geboren am 5. Januar 1898 / gefallen am 20. August 1918 / in Frankreich // **Der Krieg brachte hunderttausendfachen Tod, aber / gleichzeitig wurde in den Tagen seiner Herr- /** schaft **tausendfaches Leben geboren. Was wir / fortan schaffen und streben, gründet sich auf / die Taten unserer Toten, sie sind gefallen, / und sie haben gewonnen, was wir auch gewin- / nen müssen, um es dauernd zu besitzen:/ den Frieden. / Unbekannter Soldat in seinem letzten Brief / aus Stalingrad //**

Maße (Breite, Höhe, Tiefe): Schrein: 75 x 55 x 35 cm; Holzkreuz: ca. 1 m hoch; Kerzenständer: 1,10 m und 0,85 m hoch; Steinplatte: 55 x 60 cm; Raumgröße: Länge: 6 m, Breite: 4,96 m, Höhe: 3 m

Material: Schrein: Bronze; das Buch hat einen weißen Ledereinband mit goldenem Rahmen, im oberen Drittel ist ein stilisiertes Eisernes Kreuz in einem Kreis eingeprägt. Büttenpapier; Rückwand und Fußboden aus Jura-Marmor grau/blau (geschliffen)

Technik: Kunstschmiedearbeit, Kalligrafie, Buchbinderei, Steinmetzarbeit

Zustand: Nach dem Umbau des Verwaltungstrakts 1989 verlor der Gedenkraum seinen ursprünglichen Charakter. Der inzwischen stark erweiterte Buchbestand wurde 1997 im ehemaligen Sprachlabor untergebracht.[1289] Die Gedächtnisstätte blieb, ungenutzt, an der bisherigen Stelle.

3. Dokumentation

Auftraggeber: Verein der ehemaligen Andreas-Realgymnasiasten und Scharnhorstschüler

Hersteller (Entwurf, Ausführung): Arbeitsgemeinschaft unter Leitung des Ehemaligen Walter Kettler[1290]; Auswahl der Bücher: Dr. Karl Otmar Freiherr von Aretin, Max-Planck-Institut für Geschichte in Göttingen; Ehrenbuch: Buchbindermeister Lange (Buchbindearbeit), Fräulein Hottenrott (Schriftgestaltung), Walter Kettler (Text); Schrein: Goldschmied Blume; Raumgestaltung: Architekt Ernst Friedrich Brockmann, der Erbauer der Scharnhorstschule (Entwurf), Oberbaurat John (Bauleitung); Leuchter: Schlossermeister Kaufhold; Steinmetzarbeiten: Walter Stemme

Entstehungszeit: 1958-1962

Einweihung: 3. September 1960; Ergänzung (Holzkreuz und Leuchter): 8. September 1962

Deutung: Das einfache Holzkreuz mit dem kleinen Blechschild „Allemand Inconnu" stammt von einem Soldatenfriedhof in Frankreich. Anfangs lehnte die alte Schulfahne an der Wand. Der Wandspruch „Die Gefällten sind es auf denen das Leben steht" in Blei und Stein ist (nach Angabe Hübotters) von Christian Morgenstern (1871-1914).[1291] Die Bücherei stellt den Zusammenhang von Schülersein und Kriegstod, von Vergangenheit und Zukunft her. Die Bücher im Schrein und in den Regalen verbinden Gedenken und Nachdenken, Erinnern und Reflektieren. Die Gedächtnisstätte soll nach dem Willen ihrer Stifter „kein totes Denkmal sein, sondern durch ihr Dasein besinnliches Vertiefen in geschichtliche Vorgänge anregen und vermitteln." Sie soll „eine Brücke sein von der Vergangenheit in die Zukunft; eine Brücke, deren tragende Elemente Verständnis und Mahnung zugleich bilden."[1292] Eine solche Brücke heißt „Tradition".

Authentizität wird durch das Kreuz und die Fahne hergestellt. Ein namenloser Deutscher wird mit der Schultradition verbunden, der Tod auf dem Schlachtfeld – im Morgensternzitat – mit dem Leben. Bäume werden gefällt, um genutzt zu werden. Wird das Sprachbild zum Gerüst, zur tragenden Holzkonstruktion, weitergedacht, die das Leben der Überlebenden trägt? Oder bleiben die gefällten Bäume zurück im Wald, wo sie – in Ruhe gelassen – verwesen und vermodern und so zu Humus werden, auf dem neues Leben stehen kann? Vorgeschlagen wurde der Wandspruch nach Aktenlage von Wilhelm Hübötter, einem Landschaftsarchitekten, der z. B. 1934 von Heinrich Himmler – mit dem er sich allerdings bald zerstritt – mit der Planung des „Sachsenhains" beauftragt wurde.[1293] Für ihn könnte „dieser wunderschöne Spruch ... unter Umständen eine Idee sein für diesen ganzen Gedenkraum überhaupt. Die große Verpflichtung für die kommenden Geschlechter soll es ja sein, die diesem Raum den Inhalt gibt, im Hinblick auf das große und einmalige Opfer der Gefallenen."[1294]

Der literarische Kontext des Morgenstern-Zitats konnte nicht ermittelt werden. Möglicherweise ist er auch im außerliterarischen Bereich zu suchen. Vielleicht besteht ein Zusammenhang zu einem Angebot der Stadt Nordhorn aus dem Jahr 1939 an die der Stadt Hildesheim, die Bronzeplastik „Aufstehender Jüngling" von Hermann Scheuernstuhl, die „früher" als Kriegerdenkmal verwendet wurde, aber „schon vor der Machtübernahme" nicht mehr den Vorstellungen der Auftraggeber entsprochen hätte. Während Stadtbaurat Grothe am 30. Mai 1939 dem Oberbürgermeister vorschlug, die Skulptur könne auch auf einem Sportplatz Verwendung finden, entschieden die Beiräte für Kunst und Wissenschaft (der heutige Kulturausschuss) am 4. Juli 1939, die Plastik entsprechend eines Vorschlags des Stadtkämmerers Privat nicht zu erwerben.[1295] Grothe, Hübotter und Stein hatten schon beim Denkmal am Galgenberg eng und vertrauensvoll zusammenarbeitet. Möglicherweise machte die Episode bei einer der vielen Gelegenheiten die Runde und erzielte nachhaltige Wirkung. In Nordhorn stand die Figur, die 1933 von der SA entfernt wurde, auf einem runden Sockel aus Kalksandstein, der noch heute das vermeintliche Morgenstern-Zitat als Inschrift trägt.

Das 1962 ergänzte Kreuz für den unbekannten Deutschen setzt einen Kontrapunkt zum dicken Buch voller biografischer Angaben. Das Buch gibt nicht nur Auskunft über das, was von den „Gefällten" bekannt blieb. Es enthält Leittexte oder Leitsätze, die den im Buch Blätternden und die Namen Lesenden zum Innehalten, zur Besinnung einlädt. Die in Blocksatz auf graues Papier geschriebenen Texte von Schopenhauer, Bröger (2), Flex (2), Vogeler, einem unbekannten Soldaten und ohne Quellenangabe (2) bemühen sich um Sinngebung, Trost, Mahnung. Hinweise auf die zeitgeschichtliche Einordnung der Autoren fehlen, so riskieren die Zitate, missverstanden zu werden. Der Satz Karl Brögers[1296] „Haltet das Werk am Leben, so ist kein Geopferter tot" lässt den Lesenden allein mit der Frage, welches Werk hier gemeint ist und welches Opfer gebracht wurde. Die Gefahr besteht, dass der Sozialdemokrat, Nürnberger Stadtrat und Arbeiterdichter in militaristischer, nationalistischer oder nationalsozialistischer Weise interpretiert und damit – wie nach 1933 oder bei seiner Beerdigung am 9. Mai 1944 – für propagandistische Zwecke missbraucht wird.[1297] In ähnlicher Weise erging es dem Sozialdemokraten Fritz Röhrs[1298], von dem das in die Büchern eingeklebte holzgeschnittene Exlibris stammt.[1299] Auch Walter Flex[1300], der zweimal zitiert wird, erlitt ein ähnliches Schicksal. Alle drei waren auf ihre Weise mit der Jugendbewegung des beginnenden zwanzigsten Jahrhunderts verbunden, liebten ihre Heimat, setzten sich für eine brüderliche Gemeinschaft der Menschen ein – und ließen sich damit bestens von den Nazis vereinnahmen. Den Sinnspruch von Vogeler hat dieser für das Denkmal des Andreas-Realgymnasiums für die Gefallenen des Ersten Weltkriegs (II 8.1) geschrieben; Dr. Adolf Vogeler[1301] war dort Oberstudienrat und spielte mit dem freudigen Auszug zu frühem Tod zweifellos auf die Langemarck-Legende an.[1302] Nachträglich beigefügt wurde dem Buch ein Verzeichnis der Schüler der Anfangsklasse 1936/1937 bis zur Kriegsabschlussklasse 1943/1944. Offenbar nahmen die Betroffenen „ihr" Buch an, sorgten sich um Vollständigkeit und ergänzten es um weitere, ursprünglich nicht vorgesehene Aspekte.

Die Idee, statt eines Denkmals eine Bibliothek zu errichten, schlug erstmals der Architekt Bruno Taut 1922 in Magdeburg vor. Damals protestierten die örtlichen Truppenvereine, weil sie eine Erniedrigung der Gefallenen durch die Verbindung von „Erhabenem und Nützlichem" befürchteten. In der Scharnhorstschule beteiligten sich auch Mitglieder des Vereins ehemaliger 79er (z. B. Stein, Hübotter) an der Gestaltung und Einrichtung der Gedenkraumbibliothek.

Der Vorsitzende der „Arbeitsgemeinschaft Gedenkraum", Walter Kettler, legte bei der Einweihung Wert auf die Feststellung, dass es sich bei dieser Gedächtnisstätte um einen gelungenen Kompromiss handele: „Das konnte kein Kriegerdenkmal in alter Auffassung sein. Das war von Anfang an nicht einmal in Erwägung gezogen. Aber es hätte ein sakral gestalteter Raum mit einem Kreuz als Mittelpunkt sein können. Dieser hätte die Angehörigen und unsere Generation eindringlich angesprochen. Sprach eine solche Lösung auch die heutige Jugend an? Wäre es für sie nicht nur ein Denkmal gewesen, zu dem sie keine innere Bindung gefunden hätte? Sollten wir nur die Bücherei stiften, die gewünscht war? Mit solcher Lösung allein konnten wir Älteren uns nicht abfinden, trotz der Berechtigung der Forderung der heutigen Jugend."[1303]

Die Hildesheimer Presse hob in ihrem Veranstaltungsbericht das aus ihrer Sicht Besondere hervor: In spontaner Übereinstimmung hätten Aktive und Ehemalige einen Schritt getan, der bewusst hinwegführt von der Kriegerdenkmalschablone der Glanz- und Gloria-Zeiten und der deutlich macht, dass die heranwachsende Generation über die Problematik des Kämpfens und Sterbens in aller Nüchternheit nachdenken könne, ohne den Gefallenen ihren Respekt zu verweigern.[1304]

Damit erhält die Gedenkraumbibliothek eine therapeutische Funktion: Sie ermöglicht im umfassenden Sinn Trauerarbeit. Zwar bietet der Gedenkraum vielfältige Sinngebungen an, doch stellt er sie zugleich in Frage, gleichsam auf den Prüfstand kritischer Reflexion. So relativieren sich die Zitate Brögers, Flex's, Schopenhauer und Vogelers. Sie mochten denen, deren Tod im Gedenkbuch testiert wird, Ansporn und Trost gewesen sein. Die, die als Nachgeborene das Buch lesen und die Zitate zwischen den Namen der Toten finden, werden angeregt, sie ideologiekritisch zu hinterfragen. Dabei setzten die Initiatoren großes Vertrauen in die Bildungsarbeit der Schule und die Reflexionsfähigkeit der Schüler. Auch die Hauptwerke der NS-Ideologie „Mein Kampf" und „Der Mythus des XX. Jahrunderts" konnten im Original gelesen werden.

Objektgeschichte: Anlässlich des Umzugs der Schule vom Pfaffenstieg in den Neubau an der Steingrube (28. August 1959) und des 75-jährigen Schuljubiläums beschloss die Hauptversammlung des Vereins der ehemaligen Andreas-Realgymnasiasten und Scharnhorstschüler am 28. Februar 1959, rechtzeitig zum 75-jährigen Bestehen der Schule 1960 eine Gedenktafel für die verstorbenen Lehrer und Schüler, insbesondere für die Gefallenen der beiden Weltkriege in Form einer Wandplastik zu stiften.[1305] Dem Vorsitzenden lag ein Angebot des Bildhauers Carl van Dornick vom 27. Februar 1959 vor, in dem er eine Schmiedeplastik in Kupfer mit Email und Feuervergoldung vorschlug. Ihr sollte die Idee der Iliassage zugrunde liegen: der Fährmann, der das Totenschiff steuert. Technik und Arbeitsweise könne man am Vorbild in der Hauptpost am Bahnhof erkennen.[1306]

Um diesen Auftrag „in einer würdigen Form von bleibendem Wert" (Bodenstein) durchzuführen, war der Vorstand von der Hauptversammlung ermächtigt worden, einen Aktions-Ausschuss aus dem Kreis der ehemaligen Schüler zu bilden, der sich in zwei Unter-Ausschüsse gliedern sollte: a) für die künstlerische Gestaltung und b) für organisatorische und finanzielle Maßnahmen.

Zur ersten Besprechung auf der Baustelle an der Steingrube und zur anschließenden konstituierenden Sitzung des Aktions-Ausschusses im Hotel „Weißer Schwan" luden der Vorsitzende Karl Deipenau und der Geschäftsführer Heinrich Bodenstein am 11. April 1959 ein. Walter Kettler

war bereits zum Vorsitzenden des Ausschusses bestimmt worden.
In den Unter-Ausschuss für die künstlerische Gestaltung lud die Vereinsspitze Ministerialrat Wilhelm Pook, Gartenarchitekt Prof. Wilhelm Hübotter, Architekt Wolfgang Prieß, Architekt Dipl. Ing. Friedrich Karl Roether zur Mitarbeit ein. Für den Unter-Ausschuss für organisatorische und finanzielle Maßnahmen versuchte sie die Kaufleute Wilhelm Brinkop („Uhren-Brinkop"), Carl Vierfuß (Eisen- und Haushaltswaren) und Otto Eicke (Getreidehandel) sowie den Bankdirektor Hermann Kühne (Commerzbank) zu gewinnen. Vierfuß, Eicke und Kühne vermochten nur eine finanzielle Unterstützung zuzusagen, Brinkop war zur Mitarbeit bereit.[1307] Später kamen der Kaufmann Kurt Faßbender und der Gärtnereibesitzer Kurt Hennis hinzu.[1308]
Schon bei der ersten Zusammenkunft verwarf die nun „Arbeitsgemeinschaft Gedenkstätte" genannte Gruppe das „Anbringen einer zeitlich sehr modernen Ausführung einer Gedenktafel im Durchgang des 1. Bauabschnitts zum 2. Abschnitt".[1309] Nach Erörterung anderer Vorschläge entschied die Arbeitsgemeinschaft, „eine Gedenkstätte für die in beiden Weltkriegen gefallenen Schüler und Lehrer zu schaffen, ... die im Sinne einer Kulturaufgabe zeitlos, würdig und schlicht, aber auch sprechend gestaltet werden"[1310] sollte. Man dachte an eine Ausweitung der Glashalle im Verwaltungsbau zum Innenhof und die Herrichtung des gewonnenen Raums als Gedenkstätte. Ein Beratungsgespräch, das Prieß und Kettler am 3. Juli 1959 in Hermannsburg mit dem Leiter der Arbeitsgemeinschaft Friedhof und Denkmal, Baurat Dr. Ing. Werner Lindner[1311], führten, ergab jedoch, dass die erhoffte Wirkung nur in Verbindung mit der Aula oder mit einem ruhigen Fleckchen Erde um die Schulbauten herum zu erreichen war.
Inzwischen hatte auf Anregung von John der Schulleiter, Oberstudiendirektor Karl Stöcker, Primaner nach ihrer Einstellung zu einer Gedenkstätte und ihrer Gestaltung befragt. Am 4. Juli lag der Arbeitsgruppe eine Niederschrift einer Oberprima vor, die Vorschläge wie eine Orgel für die Aula und die Einrichtung einer Bibliothek mit Werken über neuzeitliche Geschichte und Büchern aus dieser Zeit enthielt. Weder die Schule noch das Elternhaus vermittelten genügend Kenntnisse über diese Zeit. Von dieser – wie Hübotter sagte – einmaligen Idee ließ sich die Arbeitsgruppe begeistern und beschloss einmütig einen Gestaltungsvorschlag: „Innengestaltung gleich in der Planung vom Fußboden über die Wände, Fenster, Decken und Türen in bester Handwerksarbeit auf den Sinn des Raumes abgestimmt. Die Ausstattung dazu passend. Für die Gedenkstätte ist für diesen Raum vorgesehen: ein Buntglasfenster in Verbindung mit Tafeln oder einem Schrein mit dem Gedenkbuch, das die Namen der Gefallenen aufnehmen soll."[1312]

Zum Bericht der Arbeitsgruppe enthält die Vereinsakte eine ausführliche Stellungnahme von Adolf Flöckher vom 13. September 1959, in der er die Umbenennung der Ausschüsse zur Arbeitsgemeinschaft als Eigenmächtigkeit tadelt. Vor allem aber beklagte Flöckher, dass in dem Gedenkraum nicht an die verstorbenen Lehrkräfte und Leiter der Schule erinnert werde. „Ehemalige einer Schule, die ihnen das Rüstzeug fürs Leben gegeben hat, haben in erster Linie den Lehrern und Leitern der Anstalt ein dankbares Denken zu widmen. Den Gefallenen Ehre anzutun ist wohl Aufgabe der Kriegervereine und Traditionsvereine, nicht oder weniger die eines Vereins ehemaliger Schüler!"[1313] Außerdem befürchtete er, dass von den Gefallenen des Zweiten Weltkriegs nur ein Bruchteil bekannt werde, weil alle Unterlagen verloren gegangen seien.

Am 29. September 1959 und erneut und eindrücklicher im April 1960 wandten sich der Vereinsvorsitzende und der Leiter der Arbeitsgemeinschaft mit einem Spendenaufruf an die Mitglieder. Angeschrieben wurden 850 Ehemalige. Als Wilhelm Hübotter später nach der Fertigstellung mitteilte, dass 13.158,38 DM aus Spenden zur Finanzierung des Raumes beigesteuert werden konnten, beklagte er in ironisierender Form, dass 500 offenbar vergessen hatten, ihren Spendenschein auszufüllen.[1314]

Die Vereinsakte enthält allerdings auch Antwortschreiben, in denen Ehemalige ihre Nichtbeteiligung begründeten:
- Sechs befanden sich in einer finanziellen Notlage (Aufbau eines Hausstandes, kinderreiche Familie, noch in der Ausbildung, mangelnde Einkünfte aus freiberuflicher künstlerischer Tätigkeit)
- Einer empörte sich über den im zweiten Spendenaufruf enthaltenen Satz „Sollen wir verschweigen, dass uns auch manche Ent-

täuschung bereitet wurde von Zeichnern, denen wir eine höhere als die gezeichnete Summe zutrauen durften."
- Einer – ein Student – wollte zunächst nichts spenden, weil er von allen möglichen Seiten angesprochen werde, etwas zu spenden. Der Plan, einen Gedenkraum mit Bibliothek einzurichten, habe ihn jedoch umgestimmt, so dass er 10 DM beisteuerte.[1315]

Nach eineinhalbjähriger Arbeit war schließlich im Verwaltungstrakt der Schule der Raum fertig gestellt. Ein in einem Schrein verwahrtes Gedenkbuch bezeugte die Namen und Daten von 437 Gefallenen beider Weltkriege. Eine umfangreiche zeitgeschichtliche Bibliothek regte – auf Vorschlag der Schüler – zum Nachdenken an. Das Morgenstern-Zitat als Wandspruch erwähnte Wilhem Hübotter erstmals emphatisch in einem internen Sitzungsvermerk vom 24. September 1959 („Dieser wunderbare Spruch von Christian Morgenstern könnte unter Umständen eine Idee sein, für diesen ganzen Gedenkraum überhaupt. Die große Verpflichtung für die kommenden Geschlechter überhaupt soll es ja sein, die diesem Raum den Inhalt gibt, im Hinblick auf das große und einmalige Opfer der Gefallenen.")[1316] Am 5. April 1960 teilte er ihn „offiziell" dem Vereinsgeschäftsführer mit, „weil er alles umfasst und einprägsam ist.[1317] Im gleichen Brief schlug er das Zitat von Walter Flex als Geleitwort für das Gedenkbuch vor. Als Schriftart empfahl er eine geschriebene, nicht gezeichnete Antiqua. Die Gestaltung des Schreines, des Buches und des Spruches sowie der Gedanke der Bibliothek der Gegenwartsgeschichte seien die zentralen Fragen, hinter die architektonische Überlegungen zurückzustehen hätten. Auch das Kreuz könne später angebracht werden.

Das freilich sahen Prieß und Roether anders. Prieß meinte, „dass ein Gedenkraum ein ‚heiliger' Raum sein soll, der denjenigen, welcher ihn betritt, mit Andacht und Ehrfurcht erfüllt". Absurd sei die Vorstellung, dass Schüler in diesen Raum mit Sitzhockern zum Colloquium „einmarschieren" könnten. Er erläuterte nochmals seine Vorstellungen von einer wertvollen und kunstfertigen Gestaltung des Raumes, die er in Grundzügen bereits am 4. Juli 1959 dargelegt hatte.[1318] Roether widersetzte sich heftig dem Diktum des städtischen Oberbaurats John, dass „es sich bei dem ... Raum um einen Schulraum handelt, der dem Schulbetrieb auch zur Verfügung stehen müsse, wie die übrigen Räume." Außerdem hielt er es für unverantwortlich, den Ehrenschrein an der Ostwand zwische zwei gegenüberliegenden Türen anzubringen. Aus Protest schied er aus der Arbeitsgruppe aus.[1319] Prieß verließ die Arbeitsgemeinschaft am 4. April wegen der Erklärung von John, dass Architekt Brockmann den Gesamtauftrag für die Schule habe und deshalb nur dieser über die Gestaltung des Gedenkraumes zu bestimmen habe.[1320] Tatsächlich bewahrheitete sich die Einschätzung von Hübotter, dass sowohl John als auch Brockmann ernsthaft bemüht seien, die Gestaltung so anständig wie möglich durchzuführen.[1321] Die meisten der Anregungen von Prieß wurden denn auch berücksichtigt.

Auszüge aus dem Bündel Briefe, mit dem die Schüler auf das Angebot der Ehemaligen reagierten, zitierte Bernhard Häußermann in einem Beitrag für die Hannoversche Allgemeine Zeitung: „Ich habe früher eine Schule besucht, auf deren Schulhof ein Findling mit einer Gedenktafel stand. So traurig die Feststellung ist, aber dieser Stein wurde von den älteren Schülern kaum oder gar nicht beachtet, während die Jüngeren ihn für ihre Spiele missbrauchten. Ich möchte daher die Einrichtung einer Bibliothek vorschlagen. Wir Schüler sollen an die grausamen Zeiten der beiden Weltkriege erinnert werden, und diese Stätte des Gedenkens soll nicht ein Wallfahrtsort weniger Alter Herren werden, die mit den Gefallenen ihre Schulzeit verlebt haben." Ein anderer sah in der Bücherei eine Möglichkeit, das Mahnen lebendig zu halten, weil sie Gelegenheit bot, „sich über die Gründe zu informieren, die dazu führten, dass wir jetzt in der Situation stehen, unserer ‚Schulkameraden' gedenken zu müssen."[1322]

Bei der Auswahl der Bücher beauftragte die Arbeitsgemeinschaft Professor Wilhelm Hübotter. Der ließ sich zunächst von dem ihm bekannten Buchhändler der internationalen Buchhandlung in Hamburg, Ernst Zermory, einen Katalog der einschlägigen Literatur zusammenstellen. Walter Kettler vermittelte einen Kontakt zum Leiter der Landesbüchereistelle Schleswig-Holstein, deren Leiter, Dipl.-Bibl. Erik Wilkens, ebenfalls Vorschläge beisteuerte. Als Ratgeber unterstützten der im Kultusministerium für Gymnasien zuständige Ministerialdirigent Prof. Dr. Otto Haase und Prof. Dr.

Siegfried Knoke, damals ebenfalls im Kultusministerium, bald darauf aber in der Pädagogischen Akademie Hannover, das Vorhaben. Offenbar stammt von ihnen die Empfehlung, sich mit dem Göttinger Max-Planck-Instituts für Geschichte in Verbindung zu setzen. Dort übernahm Prof. Dr. Heimpel, „einer unserer bedeutendsten Historiker" (Hübotter), das Patronat für die Bücherei, Dr. Freiherr von Aretin bearbeitete den von Zermory zusammengestellten Katalog. Schließlich erfuhr auch der letzte preußische und erste niedersächsische Kultusminister Dr. Adolf Grimme – ein ehemaliger Andreaner – von dem Vorhaben und fügte einem begeisterten Brief eine lange Liste mit Büchern bei, die seines Erachtens für eine solche Bücherei in Frage kämen.[1323]

Hübotter führte das gesamte Schriftgut, das im Zusammenhang mit der Gedenkraumbücherei entstand, in einem Leitz-Ordner zusammen, „da steht alles drin, und er gehört mit in diese Bücherei."[1324]

Einen Einblick in die Bücherregale an der Seitenwand schräg gegenüber der eigentlichen Gedächtnisstätte gewährte die Tageszeitung „Die Welt" am 25. Oktober 1960: „In den Fächern stehen zeitgeschichtliche Werke der Gegenwart und der jüngsten Vergangenheit. Unter anderem Churchills Memoiren, Alan Bullocks Hitler Biographie, Bücher von Golo Mann, Reitlinger und Poliakov-Wulf. Ferner Hitlers ‚Mein Kampf' und Rosenbergs ‚Mythus des XX. Jahrhunderts', Dokumentationen des 2. Weltkriegs und ein in Polen erschienener Bildband über die Greuel in den Konzentrationslagern, den man nur mit Erschütterung aus der Hand legt. Insgesamt 200 Werke, Bücher aus dem Themenkreis der ‚unbewältigten Vergangenheit'".[1325]

Der Gedenkraum der Scharnhorstschule, der in dieser Form in der Bundesrepublik einzigartig war, weckte das Interesse nicht nur der drei Hildesheimer Tageszeitungen HAZ, HP und „Hildesheimer Rundschau", sondern auch überregionaler Medien und erzeugte überall positive Resonanz. Der Verein der Ehemaligen wertete die Berichterstattung aus und fand Beiträge außer in der bereits zitierten „Die Welt" in „Die Zeit", „Frankfurter Rundschau", „Stuttgarter Zeitung", „Rhein- und Ruhr-Zeitung" (Düsseldorf), „Die Burg" (Ludwigsteiner Blätter der Jungen Generation), „Hannoversche Allgemeine Zeitung" sowie im Norddeutschen Rundfunk (am 18. August 1960) und im Deutschen Fernsehen (am 4. November 1960).[1326]

Auf die Neuartigkeit der Idee machte Otto Haase bereits am 23. September 1959 in der Sitzung der Arbeitsgemeinschaft aufmerksam. Vergleichbar sei allenfalls ein Raum der Besinnung, den Hermann Lietz vor mehr als fünfzig Jahren im Turm von Schloss Bieberstein eingerichtet habe. Als besonders gelungen bezeichnete Haase die „Synthese zwischen Profanem und Sakralem" – der Raum sei benutzbar und gleichzeitig besinnlich.[1327]

Fünf Ansprüchen sollte der Gedenkraum nach der Vorstellung der Arbeitsgemeinschaft gerecht werden:

1) der Besinnung und Sammlung
2) Gesprächen einer AG für neuere Geschichte oder philosophische Gesprächen (dafür müssten zu gegebenen Zeiten 25 Sitzmöglichkeiten geschaffen werden können)
3) als Ort des Gedenkens für die Angehörigen und Freunde der Gefallenen (der deshalb auch einen Zugang von außen erhielt)
4) der Sammlung von Büchern und Dokumenten zur neueren, aber auch älteren Geschichte
5) als Standort des Schreins mit dem Gedenkbuch.[1328]

Der Leiter der Arbeitsgemeinschaft, Walter Kettler, dankte bei der Eröffnung allen, die zum Gelingen beigetragen haben:

- den Freunden und Ehemaligen der Schule, bei denen der Anruf zu spenden ankam,
- den Angehörigen der Gefallenen, die ohne den Anruf spendeten,
- dem Architekt Brockmann und Oberbaurat John für die räumliche Gestaltung des Gedenkraumes,
- der Arbeitsgemeinschaft, insbesondere den Mitarbeitern Hübotter, Pook, Prieß, Roether und Stein,
- Heinrich Bodenstein, der neben den vielen Belastungen, die die Feier des Jubiläums für ihn mit sich brachte, dafür sorgte, dass die erforderlichen Spenden zusammenkamen,
- Oberstudienrat Bohnsack und Emil Mackel für die wertvollen Anregungen,
- Dr. Tischbein, der in unermüdlicher Sorgfalt, in einer Monate in Anspruch nehmenden Arbeit und mit vielen Mühen die Namen und Daten der Gefallenen ermittelt und zusammengetragen hat,

• dem Max-Planck-Institut für Geschichte in Göttingen für die überaus sorgliche und liebevolle Mitarbeit, insbesondere Dr. Freiherr von Aretin und Prof. Heimpel.[1329]

Am Sonnabend, 8. September 1962, übergab der Verein der ehemaligen Oberreal- und Scharnhorstschüler der Schule das Holzkreuz, „das vor noch nicht langer Zeit auf dem Grab eines unbekannten deutschen Soldaten in Frankreich gestanden hatte", einen zweiteiligen eisernen Leuchter, das Wappen Scharnhorsts (von Goldschmiedemeister Blume gefertigt) und eine weitere Bücherspende. Oberstudiendirektor Karl Stöcker versprach für die Scharnhorstschüler, sie würden sich dieser Stätte würdig erweisen. „Wir glauben, dass diese Jugend willens ist zu verhindern, dass in der nächsten Generation noch einmal ein solcher Raum eingerichtet werden muss."[1330] Aus Vereinsmitteln wurde die Bibliothek auch weiterhin jährlich ergänzt. Bis 1970 fand im Gedenkraum anlässlich der Ehemaligentreffen eine jährliche Totenehrung statt. Außerdem wurde der Raum am Sonntag Reminiscere, am Volkstrauertag und am Totensonntag geöffnet.[1331]

Die vom Ehemaligen-Verein gesammelten bzw. bereitgestellten Beträge sind den Vereinsakten zu entnehmen. Von 1961 bis 1970 kamen 6.573,22 DM für den Gedenkraum und 2.632,25 DM für die Bücherei zusammen. Nach Wiederaufnahme der Vereinsaktivitäten im Jahr 1979 verzeichnen die Kassenberichte nur noch bis 1982 Ausgaben für Blumenschmuck bzw. Kränze von insgesamt 168,90 DM.[1332]

Die Gefallenen des Zweiten Weltkrieges sind in der Festschrift „75 Jahre Scharnhorstschule Hildesheim", Hildesheim 1960, S. 45-48 verzeichnet; die Zusammenstellung besorgte Dr. Wilhelm Tischbein, Studienrat a. D.. Die Namen der im Ersten Weltkrieg Gefallenen finden sich in den Festschriften zum 40- und 50-jährigen Bestehen der Schule.

5.6 Ehrentafel des Vereins ehemaliger Kavalleristen für die im Ersten Weltkrieg Gefallenen

1. Standort

Vereinslokal „Deutscher Adler", Molkestraße

2. Beschreibung

Ehrentafel mit 4 Namen
Zustand: verschollen

3. Dokumentation

Auftraggeber: Verein
Einweihung: 10. Januar 1920[1333]
Objektgeschichte: Die Veranstaltung im „Deutschen Adler" war sehr gut besucht. Die Tafel wurde anschließend für kurze Zeit im Schaufenster des Kunstgewerbehauses ausgestellt. Der Ehrenvorsitzende Oberstleutnant von Bultke „ergriff das Wort zu einer markigen Ansprache".[1334] Für die Standartenweihe wurde das Denkmal der 79er an der Steingrube genutzt.[1335] Der Verein wurde am 13. März 1913 gegründet. 1920 formierte der ehemalige 79er-Obermusikmeister Blum das Trompeterkorps, das während der gesamten Vereinsgeschichte bis in die sechziger Jahre bestand. Zwischen den Weltkriegen gehörten dem Verein bis zu 300 Mitglieder an.[1336]

5.7 Denkmal am Ende der Sedanallee

5.7.1 Kaiser-Wilhelm-Denkmal

1. Standort

Eingang der Sedanallee, zwischen den beiden Armen der Sedanstraße an der Goslarschen Straße

2. Beschreibung

Aus einem in mittelalterlich einfachem Stil bearbeiteten Sockel wächst ein Felsen hervor, auf dem ein verendeter Drachen liegt. Das Pferd, vom Reiter scharf am Zügel gehalten, schreitet über ihn hinweg, beugt dabei tief in seitlichem Bogen den Hals und schaut schnaubend auf das überwundene Untier. Die Reitergestalt, das ideale Bild des Kaisers, sitzt mit Blick nach Süden in die Allee hinein in majestätischer Ruhe auf dem Ross, im Kürassierpanzer, den von einem Lorbeerkranz umwundenen Adlerhelm auf dem Haupt. Die Rechte streckt unter dem wallenden Mantel den Feldherrenstab hervor. Vorn rechts neben dem Pferd steht die Idealgestalt einer ger-

Abb. 65: „Kaiserdenkmal"[1337]

manischen Jungfrau. Ihre Linke hält die deutsche Kaiserkrone mit triumphierender Geste hoch, ihre Rechte stützt sich leicht auf das mit Lorbeerreisern umwundene Reichsschwert.
An den beiden Längsseiten des Sockels wird auf Reliefs zum einen (an der Westseite) Hermann der Cherusker dargestellt, dem germanische Krieger erbeutete römische Waffen und Geräte überbringen, zum anderen (an der Ostseite) Barbarossa, den der Hirtenknabe aus dem Schlummer rüttelt, indem er ihn auf die sich über ihm abspielende Szene hinweist. Die Vorderseite (im Süden) trägt die Inschrift „DEM / NEUBEGRÜNDER / DES DEUTSCHEN / REICHES", an der Rückseite sind die Wappen von Stadt und Fürstentum Hildesheim angebracht.[1338]
Maße (Breite, Höhe, Tiefe): Gesamtanlage: ca. 8 x 11 m, Fundament: ca. 3,20 x 0,50 x 4,30 m; Granitblock: 2,50 x 3,10 x 3,00 m (Maße aus der heutigen Denkmalanlage übernommen), Reiterstandbild ca. 5 m hoch und 3 m breit
Material: Reiterstandbild und Reliefs aus Bronze, Granitsockel aus norwegischem Labrador
Technik: Steinmetzarbeit, Bronzeguss
Zustand: nach der Demontage der Metallteile 1943 nicht wieder erneuert, das Rudiment wurde 1952 völlig umgestaltet

3. Dokumentation

Auftraggeber: Komitee aus anfangs 25 Mitgliedern (Vorsitzender: General d. I. Freiherr v. Rössing), Stadt und Fürstentum Hildesheim
Hersteller (Entwurf, Ausführung): Bildhauer und Maler Professor Otto Lessing (Berlin, 1846-1912)
Entstehungszeit: 1897-1900
Einweihung: 31. Oktober 1900, anlässlich eines Besuches Kaiser Wilhelms II.
Deutung: Das Denkmal erinnerte an den Sieg über Frankreich und an die Reichsgründung 1871. Die Sedanallee wird an beiden Seiten von der Sedanstraße begrenzt. Sie ersetzte die ehemalige Ortsbefestigung der Neustadt, die bis ca. 1810 an dieser Stelle aus einem Wall und einem Graben bestand, die auf Veranlassung der preußischen Verwaltung von der „Wallabtragungsgesellschaft" eingeebnet wurden.[1339] Rechtwinklig münden die Weißenburger Straße (seit 1878), Vionvillestraße (seit 1897) und Wörthstraße (seit 12. Mai 1875) ein und erinnern, wie auch die Sedanstraße (seit 30. September 1873), an siegreiche Schlachten im deutsch-französischen Krieg, die Roonstraße und Molkestraße (29. Juni 1876) an bedeutende Militärführer. In dieses Umfeld fügt sich das „Siegerdenkmal" folgerichtig in das Ensemble ein und wurde von den Hildesheimerinnen und Hildesheimern auch in diesem Kontext wahrgenommen. In einer Meldung der Hildesheimschen Zeitung vom 28. April 1925 wird das Reiterstandbild als „Kriegerdenkmal" bezeichnet. Die dargestellte Szene wirkt wie eine Allegorie zu den Ereignissen vom 2. September 1870, als sich nach der kriegsentscheidenden Schlacht bei Sedan der französische Kaiser Napoleon III. dem preußischen König Wilhelm unterwarf.
In der Standortentscheidung für den Rand der Neustadt und für die Sedanstraße, deutet sich die „neue Zeit" gleich zweimal an. Das dargestellte Ereignis sprengt schier den Rahmen des Althergebrachten, präsentiert sich in imposanter Größe auf der ca. 50 Meter breiten eingeebneten Wallanlage, einer Allee aus Linden, Platanen und Akazien, die mit ihrem Namen an die berühmteste Schlacht des Krieges von 1870/71 erinnert und deren Bauten den Wohlstand und das Selbstbewusstsein des aufstrebenden Bürgertums widerspiegelten.
„Die vaterländische Gesinnung der heutigen

Generation (verwandelte sich) in Granit und Erz ..., um so in überwältigender Sprache der Nachwelt Zeugnis zu geben von echter Gesinnungstüchtigkeit und Treue, von tiefer Ehrfurcht vor den höchsten nationalen Gütern,"[1340] schrieb Henry Cassel, der Chronist des Denkmals, 1900.

Das allegorische Denkmal zeigt den Drachen der Zwietracht, erschlagen vom Kaiser auf dem Felsen der nationalen Einheit. Der in mittelalterlicher Manier behauene Sockel trägt Reliefs mit den beiden größten Nationalhelden der germanischen Vorzeit und des Mittelalters: Hermann den Cherusker (mit Anspielung auf den Hildesheimer Silberfund) und Barbarossa (mit einem Hinweis auf das Denkmal über ihm). Er schlägt den Bogen von den Anfängen bis zum Höhepunkt deutscher Geschichte.

Der Marschallstab und die Uniform des Garde du Corps weist den Reiter als kriegserfahrenen Führer aus, der Lorbeerkranz ehrt ihn als Sieger. Ihm zur Rechten steht Germania. Sie hält die Kaiserkrone mit dem ausgestreckten linken Arm vor ihm hoch, dem Betrachter entgegen, auf das mächtige mit Lorbeerreisern umwundene Reichsschwert stützt sie sich noch leicht mit der rechten Hand ab.[1341]

„In der Germania-Gestalt suchte sich das fortschrittlich-antifranzösisch gesinnte Bürgertum seine Leitfigur. Autoren wie Arndt, Jahn und Fichte sahen in dem „teutschen Mädchen" die germanischen Urtugenden verkörpert." Die Kombination der Germania mit Szenen aus der germanischen und mittelalterlichen Geschichte war schon auf einem der ersten „Germania-Denkmäler" in Rastatt (1798) zu finden.[1342]

Das Reitermotiv erinnert an den Kampf des heiligen St. Georg mit dem Drachen. Das Hildesheimer Denkmal ist nach Lurz das einzige, das den Kaiser als Georg interpretiert, üblich sei gewesen, diese Rolle Bismarck und Wilhelm I. die des Michael zuzuweisen.[1343] Tatsächlich brachte auch Wilhelm II. in verschiedenen Kontexten immer wieder den Erzengel ins Spiel, beispielsweise, wenn es um die Verteidigung christlicher Werte oder den Kampf gegen die inneren Feinde ging.[1344]

In den beiden letzten Jahrzehnten des neunzehnten Jahrhunderts und zu Beginn des zwanzigsten entstanden in Hildesheim mehrere historisierende Denkmäler, die die Hildesheimer Stadtgeschichte oder bedeutende Persönlichkeiten darstellten. Beispielhaft seien erwähnt: die Freskenmalerei von Prof. Prell im Rathaus 1888-1890, die Restaurierung der Wandmalerei im Domkreuzgang mit Motiven der Hildesheimer Stiftsfehde 1888, das Bernward-Denkmal auf dem Domhof 1893, das Kehrwiederdenkmal an der Bernwardstraße und das Leunis-Denkmal auf dem Kleinen Domhof 1904, das Huckup-Denkmal am Hohen Weg und die Bismarcksäule am Galgenberg 1905, das Denkmal vom „Treuen Eckart" in den Anlagen des Hagentorwalls 1909.

Es ist ein Triumphdenkmal, das hier an den Anfang einer Siegesallee gestellt wurde. Es transformiert das Geschehen des deutsch-französischen Krieges in die mythenumwobene Reichsgeschichte. Der Sieg zählt, die Opfer zählt man nicht. Sie stehen unter Tabu. Die Überlebenden finden Trost im Stolz auf den Sieg und das Ergebnis: die Reichseinheit.

Objektgeschichte: Zahlreiche Denkmäler für Kaiser Wilhelm I. den Großen standen bereits in Deutschland. Die Festschrift zur Einweihung des Hildesheimer Denkmals nennt das Berliner Nationaldenkmal, das Denkmal am Deutschen Eck bei Koblenz und die Denkmäler in Kiel, Hamburg und Bremen. Die Idee zum Bau des Hildesheimer Kaiser-Wilhelm-Denkmals entstand am 18. März 1897 bei den Zentenarfeiern anlässlich des Beginns der Regentschaft von Friedrich Wilhelm III. von Preußen. Eine spontane Geldsammlung verlief viel versprechend und spornte zu einer Veranstaltung am 24. April 1897 an, bei der der Denkmalsplan weiter an Gestalt gewann. Unter Leitung von Geheimrat v. Rose wurde beschlossen, zur Finanzierung Stadt und Fürstentum Hildesheim heranzuziehen. Aus der Versammlung ging ein vorläufiges Komitee hervor, dem unter anderen General d. I. Freiherr v. Rössing, Regierungspräsident Dr. Schultz, Oberbürgermeister Struckmann, Amtsrat Sander, die Kommerzienräte Schoch und Pistorius, Bankdirektor M. Leeser angehörten und das sich bis zur konstituierenden Sitzung am 3. Juni 1897 auf 25 Mitglieder vergrößerte. Von ihnen wurde Freiherr v. Rössing zum Vorsitzenden gewählt und ein Ortsausschuss von 27 Herren gebildet. Ein in Stadt und Land verbreiteter Spendenaufruf sicherte nach kurzer Zeit die Finanzierung, so dass am 4. Mai 1898 als Standort die Sedanstraße bestimmt und auch gleich ein Preisgericht gewählt werden konnte. Ihm gehörten neben v. Rössing, Dr. Schultz, und Struckmann Stadtbaumeister Schwartz (Hildesheim), Geh. Oberregierungsrat Dr. Jordan und Prof. Lessing (Berlin) sowie Prof. Prell (Dresden) an. Lessing verließ die Jury nach einem ersten Besuch Hildesheims, um sich selbst an dem Gestaltungswettbewerb zu beteiligen.

Bis Oktober 1898 gingen 53 Entwürfe ein, 13 kamen in die engere Wahl, drei zeichnete das Preisgericht am 11. Oktober 1898 mit einem Preis von je 1.000 Mk. aus: Fr. Heinemann (Charlottenburg), Prof. O. Lessing (Berlin) und K. Steffens (Düsseldorf). Nach einer weiteren Konkurrenz der drei Besten wurde am 30. März 1899 der Entwurf von Lessing endgültig für die Realisierung ausgewählt.[1345]

Die Vorbereitung des Denkmalbaus beschäftigte nicht nur die Hildesheimer Öffentlichkeit. Die Neue Hamburger Zeitung erörterte 1898 das Denkmalprojekt im Rahmen der Serie „Hildesheim. Ein deutsches Stadtbild." in den Folgen I und IV. An allen Hildesheimer Stammtischen, aber auch hinter den heimischen Butzenfenstern, werde die Frage diskutiert: „Soll das Kaiser-Wilhelm-Denkmal sich der Romantik des Waldes und dem alten Geiste der Stadt oder der Ebene und der auf ihr anstürmenden Neuzeit anpassen?"[1346] Nach Meinung des Hamburger Kritikers war Otto Lessing der einzige mit einem wirklich originellen Gedanken, nämlich „das ganze Standbild sowohl dem Geist der Geschichte wie dem Charakter der Stadt Hildesheim anzupassen." Die Alternativvorschläge sahen vor, den Rolandsbrunnen auf dem Marktplatz abzutragen und es – wie in Hamburg – vor das Rathaus zu setzen, andere Plätze inmitten der Häuser der Alt- oder Neustadt wurden ins Auge gefasst.

Im Detail wünschte sich die Neue Hamburger Zeitung einige Verbesserungen des Modells: der Drache sei zu abscheulich geraten, das Pferd käme ganz gewiss nicht aus einem kaiserlichen Marstall, der Kaiser ähnele zu sehr dem Eisernen Kanzler, die Proportionen von Pferd und Reiter stimmten nicht, Germania wende dem Betrachter den Rücken zu.[1347] Einige dieser Anregungen griff der Künstler auf.

Am 10. Juni 1899 prüften v. Rössing, Struckmann und Jordan im Atelier Lessings den letzten Entwurf, am 13. Juni sah sich dann der Kaiser selbst das Denkmal an und lobte es als „schöne, großartige Idee" und „wunderschönen Entwurf".

Am 28. Dezember 1899 wurde der Vertrag mit Lessing unterzeichnet. Die Denkmalskasse verzeichnete 80.000 Mark.

Der Kaiser war von Lessings Entwurf und den Hildesheimer Planungen so angetan, dass er am 5. April 1900 seine Anwesenheit bei der Enthüllung am 15. Oktober 1900 zusagte. Am 11. Oktober verschob der Kaiser wegen des schlechten Gesundheitszustands seiner Mutter den Besuch auf den 31. Oktober. Den Hildesheimern kam der kurzfristige Sinneswandel gelegen, denn die Erstellung des Denkmals fand unter erheblichem Termindruck statt. Die Arbeiten am Fundament waren am 28. Juni abgeschlossen worden. Die gärtnerischen Anlagen plante und gestaltete auf Vermittlung Lessings der Direktor des Berliner Tiergartens Gleitner. Nun wartete man ungeduldig auf die aus Norwegen kommenden Granitblöcke (jeder 200 Zentner schwer). Sie trafen erst Mitte September in Hildesheim ein und wurden in wenigen Tagen von Küsthardt aufgestellt. Lessings Arbeit verzögerte sich, weil sein Modellpferd, das er sich tatsächlich im Königlichen Marstall ausgewählt hatte, eingegangen war und sich erst nach längerer Suche in den Stallungen Seiner Majestät Ersatz fand. Dann ließ die Gießerei Gladenbeck, Berlin, auf sich warten. Erst nach telegrafischer Mahnung standen die Gussteile am 5. Oktober auf dem Güterbahnhof, so dass sie gerade noch rechtzeitig montiert werden konnten – rechtzeitig zur Terminverschiebung. Am 31. Oktober 1900 fand die „majestätische" Denkmalsenthüllung mit großem Aufwand statt, ohne die kurz zuvor verstorbenen Initiatoren v. Rose und v. Rössing.[1348]

Am 21. August 1900 wies das Denkmalkonto einen Bestand von 100.000 Mark auf. Für die Fundamentierung zahlte die Stadt 4.500 Mark.[1349]

Vor dem Kaiser-Wilhelm-Denkmal fanden „vaterländische Veranstaltungen", zum Beispiel Garnisonsappelle[1350] oder Promenadenkonzerte[1351] statt.

1943 wurde das Reiterstandbild in drei oder vier Teile zerlegt und zusammen mit den Bronzereliefs und der Tafel mit der Inschrift eingeschmolzen.[1352]

Weitere Quellen: Postkarte: StAHi Bestand 952 Nr. 281/10

Maike Kozok, Hildesheim zur Kaiserzeit, Hildesheim 2005, S. 150-161

Abb. 66: Mahnmal für die Kriegsgefangenen und Vermissten[1353]

5.7.2 Mahnmal für die Kriegsgefangenen und Vermissten des Zweiten Weltkriegs

1. Standort

Eingang der Sedanallee, zwischen den beiden Armen der Sedanstraße an der Goslarschen Straße

2. Beschreibung[1354]

Am Eingang in die Sedanstraße steht in der Mitte eines Rosenbeetes auf einem Fundament von ca. 3,20 x 4,30 x 0,50 m ein mächtiger Granitblock, der Sockel des ehemaligen Reiterstandbildes Kaiser Wilhelms I. An der (südlichen) Vorderseite ist 1,10 m über dem Boden eine ca. 1,20 x 0,60 x 0,60 m große Nische ausgespart, vor der eine zweiflügelige Gittertür angebracht ist. In einer heute nicht mehr vorhandenen mit Kupfer verkleideten Kassette lag ein Buch mit den Namen von anfangs 93 Kriegsgefangenen und – nach 1955 – mit den Namen von 1816 Vermissten. Die Kassette war mit Blättern besetzt und hatte starke Scharniere.[1355] Die Türen werden von einer Kette und einem Vorhängeschloss zusammengehalten.
45 cm hoch über dem Sockel ist links ein 1,60 x 1,20 m großes Triptychon aus Kupfer eingefügt worden, in deren drei Feldern links (westlich) ein Soldat den Blick nach oben richtet und rechts ein anderer den Kopf mit geschlossenen Augen senkt, beide umgeben von Stacheldraht, und in der Mitte eine männliche Maske, die eine mit Stacheldraht umwundene Gefangenenmütze trägt. Über dem Männerkopf steht in Majuskeln das Wort „Memento".
Auf der (nördlichen) Rückseite ist 1,10 cm über dem Boden eine 1,00 x 0,50 m große Kupferplatte eingelassen, auf der die Worte „Wir / mahnen" unten und links von Stacheldraht umrandet sind. In den oben offenen Winkeln des „W" und auf der Spitze sind Kreuze dargestellt.
Auf der (östlichen) rechten Seite enthält ein 1,60 x 1,20 m großes Triptychon aus Kupfer im mittleren Feld eine Frauenmaske, über der in Majuskeln „Misericordia" in der Form eines Viertelkreises steht. Links ist ein älterer Mann mit Krummstab dargestellt, rechts eine Frau, die ihre Hände unter dem langen Gewand gefaltet hat.
Das Denkmal ist von der Sedanallee über drei 75 cm lange und 50 cm breite Steinplatten zu erreichen.
Maße (Breite, Höhe, Tiefe): Gesamtanlage: ca. 8 x 11 m, Fundament: ca. 3,20 x 0,50 x 4,30 m; Granitblock: 2,50 x 3,10 x 3,00 m
Material: norwegischer Labradorgranit, Kupfer; Vergitterung aus 20 mm Vierkanteisen
Technik: Steinmetzarbeiten, Kupferplatten gegossen
Zustand: gut

3. Dokumentation

Auftraggeber: Verband der Heimkehrer, Kriegsgefangenen- und Vermissten-Angehörigen Deutschlands, Stadtkreisverband Hildesheim; Stadt Hildesheim
Hersteller (Entwurf, Ausführung): Vergitterung und Buchkassette von Kunst- und Bauschlosserei Johannes Schulze (Hildesheim), Steinmetzarbeiten: Walter Stemme (Hildesheim); Kupferplatten: Carl van Dornick (Sillium); Mahnbuch: August-Wilhelm Lange
Entstehungszeit: 1952-1955
Einweihung: 26. Oktober 1952 (erste Nutzung als Kriegsgefangenendenkmal am Tag der Kriegsgefangenen); 21. Oktober 1953 (Einweihung); 27. August 1955 (Vollendung)
Deutung: Der vom „Siegerdenkmal" übriggebliebene Granitblock hat jetzt Festungscharakter, der durch die mit schwerem Eisengitter verschlossene Nische unterstrichen wird: Sie stellt „die Gefängnisse und Konzentrationslager

der Siegerstaaten dar."[1356] Die Inschriften sind ebenfalls an die Alliierten gerichtet: Der Appell „Wir mahnen" und die Bitte um „Misericordia" (Barmherzigkeit) weisen – in Verbindung mit den Darstellungen auf den Reliefs – auf das Los der Kriegsgefangenen und ihrer Angehörigen hin. Verzagt und verbittert warten die Eltern und die Ehefrau auf ihren Sohn und Mann (das Leid der Heimat). Van Dornick bezeichnete bei der Enthüllung dieses Triptychons am 27. August 1955 das Bildnis der Frau als Sinnbild der Gefährtin des Mannes schlechthin und der Trägerin der Zukunft.

Gegenüber von „Misericordia" werden die Passanten zu „Memento" (Erinnerung) aufgefordert: der Stacheldraht und die als Dornenkrone gestaltete Mütze setzen das Leiden der Gefangenen mit dem von Jesus in Beziehung, denkbar ist eine Analogie zum physischen Leiden nach ungerechter Verurteilung und anschließendem entwürdigenden Leidensweg bis zum Opfertod, aber auch die Trost spendende Anwesenheit des leidenden Christus im Leid der Gefangenschaft. Der linke Soldat, der den Blick nach oben richtet und den Stacheldraht zur Seite schiebt, steht für die Hoffnung auf Freiheit, der rechte, mit gesenktem Kopf und geschlossenen Augen, steht für die Resignation und Aussichtslosigkeit der Gefangenen.

Bezeichnender Weise thematisiert nichts an diesem Denkmal den eigentlichen Grund der Gefangenschaft. Er wird tabuisiert. Es gibt keine Klage über die eigene Verirrung oder Verstrickung, keine produktive Trauerarbeit. Stattdessen erhebt das Denkmal trotzig Anklage gegen die Alliierten (und zum Schluss nur noch die Sowjetunion) wegen völkerrechtswidrigen Zurückhaltens der Kriegsgefangenen, wobei der in diesem Zusammenhang gebrauchte Begriff „Konzentrationslager" zwar die wörtliche Übersetzung von „concentration camp" ist, die deutsche Zusatzbedeutung „Vernichtungslager" dabei aber entweder bewusst auszulöschen versucht oder aber entschuldigend auf die Praxis der Alliierten ausdehnt. Auf die Sowjetunion bezogen liefe das auf eine Gleichsetzung von Kriegsgefangenschaft und politischem Terror (im Archipel Gulag) hinaus, die angesichts der zahllosen Völkerrechtsverstöße Hitlerdeutschlands selbst von den Betroffenen in der ehemaligen Sowjetunion nicht geteilt werden dürfte.

Die Funktionäre der Heimkehrer, Kriegsgefangenen und Vermisstenangehörigen sahen in dem Denkmal einen Ausdruck der Treue und waren enttäuscht, wenn die Bevölkerung sich nur schwach an den Demonstrationen beteiligte. Das Buch in der Denkmalsnische testierte die Namen der Kriegsgefangenen aber auch ihre Befreiung. Es enthielt die Erfolgsbilanz des Denkmals.

Der topische Aspekt gab dem nutzlos herumstehenden Gesteinsbrocken einen neuen Sinn. Im Hildesheimer Trümmerfeld drückte sein heruntergekommener Zustand zwar die gleiche Trostlosigkeit aus wie seine Umgebung. Er war gesichts- und geschichtslos geworden. Doch er stand wie ein Fels in der Brandung und eignete sich gut als Versammlungsort, von dem aus die Klage der Welt entgegengeschrien werden konnte.

Objektgeschichte: Zum 50. Jahrestag des Denkmalbaus fragte die Hildesheimer Presse in einer Kolumne, was aus dem Denkmal, dessen bombastisches Wesen keinem gefallen habe, werden solle.[1357] Ein knappes halbes Jahr später schlug sie provozierend vor, den Steinklotz beim Frühjahrskehraus mit verschwinden zulassen. Es bestehe ja wohl kaum Aussicht, das abgerissene Denkmal jemals wieder zu finden oder dort ein anderes Standbild zu errichten.[1358] Damit wurde die Suche nach einer neuen Sinngebung eingeleitet. Seit 1950 beging man am letzten Sonntag im Oktober den Tag der Kriegsgefangenen. Am 26. Oktober 1952 war das bereits teilweise umgestaltete Kaiser-Wilhelm-Denkmal das Ziel eines Schweigemarschs von der Marienstraße zur Sedanstraße. So wollte man nachdrücklich gegen die Internierung der noch fast 100.000 Kriegsgefangenen protestieren. Künftig sollte jährlich von dieser Stelle aus an das Gewissen der Welt appelliert werden.[1359]

Die Namen der 93 Kriegsgefangenen aus Hildesheim verzeichnete ein Mahnbuch, das in der Nische des Sockels des Denkmals verwahrt wurde, hinter einem verschlossenen Gitter. Rechtsanwalt Dr. Werner Noack, der Vorsitzende des Landesbezirksverbandes Hildesheim der Heimkehrer, Kriegsgefangenen und Vermisstenangehörigen, überreichte nach dem Verlesen der Namen und dem Verschließen des Gitters dem Oberbürgermeister den Schlüssel zur Verwahrung.[1360] Die Inschrift „Wir mahnen" war bereits angebracht.

Am Tag nach der Kundgebung und nach Abschluss der Kriegsgefangenen-Gedenkwoche bat

Dr. Noack die Präsidenten der Industrie- und Handelskammer, der Handwerkskammer sowie den Vorsitzenden der Spendergemeinschaft der IHK, Dr. Funke, und die Vorstände anderer Organisationen, für die Ausgestaltung des Sockels zu einem „Mahnmal der Freiheit" DM 3.500,00 alsbald aufzubringen. Durch gemeinsame Mitarbeit aller Kreise an diesem Mahnmal sollte wirklich ein Zeugnis dafür abgelegt werden, „dass wir alle gemeinsam, mag der Einzelne auch sonst mit seinen Auffassungen stehen, wo er will, dem Gedanken der Freiheit des Menschen verbunden sind." Noack regte die Bildung eines Kuratoriums an, dem je ein Vertreter von IHK und Handwerkskammer, ferner noch der eine oder andere Fachmann aus den Kreisen der frei schaffenden Künstler sowie Stadtbaudirektor Bernhard Haagen angehören sollten.

Aufgrund des ersten Spendenaufrufs spendeten 25 Hildesheimer Firmen und die Gemeinschaft der Angehörigen des ehemaligen Infanterie- und Panzer-Grenadier-Regiments 59 einen Betrag von 2.146,00 DM, der später durch weitere Spenden und aus der Haushaltsstelle „Denkmalpflege" aufgestockt wurde.[1361]

Kurzfristig veranlasste die Stadt im Januar 1953 die Schließung der Deckenöffnung des Denkmals. Zusammen mit der Nischengestaltung waren dafür 1.000 DM aufzuwenden. Carl van Dornick veranschlagte für seinen Beitrag 2.000 DM, den er am 25. August 1955 abrechnete, zuzüglich 342,00 DM für die Schriftplatte „Wir mahnen" und den Eisenrahmen für das erste Triptychon, das gesondert mit 500 Mark abgerechnet worden war.

Mit der Fertigstellung des Triptychons „Memento" wurde die Einweihung des Denkmals im Rahmen der Gedenkwoche für die Kriegsgefangenen auf Mittwoch, den 21. Oktober 1953, festgelegt.[1362]

Dr. Noack vermochte nur mit Mühe den Motorenlärm der Goslarschen Straße zu übertönen, als er bei der Feierstunde am Nachmittag vor zahlreichen Teilnehmern den Zweck des Mahnmals erläuterte: es diene zur Erinnerung an die Vergangenheit, zur Besinnung auf die Gegenwart und als Mahnung für die Zukunft. Er dankte dann Stadtbaudirektor Haagen, der den Anstoß zur künstlerischen Gestaltung gegeben hatte, und der Hildesheimer Wirtschaft für die großzügigen Spenden. Van Dornick selbst enthüllte danach die Kupferplatte mit dem Kriegsgefangenen-Motiv, das – so die Zeitung – „in seiner stillen Schlichtheit ein Ausdruck des großen Leides" ist.[1363]

Bis 1955 zogen hunderte Menschen am Kriegsgefangenengedenktag in einem abendlichen Schweigemarsch oder Fackelzug zum Mahnmal, wo die Namen der Gefangenen verlesen wurden. Höchstwahrscheinlich noch im Januar 1954 könne das zweite Relief angebracht werden, teilte Sydow bei einer Verbandsversammlung am 8. Januar 1954 mit.[1364] Bei der Gelegenheit sollten drei heimgekehrte Hildesheimer ihre Namen eigenhändig löschen. Doch der Künstler ließ sich Zeit. Am Tag der Heimat im Oktober 1954 verlas Oberstadtdirektor Dr. Herbert Sattler die Namen von 38 Kriegsgefangenen, ohne das fertig gestellte Mahnmal einweihen zu können. 18 Heimkehrernamen konnten aufgerufen und aus dem Buch gestrichen werden. Vormittags fanden in den Kirchen Gedenkgottesdienste und in den Thega-Lichtspielen eine Gedenkstunde statt, bei der, umrahmt von Musikdarbietungen, in der Regel der Vorsitzende Sydow und der Oberbürgermeister sprachen.[1365]

Am 7. Mai 1955, am Vorabend des Muttertags und des zehnten Jahrestags des Waffenstillstands, sollte die endgültige Fertigstellung in einer Feierstunde begangen werden. Zur Goslarschen Straße war noch eine ergänzende Erztafel mit der Widmung „Unseren Kriegsgefangenen und Vermissten" vorgesehen, zur Sedanstraße hin war der Stein für die Aufnahme des zweiten Triptychons vorbereitet worden. Doch van Dornick konnte den Termin wegen technischer Schwierigkeiten wieder nicht einhalten. Er bat um Verschiebung der Feierstunde auf den 25. Juni.[1366]

Auch dieser Termin verstrich. Erst am 27. August 1955 wurde das Denkmal vollendet und offiziell eingeweiht. Die Herstellung der letzten Platten hat sich bei Carl van Dornick abermals verzögert. Der Heimkehrerverband hatte die Zeit genutzt und eine Liste gefertigt, in der alle Vermissten der Stadt aufgeführt waren. Diese Liste sollte zusammen mit den Namen der noch 36 Gefangenen in dem Schrein des Ehrenmals untergebracht werden. Auch die Flüchtlinge wurden aufgerufen, die Namen ihrer vermissten Angehörigen zu nennen. 1.400 Namen waren dem Heimkehrerverband bereits bekannt. Die Listen wurden nicht, wie anfangs geplant, in der

Rathaushalle, sondern beim Roten Kreuz im Brühl und im Verbandslokal Seidler ausgelegt.[1367] Schließlich wurden 1816 Namen dem Gefangenenbuch beigefügt.

Waren zur Enthüllung des Triptychons durch den Bildhauer van Dornick noch einige hundert Menschen gekommen, blieben bei der anschließenden Gedenkstunde in der Aula der Taubstummenanstalt viele Plätze leer, so dass der Vorsitzende des Heimkehrerverbands, Karl Sydow, vorwurfsvoll fragte: „1816 Namen von Vermissten haben wir soeben in das Mahnmal eingefügt. Sollten sie schon vergessen sein?" Der Redakteur der Hildesheimer Presse schloss seinen Beitrag resignierend: „Zehn Jahre sind offenbar für das Erinnerungsvermögen vieler Menschen zu lang." [1368]

1955, als im Oktober die großen Heimkehrertransporte nach Friedland rollten, war der Gedenktag erwartungsvoll auf den 1. Advent verschoben worden. Der Vorsitzende des Heimkehrerverbands, Sydow, verlas die 21 Namen, die nach der Heimkehr der Ostgefangenen gestrichen werden konnten. Der Tag der Kriegsgefangenen wurde zum „Tag der Treue" für die noch nicht Heimgekehrten.[1369]

Zur Entstehung des Denkmals erinnert sich zwanzig Jahre später der Vorsitzende des Verbands der Heimkehrer, Kriegsgefangenen- und Vermissten-Angehörigen Deutschlands, Stadtkreisverband Hildesheim, Karl Sydow, in einem Leserbrief: „Heimkehrer waren es, die nach dem letzten Krieg nicht müde wurden, an ihre noch in der Gefangenschaft befindlichen Kameraden zu erinnern, sich für deren Heimkehr einzusetzen und den Angehörigen Schutz und Hilfe zu gewähren. Auf ihre Anregung und mit ihrer Unterstützung wurde der mächtige Sockel des ehemaligen Denkmals für Wilhelm I. an der Sedanstraße zu einem Mahnmal umgestaltet, für die 1861 (Druckfehler: 1816, H. H.) Vermissten und die 38 Hildesheimer, von denen man wusste, dass sie noch in Gefangenschaft leben. Ihre Namen hatte der Heimkehrer-Verband auf Listen festgehalten, die bei der Einweihung am 27. August 1955 in einer Kassette in den Sockel eingefügt wurden. Die Mittel dafür aufzubringen kostete die Heimkehrer sicher mehr Mühe als die Bürger ein halbes Jahrhundert zuvor. Damals waren in kurzer Zeit 100.000 Mark für das Kaiser-Monument zusammen gekommen."[1370]

1976 restaurierten der Schlossermeister Johannes Schulze und Carl van Dornick erstmals die beiden seitlich angebrachten Kupferreliefs.[1371] 1988 wurde das Denkmal für 12.000 DM erneut restauriert. Die Firma Stemme führte die Steinmetzarbeiten aus, Peter Schmitz frischte die Kupferreliefs auf.[1372]

Weitere Quellen: HAZ vom 23. Oktober 1953, 25. August 1955, 28. November 1955, 25. November 1972, vom 26. Januar 1976, vom 29. Januar 1976, vom 22. April 1987, vom 17. Februar 1988 und vom 9. Juni 1988. Huckup, Hildesheim, vom 30. April 1987.

Anmerkungen

1236 HAZ v. 3.3.1921.
1237 Kloppenburg, Neueste Stadtgeschichte, S. 237. Vogeler ergänzt, dass die Kriegsvorgänge regelmäßig in der Aula besprochen und die ins Feld ziehenden Jugendlichen feierlich verabschiedet wurden. Dort versammelte sich die Schulgemeinschaft auch zu den Trauerfeiern für die gefallenen Lehrer und Ehemaligen (Kriegschronik, S. 164).
1238 Ebd., S. 238.
1239 Dies und im Folgenden: HAZ v. 8.3.1921.
1240 Das Foto von der Gedächtnisstätte (ohne Datum) aus dem Privatbesitz eines Gemeindemitglieds wurde vom Küster Andreas Heidenreich zur Verfügung gestellt. Kopiert am 14.5.2003.
1241 Kloppenburg nennt die Zahl 70. Ders., Neueste Geschichte, S. 89.
1242 St. Elisabeth-Gemeinde, Zehn Jahre St. Elisabeth-Gemeinde 1907-1917.
1243 Der Text wurde so von der HiZ v. 26.5.1920 überliefert.
1244 Ansprache von Johannes Paul II nach dem Kreuzweg am Karfreitag, 10. April 1996, http://www.christ.at/papstworte/kreuzweg.htm (Zugriff: 9.2.2006).
1245 Rahner/Vorgrimler, Kleines Konzilskompendium, S. 190.
1246 St.-Elisabeth-Gemeinde, Zehn Jahre St.-Elisabeth-Gemeinde 1907-1917.
1247 Ebd., S. 22 f. Kloppenburg beziffert die Kosten der Gedächtnisstätte mit 23.000 Mk. und hebt hervor, dass die Gemeinde sie innerhalb des Jahres 1919 aufbrachte. Ders., Neueste Geschichte, S. 89.
1248 Sievert, 75 Jahre St.-Elisabeth-Kirche, S. 23.
1249 HAZ v. 10.7.1920.
1250 HiZ v. 12.8.1920.
1251 Fotografiert am 31.7.2002.
1252 Die Angaben sind der HAZ v. 23.8.1920 entnommen.
1253 HAZ v. 16.4.1924, S. 4: Aufruf an alle Feldzugsteilnehmer des Infanterie-Regiments 79, Unterzeichner: Oberstleutnant a. D. Niemann.
1254 Otto von Wegerer, zuletzt Generalmajor a. D., führte das Infanterie-Regiment 79 bis Anfang 1915. Er starb 95-jährig am 31.7.1963 in Hildesheim (s. HAZ v. 1.8.1963). Leopold Freiherr von Ledebur löste am 2. März 1929 General v. Wegerer als Vorsitzenden der Offizier-Vereinigung v. Voigts-Rhetz ab. 1915 hatte er von v. Wegerer das Kommando über das Hildesheimer Infanterie-Regiment übernommen, das er als Oberstleutnant und Oberst

bis zur Auflösung führte. Er war Träger des „Pour le mérite". Der später zum General der Infanterie ernannte v. Ledebur wurde auch in Hildesheim besonders geehrt: Am 9. Oktober 1938 wurde nach ihm eine Kaserne benannt. Bis zu seinem Tod am 13.10.1951 wohnte er in Hannover, Podbielskistraße 17.
1255 Bericht (der Offz. Vereinigung) über die Hauptversammlung am 6.2.1932 und Bericht über die Hauptversammlung am 4.2.1933, StadtA Hi Best. 799-9 Nr. 6.
1256 General der Inf. v. Voigt in seiner Weiherede am 22.8.1920. In: HAZ v. 23.8.1920.
1257 HAZ am 2.2.1920.
1258 StadtA Hi Best. 102 Nr. 11885.
1259 HAZ v. 12.5.1920.
1260 HAZ v. 16.6.1920.
1261 StadtA Hi Best. 102 Nr. 11885.
1262 Heinz Brandes, Geschichte des Kgl. Preuß. Infanterie-Regiments von Voigts-Rhetz, S. 574 ff.
1263 Offizier-Vereinigung v. Voigts-Rhetz, Nachrichtenblatt Nr. 1, Febr. 21, S. 1: „An der Denkmalserrichtung hat sich die Offizier-Vereinigung mit rund 4.000 M. bei 17.000 M Gesamtkosten sehr erheblich beteiligt".
1264 Die Enthüllungsfeier des Denkmals für die gefallenen 79er, HAZ v. 23.8.1920, Nr. 192, S. 5.
1265 HiZ v. 23.8.1920.
1266 HAZ v. 10.7.1920.
1267 Brief von Nause und v. Wegerer an den Magistrat der Stadt Hildesheim vom 12.3.1921; StadtA Hi Best. 102 Nr. 11885.
1268 StadtA Hi Best. 102 Nr. 11885.
1269 HAZ v. 14.6.1921.
1270 HAZ v. 15.11.1921.
1271 HAZ v. 10.8.1921.
1272 HAZ v. 17.2.1936.
1273 HAZ v. 2.4.1936.
1274 StadtA Hi Best. 102 Nr. 11885.
1275 StadtA Hi Best. 102 Nr. 11501.
1276 Z. B. HAZ und Hildesheimer Beobachter v. 26.5.1936.
1277 Rechnung der Buchdruckerei Willig & Schirmer über 1.500 Flugblätter v. 9.6.1936 über RMk. 30,--.
1278 Urschriftlich als Handzettel im StadtA Hi Best. 799-9 Nr. 11.
1279 Schreiben von W. Dräger, Hildesheim, Steinbruch- und Steinmetzbetriebe, Kaiserstraße 22, vom 27. August 1937 an den Ausschuss für die Errichtung eines Ehrenmales der Gefallenen des Inf. Reg. 79 z. H. des Herrn Steuerinspektors Brandes, Moltkestr. 70 II.
1280 Brandes im Brief an Friedrich Ebhardt, Frankfurt a. M., Günthersberg-Allee 9 am 20.7.1938, StadtA Hi Best. 799-9 Nr. 10.
1281 Karl Brandes am 10.8.1936 an „Lieber Albert" (Ilsemann, Kameradschaft Einbeck), StadtA Hi Best. 799-9 Nr. 10.
1282 Fotografiert am 1.8.2001.
1283 Für die wortgetreue Abschrift danke ich Barbara Mönk.
1284 Im Original ohne Angabe der Quelle: Walter Flex, Der Wanderer zwischen beiden Welten. Ein Kriegserlebnis, München 1918, S. 94 f.
1285 Im Original ohne Angabe der Quelle: Arthur Schopenhauer, Preisschrift über die Grundlage der Moral, S. 273 in: Ders., Sämtliche Werke. Vierter Band, Wiesbaden 1966. Dieses Zitat schlug Wilhelm Hübotter in einem ungezeichneten Brief vom 18.2.1960 an Walter Kettler als Alternative zum Morgenstern-Spruch für die Wand des Gedenkraums vor. Stadtverwaltung Hildesheim, Fachbereich 65, 3. Bauakte Scharnhorstgymnasium (Kultraum).

1286 Im Original ohne Angabe der Quelle: Bekenntnis. „Deutsche Reihe" Nr. 41, Leipzig 1936.
1287 Im Original ohne Angabe der Quelle: Das Vermächtnis. „Deutsche Reihe" Nr. 41, Leipzig 1936.
1288 Im Original ohne Angabe der Quelle: Adolf Vogeler, Die Kriegschronik der Stadt Hildesheim, S. 431.
1289 Hartmut Juny, Endlich geschafft. Eine neue Schulbibliothek für das Scharnhorstgymnasium. In: Jahresbericht 1996/1997, S. 36.
1290 Mitglieder: Prof. Wilhelm Hübotter, Wilhelm Pook, Friedrich-Karl Roether, Wolfgang Prieß, August Stein, Wilhelm Brinkop, Kurt Fassbender, Kurt Hennis und Heinrich Bodenstein (als Geschäftsführer des Ehemaligenvereins).
1291 Nach Auskunft von Wilhelm Hübotter in: Verein ehemaliger Andreas-Realgymnasiasten und Scharnhorstschüler, Bericht der Ehemaligen, S. 28.
1292 Beide Zitate von Karl Deipenau im Vorwort des Berichts der Ehemaligen, S. 2.
1293 http://www.2.nordwest.net/partner (Zugriff: 11.8.2000): Sachsenhain von Himmler und Rosenberg eingeweiht.
1294 Original in ungezeichneter Akte des Vereins ehemaliger Andreas-Realgymnasiasten und Scharnhorstschüler im Scharnhorstgymnasium Hildesheim. Durchschrift bei Stadtverwaltung Hildesheim, Fachbereich 65, 3. Bauakte Scharnhorstgymnasium (Kultraum).
1295 StadtA Hi Best. 102 Nr. 11375; siehe auch II 22.1.
1296 Geb. 10.3.1886, gest. 8.5.1944, jeweils in Nürnberg.
1297 Der Stadtrat Bröger wurde 1933 von den Nazis misshandelt und ins KZ Dachau verschleppt, gleichwohl verwendeten sie seine Gedichte. Viele seiner Bücher wurden 1933 verboten, gleichwohl veranstaltete das Gaupropagandaamt Franken eine „Totenfeier für Karl Bröger". (http://www.broeger-gesellschaft.de/broeger.htm; Zugriff am 9.2.2006).
1298 Geb. 20.10.1896, gest. 14.2.1959 jeweils in Hildesheim.
1299 Wilhelm Hübotter in: Scharnhorstschule, Bericht der Ehemaligen, S. 28; zu Röhrs siehe Raffert, Fritz Röhrs.
1300 Geb. 6.7.1887 in Eisenach, gefallen 16.10.1917 in Ösel.
1301 Geb. 6.11.1858 in Minden, gest. 5.8.1936 in Rinteln.
1302 Mosse, Gefallen für das Vaterland, S. 89-93, entmystifiziert die Legende.
1303 Forum, Schülerzeitung der Scharnhorstschule, Nr. 3, 1960, S. 6-11.
1304 HP v. 30.8.1960.
1305 Schreiben des Vorsitzenden Deipenau und des Geschäftsführers Bodenstein an Ministerialrat Wilhelm Pook v. 24.3.1959. Unbezeichneter Aktenbestand des Vereins ehemaliger Andreas-Realgymnasiasten und Scharnhorstschüler im Scharnhorstgymnasium Hildesheim.
1306 Ebd. Die von van Dornick ca. 1955 an der Bahnhofspost angebrachte Wandplastik „Bundesadler" ist beschrieben und abgebildet in Steube, Kunst in der Stadt, S. 131. Der Vorstand sandte die Ideenskizze mit der Ablehnungsentscheidung am 25.11.1959 zurück.
1307 Schriftverkehr enthalten im unbezeichneten Aktenbestand des Vereins ehemaliger Andreas-Realgymnasiasten und Scharnhorstschüler im Scharnhorstgymnasium Hildesheim.
1308 Ebd. Brief an die Mitglieder v. 29.9.1959.
1309 Ebd. Bericht der Arbeitsgemeinschaft, der nun auch Oberbaurat John und Kunstmaler Stein angehörten, über den Abschnitt 11.4. bis 4.7.1959.
1310 Ebd.

1311 Werner Lindner (1883-1964) galt als ausgewiesener Experte. Er war von 1914 bis 1933 Vorsitzender des Deutschen Bundes Heimatschutz und blieb danach dessen Fachberater (seit 1937 des Deutschen Heimatbunds). 1951 gründete er die Arbeitsgemeinschaft „Friedhof und Denkmal", deren Geschäftsführer er bis 1959 war. Er arbeitete im Volksbund Deutsche Kriegsgräberfürsorge mit und wirkte als Berater bei der Gestaltung von Gedächtnisstätten mit. (Auskunft von Walther Genzmer, Schwäbischer Heimatbund, am 8.11.2005)
1312 Enthalten im unbezeichneten Aktenbestand des Vereins ehemaliger Andreas-Realgymnasiasten und Scharnhorstschüler im Scharnhorstgymnasium Hildesheim.
1313 Ebd.
1314 Verein ehemaliger Andreas-Realgymnasiasten und Scharnhorstschüler, Bericht der Ehemaligen, S. 28.
1315 Die acht Schreiben sind enthalten im unbezeichneten Aktenbestand des Vereins ehemaliger Andreas-Realgymnasiasten und Scharnhorstschüler im Scharnhorstgymnasium Hildesheim.
1316 Ebd.
1317 Ebd. Der Leiter des Editionsprojekts der siebenbändigen Stuttgarter Ausgabe „Christian Morgenstern. Werke und Briefe", Prof. Dr. Reinhardt Habel, hält es allerdings für das Wahrscheinlichste, dass der Ausspruch nicht von Morgenstern stammt. Zwar wird ein ähnlicher Gedanke im „Lied der jungen Menschen" (Werke und Briefe, Stuttgarter Ausgabe Bd. 1, S. 551) ausgesprochen, aber das Gedicht stammt aus dem Nachlass und ist in keiner anderen Edition überliefert. Habel weist darauf hin, dass nach Morgensterns Tod 1914 immer wieder Sammlungen von Gedichten und Prosa zu bestimmten Themen aufgetaucht sind, die unter dem Namen Morgenstern irgend was publiziert haben: hier z. B. ein Gedenken an die Gefallenen. Darin könnte das ihm von Hübotter zugeschriebene Zitat enthalten gewesen sein (schriftliche Auskunft Habels am 15.1.2006).
1318 Ebd. Schreiben vom 16.2.1960.
1319 Ebd. Schreiben vom 24.3.1960.
1320 Ebd. Schreiben vom 4.4.1960.
1321 Ebd. Schreiben vom 5.4.1960.
1322 12./13.3.1960.
1323 Bericht Hübotters in: Verein ehemaliger Andreas-Realgymnasiasten und Scharnhorstschüler, Bericht der Ehemaligen, S. 26 f.
1324 Ders., S. 26. Der Ordner ist nicht mehr auffindbar.
1325 Verein ehemaliger Andreas-Realgymnasiasten und Scharnhorstschüler, Bericht der Ehemaligen, S. 24.
1326 Ebd.
1327 Stadtverwaltung Hildesheim, Fachbereich 65, 3. Bauakte Scharnhorstgymnasium (Kultraum). Bericht der AG vom 24.9.1959. Original von Prof. Wilhelm Hübotter in unbezeichneter Akte des Vereins ehemaliger Andreas-Realgymnasiasten und Scharnhorstschüler im Scharnhorstgymnasium Hildesheim.
1328 Ebd.
1329 Die Rede Kettlers wurde zuerst in „Forum", Schülerzeitung der Scharnhorstschule Nr. 3, 1960, S. 6-11, veröffentlicht.
1330 HP v. 10.9.1962.
1331 Verein ehemaliger Andreas-Realgymnasiasten und Scharnhorstschüler, Bericht der Ehemaligen, S. 25. Den Abbruch der Tradition im Jahr 1970 dokumentiert Martin Dittmann. In: Klose, Zukunft braucht Herkunft, S. 27.
1332 Auskunft des Schriftführers des Ehemaligen-Vereins Günther Flebbe am 15.10.2005.

1333 HAZ, 12.12.1919.
1334 HAZ, 12. 1.1920.
1335 HAZ, 22.8.1921.
1336 HAZ v. 8.3.1963.
1337 Hildesheimer Heimat-Kalender 1970, S. 109.
1338 Beschreibung nach: Cassel, Festschrift zur Enthüllung des Kaiser-Wilhelm-Denkmals, S. 10.
1339 Gebauer, Geschichte der Neustadt Hildesheim, S. 198.
1340 Cassel, Festschrift zur Enthüllung des Kaiser-Wilhelm-Denkmals, S. 10.
1341 Deutung nach Cassel, Festschrift zur Enthüllung des Kaiser-Wilhelm-Denkmals, S. 10.
1342 Lurz, Kriegerdenkmäler in Deutschland, Band 1, S. 177.
1343 Lurz, Kriegerdenkmäler in Deutschland, Band 2, S. 289.
1344 Ebd., S. 286.
1345 Daten und Ereignisfolge nach: Cassel, Festschrift zur Enthüllung des Kaiser-Wilhelm-Denkmals, S. 10.
1346 StadtA Hi Nr. 13555, Neue Hamburger Zeitung v. 26.10.1898, Teil I der Serie „Hildesheim. Ein deutsches Stadtbild."
1347 Ebd., Neue Hamburger Zeitung v. 6.11.1898, Teil I der Serie „Hildesheim. Ein deutsches Stadtbild".
1348 A. v. Behr, Führer durch Hildesheim und Umgebung, S. 95. Den Kaiserbesuch dokumentiert ausführlich Kozok, Hildesheim zur Kaiserzeit, S. 150-161.
1349 Schilderung der Fakten nach Heinemann, Ein Denkmal für Kaiser Wilhelm I, S. 83 ff.
1350 Von einem Garnisonsappell berichtet die HiZ am 10.9.1917.
1351 HiZ v. 14.10.1917.
1352 Heinemann, Ein Denkmal für Kaiser Wilhelm I, S. 84. Das Kaiser-Wilhelm-Denkmal stand auf der Liste der von der Stadt Hildesheim zurückerbetenen 1943 abgelieferten Bronzedenkmäler v. 10.12.1948. StadtA Hi Best. XIII/2b.
1353 Fotografiert am 25.7.2001.
1354 Nach: Steube, Kunst in der Stadt 1945-1995, S. 25, überarbeitet von H. Häger am 25.7.2001.
1355 StadtA Hi Best. 103-60 Nr. 4815, Rechnung der Fa. Schulze v. 27.11.1952.
1356 HP v. 17.10.1952 (Bildunterschrift).
1357 HP v. 31.10.1950.
1358 HP v. 30.3.1951.
1359 HP v. 17.10.1952.
1360 HP v. 27.10.1952.
1361 StadtA Hi Best. 103-60 Nr. 4815.
1362 HP v. 14.10.1953.
1363 HAZ v. 22.10.1953.
1364 HAZ v. 11.1.1954.
1365 HP v. 25.10.1954 (mit Bild vom Denkmal).
1366 HP v. 6.5.1955.
1367 HP v. 18.8.1955.
1368 HP v. 29.8.1955 (mit Bild von der Enthüllung durch van Dornick).
1369 HP v. 28.11.1955.
1370 HAZ v. 29.1.1976.
1371 HAZ v. 26.1.1976.
1372 HAZ v. 9.6.1988.

6 Galgenberg / Marienburger Höhe

6.1 Kriegerdenkmal am Galgenberg

6.1.1 Kriegerdenkmal des Infanterie-Regiments 79

1. Standort

Oberhalb der „Acht" hinter der Kreuzung Feldstraße/Haydnstraße zwischen Richard-Wagner-Straße und Mozartstraße, zweihundert Meter unterhalb der Bismarcksäule

2. Beschreibung

Wie auf einer Paradeallee nähert man sich dem Denkmal auf der zweibahnigen Feldstraße an. Hinter der Haydnstraße beginnt die „Acht". Sie besteht aus zwei Wegen, die große kreisrunde Rasenflächen umschließen, von der Richard-Wagner-Straße durchschnitten werden und nach oben, zum Denkmal, führen. Schließlich steht man vor dem mächtigen Sockel, auf dem der monumentale Soldat, behelmt und im Mantel mit hochgeschlagenem Kragen, das Gewehr vor sich abgesetzt, vor einem Pilaster Wache hält. Der Pilaster teilt eine Wand aus großen Quadersteinen, die als regelmäßiges Schichtmauerwerk gesetzt wurden. Je vier Kranzhalter ragen im unteren Bereich jeder Hälfte dem Betrachter entgegen.
Beiderseits des Mittelteils, auf Kopfhöhe des Soldaten, wurde als Fries der Satz „Die ihr das Leben gabt in Schicksalszeit / gewannt dem Volk und euch Unsterblichkeit" in hervorstehenden Majuskeln in Antiquaschrift eingemeißelt.
Seitlich angebracht sind in Fortsetzung des Frieses die Hinweise auf die Kampfgebiete des Infanterie-Regiments 79 im 1. Weltkrieg: Belgien 14-17 / Russland 1915-1916-1917 (links), Galizien 1915-1916-1917 / Frankreich 14-18 (rechts). Auf der Rückseite der Mauer, von der Mozartstraße aus zu lesen, steht in der Mitte der Mauer auf einem Pilaster die Widmung des Denkmals, in Majuskeln und zentriert: „Vom / Infanterie-Rgt. von-Voigts-Rhetz / (3. Hannoversches) Nr. 79 / liessen im Weltkriege 1914-1918 / 4165 Kameraden ihr Leben. / Dieses Denkmal ist errichtet vom / Kameradschafts-bund ehem. 79er / u. von der Stadt Hildesheim / 1936 – 1939."
Die links und rechts eingesetzten Gedenksteine sind jüngeren Datums[1374]. Sie erinnern an die Toten des Krieges, der wenige Tage nach der Denkmalseinweihung begann: Links: „I. Abteilung / Artl. Regt. 55 / Artl. Regt. 117 / 1939 – 1945" und rechts: „Inf. u. Pz. Gren. / Regiment 59 / Inf. Regt. 191 / I. Inf. Regt. 487 / 1939 - 1945". Zu beiden Seiten der seitlichen und des mittleren Pilasters sind insgesamt acht Kranzhalter eingebaut worden.

Maße (Breite, Höhe, Tiefe): Vorderseite: Fundament: ca. 15 m x 50 cm x 3,80 m, Mittelteil: ca. 15,50 m x 7,50 m[1375], Seitenteile: je ca. 2,25 m x 2,60 m, Gesamtbreite der „Bastion": unten ca. 20 m, oben ca. 19 m (Mittelteil: unten 15,50 m, oben 14,20 m); Sockel des Soldaten: ca. 2,75 x 1,70 m x 1,65 m, Soldat: ca. 5,50 m (Länge des Gewehrs: ca. 4 m), Pilaster: 2,45 m x 5,70 m x 0,70 m, Fries mit Schriftband: 50 cm hoch. Rückseite: Gesamtbreite: 19,50 m, Pilaster in der Mitte der Mauer: ca. 2,90 x 2,30 x 0,25 m (oben 1,80 m), Abstand zwischen dem Mittelteil und dem inneren Rand: jeweils ca. 5,30 m, Höhe der Mauer seitlich des Mittelstücks: ca. 1,50 m, Seitenteile: jeweils ca. 0,60 x 3,90 x 1,70 m.
Material: Ith-Dolomit aus Salzhemmendorf
Technik: Steinmetzarbeiten, Steinbildhauerei
Zustand: sehr gut

3. Dokumentation

Auftraggeber: Verein ehemaliger 79er
Hersteller (Entwurf, Ausführung): August Waterbeck, Hannover (Entwurf und Bildhau-

Abb. 67: Der Soldat am Galgenberg[1373]

erarbeit), Gartenbauarchitekt Wilhelm Hübotter, Hannover; Firma St(ephan) Sommer (Mauerarbeit), Steinmetz Stemme (Schrift)
Entstehungszeit: 1936-1939
Einweihung: 11. Juni 1939
Deutung: Wie das alte Kriegerdenkmal von 1870/71 auf dem Hagentorwall ist auch das neue weithin sichtbar nach Westen ausgerichtet. Die verlustreichsten Schlachten des Regiments wurden hier geschlagen. August Waterbeck schwebte vor, am Denkmal ein Zitat von Georg Grabenhorst[1376] anzubringen: „Unser, der Toten gedenken, heißt Euch selbst, die Lebenden, beschwören, daß Ihr Euch bereit haltet wie wir zum heiligen Opfer für das große, das ewige Deutschland". In der Gestalt zweier Soldaten (jeweils 6,50 m hoch) sollte der Heldenkult zum Ausdruck kommen. Er selbst schrieb in der Begründung seines Entwurfes: „Die Verkörperung dieses Mahnwortes findet ihren Ausdruck in der bildhauerischen Gestaltung. Die stahlhelmbewehrten Krieger stehen in Kameradschaft und verkörpern die Front. Alles liegt im Ausdruck der Gesichter, der Hände und in der Geschlossenheit des Gesamtausdrucks."[1377] Als ein Sinnbild der Kraft, des Willens und der Geduld stehe der Soldat aus dem Weltkriege in Stein gemeißelt auf der Höhe des Galgenberges, den Blick spähend nach Westen gerichtet[1378], sagte Oberbürgermeister Dr. Werner Krause bei der Enthüllungsfeier. Beide Beschreibungen erinnern an Alfred Rosenbergs Charakterisierung der Weltkriegssoldaten, die er 1930 in „Mythus des 20. Jahrhunderts" formulierte: „Sie haben fast überall eine mystisch zu nennende Ähnlichkeit: eine steile durchfurchte Stirn, eine starke gerade Nase mit kantigem Gerüst, einen festgeschlossenen, schmalen Mund mit der tiefen Spalte eines angespannten Willens. Die weitgeöffneten Augen blicken geradeaus vor sich hin. Bewusst in die Ferne, in die Ewigkeit."[1379]
Der von Waterbeck entworfene Soldatentyp idealisiert auch die Ausstattung der gefallenen Feldgrauen des Ersten Weltkriegs. Der Stahlhelm löste erst 1916 die bis dahin getragene Pickelhaube oder Lederkappe ab. Das stilisierte Gewehr wirkt moderner als der in Wirklichkeit verwendete Karabiner 98, der erst Mitte der Zwanzigerjahre zur modernen Infanteriewaffe weiterentwickelt wurde. Die Weltkriegssoldaten trugen einen kürzeren Mantel. Waterbeck zeigte den Soldaten so, wie ihn seine Zeitgenossen in ihrem Alltag wahrnehmen konnten oder wie sie ihn sich vorstellen wollten. Er schlug damit die Brücke von der Vergangenheit zur Gegenwart aber auch von der Erinnerung zur Mahnung.
Die Anlage galt als „ideales Aufmarschgelände bei Heldengedenkfeiern", wobei hervorgehoben wurde, dass sie ein Gegenstück zur „Horst-Wessel-Allee" (Mittelallee) bilden werde. Die Feldstraße sollte künftig „Straße der 79er" heißen, so dass sich nationalsozialistischer und nationalistisch-monarchistischer Heldenkult im Stadtbild gegenübergestanden hätten. Die Bastion wurde als „Vorbau der Mozartstraße" angesehen, als „prächtiger Aussichtspunkt" mit Blick auf die Stadt und das Innerstetal.[1380]
Die Verbindung zur Heimat wird im erhaltenen Baumbestand, der durch „deutsche Eichen" ergänzt wurde, und durch das verwendete heimische Dolomit sichtbar. Spürbar wurde die so zum Ausdruck gebrachte treue Verbundenheit der Hildesheimer mit dem Infanterie-Regiment Nr. 79 bereits, als sich 1935 abzeichnete, dass das neu aufgestellte Infanterie- und Panzer-Grenadier-Regiment die Nummer 59 und nicht 79 tragen sollte. Zwei Jahre später versuchten die hartnäckigen Hildesheimer, die Traditionsbezeichnung zurückzuerhalten. Der Regierungspräsident des Regierungsbezirks Hildesheim, der Hildesheimer Oberbürgermeister, die Bauernführer der Landkreise Hildesheim und Marienburg, sowie der Kameradschaftsbund ehemaliger 79er mit 18 Ortsgruppen in der näheren und weiteren Umgebung appellierten am 2. September 1937 an den Reichskriegsminister, der Garnisonsstadt die vertraute Regimentsbezeichnung zu belassen. In der Begründung verwiesen die Unterzeichner auf die besonderen Beziehungen zwischen Regiment und Region: „Als im Jahre 1866 das Inf. Regt. Nr. 79 hier in Hildesheim neu entstand, wurde es, wie es in der Regt.-Geschichte heißt: ,mit Freuden empfangen, und ideal gestaltete sich auch von Anfang an das Verhältnis mit der Bürgerschaft.' Von Jahr zu Jahr festigten sich die Beziehungen. Auf den Schlachtfeldern 1870/71 und besonders im Weltkriege wurden die Söhne der Stadt und der näheren und weiteren Umgebung durch vergossenes Blut dauernd mit dem Regiment verbunden, und mit Stolz gedenken heute die Bürger und Bauern Niedersachsens der vor dem Feinde vollbrachten Taten ihrer 79er. Täglich kann man erfahren, mit welch rührender Liebe die alten 79er an ihrem

Regiment und ihren alten Feldzugsoffizieren hängen; fest und treu stehen sie alle zu ihren alten Regimentsfahnen. Noch immer ist die Nummer 79 fest verwachsen mit Hildesheim, festgewurzelt in den Herzen der Niedersachsen. Von ganz besonderer Bedeutung würde der Nummernwechsel auch für die Meldung von Freiwilligen zum hiesigen Inf.-Rgt. sein, denn die alten 79er, Väter und Großväter der heute dienenden Generation, haben das größte Interesse daran, dass die Söhne und Enkel wieder die alte ihnen lieb und teuer gewordene Nummer 79 tragen, wie sie selber einst im Weltkriege."[1381]

Das Denkmal glorifiziert das Militärische und Soldatische in besonders eindrucksvoller Weise. Waterbecks Konzept brachte die Empfindungen der unter kaiserlichem Oberbefehl kämpfenden 79er mit der nationalsozialistischen Zielsetzung der Militarisierung der Gesellschaft und der Kriegsvorbereitung bruchlos zur Deckung. Das Grabenhorst-Zitat wie auch ein später vorgeschlagenes Hitler-Wort wurden nicht als Inschrift verwendet, obwohl beide sehr deutlich Bezug zur nationalsozialistischen Ideologie von der Volks- und Schicksalsgemeinschaft sowie der Verherrlichung von Kampf und Krieg nahmen. Die 79er entschieden sich stattdessen für ein Zitat eines der Ihren, des nicht näher bekannten, von Hermann Seeland „Frontkämpfer" genannten, Generals von Felgenhauer.[1382]

Die fest gefügte Mauer wirkt undurchdringlich. Sie scheint zu einer uneinnehmbaren Bastion zu gehören, vor der ein Soldat – riesengroß und deshalb unüberwindbar – Wacht hält. So empfand sich das Militär im Ersten Weltkrieg und so wurde die „Wacht am Rhein" besungen: als Beschützer des Vaterlandes gegen die rundum angreifenden Feinde. Kein Feind konnte deutschen Boden betreten. Warum der Krieg dennoch verloren ging, musste demnach andere Gründe haben: Die „Dolchstoßlegende" erfanden die militärischen Führer Hindenburg und Ludendorff selbst, während es den nationalistischen und nationalsozialistischen Feinden der Republik vorbehalten blieb, die für den Friedensschluss verantwortlichen Politiker, insbesondere Matthias Erzberger, als „Novemberverbrecher" zu bezeichnen und bis in den Tod zu verfolgen. Das Denkmal bringt zum Ausdruck, dass Deutschland den Angriffen von außen standgehalten hatte. Die seitlich angebrachten Schriftbänder zeigen, wo überall die Angriffe abgewehrt wurden.

Mit Ausnahme der testierten Kampfplätze der 79er, die allerdings diesen nicht ausdrücklich zugeordnet werden, fehlt auf der weithin sichtbaren Front jede spezifische Widmung. Obwohl die 79er es ausdrücklich nicht als Denkmal für alle Hildesheimer Kriegstoten wünschten, müßte man sich um eine allgemein gültige, typische Ausdrucksform. Der von Waterbeck entworfene Typ des Wachsoldaten wurde von ihm bereits für das Denkmal in Bad Pyrmont entwickelt.[1383] Das am 2. Oktober 1935 in „Reichsehrenmal" umbenannte Tannenberg-Denkmal verwendete am Eingang zur Gruft Hindenburgs ganz ähnliche Formen.[1384] Dort ist auch das Motiv der Bastion – allerdings als vorweggenommene Totenburg – schon 1926/1927 vollendet ausgeführt worden. In Hildesheim konnte es nur angedeutet werden. Beide Interpretationen, die der geschlossenen Front im Westen und die eines monumentalen Ehrengrabs für 4.165 Tote, sind möglich.

Trauer kommt an diesem Denkmal nicht auf. Es fehlen die an der Steingrube (II 5.4) und auf dem Nordfriedhof (II 3.5.1.2) 1920 bzw. 1923 angebrachten Symbole, die den makellosen Tod (gesenkte erlöschende Fackeln) und die ehrenvolle Niederlage (bekränzte gesenkte Schwerter) beklagen und das Heldentum der Toten bekunden (Eisernes Kreuz, bekränzter Helm). Am Galgenberg fehlt jede Symbolik. Die gesamte Anlage ist eine Allegorie militärischer Unüberwindbarkeit und des militärischen Totenkults. Den Angehörigen mag der Spruch Trost spenden, der den Toten Unsterblichkeit verheißt, weil sie dem Volk Unsterblichkeit gewannen. Ihr Tod war demnach in edelster Weise sinnvoll und ehrenhaft – wenngleich jeglicher Hinweis auf konkrete Umstände der Kriegsführung fehlt.

Es fehlt auch jeder Name. Die Initiatoren waren von der großen Zahl der Verstorbenen so angerührt, dass sie dafür einen analogen Ausdruck suchten. Das „kleine Denkmal" an der Steingrube hielten sie für unangemessen. Den Individuen gibt die aufgezeichnete Regimentsgeschichte Raum. Am Galgenberg stellt sich die militärische Einheit der Stadt als geschlossenes Ganzes und monumental Großes vor, zu dem der Einzelne nur aufblicken kann.[1385] In der Einheit gewannen die Toten die im Fries verheißene Unsterblichkeit, nicht als Einzelne.

Objektgeschichte: Der im März 1936 zum Vorsitzenden der Hildesheimer 79er-Kameradschaft gewählte Steuerinspektor Karl Brandes[1386] nutzte die Chance, die sich mit der Standortüberprüfung des Denkmals an der Steingrube bot, „endlich ein würdiges und wuchtiges Ehrenmal für unsere gefallenen Kameraden bauen zu können, welches eine Zierde für die Stadt und auch der gefallenen Kameraden würdig ist."[1387] Das 1920 gebaute Denkmal war im Einklang mit der Auffassung der Beratungsstelle für Kriegerehrungen nicht als „prunkendes Denkmal" oder „kostbare Anlage" errichtet worden, weil „noch Tausende von Ruhestätten für unsere Treuen schlicht und würdig herzurichten" waren und Reich und Staat die Mittel dafür fehlten.[1388] Brandes, der ganz in der Nähe in der Moltkestraße wohnte, empfand eine tiefe Abneigung gegen das Steingrubendenkmal. Für ihn war das Ehrenmal „kläglich"[1389], er bemängelte den Nischenplatz an der Steingrube und die Nähe des Toilettenhauses. Es sei „der Kameraden, die da draussen ruhen", nicht würdig.[1390] Im Jahre 1920 sei hier „für die gefallenen Kameraden, es sind 4.165, ein kleines, wirklich unscheinbares Denkmal gebaut worden. Die Sache war m. E. übereilt. Ich war noch Soldat bei der Reichswehr und hatte keinen Einfluss."[1391]

Nachdem Anfang Juni 1936 die Bemühungen der Stadt, das Steingrubendenkmal umzusetzen, gestoppt worden waren[1392] und Brandes die ehemaligen 79er überzeugt hatte, ein größeres oder anders geformtes Denkmal aufzustellen[1393], empfahl er am 1. Juli 1936 dem Vorsitzenden des Kameradschaftsbundes, Freiherrn Leopold von Ledebur, dem Oberbürgermeister Dr. Ehrlicher einen Standort für das neue Monument vorzuschlagen, den dieser bereits selbst – vertraulich – von Oberbaurat Dr. Hans Högg prüfen ließ: die Acht am Galgenberg[1394]. Da die 79er als Bauherrn nach außen das Heft in der Hand behalten sollten, war dieses Spiel erforderlich. Es klappte: Ein Vierteljahr später legte Dr. Högg einen Ausschreibungsentwurf vor, in dem „für die Errichtung des Denkmals (...) der obere, zu einer Grünfläche erweiterte Teil der Feldstraße vorgesehen" war. Auch ein Preis wurde erstmals genannt: „Für die Errichtung des Denkmals und der damit verbundenen baulichen Anlagen (ohne etwaige Änderung der Grünanlagen) stehen Mittel in Höhe von 15-20.000 RM zur Verfügung."[1395] Den Wettbewerb selbst organisierte August Stein im Auftrag der 79er.

Die Behauptung, über Mittel in Höhe von 20.000 RM verfügen zu können, war weit übertrieben und formulierte allenfalls das Ziel. Dennoch war der Auftakt furios. Dank seiner hervorragenden Beziehungen zur Wirtschaft verbuchte Brandes schon wenige Tage nach seinem Aufruf stattliche Einzahlungen auch von Nicht-79ern:
27.6.36:
Kaliwerke Bad Salzdetfurth, 1.000 RM
30.6.36:
Zucker-Raffinerie Hildesheim, 1.000 RM
1.7.36:
Senkingwerk AG, 1.000 RM
2.7.36:
Fabrikant Friedrich Voss, Sarstedt, 1.000 RM
6.7.36:
Mölders & CIE, 200 RM
11.7.36:
Eduard Ahlborn AG, 500 RM
11.7.36:
Harzer Achsenwerke Bornum, 200 RM.[1396]

Brandes war jede freie Stunde unterwegs, um Geld zu sammeln. „Es ist ja nur durch meine persönliche Bekanntschaft mit den Werken möglich, solche Beträge zu erhalten und die Unterstützung der Kameraden, ausser Witte u. Holbe, ist sehr mässig", klagte er gegenüber von Ledebur und bat ihn, Dankschreiben an die Großspender zu verfassen.[1397]

Der General lobte aufmunternd: „Ich bin doch höchst überrascht über diese Höhe von Spenden solcher Werke, die doch nur in lockerem Verhältnis zu uns stehen oder gestanden haben, aber ich bin mir auch klar darüber, dass hier als werbende Kraft Ihre Person ins Gewicht fällt..."[1398]

Im Oktober 1936 verfügten die 79er über knapp 9.000 RM, was angesichts der kurzen Sammeltätigkeit und der schwierigen Bedingungen sehr erfolgreich war. Das Sammelmonopol lag bei den NS-Organisationen.[1399] Es wurde so rigoros verteidigt, dass Müllmännern schon einmal fristlos gekündigt wurde, weil sie Neujahrsgelder angenommen hatten.[1400] Brandes betätigte sich deshalb vorsichtig: Er arbeitete im Stillen weiter, übte, solange das Winterhilfswerk lief, Zurückhaltung, „um keine Reibereien mit den örtlichen Stellen des WHW aufkommen zu lassen". Auch waren in den leitenden Stellen der NSDAP mit dem 1. Januar 1937 Personalveränderungen eingetreten, mit denen er erst wieder Fühlung nehmen musste. Günstig war, dass er beruflich am

1. Januar 1937 ein neues Aufgabengebiet erhielt. Dadurch kam er noch mehr als bisher mit der Bevölkerung Hildesheims in Berührung und konnte den Kreis seiner Werbetätigkeit ausdehnen.[1401]

Formal umging Brandes das Sammelverbot, indem er sich die Beträge für das Ehrenmal „schenken" ließ. So riet er Albert Ilsemann „Sammeln dürfen wir nicht, aber auch Du kannst Dir genau wie ich Beträge für unser Ehrenmal schenken lassen."[1402]

Am 10. Oktober 1936 schickte v. Ledebur an „Herrn Steuerinspektor Brandes, Hildesheim" eine „Mtlg. über Ausschüsse/Gruppen", die seitens der 79er mit dem Denkmalprojekt befasst waren. August Stein gehörte danach nicht den Entscheidungsgremien, sondern nur dem Ersatz-Preisgericht an.

1) Der große Ausschuss für die Denkmalsangelegenheit
Offizier-Vereinigung
    Frhr. v. Ledebur
    von Wegerer
    Niemann
    Meyer (Robert)
    Brandes (Heinz)
79er-Kameradschaft Hildesheim
    Brandes (Karl)
    Nause
    Hohenstein
    Henze
    Witte
    Holbe

2) Der Arbeitsausschuss
Offizier-Vereinigung
    Meyer (Robert)
    Brandes (Heinz)
79er-Kameradschaft Hildesheim
    Engelke (Bautechniker)
    Brandes (Karl)
    Hohenstein bzw. Holbe
    Engelke

3) Zur Verstärkung des Arbeitsausschusses je 1 von Fall zu Fall aus den unter 1) Genannten.
1.000 RM in der Staffelung 500, 300, 200 RM sollen dem Oberbaurat für die Ausschreibung mitgeteilt werden.[1403]

Einen Monat später benannte v. Ledebur dem Denkmalsarbeits-Ausschuss das Preisgericht:
St. Baudir. Dr. Högg-Hildesheim *
Bildhauer Waterbeck-Hannover (* Prof.)
Bildhauer Ahlbrecht-Hannover
Ob.B.Rat Gensel-Hildesheim *
Ob.B. Dr. Ehrlicher-Hildesheim *
Gen. d. Inf. a.D. Frhr von L.-Hannover (79er) *
Steuerinsp. Brandes-Hildesheim (79er) *
handschriftl.: Prof. Rothermund

Für Ersatz-Preisgericht
Baurat Stange-Hildesheim *
Bildhauer Scheuernstuhl-Hannover *
Bildh. Prof. Vierthaler-Hannover
Maler Stein- Hildesheim (79er) *
Ob.B. Dr. Menge-Hannover (79er) *
Obstl. a.D. Niemann-Hildesheim (79er)
Herr Engelke-Hildesheim (79er)[1404]

Nach einigen Kontroversen ließ man die Idee eines Preisausschreibens fallen und forderte mit Schreiben vom 1. Dezember 1936 vier der „tüchtigsten Bildhauer" zur Abgabe honorierter Entwürfe auf: die Hannoveraner August Waterbeck, Prof. Hermann Scheuernstuhl und Prof. Melchior von Hugo.[1405] Aus lokalen Gründen bat man auch den Hildesheimer Architekten Friedrich Pries um einen Entwurf.[1406] Auch der hannoversche Gartenbauarchitekt Wilhelm Hübotter wurde angeschrieben. Er sollte mit Waterbeck kooperieren. Ende 1936 erhielt auch noch der Braunschweiger Bildhauer Prof. Jacob Hofmann die Aufforderung zur Teilnahme, die er umgehend am 6. Januar 1937 bestätigte. Maler August Stein, Augustastr. 4, Hildesheim, sollte die Entwürfe entgegennehmen. Die Bevölkerung wurde durch die Presse über diese Entwicklung informiert und aufgefordert, bis zum 31. Dezember 1936 Vorschläge für einen kurzen Sinnspruch an den Arbeitsausschuss, z. H. Major a. D. Meyer, zu senden.[1407]

Am 20. Januar 1937 belief sich das Sammelkonto erst auf 10.500 RM, monatlich kamen nur noch Markbeträge hinzu. Wegen der Finanzierung fragten v. Ledebur[1408] und Stein[1409] am 20. Januar 1937 mit persönlichen, gleich lautenden Schreiben vorsorglich bei Dr. Ehrlicher wegen einer möglichen Restfinanzierung an. Dr. Ehrlicher entschied sich nicht, wie gewünscht, vor dem 15. Februar. So traf die Bewertungskommission aus Oberbürgermeister Dr. Ehrlicher, General von Ledebur, Stadtbaudirektor Dr.

Högg, Stadtarchitekt Gothe, Inspektor Brandes, Malermeister Stein, Uhrmacher Holbe und Baugeschäftsführer Engelke am 17. Februar 1937 ihre Auswahlentscheidung im Oberlichtsaal des Roemer-Museums auf einer völlig ungesicherten finanziellen Grundlage.[1410] Sicher war nur, dass die unterlegenen Teilnehmer das ihnen zugesagte Honorar von 300 RM erhalten konnten. Ob der erfolgreiche Entwurf zur Ausführung kommen würde, war dagegen mehr als zweifelhaft.

Einstimmig entschied sich die Jury für den Vorschlag Nr. 1, eingereicht von August Waterbeck. Zwei Entwürfe lagen von ihm vor: einer mit Doppelfigur, ein anderer mit Einzelfigur. Zwei Soldaten wollte der Ausschuss auf einer Stufenterrasse mit kräftigem Unterbau und vor einer bastionsartigen, mit durchlaufender Inschrift versehenen Aussichtsterrasse an der Mozartstraße sehen.[1411]

Der am 5. März 1937 von Waterbeck vorgelegte überarbeitete Kostenvoranschlag belief sich auf 60.000 Mark und veranlasste die darüber empörte Kommission zur Umplanung: Für 30.000 RM sollte das Denkmal mit einem Soldaten gebaut werden.[1412] Die Stadt beschloss auf Antrag von Dr. Ehrlicher, sich mit 20.000 RM an den Baukosten zu beteiligen und die gärtnerische Gestaltung zu übernehmen.[1413] 1939 legte die Stadt noch einmal 3.000 RM nach.[1414]

Das Mitte Februar 1937 im Roemer-Museum ausgestellte Modell passte in eine Vitrine. Zwischen dieser Miniaturausgabe und dem fertigen Denkmal entstanden im Atelier dreizehn immer größere Modelle, mehrere davon in der Originalgröße. Waterbeck führte „diese ungewöhnlich hohe Zahl (...) zum größten Teil auf das Konto der vielen Wünsche und Einwendungen des Vertreters der Stadtverwaltung" zurück.[1415] Damit war zweifellos Prof. Dr. Ing. Fiederling, Hannover, gemeint, dessen Vermerke, Briefe und Besprechungsprotokolle überliefert wurden.[1416]

Schließlich fand am Sonntag, 23. Januar 1938, doch noch die Grundsteinlegung statt. Der Termin war nur wenige Tage vorher von Stein, Brandes, Holbe und Engelke bestimmt und von Ledebur mitgeteilt worden. Die Hildesheimer legten auch Entwürfe für die Einladungen an die Behörden, Ehrengäste, Formationen der Partei, Kriegerkameradschaften usw. bei und baten ergebenst, diese Entwürfe berichtigt zurückzuschicken. Am Sonntag, 16. Januar, sollten die Einladungen zur Unterschrift bei von Ledebur vorliegen. Hinsichtlich der Teilnahme von Waterbeck und Fiederling zeigten sich die Denkmalsausschussmitglieder unentschlossen: Sie fragten von Ledebur, ob sie zur Grundsteinlegung eingeladen werden sollten.[1417] Der Bildhauer und der Landschaftsgestalter erscheinen denn auch als 64. und 65. auf der Gästeliste – ganz am Schluss. Hübotter fehlte.[1418]

Die Anfertigung einer kupfernen Kassette 35 x 25 x 8 cm groß erledigte ohne Berechnung das Vereinsmitglied Ahrens. Fristgerecht legte von Ledebur seinen Entwurf zu einer dem Grundstein des Denkmals der 79er einzufügenden Urkunde vor: „In Hildesheim am Sonntag, den 23. Januar 1938, um 13 Uhr, erfolgte die feierliche Grundsteinlegung für dieses Denkmal, dessen Bauherr und Auftraggeber der Kameradschaftsbund des ehemaligen Infanterie-Regiments von Voigts-Rhetz (3. Hannoversches) Nr. 79 war. Das Ehrenmal, gewidmet dem Andenken der 4165 Männer in den Reihen des Regiments, die in den Jahren 1914-1918 während des großen Krieges ihr Leben für Deutschland hingaben, soll im Herbst 1938 fertig gestellt sein.

Seine Schöpfung wurde ermöglicht durch gemeinsame Opferfreudigkeit des Kameradschaftsbundes und seiner Freunde, durch großzügige Bewilligungen der Stadtverwaltung und durch freudige Spenden der Bevölkerung von Stadt und Land, deren Söhne einst den Rock der 79er in Ehren trugen.

Bildhauer Waterbeck-Hannover, Gartenarchitekt Hübotter-Hannover, Professor Dr. Fiederling-Hannover und Stadtbaudirektor Dr. Högg-Hildesheim haben sich um die würdige Gestaltung des Werkes verdient gemacht.

Zum Gedenken der großen Taten im Weltkriege 1914-1918 wird dieser Urkunde eine Regimentsgeschichte zugefügt.

Mögen auch kommende Geschlechte in Achtung vor diesem Werk der Kameradschaft, der Ehrerbietung und Dankbarkeit (hier wurde das im Entwurf verwendete Wort „Kunstgestaltung" ersetzt) verweilen.

Heil Hitler!

Der Kameradschaftsbund ehemaliger 79er
gez. Freiherr von Ledebur, Nause, Engelke, Weber.

Der Denkmalsausschuss
gez. Freiherr von Ledebur, Niemann, Stein, Brandes, Engelke, Holbe.

Der Oberbürgermeister der Stadt Hildesheim (Im Entwurf stand „Die Stadtverwaltung".) gez. Dr. Krause. (v. L. schlug vor, auch Dr. Högg unterschreiben zu lassen)
Der um die Vorbereitungen zum Werden des Ehrenmals besonders verdienstvolle Oberbürgermeister i. R. Dr. Ehrlicher wurde heute zum Ehrenmitgliede des Kameradschaftsbundes ausgerufen.
gez. Freiherr von Ledebur
General der Inftr. a. D."[1419]
Die Grundsteinlegung war so kurzfristig angesetzt worden, dass zwar die 65 Ehrengäste und Institutionen eine Einladung erhielten, die 79er-Kameradschaft selbst aber von dem Ereignis überrascht wurde. Der am 22. Januar 1938 in Hildesheim tagenden Offizier-Vereinigung teilte der Vorsitzende unter TOP 3 („Denkmalsangelegenheiten") mit: „Dass wir einen langen Weg hinter uns haben, weiß jeder, dass wir aber für den 23. 1. – also morgen – eine Grundsteinlegung anberaumt haben, das ist für die Auswärtigen neu. Die Zeit war zu knapp, um alle Anwesenden rechtzeitig benachrichtigen zu können."[1420] Die 79er scheinen in der Vorbereitungshektik auch übersehen zu haben, das Datum der Grundsteinlegung mit dem hundertsten Jahrestag ihrer Regimentsaufstellung zu verbinden. Der Hinweis darauf blieb dem Hildesheimer Beobachter vorbehalten.[1421]
Mitte Mai 1938 schrieb Brandes: „Mit dem Denkmal geht es nun doch allmählich los. Der Bruch hat den Auftrag bestätigt und wird uns beschleunigst liefern. Kamerad Engelmann ist die treibende Kraft in technischer Hinsicht. Verlangt wurde von uns eine Bankbürgschaft über rund 20.000 RM seitens des Bruches. Da diese erhebliche Gelder kosten würde, habe ich sie abgelehnt. Wir haben uns dann so geeinigt, dass ich den Klöcknerwerken in den nächsten Tagen 12.000 RM überweise, die uns bis zu den in den Lieferungsbedingungen bestimmten Terminen mit 4% verzinst werden. Dadurch erhalte ich mehr Zinsen als auf der Bank, die bekanntlich tägliche Gelder nur mit 1% verzinst. Der Bruch musste eine gewisse Sicherheit haben, da er in der Vergangenheit für zwei Regimentsdenkmäler die Steine geliefert hat und bis heute noch keinerlei Geld erhalten hat. ...
Ich selber betreibe wieder mit allen Kräften die weitere Finanzierung. In den letzten Wochen habe ich wieder 2.100 RM erneut aufgebracht und hoffe auf weitere Erfolge. Stein, Engelke und Holbe sind auch wieder am Werk und helfen in dieser Hinsicht, wo es nur möglich ist.
Hoffentlich hat nur der Waterbeck das Modell fertig, damit es zum Bruch gehen kann. Der trödelt in seiner wenig schönen Art, nach echter Künstler-Man(n)ier. Ich bitte ihn nun auch von dort kräftig einzuheizen, damit wir voran kommen. Einen Vorschuss hat er ja auch schon, aber bald wird wohl die nächste Anmeldung kommen. Er bekommt aber nicht früher wieder Geld, bis wir positive Arbeit sehen."[1422]
Nachdem die HAZ schon am 29. August 1938 über die aufwändige Modellbautechnik Waterbecks informiert hatte, hielt sie ihre Leser auch weiterhin mit Fotoberichten über die Arbeiten im Steinbruch und am Fuße des Galgenbergs auf dem Laufenden.
Am 6. September zeigte die HAZ auf einer Fotoseite, wie im Steinbruch bei Salzhemmendorf das 79er-Denkmal entsteht. Vorgestellt wurde der Dolomitbruch der Klöcknerwerke bei Salzhemmendorf, in dem die Steine für das 79er-Ehrenmal gebrochen wurden. Ein Bild zeigte beispielhaft „die Sorgfalt, mit der das Material gewählt wird: Dieser riesenhafte Brocken mit den Maßen von 3 x 4 x 5,5 Meter = 66 Kubikmeter oder 6.800 Zentner – man kann seine Größe an dem davorstehenden Mann am besten ermessen – sollte ursprünglich für die Fußplatte verwendet werden. Er wies aber nach der Sprengung ein paar kleine Risse auf und wurde daraufhin sofort ausgeschaltet". Ein weiteres Foto demonstrierte „drei Arbeitsgänge in einem Bild: der Mann im Vordergrunde spaltet den Stein mit einer Reihe von Eisenkeilen, dahinter wird das Brustbild des Denkmals „gestockt", während der Dritte mit dem Richtscheit prüft, ob die Fläche auch nicht windschief wird". Eine Detailaufnahme zeigte das „Stocken": Es „geschieht mit dem ,Stockhammer', einem wie der Fleischklopfer mit kräftigen Spitzen besetzten Hammer, der natürlich – im Gegensatz zu dem hölzernen Gerät der Hausfrau – aus härtestem Stahl besteht"[1423]
Am 19. November zeigte die HAZ, wie das 79er-Denkmal wächst. Die Fotos dokumentierten wie der Flaschenzug ein Teil des vorbehauenen Dolomitsteines vom Wagen zum Standort des künftigen Ehrenmals führt; wie sich Meister Waterbeck von der Präzisionsarbeit mit den Steinmassen überzeugt. Schließlich sind „auf

dem Stein, der seine künftigen Konturen schon ahnen lässt, die Helfer; unten (rechts) der Schöpfer des Werkes, Bildhauer Aug. Waterbeck mit seinem Bruder Heinrich" zu sehen. Baumeister Engelke vom Baugeschäft St. Sommer (selbst alter 79er) arbeitete mit seinen Männern unermüdlich. Stolz wurde berichtet, dass „heute Vormittag" die letzte Versetzung des Kopf- und Schulterstückes vorgesehen sei und „gegen Mittag" das hölzerne Gerüst für den Transport der Denkmalsteile entfernt würde. „Montag" sei die Errichtung eines Bretterhauses rings um das riesige Gestein geplant, Fenster würden eingesetzt und ein Ofen eingestellt, „damit die Arbeit des Aushauens unbehindert vom Grau des winterlichen Himmels und der Kälte beginnen kann."[1424]

Während die Zeitung von der Sorgfalt Waterbecks und seiner Mitarbeiter beeindruckt schien, vermitteln die Briefe, die Brandes an von Ledebur schickte, einen ganz anderen Eindruck. Am 30. August berichtete er: „Sommer ist diese Tage im Steinbruch gewesen und teilt mir mit, dass zwei von den Blöcken für die Figur fertig sind und der Dritte diese Tage ebenfalls vollendet ist. Die Blöcke sollen schon sämtlichst in Bearbeitung gewesen sein, haben aber, den Angaben des Betriebsführers des Bruchs nach, nicht den Anforderungen genügt und sind verworfen. Dann sind neue gesprengt worden. Die Anlieferung soll jetzt sofort erfolgen. Die Schuld an der abermaligen Verzögerung soll wieder Herr Waterbeck haben, der mit seinen Fugenschnitten erst in der letzten Woche glücklich herausgekommen ist und der Bruch erst jetzt in der Lage ist, sich die erforderliche Werkszeichnung anzufertigen.[1425]

Fünf Tage später erstattete Brandes „Seiner Exzellenz!" erneut und detailliert Bericht: „Engelke ist in Hannover bei Waterbeck und im Steinbruch gewesen. Die Steine für die Figur sind bis auf den obersten Figurenblock fertig. Nach den Angaben von Engelke hat der Bruch mit dem besten Willen nicht schneller arbeiten können, da jeder von den sechs Figurenblöcken eine Zeit von vier Wochen Arbeit erfordert. Der Betriebsführer Müller stellt selber solch hohe Ansprüche an das Material, dass schon zweimal die Blöcke gesprengt sind und der sechste und letzte Block ihm noch nicht genügte und in der kommenden Woche nochmals gesprengt wird. M. hat angegeben, dass nur völlig einwandfreies Material geliefert würde, da doch der Bau auf Jahrhunderte berechnet sei und er sich auch keine Vorwürfe machen lassen wollte. Es kommen jetzt die Steine für den Sockel. Und dann rollen die Figurensteine, von denen jeder, wie Engelke fernmündlich mitteilte, seine 140 bis 150 (Zentner hat, H. H.) und der Schlussstein, der nochmals gesprengt wird, rund 200 Centner wiegt, an. Der Bruch arbeitet nur für uns und hielte auch seine Fristen inne. Die Steine für die Mauer wären bald fertig gestellt, die brauchten wir aber noch nicht und könnten während des Winters angefahren werden. Das Vermauern dauere 14 Tage sagt Engelke. Waterbeck wird von E. wohl allerhand zu hören bekommen haben und hat gesagt, er käme mit der Zeit gut aus. Voraussichtlich wird im Oktober bereits mit der Rückseite der Figur von Waterbeck begonnen. Dieses Aushauen soll bis Weihnachten fertig sein. Für die Vorderseite wäre dann noch eine Zeit von rund 5 Monaten. Am kommenden Mittwochabend will E. uns alles Weitere mitteilen. Hoffentlich klappt nun endlich alles, und die Bevölkerung sieht, dass der Bau weiter geht. Es kommen noch hinzu die augenblicklichen Schwierigkeiten mit dem erforderlichen Cement, aber die wird Engelke schon überwinden, da habe ich keine Sorgen.[1426]

Die Beschriftung des Denkmals mit den Daten der Kampfgebiete schlug v. Ledebur am 22. Oktober 1938 in einem Schreiben an die Herren Stein, Brandes, Niemann vor.[1427] Für das Schriftband an der Oberkante des Denkmals hatte der Denkmalsausschuss acht Sinnsprüche unterschiedlicher Provenienz ausgesucht, die von Ledebur im Januar 1939 kommentiert und bewertet zur Diskussion stellte:

„1) Wer sich zur Vergangenheit bekennt / lebt in der Zukunft weiter (Grf. Kayserlingk)[1428]

2) Es ist nicht nötig, dass ich lebe, / wohl aber, dass ich meine Pflicht tue (Fr.d.Gr.)

3) Durch alles, was wir tun und sind, / heimlich, heilig ihre Seele rinnt (Vesper)[1429]

Diese drei stehen zu wenig in unmittelbarer Beziehung zum Sinn des Denkmals.

4) Das Leben gabt ihr hin, doch es ersteht / aus eurer Opfersaat ein neues Werde (Gutberlet)[1430]

5) Ein Held ist, wer das Leben Großem opfert, / wer's für ein Nichts vergeudet, ist ein Tor (Grillparzer)

6) Solange Deutsche leben werden sie bedenken, / dass dies einst Söhne ihres Volkes waren (Hitler)

zu 4) stört das „neue Werde", dessen Gestaltung in Generationen als Folge der Opfersaat nicht vorausgesagt werden kann.
zu 5) „Held" ist nicht jedes Kriegsopfer gewesen, das Hineinbringen dieses Wortes reizt zum Widerspruch.
zu 6) Wohl wahr, aber im Ganzen zu schlicht, ein gewisser dichterischer Schwung fehlt in diesen Worten.[1431]
7) Wir sanken hin für Deutschlands Glanz, / blüh Deutschland, uns als Totenkranz (Walter Flex)[1432]
8) Die ihr das Leben gabt in Schicksalszeit / gewannt dem Volk und euch Unsterblichkeit (General v. Felgenhauer)[1433]
Zu 7) und 8) erachte ich nunmehr für die günstigsten und mache den Vorschlag, diese beiden zur engsten Auswahl zu stellen.[1434]

Nur fünf Tage nach Abgang des Briefes teilten die Hildesheimer Denkmalsausschussmitglieder Hohenstein, Nause, Holbe, Engelke und Brandes mit, sie hätten in gemeinsamer Aussprache den Sinnspruch Nr. 8: „Die ihr das Leben gabt in Schicksalszeit / gewannt dem Volk und euch Unsterblichkeit" ausgewählt. Stein hatte sich ebenfalls für Nr. 8 entschieden.[1435] Die Hauptversammlung der Offizier-Vereinigung stimmte dem Felgenhauer-Zitat am 28. Januar 1939 mit Beifall zu. Dabei wurde bekannt, dass es von dem Koblenzer General a. D. Schaumann angeregt worden war.[1436]
Den Enthüllungstermin hatte man auf den 3. und 4. Juni 1939 gelegt. Es bestand Aussicht, dass das seit Oktober 1935 in Hildesheim liegende Inftr.Regt. 59 wieder die Nr. 79 erhielte. Dafür hatten sich unter anderen der Regierungspräsident und der Oberbürgermeister am 2. September 1937 mit einem leidenschaftlichen Appell an das Reichskriegsministerium eingesetzt. Die prominenten Bittsteller rechneten im Fall des Nummernwechsels mit einem „gewaltigen Sturm der Begeisterung bei allen alten und neuen 79ern sowie der städtischen und ländlichen Bevölkerung".[1437] Großes öffentliches Interesse schien also gesichert. Von den ehemaligen 79ern hatte Brandes rund 4.300 Anschriften gesammelt. Dazu kamen noch rund 2.000 Kameraden, die im Kameradschaftsbund der ehem. 79er zusammengeschlossen waren.[1438] Als General von Ledebur am 27. Juli 1938 die Kreisleitung der NSDAP um Genehmigung der Denkmalseinweihung am 3. und 4. Juni 1939 bat und sie ersuchte, möglichst an diesen Tagen keine anderen Aufmärsche anzusetzen, erwartete er nach den schon vorliegenden Anmeldungen eine Teilnehmerzahl von 5.000 bis 6.000 Kameraden.[1439]
Anfang September musste der Termin jedoch verschoben werden. Der Kreisführer des Reichskriegerbundes des Kreises Marienburg hatte in einer Kameradschaftsführertagung erwähnt, dass am 3. und 4. Juni 1939 der Reichskriegertag in Kassel stattfinden solle. Alle Fahnen der Kameradschaften müssten dann dort sein und stünden für die Hildesheimer Veranstaltung nicht zur Verfügung. Brandes schlug von Ledebur den 21. und 22. Mai beziehungsweise den 10. und 11. Juni 1939 als Ausweichtermine vor.[1440]
Für den Zeitraum den 1. bis 18. Juni 1939 hatte die Reichskriegerführung ein Veranstaltungsverbot verhängt. Am 25. Februar 1939 beantragte v. Ledebur eine Ausnahmegenehmigung für den 10. und 11. Juni 1939.[1441] Erntezeit, Herbstübungen und unsicheres Wetter sprachen gegen eine Verschiebung auf den September. Tatsächlich hätte der Ausbruch des 2. Weltkriegs die Planungen durchkreuzt.
Die Einverständniserklärung des Reichskriegerführers kam am 15. März 1939 über den Landeskrieger-Verband Mitte, Braunschweig.[1442] 3.500 Einzeleinladungen wurden daraufhin in alle Teile Deutschlands versandt. Rundfunk, Reichskriegerzeitung und etwa 40 Tageszeitungen riefen zur Teilnahme an der Denkmalsweihe auf. Außerdem hatten die 79er alle Kameraden zum Regimentstag nach Hildesheim eingeladen.[1443] So hatten sich am Sonntag, 11. Juni 1939, Tausende gegen 15 Uhr zur Feierstunde eingefunden.
Über „das große Treffen der ehemaligen 79er" berichtete am Tag danach der Hildesheimer Beobachter auf zwei Seiten.[1444] Während der Sonnabend mit dem Festkommers ganz im Zeichen des Regimentstages und also des Wiedersehens, der Erinnerung und der Verbundenheit mit der Stadt stand, rückte am Sonntag das „Heldengedenken" und dabei vor allem die Enthüllung des „neuen Hildesheimer Heldenehrenmals" in den Mittelpunkt. Dieser Teil des Presseberichts wird wörtlich zitiert, um ein möglichst genaues Bild des Ablaufs und der Stimmung zu vermitteln und um auf das sich immer wieder gleichende Ritual solcher Veranstal-

tungen hinzuweisen: „Tausende hatten sich am Sonntag gegen 15 Uhr in der Umgebung des Denkmals eingefunden, um Zeuge des feierlichen Augenblickes der Enthüllung zu sein. Der Denkmalsplatz und die Feldstraße boten im Schmuck ihrer vielen Fahnen ein festliches Bild. Zu beiden Seiten des Ehrenmales flatterte die Reichskriegsflagge. Große Fahnen des NS-Reichskriegerbundes waren rechts und links vor dem Denkmalsplatz aufgestellt. Auf den Stuhlreihen, die hier aufgestellt waren, hatten viele Kriegsbeschädigte Platz genommen. Gegen 15 Uhr, als sich die vielen Ehrengäste von Partei, Staat und Wehrmacht am Ehrenmal versammelt hatten, rückte die Fahnenkompanie des Infanterie-Regiments 59 mit den Fahnen des ehemaligen IR 79 ein. Nach dem Abschreiten der Front durch General der Infanterie z. V. Freiherr von Ledebur wurden die Traditionsfahnen zum Denkmal getragen, wo sie auf dem Sockel in der Mitte der vielen Fahnen der nationalsozialistischen Gliederungen und Verbände ihren Ehrenplatz einnahmen.

Nach dem Choral ‚Wir treten zum Beten' ergriff dann der Traditionsführer General der Infanterie z. V. Freiherr von Ledebur das Wort zur Denkmalsweihe. Einleitend schilderte der Redner die Geschichte des Denkmals. Er erinnerte daran, dass ursprünglich der Plan bestanden habe, das alte Denkmal am Karl-Dincklage-Platz umzugestalten. Der Gedanke, ein neues Denkmal zu errichten, sei erst aufgetaucht, als die Stadt die Acht am Westhang des Galgenberges für die Heldenverehrung zur Verfügung gestellt habe. Seit 1936 habe man sich ständig mit der Denkmalsfrage beschäftigt. Zunächst galt es, einen geeigneten Denkmalsentwurf auf dem Wege des Wettbewerbes zu finden, und dann war die schwierige Frage der Finanzierung des großen Vorhabens zu lösen. Freiherr von Ledebur sprach an dieser Stelle dem früheren Oberbürgermeister Dr. Ehrlicher sowie dem jetzigen Oberbürgermeister Dr. Krause für ihre tatkräftige Förderung des Denkmalsbaues sowie all den vielen Spendern für ihre großen und kleinen Gaben den Dank des Kameradschaftsbundes aus. Er erinnerte weiter an die große Begeisterung der Augusttage des Jahres 1914 sowie an die schicksalsschweren und opferreichen Jahre des Weltkrieges und den Zusammenbruch des Jahres 1918. Nicht Wehmut, sondern Stolz erfülle heute die Herzen der vielen Hinterbliebenen unserer Gefallenen und aller Weltkriegsteilnehmer, denn die vielen Opfer seien nicht umsonst gewesen. Während sich dann die Fahnen feierlich zum Gedächtnis der toten Helden senkten, wurde unter Salutschüssen das Ehrenmal enthüllt, und zum erstenmal zeigte sich nun die Gestalt des steinernen Wächters in ihrer ganzen Wucht und Ausdruckskraft den Blicken der Tausende. Feierlich erklang das Lied vom guten Kameraden. Im Anblick des steinernen Soldaten verharrten die Teilnehmer der Denkmalsweihe einige Minuten in ergriffenem Schweigen. Nach der Enthüllung ergriff nochmals General der Infanterie z. V. Freiherr von Ledebur das Wort, um den Schöpfer des Ehrenmals, Bildhauer Waterbeck, Hannover, und allen Helfern zu danken. Er übergab dann das Ehrenmal in die Obhut der Stadt.

Oberbürgermeister Dr. Krause erinnerte daran, daß auch vor 65 Jahren ein Kriegerdenkmal in die Obhut der Stadt übernommen worden sei. Wenn man das neue Ehrenmal der 79er mit seinem Denkmal auf dem stillen Wall vergleiche, so empfinde man sie beide als Ausdruck ihrer Zeit. Als ein Sinnbild der Kraft, des Willens und der Geduld stehe der Soldat aus dem Weltkriege in Stein gemeißelt auf der Höhe des Galgenberges, den Blick spähend nach Westen gerichtet. Der Bürgermeister schloß mit dem Versprechen, das Denkmal und seine Umgebung als eine Weihestätte pflegen zu wollen.

Der Kommandeur des Infanterie-Regiments 59, Generalmajor von Oven, wies darauf hin, daß sein Vater als Gouverneur der Festung Metz 1913 an der Denkmals-Einweihung des IR. 79 als Vertreter der Garnison Metz in Vionville teilgenommen habe und er heute in Hildesheim in gleicher Eigenschaft vor den ehem. 79ern stehe. Die 59er, so führte er weiter aus, seien stolz darauf, die Überlieferungen des ruhmbedeckten IR. 79 pflegen zu dürfen. Mehr als die 79er im Weltkriege geleistet hätten, könne kein Soldat leisten. Generalmajor von Oven schloß mit einem dreifachen Hurra auf das stolze, tapfere, unsterbliche IR. von Voigt-Rhetz.

Kreisschulungsleiter Pg. Imohr sprach als Vertreter des Kreisleiters Pg. Vetter. Ehrfurcht und Stolz, so führte er aus, erfülle uns beim Anblick des Ehrenmales. Nicht nur zu Ehren der gefallenen 79er und aller Helden des Weltkrieges sei dieses Denkmal errichtet, sondern auch als ein Erinnerungs- und Mahnmal an den Kampf der

Bewegung für ein neues Deutschland. Den Bataillonen in Walhall und der Standarte Horst Wessels könnten wir heute mit Stolz melden: ‚Und ihr habt doch gesiegt!'
Generalmajor Reinecke (OKW) betonte stolz, daß schon sein Großvater und Vater in den Reihen der 79er und seines Vorgängers gestanden und gekämpft hätten. Auch er sei mit den 79ern in den Weltkrieg gezogen und aus diesem Regiment in das 100.000-Mann-Heer und das neue deutsche Volksheer übernommen. So spreche er zu den ehemaligen 79ern als einer der Ihren, der auch heute noch unter der Fahne stehe. Herzliche Dankesworte richtete der Redner an den Denkmalsausschuß. Er forderte alle ehemaligen 79er auf, die Tradition noch mehr als bisher durch die Tat zu pflegen. Alle 79er – Söhne und Enkel – gehörten in die Reihen des IR. 79! Generalmajor Reinecke schloß mit Worten des Dankes an den Führer und seine Bewegung.
Nachdem die Nationalhymnen verklungen und eine Reihe prächtiger Kränze am Ehrenmal niedergelegt waren, fand vor dem Denkmal der Vorbeimarsch statt. Damit war die Feier der Denkmalsweihe beendet. Mit klingendem Spiel marschierten die 79er durch die Stadt zur Ausstellungshalle, wo ein kameradschaftliches Zusammensein die alten Kameraden noch für einige Stunden vereinte. Viele blieben auch noch über Nacht hier und versammelten sich heute Vormittag im ‚Klee' zur Abschlußfeier des großen Treffens."
Abgerechnet wurde am 24. Februar 1940 bei der Hauptversammlung der Offizierkameradschaft von Voigts-Rhetz in der Domschenke zu Hildesheim. Das Protokoll hält fest: „Die Rückschau auf die Denkmalsfeier im Juni 1939 in der Rgts. Ztg. vom 1. August 1939 ist erschöpfend. Heute ist nicht mehr viel zu sagen, als der Genugtuung Ausdruck zu geben, dass wir unbeirrbar am Juni-Termin festgehalten haben. Was danach folgte, waren im wesentlichen Kassensachen, die man auch Kassensorgen nennen kann, denn die Abrechnung über ein solches Projekt mit viel Umsatz ist schon ein Stück Arbeit. Die Hauptlast trug Lt. d. Ldw. Brandes von der 79er-Kameradschaft Hildesheim, dessen mühevolle und so erfolgreiche Arbeit am 25. Februar 1940 bei der Tagung der Vertreter der 79er-Kameradschaften nach der Darlegung der Kassenlage und des Abschlusses von General von Ledebur gebührend gewürdigt wurde. In dieser geprüften Abrechnung erscheinen die Einnahmen mit 50.475,92 RM, die Ausgaben mit 50.397,77 RM, wobei besonders hervorzuheben ist die Beteiligung der Stadt Hildesheim mit 23.000 RM."1445

Waterbecks Ausgaben für das Denkmal der 79er wurden, wie auch alle anderen, genau aufgeschlüsselt: Er erhielt vom 14. Januar 1938 bis 21. November 1939 genau 16.000,00 RM. Seine eindringliche Bitte um eine Nachzahlung in Höhe von 6.000 RM stieß bei Brandes auf Ablehnung. Er hatte noch nie Verständnis für das Finanzgebaren von Waterbeck aufgebracht. „Wenn alle Beteiligten ihre Forderungen nachträglich derart erhöht hätten, würde das Denkmal über 80.000 RM kosten. Woher wir es nehmen sollen, daran wird anscheinend aber nicht gedacht."1446 Mit der Restzahlung von 24,36 RM (Beleg 136) erhielt Waterbeck auf den Pfennig genau das vertraglich vereinbarte Honorar.

Am Tag vor der Denkmalseinweihung hatten Vertreter der Stadtverwaltung die 79er offenbar darum gebeten, einer Bedeutungserweiterung des Denkmals zuzustimmen und das Denkmal ausdrücklich auch den übrigen Gefallenen der Stadt zu widmen. August Stein hatte dafür bereits einen Vorschlag parat: Er wollte die Inschrift an der Mozartstraßenseite durch einen Zusatz erweitern: „Vom / Infanterie-Rgt. von-Voigts-Rhetz / (3. Hannoversches) Nr. 79 / liessen im Weltkriege 1914-1918 / 4165 Kameraden ihr Leben. / *Zum Gedenken an diese sowie an die gefallenen Mitbürger der Stadt Hildesheim wurde dieses Denkmal* errichtet vom / Kameradschaftsbund ehem. 79er / u. von der Stadt Hildesheim / 1936 – 1939." Dr. Högg veranlasste am 27. Juni 1939, auf den Änderungsantrag zu verzichten. Zuvor hatte General v. Ledebur erkennen lassen, dass er einer Änderung nicht zustimme.1447 Das Denkmal ist also ausdrücklich nicht als „das" Hildesheimer Gefallenendenkmal errichtet worden, sondern speziell als Regimentsdenkmal.1448

Wenige Tage vor dem Ausbruch des Zweiten Weltkriegs versammelten sich die ehemaligen 79er zum ersten Mal zu einer eigenen Gedenkfeier vor ihrem Ehrenmal. Am 23. August 1939 dokumentierte ein Foto im Hildesheimer Beobachter, dass sie – wie in jedem Jahr – ihrer „Feuertaufe" bei Aiseau und der dabei gefalle-

nen 211 Kameraden gedacht hatten.¹⁴⁴⁹ Es ist anzunehmen, dass diese Tradition im 2. Weltkrieg nicht abriss. In den Protokollen der Offizier-Vereinigung findet sich beispielsweise der Hinweis auf eine schlichte Gedenkfeier am 22. August 1941.
Im Frühjahr 1942 wurde „endlich die Umgebung gestaltet". Im März 1944 wurden vor dem Denkmal Platten verlegt.¹⁴⁵⁰ Über die Bombenangriffe auf Hildesheim 1944 und 1945 blickte der Soldat unversehrt hinweg.
Auch nach dem Krieg luden die 79er zu Regimentstagen ein. Einen besonderen Rahmen erhielt das jährliche Aiseau-Gedenken bei der 50. Wiederkehr des Jahrestages der „Feuertaufe" am 22. August 1964¹⁴⁵¹ und der „letzte Appell" der ehemaligen 79er am 5. November 1966 anlässlich des 100. Gründungstages ihres Regiments, zu dem 92 noch lebende Mitglieder (HAZ¹⁴⁵²) oder 86 (HP¹⁴⁵³) erschienen waren. Sie waren nun alle bereits über 70 Jahre alt und hatten inzwischen wieder Karl Brandes zum 1. Vorsitzenden gewählt. Zu beiden Feiern hatte die Bundeswehr einen Ehrenzug abkommandiert.
Verstärkt wohl seit 1968 provozierte das Denkmal immer wieder Unbekannte und wohl fast immer Jugendliche zum Widerspruch. Am 17. Oktober 1973 beschwerte sich die „Hildesheimer Presse" über eine Hakenkreuzschmiererei. Am 22. April 1980 berichtete die HAZ von Schmierereien mit roter Farbe. Die Texte „Nazis raus aus Hildesheim" und vor allem „Ich brauche keinen Heldentod"¹⁴⁵⁴ lösten bei Anwohnern und Spaziergängern Empörung aus. Die Wörter „Nie wieder Krieg" rahmten den Soldaten 1981 ein und setzten einen pazifistischen Kontrapunkt.
Demgegenüber empfand ein Leserbriefschreiber in der HAZ am 29. Dezember 1986 das Kriegerdenkmal als „Provokation". Seine ganze Anlage sei „Ausdruck einer Zeit, die zum Kriege erzog". Das Denkmal stelle den Krieg als unabwendbares Schicksal, nicht als Werk der Regierenden dar. Nicht einmal die Namen der im Krieg Umgekommenen verzeichne das Denkmal, so entlarve sich ihre gewonnene Unsterblichkeit als Phrase. Sein Fazit: Das Denkmal sei „in einer Zeit, in der der nächste Krieg auf unserem Boden unsere Auslöschung als Volk bedeutet", nicht zu dulden. „Man sollte es abtragen und als Zeichen der Hoffnung einen Kinderspielplatz an seiner Stelle anlegen."¹⁴⁵⁶ Gleich drei Leser-

Abb. 68: Kritische Denkmalsrezeption¹⁴⁵⁵

briefschreiber beharrten in Antwortschreiben darauf, das Kriegerdenkmal sei „Erinnerung und Mahnung".¹⁴⁵⁷
1987 war das Denkmal eine der Stationen bei einer „alternativen Stadtrundfahrt". Studentinnen und Studenten aus dem Studiengang Kulturpädagogik der Hochschule Hildesheim überzogen das Denkmal mehrfach mit einem schwarzen Tuch, um es anschließend im Scheinwerferlicht neu zu enthüllen. Zu den Füßen des Kriegers sangen zwei Gestalten Kinderverse wie: „Maikäfer flieg, der Vater ist im Krieg, die Mutter hat 'nen Klotz am Bein, du musst sein.¹⁴⁵⁸ Am 28. Februar 1996 zeigte die HAZ unter „Zu guter Letzt" ein Foto, auf dem ein Toilettenbecken den Soldatenhelm krönte. Weniger um die „Schändung des Kriegerdenkmals" als um die Sicherheit seiner Kinder sei der Vater besorgt gewesen, der zur Beseitigung der Gefahr die Polizei gerufen habe. ¹⁴⁵⁹
Zum künstlerischen Rang des Denkmals liegt ein offenbar von Waterbeck erbetenes Schreiben des Provinzial-Konservators der Provinz Hannover vor. Hermann Deckert stellte in gutachterlicher Weise fest: „Aus den Zeichnungen und dem Modell zu dem Gefallenen-Denkmal des Infanterie-Regiments 79, die ich in der Werkstätte des Bildhauers August Waterbeck in Hannover wiederholt und eingehend besichtigte, habe ich den Eindruck gewonnen, dass hier ein Werk von hohem künstlerischen Rang entsteht, das groß in der Idee, monumental in seiner

gelungenen Einordnung der Massen in das Gelände, reif und durchdacht in seinen Einzelheiten dem Gedächtnis der Gefallenen wahrhaft würdig dienen wird.
Die 79er und die Stadt Hildesheim werden zu beglückwünschen sein zu einem derartigen Ehrenmal, das fast alle ähnlichen Schöpfungen an Wert bedeutend überragt; die Enkel werden dankbar sein, dass ihnen durch die Schöpferkraft des Meisters und die Opferbereitschaft von Stadt und Kameradschaftsbund solch ein Mahnmal großer Zeit geschenkt worden ist."[1460]

Weitere Literatur: Hartmut Häger, Es begann vor 60 Jahren: „Ein würdiges, wuchtiges Ehrenmal", AUF DER HÖHE, Stadtteilzeitung Marienburger Höhe/Itzum, September 1995, Nr. 9, S. 7-8
Hartmut Häger, Der Soldat am Galgenberg: ein wuchtiger Nachbar. In: Hildesheimer Volkshochschule e. V. in Zusammenarbeit mit dem Verein zur Rettung des Gelben Turms e. V. (Hrsg.), Der Gelbe Turm, Sanierung, Nutzung und Umfeld des Baudenkmales auf dem Spitzhut, Hildesheim ²1999, S. 87-93
Hartmut Häger, Der Soldat am Galgenberg. In: Hildesheimer Volkshochschule e. V. (Hrsg.), Galgenberg, Spurensuche in einem Hildesheimer Stadtteil, Hildesheim 2003, S. 171-197
Hermann Seeland, Galgenberg und Spitzhut bei Hildesheim, Hildesheim 1950, S. 54-55
Barbara Thimm, Spuren des Nationalsozialismus in Hildesheim, Hildesheim 1999, S. 55-58

6.1.2 Ehrenhof

1. Standort

An der Mozartstraße; Rückseite des „Soldatendenkmals" an der Feldstraße, 200 Meter unterhalb der Bismarcksäule

2. Beschreibung

Auf der Rückseite der Mauer, von der Mozartstraße aus zu lesen, steht in der Mitte der Mauer die Widmung der 79er für das Denkmal. Die links und rechts nachträglich eingesetzten Gedenksteine erinnern an die Toten des Zweiten Weltkriegs: Links: „I. Abteilung / Artl. Regt. 55 / Artl. Regt. 117 / 1939 – 1945" und rechts: „Inf. u. Pz. Gren. / Regiment 59 / Inf. Regt. 191 / I.

Abb. 69: Ehrenhof an der Mozartstraße[1461]

Inf. Regt. 487 / 1939-1945". Zu beiden Seiten der seitlichen und des mittleren Pilasters sind Kranzhalter eingebaut worden. Der Abstand zwischen dem Mittelteil und dem Rand beträgt jeweils ca. 7,30 m.
Maße (Breite, Höhe, Tiefe): Gedenkstein: 1,30 x 1,70 x 0,20 m
Material: Ith-Dolomit
Technik: Steinmetzarbeit
Zustand: gut, allerdings mit Spuren von Farbschmierereien

3. Dokumentation

Auftraggeber: Gemeinschaft der Angehörigen des ehem. Infanterie- und Panzer-Grenadier-Regiments 59 Hildesheim; Stadt Hildesheim
Hersteller (Entwurf, Ausführung): Oberbaurat Münter (Entwurf), Oberst a. D. Kempchen (Schriftvorschlag), Steinmetz-Obermeister Walter Stemme (Ausführung)[1462]
Entstehungszeit: 1954-1956
Einweihung: 9. September 1956
Deutung: Der „Ehrenhof" sollte ursprünglich mit Reliefplastiken ausgestattet werden, die an den Flanken und in der Mitte die Denkmalrückseite aufwerten sollten. Das unterblieb zum einen aus Kostengründen, zum andern wegen der Gedenkplatte in der Mitte, reduzierte aber auch die Wirkung.
Als 1954 über den Wunsch der ehemaligen 59er debattiert wurde, das Denkmal um eine eigene Inschrift zu erweitern, wurde der Standort Mozartstraße zunächst von den 59ern zurückgewiesen: selbst Vorstandsmitglieder der 79er hätten nichts von einem „Ehrenhof" gewusst. Die Tradition (die 59er waren mit der Traditionspflege des Infanterie-Regiments Nr. 79 verpflichtet

Abb. 70: Modell des Ehrenhofs[1463]

gewesen) sollte sichtbar fortgesetzt werden. So geschah es schließlich, wenn auch weniger demonstrativ. Auch die 79er hatten darauf verzichtet, sich an der Frontseite spektakulär in Szene zu setzen. Auch ihre Widmung hing an der Rückwand zur Mozartstraße. In ähnlicher Weise testieren die links und rechts angebrachten Platten nur die Fakten: den militärischen Verband und die Kriegsdauer, allerdings keine Zahlen. Die Gefallenen werden weder begrifflich noch als Summe genannt. So erinnern die Tafeln weniger an die Toten als an die mit der Wehrmacht „untergegangenen" militärischen Einheiten. Die Ehemaligen haben sich einen Topos geschaffen, zur Versammlung und zur Sammlung. An der Rückseite fehlt jegliches heroisierende Beiwerk.

Der „Ehrenhof" entwickelte sich zum Ort von Gedenkfeiern, die dort und nicht vor dem Denkmal jährlich bis 1987 durchgeführt wurden. Am 8. Juni 1959 schrieb die HAZ: „Im Ehrenhof des 79er-Denkmals am Galgenberg haben die Lebenden den Toten einen Raum des Erinnerns geschaffen, in dem die unveränderliche Größe der Hingabe aller dieser Männer aus Hildesheimer Regimentern lebendig bleiben soll."

Objektgeschichte: Mit der Traditionspflege des Infanterie-Regiments Nr. 79 war in der Wehrmacht das Infanterie- und Panzer-Grenadier-Regiments 59 betraut gewesen. Nach dem 2. Weltkrieg wollten die Ehemaligen dieses Regiments auch ihrer Toten gedenken. Nahe liegend war die Idee, das 79er-Denkmal entsprechend zu erweitern. Am 16. August 1954 bat der Vorsitzende der Gemeinschaft der Angehörigen des ehem. Infanterie- und Panzer-Grenadier-Regiments 59 Hildesheim, Oberst a. D. Hugo Kempchen, Goethestraße 75, das Stadtbauamt – Denkmalspflege –, die Angelegenheit zu prüfen. Während Stadtrechtsdirektor Büsse das Schreiben an Regierungspräsidenten am 14. September 1954 zum Entscheid weiterleiten wollte[1464], nach einem früheren Ministerial-Erlass und einer Rundverfügung des Herrn Regierungspräsidenten über die Errichtung von Kriegerehrenmalen, deren Ergänzungen, Veränderungen usw. waren einschlägige Anträge und Vorhaben ihm vorzulegen – notierte Stadtbaudirektor Hagen handschriftlich und offenbar mit Verdruss auf dem Vermerk: „Wegen der zusätzlichen Beschriftung des Denkmals ist es nicht erforderlich, den Regierungspräsidenten zu beteiligen! Das Ansehen der Behörde leidet durch eine Überbeanspruchung der Bürokratie!" Es handele sich schließlich nur um eine Veränderung, nicht um eine Errichtung.[1465]

Am 1. März 1955 informierte Stein den Stadtarchitekten Gothe – der zusammen mit Stein 1937 die Entscheidung für den Waterbeck-Entwurf getroffen hatte – über das Ergebnis der Mitgliederversammlung der ehemaligen 79er. Sie hatte am 16. Januar einstimmig den Antrag auf Änderung in der gewünschten Form abgelehnt. Auf dreieinhalb Seiten begründete Stein das Votum:

– Das Denkmal sei in seiner jetzigen Form allmählich geworden.
– Gleichzeitig mit den Fundamenten wurden Modelle in wirklicher Größe errichtet.
– Die konische Gestaltung, die Flügelmauern und die Abböschungen und schließlich auch die Widmungstafel seien sehr sorgfältig und viel diskutiert, ausprobiert, verworfen und am Ende in der entstandenen Form gebilligt worden.
– Das Denkmal selbst sei „ein gewaltiger Block, davor der in die Ferne schauende Infanterist. Ein tiefernster Ausdruck in Haltung und Blick, gesteigert durch Fortlassung allen Beiwerkes und – das ist das Wesentliche und Entscheidende – auch durch Fortlassung einer so sehr gewünschten Beschriftung und Widmung an dieser Seite des Denkmals. Lediglich ein Fries an der oberen Denkmal-Kante ist aus architektonischen Gründen angebracht."

Schließlich habe man auch auf eine Beschriftung auf der Schauseite verzichtet, weil das Denkmal für alle Gefallenen und der Platz an der Mozartstraße als Ehrenhof geplant war. Die

Ausführung sei wegen fehlender Mittel und des Kriegsausbruchs unmöglich gewesen.
Im Übrigen habe Karl Brandes bei den ersten Gesprächen mit den ehemaligen 59ern genau diesen Vorschlag für die weitere Gestaltung dieses Ehrenhofes gemacht.[1466]
So aber hatten die 59er ihn wohl nicht verstanden, denn am 19. April 1955 nahmen sie enttäuscht und mit großem Bedauern die Ablehnung der Kameraden zur Kenntnis. Sie sahen sich außerstande, an der Mozartstraße einen Ehrenhof zu errichten:
– Sie hätten kein Geld und sahen auch keine Chance, etwas zu sammeln.
– „Selbst in Zeiten einer Aufrüstung wird der deutsche Soldat in weitesten Kreisen diffamiert."
– Die Idee der Gefallenenehrung fand (in den Dreißigerjahren) in der Bevölkerung eine ganz andere Resonanz. Außerdem habe man damals fest mit der Förderung und finanziellen Hilfe seitens der Verwaltung und der moralischen Unterstützung durch militärische Stellen rechnen können.
– Schließlich sei die Rückseite der Gefallenen unwürdig; selbst namhafte Mitglieder des Vorstandes der 79er-Kameradschaft hätten nichts von einer Inschrift an der Mozartstraße gewusst.[1467]
Die Auseinandersetzungen zogen sich hin. Der Ausschuss für Garten- und Friedhofsverwaltung besichtigte am 1. Juli 1955 auf dem Zentralfriedhof das Ehrenmal und die Grabnischen der Gefallenen des Ersten Weltkriegs, wo die Aufstellung je eines Denksteins für die 55er und 59er vorgeschlagen worden war. Der Ausschuss lehnte ab und regte seinerseits an, auf der Westseite des Ehrenfriedhofs ein größeres Denkmal als Gegenstück aufzustellen. Es sollte zugleich ein Denkmal für der übrigen ehemals in Hildesheim stationierten Truppenteile sein, die sich allerdings an den Kosten beteiligen müssten.[1468] Daraus wurde nichts.
Eine mögliche Einigung deutete sich in einer Zeitungsnachricht über eine Wiedersehensfeier der alten 79er an. Der Kameradschaftsvorsitzende, Stadtoberamtmann Fröchtling, regte an, zwei Freitreppen anzugliedern und rechts und links zur Inschrift der 79er die Inschriften der beiden anderen Hildesheimer Regimenter 59 und 55 anzubringen. Gothe klebte den Artikel auf und legte ihn mit dem Vermerk „Nach diesem Bericht scheint die Angelegenheit erneut aufgerollt werden zu sollen" Haagen vor. Der erkundigte sich nach Fröchtlings Vorstellungen zu den Freitreppen und erfuhr – wieder per Vermerk –, dass an Freitreppen mit Pylonen und Opferschalen gedacht sei.[1469]
Am 10. Februar 1956 vermittelte Oberstadtdirektor Dr. Kampf erfolgreich auf der Grundlage der 79er Argumente. Bei einem Ortstermin am 16. März wurde beschlossen, je eine Tafel für die 55er und 59er an der Innenwand der Front zur Mozartstraße aufzustellen. Eine Beihilfe durch die Stadtverwaltung wurde zugesagt.[1470]
Für den Ehrenhof begannen die Arbeiten in der zweiten Augustwoche. Die je 40 Zentner schweren Dolomit-Steine wurden wieder aus dem Steinbruch Salzhemmendorf angefahren. Drei bis vier Steinmetze bearbeiteten die Steine vierzehn Tage lang, um den geplanten Einweihungstermin einzuhalten. „Der Initiative der ehemaligen 59er und dem Entgegenkommen der ehemaligen 79er ist es zu danken, dass der Ehrenhof zum Gedenken an die Gefallenen der Regimenter 59, 55, 117, 191 und 487 in der Garnisonsstadt werden konnte. Die Finanzierung des Projekts ist aus zahlreichen Spenden vollauf gesichert."[1471] Am 5. September brachten die Steinmetze der Firma Stemme die beiden Gedenksteine an, legten auf jeden eine aus gleichem Material bestehende Abschlussplatte und ließen schließlich die vier Kranzsteine in das Mauerwerk ein.[1472]
Die 3. Wiedersehensfeier der ehemaligen Hildesheimer Regimenter am 8. und 9. September 1956 erhielt durch die Denkmalseinweihung eine besondere Bedeutung und weckte großes öffentliches Interesse. In der HAZ wurden auf zwei Sonderseiten „der Weg der Hildesheimer Truppenteile" nachgezeichnet und Antworten von Ehemaligen auf die Frage „Was erwarten Sie vom Hildesheimer Treffen?" abgedruckt. Oben auf der ersten Seite standen die Grußworte der Stadt „an ihre alten Soldaten" (unterzeichnet von Oberbürgermeister Hunger und Oberstadtdirektor Kampf) und der Kameradschaftsverbände. Darunter las man die „Veranstaltungsfolge für Einweihung des Ehrenmals und Wiedersehensfeiern für die ehem. Hildesheimer Truppenteile (Inf.- u. Panz.-Gren.-Rgt. 59, Inf.-Rgt. 191, I./Inf.-Rgt. 487, I./Art.-Rgt. 55 und Art.-Rgt. 117)", die am Sonnabend, 8. September, 17.30 Uhr, die Einweihung des Ehren-

mals im Ehrenhof des 79er-Denkmals in der Mozartstraße durch Oberbürgermeister Hunger vorsah.[1473]

Soweit ersichtlich, wurde bis 1987 zu Gedenkfeiern am Galgenbergdenkmal eingeladen. In einer Pressenotiz der HAZ am 17. November 1964 legte die Kameradschaft der ehemaligen 59er Wert auf die Feststellung, „dass die Feier am Galgenberg-Ehrenmal am Vortag des Volkstrauertages wechselseitig von den Kameradschaften der ehemaligen 79er, 59er, 191er, 487er und der I.A.R. 55 ausgerichtet wird."

Vom ersten Regimentstreffen der 59er am 2. Juni 1951 bis zum elften am 26. Mai 1979 sind die Ereignisse dokumentiert, mit Presseberichten über Feldgottesdienste und Gedenkfeiern und Fotos der Teilnehmer. Jährlich gab es öffentliche Kranzniederlegungen, am 25. Mai 1957 anlässlich des Besuchs der 3. Kompanie Pz. Ausb. Batl. (Panzergrenadier-Lehrabteilung Munster) erstmals mit Beteiligung der Bundeswehr.[1474] Die Bevölkerung war jedes Mal herzlich eingeladen. Dann gibt es einen Bruch in der Überlieferung – und möglicherweise auch in der Tradition: Erst am 17. Oktober 1987 wird wieder (und letztmalig) eine Kranzniederlegung ehemaliger 59er erwähnt – im Fotoalbum der Stabskompanie, nicht in der Presse.[1475]

Weitere Quelle: HAZ vom 19./20. Mai 1956

6.2 Ehrentafeln für die Gefallenen im Offizier-Heim der Kommandantur

1. Standort

Im Offiziers-Heim der Kommandantur

2. Beschreibung

Das Aussehen der Gedächtnisstätte ist unbekannt. Lediglich in den Aktenbeständen der ehemaligen 79er ist ein Hinweis darauf zu finden. Danach teilte die Kommandantur der Offizier-Vereinigung mit, dass es möglich sei, Ehrentafeln für 48 ehemalige Truppenteile des alten Heeres zu gestalten. Für die größere Mitteltafel war ein Text vorgesehen, der die Bedeutung von Kriegerdenkmälern sinnfällig ausdrückt:

„Den Toten zum Gedächtnis!
Den Lebenden zur Mahnung!

Den kommenden Geschlechtern
Zur Hoffnung und Nacheiferung!"[1476]

Zustand: verschollen

3. Dokumentation

Auftraggeber: Kommandantur
Deutung: Das Motto, das der Regimentsgeschichte vorangestellt wurde, lautet: „Den gefallenen Kameraden des Regiments von Voigts-Rhetz zum ewigen, ehrenden Gedächtnis, den Lebenden zur stolzen Erinnerung, der deutschen Jugend zur Erbauung und inneren Erstarkung."[1477]

Inschrift und Motto stehen in der Tradition des nach den Befreiungskriegen 1821 von Schinkel in Berlin errichteten Kreuzberg-Denkmals. Dort lautete die Inschrift: „den Gefallenen zum Gedaechtniß, den Lebenden zur Anerkennung, den künftigen Geschlechtern zur Nacheiferung".[1478] Karl Freiherr vom und zum Stein, der Bruder des Reformers, äußerte bereits 1793 in einer Denkschrift zur Übergabe des Hessen-Denkmals an Magistrat und Bürgerschaft der Stadt Frankfurt als Gesandter des preußischen Königs ähnliche Überlegungen zum Zweck des Denkmals: „kommenden Geschlechtern zur Nachahmung, unserem Volk als lehrendes Beispiel", später fügte er hinzu: „uns, die wir's sahn, zur immerwaerenden Erinnerung".[1479]

6.3 Gedenkstein der Siedlergemeinschaft Großer Saatner

1. Standort

Zwischen den Häusern Yorckstraße[1480] 13 und 16 am Ende einer lang gestreckten dreieckigen Rasenfläche, stadteinwärts gesehen links neben der Straße

2. Beschreibung

Ein Findling wurde bis zur Neugestaltung im Jahr 2002 nach vorn von Waschbetonplatten und Pflanzbeeten (links: Gehölze, rechts: Rosen) und im Hintergrund von zwei Nadelbäumen und zwei Linden eingefasst. Vor dem Stein stand eine Pflanzschale, ebenfalls aus Waschbeton. Der Findling ist mit eisernen Lettern in Majuskeln

Abb. 71: Gedenkstein am Großen Saatner[1481]

beschriftet. Die Inschrift „Dem Gedenken unserer Toten" wurde Anfang 2001 restauriert.
2002 wurden die Gehölze am Stein entfernt und durch eine Anpflanzung von Rhododendren und Blumen ersetzt. Die Waschbetonteile wurden entfernt. Der Stein steht auf einer abgeflachten Basaltpflasterrosette (Durchmesser ca. 3,00 x 2,50 m).
Maße (Breite, Höhe, Tiefe): 1,10 m x 1,40 m x 50 cm
Material: Granitfindling, Schrift aus Metall
Technik: Steinmetzarbeit
Zustand: Nach der Neugestaltung des Platzes und der Aufarbeitung des Gedenksteins im Jahr 2002 befindet sich die Anlage in einem gepflegten Zustand.[1482]

3. Dokumentation

Auftraggeber: Siedlergemeinschaft Großer Saatner
Hersteller (Entwurf, Ausführung): unbekannt
Entstehungszeit: 1953-1955
Einweihung: 14. August 1955
Deutung: Der Findling symbolisiert Heimatverbundenheit und Bodenständigkeit, zugleich auch Festigkeit und Dauerhaftigkeit. Eine Siedlergemeinschaft ist diesen Tugenden in besonderer Weise verpflichtet. Die Häuser und Gärten baute man mit Nachbarschaftshilfe, die Ausschreibung der Siedlerstellen sorgte für eine „Siedlerauslese", im Jargon der Nationalsozialisten wurden Siedler „angesetzt". Die Nationalsozialisten pflegten zwischen 1933 und 1938 die vorstädtische Kleinsiedlung als besonders viel versprechende Elementarform der Volksgemeinschaft. Sie hob die Familiengemeinschaft und die generationsübergreifende Schicksalsgemeinschaft in sich auf.
Der Findling bringt in seiner germanisierenden Form die Schicksalsgemeinschaft zum Ausdruck. Zwar wollte man eine Erinnerungsstätte für die Gefallenen und Opfer des 2. Weltkrieges innerhalb der Siedlung schaffen und hatte wegen der stark in Mitleidenschaft gezogenen benachbarten Häuser dazu jeden Grund, doch verzichtete man darauf, diese Kriegsopfer in der Inschrift besonders hervorzuheben. In das Gedenken „unserer Toten" sind alle Verstorbenen der Siedlung eingeschlossen, unabhängig von der Todesart.
Die Gedächtnisstätte dient dem Totenkult. Das schlichte, kaum beschriftete Denkmal hat die Funktion eines Sprechsteins. Jeder aus der Gemeinschaft kennt Personen, an die er sich beim Passieren des Findlings erinnert. Einmal im Jahr, bei der Feierstunde am Totensonntag, werden die individuellen, persönlichen Erinnerungen zu gemeinsamen: dann, wenn der Festredner das Gedenken aller in seine Worte fasst.
Außenstehenden tritt der Findling nicht als Kriegstotenehrung entgegen. Deshalb tabuisiert er den Krieg auch nicht. Das Denkmal ordnet den Kriegstod dem Tod, der alle Menschen trifft, unter. Folglich muss ihm auch kein besonderer Sinn oder Wert beigemessen werden.
Objektgeschichte: Die 1934 am Pfingstanger gegründete und 1936 am Großen Saatner und in der Yorck- und Lützowstraße fortgesetzte Siedlung, die sich noch vor dem Zweiten Weltkrieg am Kuhanger weiter ausdehnte, war am Samstag, 3. März 1945, gegen 10.30 Uhr, bei einem Luftangriff auf den Güterbahnhof und das Stadtzentrum in Mitleidenschaft gezogen worden. 18 Kinder, 6 Frauen und ein Mann starben, als Bomben 11 Häuser an der Marienburger Straße, Yorckstraße und Lützowstraße zerstörten und ringsumher tiefe Krater rissen.[1483]

Am 30. April 1953 teilte der Vorstand der Siedlergemeinschaft Großer Saatner dem Grundstücksamt der Stadt mit, dass er beabsichtige, „eine Erinnerungsstätte für die Gefallenen und Opfer des 2. Weltkrieges innerhalb der Siedlung (zu) schaffen." Er beantragte, einen Platz in der Yorckstraße (vor dem Haus Nummer 16), der seit dem Krieg zu einer „schmutzigen grauen Fläche verkommen war", „als Grünanlage wiederherzustellen und die Anlage so herzurichten, dass die Aufstellung eines Gedenksteines (Findling) als Mittel- und Blickpunkt möglich ist."[1484] Der schließlich verwendete Granitblock stammt vom Lambertistift. Er wurde in Gegenwart zahlreicher Siedler von Bäckermeister Heinrich Alpert am 14. August 1955 enthüllt. Vorsitzender Walter Henn ging in seiner Ansprache auf die Entstehung der Gedächtnisstätte ein und legte einen Kranz nieder. Geistliche beider Konfessionen, Pater Elmar und Pastor Hage, weihten den Gedenkstein ein. Die Singgemeinschaft „Großer Saatner" umrahmte die Feier musikalisch.[1485]
Zwei Siedler übernehmen die Pflege des Rasendreiecks[1486], das die Zeitung als „gärtnerisch ansprechend gestaltete Weihestätte"[1487] bezeichnete. In der Generalversammlung am 13. März 1956 wurden die besonderen Verdienste Alperts noch einmal gebührend gewürdigt.[1488]
Die kleine Grünanlage, die von den Anliegern mit Rosen- und Zierstrauchrabatten und Ruhebänken ergänzt worden war, fand am 31. Oktober 1956 öffentliches Lob. Der „Gedenkstein für die Siedler, die im letzten Krieg ihr Leben lassen mussten", und seine Umgebung zeigten anderen Stadtteilen, dass „solche Anlagen ohne Stacheldrahtzaun auch nur halbwegs ansehnlich bleiben" können, wenn sie mit Liebe von den Anwohnern selbst gepflegt und betreut werden.[1489]
Konrad Danne, der 1945 von der Stadt kommissarisch als Gemeinschaftsleiter eingesetzt wurde und inzwischen zum Bezirksgruppenleiter gewählt worden war, verlieh dem Gedenkstein schon 1957 eine weiterreichende Bedeutung. In der Festschrift anlässlich des 20-jährigen Jubiläums der Siedlung Yorckstraße/Lützowstraße schrieb er: „Mancher aus unserer Mitte ist in den Jahren von uns gegangen. Unser Gedenkstein in der Yorckstraße ist das Schmuckstück der Siedlung geworden. Seine Pflege und Erhaltung liegt uns allen am Herzen. Er mahnt uns immer und soll auch unsere Kinder nach uns immer mahnen, das zu pflegen und zu erhalten, was vor 20 Jahren unter schwierigsten Bedingungen begonnen wurde."

Jährlich am Totensonntag – sowie anlässlich der Siedlerfeste – findet eine Kranzniederlegung statt.

6.4 „Soldaten" an der Universität[1490]

1. Standort

Gelände der Universität Hildesheim, Marienburger Platz 22, am Nebeneingang Uetzenkamp

Abb. 72: Teil der Soldatengruppe[1491]

2. Beschreibung

Vier Pfähle aus grob geschältem Holz waren längs des unteren Neubaus der Universität aufgestellt. Je eine konkave Stahlschale umwölbte ihre Spitzen, während ein Sockel aus stahlumfasstem Beton sie fest im Boden verankerte. Die Eigenart jedes Stammes wurde durch den weißen Anstrich nahezu nivelliert. In der Konstellation einer leicht den Hügel hinab gestreckten Raute fügten sie sich in die architektonische Situation ein. Aus dem Zentrum jedes Pfahls pendelten Metallschläuche, die von Luftzügen in Bewegung gehalten wurden (nach Jan Verwoert).
Maße (Breite, Höhe, Tiefe): jeder Pfahl etwa 1,90 m hoch
Material: Edelstahl, V2A, Holz, Zement, Farbe
Technik: Bildhauerei; Installation
Zustand: Im Sommer 2003 wurde das Denkmal von der Hochschulverwaltung entfernt, weil die Standsicherheit nicht mehr gewährleistet werden konnte.

3. Dokumentation

Auftraggeber:

Hersteller (Entwurf, Ausführung): Daniel Schürer (Via 113) und Bernd Krauß (Sozietät)
Entstehungszeit: 1990-1991
Einweihung: Kurz vor Beginn der Kuwaitkrise 1991; eine Eröffnung gab es nicht, plötzlich standen die Figuren da.[1492]
Deutung: Assoziationen, die in den Stahlschalen Helme erkennen lassen, die die Schläuche zu Waffen machen, die mit den Armen verschmolzen sind, und der Anstrich, der die Vision einer Uniform hervorruft, verbinden sich zum Bild der „Soldaten". Die Künstler haben dabei ihr Augenmerk darauf gelegt, den Gräueln des Krieges nicht ein ästhetisches Forum zu verschaffen, sondern die Mechanismen des Mordens aufzuzeigen (nach Jan Verwoert). Dass die Pfähle inzwischen abfaulten, war Bestandteil der inhaltlichen Konzeption.
Die Installation ist in jeder Hinsicht ein Anti-Denkmal: Es entstand vor dem Kriegsereignis, zielt auf die „Mechanismen des Mordens" ab, die Täter und Opfer gleichermaßen entpersonalisieren, es war „plötzlich da", so wie es plötzlich gänzlich verschwand, nachdem es zuvor, ebenfalls kaum beachtet, nach und nach reduziert worden war. Die Künstler verwendeten für dieses Denkmal alltägliches und vergängliches Material – ganz im Gegensatz zu den auf Dauer angelegten kunstvollen Denkmälern. Die aus Holz dargestellten Körper taten es ihren menschlichen Vorbildern gleich – sie vermoderten.
Das ephemere Denkmal stellt sich in bewussten Gegensatz zum Heldenkult, gerade indem es mit seinen Elementen spielt. Es ironisiert Männlichkeit und uniformiertes Soldatentum, verwendet Edelstahl und Stahlbeton für eine vergängliche Konstruktion und karikiert die Waffen als Tentakeln. Sie sind mit den Figuren verwachsen, anders als die anderen Errungenschaften der Technikentwicklung (wie Motor, Brille, Mikroskop, Kamera, Grammophonplatte oder Telefon), die den Menschen nach Freud zu einer Art „Prothesengott" machen.[1493] Der natürliche Verfall des Holzes sorgt dafür, dass sich die Gruppe der Krieger nach und nach verkleinert, bis sie sich schließlich in nichts auflöst. Die umfallenden Stämme entsprechen den gefallenen Soldaten.
Objektgeschichte: Die Plastik war ein Beitrag der beiden Künstler zur damaligen Diskussion um den zweiten Golfkrieg.
Weitere Quellen: Mündliche Information von Marianne Kühn, Bauabteilung der Universität Hildesheim; Jan Verwoert: Interpretationsschrift zu den „Soldaten", unveröffentlichtes Manuskript, Universität Hildesheim 1991.

Anmerkungen

1373 Fotografiert am 25.7.2001.
1374 II 6.2.2.
1375 Karl Brandes gab einem Brief an Kurt Rickmann vom 21.7.1938 die Maße 16 m x 8 m an. In: StadtA Hi Best. 799-9 Nr. 10.
1376 Georg Grabenhorst, Dr. phil. und Regierungsdirektor, wurde am 21.2.1899 in Neustadt am Rübenberge geboren. Später lebte er in Hannover, wo er seit den Dreißigerjahren als Schriftsteller wirkte.
1377 Aus: Auswahl des Waterbeck-Entwurfs. In: HB v. 19.2.1937, StadtA Hi Best. 799-9 Nr. 10.
1378 Hildesheimer Beobachter v. 12.6.1939, S. 7 und 9.
1379 Zitiert nach Hoffmann, Ein Krieg wird ausgestellt, S. 119 f.
1380 HAZ v. 18.2.1937.
1381 StadtA Hi Best. 799-9 Nr. 10.
1382 Seeland, Galgenberg und Spitzhut, S. 55.
1383 Bericht über die Einweihung (mit Foto vom Denkmal): HAZ v. 18.5.1936.
1384 Skizze in Buchheit, Das Reichsehrenmal Tannenberg, S. 20, Foto auf S. 33. Die von Paul Bronisch, Berlin, entworfenen und ausgeführten Figuren, sind vier Meter hoch.
1385 Dass hier nicht ein einzelner Soldat in realistischer Weise steht, zeigen die Größenverhältnisse. Das Gewehr 98 ist 1250 mm lang, der Soldat wäre demnach 172 cm groß. Die dahinter stehende Mauer wäre mit einer Höhe von ca. 2,35 m mühelos zu überwinden. Erst durch die Kombination von realer Mauerhöhe und irreal überhöhter Soldatengröße wird die Sinngebung erkennbar.
1386 Geboren am 22. April 1891 in Bethehn, zog er am 6. oder 7. August 1914 mit der 8. Kompanie in den Weltkrieg. Verwundet wurde er viermal, davon einmal schwer. Ab Juli 1915 war er Offizier-Stellvertreter. Am 3. Dezember 1918 kehrte er mit dem Regiment wieder nach Hildesheim zurück. Als Vizefeldwebel wurde ihm am 23. Juli 1918 das goldene Militär-Verdienst-Kreuz verliehen. Den auch als 'Pour le mérite' des Unteroffiziers bekannten Orden erhielten nur noch drei weitere Regimentsangehörige. Brandes wurde am 1.9.1939 erneut einberufen und als Stabszahlmeister eingesetzt.
1387 Karl Brandes am 10.8.1936 an „Lieber Albert" (Ilsemann, Kameradschaft Einbeck). StadtA Hi Best. 799-9 Nr. 10.
1388 Erl. d. Minister f. Wissenschaft, Kunst und Volksbildung v. 20.8.1919, in: Amtliches Schulblatt für den Regierungsbezirk Hildesheim v. 16.9.1919 Nr. 18, S. 187.
1389 Brandes im Brief an Fotografen Karl Wöltje, Olden-burg, am 31.8.1937 (StadtA Hi Best. 799-9 Nr. 10)
1390 Brandes im Brief an Friedrich Ebhardt, Frankfurt a. M., Günthersberg-Allee 9 am 20.7.1938, StadtA Hi Best. 799-9 Nr. 10.
1391 Brandes am 21.7.38 an Kurt Rickmann, Hamburg, Besenbinder Hof 48, StadtA Hi Best. 799-9 Nr. 10.
1392 Am 11.2.1936 erfuhr die Öffentlichkeit durch einen Veranstaltungsbericht der HAZ über den „Jahreshauptappell der Kameradschaft ehem. 79er Hildesheim" von der Absicht, das Denkmal unmittelbar an die Straße am Karl-Dincklage-Platz (heute wieder: Steingrube) zu versetzen; die 79er wünschten sich für den Platz den Namen „Ehrenplatz der 79er".
1393 StadtA Hi Best. 102 Nr. 11501, Vermerk Gothes v. 2.6.1936.
1394 Siehe Vermerk Dr. Höggs v. 9.10.1936 nach einem Lokaltermin am 7.10.1936, an dem u. a. Dr. Ehrlicher, Frh. v. Ledebur, Major i. R. Meyer und Brandes teilnahmen. Danach stellten die 79er 15-20.000 RM in Aussicht. StadtA Hi Best. 102 Nr. 11501.
1395 Ausschreibungsentwurf des Stadtbaurats v. 22.10.1936, StadtA Hi Best. 102 Nr. 11501.
1396 Zeichnungsliste Nr. 29, StadtA Hi Best. 799-9 Nr. 11. Der Monatslohn eines Arbeiters betrug damals 100 RM, für knapp 5.000 RM hätte man ein ansehnliches Wohnhaus mit Grundstück erwerben können.
1397 Karl Brandes an v. Ledebur, 1.7.1936.
1398 Antwort Frhr. von Ledeburs, wg. Krankheit erst am 30.7.1936.
1399 „Gesetz zur Regelung der öffentlichen Sammlungen und sammlungsähnlichen Veranstaltungen" v. 5.11.1934 (RGBl I S. 1086) und Ausführungsbestimmungen des Reichsinnenministers sowie „Sammlungsordnung der NSDAP" v. 4.7.1935 (RGBl I S. 906).
1400 Deutschlandberichte der SoPaDe, 1936, S. 623.
1401 Brandes an v. Ledebur am 6.1.1937.
1402 Karl Brandes am 10.8.1936 an „Lieber Albert" (Ilsemann, Kameradschaft Einbeck). StadtA Hi Best. 799-9 Nr. 10.
1403 Brief v. Ledeburs an Brandes am 10.10.1936. StadtA Hi Best. 799-9 Nr. 10.
1404 13.11.1936: Brief v. Ledeburs an den Denkmalsarbeits-Ausschuss. * Namen, die Brandes v. Ledebur am 10. November 1936 vorgeschlagen hatte; die Berufsbezeichnung Stanges wurde mit Bleistift gestrichen.
1405 Bericht von Brandes an v. Ledebur vom 25.11.1936. StadtA Hi Best. 799-9 Nr. 10.
1406 Pries zu beteiligen, war hauptsächlich taktisch motiviert. Als Vorsitzender der Hildesheimer Ortsgruppe „Wirtschaftliche Vereinigung deutscher Architekten" (WDA) lag er in Dauerfehde mit der Stadtverwaltung, wenn es um die Berücksichtigung Hildesheimer Bewerber ging. Außerdem war Pries Hildesheimer Ratsherr. Er war allerdings fachlich ausgewiesen: das Weihnachten 1921 eingeweihte Kriegerdenkmal in Woltorf bei Peine ist z. B. von ihm. HAZ v. 30.12.1921.
1407 HAZ v. 11.12.1936.
1408 StadtA Hi Best. 799-9 Nr. 10.
1409 StadtA Hi Best. 102 Nr. 11501.
1410 StadtA Hi Best. 102 Nr. 11501.
1411 Vermerk des Stadtbauamts über die Bewertung der Entwürfe v. 18.2.1937, StadtA Hi Best. 799-9 Nr. 10.
1412 Schreiben von Brandes an v. Ledebur am 18.5.1937, StadtA Hi Best. 799-9 Nr. 10.
1413 Protokollbuch 1937, S. 795 f., StadtA Hi Best. 102 Nr. 5917.
1414 Protokollbuch 1939, S. 200, StadtA Hi Best. 102 Nr. 7396.
1415 Brief Waterbecks an Brandes vom 27.7.1939, StadtA Hi Best. 799-9 Nr. 10; die Besprechungsprotokolle enthält StadtA Hi Best. 102 Nr. 11501.
1416 StadtA Hi Best. 102 Nr. 11501.
1417 Schreiben an v. Ledebur vom 14.1.1938; StadtA Hi Best. 799-9 Nr. 10.
1418 Bestand 799-9 Nr. 10.
1419 StadtA Hi Best. 799-9 Nr. 10.
1420 HB v. 22.1.1938, StadtA Hi Best. 799-9 Nr. 6.
1421 HB v. 22./23.1.1938: „Aufgestellt wurde es zwar erst – wie eine Reihe der hannoverschen Regimenter im ehemaligen X. Armeekorps – nach der Schlacht von Langensalza, und zwar am 5.11.1866 in Magdeburg unter Oberstltn. von Valentini. Doch in einem Kgl. preuß. Erlaß von 24. Januar 1899 heißt es u. a.: ‚Ich bestimme hierdurch, daß als eins angesehen werden das (alte hannoversche, Die Schrift.) Leibregiment mit dem Infanterie-Regiment von Voigts-Rhetz (3. Hannoversches) Nr. 79 mit dem 3. Januar 1838 als Stiftungstage. – Wilhelm'".
1422 Brief von Brandes an v. Ledebur vom 16.5.1938, Stadt-A Hi Best. 799-9 Nr. 10.

1423 HAZ v. 6.9.1938, Nr. 208, S. 8 (Fotos von F. W. Reimers).
1424 HAZ v. 19.11.1938, S. 5 (Fotos von Theo Wetterau).
1425 Brandes an v. L. am 30.8.1938, StadtA Hi Best. 799-9 Nr. 10.
1426 Brandes an v. L. am 4.9.1938, StadtA Hi Best. 799-9 Nr. 10.
1427 Brief von Ledeburs an Stein, Brandes, Niemann v. 22.10.1938.
1428 Kayserlingk war ein 79er-General.
1429 Will Vesper, 1882-1962, Schriftsteller, Herausgeber der Zeitschrift „Die neue Literatur" (1923-1943), vertrat zeitweise nationalsozialistische Ideen.
1430 Konstantin Gutberlet, 1837-1928, Philosoph, Begründer des Philosophischen Jahrbuchs der Görres-Gesellschaft.
1431 Das von Ledebur zurückgewiesene Zitat aus „Mein Kampf" stand bis in die Mitte der 80er Jahre des letzten Jahrhunderts auf einer Tafel an der Universität für Bodenkultur in Wien. Gärtner/Rosenberger, Kriegerdenkmäler, S. 130.
1432 Walter Flex, 1887-1917, schrieb neuromantische, patriotische, kriegsverherrlichende Dichtung, Exponent der Jugendbewegung.
1433 Hans von Felgenhauer von und zu Riesa, 1863-?, 1920 als Generalmajor aus der Reichswehr verabschiedet; weitere Angaben waren im Militärarchiv, Freiburg, nicht zu ermitteln.
1434 Brief v. Ledeburs vom 14.1.1939, StadtA Hi Best. 799-9 Nr. 10.
1435 Brandes an v. Ledebur am 19.1.1939, StadtA Hi Best. 799-9 Nr. 10.
1436 StadtA Hi Best. 799-9 Nr. 6.
1437 StadtA Hi Best. 799-9 Nr. 10.
1438 Brandes an Friedrich Ebhardt, Frankfurt a. M., Günthersberg-Allee 9 am 20.7.1938, StadtA Hi Best. 799-9 Nr. 10.
1439 Von Ledebur an die Kreisleitung der NSDAP am 27.7.1938, StadtA Hi Best. 799-9 Nr. 10.
1440 Brandes an v. L. am 4.9.1938, StadtA Hi Best. 799-9 Nr. 10.
1441 Schreiben des Traditionsverbands 79 an die Führung des Reichskriegerbundes Berlin vom 25. Februar 1939, Parolebuch Nr. 9/39, StadtA Hi Best. 799-9 Nr. 10.
1442 StadtA Hi Best. 799-9 Nr. 10.
1443 Brandes an Waterbeck am 30.4.1939, StadtA Hi Best. 799-9 Nr. 10.
1444 Hildesheimer Beobachter v. 12.6.1939, S. 7 und 9.
1445 StadtA Hi Best. 799-9 Nr. 6. Zum Vergleich: Die Gesamtkosten entsprachen etwa dem Preis für sechs Siedlungshäuser mit Grundstücken. Ein Volkswagen kostete 990 Mark.
1446 Beide Briefe: StadtA Hi Best. 799-9 Nr. 10.
1447 StadtA Hi Best. 102 Nr. 11501.
1448 An dieser Deutung wird dennoch gern festgehalten. So betonte Oberstudienrat Eggers bei seiner Ansprache zum 50-jährigen Bestehen der Kyffhäusersiedlung der ehemaligen 79er, das Denkmal stehe nicht nur für die 79er, sondern sollte vielmehr alle aus der Stadt stammenden Gefallenen ehren. HP v. 22.8.1955.
1449 Hildesheimer Beobachter vom 23.8.1939.
1450 StadtA Hi Best. 799-9 Nr. 6.
1451 HAZ v. 22./23.8.1964: „Unvergessliche Tage für die ehemaligen 79er".
1452 Die HAZ dokumentierte am 5.11.1966 ganzseitig die Geschichte des Regiments.
1453 Hildesheimer Presse v. 5./6.11.1966: Auf 86 Mitglieder zusammengeschmolzen.
1454 Diese Beschriftung wurde fotografiert und in einem Schulbuch als Impuls verwendet: Geschichte und Geschehen, Niedersachsen G 3, Geschichtliches Unterrichtswerk für die Sekundarstufe I, Stuttgart 1998, S. 138.

1455 Titelbild in HiZ Hildesheimer Stadtmagazin, 7. Jahrg., Nr. 7, 1981.
1456 Uwe Jenß, Kriegerdenkmal ist Provokation, HAZ v. 29.12.1986.
1457 Leserbriefe von Günter Bechtel, Walter E. A. Müller und Artur Mongrovius, HAZ v. 3.1.1987.
1458 Auf der Höhe, Stadtteilzeitung Marienburger Höhe/Itzum Nr. 3/1987, S. 3: Der steinerne Krieger.
1459 HAZ v. 28.2.1996.
1460 Schreiben des Provinzial-Konservators der Provinz Hannover Hermann Deckert, Bertastr. 12, vom 16.10.1937 an den Kameradschaftsbund ehem. 79er, Hildesheim; aus: StadtA Hi Best. 799-9 Nr. 10.
1461 Fotografiert am 15.3.2003.
1462 HAZ vom 6.9.1956, „Beide Gedenksteine im Ehrenhof angebracht".
1463 Foto im Privatbesitz von Klaus Waterbeck.
1464 StadtA Hi Best. 103 Nr. 8263, S. 56.
1465 Ebd., S. 62.
1466 Ebd., S. 70 ff.
1467 Ebd., S. 76.
1468 Protokoll des Ausschusses für Garten- und Friedhofsangelegenheiten v. 1.7.1955, StadtA Hi Best. 103-14 Nr. 8077.
1469 Alte Kameraden wieder beieinander. HAZ v. 22.8.1955, StadtA Hi Best. 103 Nr. 8263.
1470 Ebd., S. 83; im Vermerk Kampfs (S. 106) wird der 9. Februar als Besprechungstermin genannt.
1471 Ebd., S. 110, Zeitungsausschnitt: „Für den Ehrenhof begannen die Arbeiten". HAZ v. 10.8.1956.
1472 HAZ v. 6.9.1956.
1473 HAZ v. 8.9.1956: Den toten Kameraden ein Denkmal.
1474 HAZ v. 27.5.1957, Der Bundeswehrbesuch bei den 59ern – Kranzniederlegung am Galgenberg-Ehrenmal, Hildesheimer Rundschau v. 27.5.1957. Bundeswehrsoldaten waren gern gesehene Gäste (mit Foto von Kranzniederlegung am Ehrenmal-Ehrenhof). Aus Munsterlager bei der Gemeinschaft der ehem. 59er (5 Fotos).
1475 Fotos und Zeitungsausschnitte über die Regimentstreffen der 59er finden sich in Band IV, dem Fotoalbum, sowie im Zeitungsarchiv 1959-1969 der Gemeinschaft der Angehörigen des ehem. Inf. und Pz. Gren. Rgts. 59 in der Stabskompanie des 1. Pz.-Gren. Btl., Hildesheim.
1476 StadtA Hi Best. 799-9 Nr. 5: Kameradschaftsbund ehem. 79er Nr. 9, 1.6.1922, S. 6.
1477 Brandes, Geschichte des Kgl. Preuß. Infanterie-Regiments von Voigts-Rhetz.
1478 Lurz, Kriegerdenkmäler in Deutschland, Band 3, S. 20.
1479 Lurz, Kriegerdenkmäler in Deutschland, Band 1, S. 280.
1480 Die Straße wurde 1936 nach General Ludwig Graf York von Wartenburg (1759-1830) in Yorkstraße benannt, im Straßenverzeichnis des Vermessungsamts der Stadt und auf den Straßenschildern aber als Yorckstraße bezeichnet.
1481 Fotografiert am 9.4.2003.
1482 Die Beschreibung gibt den Zustand vom 8.4.2003 wieder.
1483 Häger, Die Entstehung von Vorstadt-Siedlungen in Hildesheim, S. 157 ff.; die HP v. 7.8.1950 nennt 28 Tote.
1484 Der Antrag des Vorstandes ist in den Vereinsakten der Siedlergemeinschaft enthalten, die Festschrift ebenfalls.
1485 HAZ v. 15.8.1955.
1486 HP v. 16.8.1955.
1487 HAZ v. 15.8.1955.
1488 Protokollbuch der Siedlergemeinschaft Großer Saatner.
1489 HP v. 31.10.1956.
1490 Weitgehend übernommen aus: Steube, Kunst in der Stadt, S. 59.
1491 Ebd.
1492 Schriftliche Auskunft von Daniel Schürer am 25. 9.2003.
1493 Freud, Das Unbehagen in der Kultur. In: Ders., Studienausgabe Band IX, S. 222.

7 Drispenstedt

7.1 Ehrentafel des Katholischen Arbeitervereins Drispenstedt

1. Standort

Unbekannt

2. Beschreibung

Ehrentafel für die gefallenen Mitglieder
Material: Holz
Technik: Schnitztechnik
Zustand: verschollen

3. Dokumentation

Auftraggeber: Verein
Hersteller (Entwurf, Ausführung): Architekten Evers und Holtschmidt
Einweihung: 25. Juli 1920
Objektgeschichte: Die Tafel wurde Mitte Juli in der Blumenhalle „Zum Füllhorn" ausgestellt.[1494] Die Enthüllung fand zu Beginn des Sommerfestes statt, das nach der ernsten Gedenkfeier mit Kinderspielen, Musik und Tanz fortgesetzt wurde.[1495]

7.2 Ehrenmal an der St.-Nikolaus-Kirche

7.2.1 Ehrung der Toten des Ersten Weltkriegs

1. Standort

An der Westseite des Turms der St.-Nikolaus-Kirche, Am Drispenstedter Brink

2. Beschreibung

Das Denkmal steht auf einem gepflasterten Platz. Links und rechts wächst Efeu an der Natursteinwand des Turmes empor. An den Ecken des Platzes zur Kirche hin steht je ein Rhododendron.
Die Inschrift des alten Denkmals ist unter der Farbe noch schwach erkennbar.
Das Denkmal ist ähnlich einer Ädikula (ohne Architrav) gestaltet.
Inschrift im Giebel:
1914 – Eisernes Kreuz – 1918
Wie die Namen ursprünglich angeordnet waren, ist nicht bekannt. Auf der heutigen Bronzeplatte sind sie in gewöhnlicher Schrift in Säulen angeordnet, jeder Name steht in einer Zeile:
links: 1914 – 1918
Theodor Aschemann / Karl Behrens / Joseph Böhmer / Joseph Böker / Johannes Brandes I. / Johannes Brandes II. / Bernhard Brinkmann / Albert Ehrenteit / Joseph Garbs / Heinrich Henze / Franz Hesse / Hermann Hümling / Joseph Köhler / Joseph Marheineke / Adolf Oppermann / Otto Raabe / Karl Rihn / Friedrich Schütte / Karl Schulze
Vor dem Denkmal steht ein 62 x 45 großer pultförmiger Stein (vorn 26 cm, hinten 35 cm hoch).
Maße (Breite, Höhe, Tiefe): Platz: 305 cm x 140 cm; Gedenkstein: 105 cm x 205 cm x 19 cm; der unterer Block ist 61cm hoch, das Steinband 15 cm, der obere Block 95 cm; der „Drempel" des Giebels misst 18 cm (davon 2 cm Sockel), der First 16 cm.
Der Sockel des Denkmals ist 50 cm hoch, 118 cm breit und 24 cm tief.
Material: Sandstein
Technik: Steinmetzarbeit
Zustand: gut[1496]

3. Dokumentation

Auftraggeber: Gemeinde Drispenstedt
Hersteller (Entwurf, Ausführung): unbekannt
Einweihung: 3. Juli 1921
Deutung: Die Ädikulaform greift römische und altchristliche Motive der Totenehrung und Götterverehrung auf. Der Objektgeschichte ist zu entnehmen, dass das Denkmal sowohl dem Gedächtnis der Gefallenen als auch der glücklichen Heimkehr der Überlebenden gewidmet war. Damit vereinen sich hier lebende und tote Kameraden zur ideellen Gemeinschaft sowie Gedenken und Dank als Ausdruck von Treue und Ergebenheit. Das Eiserne Kreuz ist als Ehrenzeichen abgebildet. Der Standort an der Außenwand der Kirche auf dem Friedhof integriert das Gedenken in den Totenkult der Gemeinde. Die Nennung der einzelnen Namen ermöglicht persönliche Trauer und persönlichen Dank.
Objektgeschichte: Die Denkmalseinweihung 1921 fand im Anschluss an die Weihe der drei neuen Glocken mit den Namen St. Urban, St. Joseph und Maria statt. Das „Ehrendenkmal" auf

dem Friedhof war für die „glücklich heimgekehrten Krieger und für die Getreuen, die ihr Leben opferten für Heimat und Vaterland" bestimmt.[1497]

7.2.2 Erweiterungen des Denkmals nach dem Zweiten Weltkrieg

1. Standort
Auf dem Denkmal II 7.2.1 an der Westseite des Turms der St.-Nikolaus-Kirche

2. Beschreibung

Unter der Platte wurde die Inschrift: „Zum Gedächtnis / aller Opfer der Kriege / und des Terrors / 19+79" ergänzt.
Eine Bronzetafel ergänzt die Namen der Toten des Ersten Weltkriegs, die in der linken Spalte unter den Jahreszahlen 1914-1918 aufgeführt sind. Die Spalte wird fortgesetzt mit „1939 – 1945 / Franz Althoff / August Ballhaus / Bernhard Ballhaus / Kurt Behrens / Heinrich Blauärmel"
rechte Spalte:
1939 – 1945 / Bernhard Bögershausen / Franz Dölle / Will Dotzauer / Clemens Ernst / Joseph Flebbe / Hans Franke / Otto Fuhrmann / Joseph Helmes / Heinrich Helms / Heinrich Hesse / Berthold Hilgendorf / Franz Höxter / Hans Kapitza / Heinrich Kaune / Bernhard Krull / Joseph Kupka / August Meyer / August Oppermann / Albert Resow / Johannes Rohde / Franz Ruhland / Anton Schönefeldt / Johannes Schwerdfeger / August Schwetje / Karl Szellak / Hermann Vollmer / Werner Wedekind / Engelbert Wichmann
Auf einer 3,5 cm hohen Ergänzung unter der Platte links: Heinrich Bettels, rechts: Heinrich Klein//
Material: Tafel aus Bronze
Technik: Guss
Zustand: gut

3. Dokumentation

Auftraggeber: Kirchengemeinde (1979), Ortsrat Drispenstedt (1993)
Hersteller (Entwurf, Ausführung): Erneuerung 1993: Mitglieder der Bürgerinitiative „Rettet Drispenstedt"
Einweihung: 18. November 1979/14. November 1993 (jeweils Totensonntag)
Deutung: Während zunächst (1977) an die Errichtung eines weiteren Denkmals für die Toten des Zweiten Weltkriegs gedacht war, entschied man sich 1979 für die additive Anbringung einer weiteren Tafel auf dem vorhandenen Denkmal, um auch ihr Sterben testieren und in das persönliche Gedenken einschließen zu können. Doch wollte man auch die Opfer der nationalsozialistischen Gewaltherrschaft nicht vergessen. Die Widmung *Zum Gedächtnis / aller Opfer der Kriege / und des Terrors* erfasst die im Krieg umgekommenen, namentlich bekannten, Soldaten, aber auch alle anderen, die durch Kriege und Terror gewaltsam ums Leben kamen. Bei der Restaurierung 1993 fügte man die beiden Totenlisten integrativ auf einer gemeinsamen Gedenktafel zusammen.
Der Ortsrat Neuhofs hatte sich 1980 für eine ähnliche Widmung entschieden, aber auf den Nachtrag von Namen verzichtet (II 10.2.2). Drispenstedt war, früher und in noch stärkerem Maße als Neuhof, Ende der Fünfzigerjahre von einem Dorf zur Vorstadt angewachsen. Die Namen der in den Kriegen umgekommenen Angehörigen von „Neu-Drispenstedtern" können auf dem Denkmal nicht vollständig erfasst worden sein. Die Widmungsformel trägt diesem Mangel Rechnung, die Namensliste kommt den Erwartungen der „Alt-Drispenstedter" entgegen.

Abb. 73: Denkmal in Drispenstedt[1498]

Sprachlich fallen die Unbestimmtheit *der Kriege* und die Bestimmtheit *des Terrors* auf. Die Widmung versteht sich, ausgehend von den konkreten Erfahrungen der beiden Weltkriege und des nationalsozialistischen Terrors, als allgemeine Mahnung zur Friedenserhaltung und Gewaltvermeidung sowie als Appell zur Anteilnahme mit den Opfern. Die RAF hatte seit 1972, insbesondere aber durch den „Deutschen Herbst" 1977, den Begriff des Terrors in den aktiven Wortschatz der Deutschen zurückgeholt. Auch die RAF-Opfer könnten in der Widmung mitgemeint sein. Damit wäre aber die Meinung der Initiatoren verfälscht wiedergegeben.

Der Vorschlag knüpfte unmittelbar an die Tradition der Kriegerehrung an: Die Trauer um die Opfer und das Bemühen um Trauerarbeit standen im Vordergrund.

Objektgeschichte: Am 21. September 1977 setzte der Drispenstedter Ortsbürgermeister Gerhard Blaubel (SPD) den Punkt „Errichtung einer Gedenkstätte für die Opfer des Zweiten Weltkriegs" auf die Tagesordnung des Ortsrats. Gedacht war an eine Gedächtnisstätte sowohl für die gefallenen Soldaten als auch für die Opfer des Hitler-Regimes.[1499] Die Anregung ging nach Auskunft des Ortsratsmitglieds Franz Hartmann (CDU) auf Überlegungen des Reichsbunds zurück. Ortsratsmitglied Hermann Lattmann (CDU) erinnerte daran, dass bereits vor 10 Jahren das Anliegen der Stadtverwaltung vorgetragen worden sei. Damals habe die Stadt argumentiert, Drispenstedt gehöre zu Hildesheim, und dort sei bereits eine zentrale Gedächtnisstätte für die Opfer des Zweiten Weltkriegs vorhanden. Schließlich einigte sich der Ortsrat, in Gesprächen mit den beiden Kirchengemeinden und dem Reichsbund und nach Klärung der Kostenfrage zu überlegen und zu einem späteren Zeitpunkt zu beraten, in welcher geeigneten Form die Gedächtnisstätte errichtet werden soll.[1500]

Lattmann teilte dem Ortsrat am 7. November 1979 mit, dass das Ehrenmal inzwischen renoviert und durch eine Gedenktafel für die Opfer des Zweiten Weltkriegs ergänzt worden sei. Es trägt seitdem außer den Jahreszahlen 1914-1918 auch die Inschrift „Zum Gedächtnis aller Opfer der Kriege und des Terrors". Lattmann schlug namens der CDU-Fraktion vor, aus Ortsratsmitteln 300 DM für die gärtnerische Ausgestaltung der Gedächtnisstätte zur Verfügung zu stellen. Der Ortsrat beschloss einstimmig im Sinne des Antragstellers.[1501]

Der Jahresbericht des Kirchenvorstands von St. Nikolaus, der im März 1980 erstellt wurde, weist im Zusammenhang mit der aufwändigen Erneuerung der Kirche und der Außenanlagen im Jahr 1979 auf die „Neugestaltung des Ehrenmales" hin. Die gesamte Baumaßnahme sei aus dem Kirchgeld der Gemeinde, großzügigen Spenden und einem Zuschuss des Bistums finanziert worden.[1502]

Das Denkmal für die Gefallenen des Ersten Weltkriegs wurde 1993 aus Mitteln des Ortsrats und der St.-Nikolaus-Kirche restauriert. Dabei wurde die Sandsteinplatte mit den kaum noch lesbaren Namen der Kriegstoten des Ersten Weltkriegs durch eine Bronze-Gedenktafel für die Gefallenen beider Weltkriege ersetzt. Dietmar Lambrecht ermittelte durch Befragung alter Drispenstedter die bislang fehlenden Namen.[1503]

Der Ortsrat Drispenstedt hatte durch Beschluss vom 16. Februar 1993 dafür Ortsratsmittel bis zu 6.500 DM zur Verfügung gestellt. Mitglieder der Bürgerinitiative „Rettet Drispenstedt" brachten die Tafel an dem alten Gedenkstein an. Am 14. November 1993 wurde das Denkmal eingeweiht.[1504]

Bei der Einweihung betonte Ortsbürgermeister Kunze, dass die Bronzetafel im Ortsrat über alle Parteigrenzen hinweg auf Zustimmung gestoßen sei. Der langjährige Gemeindepfarrer Erhard Hecke war eigens aus Landau zur Einweihung angereist. In seiner Ansprache bezeichnete er das Ehrenmal als Mahnung für den Frieden in Gegenwart und Zukunft.[1505]

Weitere Quelle: HAZ vom 11. November 1993.

Anmerkungen

1494 HiZ v. 17.7.1920.
1495 HiZ v. 26.7.1920.
1496 Besuch am 2.7.2001.
1497 HiZ v. 9.7.1921.
1498 Fotografiert am 7.4.2003.
1499 HAZ v. 24.9.1977.
1500 Sitzungsniederschrift v. 21.9.1977; StadtA Hi Best. 104-10 Nr. 238.
1501 Sitzungsniederschrift v. 7.11.1979; StadtA Hi Best. 104-10 Nr. 240.
1502 Auskunft v. Frau Engelke, Pfarramt St. Nikolaus, am 1.8.2003; Protokolle aus dieser Zeit sind im Pfarramt nicht mehr vorhanden.
1503 Kirchenzeitung v. 7.11.1993.
1504 Auskunft des Ortsbürgermeisters Hans Kunze v. 5. 10. 1997.
1505 HAZ v. 15.11.1993.

8 Weststadt

8.1 Gedächtnisstätte des Andreas-Realgymnasiums mit Realschule

1. Standort

In der Schule am Dammtor, an der Seitenwand der Aula

2. Beschreibung

Die aus 18 großen Platten bestehende Ehrentafel enthielt die Namen der 164 Gefallenen im Ersten Weltkrieg[1506] und im Fries über den Platten den von Oberstudienrat Dr. Vogeler verfassten Spruch: „Uns rief das Vaterland in tiefster Not, / Wir zogen freudig aus zu frühem Tod, / Wir taten unsere Pflicht, / Vergesst uns nicht!".[1507]
Der neugotische Stil des Schulgebäudes und der Wechsel von glasierten und unglasierten Tonbrandsteinen wurde von Küsthardt bei der Denkmalsgestaltung aufgegriffen. Die Namen heben sich klar von dem goldbraunen, mattglänzenden Grund der Tontafeln ab. Die Umrahmung der Tafeln und der beiden mittleren Trennungen sind ornamental ausgestaltet und zurückhaltend farbig glasiert worden.[1508]
Maße (Breite, Höhe, Tiefe): Tafeln: 60 x 50 cm
Material: Klinkerbrand
Zustand: 1945 zerstört

3. Dokumentation

Auftraggeber: Verein der ehemaligen Schüler des Andreas-Realgymnasiums mit Realschule
Hersteller (Entwurf, Ausführung): Architekt D. W. B. Küsthardt, ein ehemaliger Schüler (Entwurf und Ausführung)
Einweihung: 26. November 1922 (Totensonntag)
Deutung: Der von Vogeler formulierte Treue-Appell, der an die Langemarck-Legende erinnert, wurde später in das Gedenkbuch des Scharnhorstgymnasiums eingefügt.
Die Gestaltung des Denkmals integriert es in Baustil und Baustoff des Gebäudes und unterstreicht damit die Verbundenheit der Gefallenen mit der Schulgemeinschaft.
Objektgeschichte: Der „Verband der ehemaligen Schüler des Andreas-Realgymnasiums nebst Realschule", der am 21. August 1920 auf Initiative des Studienrats Dr. Tischbein beim Schulfest auf dem „Brockenblick" gegründet wurde[1509], führte bei seiner zweiten Hauptversammlung am 25. November 1922 unter seinen Mitgliedern eine Sammlung durch, um „eine namhafte Summe für die Ehrentafel für unsere im Weltkriege gefallenen Mitschüler zu decken. In wenigen Minuten war der Fehlbetrag gedeckt und überzeichnet."[1510]
Die Ehrentafel wurde im Anschluss an die Hauptfeier in der Michaeliskirche, bei der Direktor Mackel vor den ehemaligen Schülern, den Angehörigen und dem Lehrerkollegium die Festrede hielt[1511], nach einer Ansprache des Oberstudienrats Dr. Vogeler feierlich enthüllt. Kranzniederlegungen beschlossen die Feier.[1512]

8.2 Gedenktafel des Hildesheimer Schwimmvereins von 1899

1. Standort

Im Klubhaus an der Johanniswiese (im Freibad)

2. Beschreibung

Gedenktafel für die gefallenen Vereinsmitglieder
Zustand: verschollen

3. Dokumentation

Auftraggeber: Verein
Einweihung: 11. Mai 1924
Objektgeschichte: Einweihung anlässlich des 25-jährigen Vereinsjubiläums
Weitere Quelle: HiZ vom 5. Mai 1924

8.3 Michelsenschule

8.3.1 Ehrung für die Gefallenen des deutsch-französischen Kriegs 1870/1871

1. Standort

Zunächst auf dem großen Rasenplatz im Schulgarten, nach dem 23. November 1878 rechts vom Eingang der neuen Schule

2. Beschreibung

Ein vierkantiger, 8 Fuß hoher Sockel aus weißem Sandstein trägt eine Viktoria-Skulptur aus

bronziertem Zinkguss. Auf drei Flächen des Sockels waren schwarze Marmortafeln eingearbeitet. Sie enthielten in Goldschrift
auf der Vorderseite die Inschrift „Den im siegreichen Kampfe von 1870/71 gefallenen Schülern der Hildesheimer Landw. Lehranstalt zum Gedächtnis von ihren Mitschülern"
auf der Nordseite die Namen: Wilhelm Kamps / aus Lüdingworth, Schul-Nr. 182 / Wilhelm Buchholz / aus Heimar; Schul-Nr. 163 / Eduard Strauß / aus Leeseringen, Schul-Nr. 171
auf der Südseite die Namen: Wilhelm Osterwald / aus Sehnde, Schul-Nr. 121 / Wilhelm Kröncke / aus Hemm, Schul-Nr. 301 / Peter Stüven / aus Bentwisch, Schul-Nr. 321 / Georg Ebeling / aus Altencelle, Schul-Nr. 192
Auf der Rückseite war ein Lorbeerkranz in Relief ausgemeißelt.
Die nächste Umgebung des Denkmals wurde mit Tuffstein aus Greußen (Thüringen) verziert.
Maße (Breite, Höhe, Tiefe): Sockel 8 Fuß hoch (ca. 250 cm)
Material: Sandstein, Marmor, Figur aus Zinkguss
Zustand: 1945 zerstört

3. Dokumentation

Auftraggeber: Schule (Komitee der aktiven Schüler)
Hersteller (Entwurf, Ausführung): Bildhauer Friedrich Küsthardt, Gestaltung der Umgebung von Herrn v. Uslar
Entstehungszeit: Idee entstand bei Schülern der 4. Klasse während des Krieges, Planung 1875
Einweihung: 17. September 1875
Deutung: Wertvolle Materialien, die zunächst wesentlich bescheidener ausfallen sollten, und die der Rauch'schen Viktoria nachempfundene Skulptur bringen den Stolz über den Triumph, den Sieg und die Einheit zum Ausdruck. Christian Daniel Rauch (1777-1857) nahm für seine nach vorn blickende Viktoria eine antike Bronzestatuette des Museums von Neapel zum Vorbild, die erst 1823 gefunden wurde[1513]. Sie stellt rezeptionsgeschichtlich die Verbindung zwischen Befreiungskriegen und Reichseinigungskriegen her. Die Verwendung der Siegesgöttin stellt die Gefallenen den Helden des klassischen Altertums gleich.
Die Verwendung der Schulnummer in Verbindung mit dem Namen ist ein besonderes Charakteristikum der Michelsenschule und unterstreicht die Zugehörigkeit zur Schulgemeinschaft. Die Sinngebung „im siegreichen Kampfe gefallen" tröstet über den Verlust hinweg. Der Tod war nicht vergebens, der Sieg erforderte ihn sogar. Die Mitschüler geloben, den Namen der Toten ein Gedächtnis zu bewahren. Das Denkmal bezeugt ihre Treue.
Objektgeschichte: Ende Juli 1875 versandte der Schulleiter Eduard Michelsen (Sohn des Schulgründers Konrad Michelsen) ein Rundschreiben an die ehemaligen Schüler, deren Adressen der Schule bekannt waren, in dem er Spenden für das Vorhaben erbat, „zum Andenken an jene große Zeit und zumal an diejenigen unserer Schüler, welche ihr Leben für König und Vaterland dahingegeben haben, einen einfachen, aber würdigen Denkstein zu setzen." Eine Skizze „des dazu von Freundeshand entworfenen Projekts" fügte er bei, als Zeitpunkt der Fertigstellung hatte der Künstler (der Name Küsthardt blieb im Rundschreiben unerwähnt) den 2. September, den „Tag von Sedan", genannt. Dieser Termin wurde später auf den 17. September verlegt, weil sonst wegen eines Manövers auf die Teilnahme des Inf.-Rgts. Nr. 79 hätte verzichtet werden müssen. Geändert wurde auch die Gestaltung: Friedrich Küsthardt beantragte eine reichere Ausstattung. Ornamentierung, Marmor und Goldschrift waren ursprünglich nicht vorgesehen.
Ein ausführlicher Festbericht über die Einweihung erschien am 18. September 1875 in der Gerstenbergschen Zeitung und wurde in Eduard Michelsens Kriegserinnerungen nachgedruckt. Danach nahmen über 130 ehemalige Schüler am Ersten Weltkrieg teil[1514], 17 erlitten Verwundungen, 7 den Tod.
Zur Einweihung kamen etwa 100 ehemalige Schüler, ferner ein Teil des Offizierkorps, Mitglieder des Magistrats und der Bürgervorsteher, die Vorstand des Kriegervereins und des Männerturnvereins, eine Deputation des MTV „Eintracht" und weitere zahlreiche Freunde der Schule.
Die Militärkapelle der Garnison eröffnete die Feier mit dem Choral „Dies ist der Tag des Herrn". Direktor Michelsen hielt die anschließende Festrede, in der die Namen der Gefallenen verlesen wurden. Auf die Frage „Als was soll das Denkmal hier stehen?" fand Michelsen drei Antworten: erstens als Denkzeichen an

unsere guten alten Kameraden, welche ihr Leben für die größte Idee des Jahrhunderts hingegeben haben, zweitens als gutes Denkzeichen für das Verhältnis zwischen Lehrern und Schülern, das sich auch in Zukunft erhalten möge und drittens als Denkzeichen des „großen glorreichen Krieges, der Neugeburt Deutschlands".
Nach dem Abspielen und Absingen der Nationalhymne „Heil dir im Siegerkranz" zog die Festversammlung zum Kriegerdenkmal am Hohen Wall, von wo aus sie sich nach einer Kranzniederlegung weiter durch die Schützenallee, Schützenwiese, Bergsteinweg und Moritzberg zum Berghölzchen begab. Dort klang die Feier mit Musik, Tanz und Feuerwerk aus.
Die ehemaligen Schüler brachten für das Denkmal 2.535,72 Mark auf, die aktiven steuerten 305,50 M bei. Die Denkmalanlage kostete 1.507,95 Mark mit dem Rest wurden Fest und Festschrift finanziert sowie Fotografien des Denkmals für die Eltern der gefallenen Schüler und sonstige Nächstbeteiligte. Die Festschrift zum 75-jährigen Bestehen der Schule hob 1933 stolz hervor, dass die für das Denkmal erforderliche Summe in nur fünf Wochen dreifach aufgebracht worden sei.[1515]
1877/78 entstand ein neues Schulgebäude, das am 13. Mai 1878 bezogen werden konnte. Am 23. November 1878 wurde das Denkmal, das nun rechts vom Eingang der neuen Schule stand, eingeweiht. Zuvor hatte es Eduard Michelsen dem Kuratorium der Schule übergeben.[1516]
Im Juli 1921 erneuerte man im Zusammenhang mit der Aufstellung des Gedenksteins für die Gefallenen des Ersten Weltkriegs den Sockel und die Inschriftentafeln und versah das Denkmal mit einer Einfriedung.[1517]
Weitere Quelle: Eduard Michelsen, Vom Pflug zum Schwert. Kriegs-Erinnerungen der Landwirtschaftlichen Lehranstalt in Hildesheim an das Jahr 1870/71, 3. durchgesehene und erweiterte Auflage, Berlin 1884, S. 95-114

8.3.2 Gedenkstein für die Gefallenen des Ersten Weltkriegs

1. Standort

Links neben der Einfahrt zum Schulhof (aus Richtung Schützenwiese)

Abb. 74: Findling der Michelsenschule[1518]

2. Beschreibung

Ein Findling, der oben in einem Ehrenkranz aus Eichenlaub das Eiserne Kreuz in der Form des von Wilhelm II. gestifteten Ordens (Kaiserkrone, W, 1914) zeigt und darunter in Frakturschrift die Worte „Unseren fürs Vaterland / im Weltkriege 1914/18 / gefallenen Lehrern und / ehemaligen Schülern / zum Gedächtnis". Der Stein ist von Büschen und Laubbäumen umgeben.
Maße (Breite, Höhe, Tiefe): 2 m x 3 m x 60 cm
Material: Granit
Zustand: verwildert[1519]

3. Dokumentation

Auftraggeber: „Verein alter Hildesheimer Landwirtschaftsschüler" (gegr. Februar 1907)
Hersteller (Entwurf, Ausführung): Steinbruchbesitzer Mensing, Hannover
Einweihung: 2. Juli 1921
Deutung: Findlinge sind germanisierende Monumente. Sie symbolisieren Heimat- und Naturverbundenheit, Festigkeit, Bodenständigkeit und

Treue. Die Landwirtschaftsschule findet in dieser Symbolik einen Ausdruck ihrer Identität.
Der Naturstein aus einer für Norddeutschland besonders charakteristischen Landschaft – sei es aus dem Harz oder aus der Heide – wurde dem kunstfertig gestalteten Marmormonument Küsthardts gegenübergestellt. Dem Triumph über den gewonnenen Krieg steht die trotzige Erinnerung an den verlorenen zur Seite. Die Niederlage wird tabuisiert, sie kommt in der Widmung nicht vor. Das Gedächtnis gilt den für das Vaterland gefallenen Lehrern und ehemaligen Schülern. Ihnen windet das Denkmal posthum einen Ehrenkranz und zeichnet sie durch das Eiserne Kreuz zu Helden aus.
Das Denkmal steht am Eingang der Schule. Es begrüßt und verabschiedet alle Besucher. Es stimmt sie ein auf die große Namenstafel im Flur.
Objektgeschichte: Der Stein, „ein mächtiger Findling aus der Heide"[1520], wurde Mitte Mai im Vorgarten der Schule gegenüber dem restaurierten Denkmal für die Gefallenen des Krieges 1870/1871 aufgestellt. Weitere Hinweise unter II 8.3.3.

8.3.3 Ehrentafel im Erdgeschoss

1. Standort

Im Eingangsbereich der Schule, gegenüber dem Flur des Verwaltungstraktes

2. Beschreibung

Eine raumhohe schwarzbraun gefärbte Holztafel erinnert an die Kriegstoten des Ersten Weltkrieges. Das Denkmal hat die Form eines bäuerlichen Portals, das seitlich von einer Ranke verziert wird. Im oberen Bogensegment ist in Majuskeln die Inschrift eingeschnitzt: „Unseren Toten / zum ehrenden / Gedächtnis / 1914 – 1918". Links daneben hält ein vor der untergehenden Sonne sitzender behelmter Schnitter in der rechten Hand eine Garbe, in der linken eine Sense. Rechts stützt sich ein auf einem Pflug sitzender Landmann auf seinen Spaten.
Auf beiden Seiten wurde in den Bogenzwickel das Relief eines Lorbeerkranzes geschnitzt. Zwischen Torbogen und Tor sind im Torbalken auf beiden Seiten ein Stahlhelm und Eichenlaub

Abb. 75: Ehrentafel des Ersten Weltkriegs[1521]

eingelassen. An den Rändern halten zwei Soldaten, die den Lauf ihres Karabiners umfassen, der senkrecht vor ihnen steht, mit gesenktem Kopf Ehrenwache.
Unter der linken Skulptur sind reliefartig drei antike Kriegssymbole dargestellt: ein Helm, ein Schwert, gekreuzte Fackeln. Unter der rechten sind zeitgenössische Attribute zu sehen: ein Schutzhelm, zwei Spitzhacken und ein Spaten gekreuzt, eine Werkstattlampe. In der Mitte prangt über einem Postament ein leeres Wappenschild. Vor ihm stand eine Reiterskulptur, die 1945 gestohlen wurde. Sie ist nur noch als Skizze vorhanden.
Im oberen Teil des Postaments wurde ein schlichtes Eisernes Kreuz eingeschnitten.
In die „Torflügel", die an den Seiten mit einer Eichenlaubgirlande eingefasst sind, wurden die Namen der Kriegstoten eingeschnitten. Den Lehrkräften folgen 278 Schüler mit Vor- und Nachnamen, Schülernummer und Todestag. Ordnungskriterium ist die Schülernummer.[1522]
Oberlehrer / Friederich Höhne 22. August 1914 / Wiss Hilfslehrer / Friedo Wiegmann 30.Oktober 1914
Heinrich Büegleb (2197) 27.April 1916 / Friedrich Frien (2520) 4.Novemb. 1919 / Karl Hennecke (2740) 20.Mai 1916 / Herm Harriehaufen (2863) 20.Febr. 1915 / Wilhelm Burgdorff

Abb. 76: Skizze der Reiterskulptur[1523]

(2877) 28.Aug. 1916 / Wilhelm Jörn (2887) 19.Nov. 1915 / Heinrich Schlüter (2800) 12.Aug. 1918 / August Kemna (3042) 10.Juni 1915 / Otto Künneke (3057) 20.Okt. 1917 / Ernst Gade (3107) Aug. 1914 / Max Schmidt (3141) 2.Nov. 1915 / Wilhelm Köhler (3189) 11.Nov. 1918 / Alfred Grotrian (3208) 10.Septbr. 1914 / Heinrich Ahrens (3296) 8.März 1916 / Heinr. Buhmann (3311) 24.Septbr. 1914 / Karl Probst (3313) 1916 / Karl Miehe (3318) 19.Januar 1917 / Martin Pape (3320) 17.Septbr. 1916 / Rudolf Borchers (3378) 1.Juli 1917 / Wilh. Stegmann (3486) 8.Juli 1916 / Albert Miehe (3498) 25.Juni 1915 / Ernst Stümpel (3511) 25.Mai 1917 / Herm. Langenberger (3517) 30.Sep. 1915 / Karl Hahne (3595) 23.März 1916 / Albert Greve (3601) 26.August 1914 / Louis Bente (3640) 30.Mai 1915 / Otto Studtmann (3652) 19.Nov. 1914 / Otto Schulz (3719) 25.April 1915 / Otto Körner (3720) 5.Oktober 1915 / Aug. Hartmann (3741) 12.Juni 1918 / Rudolf Eickhorft (3752) 30.April 1915 / Heinr. Warneholdt (3814) 13.Juni 1918 / Richard Tegtmeyer (3824) 18.Dez. 1914 / Joh. Oltmann (3833) 23.Mai 1915 / Christian Kaune (3839) 31.Juli 1917 / Rennig Meyer (3844) 9.April 1918 / Otto Sprätz (3848) 4.Juli 1915 / Karl Fasterding (3886) 24.Juli 1917 / Heinrich Heins (3897) 21.März 1918 / Heinrich Wegener (3928) 12.Dez. 1918 / Friedr. Stoffregen (3940) 18.Juli 1918 / Karl Ihssen (3943) 9.Septbr. 1914 / Erich Ebeling (3946) 18.März 1918 / Heinrich Baule (3957) 30.Aug. 1915 / Theodor Engelke (3964) 20.Febr. 1915 / Ernst Schmidt (3973) 6.Septbr. 1914 / Heinr. Schultze-Finger (3974) 15.Juni 1917 / Martin Brinkmann (3988) 10.Juli 1916 / Herbert Malzfeldt (4014) 6.Okt 1917 / Wilhelm Zeddies (4024) 2.März 1916 / Gustav Strube (4039) 21.März 1917 / Erich Schaper (4047) 15.Dez. 1917 / Heinrich Bulle (4066) 15.Febr. 1917 / Albert Lüer (4069) 28.Febr. 1918 / Wilhelm Kücke (4071) 4.Sept 1916 / Arnold Kröger (4079) 17.Nov. 1914 / Otto Sagebiel (4084) 24.Mai 1916 / Wilhelm Rose (4107) 23.Juli 1916 / Heinr. Nesemann (4108) Jan. 1916 / Heinrich Kather (4109) 26.April 1918 / Wilh. Brandes (4121) 4.Mai 1915 / Karl Köhler (4124) 15.März 1916 / Heinrich Menke (4159) 5.Jan. 1919 / Josef Vollmer (4162) 20.Febr. 1915 //

Fritz Soltwedel (4163) 1.Oktober 1914 / Franz Steinmann (4165) 8.Sept. 1916 / Wilh. Hasselmann (4168) 10.April 1916 / Heinr. Rühmkorf (4169) 23.Aug. 1914 / Ernst Rabeler (4183) 24.Oktober 1914 / Otto Schulze-Witteborg (4189) 5.August 1917 / Wilh. Bäsmann (4193) 23.August 1914 / Reinhard Steinmeier (4210) 1.Okt. 1914 / Johann Meinking (4213) 15.Okt. 1916 / Kurt Schliephake (4219) 12.Mai 1915 / Otto Helberg (4225) 12.Nov. 1916 / Heinr. Nesemann (4235) 21.Aug. 1918 / Friedr.Warnecke (4244) 29.Aug. 1914 / Heinrich Meyer (4254) 27.April 1915 / Karl Behnsen (4281) 6.Septbr. 1914 / Aug Behrmann (4286) 22.Nov. 1914 / Otto Schlüter (4287) 12.Septbr. 1914 / Otto Lüders (4290) 8.Septbr. 1914 / Otto Bartels (4296) 11.März 1918 / Herm. Himstedt (4298) 21.März 1918 / Eberh. Reckleben (4301) 8.Aug. 1914 / Otto Wever (4315) 15.Januar 1916 / Ludwig Zeddies (4322) 19.April 1918 / Wilhelm Stulle (4324) 28.Jan. 1916 / Karl Brinkmann (4345) 26.Sept. 1914 / Karl Tegtmeyer (4354) 7.April 1915 / Ernst Veth (4355) 7.Mai 1916 / Otto Meyer (4359) 4.August 1918 / August Bock (4378) 17.Juli 1915 / Hugo Kuhrmeyer (4384) 1.Mai 1917 / Willi Bötger (4400) 4.Dezbr 1916 / Adolf Heike (4404) 13.Septbr. 1915 / Hans von der Ohe (4405) 29.Aug. 1918 / Otto Volger (4419) 12.August 1914 / Ernst Rohde (4423) 8.Septbr. 1914 / Friedrich Saucke (4428) 11.Febr. 1915 / Arnold Witthoft (4431) 29.Dezbr. 1914 / Herm. Langkopf (4449)

22.Dezbr. 1915 / Robert Hartmann (4452) 11.März. 1916 / Aloys Hoftmann (4471) 23.Aug. 1914 / Heinrich Krüger (4504) 15.Sept. 1918 / Albert Struve (4515) 12.Nov. 1915 / Wilhelm Düker (4518) 28.Septbr. 1918 / Ernst Schulz (4546) 24.August 1914 / Heinrich Pape (4550) 14.Nov. 1917 / Rudolf Gülke (4559) 12.Nov. 1918 / Ewald Busch (4567) 4.Oktober 1915 / Willi Friedhoff (4595) 24.Sept. 1918 / Karl Brinkmann (4598) 13.Juni 1915 / Heinrich Loges (4599) 6.Nov. 1914 / Aug.-Wilh. Dobberkau (4600) 14.Febr. 1915 / Fritz Beyer (4601) 13.Septbr. 1914 / Heinrich Rühe (4613) 27.Mai 1918 / Gottfried Janssen (4618) 21.Septbr 1914 / Bernard Kaune (4619) 5.Mai 1917 / Heinr. Hagemann (4624) 14.Juli 1914 / Gustav Reiners (4695) 5.Septbr. 1918 / Ludolph Bertram (4706) 7.Nov. 1914 / Friedrich Köning (4714) 8.Septbr. 1914 / Albert Plünnecke (4722) 20.Sept. 1914 / Wilhelm Ties (4723) 29.März 1918 / Udo Meyer (4731) 6.Septbr. 1914 / Anton Falcke (4739) 26.Okt. 1916 / Wilhelm Meyer (4747) 26.Aug. 1916 / Friedrich Trumann (4750) 15.Juni 1915 / Heinrich Bremer (4753) 18.Sept 1917 / Dietrich Müller (4759) 11.Nov. 1915 / Otto Schlademann (4760) 14.Okt. 1914 / Fritz Bank (4765) 17.Mai 1915 / Rudolf Kreipe (4767) Februar 1915 //
Reinh-Meyerz Bentrus (4768) 2.April 1918 / Konrad Kastorf (4770) 19.April 1918 / Robert Struve (4779) 6.April 1918 / Traugott Kothe (4794) 15.Sept. 1915 / Paul Milhorat (4797) 10.Januar 1915 / Heinrich Grefe (4804) 15.Juli 1961 / Rudolf Marhenke (4812) 21.März 1918 / Udo Kampe (4820) 11.Dezember 1915 / Erwin Elbring (4831) 15.Juli 1918 / Heinrich Söchtig (4833) 26.Sept. 1918 / Wilhelm Fick (4834) 3.Oktober 1918 / Heinrich Steins (4840) 8.Juni 1916 / Wilhelm Dette (4841)12.Septbr. 1916 / Werner Drangmeister (4847) 27.Mai 1918 / Gustav Flohr (4848) 20.Septbr. 1917 / Heinr. Könnecker (4854) 20.Jan. 1917 / Wilhelm Koch (4858) 9.Nov. 1916 / Bruno Buchterkirchen (4863) 12.Juli 1917 / Otto Sukop (4869) 9.August 1918 / Gustav Rüter (4870) 6.Mai 1915 / Joh. Ludewig (4871) 18.Septbr. 1914 / Ernst Lüpke (4877) 25.Okt. 1918 / Heinrich Ahrens (4883) 18.Sept. 1916 / Karl Meyer (4885) 17.Juli 1915 / Bruno Schomburg (4894) 21.Aug. 1917 / Willi Krone (4896) 17.Septbr. 1915 / Friedrich Engelke (4898) 28.März 1918 / Friedrich Wehmer (4910) 20.Sept 1914 / Richard Stechmann (4913) 1.Okt. 1916 / Karl Hinze (4921) 18.Juli 1918 / Alfred Clemens (4927) Dezbr. 1915 / Wilhelm Süße (4946) 2.Juni 1918 / Wilh. Jungebehr (4948) 17.Juni 1916 / Heinrich Wendt (4960) 8.Nov 1918 / Jakob Buschmeier (4969) 27.März 1916 / Wilhelm Rust (4971) 21.April 1918 / Fritz Knocke (4978) 11.April 1918 / Heinrich Ebeling (4980) 5.Mai 1917 / Otto Wendland (4981) 29.Januar 1918 / Willi Wendte (4988) 15.April 1916 / Heinrich Mund (4989) 22.Nov. 1918 / Ernst Riggert (5005) 6.Septbr. 1915 / Gustav Thies (5006) 30.Juni 1917 / Albert Zeddies (5008) 8.Dez. 1915 / Reinhard Burgdorf (5019) 3.Nov. 1917 / Wilhelm Dahn (5038) 3.Nov 1916 / Karl Meier (5075) 21.März 1918 / Wilh. Heitmann (5076) 4.Mai 1915 / Herm. von u. zu Gilsa (5078) 2.Okt.) 1916 / Georg Collmann v. Schatteburg (5094) 7.X 1918 / Herm. Hauswörmann (5097) 18.Sept. 1914 / Wilh. de Wente (5102) 27.Sept. 1918 / Herm. Hußmann (5107) 15.Sept. 1916 / Hermann Keese (5122) 27.Sept. 1914 / Heinr. Behrens (5129) 23.Jan. 1919 / Heinr. Biermann (5134) Dez. 1914 / Otto Löhr (5137) 23.Oktober 1918 / Paul Werner (5143) 30.Juni 1915 / Friedrich Helmers (5148) 4.Juni 1916 / Hermann Rabeler (5151) 12.Aug. 1915 / Gustav Leinemann (5152) 23.Okt. 1917 / Emil Eickermeyer (5154) 10.Aug. 1915 / Karl Löhr (5158) 11.Juli 1918 / Karl Werhan (5159) 22.Okt. 1914 / Fritz Pieper (5165) 3.März 1918 / Bernhard Meyerholz (5172) 16.April 1917 / Walter Struckmeyer (5216) 20.Aug. 1917 / Wilhelm Sellhorn (5225) Sommer 1918 / Friedrich Schulz (5227) 30.Januar 1917 / Erich Clausen (5229) 1.Juli 1915 / Willi Beusmann (5236) 23.April 1918 //
Ludwig Klöpper (5239) 30.April 1918 / Johann Puvogel (5244) 12.Juli 1918 / Herbert Crone (5248) 1.Oktober 1915 / Heinr. Budelmann (5249) 12.Jan. 1916 / Hugo Krohn (5267) 4.Septbr. 1914 / Karl Lutfhoff (5273) 15.Juli 1917 / Aug. Wiedenroth (5278) 29.Septbr. 1915 / Fritz Sellhorn (5289) 10.Juni 1918 / Heinrich Niehe (5300) 13.Juli 1917 / Georg Meinecke (5302) 18.Juli 1918 / Wilh. Husemann (5307) 16.Sept. 1917 / August Harenberg (5312) 6.April 1918 / Otto Meyer (5315) 1.Januar 1915 / Heinr. Düerkop (5327) 23.Okt. 1918 / Heinrich Hyfing (5331) 11.Juli 1917 / Friedrich Lohmann (5332) 27.Okt. 1916 / Walter Breier (5342) 15.Juli 1918 / August Mull (5352) 19.Juli 1918 / Rudolf Schulz (5364) 18.Oktober 1916 / Fritz

Wehrenberg (5384) 28.Febr. 1917 / Bruno Amsel (5388) 27.Sept. 1914 / Heinr. Budelmann (5390) 23.Juni 1918 / Ferdinand Mellin (5392) 14.Okt. 1915 / Hermann Sengstake (5394) 21.Sept. 1916 / August Könneke (5403) 9.Juni 1915 / Adolf Meier (5425) 12.Oktober 1918 / Ernst Narten (5461) 17.April 1917 / Heinrich Clasen (5473) 31.Juli 1918 / Werner Steinhoff (5492) 30.März 1918 / Heinrich Knop (5499) 17.Dezbr 1917 / Arthur Hennies (5505) 14.April 1918 / Otto Quidde (5519) 20.März 1917 / Benno Machtens (5521) 4.Oktober 1917 / Heinrich Fischer (5525) 6.Januar 1918 / Gustav Burgdorf (5529) 22.Oktober 1914 / Konrad Möhle (5537) 14.August 1917 / Fritz Herbst (5554) 21.Juli 1917 / Herm. Albrecht (5555) 6.April 1918 / Erwin Meyer (5559) 6.Mai 1918 / Heinrich Daneke (5562) 10.März 1917 / Alex Cordes (5563) 16.Juni 1917 / Heinrich Beike (5595) 23.August 1914 / Heinrich Flögel (5613) 13.Oktober 1917 / Alfred Schmedt (5627) 30.April 1918 / Alfred Meyer (5685) 21.März 1918 / Hugo Feldmann (5693) 7.Mai 1917 / Heinrich Scharnhop (5707) 12.April 1918 / Anton Itzenga (5709) 28.Juli 1916 / Wilhelm Gehrs (5722) 29.August 1918 / Erich Henne (5729) 21.August 1917 / Albert Bernhard (5738) 15.April 1918 / Heinr. Hartmann (5739) 31.Mai 1917 / Walter Schlote (5747) 15.Juni 1919 / Heinr. Hellmann (5774) 22.Novemb 1916 / Paul Senff (5775) 27.Dezmber 1915 / Karl Deppe (5792) 9.Oktober 1918 / Walter Köhler (5794) 29.August 1918 / Johann Rehmstedt (5830) 9.Jan 1918 / Wilhelm Wedekind (5887) 17.Nov. 1917 / Wilhelm Jarfe (5901) 2.Oktober 1916 / Karl Eckey (5928) 29.Septr. 1918 / Wilh. Klussmann (5930) 13.Dezbr. 1916 / Ludwig Kunz (6205) Oktober 1918 / Rudolf Hußmann (6357) 18.Juli 1919

Emil Ahrens (4578) 22.Okt. 1914 / Rich. Habermann (5206) 22.Mai 1918 / Gustav Busse (4889) vermißt / O. Ackenhausen (3841) 19.August 1918 / Carl Voss (4715) vermißt 16.Juli 1916 / Arnold Wiechers (3641) 4.Okt. 1917

Maße (Breite, Höhe, Tiefe): 3,80 m x 4 m x 0,20 m.
Material: Eichenholz
Technik: Schnitzerei
Zustand: gut

3. Dokumentation

Auftraggeber: „Verein alter Hildesheimer"
Hersteller (Entwurf, Ausführung): Architekten Holtschmidt und Evers sowie Kunstmaler Hilder und Maier (Entwurf); Holzbildhauer Böhme, Alter Markt, und sein Geselle Heinrich Ellerbrock (Ausführung)
Entstehungszeit: 1919-1921
Einweihung: 2. Juli 1921
Deutung: Die Tafel entspricht in ihrer Form und der verwendeten Symbolik dem bäuerlichen Milieu. Die Portalform ähnelt einem Tor, vielleicht einem Scheunentor, durch das die Ernte eingefahren wird. Der Schnitter sitzt oben links (im Westen) und ruht sich bei untergehender Sonne am Ende eines arbeitsreichen Tages aus. Die Sense und eine Garbe hält er noch in der Hand. Rechts oben ruht sich ein Bauer bei seinem Pflug auf. Er bereitet den Boden für die Einsaat vor. Beide Figuren verkörpern Werden und Vergehen, Saat und Ernte.

Die flankierenden Soldaten halten Wache. Zwei Deutungen sind möglich: Sie ehren die auf der Tafel verzeichneten Mitschüler oder sie repräsentieren sie als Wächter und Beschützer der Heimat, die durch die beiden bäuerlichen Szenen dargestellt wird.

Die drei antiken Kriegssymbole Helm, Schwert und gekreuzte Fackeln stellen die Gefallenen in die heroische Tradition, die zivilen Attribute Schutzhelm, gekreuzte Spitzhacke und Spaten sowie eine Karbidlampe verweisen auf den Sinn ihres Todes, den Schutz der Heimat und des auf Arbeit gegründeten Wohlstands. Der Helm des Schutzmanns symbolisiert darüber hinaus die gesetzliche Ordnung. Die Reiterskulptur auf dem Postament verband in gewagter Form alle genannten Elemente: bäuerliche Existenz (Pferd), antikes Ideal (nackter Reiter) und zeitgenössisches Soldatentum (Helm und Umhang). Die Idealisierung des Militärischen wird durch die beiden Siegerkränze links und rechts oben zum Ausdruck gebracht. Die Wachsoldaten stehen in einer Nische, deren oberer Boden wie ein Strahlenkranz ausgearbeitet wurde.

Das Denkmal stellt die Treue der Gefallenen zur Heimat und zum Berufsstand heraus, ist selbst aber auch durch seinen Aufwand an Symbolik und Zeichen, durch das verwendete Material und die Kunsttechnik Treuebekundung der Lebenden gegenüber den Toten. Es testiert diese Treue auch durch die Hinzufügung der Schulmatrikel, die im schulinternen Umgang den Namen ersetzten. Das Denkmal schließt die Lücken wieder, die der Kriegstod im Schülerverzeichnis riss. Es tröstet über den Verlust der Ehemaligen hinweg, weil es sie unvergesslich macht.

Der Gedenkstein vor der Tür und die Gedenktafel im Flur stehen in einem Spannungsverhältnis zueinander: Ein Besucher der Schule wird nach dem markanten, schlichten Findling kein weiteres Denkmal erwarten. Ihn überrascht die Tafel und beeindruckt ihn durch ihre imposante Größe, ihren Formenreichtum und die Vielzahl der Namen.

Stein und Eichenholz sind heimatliche Rohstoffe, beide lassen sich im germanischen Symbolverständnis deuten. Beide Denkmäler heroisieren, das eine spärlichprägnant, das andere üppig-ausschweifend. Der Stolz der Initiatoren, dass aus der Schule so viele Helden hervorgingen, ist unübersehbar.

Objektgeschichte: In der Hauptversammlung des V. a. H. („Verein alter Hildesheimer", H. H.) am 1. Februar 1919 waren viele ehemalige Mitglieder erschienen, aus deren Mitte angeregt wurde, eine Geldstiftung für ein Gefallenenehrenmal zu begründen. Der Direktor der Schule und der Vorstand des V. a. H. erließen an alle früheren Schüler und Freunde der Anstalt einen Spendenaufruf, „da bei den Teuerungsverhältnissen die Mittel des V. a. H. allein nicht ausreichen würden"[1524]. Der Schulvorstand veranstaltete anlässlich der Generalversammlung des Vereins alter Hildesheimer Landwirtschaftsschüler am 7. Februar 1920 in der Turnhalle eine eindrucksvolle und „äußerst zahlreich" besuchte Feier „zum Gedächtnis aller für Deutschlands Ruhm und Ehre gefallenen Helden" und führte anschließend eine Spendensammlung durch, von deren Höhe die Gestaltung eines Ehrenmals abhängen sollte.[1525] Schon nach kurzer Zeit waren die erforderlichen Geldmittel zusammengebracht.[1526]

Der Ehrenvorsitzende des Vereins, Prof. Dr. Schulz, stellte am 5. Februar 1921 der Hauptversammlung die Vorschläge des Denkmalsausschusses vor, die ohne Diskussion angenommen wurden. Die Zeitung berichtete von einer eisernen Gedenktafel, meinte aber offensichtlich eine eichene. Rechts von der Schule sollte ein großer Granitfindling mit Eichenkranz aus Bronze und Widmung, umgeben von kleineren Findlingen, aufgestellt werden. 40.000 Mk. hatte der Verein insgesamt kalkuliert. Anfang Juli war die Einweihung geplant.[1527]

Die fand am 2. Juli 1921 statt, nach einer Trauerkundgebung in den Sälen der Stadthalle, zu der die Angehörigen der Gefallenen wieder in sehr großer Zahl erschienen waren. Eine Gedächtnisrede des Direktors Prof. Dr. Schulz und die Bekanntgabe der Namen aller Gefallenen durch den Geschäftsführer des V. a. H. bildeten den Höhepunkt der Feier. Von der Stadthalle begaben sich die Teilnehmer zur Schule, wo beide Ehrenmale, der Findlingsblock und die Gedächtnistafel, enthüllt wurden.[1528]

„Die Schule hatte die Ehrenmale in Schutz und Pflege übernommen. Sie sorgte dafür, dass der Gefallenen Andenken nicht erlosch und tief in den Herzen der Schüler haften blieb. Am Tage vor dem Totenfest fanden etliche Jahre (1920-27) vor der Ehrentafel eindrucksvolle Gedächtnisfeiern statt, zu denen die Angehörigen der Gefallenen eingeladen waren. Das Kernstück der Feier bildete die Gedächtnisrede eines Lehrers und gleichzeitigen Kriegsteilnehmers."[1529]

Weitere Quellen: HAZ und HiZ vom 4. Juli 1921 (Einweihungsfeier)

8.3.4 Ehrentafel vor der Aula für die Gefallenen des Zweiten Weltkriegs

1. Standort

Vor der Aula

2. Beschreibung

Das Ehrenmal hat seinen visuellen Schwerpunkt in den drei Pilastern mit den lebensgroßen Reliefs, eines Bauern mit Sense (links) eines Soldaten (rechts) und einer Mutter, die Abschied von ihrem uniformierten Sohn nimmt (Mitte). Die seitlichen Reliefs stehen auf geschnitzten, imaginären Konsolen.

Zwischen den drei Pilastern finden sich auf je vier durch Eichen- und Lorbeerranken voneinander abgegrenzten Schrifttafeln die Namen von 365 Gefallenen und Vermissten (insgesamt etwa 10.000 Schriftzeichen). Angegeben sind Schülernummer, Nachname, Vorname, letzter Wohnort:[1530]

Abb. 77: Gedenktafel Zweiter Weltkrieg (linke Hälfte)

Abb. 78: Gedenktafel Zweiter Weltkrieg (rechte Hälfte)[1531]

Ehrenmitglied IHDE Heinrich Oberschullehrer Hildesheim /
3934 von der Ohe Friedrich Marwede / 4829 Schultze Ernst Wittingen / 5062 Küsel Theodor Dramfeld / 5443 Wittboldt-Müller Heinrich Eitzermühle / 5852 Rollwage Ernst Zwochau / 5875 Brünig August Eime / 5878 Leweke Wilhelm Harderode / 5911 Voiges Willi Plockhorst / 5998 Pflugmacher Erich Eldagsen / 6084 Kords Richard Oberndorf / 6193 Oelsmann Ernst Kl. Thondorf / 6206 Hotop Wilhelm Morsleben / 6212 Scharenberg Robert Herkensen / 6257 Hartmann Franz Kl.Escherde / 6613 Jürgens Heinrich Bolzum / 6715 Friehe Reinhold Mölme / 6740 Warmbold Walter Kl.Dahlum / 6748 Friehe Albert Rethmar / 6760 Rüter Wilhelm Wetzen / 6871 Hennemann Konrad Sehlde / 7053 Stegie Karl-Adolf Hammelswardersand / 7057 Fulst Wilhelm Harlingerode / 7091 Schmidt Fritz Bremke / 7106 Harling Wilhelm Gollmitz / 7185 Wellner Rudolf Suterode / 7231 Block Ernst-August Rittergut Krackow / 7348 Feuerhake Heinrich Brünnighausen / 7423 Engelke Erich Gailhof Hann. / 7485 Bartels Heinrich Oldendorf ü.Elze Ha. / 7499 Täger Fritz Weddendorf / 7513 Wippern Otto Emmerke / 7600 Arnemann Albert Ammensen / 7611 Bartels Otto Wätzum / 7625 Behrens Robert Kl.Burgwedel / 7749 Stöltzing Otto Hamburg / 7741 Janicke Gustav Tremmen / 7792 Tjarks Ferich Wiarderaltendeich / 7793 Hapke Heinrich Bledeln / 7808 Hapke Albert Gödringen / 7822 Seggelke Hermann Berkum / 7840 Böker Heinrich Woltorf / 7921 Mahnkopf Alfred Hackenstedt / 7145 Eickemeyer Alfred Calefeld / 6511 Hillrichs Erich Carolinengroden / 7082 Kemna Ottomar Hiddestorf / 7842 Wissmann Hans Tündern / 7849 Busse Heinrich Reinstorf Lünebg. / 7860 Müller Hugo Rautenberg / 7869 Reents Karl-Gerhard Gummelsteden / 7936 Aumann Heinrich Mehrum / 7940 Michels Erich Walmsburg / 8006 Logemann Heinrich Hülse / 8032 Degener Hermann Eiken / 8054 Meyer Oskar Hönnersum / 8085 Steinborn Karl Kl.Ilde / 8098 Rieke Ludwig Kirchosen / 8115 Kölle Friedrich Altgandersheim / 8154 Behre Joh-Heinrich Lehrte / 8208 Symens Paul Obernjesa / 8232 Kleinschmidt Heinr Möhlenkahlenbeck / 8256 Klingebiel Hermann / 8266 Nolle Kurt Müllingen / 8289 Eickhorst Johann Eickhorst / 8306 Hoppe Heinrich Sehlem / 8320 Sander Kurt Irmenseul / 8323 Pommerehne Joh.-Heinr. Hohenassel / 8327 Uhte Otto Berel / 8338 Thiede Konrad Bühne / 8345 Burmester Wilhelm Pommau II / 8348 Achilles Herbert Gr.Elbe / 8350 Almeling Heinrich Schwichelt / 8357 Nawo Albert Kl. Lobke / 8383 Groeneveld Bernh-Heinr. Bunderneuland / 8390 Palandt Gerhard Möllensen / 8392 Severin August Hallerburg / 8403 Runge Ludwig Afferde / 8436 Meyerhof Friedrich Denstorf / 8470 Isemann Hermann Schulenburg / 8537 Imholze Henry Schwaförden / 8580 Bartölke Frido Mahlum / 8583 Hoopmann Heinrich Borwede / 8600 Hotop Georg Wasbüttel / 8602 Salge Ernst Isenbüttel / 8628 Lürig Wilhelm Calefeld / 8630 Alvermann Wilhelm Kassel / 8660 Schulz Wilhelm Halligdorf / 8664 Meyer Ludwig Wardringhausen / 8667 Philipps Herbert Upstedt / 7312 Burgdorf Rudolf / 8388 Haarstick

Heinrich Immensen / 0000 Staake Robert / 7800 Otto Wolf-Wilhelm Assel
8670 Johannes Otto Bühren / 8681 Osterwald Hans Aligse / 8685 Haschen Reinhard Wollhose / 8692 Bethel Heinrich Graste / 8700 Rentelmann Herm. Stöcken Wittingen / 8734 Wassmann Fritz Nordstemmen / 8767 Meyer Hans Wulmstorf / 8772 Oppermann Friedrich Westfeld / 8794 Garbade Johann Bremen / 8852 Hagelberg Otto Tätendorf / 8853 Heitzhausen Karl Garmhausen / 8855 Schrader Otto Feldbergen / 8866 Bethmann Heinrich Sievershausen / 8875 Wilkening Fritz Eimbeckhausen / 8897 Selhausen Walter Söderhof / 8898 Hoppe Ernst Sehlem / 8901 Ludewig Heinrich Hemmendorf / 8903 Runge Ludwig Afferde / 8911 Baller Fritz Vienenburg / 8922 Mensing August Brüggen / 8929 Focken Christian Immenwarfen / 8938 Pförtner Hermann Varrigsen / 8942 Nordmann Heinrich Barrien / 0000 Rose Karl-Heinrich Kemme / 8981 Hörmann Heinrich Blockwinkel / 8986 Kahlke Hermann Hedwigenkoog / 9018 Grobe Karl Woltorf / 9035 Zeddies Friedrich Heyen / 9076 Michaelis Walter Frielingen / 9081 v. Wieding Walter Leitzungen / 9087 Wilkens Richard Hoftadel-Bendingbostel / 9093 Söchtig Hans / 9119 Rohlfing Wilhelm / 9127 Kramer Heinrich Hohehorst / 9135 Suhr August Oberhude / 9137 Köhler Wilhelm Schellerten / 9170 Lege Arnold Heisede / 9172 Baucke Heinrich Halligdorf / 9173 Lenz Josef Kleindüngen / 9177 Kramer Hans Barnstedt / 9180 Kamps Werner Groden / 9184 Jakobs Otto Bönnien / 9186 Dehne August Neuhof / 9413 Rühmkorf Eberhard Wätzum / 9507 Rose Wilhem Hoheneggelsen / 9512 Beitzen Wilhelm Lünde / 9666 Staff Albert Steinbrück / 9195 Osterwald Heinz Jeinsen / 9203 Köthke Herbert Stederdorf / 9205 Benecke Karl-Heinz Etelsen / 9213 Burgtorf Wilhelm Siedenbüssow / 9218 Hanke Hermann Gr. Minnelage / 9222 Frauen Martin Zennhusen / 9239 Wehrspann Karl Kemme / 9260 Heine Otto Dungelbeck / 9289 Borges Fritz Holtensen / 9303 Eicke Friedrich Oerie / 9310 Dankers Wilhelm Hildesheim / 9319 Engelke Christoph Grossgiesen / 9325 Kehl-beck Johann Affinghause / 9329 Knackstedt Heinrich Evensen / 9344 Schäffer Heinrich Seedorf / 9355 Ernst Joseph Gr.Düngen / 9371 Lauts Heinz-Friedr. Teitenser-Altendeich / 9380 Meyer Gerhard Höver / 9381 Meyer Henning Dahlhausen / 9386 Bläsig Herbert Bad Salzdetfurth / 9393 Beckmann Horst Rethen / 9394 Gott Heinrich Lehrte / 9400 Kaune Friedrich Wöllersheim / 9401 Hundertmark Erich Halle Brschg / 9404 Engelke Johann Hasede / 9453 Schulze Hermann Kleinlobke / 9493 Abmeyer Georg Feldbergen / 9499 Bartels Ferdinand Oesselse / 9508 Lehrke Hermann Hoheneggelsen / 9515 Jordan Werner Hildesheim / 9522 Meyer Kurt Betheln / 9588 Preer Klaus-Peter Hildesheim / 9600 Hermanns Fritz Banteln / 9602 Dettner Karl-Heinz / 9605 Stammelbach Burchard Hildesheim / 9610 Mintrop Theo Hannover / 9612 Ofterdinger Claus Deutschevern / 9622 Brandt Hans-Ludwig Binder / 9633 Leinemann Josef Varnsen / 9642 Soltwedel Joachim / 9646 Schrader Fritz Bilm / 9663 Düker Theodor Dassel / 9664 Gerding Heinrich Diekholzen / 9750 Arp Otto Feldbergen / Staff Albert Steinbrück / 9776 Gaus Frido Neuwallmoden / 9666 Staff Albert Barum / 9669 Janze Heinz Isenbüttel / 9678 Adam Hans-Georg Hildesheim / 9690 Rollwage August Sehlde / 9691 Engelke Olemens Grossförste / 9692 Busch Karl-Heinz Gödringen / 9693 Müller Fritz Jeinsen / 9709 Rottmann Alfred Bockhop / 9721 Schröder Hermann Rätzlingen / 9746 Reichenberg Friedrich Söhlde / 9752 Funke Karl-Heinz Petze / 9762 Oppermann Richard Oldendorf / 9765 Sonntag Karl-Heinz Rischenau / 9779 Vogt Werner Egestorf / 9787 Köhler Heinz-Herm. Banteln / 9795 Bartels Günter Sülfeld / 9796 Leinemann Josef Dingelbe / 9809 Heitefuss Wilhelm Beuchte / 9826 Snaga Rudolf Hannover / 9827 Köser Rolf Ritsch Stade / 9842 Sohnemann Bodo Wülfinghausen / 9856 Ehlers Heinz Lesse / 9859 Eggert Ohlmer Nordstemmen / 9875 Sander Friedr.-Wilh. Rössing / 9877 Bertram Karl Rautenberg / 9887 Müller Raimund Hildesheim / 9898 Mellin Konrad Bierbruch / 9911 Pape Gerhard Grosslobke / 9916 Meents Karl Kanarienhausen / 9933 Stichweh Karl-Heinz Calbe Saale / 9934 Schultze Eberhard Hoheneggelsen / 9942 Ostermeyer Fritz Holtensen / 9945 Haasemann Friedrich Gr.Munzel / 9952 Kreienmeyer Fritz Kreienberg / 9956 Löhr Karl-Otto Lesse Salzg. / 9973 Stölting Edgar Lüneburg / 9983 Röhlke Heinrich Gladebeck / 9986 Schulze Heinrich Kl. Tohndorf / 9989 Schwarze August Rheden / 9999 Gremmels Hans-Heinr. Nettlingen / 10001 Witte Friedo Oestrum / 10002 Schröder Werner

Marwede / 10003 Wolf Dietrich Beugthe / 8598 Kramer Alfred Schwarmbeck / 10041 Ebeling Hans-Ludwig Kl. Ilsede / 10018 Höhne Robert Rethen / 10028 Haverkamp Ernst-Aug. Hude Oldbg. / 10041 Ebeling Ludwig Kleinilsede / 10046 Hormann Ernst-August Leese / 10066 Jagau Walter Haimar / 10078 Otto Wolf Wilhelm Assel / 10098 Wagner Gert Bielefeld / 10106 Wulkopf Heinrich Lüdersen / 10107 Brötje Anton-Friedr. Kleybrock-Oldbg. / 10108 Otte Heinrich Vordorf / 10115 Wiepking Rolf Kohlenfeld / 10136 Dannenbaum Karl Osterunde / 10137 Schulte-Herkendorf Hermann Bottum / 10140 Langkopf Karl-Heinz / 10150 Peters Hanz-Erich Mölme / 10163 Albrecht Heinz Petershagen / 10172 Schulze Hermann Secklendorf / 10184 Ellenberg Heinz Güstau / 10192 Freimann Reinhold Holtensen / 10228 Stegmann Otto Düsterntal / 10239 Mühle Heinrich Münstedt / 10248 Ackenhausen Ernst-Aug. Dankensheim / 10271 Bäthge Willi Billerbeck / 10279 Klobke Fritz Eyendorf / 10281 Modrow Gerhard Hildesheim / 10107 Kohne Heinz-Werner Elze-Hann. / 10157 Rust Dieter Lutmissen

Vermisst: 5628 Strauss Heinrich Lutter Bbg. / 6145 Brammer Dietrich Bonstorf / 6380 Lantzius-Beninga Bertold Stikelkamp / 6620 Lüer Hermann Gustedt / 6634 Zech Hans Hoya Weser / 6708 Wilkens Dietrich Bierden / 6735 Friedrichs Karl Sievershausen / 6759 Brinkmann Karl Hönze Elze / 6791 Denecke Gustav Imsen / 6809 Kücke Gustav Sossmar / 6874 Hillmann Otto Leese / 7180 Giere Albert Immensen / 7515 Wildhagen Ernst Sorsum / 9955 Meyer Otto Gadenstedt / 9730 Just August Sebexen / 7198 Liekefett Artur Nettlingen / 7203 Brönnecke Herm. Gr.Algermissen / 7422 Cölle Gustav Wallenstedt / 7473 Westphal Herbert Hoheneggelsen / 7552 Hinze Otto Hemmendorf / 7567 Steins Fritz Lübbrechtsen / 7575 Freund Wilhelm Gr.Burgwedel / 7741 Janicke Gustav Wagenitz / 7836 Klauenberg Gerhard Reppner / 7847 Bruns Heinrich Hackfeld / 7937 Edeler Willi Ostermunzel / 8007 Wieckhorst Wilhelm Hanstedt II / 8087 Miehe Hugo Jun. Harber / 8122 Ulters Walter Jork / 8135 Wilkens Guido Stelle / 8140 Meyer Erich Heersum / 8141 Hundertmark Erich Edesheim / 8313 Sustrate Friedrich Gestorf / 8326 Bode Heinrich Garbolzum / 8351 Kettenburg Willi Bretel / 8359 Bock Fritz Schneflingen / 8411 Junclaus Rolf Gut Neuenstede / 8432 Meyer Heinrch Sonnenberg / 8547 Pape Wilhelm Gr.Lafferde / 8594 Kook Heinz Grasdorf / 8616 Meyer Egon Hoheneggelsen / 8622 Strümpel Karl Oedelum / 8626 Harke Heinrich Oegenbostel / 8631 Harms Gerhard Rieste / 8650 Tostmann Waldemar Bettrum / 8663 Busse Otto Sossmar / 8675 Niebuhr Gerhard Walmstorf / 8703 Bleckwenn Heinrich Garbolzum / 8742 Bohnsack Otto Ammenhausen / 8905 Markwort Walter Barbecke / 8963 Meyer Friedrich Stemmen / 8965 Tiedemann Heinrich Wieren / 8983 Meyer Heinrich Martfeld / 9012 Lauenstein Kurt Steinwedel / 9063 Söhle Heinrich Grossmunzel / 9169 Ludolphs Eberhard Hambrock / 9204 Manning Helmut Kirchweyhe / 9251 Meyer Heinrich Stemmen / 9297 Wassmuss Heinrich Gustedt / 9312 Windel Kurt Bethel / 9252 Busche Heinrich Schliekum / 0000 Pieper Fritz Rethen / 9320 Jordan Alfred Petze / 9376 Lehmann Hans Wechold / 9382 Michaelis Hans Frielingen / 9411 Hahne Karl-August Bledeln / 9474 Helmke Joseph Hönnersum / 9485 Feddeler Friedr.Wilh. Esperke / 9577 Niemeyer Hermann Ahstedt / 9606 Backhausen Hans Adensen / 9631 Weber Friedr.-Herm. Messnkamp / 9648 Munzel Ludwig Brinke / 9652 Pommerehne Alfred Hohenassel / 9673 Dannenbaum Rudolf Mahlum / 9696 Langkopf Wilhelm Equord / 9727 Nissen Jürgen-Heinrich Kämme / 9733 Lambach Fritz Rostorf / 9740 Ebeling Heinrich Oerie / 9743 Pröve Karl-Heinz Kl. Lobke / 9789 Rössing Otto Bethel / 9855 Rodenbostel Wilh. Scherenbostel / 9871 Kaune Ullrich Garmissen / 9873 Thiele Günter Hotteln / 9874 Philipps Konrad-Karl Upstedt / 9894 Hering Friedrich Uenzen / 9899 Naue Wilhelm Grossheere / 9902 Schlüter Friedrich Kl. Heere / 9905 Kothe Gerhard Lamspringe / 9907 Schäfer Hermann Edemissen / 9923 Hilmer Herbert Növenthien / 9947 Müller Wilhelm Boitzenhagen / 9949 Boes Wolfgang Harber / 9972 Schwiezer Karl Rhoden / 10071 Bierschwale Heinz Evensen / 10079 Twachtmann Heinz Vorwerk / 10100 Ihssen Heinrich jun. Rheten / 10120 Pröve Albert Kl. Lobke / 10125 Kreipe Richard Ostermunzel / 10154 Kothe Heinrich Dohnsen / 10155 Heinrich Ludwig Neustadt Holst. / 10157 Schulze Heinrich Ehra / 10204 Heimers Günter Ohrwege / 10209 Klipp Heinrich Plastau / 10221 Pagel Joachim Gr.Giesen / 10235 Eyting Johann Gristede /

0000 Busse Otto Feldbergen / 9713 Sührig Hermann Gerzen / 8411 Jungclaus Rolf Gutneustede /
Die ca. 50 cm breiten und ca. 2 m hohen Tafeln werden abwechselnd von Eichenlaub- und Lorbeergirlanden begrenzt.
Über der linken Tafelgruppe stehen in 15 cm hohen, erhabenen Majuskeln die Worte „Ihnen zur Ehre", über der rechten „Uns zur Mahnung". In der Mitte der Ehrentafel ragt auf einer Knagge ein leerer Glasschrein 35 cm weit in den Raum. Darunter umrahmen die Konturen eines Eisernen Kreuzes die Jahreszahlen 1939-1945.
Maße (Breite, Höhe, Tiefe): 6 m x 3,70 m x 20 cm
Material: Eichenholz
Technik: Bildhauerei
Zustand: Gut, das Ehrenbuch ist nicht mehr vorhanden.

3. Dokumentation

Auftraggeber: „Verein alter Hildesheimer"[1532]
Hersteller (Entwurf, Ausführung): Tafel: Heinrich Ellerbrock, Hildesheim (Idee), Holzbildhauermeister Horst Schiller (Ausführung), Ehrenbuch: August-Wilhelm Lange
Einweihung: 12. Juni 1958
Deutung: Die Reliefs versinnbildlichen die Arbeit (Bauern mit Sense), die Ordnung (Soldat) und die Liebe zum Elternhause (Abschied nehmende Mutter) und zur heimatlichen Scholle. Damit knüpfen die Figuren an die Tradition des Denkmals für die Gefallenen des Ersten Weltkriegs an. Der Soldat ist auch hier wieder als Wachsoldat dargestellt, als Beschützer der Heimat. Landmann und Soldat flankieren die Tafel. Sie bilden ein Paar, das sich ergänzt: Heimat und Front, ziviler und militärischer Dienst. Die Mutter steht dazwischen und stellt den Schmerz des Rollenwechsels dar.
Die Tradition wird auch durch die Wahl des Materials und der Technik sichtbar. Mit der Herstellung wurden Bildhauer beauftragt, die auch schon am Denkmal des Ersten Weltkriegs mitgearbeitet hatten.
Dreizehn Jahre nach Kriegsende verwendet das Denkmal eine glorifizierende Symbolik, die den tatsächlichen Charakter des Zweiten Weltkriegs und des Soldatentums im nationalsozialistischen Deutschland tabuisiert. Auch die zur Zeit der Herstellung bereits rasante technische und betriebswirtschaftliche Entwicklung der Landwirtschaft bildet sich in der verwendeten Symbolik nicht ab: Wie schon nach dem Ersten Weltkrieg muss wieder ein Schnitter den Berufsstand des Landwirts repräsentieren, ein Schnitter, der auch eine Allegorie des Todes ist.
Das Denkmal transformiert das Kriegsgeschehen in eine idealistische Sinnsphäre, in der es um unbedingte Treue geht. Sie gereicht den Toten zur Ehre, ihr Vorbild sei den Lebenden eine Mahnung.
Das Ehrenbuch übersteigert das Gedenken durch seine Verdoppelung. Wie schon nach dem Ersten Weltkrieg reicht der Schule ein Denkmal nicht aus. Der Totenkult steigert sich auch hier zum Heldenkult.
Objektgeschichte: Die Gedächtnisstätte wurde in Anwesenheit von Behördenvertretern, der Hinterbliebenen und vieler Gäste in einer Feierstunde zu Beginn der Hundertjahrfeier der Michelsenschule vom stellvertretenden Vorsitzenden des V. a. H., Landwirt Rudolf Brunotte, Adensen, enthüllt. Die Grüße der beiden Kirchen überbrachte Superintendent Meyer-Roscher, Hoheneggelsen. Am Schluss übergab Brunotte die Schlüssel zur Glasvitrine mit dem Ehrenbuch an Direktor Lacü und das Ehrenmal selbst in die Obhut der Michelsenschule. Unter den Klängen des Liedes vom guten Kameraden legte Direktor Lacü mit zwei Schülern den ersten Kranz am Ehrenmal nieder. Das Fraede-Quartett rahmte die Feier musikalisch ein.[1533]

8.4 Denkmal des SC Poseidon für die im Ersten Weltkrieg Gefallenen

1. Standort

Heute auf der Sportanlage von Eintracht Hildesheim im Hof der Sauna hinter der Sporthalle des Balance-Zentrums

2. Beschreibung

Das quadratische Postament ist auf seinen vier Seitenflächen in Majuskeln beschriftet:
Vorn: „Den gefallenen / Poseidonen / [Eisernes Kreuz, das die Jahreszahlen 1914 – 1918 einrahmt] / zum Gedenken / 8. 10. 1933"
Links: „Sie fielen / im Kampf / [Eisernes Kreuz, das ein zum Boden gesenktes, mit Eichenlaub

Abb. 79: Poseidonen-Denkmal[1534]

umranktes Schwert einrahmt] / für Recht und Freiheit"
Rechts: „Mochten die / Toten auch fallen / [Eisernes Kreuz, das ein zum Boden gesenktes, meit Eichenlaub umranktes Schwert einrahmt] leben bleiben / sie doch"
Hinten: Zwei runde Schreiben, die rechte mit dem Poseidon-Emblem, begrenzen die Worte „Auf dem / Felde / der Ehre blieben"
linke Spalte: Börsig, Th. / Böhme, Herm. / Borchers, W. / Bothe, W. / Busse, K. / Dismer, Gust. / Dechert, Fr. / Fromzek, Ad. / Gundemann, E. / Grosse, P. / Heimsohn, Fr. / Hütterodt, A. / Hasse, Rob. / Haenisch, M. / Haenisch, O. / Haenisch, P. / Kahl, ? / Kaiser, U. / Lambrecht, J. / Meyer, Franz
rechte Spalte: Mestmacher, E. / Meyer, Jos. / Otto, Ed. / Ohlendorf, G. / Olms, Rob. / Pam-pel, K., Pape, K. / Paulmann, F. / Phalert, A. / Rother, I. / Rittmeyer, K. / Rahrig, W. / Schulze, W. / Schulz. Br. / Schaare, W. / Schmerber, H. / Seegers, C. / Sterhan, Ch. / Weber, K. / Witte, Fr.
Auf dem Postament ist 5 cm von den Rändern entfernt eine Sockelplatte (35 cm Kantenlänge) zu sehen, aus deren Mitte ein Dorn nach oben ragt. Er verankerte ursprünglich eine Steinkugel.
Maße (Breite, Höhe, Tiefe): 45 cm x 1 m x 45 cm
Material: Dolomit
Technik: Steinmetzarbeit
Zustand: gut

3. Dokumentation

Auftraggeber: Verein, auf Initiative des damaligen Trainers Otto Schütz

Einweihung: 8. Oktober 1933
Deutung: Das Denkmal aus heimischem Dolomit (wahrscheinlich aus Salzhemmendorf) heroisiert die Kriegstoten durch Symbolik und Semantik: Eisernes Kreuz, Schwert, Eichenlaub; der Kampf wurde für Recht und Freiheit und damit ehrenvoll geführt, das Schlachtfeld wurde zum Feld der Ehre.
Der Gedenkstein führt den Betrachter wie eine spätmittelalterliche Stele mit Erklärungen, Sinngebungen und Tröstungen der Stifter an die Namen der Toten heran. Als Poseidonen bleiben sie im Gedächtnis des Vereins verankert. Das „Fallen" wird mit Blick auf Gegenwart, Vergangenheit und Zukunft reflektiert. Heute – mit Nennung des genauen Datums – gedenken die Poseidonen ihrer gefallenen Kameraden. Gestern fielen die Kameraden im Kampf für Recht und Freiheit. Dennoch oder deswegen bleiben sie leben. Die Zukunft hebt das Vergangene auf, das Leben überwindet den Tod. Der Totenkult wird zum Heldenkult.
Die Einheit von (abhanden gekommener) Kugel und Kubus erinnert an den „Stein des guten Glücks", den Johann Wolfgang von Goethe 1777 in den Ilmwiesen zu Weimar als Geburtstagsgeschenk für Charlotte von Stein bauen ließ.[1535] Der solide Block symbolisierte in der Formensprache der Renaissance Stabilität und Beständigkeit, die Kugel dagegen das launische Glück, die Unbeständigkeit der Zukunft. Der Verein bürgt für beständige Treue, der Kampf für Recht und Freiheit des Vaterlands sichern beständiges Gedächtnis. Als unbeständig erwies sich das Geschick. Doch obwohl es ihr Leben beendete, ruht es – in Form der „Goethe-Kugel" – auf dem festen Sockel der Erinnerung.
Die Errichter des Denkmals übernahmen und übergaben die Verpflichtung, die toten Helden in ewiger Erinnerung zu behalten, nicht nur durch das Denkmal selbst, sondern durch Stiftung eines Rituals aus dem Repertoire des militärischen Heldenkults, der Toten- oder Ehrenwache. Sie übergeben der Nachwelt damit ein Testament, das sie immer befolgen soll. Die Weihefeier bekräftigte es mit ihren Anleihen an den „Großen Zapfenstreich".
Objektgeschichte: Der Gedenkstein stand anfangs neben dem Klubhaus des Schwimm-Clubs Poseidon auf dem Gelände des Freibads „Johanniswiese".
Das Protokoll vom 3. Juli 1933 enthält die Ein-

tragung „Herr Wöltje gab noch bekannt, dass dem Verein ein Ehrenmal für unsere Gefallenen gestiftet ist."[1536] Am 4. September 1933 notierte der Protokollant: „Am Sonntag vormittags 11 Uhr findet die Einweihung des Gedenksteines für unsere Gefallenen statt. Es wurde beschlossen, ein Blasorchester in Stärke von 8 Mann hierzu zu bestellen."[1537]
Anlass der Einweihung war das 25-jährige Vereinsjubiläum, das am 8. Oktober 1933 gefeiert wurde. Am Denkmal hatten sich zahlreiche Vereinsmitglieder und Abordnungen anderer Schwimmvereine versammelt. „Die Fahnen des Reichs und die Wimpel der Vereine vor den Clubhäusern waren auf Halbmast gesetzt. Nach dem einleitenden Trauermarsch von Beethoven trug der Männer-Gesang-Verein das Weihelied von Franz Abt vor, dann hielt der Kreissportführer Dr. Boyse die Weiherede. Das Ehrenmal trägt die Namen der 40 gefallenen Clubkameraden. Zwei Mitglieder sind in jeder Woche verpflichtet, das Ehrenmal in treue Wacht zu nehmen und immer für die Schmückung desselben zu sorgen. Der Vereinsvorsitzende Wöltje übernahm das Denkmal in treuen Schutz, brachte dann die Namen der Gefallenen zur Verlesung und legte dabei einen Kranz am Denkmal nieder. Weitere Kranzspenden folgten vom Hildesheimer Schwimmverein von 1899, dem SC „Hellas" und der Badebetriebsgenossenschaft. Die Sänger sangen das Lied vom guten Kameraden und dann folgte das Niederländische Dankgebet. Mit dem gemeinsam gesungenen Deutschlandliede fand die erhabene Weihestunde ihren Abschluss."[1538]
Am Denkmal fanden anlässlich der Stiftungsfeste Gedenkveranstaltungen statt. [1539]
Das Denkmal musste 1996 der Umgestaltung des Freibads zum Freizeitbad weichen und wurde nach Fertigstellung des Bewegungszentrums „Balance" am heutigen Standort aufgestellt. [1540]

8.5 Gedenkstein der Siedlergemeinschaft Hildesheim-West

1. Standort

Etwa sieben Meter östlich der Kreuzung Glokkenweg / Theodor-Bötel-Weg, zwei Meter vom Theodor-Bötel-Weg entfernt

Abb. 80: Gedenkstein der Siedlergemeinschaft Hildesheim-West[1541]

2. Beschreibung

Ein Weg, der mit drei quadratischen Steinplatten (Kantenlänge 50 cm) ausgelegt wurde, führt zu einem etwa 50 cm breiten Blumenbeet, hinter dem sich die graue Stele erhebt. Der in die Vorderseite in Majuskeln eingemeißelte und schwarz ausgemalte Text lautet „Dem / Gedenken / unserer / Toten".
Die Anlage wird von Nadelgehölz umgeben.
Maße (Breite, Höhe, Tiefe): 55 cm x 1,20 m x 30 cm
Material: Harzer Granit
Technik: Steinmetzarbeit
Zustand: ungepflegt[1542]

3. Dokumentation

Auftraggeber: Jungsiedlergruppe der Siedlergemeinschaft West
Entstehungszeit: Anfang der 60er Jahre
Einweihung: 24. November 1963, anlässlich des fünfjährigen Bestehens der Gruppe
Deutung: Die Stele ist dem allgemeinen Totengedenken gewidmet. Die geplante Erwähnung der „Gefallenen" wurde – wie zuvor auch bei der Siedlergemeinschaft Großer Saatner – fallen gelassen. Der Stein wurde grob aus einem Findling gehauen, steht deshalb in der Symbolbedeutung dem Findling nahe: Natur- und Heimatverbundenheit, Beständigkeit und Festigkeit. Hier ist aber auch eigenes Formschaffen bei gleichzeitiger Aneignung des Überkommenen erkennbar.

Die Jungsiedler vermissten die Traditionspflege, die in einer Kleinsiedlung das Band zwischen den Generationen knüpft. Anfangs sollte die Besonderheit des Kriegstodes hervorgehoben werden. Für den Zusammenhalt der Siedlung wäre das eher nachteilig gewesen. Die ideologische Grundlage einer Kleinsiedlung ist die Siedlergemeinschaft, die von Gleichwertigkeit und Gegenseitigkeit gekennzeichnet ist. Der Totenkult darf deshalb keine Unterschiede machen. Er gilt weder den Gefallenen noch – wie im Entwurf zeitweilig vorgesehen – den toten Siedlern. Alle, die in der Siedlung wohnen und sich zur Gemeinschaft bekennen, sind in das Gedenken „unserer Toten" eingeschlossen. Die Feiern am Denkmal finden daher am Totensonntag statt.

Die Sinngebung der Grundstückstifterin, der Gedenkstein solle alle an die Toten erinnern und die Jugend ermahnen, es den Vorfahren gleichzutun, die Siedlerstelle zu erhalten und zu pflegen für die, die nach ihnen kommen, zeigt, dass die Aufforderung zur Erinnerung, Mahnung und Nacheiferung nicht auf das Soldatentum, sondern auf das Siedlertum zielte.

Objektgeschichte: Der Gedenkstein wurde von den Jungsiedlern, die innerhalb der Siedlergemeinschaft seit 1958 eine eigene Gruppe bildeten, ursprünglich an der Kreuzung Birnbaumskamp/Glockenfeld gesetzt.[1543] Gegenüber den Altsiedlern, die im Vorstand der Siedlergemeinschaft vertreten waren, zeichneten sie sich durch besonderen Tatendrang und Gemeinsinn aus. 1963 hatten sie sich das Denkmalprojekt vorgenommen, das anfangs als gemauerte 1,36 m hohe Säule geplant war. Die Widmung war offenbar nicht unumstritten. Der im Oktober 1963 vom Architekten Fritz Pagel gefertigte Grundriss enthält zwei Textvarianten: einmal „Zum Gedenken unserer toten Siedler", zum anderen mit „Verstorbenen und Gefallenen" an Stelle der beiden letzten Wörter. Eine 40 x 60 große Marmorplatte sollte die Inschrift tragen.

Am 25. Oktober 1963 zeigte die Skizze einen Findling, der am Glockenfeld stehen sollte. Tatsächlich wurde er dort an der Ecke Birnbaumskamp auf dem Grundstück Glockenfeld 6 einen Monat später enthüllt. Die Jungsiedler hatten ihn gestalten lassen und selbst das Fundament hergestellt sowie die Fläche hergerichtet. Den Platz hatte die Witwe Therese Falke den Siedlern „für alle Zeiten" übereignet, wie eine

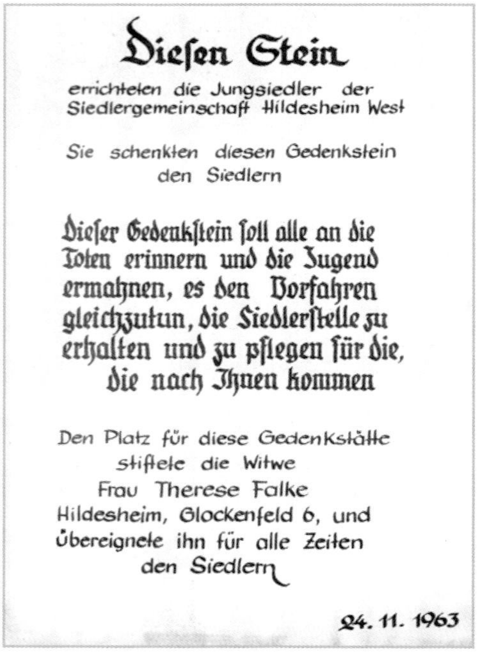
Diesen Stein
errichteten die Jungsiedler der
Siedlergemeinschaft Hildesheim West

Sie schenkten diesen Gedenkstein
den Siedlern

Dieser Gedenkstein soll alle an die
Toten erinnern und die Jugend
ermahnen, es den Vorfahren
gleichzutun, die Siedlerstelle zu
erhalten und zu pflegen für die,
die nach Ihnen kommen

Den Platz für diese Gedenkstätte
stiftete die Witwe
Frau Therese Falke
Hildesheim, Glockenfeld 6, und
übereignete ihn für alle Zeiten
den Siedlern

24. 11. 1963

Abb. 81: „Schenkungsurkunde"[1544]

besondere Urkunde der Jungsiedler festhielt. Der Zweck der Stiftung lautete: „Dieser Gedenkstein soll alle an die Toten erinnern und die Jugend ermahnen, es den Vorfahren gleichzutun, die Siedlerstelle zu erhalten und zu pflegen für die, die nach ihnen kommen." Rechtlich war die Ewigkeitsgeltung der Grundstücksübertragung unwirksam. Die Witwe besaß lediglich einen Erbpachtvertrag, der nach ihrem Tod nicht weiter bestand. Das Grundstück wurde von der Besitzerin, der Johannishofstiftung, verkauft.

Weder in der Urkunde noch bei der Einweihungsfeier am Sonntagmorgen um 11 Uhr wurden die Kriegstoten erwähnt. Im Mittelpunkt der Feier, an der neben zahlreichen Siedlerfamilien als Vertreter der Stadt die Ratsherren Gläser, Seitz und Hartmann teilnahmen, stand die Siedlergemeinschaft.

Musikalisch umrahmt von Beiträgen der Singgemeinschaft Großer Saatner und der Feuerwehrkapelle Moritzberg hielt der Vorsitzende der Jungsiedler Bernward Pagel die Gedenkrede, die er unter das Motto stellte „Nichts kann uns rauben Liebe und Glauben zu diesem Land". Er erwies den Altsiedlern seine Referenz, indem er ihre Leistungen beim Aufbau der Siedlung vor dreißig Jahren hervorhob. Viele von ihnen waren inzwischen verstorben. Ihrer sollte mit dem Ehrenmal gedacht werden.

Der sonst von den Jungsiedlern heftig kritisierte Vorsitzende der Siedlergemeinschaft Hildesheim-West Emil Knoblich bedankte sich bei den Initiatoren: „Wenn unsere Toten uns fragten, was aus unserer Siedlergemeinschaft geworden ist, dann könnten wir ihnen stolz antworten: Sie ist eine junge, lebendige und echte Gemeinschaft."[1545]

Zum Abschluss legten die Vertreter der Kreisgruppe Hildesheim im Deutschen Siedlerbund und der Siedlergemeinschaft „Großer Saatner" Kränze nieder.

Bei der Jahreshauptversammlung am 21. Februar 1964 wiederholte Emil Knoblich den Dank an die Jungsiedler und übernahm das Denkmal in die Obhut der Gemeinschaft. Am 1. September 1964 teilte er den Mitgliedern mit, dass sie sich mit einer Umlage von 60 Pfennig pro Siedlerstelle an der Pflege und Ausschmückung der Anlage zu beteiligen hätten.[1546]

Das Denkmal wurde am Theodor-Bötel-Weg neu angelegt, nachdem der frühere Gedenkplatz Ende der 70er Jahre von der Stadt beansprucht wurde, um die Sicht für die Verkehrsteilnehmer im Bereich der Straßeneinmündung zu verbessern.

Jährlich findet dort am Totensonntag eine feierliche Kranzniederlegung statt. In das allgemeine Gedenken werden auch die Kriegstoten ausdrücklich eingeschlossen.

Weitere Quellen: Vereinsakten beim Vorsitzenden Bernward Pagel, Trillkestr. 29; mündliche Auskunft durch Bernward Pagel und Bernward Trouw, Glockenfeld 6; HAZ vom 25. November 1963

Anmerkungen

1506 Die Festschrift zum 40-jährigen Schuljubiläum nennt 164, die zum 50-jährigen Jubiläum 162 Gefallene. Die HAZ v. 27.11.1922 schreibt von 165 Namen.
1507 Martin Dittmann, Geschichte und Gegenwart. 70 Jahre Verein ehemaliger Schüler. In: Alfred Klose, Zukunft braucht Herkunft, S. 22; Hildesheimer Volksblatt v. 27.11.1922. Vogeler verwendete seinen Text auch in der von ihm im Auftrag des Magistrats verfassten „Kriegschronik der Stadt Hildesheim", S. 431.
1508 HAZ v. 27.11.1922.
1509 Aufruf zur Gründung am 18.8.1920 in der HAZ, Gründungshinweis in der HAZ v. 24.8.1920. 200 Ehemalige traten sofort ein.
1510 Festschrift „40 Jahre Andreas-Realgymnasium", Mai 1925, S. 6. Die Namen der Gefallenen sind in der „Gefallenen-Ehrentafel" auf den Seiten 20 und 21 aufgeführt.
1511 Hildesheimer Volksblatt v. 27.11.1922. Die Zeitung nennt den „Weiheredner" fälschlich Prof. Dr. Voegeler.
1512 „50 Jahre des Staatlichen Andreas-Realgymnasiums und der Staatlichen Andreas-Oberrealschule Hildesheim 1885-1935", S. 22.
1513 Lurz, Kriegerdenkmäler in Deutschland, Band 1, S. 181.
1514 Der Bericht über die Feier des 50-jährigen Bestehens, abgedruckt in: Verein alter Hildesheimer Michelsenschüler, 100 Jahre Michelsenschule, S. 41, nennt die Zahl 150.
1515 Ebd., S. 114.
1516 Ebd., S. 46.
1517 HiZ v. 17.5.1921.
1518 Fotografiert am 24.7.2001.
1519 Beschreibung am 24.7.2001.
1520 Die HiZ v. 2.7.1921 nennt als Herkunftsort des Findlings den Harz.
1521 Fotografiert am 21.7.2002.
1522 Beschreibung am 24.7.2001. Die Gedenktafel wurde im Juni 2003 von den Michelsen-Schülern Till Wehrmaker und Alexander Wegener abgeschrieben.
1523 Die Skizze hat der Holzbildhauer Heinrich Ellerbrock 1957 Horst Schiller übergeben (Auskunft Horst Schiller am 28.10.1997; Skizze im Privatbesitz).
1524 Vgl. XXIX. Jahresbericht des V. a. H., S. 25. In: Verein alter Hildesheimer Michelsenschüler, 100 Jahre Michelsenschule, S. 145.
1525 HAZ v. 9.2.1920.
1526 Verein alter Hildesheimer Michelsenschüler, 100 Jahre Michelsenschule, S. 145.
1527 HAZ v. 7.2.1921.
1528 Lt. Schulbericht 1933, auf S. 145 der Festschrift steht fälschlicherweise Juni.
1529 Festschrift zum 75-jährigen Bestehen. In: Verein alter Hildesheimer Michelsenschüler, 100 Jahre Michelsenschule, S. 145.
1530 Die Gedenktafel wurde im Juni 2003 von den Michelsen-Schülerinnen Franziska Otto und Tabea Musiol abgeschrieben.
1531 Beide Fotos vom 24.7.2001.
1532 Nach mündlicher Auskunft von Horst Schiller am 28.10.97 wurde die Ehrentafel vom Schatzmeister des V. a. H., Dr. Julius Bartosch, und Oberlandwirtschaftsrat Dr. Alfke in Auftrag gegeben.
1533 Verein alter Hildesheimer Michelsenschüler, 100 Jahre Michelsenschule Hildesheim, S. 257 ff.
1534 Fotografiert am 1.8.2001.
1535 Hahn, Goethe in Weimar, S. 116, 263.
1536 StadtA Hi Best. 729 Nr. 39, S. 168; siehe auch: Eintracht Hildesheim, Einblicke, S. 38.
1537 StadtA Hi Best. 729 Nr. 39, S. 170.
1538 Hildesheimer Beobachter v. 10.10.1933.
1539 s. HP v. 7.10.1952.
1540 Besuch am 1.8.2001, Auskunft v. Dr. Ralf Singelmann.
1541 Fotografiert am 19.7.2001.
1542 Besuch am 19.7.2001.
1543 HP v. 20.8.1973.
1544 Akten der Siedlergemeinschaft im Besitz von Bernward Pagel.
1545 HP v. 25.11.1963.
1546 Auskunft v. Bernward Pagel am 17.3.2003 nach Durchsicht der Vereinsakten.

9 Moritzberg

9.1 Christuskirche

9.1.1 Gedächtnisstätte der Christuskirche für die Kriegstoten des Ersten Weltkriegs

1. Standort

In der Vorhalle der Kirche

2. Beschreibung

Nicht spezifizierte Gedenktafel
Material: Tafel aus Holz
Zustand: verschollen

3. Dokumentation

Auftraggeber: Kirchenvorstand
Hersteller (Entwurf, Ausführung): Gedenktafel: Bautechniker Lengner (Entwurf), Tischlermeister Hagemeister und Dekorationsmaler Lang (Ausführung)
Entstehungszeit: 1920/1921
Einweihung: 24. März 1921 (Gründonnerstag)
Objektgeschichte: Die Christus-Kirchengemeinde sammelte im Spätsommer 1920 Geldspenden, um den 52 im Weltkrieg gefallenen Gemeindeangehörigen eine Ehrentafel (und eine Glocke, II 9.1.2) widmen zu können. Die Gedächtnistafel mit den Namen der Toten sollte in der Kirche angebracht werden.[1547]
Beim Abendgottesdienst zum Gründonnerstag 1921 wurde die Ehrentafel von Pastor Witte zusammen mit den Glocken geweiht. Die Anzahl der auf der Ehrentafel ausgeführten Namen wurde nun mit 65 angegeben.[1548]
Nach Heinrich Kloppenburg setzt sich die Zahl aus 61 Gefallenen und 4 Vermissten zusammen.[1549]

9.1.2 Glocke für die Kriegstoten des Ersten Weltkriegs

1. Standort

Im Glockenturm der Kirche

2. Beschreibung

Die größte von drei Glocken trug die Inschrift: „Unseren Gefallenen 1914 – 1918"
Material: Glocke aus Gussstahl
Zustand: zerstört

3. Dokumentation

Auftraggeber: Kirchenvorstand
Hersteller (Entwurf, Ausführung): Glocke: Bochumer Verein
Entstehungszeit: 1920/1921
Einweihung: 24. März 1921 (Gründonnerstag)
Objektgeschichte: 1917 mussten die beiden großen Glocken (36 Zentner) abgegeben werden, damit sie zu Kanonen umgeschmolzen werden konnten. Nur eine kleine, 7 Zentner schwere Glocke, blieb der Gemeinde erhalten.[1550] Im Spätsommer 1920 sammelte die Christus-Kirchengemeinde Geld, um den im Weltkrieg gefallenen Gemeindeangehörigen eine Glocke (und die Ehrentafel II 9.1.1) widmen zu können. Kloppenburg beziffert die Kosten für die Glocken mit 33.000 Mark, die von der Gemeinde binnen 5 Wochen gesammelt worden seien.[1551] Davon konnten nicht nur die Ehrentafel und die Gedächtnisglocke, sondern zwei weitere Glocken und neue Orgelprospektpfeifen in Auftrag gegeben werden. Die Glocken mit einem Gewicht von 56 Zentnern wurden beim Bochumer Verein bestellt. Geplant war, die Einweihung kurz vor Ostern 1921 vornehmen zu können.[1552] Beim Abendgottesdienst zum Gründonnerstag 1921 wurden die Glocken und die Ehrentafel von Pastor Witte geweiht.[1553]
Die kleine Glocke verkaufte die Gemeinde an die Provinzial Heil- und Pflegeanstalt, Hildesheim, wo sie im Turm der Anstaltskirche aufgehängt wurde.[1554]

9.1.3 Gedächtnisstätte der Christuskirche für die Kriegstoten beider Weltkriege

1. Standort

In der Turmhalle rechts neben dem Eingangsportal der Christuskirche an der Wand

2. Beschreibung

Die Gedächtnisstätte für die Kriegstoten der beiden Weltkriege ähnelt einem Altar, dessen Oberfläche aufgeraut wurde. Nur die Kanten der Tischplatte sind poliert.
In die Tischplatte ist ein messinggefasster Glasschrein eingelassen, in dem ein etwa DIN-A-4-

Abb. 82: Altar mit Glasschrein und Buch[1555]

Abb. 83: aufgeschlagenes Gedenkbuch[1556]

formatiges aufgeschlagenes Buch die Namen der in der aktuellen Kalenderwoche verstorbenen Kriegsopfer zeigt. Insgesamt sind etwa 270 Namen verzeichnet. An der Rückwand des Schreines ist eine Lichtblende aus Messing mit drei eingravierten Sternen angebracht. Von dort aus kann der Schrein indirekt beleuchtet werden.
Unterhalb der Tischplatte (Mensa) ist auf den drei Seiten des Tisches eingemeißelt worden: GOTT SPRICHT: // ICH BIN EUER TRÖSTER // AMEN + AMEN.
Im Abstand von 83 cm ragt links von dem Altar ein Kranz- und Kerzenhalter aus dem gleichen Material trapezförmig in den Raum, der oben 28 cm und unten 22 cm breit ist. Seine Höhe beträgt 35 cm, seine Tiefe 37 cm. Auf dem Stein ist ein 5 cm hoher runder Kerzenhalter aus Messing mit einem Durchmesser von 36 cm aufgestellt, der eine ein Meter hohe Kerze trägt. An der Vorderseite des Steins steht zur Aufnahme des Kranzes ein Messingknopf 8 cm nach vorn.
Über dem Altar hing ursprünglich – mindestens bis 1985 – eine in Kupfer getriebene Christusmaske.[1557]

Abschrift des Gedenkbuchs[1558]:
Januar / vom 1. – 7. Januar / Ernst Reinhold Habenicht, / geboren am 24. Dezember 1928, / gestorben am 4. Januar 1945. / + / Karl Stukenbrock, Obergefreiter, / geboren am 27. Januar 1910, / vermißt am 4. Januar 1943 bei Stalingrad. / + / Karl Aschemann, Gefreiter, / geboren am 3. Dezember 1921, / vermißt am 7. Januar 1942 in Stalingrad. / + // vom 8. – 12. Januar / Ewald Stöter, Arbeitsdienstmann, /

geboren am 14. April 1928, / vermißt am 9. Januar 1945 b.Salpke im/Rastenbg./Ostpr. / + / Gustav Walter, / geboren am 27. Oktober 1911, / vermißt am 9. Januar 1943 bei Stalingrad. / + / Otto Dürre, geboren am 9. April 1886, / vermißt am 10. Januar 1916. / + / Bernhard Chudziak, / geboren am 8. August 1914, / gestorben am 12. Januar 1945 in Arolsen. / + // vom 12. – 14. Januar / Günther Giesemann, / geboren am 16. Februar 1919, / vermißt am 12. Januar 1945 in Polen. / + / Heinz Kreth, / geboren am 17. Januar 1923 , / vermißt am 13. Januar 1945. / + / Otto Bartels, / geboren am 9. Oktober 1900, / gefallen am 14. Februar 1945 i. Hautfalize/Belgien. / + / Hermann Lange, / geboren am 6. April 1919, / gefallen am 14. Januar 1944 in Kaslorokaja/Rußland. / + // vom 15. – 17. Januar / Ulrich Knak, / geboren am 1. Oktober 1922, / vermißt am 15. Januar 1945 in Polen. / + / Erwin Fallmer, / geboren am 16. September 1915, / vermißt am 17. Januar 1945 in Rußland / + / Paul Jörn, / geboren am 21. November 1923, / ver-mißt am 17. Januar 1943. / + // vom 18. – 21. Januar / Paul Schulze, / geboren am 8. Juni 1912, / vermißt am 18. Januar 1945 in Polen. / + / Walter Skottke, / geboren am 23. Februar 1903, / gestorben am 20. Januar 1946. / + / Ernst-August Niemeyer, / geboren am 25. März 1918, / vermißt am 21. Januar 1945 in Rußland. / + // vom 22. – 26. Januar / Ernst-August Kuhlemann, Gefr. / geboren am 28. September 1924, / gefallen am 24. Januar 1944 in Kirownograd. / + / Horst Blume, Fahnenjunker, Uffz. / geboren am 15. Mai 1924, / gefallen am 26. Januar 1944. / + / Aug.-Wilh. Günther Brackmann, / geboren am

28. August 1921, / vermißt am 26. Januar 1945 in Rußland. / + // vom 27. – 31. Januar / Fritz Hochgreve, / geboren am 27. Juni 1909, / vermißt am 27. Januar 1945 in Rußland. / + / Werner Libbe, / geboren am 5. Januar 1925, / gefallen am 29. Januar 1944 in Rußland. / + / Henri Klages, / geboren am 17. Oktober 1923, / gefallen am 30. Januar 1942. / + // im Januar / Hermann Sander, / geboren am 13. Juli 1925, / gestorben im Jan. 1945 i. Orbey. / + / Karl Hirche, Ubootsmaat, geboren am 30. Juni 1897, / gefallen im Januar 1918 in der Nordsee. / + // im Januar / Klaus Spindler, Oberleutn., geboren am 26. Oktober 1921, / gefallen am 29. Januar 1943 südl. Sischewska/Osten. / + / Walter Bosse, Obergefreiter, / geboren am 4. April 1914, / vermißt am 31. Januar 1943 in Stalingrad. / + // Februar // vom 1. – 4. Februar / Paul Gittermann, / geboren am 26. Oktober 1896, / gestorben im Februar 1946 in Rußl. / + / Hermann Helldobler, / geboren am 29. Mai 1887, / vermißt am 2. Februar 1945 in Rußland. / + / Adolf Wagener, / geboren am 28. Juli 1904, / gefallen am 2. Februar 1945. / + / Herbert Brune, / geboren am 1. August 1912, / gefallen am 4. Februar 1945. / + // vom 5. – 6. Februar / Günther Kroll, / geboren am 6. März 1908, / gefallen am 5. Februar 1942 in Rußland. / + / Alfred Kupferschmidt, Musketier, / geboren am 1. September 1895, / gefallen am 6. Februar 1915 in Rußland. / + / Heinrich Bormann, / geboren am 24. Dezember 1918, / gefallen am 6. Februar 1942 i. Pyastielpy/Rußl. / + // vom 7. – 14. Februar / Heinrich Fritz Arndt, / geboren am 30. Mai 1914, vermißt am 7. Februar 1945 in Thorn. / + / Oskar Steinberg, / geboren am 11. Juni 1915, / gefallen am 7. Februar 1945. / + / Ernst Fischer, / geboren am 14. April 1917, / gefallen am 14. Februar 1942 in Rußland. / + // vom 15. – 22. Februar / Georg Müller, Obergefreiter, / geboren am 9. April 1902, / gestorben am 18. Februar 1945 i.Tiflis/Kaukasus. / + / Karl Heine, / geboren am 6. Mai 1920, / gefallen am 21. Februar 1942 in Rußland. / + / Hermann Lämmerhold, / geboren am 1. Juli 1908, / gefallen am 22. Februar 1944. / + // vom 22. – 24. Februar / Änne Watermann, geboren am 16. April 1911, / gefallen am 22. Februar 1945 d. Luftangriff. / + / Karl Kurzke, / geboren am 20. November 1911, / vermißt am 23. Februar 1945. / + / August Solzek, Feldwebel, / geboren am 19. Oktober 1909, / gefallen am 24. Februar 1943 in Stalino/Rußland. / + // März // vom 1. – 7. März / Heinz Fürstenau, / geboren am 12. Februar 1910, / vermißt am 1. März 1945. / + / Heinrich Wollmeyer, / geboren am 24. April 1886, / gefallen am 6. März 1917. / + // vom 8. – 14. März / Friedrich Stümpel, geboren am 26. Januar 1892, / gefallen am 8. März 1915 in Skiernewicc/Rußland. / + / Fritz Räder, / geboren am 16. April 1888, / vermißt am 13. März 1945 in Stolp. / + / Karl Kreter, / geboren am 14. August 1887, / gefallen am 14. März 1945 d. Luftangriff/Hildesheim. / + // am 14. März / Fritz Maaß, / geboren am 17. Dezember 1879, / gefallen am 14. März 1945 d. Luftangriff/Hildesh. / + / Hans-Adolf Stolte, / geboren am 16. Oktober 1928, / gefallen am 14. März 1945. / + / Frido Wolter, / geboren am 3. Januar 1898, / gefallen am 14. März d. Luftangriff/Hildesheim. / + // vom 15. – 17. März / Hans Kiekenap, / geboren am 29. Juni 1913, / vermißt am 15. März 1945. / + / Wilhelm Müller, / geboren am 1. März 1898, / vermißt am 15. März 1944. / + / Theo Dubenkropp, Leutnant, geboren am 17. März 1917, / gestorben am 23. Oktober 1943 in Hildesheim. / + / Heinz-Otto Schaper, Panzerschütze, / geboren am 5. März 1921, / gefallen am 17. März 1943 in Orel/Rußland. / + // vom 18. – 20. März / Albert Steingrube, / geboren am 19. November 1895, / vermißt am 18. März 1916 im Osten. / + / Paul Aschemann, Obergefreiter, / geboren am 20. Oktober 1909, / gefallen am 19. März 1943. / + / Wilhelm Meyer-Martini, / geboren am 27. Dezember 1901, / gefallen am 19. März 1945. / + / Paul Amme, / geboren am 11. Oktober 1891, / gefallen am 20. März 1916 in Rußland. / + // vom 21. – 22. März / Kurt Gentzsch, / geboren am 21. März 1926, / vermißt 1944. / + / Hans-Hermann Klinski, / geboren am 22. Dezember 1927, / vermißt am 22. März 1945. / + / August Raue, / geboren am 17. August 1909, / vermißt am 22. März 1945, Politz/Böhmen-Mähren. / + // am 22. März u. im März / Guido Willmann, geboren am 20. Mai 1909, / gefallen am 22. März 1945. / + / Hermann Müller, / geboren am 21. April 1897, / gefallen im März 1920 bei der Reichswehr. / + / Richard Brase, / geboren am 13. April 1926, / gefallen im März 1945 bei St. Pölten. / + // am 28. März u. im März / Harry Henniges, / geboren am 30. Juli 1914, / gefallen am 28. März 1942 in Weschky/Rußld. / + / Ludwig Zimmermann, Obergefr., / geboren am 27. Mai 1910, vermißt im März 1945 / Piding. /

+ / Johannes Löser, / geboren am 12. November 1919, / gefallen im März 1945 in Rußland. / + // am 31. März / Hermann Prüfert, Feldwebel, / geboren am 12. Mai 1887, / gefallen am 31. März 1945 in Frankreich. / + // April // vom 1. – 7. April / Karl Amme, / geboren am 26. März 1898, / gefallen am 3. April 1918. / + / August Semmler, / geboren am 27. Juni 1891, / vermißt am 6. April 1945. / + / Otto Habekost, / geboren am 11. März 1912, / gefallen am 7. April 1943 i. d. Ukranie. / + // vom 8. – 13. April / Otto Almstedt, M.Obergefr. / geboren am 26. Juli 1922, / gestorben am 10. April 1945. / + / Hans Stake, / geboren am 10. April 1915, / vermißt in Stalingrad. / + / Willi Kranz, / geboren am 9. Dezember 1906, / gefallen am 10. April 1946, Makejewka (Donezbecken) / + / Arthur Stenzel, / geboren am 18. Oktober 1884, / gestorben am 13. April   , Hildesh. Centr.-Frdhf. / + // vom 14. – 19. April / August Willy Metze, / geboren am 5. September 1921, gefallen am 15. April 1942 in Cementary/Hampton Virginia. / + / Edith Kowall, / geboren am 4. November 1939, / gestorben am 15. April 1945 i. Neustadt/Polen in Gefangensch. / + / Otto Desselmann, / geboren am 9. Februar 1910, / gefallen am 16. April 1943 in Brüssel. / + / Heinrich Schmidt, / geboren am 12. Mai 1919, / gestorben am 19. April 1949 nach Verwundung i. Hildesh. / + // vom 20. – 26. April / Wilhelm Konrad, / geboren am 29. August 1909, / gefallen am 20. April 1945. / + / Karl-Heinz Wollenweber, / geboren am 26. Januar 1920, / gestorben am 23. April 1945 in Küh-lungsborn. / + / Henri Werner, / geboren am 1. Juni 1915, / gefallen am 24. April 1945 in Italien. / + // vom 27. – 30. April / Hermann Schwieger, / geboren am 18. April 1909, / gefallen am 27. April 1944 i. Calfa/Bessarabien. / + / Heinrich Koch, / geboren am 17. Oktober 1896, / gefallen am 28. April 1945 in Berlin-Gastrow. / + / Helmut Werner, / geboren am 25. November 1920, / gefallen am 30. April 1947 in franz. Marokko. / + // Mai // vom 1. – 7. Mai / Erwin Sommerfeld, / geboren am 1. Mai 1912, / vermißt 1945 in Rußland. / + / Wilhelm Fischer, / geboren am 9. Mai 1913, / gestorben am 7. Mai 1945 in Kanischka/Rußland. / + // vom 8. – 14. Mai / Hans Meinholz, / geboren am 18. Dezember 1927, / gefallen am 9. Mai 1945. / + / Ernst Botsch, Füsilier, / geboren am 3. März 1892, / gefallen am 14. Mai 1915 in Frankreich. / + // vom 15. – 21. Mai / Ernst Meyer, Musketier, / geboren am 30. März 1895, / gestorben am 16. Mai 1918 in Hildesheim (Centr.-Frdhf.) / + / Helmut Dröge, geboren am 6. Juni 1923, / gefallen am 21. Mai 1942 in Djemjansk, süd-östl. d. Ilmen- / sees / + // vom 22. – 29. Mai / Erich Vogeley, Ers.-Reservist, / geboren am 21. Oktober 1889, / gefallen am 24. Mai 1915 in Frankreich. / + / Fritz Kyrieleis, / geboren am 26. Mai 1915, / gestorben im März 1945 in Rußland. / + / Friedrich Windel, / geboren am 14. März 1887, / gefallen am 27. Mai 1918 in Braucourt (Frankr.) / + / Erich Hainke, / geboren am 29. Mai 1912, / vermißt 1944. / + // vom 30. – 31. Mai / Karl Tacke, Musketier, / geboren am 16. August 1893, / gefallen am 30. Mai 1915 in Rußland. / + / Gottlieb Reichmann, Oberwachtmstr. / geboren am 21. Oktober 1895, / gestorben am 30. Mai 1944 in Hannover. / + / Gustav Triska, Oberfeldwebel, / geboren am 20. April 1899, / gestorben am 30. Mai 1945 in russisch. Gefangensch. / + / Hermann Habenicht, / geboren am 21. Januar 1895, / gefallen am 31. Mai 1916. / + // Juni // vom 1. – 7. Juni / Max Hanne, / geboren am 11. Januar 1897, / gefallen am 1. Juni 1915 bei Chodani. / + / Hermann Leinius, / geboren am 5. Juni 1911, / vermißt in Stalingrad. / + // vom 8. – 14. Juni / August-Willi Meyer, / geboren am 15. Oktober 1907, / gefallen am 9. Juni 1940. / + / Günter Schwieweck, / geboren am 11. Juni 1921, / vermißt am 3. Januar 1943 bei Stalingrad. / + // vom 15. – 20. Juni / Ida Nikoleit, geb. Hinz, / geboren am 31. Juni 1896, / gest. 15.6.1945 i. russ. Gefangensch. i. Brakopen/Ostpr. / + / Herta Skottke, geb. Hauptmann, / mit drei Kindern. / geboren am 8. Mai 1905, gestorben am 17. Juni 1945. / + / Hermann Wiechmann, / geboren am 1. Oktober 1909, / vermißt am 19. Juni 1944 in Rußland. / + // am 21. Juni / Wilhelm Müller, Musketier, / geboren am 30. April 1894, / gefallen am 21. Juni 1915 in Sciernewice/Rußld. / + / Elsbeth Beihn, / geboren am 8. Juli 1896, / gefallen am 21. Juni 1944 b. Luftangriff i. Berlin. / + / Bruno Schlunk, / geboren am 15. Juni 1912, / vermißt am 21. Juni 1944. / + // vom 22. – 26. Juni / Wilhelm Körber, geboren am 9. Juli 1915, / gefallen am 22. Juni 1941 in Rußland. / + / Heinrich Nienstedt, Musketier, / geboren am 28. November 1893, / gefallen am 26. Juni 1915 bei Bornsy i. Rußld. / + / Wilhelm Hirche, Musketier, / geboren am 24. Juli 1895, / gefallen am 26. Juni 1916 bei Helenowka/Wolhynien. / + // vom

27. – 30. Juni / Friedrich Wilhelm, / geboren am 13. März 1915, / gefallen am 28. Juni 1941 bei Radoskowici. / + / Georg Thiele, / geboren am 14. April 1906, / gestorben am 29. Juni 1945 in Westewitz-Hochweitchen. / + / Franz-August Braun, / geboren am 31. August 1896, / gestorben am 30. Juni 1945 in Kürbitz/Plauen. / + // Juli // vom 1. – 5. Juli / August Florschütz, / geboren am 12. März 1894, / gefallen am 2. Juli 1916 in Jakinowka. / + / Georg Böse, / geboren am 10. Februar 1908, / gefallen am 2. Juli 1942 in Rußland. / + / Emil Welge, / geboren am 2. Dezember 1877, / gefallen am 5. Juli 1919 in Rußland. / + // vom 5. – 7. Juli / Otto Seibt, / geboren am 16. Februar 1919, / gefallen am 5. Juli 1941 in Rumänien. / + / Konrad Westphal, / geboren 5. Juli 1908, / gestorben am 3. November 1945 i. russ. Gefangsch. / + / Heinrich Naumann, Sergeant, / geboren am 26. August 1880, / gefallen am 6. Juli 1918. / + // vom 8. – 14. Juli / Leopold Kinder, / geboren am 10. August 1893, / gefallen am 8. Juli 1916 in Frankreich. / + / Oswald Preßler, Uffz. / geboren am 18. Januar 1924, / gefallen am 14. Juli 1944 in Kaufbeuren. / + // vom 15. – 17. Juli / Paul Krüger, Reservist, / geboren am 8. Januar 1887, / gefallen am 16. Juli 1915 in Rußland. / + / Heinrich Hennemann, / geboren am 21. November 1910, / gefallen am 16. Juli 1944. / + / Karl Winter, Landsturmmann, / geboren am 15. Juni 1872, / gestorben am 17. Juli 1918 in Hildesheim. / (Centralfriedhof) / + // vom 18. – 21. Juli / Friedrich Ahrbecker, Obergefr., / geboren am 30. Januar 1910, / gefallen am 19. Juli 1943 an d. Miusfront. / + / Karl Müller, Musketier, / geboren am 15. August 1890, / gestorben am 21. Juli 1915 in Nürnberg. / + / Ludwig Hädler, Reservist, / geboren am 11. Oktober 1884, / gefallen am 21. Juli 1917 in Handzame i. Flandern. / + // vom 22. – 23. Juli / Klaus Mühe, Stud. med./Panz.-Grend./ geboren am 20. Juni 1924, / gefallen am 22. Juli 1943 i. Großkampf b. Orel. / + / Rudolf Zimmermann, / geboren am 14. Dezember 1899, / vermißt am 22. Juli 1944 in Rußland. / + / Friedrich Stoer, / geboren am 18. März 1921, / vermißt am 23. Juli 1944. / + // vom 24. – 25. Juli / Gustav Haase, / geboren am 10. September 1905, / vermißt am 24. Juli 1944 Oslo.Minzk. / + / Willi Stenzel, / geboren am 19. November 1887, / gestorben am 25. Juli 1916 in Hildesheim (Centr.-Frdhof.) + / Wilhelm Wollmeyer, Musketier, / geboren am 30. April 1891, / vermißt seit dem 25. Juli 1916. / + // vom 26. – 30. Juli / Willi Leinius, / geboren am 6. Juli 1914, / gefallen am 28. Juli 1943. / + / Karl Klinski, / geboren am 19. September 1905, / gefallen am 29. Juli 1944. / + / Friedrich König, / geboren am 30. August 1890, / gefallen am 30. Juli 1917 im Westen. / + / Walter Raulfs, / geboren am 30.7.1913, / gefallen am 30. Juli 1942 in Rußland. / + // am 31. Juli / Ernst Habenicht, / geboren am 7. Juli 1902, / vermißt in Rußland, Todeserklärung 31. Juli 1947, / + / Richard Steinberg, / geboren am 23. Juni 1908, / gefallen am 31. Juli 1944 in Lettland. / + // August // vom 1. – 7. August / Friedrich Pläging, Landsturmm., / geboren am 23. Dezember 1890, / gefallen am 1. August 1915 in Rußland. / + / Adolf Runge, / geboren am 13. Oktober 1897, / gefallen am 3. August 1918. / + / Wilhelm Kemna, Musketier, / geboren am 9. Dezember 1892, / gefallen am 6. August 1915 b. Wolka-Nara/Rußld. / + // vom 8. – 11. August / Friedrich Boegel, Gefreiter, / geboren am 30. August 1881, / gefallen am 8. August 1918. / + / Alfred Gerull, / geboren am 11. Juni 1920, / gefallen am 9. August 1944 im Kaukasus. / + / Heinz Reißhauer, / geboren am 17. November 1919, / gefallen 9. August 1944. / + / Gustav Wolf, / geboren am 26. Juni 1908, / vermißt am 11. August 1943 in Rußland. / + // am 12. August / Johann Dindorf, Musketier, / geboren am 31. Oktober 1983, / gefallen am 12. August 1915 am Liegekopf. / + / Albert Helms, / geboren am 27. Juni 1920, / vermißt am 12. August 1944 in Rußland. / + / Alfred Lämmerhold, / geboren am 26. September 1920, / gefallen am 12. August 1942. / + / Rudolf Peine, Leutnant d. R., / geboren am 17. Juli 1918, / gefallen am 12. August 1941 b. Prudog/Mogilew. / + // vom 13. – 15. August / Konrad Bormann, Uffz. / geboren am 10. Mai 1914, / gefallen am 13. August 1941 bei Warrikow/Ostfront. / + / Karl Bock, geboren am 16. Februar 1926, / vermißt am 14. August 1944 in Rumänien. / + / Wilhelm Brase, Sonderführer, / geboren am 2. März 1913, / gefallen am 14. August 1943 in Noworossysk. / + / Karl Müller, geboren am 15. August 1890, / gefallen im 1. Weltkrieg. / + // vom 16. – 20. August / Hans Heinrich Wulfert, / geboren am 10. November 1921, / gestorben am 17. August 1942 i. Russland/Stalingrad/Feldlaz. / + / Helmut Kersten, Gefreiter, / geboren am 22. Oktober 1918, / gefallen am 17. August 1942. / + / Heinrich

Koch, Reservist, / geboren am 7. Mai 1893, / gefallen am 20. August 1915 bei Bielsk. / + / Albert Weich, / geboren am 19. Mai 1909, / vermißt am 20. August 1944. / + // vom 21. – 22. August / Günther Knaps, / geboren am 7. Mai 1922, / vermißt am 21. August 1942 in Rußland. / + / Albert Leinius, / geboren am 21. August 1912, / vermißt in Rußland. / + / Wilhelm Langspecht, Reservist, / geboren am 7. Juli 1892, / gefallen am 22. August 1914. / + // vom 22. – 23. August / Hermann Lankenau, Reservist, / geboren am 15. März 1890, / gefallen am 22. August 1914. / + / Albert Behr, Reservist, / geboren am 21. Januar 1890, / gefallen am 22. August 1914. / + / Alfred Hamann, / geboren am 16. Februar 1920, / gefallen am 23. August 1941 in Rußland. / + // vom 24. – 25. August / Benno Gade, Gefreiter, / geboren am 16. September 1919, / gefallen am 24. August 1944 in Rumänien. / + / Paul Miehe, Musektier, / geboren am 18. Juli 1896, / gefallen am 25. August 1915 in Rußland. / + / Karl-Heinz Schulz, / geboren am 25. Februar 1926, / gefallen am 25. August 1944. / + // vom 26. – 27. August / August Skottke, / geboren am 24. Februar 1871, / gestorben am 26. August 1945. / + / Wolfmar Gloran, Hauptm.d.R. / geboren am 11. Januar 1913, / gefallen am 27. August 1944 in Ergei/Lettland. / + / Wilhelm Wesche, / geboren am 8. Juli 1898, / gefallen am 27. August 1944 nördl. von Wigna/Rußld. / + // am 28. August / Carl Brüchert, / geboren am 25. August 1890, / gefallen am 28. August 1944 in Frankreich. / + / Karl Risch, Gefreiter, / geboren am 25. August 1899, / gefallen am 28. August 1944 in Frankreich. / + / Heinz Stichnoth, / geboren am 12. Januar 1907, / vermißt am 28. August 1944 in Rumänien. / + // vom 30. – 31. August / Herm.Friedr.Wilh.Wagener, / Major d. Schutzpolizei, geb. 30.8.1909, / gefallen am 18. Januar 1945 in Balatonfökajar/Ungarn. / + / Karl-Heinz Hempel, SS.-Sturmm., / geboren am 17. November 1923, / gestorben am 31. August 1943 im Kriegslaz.Kiew. / + // September // vom 1. – 3. September / Paul Scholz, / geboren am 8. Januar 1910, / gefallen am 1. September 1941 in Gabel/Schl. / + / Max Apfel, Reservist, / geboren am 11. Juli 1891, / gefallen am 3. September 1915 in Nowy-Duror/Rußld. / + / Gustav Arend, Vizefeldwebel, / geboren am 29. März 1889, / gefallen am 3. September 1916 an der Somme. / + // vom 4. – 7. September / August Friedr. Willumeit, / geboren am 12. September 1887, / gefallen am 4. September bei Reims. / + / Karl-Heinz Kirchmann, / geboren am 28. Juli 1918, / ge-fallen am 5. September 1944 in Salla/Finnland. / + / Willi Boegel, / geboren am 30. September 1916, / gefallen am 7. September 1939. / + // vom 8. – 14. September / Willi Helms, / geboren am 23. Juli 1923, / vermißt am 8. September 1944 in Rußland. / + / Karl Wilh. Reichmann, Schütze, / geboren am 13. November 1922, / gestorben am 10. September i.Kriegslaz.-a.Terek/Rußld. / + / Gustav Semmler, / geboren am 12. September 1907, / vermißt seit 1943. / + // vom 15. – 17. September / Louis Mumme, Kanonier, / geboren am 20. Februar 1893, / gefallen am 15. September 1918. / + / Günther Gerull, / geboren am 19. Dezember 1925, / gefallen am 15. September 1944 in Lettland. / + / Stephan Zimmermann, San-Ob.-Gefr., / geboren am 22. September 1919, / gestorben am 15. September 1943 i. Kriegslaz. i. Kiew. / + / Friedrich Bues, Reservist, / geboren am 27. Juni 1890, / gefallen am 17. September 1915, / + // vom 18. – 21. September / Walter Fickert, Obergefreiter, / geboren am 22. Oktober 1921, / gefallen am 18. September 1944 in Belgien. / + / Fritz Gladow, / geboren am 14. August 1923, / gefallen am 20. September 1943 in Rußland. / + / Karl Kese, Schütze, / geboren am 30. April 1922, / gestorben am 21. September i. Feldlazarett i. Echisoja. / + // vom 22. – 26. September / Hugo Kellermann, / geboren am 8. März 1925, / gefallen am 22. September 1945 in Italien. / + / Albert Kowall, / geboren am 29. März 1907, / vermißt am 22. September 1945 in Baldone. / + / Gustav Kühne, / geboren am 4. August 1877, / gefallen am 24. September 1914 bei Eralan. / + // vom 27. – 30. September / Albert Knoke, / geboren am 27. September 1909, / vermißt 1943 bei Stalingrad. / + / Christian-Heinr.v.Wiarda, / geboren am 27. September 1892, / gef. 1946, von den Russen verschleppt. / + / Hildegard Kowall, / geboren am 8. September 1931, / gestorben am 29. September 1945 i. Heiligenbeil/Ostpr. / in russischer Gefangenschaft. / + // Oktober // vom 1. – 7. Oktober / Erich Herrmann, / geboren am 24. Januar 1891, / gestorben am 1. Oktober 1945. / + / Werner Lening, Funker, / geboren am 16. Mai 1926, / gefallen am 4. Oktober 1944. / + / Ferdinand Voß, / geboren am 21. August 1923, / vermißt am 6. Oktober 1944. / + // vom 8. – 10.

Oktober / Willi Holze, / geboren am 11. Juni 1923, / vermißt am 10. Oktober 1943 in Rußland. / + / August König, / geboren am 27. Januar 1895, / gefallen am 10. Oktober 1914 im Westen. / + // vom 11. – 14. Oktober / Friedrich Krull, / geboren am 14. Januar 1924, / gefallen am 11. Oktober 1943. / + / Wilhem Büsener, / geboren am 21. Februar 1898, / gefallen am 12. Oktober 1945, / St.Medard bei Bordeaux, Frankreich. / + // vom 15. – 19. Oktober / Julius Wrede, Reservist, / geboren am 24. Januar 1889, / gefallen am 15. Oktober 1915 in Frankreich. / + / Fritz, Theodor, William, Ferd. Lautenbach, / geboren am 10. Mai 1917, gefallen am 16. Oktober 1944. / + / Karl Hagemann, Matrose, / geboren am 24. Mai 1899, / gestorben am 18. Oktober 1917. / + // vom 20. – 21. Oktober / Georg Niemeyer, / geboren am 15. Februar 1923, / vermißt am 20. Oktober 1943 in Rußland. / + / Alfons Laue, / geboren am 14. Mai 1917, / gefallen am 21. Oktober in Rußland/Krim. / + // vom 22. – 31. Oktober / Wilhelm Wehrstedt, / geboren am 16. Dezember 1882, / gestorben am 28. Oktober 1918. / (Centralfriedhof.) / + / Hermann Turey, Musketier, / geboren am 25. Juni 1893, / gestorben am 29. Oktober 1917 in Bayreuth. / (Centralfriedhof.) / + / Fritz Grohnert, Gefreiter, / geboren am 25. Dezember 1925, / gefallen am 25. Oktober 1944 nordöstl. Kurzlowa / im Raum der Dukla-Paß-Straße. / + // November // vom 1. – 2. November / Kurt Kowall / geboren am 20. Dezember 1927, / vermißt am 1. November 1944 in Kottbus. / + / Hermann Heinrich Lemke, / geboren am 1. November 1910, / vermißt im Panzerregiment 73, Salzwedel. / + / Gustav Schwaberau, Kanonier, / geboren am 9. August 1888, / gestorben am 2. November 1917. / (Centralfriedhof) / + // vom 3. – 7. November / Rolf Hofer, / geboren am 14. Juli 1914, / gefallen am 3. November 1943 in Rußland. / + / Erich Feistel, / geboren am 9. März 1905, / vermißt am 6. November 1944 in Rußland. / + // vom 8. – 14. November / Karl Dießner, Gefreiter, / geboren am 26. November 1896, / gefallen am 11. November 1918 in Saarbrücken. / + / Adelfried Kowalsky, Leutnant, / geboren am 25. März 1918, / gefallen am 14. November 1944 bei Raon/Etappe Vogesen. / + / Emil Papendick, / geboren am 14. November 1901, / vermißt im zweiten Weltkrieg. / + // vom 15. – 21. November / Karl Seeger, Reservist, / geboren am 5. Juni 1870, / gefallen am 17. November 1915. / + / Hermann Wogatzki, / geboren am 26. Juni 1900, / gefallen am 19. November 1919 in Rußland. / + / Hermann Diers, Musketier, / geboren am 12. Januar 1896, / gefallen am 20. November 1916 in Frankreich. / + // vom 22. – 25. November / Otto Lach, / geboren am 9. November 1925, / vermißt am 22. November 1944. / + / Hans Siebert, / geboren am 12. Oktober 1916, / gefallen am 22. November 1943 in Proskurow. / + // vom 26. – 30. November / Karl Hoffmann, Fahrer, / geboren am 13. Juni 1872, / gestorben am 26. November im Laz.Hannover. / + / Friedrich-Georg Meyer, / geboren am 6. Januar 1894, / gefallen am 28. November 1914. / + // Dezember // vom 1. – 7. Dezember / Gustav Kreth, Ersatz-Reservist, / geboren am 15. März 1891, / gefallen am 3. Dezember 1914. / + // vom 8. --11. Dezember / Wilhelm Weifenbach, Musketier, / geboren am 5. Juni 1899, / gestorben am 9. Dezember 1919 in Hildesheim. / + / Wilhelm Oelbe, / geboren am 16. Dezember 1907, / vermißt am 11. Dezember 1944. / + // vom 12. – 14. Dezember / Ernst Mühlhausen, Musketier, / geboren am 26. September 1894, / gefallen am 14. Dezember 1914. / + / Hermann Kröger, / geboren am 18. Oktober 1901, / gestorben am 14. Dezember 1945 in Frankreich. / + // vom 15. – 21. Dezember / Willi Frohböse, / geboren am 21. August 1914, / gefallen am 21. Dezember 1941, / Romanow/Rußland. / + // vom 22. – 24. Dezember / Fritz Wulf, / geboren am 28. Juli 1910, / gefallen am 22. Dezember 1944 in Rußland. / + / Heinrich Stoffregen, / geboren am 6. Dezember 1919, / gefallen am 23. Dezember 1943. / + / Karl Schließer, Reservist, / geboren am 21. Oktober 1882, / gefallen am 24. Dezember 1915 in Frankreich. / + // vom 25. – 27. Dezember / Fritz Watermann, / geboren am 26. Februar 1924, / gefallen am 25. Dezember 1944. / + / Friedel Döring, / geboren am 22. September 1919, / gefallen am 27. Dezember 1944. / + // vom 28. – 29. Dezember / Hans Sikkau, / geboren am 28. Oktober 1913, / vermißt am 28. Dezember 1942 in Stalingrad. / + / Friedrich Schulz, / geboren am 31. Juli 1916, / gefallen am 29. Dezember im Osten. / + // vom 30. – 31. Dezember / Adolf Kyrieleis, / geboren am 19. Februar 1892, / gefallen am 30. Dezember 1914 im Argonnenwald. / + / Alex, Aldo, August Knoke, / geboren am 16. Dezember 1905, /

gefallen am 30. Dezember 1943 bei Minsk. / + / Walter, Fritz, Otto Lautenbach, / geboren am 13. August 1921, / gefallen am 30. Dezember 1943. / + // Wilhelm Lücke, / geboren am 22. September 1915, / vermißt am 31. Dezember 1944 in Rußland. / + // Nachtrag Februar / Heinrich Blauermel, Feldwebel, / geboren am 29. Januar 1914, / gefallen am 10. Februar 1942 i. Petrowka/Rußland. / + / Nachtrag Dezember / Wilhelm Horst Heinz Söder, / geboren am 24. Dezember 1923 / in Schönebeck/Elbe, / vermißt im Großen Donbogen bei Meschkoff / als SS-Schütze. / + // Nachtrag Mai / Walter Buß, Unteroffizier, / geboren am 28. November 1921, / gefallen am 3. Mai 1944 auf der Krim. / + / Heinz Wawrzyniak, / Unteroffizier, / geboren am 10. September 1913, / gefallen am 23. Mai 1940 in / Belgien. / + //

Maße (Breite, Höhe, Tiefe): 92 cm x 87 cm x 55 cm; Glasschrein: 55 cm x 12 cm x 40 cm
Material: Harzer Granit, Messing, Glas
Technik: Steinmetzarbeit, Buchbindearbeit, Kalligrafie, Kunstschmiedearbeit
Zustand: gut[1559]

3. Dokumentation

Auftraggeber: Kirchenvorstand
Hersteller (Entwurf, Ausführung): Baurat Paul Münter (künstlerische Leitung), Bake (Malerarbeiten), Stemme (Steinmetzarbeiten), Carl van Dornick (Metallarbeiten)[1560], Herr Schmieder (Schriftgestaltung), Buchbinder Lange jun. (Buchbindearbeit)
Einweihung: 22. November 1953 (Totensonntag)
Deutung: Ein Jahr nach der Einweihung der Gedächtnisstätte in der St.-Lamberti-Gemeinde nahm die Christusgemeinde ihr Denkmal in ihre Obhut. Es steht ebenfalls im Eingangsbereich, enthält ebenfalls ein Gedenkbuch, stilisiert jedoch stärker die Altarform. Van Dornick war hier wie dort tätig.
Am Ein- und Ausgang der Kirche steht an der rechten, der östlichen Seite der Altar. Er ist ein Tisch, an dem geopfert wird. Hier ist der Schrein des Buchs in die Tischplatte (Mensa) eingelassen. Die im Buch Verzeichneten sind gleichsam in Christus gestorben. Sie werden Christus als Opfer dargebracht. Ihr Opfer ist ihm geweiht.
Dem gläubigen Trauernden erwächst daraus Trost. Gott selbst bezeugt das: Die Inschrift auf dem Altar ist dem Buch Jesaja im Alten Testament entnommen. Es heißt dort in Kapitel 51, Vers 12: „Ich, ich bin euer Tröster! Wer bist du denn, dass du dich vor Menschen gefürchtet hast, die doch sterben, und vor Menschenkindern, die wie Gras vergehen". Die entscheidenden Worte „Ich bin euer Tröster" sind in Majuskeln am oberen Rand des Antependiums angebracht. Sie sprechen den Betrachter sofort an, noch bevor er im aufgeschlagenen Buch zu lesen beginnt. Der Prophet mahnt im 51. Kapitel mit vielen Belegen aus der Heilsgeschichte und mit aufrüttelnden Appellen zum Vertrauen zu Gott. Der zwölfte Vers ist die vorweggenommene Beantwortung des neunzehnten: „Verheerung und Zerstörung, Hunger und Schwert. Doch wer tröstet dich schon?" Der Zuspruch Gottes aus dem Mund Jesajas ist eine Verheißung des ewigen Lebens, ein Trost für die Hinterbliebenen, ein Appell an den christlichen Unsterblichkeitsglauben, durch den der Tod zur Episode wird.
Das Buch liegt im Licht, in der Leuchte deuten Sterne das himmlische Licht an. Die Leuchte erleichtert das Lesen, deutet aber auch Erleuchtung im Sinne des biblischen Mottos an. Der Einband des Totenbuchs besteht aus schwarz eingefasstem mittelbraunem Leder, in das ein etwa 15 cm großes christliches Kreuz geprägt wurde. Alle Namen, die wochenweise erfasst wurden, stehen im Zeichen dieses Kreuzes. Ihr Eingang (das Geburtsdatum) und ihr Ausgang (Tag und Ort ihres Todes) wurden vermerkt, vereinzelt auch der militärische Dienstgrad.
Das Denkmal der Christusgemeinde steht in der Tradition des christlichen Totenkults. Es vermeidet, dem Sterben im Krieg einen eschatologischen Sinn zu geben. Bezeichnenderweise weihte die Gemeinde es am Totensonntag ein (die Lamberti-Gemeinde dagegen am Volkstrauertag).
Objektgeschichte: Die Kirche, die im Zweiten Weltkrieg zwar unzerstört blieb, aber als Unterkunft für Zwangsarbeiter missbraucht wurde, wurde nach 1945 renoviert und 1953 eingeweiht. In diesem Zusammenhang entstand die Gedächtnisstätte, deren Ausgestaltung Baurat Paul Münter, Architekt und Dipl. Ing., dem Kirchenvorstand (KV) am 19. September 1953 vorstellte. Der KV billigte einstimmig den Entwurf und beschloss, „die technische Leitung der Kirchenbauhütte und die künstlerische Leitung Herrn Baurat Münter zu übertragen. Die Finan-

zierung soll aus dem Friedhofsfonds, ohne innere Anleihe erfolgen."

Am Totensonntag 1953 wurde die Gedächtnisstätte mit einem festlichen Gottesdienst, bei dem Pastor Heinz Bauer über das Leitwort „Gott spricht: Ich bin euer Tröster" predigte, eingeweiht. Der Kopf über dem Gedenkstein stammte ebenfalls von Carl van Dornick. Er war als Entwurf für das Mahnmal an der Sedanstraße vorerst probeweise der Christuskirche überlassen worden.[1561]

9.2 Ehrentafel des Kriegervereins „Germania" Moritzberg

1. Standort

Im Restaurant „Zum alten Brauhause"

2. Beschreibung

Auf der Ehrentafel sind die Fotografien der Gefallenen Dörner, Hätler, Klages und Basse künstlerisch gruppiert und zusammen mit einer Widmung angebracht.
Zustand: verschollen

3. Dokumentation

Auftraggeber: Verein
Hersteller (Entwurf, Ausführung): Vereinsmitglied Waldau
Einweihung: 20. November 1920 (vor Totensonntag)
Objektgeschichte: Der Moritzberger Öffentlichkeit wurde die Tafel eine Zeitlang im Schaufenster des Buchbinders Waldau, Dingworthstraße, gezeigt.
Weitere Quelle: HAZ vom 22. September 1920

9.3 Gedenktafel des Katholischen Arbeiter-Vereins Moritzberg

1. Standort

Restaurant Aue

2. Beschreibung

Gedenktafel für 12 gefallene Vereinsmitglieder
Zustand: verschollen

3. Dokumentation

Auftraggeber: Verein
Hersteller (Entwurf, Ausführung): Tischlermeister Franz Algermissen
Einweihung: 13. März 1921
Quellen: HiZ vom 17. März 1921; Heinrich Kloppenburg, Neueste Geschichte von Hildesheim. Umfassend die Zeit vom 1. Januar 1911 bis 31. Dezember 1920, S. 97, StadtA Hi Bestand 352 Nr. 1 Band 1 (Kloppenburg erwähnt auch eine Gedenktafel des „Jünglingsvereins", nennt aber keine Einzelheiten. Auf diese Tafel wird deshalb in diesem Katalog ebenfalls nur hingewiesen.)

9.4 St.-Mauritius-Kirche

9.4.1 Denkmal für die Kriegstoten des Ersten Weltkriegs in der St.-Mauritius-Kirche

1. Standort

An der Nordseite der nördlichen Seitenkapelle der Kirche

2. Beschreibung

Das Denkmal hat die Form eines Altars.[1562] „Der Unterbau des Denkmals ... zeigt ein Schwert und

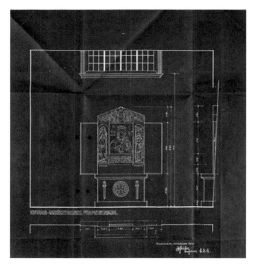

Abb. 84: Blaupause des Denkmals[1563]

ein umkränztes Eisernes Kreuz. Über dem Unterbau trägt ein Steinblock die Inschrift: ‚Den für uns im Weltkriege 1914 – 1918 gefallenen Mitgliedern der St.-Mauritius-Gemeinde in Dankbarkeit errichtet'. Darüber erhebt sich das Bild der immerwährenden Hilfe in Mosaik und Fresko-Schmelz... Zur Rechten und Linken stehen St. Michael und St. Mauritius, im frühromanischen Stil in Stein gehauen. ... Das Denkmal findet nach oben seinen Abschluss durch ein Bild des himmlischen Vaters mit Verzierungen im frühromanischen Stile wie es dem Charakter der Kirche entspricht."[1564] Zu beiden Seiten des Denkmals sind die Tafeln mit den Namen der 104 Gefallenen angebracht." Die Majuskelinschrift der Widmung ist erhaben in Jugendstilmanier eingemeißelt worden, während Vor- und Nachnamen sowie Todestage in serifenlosen Antiqua-Majuskeln gestaltet wurden, die Vornamen verkleinert.

Linke Tafel: Sänger Hans + 20.8.1914 / Sott Georg + 22.8. „ / Kaczmarek Karl + 24.8. " / Pfeifer Josepp[1565] + 28.8. „ / Caspary[1566] August + 12.9. " / Brinkmann Heinr. + 25.9. „ / Ludewig Godehard + 21.10. " / Ruthe Wilhelm + 23.10. "/ Weddig August + 23.10. „ / Crone Joseph verm. + 26.10. „ / Bergmann Heinr. 31.10. " / Küppers Matthias 31.10. „ / Wirkus Karl 31.10. " / Wollens Anton 31.10. „ / Jörns Christian + 4.11. " / Algermissen Anton + 10.11. „ / Uhde Engelbert + 24.11. " / Rowohl Edmund + 30.11. „ / Wolf Johannes + 6.12. " / Hollenbach Aug. + 16.12. „ / Brinkmann Franz + 21.12. " / Schleppenhorst Georg + 9.2.1915 / Dörner Wilhelm + 20.2. „ / Weddig Karl + 13.4. " / Ehbrecht August + 16.4. „ / Henze Karl 18.4. " / Wolkewitz Ignaz + 18.5. „ / Fröböse Franz + 19.5. „ / Caspary Heinrich + 1.6. „ / Hartmann Karl + 2.6. " / Wichmann Gustav + 15.6. „ / Gräf Erwin + 16.7. " / Meyer Wilhelm + 17.7. " / Zenker Karl + 17.7. „ / Oppermann Bernh. + 21.7. " / Malinowsky Christel + 28.7. „ / Schmitz Franz + 30.7. " / Kirchmann Gustav + 4.8. „ / Eilers Theodor + 19.8. " / Ossenkopp Edmund + 23.8. „ / Seidler Otto + 23.9. " / König Friedrich + 25.9. „ / Hagemann Georg + 30.9. " / Weidner Friedrich + 1.10. „ / Schulte Joseph + 4.10. " / Lassalle Theod. verm. 8.10. „ / Hübner Friedrich + 2.11. " / Ossenkopp Hans + 19.12. „ / Sethe Franz Dr. + 28.2.1916 / Meding Franz + 28.2. " / Meyenberg Wilh. + 12.3. " / Klapprott Wilh. + 1.4. " //

Rechte Tafel: Schwetje Heinrich + 18.6.1916 / Schulze Anton + 29.6. „ / Lücke Gustav + 2.7. " / Wipper Joseph + 4.7. / Gronstedt Heinr. + 8.8. „ / Wolter Karl + 24.8. " / Jörns Johannes + 31.8. „ / Senking Anton + 6.9. " / Diessel Heinrich + 24.9. „ / Ringwelski Joseph + 28.9. " / Ludewig Johannes + 1.10. „ / Kollmann Heinr. + 2.10. " / Hartmann Herm. + 3.10. „ / Busche Joseph + 1.11. "/ Griese Heinrich + 10.4.1917 / Heese Heinrich + 10.4. „ / Ziesener Wilh. + 19.4. " / Schulze Theod. + 5.5. „ / Sprenger Karl + 30.5. " / Fichtner Wilh. + 6.6. „ / Spörhase Wilh. + 31.7. " / Kellner Georg + 4.8. „ / Ruthe Robert + 20.8. " / Malinowsky Wilh. + 12.9. „ / Ellendorf Wilh. + 2.10. " / Ahrend Karl + 11.10. „ / Pawliczak Johannes + 22.11. [1567] / Gassmann Joseph + 14.1.1918 / Jürgens Karl + 20.1. „ / Reis Friedrich + 19.2. " / Algermissen Friedr. + 21.3. „ / Schmidt Wilh. + 21.3. " / Schneider Heinrich + 23.3. „ / Hoffmann Friedr. + 26.3. " / Karl Wolpers + 27.3. „ / Braukmann Arnold verm. 24.4. " / Ulrich Robert Adolf + 28.5. „ / Ossenkopp Heinrich + 10.6. " / Klages Karl + 19.7. „ / Gronau Heinrich + 13.8. " / Macke Hans + 14.9. „ / Pahler[1568] Arnold + 14.9. " / Wulf Karl + 18.9. „ / Braukmann Franz + 24.9. " / Heiland Friedrich + 10.10. „ / Kandulski Stanisl. + 16.10. " / Stein Adolf + 18.10. „ / Leester Eduard + 20.10. " / Schröder Rudolf + 20.10. „ / Rau Otto + 23.10. " / Stollberg Theod. + 29.10. „ / Lingk Franz verm. 1.3.15

Maße (Breite, Höhe, Tiefe): 3 m x 3,75 m x 0,45 m
Material: Dolomit
Zustand: Widmungs- und Namenstafeln wurden an der Friedhofskapelle, Vogelerstraße, angebracht. Das Mosaikbild hängt in der Krypta unter dem Altar. Die Steinfiguren stehen seit 1979 neben dem Eingang der Grundschule St. Mauritius, Bergstraße 60.[1569] Der Sockel ist verschollen.

3. Dokumentation

Auftraggeber: St.-Mauritius-Kirchengemeinde
Hersteller (Entwurf, Ausführung): Konservator Prof. Dr. Siebern, Hannover (Entwurf), Architekt Heinrich Stübe, Hildesheim (Bauleitung), Firma Wilhelm Dräger, Hildesheim (Ausführung), Firma Vollmer, Offenburg i. Baden (Mosaik), Bildhauer Clemens Werminghausen, Hannover (Skulpturen). Aufgestellt wurde das

Denkmal von den Moritzbergern Franz und Otto Albrecht, Clemens Brüggeboes und dem Küster Theo Köhler.[1570]

Einweihung: 12. Juni 1921 (eine Woche vor dem Fest der Immerwährenden Hilfe, das am Sonntag vor dem 24. Juni gefeiert wird)

Deutung: Die zeitgenössische Interpretation sah im Schwert einen Hinweis auf den Weltkrieg, im umkränzten Eisernen Kreuz die Tapferkeit und den Heldenmut, in St. Michael und St. Mauritius Soldatenpatrone.[1571] Die „Immerwährende Hilfe" ist das Gegenbild zur Pietà: hier die Mutter Gottes, die das Jesuskind schützend auf dem Arm trägt, dort die leidende Mutter, die den toten Sohn im Arm oder auf dem Schoß hält.

Michael, der Erzengel, ist Patron der katholischen Kirche, der Deutschen und der Soldaten. Er bewacht den Eingang des Paradieses, wägt beim Jüngsten Gericht Gut und Böse ab und wird deshalb oft mit Flammenschwert oder Richtschwert dargestellt. Hier ist er im Kampf mit dem Drachen als Symbol des Bösen dargestellt.

Der heilige Mauritius ist Kirchenpatron. Als Heiliger ist er Schutzpatron der Soldaten, so-

Abb. 86: Das Mosaik des Denkmals in der Krypta [1573]

wohl im Kampf wie auch vorbeugend gegen Krieg. Der historische Mauritius wurde 302 mit seiner Legion hingerichtet, weil sich die Soldaten weigerten, an der Christenverfolgung unter Kaiser Diokletian teilzunehmen.

Mit dem himmlischen Vater sind schließlich fast alle Instanzen des Himmels in den Dienst des Gefallenengedenkens einbezogen: Muttergottes, Gottvater und Sohn und die Schutzpatrone.

Das „in Dankbarkeit" errichtete Denkmal erwidert die Treue der Kriegstoten. Der Heldenkult deutet sich in der Symbolik (Schwert, Ehrenkranz, Eisernes Kreuz) ebenso an, wie in der Allegorie der Himmelfahrt. Die „Immerwährende Hilfe", personifiziertes Gottvertrauen, tröstet über den Verlust hinweg. Zusammen mit dem Bildnis des himmlischen Vaters vermittelt sie die Glaubensgewissheit des ewigen Lebens. Die flankierenden Märtyrer bezeugen gleichsam, dass der Tod im Weltkrieg alle Sünden tilgte und direkt in die himmlische Seligkeit führte.

Objektgeschichte: Am Dreikönigstag, dem 6. Januar 1918, wurde die Errichtung eines kirchlichen Denkmals für die gefallenen Soldaten

Abb. 85: Skulpturen am Eingang der Grundschule St. Mauritius[1572]

Abb. 87: Der zerbrochene Christuskopf auf dem Dachboden[1574]

Abb. 88: Ablassbrief des Papstes[1576]

angeregt. St. Mauritius als Patron der Soldaten solle mit den Namen der Gefallenen vor dem Mutter-Gottes-Altar bzw. beim Bild der immerwährenden Hilfe aufgestellt werden. Am 29. April 1918 fertigte Siebern eine erste Ideenskizze an, die eine altarähnliche Aufteilung vorsah und das Marienmosaik in das Kirchenfenster integrierte.[1575] Pfarrer Köhler trug die Namen und die Dienstgrade von 99 Kriegstoten und Vermissten auf den Vor- und Rückseiten von zwei DIN-A-5-Blättern zusammen. Die Namen von Edmund Ossenkopp, Friedrich König, Theodor Lassalle, Arnold Pähler und Franz Lingk fehlten noch in seiner Liste.

Eine Spendensammlung wurde umgehend eingeleitet. Ab April 1918 sind beinahe monatlich wiederkehrend Kollekten für das Denkmal durchgeführt worden. Alle Einzahlungen und Ausgaben wurden in einer Liste genau verbucht. Am Tag der Einweihung ergab der Kassensturz 21.078,72 Mark.

Das Kunstwerk kostete einschließlich der zunächst vom Finanzamt für den Erwerb des Madonnenbilds geforderten Luxussteuer in Höhe von 617,00 Mark schließlich 23.849,80 RM. Die am 23. Dezember 1921 zurückerstattete Steuer und eine Ausgleichszahlung des Architekten Stübe brachten schließlich Einnahmen und Ausgaben zur Deckung. Dräger erhielt 15.600, Vollmer stellte das Glasmosaik mit 4.151 Mark in Rechnung. Werminghausen bekam für die Modelle von St. Mauritius und St. Michael 2.700 Mark.

Für den von Pastor Köhler vom Vatikan erbetenen und von Papst Benedikt XV. am 30. Dezember 1921 ausgefertigten Ablass waren 45 Lira verlangt, irrtümlich aber 55 Lira mit Scheck bezahlt worden – das Bankgeschäft Hermann Pagel, Hildesheim, quittierte dafür am 26. Januar 1922 einschließlich Spesen und Provision 473 Mark.

Jeder Besuch am Denkmal bewirkte danach einen Ablass von 300 Tagen, wenn zuvor die Beichte abgelegt, die hl. Kommunion empfangen und das Gebet zur Mutter Gottes von der immerwährenden Hilfe verrichtet wurde:

„Gebet zur Mutter von der immerwährenden Hilfe

Jungfrau, Mutter Gottes mein,
Laß mich ganz Dein eigen sein;
Dein im Leben, Dein im Tod,
Dein im Unglück, Angst und Not,
Dein in Kreuz und bittrem Leid,
Dein für Zeit und Ewigkeit!
Jungfrau, Mutter Gottes mein,
Laß mich ganz Dein eigen sein!
Mutter, auf Dich hoff und baue ich;
Mutter, zu Dir ruf und seufze ich
Mutter, Du gütigste, steh mir bei;
Mutter, Du mächtigste, Schutz mit leih;
o Mutter, so komm, hilf beten mir,
o Mutter, so komm, hilf streiten mir,
o Mutter, so komm, hilf leiden mir,
o Mutter, so komm, und bleib bei mir.
Du kannst mir ja helfen, o Mächtigste;
Du willst mir ja helfen, o Gütigste,
Du muß mir nun helfen, o Treueste,
Du wirst mir auch helfen, Barmherzigste;
o Mutter der Gnade, der Christen Hort,
Du Zuflucht der Sünder, des Heiles Port,
Du Hoffnung der Erde, des Himmels Zier,
Du Trost der Betrübten, ihr Schutzpanier!

Wer hat je umsonst Deine Hilf angefleht?
Wann hast Du vergessen ein kindlich Gebet?
Drum ruf ich beharrlich in Kreuz und in Leid:
Maria hilft immer, sie hilft jederzeit!"[1577]
Im Zusammenhang mit der Restaurierung des Nordwestgiebels 1969 wurde am Standort des Denkmals die Wand für eine Tür durchbrochen. Die Namenstafeln sowie der Stein mit der Widmung wurden auf dem Kirchengrundstück zwischengelagert und später auf dem Friedhof an der Vogelerstraße neu aufgestellt.[1578] Die Skulpturen flankieren den Eingang der Grundschule St. Mauritius. Das Marien-Mosaik hängt seitdem in der Krypta. Der Giebelaufbau liegt zerbrochen auf dem Dachboden des Garagenbaus links hinter der Toreinfahrt zur Fachschule. In der von Freunden und Mitgliedern der Mauritius-Gemeinde zusammengestellten Jubiläumsgabe zum Silbernen Priesterjubiläum des Gemeindepfarrers Johannes Krawiec findet sich in einem einzigen Satz ein Hinweis auf die Gedächtnisstätte: „Das Ehrenmal für die Toten des ersten Weltkrieges (entworfen von Werminghausen – Hannover) gibt dem nördlichen Seitenschiff nunmehr einen besonderen Charakter."[1579] Der ehemalige Pastor von St. Mauritius Christian Köhler widmet ihr 1980 im zweiten Band seiner Geschichte des Moritzstiftes und der Mauritiuskirche einen kurzen Absatz, in dem er Konkretes nur zum Verbleib der beiden Heiligenstatuen schreibt.[1580]

Weitere Quelle: HAZ vom 13. Juni 1921

9.4.2 Denkmal für die Kriegstoten des Ersten Weltkriegs auf dem Friedhof der St.-Mauritius-Kirche

1. Standort

An der Westseite der nördlichen Außenwand der Friedhofskapelle auf dem Friedhof an der Vogelerstraße

2. Beschreibung

Die zwei Namensstelen mit jeweils 52 Namen (s. II 9.4.1) rahmen ein Holzkreuz ein, das über dem Stein mit der Widmung „Den für uns im Welt= / kriege 1914-1918 gefal= / lenen Mitgliedern / der St.-Mauritius-Ge= / meinde in Dankbarkeit / errichtet" angebracht wurde.

Abb. 89: Denkmal an der Friedhofskapelle[1581]

Vor jeder Stele wächst eine Zwergkiefer. Die segmentartig geformte Fläche vor dem Denkmal ist mit Cotoneaster bedeckt.
Maße (Breite, Höhe, Tiefe): Sockel: 35 cm hoch; Stelen: 64 x 192 x 24 cm; Widmungsstein: 87 x 42 x 22 cm; Kreuz: ca. 130 x 210 cm. Gesamtmaße: 215 x 225 x 26,5 cm (Höhe mit Kreuz: 320 cm)
Material: Dolomit; Holz
Technik: Steinmetzarbeit
Zustand: gepflegt

3. Dokumentation

Auftraggeber: Kirchengemeinde
Hersteller (Entwurf, Ausführung): Entwurf: Oberbaurat Franz-Joseph Fehlig, Neuaufstellung: Fa. Dräger
Einweihung: vermutlich am 1. November 1985
Deutung: Bei der Neuaufstellung verzichtete die Gemeinde auf die religiöse Symbolik des Ursprungsdenkmals. Die Schutzpatrone der Soldaten bewachen nun – in einer anderen Rolle – den Eingang der Grundschule. Die „Immerwährende Hilfe" ziert die Krypta, in der sich die

Gläubigen regelmäßig zur Andacht versammeln. Der Giebelaufsatz mit dem Christusbild wurde nicht mitgenommen. Er war bei der Demontage zerbrochen und liegt auf dem Boden des Garagenbaus links hinter der Toreinfahrt zur Fachschule. Der altarförmige Unterbau mit den militärischen Symbolen gilt als verschollen. Anstelle dieser Ausschmückungen entschied man sich, die Inschriftstafeln schmucklos zusammenzufügen und sie einem schlichten Holzkreuz unterzuordnen. An der Außenwand der Friedhofskapelle sind sie der Öffentlichkeit jederzeit zugänglich. Während sie in der Kirche in der Nähe des Altars und auch in Form eines Altars angebracht waren, testieren die in chronologischer Reihung aufgeführten Namen und die hier unpathetisch wirkende Widmung den Kriegstod der Gemeindemitglieder, das Ereignis des Ersten Weltkriegs und die Dankbarkeit der Gemeinde. Die Stifter setzen voraus, dass der Grund für die Dankbarkeit bekannt ist. Das Denkmal enthält jedenfalls keinen weiteren symbolischen Hinweis, etwa auf das Opfer oder die Treue oder die Heldenhaftigkeit der Toten. Auf dem Friedhof wird das Denkmal Teil des allgemeinen Totengedenkens. Das Erlösungs- und Auferstehungssymbol des Kreuzes spendet allen Trauernden Trost, nicht nur den Angehörigen der Kriegstoten. Vergleicht man die Anordnung der Denkmalselemente mit dem Ursprungsobjekt, fällt auf, dass an Stelle des Giebelaufsatzes mit dem Christuskopf im Strahlenkranz das Kopfteil des schlichten Kreuzes getreten ist, also imaginär der dornenumkränzte Kopf des leidenden Jesus.

Dass der ursprüngliche Gedanke des Kriegerdenkmals von der Gemeinde nicht tradiert werden soll, zeigt auch der bewusste Verzicht auf eine Hinzufügung für die Toten des Zweiten Weltkriegs oder „für die Opfer von Krieg und Gewalt". Das Denkmal für die Toten des Ersten Weltkrieges benötigt keine weiteren Zutaten. Es kann auch so als exemplarisch empfunden werden.

Objektgeschichte: Bei der Restaurierung des Giebels an der Nordwestseite der Kirche 1969 wurde das Denkmal auseinandergenommen und zunächst im Inneren des Kreuzganges abgelegt. Bei dessen Renovierung im Frühjahr 1974 trug die Gemeinde in Eigenhilfe den Boden im Innenhof ab und deponierte die Denkmalsteine im Wagenschuppen auf dem Propsteihofgelände.

Der Kirchenvorstand erwog, das Kriegerdenkmal im Vorgarten des alten Friedhofs an der Vogelerstraße aufstellen zu lassen.[1582] Schon kurze Zeit später beauftragte der Kirchenvorstand Pfarrer Hermann Engfer, sich um die weitere Verwendung der Skulpturen von St. Mauritius und St. Michael zu kümmern.[1583] Es dauerte über vier Jahre, bis sein Nachfolger, Pfarrer Wolfgang Müldner, dem Kirchenvorstand ein Schreiben der Mauritiusschule verlesen konnte, in dem sie sich für die Anbringung der beiden Heiligenfiguren bedankte.[1584]

Die Idee, vor allem den Stein mit dem hl. Mauritius der gleichnamigen Schule zu überlassen, hatte das Vorstandsmitglied Dr. Gerhard Henze am 25. Mai 1978 geäußert, als sich der Kirchenvorstand zum Ortstermin auf dem Propsteihof versammelte. Anlass war der bevorstehende Baubeginn der Fachschule für Gemeindereferentinnen und der damit verbundene Abriss des Schuppens. Binnen zwei Wochen hatten die Skulpturen und die beiden Namenstafeln zu verschwinden. Der Vorstand verwarf eine Aufstellung im Kreuzgang, wollte aber – auf Anregung seines Mitglieds Wolfgang Lorke – bei einer weiteren Ortsbesichtigung über eine Ablegung der Tafeln in leicht geneigter Form am Kreuz auf dem Friedhof im Bockfeld entscheiden.[1585] Sechseinhalb Jahre später zeigte Pfarrer Elbracht dem Kirchenvorstand mittels Bildwerfer „den geplanten besseren Standort für die beiden Gefallenen-Gedenksteine (1914-18) an der Nordwand der Friedhofskapelle Vogelerstraße. Fundament mit Klammern! Als sinnvoll wird dazwischen die Anbringung eines schlichten Holzkreuzes angesehen."[1586] Neben dem Foto hatte Elbracht die ungefähren Kosten für Transport und Anbringung notiert, die nach Schätzung der Steinmetzfirma Dräger ca. 2.500 bis 3.000 DM betragen sollten.[1587]

Am 6. November 1984 befasste sich der Kirchenvorstand mit einer Skizze[1588], die dem später realisierten Zustand an der Nordseite der Friedhofskapelle genau entspricht – allerdings ohne den Widmungsstein. Der war offenbar auf dem früheren Propsteihof vergessen worden und sollte nun gesucht und auf seine Wiederverwendung geprüft werden. Außerdem wollte der Kirchenvorstand – „dem Wunsche vieler Gemeindemitglieder folgend – ... auch eine schlichte Gedenktafel für die Gefallenen des zweiten Weltkrieges anbringen lassen."[1589] Der „Schriftbalken" wurde um die Jahreswende 1984/85 aufgefunden und in den Entwurf eingearbeitet.[1590] Im Mai 1985 erkundigte sich das Friedo Stolte im Vorstand nach der Gedenktafel für die Gefallenen auf dem Friedhof Vogelerstraße.[1591] Im September berichtete Franz-Joseph Fehlig, verantwortlich für den Entwurf und als Oberbaurat Mitarbeiter von Architekt Lorke im bischöflichen Bauamt, „daß die Arbeiten zur würdigen Aufstellung der Steine des Ehrenmals für die Gefallenen des 1. Weltkrieges endlich in Gang kommen. Es ergab sich eine Diskussion, ob auch der Toten des letzten Weltkrieges gedacht werden sollte. Der KV beschloß mit Mehrheit, erst einmal abzuwarten."[1592]

Aus der Oktobersitzung vermerkt das Protokoll lapidar den Statusbericht von Fehlig: „Ehrenmal: Sockel ist fertig, Errichtung in der nächsten Woche."[1593]

9.5 Mahnmal für die Vertriebenen

1. Standort

Eichendorff-Hain (Nähe Berghölzchen. Von der Serpentinenzufahrt zum Restaurant führt ein Fußweg schräg zurück zum Grat des Berghölzchens und von dort ca. 75 m nach links zu einer halbrunden Wiese mit der Denkmalanlage.)

2. Beschreibung

Der 1960 angelegte Ehrenhain wurde in der HAZ vom 13. Mai 1960 beschrieben: „Der Ehrenhain wird ... auf dem aufgeschütteten Gelände des ehemaligen Befehlsstandes aus dem

Abb. 90: Skulpturengruppe mit Stadtpanorama[1594]

Kriege, der noch in den letzten Jahren ein Trümmerhaufen war, angelegt. ... Das aufgeschüttete Gelände über den Trümmern (von Norden her gesehen) (ist) mit einer Stützmauer abgefangen worden. ... Der Zugang (ist) von dem bekannten Waldweg, der am Berghölzchen entlang zur „Waldquelle" führt. ... Eine 500 Quadratmeter große Fläche wird mit Kies bedeckt. Das Sinnbild des schlichten Ehrenhaines soll ein Naturstein in Kubusform darstellen, der am rechten Abschluss der Stützmauer im Schatten der großen Eiche steht. ... Auf der Westseite des Steines wird zu lesen sein: ‚Eichendorff-Hain'. Auf der Nordseite: ‚Den Patenstädten Lauban und Neiße im Gedenken an ihre Heimat und in Erinnerung an ihre Toten, gewidmet von der Stadt Hildesheim'. Die übrige Restfläche dieses künstlichen Plateaus wird vom Gartenamt mit Rasenflächen und entsprechenden Gehölzen versehen. ..."[1595]

1962 wurde die Gedächtnisstätte umfassend umgestaltet. Heute wird ein gepflastertes Plateau (4,65 x 5,70 m) von einer flachen Mauer eingerahmt. Am linken Eingang zum Plateau befinden sich 1,30 m cm vor der Mauer zwei Stelen mit den Wappen und den Namen der Städte Lauban und Neiße.

Auf der linken Mauer sind Namen von Gebieten in den Stein gehauen, aus denen Vertriebene stammen: „Oberschlesien, Niederschlesien // Pommern, Sudetenland // Brandenburg, Weichsel-Warthe // Ostpreußen, Westpreußen". Blickfang des Plateaus ist jedoch die Skulptur: ein Mann, der hinter einer Bank steht, auf der eine Frau sitzt. Beide blicken Richtung Osten über die Stadt. Vor der Skulptur sind in die Mauer drei Kupferplatten mit folgenden Inschriften eingesetzt:

EICHENDORFF-HAIN / MAHNMAL ZUR / ERINNERUNG AN DIE / VERTREIBUNG AUS / OSTDEUTSCHLAND UND OSTMITTELEUROPA

DEN OPFERN / VON TERROR UND GEWALTHERRSCHAFT / ZUM GEDENKEN

POMMERNLAND / MEIN SEHNEN / IST DIR ZUGEWANDT! / (Wappen von Rügenwald, Wappen von Pommern) BEGEGNUNGSSTÄTTE DER / RÜGENWALDER / SEIT 1966.

Am rechten unteren Rand jeder Platte steht: „Gefördert von der / Friedrich-Weinhagen-Stiftung"

Maße (Breite, Höhe, Tiefe): Skulptur: ca. 2,00

Abb. 91: Stelen mit Stadtwappen[1596]

m x 2,00 m x 1,45 m; Stelen: 60 cm x 140 cm x 30 cm; Kupferplatten: 65 cm x 40 cm x 1 cm
Material: Württembergischer Kalkstein[1597] / Muschelkalkstein vom Main[1598] (Skulptur und Stelen)
Technik: Bildhauerei
Zustand: gut

3. Dokumentation

Auftraggeber: Flüchtlingsrat der Stadt Hildesheim, Neisser Kultur- und Heimatbund und die Laubaner Gemeinschaft (Initiative), Stadt Hildesheim
Hersteller (Entwurf, Ausführung): Der 1960 aufgestellte Stein wurde von Altgeselle Schnieber (ehem. Laubaner) entworfen und ausgeführt und von Steinmetzmeister Dräger aufgestellt.[1599]
Denkmal: Entwurf und Endbearbeitung: Kurt Schwerdtfeger (1897-1966), Ausführung: Steinbildhauermeister Horst Lehmann, Hamburg (Vorarbeiten), Plattform, Brüstung und Stelen: Firma Polivka; Kupfertafeln: Firma Kubina
Entstehungszeit: 1958-1962
Einweihung: Eichendorff-Hain am 3. Juli 1960; Vertriebenendenkmal am 9. September 1962 (Tag der Heimat)
Deutung: Das Vertriebenendenkmal ist ein Werk des (aus Stettin, Pommern, stammenden) Bildhauers und Professors für Kunstpädagogik an der Pädagogischen Hochschule Alfeld, Kurt Schwerdtfeger (dort tätig 1946-1962). Das Denkmal stellt ein Vertriebenenehepaar dar, das nach Osten blickt, wobei die Frau sitzt und der Mann hinter der Frau steht. Der leere Platz auf der Bank neben der Frau stellt das Warten auf Familienangehörige dar.[1600] Bei der ersten Präsentation des Modells, das ursprünglich in Bronze ausgeführt werden sollte, wurde angeregt, noch ein Kind als Vertreter der jungen Generation in die Gruppe aufzunehmen. Der Vorschlag wurde verworfen.[1601] Offenbar ging es nicht darum, eine vollständige Familie in der Fremde darzustellen, sondern gerade das Fehlen eines Teils, die Unvollständigkeit und den Verlust zu thematisieren.

Schwerdtfeger verzichtete auf eine individuelle Gestaltung des Paars. Das Wesentliche wird in der blockartigen Darstellung angedeutet: Der Mantel des Mannes und das Kleid der Frau lassen erkennen, dass die beiden unterwegs sind. Sind sie noch nicht am Ziel? Sind sie bereits angekommen und halten Ausschau nach noch nicht Angekommenen? Oder warten sie darauf, sich wieder auf den Weg machen zu können? In der Patenschaftsurkunde vom 1. Juni 1952 heißt es, dass die Stadt Neisse, heute Nysa,[1602] „voller Hoffnung und Zuversicht dem Tage ihrer Befreiung von der Fremdherrschaft entgegensieht".[1603] Man sehnt also die Rückkehr in die Heimatstadt herbei.

Das Denkmal wirkt roh und unfertig. Das Schicksal der Vertriebenen bildet sich ab: Die Identität blieb zurück, unterwegs wurde man zum Fremden, blieb unbehaust, erlebte Rohheit und Un-Heil. Zugleich wirkt es schwer, massiv und unbeweglich. Den Eindruck der Bewegungslosigkeit widerlegen der Schritt des Mannes und der vorgebeugte Oberkörper der Frau. Beide warten gespannt. Dennoch spüren sie, dass ihr Schicksal sie an diesen Ort, für den Hildesheim exemplarisch steht, bindet. So schweift der Blick über die Patenstadt hinweg in die unbestimmte Ferne. Der Eichendorff-Hain steht für ein Stück neuer Vertrautheit. Eichendorff verbindet Hildesheim kulturell mit der alten Heimat. Der Blick über Hildesheim streift die neue Heimat.

In ähnlicher Weise deutete das Grußwort von Oberbürgermeister Dr. Boyken und Ober-stadtdirektor Dr. Kampf zum 13. Laubaner Heimattreffen am 2. und 3. Juli 1960 den zu diesem Anlass fertiggestellten Eichendorff-Hain: „Wir möchten, dass von der nach Osten gerichteten Brustwehr der Blick unserer Gäste nicht nur das lieblich zu ihren Füßen liegende Hildesheim, sondern in der Erinnerung auch das am Fuße des

Steinbergs und am Ufer der Queis ähnlich daliegende Lauban grüßen möge. Vor allem aber möchten wir, dass das Wort des Schlesiers Eichendorff, das den Stein mit dem Wappen Laubans und Neisse schmückt, eine echte Ermutigung für uns alle sein möge: „Hoffnung wird die Heimat finden."[1604]

Die Stelen mit den Wappen tragen keine weitere Inschrift. Sie bezeichnen auch die Wappen nicht näher, obwohl sie nicht als allgemein bekannt vorausgesetzt werden können. Die linke Stele zeigt das Wappen von Lauban, das rechte Wappen ist das der Stadt Neisse. Beide Wappen erinnern auch im großen Sitzungssaal des Rathauses an die Patenschaften. Das Eichendorff-Zitat wurde bei der Umgestaltung nicht mehr verwendet.

Die Widmungen weiten die Bedeutung auf alle Vertriebenen aus. Die geografischen Bezeichnungen „Ostdeutschland" und „Ostmitteleuropa" ziehen den Kreis der Betroffenen sehr weit. Zwar sind die Begriffe nicht eindeutig definiert, doch darf man bei „Mitteleuropa" von einer Grenzziehung ausgehen, die im Westen den Rhein, im Süden die Alpen, im Osten die Karpaten, die Weichsel und die Memel sowie im Norden Ost- und Nordsee berührt. Damit gehörten zu „Ostmitteleuropa" die deutschen Siedlungsgebiete in Polen, im Sudetenland und in Siebenbürgen. Die Widmung selbst nennt die Gebiete Weichsel-Warthe und Sudetenland. Mit „Ostdeutschland" sind vor allem die Gebiete jenseits der Oder-Neiße-Linie gemeint, aber, z. B. mit Brandenburg, auch Teile der damals „Ostzone" oder „Sowjetische Besatzungszone (SBZ)" genannten ehemaligen Deutschen Demokratischen Republik (DDR).

Der Zusatz des Kuratoriums Unteilbares Deutschland „DEN OPFERN / VON TERROR UND GEWALTHERRSCHAFT / ZUM GEDENKEN" weist auf eine nochmals erweiterte Bedeutung des Denkmals hin. Nicht nur der Vertriebenen soll dort gedacht werden, sondern auch jener, die ohne Vertreibungsdruck flüchteten, und jener, die Opfer von Terror und Gewaltherrschaft – der DDR, wäre zu ergänzen – wurden. Das Kuratorium richtete an diesem Ort seine Feierstunden zum „Tag der Deutschen Einheit" aus, der bis 1990 an den gescheiterten Volksaufstand am 17. Juni 1953 in der DDR erinnerte.

Auf die Ursache für Flucht und Vertreibung verweist das Denkmal nicht. Es tabuisiert den Nationalsozialismus, seine Hegemonialgelüste und seine rassistische Ideologie. Flüchtlingsströme drängten nicht erst bei Kriegsende in das Innere Deutschlands, sondern wurden schon bei Kriegsbeginn vor den deutschen Truppen hergetrieben. Die Inschrift der vom Kuratorium Unteilbares Deutschland nachträglich angebrachten Tafel ist so offen formuliert, dass sie auch die Vertriebenen der von Deutschland angegriffenen Länder miterfassen könnte. Gemeint war sie anders.

Die Topik des Denkmals ist bedeutsam als Versammlungsort der Flüchtlings- und Vertriebenenverbände und des Kuratoriums Unteilbares Deutschland. Sie verwurzelt aber auch das Gedenken in einem Hildesheimer Waldstück, das den Namen des Dichters Eichendorff erhält und sich damit gedanklich in das Herkunftsmilieu der alten Heimat verzweigt. Der Topos „Eichendorff" weist den Gedanken den Weg: Schon die Namensbestandteile Eiche und Dorf lassen sich topisch deuten, dazu gesellen sich bei Joseph Freiherr von Eichendorff Konnotationen wie Schlesien und deutsche Kultur, Dichter und Denker, Preußen- und Christentum, Romantik und Literatur. Den Initiatoren galt er als „Symbol für die Gemeinschaft aller Deutschen und unseres Vaterlandes" – er nahm an den Befreiungskriegen gegen Napoleon teil. Der Hain symbolisiert Eichendorffs Naturfrömmigkeit. Schließlich: Eichendorff starb am 26. November 1857 in Neisse.

Topisch zu deuten ist auch die Stellvertreterfunktion der Anlage. Die Friedhöfe der Vertriebenen lagen unerreichbar hinter dem Eisernen Vorhang. Das Gedenken findet im Eichendorff-Hain einen Ruhepol, einen Anker.

Objektgeschichte: Am 24. März 1952 beschloss der Rat einstimmig, die Patenschaft für Neisse und Lauban zu übernehmen. Die jeweiligen Heimatbünde treffen sich seitdem jährlich in Hildesheim. Im Geist dieser Patenschaft wurde der Eichendorff-Hain mit dem Neisser und Laubaner Wappen eingerichtet. Der Anstoß zum Denkmal ging offenbar von den Laubanern aus. 1958 beabsichtigten sie, gemeinsam mit den Neissern an der Alfelder Straße einen Gedenkstein für die Toten des Weltkriegs aufzustellen, stießen allerdings beim Ausschuss für die Garten- und Friedhofsverwaltung auf wenig Gegenliebe. Er beauftragte die Verwaltung,

einen anderen Platz in der Mittelallee vorzuschlagen.[1605] In der Sitzung am 4. November 1958 lehnte er aber auch den Standort oberhalb der Mittelallee als „nicht würdig genug" ab und schlug nun seinerseits vor, auch dieses Denkmal auf dem Gelände der Acht am Galgenberg unterzubringen. Vor der endgültigen Beschlussfassung sollte das Gelände allerdings mit Vertretern der Laubaner und Neisser besichtigt werden.
Aus einem Protokoll über die Sitzung des Flüchtlingsrates der Stadt Hildesheim vom 26. November 1958 geht hervor, dass im August 1958 eine Besprechung zwischen dem damaligen Oberstadtdirektor Kampf, Herrn Stiftspropst Dr. Piekorz, drei weiteren Herren der Laubaner Gemeinschaft und Herrn Depta als Leiter des damaligen Vertriebenenamtes der Stadt Hildesheim stattgefunden hat.
In dieser Besprechung wurde u. a. der Vorschlag unterbreitet, an einem geeigneten Platz in der Patenstadt Hildesheim einen Gedenkstein aufzustellen. Es wurde ein Unterausschuss gebildet, dem Herr Funke von den Neissern, Herr Baumert von den Laubanern, ein Vertreter des Schul- und Kulturamtes der Stadt Hildesheim, der Leiter des Vertriebenenamtes und Herr Burgdorf vom Kuratorium Unteilbares Deutschland angehörten.[1606]
Aus dem Protokoll über die Sitzung des Flüchtlingsrates vom 13. Februar 1959 geht hervor, dass der Unterausschuss im Dezember 1958 getagt und als geeigneten Platz für einen Gedenkstein die Wiese zwischen der Neisser und Laubaner Straße in Richtung Berghölzchen vorgeschlagen hatte.[1607]
Beim Empfang, den die Stadtspitze am 18. Juli 1959 für die Vertreter der Laubaner anlässlich ihres 12. Treffens in der Patenstadt Hildesheim gab, war das Ehrenmal für alle Toten aus Lauban und Neisse in der Nähe des Berghölzchens das Hauptthema. Der Laubaner Architekt Pils sagte zu, den Entwurf anzufertigen. Die Stadt versprach, den Platz zur Verfügung zu stellen und die Kosten zu übernehmen. Als „Krönung" hatte man sich eine Eichendorff-Büste vorgestellt, „da dieser Dichter der Deutschen, der in Neisse seine Ruhestätte gefunden hat, auch ein Symbol für die Gemeinschaft aller Deutschen und unseres Vaterlandes ist."[1608]
Laut einem Aktenvermerk vom 17. August 1959 ist dann in Gesprächen mit den Vertretern des Neisser Kultur- und Heimatbundes und der Laubaner Gemeinschaft als Platz für einen Gedenkstein der Raum unterhalb des Berghölzchens am Westausgang der Mittelallee vorgeschlagen worden. Stadtarchitekt Jahn gab einen Denkanstoß, statt eines Gedenksteines einen Ehrenhain anzulegen oder eine Siedlung zu bauen und entsprechend zu benennen.[1609]
Am 29. Juni 1960 wurde zunächst ein Gedenkstein für die Laubaner und Neisser aufgestellt.[1610] Er wurde, zusammen mit dem gerade noch rechtzeitig fertig gewordenen Eichendorff-Hain beim 13. Heimattreffen am 3. Juli 1960 eingeweiht. Der viereckige Gedenkstein aus rotem Wesersandstein wog 35 Zentner und trug die Eichendorff-Worte HOFFNUNG WIRD / DIE HEIMAT FINDEN als Inschrift und links das Wappen Laubans und rechts das von Neisse.[1611]
Dem Bericht von einer Veranstaltung des BHE zufolge hatte die Stadt im Haushalt einen Betrag von 34.000 DM für die Gedächtnisstätte eingeplant[1612]. Der Kreisvorstand wollte der Stadt vorschlagen, eine gemeinsame Erinnerungsstätte für alle besetzten Ostgebiete zu errichten, wobei den beiden Patenstädten besondere Aufmerksamkeit zuteil werden sollte. Die Ostpreußische Landsmannschaft habe bereits einen Erinnerungsstein im Stadtgebiet aufgestellt (siehe II 1.24), die anderen Provinzen sollten dagegen auf eigene Gedenksteine verzichten.[1613]
Ursprünglich hatten die Laubaner und Neisser nur um einen Gedenkstein zur Erinnerung an ihre Heimat und ihre Toten gebeten. Sie willigten jedoch freudig ein, als ihnen die Stadt vorschlug, unter Ausnutzung des vorhandenen Baumbestandes am Berghölzchen einen Eichendorff-Hain anzulegen. Mit dem beim Bau der Tiefgarage unter dem neuen Marktplatz angefallenen Bodenaushub wurden die Trümmer des gesprengten früheren Befehlsbunkers abgedeckt und die Stützmauer zu einer Aussichtsbastion umgestaltet.[1614]
Kurz nach der Einweihung verstärkten sich Bemühungen, den Ehrenhain für die Laubaner und Neisser zu einer Gedächtnisstätte für alle Vertriebenengebiete zu erweitern. Bei der Kreisdelegiertenversammlung des Bundes der Vertriebenen (BdV) im März 1961, bei der Gerhard Keßler, der zugleich BHE-Vorsitzender und Ratsherr war, zum BdV-Vorsitzenden gewählt wurde, präsentierte der Bildhauer Ernst Ueckert

den Entwurf für einen Sockel mit einer Statue, die eine verhüllte Frau mit Kind auf der Fluch darstellte. Auf dem Sockel sollten die Namen der Landsmannschaften verzeichnet werden. Stadtbaudirektor Bernhard Haagen hatte alternativ vorgeschlagen, am anderen Ende der Gedächtnisstättenmauer – gegenüber dem Laubaner Stein – einen hohen Gedenkstein mit allen Wappen aufzustellen. Der BdV lehnte ab und beauftragte den Vorstand, Ueckerts Planung gründlich durchzuarbeiten und der Stadt zur Ausführung zu übergeben.[1615]

Keßler vermittelte Anfang 1962 in der Hildesheimer Öffentlichkeit den Eindruck, als habe der Rat der Aufstellung eines Ehrenmals für Vertriebene zugestimmt. Die HAZ berichtete am 12. Februar unter der Überschrift „Mahnmal zum ‚Tag der Heimat' fertig?" von einer Diskussion von Vertretern des Kreisverbandes des BdV und der Patenstädte Lauban und Neisse mit Stadtbaudirektor Haagen und Professor Kurt Schwerdtfeger, dessen Entwurf nach dreistündiger Beratung einstimmig gebilligt wurde. Als Nächstes müssten noch der städtische Vertriebenenausschuss und der Verwaltungsausschuss (VA) zustimmen, hieß es in dem Artikel. Der Rat habe ja schon dem Denkmalsprojekt seinen Segen erteilt, indem er im Jahr zuvor die Haushaltsmittel in erheblicher Höhe bereitgestellt habe.[1616]

Am gleichen Tag tagte der Verwaltungsausschuss, dem gegenüber Haagen die Vorent-scheidung des Rates dementierte. Der VA ver-lieh durch Beschluss seiner Verwunderung Ausdruck, dass der Ratsherr Keßler eine vertrauliche Information, die noch nicht abschließend beraten worden war, in die Presse gebracht habe. Er sah darin einen Akt der Nötigung, den keinesfalls habe man den Planungen bereits zugestimmt.[1617] Keßler verwahrte sich schriftlich gegen diesen Vorwurf und konnte den VA offenbar davon überzeugen, sich mit dem Projekt ernsthaft auseinander zu setzen. Am 19. März 1962 erhielt Professor Schwerdtfeger die Möglichkeit, seinen Entwurf vorzustellen und zu erläutern. Er sei ein Künstler unserer Zeit, gestalte daher nicht naturalistisch, sondern in vereinfachender Form, die sich aber immer an die natürliche Erscheinung der Körper anlehne und nicht völlig abstrahiere. Im Mittelpunkt seines Interesses stehe der Mensch. Schwerdtfeger teilte dem Ausschuss auf Befragen mit, das Ehrenmal werde aus Bronze gegossen, ca. 2 Meter hoch sein und ungefähr 25.000 DM kosten.[1618]

Am 26. März 1962 überreichte Gerhard Keßler in seiner Funktion als Vorsitzender des Bundes der Vertriebenen Oberbürgermeister Dr. Boyken einen Appell der BdV-Delegiertenversammlung, den 25 von 31 Delegierten unterschrieben hatten. Damit sollte erreicht werden, dass der Rat in der am gleichen Tag stattfindenden Sitzung positiv über den Betrag von 30.000 Mark für das Vertriebenen-Mahnmal im Eichendorff-Hain entscheiden möge.[1619]

Das tat er nicht – im Gegenteil: Die Fronten verhärteten sich. Der Antrag auf Absetzung des Tagesordnungspunkts wurde bei Stimmengleichheit abgelehnt. Keßler provozierte dann heftigen Widerspruch – zitiert wurden dabei nur Äußerungen von CDU-Ratsmitgliedern – mit der Alternative, dem Mahnmalprojekt zuzustimmen oder „Farbe zu bekennen, dass nichts getan werde, sondern nur drumherumgeredet würde". Oberbürgermeister Dr. Boyken entgegnete von seinem Platz als Ratsherr aus, dass der Rat die 34.000 Mark für die Anlage des Eichendorff-Haines in den Haushalt eingestellt habe[1620] und dass absprachegemäß auf Kosten der Landsmannschaften die Wappen an der Mauerbrüstung angebracht werden sollten. Er fand es „nicht behaglich, dass frühere Abmachungen nicht eingehalten wurden. Rat und Stadt mussten das Gefühl haben, wir sind uns einig." Nach langer Debatte beschloss der Rat endlich Schluss der Aussprache und Verweisung in die Ausschüsse, die sich mit dem neuen Vorschlag bisher nicht befasst hatten.[1621] Am 2. April behandelte der Verwaltungsausschuss den Punkt in Anwesenheit von Keßler erneut. Während Dr. Dietrich, der Stadtkämmerer, mit Hinweis auf den VA-Beschluss vom 24. August 1960 der Auffassung war, die endgültige Ausgestaltung des Eichendorff-Haines sei nie endgültig abgelehnt worden, habe Dr. Boyken, der Oberbürgermeister, in drei Sitzungen offenbar das Gegenteil behauptet. Dagegen verwahrte sich Boyken entschieden.

In der fraglichen Sitzung hatten die Vertriebenen eine Skizze des Himmelsthürer Bildhauers Ueckert vorgelegt, der die Form eines Flügelaltars vorschlug, der u. a. die Wappen der ostdeutschen Provinzen und Berlins aufnehmen sollte. Der VA wollte zwar kein weiteres Denkmal auf dem Platz, aber den Vorschlag auch nicht einfach ablehnen. Man beschloss, sich mit den Vertriebenenvertretern mit dem Ziel zu verhandeln, die Wappen an der Futtermauer anzubringen, andernfalls wäre die Angelegenheit dem Ausschuss noch einmal vorzulegen.[1622] Boyken war zwei Jahre später davon ausgegangen, man habe sich geeinigt, und die Sache habe sich erledigt. Mit einer Stimme Mehrheit lehnte der VA am 2. April 1962 die Schwerdtfeger-Plastik ab und beauftragte die Verwaltung, nochmals weitere Ausgestaltungsmöglichkeiten – insbesondere durch Anbringung von Wappen – zu prüfen.[1623]

Am 16. April stand das Thema erneut auf der Tagesordnung des Rates. Keßler wollte seine Kolleginnen und Kollegen erneut von der Erweiterung des Eichendorff-Hains und vom Schwerdtfeger-Entwurf überzeugen. Er schlug vor, die Vertriebenen sollten einen Opferring bilden und sich damit an der Finanzierung des Vorhabens beteiligen.[1624]

Vierzehn Tage später tagte erneut der Verwaltungsausschuss. Unter Punkt 12 berichtete Stadtbaudirektor Haagen, dass er Professor Scheuernstuhl zu einer Beurteilung der Planung herangezogen habe. Der habe von Wappen abgeraten. Sie würden nicht gut aussehen und kämen nur zur Wirkung, wenn man unterhalb der Mauer eine weitere Terrasse anlegen würde. Man sollte sich besser für die Plastik entscheiden. Diesem Urteil schlossen sich die Senatoren nun mit deutlicher Mehrheit an.[1625]

Als die Presse kurz vor der Einweihung von Disputen im Verwaltungsausschuss um das Denkmal berichtete, war der Streit bereits beigelegt. Dass der Ärger anhielt, zeigt die Ablehnung des vom Bund der Vertriebenen erbetenen Zuschusses in Höhe von 1.500 DM für die Ausgestaltung der Feierstunde.[1626] Die Enthüllung durch den Niedersächsischen Ministerpräsidenten Dr. Georg Diederichs wurde dennoch für den „Tag der Heimat" – Sonntag, 9. September 1962 – angekündigt.[1627] Am Donnerstag, 6. September, brachte ein Lastwagen die drei Tonnen schweren Teile des Denkmals von Hamburg nach Hildesheim.[1628] Mit der Aufstellung der neuen Skulptur war eine Neugestaltung der gesamten Anlage verbunden, die so umfassend war, dass die HAZ meinte, sie sei kaum wieder zu erkennen. Die roh behauene Mauer war geglättet worden. Den Gedenkstein hatte man an Ort und Stelle gespalten. Die Wappen wurden in die Mauer eingefügt. Der Spruch sollte später in die Mauer eingemeißelt werden. Fünf Steinmetze unter Meister Polivka führten die Arbeit aus.[1629]

Die Hildesheimer Presse berichtete am 10. September im überregionalen Teil von der Einweihung und nannte das Denkmal „das größte Mahnmal der Vertreibung in Niedersachsen".

Als Vorsitzender des BdV eröffnete Gerhard Keßler die Feierstunde, zu der er außer den Ministerpräsidenten Ministerialrat Dr. Stiegemann als Vertreter des Vertriebenenministers Dr. Schellhaus, Regierungsdirektor Dr. Freise als Vertreter des Regierungspräsidenten, Präsident des Rechnungshofs Dr. Moelle vom Kuratorium Unteilbares Deutschland und aus der Stadt den Oberbürgermeister Martin Boyken und Oberstadtdirektor Siegfried Kampf begrüßte. In ihren Ansprachen betonten Boyken und Diederichs den Willen der Deutschen zur Einheit. Musikdarbietungen des Musikkorps der Landpolizei Braunschweig und des Ostlandchors Göttingen sowie Rezitationen des Hildesheimer Schauspielers Carl Kliewer umrahmten die Feier, während der – anlässlich der Totenehrung – Kränze des Ministerpräsidenten, des BdV und der Stadt niedergelegt wurden.[1630]

Aus den vorhandenen Unterlagen ist ersichtlich, dass die Wappen der ehemals deutschen Ostprovinzen vom Bund der Vertriebenen, Kreisverband Hildesheim-Stadt, schließlich doch in Absprache mit der Stadt Hildesheim angebracht wurden.

Die Kupfertafel an der Mauer mit dem Text „EICHENDORFF-HAIN MAHNMAL ZUR ERINNERUNG AN DIE VERTREIBUNG AUS OSTDEUTSCHLAND UND OSTMITTELEUROPA" wurde im Auftrage der Stadt Hildesheim von der Firma Kubina hergestellt.

Auf Anregung des Kuratoriums Unteilbares Deutschland, Hildesheim-Stadt, wurde im Jahr 1981 eine weitere Kupfertafel von der Firma Kubina hergestellt mit dem Text „DEN OPFERN VON TERROR UND GEWALTHERRSCHAFT ZUM GEDENKEN".

Alljährlich fand im Eichendorff-Hain am 17. Juni, dem Tag der Deutschen Einheit, eine Gedenkstunde vom Kuratorium Unteilbares Deutschland statt.

Eine dritte Kupfertafel wurde mit Einverständnis der Stadt Hildesheim vom Freundeskreis der Rügenwalder/Pommern bei der Firma Kubina

1990 in Auftrag gegeben mit dem Text „POMMERNLAND MEIN SEHNEN IST DIR ZUGEWANDT! (Wappen Rügenwald) (Wappen Pommern) BEGEGNUNGSSTÄTTE DER RÜGENWALDER SEIT 1966"
Im Monat Mai 2000 wurde entdeckt, dass die drei Kupferplatten von der Mauerbrüstung im Eichendorff-Hain entwendet worden sind. Eine Strafanzeige gegen unbekannt verlief ergebnislos. Im Auftrag der Stadt Hildesheim stellte Reinhard Kubina Ersatzplatten her, die er in der 19. Woche 2001 wieder in der Mauerbrüstung des Eichendorff-Haines anbrachte. Die Kosten hierfür übernahm die Friedrich-Weinhagen-Stiftung.[1631]

Weitere Quellen: Henriette Steube, Kunst in der Stadt 1945-1995, Hildesheim S. 28; HAZ vom 10. September 1962

Anmerkungen

1547 HAZ v. 20.9.1920.
1548 HAZ v. 26.3.1921.
1549 Kloppenburg, Neueste Geschichte, S. 55.
1550 Insgesamt wurden im Ersten Weltkrieg 22.000 t Glocken enteignet und 20.000 t eingeschmolzen worden. 600 t (etwa 1.800 Kirchenglocken) blieben unzerschlagen. 250 t wurden den Gemeinden nach Kriegsende zurückgegeben, bei 350 t waren die Eigentümer nicht mehr zu ermitteln, so dass die Glocken in einem Sammellager in Ilsenburg aufbewahrt wurden. HiZ v. 11.8.1920.
1551 Kloppenburg, Neueste Geschichte, S. 55.
1552 HAZ v. 30.11.1920.
1553 HAZ v. 26.3.1921.
1554 HAZ v. 30.11.1920.
1555 Fotografiert am 18.7.2001.
1556 Fotografiert am 16.4.2003.
1557 Zu sehen auf einem Foto vom Erntedankfest 1970 im Archiv der Christuskirche; mdl. Bericht von Erika Bauer am 27.7.2001. Der Kopf über dem Gedenkstein stammte ebenfalls von Carl van Dornick. Er war als Entwurf für das Mahnmal an der Sedanstraße vorerst probeweise der Christuskirche überlassen worden. HAZ am 23.11.1953.
1558 Die wortgetreue Abschrift des Gedenkbuchs besorgte Barbara Mönk.
1559 Besuch am 18.7.2001.
1560 Protokollbuch des Kirchenvorstands 1952-1983, S. 32.
1561 Auskunft von Erika Bauer am 27.7.2001; „Zum Gedenken der Toten", HAZ am 23.11.1953.
1562 Kloppenburg, Neueste Geschichte, S. 97.
1563 Architektenzeichnung von H. Stübe in Bistumsarchiv Hildesheim, Pfarrarchiv Hildesheim, St. Mauritius, 511. In der Zeichnung lautet die Inschrift: „Zum Gedaechtnis der / Getreuen die im Welt- / kriege 1914-1918 star- / ben für`s Vaterland."
1564 HiZ v. 13.6.1921. Entgegen der Beschreibung zeigt die Skizze zwei senkrecht nach unten gerichtete Schwerter beiderseits des umkränzten Eisernen Kreuzes. Michael steht links, Mauritius rechts.
1565 Adolf Vogeler schreibt in seiner Kriegschronik „Joseph" (S. 486).
1566 Ebd.: „Caspari".
1567 Bei Vogeler „12.11." (S. 488).
1568 Bei Vogeler „Pähler" (S. 489).
1569 Archiv der Pfarrgemeinde St. Mauritius, Protokoll der Kirchenvorstandssitzung v. 16.2.1979, Top 6 b. Köhler, St. Mauritius, Band 2, S. 62. Die Schule wurde am 20.9.1975 eingeweiht (ders., S. 53).
1570 Mündliche Auskunft des früheren Bauleiters und Mitarbeiters der Klosterkammer Hannover, Engelbert Sommer, am 6.3.2006. Die Namen standen auf einem Zettel mit dem Fluch „Tod den Franzosen!", den er 1969 bei der Renovierung des Giebels hinter dem Denkmal fand.
1571 HiZ v. 13.6.1921.
1572 Fotografiert am 27.8.2005. Die Anordnung entspricht der des Denkmals: St. Michael steht im Westen, St. Mauritius im Osten. Die Maße der Skulpturen sind 42 x 155 x 25 cm, die der Sockel 46 x 20 x 28 cm.
1573 Fotografiert am 6.3.2006. Die Maße des Bildes sind 89x117 cm.
1574 Fotografiert am 20.4.2006. Das fehlende Stück war dort ebenfalls noch vorhanden.
1575 Diese und die folgenden Angaben aus: Bistumsarchiv Hildesheim, Pfarrarchiv Hildesheim, St. Mauritius, 511.

1576 Bistumsarchiv Hildesheim, Pfarrarchiv Hildesheim, St. Mauritius, 511. Im Original ca 40 x 30 cm.
1577 Nachgedruckt in Kirchengesangbuch Canta Bona, S. 23.
1578 Mündliche Auskunft des früheren Bauleiters und Mitarbeiters der Klosterkammer Hannover, Engelbert Sommer, am 6.3.2006. Siehe II 9.4.2.
1579 Unsere Mauritiuskirche, S. 20.
1580 Köhler, St. Mauritius, Band 2, S. 62. Köhler schreibt von 105 Gefallenen und Vermissten.
1581 Fotografiert am 6.3.2006.
1582 Archiv der Pfarrgemeinde St. Mauritius, Protokoll der Kirchenvorstandssitzung (KV) v. 20.2.1974, Top 6 b.
1583 Ebd., Protokoll des KV v. 2.10.1974, Top 3 e.
1584 Ebd., Protokoll des KV v. 16.2.1979.
1585 Ebd., Protokoll des KV v. 25.5.1978, Top 1.
1586 Ebd., Protokoll des KV v. 11.9.1984, Top 7.
1587 Ebd., Akte des Friedhofsausschusses.
1588 Ebd., Akte des Friedhofsausschusses: Skizze vom 22.10.1984.
1589 Ebd., Protokoll des KV v. 6.11.1984, Top 7. Von dem Altarunterbau und dem Giebelaufsatz war nicht mehr die Rede.
1590 Ebd., Protokoll des KV v. 28.2.1985, Top 10 f.
1591 Ebd., Protokoll des KV v. 30.5.1985, Top 6.
1592 Ebd., Protokoll des KV v. 5.9.1985, Top 2.
1593 Ebd., Protokoll des KV v. 22.10.1985, Top 8 b.
1594 Fotografiert am 21.7.2002.
1595 HAZ v. 13.5.1960.
1596 Fotografiert am 24.7.2001.
1597 HP v. 7.9.1962.
1598 HAZ v. 6.9.1962.
1599 HAZ v. 30.6.1960. Nach der HAZ v. 2.7. stammt der Entwurf vom Grafiker Schmieder vom Stadtbauamt.
1600 Schriftliche Auskunft von Hans Pander, Hirschberger Str. 2, 31135 Hildesheim, am 4.8.2001. So auch Schwerdtfeger bei der Vorstellung des Denkmals im Verwaltungsausschuss, Protokoll der Sitzung vom 19.3.1962, StadtA Hi Best. 103-10 Nr. 18, S. 66.
1601 HAZ v. 12.2.1962.
1602 Gleiches gilt für Lauban, heute Luban; dem Sprecher der Laubaner, Stiftspropst Dr. Piekorz, überreichte Oberbürgermeister Lekve die Urkunde beim 5. Bundestreffen auf dem „Berghölzchen" am 3. August 1952. HP v. 4.8.1952.
1603 Bernward Trouw, Neisse – Hildesheim, S. 9.
1604 HP v. 2./3.7.1960. Der Vers ist dem Gedicht „Der Pilot" entnommen. Eichendorff, Werke, Band 1, S. 379.
1605 Niederschrift des Ausschusses für die Garten- und Friedhofsverwaltung v. 20.9.1955, StadtA Hi Best. 103-14 Nr. 8077.
1606 Die HAZ v. 17.9.1958 meldete, dass Piekorz den Wunsch geäußert hatte, den Toten von Lauban und Neisse ein Ehrenmal am Fuße des Berghölzchens, der jährlichen Tagungsstätte, widmen zu können.
1607 Dies hatte der Ausschuss für Garten- und Friedhofsverwaltung bereits am 24.9.1958 abgelehnt, weil die Planungen für diese Fläche noch nicht abgeschlossen waren. Protokoll des Ausschusses für Garten- und Friedhofsverwaltung v. 24.9.1958, StadtA Hi Best. 103-14 Nr. 8077.
1608 HAZ v. 20.7.1959.
1609 Der Ausschuss für die Garten- und Friedhofsverwaltung war mit diesem Vorschlag am 28.10.1959 einverstanden. (StadtA Hi Best. 103-14 Nr. 8077).
1610 Laubaner Gemeindebrief II/97, Hrsg. „Arbeitskreis Laubaner Gemeindebrief, Am Lothberg 50, 33617 Bielefeld, Spätsommer 1997. Foto des ungeteilten Steins auf der Titelseite mit der Bildunterschrift: „Diesen Gedenkstein ließ die Stadt Hildesheim für ihre Bürger und für ihre „Patenkinder" aus den beiden schlesischen Städten Lauban und Neisse am Berghölzchen aufstellen. Alljährlich eröffnen wir hier unser Heimattreffen mit einer Kranzniederlegung."
1611 HAZ v. 30.6.1960.
1612 Das Statistische Jahrbuch der Stadt Hildesheim 1960/1961, S. 297 nennt 35.000 DM als Bauwert.
1613 HP v. 2./3.7.1960.
1614 HP v. 2./3.7.1960.
1615 HAZ v. 25./26.3.1961.
1616 HAZ v. 12.2.1962.
1617 Protokoll der Sitzung am 12.2.1962, StadtA Hi Best. 103-10 Nr. 18, S. 41.
1618 StadtA Hi Best. 103-10 Nr. 18, S. 67.
1619 HP v. 26.3.1962.
1620 Lt. Niederschrift des Ausschusses für die Garten- und Friedhofsverwaltung vom 13.4.1960 stand der Betrag schon 1960 im Haushalt.
1621 HAZ v. 27.3.1962.
1622 StadtA Hi Best. 103-10 Nr. 17, S. 220.
1623 StadtA Hi Best. 103-10 Nr. 18, S. 75.
1624 HP v. 16.4.1962.
1625 StadtA Hi Best. 103-10 Nr. 18, S. 99.
1626 StadtA Hi Best. 103-10 Nr. 18, S. 169.
1627 HP v. 15.8.1962.
1628 HP v. 7.9.1962.
1629 HAZ v. 6.9.1962.
1630 HP v. 10.9.1962.
1631 Schriftliche Auskunft von Hans Pander, Hirschberger Str. 2, 31135 Hildesheim, am 4.8.2001, ergänzt durch eigene Recherchen.

400 NEUHOF

Abb. 92: Ehrentafel aus Karton[1632]

10 Neuhof / Hildesheimer Wald

10.1 Denkmal des SV Blau-Weiß Neuhof für die Opfer des Zweiten Weltkriegs

1. Standort

Auf dem Weg zum Kunstrasenplatz erreicht man über eine achtstufige Treppe und einen Weg parallel zum Sportplatz nach etwa 40 Metern eine Rasenfläche, auf der rechts die Gedächtnisstätte angelegt wurde.

2. Beschreibung

Eine aus Quadermauerwerk bestehende Stele, deren Fundament aus Natursteinplatten an allen Seiten ca. 30 cm vorsteht.

In der Vorderseite ist eine Sandsteinplatte mit den Maßen 65 cm x 1,10 m eingelassen, die unter dem Relief eines Fußballspielers die einge-

Abb. 93: Fußballer-Denkmal[1633]

meißelten und schwarz ausgemalten Worte enthält: UNSEREN KAMERADEN / ZUM ANDENKEN / 1939 – 1945.
Vor dem Denkmal ist ein kleines Blumenbeet, hinter ihm stehen Ahorn- und Eichenbäume, neben ihm wurden Laubholzbüsche angepflanzt.
Maße (Breite, Höhe, Tiefe): 1,25 m x 1,80 m x 1,20 m
Material: Bruchsteine, Sandstein
Technik: Steinmetzarbeit
Zustand: gut[1634]

3. Dokumentation

Auftraggeber: Vereinsvorstand
Hersteller (Entwurf, Ausführung): Maurermeister Josef Aselmeyer[1635] (Leitung). Die Arbeiten wurden durch Maurer und Helfer des Vereins in Eigenleistung durchgeführt.[1636]
Entstehungszeit: 1946/1947
Einweihung: nicht zu ermitteln
Deutung: Bild und Inschrift sowie die Art der Stiftung und Herstellung lassen das Denkmal als kameradschaftliche Erinnerung an die im Krieg umgekommenen Vereinsmitglieder erscheinen. Symbole der Trauer oder der militärischen Ehre fehlen. Ohne die Jahreszahlen könnte das Denkmal allen verstorbenen Vereinsmitgliedern zugeeignet werden. Der Fußballspieler zeigt, was die Mitglieder über den Tod hinaus verbindet: Sie bleiben Sportkameraden.
Das Denkmal bekundet die Treue der Lebenden gegenüber den Toten. Sie drückt sich im Wort „Kameradschaft" aus. Sie allein zählt, weitere Sinngebungen fehlen.
Objektgeschichte: Im April 1930 wurde der Verein als „Sportvereinigung Neuhof" gegründet. Die sportlichen Erfolge zerstörte der Zweite Weltkrieg: Mehr als die Hälfte der 1. Herrenmannschaft kehrte nicht mehr zurück.[1637]
Das Denkmal wurde gleich nach dem Krieg unter dem 1. Vorsitzenden Johannes Aselmeyer erbaut. Die Beschaffung des Baumaterials sei zu diesem Zeitpunkt sehr schwierig gewesen.[1638]

10.2 Kriegerdenkmal an der Neuhofer Straße

10.2.1 Ehrung der Toten des Ersten Weltkriegs

1. Standort

Neuhofer Straße

Abb. 94: Denkmal an der Neuhofer Straße[1639]

2. Beschreibung

Auf einer 7,60 x 6 m großen Grundfläche aus Waschbetonsteine steht ein Pylon mit quadratischem Sockel (2 m Kantenlänge, 1 m hoch) in den mit 45° Drehung ein Pfeiler (1,20 m Kantenlänge, 2,10 m hoch) mit einem kuppelförmigen Abschluss (ca. 1 m hoch) eingefügt wurde. Das Denkmal besteht aus Naturstein. In den zwei schräg zur Straße zeigenden Flächen sind 1m x 1,70 m große schwarze Steinplatten mir segmentbogiger Oberkante eingesetzt worden, die an die Kriegstoten des Ersten Weltkriegs erinnern.
Die Inschriften (die in Klammern ergänzten Vornamen recherchierte Uwe Kloth[1640]):
Linke Platte: Eisernes Kreuz (in Ordensform mit Krone, „W" und „1914") / (gewöhnliche Schrift) Es starben für's Vaterland / aus den Gemeinden / Neuhof u. Marienrode / im Weltkriege 1914 – 1918. / Res. A. A. Wedemeyer am 8.9.1914 / Res. A (August). Voges 12.9.1914 / Ers. Res. Joh(annes). Wolf 5.12.1914 / Ers. Res. W(il-

helm). Freise 25.5.1915 / Ers. Res. J(osef). Ossenkopp 7.6.1915 / Kriegsfrw. E(rnst). Nave 6.8.1915 / Ers. Res. J(osef). Schmidt 7.8.1915 // Rechte Platte: Eisernes Kreuz (wie zuvor) / Wehrm. Joh(annes). Heise am 28. 9.1915 / Gefr. J(osef). Hessing 6.10.1915 / Wehrm. F(riedrich). Armbrecht 8.12.1915 / Musk. O. Voges 4.3.1916 / Pion. G(odehard). Schmidt 9.3.1916 / Untfzz. J. Wipper 4.7.1916 / Ers.Res. H(ermann). Brandes 30.9.1916 / Res. Joh(annes). Ludewig 8. 1. 1917 / Ldstrm. W(ilhem). Schmidt 4.10.1917 / Untffz. H(einrich). Freise 20.4.1918 / Gefr. F(ranz). Paltian 16.8.1918 / Untfzz. E(rnst). Freise 1.11.1918//

Maße (Breite, Höhe, Tiefe): s. Beschreibung
Material: Kalkstein
Technik: Bruchsteinmauerei

3. Dokumentation

Auftraggeber: Krieger-Verein Neuhof-Marienrode
Hersteller (Entwurf, Ausführung): August Nave
Entstehungszeit: 1920
Einweihung: 19. September 1920[1641]
Deutung: Hinsichtlich der Stiftung, Gestaltung und Errichtung steht das Denkmal für Heimatverbundenheit, Zusammengehörigkeit und Treue. Spenden der Bevölkerung finanzierten es vollständig, Mitglieder des Vereins verwirklichten es und verwendeten dafür heimatliches Material: Kalksteine aus Neuhofer Steinbrüchen. Das Buckelquadermauerwerk vermittelt einen robusten Eindruck: Das Denkmal beansprucht Dauerhaftigkeit und demonstriert Standfestigkeit. Es verzichtet auf jegliches Ornament. Die Ordensform des Eisernen Kreuzes zeichnet alle Gefallenen gleichermaßen aus, weil sie „für's Vaterland starben".

Im Heldenkult bedarf es einer Sinngebung, die den Tod als lohnenswert darstellt. Der Tod für's Vaterland ehrt die Verstorbenen und verpflichtet die Überlebenden und Nachgeborenen, für die sie sich geopfert haben und deren Vaterland sie erhielten. Der Hinweis auf das Vaterland bekommt damit einen testamentarischen Charakter, eine Mahnung zur Nacheiferung: „Erhaltet auch ihr das Vaterland, seid der Toten würdig!"

Objektgeschichte: Planer und Erbauer des Ehrenmals an der Neuhofer Straße war nicht die politische Gemeinde, die unter Leitung des damaligen Ortsvorstehers Dr. Friedrich Evers sen. stand. Die Gemeinde gab ihre Zustimmung zum Bau und stellte den Platz zur Verfügung. Gebaut hat es der damalige Krieger-Verein Neuhof-Marienrode, dessen Mitglieder es in eigener Organisation und eigener Arbeit ohne Unternehmer errichteten. Die Kosten in Höhe von 6.083,80 Mark wurden durch freiwillige Spenden in Höhe von 6.280,50 M aufgebracht. Es wurden zwei Listensammlungen bei den Bewohnern der beiden Ortschaften durchgeführt. Kassierer des Krieger-Vereins war Franz Pagel.

Der damalige Baugewerbeschüler August Nave – Kriegsteilnehmer 1914-18 und Mitglied des Krieger-Vereins – machte den Vorschlag, das Ehrenmal aus den Kalksteinen der hiesigen Steinbrüche zu erbauen, zumal dem Verein talentierte Maurer angehörten, die die Bruchsteinmauerei beherrschen. Diesem Vorschlag wurde zugestimmt. August Nave erhielt den Auftrag, das Denkmal zu entwerfen. Seine Planung fand Anklang.[1642]

An der Einweihung nahmen die Kriegervereine aus Söhre, Dinklar, Diekholzen und Bad Salzdetfurth sowie die Neuhofer Vereine teil. Klostergutspächter Salomon enthüllte das Denkmal nach zwei einleitenden Liedern des MGV „Germania", der „Seliger Tod" und „Der Soldat" zu Gehör brachte. Die Pastoren Peters und Krone hielten die Ansprachen. Anschließend sprach Gemeindevorsteher Evers. Mit Musikstücken der Feuerwehrkapelle und der Abgabe von Gewehrschüssen wurde die Feier beendet, die anschließend im „Sternhaus" ausklang.[1643]

Am 16. Januar 1921 veranstalteten der Neuhofer Jugendbund und der Gesangverein einen Theaternachmittag mit musikalischen Darbietungen, dessen Einnahmen für den Schmuck des Kriegerdenkmals bestimmt waren.[1644]

Weitere Quelle: Das Onlineprojekt Gefallenendenkmäler (www.denkmalprojekt.org/deutschland/hildesheim_neuhof.htm; Zugriff: 9.2.2006) verwendet Fotos von der Ehrentafel der Gefallenen und Kriegsteilnehmer der Gemeinde Neuhof-Marienrode, die in Kartonausführung den Angehörigen zum Kauf angeboten wurde (Abb. 92). Für die Internetseite recherchierte Uwe Kloth die Vornamen, nähere Todesumstände, den Todesort, die Grabanlage laut VdK und die militärische Einheit.

10.2.2 Erweiterung des Denkmals nach dem Zweiten Weltkrieg

1. Standort

Wie 10.2.1

2. Beschreibung

Im Sockel wurde eine 1 m x 0,90 m große Sandsteinplatte mit einer Erinnerung an die Opfer des Zweiten Weltkrieges, der Vertreibung und der Gewaltherrschaft eingemauert. Als Inschrift wurde in Majuskeln eingemeißelt: „Unseren Toten / des Krieges 1939-45, / den Opfern der / Vertreibung / und der / Gewaltherrschaft".
Links und rechts des Platzes steht ein 4 m langer und 0,40 m hoher Sockel, ebenfalls aus behauenem Naturstein. An der Rückseite des rechten Sockels erscheint die Begrenzung wegen des Gefälles als Mauer, vor der zwei Sitzbänke stehen.
Maße (Breite, Höhe, Tiefe): siehe Beschreibung
Material: Kalkstein
Technik: Bruchsteinmauerei
Zustand: Die Gesamtanlage befindet sich in einem guten Zustand.[1645]

3. Dokumentation

Auftraggeber: Bürgerinitiative/Gemeinde
Entstehungszeit: 1968-1980
Einweihung: 30. Mai 1980
Deutung: Nach dem Zweiten Weltkrieg dauerte es 35 Jahre, bis auf Betreiben des zugezogenen und sozialdemokratischen Ortsbürgermeisters Heinz Wutkewicz ein Zusatz angebracht wurde, der in allgemeiner Form „Unseren Toten / des Krieges 1939-45, / den Opfern der / Vertreibung / und der / Gewaltherrschaft" gewidmet wurde. Ob man sich für diese umfassende Form der Widmung nach gründlicher Diskussion und Prüfung von Alternativen entschieden hat, ist nicht mehr zu klären. Zwölf Jahre vorher hatte eine Bürgerinitiative noch eine separate Gedächtnisstätte für die Kriegstoten des Zweiten Weltkriegs geplant. Die schließlich ausgewählte Form isolierte die Gefallenen nicht mehr, sondern ordnete sie optisch der Gefallenenehrung des Ersten Weltkriegs zu, beklagte allerdings ihren Tod zusammen mit dem der Vertriebenen und der Opfer der Gewaltherrschaft. Eine andere Art der Gestaltung wäre wegen des rasanten Wachstums des Ortsteils auch nicht mehr möglich gewesen. Die Namen waren 1980 nicht mehr genau und vollständig zu rekonstruieren. Das starke Anwachsen des Ortsteils schloss es aus, das Gedenken nur auf die alteingesessene Bevölkerung zu konzentrieren.
Der Ortsrat bemühte sich darum, alle Formen des in Folge des Krieges Erlittenen anzusprechen. Der Wortlaut der Widmung lässt eine verengte, nationalistische Deutung (unsere Toten, Vertriebenen und Gewaltopfer – die Täter waren die anderen) ebenso zu wie eine weitgefasste, in der auch die eigene Schuld bekannt wird: Der Begriff „Gewaltherrschaft" kann sich auch auf den Nationalsozialismus und seine Untaten im Inneren wie im Äußeren beziehen.
Die späte Hinzufügung der Gedenktafel lässt darauf schließen, dass es einen Bedarf an Verortung gab. Die durch den Zweiten Weltkrieg Umgekommenen sollten nicht vergessen werden, die Gemeinde sah sich in der Pflicht, das Erinnern sichtbar zum Ausdruck zu bringen.
Objektgeschichte: 1968 begann eine Bürgerinitiative mit der Neugestaltung des Kriegerdenkmals. Der Architekt Hegenbart hatte bei der Vorstellung der Planungen am 7. Juni 1968 durch den Vorsitzenden des SV Blau-Weiß Neuhof, Strohmeyer, den Entwurf schon fertiggestellt.[1646] Der Garten- und Friedhofsausschuss erfuhr von den Planungen der Vereinsgemeinschaft Neuhof am 4. Juni 1968, begrüßte die Initiative und bat um laufende Unterrichtung.[1647] In der konstituierenden Sitzung des Ortsrates am 29. Oktober 1968 erläuterte Dipl.-Ing. Hegenbart seine Planung. Das bestehende Denkmal sollte mit einer 50 cm hohen Mauer eingefasst werden. Den Zugang zur Straße sollte eine Kunstschmiedekette verschließen. Das Denkmal selbst sollten Waschbetonplatten umgeben, die in einem zweiten Bauabschnitt zu einem Gedenkkreuz für die Gefallenen des Zweiten Weltkriegs führen sollten. Der bisherige Zaun war bereits vom Garten- und Friedhofsamt entfernt und beim Bau des Kinderspielplatzes an der Beaulieu-straße wieder verwendet worden. Auch hatte die Stadt bereits einen störenden Lichtmast umsetzen lassen. Die Neuhofer baten darum, auch eine unschöne Litfasssäule zu entfernen.[1648]
Geplant war eine separate Gedächtnisstätte für die Kriegstoten des Zweiten Weltkriegs im hin-

teren Teil der Gesamtanlage, deren Materialkosten in Höhe von 1.500 DM die Ortsgemeinschaft tragen wollte.

Andere, aktuellere Fragen, die mit der Erweiterung des Ortsteils zusammenhingen (Baugebiet Trockener Kamp, Schulbau, neue Sportanlage), aber wohl auch eine veränderte Einstellung gegenüber Kriegerdenkmälern, verdrängten die Denkmalplanungen aus der örtlichen Tagesordnung und der öffentlichen Berichterstattung. Erst am 30. Mai 1980 enthüllte Ortsbürgermeister Wutkewicz in einer „eindrucksvollen Feierstunde" die Gedenktafel am Kriegerdenkmal. Die musikalische Gestaltung der Feier übernahm die Musikkapelle Anras aus dem Oberen Pustatal, die beim SV Blau-Weiß zu Gast war, und der Posaunenchor Marienrode.[1649]

Weitere Quelle: HP vom 23. Oktober 1968 (mit Lageplan)

Anmerkungen

1632 Kopie im Privatbesitz v. Peter Herbeck, ehemaliger Ortsbürgermeister.
1633 Fotografiert am 19.7.2001.
1634 Besuch am 19.7.2001.
1635 Vor dem Zweiten Weltkrieg 1. Vorsitzender des Vereins.
1636 Schriftliche Auskunft von Hubert Wolter, Beaulieustr. 1, 31139 Hildesheim, v. 23.10.2000.
1637 50-jähriges Jubiläum Blau-Weiß Neuhof, S. 19, StadtA Hi 31578. Das Denkmal wird darin nicht erwähnt.
1638 Schriftliche Auskunft von Hubert Wolter, Beaulieustr. 1, 31139 Hildesheim, v. 23.10.2000.
1639 Fotografiert am 6.7.2001.
1640 http://www.denkmalprojekt.org/deutschland/hildesheim_neuhof.htm; Zugriff am 9.2.2006.
1641 Der Verein ehem. Jäger und Schützen beschloss am 8.9.1920, an der Denkmalseinweihung teilzunehmen. HAZ v. 9. 9. 1920. Bericht über die Einweihung in: HAZ v. 20.9.1920.
1642 Auskunft durch Friedrich Wippern.
1643 HAZ v. 20.9.1920.
1644 HAZ v. 21.1.1921.
1645 Besuch am 6.7.2001.
1646 HP v. 8.6.1968.
1647 Protokoll des Ausschusses für die Garten- und Friedhofsverwaltung v. 10.6.1968, StadtA Hi Best. 103-14 Nr. 8077.
1648 HAZ v. 23.10.1968.
1649 HAZ v. 2.6.1980.

11 Ochtersum

11.1 Kriegerdenkmal in der St.-Godehard-Straße

11.1.1 Ehrung der Toten des Ersten Weltkriegs

1. Standort

St.-Godehard-Straße 29, an der nordwestlichen Seite des Kirchengrundstücks

2. Beschreibung

Über drei Stufen, die seitlich von Steinpfeilern eingefasst wurden, betrat man eine Plattform, auf der am hinteren Rand das als Ädikula gestaltete Denkmal stand.
Zwischen den 35 cm breiten Seitenwangen der Ädikula war in erhabenen Majuskeln „Die Gemeinde / Ochtersum / ihren gefallenen / Kriegsteilnehmern" eingemeißelt.
Die eingemeißelten Namen standen in einer Nische über der Widmung (92 cm x 140 cm). Diese Tafel war von 35 cm breiten rechteckigen Pfeilern eingefasst, auf denen ein ca. 60 cm hoher Giebel lag (Seitenhöhe ca. 25 cm). Ein Stahlhelm im Eichenkranz war reliefartig über der mittleren Platte im Giebelfeld ausgearbeitet, links stand die Jahreszahl 1914 und rechts 1918. Auf den Pfeilern prangte unter dem Kapitell je ein Eisernes Kreuz.

Abb. 95: Ehrenwache der Feuerwehr am Ochtersumer Ehrenmal[1650]

Die Inschrift in der Mitte (gewöhnliche Schrift): Es / starben den Heldentod: / Wiederholt, Jos. / 6. Mai 1915 / Ossenkopp, Heinr. / 12. Mai 1915 / Garms, Heinrich / 25. Mai 1915 / Habenicht, Aug. / 6. Aug. 1915 / Kuhle, Karl / 8. Aug. 1915 / Plötze, Johannes / 20. Aug. 1915 / Höppner, Edm. / 23. Aug. 1915 / Zehren, Johannes / 3. Juli 1916 // Stegmann, Jos. / 4. Juli 1916 / Kaune, Franz / 16. Nov. 1916 / Günther, Joh. / 3. Feb. 1917 / Plötze, Edmund / 16. Dez. 1917 / Mahlmann, Heinr. / 1. April 1918 / Brandes, Heinr. / 14. Apr. 1918 / Plötze, Christian / 10. Aug. 1918 / Lange, Jakob / 19. Sept. 1918 / Röhrig, Peter / 2. Okt. 1918 //
In der Mitte darunter: Brandes, Joseph / 16. Jan. 1919 //
Darunter gesperrt R I P
Maße (Breite, Höhe, Tiefe): siehe Beschreibung
Material: Sandstein
Technik: Steinmetzarbeit

3. Dokumentation

Auftraggeber: Gemeinde Ochtersum
Hersteller (Entwurf, Ausführung): Bildhauer Dräger
Entstehungszeit: 1921
Einweihung: 10. September 1921
Deutung: Das Denkmal wurde als Ädikula gestaltet. Es enthält die Namen, die damit direkt über der Widmung und unter dem bekränzten Helm stehen.
Um einen Kranz niederlegen zu können, musste man drei Stufen zu den Gefallenen hinaufsteigen. Die Totenehrung fand, wie die Opferung in der Kirche, auf einem erhöhten Podest statt.
Der christlich motivierte Heldenkult zeigt sich in der Verwendung militärischer Insignien (Stahlhelm und Ehrenkranz) und in der Floskel „Es starben den Heldentod". Die Widmung „ihren gefallenen Kriegsteilnehmern" erschien den Stiftern offenbar zu neutral.
Das Possessivpronomen stellt die Treuebeziehung zwischen der Gemeinde und den Verstorbenen her. Die Gefallenen verloren ihr Leben im Dienst für das Gemeinwesen. Das Todesdatum wird testiert. Dass sie heldenhaft, also vorbildlich handelten, bescheinigen ihnen die Widmung, der bekränze Helm und die Eisernen Kreuze.

Die Grundstücksstiftung des Kirchenvorstands und die Finanzierung des Denkmals durch Spenden der Bürgerschaft ist Ausdruck des Danks der Gemeinde für die erwiesene Treue der Toten. Die Nähe zur Kirche (und zur Schule) unterstreicht die religiöse (und pädagogische) Dimension, sichert aber zugleich ein Höchstmaß öffentlicher Aufmerksamkeit. Die Kriegstotenehrung steht im geistlichen (und geistigen) Zentrum der Gemeinde.

Objektgeschichte: Der Kirchenvorstand der St.-Godehard-Kirche beschloss am 6. Februar 1921, das Gelände für ein zu errichtendes Kriegerdenkmal kostenlos zur Verfügung zu stellen.[1651] Die für das Denkmal erforderlichen finanziellen Mittel hatten Ochtersumer Gemeindemitglieder aufgebracht. Außerdem unterstützten einige Ochtersumer unentgeltlich die Herstellungsarbeiten. Die Chronik der Grundschule Ochtersum nennt namentlich Joachim Günther, Heinrich Riechers, Josef Jäger und Heinrich Wunram.[1652] Auf Beschluss des Gemeindeausschusses vom 27. April 1924 wurde das Denkmal eingezäunt.[1653]

11.1.2 Erweiterung des Denkmals nach dem Zweiten Weltkrieg

1. Standort

Wie II 11.1.1

2. Beschreibung

Nach der Erweiterung steht das Denkmal auf dem trapezförmigen Grundstück ca. 20 m weit vom Eingang entfernt. Das Trapez ist an der Seite des ca. 250 cm breiten Eingangs 8 m breit. Bis zur Kirchenmauer verbleiben ca. 16 m. Am äußeren Rand ist das Grundstück etwa 40 m breit. An seinen Seiten befinden sich etwa 2-3 m breite Rasenbeete. Der dazwischen liegende Platz ist mit Kies aufgefüllt.

Man betritt die Anlage über 4 Stufen, neben denen links und rechts eine quadratischer ca. 150 cm hoher Pfeiler aus Naturstein steht. Darauf wurde jeweils ein ca. 45 cm hohes Eisernes Kreuz errichtet.

Das vorhandene Denkmal wurde zum Altar mit einem Triptychon als Retable erweitert. Die Namenstafeln wurden in flache Nischen eingelegt. Der bisher nur angedeutete Altar erhielt einen ca. 90 cm hohen und 190 cm breiten Altartisch, der etwa 60 cm weit nach vorn ragt.

Die Inschrift links (Majuskeln):

1939 + Alex Gerth 1.9. + 1940 Karl / Heinz Müller 17.11. + 1942 + Rudolf / Ringe 25.5. + 1943 + Herbert Brun- / ler 10.1. + Johannes Wullram 7.5. / Bernhard Oppermann 13.5. + Heinz / Grosser 3.7. + Roland Richter / 13.11. + 1944 + Rudolf Nordhoff / 8.2. + Christian Plötze 9.4. + Herm. / Abraham 13.7. / Friedel Strüvy / 4.9. + Heinrich Kohl 14.9. + Johan- / nes Albuschat 21.9. + Hermann / Burgdorf 16.12. + 1945 + Josef / Bode 27.1. + Heinrich Bieler 4.2. / Rudolf Wullram 5. Februar +//

Die Inschrift rechts (Majuskeln):

1945 + Hermann Rodewald 28.2. / Herbert Gernt 5.3. + Alfred Brun- / ler 15.8. + Heinrich Riechers 15. / 10. + 1946 + Adolf Nitsch 15.3. + / Rudi Lütge 24.6. + Vermisste + / Franz Brinkmann + Johannes / Bolik + Joachim Bartel + Aloi- / sius Guenther + Karl Hunke + An- / ton Held + Bruno Hoppe + Heinr. Leifholz (?) + Heinrich Marheinec- / ke + Friedrich Müller + Walter / Neitzel + Franz Ohlendorf + / Heinrich Plötze + Georg Groth + Leo Schmude + Karl Wunram//

Eine 6,50 breite und 1,80 m tiefe, mit: rechteckigen Sandsteinplatten ausgelegte Fläche bildet das Fundament des Denkmals.

Darauf steht vor dem Denkmal eine sechseckige Blumenschale, die mit Blumen bepflanzt ist.

Das Denkmal ist von hohen Nadelbäumen umgeben.

Maße (Breite, Höhe, Tiefe): Tafel: 105 cm x 165 cm; Denkmal insgesamt: ca. 490 cm x 300 cm x ca. 25 cm

Abb. 96: Ehrenmal vor der Auffrischung[1654]

Material: Sandstein
Technik: Steinmetzarbeit
Zustand: Ende 2002 wurde die Anlage gärtnerisch neu gestaltet, insbesondere entfernte man die Bäume.

3. Dokumentation

Auftraggeber: Gemeinde Ochtersum
Hersteller (Entwurf, Ausführung): Steinmetzmeister Kernbach, Nordstemmen; Gärtnermeister Marheinecke
Entstehungszeit: 1953 bis 1955
Einweihung: 13. November 1955 (Volkstrauertag)
Deutung: Die Kriegstotenehrung wahrte zehn Jahre nach dem Ende des Zweiten Weltkriegs die Tradition. Durch den hinzugefügten Altar wurde aus der Ädikula ein Retable, der zum Triptychon erweitert wurde. Die Namen der neuen Toten in den Seitenflügeln der Altarrückwand wurden den toten Helden des Ersten Weltkriegs gleichgestellt.
Eine neue Widmung war nicht nötig. Die zentrale Widmung war so neutral gehalten, dass sie auch die Kriegstoten des Zweiten Weltkriegs umfasste. Der Begriff „Helden" wird nicht mehr verwendet. Die Namen der Toten wurden den Jahren zugeordnet, in denen sie starben. Ihre Todestage wurden vermerkt. Fünf Personen starben nach Kriegsende, sechzehn Vermisste wurden notiert.
Bei der Neugestaltung betonte man den sakralen Charakter. Das Ehrenmal bildet seitdem einen abgezäunten Bereich. Die Altarform, die nun realistisch ausgeführt ist, und die Nähe der Kirche lassen die Deutung eines eigenen heiligen Bezirks zu. Man passiert beim Eintreten zwei Pfeiler mit Eisernen Kreuzen, steigt dann über vier Stufen zum Denkmalsplatz empor, auf dem sich die Anwesenden bei Feiern versammeln können, der aber auch genügend Distanz für eine allmähliche Annäherung bietet, bei der sich der Besucher ganz auf das Denkmal konzentrieren sowie den Zweck seines Kommens besinnen kann.
Mit Ausnahme der beiden stilisierten Eisernen Kreuze verzichtete man bei der Neugestaltung auf sinngebende Symbole. Der neu geschaffene Raum kann von der Gemeinde oder von Einzelnen im Sinne des christlichen Totenkults, für Gebet, Andacht und Feier, genutzt werden. Dass der frühere Heldenkult 1955 bewusst nicht mehr fortgesetzt wurde, belegt das Zitat aus der Einweihungsansprache von Bürgermeister Johann Eilers: Die Kriegstoten seien „nun als Mahner für den Frieden in Stein gehauen im Herzen des Dorfes verewigt".
Objektgeschichte: Am 11. November 1953 stellte der Kirchenvorstand Gelände für das Zurücksetzen und die Erweiterung des Denkmals bereit.[1655] Am selben Tag beschloss der Gemeinderat einstimmig, das Denkmal für die Gefallenen des Ersten und Zweiten Weltkriegs zu erweitern.[1656] Die Vorarbeiten wurden dem Gartenarchitekt Breloer, Hildesheim, übertragen.
Am 22. März 1955 ließ sich der Gemeinderat genauestens über die Planung unterrichten und fasste detaillierte Beschlüsse. Steinmetzmeister Kernbach, Nordstemmen, erläuterte den Bau des Ehrenmals. Die Umfassungsmauer sollte aus Bruchsteinen des Steinbruchs Nette hergestellt werden. Gärtnermeister Marheinecke erhielt den Auftrag, die nötigen Bäume und Sträucher sofort zu bestellen. Der Holzzaun sollte in Fichte, die Querlatten in Eiche ausgeführt werden. Er sollte durchgehend, ohne Pfeiler, sein. In die neue Mauer sollten Eisenträger einbetoniert werden, an denen der Zaun befestigt werden sollte. Die Stärke der Latten, die sich der Gemeinderat gehobelt und nach hinten schräg abgeflacht wünschte, sollte 3 x 5 cm sein. Vor der Aufstellung sollten die Latten einmal geölt werden. Der Stellmachermeister Johannes Koch und der Tischlermeister Heinrich Kohl sollten einen Kostenvoranschlag abgeben, einmal für 50 und einmal für 60 cm Höhe.
Die Mauerarbeiten sollte Maurermeister Wolf ausführen. Die Pappeln neben dem alten Ehrenmal sollten entfernt und Stellmachermeister Koch als Nutzholz angeboten werden.[1657]
Von der Denkmalsweihe berichtet die Presse am 15. November 1955. Am Volkstrauertag, 13. November, verlas Bürgermeister Johann Eilers die Namen der 59 Opfer, die „nun als Mahner für den Frieden in Stein gehauen im Herzen des Dorfes verewigt sind."[1658] Oberkreisdirektor Dr. Buerstedde nahm als Vorsitzender des Volksbunds deutsche Kriegsgräberfürsorge an der Feier teil. Pfarrer Richter sprach das Vaterunser, Pastor Andersen sagte: „Wir haben uns so wenig liebgehabt, darum wurde soviel unschuldiges Blut vergossen."

Am 21. März 1956 wählte der Gemeinderat auf Vorschlag des Ratsmitglieds Nordhoff die Herren Garbs, Rittmeier und Wichmann in eine Kommission, die die freiwilligen Spenden für das Ehrenmal nachprüfen sollte.[1659] Nordhoff hatte sie selbst in der Gemeinde gesammelt.

Initiator der Denkmalserweiterung war der Ratsherr Heinrich Nordhoff, der auch die am Eingang stehenden Kreuze schuf. Den Zaun spendete die Landwirtin Strüvy. Die Rasenbortsteine setzte Kurt Nagel, zusammen mit der Kolpingfamilie wurde der Kies eingebaut.

Die Festschrift „85 Jahre, 1901-1986, Freiwillige Feuerwehr Ochtersum" bezeichnet das „an der Nordseite der Kirche errichtete Kriegerdenkmal" als „Schmuckstück im Gesamtbild des Altdorfes".[1660]

Am 2. Mai 1969 beschloss der Gemeinderat, die Inschrift am Denkmal zu erneuern.[1661] 34 Jahre später befasste sich die Gemeinde, nun als Hildesheimer Stadtteil, erneut mit dem Kriegerehrenmal. In seiner 11. Sitzung ließ sich der Ortsrat am 25. Juni 2003 die Planungen des Fachbereichs Grün, Straße und Vermessung zur Neugestaltung vorstellen. Die Fichten hinter dem Denkmal waren bereits im Herbst 2002 entfernt worden, die entstandene Lücke war im Frühjahr 2003 durch Anpflanzungen mit drei Linden geschlossen worden. Von den im vorderen Bereich stehenden zwei Eiben und zwei Trauerbirken sei eine Birke abgängig, weshalb eine vollständige Neuanpflanzung vorgeschlagen wurde. Zwei Eiben sollten die vorhandenen vier Bäume ersetzen, um ungehindert auf das Ehrenmal blicken zu können, fünf Rotdorn sollten entlang der St.-Godehard-Straße angepflanzt werden. 4.000 Euro stünden dafür im städtischen Haushalt zur Verfügung. Der Ortsrat stimmte dem Verwaltungsvorschlag zu, verlangte allerdings darüber hinaus, auch die drei hochstämmigen Linden hinter dem Ehrenmal zu fällen und durch Lindenstammbüsche zu ersetzen.[1662]

Über eineinhalb Jahre später zog der Ortsrat Bilanz. Ein Großteil der Planungen war inzwischen umgesetzt worden, lediglich hinsichtlich der überwucherten Kiesfläche war noch eine Entscheidung zu treffen. Der Ortsrat beauftragte die Verwaltung, die Kosten für die verschiedenen Gestaltungsvarianten zu ermitteln:

– Herstellung eines Plattenweges zum Ehrenmal mit einer gepflasterten Aufstellfläche davor und Eingrünung der Restfläche
– Aufbringung eines Schotterrasens auf der gesamten Fläche
– Eingrünung der gesamten Fläche
– Bekämpfung des Unkrautes mit genehmigten Unkrautvernichtungsmitteln.[1663]

Nach einer Ortsbesichtigung entschied sich der Ortsrat in der folgenden Sitzung für einen weiteren Gestaltungsvorschlag: Es sollten der Kies vollständig aufgenommen, Rasen auf der gesamten Fläche eingesät und einige Trittplatten verlegt werden. Desweiteren bemängelte man den Zustand des Zaunes und seiner Unterkonstruktion sowie die verwitterte Inschrift. Deren Restaurierung übernahm der Ortsrat die Finanzierung, um Zaun und Sockel sollte sich die Untere Denkmalschutzbehörde kümmern.[1664]

Im November 2005 waren die Arbeiten am Vorplatz abgeschlossen.[1665]

Weitere Quelle: Ute Hartel/Brigitte Härlen-Simon/Hans Hartmann, Ochtersum. Vom Stiftsdorf zum Hildesheimer Stadtteil, Band 27 der Schriftenreihe des Stadtarchivs, Hildesheim 1997

Anmerkungen

1650 Undatiertes Foto, zur Verfügung gestellt von Ortsbürgermeister Dr. Ulrich Kumme am 28.9.1998.
1651 Protokollbuch der kath. Kirchengemeinde Ochtersum.
1652 Chronik der Grundschule Ochtersum, S. 15. Auskunft v. Ortsbürgermeister Dr. Ulrich Kumme am 28.9.1998.
1653 Protokoll der politischen Gemeinde vom 27.4.1924.
1654 Das Foto entstand beim Besuch am 2.7.2001.
1655 Protokollbuch der kath. Kirchengemeinde Ochtersum.
1656 Protokollbuch der Gemeinde Ochtersum, 1950-1963, Niederschrift vom 11.12.1953, StadtA Hi Best. 207 Nr. 4.
1657 Ebd., Niederschrift vom 22.3.1955, StadtA Hi Best. 207 Nr. 4.
1658 HP v. 15.11.1955.
1659 Ebd., Niederschrift vom 21.3.1956, StadtA Hi Best. 207 Nr. 4.
1660 StadtA Hi 27709, S. 29.
1661 StadtA Hi Best. 204 Nr. 7, S. 58.
1662 Niederschrift v. 25.6.2003, S. 4 f.
1663 Niederschrift v. 16.2.2005, S. 3.
1664 Niederschrift v. 13.4.2005, S. 3.
1665 Niederschrift v. 30.11.2005, S. 6.

12 Marienrode

12.1 Gedenktafel der Cosmas-und-Damian-Kirche für die Gefallenen des Ersten Weltkriegs

1. Standort

In der ev. Kirche St. Cosmas und Damian links neben dem Ausgang des Gemeinschaftsraums zur Egloffsteinstraße

2. Beschreibung

Eine Holztafel mit 5 cm breitem dunkelbraunen, gold abgesetzten Rahmen (Stärke: 4 cm) trägt eine gelbbraune Schrifttafel. Die erhabene Majuskelschrift ist goldfarben.
Inschrift:
1914 Eisernes Kreuz (schwarz) 1918 / Gefallen im Kampfe / für's Vaterland / Aus Diekholzen: / Fritz Schröder + 10. Sep. 14 / Herm. Wunstorf + 19. Feb. 15 / Max Noeggerath + 6. Mai 15 / Wilh. Kaufmann + 8. Okt. 15 / Georg Schröder + 14 Jun. 18 / Fritz Bothe + 9. Aug. 18 / Aus Marienrode: / Alb Wedemeyer + 8. Sep. 14 / Aus Neuhof: / August Voges + 12. Sep. 14 / Otto Voges + 4. März 16

Der Raum ist von der Kirche oder von der Straße aus zugänglich. Die Türen werden jedoch nur bei besonderen privaten oder kirchlichen Anlässen geöffnet.
Maße (Breite, Höhe, Tiefe): 0,65 m x 1,00 m
Material: Holz
Technik: Schnitzarbeit
Zustand: Die Platte ist gut erhalten.[1667]

3. Dokumentation

Auftraggeber: Kirchengemeinde
Hersteller (Entwurf, Ausführung): unbekannt
Entstehungszeit: unbestimmt
Deutung: Die Tafel gruppiert die Kriegstoten nach den Orten, die zur evangelischen Kirchengemeinde gehörten. Die Namen aus den Ortschaften Neuhof und Marienrode befinden sich auch auf dem Kriegerdenkmal in Neuhof.
Das Eiserne Kreuz steht dominant in der Spitze. Es ist – wie der Orden – schwarz ausgeführt aber nicht mit den Insignien des Ordens ausgestattet. Das Kreuz wächst aus der Sinnstiftung „Gefallen im Kampfe für's Vaterland" heraus in die Spitze, seine beiden Arme weisen auf die Jahreszahlen 1914 und 1918. Der Kampf wird durch das Eiserne Kreuz zum heldenhaften Kampf, der durch die Eckdaten markierte Krieg zum heldenhaften Krieg. Diese Deutung ist allerdings nur aus der Ordensstiftung abzuleiten. Das Denkmal selbst ist schlicht gehalten, vermeidet Formen des Heldenkults und ähnelt der ursprünglichen, klassischen Form eines preußischen kirchlichen Gemeindedenkmals von 1813. Damals war der Dienstherr noch mitgenannt worden, hier wird nur noch das Vaterland als Sinnstiftung erwähnt. Vor- und Nachname sowie Todesdatum sind ausgeschrieben. Militärische Daten, wie Dienstgrad oder Todesort, fehlen. Die Gedenktafel dient dem persönlichen Gedächtnis. Die Personen stehen im Vordergrund. Die Nennung auf der Gedenktafel bekundet den Dank der Gemeinde für die erwiesene Treue. Der Tod wird als Faktum festgestellt, nicht beschönigt oder verklärt. Trost erwächst allenfalls aus der Ehrenhaftigkeit ihres Kampfes.
Die Gemeinde bewahrt das Andenken der Gefallenen am Rande des Sakralbereichs in einem auch säkular genutzten Verbindungsgang.

Abb. 97: Gedenktafel in der Kirche St. Cosmas und Damian[1666]

Objektgeschichte: Nach dem Ersten Weltkrieg wurde im Gang zwischen der Kirche und der Sakristei eine Gedenktafel für die Gefallenen des Ersten Weltkriegs angebracht. Der Gang wurde 1989 als Verbindung zum Sakristei-Anbau überdacht und zum Gemeinschaftsraum mit Teeküche und Bistro-Tischen umgebaut.[1668]

12.2 Gedenktafeln der St.-Michael-Kirche für die Gefallenen der Weltkriege

12.2.1 Gedenktafel für die Gefallenen des Ersten Weltkriegs

1. Standort

25 m von der Friedhofseinfahrt Zisterzienserstraße/Egloffsteinstraße entfernt im Durchgang zwischen dem Versorgungsgebäude und der Friedhofskapelle an deren Rückseite links neben der Gedenktafel für die Kriegstoten des Zweiten Weltkriegs.

2. Beschreibung

Tafel aus dunklem Holz, darüber und darunter zwei Profilleisten (ca. 7 cm hoch)
Inschrift in zu Majuskeln geschnittenen Holzbuchstaben: Gedenket im Gebet der Gefallenen / unserer Gemeinde // (erhaben)
Die Namen der Gefallenen stehen in zwei Spitzbögen. Links ist ein geschnitzter Eichenlaubzweig, rechts ein Lorbeerzweig, in der Mitte ein Kreuz aufgebracht, zwischen den Namenspalten unter dem Kreuz „hängt" ein Efeuzweig. Über den Spalten wurde ein Eisernes Kreuz eingeschnitzt.
Linke Spalte:
Joh. Wolf + 5.12.1914 / Wilh. Freise + 25.5.1915 / Jos. Ossenkopp + 7.6.1915 / Ernst Nave + 6.8.1915 / Jos. Schmidt + 7.8.1915 / Joh. Heise + 28.9.1915 / Jos. Hessing + 6.10.1915 / Fr. Armbrecht + 8.12.1915 / /
Rechte Spalte:
God. Schmidt + 9.3.1916 / Jos. Wipper + 4. 7. 1916 / Herm. Brandes + 30.9.1916 / Joh. Ludewig + 8.1.1917 / Wilh. Schmidt + 4. 10. 1917 / Ernst Freise + 1.2.1918 / Heinr. Freise + 20.4.1918 / Franz Paltian + 16.8.1918 //
In der Mitte darunter: Alois Evers + 30.7.1921
Unter dem Doppelspitzbogenfenster:
Herr gib ihnen die ewige Ruhe und das ewige Licht leuchte ihnen / Lass sie ruhen in Frieden. Amen.
Maße (Breite, Höhe, Tiefe): 140 x 110 cm x 4,5 cm
Material: Eichenholz
Technik: Drechslerarbeit
Zustand: sehr gut erhalten[1670]

3. Dokumentation

Auftraggeber: Kirche
Einweihung: ca. 1925[1671]
Deutung: Die schlichte dunkle Eichenholztafel verwendet sehr zurückhaltend Symbole der militärischen Ehre: Ein Eichen- und Lorbeerzweig sind links und rechts angedeutet. Das lateinische Kreuz überragt die beiden Namenkolumnen, über denen jeweils ein kleines, fast unscheinbares Eisernes Kreuz den militärischen Kontext herstellt. Die Widmung fordert zum betenden Gedenken auf, das die Trauer und das christliche Erflehen ewiger Ruhe und ewigen Lebens in den Mittelpunkt stellt. Das Zitat ist der Liturgie des allgemeinen Totengedenkens, also dem religiösen Sinnzusammenhang entnommen.
Der christliche Totenkult ist das Grundmotiv dieser Stiftung. Die Präsenz im Gotteshaus ermögliche – wie bei einem Epitaph – , die Toten in das Fürbittgebet der Gemeinde einzubeziehen. Die Spitzbögen fassen die Namen zur Gruppe zusammen, das Kreuz verbindet sie, segnet sie.
Die Tafel verzichtet auf sinnstiftende Zutaten und beschränkt sich auf den Appell zum Gebet für „die Gefallenen unserer Gemeinde". Es tes-

Abb. 98: Gedenktafel des Ersten Weltkriegs[1669]

tiert die Namen und die Todestage und ermöglicht damit persönliches Gedenken und Trost im gemeinsamen Gebet.
Objektgeschichte: s. II 12.2.2

12.2.2 Gedenktafel für die Gefallenen des Zweiten Weltkriegs

1. Standort

25 m von der Friedhofseinfahrt Zisterzienserstraße/Egloffsteinstraße entfernt im Durchgang zwischen dem Versorgungsgebäude und der Friedhofskapelle, an deren Rückseite rechts neben der Gedenktafel für die Kriegstoten des Ersten Weltkriegs

2. Beschreibung

mittelbraune Holztafel
Schrift in zu Majuskeln geschnittenen Holzbuchstaben: 1939 – Eisernes Kreuz – 1945 / Zum immerwährenden ehrenvollen Gedächtnis / unserer Gefallenen im Zweiten Weltkriege: /
Die Namen sind in zwei Spalten geschnitzt, dazwischen steht ein eingeschnittenes Kreuz.
Linke Spalte: Theodor Meyer + 12.9.1942 / Heinrich Pagel + 24.8.1941 / Josef Jahns + 6.11.1941 / Heinrich Röttger + 12.2.1942 / Franz Scheller + 26.2.1942 / Josef Algermissen + 25.3.1942 / Johannes Praetz + 6.9.1942 / Heinrich Ohlendorf + 8.10.1942 / Franz Plötze + 6.11.1942 / Karl Pagel + 2.11.1943 / Karl Aselmeyer + 26.2.1944 / Franz Aselmeyer + 12. 1944 / Karl Meyer + 28.6.1944 / Alex Flebbe + 13.6.1944 / Wolfgang Flebbe + 15.7.1944 / Erwin Steingräber + 28.10.1944 //
Rechte Spalte: Rudolf Ohlendorf + 4.11.1944 / Ernst Höweling + 24.1.1945 / Walter Häusleigner + 3.2.1945 / Franz Kloth + 15.4.1945 / Unsere Vermissten: / Michael Miskow 1940 / Heinrich Grebe 1944 / Leo Nowak 1944 / Daniel Frankenberg 1944 / Walter Pagel 1944 / Godehard Scheller 1944 / Wilhelm Hagemann 1945 / Ernst Klages 1945 / Heinrich Brandes 1945 / Fritz Ossenkopp 1945 / Emil Kopecki 1945
Unter beiden Spalten: Eine größere Liebe hat niemand, als wer sein Leben hingibt für seine Freunde. Joh 15, 13
Maße (Breite, Höhe, Tiefe): 1. Weltkrieg: 140 x 110 cm x 4,5 cm, 2. Weltkrieg: 140 x 120 x 6 cm (Rahmenstärke)

Abb. 99: Gedenktafel des Zweiten Weltkriegs[1672]

Material: Eichenholz
Technik: Drechslerarbeit
Zustand: sehr gut erhalten[1673]

3. Dokumentation

Auftraggeber: Kirche; private Stiftung
Hersteller (Entwurf, Ausführung): unbekannt
Einweihung: unbekannt
Deutung: Die Tafel wurde, wahrscheinlich wegen der größeren Anzahl der Gefallenen und wegen der Nachbarschaft zur Gedenktafel des Ersten Weltkriegs, in noch schlichterer Weise gestaltet. Das lateinische Kreuz teilt (und verbindet) die Namenslisten, darüber zeichnet ein Eisernes Kreuz die Toten aus. Immerwährendes, ehrenvolles Gedenken wird versprochen. Das Zitat aus dem Neuen Testament nennt den Grund: die Gefallenen gaben ihr Leben für ihre Freunde hin.
Mit den Freunden können die Kameraden ebenso gemeint sein wie die Volks- oder Gemeindeangehörigen. Die Deutung des Todes als „hingegebenes Leben" entspricht dem Treuegedanken: die Treue bis in den Tod verpflichtet die Gemeinde zu immerwährender Treue. Zugleich ist die Hingabe des Lebens eine Allegorie des Opfertodes Jesu: „So sehr hat Gott die Welt geliebt, dass er seinen einzigen Sohn hingibt." Das Johanneszitat ist der Ansprache entnommen, die Jesus am Abend vor seinem Tod an die Jünger richtete. In Verbindung mit dem Soldatentod verweist es sowohl auf die Unvermeidbarkeit des Opfers wie auf die erlösende Wirkung des Todes.

Anders als die Tafel für die Toten des Ersten Weltkriegs überhöht diese äußerlich schlichter gehaltene Tafel das Sterben der Gefallenen zum christlichen Opfer und verleiht ihm damit einen Sinn, der den zeitgeschichtlichen Zusammenhang ausblendet – sieht man von den Jahreszahlen 1939-1945 ab.

Objektgeschichte: Die Gedenktafeln hingen bis 1988 in der Pfarrkirche St. Michael. Nachdem sie auch Klosterkirche wurde, brachte man die Tafeln in der kleinen Friedhofskapelle an.

Die Tafel für die Toten des Zweiten Weltkriegs ließ Pastor Krone anfertigen. Das Geld dafür spendete Frau Wippern, die ihr Geld lieber für die Gedenktafel als einen eigenen Grabstein ausgeben wollte.[1674]

Seit dem Bau der größeren Friedhofskapelle 1999 wird die kleine nur noch als Abstellraum genutzt. Die Tafeln blieben zunächst dort, sollten aber auf Beschluss des Kirchenvorstandes der St.-Michael-Gemeinde vom 11. Oktober 2000 erhalten und an würdevoller Stelle aufgehängt werden. Am 21. März 2001 berichtete der stellvertretende Vorsitzende des Kirchenvorstandes, Theo Evers, seinem Gremium, dass sich die Aufhängung verzögern würde. Für die Gedenktafel des Ersten Weltkriegs müssten noch neun fehlende Holzbuchstaben vom Drechsler hergestellt werden. Zusammen mit Josef Grebe arbeitete Evers die Tafeln auf. Seit Ende Oktober 2001 – rechtzeitig zu Allerseelen – befinden sie sich an der Rückseite der neuen Friedhofskapelle.[1675]

Anmerkungen

1666 Fotografiert am 19.7.2002.
1667 Besuch am 6.7.2001.
1668 Dietrich Kunze, Die ev. Kirche St. Cosmas und Damian Marienrode, S. 30. Den Anbau planten die Architekten Wetzel und Brockelmann. In der Broschüre fehlt ein Hinweis auf die Gedenktafel.
1669 Fotografiert am 21.9.2005.
1670 Besuch am 21.9.2005.
1671 Auskunft von Karin Evers am 4.9.1997.
1672 Fotografiert am 21.9.2005.
1673 Besuch am 21.9.2005.
1674 Auskunft von Karin Evers am 4.9.1997. Der Küster der ev. Cosmas-und-Damian-Kirche, Gustav Gambig, hält es jedoch für möglich, dass Frau Wippern die dortige Tafel (II 12.1) gestiftet hat.
1675 Telefonische Auskunft von Theo Evers am 24.9.2005.

13 Sorsum

13.1 Gedächtniskreuz der Familie Klöpper

1. Standort

Etwa zwanzig Meter rechts von der Kreuzung Brückenstraße/Hinter dem Dorfe

2. Beschreibung

Das Wegkreuz steht in einer 4,00 m x 4,00 m großen Nische am linken Straßenrand. Es trägt die Inschrift: Zur / Erinnerung an / Heinrich Klöpper / geb. 1786, gef. 1812, / in Russland. / Heinrich Klöpper / geb. 20.9.1894, / gef. 17.11.1943, / in Russland.
Der untere Teil des Kreuzes ist als 2,10 m hoher Baumstamm (Durchmesser etwa 70 cm) mit abgesägten Aststümpfen gearbeitet. Über der Inschrift stehen in einem 60 cm großen Herz die Worte „Gedenck / Mensch an JEsum / Deinen Gecreuzigsten / Heyland".
Über dem Herz steht auf einem „Stumpf" ein etwa 22 cm hoher Weinkelch.
Der Kreuzstamm mit dem Kruzifix wächst aus dem „Baumstamm" heraus. Die Füße der ca. 1,40 m großen Christusfigur liegen übereinander und hängen frei in der Luft. Der Kopf ist geneigt. Eine Schrifttafel mit den Lettern I.N.R.I. ist an der Kreuzspitze befestigt.
Hinter dem Denkmal wuchsen bis 2002 eine Linde und Nadelgehölz. 2003 wurde die Anlage nach einem Sturmschaden gärtnerisch umgestaltet. Das Kreuz steht seitdem auf einem gepflasterten Platz, zu beiden Seiten des Kreuzes stehen Terrakotta-Kelche mit Blumenschmuck. Zur Straßenseite sichern Eisenpoller die Ecken des Platzes.
Maße (Breite, Höhe, Tiefe): ca. 2,10 m x 4,20 m
Material: Stein
Technik: Steinmetzarbeit
Zustand: sehr gut[1677]

3. Dokumentation

Auftraggeber: Familie Klöpper
Hersteller (Entwurf, Ausführung): unbekannt
Einweihung: 1829/25. Juli 1959
Deutung: Das Wegkreuz teilt den Vorübergehenden den Schmerz über den Verlust des Familienangehörigen mit. Der Verstorbene erfährt die gleiche Aufmerksamkeit wie der Gekreuzigte, insbesondere, wenn das Wegkreuz als Stationskreuz bei Prozessionen genutzt wird. Die romantische Verbindung von Baumstamm und Kreuzstamm lässt Lebendes und Totes zusammenwachsen. Das in die Baumrinde geritzte Herz – ein Symbol der Liebe – verweist auf den Gekreuzigten darüber, der aus Liebe zu den Menschen sein Leben hingegeben hat.
Ein Kreuz gleicher Machart steht heute vor dem Domfriedhof in Ochtersum (bis zum Ausbau der Alfelder Straße 1957 am Eingang des Ulmenwegs schräg gegenüber Vier Linden[1678]). Die Inschrift im Herzen lautet hier: „Gedenck / o Mensch an / Deinen GeCreuzigsten / Heyland". Auf der Rückseite des Kreuzes ist die Jahreszahl 1747 eingemeißelt. Offenbar handelt es sich um Kreuze, die in Serie angefertigt wurden.
Ein solches Kreuz benutzte (oder beschaffte) Christoph Klöpper, um an seinen Bruder zu erinnern. Er ergänzte die vorhandene fromme Aufforderung um eine schlichte Erinnerung an seinen Bruder.
Nach 1945 ließ die Familie in „ihr" Denkmal den Namen eines weiteren Familienangehörigen einmeißeln. Die Duplizität der Ereignisse (gleicher Vorname, gleiche Angabe zum Todesort) löst beim Betrachter Assoziationen zur Wiederholung geschichtlicher Ereignisse, zum Unvermögen, aus der Geschichte zu lernen oder zum Vergleich der Russlandfeldzüge Napoleons und Hitlers aus – festgemacht am individuellen Schicksal jeweils einer Person.

Abb. 100: Das Klöpper-Kreuz[1676]

Dass der Stifter mit dem Kreuz eine Dankespflicht erfüllte, kann dann unterstellt werden, wenn er an Stelle des Verstorbenen in das Erbe eintrat.

Objektgeschichte: Eine 1959 noch vorhandene Gedenktafel am Fuße des Kreuzes gab Auskunft über den Anlass seiner Errichtung. „Meinem Bruder Heinrich, geb. 1786, gefallen 1812 unter Napoleon in Russland zur steten Erinnerung gewidmet. Christoph Klöpper". Aufgestellt wurde es von ihm, dem Mitglied einer über Jahrhunderte bedeutenden Sorsumer Bauernfamilie, 1829 auf seinem ehemaligen Grundstück „Hinter dem Dorfe". Sein Bruder hatte sich verpflichtet, für ihn in den Krieg zu ziehen. Als Angehöriger der napoleonischen Armee wurde er in Russland durch einen Lanzenstich tödlich verwundet.

Das Denkmal wurde nach dem Zweiten Weltkrieg, wahrscheinlich bei der Restaurierung 1959, um den Namen eines weiteren Heinrich Klöpper ergänzt. Die Presse kommentierte das Ereignis: „Arg hatten die Frostschäden im Winter 1941 dem eindrucksvollen Erinnerungsmal mitgespielt und mancher stille Besucher wünschte, dass dieses Kreuz, bei dem bei den Prozessionen am Fronleichnamstage, am St.-Jakobus-Tage und beim Flurumgang an den Hagelfeiertagen Halt gemacht wird, erneuert werden möge. Bei der diesjährigen Sakramentsprozession am St.-Jakobus-Tage[1679] konnte der Ortsgeistliche nun dem erneuerten Stationskreuz seine Weihe geben. ... Der Familie Klöpper aber gebührt für die Restaurierung herzlicher Dank."[1680]

Jetzt ist es der Kirchengemeinde notariell vermacht und wird von ihr weiterhin als Prozessionskreuz genutzt.[1681]

13.2 Erinnerung an die Völkerschlacht bei Leipzig

1. Standort

An der Kreuzung Brückenstraße/Ecke Hinter dem Dorfe

2. Beschreibung

Vor einer hohen Eiche steht ein Findling mit den Jahreszahlen 1813-1913 auf einem Natursteinsockel.

Abb. 101: Das Zentenar-Denkmal[1682]

Maße (Breite, Höhe, Tiefe): Der Pylon hat unten eine Kantenlänge von 1,20 m und oben von 1,00 m. Er ist ca. 90 cm hoch. Der Findling ist 1,20 hoch und jeweils 70 cm breit und dick. 25 cm hoch über dem Fußweg ragt ein 5 cm langer runder Eisenbolzen nach vorn.

Material: Granit (Findling)
Technik: Steinmetzarbeit
Zustand: gut

3. Dokumentation

Auftraggeber: Gemeinde Sorsum
Einweihung: 19. Oktober 1913
Deutung: Die Objektgeschichte erwähnt nichts von einer Baumpflanzung, so dass ungeklärt bleibt, ob die Eiche hinter dem Denkmal zusammen mit ihm oder später dort hin kam. Der damaligen Tagespresse lassen sich Hinweise auf die Anpflanzung von Eichen in Neuhof, am Moritzberg und im Hof des evangelischen Waisenhauses in Hildesheim entnehmen, auch in Sorsum hätte man auf dieses germanische Motiv zurückgreifen können, um sich der entscheidenden Schlacht zur Befreiung von der französischen Fremdherrschaft zu erinnern. Heimatliche

Felsen, Bruchsteine und Gehölze unterstreichen die Heimatverbundenheit und -treue, aber auch die Standhaftigkeit und Festigkeit, die die Überwindung Napoleons ermöglichte. In Sorsum wird der Findling gleichsam ausgestellt und empor gehoben. Er trägt keine weiteren Hinweise, nur die schlichten Jahreszahlen, die gleichwohl alles erklären.

Ob das heute noch stimmt, ist fraglich. 1913 gedachte man in nationaler Hochstimmung der Völkerschlacht bei Leipzig. Zur Zentenarfeier weihten der Kaiser und alle deutschen Fürsten auf dem Blachfeld in Leipzig das 91 Meter hohe Völkerschlachtdenkmal ein, an dem 15 Jahre lang gearbeitet worden war. Demgegenüber ist das Sorsumer Denkmal sehr einfach gehalten und weniger eine Erinnerung an die Völkerschlacht als vielmehr an die patriotische Gesinnung der Sorsumer hundert Jahre danach.

Objektgeschichte: „Zum Andenken an die Jahrhundertfeier der Völkerschlacht bei Leipzig und an jene große erhabene Zeit hat die Gemeinde im Dorfe einen Gedenkstein errichtet, in Gestalt eines großen Granitblockes, der bislang am Wege nach Haus Escherde lag. Am Sonntagabend fand ein großer Fackelzug durch das Dorf statt, an dem sich sämtliche Vereine und Schulkinder beteiligten. Bei der Ankunft am Gedenkstein hielt der Pastor die Weiherede."[1683] Der Stein wurde auf einem Sockel abgelagert.[1684]

13.3 Gedächtnisstätten in der St.-Kunibert-Kirche

13.3.1 Ehrenmal für die Gefallenen des Ersten Weltkriegs

1. Standort

Altarnische rechts im Torraum der St.-Kunibert-Kirche (Haupteingang)

2. Beschreibung

Gegenüber der Gedächtnisstätte befindet sich das Taufbecken, flankiert von zwei Gedächtnistafeln mit den Namen der Gemeindepfarrer seit 1651.

Auf einem ca. 20 cm hohen, 1,90 m breiten und 1,10 m tiefen Sockel steht an der Wand ein 1,65 m breiter und ca. 80 cm hoher Altar, dessen portalförmiger ca. 1,50 m breiter und 2,00 m hoher geschnitzter Aufbau von einem Kruzifix aufge-

Abb. 102: Gedenktafel des Ersten Weltkriegs[1685]

teilt wird. Säulen und Bogen sind mit Blumenornamenten verziert. Über dem Christuskopf prangt ein eichenumkränztes Eisernes Kreuz. Links und rechts vom Kopf sind vom Kreuzwinkel aus jeweils ein Eichenbruch mit Früchten herausgeschnitzt worden. Vom linken Kreuzbalken aus wölbt sich in zwei Archivolten der Schriftzug (aus Majuskeln) „Aus – Gnaden – wollt (Eisernes Kreuz) Gott – euch – geben / Für – eure Treu (Eisernes Kreuz) das – ewige – Leben".

Unter dem Kreuzbalken stehen die Namen in gewöhnlicher Schrift; jeweils rechts von ihnen übereinander das Geburts- und Todesdatum:

Links: Jos. Aschemann * 14.3.92 + 22.8.14 / Wilhelm Koch * 2.6.84 + 4.9.14 / Anton Baule * 14.3.86 + 15.10.14 / Wilh. Stillig * 7.1.95 * 22.10.14 / Ant. Nikolazak * 11.10.94 + 3.12.14 / Joseph Müller * 23.3.92 + 1.5.15 / Gustav Helms * 15.5.90 + 19.5.15 / Franz Hartmann * 30.11.78 + 15.6.15 / Herm. Möller * 5.8.89 + 21.7.15 / Franz Heine 3.6.82 + 13.11.15 / Theod. Lange 31.8.85 / 7.5.16 / Heinr. Bartels * 16.1.81 + 11.8.16 //

Rechts: Franz Homeister * 31.1.95 + 26.9.16 / Bernh. Löbke * 31.12.94 + 22.11.16 / Anton

Günter * 3.3.75 + 16.4.17 / Karl Holze * 20.2.95 + 5.5.17 / Joh. Schlemeier * 20.8.97 + 6.5.17 / Herm. Fricke * 19.1.96 + 30.5.18 / Godeh. Wöhleke * 4.4.99 + 15.7.18 / Friedr. Meyer * 14.1.82 + 9.8.18 / Jos. Schwetje * 29.9.88 + 2.9.18 / Bernh. Helms * 24.10.92 verm. / Bernh. Seidler * 27.2.93 verm. / Heinr. Vorwerk * 2.12.98 verm.
Unter dem Kreuz (Majuskeln): „Den – im – Weltkriege – 1914-1918 – gefallenen – Söhnen / der – Gemeinde – Sorsum – zum – Gedächtnis". Schrift und Ornamente, Dornenkrone und Lendenschurz sind in Gold gehalten.
An der Frontseite des Altars sind drei Haken befestigt.
Maße (Breite, Höhe, Tiefe): Sockel ca. 1,90 m x 20 cm x 1,10 m; Altar: 1,65 m x ca. 80 cm; geschnitzter Aufbau: ca. 1,50 m x 2,00 m
Material: Stein, Holz
Technik: Kunstschmiedearbeit
Zustand: sehr gut

3. Dokumentation

Auftraggeber: Kirchengemeinde und politische Gemeinde Sorsum
Hersteller (Entwurf, Ausführung): unbekannt
Entstehungszeit: Die Gefallenen wurden offenbar während des Ersten Weltkriegs nach und nach vermerkt. Wann die Gedächtnisstätte ihre jetzige Form erhielt, ist nicht genau zu ermitteln.
Einweihung: nach 1921
Deutung: Die Gedenktafel wurde im Turmraum, im Haupteingang der Kirche, angebracht. Jeder muss sie passieren, beim Eingang wie beim Ausgang. Geburt und Tod stehen sich gegenüber, auch in Form des gegenüber aufgestellten Taufbeckens und der dahinter angebrachten Tafel mit den Namen der verstorbenen Dorfpfarrer.
Die Tafel ist wie ein Rundbogenfenster geformt, wie ein Fensterkreuz wirkt das Kruzifix, wie schimmerndes Fensterglas das Gold der Schrift und des Dekors. Man kann die Tafel aber auch als Ädikula deuten, die sich als Retabel über einer Altarplatte erhebt. Der Querbalken des Kreuzes wäre dann der Architrav, dessen Oberkante exakt die Kämpferlinie des Bogens markiert, der Schriftzug wäre die Archivolte.
Die Eichenblätter füllen die Bogenfläche links und rechts vom Kreuz aus. Sie scheinen vom Stamm aus zu wachsen. Das Eichenlaub verleiht als Zeichen für Ruhm und Ehre dem Eisernen Kreuz einen hohen Rang. Eine weitere Aufwertung erfährt es durch seine Stellung über dem Kruzifix, über der Dornenkrone Jesu. Bild und Text verknüpfen den Kreuzestod Jesu eng mit dem Tod der Kriegsteilnehmer. Ihre treue Hingabe ähnelt der seinen, ihr Opfer dem seinen. Deshalb dürfen sie auf die Gnade des Herrn hoffen und das ewige Leben erwarten.
Die seitlichen Säulen sind reich verziert, ebenso der Bogen. Gold wurde großzügig verwendet. Die Gemeinde bringt ihre Treue den Toten gegenüber glanzvoll zum Ausdruck. Sie bezeichnet ihre Toten als „Söhne", drückt damit ihre besonders innige verwandtschaftliche Beziehung zu ihnen aus. Da sie ihren Dienst treu bis in den Tod erfüllten, erfleht die Gemeinde für sie das ewige Leben. Wie der dargestellte gekreuzigte Sohn Gottes treu seine Pflicht erfüllte, so dienten die aufgelisteten Söhne der Gemeinde treu und aufopfernd.
Das Denkmal vermerkt den vollständigen Namen und die Lebensdaten der Kriegstoten. Sie werden damit als „Söhne" identifizierbar.
Objektgeschichte: Am 6. Mai 1920 beschloss der Gemeindeausschuss im Gasthof Schwetje, den Entwurf für eine Gedenktafel zu Ehren der in der Gemeinde gefallenen Kriegsteilnehmer in Auftrag zu geben.[1686] Ein genauer Platz stand noch nicht fest. Auf Vorschlag des Kriegervereins beschloss der Gemeindeausschuss am 15. Oktober 1920, „bei verschiedenen Besitzern von hierfür geeigneten Grundstücken vorstellig zu werden."[1687] Auch wurde der Schulgarten als geeigneter Platz in Erwägung gezogen. Gegebenenfalls wollte man mit dem Schulvorstand verhandeln. Am 14. Januar 1921 klärte sich dann auf, dass der Schulvorstand über die Grundstücksvergabe gar nicht entscheiden könne. Zuständig sei die Regierung, bei der man „nach einigen Erwägungen" einen entsprechenden Antrag einreichen wollte.[1688] Schließlich wurde das Denkmal zusammen mit der Kirchengemeinde im Eingang der Kirche errichtet. Die dort bereits vermerkten Namen der Gefallenen wurden in die Gestaltung einbezogen.
Nach der von Willi Haller zusammengestellten Ortschronik wurde die Tafel 1920 angefertigt.[1689]
Regelmäßige Feierstunden fanden bis 1965 statt. Der Schmuck erfolgte durch die Kirchengemeinde.[1690]

13.3.2 Baumanpflanzung für die Gefallenen des Ersten Weltkriegs am Friedhof

1. Standort

Rund um den alten Friedhof an der Kirche, zwischen Sorsumer Hauptstraße und Schildweg gelegen

2. Beschreibung

24 Linden für die Gefallenen des Ersten Weltkriegs
Maße (Breite, Höhe, Tiefe): entfällt
Material: entfällt
Technik: entfällt
Zustand: Von den 24 Bäumen sind nur noch wenige erhalten geblieben.

3. Dokumentation

Auftraggeber: Pastor Franz Lehne
Hersteller (Entwurf, Ausführung): Gemeindeangehörige
Einweihung: 1939
Deutung: Linden sind Symbole des Friedens, der Friedhof ist der Ort der ewigen Ruhe. Nach Auskunft Willi Hallers hat der Pastor als ehemaliger Kriegsteilnehmer und neuer Gemeindepfarrer mit der Zahl der Bäume die Zahl der Kriegsopfer öffentlich sichtbar machen wollen, um so auch außerhalb der Kirche eine Stätte des Gedenkens zu schaffen.
Außerhalb der Kirche, aber noch im kirchlichen Raum. Die Bäume umsäumten den Friedhof, holten die Kriegstoten gleichsam aus der Fremde zurück an den Ort des heimatlichen allgemeinen Totengedenkens.
Die Baumpflanzung erinnert an Bestrebungen während des Ersten Weltkriegs, Ehrenhaine zu pflanzen. Jeder Baum sollte einen Kriegstoten repräsentieren, ihm gleichsam ein persönliches und lebendes aber auch mächtiges Denkmal setzen. Dieser Gedanke scheint nicht bewusst verbreitet worden zu sein. Die Anlage wäre sonst gezielt gepflegt und als Ensemble erhalten worden.
Objektgeschichte: Pastor Lehne, von 1939 bis 1969 Pfarrer in Sorsum, ließ nach der Chronik von Willi Haller im Jahr seines Amtsantritts und des Ausbruchs des Zweiten Weltkriegs die Linden anpflanzen.[1691] Der Chronist erinnert sich daran, als Kind beim Ausheben der Pflanzkuhlen mitgeholfen zu haben.[1692]

13.3.3 Ehrenmal für die Gefallenen des Zweiten Weltkriegs

1. Standort

Links und rechts des Altars im Torraum

2. Beschreibung

Oben in der Mitte überragt die zwei bronzegefärbten Holztafeln ein ca. 8 cm großes Eisernes Kreuz, umfasst von einem Eichenbruch mit Frucht. Die gesamte Inschrift ist in Majuskeln gehalten.
Das Motto ist auf beiden Tafeln gleich: „Die Gefallenen / des 2. Weltkrieges der Kirchengemeinde / Sorsum / Kein Ruhm währt länger als der Ruhm der Treue". Die Namen sind tabellarisch, im Wesentlichen in der Reihenfolge der Todestage, angeordnet.

Links:

		*	+
Salland	Johannes	11.12.17	16.12.40
Oppermann	Johannes	1.5.10	22.5.40
Schmidt	Fritz	9.10.19	23.5.40
Quade	Will	31.12.19	27.5.41
Koch	Joseph	9.4.21	2.8.41
Möller	Ernst	27.1.15	19.12.41
Rofkahr	Heinrich	29.7.19	26.12.41
Haller	Johannes	29.10.21	18.1.42
Fleige	Joseph	17.11.13	2.3.42
Rust	Franz	28.5.09	9.4.42
Brun	Hermann	19.7.23	11.7.42
Retzer	Georg	31.3.05	13.7.42
Markwort	Bernhard	2.7.09	24.7.42
Braukmann	Heinrich	29.9.22	6.8.42
Baule	Joseph	14.3.22	13.8.42
Meyer	Karl	12.5.20	4.12.42
Radomsky	Reinhold	30.12.22	8.1.43
Gerlach	Albert	9.2.21	9.1.43
Ossenkopp	Kunibert	6.11.22	14.1.43
Sander	Rudolf	22.7.23	19.2.43
Bode	Joseph	21.1.24	12.4.43
Engelhardt	Johannes	8.3.21	17.7.43
Donczek	Günter	10.3.23	5.7.43
Lichthardt	Fritz	22.2.07	27.9.43
Müller	Heinrich	27.9.06	9.11.43

418 SORSUM

Abb. 103: Ehrentafel des Zweiten Weltkriegs aus Karton[1693]

Abb. 104: Ehrentafel des Zweiten Weltkriegs (l.)

Abb. 105: Ehrentafel des Zweiten Weltkriegs (r.) [1694]

Rechts:

		*	+
Ossenkopp	Bernhard	25.2.21	8.2.44
Hausmann	Heinrich	17.8.12	2.4.44
Wöhleke	Bernhard	23.2.17	19.7.44
Holze	Franz	14.6.22	14.8.44
Koch	Bernhard	6.3.14	19.8.44
Düring	Joseph	12.2.19	22.8.44
Bruns	Joseph	7.2.15	31.8.44
Möhle	Karl	28.8.20	1.11.44
Aschemann	Hermann	30.12.14	27.11.44
Düring	Franz	25.2.25	31.12.44
Nottrott	Otto	13.11.05	24.2.45
Lücke	Heinrich	30.3.23	6.4.45
Andrzcjowski	Peter-Paul	21.1.21	April-Mai 45
Behrens	Joseph	25.1.22	27.7.45
Linnemann	Bernhard	9.5.23	15.8.46
Flohr	Karl	21.12.06	29.9.44
Köhler	Joseph	29.1.19	2.8.43
Reimann	Erwin	3.5.25	20.12.43
Sonnwald	Leo	24.11.25	2.5.44
Bruns	Herm. Jos.	19.4.22	11.5.44
Bullach	Joseph	13.1.15	27.8.44
Klages	Ernst	1.5.08	12.10.44
Behrens	Joseph	25.1.22	27.7.45
Ernst	Joseph	2.3.07	29.7.45[1695]
Linnemann	Bernhard	9.5.23	15.8.46

(Der letzte Eintrag ist auf der Tafel zweimal vorhanden.)

Maße (Breite, Höhe, Tiefe): 59 cm x 1,04 m x 3,5 cm
Material: Holz
Technik: Schnitzarbeit
Zustand: sehr gut

3. Dokumentation

Auftraggeber: Kirchengemeinde
Entstehungszeit: 1940-1946; die Namen wurden chronologisch fortlaufend erfasst.
Deutung: Die Tafeln sind schlicht gehalten. Die Inschrift enthält neben der sachlichen Widmung zu Gunsten der Gefallenen der Kirchengemeinde den pathetisch klingenden Satz „Kein Ruhm währt länger als der Ruhm der Treue." Er stellt nicht die Heldentaten oder das Heldentum in den Mittelpunkt, sondern, ganz in der Tradition der Tafel des Ersten Weltkriegs, die Treue, die als Diensttreue, als persönliche Bindung an ein gegebenes Versprechen oder als bedingungslose Pflichterfüllung interpretiert werden kann. Die Tafel lässt offen, was die Initiatoren unter Treue verstanden. Offenbar war ihnen die Treue an sich ein ehrenwertes Prinzip, unabhängig von der Person des Dienstherrn, in diesem Fall also Hitler. Nicht die Taten verdienen Ruhm, sondern die Treue als Selbstzweck. Der sakrale Ort der Gedächtnisstätte könnte aber auch auf die Gewissens- und Glaubenstreue verweisen und damit auf Prinzipien, an denen sich die Taten messen lassen müssen. Damit stünde der Satz in direktem Gegensatz zu dem Edda-Spruch „Eins weiß ich, was niemals stirbt, der Toten Tatenruhm." Nicht die Taten verdienen in Sorsum ewigen Ruhm, sondern ihr Motiv, die Treue. Schließlich könnten die Stifter auch an sich gedacht haben: Die Treue der Toten zur Gemeinde erwidern sie mit der Treue der Gemeinde zu ihnen.

Objektgeschichte: Die Tafeln wurden von der Kirchengemeinde entworfen und gemeinsam mit den Angehörigen bezahlt. Nach Willi Haller wurden die Tafeln nicht im Stück fertig gestellt, sondern nach und nach fortgeschrieben.[1696] Er gibt als Entstehungszeit den gesamten Zeitraum des Zweiten Weltkriegs an und erklärt das doppelte Auftreten des Namens von Bernhard Linnemann als Unachtsamkeit. Linnemann starb am 15. August 1946.

Vermutlich klärten sich nach dem 15. August weitere Schicksale auf, so dass man noch zehn Namen mit ihren Daten hinzufügen konnte. Dabei unterlief dann das Missgeschick der Namenswiederholung. Die Namen der Vermissten, deren Rückkehr man 1946 noch erhoffte, sowie eines Kriegstoten, der nicht „gefallen" ist, fehlen auf den Gedenktafeln. Der Chronist Willi Haller hat sie aufgeschrieben:

Linnemann, Franz, 18.2.1919, vermisst 1943; Markwort, Franz, 10.11.1902, vermisst 1943; Pieper, Johannes, 1.10.1913, vermisst 1943; Pieper, Franz, 4.6.1919, vermisst 1943; Löbke, Walter, 5.5.1923, vermisst 1945; Wöhleke, Johannes, 1.7.1921, vermisst 1945; Andrezcyowski, Peter-Paul, 21.1.1921, vermisst 1945; Möhle, Josef, 8.3.1924, vermisst 1945, Helms, Heinrich, 1925, vermisst 1945; Ringe, Heinrich, 25.5.1925, vermisst 1945; Lambrecht, Josef, vermisst 1945; Löbke, Heinrich, vermisst 1945; Meyer, Christ., ohne Geburtsdatum, vermisst 1945; Lambrecht, Bernhard, 20.11.1899, 22.2. 1945, ist bei einem Tieffliegerangriff auf einer

Zugmaschine der Boschwerke bei Hameln tödlich durch Kopfschuss getroffen.[1697]
Pfarrer Lehne nutzte die Zusammenkunft der Gemeinde- und Vereinsvertreter am 13. Juli 1965, bei der es eigentlich um den Neubau einer Gedächtnisstätte ging, gemeinsam einen ehrenvolleren Platz für die beiden seitlich angebrachten Gefallenentafeln des 2. Weltkriegs zu suchen. Es wurde vorgeschlagen, die Tafeln gegenüber ihrem bisherigen Befestigungsort aufzuhängen, dort, wo der Taufstein stehe und den Taufstein in die Nähe des Alters zu versetzen. Pfarrer Lehne sagte zu, den Kirchenvorstand in seiner nächsten Sitzung diesen Tagesordnungspunkt behandeln zu lassen.[1698] Offenbar gelang es dem Pfarrer nicht, seinen Vorstand zu überzeugen: Die Tafeln blieben an ihrem bisherigen Platz.
Feierstunden fanden von 1945-1964 am Volkstrauertag statt. Der Schmuck erfolgte durch die Kirchengemeinde.[1699]

13.3.4 Glocke für die Gefallenen

1. Standort

Glockenstuhl von St. Kunibert

Abb. 106: Gefallenen-Glocke[1700]

2. Beschreibung

Die in zeitlicher Reihenfolge vierte Glocke („Totenglocke") ist im Geläut als größte Glocke die erste. Das obere Schriftband lautet: „Lamm Gottes schenk uns Frieden", das Schriftband am unteren Rand enthält die Widmung: „In Dankbarkeit den Gefallenen, in Hoffnung den Vermissten, in Liebe dem Vaterland. Gemeinde Sorsum. Juli 1953 Gegossen von Feldmann und Marschel in Münster."
Die Flanke der Glocke ziert ein Kruzifix, das einen gekrönten Jesus zeigt.
Maße (Breite, Höhe, Tiefe): Höhe: 130 cm, Durchmesser: 130 cm, Gewicht: ca. 1.500 kg[1701]
Material: Bronze
Technik: Guss
Zustand: sehr gut

3. Dokumentation

Auftraggeber: Kirchengemeinde
Hersteller (Entwurf, Ausführung): Glockengießerei Feldmann und Marschel, Münster
Entstehungszeit: 30. Juni/1. Juli 1953
Einweihung: 25. Juli 1953
Deutung: Die Glocke dient als Totenglocke. Sie drückt zugleich Klage, Mahnung und Zuversicht auf Auferstehung aus. Dass der auf der Flanke abgebildete Gekreuzigte gekrönt dargestellt wird, ist ungewöhnlich. Das Leiden Jesu wird bereits am Kreuz mit einem Attribut ausgezeichnet, das eigentlich erst dem auferstandenen Christus zusteht. Allerdings nennt Offb 2, 10 eine nachvollziehbare Interpretation, die die Passion von der Szene am Ölberg bis zur Auferstehung in einem Satz zusammenfasst: „Sei getreu bis an den Tod, so will ich dir die Krone des Lebens geben". Der Appell und das Versprechen können sich auf jedes gottgefällige Leben beziehen, werden aber gerade im Zusammenhang mit der christlichen Kriegstotenehrung häufig verwendet.
Der Friedenswunsch ähnelt der Inschrift auf der Gemeinde-Gedächtnisstätte „Gib Frieden Herr in unseren Tagen". „Donna nobis pacem" ist die Antwort des Chors beim Agnus Dei. Ihm ist auch der Anruf „Lamm Gottes, schenk uns Frieden" entlehnt. Das Mittelstück „du nimmst hinweg die Sünden der Welt" verweist auf das Lamm, das als biblisches Opfertier die Schuld tilgt, die Menschen auf sich geladen haben.

Jesus wird in diesem Sinne von Johannes dem Täufer „Gottes Lamm" genannt, das der Welt Sünde trägt![1702] Trost und Zuversicht verheißt diese Widmung. Der ewige Frieden der Verstorbenen ist die Tröstung, der Erhalt des irdischen Friedens die Zuversicht.

Der Dreiklang „Dankbarkeit, Hoffnung und Liebe" ähnelt der christlichen Trias „Glaube, Hoffnung, Liebe" aus 1 Korinther 13 oder 1 Thessalonicher 1-3.

Objektgeschichte: Die Sorsumer Kirchenglocken wurden im Zweiten Weltkrieg zu Waffen umgeschmolzen. Drei Bronzeglocken konnten von der Gemeinde 1952 erworben werden. Sie wurden der Muttergottes, dem hl. Antonius und dem hl. Kunibert geweiht. Am 9. Oktober 1952 berichtete die Hildesheimer Presse über die Absicht, demnächst eine große Gefallenen-Gedenkglocke zur Vervollständigung des neuen Glockengeläutes in Auftrag zu geben. Sie wurde am 16. Juli 1953 vom Bierverleger Philipps von Münster nach Sorsum geholt. Am 25. Juli erklang die den Kriegsgefallenen gewidmete Glocke zum ersten Mal.[1703]

13.4 Ehrentafeln für die Gefallenen der beiden Weltkriege der Freiwilligen Feuerwehr

13.4.1 Ehrentafel für die Gefallenen des Ersten Weltkriegs

1. Standort

Im Übungsraum im Dachgeschoss des Feuerwehrgerätehauses rechts neben der Tür

2. Beschreibung

Ehrentafel, im inneren oval, insgesamt in der Grundform einer Raute; in der oberen Spitze ein Eisernes Kreuz, in der unteren Spitze ein Feuerwehrhelm mit gekreuztem Beil (links) und Spritze (rechts). Geschnitzte Inschrift unter dem Oval „Getreu bis in den Tod". Erhaben geschnitzte Schrift im Oval: „FREIWILLIGE FEUERWEHR SORSUM / ihren im Weltkriege 1914=1918 gefalle- / nen Kameraden zur treuen Erinnerung." Einer Leiste aus fünf Zierpunkten folgen zwei Namensspalten mit vier Reihen: „Josef Müller † 1.5.15, / Heinr. Bartels † 11.8.16, / Bernh. Löbke † 22.11.16, / Anton

Abb. 107: Ehrentafel des Ersten Weltkriegs[1704]

Günter † 16.4.17, // Joh. Schlemeier † 6.5.17, / Hermann Fricke † 30.5.18, / Friedr. Meyer † 9.8.18, / Josef Schwetje † 2.9.18."

Der Rand des oberen Halbovals ist als geschnitzter Ehrenkranz ausgearbeitet.

Maße (Breite, Höhe, Tiefe): ca. 100 x 100 x 2,5 cm
Material: dunkelbraunes Holz, Schrift vergoldet
Technik: Schnitztechnik
Zustand: sehr gut [1705]

3. Dokumentation

Auftraggeber: Feuerwehr
Hersteller (Entwurf, Ausführung): unbekannt
Entstehungszeit: 1920-1923
Einweihung: 28. Oktober 1923
Deutung: Die Gedenktafel drückt die kameradschaftliche Verbundenheit zu den gefallenen Feuerwehrmännern aus. Die Tafel hebt die Treue der Verstorbenen hervor („Getreu bis in den Tod") sowie die Treue der Überlebenden („zur treuen Erinnerung"). Es nimmt damit das Motiv der kirchlichen Kriegstotenehrung auf (Offb 2, 10, s. II 13.3.1 und 13.3.4).

Das Feuerwehrsymbol steht dem Eisernen Kreuz gegenüber, dazwischen sind die Namen der Toten wie auf einer Ehrenplakette aufgereiht, bekränzt von einer Girlande. Die stilistischen Elemente des Heldenkults ordnen sich aber der kameradschaftlichen Ehrenbezeugung unter. Nicht den Helden widmeten die Feuerwehrleute die Gedenktafel, sondern den im Weltkrieg gefallenen Kameraden.

Vor- und Nachnamen wurden in zwei Blöcken aufgelistet, jeweils mit Angabe und nach Maßgabe des Todestags in aufsteigender Folge. Er ist das Testat ihrer Treue.

Objektgeschichte: Die am 16. Dezember 1891 in der Gaststätte Chr. Schwetje gegründete Freiwillige Feuerwehr Sorsum versammelte sich bis 1923 abwechselnd in den Gaststätten der Kameraden Fritz Düwel (später Düring), Josef Aue und Chr. Schwetje. Vom 22. März 1922 an war das Vereinslokal bei Schwetje[1706], später aber auch bei Marheineke.

Über die „Anschaffung von Gedenktafeln für die im Weltkrieg gefallenen Kameraden" war erstmals bei der vierten Quartalsversammlung am 15. Oktober 1920 unter Punkt 3 gesprochen worden.[1707] Am 17. April 1921 wurde beschlossen, sich Proben zu einer Tafel schicken zu lassen.[1708] Am 10. Juli wurde das Thema unter „Verschiedenes" angesprochen.[1709] Am 9. Oktober wurde Hauptmann Johannes Markwort die Anschaffung der Gedenktafel übertragen.[1710] Ein Jahr später, am 15. Oktober 1922, wurde unter „Verschiedenes" dem Kommando die Angelegenheit der anzuschaffenden Gedenktafel endgültig in die Hand gelegt.[1711] Zur Finanzierung wurde am 6. Mai 1923 der Beschluss gefasst, drei Pfund Weizen pro Kopf einzusammeln oder den entsprechenden Betrag in Geld dafür einzuziehen.[1712] Am 28. Oktober 1923 wurde am Schluss einer Quartalsversammlung die Ehrentafel für die im Ersten Weltkrieg gefallenen Feuerwehrkameraden enthüllt.

Die Enthüllungszeremonie wird im Protokollbuch ausführlich beschrieben: Der Hauptmann ließ die Feuerwehrkameraden zur Weihe und Enthüllung antreten. Nach einem Liedvortrag des gemischten Chors (unter der Leitung des Feuerwehrmanns Lehrer Kracht) begrüßte Hauptmann Markwort Kreisbrandmeister Walter. In seiner Weiherede widmete Walter „den gefallenen Helden unserer Wehr für ihre treue Pflichterfüllung im Kampfe fürs Vaterland herzliches Gedenken." Das Protokoll verzeichnet anschließend die Namen der Gefallenen: Joseph (!) Müller + 1.5.15 / Heinrich Bartels † 11.8.16 / Bernhard Löbke † 22.11.16 / Anton Günter † 16.4.17 / Joh. Schlemeier † 6.5.17 / Hermann Fricke † 30.5.18 / Fritz Meier † 9.8.18 / Josef Schwetje † 2.9.18.

Nach der Enthüllung trug der gemischte Chor „Reiters Morgenlied" vor. Im Anschluss an die bewegende Ansprache des Hauptmanns „wurde gemeinsam das schöne Lied gesungen „Ich hatt' einen Kameraden".[1713]

Am 20. Januar 1929 beschloss die Generalversammlung der Freiwilligen Feuerwehr, das Vereinslokal in das neu erbaute Klubzimmer der Gastwirtschaft Schwetje zu verlegen. Am 22. März beriet das Kommando am neuen Standort, wo die Gedenktafel am besten anzubringen sei.[1714] Die Quartalsversammlung am 26. März 1929, die zum ersten Mal im neuen Vereinslokal stattfand, bestätigte die Entscheidung des Kommandos.[1715] Zuvor hatte sie sich auf Antrag eines Mitglieds mit der Frage befasst, ob Franz Marheineke, der Besitzer des alten Vereinslokals, wegen unerlaubten Entfernens der Gedenktafel vor ein Ehrengericht zu stellen sei. Weil Marheineke inzwischen ausgetreten war, erübrigte sich ein Beschluss.[1716]

Der Einzug in das neue Lokal und die feierliche Überführung der Ehrentafel fanden – verbunden mit einer Übung der Wehr – am 28. April 1929 statt. Hauptmann Schlemeier und Ehrenmitglied Johannes Markwort hielten eine kurze Ansprachen, der Schriftführer gedachte in seiner Festrede ein weiteres Mal der gefallenen Kameraden. Anschließend legte er „an der reich mit Blumen geschmückten Tafel" einen Kranz nieder. Nach dem Lied vom guten Kameraden gingen die Feuerwehrleute zum gemütlichen Beisammensein über.[1717]

Die Tafel wurde inzwischen restauriert und hängt im 1979/1980 ausgebauten Dachgeschoss des neuen Feuerwehrgerätehauses, das der Feuerwehr am 1. September 1972 von der Gemeinde übergeben wurde.[1718]

13.4.2 Ehrentafel für die Gefallenen des Zweiten Weltkriegs

1. Standort

Im Übungsraum im Dachgeschoss des Feuerwehrgerätehauses links neben der Tür

2. Beschreibung

Kopie der Ehrentafel für die Gefallenen des Ersten Weltkriegs (II 13.4.1), im Inneren oval, insgesamt in der Grundform einer Raute; in der oberen Spitze ein Eisernes Kreuz, in der unteren Spitze ein Feuerwehrhelm mit gekreuztem Beil (links) und Spritze (rechts). Geschnitzte Inschrift unter dem Oval „Getreu bis in den Tod". Erhaben geschnitzte Schrift im Oval: „FREI-

Abb. 108: Ehrentafel des Zweiten Weltkriegs[1719]

WILLIGE FEUERWEHR SORSUM / ihren im Weltkriege 1939=45 gefalle- / nen Kameraden zur treuen Erinnerung." Einer Leiste aus fünf Zierpunkten folgen vier Namenreihen: „Erni Möller † 19.12.41, / Josef Baule † 13.8.42, / Josef Baule † 29.7.44 / Bernhard Koch † 29.8.44"
Der Rand des oberen Halbovals ist als geschnitzter Ehrenkranz ausgearbeitet.
Maße (Breite, Höhe, Tiefe): ca. 100 x 100 x 2,5 cm
Material: dunkelbraunes Holz, Schrift vergoldet
Technik: Schnitztechnik
Zustand: sehr gut.[1720]

3. Dokumentation

Auftraggeber: Feuerwehr
Hersteller (Entwurf, Ausführung): unbekannt
Entstehungszeit: 1948-1949
Einweihung: 30. Januar 1949
Deutung: s. II 13.4.1. Beide Ehrentafeln gleichen sich bis auf die Jahreszahlen und die persönlichen Daten. Die Feuerwehr wahrt die Kontinuität des Gedenkens und legt Wert darauf, dass es im Tod keine Unterschiede gibt. Kurz nach Kriegsende nimmt sie zum Charakter des Krieges keine Stellung. Offenbar dominiert auch hier nur die Bekundung wechselseitiger Treue.
Objektgeschichte: Am 10. Januar 1948 beschloss die Generalversammlung, eine neue Ehrentafel für die Gefallenen des Zweiten Weltkriegs anfertigen zu lassen. Die alte Ehrentafel sollte aufgearbeitet werden.[1721] Die Jahreshauptversammlung beschloss am 16. Januar 1949, die Tafel vor dem Vergnügen am Sonntag, 30. Januar 1949, im Saal des Vereinslokals Schwetje zu enthüllen. Die Veranstaltung begann um 19.30 Uhr, die Gefallenen- und Totenehrung fand um 21.30 Uhr statt. Beide Tafeln wurden „ihrer Bestimmung übergeben."[1722]
Die inzwischen restaurierte Tafel hängt im großen Übungsraum im Dachgeschoss neben der Ehrentafel für die Gefallenen des Ersten Weltkriegs (II 13.4.1).

13.5 Neues Ehrenmal für die Gefallenen beider Weltkriege am Friedhof

1. Standort

An der Zufahrt zum Friedhof am Schildweg

2. Beschreibung

In einer ca. 32 m x 21 m großen Anlage, die rechts und vorn mit Büschen und hinten mit Nadelbäumen begrenzt ist, steht an der hinteren Seite ein Kreuz, dessen senkrechter Kreuzbalken unten 90 cm und oben 70 breit und dessen waagerechter Balken ca. 70 cm breit ist.
Der waagerechte Balken trägt in Majuskeln die Inschrift: „Gib / Frieden Herr / in unseren / Tagen".
80 cm rechts vom Kreuz steht ein steinerner Hocker. Die Ansichtsseite wird von einem Eisernen Kreuz ausgefüllt, in dessen Mitte ein Eichenzweig mit zwei Blättern und einer Eichel, oben 1914 und unten 1918, links 1939 und rechts 1918 zu sehen ist. Der Hocker enthält eine Schatulle mit den Namen von 24 Gefallenen des

Abb. 109: Gedächtnisstätte am Friedhof[1723]

Ersten Weltkriegs und 65 Gefallenen und 30 Vermissten des Zweiten Weltkriegs.[1724]
Beide Male stehen erhöht auf einem 35 cm hohen, mit Natursteinsockel eingefassten Beet.
Etwa 2,00 m weit links vom Kreuz und ca. 60 cm vor dem Sockel steht ein ca. 1,20 m hoher, unten 2,00 m und oben 1,60 m breiter, ca. 25 cm starker Gedenkstein aus dem gleichen Material. Er trägt in Majuskeln die Inschrift: „Allen / Opfern / der Weltkriege". Links und rechts der ersten beiden Zeilen ist je ein Eichenbruch mit drei Blättern und einer Frucht herausgemeißelt worden.
An der rechten und vorderen Seite stehen jeweils zwei Sitzbänke, zwischen denen links Büsche und vorn Rosen wachsen.
Die Anlage befindet sich rechts neben der Zufahrt zum Friedhof, von der ein Plattenweg zu den Gedenksteinen und zu den Bänken führt. Der Rest der Anlage ist ein gepflegter Rasen.
Maße (Breite, Höhe, Tiefe): Kreuz: 1,30 m x 2,60 m x 30 cm; Hocker: 51 cm x 51 cm x 60 cm;
Material: roter schwedischer Granit
Technik: Steinmetzarbeit
Zustand: gepflegt

3. Dokumentation

Auftraggeber: Gemeinde Sorsum
Hersteller (Entwurf, Ausführung): Steinmetzmeister Josef Kernbach, Nordstemmen; Gärtnermeister Heinz Schlemeier
Entstehungszeit: 1965
Einweihung: 14. November 1965 (Volkstrauertag)
Deutung: Der Standort rückt das Kriegstotengedenken an den vorderen Friedhofsrand und damit in die Nähe des allgemeinen Totengedenkens. Die Anlage ist aufwändig gestaltet. Drei Steine aus rotem schwedischen Granit stehen in Spannung zu einander, im Zentrum das Kreuz mit der Inschrift, die eine Übersetzung der gregorianischen Antiphon „Da pacem Domine in diebus nostris" ist. Es überragt die Anlage nicht nur wegen seiner Größe, sondern auch wegen seiner Aufstellung auf dem Hochbeet und der breiten Kreuzbalken. Die Inschrift auf dem Querbalken erscheint entsprechend groß und dominant – ihre Botschaft überlagert die auf dem linken Stein enthaltene Widmung „Allen Opfern der Weltkriege". In Verlängerung der Linie steht hinter dem Kreuz ein Steinhocker, der mit dem stilisierten Eisernen Kreuz die Widmung einschränkt: An dieser Stelle können nur die deutschen Opfer der Weltkriege gemeint sein, deren Jahreszahlen in den Stein eingehauen wurden. Die Objektgeschichte schränkt die Bedeutung ist noch weiter ein: Gemeint sind hier die Sorsumer Kriegstoten, deren Namen in einer Schatulle in den Stein eingefügt wurden.
Die Kriegstoten werden als Opfer bezeichnet, als Opfer der Kriege. Das klingt, als handele es sich um Opfer der Gewalt und Willkür, nicht um die Überhöhung ihres Todes zum rituellen Opfer. Das Motiv des Opferlamms, das auf der Sorsumer Kirchenglocke über den Tod der Angehörigen hinwegtröstet, fehlt hier. Dennoch kann im Kontext des gesamten Sorsumer Kriegstotengedenkens der Begriff des „Opfers" auch im Sinne aufopfernder Hingabe gedeutet werden.
Das Erflehen des Friedens ist hier ebenso präsent, allerdings nicht in der liturgischen Form des Agnus Dei, sondern in der Weise eines georgischen Kirchengesangs, die den Bogen weit in die Vergangenheit schlägt und sowohl die immer während wie auch die stets bedrohte Hoffnung auf Frieden ausdrückt. Die Zeitlosigkeit des Anliegens, das die beiden Weltkriege lediglich zum Anlass zu nehmen scheint, wird durch die Wahl des Materials Granit verstärkt, aber auch dadurch, dass individuelle Merkmale buchstäblich im Stein verschwinden.
Es scheint, als sei die Idee des Dreiklangs, der an der Kirchenglocke aus „Dankbarkeit, Hoffnung und Liebe" besteht, zum Friedhof mitgenommen und hier leicht abgewandelt worden. Die Dankbarkeit gilt den Toten für das treu erbrachte Opfer. Die Hoffnung auf irdischen und ewigen Frieden bezeugt das Kreuz. In Liebe umschließt der Stein die Namen der Toten und bewahrt ihnen ein ewiges Gedenken.
Objektgeschichte: Am 1. Juni 1964 beauftragte der Gemeinderat Bürgermeister Düring, Ratsherrn Knieke und Rechtsanwalt Koch (alle CDU), mit dem Kirchenvorstand Verhandlungen über die Neuanlage des Friedhofs zu führen. Am 21. September 1964 billigte der Gemeinderat einstimmig den Friedhofsvertrag mit dem Zusatz, dass die politische Gemeinde jederzeit Zutritt zum Ehrenmal erhält. In der am 1. Dezember 1964 mit dem Kirchenvorstand abgestimmten Fassung wurde der Friedhofsvertrag

am 17. Dezember 1964 mit 7 Ja-Stimmen und 2 Enthaltungen angenommen.[1725]

Der Sorsumer Gemeinderat beschloss am 15. Juli 1965 in der Gaststätte Ebeling, „den Bau eines Ehrenmales auf dem neuen Friedhof. Das Ehrenmal soll aus rotem, schwedischen Granit errichtet werden. Das Kreuz mit einer Höhe von 2,60 m und Breite von 1,50 m. Inschrift am Kreuz „Gib Frieden Herr in unsern Tagen". Der Gedenkstein mit einer Länge von 2 m und Höhe von 1 m soll mit erhabener Schrift die Inschrift „Allen Opfern der Weltkriege" tragen. In einem Steinhocker aus gleichem Material soll eine Schatulle eingepasst werden, in der die Namen der Opfer beider Weltkriege aufbewahrt werden. Der Hocker soll die Jahreszahlen 1914 – 1918 – 1939 – 1945 tragen." So weit war sich der Gemeinderat einig – einstimmig fasste er den Beschluss. Kontrovers diskutierte er, ob auf der Abdeckung des Steinhockers als Signum das „Eiserne Kreuz" angebracht werden sollte. Eine Mehrheit von 7 gegen 2 stimmte schließlich dafür. Bei der Auftragsvergaben bestand wieder Einigkeit: Steinmetzmeister Josef Kernbach, Nordstemmen, und Gärtnermeister Heinz Schlemeier sollten die Gedächtnisstätte bis zum Volkstrauertag 1965, dem 14. November, fertigstellen.[1726]

Der Gemeinderat folgte damit wörtlich einer Empfehlung, die am 13. Juli 1965 im Jugendheim von Vertreterinnen und Vertretern der Gemeinde und den örtlichen Vereinen[1727] erarbeitet worden war. Auf dem vorgesehenen Platz war das geplante Ehrenmal mit Holzattrappen nachgebildet worden.

Heftig gestritten, doch dann geschlossen abgestimmt, wurde am 6. August 1965 über die Frage der Finanzierung. Auch die Öffentlichkeit kam in der Sitzung zu Wort. Schließlich einigte man sich, für die Finanzierung des Ehrenmales eine freiwillige Spendenaktion durchzuführen. Jeder Haushalt sollte angeschrieben werden. Bis zum 31. Oktober hoffte man, die erforderlichen 20.000 DM aufgebracht zu haben. Andernfalls erklärte sich die Gemeinde bereit, den Restbetrag zu übernehmen.[1728] 12.010 DM wurden am 21. November 1965 an Kernbach und 6.173,91 DM an Schlemeier überwiesen.[1729]

Über die Fertigstellung des neuen Friedhofs und des Ehrenmals für die Opfer der Kriege berichtete Bürgermeister Düring dem Gemeinderat am 17. Dezember 1965.[1730]

Das neue Ehrenmal wurde wie vorgesehen am Volkstrauertag eingeweiht. Feierstunden finden nach Auskunft des Kath. Pfarramts dort bis heute am Totensonntag und bei allen Jubiläen der Sorsumer Vereine statt.

Die Unterhaltung und Pflege der Anlage obliegt laut notariellem Vertrag[1731] zwischen der katholischen Pfarre und zugleich für die katholische Kirchengemeinde[1732] und der politischen Gemeinde[1733] vom 9. Januar 1965 der Gemeinde Sorsum, jetzt der Stadt Hildesheim. Den Vereinen der Gemeinde Sorsum und ihren Einwohnern soll die Anlage zu Zwecken der Ehrung, des Besuches oder des stillen Gedenkens offen stehen.

Der Vertrag enthält auch die Kostenregelung bei der Erstellung der Anlage. Danach hatte die politische Gemeinde die gesamte gärtnerische Gestaltung auf der Grundlage des Entwurfs des Landschaftsgärtners Heinz Schlemeier, Sorsum, einschließlich Wegebau und Einfriedung zu bezahlen. Auch die Kosten für die baulichen Anlagen, die Friedhofskapelle und das Ehrenmal für die Gefallenen beider Weltkriege übernahm die Gemeinde.

Vereinbart wird ferner, dass bei einer Überschneidung der Feierlichkeiten der Kirchenvorstand der katholische Kirche bzw. Pfarre über die Reihenfolge bestimmen soll.

13.6 Ehrenmal des Sportvereins Teutonia Sorsum für die im Zweiten Weltkrieg Gefallenen

1. Standort

An der Kunibertstraße zwischen Klubhaus und Sportplatz (dem heutigen Schulgrundstück)

2. Beschreibung

Auf einer Grundfläche von ca. 7,50 m x 6,00 m, steht ein Findling auf einem Natursteinsockel. Zum Denkmal führt ein 2,60 m langer, 50 cm breiter Plattenweg mit Blumenbeeten am Rand. Links und hinten wachsen insgesamt fünf Birken, davor bodendeckende Thujas. Der Rest der Fläche besteht aus einem kurzwüchsigen Rasen. Auf dem Sockel der Einfassung aus Naturstein steht ein ca. 35 cm hoher geschmiedeter Zaun.

Abb. 110: Teutonen-Denkmal[1734]

Unter dem aus dem Stein herausgearbeiteten 30 cm großen Eisernen Kreuz wurde in Majuskeln eingemeißelt: „Unseren gefallenen / Sportkameraden / zum Gedenken / 1939 – 1945"
Maße (Breite, Höhe, Tiefe): Findling: 1,00 m x 1,50 m x 70 cm; Natursteinsockel: an der Basis 2,00 m x 1,40 m, an der Oberkante in 60 cm Höhe 1,80 m x 1,15 cm; der Rand zum Stein ist ca. 20 cm breit.
Material: Findling
Technik: Steinmetzarbeit
Zustand: sehr gepflegt.[1735]

3. Dokumentation

Auftraggeber: Vereinsvorstand
Hersteller (Entwurf, Ausführung): Bildhauer Ueckert, Himmelsthür
Einweihung: 21. November 1956 (Buß- und Bettag)
Deutung: Vorsitzender Wilhelm Löbke formulierte bei der Einweihung: „Dieser Stein ist nicht leblos. Er ist ein Zeichen des Erinnerns und der Dankbarkeit denen gegenüber, die ihr Leben für die Heimat hingaben."[1736] Der Findling gilt als Symbol für Heimatverbundenheit, Festigkeit und Treue. Die gemeinschaftliche Herstellung der Anlage drückt Zusammengehörigkeit und Kameradschaft aus.
Germanisierende, archaische Formen charakterisieren die Denkmalanlage. Der Findling ruht auf einem trapezförmigen Sockel, der im Stil des Zyklopenmauerwerks aus unregelmäßigen Gesteinsblöcken aufgeschichtet wurde. Thujas und Birken sind „Lebensbäume", die einen wegen ihres Immergrüns, die anderen, weil sie als erste die Winterstarre überwinden. Nadelgehölz symbolisiert Treue, Birkengrün Lebenswillen und Trost.
Der Zaun umschließt die Anlage wie einen sakralen Bezirk. Dass er ursprünglich auf dem Domhof stand, mag man vordergründig als günstige Gelegenheit deuten. Er umfasste dort allerdings in einer ähnlichen – sakralen – Funktion das Bernwarddenkmal.
Man betritt die Anlage über eine Stufe durch einen schmalen Einlass und nähert sich auf einem einreihigen Plattenweg dem Gedenkstein. Das große, aus dem Stein getriebene Eiserne Kreuz und die Inschrift offenbaren die Sinnstiftung: Es geht um militärische Ehre und um kameradschaftliche Treue. Bei der Einweihung wurden zwar die Gefallenen beider Weltkriege in das Gedenken einbezogen. Der Stein nennt jedoch nur die Jahreszahlen 1939 und 1945.
Denkmäler dieser Art (Bruchmauerwerk, Findling) wurden in Hildesheim traditionell von Männersportvereinen aufgestellt.
Objektgeschichte: Den Findling holte der Ehrenvorsitzende des Vereins, Willi Bruns, und sein Sohn Heinz, mit einem Pferdefuhrwerk aus dem Okertal im Harz. Den Stein vermittelte der Förster des Forstamts Oker, Spenden, die die erste Mannschaft im Dorf sammelte, finanzierten das Denkmal. 1971 erhielt das Denkmal eine Einfriedung. Dafür konnte das gusseiserne Gitter genutzt werden, das bis dahin das Bernwarddenkmal auf dem Domhof einfasste.
Am Volkstrauertag und bei Vereinsjubiläum wird am Denkmal ein Kranz niedergelegt.[1737]
Bei der feierlichen Einweihung erinnerten Pastor Franz Lehne und der Vereinsvorsitzende Wilhelm Löbke in Anwesenheit von etwa 500 Menschen an die 99 vermissten und gefallenen Vereinsmitglieder beider Weltkriege. Die Gedenkrede hielt Hauptlehrer Koblischek, Ernst Kipker sprach als Vertreter des Landkreises und des Kreissportbunds. Musikbeiträge des Männergesangvereins und der Feuerwehrkapelle umrahmten die Feierstunde.[1738]

Anmerkungen

1676 Fotografiert am 29.7.2003.
1677 Besuch am 29.7.2003.
1678 HP v. 6.11.1956.
1679 Wird zur Erinnerung an den Apostel Jakobus d. Ä. am 25. Juli begangen.
1680 HAZ v. 31.7.1959. In der Festschrift ist von Joachim statt von Christoph die Rede.
1681 St. Kunibert, 100 Jahre St. Kunibert, S. 37.
1682 Fotografiert am 30.7.2002.
1683 HAZ v. 21.10.1913: Die Gedenkfeier an die Völkerschlacht bei Leipzig.
1684 Hildesheimsche Zeitung v. 21.10.1913, Tagesanzeiger.
1685 Fotografiert am 29.7.2003.
1686 Protokollbuch der Gemeinde Sorsum, 1858-1924, S. 283, StadtA Hi Best. 208 Nr. 1.
1687 Ebd., S. 293.
1688 Ebd., S. 297.
1689 Haller, Chronik von Sorsum, S. 16.
1690 Auskunft des kath. Pfarramts v. 8.9.1997; 1965 wurde die Gedächtnisstätte der Gemeinde eingeweiht.
1691 Haller, Chronik von Sorsum, S. 32.
1692 Mündliche Auskunft von Willi Haller, Sorsum, 23.1.2003.
1693 Undatiert, Gemeindebüro Sorsum, zur Verfügung gestellt vom Ortsbeauftragten Andreas Lücke am 17.3.2003.
1694 Fotografiert am 29.7.2003.
1695 Willi Haller korrigierte in seiner Chronik die Jahreszahl handschriftlich zu 1944.
1696 Haller, Chronik von Sorsum, S. 16.
1697 Ebd., S. 54.
1698 Niederschrift vom 21.7.65, StadtA Hi Best. 208 Nr. 87.
1699 Auskunft des kath. Pfarramts v. 8.9.1997; 1965 wurde die Gedächtnisstätte der Gemeinde eingeweiht.
1700 Fotografiert am 29.7.2003.
1701 Die Maße teilte Dipl.-Ing. Hans-Christian Löbke, Sorsum, dem Verfasser am 29.7.2003 mit.
1702 Joh 1, 29.
1703 St. Kunibert, 100 Jahre St. Kunibert, S. 15.
1704 Fotografiert am 4.2.2003.
1705 Besuch am 4.2.2003.
1706 Feuerwehr Sorsum, Festschrift 100 Jahre, S. 34.
1707 Protokollbuch der Freiwilligen Feuerwehr Sorsum, angef. 1917 (-1964), S. 30.
1708 Ebd., S. 32.
1709 Ebd., S. 34.
1710 Ebd., S. 34.
1711 Ebd., S. 40.
1712 Ebd., S. 42.
1713 Ebd., S. 44.
1714 Ebd., S. 88.
1715 Ebd., S. 88.
1716 Ebd., S. 89.
1717 HiZ v. 22.5.1929.
1718 Feuerwehr Sorsum, Festschrift 100 Jahre, S. 41.
1719 Fotografiert am 4.2.2003.
1720 Besuch am 4.2.2003.
1721 Protokollbuch der Freiwilligen Feuerwehr Sorsum, angef. 1917 (-1964), S. 170.
1722 Ebd., S. 172.
1723 Fotografiert am 30.7.2002.
1724 Auskunft des Kath. Pfarramts v. 8.9.1997.
1725 Protokollbuchbuch der Ratssitzungen, 1954-1969, Büro des Sorsumer Ortsbeauftragten.
1726 Protokolle des Sorsumer Gemeinderats, Niederschrift Nr. 8/65, S. 2 (TOP 7), StadtA Hi Best. 208 Nr. 87.
1727 Vertreten waren neben dem Gemeinderat der Sportverein, der Gemischte Chor, der Schützenverein, die Kolpingfamilie, der Reichsbund, der Frauenbund und die kath. Kirche. Als Berater nahmen Josef Kernbach und Heinz Schlemeier teil. Niederschrift vom 21.7.1965, StadtA Hi Best. 208 Nr. 87.
1728 Niederschrift des Sorsumer Gemeinderats, Nr 9/65, S. 2 f., StadtA Hi Best. 208 Nr. 87.
1729 Kassenbuch der Gemeinde Sorsum, 1965-1969, Zeitbuch der Gemeinde Sorsum; Akten des Ortsbeauftragten Andreas Lücke, Sorsum.
1730 Niederschrift des Sorsumer Gemeinderats, Nr 12/65, S. 2 (TOP 6), StadtA Hi Best. 208 Nr. 87.
1731 Nr. 41 der Urkundenrolle Jahrgang 1965.
1732 Vertreten durch Pfarrer Franz Lehne, Maurerpolier i. R. Franz Schlote und Kreisangestellten Franz Löbke.
1733 Vertreten durch Bürgermeister und Gemeindedirektor Heinrich Düring und stellv. Bürgermeister Josef Deters.
1734 Fotografiert am 30.7.2002.
1735 Zustandsbeschreibung am 7.7.2001.
1736 HP v. 23.11.1956.
1737 Auskunft durch Ludwig Löbke am 4.11.1997.
1738 HP v. 23.11.1956.

14 Himmelsthür

14.1 Gefallenen-Ehrenmal „Auf der Fuchslade"

14.1.1 Ehrung der Toten des Ersten Weltkriegs

1. Standort

Am Knüppelbrink / Ecke Auf der Fuchslade

2. Beschreibung

Kurz vor der Einweihung stellte die Hildesheimsche Zeitung die Denkmalanlage ihrer Leserschaft vor: „Drei Stufen führen in einen durch eine geschmackvolle Fassade eingehegten Vorraum, von dort führt eine weitere Stufe in eine halbrunde Walhalla, in der auf mächtigem Postament die überlebensgroße, noch verhüllte Gestalt des betenden Kriegers steht. Auf der Frontseite des Sockels sieht man ein großes eisernes Kreuz, das die Widmung trägt: ‚Unseren Vätern, Brüdern und Söhnen, die im Kampfe für Heimat und Vaterland den Heldentod starben. 1918'[1739] Die Walhalla selbst hat eine lichte Weite von 9 Meter. Eine Bank, von der man einen herrlichen Blick auf das Dorf und die Umgebung mit dem waldigen Hinterland hat, ist rings um die Statue angebracht und ladet alle zum Verweilen ein, die hinaufgegangen sind, um an dieser Stelle ihren lieben Gefallenen ein stilles Memento zu widmen. Drei in der Mitte angebrachte Tafeln tragen die Namen der 48 Gefallenen."[1741] In dem nach der Feier veröffentlichten Bericht umgab die „Walhalla" eine wuchtige Mauer, in der die Tafeln eingelassen waren. Die Zahl der Gefallenen aus der Gemeinde Himmelsthür und dem früheren Gutsbezirk Steuerwald wird nun zutreffend mit 50 angegeben. Der Krieger habe die stattliche Höhe von 3 Metern, während die Mauer vier Meter erreiche.[1742] Die seitlichen Mauern waren abgeflacht.

Links und rechts sind Kranzhalter angebracht. Die linke und rechte Tafel ist 1,20 m hoch und 80 cm breit. Die mittlere Tafel ist 75 cm hoch und 65 cm breit.

Linke Tafel: 1914 / Engelke, Bernh., Wehrm. R.I.R. 215 / * 1.8.78 + 29.10. Belg./ Günther, Bernh. Res. I.R. 79 * 17.11.92 + 13.9. (Belg.)/ Iburg, Wilh. Res. G.G.R.2 * 4.6.81 + 5.9. Frankr. / Kratzberg, Karl Untfz. I. R. 63 * 9.9.86 + 31.12. / Kreth, Gust. Musk. R.I.R. 231 * 15.3.91 + 3.12. Rusl. / Lankenau, Herm. Res. I. R. 79 * 13.3.90 + 22.8. Belg. / Wolpers, Joh. Wehrm R.I.R. 91 / * 6.6.81 verm. 24.9. Frankr. / 1915 Diesing / Heinr. Musk. I. R. 79 * 7.8.87 + 3.7. Rusl. / Fockelmann, Joh., Res. I. R. 79 * 28.9.89 + 22.7. / Holze, Heinr. Musk. R.I.R. 77 * 28.8.89 + 24.5. Frankr. / Kastel, Friedr. Wehrm. I. R. 79 * 9.10.86 + 24.5. Rusl. / Müller, Georg, Gefr. Kav. Schütz. R. 93 * 2.2.75 verm. 3.9. / Müller, Wilh., Freiw. R.I.R. 231 * 30.4.04 + 21.6. Rusl. / Naue, Wilh. Res. I. R. 79 * 30.9.89 + 29.6. (Rusl.) / Sarstedt, Bernh. Freiw. I. R. 79 * 29.3.93 + 19.5. (Rusl.)/ Walter, Heinr. Untfz. I. R. 150 * 24.10.92 + 7.11. (Rusl.) / 1916

Abb. 111: Ehrenmal am Knüppelbrink[1740]

Gentemann, Wilh. Gefr. M. W. Batl. 2 / 6.11.88 + 3.3. Frankr. / Klein, Fritz LDSTM 1. Leib.R. 117 * 13.12.94 + 28.2. (Frankr.) / Nolte, Alfons, Gefr. I. R. 189 * 6.8.93 + 27.9. Ung. / Schwetje, Heinr. Musk. I. R. 79 * 8.5.92 + 18.6. Rusl. / Stölting, Arthur, Oltnd O. Ltn. D. R. Drag. R. 16 + 10.7. Frankr. / Welge, Emil, LDSTM. L. I. R. 7 * 2.12.77 vermisst 5.7.
Mittlere Tafel: Strottmann, Wilh. Res. I. R. 79, / * 2.3.86 + 5.7.15 / Strottmann, Karl, Pion. Pion. Batl. 10 / * 26.11.96 + 25.7.17 / Huier, Karl, Wehrm. I. R. 91 / * 18.1.84 + 11.7.17 / Kreisch, Julius, R.I.R. 90 / * 2.6.97 + 20.11.17 / Kreisch, Herm., I. R. 74 / * 9.4.88 + 27.11.18 / (Majuskeln) An den Folgen des Krieges / in der Heimat verstorben: / Holze, Franz Lehrer / * 30.5.95 + 31.1.23 / Wolpers, Christian, Schmied / * 10.9.89 + 6.9.27 //
Rechte Tafel: 1917 / Albrecht, Karl, LDSTM, L.I.R. 387 / *9.4.78 + 14.10. Frankr. / Brönnecke, Joh., Gefr. I. R. 79 * 31.5.88 + 1.9. Rusl. / Hoffmeister, Albert, Ltn. D. L. I. R. 52 / * 2.7.90 + 29.10. Itl. / Höppner, Joach. Untfz. I. R. 92 * 3.4.83 + 17. 7. Frankr. / Otto, Joh. Musk. * 31.8.94 + 21. 4. (Frankr) / Strüber, Georg, Musk R. I. R. 204 * 2.5.98 + 4. 8. (Frankr) / Wilke, Franz Kan. A. R. 258 + 18.1. / Winkelhoff, Heinr. LDSTM. L. I. R. Batl. X/22 / * 22.8.69 + 15. 4. Frankr. / 1918 / Albrecht, Martin, KrKtr. I. R. 465 / * 10.11.90 + 4. 1. Frankr. / Bode, Karl, LDSTM, Füsl. R. 73 * 19.1.91 + 21.9. Schweiz / Böker, Hein. Musk. I. R. 79 * 15.2.96 + 6.11. Frankr. / Diessner, Karl, Gefr. R. I. R. 231 * 26.11.96 + 12.11. (Frankr) / Flohr, Franz, Schütz. NGN. G.S. S. Abtl 43 * 6.7.98 + 8.6. (Frankr) / Haake, Ernst (Schütz) N.G.K.R.I.R. 230, *12.11.99 + 14.6. (Frankr) / Lattmann, Joh. Musk. I.R. 74 * 12.1.87 + 22.3. (Frankr) / Maczyewski, Wilh. Jäg. Batl. 14 / * 11.12.98 + 23.10. (Frankr) / Möller, Jos. Untfz. Minw. K. 182 * 7.4.77 + 8.3. (Frankr) / Plümer, Heinr. LDSTM I. R. 24 * 3.3.88 + 3.11. (Frankr) / Pieper, Hans Gefr. Kraft.Park Bukarest / * 7.5.95 + 4.1.19 Serb. / Sarstedt, Josef Musk I. R. 463 / * 9.3.99 + 1.9 Frankr. / Günther, Heinr. Gefr. R. I. R. 51 * 11.6.87 verm. 29.9.15
(Für die in Klammern gesetzten Bezeichnungen steht auf der Tafel das Wiederholungszeichen ".)
Maße (Breite, Höhe, Tiefe): siehe Beschreibung
Material: Wesersandstein und Kalkstein; Krieger aus Basalt

Technik: Steinmetzarbeit
Zustand: gut

3. Dokumentation

Auftraggeber: Gemeinde Himmelsthür
Hersteller (Entwurf, Ausführung): Entwurf und künstlerische Ausführung: Firma Dräger (Hildesheim), Bruchsteine vom Steinbruchbesitzer Weiterer (Groß Giesen). Die Arbeiten führte die Gemeinde aus.[1743]
Entstehungszeit: 1926-1929
Einweihung: 20. Oktober 1929
Deutung: Die in der Zeitungsbeschreibung erwähnte „Walhalla" stellt, wie auch der Begriff „Ehrentempel", die Kriegstotenehrung in einen klassischen Bedeutungskontext.[1744] Die Toten werden für würdig gehalten, in einer Ruhmeshalle, die jener für berühmte Deutsche bei Regensburg errichteten gleicht, geehrt zu werden. Dass Walhall im germanischen Mythos der Ort ist, wohin Odin die im Kampf gefallenen Helden ruft, ist in diesem Zusammenhang sicher nicht zufällig. Die auf die Toten des Ersten Weltkriegs bezogene Widmung „Unsern Vätern, Brüdern und Söhnen, die im Kampfe für Heimat und Vaterland den Heldentod starben" verleiht den Toten ausdrücklich den Heldenstatus und ihrem Sterben zugleich den erforderlichen edlen Zweck.

Nicht die Söhne Himmelsthürs oder Steuerwalds sind hier gemeint, sondern sehr persönlich die männlichen Familienangehörigen in direkter Linie. Die Witwen wurden bei der Widmung nicht mitbedacht: Ehemänner oder -gatten oder schlicht Männer fehlen im Sinnspruch. Den Namen stehen der Dienstgrad, die militärische Einheit, der Todestag und gelegentlich auch der Name des Landes zur Seite, in dem der Betreffende umkam. Die genaue Identifizierbarkeit der Toten testiert die Berechtigung der Zuschreibung des Heldentods im Kampf für Heimat und Vaterland. Kampf und Heldentum bedingen sich, die Kriegsteilnahme allein hätte den Heldentod nicht begründen können. So schwingt unverkennbar der Stolz der Überlebenden mit, dass über die Familienbande etwas vom Nimbus des Heldentums auf sie abstrahlt.

Die Widmung prangt an der Vorderseite eines Postaments umgeben von den Konturen eines Eisernen Kreuzes. Auf dem Steinquader beugt ein Soldat andächtig oder ehrfürchtig das Knie.

Er kniet vor den Namen der Gefallenen des Ersten Weltkriegs, dem Betrachter aus ästhetischen Gründen zugewandt. Seine Haltung stimmt den Besucher auf eine angemessene Form der Annäherung ein. In der Mitte der Walhalla drückt seine Pose allerdings weniger Demut und Trauer als vielmehr Ehrerbietung für die toten Helden aus.

Objektgeschichte: Der Männergesangverein „Eintracht" Himmelsthür veranstaltete am 14. Dezember 1919 im Saal der Gaststätte Heinrich Günther ein Wohltätigkeitskonzert „zum Besten des Fonds für ein Denkmal der gefallenen Helden der Gemeinden Himmelsthür und Steuerwald."[1745] Auch die Jugendabteilung des Frauenbundes stärkte den Fonds mit einem Theaterabend am 27. August 1922 in der Gaststätte Armbrecht.[1746] Am 18. Januar 1926 war es erneut der Männergesangverein „Eintracht", der den Reinerlös aus seinem jährlichen Konzert für den Bau eines Kriegerdenkmals zur Verfügung stellte. „In Anbetracht der guten Sache hätte man dem Verein ein volleres Haus gewünscht", monierte der Chronist.[1747]

Am 31. März 1926 befasste sich der Gemeindeausschuss mit der Frage, in wie weit sich die Gemeinde an der Errichtung eines Denkmals für die gefallenen Krieger beteiligen sollte. Einig war er sich in der kostenlosen Bereitstellung des Grundstücks. In welcher Höhe sie auch finanzielle Hilfe leisten könne, sollte einer späteren Beschlussfassung vorbehalten bleiben. In den Denkmalsausschuss entsandte der Gemeindeausschuss den Gemeindevorsteher Fritz Wilke und die Ratsherren Rudolf Runge und Bernhard Uhde.[1748]

Am 15. April hatte der Denkmalsausschuss getagt, am 17. April 1926 beschloss der Gemeindeausschuss, den Platz, der am 18. April näher bestimmt würde, zur Verfügung zu stellen und Steine für den Unterbau zu liefern.[1749] Am 27. November standen dann eingegangene Kirschbäume auf der Tagesordnung des Gemeindeausschusses. Sie sollten „mit den Bäumen, die auf dem Denkmalsplatz entfernt werden müssen", neu gepflanzt und durch Zwetschgen- und Pflaumenbäume ersetzt werden.[1750]

In der Gemeindeausschusssitzung am 3. Dezember 1928, die in der Gaststätte Georg Armbrecht stattfand, wurde von einem Ausschussmitglied an den Bau des Kriegerdenkmals erinnert. Die Angelegenheit wurde auf die nächste Sitzung verschoben[1751], wo sie auch am 20. Dezember 1928 gegen Ende der Tagesordnung erregt diskutiert wurde. Schließlich beauftragte der Gemeindeausschuss den Vorstand, so bald wie möglich eine Sitzung des Denkmalsausschusses einzuberufen.[1752] Danach verschwand das Thema wieder aus den veröffentlichten Sitzungsberichten. Auch der Kriegerverband Himmelsthür nahm sich – zumindest öffentlich – der Sache nicht an. Erst am 18. Oktober 1929 erwähnte die Hildesheimsche Zeitung das Ehrenmal wieder, diesmal nicht nur als flüchtig angesetzten Besprechungspunkt einer Gemeinderatssitzung, sondern als Ankündigung der Einweihung des Denkmals und seine Übergabe an die Gemeinde am Sonntag, 20. Oktober.

Endlich erfülle sich der stille Wunsch so vieler Himmelsthürer, „deren Väter, Brüder und Söhne fern in Feindesland den Heldentod fürs Vaterland starben". Endlich komme die Gemeinde „einer Ehrenpflicht der Dankbarkeit" nach. Es habe Mühe und Arbeit gekostet, die großen Summen aufzubringen. Nun aber halte das Ehrenmal mit manchem anderen Ehrenmal einen Vergleich aus und stehe „von allen Punkten des Dorfes sichtbar" an „freier Bergeshalde, auf der ‚Fuchslade'".[1753] – In Himmelsthür lebten damals etwa 2.000 Einwohner.[1754]

Am 20. Oktober 1929 versammelte sich die Gemeinde um 15 Uhr auf dem Vorwerk und zog von dort geschlossen nach den Klängen von zwei Musikkapellen zum Denkmalsplatz.[1755] Franz Bruns, Vorsitzender des Denkmalsausschusses, begrüßte die Versammlung, darunter auch den Landrat Dr. Stiff. Dem Prolog, einer Rezitation „Der kleine Brief des Grenadiers" von „Frau Inspektor Wilbers" folgte die Einweihung und Enthüllung durch Pastor Gnegel. Nach der Enthüllung legten die Vereine und Angehörigen Kränze nieder, während die Versammlung „Ich hatt' einen Kameraden" sang. Der Gesangverein „Eintracht" trug zum Glockengeläut der Dorfkirche das Lied „Der tote Soldat" vor. Frau Wilbers rezitierte ein zweites Mal, nun „Für uns"[1756], und die Freiwillige Feuerwehr spielte „Schlachtengebet". Anschließend sprachen Kinder der katholischen und evangelischen Schule zwei Texte.

Bei der Übergabe des Denkmals an Gemeindevorsteher Wilke erinnerte Franz Bruns an die lange Geschichte des Vorhabens, das zwar schon 1919 vom Gesangverein „Eintracht" begonnen worden sei, aber sich durch den vollständigen Verlust der aufgebrauchten Geldmittel während der Inflation zerschlagen habe. Der Kriegerverein habe danach alle Vereine um Mithilfe aufgefordert und alle, insbesondere einer (der ungenannt blieb), hätten das Denkmal schließlich finanziert.

Der Landrat gratulierte der Gemeinde zu ihrem gelungenen Werk. Mit dem gemeinschaftlichen Lied „Deutschland, Deutschland über alles" wurde die Versammlung geschlossen.

Weitere Quelle: HiZ vom 10. April 1924

14.1.2 Erweiterung des Gefallenen-Ehrenmals nach dem Zweiten Weltkrieg

1. Standort

Wie 14.1.1

2. Beschreibung

Heute betritt man über vier Stufen den Denkmalsbereich, der aus einem rechteckigen, mit Kies ausgefüllten Innenraum und einem trapezförmigen Raum, der von einer ca. 3 m hohen Natursteinmauer begrenzt ist, besteht. Die Seiten des halben Sechsecks sind ca. 4,50 m, die Rückseite 6 m lang. Die Mauern werden nach vorn durch einen pergolaartigen Vorbau erweitert, der dem Denkmal ein bühnenartiges Aussehen verleiht. An den Rändern stehen zwei mal zwei quadratische, 3 m hohe Pfeiler (Kantenlänge jeweils 10 cm) aus Waschbeton, an der Vorderkante 4 mal 4 quadratische Pfeiler. Sie tragen eine Abdeckung aus Waschbetonplatten, die sich auf der Mauer fortsetzt. Die Konstruktion trug der Erweiterung die Bezeichnung „Pfeilerhof" ein.

In der Inschrift unter dem knienden Krieger wurden die Jahreszahlen der beiden Weltkriege nachgetragen.

Je drei Gedenktafeln wurden beiderseits ergänzt. Sie umrahmen jeweils ein Motivrelief und enthalten die Namen der gefallenen Soldaten des Ortsteils Himmelsthür sowie von Bombenopfern und Vermissten. Sie wurden in die Mauern des halben Sechsecks eingefügt.

Linke Seite: Ein grafisch gestaltetes rotes Sandsteinrelief (ein von Stacheldraht eingerahmtes Portrait, zwei Fäuste, die den Draht umklam-

Abb. 112: Gestaltung der linken Seite[1757]

mern), unten 35 oben 70 cm breit und 1,30 m hoch. Daneben eine aus vier Teilen gefügte Kalksteintafel (2,55 m x 1,50 m). 60 cm breite Schrifttafeln rahmen ein Relief ein, das zwei Soldaten hinter dem toten Kameraden zeigt. Der Mann links zieht ein Tuch über den Toten, der rechte legt eine Blume auf seine Brust. Die Tafel ist mit E U gezeichnet, das große Relief trägt zusätzlich den Namen Ernst Ueckert.

Die Namen in Majuskeln:

Linke Tafel: 1939 Bögel, Willi – 1916 / Krü-ger, Otto – 1883 / Degner, Herbert – 1911 / 1940 Sarstedt, Josef – 1898 / 1941 Gawlitza, Erwin – 1913 / Scholz, Paul-Karl / 1910 – Scholz, Wilhelm – 1912 / vermisst: Brunotte, Friedrich – 1923 / 1942 Freise, Otto – 1920 / Fischer, Ernst – 1917 / Kratzberg, Franz – 1918 – Kratzberg / Johannes – 1910 / Kratzberg, Franz / 1913 – Lenk, Walter –1910 – Mix, Bruno / 1915 – Schneider, Herbert – 1923 / Schubert, Georg – 1913 – Schulz / Fritz – 1916 Ueberschär, Alfred / 1914 – Westphal, Heinrich – 1914 / Westphal, Karl – 1912 - Weber / Adolf – 1907 – Wullke, Heinrich / 1911 – Winkelhoff, Bruno – 1920 / Vermisste: Parsch, Ernst / 1917 – Wolpers, Hanns – 1914 / 1943 Ballauf, Josef -. 1915 / Fahrenholz, Rudolf – 1912 / Frömsdorf, Konrad – 1921 – Grasse / Walter – 1920 – Krause, Kurt – 1919 / Kirchner, Bernhard – 1907 //

Unten, linke Spalte: Lehmann, Erich – 1916 – Plümer, Heinrich – 1916 – Rötger, Friedrich / 1901 – Sotzek, August – 1909 / Vahl, Siegfried – 1920 / Vermisste: Aschemann / Karl – 1921 – Machner, Kurt – 1912 / Tiemann, Hans – 1922 – 1943 – Paasch / Wilhelm – 1911-1944 – Thiele,

Adolf / 1913-1939 – Prill, Albert – 1902-1943 / Feddeck, Markus – 1893-1945 – Feddeck / Joseph – 1919-1942 – Feddeck, Franz – 1928-1945//

rechte Spalte: Nehrmann, Friedrich, 1911 – Semmler / Gustav – 1907 – Schieweck, Gün-ther / 1921 – Türk, Herbert – 1920 – Walter / Gustav – 1911 – Weidner, Alfred / 1920 – Wentzki, Kurt – 1919 / Wichmann, Walter – 1919 / Köhler, Rudolf – 1917-1942 – Hoffmann / Richard - 1908-1945 – Engelke, Wilhelm / 1908-1942 – Fricke, Heinrich – 1910-1944 / Hirche, Robert – 1867-1945 – Büsener / Willi – 1898-1945 – Hoppe, Klara – 1878-1946//

Rechte Tafel: 1944 Bode, Heinz – 1926 – Büch / Walter – 1922 – Bodenburg / Friedrich – 1925 – Diedrich, Karl – 1923 / Freise, Klemens – 1917 – Freise, Josef / 1911 – Hennemann, Heinrich – 1910 / Hilger, Joachim – 1915 – Himpel / Richard – 1923 – Jahns, Joachim – 1916 / Kobald, Alois – 1914 – Kratzberg / Franz – 1910 – Knösel, Herbert – 1908 / Kleemann, Rudolf – 1920 – Müller / Franz – 1903 – Müller, Georg – 1908 / Rosemann, Ernst – 1923 – Rieger / Johannes – 1926 – Splinter. Kurt / 1919 – Steinberg, Richard – 1908 – Stillig / Hanna – 1907 – Spitzer, Alfred – 1901 / Wedekin, Franz – 1924 – Westphal, Franz / 1920 – Wunram, Hans – 1908 – Vermisste: Grasse, Erich – 1922 / Gentzsch, Kurt – 1926 – Haegenwarth / Franz – 1909 – Hase, Gustav – 1905 / Haake, Herbert – 1926 – Hainke, Erich – 1912 – Kratzberg, Bernhard / 1922 – Lange, Bernhard – 1919 – Peters / Heinrich – 1926 – Moschny, Herbert / 1917 – Schönwald, Hermann – 1910 / Sarstedt, Bern-hard – 1926 / Schütze, Gerhard – 1912 – Wiechmann / Hermann – 1909 – Weich, Albert – 1909 //

Rechte Seite: Das rote Sandsteinrelief zeigt ein Flugzeug über drei brennenden Häusern vor denen eine verzweifelte Frau schützend ihre Hand hebt. Unten links sind die Buchstaben E U eingemeißelt. Links davon rahmen drei Namenstafeln ein Kalksteinrelief ein, das eine Frau zeigt, die ihren Arm schützend um ein Kind legt und einen Mann, der zurück blickt. Über dieser Personengruppe schwingt eine Faust die Peitsche. Rechts ist die Signatur E U eingemeißelt.

Die Namen in Majuskeln:

Linke Tafel: 1945 Biermann, Joachim – 1902 / Cabanski, Johannes – 1912 / Chodziak, Edmund – 1913 – Chodziak, Bernhard – 1914 – Danielzik, Johann / 1888 – Diering, Ferdinand – 1855 / Fockelmann, Luise – 1865 – Freise / Fritz – 1914 – Gebhard, Oskar / 1889 – Grube, Heinz-Friedo – 1922 / Heckel, Paul – 1902 – Hallmann / Ernst - 1911 – Hallmann, Fritz / 1916 – Helmsen, Wilhelm – 1912 – Huberts, August – 1899 – Huter / Karl – 1916 – Jäschke. Johann – 1886 / Jesse, Wilhelm – 1903 – Kaeding / Stefan – 1892 – Kielz, Hugo – 1903 / Kittan, Ernst – 1921 – Kirchner / Josef – 1875 – Kleemann, Rudolf / 1881 – Klose, Otto – 1917 / Köhle, Ella, geb. Meissner / Layh, Jakob – 1880 – Lorz, Josef / 1887 – Müller, Michael – 1883 / Oppermann, Heinrich – 1929 / Pröck, Eberhard – 1925 / Quäker, Bernhard – 1892 / Ritter / Arnold – 1911 – Ritter, Magdalene / 1912 – Ritter, Hans Hermann – 1943 / Rudolph, Helmut – 1907 – Reinhold / Bruno – 1888 – Seifert / Erwin – 1902//

Unten, linke Spalte: Schreiber, Kurt – 1893 – Schmidt / August – 1871 – Steinberg / Oskar – 1915 – Spalke, Martha / 1881 – Trixa, Gustav – 1899 / Wittig, Johannes – 1893 – Wloch / Robert – 1911 – Wurm, Fritz – 1875 / Schrauter, August – 1892-1942 / Schrauter, Paul – 1930 – Schrauter / Georg – 1925-1944 – Dujardin / Heinz – Machon, Karl – 1888 / Brönnecke, Bernhard – 1915 //

rechte Spalte: Vermisste – Augustin / Sepp – 1916 – Breitenstein / Paul – 1908 – Clasen, Helmut / 1926 – Brönnecke, Johannes – 1912 / Ellwanger, Luis – 1915 – Engwicht / Willi – 1907 – Engwicht, Kurt – 1911 / Schrauter, Bernhard – 1927 – Alban / Friedrich – 1909 – Wilczek, August – 1926 / Wröz, Alfred – 1909 –

Abb. 113: Gestaltung der rechten Seite[1758]

Schneider / Linus – 1912 – Hoffmann, Hermann / 1913-1946 – Scholz, Willi – 1893-1946 // Rechte Tafel: Fröhlich, Walter – 1900 / Fischer, Edmund – 1913 / Geitner / Walter – 1897 – Hoffmann / Kurt – 1894 – Hillebrand, Alois / 1910 – Jörns, Bernhard – 1924 / Jörns, Joachim – 1920 – Kirchner / Rudolf – 1918 – Köhle, Karl-Otto / 1904 – Mierzowski, Richard – 1904 / Neumann, Adolf – 1925 – Pietruczak / Anton – 1906 – Preusse, Karl – 1924 / Rollenhagen, Hans-Heinrich – 1919 / Röttger, Gerhard – 1927 – Roloff / Paul – 1898 – Semmler, August / 1891 – Schreiber, Herbert – 1925 / Sommerfeld, Erwin – 1912 – Thiel / Kurt – 1907 – Wieser, Gerhard – 1929 / 1946 Hasse, Franz – 1864 – Jurk / Wilhelm – 1908 – Pauluschke / Wilhelm – 1920 – Radmacher, Gustav / 1874 – Sadler, Alfons-Franz – 1905 / Wentzki, Marie, geb. Kristall – 1884 / vermisst: Kranz, Willi – 1906 / 1947 Heier, Heinz – 1927 – Layh / Marie – 1921 – Neumann / Max – 1906 – Wentzki, August – 1888 / 1949 Schmidt, Heinrich – 1919 / Kern, Helmut – 1902 / 1952 Kirchhoff, Otto – 1917 //
Vor dem Postament ist ein halbkreisförmiges Beet spärlich bewachsen, die auf beiden Seiten stehenden Pflanzschalen sind nur mit Erde gefüllt. Durch den Kies wachsen Wildkräuter. Die Anlage ist von Bäumen unterschiedlicher Art umgeben (zum Beispiel Sauerkirsche, Eiche, Linde).[1759]

Maße (Breite, Höhe, Tiefe): rechteckiger, 9 m x 2,50 m Innenraum, trapezförmiger Raum, von einer ca. 3 m hohen Natursteinmauer begrenzt; die Seiten des halben Sechsecks sind ca. 4,50 m, die Rückseite 6 m lang. An den Rändern stehen zwei mal zwei quadratische, 3 m hohe Säulen (Kantenlänge jeweils 10 cm) aus Waschbeton, an der Vorderkante 4 mal 4 quadratische Säulen. Soldat, 1,50 m groß auf 60 cm x 80 cm x 15 cm hohem Sockel; Postament des Sockels: 80 cm x 80 cm x 90 cm; Fundament: 1,00 m x 1,10 m x 25 cm

Material: Wesersandstein und Thüster Kalkstein
Technik: Steinmetzarbeit
Zustand: gut

3. Dokumentation

Auftraggeber: Gemeinde
Hersteller (Entwurf, Ausführung): Ernst Ueckert (Bildhauerarbeit), Christoph Naue (Architektur, Pfeilerhof); gärtnerische Gestaltung: Johannes Naue
Entstehungszeit: 1954-1959
Einweihung: 15. November 1959 (Volkstrauertag)
Deutung: Nach dem Zweiten Weltkrieg wurden die Seitenteile in die Gedächtnisstätte einbezogen. Sie enthalten nicht nur die Namen mit den neuen Toten, sondern zusätzliche Beiträge zur Deutung des Geschehens. Das auf der linken Seite in das Bruchsteinmauerwerk eingefügte rote Sandsteintrapez zeigt ein grob aus dem Stein gehauenes Portrait eines Mannes, der stolz und entschlossen den Kopf hebt, obwohl er ausgemergelt und von Stacheldraht umgeben ist. Zwei Fäuste, wie Zeichen isoliert, umklammern links unter und rechts über dem Kopf den Draht. Rechts von diesem Kriegsgefangenen-Motiv wurde in die Tafel mit den Namen der Kriegstoten das Gefallenen-Motiv eingefügt: ein Relief, das zwei Soldaten zeigt, die sich über ihren toten Kameraden beugen. Während ihm der rechte zum Zeichen der Liebe (und als Symbol für das vergossene Blut) eine vierblättrige Rose auf die Brust legt, zieht der linke behutsam ein Tuch über ihn. Die Szene, die nach einer Interpretation der Presse „Frieden mit Gott atmet",[1760] ist sehr bildhaft und detailliert dargestellt, während das Gefangenen-Motiv ikonisch wirkt.

Dem Gefangenen-Motiv gegenüber ist – ebenfalls auf einem nach unten gerichteten Trapez – der Bombenkrieg allegorisch dargestellt. Ein Flugzeug überfliegt drei brennende Häuser, unter denen eine verzweifelte Frau schützend und abwehrend ihre Hand hebt. Die Frau ist nur mir einem Hemd bekleidet. Sie ist wehr- und schutzlos. Mit ihrem schräg vor den Kopf gehaltenen Unterarm scheint sie sich vor dem grellen Feuerschein und der Gluthitze abschirmen zu wollen. Gleichzeitig wirkt die Armstellung wie eine Abwehrhaltung, so als wollte sie das Flugzeug vertreiben. Wie Hildesheim war Himmelsthür am 22. März 1945 durch einen vernichtenden Bombenangriff alliierter Flugzeuge fast vollständig zerstört worden. Das Bild knüpft an die Erlebnisse der ortsansässigen Bevölkerung an.

Links daneben, eingefügt in die Namenstafel, zeigt das Vertriebenen-Motiv eine Frau, die gebeugt nach vorn geht und ihr Kind schützend an ihren Körper drückt, sowie einen Mann, der zurück blickt. Eine Faust schwingt über ihnen die Peitsche, treibt sie zur Eile an, vertreibt sie. Die Presse deutete diese Darstellung als biblisches Gedankengut. Die Geißel sei ein Sinnbild gewaltsamer Vertreibung.[1761]

1957 lebten 5.623 in Himmelsthür, darunter 3.138 neu angesiedelte Flüchtlinge und Vertriebene.[1762] Die Erfahrungen und Empfindungen der neuen Mehrheit wurden in dieser Tafel zur Sprache gebracht. Der Bildhauer Ernst Ueckert – selbst ein Vertriebener – vertrat die Interessen dieser Bevölkerungsgruppe nicht nur als ehemaliges BHE-Mitglied im Gemeinderat, sondern auch künstlerisch am Ehrenmal.

Die Namenslisten wurden nach dem Ersten Weltkrieg genauer und differenzierter geführt als nach dem Zweiten. Die Verzeichnisse nennen unter dem jeweiligen Todesjahr nur Nachnamen, Vornamen und Geburtsjahr. Offenkundig fehlten die genauen Daten oder wären nur mit unangemessen großem Aufwand zu ermitteln gewesen. Möglicherweise hätte die vollständige Liste aber auch einfach nur zu viel Platz beansprucht, denn diesmal führten die Tafeln nicht nur „die in heldenhaftem Kampf Gefallenen" auf, sondern alle, die im Krieg den Tod erlitten. Neben den Soldaten enthalten sie auch die Namen von Bombenopfern und Vermissten – insgesamt stehen dort 183 Namen. Das Himmelsthürer Denkmal nennt als eines von wenigen auch die Namen von Frauen, die durch das Kriegsgeschehen umkamen.

Zwar bleibt die Kriegstotenehrung im vorgegebenen Raum, erweitert ihn aber auch und inszeniert ihn gleichsam neu. Die Pergola, die das Denkmal zur Straße hin begrenzt, verstärkt einerseits den besonderen Charakter eines „heiligen Bezirks", wirkt aber auch wie die Umrahmung einer Guckkastenbühne, auf der, vor der Kulisse der Namenstafeln, der Soldat das Knie beugt. Die Initiatoren bleiben zwar der vorgefundenen Tradition verpflichtet, distanzieren sich aber zugleich von ihr. Die übernommene Widmung des früheren Denkmals gilt nun auch für die Flüchtlinge und Vertriebenen, die sich inzwischen als Himmelsthürer fühlten. Der Krieg hatte nicht nur auf den Schlachtfeldern jenseits der Grenzen Opfer gefordert, sondern mitten im Heimatort gewütet. Die Grenze zwischen militärischen und zivilen Opfern war ebenso sinnlos geworden wie die zwischen Einheimischen und Fremden.

Eine Tradition hält der Bildhauer Ernst Ueckert dennoch aufrecht, die der soldatischen Kameradschaft und Treue. Während er in den Reliefs von Kriegsgefangenschaft, Bombenkrieg und Vertreibung die – von anderen – zugefügten Schrecken sehr plastisch darstellte, trivialisiert er das Gefallenenmotiv zur geradezu rührend gestalteten Szene mit einem friedlich entschlafenen Soldaten und zwei ihn treu umsorgenden Kameraden.

Objektgeschichte: Für die Sitzung des Gemeinderats am 12. März 1954, die in der Gaststätte Röseler stattfand, hatte die SPD-Fraktion zwei Anträge gestellt. Der erste, „zur Mahnung und Erinnerung an den 22. März 1945", wurde einstimmig und auf Zuruf beschlossen. In jedem Jahr sollte künftig an öffentlichen Gebäuden halbmast geflaggt werden und von 13.00 Uhr bis 13.05 Uhr die Alarmsirene ertönen. Die allgemeine Zustimmung ist erklärlich. Die Wunden, die beim letzten großen Bombenangriff auf Hildesheim auch in der Gemeinde Himmelsthür gerissen wurden, waren noch nicht vernarbt. Als einzige Hildesheimer Landgemeinde war Himmelsthür ausgebombt worden. 82,5 % des alten Dorfes waren vernichtet worden, darunter die katholische Schule, die St.-Martinus-Kirche und die Gemeindeverwaltung. Von den 224 Häusern hatten die Bomben 185 zerstört oder schwer beschädigt.[1763]

Der zweite Antrag, „Erweiterung bzw. Umgestaltung des Ehrenmals zum Gedenken an die Gefallenen des letzten Krieges", löste dagegen eine längere Debatte aus. Willi Plappert, bis zum 27. November 1953 Bürgermeister von Himmelsthür[1764], hatte für die SPD am 25. Februar 1954 den Gemeinderat gebeten, die Gemeindeverwaltung zu beauftragen: „Zum Gedenken der Gefallenen des Krieges werden durch einen vorbereitenden Ausschuss die Arbeiten aufgenommen, um die Möglichkeiten einer würdigen Ehrung durch die Allgemeinheit soweit vorzubereiten, dass diese bis zum Volkstrauertag 1954 beendet sind." Für die CDU erklärte Bernhard Kratzberg, dass die Gestaltung des Ehrenmals zwar allen Einwohnern am Herzen liege, gleichwohl sei es dafür aber zu früh, „da in vielen Familien noch immer die Hoffnung auf Rückkehr der vermissten Angehörigen bestehe."

Dem widersprach Ratsherr Ernst Ueckert, der am 6. November 1953 vom BHE-Ortsverband Himmelsthür aus der BHE-Fraktion ausgeschlossen worden war und seitdem, wie Kratzberg, der Fraktion des Christlichen Blocks angehörte.[1765] Schließlich kam man nach etlichen Wortbeiträgen überein, keinen neuen Ausschuss zu bilden, sondern den Friedhofsausschuss mit der Angelegenheit zu befassen. Er sollte jedoch aus diesem Anlass erweitert werden. „Alle in der Gemeinde vorhandenen Vereine und Verbände sollen aufgefordert werden, für diesen erweiterten Ausschuss einen Vertreter zu benennen, damit die Vorplanung auf möglichst breiter Grundlage besprochen werden kann." Die Pastoren beider Konfessionen sollten ebenfalls zu diesen Besprechungen geladen werden. Ratsherr Uhde gab zu Protokoll, „dass auf keinen Fall die Mittel durch irgendwelche Tanzveranstaltungen aufgebracht werden dürfen, um den Charakter der Ehrenmalgestaltung nicht zu beflecken."[1766]

Der erweiterte Friedhofsausschuss trat am 1. Juni 1954 zusammen. Willi Plappert, der Vorsitzende, erinnerte daran, dass vor 30 Jahren, als das Ehrenmal für die Gefallenen des Ersten Weltkriegs geplant werden sollte, die erste Besprechung auch in der Gaststätte Röseler stattgefunden hätte. Diese Gedächtnisstätte sollte nun so umgestaltet werden, dass die Namen aller Toten des letzten Krieges in Form von Gedenktafeln angebracht werden könnten.

Ernst Ueckert hatte bereits einen skizzenhaften Vorentwurf mitgebracht, der von allen wohlwollend aufgenommen und an einen Arbeitsausschuss weitergeleitet wurde. Ihm sollten Willi Plappert als Vorsitzender sowie der Architekt BDA Christoph Naue, für den Reichsbund Herr Dostal, für die Heimkehrer Herr Stasik und für die Gestaltung Herr Ueckert angehören. Ueckert sollte mit Naue zusammenarbeiten.

Die Finanzierung sollte durch Spenden erfolgen. Die Vereine und Verbände sollten Sammlungen durchführen. Außerdem sollten Spendenscheine ausgegeben und so genannte „Bausteine" verkauft werden. Nunmehr nannte Plappert den Volkstrauertag 1955 als Tag der Denkmalseinweihung.[1767]

Genau drei Monate später, am 1. September, legten Naue und Ueckert dem erweiterten Friedhofsausschuss ihre Entwürfe vor. Einstimmig wurde Naues Vorschlag akzeptiert, die bisherige Einfriedung und die Schalen zu entfernen, vorne viermal vier Säulen aufzustellen, die Abdeckung der Säulen mit der hochgemauerten Wand zu verbinden, so dass ein atriumartiger Raum entsteht. Das Denkmal sollte zum Dorf und nach oben offen sein. Für die Säulen und Abdeckung war Waschbeton in leichter rötlicher Farbe, dem Wesersandstein ähnlich, vorgesehen.

Ueckert erläuterte die künstlerische Gestaltung. „In den bisher schrägen, jetzt hochgeführten Flächen, werden beiderseits die Tafeln mit den Namen der Gefallenen, Vermissten und Luftkriegstoten und vier Reliefs angebracht. Die Reliefs stellen dar:
1) Gefallenenmotiv
2) Darstellung aus dem Bombenkrieg
3) Kriegsgefangene
4) Vertriebenenmotiv"

Bis auf das Bombenkriegsmotiv hießen die Ausschussmitglieder die Vorschläge gut. Als Material für die Tafeln und die ersten beiden Reliefs sollte Thüster Kalkstein verwendet werden, „da dieser in der Farbe den alten Platten angepasst und hoch wetterbeständig ist." Die Reliefs 3 und 4 seien dagegen aus rotem Wesersandstein zu schaffen, um den Farbübergang zu den Säulen zu schaffen. Die gärtnerische Gestaltung – Efeu an den Säulen, hinten Rosen und rechts und links stärkere Pflanzen – übernahm Johannes Naue.

Die Baukosten wurden mit 8.000 DM beziffert, eine Haussammlung sollte im Oktober/November durchgeführt werden.[1768]

Die Presse nahm den Entwurf mit Beifall auf. Sie lobte vor allem, dass Himmelsthür über die großen Anstrengungen des Baus der Wohnungen und Straßen, des Kindergartens, der Schule und des neuen Friedhofs die Opfer des Ersten und Zweiten Weltkriegs, die Bombenopfer, die Heimatvertriebenen und die Kriegsgefangenen nicht vergisst.[1769]

Dem Verwaltungsausschuss legte Ueckert am 8. August 1955 Fotografien von den Tonmodellen der Reliefs vor und bat um Genehmigung, die Materialien beschaffen zu dürfen. Der Ausschuss stimmte zu und bewilligte die Mittel aus dem Spendenaufkommen.[1770]

Unter starker Beteiligung der Bevölkerung fand Volkstrauertag 1955 am Ehrenmal eine Gedenkfeier statt. Das Relief mit dem Gefallenen-Motiv war schon fertig gestellt. Das Zentralorgan des Reichsbunds veröffentlichte in seiner Dezemberausgabe ein Foto, in dem es den Namen „Ich hatt' einen Kameraden" erhielt.[1771]

Die Gemeinde zog in einem Schweigemarsch zum Denkmal. Umrahmt von Musikdarbietungen des Musikvereins, des Gesangvereins und der Schulen, stand die Gedenkrede von Pastor Isermeyer im Mittelpunkt. „Aus seiner Erinnerung knüpfte er an die Einweihung dieses Ehrenmals nach dem ersten Weltkriege an. Es seien damals viele Reden gehalten über Tapferkeit und Sterben für das Vaterland, und der Sprechchor einer Jugendgruppe, der ausklang in den Ruf „Nie wieder Krieg", sei ihm unvergessen geblieben. Nur wenige Jahre danach hätten diese jungen Menschen wieder in einen weit schrecklicheren Krieg ziehen müssen, der nicht nur die Front, sondern auch die Heimat mit aller Härte traf, der Hunderttausende von Opfern in den Kriegsgefangenenlagern, in den Konzentrationslagern und auf dem Elendszug der Vertreibung forderte. Der Volkstrauertag könne nur dann einen Sinn haben, wenn alle dafür einstehen, dass dieser Platz am Ehrenmal reingehalten werde von allen politischen Rachegelüsten." Der Bürgermeister und die Vereinsvorstände legten Kränze am Denkmal nieder.[1772]

Die Fertigstellung der vier Steinreliefs meldete die Hildesheimer Allgemeine Zeitung am 26. September 1956. Am Sonntag, 23. September, vierzehn Tage nach dem „Tag der Heimat", hatten sich „Heimatvertriebene und Heimatverbliebene zum Gedenken der Kriegsopfer und der fernen Heimat"[173] am Ehrenmal versammelt. Die Zeitung nutzte die Gelegenheit, die Öffentlichkeit über den Stand der Arbeiten zu informieren. Als Beleg druckte sie ein Bild des Reliefs mit dem Gefallenen-Motiv ab. Die drei anderen Reliefs wurden im Text kurz bezeichnet und interpretiert.

Am 12. Oktober 1956 zeigte ein Foto Ernst Ueckert zusammen mit dem Kriegsgefangenen-Relief in seiner Werkstatt am Hohen Turm. Dort standen auch noch die drei anderen Relief-Tafeln. Die Christus-Kirchengemeinde, zu der auch die Himmelsthürer Protestanten bis zum 1. Oktober 1956 zählten, hatte mit Pastor Heinz Bauer eine Reise nach Bad Pyrmont unternommen, wo ein ähnliches Motiv an einem Kriegsgefangenendenkmal in Augenschein genommen wurde.[1774] Es dauerte noch drei Jahre, bis die Presse die Einweihung der erweiterten Gedächtnisstätte bekannt geben konnte, nachdem sie am 24. Juni 1959 gemeldet hatte, dass der Gemeinderat für die Denkmalserweiterung im laufenden Haushalt Mittel bereitstellen wollte.[1775] „Umgehend" sollte das Ehrenmal nun endlich „in Angriff genommen werden".[1776] Den Fortschritt der Arbeit dokumentierte die Presse am 24. Oktober mit einem Foto, das den Bildhauer vor den Namenstafeln am Vertriebenen-Relief zeigte. Die beiden bisher seitlich abfallenden Begrenzungsmauern seien schon der neuen Höhe angeglichen worden, auch der offene Pfeilerhof stand bereits.[1777] Am 27. Oktober verschwanden endlich die Gerüste. Viele Monate hatte Ueckert, fünf Wochen hatten die Maurer gearbeitet.[1778]

Mehrere hundert Himmelsthürer Bürgerinnen und Bürger versammelten sich am 15. November, dem Volkstrauertag des Jahres 1959, zusammen mit Fahnenabordnungen des Schützenvereins „Grün-Weiß" und der Schützengruppe von 1848, des Kolpingvereins und der evangelischen Jugend, des Sportvereins und der Schuljugend am Denkmal auf der Fuchslade. Landrat Plappert übergab in seiner Eigenschaft als Bürgermeister das Denkmal in die Obhut der Gemeinde. Bildhauer Ueckert, Architekt Naue und den ausführenden Handwerkern sprach er Dank und Anerkennung für die vorbildlichen Arbeiten aus. Rektor Henke hielt die Gedenkrede, in der an die Menschlichkeit appellierte. Wenn die Männer und Frauen der Gemeinde, aber auch die Jugend vor die Namenstafeln trete, so solle doch immer ein Dank für das Opfer der Menschen verbunden sein, „die starben, damit wir leben". Zu den Klängen des Liedes vom guten Kameraden legten die Vertreter der Vereine und Institutionen Kränze nieder. Der Männergesangverein „Eintracht" und die Himmelsthürer Musikvereinigung umrahmten die Feier.[1779]

Mit der Abrechnung des Ehrenmals befasste sich der Verwaltungsausschuss letztmals am 3. März 1961. Offenbar bestanden unterschiedliche Auffassungen zwischen Auftraggeber und Auftragnehmer hinsichtlich der Berechnungsgrundlage. In Rede stand ein Betrag von 800 DM für Materialkosten, bei dem noch zu klären war, ob er sich nur auf die Namenstafeln oder auch auf die Reliefs bezog. Entsprechend des Ergebnisses eines Klärungsgesprächs mit Ueckert wollte man entweder die Gesamtrechnung kürzen oder aber den Betrag voll auszahlen.[1780]

Schon 1954 hatte sich die katholische Pfarrjugend zur Pflege der Gedächtnisstätte bereiterklärt.[1781] Im Sommer 1995 übernahm die Marinekameradschaft Hildesheim die Patenschaft für das Denkmal.[1782] Die Realschule Himmelsthür teilte anlässlich einer Stadtteilreinigungsaktion im November 2003 mit, dass man eine dauerhafte Patenschaft für die regelmäßige Pflege des Denkmals anstrebe.[1783]

1997 sorgte der kniende Krieger vorübergehend für öffentliche Aufregung. Sein fast zentnerschwerer Kopf lag Mitte April plötzlich im Kiesbett. Mehr als 50 Anrufer meldeten daraufhin den Fall beim Himmelsthürer Ortsbürgermeister Franz Mumme. Denkmalpfleger Walter Nothdurft hielt Materialermüdung oder Witterungseinwirkungen für die wahrscheinliche Ursache. Vermutungen über eine mutwillige Sachbeschädigung, noch dazu mit politischem Hintergrund, wies man zurück. Schließlich betonte Mumme, dass das Kriegerdenkmal in Himmelsthür einen hohen Stellenwert genieße.

Um einen erneuten Schädelsturz zu verhindern, wurde der Kopf bei der Restaurierung gedübelt und zusätzlich verklebt.[1784]

Am Volkstrauertag jedes Jahres lädt der Ortsrat zur Gedenkfeier ein, an der sich insbesondere Kirchen, Schulen, Vereine und Verbände mit großer Anteilnahme beteiligen.[1785]

Anmerkungen

1739 Zwischen den Jahreszahlen 1914 – 1918 und 1939 – 1945 ist heute in Majuskeln die Sockelinschrift eingemeißelt: „Unsern Vaetern / Bruedern und Soeh= / nen, die im Kampfe / fuer Heimat und Va= / terland den Helden= / tod starben." Umrahmt wird der Text von den Konturen des Eisernen Kreuzes.
1740 Fotografiert am 9.7.2001.
1741 HiZ v. 18.10.1929.
1742 HiZ v. 21.10.1929, Foto des Denkmals in HiZ v. 22.10.1929.
1743 HiZ v. 21.10.1929.
1744 Lurz, Kriegerdenkmäler in Deutschland, Band 3, S. 90.
1745 HAZ v. 6.12.1919, Veranstaltungsbericht am 19.12.1919.
1746 HiZ v. 26.8.1922.
1747 HiZ v. 20.1.1926.
1748 Protokollbuch der Gemeindeausschusssitzungen der Gemeinde Himmelsthür, 1919-1927, Niederschrift vom 31.3.1926, StadtA Hi Best. 204 Nr. 2.
1749 Ebd., Niederschrift vom 17.4.1926, StadtA Hi Best. 204 Nr. 2.
1750 Ebd., Niederschrift vom 27.11.1926, StadtA Hi Best. 204 Nr. 2.
1751 HiZ v. 5.12.1928.
1752 HiZ v. 22.12.1928.
1753 HiZ v. 18.10.1929. Der folgende Veranstaltungsverlauf basiert auf dieser Veröffentlichung.
1754 Reyer, Himmelsthür zwischen Weimarer Zeit und nationalsozialistischer Diktatur, S. 369.
1755 HiZ v. 21.10.1929.
1756 Nach Adolf Vogeler stammt das Gedicht von einem Charlottenburger Gymnasiasten, der damit bei der Trauerfeier für einen seiner gefallenen Lehrer sein Gefühl des Dankes an die Gefallenen ausdrückte. Vogeler, Kriegschronik, S. 114 f.; s. a. Lurz, Kriegerdenkmäler in Deutschland, Band 6, S. 342.
1757 Fotografiert am 9.7.2001.
1758 Fotografiert am 9.7.2001.
1759 Besuch des Denkmals am 9.7.2001.
1760 HAZ v. 26.9.1956.
1761 HAZ v. 26.9.1956, Norddeutsche Zeitung v. 11.10.1956.
1762 Hildesheimer Volkshochschule, Himmelsthür, S. 421.
1763 Meyer, Die Zerstörung Himmelsthürs im Zweiten Weltkrieg, S. 369.
1764 StadtA Hi Best. 204 Nr. 537, Niederschrift von der Sitzung des Gemeinderates am 27.11.1953.
1765 Ebd.
1766 Ebd., Niederschrift von der Sitzung des Gemeinderates am 12.3.1954.
1767 Ebd., Niederschrift über die Sitzung des erweiterten Friedhofsausschusses vom 1.6.1954.
1768 Ebd., Niederschrift über die Sitzung des erweiterten Friedhofsausschusses vom 1.9.1954.
1769 Die Norddeutsche Zeitung veröffentlichte ihn am 16.9.1954, die HAZ am 23.9.1954, der „Reichsbund" in Nr. 12/1955, die Hildesheimer Rundschau noch einmal am 13./14. Juni 1959 kurz vor der Einweihung.
1770 StadtA Hi Best. 204 Nr. 538, Niederschrift über die Sitzung des Verwaltungsausschusses vom 8.8.1955.
1771 Reichsbund, Nr. 12/1955.
1772 HP v. 15.11.1955.
1773 HAZ v. 26.9.1956.
1774 HP v. 12.10.1956.
1775 HAZ v. 24.6.1959.
1776 HAZ v. 18./19.7.1959; diese Ausgabe enthält Abbildungen der vier Reliefs.
1777 HAZ v. 24./25.10.1959.
1778 Hildesheimer Rundschau v. 29.10.1959.
1779 HP und Hildesheimer Rundschau v. 16.11.1959.
1780 StadtA Hi Best. 204 Nr. 966.
1781 HAZ v. 23.9.1954.
1782 Thal, Himmelsthürer Friedhöfe, S. 315.
1783 HAZ v. 6.11.2003.
1784 HAZ v. 22.4.1997.
1785 Ebd.

15 Bavenstedt

15.1 Gedenktafel in der Kirche Unbefleckte Empfängnis Mariä

1. Standort

In der Kirche Unbefleckte Empfängnis Mariä, Bavenstedter Hauptstr. 17, an einem Pfeiler des Kirchenschiffes

2. Beschreibung

Gedenktafel für die gefallenen Mitglieder der Kirchengemeinde; Inschrift: „Zur Erinnerung / an die im Kriege 1914 – 1919 (sic!) / aus der Pfarrei Gefallenen: / J. Piétrowski + 15·9·1914 · / K. Wille + 30·10·1914 · / H. Wedekin + 27·2·1915 · / Th. Wille + 22·5·1915 · / M. Gentemann + 2·5·1916 · / E. Flörke + 11·9·1916 · / H. Behrens + 19·11·1917 · /A. Baule + 21·3·1918 · /H. Alpers + 17·7·1918 · / J. Lampe + 9·8·1918 · / ·R·I·P·" Die rechteckige Schrifttafel umrahmt ein Ornamentstreifen. Ein Spitzdach, über dem ebenfalls ein florales Ornamentband geschnitzt ist, überragt die Tafel.

Maße (Breite, Höhe, Tiefe): ca. 65 x 125 cm
Material: Eiche dunkel
Technik: Schnitztechnik
Zustand: nicht mehr öffentlich zugänglich

3. Dokumentation

Auftraggeber: Kirchengemeinde
Entstehungszeit: vor 1924
Deutung: Die Ehrentafel ist in einer schlichten Ädikula-Form ausgebildet ohne militärische oder christliche Symbolik, lediglich mit dem Testat, dass die nachfolgend Genannten der Pfarrei angehörten und im Weltkrieg, dessen Dauer bis 1919 ausgedehnt wurde, gefallen sind. Dem Namen folgt der Todestag, das Kreuzsymbol vor dem Datum ist dem Eisernen Kreuz nachgebildet. Der Schlichtheit der Tafel entsprechend kennzeichnet es eher den Tod im Kriegsdienst als den Heldentod im Kampf.
Die Buchstaben R. I. P. stehen für die Fürbitte „Requiescat in pace!", die der althergebrachten christlichen Grabsteinbeschriftung entlehnt wurde und in der abgekürzten lateinischen Form oder in Deutsch („Ruhe in Frieden") in schriftlichen Nachrufen verwendet wird.
Die Zierschrift und die geschnitzten Ornamente sind sorgfältig kunsthandwerklich ausgeführt. Die den Toten entgegengebrachte Wertschätzung kommt ehrlich und unaufdringlich zum Ausdruck. Das Dekor unterstützt nur die Wirkung der Gedenktafel und dient keiner weiteren Sinnstiftung. Dem christlichen Totenkult entsprechend soll diese Tafel nur die Erinnerung an die Toten aufrechterhalten und zur Fürbitte auffordern.
Objektgeschichte: Die Tafel wurde bei der Renovierung der Kirche abgenommen und auf dem Dachboden abgestellt.[1787]
Weitere Quelle: HiZ vom 10. April 1924

Abb. 114: Ehrentafel der Kirchengemeinde[1786]

15.2 Kriegerdenkmal an der Schmiedestraße

15.2.1 Ehrung der Toten des Ersten Weltkriegs

1. Standort
An der Einmündung der Straße „Am Gutshof" in die Schmiedestraße

Abb. 115: Das Ehrenmal in Bavenstedt[1788]

2. Beschreibung

Das Denkmal steht auf einem trapezförmigen Grundstück, das durch eine doppelflügelige Metallpforte, die von einem längsverlaufenden Band aus stilisierten Kreuzen geteilt wird, betreten wird. Die Pforte ist 68 cm hoch und 1,44 m breit. Vor ihr steht eine mit Blumen bepflanzte rechteckige Schale aus Waschbeton.
Die innere Einfassung ist etwa 10 m lang, hinten 6 m und vorn 3,50 m breit. Der äußere Rahmen – eine etwa 75 cm hohe Backsteinmauer – ist vorn etwa 6 m breit, sowie seitlich und hinten etwa 15 m lang. Hinter dem Denkmal stehen drei Birken, links und rechts wachsen Koniferen und Rhododendren.
Das Denkmal steht auf einem quadratischen dreistufigen Pyramidenstumpf. Die untere Platte aus gemauerten Bruchsteinen ist 3 m breit. Die Tiefe der unteren Stufe beträgt 30, der mittleren 25 und der oberen 20 cm, die Höhe jeweils ca. 25 cm. Das Mittelteil des Denkmals ist ebenfalls aus Bruchsteinen und ist ca. 1,50 m hoch und unten 1,50 m im Quadrat breit. Die Tafel zur Straße (80 x 100 cm) hin lautet die Inschrift „EUER OPFER SEI UNS MAHNUNG ZUM FRIEDEN / GEMEINDE BAVENSTEDT. Gefallene 1914 – 1918". Es folgen die Namen: 1914 J. Pietrowsky + K. Wille + 1915 H. Wedekin + Th. Wille + 1916 M. Gentemann + E. Flörke + H. Behrens + 1918 A. Baule + H. Alpers + J. Lampe + H. Plümer + W. Plümer verm.[1789]
Das Mittelstück wird überragt von vier 50 cm hohen Säulen mit einem Durchmesser von 25 cm. Sie tragen eine 50 cm dreistufige Platte mit einem ehernen Schriftband, das zum Eingang mit den Jahreszahlen „1914 –1918" beginnt und sich nach rechts mit „Fürs Vaterland", nach hinten mit „Treue um Treue" und nach links mit „Für die Heimat" fortsetzt.
Die Säulen umrahmen Reliefs: vorne den Reichsadler mit geöffneten Schwingen, rechts eine St.-Georg-Darstellung („Drachentöter"), hinten zwei gekreuzte Fackeln und links einen Stahlhelm im Eichenblattkranz, der auf einem Kissen aus Eichenblättern liegt.
Das Denkmal krönt ein ca. 50 cm hohes Eisernes Kreuz.
Maße (Breite, Höhe, Tiefe): siehe Beschreibung
Material: Bruchsteine
Technik: Bruchsteinmauerwerk, Steinmetzarbeit
Zustand: Zustand der Anlage ist gepflegt.[1790]

3. Dokumentation

Auftraggeber: Kriegerverein/Gemeinde
Hersteller (Entwurf, Ausführung): Bildhauer Dräger
Entstehungszeit: 1922-1924
Einweihung: 15. Juni 1924
Deutung: Das Denkmal vereint mehrere Formen: einen Pyramidenstumpf als Unterbau, einen Pfeiler als Sockel, eine Ädikula als Aufbau. Verwendet wurden heimatliche Bruchsteine, Reliefs und Schrift gestaltete Dräger, ein Bildhauer aus dem benachbarten Hildesheim. Heimat, Vaterland und gegenseitige Treue werden auch durch die Inschriften beschworen, die seitlich und hinten auf dem Architrav zu lesen sind. Sie umfassen das Denkmal wie eine Klammer. Die Widmung darunter bezeichnet den Tod der Gefallenen als Opfer und versteht es als Mahnung zum Frieden. Zugleich wird dem Opfer ein Sinn verliehen: „Fürs Vaterland" und „Für die Heimat" gaben die Gefallenen ihr Leben hin. Für diese erwiesene Treue zeigt sich nun die Gemeinde Bavenstedt treu erkenntlich.

Mehrere Symbole und Allegorien überhöhen die Toten zu Helden und geben ihrem Sterben einen besonderen Sinn. Das Denkmal wird von einem 50 cm hohen Eisernen Kreuz überragt, das Relief links zeigt einen eichenlaubumkränzten, auf Eichenlaub liegenden Stahlhelm. Das Eiserne Kreuz und das Eichenlaub stehen als Auszeichnung für heldenhaftes Verhalten im Krieg. Über der Widmung und unter den Jahreszahlen des Ersten Weltkriegs thront der Reichsadler als hoheitliches Symbol des Deutschen Reiches zu dessen Schutz und für dessen Einheit die Verstorbenen kämpften, rechts wird mit dem St.-Georg-Motiv die christliche Legende bemüht, um die Toten zu christlichen Streitern gegen das Böse zu charakterisieren, die gekreuzten Fackeln symbolisieren das verlöschende Leben, das gleichwohl Licht ins Dunkel gebracht hat.

Das Denkmal wurde 1924 am Ortseingang aufgestellt. Ob es schon eingezäunt war, ist nicht zu ermitteln, ist aber nach der Art der Gestaltung zu erwarten. Man muss den profanen Bereich bewusst verlassen, um sich dem hoheitlichen Bereich zu nähern. Hier wird kein sakraler Raum abgetrennt, sondern ein Raum staatlicher Würde. Die staatliche Gemeinde ehrt ihre Toten mit den staatlichen Insignien des Adlers und des Eisernen Kreuzes.

Allerdings mahnt das Denkmal nicht zur Nacheiferung, sondern zum Frieden. Neben den Sinnstiftungen „Vaterland" und „Heimat" bedeutet diese dritte Sinnstiftung, dass der Frieden zwar zu erhalten ist, aber nicht um jeden Preis. Die Gemeinde schloss sich damit der Deutung des Weltkriegs als Verteidigungskrieg an.

Objektgeschichte: Im Oktober 1922 wurde der Bau eines Kriegerdenkmals für die 12 Bavenstedter Gefallenen des Ersten Weltkrieges angeregt.[1791] Am 1. Juli 1923 wurde ein Denkmalsausschuss gewählt. Den Platz für das Denkmal stellte der Rittergutsbesitzer Lüntzel kostenlos zur Verfügung. Er sagte auch die gärtnerische Ausgestaltung der Anlage zu.[1792]

Den Rohbau erstellten die Kriegerverbandskameraden Engelbert Bormann, Heinrich Wilke, Theodor Wedekin und Josef Steinberg unentgeltlich. Auch die Fuhren wurden von Vereinsmitgliedern kostenlos geleistet. An den Restkosten von 1.600 Mark beteiligten sich der Kriegerverein mit 1.000 Mark und die Gemeinde Bavenstedt unter Führung des Gemeindevorstehers Heinrich Helmke mit 600 Mark.

Bei der Denkmalseinweihung, die „unter größter Anteilnahme der gesamten Bevölkerung" stattfand, hielt der Hildesheimer Mittelschullehrer Kloppenburg die „Weiherede". „Alljährlich zieht der Kriegerverein hinaus nach dem Denkmal, um eine stille Feierstunde abzuhalten zum Gedächtnis derer, die da ruhen in ferner fremder Au."[1793]

15.2.2 Erweiterung des Kriegerdenkmals an der Schmiedestraße

1. Standort

Wie 15.2.1

2. Beschreibung

Beidseitig wurden mit Majuskeln beschriftete Gedenktafeln in den Rumpf eingefügt.

Auf der linken Seite stehen unter der Überschrift „Vermisste 1939 – 1945" untereinander die Namen

Aselmeyer, Johannes / Aselmeyer, Robert / Baule, Christel / Bockelmann, Rudolf / Basowske, Ewald / Koslakowicz, Gerhard / Lewandowski, Bernhard / Krone, Bernhard /

Abb. 116: Ergänzte Namenstafel[1794]

Plümer, Herbert / Striegan, Willibald / Zeiske, Franz / Steinberg, Karl
Auf der rechten Seite folgen der Überschrift „Gefallene 1939 – 1945" die Namen
1939 Bremer, Josef / 1942 Gloge, Friedrich / Wilke, Josef + Wilke, Berthold / Wedekin, Heinrich / 1943 Reimann, Erwin / Wilhelms, Theodor / 1944 Ingelmann, Heinrich / Althaus, Heinrich / Aselmeyer, Josef / Wilke, Alois + Lüntzel, Erich + Lüntzel, Eberhard / Wichmann, Karl / 1945 Wirries, August / Helmke, Josef + Holze, Willi / Richter, Horst / Garbs, Franz / Flörke, Theodor / Moser, Josef + Möller, Adolf / 1946 Plonner, Fritz
Maße (Breite, Höhe, Tiefe): Die Tafeln sind ca. 1,00 m hoch und 80 cm breit.
Material: Dolomit
Technik: Steinmetzarbeit
Zustand: Zustand der Anlage ist gepflegt. [1795]

3. Dokumentation

Auftraggeber: Gemeinde
Hersteller (Entwurf, Ausführung): Polizeimeister Gollnow (Entwurf[1796]); Fa. Fiene, Algermissen (Ausführung)
Entstehungszeit: 1958-1962
Einweihung: 18. November 1962
Deutung: Nach dem Zweiten Weltkrieg fügte sich die Ergänzung in die ursprüngliche Gestaltungsidee ein. Zwei Namenstafeln wurden seitlich im Sockel angebracht, eine für Vermisste, die andere für Gefallene. Wieder wurden die Namen nach Jahreszahlen geordnet, wieder fehlen weitere persönliche Daten.
Indem die Gemeinde das Kriegstotengedenken in die vorgefundene Form integrierte, stimmte sie auch der überkommenen Sinnstiftung zu. Sie tabuisiert damit den Missbrauch der durch die Insignien symbolisierten Funktionen staatlicher Herrschaft und militärischer Macht und der St.-Georg-Legende. Ihrer Deutung entgegengesetzt wurde der Kampf gegen das Böse von außen nach innen geführt. Fremde Truppen befreiten Vaterland und Heimat von der nationalsozialistischen Gewaltherrschaft.
Dieser Gedanke setzte sich erst ein Vierteljahrhundert später in der bundesdeutschen Öffentlichkeit durch. Ein Jahr nach dem Mauerbau und noch unter dem Eindruck der Kuba-Krise dokumentiert die Beibehaltung der tradierten Form auch die Aktualität der Sinnstiftung. Wieder sind Vaterland und Heimat bedroht, wieder muss der Frieden verteidigt werden.
Objektgeschichte: Unter Leitung von Bürgermeister Wilke fand Anfang September 1958 eine gemeinsame Beratung der Gemeindevertreter, der Lehrerschaft und der Vereinsvorstande statt über die Mitwirkung im Kreisheimatbund und die Gestaltung der dörflichen Kultur- und Volksbildungsarbeit. Zu Beginn der Sitzung stellte Hauptlehrer Bange die vorliegenden Entwürfe des Steinmetzbetriebs Fiene für die Erweiterung und Neuanlage des Krieger-Ehrenmals vor. Ihm wurde von der Gemeindeverwaltung Vollmacht erteilt, die Ausführungsarbeiten unverzüglich voranzutreiben, damit das neue Ehrenmal im nächsten Frühjahr seine Weihe erhalten könne.[1797]
Dazu kam es offenbar nicht. Am 25. Januar 1962 legte Polizeimeister Gollnow als nicht dem Rat angehörender Bavenstedter in der Sitzung des Bavenstedter Gemeinderats, die im Gasthaus Wille stattfand, dem Rat eine Zeichnung mit dem Umgestaltungsvorschlag vor, der die Zustimmung der Anwesenden fand. Die Firma Fiene, Algermissen, wurde mit der Ausführung beauftragt. Da die Namen der Gefallenen und Vermissten auf den Tafeln erscheinen sollten, bat Gollnow die Ratsmitglieder und die Öffentlichkeit, „in der Gemeinde aufklärend mitzuwirken und soweit einer Kenntnis haben sollte, es der Gemeinde kurzfristig mitzuteilen, falls einer vergessen sein sollte."[1798]
Für den Neubau von Denkmälern stellte die Gemeinde im Haushaltsplan für das Jahr 1962 3.000 DM bereit. Der Betrag konnte im Nachtragsplan auf 2.500 DM reduziert werden.[1799] Laut Haushaltsrechnung wurden 2.250 DM davon in 1962 ausgegeben, 250 DM blieben als Haushaltsrest in der Gemeindekasse.[1800] Fiene schuf dafür nicht nur die neuen Namenstafeln, sondern erneuerte auch die alten, deren Schrift inzwischen verblichen war.[1801]
Im Ortsrat stand das Denkmal erst im September 2003 wieder auf der Tagesordnung. Die Inschrift war im Laufe der Zeit verwittert und teilweise unlesbar geworden. Der Bavenstedter Kunstschlosser Reinhard Kubina, der auch am Eichendorff-Hain (II 9.5) und am Hildesheimer Marktplatz (II 1.22.1) beteiligt war, schlug eine Dampfstrahlreinigung des Denkmals vor und regte an, die Inschriften anschließend mit spe-

zieller Lackmixtur sauber auszulegen und eine 24-karätige Goldlegierung aufzubringen. Kubina wollte die Blattvergoldung vornehmen und bezüglich der Steinmetzarbeiten mit der Firma Czaikowski zusammenarbeiten. Die Kosten dafür veranschlagte er mit 864,20 Euro. Ortsbürgermeister Franz Kleinherr (CDU) berichtete von ersten Gesprächen über eine Finanzierung durch Spenden, Wilfried Pläging (SPD) beantragte die Beteiligung der Denkmalpflege am weiteren Verfahren. Der Ortsrat beschloss einstimmig die von Kubina vorgestellten Maßnahmen.[1802]

Am 3. Juni 2004 teilte der Ortsbürgermeister der Öffentlichkeit den weitgehenden Abschluss der Restaurierung mit. Ein großes Foto bestätigte den Titel des kurzen Berichts: „Denkmal erstrahlt jetzt im neuen Glanz".[1803]

Weitere Quelle: Huckup vom 1. Oktober 2003

15.3 Gedenktafel des Kriegervereins Bavenstedt und Umgebung

1. Standort

Im Saal der Gaststätte Bormann

2. Beschreibung

Nur die Inschrift der Tafel ist noch dokumentiert.[1804] Sie enthielt die Namen
Konrad Gentemann / Johann Piétrowsky / Karl Wille // Heinrich Wedekind / Heinrich Erbe / Adolf Oppermann
und die Widmung
„Sie starben für uns, / Unsere Liebe ihr Lohn!"
Zustand: verschollen

3. Dokumentation

Auftraggeber: Verein
Entstehungszeit: 1926
Einweihung: 7. November 1926
Objektgeschichte: Am 7. November 1926 fand im Anschluss an eine Kriegergedenkfeier mit Kranzniederlegung am Denkmal und einer Ansprache von Wilhelm Bauermeister aus Achtum im Saal der Gaststätte Bormann die Enthüllung einer Ehrentafel für die Verstorbenen des Kriegervereins Bavenstedt und Umgebung statt.

Anmerkungen

1786 Foto der Tafel von Aloisius Baule am 14.9.2002.
1787 Auskunft von Aloisius Baule am 14.9.2002.
1788 Fotografiert am 3.10.2000.
1789 Die Festschrift zum 40-jährigen Stiftungsfest des Kriegervereins Bavenstedt, ohne Paginierung, weist die jeweilige Regimentszugehörigkeit und den Todestag jedes Gefallenen aus.
1790 Die Beschreibung entspricht dem Zustand am 3.10.2000.
1791 Kriegerverein Bavenstedt, Festschrift zum 40-jährigen Stiftungsfest. Dort sind auch die weiteren Angaben belegt.
1792 HiZ v. 14.6.1924.
1793 Kriegerverein Bavenstedt, Festschrift zum 40-jährigen Stiftungsfest.
1794 Fotografiert am 3.10.2000.
1795 Die Beschreibung entspricht dem Zustand am 3.10.2000.
1796 Aloisius Baule bezweifelt, dass die Zeichnung von Gollnow stammt. Er hält es für wahrscheinlicher, dass er lediglich die Planungen des Bavenstedter Bauingenieurs Aselmeyer oder die von Fiene im Gemeinderat vorstellte. Auskunft am 16.2.2004.
1797 HAZ v. 13./14.9.1958; nach Auskunft von Ernst Bange am 16.2.2004 stammten die Entwürfe von Fiene. Sie seien aber nicht ausgeführt worden. Er erinnert sich, zusammen mit dem Bauingenieur Aselmeyer Denkmäler in mehreren Gemeinden besichtigt zu haben. Die Einweihung müsse Volkstrauertag 1962 stattgefunden haben.
1798 Niederschrift über die Ratssitzung vom 25.1.1962, S. 3, StadtA Hi Best. 205 Nr. 5.
1799 Haushaltspläne der Gemeinde Bavenstedt v. 1946-1967, StadtA Hi Best. 205 Nr. 13.
1800 Haushaltsrechnung der Gemeinde Bavenstedt v. 1946-1967, StadtA Hi Best. 205 Nr. 15.
1801 Auskunft Aloisius Baule am 16.2.2004.
1802 Niederschrift über die 8. Sitzung des Ortsrates Bavenstedt am 2.9.2003, S. 2; HAZ v. 11.9.2003.
1803 HAZ v. 3.6.2004.
1804 Kriegerverein Bavenstedt, Festschrift zum 40-jährigen Stiftungsfest.

16 Einum

16.1 Kriegstotengedächtnisstätte in der Klus

16.1.1 Für die Gefallenen des Ersten Weltkriegs

1. Standort

Am nördlichen Ende der Löwentorstraße, am Ortsausgang nach Hönnersum

2. Beschreibung

Die Gedächtnisstätte, wie sie sich heute darstellt, erstreckt sich trapezförmig etwa 60 Meter nach Westen. Zur Straße ist sie etwa 10 Meter breit und von einem eisernen Zaun, der auf einem Sockel steht, und einem Tor begrenzt. An den Seiten wachsen gleichförmig angeordnete Büsche und Sträucher. Den hinteren, etwa 20 Meter breiten Teil schließen Ahornbäume und Holunderbüsche ab.

Im Eingangsbereich steht auf einem etwa 6 Meter langem Kiesbeet ein Findling mit der eingemeißelten Inschrift: „1914-18 – Eisernes Kreuz – 1939-45".

Zum Kapellengebäude führt ein Kiesweg, der ein trapezförmiges Rasenstück begrenzt. Am hinteren Ende des Rasens wachsen an den Ecken zwei kegelförmig geschnittene Lebensbäume. Dahinter steigt man auf vier Stufen zur Kapelle auf. Zwischen den Treppen befindet sich ein Rosenbeet. Auf dem Weg zur Kapelle steht vor den Büschen links und rechts eine Ruhebank.

Abb. 117: Ehrentafel des Ersten Weltkriegs aus Karton[1805]

Abb. 118: Innenraum der Klus[1806]

Die Klus hat einen runden Innenraum (Durchmesser etwa 5 Meter), zu dem man durch einen überdachten Vorraum gelangt. Das Dach des Vorbaus ruht auf zwei quadratischen Pfeilern mit schlichten Kapitellen. Es wird von einem Kreuz überragt. Das Zwiebeldach der Klus schließt eine Messingkugel ab.

Den Innenraum schützt eine verglaste und verschlossene Gittertür mit der Inschrift „IHS", die Glasfenster an den Seiten enthalten die grafisch gestalteten Buchstaben „PAX".

Im Inneren der Klus steht dem Eingang gegenüber ein Madonnenaltar. Links und rechts neben der „Madonna mit dem Christuskind" wachsen Farne, davor stehen auf einem weißen Altartuch symmetrisch angeordnet zwei Kerzenleuchter und zwei mit frischen Blumen gefüllte Blumenvasen. Am Fuß des Altars steht eine weitere gefüllte Blumenvase.

Auf der Vorderseite des Altarblocks wurden links und rechts des Eisernen Kreuzes die Zahlen 1914 und 1918 eingemeißelt und später oben und unten 1939 und 1945 hinzugefügt.

Beiderseits der Madonna hängen zwei quadratische Steintafeln mit den Namen der im Ersten Weltkrieg gefallenen und vermissten Einumer Männer, je drei weitere gleich große Tafeln wurden übereinander gestellt links und rechts für die Opfer des Zweiten Weltkriegs ergänzt. Alle Inschriften wurden in Majuskeln ausgeführt, vor allen Todestagen steht ein Kreuz.

Die Inschrift der links neben der Madonna hängenden Tafel:

„Es starben / Bauermeister, Josef Sept. 14 / Müller, Franz 17.9.14 / Gentemann, Konrad 26.9.14 / Hollemann, Josef 9.11.14 / Hattenbauer, Wilh. 13.14.15 / Seidler, Josef 31.5.15 / Freise, Franz 23.7.15 / Wolpers, Johannes 7.10.15 / Weise, Josef 26.10.15 / Engelke, Johannes 26.4.16 / Erbe, Heinrich 4.7.16 / Marheineke, Theodor 20.10.16"

Auf der Tafel rechts von der Madonna steht:
Für Deutschland / Holze, Karl 16.5.17 / Bank, Joseph 27.10.17 / Sarstedt, Johannes 26.12.17 / Vornfett, Johannes, 24.3.18 / Kanne, Johannes 25.4.18 / Gentemann, Theodor 23.5.18 / Hornburg, Johannes 2.9.18 / Sarstedt, Josef 13.10.18 / Hollemann, Carl 31.10.18 / Bormann, Heinrich 3.11.18 / Erbe, Josef 8.5.19 / Meyer, Bernhard 11.4.24

Maße (Breite, Höhe, Tiefe): quadratische Steintafeln: Kantenlänge 70 cm
Material: Stein
Technik: Steinmetzarbeit
Zustand: sehr gut[1807]

3. Dokumentation

Auftraggeber: Provinzialgut, Kirchengemeinde
Hersteller (Entwurf, Ausführung): Maurermeister Theodor Baumann mit seinen Gesellen Moritz Kirsch und Christian Sarstedt; Dachdeckermeister Ludwig Hornburg mit seinem Gesellen Joseph Hornburg, Tischlermeister Josef Gentemann (alle Einum); gärtnerische Gestaltung: Franz Heise; innere Ausgestaltung: Steinbildhauer Dräger, Hildesheim
Entstehungszeit: 1933-1934
Einweihung: 31. Mai 1934 (Fronleichnam)
Deutung: Als spätmittelalterliche Wegkapelle und spätere Mönchsklause verkörpert das Gebäude eine religiöse Tradition, die sich mit den Motiven des Toten- und Heldenkults verknüpfen ließ. Es bezeugt den leidvollen Verlauf der deutschen Geschichte, verfiel und wurde wieder aufgebaut, es schien vergessen und wurde doch

wiederentdeckt. Die Klus liegt am Ortsrand und von der Straße weit genug entfernt, um ungestörte Einkehr zum Gedenken zu ermöglichen. Der abgezäunte Bezirk ist dennoch groß genug, um die Teilnehmer von Gedenkfeiern aufzunehmen.
Den Besucher empfängt ein Findling, der mit den Jahreszahlen „1914-18 und 1939-45" sowie dem Eisernen Kreuz auf den Zweck der Anlage hinweist. Man betritt sie durch ein Tor und nähert sich der Klus auf einem Kiesweg. Beiderseits des Weges lädt eine Bank zum Innehalten und Abstandgewinnen ein.
Zur Kapelle muss man über vier Stufen aufsteigen. Sie ist nur mit einem Schlüssel zugänglich. Der unangemeldete Besucher steht vor einer verschlossenen Gittertür mit dem Christusmonogramm „IHS", den drei ersten griechischen Buchstaben des Namens Jesus (IHSOUS), die in ihrer latinisierten Übertragung „Jesus Hominum Salvator" (Jesus, der Menschen Heiland), bedeuten. Man betritt den Innenraum gleichsam durch Jesus, gelangt durch ihn zum Heil. Ohne einen Schlüssel kann man ihn allerdings nur durch schützendes Glas betrachten.
Ein weiteres Christusmonogramm enthalten die Glasfenster an den Seiten. Hier wurden die beiden griechischen Anfangsbuchstaben von „Christus" X (Chi) und P (Rho) zum lateinischen Wort PAX (Frieden) verändert. Im Inneren des Raumes gewährt Christus seinen ewigen Frieden.
In der Mitte der Klus steht ein Altar, auf dem eine Marienfigur ein Christuskind auf dem Arm trägt. Das Kind segnet mit einladend weit geöffneten Armen die Welt. Der Altar als Opfertisch weist mit den Jahreszahlen und dem Eisernen Kreuz auf die Opfer hin, die von denen erbracht wurden, deren Namen seitlich zu lesen sind. Die Widmung gibt ihrem Opfertod einen besonderen Sinn: Sie starben für Deutschland.
Der Umbau zur Gedächtnisstätte bewahrte bewusst den Charakter der Klus als ein geistlicher, religiöser Raum. Das Wort „heilig" wurde in der NS-Zeit inflationär gebraucht. Heilig waren der Diensteid, das Opfer, die Treue, das Vaterland und vieles mehr. Dass die Gedächtnisstätte Fronleichnam eingeweiht wurde, wird ganz im Sinne der nationalsozialistischen Machthaber gewesen sein. Fronleichnam öffnet sich die Kirche triumphierend der Welt. Die umgestaltete Klus nutzte die Prozession als vierten Stationsaltar. Das geschah auch andernorts, wie zum Beispiel bei der Gedächtnisstätte an der Magdalenenkirche in Hildesheim oder am Klöpper-Kreuz in Sorsum. Doch hier ließ sich das kirchliche Ritual am besten mit der nationalsozialistischen Ideologie verbinden.
Die Sinnstiftung „Für Deutschland" transformiert die Funktion der Anlage vom Totenkult zum Heldenkult.
Objektgeschichte: Bei der Klus handelt es sich um eine Wegekapelle, deren Entstehung ungewiss ist. In der Streckerschen Chronik ist die Errichtung um 1300 angesetzt. Danach ist wahrscheinlich die Kapelle von dem St.-Godehardi-Kloster erbaut worden, denn dieses Kloster hatte in Einum zwei Meierhöfe, und die Klus stand auch auf ehemaligem Klosterland.
Ein erstes schriftliches Zeugnis der Klus gibt es erst 1609. Eine Rosenkranzbruderschaft in Einum ließ das steinerne Gebäude der „Klus" als Kapelle herrichten und nach dem 30-jährigen Krieg wieder aufbauen. In ihr wurden Messen gelesen, Beiträge der Bruderschaftsangehörigen wurden für wohltätige Zwecke verwandt. Die Klus ist außerdem seit alters her 4. Station bei den Fronleichnamsprozessionen.[1808]
Die Umgestaltung der Klus zum Kriegerdenkmal erfolgte 1933/34. Bis zur Umgestaltung war die Kapelle dem Verfall preisgegeben und musste von Grund auf erneuert werden. Dabei wurde auch der Eingang von der südlichen zur östlichen Seite verlegt. Die Mittel zur Herrichtung wurden laut der Chronik von Franz Aue von privater Seite aufgebracht. Die katholische Kirchengemeinde gab als Eigentümerin der Kapelle ihre Zustimmung zum Umbau und zur Herrichtung. Die Realgemeinde stellte den davor liegenden Garten gratis zur Verfügung, der von dem damaligen Provinzialgut in einfacher Weise als Schmuckfläche ausgestaltet wurde.
„Bei der Umgestaltung der Klus zum Kriegerdenkmal 1933/1934 und ihrer Einweihung im Mai 1934 spielt er (der Ortsgruppenleiter der NSDAP und Verwalter des Landesgutes, Dr. jur. Hermann Bruns, H. H.) anscheinend schon eine so wichtige Rolle, dass man ihm und nicht dem Bürgermeister gestattet, im Knauf unterhalb der Kugel auf dem Dach ein Schriftstück über die Umgestaltung zu hinterlassen.[1809] Die Einrichtung dieses Ehrenmals wird so auch zu einer Maßnahme, die die Akzeptanz der NSDAP innerhalb des Ortes heben soll."[1810] Nach einer

Aufzeichnung von Bruns kostete der Umbau 3.000 Reichsmark. Hinzu kam ein Zuschuss des Reichs für Arbeitsbeschaffungsmaßnahmen.
Die Ehrung galt den 21 Männern, die von den 47 Einumer Kriegsteilnehmern während des Krieges starben. Eine „Ehrentafel", mit den Namen und Fotos von 44 „Gefallenen und Mitkämpfern" wurde von Otto Lommel, Kunstanstalt Mannheim, hergestellt und vertrieben.[1811]

16.1.2 Für die Gefallenen des Zweiten Weltkriegs

1. Standort

Wie 16.1.1

2. Beschreibung

Siehe 16.1.1
Im weiteren Verlauf der Rundung stehen auf drei Platten links die Namen
unter den Jahreszahlen 1939 – 1945: Hornburg Ludwig 11.9.39 / Gottschalk Franz 30.5.40 / Weppner Karl 30.5.40 / Sarstedt Bernhard 12.6.41 / Bockelmann Theod. 9.8.41 / Westphal Alois 20.9.41 / Hollemann Karl 23.7.42 / Brinkmann Philipp 25.9.42 / Sarstedt Heinrich 2.12.42 / Stuke Heinrich 15.12.42 / Schrader Gerhard 22.2.43 / Flörke Josef 16.9.43 //
Raulf Bernhard 19.1.44 / Flörke Fritz 17.5.44 / Richter Johann 27.7.44 / Lambrecht Franz 24.10.44 / Wilhelms Franz 21.11.44 / Harenberg Johannes 4.11.45 / Herzberg Karl 27.2.45 / Baule Joseph 6.3.45 / Aue Franz 11.3.45 / v. Gierczewsky Karl 17.3.45 / Weise Alois 26.4.45 / Brinkmann Ferdinand 14.10.45 / Müller Josef 1945 //
Es werden vermisst Flörke August 19.7.41 / Rautmann Ernst 31.12.42 / Hornburg Josef 5.1.43 / Heise Karl 5.1.43 / Westphal Josef 8.1.43 / Engelke Paul 9.1.43 / Brinkmann Bernh. 12.1.43 / Bodenburg Josef 1944 / Bockelmann Herbert 1944 / Kroll Karl 16.8.44 / Weise Heinrich 1945//
Auf der rechten Seite stehen unter den Jahreszahlen 1939 – 1945:
Schan Leo 22.7.42 / Hoppe Franz 20.8.42 / Rangenau Emil 12.10.42 / Höflich Werner 8.12.42 / Jung Helmut 7.8.43 / Bast Albert 17.8.43 / Klein Theodor 23.6.44 / Schan Josef 1.9.44 / Müller Martin 24.12.44 / Schwermer Otto 28.12.44 / Rossberg Nikolaus 23.4.45 / Hoppe Anton 1.2.45 //
Gollnest Wilhelm 1.3.45 / Simon Josef 5.10.45 / Höflich Alfons 1.12.45 / Batke Alfons 1945 / Pander Georg 5.1.46 //
Es werden vermisst Spisla Konstantin 1942 / Bleul Alois 5.1.44 / Gollnest Gerhard 22.7.44 / Höflich Herbert 2.8.44 / Graba Konstantin 5.1.45 / Epp Reinhard 5.5.45 / Schmidt Alois 1945 //

Maße (Breite, Höhe, Tiefe): quadratische Steintafeln: Kantenlänge 70 cm
Material: Stein
Technik: Steinmetzarbeit
Zustand: sehr gut [1812]

3. Dokumentation

Auftraggeber: politische Gemeinde
Hersteller (Entwurf, Ausführung): s. 16.1.1
Entstehungszeit: 1957-1958
Einweihung: 16. November 1958 (Volkstrauertag)
Deutung: Die Tafeln mit den Namen der Toten und Vermissten des Zweiten Weltkriegs wurden hinzugefügt, ohne den Charakter der Gedächtnisstätte zu verändern.
Die Klus ist seit 1954 Bestandteil des Gemeindewappens. Nachdem der Gemeinderat sie bereits unmittelbar nach dem Zweiten Weltkrieg als Sinnbild für den Gemeindestempel ausgewählt hatte[1813] – allerdings ohne dass es dazu kam – wurde das 1954 beschlossene neue Gemeindewappen „Silberne Kapelle (Klus) in Bruchsteinmauer mit rotem Kuppeldach auf quergespaltenem Schild in Gold und Rot" am 20. September 1955 durch den Innenminister genehmigt.[1814]

Abb. 119: Ortswappen

Objektgeschichte: In der Gemeinderatssitzung vom 14. Juni 1957 wurde einstimmig beschlossen, Gedenktafeln für die Opfer des Zweiten Weltkrieges anzubringen. Der Rat beschloss, Kostenvoranschläge einzuholen. Er bildete einen Denkmalsausschuss, in den er Hermann Aue, A. Bodenburg und Fr. Plaschke entsandte.[1815] Am 15. Oktober 1957 verständigte sich der Rat darauf, den Steinmetzbetrieb Dräger mit der Ausführung zu beauftragen. Auf der linken Seite sollte eine steinerne Tafel die Namen der Gefallenen und Vermissten der einheimischen Bevölkerung und auf der rechten Seite eine steinerne Tafel die Namen der Opfer der Heimatvertriebenen, die in Einum eine zweite Heimat gefunden hatten, enthalten.[1816] Die Kosten hierfür wurden von der politischen Gemeinde getragen.[1817] Die Höhe ist unbekannt.
Am 29. Mai 1958 übertrug der Rat dem Denkmalsausschuss die Fertigstellung des Ehrenmals.[1818]
In den Vormittagsstunden des Volkstrauertags, am 16. November 1958, weihte Pfarrer Dorenkamp die Namenstafeln an der neuen Gedächtnisstätte. 42 Gefallene und 18 Vermisste wurden auf den Tafeln verzeichnet. Bei der Feierstunde lasen Schulkinder die Namen vor. Vertreter der Gemeinde und der Vereine legten Kränze nieder.[1819] Die Fotos und Lebensdaten von 37 ums Leben Gekommenen stellte Franz Müller 1998 für die bildliche Ergänzung der Einumer Ortschronik zusammen.[1820]
Eigentümerin der Klus (Gebäude mit Grund und Boden) ist die Katholische Pfarrgemeinde; Eigentümer der Grünanlage ist der Realverband Einum „Verkoppelungsinteressentschaft Einum", unterhaltungspflichtig für die gesamte Anlage ist die Stadt Hildesheim als Rechtsnachfolgerin der politischen Gemeinde Einum.
Jeweils am Volkstrauertag finden Gedenkstunden mit Kranzniederlegungen statt.[1821]
Weitere Quellen: Hans Hartmann, ...unser Einum, Band 25 der Schriftenreihe des Stadtarchivs, Hildesheim 1996, darin: Foto Heldengedenktag nach der Umgestaltung der Klus zum Kriegerdenkmal 1934, S. 199; H. Blume, Beiträge zur Geschichte des Altkreises Marienburg i. H., Hildesheim 1958; „Der Dom" im Bistum Hildesheim, 1957; „Hildesheim", Tageszeitung für das Land Niedersachsen, Nr. 274, 1934; HAZ vom 3. August 200; Reinhard Burghardt, Auch die Fürstbischöflichen beteten in der Klus. In: „Aus der Heimat", HAZ v. 3. August 2002

Anmerkungen

1805 Hartmann, ...unser Einum, S. 180.
1806 Fotografiert am 19.8.2000.
1807 Die Beschreibung gibt den Zustand am 19.8.2000 wieder.
1808 Hartmann, ...unser Einum, S. 199.
1809 Kopie der Urkunde im Stadtarchiv Hildesheim, StadtA Hi Best. 50 Nr. 496/2.
1810 Hartmann, ...unser Einum, S. 200.
1811 Hartmann, ...unser Einum, S. 180 (s. Abb. 117).
1812 Die Beschreibung gibt den Zustand am 19.8.2000 wieder.
1813 StadtA Hi Best. 209 Nr. 16, Protokoll v. 19.4.1946.
1814 Hartmann, ...unser Einum, S. 220.
1815 StadtA Hi Best. 209 Nr. 13, Protokoll v. 14.6.1957, S. 123.
1816 Ebd., S. 127
1817 Hartmann, ...unser Einum, S. 220.
1818 Ebd., S. 132
1819 HP v. 17.11.1958: „In Stadt und Land gedachte man der Gefallenen".
1820 Arbeitskreis Bildband Einum, Einum einst und jetzt, S. 109-113.
1821 Auskunft vom Ortsbeauftragten Hans Pander.

17 Achtum-Uppen

17.1 Ehrenmal der Gemeinde Achtum-Uppen

17.1.1 Denkmal für die Gefallenen des Ersten Weltkriegs

1. Standort

Ringstraße/Ecke Kirchstraße, neben dem Eingang zum Kirchhof der St.-Martin-Kirche

2. Beschreibung

Das Denkmal für die Toten des Ersten Weltkriegs ist Teil einer halbkreisförmigen Denkmalanlage, die zur Straßenseite hin von einer Sandsteinmauer eingefasst wird und links und rechts für einen Zugang geöffnet ist. Ein Plattenweg begrenzt eine Rasenfläche und verbindet im Bogen die dreistufige Treppe auf der linken mit dem ebenerdigen Eingang auf der rechten Seite.
Das Denkmal steht links, auf einem 10 cm hohen quadratischen Fundament aus Steinplatten mit einer Seitenlänge von 1,70 m. Darüber erhebt sich der aus Bruchstein gemauerte, etwa 2 m hohe, unten 1,15 m, oben 0,95 m breite, nach oben leicht konisch verjüngende Pylon, der ein schmuckloses 17 cm hohes quadratisches Kapitell mit etwa 1 m Seitenlänge trägt. Es zeigt nach vorn in erhabener Schrift die Jahreszahlen 1914-1918.
Auf dem Kapitell ruht auf einem etwa 10 cm hohen Sockel eine in Segmente aufgeteilte Halbkugel, auf der, mit weit geöffneten Schwingen ein etwa 75 cm hoher Adler thront, der seinen Kopf nach rechts wendet. Der gesamte Aufbau überragt die Säule um etwa 1 m.
Im oberen Teil des Pylonen ist ein Eisernes Kreuz über einer Girlande aus Eichenlaub zu sehen, darunter wurde zehn Zentimeter tief eine ein Meter hohe und 50 cm breite Platte eingelassen, auf der unter einem Kreuz die schwarz eingefärbte in Majuskeln eingemeißelte Inschrift zu lesen ist: „Den in Gott / für Volk und / Vaterland / gefallenen / Söhnen. / Die dankbare / Gemeinde / Achtum-Uppen." Darunter steht ein palmenbekränztes Eisernes Kreuz.
In gleicher Weise wurden an der linken und rechten Seite des Denkmals die Platten mit den Namen der Toten angebracht. Jeweils unter einem Eisernen Kreuz und über der Segensformel R. I. P. stehen
links: Gefr. Heinrich Kaune / † 6.9.1914 / Feldw. Joseph Harstrick / † 8.9.1914 / Reserv. Franz Brandes / † 6.11.1914 / Landsturmm. Joseph Möhle / † 7.2.1915 / Landsturmm. Joseph Kaune / † 8.8.1915 / Gefr. Heinrich Hartmann / † 10.8.1915 / Wehrm. Franz Kuska / † 1.9.1915 / Musket. Joseph Hess / † 15.9.1915 / Musket. August Rössig / † 22.10.1915 / Untoffz. Karl Hahne / † 3.7.1916
rechts: Jäger Rudolf Bank / † 7.4.1917 / Tambour Ernst Göbel / † 5.7.1917 / Gefr. Michael Kaczmarek / † 17.7.1917 / Landsturmm. Roman Molik / † 26.8.1917 / Gefr. Hermann Hahne / † 30.4.1918 / Pionier Joseph Kreye / † 26.7.1918 / Gefr. Fritz Freter / † vermisst, 31.8.1918 / Funker August Wurm / † 20.2.1919 / Untoffz. Heinrich Bank / † 8.2.1920 / Reserv. Aug. Warmbold / † 5.2.1916

Maße (Breite, Höhe, Tiefe): ca. 1,70 x 300 x 170
Material: Bruchstein
Technik: Steinmetzarbeit
Zustand: gut

Abb. 120: Denkmal des Ersten Weltkriegs[1822]

3. Dokumentation

Auftraggeber: Achtum-Uppener Vereine
Hersteller (Entwurf, Ausführung): Steinmetzbetrieb Fa. W. Dräger
Entstehungszeit: 1925-1926
Einweihung: 11. Juli 1926
Deutung: Das Denkmal verwendet mit dem Pylon eine ursprünglich ägyptische, neoklassizistische Form, die unter Verwendung heimischer Bruchsteine als Quadermauerwerk ausgeführt wurde. Eisernes Kreuz und Eichenlaubgirlande zeichnen die Gefallenen als Helden aus, der Reichsadler, der mit geöffneten Schwingen und mit nach rechts gewendetem Kopf auf der Halbkugel wie auf einem Helm (oder dem Reichsapfel) sitzt, stellt das Denkmal gleichsam unter seinen Schutz. Dass die Gefallenen Volk und Vaterland geschützt haben, gibt die Widmung bekannt. „In Gott" seien die Söhne der Gemeinde gestorben, teilt das Denkmal tröstend mit und kommentiert damit zugleich das lateinische Kreuz über der Widmung. Unter ihr wird das Motiv des Eisernen Kreuzes noch einmal aufgegriffen, jetzt palmenbekränzt. Palmwedel wurden schon von den Ägyptern auf Särge und Mumien gelegt, wurden aber auch Jesus beim Einzug in Jerusalem entgegengetragen. Hier begleiten sie die Toten bei ihrem Einzug ins himmlische Jerusalem, wo ihnen der Segensruf unter der Namenstafel R. I. P., die lateinische Abkürzung für „Ruhe in Frieden", verheißt.

Im Namensverzeichnis sind die Toten und Vermissten mit militärischem Dienstgrad, Vor- und Nachnamen und Todestag aufgeführt. Die Gemeinde Achtum-Uppen dankt ihnen mit dem Denkmal ausdrücklich für ihre aufopfernde Treue. Das trutzige Monument sichert ihnen mit seiner Formsprache und Bauart ewiges Gedenken zu. Der Platz am Rand des Friedhofs und der Kirche sorgt für Aufmerksamkeit und für angmessene Annäherung.

Objektgeschichte: Die drei Achtum-Uppener Vereine, der Gesangverein, Radfahrerverein und Mandolinenverein, bildeten eine „Kommission zur Schaffung eines Ehrenmals für die gefallenen Helden der Gemeinden Achtum-Uppen"[1823], die sich im November 1925 mit einem eindringlichen Spendenaufruf an die Einwohner wandte. Am 3. November 1925 fasste sie in der Gaststätte Aselmeyer den Beschluss, „mit allen Mitteln dahin zu arbeiten, um im Frühjahr den Gefallenen der Gemeinden Achtum-Uppen ein Denkmal zu setzen." Zu diesem Zweck sollte ein „Aufklärungs- und Einladungsblatt aufgesetzt und an alle Einwohner verteilt werden. Am Sonntag, 8. November 1925, wollten die Kommissionsmitglieder alle Einwohner aufsuchen und ihnen eine Liste zur Zeichnung eines Zuschusses vorlegen.[1824] Am Buß- und Bettag, dem 18. November, sollte zu Ehren der 11 gefallenen Gemeindeangehörigen eine Gedenkfeier stattfinden, deren Einnahmen als Grundstock für einen Spendenfonds verwendet werden sollten.

Der Spendenaufruf spricht die Einwohnerschaft von Achtum-Uppen sehr eindringlich an. In den meisten Gemeinden sei man sich der Pflicht gegenüber den Gefallenen bewusst geworden und habe bereits Denkmäler gesetzt. „Sollen wir Achtum-Uppener zurückstehen? Sollen unsere späteren Nachkommen ... sagen, die Generation, die den Weltkrieg miterlebt und – überstanden hat, hat es nicht für nötig gehalten, den gefallenen Helden ein Ehrenmal zu setzen?"[1825] Über 2.000 Mark kamen dabei zusammen.[1826]

Die Platzfrage wurde noch zurückgestellt. Die in Frage kommenden Bildhauer sollten um Preisangebote und Entwürfe gebeten werden.

Im Februar 1926 war man in der Denkmalsangelegenheit einen großen Schritt vorwärts gekommen. Aus einer großen Zahl von Entwürfen, die in öffentlicher Veranstaltung vorgestellt und diskutiert wurde, einigte man sich schließlich über das zu bestellende Denkmal. „Schon vor längerer Zeit" hatte man sich „durch das Entgegenkommen des Herrn Pastors" über das Grundstück verständigt. Das Generalvikariat stellte den Platz am Rand des Friedhofs „im Pfarrgarten" zur Verfügung. Obwohl die Ortsbevölkerung bereits große Opfer gebracht hatte und am 14. Februar schon die vierte Wohltätigkeitsveranstaltung zu Gunsten des Denkmalprojekts durchgeführt wurde, reichten die vorhandenen Mittel noch nicht ganz aus.[1827]

Am 3. Mai 1926 wurde festgelegt, das Denkmal Mitte oder Ende Juni am Nachmittag einem Requiem einzuweihen. Im Anschluss daran sollte ein Fest mit musikalischen Darbietungen in der Gaststätte Aselmeyer stattfinden.[1828]

Eingeweiht wurde das Denkmal schließlich am 11. Juli, 14.30 Uhr, mit Liedern der Schulkinder und des Gesangvereins, einer Gedichtrezitation eines Lehrers, einer Festrede von Wilhelm Bauermeister und der Niederlegung zahlreicher

Kränze. Anschließend wurde die Feier im Aselmeyerschen Saal fortgesetzt.
Erstmals läuteten die drei neuen Glocken zu der Enthüllungsfeier, die eine Woche zuvor geweiht und von der Gemeinde durch Spenden finanziert worden waren.

17.1.2 Denkmal für die Gefallenen des Zweiten Weltkriegs

1. Standort

Ringstraße/Ecke Kirchstraße, neben dem Eingang zum Kirchhof der St.-Martin-Kirche

2. Beschreibung

Etwa zwei Meter entfernt wurde rechts neben dem Denkmal für die Gefallenen des Ersten Weltkriegs eine Stele aus Beton errichtet, auf der ein schlichtes Metallkreuz steht. Auf der Vorderseite wurden die Namen der Kriegsopfer auf drei Bronzeplatten angebracht. Unter der Überschrift „1939 Den Helden 1945" stehen

Abb. 121: Denkmal des Zweiten Weltkriegs[1829]

auf der ersten Platte die Namen: Boemke, Hermann Josef + Gehs, Paul / Hesse, Gerhard + Brela, Heinrich / Ernst, Johannes + Brandes, August / Bornemann, August + Scholz, Georg / Harstrick, Johannes + Mayer, Paul / Albrecht, Heinrich + Boeker, Aloys / Nargang, Johann + Saatzen, Werner / Schuder, Hugo + Schuster, Adolf / Janke, Paul + Adolf, August Johann / Donat, Georg + Algermissen, Josef. / Wehr, Josef + Stockner, Gottfried
auf der zweiten Platte: Bauermeister, Josef / Karch, Hans / Ziegelmüller, Karl + Bloch, Roman / Krämer-Mehlert, Karl + Bode, Hugo / Ernst, Friedrich + Brandes, Willi / Ahrens, Karl + Illemann, Wilhelm / Bloch, Stefan + Schneider, Gustav / Gronmeyer, Karl + Brandes, August / Markwart, Julius + Sander, Josef / Brandes, Alfred + Ernst, Johannes / Illemann, August + Ahrens, Alfred / Hofmann, Heinrich + Grande, Bruno / Breitmeyer, Johannes + Topp, Karl
auf der dritten Platte: Kreye, Heinrich + Schrader, Josef / Möhle, Josef + Schneider, Alfons / Scheid, Johannes + Nowak, Johann / Brandes, Josef + Bornemann, Willi / Knappe, Johann + Meier, Johannes / Bornemann, Erich + Ahrens, Walter / Lange, Gerhard + Maletzki, Karl / Jahns, Josef + Kreye, Josef + Nowak, Peter / Rössig, Anton + Knappe, Franz / Hesse, Alois + Hahne, Rudolf + Nowak, Fritz + Mainka, Paul + Oppel, Fritz / Gründel, Rudi + Hesse, Heinrich
Zwischen den Denkmälern steht eine bepflanzte runde Blumenschale aus Waschbeton.
Maße (Breite, Höhe, Tiefe): Denkmal: 90 x 185 x 25; Stele: 90 x 160 x 25; Kreuz: 25 cm; Platten: ca. 78 cm breit und ca. 43 cm hoch
Material: Beton, Bronze
Technik: Bronzeguss
Zustand: Der Zustand der Anlage ist sehr gut.
[1830]

3. Dokumentation

Auftraggeber: Gemeinde Achtum-Uppen
Hersteller (Entwurf, Ausführung): Gartenbauarchitekt Breloer
Entstehungszeit: 1959-1960
Einweihung: 11. September 1960
Deutung: Das Denkmal wurde schlicht als Stele ausgeführt und unter das Zeichen des lateinischen Kreuzes gestellt. Auf weitere Symbole,

insbesondere auf militärische oder nationale, wurde verzichtet. Die Schrift wirkt wuchtig und ähnelt der von Rudolf Koch in den Zwanzigerjahren entwickelten Neuland-Schrift. In eigenartigem Gegensatz zu der formalen Schlichtheit erscheint die pathetische Widmung „Den Helden", die sich allerdings durch den Bezug zum seitlich stehenden Denkmal des Ersten Weltkriegs erklärt. Verlieh man dort den gefallenen Söhnen der Gemeinde mit den Insignien des Reichs und antiken Symbolen den Status von Helden, konnte man den Gefallenen des Zweiten Weltkriegs diese Ehrerbietung nicht vorenthalten.

Ohne erkennbare Ordnung verteilen sich die Namen der Toten auf drei gleich große Tafeln. Gliedernde Jahreszahlen fehlen. Die Objektgeschichte weist nach, dass das Denkmal bewusst in die Nähe der Kirche gestellt wurde, dabei aber zugleich jederzeit sichtbar und frei zugänglich bleiben sollte.

Objektgeschichte: Am 25. Mai 1961 beschäftigte sich der Rat der Gemeinde Achtum-Uppen unter Tagesordnungspunkt 5 mit der „Genehmigung der Haushaltsüberschreitung im Rechnungsjahr 1960". Die Haushaltsstelle 3695 trug die Bezeichnung „Neubau Kriegerdenkmal". Dem Plansoll von 8.500 DM entsprach ein Ist von 8.567 DM. Der Mehrbetrag von 67,44 DM fiel bei der insgesamt zu beschließenden Haushaltsüberschreitung in Höhe von 5.784 DM nicht ins Gewicht, so dass der Antrag von Ratsherrn Wilhelm Menrath (SPD) auf Genehmigung einstimmig angenommen wurde.[1831]

Damit war der Bau des neuen Kriegerdenkmals in Achtum-Uppen abgeschlossen. Das Vorhaben erörterte der Rat erstmals am 23. Mai 1958. Auf Antrag des Ratsherrn Wilhelm Bauermeister (CDU) beschloss er einstimmig, durch Aushang alle Gemeindeeinwohner um Entwürfe zu bitten, die bis zum 1. Oktober vorgelegt werden sollten. Ratsherr Heinz Leichner (SPD) beantragte zusätzlich, die eingereichten Vorschläge gleich danach in einer Gemeinderatssitzung zu prüfen und, wenn die Ergebnisse unbefriedigend ausfielen, Fachleute zu Entwürfen aufzufordern.[1832] Am 21. August 1958 beauftragte der Rat auf Antrag von Menrath, den Studienrat Röhrs und den Gewerbeoberlehrer Waldmann, Vorschläge für die Erweiterung des Kriegerdenkmals einzureichen.[1833] Waldmann berichtete dem Rat am 26. Juni 1959 „über die Pläne zum Neubau der Kriegerehrung und der Leichenhalle".[1834] Seiner Meinung nach sei die Zusammenfassung dieser Objekte „nicht zweckmäßig". Einstimmig folgte der Rat seinem Vorschlag, die Kriegerehrung an die rechte Turmseite zu verlegen. Außerdem solle Mitte Juni eine Bürgerversammlung durchgeführt werden, damit die Bürgerschaft zu dem Vorhaben Stellung nehmen könne.[1835] Die fand offenbar nicht statt, denn Bauermeister beantragte am 18. September 1959, nunmehr mit Fristsetzung von 14 Tagen, eine Bürgerversammlung einzuberufen und erhielt ein einstimmiges Plazet.

Am 10. Dezember 1959 stand die Beratung des Entwurfs des Gartenbauarchitekten Breloer auf der Tagesordnung der Ratssitzung. Das Protokoll fasst den Beratungsverlauf kurz zusammen: „Mit den Grundzügen des vorgelegten Entwurfs erklärt sich der Gemeinderat einverstanden. Herr Breloer soll beauftragt werden, Anfang Januar 1960 mit dem Gemeinderat die endgültige Gestaltung festzulegen und zunächst eine Kostenberechnung zu erstellen, bei der weitgehende Selbsthilfe der Gemeinde berücksichtigt wird."[1836] Einstimmig beauftragte der Rat am 22. Januar 1960 den Gartenbauarchitekten, das Denkmal „im Sommer zu bauen und die erforderlichen Mittel dafür im Haushaltsplan 1960 einzusetzen."[1837] Am 29. April berichtete Bürgermeister Carl Baller (BHE), dass Breloer die Pflanzen noch nicht geliefert habe und zu überlegen sei, ob er für die Folgen einer verspäteten Pflanzung haftbar gemacht werden könne. Zum Lattenzaun am Kriegerdenkmal hatte Herr Hogrewe aus Ottbergen das günstigste Angebot abgegeben. Ihm wurde der Auftrag erteilt, das Material für den Zaun zu liefern.[1838]

Am 13. Mai legte der Bürgermeister dem Rat unter dem Tagesordnungspunkt „Berichte" „einen Plan zur Umgestaltung des geplanten und bereits im Bau befindlichen Kriegerdenkmals vor", der abgelehnt wurde, weil er „raummäßig nicht günstig" erschien.[1839] In seiner Sitzung am 7. Juli 1960 berichtete Bürgermeister Baller über die Bildung eines Ausschusses, der sich aus sämtlichen Verbandsleitern und einigen anderen Vertretern der Gemeinde zusammensetzen solle und die Aufgabe habe, die Einweihungsfeier vorzubereiten. Außerdem verlas er einen Zeitbericht, der in das Kriegerdenkmal eingemauert werden solle.[1840]

Unter „Anteilnahme der ganzen Bevölkerung

von Achtum/Uppen" wurde das Ehrenmal für die Gefallenen des Zweiten Weltkrieges am 11. September 1960 eingeweiht. Ein langer Zug bewegte sich unter Glockengeläut vom Schulhof zur Gedächtnisstätte, wo unter zahlreichen Ehrengästen auch eine Abordung der Bundeswehr erschienen war. Der Musikchor der Feuerwehr spielte den „Trauermarsch" von Chopin, der Achtumer Männerchor sang „Habt Dank, schlafet in guter Ruh'", eine Jugendgruppe trug ein Gedicht von Walter Flex vor. Wilhelm Bauermeister, der 34 Jahre vorher das Denkmal für die Opfer des Ersten Weltkriegs seiner Bestimmung eingeweiht hatte, zeigte sich glücklich, „dass sein sehnlichster Wunsch, die Schaffung dieses schönen Ehrenhaines, in Erfüllung gegangen sei." Dafür dankte er der Gemeinde, der Kirche und der Bevölkerung. Nach dem „Chor der Toten", gesprochen von der Jugendgruppe des Kolpingvereins, enthüllte Gemeindedirektor Baller den neuen Gedenkstein. Zwei junge Männer verlasen die 72 Namen der Toten. Oberst a. D. Schleusener vom Verband Deutsche Kriegsgräberfürsorge hielt die Gedenkrede, in der er betonte, „dass man die Jugend zu jeder Zeit an den höheren Sinn dieser Opfer zweier Weltkriege erinnern müsse. Die Namen an den Ehrenmalen mahnten an Zeiten größter Pflichterfüllung." Kränze legten nach dem Gemeindedirektor Oberleutnant Schellenberg für die Bundeswehr und Oberamtmann Schönefeld für den Landkreis sowie Vertreter der Feuerwehr, des Männergesangvereins, des Sportvereins, des Kolpingvereins und des Reichsbunds am Denkmal nieder. [1841]

Auch in früheren Jahren befasste sich der Gemeinderat mit der Kriegerehrung. So trug ihm Bürgermeister Josef Isensee am 8. Februar 1951 ein Schreiben der Kriegsgräberfürsorge vor „betreffs des Volkstrauertages am 18. Februar". Es wurde beschlossen, dass im Anschluss an das Hochamt, um 1/2 11 Uhr eine Feierstunde stattfinden solle. [1842]

Anmerkungen

1822 Fotografiert am 3.8.2002.
1823 Der Spendenaufruf wurde von Karl Algermissen, Emil Denkert, K. (Konrad) Hartmann, Jos. Rühmes, Carl Ernst, und Joh. Hilske unterzeichnet.
1824 HiZ v. 5.11.1925.
1825 Der Aufruf wurde im Sommer 2000 zusammen mit anderen Dokumenten auf einem Hausboden gefunden und wurde dem Verf. von der Ortsbürgermeisterin, Monika Pröving, übergeben. Er ist undatiert, aus dem Text geht hervor, dass er vermutlich im Herbst 1925 verteilt wurde.
1826 HiZ v. 10.7.1926/14.7.1926.
1827 HiZ v. 12.2.1926.
1828 HiZ v. 4.5.1926.
1829 Fotografiert am 3.8.2002.
1830 Die Denkmalanlage wurde am 11.8.2000 beschrieben.
1831 Niederschriftenbuch über Sitzungen des Rates der Gemeinde Achtum-Uppen, 1961-1970, S. 22, StadtA Hi Best. 206 Nr. 5.
1832 Niederschriftenbuch über Sitzungen des Rates der Gemeinde Achtum-Uppen, 1955-1961, S. 22, StadtA Hi Best. 206 Nr. 4.
1833 Niederschriftenbuch über Sitzungen des Rates der Gemeinde Achtum-Uppen, 1955-1961, S. 22, StadtA Hi Best. 206 Nr. 4.
1834 Der Neubau der Leichenhalle war von der Kirchengemeinde zusammen mit der Neuanlage des Friedhof dem Rat am 12.11.1953 vorgetragen worden. Niederschriftenbuch über Sitzungen des Rates der Gemeinde Achtum-Uppen, 1949-1955, S. 144, StadtA Hi Best. 206 Nr. 3.
1835 Niederschriftenbuch über Sitzungen des Rates der Gemeinde Achtum-Uppen, 1955-1961, S. 105, StadtA Hi Best. 206 Nr. 4.
1836 Niederschriftenbuch über Sitzungen des Rates der Gemeinde Achtum-Uppen, 1955-1961, S. 126, StadtA Hi Best. 206 Nr. 4.
1837 Ebd., S. 129; schon im Haushaltsplan 1959 hatte der Rat für den Neubau von Denkmälern 5.000,00 vorgesehen. S. 11 des am 26.5.1959 beschlossenen Haushaltsplans, StadtA Hi Best. 206 Nr. 25.
1838 Ebd., S. 141.
1839 Ebd., S. 146.
1840 Ebd., S. 150 f.
1841 HP v. 12.9.1960, HAZ v. 12.9.1960.
1842 Niederschriftenbuch über Sitzungen des Rates der Gemeinde Achtum-Uppen, 1949-1955, S. 64, StadtA Hi Best. 206 Nr. 3, ebenso am 13.3.1952, S. 97.

18 Itzum

18.1 Ehrenmal vor der St.-Georg-Kirche

18.1.1 Ehrung der Toten des Ersten Weltkriegs

1. Standort

An der Itzumer Hauptstraße links vor der St.-Georg-Kirche

2. Beschreibung

Die Denkmalanlage ist heute in Form eines Trapezes angelegt, dessen Seiten 3,50 m und dessen Vorderseite 2 m lang sind. Das aus Dolomit gefertigte Denkmal für die Gefallenen des Ersten Weltkrieges steht auf einem ca. 2 m breiten und 40 cm tiefen Fundament. Wie ein Triptychon sind darauf zwei Stelen und ein Pfeiler angeordnet. Er steht in der Mitte und ist 1,75 m hoch, 75 cm breit und 50 cm tief. Unter dem Kapitell wurden die Jahreszahlen „1914 = 1918" erhaben herausgearbeitet. Darunter ist ein

Abb. 122: Gedenktafel des Ersten Weltkriegs aus Karton[1843]

Abb. 123: Ehrenmal vor der Umgestaltung[1844]

Kranz aus Eichenlaub dargestellt. Er hängt über der erhabenen Inschrift „Unseren im Weltkriege gebliebenen Toten gewidmet. Gemeinde Itzum. R. I. P.".
Auf dem Kapitell kniet auf einem etwa 12 cm hohen 73 cm langen und 48 cm breiten Sockel ein 110 cm hoher Soldat mit aufgesetztem Stahlhelm und Feldgepäck, der mit seinen gefalteten Händen den Lauf des vor ihm stehenden Karabiners umgreift.
Die beiden seitwärts aufgestellten Stelen sind 57 cm breit, 36 cm tief und 1,35 m hoch. Die Kopfstücke sind zu den Seiten hin abgeschrägt. Den oberen Abschluss bildet jeweils ein erhaben herausgearbeitetes Eisernes Kreuz. Die Namen der Toten sind in Majuskeln in den Stein eingemeißelt:
links: Lenz, Joseph, 19.9.1914; Albrecht, Alb., 31.10.1914; Salland, Heinr., 16.6.1915; Stübe, Rudolf, 15.8.1915; Engelke, August, 19.5.1916; Engelke, Franz, 19.6.1916; Haarstrick, Jos., 2.7.1916; Bertram, Heinr., 4.7.1915;
rechts: Engelke, Konrad, 15.9.1916; Wehrmaker, Jos., 17.3.1917; Ohse, Franz-J., 9.11.1917; Wischerath, Ferd., 25.11.1917; Haarstrick, Wilh., 23.3.1918; Haarstrick, Heinr., 9.7.1918; Richers, Robert, 11.8.1918; Ohse, Karl, 5.1.1919.
Maße (Breite, Höhe, Tiefe): Steinhöcker mit 30 cm Kantenlänge und 50 cm Höhe; weitere Maße im Text

Material: Dolomit
Technik: Steinmetzarbeit
Zustand: gut

3. Dokumentation

Auftraggeber: Gemeinde Itzum
Hersteller (Entwurf, Ausführung): 1922: Steinmetzmeister Dräger, Hildesheim
Entstehungszeit: 1922-1923
Einweihung: 3. Juni 1923
Deutung: Der Soldat, der auf dem Kriegerdenkmalspostament sein Knie beugt, betet vor der Schlacht. Er trägt Kampfanzug und Sturmgepäck, seine gefalteten Hände umfassen das vor ihm stehende Gewehr. Er betet nicht zu dem parteilichen Gott, sondern zu seinem persönlichen. Er betet allein, nicht mit anderen. Jeder Hinweis auf eine fanatische Gesinnung fehlt, die Gebetshaltung zeigt Demut an.
Ein Zusammenhang zu Theodor Körners Gedicht „Gebet während der Schlacht", das 1814, ein Jahr nach seinem Kriegstod in Gadebusch, in der Gedichtsammlung „Leyer und Schwert" erschien, ist nicht nachweisbar, doch zu vermuten. In der letzten Strophe ergibt sich der Soldat nicht dem Feind oder fatalistisch einem drohenden Unheil, sondern Gott: „Gott dir ergeb' ich mich! / Wenn mich die Donner des Todes begrüßen, / Wenn meine Adern geöffnet fließen: / Dir, mein Gott, dir ergeb' ich mich! / Vater, ich rufe Dich!"
Ist der Tod des Soldaten Gott befohlen, so tröstet die Aussicht auf ein ewiges Leben. Dass das Gebet für das eigene Seelenheil gesprochen wird, ist wahrscheinlicher als eine nationalistische Beschwörung des göttlichen Beistands im Sinne des kaiserlichen Wahlspruchs „Gott mit uns". Die Inschrift und die Symbolik ist schlicht gehalten und unterdrückt heroisierende oder nationalistische Floskeln.
Nur der Ehrenkranz und Eiserne Kreuze zeichnen die Toten als Helden aus. Sie sind auf den beiden Stelen links und rechts des Pfeilers mit Nachnamen, Vornamen und Todestag aufgeführt. Die unmittelbare Nähe des Denkmals zum Eingang der Kirche und die Lage direkt an der Straße verschaffen Aufmerksamkeit. Die Kirche und der benachbarte Friedhof bieten auch Gelegenheit zum christlichen Totengedenken.
Objektgeschichte: Die Errichtung des Krieger-

denkmals wurde am 15. Februar 1922 von der Gemeindeversammlung, die in der Gaststätte A. Bertram stattfand und von 28 Itzumern besucht wurde, einstimmig beschlossen. Zugleich setzte die Versammlung eine Kommission ein, die auch eine freiwillige Spendensammlung durchführen sollte. Gewählt wurden Hofbesitzer Th. Bruns, Agent H. Bruns, Tischlermeister H. Alfus, Tischler Cl. Harstrick, Gastwirt A. Bertram und Vorsteher E. Helmer.[1845]
In der folgenden Gemeindeversammlung, am 15. März, beschlossen 12 Anwesende in der Gaststätte J. Engelke einstimmig, „ein Kriegerdenkmal nach der vorliegenden Zeichnung bei dem Steinmetzmeister Dräger aus Hildesheim zu bestellen. Der Kostenpunkt soll 27.900 Mark nach dem jetzigen Lohnsatz betragen."[1846]
Das Protokoll nennt auch die Namen der „gefallenen Krieger", die auf dem Denkmal verzeichnet werden sollten:

Lenz, Joseph	+ 19. 9. 14
Albrecht, Albert	31. 10. 14
Engelke, August	19. 5. 16
Salland, Heinz	15. 6. 16
Bertram, Heinrich	4. 7. 16
Harstrick, Josef	2. 7. 16
Engelke, Konrad	15. 9. 16
Wehrmaker, Joseph	17. 3. 17
Ohse, Franz	9. 11. 17
Wischerath, Ferd.	25. 11. 17
Harstrick, Wilh.	23. 3. 18
Harstrick, Heinrich	9. 7. 18
Richers, Robert	11. 8. 18
Ohse, Karl	5. 1. 19
Stübe, Rudolf	15. 8. 15

Am 26. Juni befürwortete die Mehrzahl der Gemeindeversammlung (24 Anwesende) in der Gastwirtschaft A. Bertram einen Vorschlag der Beratungsstelle für Kriegerehrung in Hannover, das Denkmal westlich vor dem Kirchhofplatz aufzustellen. Die Bischöfliche Behörde solle um Genehmigung ersucht werden.[1847]
Die Einweihungsfeier begann am Nachmittag des 3. Juni 1923 um 14 Uhr mit einer Andacht, bei der Pastor Wiedel der Toten gedachte. Das Denkmal wurde von Tischlermeister Alfus der Gemeinde übergeben. Hauptschriftleiter Martin (Hildesheim) hielt die Weiherede, weitere Ansprachen hielten Stellmachermeister Engelke für den Gesangverein und die Feuerwehr sowie Lehrer Claus. Vorsteher Helmes übernahm das Denkmal in die Obhut der Gemeinde.[1848] Der Gemeinderat hatte am 18. April beschlossen, zur Einweihung einen Kranz mit Widmung zu kaufen.[1849]

18.1.2 Erweiterung des Ehrenmals nach dem Zweiten Weltkrieg

1. Standort

Wie 18.1.1

2. Beschreibung

Links und rechts vor dem Eingang stehen zwei Steinhöcker. An dem linken Hocker steht die Jahreszahl 1939, an dem rechten 1945. Die ein Meter breite geschmiedete Eingangspforte ist aus Drahtgeflecht. Eine Stufe führt auf ein Kiesbeet mit einer bepflanzten sechseckigen Waschbetonschale.
Vor das Denkmal liegt eine Steinplatte, auf der unter der Überschrift „UNSEREN GEFALLENEN" in zwei Spalten die Namen der Opfer des Zweiten Weltkriegs in erhabener Majuskelschrift mit Nachnamen, Vornamen und Todestag verzeichnet sind:
linke Spalte: Art. Abrossat 25.4.1940 / Alfred Dirschka 14.6.1940 / Theodor Helmes 28.7.1941 / Heinrich Bruns 31.7.1941 / Rudolf Mahnkopp 28.12.1941 / Georg Welzel 17.2.1942 / Heinrich Alfus 18.2.1942 / Josef Jürgens 25.3.1942 / Josef Salland 13.7.1942 / Wilhelm Hessing 17.6.1943 / Josef Bertram 19.4.1944 / Josef Ossenkop 13.5.1944
rechte Spalte: Josef Engelke 13.6.1944 / Theodor Harstrick 14.9.1944 / Josef Pischel 15.9.1944 / Reinhold Dirschka 20.9.1944 / Wilhelm Dirschka 26.1.1945 / Paul Köhler 18.2.1945 / Paul Liehr 21.2.1945 / Kurt Pelian 3.4.1945 / Otto Bartels 28.4.1945 / Paul Pohler 3.10.1945 / Karl Glatzel 6.4.1946
Die Spalten trennt ein senkrechter Eichenlaubzweig und – über ihm – ein Eisernes Kreuz. Den beiden Spalten folgen unter der Zeile „† VERMISSTE †" ebenfalls zweispaltig die Namen
linke Spalte: Heinr. Schmerbauch 1942 / Heinrich Engelke 1942 / Clemens Thomas 1942 / Josef Albrecht 1944 / Heinrich Alfus 1944
rechte Spalte: Georg Pohler 1945 / Bernhard Hanel 1945 / Josef Simmert 1945 / August Pische 1945 / Rudolf Dirschka 1945
Die Denkmalanlage begrenzten bis Mitte 2004

nach hinten von hoch gewachsene Lebensbäume. Seitlich bis zur Pforte stehen immergrüne Hartholzgewächse.

Am 16. Dezember 2004 wurden beidseitig zwei Stelen aus hellem Granit und geschliffener Oberfläche ergänzt. Die linke listet die Namen und Todestage der Gefallenen auf, denen Georg Reichel, 8.4.1949, hinzugefügt wurde. Die rechte enthält die Namen und Todesjahre der Vermissten und darunter eine kleine Metalltafel mit der Gravur „Den Opfern von Unrecht / Krieg und Gewalt // 2004".

Maße (Breite, Höhe, Tiefe): Steinplatte 1,30 m x 1,15 m; Steinhöcker mit 30 cm Kantenlänge und 50 cm Höhe

Die seitlichen Stelen haben die Maße 1,20 x 0,60 x 0,14, die Sockel 0,70 x 0,18 x 0,16 m, die Metalltafel 30 x 15 cm

Material: Dolomit; Stelen aus hellem Granit
Technik: Steinmetzarbeit
Zustand: Die Steinplatte zeigt starke Verwitterungsspuren.

3. Dokumentation

Auftraggeber: Gemeinderat
Hersteller (Entwurf, Ausführung): Steinmetzmeister Kernbach, Nordstemmen; Umgestaltung: Steinmetz Walter Stemme jr.
Entstehungszeit: 1958; Umgestaltung 2002-2004
Einweihung: 16. November 1958 (Volkstrauertag)[1850]; 16. Dezember 2004 (Fertigstellung der Erweiterung)
Deutung: Der Stil des Denkmals blieb nach dem Zweiten Weltkrieg unverändert, als die Anlage erweitert wurde. Die neuen Namen meißelte man in der Reihenfolge ihrer Todestage in eine pultartige Steinplatte, die Anlage wurde eingefasst und mit einer Tür versehen. Zwei Steinhocker geben kund, dass der Zeitraum zwischen 1939 und 1945 hier mitgedacht werden soll.
Die Tradition des Kriegstotengedenkens wurde gewahrt. Man bezog nun aber auch die Flüchtlinge mit ein und erwähnte auch ihre Toten unter der Überschrift „Unseren Gefallenen" auf dem Denkmal. So dokumentiert die Inschrift nebenbei den fortgeschrittenen Prozess der Integration. Auch die Vermissten, deren Tod nur mit einer Jahreszahl belegt werden konnte, sind vermerkt.
Objektgeschichte: Schon am 4. Januar 1958 fasste der Itzumer Männergesangverein den Beschluss, den Reingewinn des bevorstehenden „Bunten Abends" für den Bau eines neuen Kriegerdenkmals zu verwenden.[1851] Am 23. Juli 1958 zog der Itzumer Gemeinderat nach. Er verständigte sich darauf, auch an die Kriegstoten des Zweiten Weltkriegs zu erinnern. Mit der Ausführung wurde einstimmig der Steinmetzmeister Kernbach aus Nordstemmen beauftragt. Der Auftrag sollte sofort erteilt werden, „damit das Ehrenmal zum Ehrentag der Gefallenen fertig gestellt ist."

Der Gemeinderat nahm das Thema offenbar sehr ernst. Die Tagesordnungspunkte „Besprechung über die Renovierung des Gemeindehauses" und „Anlegung eines Sportplatzes" wurden abgesetzt. Von 20.30 Uhr bis 22.30 Uhr wurde in der Gastwirtschaft Fritz Bruns ausschließlich über das in der Sitzung vorgestellte Modell gesprochen.

Es wurde anschließend im Kolonial- und Bäckerladen von Goltermann ausgestellt. Der Gemeinderat führte im Ort eine Sammlung durch, um die Kosten für das Denkmal aus Spenden decken zu können.[1852]

Kernbach brachte vor dem vorhandenen Ehrenmal eine schräg abfallende Gedenkplatte für alle Gefallenen und Vermissten an sowie vor dem Denkmal links und rechts der Tür zwei Steinhocker mit den Jahreszahlen 1939 und 1945. Die Steintafel enthielt auch die Namen der Angehörigen von Flüchtlingen aus Oberschlesien, die nach dem Krieg in Itzum sesshaft wurden.

Wann genau das Denkmal erweitert und eingeweiht wurde, lässt sich weder der Tagespresse, noch den Akten der politischen oder der Kirchengemeinde, noch denen der Feuerwehr oder des Gesangvereins entnehmen. Ältere Itzumer erinnern sich nicht mehr an die Einzelheit des Einweihungsdatums aber noch genau an die Umstände der Denkmalsstiftung. Die leere Gemeindekasse habe damals nur eine billige Lösung zugelassen. Die Tafeln hätte man sich eigentlich stehend gewünscht, zufrieden sei man mit der schlichten Lösung nicht gewesen. Deshalb sei das erweiterte Ehrenmal, ohne in den Protokollbüchern Spuren hinterlassen zu haben, wohl am Volkstrauertag 1958 ohne besonderes Aufheben von der Gemeinde übernommen worden.[1853]

Am 21. November 2002 beschäftigte sich der

Itzumer Ortsrat wieder mit dem Kriegerdenkmal. Ortsbürgermeister Berndt Seiler (SPD) berichtete, dass man sich schon bei der Vorbereitung der Gedenkstunde am Volkstrauertag über die künftige Gestaltung und Pflege des Ehrenmals und seines Umfelds Gedanken gemacht habe. Der SPD-Fraktionsvorsitzende Günter Baacke teilte mit, dass der Schriftzug aufgrund von Witterungseinflüssen kaum noch lesbar sei. Man habe überlegt, dass der Ortsrat das Ehrenmal in Eigenleistung restauriert und hierfür eine Sammlung durchführt. Der Vertreter der Grünen/ Bündnis 90 im Itzumer Ortsrat, Christian Krippenstapel, stellte den Zusatzantrag, zur Verdeutlichung des Zwecks der Gedächtnisstätte als Mahnmal eine Inschrift anzubringen des Inhalts „Den Opfern von Unrecht, Krieg und Gewalt".

Weil das Ehrenmal als Baudenkmal erfasst ist, musste die Untere Denkmalschutzbehörde beteiligt werden. Deshalb beschloss der Ortsrat einstimmig, die Verwaltung um Zustimmung zu bitten, „dass der Ortsrat in Abstimmung mit der Unteren Denkmalschutzbehörde das Ehrenmal an der St.-Georg-Kirche in Eigenleistung restauriert". Für die Beschaffung der erforderlichen Mittel wird eine Sammlung durchgeführt. Des Weiteren bittet der Ortsrat um Überprüfung, ob im Umfeld des Ehrenmals eine Tafel mit dem Schriftzug „Den Opfern von Unrecht, Krieg und Gewalt" errichtet werden kann.[1854]

In der folgenden Sitzung teilte der Ortsbürgermeister dem Ortsrat das Sammlungsergebnis mit, das beim Jahresempfang für die Restaurierung des Ehrenmals erzielt worden war: 60 Euro. Um die Planungen voranzutreiben, schlug er die Bildung eines Arbeitskreises vor, für den sich Günter Baacke und – aus der CDU-Fraktion – Hildegard Krane meldeten.[1855]

Über diesen Beschluss berichtete die Lokalpresse, der Ortsrat wolle das Denkmal „mehr ins Bewusstsein der Itzumer" rücken. Die Geschichte wiederholte sich: In den Geschäften sollten Sammeldosen aufgestellt werden. In der Stadtteilzeitung wurde darüber hinaus auf Überweisungsformulare hingewiesen, die in den Läden oder in der Sprechstunde des Ortsbürgermeisters zu bekommen seien.[1856]

Am 26. Juni 2003 stellte der Arbeitskreis dem Ortsrat erste Ergebnisse vor:

– Tatsächlich sei das Ehrenmal denkmalgeschützt. Die geplanten Maßnahmen seien deshalb mit der Unteren Denkmalschutzbehörde abzustimmen.
– Der Kirchenvorstand habe bestätigt, dass das Ehrenmal auf städtischem Grund stehe. Es könne nicht zurückgesetzt werden, weil es sich dann auf Kirchenland befände.
– Man schlug vor, die hoch gewachsenen Lebensbäume zu entfernen, um die Sicht auf das Ehrenmal zu verbessern. Die Hecke könne nach links weiter herumgeführt werden.
– Der Denkmalschützer habe vorgeschlagen, statt der kostenintensiven Restaurierung der Steintafeln zu beiden Seiten des Ehrenmals zwei neue Tafeln mit den Soldatennamen anzubringen.
– Der Kirchenvorstand biete finanzielle Unterstützung an, da nur begrenzte Finanzmittel zur Verfügung stünden.
– Ein Kostenvoranschlag läge jedoch noch nicht vor.
– Die vorgeschlagene Ergänzung der Inschrift durch den Schriftzug „Den Opfern von Unrecht, Krieg und Gewalt" hätte der Denkmalpfleger als Veränderung des Charakters des Ehrenmals abgelehnt. Der Ortsrat kam aber überein, im Umkreis des Ehrenmals eine Tafel mit der beantragten Inschrift zu errichten und dies mit dem Denkmalschutz abzustimmen.
– Schließlich würde die Sammelaktion in den Geschäften in den nächsten Tagen beginnen. Der Ortsbürgermeister korrigierte in diesem Zusammenhang das Sammlungsergebnis vom Neujahrsempfang auf 66,36 Euro.[1857]

En Jahr später trug Günter Baacke im Ortsrat vor, dass der Spendenbetrag inzwischen auf 1.272,07 Euro angewachsen wäre. Für die Restfinanzierung sei geplant, die Weinhagen-Stiftung um Unterstützung zu bitten.[1858] Im Oktober berichteten Krane und Baacke dem Ortsrat, die Ortsfeuerwehr habe die Bäume am Denkmal gefällt, so dass es jetzt wieder von der Straße aus in ganzer Größe zu sehen sei. Die Weinhagen-Stiftung habe inzwischen auch ihre Finanzhilfe zugesagt. Der Ortsrat beschloss, aus eigenen Mitteln in den nächsten zwei Jahren 450 Euro beizusteuern. Die Restaurierungsarbeiten könnten nun beginnen.[1859]

Beendet wurden sie am 16. Dezember 2004. Zwei Stelen wurden beidseitig ergänzt, ohne dass der alte Pultstein ersetzt wurde. 5.795,36 Euro stellte der Steinmetz in Rechnung.

Am 5. November 2005 übergab Ortsbürger-

Abb. 124: Denkmal nach der Umgestaltung[1860]

meister Berndt Seiler das zum Mahnmal erweiterte Ehrenmal der Öffentlichkeit. Spender hatten dafür gesorgt, dass der städtische Haushalt geschont wurde.[1861]

Jährlich am Volkstrauertag wurde und wird am Denkmal auf Einladung des Ortsrats eine Gedenkstunde durchgeführt, bei der der Ortsbürgermeister spricht und einen Kranz niederlegt. Die Feuerwehr pflegt die Gedächtnisstätte, insbesondere, wenn anlässlich von Festveranstaltungen Kranzniederlegungen bevorstehen. Der erste Vorsitzende der 1902 gegündeten freiwilligen Feuerwehr, Josef Haarstrick, kam 1916 im Ersten Weltkrieg ums Leben. Auch seinen Namen bewahrt das Denkmal vor dem Vergessen.

Anmerkungen

1843 Ortsrat Itzum, Das Dorf Itzum, S. 91.
1844 Fotografiert am 4.8.2002.
1845 Protokollbuch der Gemeinde Itzum, 1909-1924, S. 161, StadtA Hi Best. 211 Nr. 22.
1846 Ebd.
1847 Ebd., S. 151.
1848 HiZ v. 4.6.1923.
1849 Protokollbuch der Gemeinde Itzum, 1909-1924, S. 161, StadtA Hi Best. 211 Nr. 22.
1850 Das Datum ist nicht nachgewiesen.
1851 Auskunft v. Gerd Steinberg am 18.7.2003.
1852 Protokollbuch der Gemeinde Itzum, 1956-1963, Verhandlungsniederschrift der Sitzung vom 23.7.58, StadtA Hi Best. 211 Nr. 26. Ob das Denkmal tatsächlich am Volkstrauertag 1958 eingeweiht wurde, ist nicht belegt.
1853 Auskünfte von Josef Mahnkopp, Heribert Träger und Hugo Bruns, übermittelt am 23.8.2003 durch Reinhard Hessing.
1854 Niederschrift über die Sitzung des Ortsrats vom 21.11.2002, TOP 14, S. 10 f.
1855 Niederschrift über die Sitzung des Ortsrats vom 27.2.2003, TOP 11, S. 10.
1856 HAZ v. 10.7.2003; AUF DER HÖHE, September 2003, S. 2.
1857 Niederschrift über die Sitzung des Ortsrats vom 26.6.2003, TOP 7, S. 7.
1858 Niederschrift über die Sitzung des Ortsrats vom 6.7.2004, TOP 9, S. 7.
1859 HAZ v. 14.10.2004.
1860 Aufnahme vom 20. Dezember 2004.
1861 HAZ v. 10.11.2005.

19 Marienburg

19.1 Gedenkstein für die Gefallenen beider Weltkriege

1. Standort

Vor dem Ev.-luth. Gemeindehaus Marienburg neben dem Kindergarten, Beusterstraße 33, (an der L 499)

2. Beschreibung

Auf der Wiese, 3,00 m vom Plattenweg und 3,50 m von der Außenwand des Ev.-luth. Gemeindehauses Marienburg neben dem Kindergarten, Beusterstraße 33, (an der L 499) entfernt, steht ein Findling, auf dessen abgeflachter Vorderseite in eingemeißelten Majuskeln „Unseren / Toten / Eisernes Kreuz / 1914 – 1918 / 1939 – 1945"
steht.
Maße (Breite, Höhe, Tiefe): 1,00 m x 1,25 m x 0,40 cm
Material: Findling
Technik: Steinmetzarbeit
Zustand: Das Denkmal ist gut erhalten. Das halbkreisförmige Beet davor ist verkrautet.

Abb. 125: Findling in Marienburg [1862]

3. Dokumentation

Auftraggeber: Ingrid Graf
Hersteller (Entwurf, Ausführung): Steinmetzmeister Stemme
Einweihung: 18. November 1973 (Volkstrauertag)
Deutung: Der Findling gilt als eine germanisierende Form, die Festigkeit (zum Beispiel der Treue), Bodenständigkeit und Heimatverbundenheit ausdrückt. Die schnörkellose Inschrift „Unseren Toten" könnte – wie bei den Hildesheimer Siedlergemeinschaften – allgemein verstanden werden, gäbe es nicht durch das darunter stehende Eiserne Kreuz und die Jahreszahlen der Weltkriege einen eindeutigen Bezug zu den Kriegstoten. Die stilisierte Form, die Stellung und die Größe des Eisernen Kreuzes nimmt ihm die Funktion als Ehrenzeichen. Es wurde als Kennzeichnung für die hier gemeinten Soldaten benutzt.
Das Denkmal steht vor dem evangelischen Gemeindehaus, zwar an der Hauptstraße, doch zurückversetzt, so dass es vor allem von den Gottesdienstbesuchern wahrgenommen wird.
Objektgeschichte: Ingrid Graf, die Frau des Domänenpächters und Marienburger Bürgermeisters Helmut Graf, ließ den Gedenkstein von Steinmetzmeister Stemme herstellen. Ihr war es wichtig, dass auch in Marienburg wie zum Beispiel in Itzum der Kriegstoten gedacht werden konnte. Bis in jüngster Zeit wurden am Stein im November Kränze niedergelegt.[1864]
Bei der Einweihung gedachten Pastor Kornietzky und der stellvertretende Bürgermeister Eilers nach dem gemeinsam gesungenen Lied „Ich hatt' eine Kameraden..." der Vermissten, Gefallenen und Toten. Nach der Enthüllung klang die Feierstunde mit der dritten Strophe des Deutschlandliedes aus.[1865]
Die Denkmalsweihe war die letzte öffentliche, offizielle Amtshandlung der selbständigen Gemeinde. Am 20. Februar 1974 wurde sie als Ortschaft Teil von Hildesheim und Helmut Graf ihr erster und Hildesheims einziger Ortsvorsteher.

Anmerkungen

1862 Fotografiert am 6.7.2001.
1863 Besuch am 6.7.2001.
1864 Telefonische Auskunft von Ingrid Graf am 8.7.2001.
1865 HAZ v. 19.1.1973.

20 Denkmäler außerhalb Hildesheims

20.1 Kreuz des Deutschen Alpenvereins, Sektion Hildesheim, auf der Schaufelspitze

1. Standort

Auf der Schaufelspitze bei Sölden im Ötztal (3.333 m)

2. Beschreibung

Die Worte auf der Gedenktafel am Gipfelkreuz lauten: „Eine größere Liebe hat niemand, / als die, dass er sein Leben hingibt / für seine Freunde. / Joh. 15, 13 / Zur Erinnerung an unsere / in den Kriegen 1914/18 und 1939/45 / gefallenen Bergkameraden. / Deutscher Alpenverein Sektion Hildesheim e. V."

Maße (Breite, Höhe, Tiefe): Kreuz: 2,50 m
Material: Holz, Beschlag aus Kupfer

3. Dokumentation

Auftraggeber: Sektion Hildesheim e. V. des Deutschen Alpenvereins
Hersteller (Entwurf, Ausführung): Schreinermeister Paul Schreiber, Sölden, und weitere Helfer
Entstehungszeit: 1961-1962
Einweihung: 8. Juli 1962
Deutung: Das Motiv für die Errichtung des Gedenkkreuzes beschrieb der Vorsitzende des Nordwestdeutschen Sektionsverbandes Dr. Ernst Müller-Bühren anlässlich des 75-jährigen Sektionsjubiläums 1964: „Wenn wir auf einem Gipfel stehen, ringsum alles unter uns gelassen haben, dann haben wir neben dem Gefühl des Sieges auch das Empfinden, dass wir dem Himmel näher sind als sonst im Alltag – dem Himmel und dem Schöpfer all der Pracht, die uns umgibt. Vielleicht entsteht auch das Bedürfnis, ein Zwiegespräch mit dem Herrn zu halten und über die großen Fragen nachzudenken, die das Leben uns aufgibt.

Kein anderer Platz ist so geeignet dazu wie ein Gipfel. Aus diesem Gefühl entstand auch die schöne Sitte, auf dem Gipfel Kreuze zu errichten. Der Blick weitet sich für das Große, eine innere Erhabenheit erhebt uns über alles Kleinliche des Lebens und des Alltags, ein tiefes Gefühl der Reinheit durchströmt uns und bringt uns zum Bewusstsein, dass wir Menschen sind und Aufgaben haben." Nach Günther Baumann „entbietet das Kreuz auf dem Gipfel der Schaufelspitze seinen Gruß den Hinauf- und Hinabsteigenden, den Toten beider Kriege – aber auch allen Freunden der Berge und tapferen Gefährten, die nicht mehr unter uns weilen!"[1867]

Das Denkmal ist Ausdruck der Kameradschaftstreue, der sich Bergsteiger und Soldaten gleichermaßen verpflichtet fühlen, weil sie beide auf gegenseitiges Vertrauen und gegenseitige Unterstützung angewiesen sind. Der Tod der Soldaten wird in diesem Sinne als kameradschaftliche Aufopferung verstanden.

Abb. 126: Gipfelkreuz[1866]

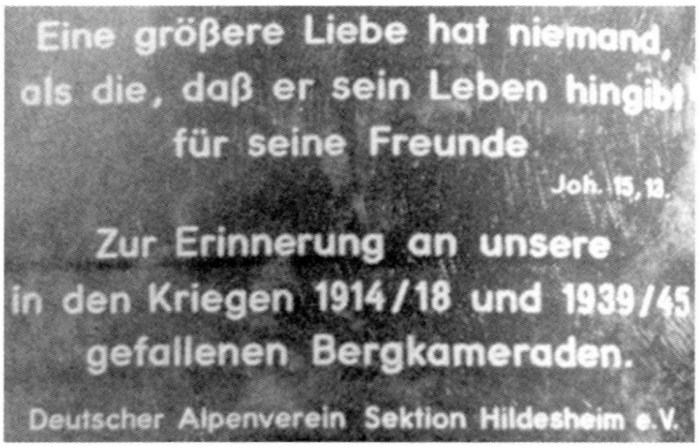

Abb. 127: Widmung

Objektgeschichte: Im Sommer 1961 hatte die Sektion Hildesheim e. V. des Deutschen Alpenvereins beschlossen, auf der Schaufelspitze bei Sölden im Ötztal ein Gedenkkreuz für die in beiden Weltkriegen gefallenen Vereinsmitglieder zu setzen. Die Schaufelspitze, der Hausberg der Hildesheimer Hütte mit 3.333 m Höhe und einer wunderbaren Fernsicht auf die Berge der Ötztaler und Stubaier Alpen sowie die Dolomiten, erschien besonders für dieses Vorhaben geeignet. Er ist vom Süden her leicht zu ersteigen, von der Hildesheimer Hütte her dauert der Anstieg etwa zwei Stunden.

Die Kosten für das Kreuz wurden durch Sammlungen bei Sektionsveranstaltungen aufgebracht, dazu kamen von der Firma Senking gespendete Kupferbeschläge[1868] und unentgeltliche Arbeitsstunden der Sektionsmitglieder Gerhard Liedtke (Installateur- und Klempnermeister) und Werner Niedballa (Graveurmeister). Die Holzarbeiten am Kreuz, das eine Höhe von 2,50 m haben sollte, nahm der Schreinermeister Paul Schreiber aus Sölden vor. Um das Kreuz zur Hildesheimer Hütte (2.910 m) zu bringen, waren der Transport durch das Hüttenpferd Fanny und ein Seilbahntransport mit insgesamt 1.600 m Höhenunterschied erforderlich. Von der Hütte aus mussten die rund 7 Zentner Material noch weitere 420 m höher auf den Gipfel der Schaufelspitze getragen werden. Für diese schwere Arbeit stellten sich nach einem Bericht des Vorsitzenden Ernst Scheer aus Sölden Stephan Fiegl, Karl Falkner, Josef Gstrein, Georg Gstrein, Hermann Fender, Edmund Fender und Max Santer sowie der Schreinermeister Schreiber zur Verfügung. Von der Hildesheimer Sektion trugen der Vorsitzende Scheer und der Hüttenwart Ernst A. Behrens Teile des Kreuzes und Gerhard Liedtke, der Leiter der Skigruppe, den Kupferbeschlag.

Der Gedanke, auf dem markanten Gipfel ein Kreuz zu errichten, das neben seiner Bedeutung als Gipfelkreuz – in dieser Funktion löste sie eine 3 m hohe hölzerne, dreibeinige Vermessungspyramide ab – das Gedächtnis an die in beiden Weltkriegen gefallenen Bergkameraden wach halten sollte, wurde während eines Gesprächs des damaligen 1. Vorsitzenden, Oberst a. D. Erich Scheer, mit dem Hamburger Bergfreund Fred Oswald am Lichtbildervortragsabend im Oktober 1960 geboren.[1869]

Scheer war bereits eine Woche vor dem vorgesehenen Termin, dem 8. Juli 1962, nach Sölden gefahren, um dort die letzten Vorarbeiten zu erledigen. In den darauf folgenden Tagen fanden sich fast der gesamte Vorstand und weitere Mitglieder der Sektion in Sölden ein, um an der Einweihung des Kreuzes teilzunehmen. Zwei Tage vor der Feier fielen auf dem Weg zur Schaufelspitze etwa 40 cm Neuschnee, so dass der letzte Transportweg am 7. Juli um 15 Uhr über eine Strecke von 2,5 km im spurlosen Schnee außerordentliche Schwierigkeiten bereitete. Trotz eisiger Kälte stand das Kreuz am Vorabend gegen 19 Uhr fest verankert am vorgesehenen Platz.

Der Sonntag, an dem die Einweihung des Kreuzes durch den Söldener Pfarrer vorgenommen werden sollte, brachte strahlend blauen Himmel über neuschneebedeckten Bergen. Am Vormittag stiegen Hildesheimer, Söldener und andere Gäste bei wunderbarer Fernsicht gemeinsam von der Hütte zur Schaufelspitze auf, um an der Einweihung teilzunehmen. Der Pfarrer, Hochwürden Franz Hairer, zelebrierte inmitten von Schnee und Felsen unterhalb der Schaufelspitze eine Heilige Messe, nachdem er das Kreuz auf dem Gipfel geweiht hatte.[1870]

Weitere Quelle: HAZ vom 28./29. Juli 1962

20.2 Verein „Ehem. Hannoverscher Gardes du Corps und Königs-Ulanen"

Die Hauptversammlung am 20. Juni 1920 beschloss nach längerer Diskussion die Errichtung eines gemeinsamen Denkmals für alle im Weltkrieg gefallenen Angehörigen des Königsulanen-Regiments. Zu diesem Zweck sollte innerhalb und außerhalb des Vereins gesammelt werden.[1871] Ein präzisierender Aufruf erfolgte im Anzeigenteil der HAZ am 31. Juli 1920, auf den im Nachrichtenteil besonders hingewiesen wurde. Danach sollte das Denkmal an einem besonders schönen Platz in Hannover entstehen. Es sollte nicht nur den Gefallenen des ersten Weltkriegs, sondern auch den in den „Feldzügen 1866 und 1870/71" ums Leben gekommenen ein bleibendes Gedenken sichern. Geldspenden von Mitgliedern und Gönnern wurden bis zum 15. September 1920 erbeten. Die Namen der Gefallenen des ersten Weltkriegs sollten mitgeteilt werden. Die Bekanntmachung wurde von acht Offizieren gezeichnet.

Am 24. Oktober 1926 wurde immer noch für ein würdiges Ehrenmal gesammelt. Zur Sitzung des

Denkmalsausschuss wurden einige Corps-Mitglieder nach Hannover delegiert.[1872]
Am 3. August 1927 vermeldete ein Veranstaltungsbericht der Hildesheimschen Zeitung, dass die Einweihung „in kürzester Zeit erfolgen wird". Der 2. Regimentstag, der am 8. und 9. Oktober 1927 in Hannover stattfand, bot schließlich den angemessenen Rahmen.[1873]

20.3 Denkmal für die Gefallenen des X. Armeekorps

1. Standort

Auf dem Ehrenfriedhof in Gozée, Belgien

2. Beschreibung

Gedenkstein auf dem Ehrenfriedhof für etwa 30 Offiziere und 550 Unteroffiziere und Mannschaftsdienstgrade des 3. Bataillons des Reserve-Infanterie-Regiments Nr. 77 und der Maschinengewehrkompanie des Reserve-Infanterie-Regiments Nr. 77 mit der Aufschrift: „Zum Andenken an die in den Kämpfen am 22. und 23. August 1914 gefallenen Kameraden".[1874]

3. Dokumentation

Objektgeschichte: Am 17. Juli 1916 beteiligten sich die Städtischen Kollegien mit 200 Mark an der Herstellung eines Gedenksteins auf dem Ehrenfriedhof bei Gozée (Namur), auf dem die Gefallenen der Schlacht vom 23. August 1914 bestattet wurden. Sie gehörten dem 3. Bataillon des Reserve-Infanterie-Regiments Nr. 77 und der Maschinengewehrkompanie des Reserve-Infanterie-Regiments Nr. 77 an, die in Hildesheim aufgestellt wurden. Der Antrag wurde von Hauptmann Bäumer, Charleroi, Garnisonskompanie in Narlinnes, am 8. Juli gestellt und von Bürgervorsteher Brinkmann „mit warmen Worten" referiert. Die Stadt Bielefeld beteiligte sich an dem Vorhaben mit 500 Mark.[1875]
An der Einweihungszeremonie in Belgien nahm aus Hildesheim der Bürgervorsteher Bleßmann teil.

20.4 Gedenksteine für die Gefallenen des Infanterie-Regiments Nr. 79 in Metz und Aiseau

1. Standort

Aiseau/Metz

2. Beschreibung

unbekannt

3. Dokumentation

Objektgeschichte: Der Ausschuss für Garten- und Friedhofsverwaltung befasste sich am 14. Januar 1958 mit dem künftigen Standort der „beiden Steine von Aiseau und Metz." Sie sollten auf dem Ehrenfriedhof der 1914/18 Gefallenen aufgestellt werden und zwar in den beiden Nischen vor dem Ehrenmal.[1876]
Die Verwaltungsvorlage hatte der Verwaltungsausschuss am 28. Oktober 1957 veranlasst, nachdem Oberstadtdirektor Kampf das Anliegen des Volksbundes Deutsche Kriegsgräberfürsorge vorgetragen hatte, die zwei Gedenksteine aus Belgien bzw. Lothringen nach Hildesheim zu holen. Der Soldatenfriedhof auf dem Schlachtfeld von Aiseau, für den die Stadt Hildesheim die Patenschaft übernommen hatte, sei im Zuge einer Umbettungsaktion aufgelöst worden. Der Stein in Metz stehe ebenfalls völlig verloren in der Landschaft. Die 79er erklärten, die Kosten für die Überführung nicht übernehmen zu können. Die Verwaltung sollte vor einer Entscheidung die Kosten ermitteln.[1877]
Am 8. Februar 1958 wurde dem Garten- und Friedhofsausschuss ein Schreiben des Volksbundes Deutsche Kriegsgräberfürsorge, Kassel, an die Offizierkameradschaft des ehem. Inf.-Rgts. Nr. 79 vom 28. Januar 1958 zur Kenntnis gegeben, nachdem die Denkmäler in Aiseau und Metz zum Teil zerstört seien, so dass eine Aufstellung nicht in Frage käme.[1878]
Anlässlich des Tags der Feuertaufe des Regiments 79 bei Aiseau, die sich am 22. August 1959 zum 45. Mal jährte, veröffentlichte die HAZ einen ungezeichneten Beitrag, der offenbar von einem ehemaligen 79er selbst verfasst wurde. Darin wird erwähnt, dass auf dem Gefechtsfeld, auf dem das Regiment am 16. August 1870 die Feuertaufe empfing, 1913 ein Ehrenmal

errichtet wurde, „dessen Überführung in die alte Garnisonsstadt von der Stadt Hildesheim beabsichtigt wird." Danach stand das Denkmal bei den Trouviller Büschen in der Nähe von Mars la Tour und Vionville.

Das Aiseau-Denkmal wird in dem Artikel nicht angesprochen. Allerdings berichtet der Autor über die außerordentlich schweren Verluste, die das Regiment an seinen ersten drei Kampftagen erlitt. „211 Gefallene und 774 Verwundete waren auf dem Gefechtsfeld geblieben. Allein bei Aiseau wurden 95 Gefallene des Regiments zur letzten Ruhe bestattet, die inzwischen auf einen Soldatenfriedhof umgebettet sind."[1879]

Anmerkungen

1866 Fotos aus Vereinsnachrichten des Deutschen Alpenvereins Sektion Hildesheim e. V., Juni 1992 Nr. 117, S. 18 f.
1867 Günther E. H. Baumann, Setzung des Gipfelkreuzes auf der 3333 m hohen Schaufelspitze in den Stubaier Alpen. In: Vereinsnachrichten des Deutschen Alpenveeins Sektion Hildesheim e. V., Juni 1992, Nr. 117, S. 19.
1868 Die Senking-Spende erfolgte zum Gedächtnis an den beim Bombenangriff auf das Werk umgekommenen Direktor Rudolf Hage, der langjähriges Mitglied des Alpenvereins war. HAZ v. 13.2.1962.
1869 Die HAZ v. 13.2.1962 berichtete, dass das Kreuz die Namen aller in beiden Kriegen Gefallenen der Sektion Hildesheim tragen werde.
1870 Erich Scheer, Unser Gipfelkreuz und F. C. Burkhardt, Gedächtniskreuz in 3333 m Höhe. In: Vereinsnachrichten des Deutschen Alpenvereins Sektion Hildesheim e. V., Oktober 1962 Nr. 47, S. 2-4 bzw. 5-6, und Günther E. H. Baumann, Setzung des Gipfelkreuzes auf der 3333 m hohen Schaufelspitze in den Stubaier Alpen. In: Vereinsnachrichten des Deutschen Alpenvereins Sektion Hildesheim e. V., Juni 1992 Nr. 117, S. 17-19.
1871 HAZ v. 21.6.1920.
1872 HiZ v. 26.10.1926.
1873 HiZ v. 27.9.1927.
1874 HiZ v. 14.9.1916.
1875 HiZ v. 18.7.1916.
1876 Protokoll über die Sitzung am 14.1.1958, StadtA Hi Best. 103-14 Nr. 8077.
1877 StadtA Hi Best. 103-10 Nr. 15.
1878 Protokoll über die Sitzung am 8.2.1958, StadtA Hi Best. 103-14 Nr. 8077.
1879 HAZ v. 22./23.8.1959.

21 Weitere verschollene Denkmäler

21.1 Männer-Gesangverein „Viktoria"

1. Standort

Im Sängerheim des MGV „Viktoria"

2. Beschreibung

Die Gedenktafel zeigt „in ruhiger und vornehmer Anordnung außer den Namen der Gefallenen einen müde von der Schlacht heimkehrenden, abgekämpften Reitersmann mit der Lyra in der Hand und im oberen Teil das Sängerbundesabzeichen und darunter eine Notenleiste „Stumm schläft der Sänger..."
Material: Holz
Technik: Holzbildhauerarbeit

3. Dokumentation

Auftraggeber: Verein
Hersteller (Entwurf, Ausführung): Sangesbruder Meffert, Bildhauer
Einweihung: anlässlich des Stiftungsfestes im Januar 1926
Deutung: Der Männer-Gesangverein „Viktoria" stellte seine Gedenktafel unter das friedliche, besänftigende Zitat aus dem Lied „Schottischer Bardenchor" von Friedrich Silcher (1789-1860). Silchers Lebensdaten verbinden ihn mit den Befreiungskriegen und der Romantik, er schrieb populäre Volkslieder und förderte – im Sinne Pestalozzis – das volkstümliche Chor- und Singwesen.
Objektgeschichte: Die Tafel wurde Anfang Februar in der Blumenhalle „Flora", Binderstraße, öffentlich ausgestellt.[1880]

21.2 Verein ehemaliger Jäger und Schützen

Am 12. Mai 1920 beschloss die Mitgliedsversammlung im Jägerheim „Altdeutsches Haus", den Angehörigen der gefallenen Vereinsmitglieder ein Foto der vom Verein beschafften Ehrentafel zu überreichen.[1881]

Anmerkungen

1880 HiZ v. 4.2.1926.
1881 HAZ v. 14.5.1920.

22 Nicht aufgestellte Denkmäler

22.1 „Aufstehender Jüngling" von Prof. Hermann Scheuernstuhl

Die Stadt Nordhorn bot der Stadt Hildesheim an, die Bronzeplastik „Aufstehender Jüngling" von Hermann Scheuernstuhl, die „früher" als Kriegerdenkmal verwendet wurde, günstig abzugeben. Sie hatte einmal 11.500 RM gekostet, entsprach aber „schon vor der Machtübernahme" nicht mehr den Vorstellungen der Auftraggeber. Man wünschte sich in Nordhorn eine „Darstellung kämpferischer Art" (I 6.2.3). Die Plastik könne, schreibt Stadtbaurat Grothe am 30. Mai 1939 dem Oberbürgermeister, auch auf einem Sportplatz Verwendung finden. Am 4. Juli 1939 entschieden die Beiräte für Kunst und Wissenschaft (der heutige Kulturausschuss), die Plastik entsprechend eines Vorschlags des Stadtkämmerers Privat nicht zu erwerben.[1883]

22.2 Ehrenhalle des A.-Borsig-Werks, Berlin

Das A.-Borsig-Werk beabsichtigte, für die im Ersten Weltkrieg gefallenen Betriebsangehörigen eine Ehrenhalle zu errichten. Der Entwurf von Prof. Schmohl sah eine ca. 11,5 x 17 m große Halle in neogotischem Stil mit spitzem Giebel vor, die an jeder Schmalseite einen Eingang haben und von zwei runden Türen flankiert werden sollte. Nach diesen Plänen wurde das Baumaterial, Wartauer Sandstein und Muschelkalk, beschafft, das Ende 1932 nutzlos geworden war: Das Borsig-Werk sah sich wegen der wirtschaftlichen Verhältnisse außerstande, das Projekt auszuführen. Am 16. Dezember 1932 bot die Werksleitung dem Oberbürgermeister den Kauf der Pläne und des Baumaterials „für irgendeinen passenden Zweck" an. Am 2. Mai 1933 offerierte Borsig der Stadt auch noch ein ca. 3,20 m hohes Bronzedenkmal von Prof. Klimsch, Berlin. Der Oberbürgermeister lehnte wegen fehlender Mittel dankend ab.[1884]

22.3 Kriegsobstbäume

Am 2. März 1916 appellierte die Hildesheimsche Zeitung an alle Grundbesitzer: „Pflanzt Kriegsobstbäume". Was sich vordergründig als Vorsorge für gesunde Ernährung liest, war als Reaktion auf tandhafte Andenkenware gemeint. Die Baumpflanzung sei die ursprünglichste und volkstümlichste Art der Verewigung von Taten und Menschen. „Jeder Besitzer von Land oder Garten sollte Bäume pflanzen zur Erinnerung an den Abschied, die Wiederkehr oder den Heldentod von Angehörigen, die für das Vaterland ins Feld der Ehre hinauszogen." Während tote Massenware schnell unansehnlich werde, lebe mit dem Baum die Erinnerung immerwährend fort, „und wenn ein Obstbaum auf den ersten Blick nicht dem poetischen Empfinden des deutschen Gemütes Rechnung trägt, wie der die Stärke und Kraft verkörpernde Eichbaum oder

Abb. 128: Aufstehender Jüngling [1882]

wie die unseren Vätern ans Herz gewachsene Linde, so wird er doch gerade durch seine alljährlich bescherenden Gaben Kindern und Enkeln ein Sinnbild werden von dem unerschöpflichen Schatz, den wir in der von unseren Streitern treulich beschirmten heimatlichen Scholle besitzen." Durch unablässige Eigenerzeugung werde der Kriegsobstbaum auf jedem Hof nie wieder Aushungerungspläne bei den Gegnern zulassen.[1885]

Auch dieser abgehobene Appell kehrte wenige Wochen später auf den Boden zurück. Der Obstanbau sei schlicht erforderlich, weil vor dem Krieg große Mengen an Obst importiert wurden. Nun fehle der Bevölkerung die vitaminreiche Kost, so dass obstlose Flächen nicht geduldet werden dürften. Deshalb – und nicht weil Fontanes Ballade vom Birnbaum die Phantasie anregte – „kann die Mahnung, den Obstanbau zu vergrößern, nicht oft genug wiederholt und nicht weitgehend genug beherzigt werden."[1886]

Anfang 1917 wurde die Idee, Kriegsobstbäume zu pflanzen, als Anregung eines Volksschullehrers a. D. allerdings wieder in ihrer Ursprungsform aufgegriffen. Der Pensionär hatte an der schönsten Stelle seines Gartens bereits eine Grube ausgehoben, die im Frühjahr einen „Kriegs- bzw. Friedensbaum", wenn möglich der Apfelsorte „Kaiser Wilhelm" aufnehmen sollte. Vorbildlich, lobte die Zeitung.[1887]

Anmerkungen

[1882] Foto in: Hannoverscher Kurier v. 26.4.1936.
[1883] StadtA Hi Best. 102 Nr. 11375.
[1884] StadtA Hi Best. 102 Nr. 11374.
[1885] HiZ v. 2.3.1916.
[1886] HiZ v. 7.4.1916.
[1887] HiZ v. 3.3.1917.

23 Anhang

23.1 Biografien von Bildhauern, Kunsthandwerkern, Architekten

• **Georg Arfmann**[1888]
Geboren 20.6.1927 in Bremen
Freier Bildhauer, Königslutter

Abb. 129: Arfmann mit dem Gipsmodell der Marktplatz-Gedenktafel[1889]

1942 begann Arfmann eine Steinmetz- und Steinbildhauerlehre, die er nach einer Unterbrechung durch die Einziehung zum „Reichsarbeitsdienst" abschloss. Von 1946-50 studierte er Bildhauerei an der Staatlichen Kunstschule in Bremen. Seither ist er als freier Bildhauer tätig.
In der Folgezeit beschäftigte sich Georg Arfmann verstärkt mit der Rekonstruktion und Restaurierung zahlreicher Bauwerke und Fassaden in Bremen, Hannover, Hildesheim, Norden und Braunschweig. Aber auch Neuschöpfungen für öffentliche und private Auftraggeber sowie die erfolgreiche Beteiligung an Ausschreibungen für Kunst am Bau gehören zu seinem Repertoire.
Er zog 1972 nach Königslutter, wo er bis 1983 als Fachlehrer an der Steinmetz- und Steinbildhauerschule in Königslutter arbeitete.
Im Jahr 1984 wurde Georg Arfmann die Verdienstmedaille der Bundesrepublik Deutschland verliehen.
Das Hauptthema des Bildhauers Georg Arfmann ist die Darstellung von Mensch und Tier in Stein und Bronze. Die Arbeiten sind meist realistisch oder leicht stilisiert. Die menschlichen Figuren „bewegen" sich eher dezent, die Tierskulpturen oft sehr stark. Dadurch wirken sie äußert lebendig. Unterstützt wird dieser Eindruck durch die treffsichere Wahl interessanter Oberfächenbearbeitungen.
Georg Arfmann kann insgesamt zu einer tradionellen Richtung der Bildhauerei gezählt werden. Dennoch überzeugen auch seine stärker stilisierten und abstrakten Werke durch energiereiche Bewegungen und eine anmutige Linienführung.
Arbeiten im öffentlichen Raum befinden sich u. a. in Rolandia (Brasilien), Braunschweig (u. a. Gestaltung von zwei zwölf Meter hohen Glasfenstern und weiteren Glasbeton-Elementen für die St.-Gerhard-Gemeinde sowie ein zwei Meter großes Bronzekreuz für die St.-Lukas-Kirche), Bremen (u. a. Neuschöpfung des Revolutionsdenkmals „Räte-Republik" (Höhe 4,60 m) auf dem Waller Friedhof), Hannover (u. a. Rekonstruktion der Fassade des Leibniz-Hauses; Neuschöpfung der Bronzebüste des Gründers der Tierärzlichen Hochschule), Hildesheim (u. a. Rekonstruktionen des Marktbrunnens, des Roland-Hauses und teilweise der Kaiserhaus-Fassade; Neuschöpfung einer Relief-Steinsäule mit Bronzeplatten für den Nämsch-Park), Wolfsburg.
Gedenktafel auf dem Marktplatz (1994)

• **Carl van Dornick**[1890]
Geboren 3.9.1910 in Kalkar –
gestorben 9.9.1979 in Wohldenberg
Goldschmied
Carl van Dornick erlernte in der Kunstgewerbeschule Krefeld den Beruf des Gold- und Silberschmieds, den er nach seinem Umzug nach Hildesheim in der Firma Blume ausübte. Von 1933 bis 1937 absolvierte er an der Kunstakademie München ein Bildhauerstudium. 1948/1949 baute er am Wohldenberg unterhalb der Burg sein Haus mit Atelier.
Ludwig Reineking, ein Mann mit vielfältigen und weit reichenden Beziehungen, wurde bald sein Freund und Förderer. 1949 hatte van Dornick als Direktor seine Tischlerfachschule im Rahmen der Meisterschule für das gestaltende Handwerk Hildesheim wieder aufgebaut. 1951 wurde er Leiter der Meisterschule, die 1963 in Werkkunstschule umbenannt und 1971 in die Fachhochschule Hildesheim/Holzminden überführt wurde.
Ende September 1955 wurde die Niedersächsische Bildungsstätte für Metallgestalter am Wohldenberg bei Sillium mit einer eintägigen Tagung

der „Arbeitsgemeinschaft Kunsthandwerk im Kammerbezirk Hildesheim" (Vorsitzender: Goldschmiedemeister Blume) als kunsthandwerkliche Entwicklungslehrwerkstätte eröffnet.[1891] Van Dornick wurde der Leiter der Bildungsstätte, für die an seinem Wohnhaus Werkstatträume und ein Wohnheim für vier Lehrgangsteilnehmer gebaut wurden. Die Bildungsstätte wurde im Rahmen der Gewerbeförderung durch Unterstützung des Niedersächsischen Ministers für Wirtschaft und Verkehr ermöglicht. Sie stand unter dem Protektorat des Landeshandwerkspflegers beim Niedersächsischen Handwerkskammertag und unter der verwaltungsmäßigen Aufsicht der Handwerkskammer Hildesheim.

Schon 1956 und hernach 1958 bemühte sich Direktor Reineking, die Bildungsstätte am Wohldenberg als „Außenstelle" der Meisterschule für das gestaltende Handwerk Hildesheim zu übernehmen.

Mit dem 1. Januar 1957 wurde van Dornick mit 4 Wochenstunden nebenberuflich für das Lehrfach „Grundlagen der Gestaltung" an der Meisterschule eingestellt. Mit dem 31. Oktober 1961 wurde die nebenberufliche Tätigkeit – inzwischen auf 6 Stunden erhöht – auf 24 Wochenstunden erweitert. Die Lehrfächer waren nun „Vorlehre" und „Freies Gestalten". Nach der 1963 erfolgten Umbenennung in Werkkunstschule, die an eine Erweiterung der Abteilungen gebunden war, wurde eine Werkgruppe plastisches Gestalten (Metall) unter der Leitung von van Dornick geplant. Erst 1965 nahm die „Abteilung Metallgestaltung" konkrete Formen an. Nach erfolgter Genehmigung durch das Niedersächsische Kultusministerium wurde die Abteilung im ehemaligen Kindergarten in der Elzer Straße aufgebaut, die seit dem Beginn des Sommersemesters 1968 „probeweise" mit vier Studierenden arbeitete.

Nach der mit dem 1. August 1971 erfolgten Auflösung der Werkkunstschule Hildesheim und Überführung in die Fachhochschule Hildesheim/Holzminden wurde der Fachlehrer Carl van Dornick als künstlerisch-wissenschaftlicher Mitarbeiter in den Landesdienst übernommen und später zum Professor ernannt.

Van Dornick schuf zum Beispiel eine Darstellung der vier Elemente als Schmiedeplastik für die Hildesheimer Goetheschule als Geschenk des Landkreises zum 100-jährigen Schuljubiläum und stiftete eine Skulptur als Wanderpreis für den Balladenwettbewerb der Schule.[1892]

Mit Prof. Oesterlen erstellte er das viermal vier Meter große Mahnmal aus Eisen, V2a-Stahl, Kupfer und Messing mit Wappen der deutschen Ostgebiete im Niedersächsischen Landtag[1893] (gestiftet von der Braunschweigischen Landesbank[1894]). Die HAZ kommentierte die Auftragsvergabe: „Die künstlerische Art des Meisters van Dornick erreicht immer wieder, wie seine bisherigen Werke zeigen, eine Durchgeistigung des Materials in einer Durchlichtung, die ohne Effekthascherei ganz wunderbare Überraschungen erzielt."[1895]

St. Lamberti (1952), Christuskirche (1953), Rathaushalle (1954), Sedanstraße (1955), Andreanum (1962)

• **Wilhelm Dräger**
Bildhauer / Steinmetz / Steinbruch; Hasestr. 1
79er-Denkmal (Steingrube) (1920), Andreanum (1921), Ochtersum (1921), Itzum (1923), Bavenstedt (1924), Fachhochschule (1925), Achtum-Uppen (1926), Nordfriedhof (1923/1955)

• **Heinrich Wilhelm Ellerbrock**[1896]
Geboren 7.9.1886 in Bielefeld –
gestorben 24.4.1970 in Hildesheim
Holzbildhauer, Johannisstr. 2

Ellerbrock kam 1905 als Gehilfe in die am Alten Markt 39 gelegene Werkstatt Meister Böhmes. 1923 gründete er einen eigenen Betrieb. Durch die vier Meter hohe Ehrentafel in der Michel-

Abb. 130: Heinrich Ellerbrock

senschule wurde er bekannt. Für sich selbst warben seine ausdrucksstarken Masken an seinem Haus in der Johannisstraße. Weitere Zeugnisse seiner Kunstfertigkeit waren ein Flachrelief der Michaeliskirche, Schnitzarbeiten am Beelteschen Haus am Neustädter Markt, bei Talleur und Gehring auf der Almsstraße, der Banksche Erker in der Jakobistraße und die Toreinfahrt des Ratsbauhofs.
Ellerbrock war Obermeister der Bildhauer-Innung.
Michelsenschule (1921/1958)

• **Walter Evers**[1897]
Geboren 29.9.1882 in Hardegsen/Solling – gestorben 10.3.1946 in Hildesheim
Architekt, Humboldtstr. 8

Abb. 131: Walter Evers

Walter Evers wurde am 29. September 1882 als Sohn des Hildesheimers Dr. med. Georg Heinrich Evers in Hardegsen/Solling geboren.
1899-1901 leistete er das für das Architekturstudium benötigte Praktikum als Maurer beim Bau eines Stifts der deutschen Kaiserin in Palästina ab.
1902-1905 besuchte er die Baugewerkschule in Hildesheim. 1906 trat er in das Architektur-Büro des Kunstgewerbegeschäfts Kinast in St. Gallen/Schweiz ein.
1907 wechselte Walter Evers in das Baugeschäft Heene in St. Gallen/Schweiz. 1909 erneuter Wechsel ins Architekturbüro Haller & Schindler in Zürich/Schweiz. 1909-1910 gründete er zusammen mit Herrn G. Läderach in Bern/Schweiz ein eigenes Architektur-Büro.

1909 (?) bekam Evers nach einer Reihe sehr beachteter Architektur-Projekte vom Schweizer Staat die Nationalisierungsurkunde. Er wurde somit „Papierschweizer".
1912 wurde dem Ehepaar Evers, Walter und Anna (geb. Ludewig), in Bern ein erster Sohn am 4. Februar geboren, der am 25. März verstarb. Das war der Grund, weshalb Walter Evers bestrebt war, Bern für immer zu verlassen und ein Angebot, den Dienst an der Hildesheimer Kunstgewerbeschule anzutreten, sofort annahm.
1913 kam ein zweiter Sohn zur Welt.
1925 verlieh der Preußische Minister für Handel und Gewerbe Walter Evers den Professorentitel.
1932 wurde von Prof. Walter Evers in dem Gebäudekomplex „Kaiserhaus" ein denkwürdiges Kitschmuseum gegründet. Dieses Museum sollte der Jugend ein Lehrbeispiel sein. Prof. Evers stellte deshalb einen Spruch Johann Wolfgang von Goethes der eigentümlichen Kitsch-Schau voraus: „Den Stoff sieht jedermann vor sich, den Gehalt nur der, der etwas hinzuzutun hat und die Form ist ein Geheimnis den meisten."
1943 (?) wurde Prof. Walter Evers zum kommissarischen Direktor der Hildesheimer Kunstgewerbeschule ernannt.
1945 bekam Dietrich Evers, der einzige Sohn von Prof. Walter Evers, einen mysteriösen Anruf seines Vaters (anscheinend aus einer Telefonzelle): Er habe zusammen mit anderen Helfern die bemalten Bretter der wertvollen flachen Jesse-Decke aus der Michaeliskirche ausgebaut, um sie im Pulverkeller des Kehrwiederwalls vor möglichen Bomben zu retten. Das sei ihm von der NSDAP als „Wehrkraftzersetzung" angehängt worden.
22. März 1945, am Tage der Zerstörung Hildesheims, lag Walter Evers mit bösartigem Magenkrebs im Bernwardkrankenhaus. Beim Alarm hatte man sein Bett in einem Kellerteil aufgestellt, der nicht von Bomben getroffen wurde. So konnte er anschließend in das Städtische Krankenhaus überführt werden. Seine Frau Anna machte sich von ihrer Wohnung Humboldtstraße 8 durch rauchende Trümmer zum Bernwardkrankenhaus auf, voll Sorge um ihren Mann. Dort, wo sie ihn Tag für Tag besucht hatte, waren nur noch Tod und Verderben. Sie musste zwangsläufig annehmen, dass ihr geliebter Mann Opfer der totalen Vernichtung geworden war.

Weil sie obendrein eine von ihr geglaubte Falschmeldung vom Tod ihres einzigen Sohnes aus Berlin vorliegen hatte, ging Anna Evers verzweifelt in ihre Wohnung zurück und nahm sich das Leben.
Walter Evers erlag am 10. März 1946 im Städtischen Krankenhaus seiner Krankheit.
Entwürfe für KAB Hildesheim und Drispenstedt (1920), 79er-Denkmal an der Steingrube (1920), Jakobikirche (1920), Andreanum (1921), Nordfriedhof (1923), Michelsenschule (1921)

• **Richard Herzig**
Geboren 8.9.1851 in Stendal –
gestorben 25.2.1934 in Hildesheim[1898]
Regierungs- und Geheimer Baurat
Als Richard Herzig im 83. Lebensjahr nach längerem Leiden starb, wurde in keinem Nachruf eines seiner Kriegerdenkmäler erwähnt. Die Mitwirkung an den Denkmälern im Josephinum und in der St.-Bernward-Kirche ist nachweisbar. Sie wurde gegenüber dem reichen Lebenswerk als Architekt, Restaurator, Bauberater und Kunsthistoriker vernachlässigt.
Nach seiner Ausbildung an der Technischen Hochschule Charlottenburg kam Herzig als Regierungsbaumeister zur Königlichen Regierung nach Hildesheim. Als seine ersten Bauten entstanden die Bahnhöfe in Northeim und Kreiensen. Bald wandte er sich den Sakralbauten zu, sorgte sich um die Bauunterhaltung des Doms und die Pflege seiner Kunstschätze (Restaurierung des Heziloleuchters und der Orgel). Als Bauberater der Bischöflichen Behörde wirkte er als Architekt beim Bau von über 30 Kirchen und Kapellen im Bistum Hildesheim mit, darunter in Hildesheim St. Elisabeth (1905/1906), St. Bernward (1906/1907) sowie in Achtum St. Martin (1900). In Hildesheim plante er das Mutterhaus der Vincentinerinnen (1897/1898), den zweiten und dritten Flügelanbau des St.-Berward-Krankenhauses und den Bernwardshof in Himmelsthür (1905/1906). Zusammen mit Prof. Küsthardt setzte er sich für den Erhalt der Hildesheimer Kunstdenkmäler ein.
Richard Herzig gab sein künstlerisches Wissen in zahlreichen Vorträgen und Aufsätzen weiter. Nach dem Tod von Oberbürgermeister Struckmann wurde er Vorsitzender des Hildesheimer Vereins zur Erhaltung der Kunstdenkmäler.

Im Nachruf wurde seine aktive Mitgliedschaft im Oratorienverein und im Domchor hervorgehoben. Im Albertus-Magnus-Verein ermöglichte Herzig katholischen Studenten die Fortsetzung ihres Studiums. Die Todesanzeige weist ihn als Träger des Kriegsverdienst-Kreuzes aus und bezeichnet ihn als Ritter des Päpstlichen St.-Gregorius-Ordens und als Inhaber des Roten-Adler-Ordens IV. Klasse.[1899]
St. Bernward (1920), Josephinum (1921)

• **Walter Holtschmidt**
Geboren 15.11.1875 in Hilden –
gestorben 7.3.1969 in Hildesheim
Dozent an der Kunstgewerbeschule (Werkkunstschule), Propsteiweg 4
1904 holte Professor Sandtrock, der damalige Leiter der Handwerkerschule, Walter Holtschmidt nach Hildesheim. Die von ihm aufgebaute Entwurfsklasse war eine der Voraussetzungen für die spätere Anerkennung der Schule als Kunstgewerbeschule. 1923 wurde ihm der Professorentitel verliehen.
Holtschmidt plante 1920 die Bau- und Innenausgestaltung der Hildesheimer Hütte im Söldental. 1946 ernannte ihn die Sektion Hildesheim zum Ehrenvorsitzenden. Sein Name steht im Zusammenhang mit allen Gedächtnisstätten, die Walter Evers schuf. Er war viele Jahre lang Berater des Städtischen Friedhofsamtes in Grabstein-Angelegenheiten.[1900]
Zu seinem Tod erschienen in der HAZ nur noch im Anzeigenteil zwei Nachrufe. Die Bezirksgruppe des BDA beklagte am 8./9. März 1969 den Verlust des langjährigen Mitglieds und Seniors und lobte seine vorbildliche Berufsauffassung und das verständnisvolle Wesen, mit dem er sich die Achtung der Kollegen sowie die Liebe und Verehrung seiner Schüler erworben habe. Am 10. März gedachten der Regierungspräsident und der Lehrerbezirkspersonalrat des Verstorbenen.
Entwürfe für das 79er-Denkmal an der Steingrube (1920), KAB Hildesheim und Drispenstedt (1920), Andreanum (1921), Michelsenschule (1921), Nordfriedhof (1956)

• **Karl Wilhelm Ferdinand Hübotter** [1901]
Geboren 16.6.1895 in Neu-Garge (Kreis Bleckede a. d. Elbe) – gestorben 28.7.1976 in Hannover
Landschaftsarchitekt, Tessenow-Weg 5, Hannover-Kirchrode

Abb. 132: Karl Wilhelm Ferdinand Hübotter

Karl Wilhelm Ferdinand Hübotter besuchte das Andreas-Realgymnasium in Hildesheim und absolvierte von 1912 bis 1914 eine Gärtnerlehre in Stadtgärtnerei Hannover unter Hermann Kube. Nach dem Krieg arbeitete er bei den Formobstschulen in Uelzen, studierte ab 1919 in Geisenheim, um ab 1920 Wanderungen durch Deutschland zu unternehmen. Ab 1921 war er in mehreren Gartenarchitekturbüros beschäftigt, so bei Habich & Laage in Mecklenburg, bei der Firma Ludwig Späth in Berlin, schließlich in Budapest und Prag. Seit 1923 arbeitete er als freischaffender Gartenarchitekt, zunächst in Hildesheim, dann in Hannover. 1930 wurde er Mitglied des Deutschen Werkbundes.

1947 gründete er u. a. gemeinsam mit Heinrich Friedrich Wiepking-Jürgensmann (1891-1973) die Gartenbauhochschule in Sarstedt bei Hannover und erhielt eine Honorarprofessur. 1948 setzte er sich für die Gründung des Bundes Deutscher Gartenarchitekten (BDGA) ein. Von 1954 bis 1960 nahm er einen Lehrauftrag am Institut für Grünplanung und Gartenarchitektur an der Fakultät für Gartenbau und Landeskultur der Technischen Hochschule Hannover wahr.

Hübotter hat im In- und Ausland rund 2.300 Anlagen „geschaffen", die er z. T. auch publizierte, so zum Beispiel Hausgärten, öffentliche Garten- und Parkanlagen, Siedlungsgrün, Sportstätten bis hin zu Planungen von Friedhöfen. Seine Auffassung beschrieb er wie folgt: „Es ist eigentlich meist richtig, davon zu sprechen, dass der kommende Garten ein Landschaftsgarten sein oder der Landschaftsgarten neu kommen wird – auch der japanische Garten wird uns nicht beeinflussen dürfen –, nur das Lebensgefühl des modernen Menschen wird uns leiten müssen, verbunden mit einwandfreier gärtnerischer und handwerklicher Sachkenntnis."

Als Landschaftsarchitekt hinterließ Hübotter an vielen Orten Niedersachsens seine Spuren. So entwickelte er 1932 einen Plan, am Mardorfer Strand des Steinhuder Meeres ein Ferien- und Wochenendzentrum zu errichten. Der Plan wurde nur in Ansätzen verwirklicht.[1902] Wilhelm Hübotter entwickelte auch die Idee, mit 4.500 Findlingen an die von Karl dem Großen angeblich bei Verden hingerichteten 4.500 Sachsenhäuptlinge zu erinnern. 1934 wurde Hübotter von Heinrich Himmler – mit dem er sich allerdings bald zerstritt – zusammen mit dem Maler Prof. Karl Dröge mit der Planung des „Sachsenhains" beauftragt.[1903]

Hübotter gestaltete zum Beispiel die Gartenanlagen des Landeserziehungsheims Münder am Deister oder den Hermann-Löns-Park in Hannover. Er arbeitete mit vielen namhaften Gartenarchitekten zusammen, zum Beispiel mit Otto Valentien, Guido Erxleben, Karl Foerster, Richard Bödeker. 1933 gewann er den Wettbewerb zur Gestaltung des Ausstellungsgeländes der Jahresschau Deutscher Gartenkultur (Jadega) in Hannover, 1952 den für die erste Bundesgartenschau auf dem gleichen Gelände gemeinsam mit seinem Sohn Peter. 1938 erhielt er mit Konstanty Gutschow den ersten Preis für die Außenanlagen der Deutschen Botschaft in Ankara. Für seine Verdienste und beispielhaften Leistungen in der Landschaftsarchitektur und nicht zuletzt, weil er nach dem Krieg ständigen Kontakt zu den Kollegen in der ehemaligen DDR hielt, wurde ihm 1970 die Heinrich-Tessenow-Medaille verliehen.[1904]

Wilhelm Hübotter war maßgeblich an der Einrichtung der Gedenkbibliothek im Scharnhorstgymnasium beteiligt. Der Brief, den er dem Vorsitzenden des Gedenkraum-Ausschusses, Walter Kettler, schrieb, gibt Auskunft über seine Ansichten und gesellschaftlichen Kontakte.

79er-Denkmal am Galgenberg (1939), Scharnhorstgymnasium (1960)

- **Josef Kernbach**[1906]
Geboren 17.11.1911 – gestorben 18.6.1991
Steinmetz, Nordstemmen, An der Marienburg
Josef Kernbach legte seine Meisterprüfung im Januar 1938 ab. Er war langjähriger stellvertretender Obermeister der Bildhauer- und Steinmetzinnung Hildesheim. Arbeiten von ihm ste-

hen im Dom, in der Josephskirche, Elisabethkirche und Liebfrauenkirche.
Ochtersum (1955), Sorsum (1955), Itzum (1958)

• **Wilhelm Kreis**[1907]
Geboren 17.3.1873 in Eltville –
gestorben 13.8.1955 in Bad Honnef
Architekt, Professor
Wilhelm Kreis wurde als sechstes von neun Kindern geboren. Nach dem Besuch des Realgymnasiums in Wiesbaden studierte er von 1892 bis 1894 Architektur an der Technischen Hochschule in München.
Besonders beeinflusst hat ihn nach eigenen Angaben August Thiersch, der antike Baukunst unterrichtete. Nach dem Vordiplom wechselte Kreis über Karlsruhe an die Technische Hochschule nach Berlin-Charlottenburg. Schon der erste eingereichte Wettbewerbsbeitrag für das monumentale Völkerschlachtdenkmal des erst 23-jährigen Architekten wurde mit dem 1. Preis belohnt (ausgeführt wurde allerdings der Entwurf von Bruno Schmitz).
Beim Wettbewerb der deutschen Studentenschaft für Bismarck-Feuersäulen wurde seinen drei Entwürfen (aus über 300 eingereichten Entwürfen) die ersten drei Platzierungen zuerkannt. Nach seinem Entwurf „Götterdämmerung" wurden 47 Bismarcktürme gebaut, einer davon in Hildesheim (1905). Weitere Bismarcktürme entstanden nach anderen Entwürfen von Kreis. Trotz der zu dieser Zeit aufflammenden Jugendstilbewegung blieb Kreis durch Betonung der Baukörper, Zusammenfassung der Flächen und Reduktion der Stilformen der Monumentalarchitektur verpflichtet.
Von 1902 bis Juni 1908 unterrichtete Kreis „Raumkunst" an der Dresdener Kunstgewerbeschule. Am 1. Juli 1908 wechselte er auf Vorschlag des Architekten Fritz Schumacher zur Düsseldorfer Kunstgewerbeschule.
Nach dem ersten Weltkrieg errichtete Wilhelm Kreis das erste deutsche Hochhaus in Düsseldorf und nahm an fast allen bedeutenden Hochhaus-Wettbewerben als Architekt oder Preisrichter teil. 1926 wurde er Leiter der Architekturabteilung an der Dresdener Kunstakademie. 1927-1930 entstand das Deutsche-Hygiene-Museum nach seinem Entwurf.
In der Zeit des 3. Reiches wurde Kreis zum Ehrenpräsidenten des BDA ernannt und erfuhr zahlreiche Ehrungen und Auszeichnungen. Ab 1936 stellte er sich mit monumentalen Bauten und Planungen in den Dienst des NS-Regimes und baute das Luftgaukommando in Dresden, plante dort auch das Gauforum und den Opernanbau, ferner in Berlin Museen, das Oberkommando der Wehrmacht und die monströse Soldatenhalle. Er wurde Reichskultursenator, Präsident der Reichskammer der bildenden Künste, Rektor der Dresdener Akademie und (1940) Generalbaurat für die Gestaltung der Kriegerdenkmäler. Er entwarf zahlreiche gigantische Totenburgen für den nationalsozialistischen Heldenkult, die nach dem Sieg in Berlin und auf den Schlachtfeldern in Europa und Afrika errichtet werden sollten.
Die letzte Wandlung vollzog sich nach dem Zweiten Weltkrieg. Aus dem Entnazifizierungsverfahren ging er als „Mitläufer" hervor. Sein Engagement während der NS-Zeit bezeichnete er als „völlig unpolitisch". 1949 erhielt er wieder Aufträge von Staat und Wirtschaft. Er baute u. a. die Landeszentralbank in Dortmund sowie Wohnanlagen, Reihenwohnhäuser und Hotels.
Kreis wirkte mit bei der Konzeption des Hildesheimer Nordfriedhofs. Der Hildesheimer Architekt August Albert Steinborn, der sich beim Hildesheimer Wiederaufbau, insbesondere der Michaeliskirche, bleibende Verdienste erwarb, war zum Ende des Zweiten Weltkriegs Leiter des Starnberger Büros von Kreis.
Nordfriedhof (1915)

• **Reinhard Kubina**
Geboren 27.3.1946 in Ahlten
Metallgestalter
Reinhard Kubina lernte in der Zeit von 1963 bis 1970 die Berufe Stahlbauschlosser und Technischer Zeichner. 1972 bis 1975 studierte er an der Fachhochschule Hildesheim die Fachrichtung Innenarchitektur und legte 1975 seine Prüfung zum Diplom-Ingenieur ab. Von 1975 bis

Abb. 133: Reinhard Kubina[1908]

1978 arbeitete er freiberuflich im Bereich Metallgestaltung bei Prof. Arnd Heuer. Seit 1978 betreibt er ein eigenes Atelier als Metallgestalter. Der Fachhochschule Hildesheim/Holzminden ist er seit 1982 durch eine Lehrtätigkeit verbunden. Kubinas Atelier liegt in Bavenstedt, Schmiedestraße 10. Er beteiligte sich erfolgreich an zahlreichen Wettbewerben und ist im öffentlichen Raum durch „Kunst am Bau" in Bad Harzburg, Bad Salzdetfurth, Burgdorf, Esterwegen, Göttingen, Hameln, Hannover, Hoja, Peine und Stade vertreten.
Eichendorff-Hain (1981/1990/2001), Marktplatz (1986), Bavenstedt (Restaurierung 2003)

- **Steinmetzbetrieb Küsthardt**[1909]

Friedrich Heinrich Nicolaus Küsthardt

Geboren 30.1.1830 in Göttingen –
gestorben 8.10.1900 in Hildesheim
In der väterlichen Schusterwerkstatt bewies Friedrich Küsthardt schon früh erste manuelle Begabungen bei der Gipsabformung sowie dem anschließenden Drechseln und Schnitzen der angepassten Schuhleisten. Nach der Schulzeit absolvierte er seinen Eltern zuliebe zunächst eine Buchbinderlehre, war aber froh, dass er diese aufgrund von Querelen unter den Lehrlingen frühzeitig verlassen konnte. Der Vater eines Schulfreundes, Professor Rudolf Wagner, vermittelte dem 17-jährigen eine Beschäftigung am Physiologischen Institut in Göttingen. Hier verdiente er sein erstes Geld als Präparator von Vögeln und Säugetieren, betrieb erste anatomische Studien und lernte Latein. Wieder war es der „väterliche Freund und Gönner" Wagner, so notiert Küsthardt später in seinem Tagebuch[1910], der hierbei auf sein zeichnerisches Talent aufmerksam wurde und den Jungen zu dem italienischen Architekten und Kupferstecher Cavallari in die Lehre schickte, nach der er zum Institut zurückkehrte. Mit ungebremster Begeisterung stach und zeichnete er in der nun folgenden Zeit für in- und auswärtige Universitäten. 1851 schickte ihn Professor Leuckhardt wegen des Präparierens der angekauften Foriep'schen Sammlung für ein Jahr nach Gießen, wo er seiner zukünftigen Frau Helene Weber begegnete. Zwei Jahre in Göttingen folgten. Mit der Empfehlung des Hofmalers Professor Oesterley fand er 1853 für zwei Jahre Platz in der Werkstatt Georg Hurtzigs in Hannover, wo er seinem Drang zur Bildhauerei folgen konnte.

Anschließend zog Küsthardt, nun als fertiger Bildhauer und mit einem guten Zeugnis Professor Oesterleys in der Tasche, wieder zu seinen Eltern nach Göttingen. Hier arbeitete er an Portraitbüsten von Professoren und ergänzte seine Ausbildung mit Anatomiestudien bei Professor Henle.
Wirtschaftlich ging es ihm gut, so dass er seine Studien als Bildhauer bei Eduard Schmidt von der Launitz in Frankfurt fortsetzen konnte. Er kehrte allerdings bald schweren Herzens wieder nach Göttingen zurück. Henles anatomisches Kupferstichwerk wurde von ihm noch vollendet, dann brach er nach München auf. Der geplante Akademiebesuch scheiterte jedoch. Friedrich Küsthardt verließ die Stadt nach zwei Wochen und trat seine langersehnte Studienreise nach Italien an, wo er sich bis Mai 1859 in Florenz und vor allem in Rom aufhielt.
Zurück in Göttingen fand Küsthardt einen Ruf an die von Senator Hermann Roemer gegründete „Höhere Gewerbeschule" nach Hildesheim vor. Zunächst unschlüssig nahm Küsthardt dann doch das für ihn ungewohnte Lehramt und somit eine sichere Lebensstellung an. Für 300 Taler gab er wöchentlich 12 Zeichen- und Malstunden und reformierte nach eigenen Angaben den Unterricht, indem er nach Professor Henles Vorbild mit Tafeln, Kreide und Vorträgen arbeitete. 1869 machte die von Küsthardt immer wieder kritisierte Gewerbefreiheit eine Lehrmeisterprüfung überflüssig. Als seine Stelle auch noch in die eines Schreiblehrers umgewandelt werden sollte, verließ er empört die nun preußisch organisierte Gewerbeschule in der Dammstraße. Um sich und seine im Jahre 1866 gegründete Familie finanziell abzusichern, begann er später jedoch wieder an der Handwerkerschule zu unterrichten, so dass er, 1889 mit dem Professorentitel geehrt, auf eine vierzigjährige Lehrtätigkeit zurückblicken konnte.
Schon 1867 war Küsthardt mit Atelier und Familie von der Wollenweberstraße 983 in die Peiner Straße 7 umgezogen. 1897 erbaute er dann mit seinen Söhnen in der Peiner Landstraße 31-34 ein Haus mit Werkstatt und Verkaufsmöglichkeit. Somit lag seine Werkstatt nun in der Nähe des Marienfriedhofs und des 1890 eröffneten Zentralfriedhofs.
In der Zeit um 1870 begann sich Küsthardts zunehmendes Interesse für Grabmalkunst abzuzeichnen, ein Gebiet, auf dem er „bahnbre-

chend" gewirkt hat, und das ihm auch zu überregionaler Anerkennung verholfen hat. Heimische wie auswärtige, zumeist vermögende Familien beauftragten ihn mit Entwürfen und Anfertigungen von Grabmonumenten, so dass er zeitweilig drei bis vier Steinhauer und einen Bildhauer beschäftigen konnte.

Heute noch vorhanden sind u. a. die Grabmäler der Familien Cludius, Schencke, Braun und Hansen auf dem Marien- und Johannisfriedhof. Sie zeigen eine für die zweite Hälfte des 19. Jahrhunderts typische Stil- und Formenvielfalt. Erklärtes Ziel Küsthardts war die Verwirklichung der „Schönheit der Antike ... verbunden mit einer Innerlichkeit mittelalterlicher Kunst". Für seine Signaturen verwendete Küsthardt hauptsächlich die nur Großbuchstaben aufweisende lateinische Schrift „Kapitalis".

Eine für Küsthardts Schaffen auffällige und sicherlich auf den Auftraggeberwunsch zurückgehende Form zeigt das Grabmal des Obergerichtssekretärs Georg Friedrich Menge. 1880 wurde es von den Brüdern der Freimaurerloge „Pforte zum Tempel des Lichts" für ihren Chronisten gestiftet. Die hohe gebrochene Säule, ein beliebtes klassizistisches Motiv, steht heute vor dem Logenhaus in der Keßlerstraße.

Neben seiner bildhauerischen Arbeit engagierte sich Küsthardt auch in Vorträgen und Ausstellungen für eine „künstlerische" Grab- und Friedhofsgestaltung. Lautstark und wohl auch nicht ganz uneigennützig kritisierte er die um 1860 einsetzende Massenproduktion industriell gefertigter Grabsteine und zeigte sich auch noch in seiner 29 Jahre später erschienenen Schrift über „Friedhof und Grabsteine" als ein eifriger Streiter im „Kampf der Granitindustrie gegenüber dem Weichgestein".

Die Geschäftslage zwingt Küsthardt und seine Söhne zum Umdenken: Der Vordruck eines Geschäftsbriefes von 1898 der „Kunstgewerblichen Werkstätten" der Gebrüder Küsthardt zeigt eine erhebliche Erweiterung des Programms. An erster Stelle steht zwar noch immer die „Ausübung christlicher Kunst für Kirchen und Friedhöfe", doch auch Einfriedungen, Möbelplatten, Waschtischaufsätze sowie Treppen- und Wandverkleidungen werden angeboten. Die Materialauswahl (Sandstein, Marmor, Granit) zeigt ebenso wie die Verkaufsausstellung eine erste Anpassung an die neuen Kundenwünsche. Stehen dort nun doch einige der verschmähten gleichförmigen Marmorkreuze.

79er-Denkmal Hoher Wall (1874), Michelsenschule (1875)

Franz Küsthardt
Geboren 22.6.1883 in Hildesheim –
gestorben 6.1.1961 in Hildesheim
Franz Küsthardt war ein Sohn aus der zweiten Ehe von Friedrich Küsthardt mit Mathilde, geborene Hennicke. Der am 9. Januar 1961 in der HAZ veröffentlichte Nachruf bezeichnet ihn als „Berater in Friedhofs- und Grabmalsangelegenheiten", ansonsten aber vor allem als letzten noch lebenden Spross seines in der kunstschaffenden Welt einen großen Namen führenden Vaters und als Ehemann der Künstlerin Gertrud Küsthardt-Langenhan, die in erster Ehe mit seinem Stiefbruder verheiratet war. Eine große Anzahl von Entwürfen und Ausführungen der schöpferischen Plastikerin seien in einer anpassungsfähigen Zusammenarbeit mit ihrem Mann als technisch-künstlerischem Gestalter entstanden, kurz vor seinem Tod noch die Büsten von Michelsen und Leunis.

Helfried Küsthardt
Geboren 9.7.1862 in Hildesheim –
gestorben 30.12.1950 in Himmelsthür
Helfried Küsthardt übernahm nach dem Tod des Vaters zusammen mit seinem Bruder Albert die Leitung der Werkstatt an der Peiner Landstraße. gemeinsam führten sie das Geschäft ihres Vaters jedoch nur ein Jahr. 1901 starb Albert im Alter von 37 Jahren.

Helfried, der die Kunstgewerbeschule in Hildesheim und Berlin besucht hatte, war einige Jahre in Gotha und Paris als Kartograf und Bauhandwerker tätig, wurde als Steinmetz ausgebildet, bis er zunächst in Karlsruhe Lehrer an der Gewerbeschule wurde und schließlich in Hildesheim das Lehramt seines Vaters übernahm. In der väterlichen Werkstatt war er ab 1900 vor allem mit der Weiterführung der Ideen seines Vaters auf dem Gebiet der Friedhofs- und Grabmalkunst beschäftigt. Einige Arbeiten aus dieser Zeit sind auf dem heutigen Nordfriedhof zu sehen, wie zum Beispiel das mit drei Engelsköpfen verzierte Tympanonfeld der Grabstätte Schwemann.

Doch die Auftragslage für handwerkliche und mehr oder minder individuell gestaltete Grabmale verschlechterte sich zunehmend. Helfried verlegte sich auf Entwürfe ganzer Friedhofsanlagen; zudem existieren von ihm noch etliche ab 1914 entstandene Skizzen für Kriegerdenkmäler. Anfang der zwanziger Jahre gab er seine Werkstatt auf und war bis ins hohe Alter als Geschäftsführer des Fremdenverkehrsvereins in Hildesheim tätig.

Im Nachruf wurden seine Verdienste um die Neugestaltung und Erhaltung vieler Baudenkmäler des historischen Hildesheims hervorgehoben. Als Leiter zahlreicher Führungen machte er Bürger und Gäste Hildesheims mit der Geschichte der Stadt und ihrer Bauten vertraut. Er war Mitbegründer des Deutschen Werkbundes.[1911]

Helfried Küsthardt wurde 1901 von der Königlichen Regierung mit der Restaurierung des Hezilo-Leuchters im Hildesheimer Dom beauftragt. Er war an der Wiederherstellung des Diana-Brunnens auf dem Hof der Mädchenmittelschule am Langen Hagen beteiligt. Er gestaltete das südliche Eingangstor an der Magdalenenkirche zu einer Gedenknische für die Gefallenen des Ersten Weltkrieges um. Er modellierte – nach dem Entwurf seiner Schwägerin, Gertrud Küsthardt-Langenhahn, – das Relief „Wiederauferstehung Christi" an der Westseite des Turms von St. Andreas.[1912]

Gerhard Schneider zitiert den im Hannoverschen Kurier vom 3. August 1924 erschienen Aufsatz „Kriegergedenkstätten", in dem Helfried Küsthardt sich für eine qualitätvolle, kunstfertige und vielfältige Denkmalgestaltung einsetzt.[1913]

Entwürfe für Synagoge (1920), Andreas-Realgymnasium (auch Ausführung) (1922), Magdalenenkirche (1924)

• **August-Wilhelm Lange (jun.)**
Geboren 27.3.1916 in Hildesheim –
gestorben 10.7.1996 in Budapest
Buchbinder, Friesenstieg 2
Der Sohn des Buchbindermeisters August Lange, der bereits 1912 die Meisterprüfung im Buchbinderhandwerk ablegte, begann seine Ausbildung 1930 im väterlichen Betrieb, besuchte von 1931 bis 1932 die Kunstgewerbeschule in Hannover und legte 1933 in Göttingen die Gesellenprüfung ab. Am 1. September 1937 zog ihn die Wehrmacht zu den „Goslarer Jägern" ein, mit denen er unmittelbar nach Abschluss der Wehrpflicht in den Krieg zog. Seine dritte schwere Verwundung im September 1943 führte ihn zurück nach Hildesheim, wo er am 1. August 1945 das Lazarett als Invalide verließ. Schon am 10. Mai 1946 legte er in Hildesheim die Meisterprüfung ab. 25 Jahre leitete er als Obermeister die Hildesheimer Buchbinder-Innung. Wie bei seinem Vater verließen im Lauf der Jahrzehnte viele Stücke echter Buchbinderkunst die Werkstatt, insbesondere Ehrenbürgerbriefe, Urkunden und Gedenkbücher.[1914]

Gedenkbuch der St.-Lamberti-Kirche (1952), Mahnbuch an der Sedanstraße (1952), Gedenkbücher der Christuskirche (1953), der Landwirtschaftlichen Berufsschule (1956), der Michelsenschule (1958), des Scharnhorstgymnasiums (1960) und des Andreanums (1966)

• **Heinrich Schlotter**
Geboren 16.6.1886 in Hildesheim –
gestorben 2.5.1964 in Celle
Bildhauer, Hinterer Brühl 14
Die Hildesheimer Allgemeine Zeitung stellte den damals 50-jährigen Bildhauer Heinrich Schlotter am 23. März 1937 ihrer Leserschaft vor. Der Reporter besuchte ihn in seiner Werkstatt „im stillen Brühl", einer früheren Schlosserei. Schlotter habe sich nach dem Akademiebesuch von 1907 bis 1909 in seiner Vaterstadt niedergelassen. Im Ersten Weltkrieg sei er Soldat gewesen, die schlechten Jahre nach dem Krieg habe er schlecht und recht überstanden. Mit seinen Arbeiten sei Schlotter bei Ausstellungen in Hildesheim und Hannover vertreten gewesen. Von älteren Arbeiten erwähnte er das Gedenkmal der Opfer von Oppau. Aber auch im Hildesheimer Land seien manche Kriegerehrungen aus der Werkstatt Schlotters hervorgegangen.

Der Bildhauer bevorzugte den Werkstoff Holz und liebte die Portraitdarstellung, „weil er hier darum ringen muss, das Wesen des einzelnen Menschen auszudrücken". Auch Tierdarstellungen lägen ihm.

Der Artikel enthält Hinweise auf einen Brunnen an der „Horst-Wessel-Allee" (der heutigen Mittelallee), eine Tierdarstellung im Städtischen Waisenhaus, einen Jaguar aus Lindenholz, Kriegergruppe (Gipsmodell für Steinmetzbetrieb), Adler auf dem Fliegerhorstdenkmal (als Gipsmodell für Bronzeguss).

Hans Schlotter nennt ihn in der Geschichte des Geschlechts Schlotter aus der Goldenen Aue einen akademischen Bildhauer und Lehrer an der Kunstgewerbeschule Hildesheim. Er verließ nach der Ausbombung Hildesheim und bezog in Bargfeld, Kreis Celle, Wohnung und Atelier.[1915] Goetheschule (1923), Fliegerhorstdenkmal (1937)

• **Kurt Schwerdtfeger**[1916]
Geboren 20.6.1897 in Deutsch-Puddiger (Ostpommern) – gestorben 8.8.1966 in Hildesheim)
Professor für Kunsterziehung/Bildhauer
1919-20 Studium der Kunstgeschichte und Philosophie an den Universitäten Königsberg und Jena.
1920-1924 Studium am Bauhaus Weimar als Schüler von Johannes Itten und Oskar Schlemmer. Entwicklung des reflektorischen Farblichtspiels.
1925-1937 Leiter der Bildhauerklasse an der Werkkunstschule Stettin. Bernhard Heiliger gehört zu seinen Schülern. Bauplastiken in Stettin, Ostpommern und Danzig. Mitglied der Novembergruppe.
1937 wurde Schwerdtfeger von den Nazis aus dem Lehramt entlassen, seine Arbeiten wurden aus dem Museumsbesitz entfernt.
1945 Verlust sämtlicher früherer Arbeiten.
1946 Neuer Beginn. Berufung durch den Niedersächsischen Kultusminister Adolf Grimme und Ministerialrat Otto Haase zum Professor an der Pädagogischen Hochschule Alfeld (Leine).
1953 Kunstpädagogisches Buch „Bildende Kunst und Schule", Hermann Schroedel Verlag, Hannover.
1962 Emeritierung, Übersiedlung nach Hildesheim.
Schwerdtfegers Atelierhaus, entworfen von seinem Sohn Stefan, stand in Himmelsthür.
Arbeiten des Künstlers befinden sich in namhaften deutschen Museen und in Privatbesitz.
Professor Franz Kumher, sein Schüler, Nachfolger im Lehramt an der Pädagogischen Hochschule Alfeld, der heutigen Universität Hildesheim, und Weggefährte, würdigte anlässlich der Eröffnung einer Gedächtnisausstellung im Roemer-Pelizaeus-Museum am 9. Juni 1967 das kunstpädagogische Wirken und künstlerische Schaffen Kurt Schwerdtfegers. Zum „Werk des Bildhauers" führte Kumher aus:
„Schon die äußere Gestalt Kurt Schwerdtfegers ließ den Bildhauer erkennen. Auch sein zeichnerisches und grafisches Werk sind nur von seinen plastischen Arbeiten zu verstehen. Bereits in seiner Weimarer Studienzeit hat er sich eindeutig für die Bildhauerei entschieden. In der Vorklasse bei Johannes Itten fiel Schwerdtfeger durch abstrakte Plastiken auf, die bereits seine typische Gestaltungsweise in ihren Anfängen erkennen lassen.
Bestimmte Wesensmerkmale sind von Anfang an an seinen Arbeiten feststellbar. Nach seiner eigenen Aussage ging es ihm darum „die Form unmittelbar aus dem Block zu gestalten". Das Blockhafte bleibt in den meisten seiner Arbeiten auch im Endzustand erhalten.
Weitere Kennzeichen seiner Schaffensweise sind: die Reduktion des Materials auf das Wesentliche, die Klarheit bildnerischer Setzungen und eine Formenstrenge der Aussage, die seine Plastiken in die Nähe früher Kunst rücken, ihnen ein archaisch-tektonisches Aussehen verleiht, über diese Wesensmerkmale des Schwerdtfegerschen Werkes hinaus zeichnet sich in seinem Werk eine kontinuierliche Entwicklung ab.
Nach seinen abstrakten Plastiken in der Weimarer Zeit sind der Mensch und das Tier bevorzugte Themen in den Stettiner Jahren. Bauplastiken aus dieser Periode standen in Stettin und Danzig. 1952 erreicht der Bildhauer einen ersten Höhepunkt in seinem Schaffen. Er stellt in New York aus und wird als einer der fähigsten Nachwuchsbildhauer Deutschlands genannt.
Die Entlassung aus dem Lehramt der Werkkunstschule Stettin durch die Nationalsozialisten setzt vorerst seinem Schaffen ein Ende.
Das Jahr 1945 bedeutete für ihn einen neuen Beginn seiner künstlerischen Arbeit. In Alfeld (Leine) sind wieder Mensch und Tier die bevorzugten Motive, die er unmittelbar aus dem Stein gestaltet. Themen aus der griechischen Mythologie und auch christliche Motive kommen hinzu.
Neben dem Bildhauen unmittelbar aus dem Stein werden Zementgüsse, Terrakotten und Bronzen angefertigt. Das einzelne Motiv dominiert: eine Figur oder ein Tier. In dieser Zeit entstehen zum Beispiel die Plastiken „Hockender Junge" (1950), „Nachtvogel" (1950), „Katze" (1954) und „Sitzende" (1955). Dazu kommen kleine Plastiken mit einer humorvollen Note, so „Kleiner Zirkus" (1957), „Mit dem Sonnenschirm" (1958) und „esser" (1959).
Ungefähr ab 1960 schuf Schwerdtfeger Plastiken, an denen ihn nicht mehr der einzelne

Mensch oder das einzelne Tier interessierten. Entscheidend für ihn wurde die Beziehung der Formen und Zwischenräume zueinander, die Addition der Einzelformen zur Gesamtform. Typische Beispiele sind: „Urwaldkrieger" (1962), „Magischer Tanz" (1963) und „Insektenschwarm" (1963).

Etwa mit dem Jahr 1964 kann man den Beginn der letzten Schaffenszeit Schwerdtfegers ansetzen. Die Plastiken wirken abstrakt, so wird eine Verwandtschaft zur Weimarer Zeit erkennbar. Die konkaven und konvexen Setzungen werden strenger zusammengefasst, ergeben eine Rhythmisierung der Gesamtform, die dadurch an Aussagekraft gewinnt. Die Form wird zum Zeichen, zur zeichenhaften Aussage. Am Ende steht das Zeichen als größte Abstraktion des Gemeinten und Reduktion des Gemeinten zum Wesentlichen. Plastiken der letzten Zeit sind: zum Beispiel „Les yeux des fleurs" (1965), „Freundliche Muse" (1965) und „Blühender Gott" (1966).

Schwerdtfeger war nach 1945 regelmäßig in den Ausstellungen des Kunstvereins Hannover, der großen Münchener Kunstausstellung, der Künstlergilde und des Deutschen Künstlerbundes, dessen Mitglied er war, vertreten. Kollektivausstellungen hatte er u. a. in Hannover, Hamburg, Goslar, Hameln, Heidelberg und Eßlingen. Bauplastiken und frei aufgestellte Plastiken Schwerdtfegers stehen in Hannover, Hildesheim, Goslar, Hameln, Hamburg, Salzgitter und auf Schloss Burg."[1917]
Eichendorff-Hain (1962)

• **August Stein**
Geboren 16.8.1887 in Hildesheim –
gestorben 2.3.1977 in Hildesheim
Maler und Restaurator
Die Maler- und Lackierer-Innung Hildesheim-Stadt und -Land bezeichnete Stein in ihrem Nachruf als „Bewahrer des kunsthandwerklichen baugeschichtlichen Erbes des Hildesheimer Raumes". Darum habe er sich in besonderer Weise verdient gemacht. Er wurde „in schweren Zeiten ... zum Innungsobermeister berufen und diente so vorbildlich der berufsständischen Organisation in schweren Anfängen nach 1945".[1918]
Zu seinem 75. Geburtstag hob die Hildesheimer Allgemeine Zeitung in einem Glückwunsch hervor, dass Stein für die Erhaltung der Kunstschätze Hildesheims Bedeutendes geleistet habe. „Zahlreiche Kirchen im Hildesheimer Land verdanken ihm die Erhaltung ihres alten Schmuckes und die Erneuerung verlorener Schönheit."[1919]
Feldstraße (1939), Scharnhorstgymnasium (1960)

• **Walter Stemme (sen.)**
Geboren 14.6.1901 – gestorben 18.12.1980
Steinmetz und Bildhauer, Steinmetzbetrieb, Hagemannstr. 10
In den Zeitungsnachrufen hob die evangelische Kirche (der Kirchenkreis und die Martin-Luther-Gemeinde) Stemmes Verdienste als langjähriges Mitglied im Kirchenvorstand und Kirchenkreistag hervor sowie seine Mitarbeit beim Wiederaufbau Hildesheimer Kirchen. Die Bildhauer- und Steinmetz-Innung trauerte um ihren Ehrenobermeister, der sich als langjähriger Landesinnungsmeister des Landesverbandes Niedersachsen und Obermeister der Hildesheimer Innung immer beispielhaft für die Belange seines Berufsstandes eingesetzt habe.[1920]
Der Steinmetzbetrieb Stemme besitzt eine bis 1905 zurückreichende Familientradition. Auch Stemmes Vater Berthold hatte in der Hagemannstr. 10 seine Werkstatt.
Christuskirche (1953), Ehrenhof Mozartstraße (1956)

• **Walter Stemme (jun.)**
Geboren 28.11.1926 – gestorben 31.7.1997
Steinmetz und Bildhauer
„Als Walter Stemme im November 1949 aus sowjetischer Kriegsgefangenschaft zurückkehrte, hatte er wohl einen Mittelschulabschluss, doch aus seiner Berufsausbildung war er 1943 mit der Einberufung zum Reichsarbeitsdienst herausgerissen worden. Der inzwischen 24-Jährige beendete im November 1950 seine Ausbildung zum Steinmetzgesellen. Nach einigen Gesellenjahren legte Walter Stemme an der Technikerschule in Königslutter 1959 die Prüfung zum Steinmetzmeister und staatlich geprüften Steintechniker ab. Als ehrenamtlicher Prüfer war er von 1962 bis 1990 in den Meisterprüfungsausschüssen der Handwerkskammer und des Landes Niedersachsen tätig. Er wurde 1972 stellvertretender Obermeister und 1986 Obermeister der Steinmetz- und Bildhauerinnung. Als Auszeichnung wurde ihm die Große Ehrennadel in Gold von der Innung und das Hand-

werksabzeichen mit vergoldetem Mittelfeld vom Zentralverband des Deutschen Handwerks verliehen. 1989 übergab Walter Stemme seinen Steinmetzbetrieb, den er 1972 von seinem Vater übernommen hatte und der 1905 von seinem Großvater Berthold Stemme gegründet worden war, seinem Sohn."[1921]

Wie beim Vater verwies die evangelische Kirche (der Kirchenkreis und die Martin-Luther-Gemeinde) auch beim Tod des Sohnes, der in seinen Nachrufen nun den Zusatz „sen." erhielt, auf die langjährige Mitgliedschaft im Kirchenvorstand und Kirchenkreistag sowie des Bauausschusses des Kirchenkreises. Die Bildhauer- und Steinmetz-Innung hatte auch ihn zum Ehrenobermeister ernannt.[1922]

Marienburg (1973)

• **Ernst Ueckert**[1923]
Geboren 26. Oktober 1908 in Trebitsch – gestorben 5. Juli 1985 in Giesen
Bildhauer, seit 1949 in Himmelsthür, seit dem 7.10.1963 in Giesen, Hermann-Löns-Str. 9
1926 Gesellenprüfung als Holzbildhauer in Driesen (Neumark). Danach in verschiedenen Bildhauerbetrieben als Geselle tätig (Landsberg/Warthe, im Münsterland, in Schlesien). In den 30er-Jahren längere Aufenthalte in Italien (Rom und Neapel), wo er auf verschiedenen Ausgrabungsstätten arbeitete. Weitere Studien-

reisen nach Griechenland, Frankreich und Holland. 1939 Meisterprüfung als Holzbildhauer in Schneidemühl (Neumark). Studien an der Staatlichen Kunsthochschule in Weimar. Besuch der Meisterschule für Steinbildhauer in Königslutter. Nach der Vertreibung der Familie aus der Neumark (1945) ließ sich Ernst Ueckert im Raum Hildesheim nieder. Mosaike und Glasmalerei waren neben Holz bevorzugte Arbeitsmaterialien, gern modellierte er in Ton, er stellte gern Büsten her, auch von Verwandten und Freunden. Überwiegend erhielt er Aufträge von Privatpersonen. Sein Hobby: Orchideenzucht.

In den 50er-Jahren Gemeinderatsmitglied in Himmelsthür und Flüchtlingsbetreuer. Ueckert schmückte unter anderem die Schule, die Sporthalle und den Kindergarten in Himmelsthür mit seinen Arbeiten aus.[1925] Für das August-Lax-Haus, das Vereinsheim der Hildesheimer Geflügelzüchter, schuf er 1962 eine Holzplastik des Namensgebers und Gründers.[1926] Für die Joseph-Müller-Schule in Groß Düngen schnitzte er ein Holzrelief mit dem Portrait des von der nationalsozialistischen Justiz 1944 hingerichteten Namenspatrons.[1927] Das erneuerte und erweiterte Gebäude der Buchhandlung Hermann Olms schmückte seit November 1955 seine Holzplastik „Der Bücherwurm".[1928] 1959 entwarf er ein Antik-Glasfenster mit der Darstellung des Heiligen Christopherus mit dem göttlichen Kind auf dem Arm.[1929]

Sorsum (1956), Himmelsthür (1959)

• **August Waterbeck**
Geboren 1. September 1875 in Amelsbüren – gestorben 22. Februar 1947 in Hannover
Bildhauer, Hannover, Körnerstr. 20
Am 27. Mai 1930 schildert der hannoversche Senator Karl Anlauf im Hannoverschen Kurier Eindrücke von einem Besuch bei August Waterbeck: „Ein Gartenhaus, Körnerstraße 20. Darinnen ein reizvolles Atelier mit hohem Seiten- und Oberlicht, eine gemütliche Klause in halber Höhe des großen Raumes. Darinnen Modelle und Abgüsse manch öffentlichen Werkes, das uns in Hannover schon manchmal begegnet ist. Da stehen zum Beispiel auf Konsolen an den Wänden zwei prachtvolle schlanke Frauengestalten. Das sind Modelle zu den Figuren am Badegebäude am Küchengarten (1924, H. H.). Da fand ich an der Wand eine Photografie eines prachtvollen Grabmals aus Magdeburg (später

Abb. 134: Ernst Ueckert[1924]

Abb. 135: August Waterbeck
(mit Autogramm)[1930]

sah ich das Modell davon) für ein Ehepaar. Darauf steht geschrieben: „Sie hinterließen ihr Vermögen der Stadt Magdeburg zu einer Stiftung für arme und erholungsbedürftige Kinder". Und auf dem Bildwerk sitzt eine Frau, umgeben von spielenden Kindern. Eindrucksvoll und ergreifend, das Bildwerk in Verbindung mit der Inschrift.
In der Mitte des Ateliers auf dem Modellierbock das im Werden begriffene Tonmodell des Denkmals für den verstorbenen Domänenbesitzer Graf - Marienburg, das auf einem Hildesheimer Friedhof (dem Nordfriedhof, wo es heute noch in der Abteilung B. I. 10 zu sehen ist, H. H.) zur Aufstellung kommen wird. Auf einem Pflug sitzt eine zusammengebrochene Gestalt, sinnend, müde – sein Werk ist vollendet. ...
Und inmitten dieses Ateliers steht der Schöpfer dieser Bildwerke, der fast 55-jährige Westfale (am 1. September 1875 im münsterländischen Amelsbüren geborene Bauernsohn, H. H.) August Waterbeck, eines der prägnantesten Mitglieder der hiesigen Künstlerschaft. Sein Schaffen atmet ganz deutsche Kultur und deutsche Kunst. In ihm ist die Zeit der Akademie der Künste in Wien lebendig, wo er von 1897 bis 1902 den Studien obgelegen hat (durch Vermittlung des Rektors der Wiener Kunstakademie und Schöpfers des Porta-Westfalica-Denkmals, Prof. Kaspar von Zumbusch, vornehmlich studierte er bei Edmund von Hellmer, von dem er auch lernte, seine Modelle selbst in den Stein zu übertragen; H. H.). Sein Weg war erfolgreich. Internationale Ausstellungen in Wien und München, mehrere Jahre Sezession in München, Jungbundausstellungen in Wien, Ausstellungen in Düsseldorf und Berlin, zwei Ausstellungen in Buenos-Aires, die Weltausstellung in Gent, bezeichnen den Weg, den August Waterbeck genommen. So ist es denn kein Wunder, dass er seit einigen Jahren ständig in der Akademie der Künste vertreten ist."[1931] Seit 1903 wohnte er – mit Unterbrechungen – in Hannover.
Zu seinem sechzigsten Geburtstag am 1. September 1935 verfolgte das Hannoversche Tageblatt die künstlerischen Leitlinien Waterbecks. „Seine frühen Arbeiten sind, wie es gar nicht anders sein kann, mitbestimmt vom Stil ihrer Zeit, die auch in der Plastik zum „Malerischen" drängte, und sowohl der Jugendstil wie später der Expressionismus haben ihre Spuren in seinem Werk hinterlassen. Aber er hat rechtzeitig die Gefahr, sich an die Mode des Tages zu verlieren, erkannt, und die besten Stücke seiner reifen Kunst haben im Schlichten, Unauffälligen, in einer ein wenig kühlen, Abstand nehmenden und Abstand fordernden Beherrschtheit ihre größte Kraft und sicherste Wirkung."
Als 1937 Waterbeck den Hildesheimer Denkmalswettbewerb gewann, konnte er ein umfangreiches Werkverzeichnis besonders von Bildnis- und Tierplastiken vorweisen, so zum Beispiel Portraitbüsten von seiner Mutter Clara (1907), Stadtdirektor Heinrich Tramm, Stadtsyndikus Eyl, Stadtbaurat Wolf, Stadtgartendirektor Kube, den Ärzten und Professoren Reinhold, Schlange, Stroebe und Ziegler, Geheimrat Albrecht Haupt, Georg Egestorff, Otto Edler, Carl Sältzer, dem Pianisten Emil Evers und Willy Craney, den Sängerinnen Anna Beck-Radecke und Fanny Wahrmann-Schöllinger, der Tänzerin Tatjana Barbakoff und dem Dichter Franz Karl Ginzkey. Seit 1910 beschäftigte er sich immer wieder mit der künstlerischen Gestaltung von Grabdenkmälern. 1912 schuf er eins für seine Mutter (Friedhof zu Amelsbüren), andere, zum Beispiel der Familien Hansen (1927) und Sältzer (1931), standen auf dem Engesohder Friedhof. Neueste Schöpfungen waren der mächtige Urstier (1933, aufgestellt am Zoo in Hannover 1935) und der Hirsch (1937 am Lister Turm aufgestellt) in der Eilenriede. Weitere Werke befanden sich in Museen in Münster und Magdeburg, die Büste des Dombaumeisters Frhrn. v. Schmidt war in der Wiener Akademie der Künste aufgestellt.[1932]
Andere bemerkenswerte Denkmäler standen auf den Friedhöfen in Stettin (Brötzmann,

1919/1920) und in Magdeburg (das „Schröderdenkmal" für Hermann Schröder, Südfriedhof, 1914).
1920 schuf Waterbeck das Kriegerehrenmal am Lehrerseminar in Alfeld/Leine. Ein weiteres Kriegerdenkmal entstand 1935/1936 in Pyrmont. Es mag die Hildesheimer Denkmal-Kommission bei ihrer Entscheidung beeinflusst haben. „Es zeigt sichtbar hochaufragend vier Soldaten unterschiedlichen Alters, die, mit dem Rücken zueinander stehend, die vier Weltkriegsfronten (möglicherweise auch die vier Jahre des 1. Weltkrieges) symbolisieren sollen."[1933] Das Denkmal in Pyrmont wurde auf Veranlassung einer Kommission, die sich wahrscheinlich aus Vertretern der Stadtverwaltung und Angehörigen der Kriegervereine zusammensetzte, für ca. 20.000,00 RM errichtet, wobei der Waterbecksche Entwurf aus 38 Vorlagen ausgewählt wurde. Hersteller war eine Firma Karl Teich aus Langensalza. Das Material ist Travertin.[1934] Es wurde am 17. Mai 1936 enthüllt[1935] und steht an der Schloßstraße, dem Barockschloss der ehemaligen Fürsten von Waldeck-Pyrmont gegenüber.

Abb. 136: August Waterbeck[1939]

Die Tagespresse beschrieb es als „wuchtiges Steinmal von vier Soldaten, die mit den Rüken zusammenstehend nach vier Seiten hin in eherner Ruhe die Wacht halten." Der Hildesheimer Soldat ist in Aussehen und Pose ein genaues Abbild: „Hier, wie dort, sind Mann, Mantel und Helm von überpersönlichem und zeitlosem Charakter. Die hier stehen, Mann für Mann, sind Abbild des ewigen deutschen Kämpfers und Soldaten."[1936]
Niemand erinnerte daran, dass der Hildesheimer Soldat wie eine Kopie der beiden steinernen Wächter am Portal der 1934/1935 neu geschaffenen Hindenburg-Gruft im Tannenberg-Denkmal aussah.[1937] Ob sich Waterbeck durch sie inspirieren ließ oder ob sie alle tatsächlich einen überindividuell gültigen Soldatentypus verkörpern, kann hier nicht geklärt werden.
Während der Arbeit am Hildesheimer Soldatendenkmal wurde Waterbeck – 1938 – durch die Aufnahme von zwei seiner Werke („Pferdchen in Bronze" und „Mädchenkopf aus griechischem Marmor") in die Große Deutsche Kunstausstellung in München ausgezeichnet. Im gleichen Jahr errang er im Rahmen eines Wettbewerbs den Auftrag, zu Ehren des Reiterregiments 13 in Lüneburg eine monumentale Reiterplastik zu errichten. Entgegen dem Gestaltungsauftrag entwarf Waterbeck einen nackten Reiter auf ungesatteltem und ungezäumten Pferd. Das Standbild wurde 1944 enthüllt und ist über den Krieg hinaus erhalten geblieben.[1938]
Waterbecks Kunstauffassung entsprach in ihrer Monumentalität, im idealisierenden Ausdruck und ihrer Urwüchsigkeit den Erwartungen der Machthaber des Dritten Reiches. Das wird auch daran deutlich, dass die hannoverschen Nationalsozialisten ihn im Jahre 1937 mit der Schaffung einer Gedenktafel zu Ehren des „Blutzeugen der Bewegung", Werner Tischer, beauftragten, der am 11. Juni 1924 unter bis heute ungeklärten Umständen bei einer Schießerei mit politischen Gegnern zu Tode gekommen war.[1940] Für Gauleiter Lauterbacher formte er die „Ernst-Rudolff-Plakette des Gauheimatwerkes Südhannover-Braunschweig", dieser für besondere Verdienste um die niedersächsische Landschaft und Heimatkultur gestiftet hatte.[1941]
Zum 80. Geburtstag Waterbecks, acht Jahre nach seinem Tod am 22. Februar 1947, bemerkte die Hildesheimer Allgemeine Zeitung in einer Würdigung: „Krieg und Nachkriegszeit haben es um August Waterbeck, rein äußerlich betrachtet, stiller werden lassen; die Wertschätzung für den

Künstler und Menschen aber ist unverändert geblieben."[1942]

Im Zusammenhang mit der Auswahl des Waterbeck-Entwurfs fand es der „Hildesheimer Beobachter" „nicht uninteressant ..., dass die beiden Schöpfer des neuen Denkmals mit den 79ern im Weltkriege verbunden waren. Bildhauer Waterbeck war beim Landwehrregiment 79, bevor er als künstlerischer Berater in eine höhere Dienststelle im Osten eintrat, während Architekt Hübotter im Frühjahr 1917 zum Infanterie-Regiment 79 kam und in der Flandernschlacht schwer verwundet und für seine Haltung vor dem Feinde, über die die Regimentsgeschichte (S. 399) schreibt, zum Offizier befördert wurde."[1943]

79er-Denkmal am Galgenberg (1939)

Anmerkungen

1888 http://www.kunstwerk-online.de/Kunstler/Georg_Arfmann/georg_arfmann.html (Zugriff: 9.2.2006); mdl. Auskunft v. Georg Arfmann am 13.10.2004.
1889 Privatbesitz Arfmann.
1890 Schriftliche Auskunft von Prof. Fritz Sievers am 20.5.2003.
1891 HP v. 27.9.1955.
1892 HP v. 29.10.1958.
1893 HP v. 12.1.1962.
1894 HP v. 20.7.1962.
1895 HAZ v. 10./11.2.1962. Eine Beschreibung der Gedächtniswand mit Foto in HAZ v. 11.4.1962. Foto van Dornicks in HP vom 17.6.1953.
1896 HP v. 12.1.1950, Foto auf S. 5.
1897 Biografie und Foto von Dietrich Evers in: Hildesheimer Heimatkalender 2003, S. 127-131.
1898 Nachruf in HAZ v. 27.2.1934. Weitere Hinweise in HAZ v. 7.9.1931 und bei Jan Schirmer, St. Blasius in Obernfeld und die Umbaupläne des Hildesheimer Regierungsbaurats Richard Herzig von 1905-1913 in: Die Diözese Hildesheim in Vergangenheit und Gegenwart, 68. Jg., Hildesheim 2000, S. 329.
1899 HAZ v. 27.2.1934.
1900 HAZ v. 15.11.1960.
1901 Präsident der Universität Hannover (Hrsg.), Catalogus Professorum 1831-1981, S. 124, darin auch das Foto.
1902 www.mardorf-forum.de/mardorf/Ma_12.htm (letzter Zugriff: 9.2.2006).
1903 http://www.2.nordwest.net/partner (letzter Zugriff: 11.8. 2000): Sachsenhain von Himmler und Rosenberg eingeweiht.
1904 Auskunft von Peter Hübotter, 20.11.2000.
1905 II 5.5.
1906 Auskunft von Maria Kernbach-Dreßler, am 26.7.2001; sie war selbst langjährige Innungsobermeisterin.
1907 Zusammenstellung nach Nerdinger/Mai, Wilhelm Kreis, Architekt zwischen Kaiserreich und Demokratie.
1908 Fotografiert am 12.11.2003.
1909 Susanne Borne, Gebrüder Küsthardt – Ein Steinmetzbetrieb am Nordfriedhof. In: Hildesheimer Volkshochschule, Hildesheimer Friedhöfe im Wandel der Zeit, S. 122-133 sowie in: Dies., Die Welt hinter der Bahn, S. 218-223; Borne/Krause, Friedrich Küsthardt: Schaffen mit dem Geiste wie die Alten und Neues in unserem Geiste gestalten. In: Begleitbuch zur Ausstellung „Nicht weinen machen, sondern trösten", Sepulkralkunst des Hildesheimer Bildhauers Friedrich Küsthardt, 1992; Christian Prenzler, Friedrich Küsthardt. Ein Grabmalkünstler des 19. Jahrhunderts. In: Dies., Hildesheimer Friedhöfe im Wandel der Zeit, S. 115-123.
1910 Stadtarchiv, Best. 301/1, Tagebücher Bl. 4.
1911 HP v. 5.1.1951.
1912 Anneliese v. Merkl-Zeppenfeldt, Ein Leben für die Hildesheimer Kunst. In: HAZ v. 9.7.1962.
1913 Schneider, „... nicht umsonst gefallen"?, S. 187.
1914 HAZ v. 13.2.1962 zum 50-jährigen Meisterjubiläum von August Lange (sen.); Auskunft zu August-Wilhelm Lange von seiner Witwe Ilse Lange und seinem Sohn, dem Buchbindermeister Peter Lange, am 3.3.2004.
1915 Schlotter, Das Geschlecht Schlotter aus der Goldenen Aue, S. 51.
1916 Die biografischen Angaben beruhen auf einem Katalog des Kunstkreises Hameln, der anlässlich einer Schwerdtfeger-Ausstellung vom 14. Mai bis 12. Juni 1960 erschien. Sie werden ergänzt um Informationen Franz Kumhers.
1917 Das Manuskript der Hommage stellte Prof. Kumher am 8.5.2003 zur Verfügung. Seine Ausführungen veröffentlichte die HAZ in einem Sonderbeitrag zur Gedächtnisausstellung mit einem Foto Schwerdtfegers am 9.6.1967.
1918 HAZ v. 8.3.1977.
1919 HAZ v. 16.8.1962.
1920 HAZ v. 20./21.12.1980.
1921 AUF DER HÖHE, Stadtteilzeitung Marienburger Höhe/Itzum, Dezember 1996, S. 3.
1922 Nachrufe in HAZ v. 2.8.1976.
1923 Angaben zum Werdegang von Tochter Marion Ueckert, Juli 2003.
1924 Foto in HP v. 2.11.1960, HAZ v. 6.12.1975.
1925 HAZ v. 7.10.1953; HP v. 12.10.1956, HAZ v. 4.2.1959 (Sporthalle); alle Quellen mit Bild.
1926 HP v. 15.10.1962.
1927 HAZ v. 15./16.5.1976.
1928 HAZ v. 31.3./1.4.1956.
1929 HAZ v. 26.6.1959.
1930 Foto in HAZ v. 19.2.1937.
1931 Senator Karl Anlauf, Hannoverscher Kurier v. 27.5.1930.
1932 Angaben mit eigenen Ergänzungen übernommen von J. F. aus: Hannoversches Tageblatt Nr. 241, 31.8.1935.
1933 Bremer/Waterbeck, Leben, Werdegang und Werk des Bildhauers August Waterbeck, S. 14.
1934 Auskunft des Leiters des Stadtarchivs Bad Pyrmont, Gerhard Zastrow, am 12.10.1995.
1935 HAZ v. 19.2.1937, Nr. 42 , S. 5.
1936 Georgine Mergler in: Hannoverscher Anzeiger v. 30.8.1940, August Waterbeck 65 Jahre alt. Die HAZ bemerkte, dass die vier überlebensgroße Soldatenfiguren vier Kategorien verkörpern: Kriegsfreiwillige, Aktive, Landwehr und Landsturmmänner. HAZ v. 18.5.1936.
1937 H. Fischer, Tannenberg-Denkmal und Hindenburgkult, in: Hütt, M. u. a. Unglücklich das Land, das Helden nötig hat, 39 f. und S. 46.
1938 Bremer/Waterbeck, Leben, Werdegang und Werk des Bildhauers August Waterbeck, S. 14.
1939 Undatiertes Foto, Privatbesitz Klaus Waterbeck.
1940 Auskunft von Dr. Mlynek, Archivdirektor des hannoverschen Stadtarchivs, durch Sachbearbeiter Heine am 29.12.1995.
1941 Hannoverscher Kurier Nr. 126 v. 8.5.1943.
1942 HAZ, 1./2.10.1955.
1943 HB v. 19.2.37, StadtA Hi Best. 799-9 Nr. 10, „Mahnung zum heiligen Opfer".

23.2 Festabläufe bei den Denkmalsenthüllungen des Infanterie-Regiments v. Voigts-Rhetz (3. Hann.) Nr. 79

Kriegerdenkmal am Hagentorwall (1874)

Das „Programm für die Feier der Einweihung des Kriegerdenkmals zu Hildesheim am 18. August 1874" wurde der Öffentlichkeit im Anzeigenteil der HAZ mitgeteilt:[1944]
„Die Feierlichkeit findet auf dem unmittelbar an dem Denkmale hergestellten Platze statt. Gegenüber von diesem Platze in der Schützenallee nimmt das 3. Hannoversche Infanterie-Regiment Nr. 79 Aufstellung.
Zur unmittelbaren Theilnahme an der Feierlichkeit sind vom Civil nur diejenigen Personen berechtigt, welche entweder vom unterzeichneten Comité oder vom Magistrate Einladungskarten enthalten. Das Comité hat über die von ihm zu vertheilenden Einlaßkarten bereits Beschluß gefaßt. Der Magistrat wird Einlaßkarten vertheilen:
1) an die sich hier aufhaltenden Inhaber des eisernen Kreuzes
2) an die Veteranen und Invaliden
3) an die Väter und Brüder der am Feldzuge 1870/71 betheiligt gewesenen Krieger
4) an die Angehörigen der Gebliebenen, soweit dieselben durch besonders zu veröffentlichende Aufforderungen ermittelt werden können.
Die Eingeladenen versammeln sich pünktlich Morgens um 10 1/2 Uhr an dem in der Richtung des Hagenthors gelegenen Eingange zu dem abgeschlossenen Raume.
Die Feierlichkeit beginnt präcise um 11 Uhr mit dem Vortrag eines Chorals durch die anwesende Militair-Kapelle.
Hierauf übergiebt der Erbauer das Denkmal an den Vorsitzenden des Comités, der dasselbe mit einigen Worten einweiht.
Demnächst werden die verhüllt gebliebenen Inschriften des Denkmals unter Leitung des Erbauers und während des Vortrags eines Musikstücks enthüllt.
Sodann ertheilt der Regiments-Commandeur den Befehl, das Gewehr präsentiren zu lassen, und bringt ein Hoch auf Seine Majestät den Kaiser und König aus, worauf die Kapelle „Heil dir im Siegerkranz" intonirt und vor dem Schützenhause drei Kanonenschüsse abgefeuert werden.
Nachdem hiernach die Stufen des Denkmals durch junge Damen bekränzt worden sind, überweist der Vorsitzende des Comités das Denkmal der Obhut der Stadt Hildesheim, welche, vertreten durch die anwesenden Magistrats-Mitglieder und Bürgervorsteher, dasselbe übernimmt.
Der Oberbürgermeister giebt dem Akte der Uebernahme durch eine kurze Ansprache Ausdruck, wonächst nochmals drei Kanonenschüsse gelöst werden und die Feierlichkeit mit dem Vortrage eines Chorals durch die Militair-Kapelle schließt.
Hildesheim, den 7. August 1874
Das Comité für die Errichtung des Krieger-Denkmals zu Hildesheim"

Kriegerdenkmal am Galgenberg (1939)

Das Festprogramm wurde im Hildesheimer Beobachter am 8. Juni 1939 veröffentlicht:

Sonnabend, den 10. Juni:
Ab 15 Uhr Empfang der auswärtigen Kameraden am Hauptbahnhof durch den Empfangsausschuss.
16.30–17.30 Uhr Platzkonzerte auf dem Bahnhofsplatz durch das Musikkorps des Inf.-Rgt. 59 und auf dem Marktplatz durch das Musikkorps der Luftwaffe.
18 Uhr Empfang der Kameraden in der Ausstellungshalle.
Ab 19 Uhr spielt das Musikkorps Inf.-Rgt. 59 in der Ausstellungshalle als Auftakt zum Festkommers.

Festkommers:
20 Uhr Fahneneinmarsch, Prolog, Begrüßungsansprache des Kameradschaftsführers Brandes der Kriegerkameradschaft ehem. 79er Hildesheim, Ansprache durch den Vertreter der Wehrmacht, Ansprache des Kreisleiters Pg. Vetter, Ansprache des Oberbürgermeisters Dr. Krause, Ansprache des letzten Feldzugskommandeurs des Inf.-Rgt. 79, Oberstleutnant a. D. Niemann, Unterhaltungskonzert des Musikkorps Inf.-Rgt. 59

Sonntag, den 11. Juni:
6 Uhr Großes Wecken, Musikkorps und Spielleute des Inf.-Rgts. 59.
Ab 6 Uhr Empfang der auswärtigen Kameraden auf dem Bahnhof.
8 Uhr Antreten Bahnhofsplatz zur Gedenkfeier auf dem Ehrenfriedhof.

8.45 Uhr Gedenkfeier auf dem Ehrenfriedhof (Redner: Superintendent Kirchberg, ehem. 9./79) Gemeinsamer Rückmarsch zum Karl-Dincklage-Platz (früher Steingrube).
Ab 9 Uhr Besichtigung des Traditionsraumes im Roemer-Museum am Stein
Ab 10 Uhr Besichtigung der Kasernen des Inf.-Rgts. 59, Voigts-Rhetz- (ehem. Steingruben-), Waterloo-, Cerny-, Ledebur-Kaserne, Vorführung einer Exerzierkompanie auf dem Karl-Dincklage-Platz durch I./Inf.-Rgt. 59.
11 Uhr Vorführung eines Angriffs auf dem Felde hinter der Ledebur-Kaserne durch II./Inf.-Rgt. 59, verstärkt durch Inf.-Geschütze und Panzer-Abwehr-Kanonen.
10–12 Uhr Waffenschau in der Cerny-Kaserne
11–12.30 Uhr Eintopfessen in der Voigts-Rhetz- (früher Steingruben-) und in der Ledebur-Kaserne. Die Kameraden des ehem. I./79 essen in der Voigts-Rhetz-, die Kameraden des III/79 in der Ledebur-Kaserne. Musikkorps Inf.-Rgt. 59 spielt in der Voigts-Rhetz-Kaserne.

Regimentsappell:
12.45 Uhr Antreten auf dem Karl-Dincklage-Platz (früher Steingrube).
13.15 Uhr Meldung an Traditionsführer General der Inf. z. V. Frhr. v. Ledebur durch Kamerad Brandes. Begrüßungsansprache durch Generalmajor a. D. von Wegerer, Ehrenmitglied der Kameradschaft Hildesheim. Abschreiten der Front durch Traditionsführer, Generäle, Regimentskommandeure ehem. IR. 79 und Kommandeur Inf.-Rgt. 59.
13.45 Uhr Abmarsch zum Denkmal.

Denkmalsweihe:
15 Uhr Einrücken der Fahnenkompanie Inf.-Rgt. 59 mit Fahnen des ehem. Inf.-Rgts. 79. Choral „Wir treten zum Beten". Ansprache des Traditionsführers General d. Inf. z. V. Freiherr von Ledebur. Enthüllung des Denkmals, Lied „Ich hatt' einen Kameraden". Ansprache des Oberbürgermeisters Dr. Krause, Niedersachsenlied. Ansprache des Kommandeurs Inf.-Rgt. 59 Generalmajor von Oven, Präsentiermarsch des ehem. Inf.-Rgt. 79. Ansprache des Kreisleiters Pg. Vetter. Ansprache des Generalmajors Reinecke (OKW), Nationalhymnen, Kranzniederlegung, Fahnenausmarsch, Antreten zum Vorbeimarsch. Anschließend Marsch durch die Stadt. Nach Beendigung des Marsches durch die Stadt und Einmarsch in die Ausstellungshalle kameradschaftliches Beisammensein in der Ausstellungshalle bis 3 Uhr morgens.

Montag, den 12. Juni:
Ab 10 Uhr Abschlussfeier im Gasthaus „Zum Klee"[1945]

Ehrenhof für die Gefallenen des Infanterie- und Panzer-Grenadier-Regiments 59 (1956)

Veranstaltungsfolge für die Einweihung des Ehrenmals und Wiedersehensfeiern für die ehemaligen Hildesheimer Truppenteile (Inf.- u. Panz.-Gren.-Rgt. 59, Inf.-Rgt. 191, I./Inf.-Rgt. 487, I./Art.-Rgt. 55 und Art.-Rgt. 117)

Sonnabend, 8. 9.:
17.30 Uhr: Einweihung des Ehrenmals
im Ehrenhof des 79er Denkmals in der Mozartstraße durch Oberbürgermeister Hunger
19.30 Uhr Wiedersehensfeiern
Inf.- u. Panz.-Gren.-Rgt. 59 und I./Inf.-Rgt. 487 auf dem ‚Berghölzchen'
Inf.-Rgt. 191 in der ‚Waldquelle'
I./Art.-Rgt. 55 und Art.-Rgt. 117 auf dem ‚Galgenberg'
Für die Angehörigen der Gefallenen u. Körperversehrten ist bei der Einweihung Sitzgelegenheit vorhanden.
Im Anschluß an die Einweihung Fahrgelegenheit mit Stadtbussen vom Fuße des Denkmals direkt zum Berghölzchen u. Waldquelle.
21.30 Uhr Großer Zapfenstreich
im Garten des ‚Berghölzchens'

Sonntag, 9. 9.:
Veranstaltet vom Rgt. 59:
10.30 Uhr Frühschoppen im Restaurant ‚Zum Hagentor', Langer Hagen
16.00 Uhr Großes Wunschkonzert auf dem ‚Berghölzchen'
Ballonwettfliegen
20.00 Uhr Manöverball
auf dem ‚Berghölzchen'
Hinterbliebene unserer Gefallenen erhalten bei Vorzeigen der Einladung bei allen Veranstaltungen freien Eintritt.
Die Bevölkerung ist zur Einweihung des Ehrenmals und zu den Veranstaltungen am Sonntag herzlich eingeladen.[1946]

Anmerkungen
1944 HAZ v. 13.8.1874.
1945 Hildesheimer Beobachter v. 8.6.1939: Die Festtage der ehem. 79er.
1946 HAZ v. 8./9.9.1956: Den toten Kameraden ein Denkmal.

23.3 Ansprachen

23.3.1 Regimentsgedächtnisstätten

Einweihung des Kriegerdenkmals am Hagentorwall am 18. August 1874 [1947]

Landdrost Graf Westarp (Vorsitzender des Comites für die Errichtung eines Kriegerdenkmals zu Hildesheim):

„Im Namen unseres Vereins, dem ich die Ehre habe vorzustehen, nehme ich das mir soeben übergebene Denkmal als unser Eigenthum hiermit in Empfang. Daß es in dieser künstlerischen Ausschmückung so erhaben und doch so sinnig vor uns steht, das haben wir dem Talent, dem Fleiß und der Sorgfalt seines Erbauers zu danken. Es gereicht mir zur Freude, ihm diesen Dank hiermit öffentlich auszusprechen, so aufrichtig ich es beklage, daß er durch Krankheit behindert, unserer heutigen Feierlichkeit beizuwohnen. Wenn ich dann zur Ausführung des mir ertheilten ehrenvollen Auftrages übergehe, dies schöne Denkmal mit einigen Worten einzuweihen, so fällt mein Auge unwillkürlich auf das an seinen Wänden angebrachte eiserne Kreuz. Möge das Sinnbild, das es vertritt, und die Devise, die es schmückt, meinen schlichten Worten den richtigen Ausdruck der Weihe geben. Ja, meine verehrten Anwesenden: ‚Mit Gott für König und Vaterland‘ zog vor nunmehr vier Jahren unsere waffenfähige deutsche Jugend in bis dahin ungeahnter Einmüthigkeit hinaus über den Rhein und über die Grenzen Frankreichs, um den unberechtigten, übermüthigen Angriff unseres alten Reichsfeindes zurückzuweisen. Mit Gottes Hülfe, unter der Führung unseres erhabenen Führers und Kriegsherrn, unter den Opfern des Vaterlandes und den Segenswünschen und Gebeten der Angehörigen in der Heimat, gelang das große Werk. Frankreich wurde niedergeworfen und bis ins innerste Mark erschüttert. Ein glänzender Friede lohnte die Umsicht der Führer, lohnte die Tapferkeit unseres Volkes in Waffen. Er gab uns die früher geraubten Provinzen zurück; und er gab uns von Neuem Kaiser und Reich und gab uns die längst verloren geglaubte deutsche Einheit wider und mit ihr eine der ersten Stellen im Rathe der Völker. Aber: ‚Mit Gott, für König und Vaterland‘ fielen auch die Edlen, Tausende über Tausende, die ihren Heldenmuth mit dem Tode besiegeln mußten. Den Blick zu Gott empor gewandt, den Namen ihres Königs auf den Lippen, ihr Herz und ihre Sehnsucht im Vaterlande, so starben sie und vergossen freudig ihr Blut. Einer Anzahl dieser Edlen gilt heute diese Feier, gilt dieses Denkmal. Unser 3. Hannoversches Infanterie-Regiment Nr. 79, das wir mit Stolz das unsrige nennen, das wir hier im Schmucke seiner Waffen vor uns sehen, war in jenem denkwürdigen Kampfe an Tapferkeit unter den Tapfersten immer voran. Die ruhmvollen und doch so blutigen Namen Mars la Tour und Gravelotte, deren Gedächtniß wir in diesen Tagen begehen, die Namen Metz, Orléans, Montoire und Le Mans legen hiervon ein redendes Zeugniß ab. Sie sind mit goldenen Buchstaben in die Geschichte dieses Regiments eingetragen. Den braven Männern, die in diesem Kriege aus den Reihen des Regiments vor dem Feinde gefallen, oder an ihren Wunden oder in Folge erlittener Krankheit oder Anstrengungen gestorben sind, oder auch den braven Männern, die unsere heimatliche Stadt Hildesheim in andere Regimenter entsandt hat und die, dort eingereiht, den Heldentod gefunden haben, Offiziere, Unteroffiziere und Mannschaften, ihnen insgesammt soll dieses Denkmal gewidmet sein, ‚als ein Zeichen unserer Dankbarkeit, ihren Namen zum Ruhme und zur Ehre, unserer Jugend als eine deutsche Wacht und ein Sporn, ihren Vätern und Brüdern zu folgen, wenn es von Neuem gilt: ‚Mit Gott, für König und Vaterland‘ in Kampf und Tod zu ziehen.‘ Möge die Victoria dort oben, die Zeugin unserer Siege, das Sinnbild unserer Einigkeit, der Einigkeit in allen Schichten der Bevölkerung, der es gelang, auch dieses Denkmal würdig herzustellen, möge sie, mit dem Lorbeer in der rechten, noch Jahrhunderte lang ihr Auge diesen schönen Gauen unseres Landestheiles zuwenden, möge sie noch späten Geschlechtern ein Merkzeichen dafür sein, daß die Treue bis in den Tod, daß die Dankbarkeit auch bei uns eine gute Stätte gefunden haben! So lassen Sie uns denn die Namen der Braven enthüllen, die in den Stein gehauen, seither unseren Augen verboren waren. Ich ersuche den Erbauer des Denkmals, die Inschriften zu enthüllen."

Oberbürgermeister Boysen:

„Hochverehrte Versammelte! Willig und gern schloß sich die Stadt dem Offizier-Corps des 79. Regiments an, als dieses die Absicht aussprach, den Namen seiner im Kriege gegen Frankreich gefallenen Angehörigen einen Beweis der Anerkennung und Liebe zu widmen! Freudig und gerne spreche ich, von den Vertretern der Stadt ermächtigt, deren Bereitwilligkeit aus, das vor uns sich erhebende Denkmal in die Obhut der Stadt zu nehmen. Ist es doch gewidmet dem Andenken aller Derer, die aus den Reihen des Regiments, welches wir mit Stolz das Unsrige nennen, die aus der Zahl unserer Mitbürger von hier auszogen, den Heldentod in Feindes Lande erlitten! Wenn unser Schiller die Inschrift des Denkmals in den Thermopylen dahin wiedergiebt:

Wanderer, kommst Du nach Sparta, verkünde dorten: Du habest Uns hier liegen gesehen, wie das Gesetz es befahl!

so können wir ein Gleiches auch von Denen sagen, deren Gedächtniß wir der Nachwelt zu überliefern bemüht sind. Wohl überzeugt, welch heiße Kämpfe ihnen bevorstehen, erhoben sich doch muthig und freudig die Kämpfer aus allen Gauen Deutschlands und gingen, dem Rufe ihres Kriegsherrn folgend, kühn dem übermüthig Sieg träumenden Landesfeinde entgegen. Ein besserer Erfolg krönte das Opfer, welches sie dem Vaterlande brachten. Von den deutschen Gefilden hielten sie das feindliche Heer fern. Nur als Gefangene betraten die fränkischen Krieger deutschen Boden! Siegreich dachte Napoleon, wie einst sein Vorfahr einzuziehen in Deutschlands Städte; als Kriegsgefangener mußte er seinen Degen in die Hände unseres Kaisers legen. Abermals mußte das hochmüthige Paris seine Thore der deutschen Armee öffnen. Die schönsten Provinzen Deutschlands wollte Frankreich an sich reißen. Der Rhein sollte die Grenze bilden. Früher dem Deutschen Reich entrissene Provinzen mußte es zurückgeben. Deutsches Land an seinen beiden Ufern bespült wieder der Rhein von der Schweiz bis zu den Niederlanden. Oft genug hat Deutschland die Kosten und Leiden des Krieges tragen müssen. Das Blatt hat sich gewandt gegen Frankreich. Auf Uneinigkeit zwischen Nord und Süd hatte der Feind gehofft! Das Band ist fester geworden. All-Deutschland verknüpft wieder ein Band, ein neues fest verschlungenes Reich. Das Hohenzollern'sche Fürstenhaus, unser allverehrter Kaiser und König an der Spitze. Nicht wie in den Jahren 1813-15 mit fremder Hülfe wurden diese Siege erkämpft. Deutsche Truppen im treuesten Verein mit ihren Fürsten waren es allein, die den Sieg an ihre Fahnen fesselten. Darum mögen auch die, welche um die Ihrigen trauern, deren Namen dieser Stein der Nachwelt überliefern wird, ihre Thränen trocknen in dem erhebenden Gefühl, daß sie für das Recht Deutschlands, zum Heile des Vaterlandes sich geopfert haben, mögen einen Trost finden in der Theilnahme, die wir ihnen schenken, in der ehrenden Anerkennung, die den Helden gewidmet wird. Zur Erinnerung an die große Zeit der Jahre 1870 und 71, an die großen Errungenschaften des blutigen Krieges, an die Thaten des Heeres, an unsern Heldenkaiser, Wilhelm den Siegreichen, an seine Feldherrn und Räthe, an das Wiedererstehen des deutschen Kaiserreichs soll dies Ehrenzeichen auch dienen, soll mahnen, des Dankes nicht zu vergessen, den wir ihnen allen schulden. Eine Aufforderung zu gleicher Ausdauer und Tapferkeit sei es, ein Nacheiferung erweckendes Beispiel mögen aber auch unsere Söhne und Nachkommen darin sehen, daß sie denselben Heldenmuth, dieselbe Opferwilligkeit und Kraft beweisen, wenn auch sie dereinst berufen werden zur Vertheidigung des Vaterlandes! Es mahne das deutsche Volk, die waffenfähige Jugend besonders als Vorbild der Einigkeit und Kraft, und sichere dadurch das Vaterland, daß das schöne Band, welches jener Krieg geknüpft, nicht wieder gelockert und zerrissen werde durch innere und äußere Feinde! Welche Gesinnungen uns Alle, welche das Heer vor allem in jener aufregenden Zeit belebten, wissen wir Alle! Keine Mühen waren den Kriegern und ihren Führern zu groß, als es galt den Feind niederzuwerfen, der so oft unserer gespottet. Mit ehernem Griffel sind ihre Thaten in das Buch der Geschichte eingetragen. Mit allen anderen hat auch das 79. Regiment geeifert, nie ist es zurückgeblieben, wo es den Feind zu bestehen, die schwersten Mühen zu ertragen galt. Die ganze Armee verdient gleichen Ruhm, gleiche Anerkennung; darum darf ich auch schließen und freudiger Zustimmung überzeugt sein beim Rufe: Die deutsche Armee, sie lebe hoch!"

Einweihung des 79er-Denkmals an der Steingrube am 22. August 1920[1948]

Pastor Crome (ev. luth.):
„Wenn wir an den Heldengräbern unseres Ehrenfriedhofes stehen, da ergreift es unsere Seele

mit wunderbarer Gewalt. Mannigfache Gedanken bewegen uns. Wehmut will uns ergreifen, wenn wir derer gedenken, die in den Gräbern dort ruhen. Wir sehen sie hienieden nicht wieder, die wir doch so liebten, sie, der Stolz und die Hoffnung unseres Vaterlandes. Wir fragen traurig: ‚Was hat es genützt, dass sie ihr junges Leben ließen?' Wir denken zurück an vergangene Zeiten deutscher Herrlichkeit, als die Schläfer dort in den Gräbern noch unter uns wandelten. Wenn wir es aber recht bedenken, dann fassen wir alles, was uns bewegt, zusammen in ein Bibelwort: ‚Siehe, wir preisen selig, die erduldet haben.' Selig, glückselig seid ihr Toten, so rufen wir über die Heldengräber hinweg. Ihr seid glückliche Leute, ihr Männer, die ihr leben durftet in großer, deutscher Vergangenheit. Vor euren Waffen zitterten die Völker Europas. Auf euch schaute staunend der Erdkreis. Deutsche Ehre, deutsche Art, deutsches Land, deutsche Größe durftet ihr schützen. So habt ihr doch gestritten, ihr unvergleichlichen Krieger, deren Ruhm alle Völker des Erdkreises überstrahlt! In den Wüsten des Morgenlandes, auf den Steppen Russlands, in den Fruchtgefilden Flanderns, im Hochgebirge der Alpen, auf den Fluten der Weltmeere, tief im Herzen Frankreichs, im sonnigen Italien flatterten eure siegreichen Fahnen. Ruht nun aus, ihr Helden. Eures Ruhmes Kränze welken nie.

Selig, glückselig seid ihr Helden. Nach all den Schmerzen, die ihr erduldet, nach all den Mühsalen des Krieges, nach all der Pein des Sterbens dürft ihr nun ruhen. Ihr zeigtet der Welt, wie man heldenhaft ohne Klagelaut grimmige Schmerzen tragen kann. Alles kann man dulden, alles kann man überwinden, wenn das Vaterland es verlangt, wenn die heiße Liebe der Heimat uns durchglüht. Nun ruht ihr aus. Nun seid ihr entrissen aller Qual, ihr Toten. Wir preisen selig euch, Gestorbene, die ihr erduldet habt. Wir Lebendige sind zu beklagen. Deutsche Größe, wofür ihr Helden strittet, gibt es nicht mehr. Und tausend Schmerzen, die uns durchbohren, die uns tagtäglich bedrängen, in deutschen Landen, können wir nicht entrinnen. Helden des Weltkrieges, wir beneiden euch. Selig seid ihr Toten. Kämpftet ihr nicht für des Vaterlands Freiheit? War nicht die Wacht am Rhein unnötig, so lang ihr lebtet? So lang der Tropfen eures Blutes noch glühte, betrat kein Feind des Rheines Strand. Frei lebten wir, gesichert mitten im Kriegssturm. Das Land der Freiheit grüßtet ihr mit leuchtendem Blick, als ihr den Tod erlittet. Von deutscher Knechtschaft wusstet ihr noch nichts. Wir Lebenden müssen wieder singen wie in den Tagen unserer Väter: ‚Freiheit, die ich meine, die mein Herz erfüllt, komm' mit deinem Scheine, süßes Engelsbild. Kannst ja nie dich zeigen, der bedrängten Welt. Führest deinen Reigen nur am Sternenzelt.' Die freien Deutschen sind Knechte geworden. Selig seid ihr Toten. Wie ruht ihr so friedlich nebeneinander. Als ihr lebtet, da gab es keine Parteien mehr. In den Heldengräbern hier in der Heimat und auf den Schlachtfeldern schlummern die Männer des arbeitenden Volkes und der vornehme Edelmann, der Fürstensohn und der Fabrikarbeiter, der General und der einfache Soldat nebeneinander. Dort schläft der Thüringer, dort deckt der Hügel den Sohn der bayerischen Berge. Hier ruht der Schleswiger, dort der Elsässer. O, als diese Helden starben, war Deutschland ein Land, welches stets zu Schutz und Trutz brüderlich zusammenhielt. Glücklich die, welche nur solche Zeiten der Eintracht verlebten. Und wir heute? Was müssen wir erfahren? Selig seid ihr Toten, glücklich ihr dort in euren Heldengräbern, noch einmal rufen wir euch zu: Das Höchste und Beste, was man von einem Menschen rühmen kann, ist, dass er seine Pflicht getan. Ihr Unvergesslichen, ihr habt getan, was ihr solltet und musstet, ihr habt getan, was ihr nur konntet. Alles habt ihr daran gegeben, Gut und Blut, Gesundheit und Leben, Heimat und Liebe, alles fürs teure Vaterland. Wer so opfern kann, wie ihr Helden, der ist selig zu preisen. Und ihr habt das getan im Aufblick zu Gott, in Unterordnung unter das göttliche Gebot. Ihr solltet auch das Leben für die Brüder lassen. Mit heiligem Eid weihtet ihr euch dem Dienst des Vaterlandes. Wahrlich, wenn je ein Schwur heilig war, ihr habt ihn gehalten. Darum segnen wir euch, ihr teuren Toten. Wir preisen selig, die erduldet haben. Wir aber, die wir heute an den Heldengräbern stehen, wir wollen uns weihen von neuem dem Vaterlande, für welches diese gestorben sind. Ihr Kinder, Söhne, und Töchter unseres geliebten deutschen Vaterlandes, nehmet die Kränze und schmückt die Gräber derer, die so viel für uns alle getan, gelitten und gestritten haben. Ihr und wir schwören es heute: Wir folgen ihnen nach in deutscher Treue, mit deutschem Heldensinn, mit deutschem, echt christlichem Opfermut. Was unsere Kämpfer schützten, was wir verloren ohne ihre Schuld, wir wollen dereinst es wieder gewinnen. Gott helfe uns, Amen."

General der Infanterie v. Voigt:
„Liebe Kameraden, sehr verehrte Anwesende! In dem hinter uns liegenden Weltkriege trat das Infanterie-Regiment v. Voigts-Rhetz (3. hann.) Nr. 79, unser liebes, altes, jetzt leider erloschenes Hildesheimer Regiment, in der vom 21. bis 24. August 1914 dauernden Schlacht von Namur, am 22. August zum ersten Male in den Kampf, warf, über Aiseau vorgehend, den Feind in kühnem Ansturm aus seiner befestigten Stellung auf der Bruyère-Höhe und focht reichen neuen kriegerischen Lorbeer, den ersten im Weltkriege, um seine ruhmreichen alten Fahnen. Deshalb ist der heutige Tag, der 22. August, zur Einweihung des schlichten Denkmals gewählt, das, dem Andenken der im Weltkriege gefallenen Helden des Regiments geweiht, den kommenden Geschlechtern bis in die fernste Zeit eine Mahnung sein soll, der teuren Toten nicht zu vergessen, die Erinnerung an die große Zeit lebendig zu erhalten und, wenn je wieder das Vaterland zu den Waffen ruft, sich in hingebender Treue und Opferwilligkeit den Helden des Weltkrieges wert zu erweisen.
Viermal im Westen, dreimal im Osten eingesetzt, hat das Regiment an unzähligen Kampfhandlungen teilgenommen und sich überall, den Besten der Regimenter unseres herrlichen Heeres gleich, in Tapferkeit, Standhaftigkeit und Ausdauer im Ertragen von Anstrengungen, Beschwerden und Entbehrungen aller Art vortrefflich bewährt. Beim Abschluss des Krieges trat es vom 3. September bis 10. Oktober 1918, in den Kämpfen vor der Siegfriedstellung, zum letzten Mal in Tätigkeit. Schwere und allerschwerste Verluste hat es wieder und wieder erlitten, aber nichts vermochte seinen Kampfesmut zu brechen. Nur eine kleine Schar noch rückte nach beendetem Kriege, ohne Sang und Klang, in früher Morgenstunde in Hildesheim wieder ein, begrüßt vom Herrn Oberbürgermeister Dr. Ehrlicher.
126 Offiziere, 314 Unteroffiziere und 2627 Mann haben ihre Treue zu Kaiser und Reich, zu König und Vaterland durch den Heldentod auf dem Schlachtfelde mit ihrem Herzblut besiegelt. Ruhm und Ehre ihrem Andenken. Friede ihrer Asche!

Angeregt durch den Verein ehemaliger 79er und die Vereinigung v. Voigts-Rhetz, trat ein Ausschuss zusammen, der den Beschluss fasste, den auf dem Felde der Ehre gefallenen Helden des Regiments auf der Steingrube, seiner alten Ausbildungsstätte, ein schlichtes Denkmal zu errichten. Zur Aufbringung der erforderlichen Mittel gestattete der Herr Regierungs-Präsident in entgegenkommender Weise eine Haussammlung. Rasch und freudig wurde aus allen Kreisen der Hildesheimer Bevölkerung beigesteuert und vollendet steht das Denkmal, das ich hiermit der Stadt übergebe, die es in ihre Obhut nehmen wolle, heute vor Ihnen. Es falle jetzt die Hülle welche es umgibt, ich aber bitte Sie alle, das Andenken an unsere gefallenen Helden durch Entblößung Ihrer Häupter zu ehren.
Schließlich möchte ich der Hoffnung, die uns alle beseelt, Ausdruck geben, dass das Deutsche Reich einst zu alter Herrlichkeit erstarken möge."

Pastor Maulhardt (kath.):
„Im Evangelium steht das Wort ‚Auch die Steine könnten reden'. Am lautesten unter allen reden die Gedenksteine. Wenn ich in dieser Weihestunde der Dolmetsch ihrer Gefühle sein soll, so spricht der unseren Helden vom Regiment von Voigts-Rhetz geweihte Gedenkstein zu uns eine zweifache Sprache: die Sprache der Heimat und die Sprache der Pflicht. Unser Denkmal spricht die Sprache der Heimat. Die toten Helden, sie haben für die Heimat das meiste gegeben: ihr Leben. Deshalb steht auf unserem Denkmal unsichtbar das Heilandswort ‚Eine größere Liebe als die hat niemand, dass er nämlich sein Leben hingibt für seine Brüder'. Hart, bitter hart ist es für euch rauhen Krieger gewesen, als ihr den Schauplatz der blutigen Kämpfe verließt, ihr musstet ja die toten Kameraden zurücklassen. Jubelnd und lebensstrotzig zogen sie mit euch aus, verstummt und erstarrt marschierten sie nicht mit euch heim. Jeder hatte unter den gefallenen Helden den einen oder den anderen, der ihm vor allem lieb war. Und gerade der hat bei deinem Gehen die bleichen Hände nach dir ausgestreckt und mit herzzerschneidender Stimme hinter dir hergerufen: ‚Nimm mich mit, Kamerad!' Solange ihr um den toten Waffengefährten weiltet und ihre Schlummerstätte pflegtet und schmücktet, war ihr Grab wie ein Stück der deutschen Heimaterde. Nun blieben sie zurück,

einsam und allein auf fremdem und auf feindlichem Boden. Hört es, ihr toten Helden! Uns Überlebenden bleibt nach dem Kriege die große Liebespflicht, den toten Helden das Heimatgrab zu ersetzen. Zunächst wollen wir das mit dem Herzen tun, sodann durch den Gedenkstein. ‚Jerusalem, wenn jemals deiner ich vergesse, dann möge mir die Hand vom Leibe fallen! Es soll die Zunge mir am Gaumen kleben, wenn deiner ich nicht mehr gedenke!' So sang an Babels Strömen das im Kriege unterlegene Gottesvolk. Trauer über die dahingesunkene nationale Größe und den geistigen und materiellen Reichtum. Und wir, wir wollen des deutschen Namens nicht mehr wert sein, wenn unser Herz nicht ewig für euch schlagen würde, ihr gefallenen Helden, die ihr mit dem deutschen Volke an Opfern das Erhebendste und Gewaltigste unserer tausendjährigen Geschichte vollbracht. Aber in den Tagebüchern der Kompanien und der bandreichen Verlustlisten werden die Namen und die Totenkreuzlein mit der Zeit mit dem Papier verrosten und verwesen, deshalb soll dieser Gedenkstein der Mit- und Nachwelt künden: Hier ruhen im Ehrengrab deutsche Soldaten. Was treues Gedenken und fromme Fürbitten leisten können, das sei euch dargebracht. Nehmet es als ein Zeichen unauslöschlicher Liebe, unserer unauslöschlichen Dankesschuld! Und wo immer ein Mütterlein in Galizien, in Flandern oder in den Karparthen die sterblichen Überreste ihres Sohnes weiß oder nicht weiß, sie soll dieses Denkmal als Grabdenkmal ihres Sohnes betrachten, dem sie in Bitternis und Liebe nachträumt. Das Denkmal spricht die Sprache der Heimat.

Unser Denkmal spricht die Sprache der Pflicht! Vor den Prophetengräbern hat Christus die Pharisäer weiß getünchte Gräber gescholten, weil sie zwar die Gräber schmückten und den Propheten Denkmäler bauten, inwendig aber keine Seelenverwandtschaft mit dem Geiste der Propheten hatten. Deutsche Männer und deutsche Frauen! Dieses Denkmal ist ein Stolz für unser ruhmbedecktes Regiment, ein Trost für die Hinterbliebenen, ein Ehrenzeugnis eures kameradschaftlichen Sinnes. Noch höher aber steht die Pflicht, dem Geiste der Toten seelenverwandt zu werden. Aus grauer Vorzeit geht vom Apostelgrab in Ephesus die uralte sinnige Sage, man höre durch den Grabstein hindurch das Herz des Apostels noch schlagen. So hören wir im Geiste durch diesen Denkstein hindurch den Herzschlag der Helden. Die Toten grüßen uns. Seid der Toten wert! Keinen von uns in dieser Weihestunde hier Versammelten, keinen, der je in kommenden Tagen das Denkmal grüßt, treffe das Wort des Kirchenvaters: Ehren und nicht nachahmen heißt lügnerisch schmeicheln. Seid der Toten wert! Sie waren die Arbeiter der ersten und der neunten Stunde. Sie erreichten, dass die Heimat unversehrt blieb und nicht in Brand und Trümmern liegt. Uns, den Arbeitern der elften Stunde, gaben sie die Möglichkeit, trotzdem Deutschland sein Wagnis verloren hat, die Heimat noch am Leben zu erhalten und langsam wieder aufzubauen. So kündet das Denkmal in seinem steinschriftlichen Memento den Ruhm der gefallenen Helden unseres 79. Inf.-Regts., in seinem steinharten Kommando die Pflicht, Helfersdienste zu leisten an der Erhaltung, Läuterung, Veredelung und Kräftigung deutscher Sitte und deutscher Art."

Oberst Freiherr v. Ledebur (Vertreter der Offizier-Vereinigung des Inf.-Rgts. 79):
„Als ich vor einiger Zeit vom Vorsitzenden der Offizier-Vereinigung gebeten wurde, der Feier, die uns hier zusammengeführt hat, beizuwohnen, und als ehemaliger Kommandeur des Regiments v. Voigts-Rhetz, der das Regiment am längsten – 3 1/2 Jahre – im Felde befehligt hat, angesichts dieses Gedenksteins und Auge in Auge mit zahlreichen Kriegskameraden zu sprechen, da packte mich in all der Arbeit eine wahre, aufrichtige Freude. Und nun stehe ich hier, freudig bewegt, einerseits, und bewegten Sinnes andererseits, in Gedanken an all diejenigen, die ein Opfer dieses Krieges geworden sind.

Zwei Jahre sind verflossen seit jenen Tagen bei Villemontoire im Jahr 1918, wo wir die ganze Schwere des Kampfes wieder einmal führen mussten und die meine letzte Kampfhandlung bei den 79ern werden sollte. Nur wenigen konnte ich Lebewohl sagen und danken für alle die treue Hingabe. Was uns damals einte, war der Kampf, die Pflicht vor dem Feinde und noch immer der Wille, zu einem erträglichen Ende zu kommen. Was uns heute zusammenführt, das haben Sie bereits vernommen und das sehen Sie vor Augen. Zum anderen aber sitzt hinter diesem Zusammenströmen doch ein Bekenntnis zu einer gewissen idealen Auffassung von dem, was zuweilen als Schlagwort, als Hirngespinst, als

Phantom, ja sogar als abgeschmackt und lächerlich hingestellt wird, nämlich von der tiefwurzelnden Kameradschaft im deutschen Soldaten. Sie besteht so recht bei Einführung der allgemeinen Wehrpflicht, die, Gott sei es geklagt, heute zerschlagen ist, sie hat sich bewährt im Krieg und Frieden, und sie hat stets über das Grab hinaus angehalten.

Was haben die Veteranen von 64, 66, 70/71 in diesen Tagen der 50-jährigen Wiederkehr der Schlachttage von 1870/71 getan? Sie kamen zusammen, Orden und Ehrenzeichen geschmückt, Eichenlaub bekränzt, sie ehrten die Denkmäler mit den Namen der gefallenen Kameraden, sie sangen gemeinsam das Lied ‚Ich hatt' einen Kameraden' und pflegten die Erinnerungen an jene Zeit des Wachstums des einst so mächtigen und prächtigen Deutschlands. Wir haben den Alten gezeigt, was der Deutsche von 1914-1918 vor dem Feinde zu leisten imstande ist, wir zeigen der Gegenwart, dass wir die teueren Toten nicht vergessen und tun es hierin auch den Alten gleich. Lassen Sie uns ebenso, wie jene Kämpfe aus fernen Kriegszeiten, für die Zukunft sorgen, in dem Streben, an der Wiederaufrichtung des darniederliegenden Vaterlandes zu helfen. Diese Arbeit verlangt Stetigkeit im Wollen und vor allem einen unverrückbaren Glauben an seiner Gesundungsmöglichkeit. Und, liebe Kameraden, diese Eigenschaften sollte der deutsche Mann haben, der in diesem Kriege seine Schuldigkeit als Soldat getan hat, er sollte diesen vor dem Feinde erworbenen Besitz verteidigen und verwerten, arbeiten lassen, auf dass er 100-fältige Zinsen bringe.

Des Einzelnen Arbeit nützt nicht viel heutzutage, die Arbeitsgemeinschaft bringt erst den durchschlagenden Erfolg, und diesem Gedanken liegt auch der Wunsch der Vereinigung der 79er, dass alle sich zusammenschließen mögen, nicht nur die noch Abseitsstehenden, sondern auch all die schon bestehenden Vereine ehemaliger 79er, die schließlich doch alle dasselbe Streben haben – Einigkeit macht stark! Das wissen Sie alle, die sie das Wesen der Koalition im praktischen Lebenden kennen gelernt haben, und was zu anderen Zwecken erreicht werden kann, das sollte zu diesem Zweck zu erreichen, doch auch geboten und möglich sein.

Kameraden, ich bitte Sie, als Ihr alter Feldzugs-Kommandeur, betrachten Sie diesen 22. August 1920 nicht nur als eine der Weihe und der Enthüllung des Denkmals zu Ehren der teueren Toten gewidmete Zusammenkunft, sondern lassen Sie diesen Tag zum Ausgangspunkt werden einer großen Vereinigung all derer, die jemals beim Inf.-Regt. 79 waren, gleich ob im Krieg oder im Frieden! Heran Kameraden, reichen wir uns alle in treuer Kameradschaft die Hand, auf dass wir einst einer vom anderen sagen können ‚Ich hatt' einen Kameraden, einen besseren find'st du nicht' – und der war ein 79er, gleich mir.

Mit diesen Worten aus dem schönen Soldatenliede auf den Lippen widme ich diesen Kranz im Namen der Offizier-Vereinigung von Voigts-Rhetz den Männern, denen zu Ehren dieses Denkmal errichtet und geweiht worden ist."

23.3.2 Schulen

Michelsenschule: Feierstunde am 12. Juni 1958, bei der die Gedenktafel für die im Zweiten Weltkrieg Gefallenen enthüllt wurde[1949]

Landwirt Rudolf Brunotte, Adensen (stellv. Vorsitzenden des VaH[1950]**):**
„Verehrte Damen und Herren, liebe Hinterbliebene unserer Gefallenen und Vermissten!
Wenn wir uns hier im Zeichen der Hundertjahrfeier zusammengefunden haben, so tun wir es nicht, um ein rauschendes Fest zu feiern, sondern wir stellen bewusst diese Feierstunde des Gedenkens im Zeichen der Trauer um unsere Toten an den Anfang unserer Hundertjahrfeier.
Wir haben uns schon lange Jahre aus innerer Verpflichtung mit dem Gedanken an eine Ehrentafel getragen. Es fehlte aber immer noch der passende und weihevolle Platz dafür. Endlich kam durch den Neubau der Turnhalle und Aula der Tag, dieser Tafel den gebührenden Platz zu geben. Wir vom VaH glauben, jetzt nach langem Überlegen und Warten das Richtige getroffen zu haben.
Es ist eine selbstverständliche Dankespflicht gegenüber unseren Toten. Gemessen an den Opfern, die sie an Blut und Leben gebracht haben, kann es nur ein Versuch sein, den gebührenden Dank abzutragen. Unsere gefallenen Kameraden litten und gaben ihr Bestes im Glauben an ihr Vaterland und zum Schutze der Heimat.
Diese Ehrentafel soll nicht nur für uns ehema-

lige Schüler, sondern in erster Linie für unsere heranwachsende Jugend ein Mahnmal sein. Möge darin für alle Generationen, die nach uns kommen, eine symbolische Verpflichtung für die Zukunft liegen.
Ich bitte jetzt alle, sich von den Plätzen zu erheben, zu einer Minute stillen Gedenkens für unsere Toten und Vermissten.
Im Auftrage des VaH. enthülle ich die Ehrentafel mit den Namen der 365 Gefallenen und Vermissten und übergebe diese Gedenktafel an die Schule als Vermächtnis und zur ehrenden Pflege."

Superintendent Meyer-Roscher, Hoheneggelsen:
stellte seine Gedenkansprache unter das Gotteswort: „Seid geduldig und habt starke Herzen".
„Nun ist die Stunde gekommen, da die neue Ehrentafel der Schule feierlich enthüllt dem Gedenken der Gefallenen geweiht worden ist. Wenn ich dazu zugleich auch im Namen meines hochverehrten Bruders im Amt, des Herrn Domvikars Pachowiak, die Grüße der beiden christlichen Kirchen überbringen darf, so möchte ich das tun mit dem Wort des Apostels: ‚Seid geduldig und habt starke Herzen'. Der Aufblick zu der Gedenktafel lässt die Erinnerung an die vielen, vielen Scharen, die unsere Brüder waren, unter uns neu lebendig werden. Sie sind hinausgezogen, um das Leben und die Freiheit der Heimat zu verteidigen. Für uns haben sie ihr Leben zum Opfer gebracht. Den Sinn dieses Opfers aber kann nur der verstehen, der des Herren Wort nimmt: ‚Es sei denn, dass das Weizenkorn in die Erde falle und ersterbe, so bleibt es allein, wo es aber erstirbt, da bringt es viele Frucht'. Was wir draußen auf dem Acker Jahr um Jahr erleben, darf uns so zur Sinndeutung des Lebensopfers unserer gefallenen Brüder werden. Aus ihrem Tod soll Kraft und neues Leben sprießen. Darum ist es von entscheidender Bedeutung, dass das Gedenken an die Gefallenen für uns lebendig bleibt. So möchte einem jeden, der hier in dieser Schule den Feierraum betritt, der Blick auf die eindrucksvolle Gedenktafel mahnen: Vergiss die Toten nicht. Ihnen zum Gedenken ist die Ehrentafel geweiht. Solches Gedenken aber geschieht nur recht, wenn es vom christlichen Glauben gehalten und getragen wird. Unser Glaube sucht unsere gefallenen Brüder nicht in den Millionen Gräbern in aller Welt, unser Glaube sucht die gefallenen Brüder daheim in Gottes Friede, in der ewigen Heimat. Die zahllosen Kreuze über den Gräbern der Gefallenen in aller Welt lassen uns aufblicken zu dem Kreuz unseres Heilandes, der schützend seine Arme über alle Gräber ausbreitet. Durch sein Leben, Leiden und Sterben hat er uns die ewige Heimat bereitet. Davon singt das alte Soldatenlied: ‚Bleib du im ewigen Leben, mein guter Kamerad'. Solches Gedenken lässt uns nicht im Leid verharren, sondern gibt uns Kraft, das Erbteil, das unsere gefallenen Brüder uns hinterlassen haben, recht zu verwalten. Uns Lebenden zur Mahnung will nun die Gedenktafel dienen. Unsere gefallenen Brüder fragen: Wo steht ihr heute? Wie lebt ihr heute? Unter ihren Fragen wird uns deutlich, dass wir in Gefahr stehen, im Materialismus unterzugehen. Der Blick auf die Tafel möchte davor gerade die jungen Menschen, die in dieser Schule sich fürs Leben rüsten, bewahren. Ihr habt ein Erbteil zu verwalten, so rufen es die Gefallenen uns Lebenden zu. Dieses Erbteil heißt: ‚Volk und Vaterland ist mehr als der Einzelne, Freiheit und Ehre ist mehr als persönliche Sicherheit'. Wo wir in Gefahr stehen, nur uns selbst zu sehen, an uns selbst zu denken, mahnen uns die Gefallenen zu rechter Kameradschaft. Sie haben um die Kameradschaft gewusst. Sie rufen uns zur Gemeinschaft heute, dass wir wieder Menschen werden, die den Bruder und die Schwester neben sich sehen und ernst nehmen. Echtes Menschentum aber lebt in Verantwortung vor Gott. Der Glaube an Gott ist es, der viele unserer gefallenen Brüder stark gemacht hat. In so manchen Feldpostbriefen finden wir ein ergreifendes Zeugnis davon. Dieser Glaube an Gott aber ist es, der auch allein heute unser Leben recht gestalten kann. Wenn wir an Gott glauben, dann können wir geduldig sein, dann sind wir nicht nervös, sondern haben einen langen Atem, weil wir wissen, unser Gott ist der Herr der Gegenwart und der Zukunft. Es kann uns nichts geschehen, als was er hat ersehen. Solcher Glaube macht tapfer und getrost, schenkt ein starkes festes Herz. In einer Welt der Angst dürfen wir getrost und tapfer aus dem Glauben leben. Solche Menschen aber brauchen wir heute in unseren Dörfern und Städten, die aus der Verantwortung vor Gott im Vertrauen auf Gott ruhig und gelassen ihr Leben führen und mit einem starken Herzen in ihrer Arbeit stehen. Dann würde das Erbteil der Gefallenen recht von uns verwaltet, wenn wir

uns dazu heute gerufen wissen, geduldig und mit tapferen Herzen unseren Lebensweg zu gehen und unsere Arbeit zu tun. Dann dürfen wir uns in Ehrfurcht vor unseren Gefallenen beugen und sie grüßen:
‚Die ihr Blut und Leib und Leben
habt für uns dahingegeben,
tote Brüder, ruhet aus,
ruhet aus, ihr seid zu Haus.
Aber die, die wir hier oben
noch im Sonnenlicht, geloben
es euch in die Gruft hinein:
Nicht umsonst habt ihr gelitten,
nicht umsonst habt ihr gestritten,
eure Erben woll'n wir sein.'"

Scharnhorstschule: Übergabe der Gedenkraumbücherei am 3. September 1960

Prof. Dr. Hermann Heimpel:[1951]
„Sie feiern Ihre Toten, Sie ehren Ihre Gefallenen, Sie, die Überlebenden, Eltern, Verwandten, Sie, und ihr, die Wachsenden, Lebendigen – trauernd die einen, fragend die andern. Noch wissen 20-jährige, 15-jährige von dem Vater, der aus einem Kriege auch nicht als Spätheimkehrer zurückkam, aus dem Kriege, dessen Schrecken, im Keller, auf den Fluchtstraßen sie als Kinder noch berührt hat, aus einem Krieg, von dem die 10-jährigen und alle, die nach ihnen in diese Schule eintreten sollen, nur noch in der Geschichtsstunde hören und in historischen Büchern lesen werden. Wenige Jahre genügen, um die von der Geschichte Verschlungenen, Gezeichneten, An-Gestreiften von denen zu trennen, welche die Geschichte – scheinbar – nur lernen, den Zweiten Weltkrieg und den Ersten Weltkrieg, Pensum wie Reformation und Investiturstreit und Perikles – bis auch sie wieder Geschichte erleiden werden. Sie aber, die Jugend, für die ein Soldat ein Toter, ein Gefangener, Geschlagener, Heimkehrender war, sehen wieder Soldaten auf den Straßen und erwarten ihre Gestellungsbefehle, nach dem Gesetz der erneuerten allgemeinen Wehrpflicht. Aber einer ist vielleicht in der Klasse, der sich als Kriegsdienstverweigerer bekennt, und das Grundgesetz erlaubt es ihm.

Ist er ein Fauler? Ist er ein Feiger, der den Tod fürs Vaterland fürchtet? Ist er ein Tapferer, der nicht tut, was alle tun, der den unbequemen Weg sucht, von dem er meint, dass sein Gewissen ihn zu weisen scheint? Fragt die Eltern, und sie sind uneins: sollen die kleinen Panzer unterm Weihnachtsbaum surren, sollen die Kinder Soldaten und mit Soldaten spielen? Fragt die Generale, die allerbesten, die nachdenklichen unter ihnen diskutieren über Art, Wert, zulässiges oder nötiges Maß von Tradition; das früher Selbstverständliche ist fraglich geworden, ist in die Diskussion gezogen. Fragt noch einmal die Eltern, fragt die Lehrer, lest die Zeitschriften der Kriegsdienstgegner, der soldatischen Traditionsverbände und ihr werdet uns, die Älteren, wieder uneins finden, auch verlegen und unsicher. Fragt uns: warum habt ihr nicht verhindert, warum habt ihr mitgemacht, was geschah, und was zu dem Kriege führte, der Deutschland verstümmelt, geteilt und vereinsamt hat? Wir verstummen wieder und suchen nach der Antwort. Fragt uns: warum tastet ihr die Ehre tapferer Soldaten an, indem ihr, die Mitschuldigen, in verspäteter Stunde den Nationalsozialismus anklagt, dessen Symbole die Soldaten auf den Uniformen trugen, dessen Auszeichnungen sie mit Tapferkeit und Treue erwarben? Wir haben wieder keine schnelle Antwort und suchen nach der Antwort. Wo immer gefragt wird, kommt statt Antwort Gegenfrage. Ihr empört euch über die Jugendweihe und seid für die Konfirmation? Aber warum habt ihr euer Konfirmationsgelübde nicht gehalten? Aber warum geht ihr nicht in die Kirche? Unsere Zeit ist eine Zeit der Fraglichkeiten, der Diskussion über früher nicht Diskutiertes. Selbstverständlich spielten wir als Kinder mit Bleisoldaten, es war die friedlichste Sache der Welt, selbstverständlich wie der sonntägliche Kirchgang; selbstverständlich beneideten wir, die 13-Jährigen, die Abiturienten von 1914, selbstverständlich waren die Freiwilligen von Langemarck unsere Vorbilder. Selbstverständlich war Ruhm, Ehre, Recht und Opfer des Krieges: die Türkenfahne im Dom, das Täfelchen zu Ehren der Bauernkrieger von 1703 in der Tegernseer Dorfkirche, die altväterischen Kriegerdenkmäler, welche die Toten nach Dienstgraden zählten: Offiziere, Unteroffiziere, Soldaten, Jäger, Husaren; selbstverständlich war, auch in unserem bayerischen Gymnasium, Friedrich der Große: seine Schlachten, sein Ruhm, seine Leiden, seine Fahnen, Rauchs Monument zu Pferde.

Das alles ist den einen fraglich, den anderen

fragwürdig geworden. Wir leben in einer Zeit der Fraglichkeiten. Es würde viele Stunden kosten, diesen Satz zu begründen und ihn, wie es einem Gymnasium geziemt, nach Gründen und Gegengründen zu diskutieren, von Alt zu Jung und zurück. In den uns zugemessenen Minuten aber bietet sich der Anlass dieser Stunde zur Begründung unseres Satzes an: das früher Selbstverständliche sei das Fragliche. Denn fragwürdig, so höre ich von Ihnen selbst, ist das Denkmal. Dass es Diskussionen darüber gegeben hat, in welcher Form diese Schule das Andenken an ihre Toten festhalten solle, ist ein Zeichen der Zeit. Die befragte Jugend hat gegen das Denkmal entschieden.

Es wäre, um dies zuerst zu sagen, und es wird wohl noch gesagt werden, das Recht der Älteren, diese Entscheidung schmerzlich zu empfinden oder für falsch zu halten. Denkmäler sind gut, weil sie Formen sind, und Formen sind gut, weil sich ohne Formen nicht in menschenwürdiger Weise leben lässt. Was man die Kinder lehrt: Tischmanieren und Umgangsformen, macht eine Welt fürs Erste einmal erträglich, in welcher der Mensch von Tag zu Tag Gelegenheit hat, des andern Wolf zu sein. Aber fügen wir gleich hinzu: alle Formen sind geschichtlich. Geschichtlichkeit ist aber immer, und hier sind wir in der Mitte dessen, was wir heute zu einander sagen wollen. Geschichtlichkeit ist immer zugleich Eines und ein Anderes: Tradition und Wandel: so, dass das Beharrende, der Zusammenhang der Zukunft mit der Vergangenheit in der Gegenwart besteht in der Wahrung des Noch-Lebendigen und im Abstoßen des schon Toten. Die Geschichte der Formen zeigt es, wie die Geschichtlichkeit der Denkmäler. Sie wissen, dass unsere ethischen Begriffe wie unsere Umgangsformen ursprünglich ständische Begriffe und ständisch gebundene Formen sind. Ritterlichkeit war einst das besondere Verhalten von Rittern: heute kann oder sollte man ritterlich sein, aber es gibt kein Rittertum als Stand mehr. Edel war adelig, heute kann der Einfachste, kann ein Abkomme von Sklaven ‚edel, hilfreich und gut' sein. Beharren im Wandel. Da aber Denkmäler Formen sind, sind auch sie geschichtlich. Freilich haben sie ihre eigenen Gesetze. Mit den Formen haben die Denkmäler gemeinsam, dass sie sich von selbst verstehen und dass der Alltag sie nicht beachtet. Sind sie einmal aufgestellt, flutet der Verkehr um sie. Auch sind sie dem Stilwandel unterworfen: man lässt sie, wenn sie weggeräumt, beleidigt, beschmiert werden: dann werden sie zu Fahnen. Vor dem Leipziger Gewandhaus, in der Anlage versteckt, stand das Bronzestandbild von Felix Mendelssohn-Bartholdy: wenig beachtet, kein großes Kunstwerk, auch gibt es größere Komponisten als Mendelssohn. Da verlangte und erreichte die Partei die Entfernung des Denkmals: dies wollte der Oberbürgermeister von Leipzig nicht dulden: Goerdeler verließ sein Amt: Vorklang des 20. Juli, und Mendelssohns Denkmal lebte, indem es beleidigt wurde. Denkmäler sind gut, auch wenn sie veralten. Auch gibt es herrliche, weil zeitgemäße Denkmäler. Das schönste die geschundene, zerspaltetene, aber aufgerichtete Menschengestalt auf dem Hauptplatz des zerstörten und neugebauten Rotterdam: Leiden und Heilung, Stolz und kein Hass zugleich. Aber freilich, die Denkmäler sind geschichtlich wie die Formen, in Fraglichkeit, Diskussion, Wandel einbezogen. Längst kann man über die Totensorge über die Friedhöfe zum Beispiel verschiedene Ansichten hören. In alten Zeiten war das anders: Wir verbrennen unsere Toten, Leute, die sie begraben, sind Barbaren, und umgekehrt: heute ist beides erlaubt. Warum pflegen wir Gräber und versehen sie mit Denkmälern? Warum halten wir die Kriegsgräberfürsorge für ein schönes, den Toten und den Trauernden geschuldetes Werk? Weil, verzeihen Sie das harte und kalte Wort, der moderne Mensch archaische urzeitliche Bedürfnisse hat. Er glaubt im Allgemeinen nicht mehr an die Auferstehung des Fleisches, er glaubt nicht mehr, dass der Wikinger im Grabhügel noch weiter seinen Hof beaufsichtigt, da ist keine Antigone mehr, die dem Bruder das Trankopfer schuldet. Aber da ist ein Rest, ein nicht gewusster Rest uralter Toten- und Ahnenkulte und dieser Rest muss geehrt werden, solange der Mensch das Bedürfnis hat, das Gedächtnis der Toten lokalisieren, die Erinnerung örtlich zu fixieren, die Photografie des mühsam gesuchten Grabes in ferner Erde an der Wand zu haben. Auch hier Geschichtlichkeit, Beharren im Wandel. Dieser Wandel mag weitergehen, die Formen der Totensorge sich ändern: was bleiben muss ist die Erinnerung. Die Erinnerung an die Gefallenen aber wird stets das öffentliche Denkmal fordern, weil der Mensch vergesslich ist und gedankenlos dahinlebt. Das geschrieben gedruckte Wort allein garantiert dem Menschen nicht jenes Gedächtnis, das den Menschen vom Tier unterscheidet: er sollte sich schon an einem Denkmal stoßen müssen.

Aber eine Schule ist nicht die große Öffentlichkeit, nicht der Raum für alle, sondern ein Raum für viele, die ihn als Unterrichtete und Denkende verlassen werden. Darum schien es richtig, dass die Älteren den Jüngeren nachgaben, als diese sich, auch zur Ehre ihrer Gefallenen, nicht ein Denkmal, sondern Bücher wünschten.

Dies wird nicht gesagt, um der Jugend mit einem Lobe entgegenzulaufen. Der in einem solchen Lobe enthaltene Satz: wir haben gefehlt, aber ihr werdet es besser machen, wäre das billigste Alibi, das wir uns besorgen könnten. Auch ist bekanntlich Jugend kein Verdienst, sondern eine vorübergehende Tatsache. Aber ein Recht, und damit eine Pflicht hat die Jugend als Jugend: eine Ehrlichkeit zu üben, die noch nicht von der Geschichte eingeengt ist. Formen, so sagen wir, sind geschichtlich. Es wäre schlimm, wenn zur Ehre von Toten überall da kein Kreuz errichtet werden dürfte, wo nicht an den Gekreuzigten geglaubt wird: denn Sitte ist nun einmal, einer durchgehenden Erfahrung der Religionsgeschichte gemäß, dauerhafter als Glauben. Aber der junge Mensch, der den Kompromiss mit der Geschichte noch nicht geschlossen hat, kann den Glauben fordern, bevor er die Sitte zulässt, er konnte hier, ganz nüchtern gesprochen, statt des Symbols die Orientierung, statt des Kreuzes die Bücher fordern.

An der Auswahl dieser Bücher hat das Max-Planck-Institut für Geschichte in Göttingen und in seinem Auftrag sein Mitarbeiter Dr. Freiherr von Aretin einen bescheidenen Anteil. Wir nahmen diesen Auftrag mit Freude an: denn das Erste, was die ältere Generation der jüngeren und sich selbst zu gute tun kann, ist die Offenlegung ihrer Bücher: der Bücher, in denen unser Gutes und Schlechtes, Bewährung und Versagen, Wut und Feigheit, unsere Wahrheiten und unsere Lügen verzeichnet sind. Denn das ist die Kette, von der die damals schon Erwachsenen und heute noch Lebenden sich nicht mehr losmachen können: dass wir das Leben, das Überleben so oder so erkauft haben durch Dämpfung unserer Gewissen, durch Kompromisse mit der Macht. Dagegen freilich helfen wohl Bücher auch in Zukunft nicht. Aber wir waren auch nicht genügend unterrichtet. Wir, auch wir gelehrten Historiker, hatten unsere Geschichtskenntnisse nicht zu politischen Einsichten verdichtet, auch wir Historiker standen der Geschichte hilflos und wehrlos gegenüber. Unterrichten Sie sich besser als wir uns unterrichtet haben. Man kann sich unterrichten. Man kann sich heute auch leichter orientieren als früher. Wer die zu Ihrer neuen Bibliothek gehörenden Vierteljahrshefte zur Zeitgeschichte studiert, kann gewisse Behauptungen und Stammtischzweifel über Machtergreifung, Kriegsausbruch, Juden-Endlösung und 20. Juli nicht mehr äußern, denn er ist in umsichtiger Weise und auf Aktenbasis unterrichtet. Das wäre dann schon sehr viel. Freilich soll angesichts dieser zeitge-schichtlichen Bibliothek betont werden, dass mit der neuesten, der so genannten Zeitgeschichte seit etwa 1918 geschichtliche Bildung noch nicht zu gewinnen ist. Diese bedarf des Blickes auf die ganze Geschichte im Annehmen dessen, was der Geschichtsunterricht anbietet. Aber auch dies ist nicht alles. So viel Sie auch lesen und lernen, so ernst Sie nach einem eigenen Urteil streben, Sie sollten, denn sie können sich auf dieses Urteil allein nicht verlassen. Nicht, als ob Sie nun alle Geschichte studieren, gelehrte Historiker werden sollten – das würde auch wenig nützen, denn historische Gelehrsamkeit und geschichtliche Bildung sind verschiedene Dinge, die sich nur in wenigen Glücksfällen vereinigen. Sie haben eine andere Möglichkeit, Ihr Urteil über das Gelesene und subjektiv Aufgenommene hinaus zu erweitern, eine Möglichkeit, die schon im Lesen selbst angelegt ist, das ja nicht schmeichelt, sondern schmerzt: nämlich das Hören auf den andern: das Hören auf den Polen, ohne sein Deutschtum zu verleugnen, das Hören auf den kommunistischen Historiker, ohne Kommunist zu sein. Denn die Wahrheit, auch die historische, kennt nur Gott – der Mensch, auch der gelehrteste und gutwilligste, gewinnt im besten Falle Wahrheiten – Wahrheitsfragmente, nämlich Wahrheiten, die an die Zeit gebunden sind, Wahrheiten, von denen Körnchen in den unsympathischsten Hüllen verborgen sein können. Das ist leicht gesagt, aber schwer getan. Auf den Andern hören, und spräche er aus dem Panzer eisiger Fremdheit, Erwägen von Sätzen, die als Angriff, als List gemeint sein mögen, den andern nicht nur als Objekt, sondern auch als Subjekt zu betrachten: das ist jene oft gelästerte historische Objektivität, die, als eine fast übermenschliche und keinen Dank erfahrende Aufgabe, im

Grunde nichts anderes ist, als die Übersetzung des biblischen: ‚Liebet eure Feinde' in die Sprache der Wissenschaft. Die Wahrheit, eben weil sie gebunden und zerteilt ist, muss man auch aus feindlichem, ja aus unreinem Munde hören.

Aber wird die Welt des Guten und des Bösen, wird die Welt des Richtigen und Falschen, wird, mögen Sie fragen, nicht Überzeugung und Wille, Schwung und Freude der Jugend mit solchem Sich-Unterrichten, mit diesem Auf-den-andern-Hören in lauter Relativismen aufgelöst und in lauteres Zögern aufgestaut? Auf diese Frage kann ich nicht antworten, denn sie richtet sich gegen geschichtliches Denken überhaupt. Sie wollen doch, sonst hätte diese Stunde und hätte ihr neuer Raum keinen Sinn, aus der Geschichte lernen. Aber was ist aus der Geschichte zu lernen? Zunächst dies: dass das ganze menschliche Leben geschichtlich ist: die Formen, die Denkmäler, der Krieg. Der Krieg ist geschichtlich, das heißt doch: wer es weiß und sagt, dass der Krieg unter den Bedingungen der modernen Technik kein Mittel der Politik sein kann, weil es eben kein Krieg von Kriegern und gegen Krieger, kein gefügiges Instrument in der Hand des Staatsmannes mehr ist, sondern eine maschinelle Vernichtungsaktion gegen Wehrlose und ein zurückschlagender Dämon, wer dies weiß und sagt, schmäht doch keine soldatische Pflichterfüllung und nimmt nicht Partei gegen Männer in der Geschichte, die Kriege geführt und, vergessen wir das nicht, auch Frieden geschlossen haben in Zeiten, da eben der Krieg die Clausewitzsche Fortsetzung der Politik mit anderen Mitteln war. Wer geschichtlich denkt, das heißt, wer die Sachen in ihre Zeit und an ihren Ort stellt, denkt nicht mehr fanatisch. Und so wenig die Geschichte Lehren für die Entschlüsse des Lebens liefert – denn die Geschichte setzt sich ja selbst aus solchen Entschlüssen zusammen – so frei und sicher im Ganzen müsste doch geschichtliche Bildung als Schule für Maß, Gerechtigkeit und Entschiedenheit die Seele machen für Entscheidungen die nicht aus der Geschichte gelernt werden, für Entscheidungen, die uns letzten Endes als Entscheidungen des Gewissens bevorstehen.

Mögen wir für diese Entscheidungen auch durch unsere Unterrichtung gerüstet sein, zum Nutzen der Lebenden, zur Ehre der Toten.

Walter Kettler (2. Vorsitzende des Vereins ehemaliger Andreasrealgymnasiasten und Scharnhorstschüler):[1952]
„Hochverehrte Anwesende, insbesondere liebe Angehörige unserer gefallenen Mitschüler!
Nach dieser würdigen Gedenkfeier habe ich den Gedenkraum der Obhut der Schule zu übergeben.
Als Beauftragter des Vereins der ehemaligen Andreas-Realgymnasiasten und Scharnhorstschüler zu Hildesheim und in meiner Eigenschaft als Leiter der ‚Arbeitsgemeinschaft Gedenkraum' habe ich zuerst die Pflicht zu danken.
Dank sage ich den Freunden und Ehemaligen der Schule, bei denen unser Anruf zu spenden ankam, offene Herzen und gebende Hände fand.
Dank sage ich den Angehörigen unserer Gefallenen, die ohne unseren Anruf spendeten.
Danken muss ich den Herren Architekt Brockmann und Oberbaurat John für die geleistete Hilfe und Mitarbeit. Ihnen haben unsere für die räumliche Gestaltung des Gedenkraumes in anderer Richtung liegenden Wünsche gleiche Sorgen bereitet, wie der Arbeitsgemeinschaft selbst. Danken muss ich meinen Mitarbeitern Hübotter, Pook, Prieß, Roether und Stein für die vielen Mühen und Opfer, die sie auf sich nahmen, um die Ideen für den Gedenkraum zu entwickeln, zu planen und zu gestalten. Unvergessen bleibt die überaus große Arbeitsleistung unseres Heinrich Bodenstein, der neben den vielen Belastungen, die die Feier des Jubiläums für ihn mit sich brachte, dafür sorgte, dass wir die erforderlichen Spenden bekamen.
Unvergessen bleiben die nie versagte Hilfe unseres Oberstudienrates Bohnsack und die für die Zukunft wertvollen Anregungen Emil Mackels. Wenn ich nun einen Namen ganz betont nenne, so deshalb, weil dieser Mitarbeiter so ganz in der Stille wirkte, dessen große Leistung nur wenige Eingeweihte ganz ermessen können.
Sie, Herr Dr. Tischbein, haben in unermüdlicher Sorgfalt, in einer Monate in Anspruch nehmenden Arbeit und mit vielen Mühen die Namen und Daten unserer Gefallenen ermittelt und zusammengetragen. Ohne Ihre Tätigkeit hätten wir heute das Gedenkbuch nicht. Dafür darf ich Ihnen im Namen der Altschülerschaft und ich glaube auch im Namen der Angehörigen unserer Gefallenen hier unseren ganz besonderen Dank übermitteln. Freudigen Herzens danke ich dem

Max-Planck-Institut für Geschichte in Göttingen für die überaus sorgliche und liebevolle Mitarbeit. Ohne die Hilfe des Dr. Freiherr von Aretin und ohne ihre Steuerung, Herr Prof. Heimpel, hätten wir die Aufgabe nicht geschafft, eine gedrängte und doch möglichst wesentliche Auswahl für die Gedenkraumbücherei zu treffen. Wir sind stolz darauf, dass Sie, verehrter Herr Prof. Heimpel, das Protektorat über unsere Gedenkraum-Bücherei übernahmen, und wir danken Ihnen aus ganzem Herzen, dass Sie heute unter uns weilen und zu der hier versammelten Gemeinschaft gesprochen haben.

Zum Schluss danke ich noch den zahlreichen Spendern von Büchern. Und ich danke den vielen Ungenannten, die die Arbeiten für die Erstellung des Gedenkraumes und seiner Ausstattung durchgeführt haben.

Mit viel Liebe, eifrigem Schwung und einem riesengroßen Optimismus ist die Arbeitsgemeinschaft vor etwa 1 1/2 Jahren an die ihr gestellte Aufgabe herangegangen: ‚ein Ehrenmal für die Gefallenen Lehrer und Schüler zu schaffen'. Die Planungen führten von einer Gedenktafel in moderner Kunstauffassung zu einem Ehrenhof, weiter zu dem Versuch, die Halle, in der wir uns befinden, zu nutzen und anderen gleichartigen Lösungen. Mannigfaltig waren die diesen Plätzen angepassten Entwürfe für das Ehrenmal selbst. Unsere Freude am Schaffen wurde dann durch uns gesetzte Grenzen eingeengt. Wir mussten uns der Bauweise dieser Schule anpassen, kein Raum durfte den schulischen Zwecken entfremdet werden. Im entscheidenden Augenblick hatten wir nur recht geringfügige Mittel. Keine unserer Planungen befriedigten aber auch weder die Bauleitung noch uns selbst. Wir befanden uns äußerlich und innerlich in einer bedrückenden Lage. Rückschauend dürfen wir heute sagen, das war gut so! Denn diese Verhältnisse und der an uns herangetragene Wunsch eines Teiles der Schüler: ‚kein Ehrenmal zu errichten, dafür aber eine Bücherei über neuzeitliche Geschichte zu stiften' zwangen uns zu neuen Überlegungen. Die Arbeitsgemeinschaft musste sich über den Sinn und die Art unserer Gedenkstätte erneut ernste Gedanken machen. Mit alten, traditionsgebundenen und im Herzen verankerten Anschauungen haben wir hart ringen müssen, um Neues werden zu lassen. Wir mussten dabei innerlich mit Fragen fertig werden, die im Widerspruch zueinander zu stehen schienen. Für uns, die wir draußen waren, war es eine Verpflichtung, unseren nicht heimgekehrten Kameraden ein Mal des Gedenkens zu setzen. Waren wir nicht vielleicht die Letzten, die die Erinnerung an ihr Opfer auf solche Weise wach hielten?

Hatten nicht viele Mütter und Väter, Frauen, Kinder und Geschwister unserer Gefallenen keine Stätte, an der sie ihrer Toten gedenken, mit ihnen stille Zwiesprache halten konnten? Sollten wir nicht helfen eine solche Stätte für sie zu schaffen?

Das konnte kein Kriegerdenkmal in alter Auffassung sein. Das war von Anfang an nicht einmal in Erwägung gezogen. Aber es hätte ein sakral gestalteter Raum mit einem Kreuz als Mittelpunkt sein können. Dieser hätte die Angehörigen und unsere Generation eindringlich angesprochen. Sprach eine solche Lösung auch die heutige Jugend an? Wäre es für sie nicht nur ein Denkmal gewesen, zu dem sie keine innere Bindung gefunden hätte? Sollten wir nur die Bücherei stiften, die gewünscht war? Mit solcher Lösung allein konnten wir Älteren uns nicht abfinden, trotz der Berechtigung der Forderung der heutigen Jugend.

Unüberhörbar blieb für uns der Anruf des gefallenen Dichters der Deutschen Jugendbewegung Walter Flex und wies uns unseren Weg. In seinem Erlebnisbuch aus dem 1. Weltkrieg ‚Der Wanderer zwischen beiden Welten' ruft er auch uns zu:

‚Totenklage ist ein arger Totendienst, Gesell. Wollt ihr eure Toten zu Gespenstern machen, oder wollt ihr uns Heimrecht geben?

Es gibt kein Drittes für Herzen, die in Gottes Hand geschlagen. Macht uns nicht zu Gespenstern. Gebt uns Heimrecht! Wir möchten gern zu jeder Stunde in euren Kreis treten dürfen, ohne euer Lachen zu stören. Macht uns nicht ganz zu greisenhaft ernsten Schatten, lasst uns den feuchten Duft der Heiterkeit, der als Glanz und Schimmer über unserer Jugend lag! Gebt euren Toten Heimrecht ihr Lebendigen, dass wir unter euch wohnen und weilen dürfen in dunklen und in hellen Stunden.

Weint uns nicht nach, dass jeder Freund sich scheuen muss, von uns zu plaudern und zu lachen.

Gebt uns Heimrecht, wie wir's im Leben genossen haben!'

Wir hoffen nun, mit unserem Gedenkraum und

der dazugehörigen Bücherei eine würdige Gedenkstätte geschaffen zu haben. Wir glauben, in unserem Gedenkraum unseren Gefallenen Heimrecht zu geben, und wir lassen sie unter den Lebendigen weilen in dunklen und in hellen Stunden. Wir werden dem Wunsche der heutigen Schüler nach einer Bücherei über die Geschichte der jüngsten Vergangenheit gerecht. Wir haben den Raum schulischen Zwecken nicht entzogen. Wir hoffen vielmehr, dass er nunmehr einer besonderen schulischen Aufgabe dienen wird.

In dem Gedenkraum wird eine lebendige Jugend ihr Lebensrecht finden können, ohne sich zu scheuen, in der Gegenwärtigkeit unserer Gefallenen fröhliche Herzen zu haben. Und ist es nicht auch ein Trost für die Angehörigen, dass unser Gedenken an die Gefallenen so unmittelbar mit dem Leben verbunden bleibt?

Zum Schluss richte ich die Wünsche der Altschülerschaft an euch, die heutige Jugend.

Tragt Leben in den Gedenkraum! Holt euch aus den Büchern unserer Gedenkraum-Bücherei Erkenntnisse über das schicksalhafte Geschehen der letzten Jahrzehnte. Hütet euch vor jeder Einseitigkeit! Lest die Bücher nicht nur mit nüchternem Verstand, sondern auch mit offenen Herzen! Seid wachsam und sucht zu erfassen, was wahr und echt ist! Bemüht euch auch um ein Verstehen des Handelns und Tuns unserer Generation.

Beherzigt die Bitte unseres St.-Jürgen-Deckblattes: ‚Dass uns der Drach nicht tät erwürgen!'

Mögen diese Erkenntnisse gerade in unserer Zeit, in der merkantiles und materialistisches Denken, Streben und Handeln vorherrscht, hinführen zu den inneren Werten einer Herzensbildung, zu freiwillig getragenen, festen Bindungen an das Leben der Gemeinschaft, zu einer wahrhaften, charaktervollen Lebensgesinnung und -haltung!

So genutzt wird das Jubiläums-Geschenk der Altschüler an unsere Schule dazu beitragen, eine dunkle schicksalhafte Vergangenheit und zugleich die Gefahren der Gegenwart zu überwinden. Ein wirkliches Überwinden wird aber nie dadurch erreicht werden, dass nur immer wieder das Dunkle hervorgeholt wird und man sich mit seiner Feststellung begnügt, sondern nur dadurch, dass die Lehren, die uns dieser Geschichtsabschnitt für unser Volk erteilen will, beherzigt werden. Beherzigt werden im Sinne der Worte des Mannes, dessen Namen unsere Schule trägt:

‚Die neue Zeit braucht mehr als alte Titel und Pergamente, sie braucht frische Tat und Kraft!'

Scharnhorstschule: Gedenkfeier 1962

Walter Kettler (2. Vorsitzende des Vereins ehemaliger Andreasrealgymnasiasten und Scharnhorstschüler):[1953]

„Hochverehrte Anwesende!

Als wir vor zwei Jahren der Schule den Gedenkraum übergaben, war nicht vorauszusehen, ob er, wie wir wünschten und hofften, zu seinen Besuchern sprechen würde, ob er die Gedenkstätte werden würde ‚zur Ehre der Toten, und zum Nutzen der Lebenden'. Heute können wir sagen, dass die Zeit seit dem 3. September 1960 gezeigt hat, dass unser Gedenkraum nicht nur in seiner architektonischen Lösung anspricht. In ihm wurden stille Zwiesprachen ausgelöst zwischen denen, deren Namen in unserem Gedenkbuch stehen, und ihren Angehörigen, zwischen den Draußengebliebenen und den Überlebenden, und wir dürfen deshalb auch annehmen, dass unser Gedenkraum schon heute eine Verbindung geknüpft hat zwischen den ehemaligen und den heutigen Schülern. Wer miterlebte, wie an den offenen Tagen der Strom der Besucher nicht abriss, wer sah, wie sie mit zitternden Händen im Buch den Namen suchten, der ihnen lieb und teuer ist, wer mit den andächtig Verweilenden empfinden durfte, wie manche befreiende Träne sich hier löste, der weiß, dass dieser Raum zu einer Stätte des Gedenkens wurde, der weiß, dass schon der Besuch an den offenen Tagen die Schaffung unseres Gedenkraumes rechtfertigt.

Hier ist eine lebendige Gemeinschaft der Angehörigen, der Lehrer, der aktiven und ehemaligen Schüler entstanden. In dieser Gemeinschaft stehen wir auch heute. Durch die räumlichen Verhältnisse und organisatorischen Gegebenheiten bedingt, mussten wir ungern darauf verzichten, auch die Angehörigen einzuladen. Wir freuen uns umso mehr, dass sie dennoch so zahlreich unter uns weilen, sich so selbstverständlich in unseren Kreis fügen und damit uns ihre starke Verbundenheit beweisen.

Wir, die Lebenden, Lehrer, ehemalige und aktive Schüler, feiern heute das Marienbergfest 1962, das diesem traditionellen Fest der Ehemaligen neuen Sinn und Inhalt geben, das unser gemeinsames Fest werden soll. Die erste Stunde dieses Festes gehört unseren Gefallenen. Nicht weil wir ‚Heldenkult' treiben wollen. Das zu tun, wäre bestimmt nicht im Sinne der Toten, derer wir gedenken, und das ist auch nicht in unserem Sinne.

‚Nicht nur aus der Pflicht und der Sitte, den Toten die Ehre zu erweisen, die ihr Andenken und ihr Vorbild uns abfordert und aus der niemand uns entlassen kann', sondern weil sie zu uns gehören, Heimatrecht bei uns haben und unter uns weilen sollen gerade auch in den hellen Stunden dieses Festes. Die erste Stunde des Marienbergfestes 1982 gehört unseren Gefallenen, weil wir sie nicht vergessen können.

Ist in unserer Zeit, in der das Denken und Handeln der Menschen den realen Erfordernissen untergeordnet sind, in der sich alles um den Markt und um die Mark dreht, in der der Verdienst und nicht das Dienen auch unser Sinnen und Trachten oft beherrscht, solch eine Erinnerungsstunde noch zeitgemäß?

Wir wissen heute, was bei dem Sterben unserer Gefallenen der größte Teil von uns nicht wusste, dass ihr Leben nicht für hehre Ziele und heilige Aufgaben geopfert wurde. Was rechtfertigt also heute diese Gedenkstunde?

Sie, unsere Gefallenen, gaben ihr Leben, das sie liebten und an dem sie hingen wie wir. Sie starben in schlichter Erfüllung ihrer Pflicht, die ein hartes Gesetz ihnen auferlegte. Sie opferten sich im Dienen, in Treue, Hingabe und im Glauben, dass ihr Tun recht war, in Liebe zu ihrer Heimat, zu ihrem Volk und Vaterland. Sind das Eigenschaften, die keine Gültigkeit, keinen Wert mehr haben? Auf die wir heute verzichten können?

In der Frankfurter Allgemeinen, der Zeitung mit großer demokratischer Tradition, stand am 25. April 1960 der Satz: ‚Keinerlei Eid zu schwören, um sich jeglicher Treue zu sparen, ist nichts als eine farblose Variation des Verrats.' Unsere Gefallenen sparten keine Treue.

Prof. Thielicke sagte in seiner Gedenkrede zum 17. Juni 1962: ‚Und noch etwas gehört zu jener staatsbürgerlichen Erziehung, was ich weithin vermisse: Die Liebe zu dem, was mit einem alten Wort das Vaterland genannt wird. Eines dürfte feststehen: Ich kann solange kein inneres Verhältnis zu meinem Staate haben, wie er mir nicht die organisatorische Form für dieses mein Vaterland ist. Das so unmodern gewordene Wort ‚Vaterland' aber umschließt, ohne dass es nationalistisch zu entarten brauchte, die ganze Fülle dessen, was ich in dieser Welt liebe: Vater, Mutter und Freunde, Weib und Kind, den Raum meiner Heimat und den Hintergrund seiner Geschichte. Das alles ist persönlich getönt und steht mir sehr nahe. Und wenn wir die Gefallenen der beiden letzten Kriege fragen würden – ihre Briefe, die ja veröffentlicht sind, erlauben uns diese Frage – wenn wir sie fragen würden, was ihnen nahegewesen sei und ihnen die Kraft zu ihrem Opfer gegeben hat, dann antworten sie einmütig mit diesen Räumen und Gestalten, die das Wort ‚Vaterland' umschließt.'

Auch wenn ihre Treue und ihre Liebe zum Vaterland missbraucht wurden, es bleibt: Sie unsere Gefallenen, ließen ihr Leben für das Vaterland und für uns, die wir ein Stück des Vaterlandes sind. Und weil sie so starben, behalten sie ihren Platz in unseren Herzen und gebührt ihnen besondere Ehre!

Ob ihr Opfer vergebens oder sinnlos war, liegt bei der jetzigen und kommenden Generation, liegt allein in unserer Verantwortung. Sorgen wir dafür, dass trotz allem grausigen Geschehen, das hinter uns liegt, das uns fast erdrückt, die Liebe zum Vaterland dennoch in unseren Herzen verankert bleibt. Denn ohne innere Verpflichtung ohne Treue, ohne Opfersinn und Hingabe, ohne Glauben und Liebe kann keine Gemeinschaft, keine Familie, kein Staat, kein Volk, auch kein Zusammenschluss freier Völker auf die Dauer bestehen. Diese Werte des einzelnen Menschen sind immer Realitäten für eine Gemeinschaft. Sie sind auch für die Gemeinschaft, in die wir gestellt sind, das tragende Fundament, nicht nur wenn es um Sein oder Nichtsein geht, sondern auch im täglichen Leben.

Noch eines bewegt uns auch in dieser Stunde und lässt uns nicht frei: Die Sorge um die Freiheit! Über die Freiheit ist in den letzten Jahren so viel geredet und geschrieben worden. Nur zu gerne wird sie verstanden als das persönliche Freisein von jeder Bindung. Die Spaltung unseres Vaterlandes sollte uns die Augen geöffnet haben, und das Geschehen an der Mauer durch Berlin müsste uns aufrütteln aus dem materiellen Sattsein und der Trägheit unseres Denkens, aufrufen zu besonnenem Tun! Jede Freiheit ist nur so viel wert, wie an Opferbereitschaft des Einzelnen dahinter steht. Die Freiheit, die innere und die äußere, verlangt ihren

Einsatz. Handeln wir mit klarem Verstand und mit warmen Herzen aus dieser Erkenntnis, dann ist das Opfer unserer Toten nicht umsonst gewesen. Das darf jedoch nicht falsch verstanden werden. Jeder von uns wird in besinnlichen Stunden – im Erinnern an das eigene Erleben, angesichts des Leides um unsere Gefallenen und um ihr Leiden selbst, inständig beten, dass kein neuer Krieg uns und unsere Kinder treffen möge, dass Frieden in Freiheit werde um uns, bei allen Völkern und in unserem Herzen.

Lernen wir wieder zu dienen. Sorgen wir, dass das, was mit den Worten ‚Vaterland und Freiheit' umschlossen ist, wieder glaubwürdig werde, bleibe und nie wieder entarten kann. Mit dieser inneren Verpflichtung und Verantwortung können und wollen wir unsere Gefallenen ehren, die in fremder Erde ruhen oder in heimatlicher Scholle geborgen sind, die kalter Schnee und Eis, heißer Wüstensand oder das Wasser des Meeres deckt, deren Namen in unserem Gedenkbuch vereinigt sind.

Wir, die Lebenden, schließen euch, unsere gefallenen Brüder, ein in unser Marienbergfest 1962 und legen als Symbol der innigen Verbindung mit euch und mit allen euren Kameraden, die das gleiche Opfer brachten, unsern Kranz nieder."

Gedenkfeier der Scharnhorstschule 1963

Pastor Hans May:[1954]
„Sehr verehrte Anwesende!
Bei einem Besuch in Finnland wurde ich in Helsinki zum Grabe Marschall Mannerheims geführt. Dieses Grab liegt in der Mitte eines Soldatenfriedhofes auf einem der großen Friedhöfe der Stadt. Die Finnen haben während des Krieges ihre Gefallenen sämtlich in ihre Heimatorte transportiert, so dass man in jedem finnischen Ort einen Soldatenfriedhof findet, wo die Gefallenen der Gemeinde begraben sind. Als wir das Grab Mannerheims besuchten, stellten Techniker zwischen den Soldatengräbern eine Lautsprecheranlage auf. Wir machten unseren Begleiter darauf aufmerksam und er sagte uns: Heute haben die Gymnasien in Helsinki Abitur gemacht. Es ist bei uns so Sitte, dass heute Nachmittag um drei die Abiturienten hier zusammenkommen und die Blumen, die sie zum Abitur bekommen haben, zu den Gräbern der gefallenen Soldaten bringen.

Ich habe dieses Erlebnis in verschiedenen Klassen der Oberstufe erzählt. Die übereinstimmende Meinung der Schüler lautete: Das wäre bei uns unmöglich. Die Gründe für diese ebenso spontane wie für manchen unter uns sicher harte Reaktion liegen auf der Hand. Wir haben es sehr viel schwerer als etwa die Finnen, zu unseren Gefallenen ein Verhältnis zu finden, weil wir uns mit dem Staat nicht identifizieren können, auf dessen Befehl sie in den Krieg gegangen sind. Wir können uns nicht mit den Zielen des Krieges einverstanden erklären, in dem sie gefallen sind, und die Gläubigkeit, mit der viele von ihnen in diesen Krieg gegangen sind, erscheint manchem von uns aus dem Abstand der Jahre unverständlich. Wir haben eben mehr als einen Krieg verloren. Wir haben weithin das Verhältnis zu unserer Geschichte verloren oder besser gesagt: Wir haben es noch nicht wiedergefunden. Von daher wird auch das Urteil der Schüler verständlich, das ich oben zitierte. Ich muss von mir selber sagen, dass ich dieses Urteil nicht nur verstehe, sondern teile. Ich war zu jung, um im letzten Kriege Soldat zu sein, aber ich war zu alt, um nicht am Ende des Krieges den Bruch mit aller Tradition schneidend zu empfinden. Dieser Bruch wirkt auch heute noch in uns nach. Er macht es uns schwer, ein Verhältnis zu finden zu jeder Art von Tradition. Das bedeutet nicht, dass es für uns überhaupt keine Traditionen mehr geben, könnte. Vielleicht sind es gar nicht so wenige, die den Anschluss an die Geschichte unseres Volkes wiederfinden möchten, weil sie durchaus spüren, dass wir diesen Anschluss brauchen zum Verständnis unserer gegenwärtigen Situation. Aber wo soll man anschließen? Im Augenblick jedenfalls scheint es so, als wäre unser Verhältnis zur Geschichte und vor allem zu unserer nationalen Geschichte nach wie vor blockiert. Das zeigt sich daran, dass es so gut wie keine lebendige nationale Tradition mehr gibt. Gerade heute, da wir der Gefallenen dieser Schule gedenken, wird uns diese Tatsache schmerzlich bewusst. Es gibt gegenüber unseren Gefallenen kein Verhalten, das von der Tradition bestimmt und von der Mehrheit unseres Volkes übernommen würde, wie es etwa in Finnland der Fall ist. Aber mit dieser Feststellung kann die Frage nach den Gefallenen nicht erledigt sein.

Denn das Opfer des eigenen Lebens ist nach wie vor das höchste Opfer, das ein Mensch bringen kann. Und wenn wir uns mit dem nationalsozialistischen Staat nicht identifizieren können, so sind wir damit noch nicht all denen gerecht geworden, die im guten Glauben, dass das Wohl ihrer Familie und ihres Volkes es verlangt, ihr Leben geopfert haben. Nach meiner Überzeugung haben die Schüler Recht, die behaupten, dass wir auch gerade im Gedenken an die Gefallenen alte nationale Traditionen nicht ungeprüft und ungebrochen weiterführen oder wieder aufnehmen können. Das geht schon deshalb nicht, weil sie zum größten Teil ihren Ursprung in der Zeit des Nationalismus haben und diesen Ursprung weder verleugnen können noch wollen. Wir aber fühlen, dass wir nur dann eine Zukunft haben werden, wenn es uns gelingt, zu übernationalen Lebensgemeinschaften zu kommen. Und wir werden uns lieber von nationalen Traditionen lösen, als auf die Chance verzichten, uns eine Zukunft zu sichern.

Aber was bestimmt nun unser Verhältnis zu den Gefallenen? Es genügt nicht – und hier wende ich mich besonders an die Jüngeren unter uns – es genügt nicht, auf alte Traditionen zu verzichten. Wir stehen vor der viel schwierigeren Aufgabe, neue Traditionen begründen zu müssen.

Wir können jetzt nicht über die vielfältigen Schwierigkeiten sprechen, die einem solchen Versuch entgegenstehen. Lassen Sie uns in dieser Stunde versuchen, unsere Gefallenen dadurch zu ehren, dass wir miteinander überlegen, ob aus der Besinnung auf die Tatsache und die Umstände ihres Sterbens Erkenntnisse zu gewinnen sind, die zu tradieren für uns verpflichtend sind.

Wenn wir also zu einer Erinnerungsfeier versammelt sind: woran wollen wir uns eigentlich erinnern? Doch nicht nur an die Tatsache, dass viele gefallen sind, die einmal zu uns gehört haben. Woran also sonst? Wollen wir uns erinnern an ihre Opferbereitschaft oder an ihre Qualen? Wollen wir betonen, dass sie subjektiv in dem guten Glauben gestorben sind, einer gerechten Sache zu dienen? Oder soll die tragische Tatsache unsere Erinnerung bestimmen, dass sie getäuscht wurden und objektiv für eine ungerechte Sache in den Tod gegangen sind? Ich glaube, unser Gedenken muss beides umfassen. Wenn wir überhaupt im Blick auf die Gefallenen zu einer Tradition kommen wollen, die unsere Toten ehrt, dann muss die ganze Summe der Tapferkeit und der Leiden, der Opferbereitschaft und der Grausamkeit in diese Tradition aufgenommen werden. Aus diesem Grunde sollten wir auch, wenn wir der Toten gedenken, nicht bei den Gefallenen allein stehen bleiben. Wir sollten die an ihre Seite stellen, die ein Opfer der Bomben geworden sind. Wir sollten auch, wenn wir unsere Gefallenen ehren, derer gedenken, die im Dritten Reich hingerichtet worden sind, weil sie für Freiheit und Recht eintraten. Auch sie haben ihr Leben geopfert für uns. Und neben ihnen steht die große Zahl derer, die in den Konzentrationslagern gelitten haben und gestorben sind. Nicht wenige von ihnen haben ihr Leben geopfert, weil sie die Wahrheit höher gestellt haben als das Leben. Und deshalb haben auch sie Anspruch auf unsere Verehrung. Wir verneigen uns bei ihnen ebenso wie bei den Gefallenen vor der Tragik ihres Lebens, vor ihren Leiden und ihrer Opferbereitschaft. Und man kann nicht den einen ehren, ohne sich zugleich vor dem anderen zu verneigen. Die Erinnerung an die Toten des Krieges konfrontiert uns mit hohen menschlichen Tugenden. Aber wir begegnen nicht nur Tugenden. Wir begegnen zugleich der Tatsache, dass Menschen Menschen töten, dass Menschen Menschen Leiden zufügen unvorstellbaren Ausmaßes, wir begegnen der Sinnlosigkeit und der Grausamkeit. Wir begreifen, dass all diese Dinge als Möglichkeiten im Menschen angelegt sind und wir halten es für unsere Pflicht, das Wissen um diese Möglichkeiten lebendig zu halten. Wir sehen darin eine wenn auch vielleicht nur schwache Chance, uns vor der Wiederholung dieser Ereignisse zu schützen.

So enthält die Erinnerung an unsere Toten Wahrheiten von großer Härte. Wahrheiten, die die Tragik ihres Todes offenbaren und Wahrheiten über den Menschen als solchen und das heißt ja wohl auch: über uns selbst. Wenn wir aber im Blick auf unsere Gefallenen zu einer Tradition kommen wollen, die die Toten ehrt, dann kann es nur unter Einschluss der vollen Wahrheit geschehen und niemals gegen das, was wir als Wahrheit erkannt zu haben glauben. Wir bekennen uns gern zu einer Tradition, die sich verpflichtet fühlt, das weiterzugeben, was wir durch das Leiden und Sterben unserer Gefallenen als wahr erkannt haben. Wir bekennen uns gern zu einer Tradition, die uns den Schmerz der Selbsterkenntnis nicht erspart, weil sie letztlich darauf zielt, dem Leiden und der Grausamkeit einen Damm zu bauen.

Deshalb beugen wir uns miteinander vor den Tapferen, die ihr Leben gaben, weil sie des guten Glaubens waren, dass das Wohl der Gemeinschaft es verlangt.
Wir beugen uns vor den Tapferen, die ihr Leben und damals auch ihre Ehre opferten, weil ihr Gewissen sie trieb, gegen das Unrecht aufzustehen.
Wir sind stumm vor den Leiden, die Menschen Menschen zugefügt haben.
Wir alle sollten, wenn wir der Gefallenen gedenken, Gott immer wieder darum bitten, dass er uns hilft, anderen und uns die Leiden und Opfer zu ersparen, die denen auferlegt wurden, deren Tod wir heute beklagen."

Anmerkungen

1947 HAZ v. 19.8.1874.
1948 HAZ Nr. 192 v. 23.8.1920, S. 5 und 6.
1949 100 Jahre Michelsenschule Hildesheim 1858-1958, S. 258 f.
1950 V.a.H. = Verein alter Hildesheimer Michelsenschüler.
1951 Scharnhorstschule Hildesheim, Festschrift 75-Jahrfeier, Bericht der Ehemaligen, S. 14 ff. Heimpel war Leiter des Göttinger Max-Planck-Instituts für Geschichte, das von ihm 1956 gegründet wurde. Vorgänger des Max-Planck-Instituts für Geschichte war das Kaiser-Wilhelm-Institut für Deutsche Geschichte. Es begann seine Arbeit im Jahre 1917 in Berlin.
1952 Die Rede Kettlers wurde zuerst in der Schülerzeitung der Scharnhorstschule „Forum", Nr. 3, 1960, S. 6-11, veröffentlicht.
1953 Forum, Schülerzeitung der Scharnhorstschule, 3/1962, S. 7 ff.
1954 Forum, Schülerzeitung der Scharnhorstschule, 1/1964, S. 2 ff.

23.4 Literatur- und Quellenverzeichnis

Adorno, Theodor W., Was bedeutet: Aufarbeitung der Vergangenheit? In: Ders., Eingriffe, Frankfurt a. M. 1970
Alain (Pseudonym für Emile Auguste Chartier), Spielregeln der Kunst, Düsseldorf 1961, S. 77-97
Alain, Das Glück ist hochherzig, Frankfurt a. M. 1987, S. 30-32
Andreas-Realgymnasium, 50 Jahre des Staatlichen Andreas-Realgymnasiums und der Staatlichen Andreas-Oberrealschule Hildesheim 1885-1935, Festschrift
Arbeitskreis Bildband Einum, Einum einst und jetzt. Bilder aus dem Leben eines Dorfes, Hildesheim 1998
Ariès, Philippe, Geschichte des Todes, München 1980
Armanski, Gerhard, „... und wenn wir sterben müssen". Die politische Ästhetik von Kriegerdenkmälern, Hamburg 1988
Arndt, Ernst Moritz, Gedichte, Faksimile der Ausgabe Leipzig 1850, Hildesheim 1983
Arndt, Klaus, Ernst Ehrlicher, Band 11 der Schriftenreihe des Stadtarchivs und der Stadtbibliothek Hildesheim, Hildesheim 1983
Assmann, Aleida, Erinnerungsräume. Formen und Wandlungen des kulturellen Gedächtnisses, München 2003
Assmann, Aleida/Harth, Dietrich (Hrsg.), Mnemosyne. Formen und Funktionen der kulturellen Erinnerung, 2. Auflage, Frankfurt a. M. 1993
Assmann, Aleida, Zur Metaphorik der Erinnerung. In: Aleida Assmann/Dietrich Harth (Hrsg.), Mnemosyne. Formen und Funktionen der kulturellen Erinnerung, 2. Auflage, Frankfurt a. M. 1993, S. 13-35
Assmann, Jan, Die Katastrophe des Vergessens. Das Deuteronominum als Paradigma kultureller Mnemotechnik. In: Aleida Assmann/Dietrich Harth (Hrsg.), Mnemosyne. Formen und Funktionen der kulturellen Erinnerung, 2. Auflage, Frankfurt a. M. 1993, S. 337-355
Baugewerkschule Hildesheim, (Verfasser: OstD Dipl. Ing Brandt) Festschrift zum 25-jährigen Jubiläum, Hildesheim 1925
Behr, A. v., Führer durch Hildesheim und Umgebung, Hildesheim 1910

Behrenbeck, Sabine, Heldenkult oder Friedensmahnung? Kriegerdenkmale nach beiden Weltkriegen. In: Gottfried Niethart/Dieter Riesenberger, Lernen aus dem Krieg? Deutsche Nachkriegszeiten 1918 und 1945, München 1992, S. 344-365
Bergerson, Andrew Stewart, Ordinary Germans in Extraordinary Times. The Nazi Revolution in Hildesheim, Bloomington and Indianapolis 2004
Biermann, Wolf, Mit Marx- und Engelszungen, Berlin 1968
Biedermann, Hans, Knaurs Lexikon der Symbole, München 1998
Bischöfliches Gymnasium Josephinum, 400 Jahre. Katalog zur Ausstellung, Hildesheim 1995
Bistumsarchiv Hildesheim, Kunstinventar der Pfarrkirche St. Magdalenen und der Bernwardsgruft (St. Michael) in Hildesheim, Hildesheim 1994
Blau-Weiß Neuhof, 50-jähriges Jubiläum Blau-Weiß Neuhof. Festschrift, Hildesheim 1980
Boberach, Heinz (Hrsg.), Meldungen aus dem Reich. Die geheimen Lageberichte des Sicherheitsdienstes der SS 1938-1945, 17 Bände, Herrsching 1984/1985
Boldt, Werner, Subjektive Zugänge zur Geschichte, Weinheim 1998
Brandes, Heinz, Geschichte des Kgl. Preuß. Infanterie-Regiments von Voigts-Rhetz (3. Hannoversches) Nr. 79 im Weltkrieg 1914-1918, Hildesheim o. J. (1930)
Bremer, Alexander/Waterbeck, Klaus, Leben, Werdegang und Werk des Bildhauers August Waterbeck. In: Alte Hannoversche Tischgesellschaft, Festschrift zum 100. Stiftungstag am 7. März 1992
Brunotte, Ulrike, Zwischen Eros und Krieg. Männerbund und Ritual in der Moderne, Berlin 2004
Buchheit, Gert, Das Reichsehrenmal Tannenberg, München 1936
Cassel, Henry, Festschrift zur Enthüllung des Kaiser-Wilhelm-Denkmals, Hildesheim 1900
Chossudovsky, Michel, Global brutal. Der entfesselte Welthandel, die Armut, der Krieg, Frankfurt a. M. 2002
Chronik des 20. Jahrhunderts, Braunschweig 1982
Demandt, Philipp, Luisenkult. Die Unsterblichkeit der Königin von Preußen, Köln 2003

Der Marktplatz zu Hildesheim, Dokumentation des Wiederaufbaus, Hildesheim 1989
Der Talmud, ausgewählt, übersetzt und erklärt v. Reinhold Mayer, München 1991
Deutsches Rotes Kreuz, 85 Jahre Deutsches Rotes Kreuz in Hildesheim, Hildesheim 1952, StadtA Hi WB 14675
Deutschlandberichte der SoPaDe, 1934-1940, Frankfurt a. M. 1982
DGB (Hrsg.), Geschichte der Hildesheimer Arbeiterbewegung, Hildesheim 1995
Die Bibel, Einheitsübersetzung der Heiligen Schrift. Gesamtausgabe, hrsg. im Auftrag der Bischöfe Deutschlands..., Stuttgart 1980
Donat, Helmut/Riesenberger, Dieter, Die Friedensbewegung in Deutschland (1892-1933). Lesehefte Geschichte für die Sekundarstufe I, Stuttgart 1988
Duden, Das Herkunftswörterbuch. Etymologie der deutschen Sprache, Mannheim 2001
Eichendorff, Joseph von, Werke in sechs Bänden. Band 1, Frankfurt a. M. 1987
Eintracht Hildesheim, Einblicke. Geschichte, Entwicklung, Probleme eines Hildesheimer Sportvereins. Eintracht Hildesheim, 1861-1986, Hildesheim 1986
Ernesti, Kurt, Das Ehrenbuch der gefallenen Andreaner. In: Gymnasium Andreanum Jahresbericht 1965/1966
Fallschirmjäger-Kameradschaft Hildesheim, 30 Jahre Kameradschaft Hildesheim – 40 Jahre Fallschirmjäger in Hildesheim. Festschrift der Fallschirmjäger, Hildesheim 1979
FC Concordia, Festschrift zur Fünfzigjahrfeier, 1910-1960, StadtA Hi Bestand 799-8
FC Concordia, Festschrift „75 Jahre FC Concordia Hildesheim" (1985)
Flessau, Kurt Ingo, Schule der Diktatur. Lehrpläne und Schulbücher des Nationalsozialismus, Frankfurt a. M. 1979
Focke, Harald/Reimer, Uwe, Alltag unterm Hakenkreuz. Wie die Nazis das Leben der Deutschen veränderten, Reinbek 1979
Franke, Josef, Josef Franke Bildhauer. Katalog zur Sonderausstellung zu „40 Jahre Neisser Kultur- und Heimatbund" vom 24. Mai bis 3. Juni 1988 in der Kreissparkasse Hildesheim, o. O. u. J.
Freeman, Mark, Tradition und Erinnerung des Selbst und der Kultur. In: Harald Welzer (Hrsg.), Das soziale Gedächtnis, Hamburg 2001, S. 25-40

Freiwillige Feuerwehr Sorsum, 100 Jahre Freiwillige Feuerwehr Sorsum, 1. bis 3. Juni 1991, Festschrift, StadtA Hi WB 32156
Freiwillige Feuerwehr der Stadt Hildesheim, Festschrift zum 75-jähr. Gründungstag 19. und 20. Mai 1951 der Freiw. Feuerwehr der Stadt Hildesheim, StadtA Hi WB14442
Freiwillige Feuerwehr der Stadt Hildesheim, 1876-1987. 111 Jahre Freiwillige Feuerwehr Stadt Hildesheim, 4.9.-6.9.1987, StadtA Hi WB 28459
Freiwillige Feuerwehr der Stadt Hildesheim, Festschrift zum 100-jährigen Jubiläum 1976, StadtA Hi WB 14714
Freud, Sigmund, Fragen der Gesellschaft. Ursprünge der Religion, Studienausgabe Band IX, Frankfurt a. M. 2000
Gärtner, Reinhold/Rosenberger, Sieglinde, Kriegerdenkmäler, Innsbruck 1991
Gebauer, Johannes, Geschichte der Neustadt Hildesheim, Reprint, Hildesheim 1997
Gebauer, Johannes, Geschichte der Stadt Hildesheim Band I und II, Hildesheim 1922/24
Geeb, Hans Karl/Kirchner, Heinz, Deutsche Orden und Ehrenzeichen, 3. neubearbeitete und ergänzte Auflage, Köln-Berlin-Bonn-München 1977
Gelfert, Hans-Dieter, Was ist Kitsch? Göttingen 2000
Gerlach, Bernhard/Seeland, Hermann, Geschichte des Bischöflichen Gymnasium Josephinum. Band 2, Hildesheim 1952
Gessner, Ingrid, Das Trauma des Vietnamkrieges. In: Praxis Geschichte, Heft 6/2003, S. 28-34
Giordano, Ralph, Die zweite Schuld oder Von der Last Deutscher zu sein, Hamburg; Zürich 1987
Glaser, Hermann, Kleine Kulturgeschichte der Bundesrepublik Deutschland 1945-1989, Bonn 1991
Glaser, Hermann, Deutsche Kultur 1945-2000, München-Wien 1999
Goethe, Johann Wolfgang von, Werke in zwölf Doppelbänden, Hamburg o. J.
Goldmann, Stefan, Topik und Memoria in Freuds Traumdeutung. In: Aleida Assmann u. a. (Hrsg.), Medien des Gedächtnisses, Deutsche Vierteljahrsschrift für Literaturwissenschaft und Geistesgeschichte, Sonderheft 1998, Stuttgart, S. 157-173

Gottschalk, Carola (Hrsg.), Verewigt und Vergessen. Kriegerdenkmäler, Mahnmale und Gedenksteine in Göttingen, Göttingen 1992
Gymnasium Andreanum, Jahresbericht 1965/1966, StadtA Hi Bestand 552 Nr. 17
Häger, Hartmut, Die Entstehung von Vorstadt-Siedlungen in Hildesheim als Beispiel nationalsozialistischer Siedlungspolitik – unter besonderer Berücksichtigung der Siedlung „Großer Saatner", Hildesheim 1982 (unveröffentl. Manuskr.)
Häger, Hartmut, Hildesheimer Straßen, Hildesheim 2005
Hahn, Karl-Heinz (Hrsg.), Goethe in Weimar, Zürich-München 1986
Haller, Willi, Chronik von Sorsum, unveröffentlicht, StadtA Hi Bestand 499-25 Nr. 2
Harer, Hans, Kriegstotengedenken in Northeim nach dem Ersten Weltkrieg. In: Heimat- und Museumsverein für Northeim und Umgebung (Hrsg.), Northeimer Jahrbuch 70, 2005, S. 106-124
Hartel, Ute / Härlen-Simon, Brigitte / Hartmann, Hans, Ochtersum. Vom Stiftsdorf zum Hildesheimer Stadtteil, Band 27 der Schriftenreihe des Stadtarchivs und der Stadtbibliothek Hildesheim, Hildesheim 1997
Hartmann, Hans, ...unser Einum, Band 25 der Schriftenreihe des Stadtarchivs und der Stadtbibliothek Hildesheim, Hildesheim 1996
Hartmann, Kristiana, Deutsche Gartenstadtbewegung. Kulturkritik und Gesellschaftsreform, München 1976
Haß, Ulrike, Mahnmaltexte 1945 bis 1988, in: Dachauer Hefte 6, Erinnern oder Verweigern, München 1994, S. 135-161
Hegel, Georg Wilhelm Friedrich, Ästhetik I/II, Stuttgart 1971
Hegel, Georg Wilhelm Friedrich, System der Philosophie. Dritter Teil. Die Philosophie des Geistes. Sämtliche Werke, Band 10, Stuttgart-Bad Cannstatt 1965
Hein, Günther, Vom Hildesheimer Zentralfriedhof zum Nordfriedhof in: Hildesheimer Volkshochschule e. V. (Hrsg.) Hildesheimer Friedhöfe im Wandel der Zeit. Ergebnisse eines Kurses der Hildesheimer Volkshochschule in den Jahren 1989 und 1990 (in Zusammenarbeit mit dem museumspädagogischen Dienst des Roemer- und Pelizaeus-Museums. Red.: Günther Hein), 2. überarbeitete, ergänzte und verbesserte Auflage, Hildesheim 1999, S. 90-121

Helmolt, Hans F., Das Buch vom Kriege, Berlin, o. J. (1915)
Henrich, Dieter, Tod in Flandern und in Stein. In: Odo Marquard/Karlheinz Stierle (Hrsg.): Identität, München 1979, S. 650-653
Herodot, Historien IV Polyhymnia, Kap. 228, München 1961
Herzig, Richard, Die Kirche zum Heiligen Kreuz in Hildesheim, Hildesheim und Leipzig 1929
Hilbig, Norbert, Mit Adorno Schule machen – Beiträge zu einer Pädagogik der Kritischen Theorie, Theorie und Praxis der Gewaltprävention, Bad Heilbrunn 1997
Hildesheimer Geschichtswerkstatt e.V., Begleitheft zur Ausstellung „Zwangsarbeit im Nationalsozialismus" (1998)
Hildesheimer Geschichtswerkstatt e.V., „Schläge, fast nichts zu Essen und schwere Arbeit". Italienische Zwangsarbeiter in Hildesheim 1943-1945, Bockenem 2000
Hildesheimer Volkshochschule e. V. (Hrsg.) Hildesheimer Friedhöfe im Wandel der Zeit. Ergebnisse eines Kurses der Hildesheimer Volkshochschule in den Jahren 1989 und 1990 (in Zusammenarbeit mit dem museumspädagogischen Dienst des Roemer- und Pelizaeus-Museums. Red.: Günther Hein), 2. überarbeitete, ergänzte und verbesserte Auflage, Hildesheim 1999
Hildesheimer Volkshochschule e. V. (Hrsg.), Himmelsthür. Beiträge zur Geschichte. Ergebnisse eines Kurses der Hildesheimer Volkshochschule in den Jahren 1996 bis 1999, Hildesheim 1999
Hinz, Berthold, Das Denkmal und sein „Prinzip". In: Kunst im 3. Reich. Dokumente der Unterwerfung. Ausstellungskatalog des Frankfurter Kunstvereins, Frankfurt 1976
Hofer, Walther (Hrsg.), Der Nationalsozialismus. Dokumente 1933-1945, Frankfurt a. M. 1981
Hoffmann, Detlef (verantw.), Ein Krieg wird ausgestellt. Die Weltkriegssammlung des Historischen Museums (1914-1918), Katalog, Frankfurt a. M. 1976
Hütt, Michael u. a. (Hrsg.), Unglücklich das Land, das Helden nötig hat. Leiden und Sterben in den Kriegerdenkmälern des 1. und 2. Weltkrieges, Marburg 1990
Humburg, Heinrich Max, Straßennamen erzählen vom Krieg 1870/71. In: Hildesheimer Heimatkalender, Jg. 1970

Huse, Norbert, Unbequeme Baudenkmale: Entsorgen? Schützen? Pflegen?, München 1997

Ihde, Heinz (Hrsg.), Projekt Deutschunterricht 5: Massenmedien und Trivialliteratur, Stuttgart 1973

Initiative Bürger helfen ihrer Stadt (Hrsg.), Für unser Hildesheim. Der Marktplatz Hildesheim, Von seinem Werden, Vergehen und Wiedererstehen, Hildesheim 1986

Jähns, Friedrich Wilhelm, Carl Maria von Weber in seinen Werken, Berlin 1871. Unveränderte Neuauflage, Berlin-Lichterfelde 1967

Jegensdorf, Lothar, Schriftgestaltung und Textanordnung, Ravensburg 1980

Jeismann, Michael/Westheider, Rolf, Wofür stirbt der Bürger. Nationaler Totenkult in Deutschland und Frankreich seit der Französischen Revolution. in: Reinhart Koselleck/Michael Jeismann (Hrsg.), Der politische Totenkult, Kriegerdenkmäler in der Moderne, München 1994, S. 25-50

Jessen, Peter (Schriftleitung), Kriegergräber im Felde und daheim, hrsg. im Einvernehmen mit der Heeresverwaltung, München 1917

Junggesellen-Kompanie e. V. Hildesheim (Vorstand), Festschrift 100 Jahre Junggesellen-Kompanie e. V. Hildesheim, im Auftrage des Vorstandes verfasst von Wilhelm Rickhey/Fritz Hänsel, Hildesheim (1931)

Junggesellen-Kompanie e. V. Hildesheim (Vorstand), 175 Jahre Junggesellen-Kompanie e. V. Hildesheim. Festschrift, Hildesheim (2006), darin enthalten: 150 Jahre Junggesellen-Kompanie e. V. Hildesheim. Festschrift Teil I.

Juny, Hartmut, Endlich geschafft. Eine neue Schulbibliothek für das Scharnhorstgymnasium. In: Jahresbericht 1996/1997, S. 35-36

Kahns, Hans, Das Reichsehrenmal Tannenberg, Königsberg 1937

Kapr, Albert, Schriftkunst. Geschichte, Anatomie und Schönheit der lateinischen Buchstaben, München 1983 (zuvor Dresden 1971)

Kinderbeauftragter der Landesregierung NRW (Hrsg.), Die Rechte des Kindes, Proklamation der Generalversammlung der Vollversammlung der Vereinten Nationen v. 20.11.1959, Recklinghausen 1991

Kirk, Sabine, Unterrichtstheorie in Bilddokumenten des 15. bis 17. Jahrhunderts: eine Studie zum Bildtypus der „Accipies" und seinen Modifikationen im Bildbestand der Universitäts-Bibliothek Helmstedt und des Augusteischen Bildbestandes der Herzog August Bibliothek in Wolfenbüttel, Hildesheim 1988

Klemperer, Victor, LTI Notizbuch eines Philologen, Köln 1987

Kloppenburg, Heinrich, Neueste Geschichte von Hildesheim. Umfassend die Zeit vom 1. Januar 1911 bis 31. Dezember 1920, StadtA Hi Bestand 352 Nr. 1 Band 1-5

Klose, Alfred (Hrsg.), Zukunft braucht Herkunft. Dokumentation vom 75-jährigen Bestehen des Vereins der Ehemaligen und Freunde des Scharnhorstgymnasiums, Hildesheim 1996

Köhler, Christian, Das Moritzstift und die Mauritiuskirche in Hildesheim. Eine Führung durch Vergangenheit und Gegenwart, Hildesheim 1976

Köhler, Christian, St. Mauritius „auf dem Berge vor Hildesheim", Bde. 1 und 2, Hildesheim 1979/1980

Körner, Hans, Grabmonumente des Mittelalters, Darmstadt 1997

Körner, Theodor, Werke in zwei Teilen, Berlin-Leipzig-Wien-Stuttgart o. J. (1913)

Kogon, Eugen, Der SS-Staat, Berlin 1947

Kort, Pamela, Erinnerung, Modell, Denkmal. In: Städtische Museen Heilbronn (Hrsg.), A. R. Penk. Erinnerung, Modell, Denkmal (Ausstellungskatalog), Heilbronn 1999, S. 43-71

Koselleck, Reinhart/Jeismann, Michael (Hrsg.), Der politische Totenkult. Kriegerdenkmäler in der Moderne, München 1994

Koselleck, Reinhart, Kriegerdenkmale als Identitätsstiftungen der Überlebenden. In: Odo Marquard/Karlheinz Stierle (Hrsg.): Identität, München 1979, S. 255-276

Koselleck, Reinhart, Die Transformation der politischen Totenmale im 20. Jahrhundert. In: Transit 22, 2002, S. 59-86

Kozok, Maike, Die Bismarcksäule auf dem Galgenberg in Hildesheim. In: Hildesheimer Kalender 2005, Jahrbuch für Geschichte und Kultur, Hildesheim 2004, S. 66-73

Kozok, Maike, Hildesheim zur Kaiserzeit, Hildesheim 2005

Krause, Stefanie, Krieg und Frieden – Die modernen Windbretter an der Nordwand des Knochenhauer-Amtshauses. In Hildesheimer Heimatkalender 1997, Kalender für Familie und Haus, Kalender für Kunst und Wissenschaft im Hildesheimer Land, Hildesheim 1996

Krause, Stefanie, Krieg und Frieden – Die Windbretter an der Nordseite des Knochenhauer-Amtshauses mit Fotos von Karl Joseph und einem Beitrag von Helga Stein, Hildesheim 1999

Kriegerverein Bavenstedt, Festschrift zum 40-jährigen Stiftungsfest des Kriegervereins Bavenstedt, Mai 1933

Krumm, Carolin, Der Hildesheimer Zentralfriedhof. Todesrezeption und Totengedenken im ausgehenden 19. und beginnenden 20. Jahrhundert, Arbeitshefte zur Denkmalpflege in Niedersachsen 17, Niedersächsisches Landesamt für Denkmalpflege, Hameln 1998

Küng, Hans, Projekt Weltethos, München, Zürich 2002

Kunze, Dietrich, Die ev. Kirche St. Cosmas und Damian Marienrode, Hildesheim 1992

Kuratorium für das Reichsehrenmal Tannenberg (Hrsg.), Tannenberg. Deutsches Schicksal – Deutsche Aufgabe, Oldenburg i. O./Berlin 1939

Landkreis Hildesheim (Hrsg.), Landwirtschaftliche Berufs- und Berufsfachschule: Zur Einweihung der Landwirtschaftlichen Berufs- und Berufsfachschule, Himmelsthür o. J. (vermutlich 1964)

Lichtenberg, Alfred, Dichtungen, Zürich 1989

Löwith, Karl, Töten, Mord und Selbstmord. In: Die Frage der Todesstrafe, Zwölf Antworten, Frankfurt a. M. 1965

Ludewig, Hans-Ulrich/Kuessner, Dietrich, „Es sei also jeder gewarnt". Das Sondergericht Braunschweig 1933-1945, Braunschweig 2000

Lurz, Meinhold, Kriegerdenkmäler in Deutschland, Bände 1 bis 6, Heidelberg 1985-1986

Luther, Martin, Die gantze Heilige Schrift. Band 3, Nachdruck der Ausgabe: Ders., Biblia, Das ist die gantze Heilige Schrift. Deudsch aufs new zugericht, Wittenberg 1545, München 1974

Luther, Martin, Ob Kriegsleute auch im seligen Stande sein können. In: Hans F. Helmolt, Das Buch vom Kriege, Berlin, o. J. (1915)

Maier, Hans/Bott, Hermann, NPD. Struktur und Ideologie einer „nationalen Rechtspartei", 2. Auflage, München 1968

Marcuse, Herbert, Triebstruktur und Gesellschaft, Frankfurt 1967

Martin-Luther-Gemeinde, 40 Jahre Martin-Luther-Kirche Hildesheim 1954-1994, Festschrift zum 40jährigen Kirchenjubiläum, Hildesheim 1994

May, Otto, Deutsch sein heißt treu sein, Hildesheim 1998

Mendelssohn, Peter de, Die Nürnberger Dokumente. Studien zur deutschen Kriegspolitik 1937-45, Hamburg 1947

Meyer-Hartmann, Hermann, Zielpunkt 52092N 09571O. Der Raum Hildesheim im Luftkrieg 1939-1945, Hildesheim 1985

Meyer, Melsene, Die Zerstörung Himmelsthürs im Zweiten Weltkrieg. In: Hildesheimer Volkshochschule e. V. (Hrsg.), Himmelsthür: Beiträge zur Geschichte, Hildesheim 1999

Michelsen, Eduard, Vom Pflug zum Schwert. Kriegs-Erinnerungen der Landwirtschaftlichen Lehranstalt in Hildesheim an das Jahr 1870/71, 3. durchgesehene und erweiterte Auflage, Berlin 1884

Mitscherlich, Alexander und Margarete, Die Unfähigkeit zu trauern, München 1977

Mitscherlich, Margarete, Erinnerungsarbeit. Zur Psychoanalyse der Unfähigkeit zu trauern, Frankfurt a. M. 1987

Morgenstern, Christian, Werke und Briefe, Stuttgarter Ausgabe, Band 1, Stuttgart 1988

Mosse, George L., Die Nationalisierung der Massen. Politische Symbolik und Massenbewegungen in Deutschland von den Napoleonischen Kriegen bis zum Dritten Reich, Frankfurt-Berlin-Wien 1976

Mosse, George L., Gefallen für das Vaterland. Nationales Heldentum und namenloses Sterben, Stuttgart 1993

Mosse, George L., Der nationalsozialistische Alltag. So lebte man unter Hitler, 2. Auflage, Königstein/Ts. 1979

Müller, Rosemarie, 40 Jahre Martin-Luther-Kirche. In: 40 Jahre Martin-Luther-Kirche Hildesheim 1954-1994, Festschrift zum 40jährigen Kirchenjubiläum, Hildesheim 1994

Musil, Robert, Denkmale, in: Nachlaß zu Lebzeiten, Reinbek, 9. Auflage, 1961, S. 59-63

Musulin, Janko, Proklamationen der Freiheit, Frankfurt a. M., Hamburg 1961

Nabrings, Arie, ...eine immerfort währende Mahnung... Denkmäler für die Gefallenen des 1. Weltkriegs im Kreis Viersen, Viersen 1996

Negt, Oskar, Soziologische Phantasie und exemplarisches Lernen. Zur Theorie und Praxis der Arbeiterbewegung, Frankfurt 1971

Nerdinger, Winfried/Mai, Ekkehard (Hrsg.), Wilhelm Kreis. Architekt zwischen Kaiserreich und Demokratie 1873-1955, München; Berlin 1994

Neumann, Klaus, Shifting Memories. The Nazi Past in the New Germany, Michigan 2000

Niedersächsische Landeszentrale für politische Bildung (Hrsg.), Konzentrationslager Bergen-Belsen, Berichte und Dokumente, Redaktion: Monika Gödecke, Hannover 1995

Nietzsche, Friedrich, Zur Genealogie der Moral. Eine Streitschrift. Zweite Abhandlung, „Schuld", „Schlechtes Gewissen", Verwandtes, Leipzig 1887, in: Giorgio Colli/Mazzino Montinari, Nietzsche, Werke. Kritische Gesamtausgabe. Sechste Abteilung. Zweiter Band, Berlin 1968

Nolte, Josef, Erinnerung und Freiheit. In: Kriegsende – Vorstellungen und was daraus geworden ist, 9. Maikonferenz der Stiftung Kreisau für Europäische Verständigung, Wroclaw 1996, S. 29-45

Oetting, Dirk W., Die Wehrmacht und der Holocaust. Kritische Beurteilung und Nachlese zu einer umstrittenen Ausstellung. In: Hildesheimer Jahrbuch 2000/2001, Band 72/73, Hildesheim 2003, S. 229-252

Ortsrat Itzum (Hrsg.), Das Dorf Itzum – erweiterte Chronik einer Hildesheimer Ortschaft, zusammengestellt von Heinrich Rettig, Ulrich Hermann und Reinhard Hessing, Hildesheim o. J. (vermutlich 1986)

Overesch, Manfred, Deutschland 1945-1949. Vorgeschichte und Gründung der Bundesrepublik, Königstein/Ts. 1979

Overesch, Manfred, Der Augenblick und die Geschichte. Hildesheim am 22. März 1945, Hildesheim-Zürich-New York 2005

Paris, Erna, Vergangenheit verstehen. Wahrheit, Lügen und Erinnerung, Berlin-München 2000

Penzoldt, Ernst, Mangel an Phantasie und an Gedächtnis. In: Klaus Wagenbach (Hrsg.), Vaterland, Muttersprache. Deutsche Schriftsteller und ihr Staat seit 1945, Berlin 1980

Potthoff, Heinrich, Die deutsche Sozialdemokratie von den Anfängen bis 1945. Kleine Geschichte der SPD, Band 1, 2. Auflage, Bonn 1978

Präsident der Universität Hannover (Hrsg.), Catalogus Professorum 1831-1981. Festschrift zum 150-jährigen Bestehen der Universität Hannover, Band 2, Hannover 1981

Pross, Harry, Kitsch. Soziale und politische Aspekte einer Geschmacksfrage, München 1985

Pross, Harry, Ritualisierung des Nationalen. In: Jürgen Link/Wulf Wülfing (Hrsg.), Nationale Mythen und Symbole in der zweiten Hälfte des 19. Jahrhunderts, Stuttgart 1991, S. 94-106

Puvogel, Ulrike, Gedenkstätten für die Opfer des Nationalsozialismus. Eine Dokumentation. Schriftenreihe der Bundeszentrale für politische Bildung Band 245, Bonn 1987

Puvogel, Ulrike (Red.), Gedenkstätten für die Opfer des Nationalsozialismus. Eine Dokumentation, Band II, Bundeszentrale für politische Bildung (Hrsg.), Bonn 1999

Raffert, Joachim, Fritz Röhrs. Ein Meister aus Hildesheim, Hildesheim 1996

Rahner, Karl/Vorgrimler, Herbert, Kleines Konzilskompendium, Freiburg 1966

Rasensportverein von 1906 e. V. Hildesheim, Festschrift 25 Jahre 1906-1931

Reichsbund jüdischer Frontsoldaten (Hrsg.), Die jüdischen Gefallenen des deutschen Heeres, der deutschen Marine und der deutschen Schutztruppen 1914-1918. Ein Gedenkbuch, Berlin 1932

Reyer, Herbert, Himmelsthür zwischen Weimarer Zeit und nationalsozialistischer Diktatur – Aspekte der Ortsgeschichte aus den Jahren 1929-1939. In: Hildesheimer Volkshochschule e. V. (Hrsg.), Himmelsthür: Beiträge zur Geschichte, Hildesheim 1999

Reyer, Herbert, Kleine Geschichte der Stadt Hildesheim, Hildesheim 1999

Rheinische Pestalozzi-Stiftung, Festschrift zur zweihundertjährigen Jubelfeier des preußischen Königtums, o. O. 1901

Roloff, Markus, Nur Plünderer mussten sterben? Die Massenhinrichtungen der Hildesheimer Gestapo in der Endphase des Zweiten Weltkrieges. In: Hildesheimer Jahrbuch für Stadt und Stift Hildesheim, Band 69, Hildesheim 1997, S. 183-220

Roscher, Achim (hrsg.), Tränen und Rosen. Krieg und Frieden in Gedichten aus fünf Jahrtausenden, Berlin 1990

Rüsen, Jörn, Holocaust, Erinnerung, Identität. Drei Formen generationeller Praktiken des Erinnerns. In: Harald Welzer, Das soziale Gedächtnis, Hamburg 2001, S. 243-259

Rüsen, Jörn/Jaeger, Friedrich, Erinnerungskultur. In: Karl-Rudolf Korte/Werner Weidenfeld, Deutschland-TrendBuch. Fakten und Orientierungen, Bonn 2001, S. 397-428

Rump, Gerd, „Ein immerhin merkwürdiges Haus". Eine Dokumentation zum 25jährigen Bestehen der Gesellschaft für den Wiederaufbau des Knochenhauer-Amtshauses, Hildesheim 1995
Saehrendt, Christian, Der Stellungskrieg der Denkmäler. Kriegerdenkmäler im Berlin der Zwischenkriegszeit (1919-1939), Berlin 2004
Scharnhorstschule, Festschrift 75-Jahrfeier Scharnhorstschule Hildesheim, 1960
Schiller, Friedrich, Werke in 10 Bänden, Hamburg o. J.
Schlage, Marion, Kriegstrauer deutsch. Erich Remarques Der schwarze Obelisk und das Ehrenmal in Osnabrück Haste, Osnabrück 1992
Schlotter, Hans, Das Geschlecht Schlotter aus der Goldenen Aue, Hildesheim 1978
Schmid, Hans-Dieter, Den künftigen Geschlechtern zur Nacheiferung. In: Praxis Geschichte (Ztschr.), Braunschweig Heft 6/2003, S. 4-10
Schneider, Gerhard, „.... nicht umsonst gefallen"? Kriegerdenkmäler und Kriegstotenkult in Hannover, Hannoversche Geschichtsblätter, Sonderband, Hannover 1991
Schneider, Gerhard, Kriegerdenkmäler als Unterrichtsquellen. In: Hans-Jürgen Pandel/Gerhard Schneider, u. a., Handbuch Medien im Geschichtsunterricht, Schwalbach/Ts. 1999, S. 525-578
Schneider, Gerhard, Politische Feste in Hannover (1866-1918). Teil 1: Politische Feste der Arbeiter, Hannoversche Studien, Band 3, Hannover 1995
Schneider, Jörg, Anmerkungen zur Gestaltung der Hildesheimer Synagoge. In: Hildesheimer Jahrbuch für Stadt und Stift, Band 67, Hildesheim 1995, S. 139-182
Schulz von Thun, Friedemann, Miteinander reden. Störungen und Klärungen, Reinbek 1986
Seeland, Hermann, Im Weltkrieg 1939-1945 zerstörte Kirchen und Wohlfahrtsanstalten im Bistum Hildesheim. I. Teil: Stadt Hildesheim und Umgebung, Hildesheim 1948
Seeland, Hermann, Galgenberg und der Spitzhut bei Hildesheim, Hildesheim 1950
Sekretariat für kulturelle Zusammenarbeit nichttheatertragender Städte und Gemeinden in Nordrhein-Westfalen, Deutsche Nationaldenkmale, Gütersloh-Bielefeld 1993
Shakespeare, William, Sämtliche Werke in vier Bänden, Band 3, Berlin 2000
Sievert, Karl, 23 Ehrenbürger. Ihre Lebensdaten und Verdienste. In: Hildesheimer Heimat-Kalender 1970, S. 68-77
Sievert, Karl, 75 Jahre St.-Elisabeth-Kirche und St.-Elisabeth-Gemeinde in Hildesheim, Hildesheim 1982
Soldern, Schubert v., Geschichte der Ornamentik und Plastik, Zürich-Leipzig 1896 (Reprint)
Sontheimer, Kurt, Antidemokratisches Denken in der Weimarer Republik. Die politischen Ideen des deutschen Nationalismus von 1918-1933, München 1964
Sontheimer, Kurt, Antidemokratisches Denken in der Weimarer Republik. Die politischen Ideen des deutschen Nationalismus von 1918-1933, Studienausgabe mit einem Ergänzungsteil Antidemokratisches Denken in der Bundesrepublik, München 1968
St.-Elisabeth-Gemeinde, Zehn Jahre St.-Elisabeth-Gemeinde 1907-1917. Anlässlich des zehnten Kirchweihfestes den Gemeinde-Mitgliedern gewidmet von Franz Maulhardt, Pastor
St.-Kunibert-Gemeinde, 100 Jahre St. Kunibert, Festschrift zum 100. Kirchweihfest von St. Kunibert zu Sorsum am 17. September 1989
Stadt Göttingen, Göttingen unterm Hakenkreuz. Nationalsozialistischer Alltag in einer deutschen Stadt, Göttingen 1983
Stadt Hildesheim, Verwaltungsbericht der Stadt Hildesheim für die Zeit vom 1. April 1914 bis 31. März 1928
Stadt Hildesheim, „Die Kriegsopfer der Stadt Hildesheim im II. Weltkrieg", Statistisches Amt der Stadt Hildesheim, Nr. 26, abgeschlossen am 31.12.1957
Stadt Hildesheim, Verwaltungsbericht 1960/61,l
Stadt Nordhorn, Vom Langemarckplatz zum Schwarzen Garten, Nordhorn Kulturbeiträge 4, Nordhorn o. J. (1995)
Städtische Museen Heilbronn (Hrsg.), A. R. Penk. Erinnerung, Modell, Denkmal (Ausstellungskatalog), Heilbronn 1999
Steube, Henriette, Kunst in der Stadt 1945-1995, Hildesheim 1996
Straten, Roelof van, Einführung in die Ikonographie, 3. Auflage, Berlin 2004
Studienkreis zur Erforschung und Vermittlung der Geschichte des Widerstandes 1933-1945 (Hrsg.), Heimatgeschichtlicher Wegweiser zu Stätten des Widerstandes und der Verfolgung 1933-1945, Band 3, Niedersachsen II, Köln 1986

SV Borussia von 1906 e. V., Festschrift SV Borussia von 1906 e. V. Hildesheim 75 Jahre, Hildesheim 1981
Teich, Hans, Hildesheim und seine Antifaschisten, Hildesheim 1979
Thal, Iris, Himmelsthürer Friedhöfe. In: Hildesheimer Volkshochschule e. V. (Hrsg.), Himmelsthür: Beiträge zur Geschichte, Hildesheim 1999
Thimm, Barbara, Spuren des Nationalsozialismus in Hildesheim, Hildesheim 1999
Trouw, Bernward, Neisse – Hildesheim. Lebendige Patenschaft – 50 Jahre nach Krieg und Vertreibung, Hildesheim o. J. (1995)
Tschichold, Jan, Die neue Typographie, Nachdruck der ersten Auflage von 1928, Berlin 1987
Tucholsky, Kurt, Die Herren Helden, (1926). In: Gesammelte Werke, Band 10, Reinbek 1966
Uhland, Ludwig, Hundert Gedichte, Berlin (DDR) 1988
Unsere Mauritiuskirche Hildesheim-Moritzberg, (Festschrift zum 25-jährigen Priesterjubiläum von Pastor Krawiec), Hildesheim 1951
Verein alter Hildesheimer Michelsenschüler, 100 Jahre Michelsenschule Hildesheim 1858-1958, Eine Festgabe des Vereins alter Hildesheimer Michelsenschüler zum Hundertjährigen Bestehen der Schule im Mai 1958
Verein ehemaliger Josephiner, 25 Jahre Verein ehemaliger Josephiner. Festschrift zur Feier des 25-jährigen Bestehens, 28. und 29. August 1933
Verein ehemaliger Andreas-Realgymnasiasten und Scharnhorstschüler, 75-Jahrfeier Scharnhorstschule Hildesheim, Bericht der Ehemaligen, Hildesheim (1960)
VfV, Vom Arbeiterturnen zum Sportverein für alle, 100 Jahre Verein für Volkssport Hildesheim, Hildesheim 1995
Villinger, Carl J. H., St. Bernward in Hildesheim, Aus 50 Jahren Geschichte der Kirche und der Pfarrgemeinde, Hildesheim 1963
Vogeler, Adolf, Kriegschronik der Stadt Hildesheim, im Auftrage des Magistrats verfasst, Hildesheim 1929
Volksbund Deutsche Kriegsgräberfürsorge e. V. Landesverband Niedersachsen (Hrsg.), Trauer: Erinnerung und Mahnung. Pädagogische Handreichung für den Unterricht aller Schulformen und -stufen, Hannover 1995
Watzlawick, Paul/Weakland, John H./Fisch, Richard, Lösungen. Zur Theorie und Praxis menschlichen Wandels, 6. Auflage, Bern-Göttingen-Toronto-Seattle 2001

Weinrich, Harald, Linguistik der Lüge, 6. Auflage, München 2000
Weiss, Peter, Die Ästhetik des Widerstands, Frankfurt a. M. 1988
Weizsäcker, Richard von, Zum 40. Jahrestag der Beendigung des Krieges in Europa und der nationalsozialistischen Gewaltherrschaft (Bundeszentrale für politische Bildung), Bonn 1985
Welzer, Harald, Das soziale Gedächtnis. In: Ders. (Hrsg.), Das soziale Gedächtnis, Hamburg 2001, S. 9-21
Wettengl, Kurt, Das Gedächtnis der Kunst. Geschichte und Erinnerung in der Kunst der Gegenwart (Ausstellungskatalog), Frankfurt a. M. 2000
Williamson, Gordon, The Iron Cross. A History 1813-1957, Poole-Dorset, 1984
Wilpert Gero v., Sachwörterbuch der Literatur, Stuttgart 1969
Zuckmayer, Carl, Als wär's ein Stück von mir, Frankfurt a. M. 1967

Archivbestände

Stadtarchiv Hildesheim (StadtA Hi)
Bestand 50 Nr. 496/2
Bestand 102 Nr. 5917
Bestand 102 Nr. 7396
Bestand 102 Nr. 10099
Bestand 102 Nr. 11293
Bestand 102 Nr. 11374
Bestand 102 Nr. 11375
Bestand 102 Nr. 11379
Bestand 102 Nr. 11440
Bestand 102 Nr. 11475
Bestand 102 Nr. 11501
Bestand 102 Nr. 11885
Bestand 103-14 Nr. 8077
Bestand 103-67 Nr. 8942
Bestand 103-10 Nr. 15
Bestand 103-10 Nr. 17
Bestand 103-10 Nr. 18
Bestand 103-14 Nr. 8077
Bestand 103-60 Nr. 4815
Bestand 103-67 Nr. 10733
Bestand 103-67 Nr. 10738
Bestand 103-67 Nr. 10739
Bestand 103-65 Nr. 8263
Bestand 104-10
Bestand 204 Nr. 2
Bestand 204 Nr. 537

Bestand 204 Nr. 538
Bestand 204 Nr. 966
Bestand 205 Nr. 5
Bestand 205 Nr. 13
Bestand 205 Nr. 15
Bestand 206 Nr. 3
Bestand 206 Nr. 4
Bestand 206 Nr. 5
Bestand 206 Nr. 25
Bestand 207 Nr. 4
Bestand 208 Nr. 1
Bestand 208 Nr. 87
Bestand 209 Nr. 16
Bestand 211 Nr. 22
Bestand 211 Nr. 26
Bestand 499-25 Nr. 2
Bestand 552 Nr. 17
Bestand 572 Nr. 637
Bestand 729 Nr. 39
Bestand 799-7 Nr. 4
Bestand 799-8 Nr. 1
Bestand 799-8 Nr. 2
Bestand 799-9 Nr. 1
Bestand 799-9 Nr. 1, b1 und b2
Bestand 799-9 Nr. 5
Bestand 799-9 Nr. 6
Bestand 799-9 Nr. 10
Bestand 799-9 Nr. 11
Bestand 800 Nr. 1277
Bestand 800 Nr. 1280
Bestand 951 Nr. 8469
Bestand 952 Nr. 281/10

Andere Bestände

Akte 41 61 im Bestand der Stadtverwaltung Hildesheim, Fachbereich Kultur
Akte 67 52 50 im Bestand der Stadtverwaltung Hildesheim, Fachbereich Grün, Straße und Vermessung
Aktenbestand der Denkmalspflege Stadt Hildesheim
Aktenbestand des Kreisarchivs Hildesheim
Aktenbestand des Bistumsarchivs Hildesheim
   Ortsakten, Hildesheim Hl. Kreuz Nr. 14
   Pfarrarchiv Hildesheim, St. Mauritius, Nr. 511
Akten des Vereins ehemaliger Andreas-Realgymnasiasten und Scharnhorstschüler
BGH, Urt. v. 5.12.1958 – IV ZR 95/58
Chronik der Grundschule Ochtersum
Gesetz über die Erhaltung der Gräber der Opfer von Krieg und Gewaltherrschaft (Gräbergesetz) vom 1.7.1965 (i. d. F. v. 1.1.1993)
Hauptstaatsarchiv Hannover:
   HStA. Hannover, Hann. 122a XII, Nr. 3436-37 fol. 9-8
   Hann. 122a XIII, Nr. 3437 fol. 67-115
   HStA Hann. 122a XIII Nr. 3438, fol. 47-89
   HStA. Hannover, Hann. 122a XIII, Nr. 3438 fol. 9-Ende
Protokollbücher der Freiwilligen Feuerwehr Sorsum
Protokollbücher des Kirchenvorstands der Christus-Gemeinde
Protokollbücher des Kirchenvorstands der Martin-Luther-Gemeinde
Protokollbuch der kath. Kirchengemeinde Ochtersum
Protokolle des Kirchenvorstands der kath. Kirchengemeinde St. Mauritius
Protokollbücher der Siedlergemeinschaft Großer Saatner und der Siedlergemeinschaft West

Ausgewertete Periodika

Hildesheimer Volksblatt
Hildesheimsche Zeitung (HiZ)
Landespost
Hildesheimer Beobachter (HB)
Hannoversche Presse
Hildesheimer Presse (HP)
Norddeutsche Zeitung (Hildesheimer Rundschau)
Hildesheimer Allgemeine Zeitung (HAZ)

Amtliches Schulblatt für den Regierungsbezirk Hildesheim
Auf der Höhe, Stadtteilzeitung Marienburger Höhe/Itzum
Bernwards-Blatt
Der Spiegel
Evangelisches Gemeindeblatt für Hildesheim
Forum, Schülerzeitung der Scharnhorstschule
Frankfurter Rundschau
GEW-Info
Hildesheimer Jahrbuch
Kirchlicher Anzeiger für das Bistum Hildesheim
Niedersächsisches Ministerialblatt
Peiner Allgemeine Zeitung
Reichsgesetzblatt
Schulverwaltungsblatt

Internetseiten

www.allnacht.de/autoren/lichtenstein/gebet_vor_der_schlacht.php (Zugriff: 22.2.2004)

http://www.broeger-gesellschaft.de/broeger.htm (Zugriff: 22.2.2004)

http://bs.cyty.com/kirche-von-unten/archiv/gesch/refgew.htm (Zugriff: 31.10.2004)

http://www.christ.at/papsworte/kreuzweg.htm (Zugriff: 22.2.2004)

http://www.denkmalprojekt.org/deutschland/hildesheim_neuhof.htm (Zugriff: 11.1.2004)

http://www.ditmar-schaedel.de/fotogramme/index.html (Zugriff: 20.11.2004)

http://www.documentarchiv.de/ns/1934/ekreuz_vo.html (Zugriff: 22.2.2004)

http://www.dradio.de/dlf/sendungen/feldpost/981109.html (Zugriff: 25.1.2005)

http://www.gutenberg2000.de/shakespr/heinrch5/hein543.htm (Zugriff: 30.12.2003)

http://www.heiligenlexikon.de/index.htm?Gedenktage/Weltfriedenstag.html (Zugriff: 22.2.2004)

http://home.snafu.de/veith/Texte/509th.htm (Zugriff: 31.10.2004)

http://home.t-online.de/home/deutschland14-18/fahneid.htm (Zugriff: 22.2.2004)

http://hsozkult.geschichte.huberlin.de/zeitschriften/id=29&count=1&recno=1&ausgabe=686 (Zugriff: 22.2.2004)

http://www.ibka.org/infos/kurzinfo.html (Zugriff: 22.2.2004)

http://ingeb.org/Lieder/wirsindg.html (Zugriff: 22.2.2004)

http://www.kriegerdenkmal.com/

http://www.kunsttexte.de/download/kume/sachs.PDF (Zugriff: 22.2.2004)

http://www.kunstwerk-online.de/Kunstler/Georg_Arfmann/georg_arfmann.html (Zugriff: 1.10.2004)

http://www.mala.bc.ca/~johnstoi/Nietzsche/zurgenealogie2.htm (Zugriff:29.12.2003)

www.mardorf-forum.de/mardorf/Ma_12.htm (Zugriff: 11.8.2000)

http://www.marsze.xo.pl/daspom.html (Zugriff: 22.2.2004)

http://www.sjd-falken.de/lieder/wir_sind_des_geyers_schwarzer_haufen.shtml; Zugriff: 22.2.2004

http://www-x.nzz.ch/folio/archiv/2003/08/articles/gaerten.html (Zugriff: 8.3.2005)

http://www.soldatengesetz.de/ (Zugriff: 22.2.2004)

http://www.struemer-phaleristik.de/ (Zugriff: 22.2.2004)

http://www.teutonia-latina.net/br/Santa-Catarina/pomerode/pommernlied.htm (Zugriff: 22.2.2004)

http://www.ths.rt.bw.schule.de/projekte/heuss/ermae.htm#3.5.%20Theod.%20und%20seine%20Zust (Zugriff: 22.2.2004)

http://www.volksbund-niedersachsen.de/wir/-volks.htm (Zugriff: 22.2.2004)

http://www.2.nordwest.net/partner (Zugriff: 11.8.2000)

23.5 Fragebogen und Befragungsanschriften

149 Hildesheimer Institutionen wurden am 7. August 1997 schriftlich um Mithilfe gebeten, die in ihrem Zuständigkeitsbereich noch erhaltenen, aber auch die nicht mehr vorhandenen Mahnmale zu nennen. Mit dem zunächst vergessenen Alpenverein waren es schließlich 150 Adressaten, die das folgenden Anschreiben mit dem nachstehenden Fragebogen erhielten.

HARTMUT HÄGER
Zedernweg 5 · 31141 Hildesheim
Telefon & Fax: privat 05064 1072
dienstlich: Tel.: 05121 1695 318, Fax: 1695 339

Hartmut Häger · Zedernweg 5 · 31141 Hildesheim

Hildesheim, ...

Dokumentation Hildesheimer Kriegerdenkmäler

Sehr geehrte.........................,
in Zusammenarbeit mit dem Hildesheimer Stadtarchiv beabsichtige ich, die Mahnmale, die im Gebiet unserer Stadt an die Kriegstoten der Vergangenheit erinnern, zu dokumentieren. Anders als in anderen Städten gibt es in Hildesheim keine systematische Erfassung der Denkmäler, Ehrentafeln, Skulpturen, Gedächtnisstätten oder anderer Ehrenbezeugungen der Toten dieser Kriege.

Ich bitte Sie um Mithilfe, die noch erhaltenen, aber auch die nicht mehr vorhandenen Mahnmale zu erfassen. Bitte nehmen Sie sich die Zeit, die Fragen auf dem beigefügten Blatt zu beantworten.

Ohne die Beantwortung dieser Fragen muss das Vorhaben einer Dokumentation scheitern. Für eine baldige Antwort wäre ich Ihnen dankbar. Wenn Sie ein Gespräch der schriftlichen Beantwortung vorziehen, bin ich gern dazu bereit.

Mit freundlichen Grüßen

(Hartmut Häger))

Dokumentation Hildesheimer Kriegerdenkmäler (Fragebogen)

beantwortet von: ....

am: ....

1. Wo gibt es in Ihrem Zuständigkeitsbereich Mahnmale, die an die Kriege dieses oder des vorigen Jahrhunderts erinnern?

1870/1871: ....

1914/1918: ....

1939/1945: ....

2. Wann wurden sie geschaffen und errichtet?

1870/1871: ....

1914/1918: ....

1939/1945: ....

3. Wer veranlasste, entwarf, schuf, bezahlte das Mahnmal?

....

....

....

4. Wie wurden oder werden sie gewürdigt? (Feierstunden, Schmuck) ....

....

5. Ist das Mahnmal heute öffentlich zugänglich?   ❏ ja   ❏ nein

6. Ist es fotografierbar oder bereits fotografisch dokumentiert?   ❏ ja   ❏ nein

7. An wen kann ich mich bei Rückfragen wenden?

....

8. Gibt es zu dem Mahnmal Ihnen bekannte Veröffentlichungen? (Bitte geben Sie Verfasser, Titel, Erscheinungsort und Erscheinungsjahr an.)

....

Bitte baldmöglichst zurück an
Hartmut Häger, Zedernweg 5, 31141 Hildesheim, Fax: 05064 960769

FIRMA	STRASSE	ORT
Arbeitsamt Hildesheim	Am Marienfriedhof 3	31134 Hildesheim
Ärztekammer Niedersachsen	Kaiserstr. 25	31134 Hildesheim
BffL Hildesheim	Hainbergstr. 25	31167 Bockenem
Bischöfliches Generalvikariat	Domhof 18 - 21	31134 Hildesheim
Blaupunkt-Werke GmbH	Robert-Bosch-Str. 200	31139 Hildesheim
Bundesforstamt	Wallstr. 11	31134 Hildesheim
Bundeswehr-Standortverwaltung	Mackensen-Kaserne	31135 Hildesheim
Christuskirchen-Gemeinde	Zierenbergstr. 24	31137 Hildesheim
Deutsche Bahn AG	Hauptbahnhof	31134 Hildesheim
Deutsche Post AG	Bahnhofsplatz 3/4	31134 Hildesheim
Deutscher Alpenverein e. V.	Schuhstr. 33	31134 Hildesheim
DJK Blau-Weiß Hildesheim	Jesuitenhof 7	31137 Hildesheim
DJK Blau-Weiß Neuhof	Robert-Bosch-Str. 151	31139 Hildesheim
Domkirchen-Pfarramt	Hückedahl 12	31134 Hildesheim
Dom-Pfarramt	Domhof	31134 Hildesheim
Eintracht Hildesheim von 1861	An den Sportplätzen	31139 Hildesheim
Eisenbahner SV Hildesheim	Bahrfeldstr. 7	31135 Hildesheim
Ev. Kirchengemeinde Marienrode	Lämmerweide 1	31139 Hildesheim
Fachhochschule Hildesheim	Hohnsen 3	31134 Hildesheim
Familien-Sport-Bund	Rottsberg 1	31139 Hildesheim
FC Concordia	Theodor-Storm-Str. 15	31139 Hildesheim
FC Fortuna Hildesheim	Borcholdtenstr. 5	31135 Hildesheim
Finanzamt Hildesheim	Lüntzelstr.	31134 Hildesheim
Garten- und Friedhofsamt	Markstr. 13	31134 Hildesheim
Gebrüder Gerstenberg	Rathausstr. 18 - 20	31134 Hildesheim
Goethegymnasium	Goslarsche Str. 65	31134 Hildesheim
Guter Hirt-Pfarramt	Altfriedweg 4	31135 Hildesheim
Gymnasium Andreanum	Hagentorwall 17	31134 Hildesheim
Gymnasium Josephinum	Domhof 7	31134 Hildesheim
Handwerkskammer Hildesheim	Braunschweiger Str. 5	31134 Hildesheim
Hildesheimer Junggesellen-Kompanie v. 1831	Peiner Landstraße	31135 Hildesheim
Hildesheimer Schützengesellschaft	Schützenwiese	31134 Hildesheim
Hl. Kreuz-Pfarramt	Kreuzstr. 4	31134 Hildesheim
HSC Hellas von 1899	Am Flugplatz 5	31137 Hildesheim
Industrie- und Handelskammer	Hindenburgplatz 20	31134 Hildesheim
Katharina von Bora-Gemeinde	St. Georg-Str. 11	31135 Hildesheim
KGV An der Lademühle	Heinrich-Löns-Str. 11	31180 Giesen
KGV Andreas Kirchenland	Heinrich-Hertz-Str. 3	31137 Hildesheim
KGV Berggarten	Am Propsteihof 71	31139 Hildesheim
KGV Blauer Kamp	Tilsiterstr. 20	31141 Hildesheim
KGV Bockfeld	Alfelder Str. 67	31139 Hildesheim
KGV Bürgerwiese	Quedlinburger Str. 8	31141 Hildesheim
KGV Domland	Gartenstr. 39	31141 Hildesheim
KGV Frankenfeld	Doebnerstr. 38	31135 Hildesheim
KGV Galgenberg	Paul-Keller-Str. 9	31139 Hildesheim
KGV Glockenstein	Immengarten 20	31134 Hildesheim
KGV Goldene Perle	Bergsteinweg 19 B	31137 Hildesheim
KGV Güldenberg	Vogelweide 5	31137 Hildesheim
KGV Hakelbrink	Dammstr. 12	31134 Hildesheim
KGV Heimaterde	Triftstr. 97	31137 Hildesheim
KGV Hohnsen	Marienburger Str. 145	31141 Hildesheim

FIRMA	STRASSE	ORT
KGV Hundert Morgen	Hagemannstr. 21	31137 Hildesheim
KGV Im grünen Kranz	Hasestr. 49	31137 Hildesheim
KGV Im Hohen Kamp	Feuerbacher Weg 16	31139 Hildesheim
KGV Im Wiesengrund	Richthofenstr. 44	31137 Hildesheim
KGV Krähenberg-Feldrenne	Max-Eyth-Str. 8	31135 Hildesheim
KGV Lerchenfeld	Schützenalle 61	31134 Hildesheim
KGV Niedersachsen	Grabenstr. 25	31137 Hildesheim
KGV Nordkamp	Sachsenring 52	31137 Hildesheim
KGV Oberer Entenpfuhl	Entenpfuhl 9	31141 Hildesheim
KGV Ochtersum	Agnes-Miegel-Str. 30	31139 Hildesheim
KGV Ortsschlump	Greifswalder Str. 1 B	31141 Hildesheim
KGV Ortsschlumpquelle	Immengarten 48	31141 Hildesheim
KGV Rosenhang	Immengarten 34 A	31141 Hildesheim
KGV Schiefer Galgenberg	Friedrich-Lekve-Str.	31135 Hildesheim
KGV Spatenfreunde	Heinrichstr. 19	31137 Hildesheim
KGV Steinbergsfeld	Ulmenweg 15	31139 Hildesheim
KGV Ulmenweg	Steinbergstr. 103	31139 Hildesheim
KGV Unter den Windmühlen	Osterstr. 21 A	31134 Hildesheim
KGV Vier Linden	Ulmenweg 25	31139 Hildesheim
KGV Wellenteich	Quedlinburger Str. 2	31141 Hildesheim
Kloth-Senking GmbH	Cheruskerring 38	31134 Hildesheim
Kreissparkasse Hildesheim	Almsstr. 27	31134 Hildesheim
Landeszentralbank	Zingel 34	31134 Hildesheim
Landkreis Hildesheim	Bischof-Janssen-Str.	31134 Hildesheim
Liebfrauen-Pfarramt	Liebfrauenkirchplatz	31141 Hildesheim
Lukas-Gemeinde	Schlesierstr. 5a	31139 Hildesheim
Marienschule	Brühl 1	31134 Hildesheim
Markus-Gemeinde	Ulmenweg 9	31139 Hildesheim
Martin-Luther-Gemeinde	Peiner Str. 53	31137 Hildesheim
Martin-Luther-Gemeinde	Justus-Jonas-Str. 2	31137 Hildesheim
Matthäus-Gemeinde	Braunsberger Str. 3	31141 Hildesheim
Michelsenschule	Schützenwiese 21	31137 Hildesheim
MTV von 1848	Postfach 100920	31109 Hildesheim
Nds. Landesamt f. zentrale soziale Aufgaben	Domhof 1	31134 Hildesheim
Nds. Landesrechnungshof	Laubanerstr. 1	31139 Hildesheim
Ortsrat Achtum-Uppen	Achtumer Lindenkamp 1	31135 Hildesheim
Ortsrat Bavenstedt	Schmiedestraße 3	31135 Hildesheim
Ortsrat Drispenstedt	Franz-Eger-Straße 80	31135 Hildesheim
Ortsrat Einum	Alte Heerstr. 19	31135 Hildesheim
Ortsrat Himmelsthür	Schulstr. 12	31137 Hildesheim
Ortsrat Itzum	Kesselei 22	31141 Hildesheim
Ortsrat Neuhof	Sperlingsstieg 16	31139 Hildesheim
Ortsrat Ochtersum	Ochterstr. 13	31139 Hildesheim
Ortsrat Sorsum	Sorsumer Hauptstr. 40	31139 Hildesheim
Paul-Gerhardt-Gemeinde	Brucknerstr. 11	31141 Hildesheim
Phoenix-AG	Bergmühlenstr. 10	31137 Hildesheim
Post SV	Postfach 101008	31110 Hildesheim
PSV Grün-Weiß Hildesheim	Schützenwiese 24	31137 Hildesheim
Robert Bosch GmbH	Robert-Bosch-Str. 200	31139 Hildesheim
Roemer- und Pelizaeus-Museum	Am Steine 1 - 2	31134 Hildesheim
RSC Hildesheim	Jahnstr. 1	31137 Hildesheim

FIRMA	STRASSE	ORT
RSV Achtum	Achtumer Winkel 9	31135 Hildesheim
RTC Merkur Hildesheim	Im Sackkamp 3	31139 Hildesheim
SC Itzum	St. Georg-Str. 5	31141 Hildesheim
SC von 1911 Drispenstedt	Franz-Hartmann-Weg 6	31135 Hildesheim
Scharnhorstgymnasium	Steingrube 19	31141 Hildesheim
Schrebergarten v. 1912	Butterborn 68	31137 Hildesheim
SG Frankenfeld	Ilseweg 7	31135 Hildesheim
Siedlergemeinschaft Großer Saatner	An den Osterstücken 2	31141 Hildesheim
Siedlergemeinschaft West	Trillkestr. 29	31139 Hildesheim
Sportfischerverein von 1904	Am Kupferstrange 1 F	31137 Hildesheim
St. Altfried-Pfarramt	Kurt-Schumacher-Str.	31139 Hildesheim
St. Andreas-Gemeinde (Markt/West)	Andreasplatz 5	31134 Hildesheim
St. Andreas-Gemeinde (Nord)	Krähenberg 1A	31135 Hildesheim
St. Andreas-Gemeinde (Ost)	Krähenberg 1A	31135 Hildesheim
St. Bernward-Krankenhaus	Treibestr. 9	31134 Hildesheim
St. Bernward-Pfarramt	Oldekopstr. 15	31134 Hildesheim
St. Elisabeth-Pfarramt	Goethestr. 15	31135 Hildesheim
St. Georg-Pfarramt	Itzumer Hauptstr. 30a	31141 Hildesheim
St. Godehard-Pfarramt	Lappenberg 12	31134 Hildesheim
St. Johannes-Pfarramt	An der Johanniskirche	31137 Hildesheim
St. Joseph-Pfarramt	Marienburger Str. 135	31141 Hildesheim
St. Kunibert-Pfarramt	Sorsumer Hauptstr. 33	31139 Hildesheim
St. Lamberti (Außenbezirk)	Kaiser-Friedrich-Str.	31134 Hildesheim
St. Lamberti (Innenbezirk)	Neustädter Markt 37	31134 Hildesheim
St. Magdalenen-Pfarramt	Mühlenstr. 23	31134 Hildesheim
St. Martin-Pfarramt	Kirchstr. 2	31135 Hildesheim
St. Martinus-Pfarramt	Schulstr. 13	31137 Hildesheim
St. Mauritius-Pfarramt	Bergstr. 57	31137 Hildesheim
St. Michaelis (Nord)	Michaelisplatz 2	31134 Hildesheim
St. Michaelis (Süd)	Hinterer Brühl 14	31134 Hildesheim
St. Michael-Pfarramt	Klingenbergstr. 36	31139 Hildesheim
St. Nikolaus-Pfarramt	Friedrich-Lekve-Str.	31135 Hildesheim
St. Paulus-Gemeinde	An der Pauluskirche 1	31137 Hildesheim
St. Thomas-Gemeinde	Hildebrandstr. 50	31135 Hildesheim
St. Timotheus-Gemeinde	Timotheusplatz 2	31141 Hildesheim
Staatl. Forstamt Diekholzen		31199 Diekholzen
Staatl. Revierförsterei Sorsum		31139 Hildesheim
Stadt Hildesheim	Rathaus	31134 Hildesheim
Städt. Krankenhaus	Weinberg 1	31134 Hildesheim
Stadtsparkasse Hildesheim	Rathausstr. 21 - 23	31134 Hildesheim
Stadttheater Hildesheim	Theaterstr.	31141 Hildesheim
Stadtwerke Hildesheim AG	Römerring 1	31137 Hildesheim
SV Bavenstedt	Daimlerring 8	31135 Hildesheim
SV Borussia v. 1906	Göttingstr. 13	31139 Hildesheim
SV Einum	Kirchweg 1	31135 Hildesheim
SV Teutonia Sorsum	Sorsumer Hauptstr. 61	31139 Hildesheim
TuS Grün-Weiß Himmelsthür	Jahnstr. 50 A	31137 Hildesheim
Unbefleckte Empfängnis-Mariä-Pfarramt	Franz-Heise-Weg 1	31135 Hildesheim
Unbefleckte Empfängnis-Mariä-Pfarramt	Bavenstedter Hauptstr.	31135 Hildesheim
VfR Germania Ochtersum	Kalenberger Graben 28	31134 Hildesheim
VfV Hildesheim	Johanna-Kirchner-Str.	31139 Hildesheim
Zwölf-Apostel-Kirche	Zwölf-Apostel-Weg 6	31139 Hildesheim

23.6 Liste der Vereine in Hildesheim (1927/1928)

Um eine annähernde Vorstellung vom Anteil der Vereine mit einer eigenen Kriegstotengedächtnisstätte an der Gesamtzahl der in Hildesheim aktiven Vereine zu gewinnen, wurden stichprobenartig die in den Jahrgängen der Hildesheimer Zeitung 1927 und 1928 im redaktionellen und Anzeigenteil erwähnten Vereine notiert. 181 Vereinsnamen kamen zusammen. Die vielen Kleingartenvereine, die Vereine, die dem sozialdemokratischen oder dem liberalen Milieu zuzurechnen sind, nutzten dieses Medium jedoch nicht für ihre Mitteilungen. Ergänzt man sie, ist die Zahl von 250 Vereinen, die sich einem bestimmten Zweck verschrieben haben und sich regelmäßig versammeln, schnell erreicht. Von diesen verfügten 26 nach dem Ersten Weltkrieg über eine eigene Gedächtnisstätte, wobei zu berücksichtigen ist, dass die ca. 30 damals existierenden Krieger- und Veteranenvereine sich häufig am zentralen Kriegstotengedenken auf dem Nordfriedhof beteiligten, die kirchlich gebundenen Vereine das Denkmal im Kirchenraum mitnutzten und die Vereine der kleineren Ortschaften gemeinsam das Gemeindedenkmal realisieren halfen (I 6.1.7).

	Name	Vereinslokal	Nachweis	Denkmal
1. 1	Arbeiter-Bildungsverein		HiZ 4.10.27	1.15.1
2.	Albertus-Magnus-Verein		HiZ 15.2.28	
3.	Arbeiter-Samariter-Kolonne		HiZ 24.10.27	
4.	Bäckermeister-Gesangverein		HiZ 7.2.28	
5.	Biochemischer Verein		HiZ 7.10.27	
6.	Brieftaubenverein „Schwalbe"		HiZ 20.3.28	
7.	Bühnen-Volksbund		HiZ 10.10.27	
8.	Bund der Kinderreichen Ortsgruppe Hildesheim		HiZ 5.10.27	
9.	Bund reisender Kaufleute im D.H.V.		HiZ 14.12.27	
10.	Bund weiblicher Erwerbstätiger		HiZ 12.10.27	
11.	C.V. Jungniedersachsen		HiZ 5.10.27	
12.	Christliche Holzarbeiter		HiZ 14.10.27	
13.	Christlicher Bauarbeiterverband		HiZ 12.10.27	
14.	Christlicher Metallarbeiterverband	Christliches Gewerkschaftshaus	HiZ 1.10.27	
15.	Damenchor Harmonie v. 1921	Traube	HiZ 4.10.27	
16.	Deutscher Gastwirteverband Bezirksgruppe Hildesheim		HiZ 3.11.27	
17.	Deutscher Automobil-Club Ortsgruppe Hildesheim		HiZ 11.2.28	
18.	Deutscher Bankbeamten-Verein		HiZ 18.1.28	
19.	Deutscher und Österreichischer Alpenverein Sektion Hildesheim		HiZ 28.1.28	(20.1)
20.	Deutschnationaler Handlungsgehilfen Verband		HiZ 8.10.27	
21.	Domchor		HiZ 18.10.27	
22.	Dompfarrverein		HiZ 14.10.27	
23.	Eisenbahnverein „Flügelrad"		HiZ 2.1.28	
24.	Elisabethverein St. Godehard		HiZ 7.10.27	
25.	Erdhundklub Hildesheim		HiZ 8.8.28	
26.	FC Concordia		HiZ 1.10.27	4.2
27.	Fischereiverein Hildesheim e. V.	Theatergarten	HiZ 7.10.27	
28.	Frauenbund der deutschen Kolonialgesellschaft, Ortsgruppe Hildesheim		HiZ, 6.12.27	
29.	Freiwillige Feuerwehr Hildesheim		HiZ 19.10.27	1.4
30.	Freiwillige Feuerwehr Himmelsthür		HiZ 25.1.28	

	Name	Vereinslokal	Nachweis	Denkmal
31.	Freiwillige Feuerwehr Moritzberg	Pieper	HiZ 24.10.27	
32.	Freiwillige Sanitätskolonne v. Roten Kreuz	Kolonnenheim „Arbeiterbildungsverein"	HiZ 8.10.27	1.5
33.	Gardeverein für Hildesheim und Umgebung		HiZ 4.10.27	1.6
34.	Gehörlosen-Radfahrer-Sportklub „Wanderlust"		HiZ 10.1.28	
35.	Gemischter Chor „Edelweiß"		HiZ 8.11.27	
36.	Gemischter Chor 1906		HiZ 20.3.28	
37.	Gewerkschaftsbund der Angestellten (GDA)		HiZ 12.1.28	
38.	Gutenberg-Bund (Graphischer Zirkel)		HiZ 26.10.27	
39.	Handwerkerbund Hildesheim-Marienburg		HiZ 2.11.27	
40.	Hannoverscher Landeskriegerverband Bezirk Hildesheim		HiZ 14.12.27	
41.	Harzklub-Zweigverein Hildesheim		HiZ 1.10.27	
42.	Harzziegenzuchtverein Hildesheim-Marienburg		HiZ 17.10.27	
43.	Hellas			
44.	Hildesheimer Chorvereinigung		HiZ 5.1.28	
45.	Hildesheimer Damenturnklub		HiZ 15.12.27	
46.	Hildesheimer Gartenbauverein		HiZ 4.10.27	
47.	Hildesheimer Geflügelzuchtverein		HiZ 3.11.27	
48.	Hildesheimer Keglerklub		HiZ 26.10.27	
49.	Hildesheimer Klub		HiZ 5.10.27	
50.	Hildesheimer Motorradfahrer-Vereinigung		HiZ 7.8.28	
51.	Hildesheimer Ruder-Riege		HiZ 31.1.28	
52.	Hildesheimer Schützengesellschaft		HiZ 10.1.28	
53.	Hildesheimer Schwimmverein v. 1899		HiZ 2.11.27	8.2
54.	Hildesheimer Singgemeinde		HiZ 8.10.27	
55.	Jugendbund		HiZ 5.10.27	
56.	Imkerverein für Hildesheim und Umgebung		HiZ 14.2.28	
57.	Jungfrauen-Kongregation St. Elisabeth		HiZ 5.10.27	
58.	Junggesellen-Kompagnie e. V.		HiZ 31.10.27	1.14
59.	Kanarienzuchtverein „Edelroller"		HiZ 8.10.27	
60.	Katholischer Arbeiterverein	Kath. Vereinshaus, Pfaffenstieg	HiZ 1.10.27	1.15.2
61.	Katholischer Arbeiterverein Moritzberg	Restaurant Aue	HiZ 6.10.27	9.3
62.	Katholischer Arbeiterverein Drispenstedt		HiZ 18.1.28	7.1
63.	Katholischer Beamtenverein	Kath. Vereinshaus, Pfaffenstieg	HiZ 7.10.27	
64.	Katholischer Frauenbund		HiZ 25.10.27	
65.	Katholischer Frauenbund Ochtersum		HiZ 8.12.27	
66.	Katholischer Frauenbund Sorsum		HiZ 23.1.28	
67.	Katholischer Gesellenverein		HiZ 1.10.27	1.15.3
68.	Katholischer Junglehrerbund		HiZ 4.10.27	

	Name	Vereinslokal	Nachweis	Denkmal
69.	Katholischer Jünglingsverein		HiZ 1.10.27	
70.	Katholischer Jünglingsverein Hildesheim-Nord		HiZ 4.10.27	
71.	Katholischer Jünglingsverein Hildesheim-Süd		HiZ 5.10.27	
72.	Katholischer Jünglingsverein Himmelsthür		HiZ 12.10.27	
73.	Katholischer Kaufmannverein (KKV)	Kath. Vereinshaus, Pfaffenstieg	HiZ 14.10.27	
74.	Katholischer Lehrerverein Hildesheim und Umgebung		HiZ 12.10.27	
75.	Katholischer Männergesangverein		HiZ 7.10.27	
76.	Katholischer Meisterverein		HiZ 1.10.27	
77.	Katholische Werkjugend		HiZ 10.11.27	
78.	Kegelklub „Goldene Kugel"		HIZ 21.2.28	
79.	Kirchenchor „St. Godehard"		HiZ 4.10.27	
80.	Kirchenchor St. Elisabeth		HiZ 17.10.27	
81.	Kirchenchor St. Mauritius		HiZ 17.10.27	
82.	Kirchenchor zum heiligen Kreuz		HiZ 4.10.27	
83.	Kameradschaftliche Vereinigung ehemaliger 231er		HiZ 11.1.28	3.5.1.2
84.	Katholischer Kaufmannverein (KKV) Jungmänner-Ring	Europäischer Hof	HiZ 18.10.27	
85.	Kleinland- und Gartenpächterverein		HiZ 7.11.27	
86.	Kleinkaliberschützenbund Bismarck		HiZ 16.2.28	
87.	KK-Sport-Schießklub „Diana"		HiZ 3.4.28	
88.	Kneippbund Ortsgruppe Hildesheim		HiZ 24.10.27	
89.	Kreiskriegerverband	Theatergarten	HiZ 1.10.27	
90.	Kreuzbund, Verein abstinenter Katholiken		HiZ 19.10.27	
91.	Kriegerklub „Vaterland"		HiZ 10.10.27	1.17
92.	Kriegerverein 1872		HiZ 10.10.27	1.18
93.	Kriegerverein Germania Moritzberg		HiZ 31.10.27	
94.	Kriegerverein Himmelsthür	Armbrecht	HiZ 3.1.28	
95.	Kriegerverein Bavenstedt und Umgebung		HiZ 18.1.28	15.2 und 15.3
96.	Landesproduktenverein		HiZ 31.10.27	
97.	Liedertafel der Lokomotivbeamten		HiZ 25.1.28	
98.	Männerchor St. Mauritius, Moritzberg		HiZ 4.10.27	
99.	Männergesangverein „Eintracht" Ochtersum		HiZ 7.10.27	
100.	Männergesangverein „Eintracht" Himmelsthür		HiZ 22.2.28	
101.	Männergesangverein „Germania-Eintracht"			1.15.4
102.	Männergesangverein Franz Abt		HiZ 4.10.27	
103.	Männergesangverein Sängertafel Orpheus v. 1869		HiZ 4.10.27	
104.	Männerturnverein „Eintracht"		HiZ 1.10.27	1.20
105.	Männerturnverein „Gut Heil" Moritzberg		HiZ 17.1.28	
106.	Männer-Turnverein v. 1848		HiZ 4.10.27	

	Name	Vereinslokal	Nachweis	Denkmal
107.	Mandolinenverein Achtum		HiZ 14.1.28	
108.	Mandolinen- und Lautenvereinigung Hildesheim		HiZ 19.3.28	
109.	Marianische Jungfrauenkongregation beim Hohen Dom		HiZ 15.10.27	
110.	Marianische Jünglingskongregation St. Magdalenen		HiZ 7.10.27	
111.	Marienverein	Marienhaus	HiZ 2.11.27	
112.	Marine-Verein	Müller	HiZ 7.10.27	
113.	Moritzberger Männergesangverein		HiZ 12.10.27	
114.	Mütterverein vom Hl. Kreuz		HiZ 25.1.28	
115.	Museumsverein		HiZ 7.10.27	
116.	Philisterzirkel Rosenstock	Kath. Vereinshaus	HiZ 5.10.27	
117.	Quartettklub „Eintracht"		HiZ 17.10.27	
118.	Regimentsbund R.I.R. 77		HiZ 2.1.28	
119.	Regimentsvereinigung des ehemaligen RIR. 225		HiZ 6.3.28	
120.	Reichsbanner Schwarz-Rot-Gold Ortsgruppe Hildesheim		HiZ 11.2.28	
121.	Reichsbund der Kriegsbeschädigten, Kriegsteilnehmer und Kriegshinterbliebenen		HiZ 11.10.27	
122.	Reichsbund der Zivildienstberechtigten		HiZ 7.2.28	
123.	Reichskurzschriftverein		HiZ 9.11.27	
124.	Reichsschutzbund für Handel und Gewerbe	Gildenhaus	HiZ 10.12.27	
125.	Reichsverband Deutscher Gartenbaubetriebe		HiZ 14.12.27	
126.	Rennerverein Hildesheim		HiZ 18.5.28	
127.	Reserve-Ersatz-Regiment 4		HiZ 23.1.28	
128.	RSV 1906			4.1.3
129.	Schafzüchterverband Hildesheim		HiZ 10.1.28	
130.	Schülerinnen-Turnverein von 1921 der Staatlichen Goetheschule		HiZ 30.1.28	
131.	Schwimmklub Poseidon		HiZ 4.10.27	8.4
132.	St. Vinzenzverein		HiZ 7.1.28	
133.	Theaterverein „Thalia" Himmelsthür		HiZ 15.12.27	
134.	Turnverein „Gut Heil" Himmelsthür		HiZ 23.11.27	
135.	Vaterländischer Frauenverein vom Roten Kreuz		HiZ 6.2.28	
136.	Verband Deutsche Frauenkleidung und Frauenkultur	Theatergarten	HiZ 23.11.27	
137.	Verein der Eichsfelder Hildesheim und Umgebung	Kath. Vereinshaus	HiZ 12.10.27	
138.	Verein der Ost- und Westpreußen	Gildenhaus	HiZ 10.1.28	
139.	Verband deutscher Akademiker Ortsgruppe Hildesheim		HiZ 19.11.27	
140.	Verein der Evangelischen deutschen Chinablindenmission		HiZ 2.11.27	
141.	Verein der Feldzugsteilnehmer, Landwehr-Infanterie-Regiment 74		HiZ 15.11.27	3.5.1.2
142.	Verein der Kolonialwaren- und Lebensmittelhändler		HiZ 28.1.28	

	Name	Vereinslokal	Nachweis	Denkmal
143.	Verein der Ruhestandsbeamten und Hinterbliebenen		HiZ 18.10.27	
144.	Verein der Sozial- und Unfallrentner und Witwen Hildesheim		HiZ 7.10.27	
145.	Verein ehemaliger 17er Husaren Hildesheim und Umgebung		HiZ 11.10.27	
146.	Verein ehemaliger 16er Dragoner für Hildesheim und Umgebung			
147.	Verein ehemaliger Angehöriger des Regiments 4		HiZ 11.1.28	
148.	Verein ehemaliger 73er		HiZ 11.10.27	
149.	Verein ehemaliger 79er	„Deutscher Adler"	HiZ 8.10.27	1.11/6.1
150.	Verein ehemaliger 136er		HiZ 17.1.28	
151.	Verein ehemaliger Artilleristen		HiZ 7.3.28	2.3
152.	Verein ehemaliger Duderstädtischer Pensionärinnen		HiZ 1.2.28	
153.	Verein ehemaliger Jäger und Schützen		HiZ 11.10.27	
154.	Verein ehemaliger Garde du Corps und Königsulanen für Hildesheim und Umgebung		HiZ 23.1.28	(20.2)
155.	Verein ehemaliger Kavalleristen	„Deutscher Adler"	HiZ 7.10.27	5.6
156.	Verein ehemaliger Pioniere und Verkehrstruppen		HiZ 16.5.28	
157.	Verein für das Deutschtum im Ausland		HiZ 21.10.27	
158.	Verein für deutsche Schäferhunde		HiZ 20.1.28	
159.	Verein ehemaliger Militärmusiker		HiZ 17.1.28	
160.	Verein für Einheitskurzschrift		HiZ 7.10.27	
161.	Verein für Kunst und Kunstgewerbe		HiZ 25.10.27	
162.	Verein für Kunst und Wissenschaft		HiZ 17.10.27	
163.	Verein für Leibesübungen		HiZ 11.10.27	
164.	Verein Hildesheimer Automobilführer		HiZ 30.10.27	
165.	Vereinigung Hildesheimer Motorradfahrer		HiZ 22.11.27	
166.	Vereinigung ehemaliger kath. Mittelschüler		HiZ 5.11.27	
167.	Vereinigung ehemaliger Schülerinnen der katholischen Zentralmädchenschule		HiZ 13.1.28	
168.	Vereinigung ehemaliger Marienschülerinnen		HiZ 14.11.27	
169.	Vereinigung von Freunden der Photographie		HiZ 11.11.27	
170.	Verein kath. Kaufmannsgehilfinnen und Beamtinnen	Marienhaus	HiZ 5.10.27	
171.	Verein Kinderhort Marienburger Höhe		HiZ 21.12.14	
172.	VfV			4.4
173.	Volksverein der St. Mauritiusgemeinde		HiZ 28.10.27	
174.	Volkswartbund Kath. Verband zur Bekämpfung der öffentlichen Unsittlichkeit		HiZ 9.11.27	
175.	Windthorstbund		HiZ 15.10.27	

	Name	Vereinslokal	Nachweis	Denkmal
176.	Wirteverein für Hildesheim und Umgebung		HiZ 4.11.27	
177.	Zentralverband der Arbeitsinvaliden und Witwen Deutschlands Ortsgruppe Hildesheim	Gewerkschaftshaus, Goschenstr. 23	HiZ 2.11.27	
178.	Zentralverband christlicher Fabrik- und Transportarbeiter	Christl. Gewerkschaftshaus	HiZ 14.12.27	
179.	Zentralverband deutscher Kriegsbeschädigter und Hinterbliebener Ortsgruppe Bavenstedt	Bormann	HiZ 3.2.28	
180.	Zentralverband deutscher Kriegsbeschädigter und Hinterbliebener Ortsgruppe Hildesheim		HiZ 4.2.28	
181.	Zwerghuhnzüchterverein Hildesheim und Umgebung		HiZ 19.10.27	

23.7 Verzeichnis der Abbildungen und Tafeln

Abbildungen:

S. 45: Abb. 1:   Deutsches Koppelschloss Erster Weltkrieg
S. 45: Abb. 2:   Deutsches Koppelschloss Zweiter Weltkrieg
S. 80: Abb. 3:   Denkmal für Rassenhass-Opfer
S. 80: Abb. 4:   Synagogengedenkstein
S. 93: Abb. 5:   Tisch mit Kriegsintarsien
S. 99: Abb. 6:   Gedenkblatt der evangelischen Kirchengemeinde Obornik
S. 99: Abb. 7:   Gedenkblatt der NSDAP Ortsgruppe Pamen (undatiert, 1943)
S. 117: Abb. 8:   Grabstein für Hans Löbenstein
S. 181: Abb. 9:   Das Peiner Mahnmal von Maximilian Stark (1993)
S. 182: Abb. 10:   Der Schwarze Garten in Nordhorn

Tafeln:

S. 24: Tafel 1:   Matrix der semantischen Spezifizierung des Kriegstotengedenkens
S. 27: Tafel 2:   Trias der Kriegstotenehrung
S. 37: Tafel 3:   Zusammenfassung der Zweckbestimmungen des Kriegstotengedenkens
S. 53/54: Tafel 4: Formeln des Fahneneids von 1914 bis heute
S. 69: Tafel 5:   Vergleich von Kriegstotendenkmälern nach 1914 und nach 1945 (n. Behrenbeck)
S. 74: Tafel 6:   Vier Aspekte des Denkmals aus kommunikationstheoretischer Sicht
S. 84: Tafel 7:   Motive für das Kriegstotengedenken im Überblick
S. 131: Tafel 8:   Sinnbilder des Kriegstotengedenkens
S. 161: Tafel 9:   Anlässe für Denkmalseinweihungen nach dem Ersten Weltkrieg
S. 162: Tafel 10:   Anlässe für Denkmalseinweihungen nach dem Zweiten Weltkrieg
S. 163/164: Tafel 11: Zeitliche Verteilung der Denkmalseinweihungen
S. 178/179: Tafel 12: Auszug aus dem Verzeichnis der Hildesheimer Kulturdenkmale

Die Nummerierung der Abbildungen in Teil II beginnt wieder bei 1.